·ᐊ<ᓅᒡᑊᑦ ᑎᐃᒥᒃ ᐯᐃ ᐊᔑᔾ/ᐋᓅ ᐊᔑᒍ·ᐃᑫᐦ
ᓅ·ᐊᓅᒡᑊᑦ

Eastern James Bay Cree Dictionary
Southern Dialect

CREE-ENGLISH

2012 edition

Copyright © Cree School Board
2012

Published by:
Cree Programs, Cree School Board
P.O. Box 270
Chisasibi, Quebec J0M 1E0 Canada

Within the eastcree.org project [funded by the Social Science and Humanities Research Council of Canada grant #856-2009-008 to Prof. M-O. Junker, Carleton University]

ISBN 978-1-927039-28-1

ᑲᓄᐙᐸᒫᐸᐦᒃ	Coordinator
ᒥᕐ-ᐅᑎᓖ ᔪᐱᒋ	Marie-Odile Junker

ᑳ ᒫᒥᑐᓀᔨᐦᑖᑲᓅ	Editors
ᕈᑦ ᓵᓪᑦ	Ruth Salt
ᐊᓈ ᐸᓕᐸᒥᕐᒋ	Anna Blacksmith
ᐸᒋᓰᔥ ᑖᔮᒪ	Patricia Diamond
ᐸᓪ ᐧᐃᔥᒉ	Pearl Weistche
ᒥᕐ-ᐅᑎᓖ ᔪᐱᒋ	Marie-Odile Junker
ᒫᑭᕆᑦ ᒫᑲᓐᓯ	Marguerite MacKenzie

National Library of Canada Cataloguing in Publication Data
Ruth Salt
Anna Blacksmith
Patricia Diamond
Pearl Weistche
Marie-Odile Junker
Marguerite MacKenzie

Waapanuutaahch cheimis pei iiyiyuu / iinuu ayimuwin - shaawanuutaahch 1 Eastern James Bay Cree Dictionary (Southern Dialect): Cree-English.

Includes introduction to the language, grammatical information, and definitions in English for more than 18,000 Eastern James Bay Cree (Southern Dialect) words.

ISBN **978-1-927039-28-1**

1. Cree language - Dialects - Eastern James Bay - Dictionary - Bilingual. 1. Title

Printed by: Lulu.com

·ᐊ<ᒧᐦᑎᒡ ᓇᒥᐦ ᐯᐊ ᐄᔨᔨᐤ/ᐄᔨᐤ ᐊᔨᒧᐃᐋᐤ"
ᒌᔕᐙᒧᐦᑎᒡ

Eastern James Bay Cree Dictionary
Southern Dialect
CREE–ENGLISH
2012 edition

ᓃᑳᓂᔅᑕᐱᒃ	Coordinator
ᒫᕆ-ᐅᑎᓪ ᔫᓐᑳ	Marie-Odile Junker

ᑳ ᒪᓯᓇᐦᐋᐱᒋᒡ	Editors
ᕈᑦ ᓵᓪᑦ	Ruth Salt
ᐋᓇ ᐸᓚᒃᔅᒥᑦ	Anna Blacksmith
ᐹᑦᕆᔒ ᑖᔭᒪᓐ	Patricia Diamond
ᐴᕐᓪ ·ᐐᔅᒌ	Pearl Weistche
ᒫᕆ-ᐅᑎᓪ ᔫᓐᑳ	Marie-Odile Junker
ᒫᒃᒌᓐ ᒪᑫᓐᓯ	Marguerite MacKenzie

ᑳ ·ᐄᒥᐦᐄᐌᑦ	Technical assistance,
ᑲᒪᐦᒋᐦᒉᐦᒋᑲᓐᓯᒡ	Database export scripts
ᐁ ᐱᔥᑯᐸᔒᒡ ᓂᐸᔨ"	
ᑌᓚᔒ ᑐᕐᑯᕐᓅ	Delasie Torkornoo

This version was published by: Cree Programs, Cree School Board P.O. Box 270, Chisasibi, James Bay, Québec J0M 1E0 Canada FAX: 819-855-2724

within the eastcree.org project [funded by the Social Science and Humanities Research Council of Canada grant #856-2009-008 to Prof. M-O. Junker, Carleton University]

Suggested additions or corrections may be sent to the editors at the above address or by e-mail to ayimuwin@eastcree.org.

Publication data: Ruth Salt, Anna Blacksmith, Patricia Diamond, Pearl Weistche, Marie-Odile Junker, Marguerite MacKenzie (eds) (2012) *Eastern James Bay Cree Dictionary (Southern Dialect): Cree-English*. Second (print) edition. Cree School Board. ISBN # 978-1-927039-28-1

Copyright © 2004-2012, Cree School Board

Previous editions (print and electronic)

ᗯ ᒫᒋᔅᑎᐦᐋᑲᓄ: **Editors**
ᐯᓪ ᔖᓯᐲᐤ   Bill Jancewicz (2004)
ᒫᓰ-ᐅᑎᓪ ᔮᐲᔅ   Marie-Odile Junker (2004–2010)
ᒫᑭᕆᑦ ᒫᑫᐣᓯ   Marguerite MacKenzie (2004–2010)
ᑌᓯ ᒧᐋᕐ   Daisy Moar (2004–2007)
ᐁᓚ ᓃᐳᔥ   Ella Neeposh (2004)
ᕋᑦ ᓴᓪᑦ   Ruth Salt (2004–2010)

ᐁ ᒋᔅᒋᓇᐗᒫᑲᓅᐎᒡ
Acknowledgements

ᓂᐙ ᒋᔅᒋᓇᐗᒫᒋᓱᓈᐣ ᐊᓂᒌ ᒋᔖᔨᔨᐤᐦ/ᒋᔖᒥᒧᐦ ᑳ ᐎᒋ ᐅᑎᐯᔨᒥᓱᒡ
ᑎᐹᔨ ᑳ ᐱᒋᐯᓯᒡ ᐅ ᒪᒋᐋᑊ, ᐁᐅᑯᓂᒡ ᓕᑊ ᐅᒌ:

We would like to acknowledge all the elders and resource people who have helped create this dictionary over the years, namely:

ᐯᒋᓯ ᒧᐦᓴᑐᐋᔅᒃ	ᐄᔅᑎᒣᐤ	Florrie Mark-Stewart, Eastmain
ᐄᓕᓴᐯᤨ ᒍᓕ	ᐙᔅᑳᐦᐄᑲᓂᔑ	Elizabeth Jolly, Waskaganish
ᐁᑦᐎᐣ ᒍᓕ	ᐙᔅᑳᐦᐄᑲᓂᔑ	Edwin Jolly, Waskaganish
ᐊᓂᐦ ᓱᐄᣞ ᒑᕐᒫ	ᐙᔅᑳᐦᐄᑲᓂᔑ	(late) Louise Diamond, Waskaganish
ᐊᓂᐦ ᒍᓂ ᐄᔅᑲᓵ	ᐙᔅᑳᐦᐄᑲᓂᔑ	(late) Johnny Whiskeychan, Waskaganish
ᐊᓕᐦ ᐄᔅᒋ	ᐙᔅᑳᐦᐄᑲᓂᔑ	Alec Weistche, Waskaganish
ᒋᒥ ᒧᐋᕐ	ᐙᔅᑳᐦᐄᑲᓂᔑ	Jimmy Moar, Waskaganish
ᐊᓂᐦ ᕉᐯᐦᐟ ᐁᐦᓕᔥ	ᐙᔅᑳᐦᐄᑲᓂᔑ	(late) Rupert Erless, Waskaganish
ᓵᐣᑕᔥ ᐄᔅᒋ	ᐙᔅᑳᐦᐄᑲᓂᔑ	Sanders Weistche, Waskaganish
ᐊᓂᐦ ᒎᓯᐦᐊ ᒑᕐᒫ	ᐙᔅᑳᐦᐄᑲᓂᔑ	(late) Josephine Diamond, Waskaganish
ᐸᒋᔑᔥ ᒑᕐᒫ	ᐙᔅᑳᐦᐄᑲᓂᔑ	Patricia Diamond, Waskaganish
ᐊᓕᐊ ᑭᒋᐣ	ᐊᔪᐊᓇᐱ	Allan Kitchen, Waswanipi
ᒣᐦᕋᐦ ᐸᓕᐳᔥᒋᔥ	ᐊᔪᐊᓇᐱ	Mary Blacksmith, Waswanipi
ᐁᒥᓕ ᑯᐳᕐ	ᐊᔪᐊᓇᐱ	Emily Cooper, Waswanipi
ᐊᓂᐦ ᔅᒧᓕ ᐯᑕᐙᐸᓄ	ᒥᔅᑎᔑᓂ	(late) Smalley Petawabano, Mistissini
ᓚᐅᕆ ᐯᑕᐙᐸᓄ	ᒥᔅᑎᔑᓂ	Lauri Petawabano, Mistissini
ᐄᐗᑦᓂ ᐸᓕᐳᔥᒋᔥ	ᒥᔅᑎᔑᓂ	Evadney Blacksmith, Mistissini
ᐊᓂᐦ ᐳᔾᔅ ᐸᓕᐳᔥᒋᔥ	ᒥᔅᑎᔑᓂ	(late) Boyce Blacksmith, Mistissini
ᓗᔾᔅ ᐸᓕᐳᔥᒋᔥ	ᒥᔅᑎᔑᓂ	Louise Blacksmith, Mistissini

ᓂᐋ ᓂᐦᑖᒨᐋᐤ ᐅᐦᒋ ᖃ ᐊᑎ ᒥᔦᖃᒋᒍ ᐋᔨᒥᐋᓈ ᒋᔅᑕᒋᑎᐋᓐ ᐁ
ᐅᐦᒋ ᐊᒥᐸᔨᐦᒋᑳᓄᐅᐤ:
For continuous support, we thank:

ᐴᐋᔾ ᐯᔅᑭᓐ-ᐦᐁᕈᑎᐁᔅ   Daisy Bearskin-Herodier,
                          Coordinator of Cree Programs
ᓕᓐᑕ ᐋᔨᑎᔅ   Linda Visitor, Cree Programs
ᕖᔭᓐᔅ ᐋᔨᑎᔅ   Frances Visitor, Cree Programs
ᐊᐃᑖ ᒋᓪᐱᓐ   Ida Gilpin, Director of Education

ᖃ ᐅᐦᑎᓯᓈᐦ ᐅᒫᐅ ᒥᔦᐋᔅᑉᐦᐋᑊᐋᐣ   Cover Photography
ᓕᓐᑕ ᐋᔨᑎᔅ   Linda Visitor
ᖃ ᐋᔭᐦᑎᓈᐦ ᐆ ᐋᔑᑖᓱᐦᐋᐤ ᐅᒫᐅ   Cover graphic design
ᑫᐃᑦ ᒥᔅᓐ   Kate Missen

ᓂᐋ ᓂᐦᑖᒨᐋᐤ SIL International ᐊᓃ ᑐᐸᐦᐊᔅ ᖃ ᐋᔅᓂᐦᖳᐤ ᐊᓂᒥ
ᐁ ᐅᐦᒋ ᐋᕐᐋᐋᐹᔦᐋᔾ ᐁ ᐋᔨᒨᐤᐁᐋᔭᐦᐤ ᐁ ᓕᔭᐋᐦᐊᑊᒋ ᐁ ᑭ ᐯᔅᒋ ᐋᕐᐋᐋᐋᑦ ᑊᓓ ᐆᔭᒦᒋᒧᔅᒋᑊ ᖃ ᐊᔅᐋᕐᐋᐋᐋᑦ.
We thank SIL International for the Toolbox database program, and help with keyboarding and syllabic fonts development, as well as Carleton University for infrastructure and research support.

ᓂᐤᒋᒡ ᐊᔦᒎᐋᓐ
Preface

ᓂᒐᐋ ᐆᑊ ᒋᐱ ᒋᐋᒐᔦᐤ ᐅ ᐊᐊᑎᔭᐋᓐ, ᖃᔾᐦ ᒋᐱ ᐊᕿᔭᐦ ᐊᒨᐤ ᒮᐦᐟ ᐊ ᐊᔅᖃᑌᔫ ᐆ ᐊᐊᑎᔾᒦᒉᕆᓂᐋᐤ, "By no means is this work going to stop, but will continue because there is still so much to be done," said Luci Bobbish-Salt in the introduction to the 2004 edition. Indeed, the work has continued, with an on-line publication of the English-Cree dictionaries in 2004 on eastcree.org, on-line publication of the Cree-French and French-Cree in 2007, electronic versions on CDs in 2008, updated on-line and downloadable editions in 2010 and now, a new complete print edition, with eight volumes and several formats to choose from. The current edition contains many corrections, updates, and additions, including new words, like ᓂᐦᒑᐱᐦᒋᑳᓐ nitwaapahchikan, 'computer', ᓂᐦᒑᐱᐦᒋᑳᓂᔥ nitwaapahchikanish 'laptop', and ᒋᔅᒋᔅᒋᓂᖃᓐ chischischinikan 'computer mouse', which testify to the vitality of the Cree language and its ability to adapt to the realities of the 21st century. The team is already at work for the next edition, which will include more words specific to some communities, and a complete thematic organization. The editorial team welcomes your comments and suggestions at ayimuwin@eastcree.org. You too can be part of the next edition!

INTRODUCTION

Table of Contents

Eastern James Bay Cree Language viii
  Place in the Language Family viii
    Cree-Montagnais (Innu)-Naskapi dialects..ix
    Cree-Montagnais (Innu)-Naskapi dialects (map) x
    East Cree Dialects xi
    East Cree Communities (map)...xi
  Writing System xii
    Syllabic Chart – Eastern James Bay Cree................................ xiii
    Syllabic Spelling..xiv
    Roman Representation xiv
    Pronunciation Charts xv
    Syllabic Keyboarding System xviii
  Grammatical Considerations xviii
    Gender... xviii
    Transitivity...xix
  Word Classification (parts of speech).. xx

Guide to the Dictionary xxi
  Dictionary Organization.. xxi
    Citation Form (entry) xxi
    Roman Spelling... xxii
    Dialect... xxii
  Grammatical Information.. xxii
    Nouns... xxii
    Verbs... xxiii
    Particles, Preverbs and Pronouns xxiv
    Abbreviations in the Dictionary xxvii
  Definitions... xxviii

Resources... xxix

Eastern James Bay Cree Language

This section provides information about the place of East Cree as an Aboriginal language, the writing system, and some aspects of grammar that are encoded in the abbreviations in the body of this Cree-English bilingual dictionary.

Place in the Language Family

Eastern James Bay Cree (referred to as East Cree by linguists) is part of the Cree-Montagnais-Naskapi dialect continuum that stretches from Labrador on the Atlantic Ocean to the Rocky Mountains in Alberta. The main dialects of this continuum, from west to east, are Plains Cree (Alberta and Saskatchewan), Woods Cree (Saskatchewan and Manitoba), Swampy Cree (Manitoba and Ontario), Moose Cree (Ontario), Atikamekw, East Cree, Western Naskapi (Québec) and Innu/Montagnais (Québec and Labrador). The dialects all originate from an earlier language spoken several hundred years ago, which linguists refer to as 'Common Cree', a member of the Algonquian language family. Cree is related to Mi'kmaq, Maliseet-Passamaquoddy, Ojibwe, Meskwakie (Fox), Menominee, Blackfoot, Arapaho, and many other Algonquian languages. The pronunciation of Cree words changes with some regularity from one dialect to the next, so that the dialects are established on the basis of whether they use the consonant *y, th, n, l* or *r* in certain words:

	I	you	she/he	it is windy
Plains Cree	ᓂᔨ *niiya*	ᑭᔨ *kiiya*	ᐧᐃᔨ *wiiya*	ᔪᑎᓐ *yôtin*
Woods Cree	ᓂᖨ *niitha*	ᑭᖨ *kiitha*	ᐧᐃᖨ *wiitha*	ᖪᑎᓐ *thôtin*
Swampy Cree	ᓂᓇ *niina*	ᑭᓇ *kiina*	ᐧᐃᓇ *wiina*	ᓅᑎᓐ *nôtin*
Moose Cree	ᓂᓚ *niila*	ᑭᓚ *kiila*	ᐧᐃᓚ *wiila*	ᓗᑎᓐ *lôtin*
Atikamekw	ᓂᕋ *niira*	ᑭᕋ *kiira*	ᐧᐃᕋ *wiira*	ᕒᑎᓐ *rôtin*
East Cree	ᓂᔨᐦ *niiyi*	ᒋᔨᐦ *chiiyi*	ᐧᐃᔨᐦ *wiiyi*	ᔫᑎᓐ *yuutin*
W. Naskapi	ᓂᔨ *niiy*	ᒋᔨ *chiiy*	ᐧᐃᔨ *wiiy*	ᔫᑎᓐ *yuutin*
W. Mont. (Innu)	ᓂᓪ *niil*	ᒋᓪ *tshiil*	ᐧᐃᓪ *uiil*	ᓘᑎᓐ *luutin*
E. Montagnais and E. Naskapi (Innu)	ᓂᓐ *niin*	ᒋᓐ *tshiin*	ᐧᐃᓐ *uiin*	ᓅᑎᓐ *nuutin*

The dialects also fall into two larger groups, western and eastern, according to whether they use the consonants *k* or *ch/tsh* before the vowels *e, i, ii:*

	it is long	**thing, what**	**it is hot**	**you (s)**	**you (pl)**
Plains Cree	ᑭᐧᓈᐤ *kinwaaw*	ᑫᐧᑳᓐ *kekwaan*	ᑭᓯᑌᐤ *kisitew*	ᑮᔭ *kiiya*	ᑮᐧᔮᐤ *kiiywaaw*
Woods Cree	ᑭᐧᓈᐤ *kinwaaw*	ᑫᐧᑳᓐ *kekwaan*	ᑭᓯᑌᐤ *kisitew*	ᑮᖬ *kiitha*	ᑮᐧᖭᐤ *kiithwaaw*
Swampy Cree	ᑭᐧᓈᐤ *kinwaaw*	ᑫᐧᑳᓐ *kekwaan*	ᑭᓯᑌᐤ *kisitew*	ᑮᓇ *kiina*	ᑮᐧᓈᐤ *kiinwaaw*
Moose Cree	ᑭᐧᓈᐤ *kinwaaw*	ᑫᐧᑳᓐ *kekwaan*	ᑭᓯᑌᐤ *kisitew*	ᑮᓚ *kiila*	ᑮᐧᓛᐤ *kiilwaaw*
Atikamekw	ᑭᐧᓈᐤ *kinwaaw*	ᑫᐧᑳᓐ *kekwaan*	ᑭᓯᑌᐤ *kisitew*	ᑮᕋ *kiira*	ᑮᐧᕌᐤ *kiirwaaw*
East Cree	ᒋᐧᓈᐤ *chinwaau*	ᒑᐧᑳᓐ *chaakwaan*	ᒋᔑᑌᐤ *chishiteu*	ᒌᔨ *chiiyi*	ᒌᔨᐧᐋᐤ *chiiyiwaau*
W. Naskapi	ᒋᐧᓈᐤ *chinwaaw*	ᒑᐧᑳᓐ *chaakwaan*	ᒋᓯᑖᐤ *chisitaaw*	ᒌᐩ *chiiy*	ᒌᔨᐧᐋᐤ *chiiyiwaaw*
W. Montagnais (Innu)	ᒋᐧᓈᐤ *tshinuaau*	ᒉᐧᑳᓐ *tshekuaan*	ᒋᔑᑌᐤ *tshishiteu*	ᒌᓬ *tshiil*	ᒌᐧᓛᐤ *tshiiluaau*
E. Montagnais & E. Naskapi (Innu)	ᒋᐧᓈᐤ *tshinuaau*	ᒉᐧᑳᓐ *tshekuaan*	ᒋᔑᑌᐤ *tshishiteu*	ᒌᓐ *tshiin*	ᒌᐧᓈᐤ *tshiinuaau*

(Note: Syllabics used in the charts above are Eastern Syllabics; Western syllabics differ slightly.)

Cree-Montagnais (Innu)-Naskapi dialects

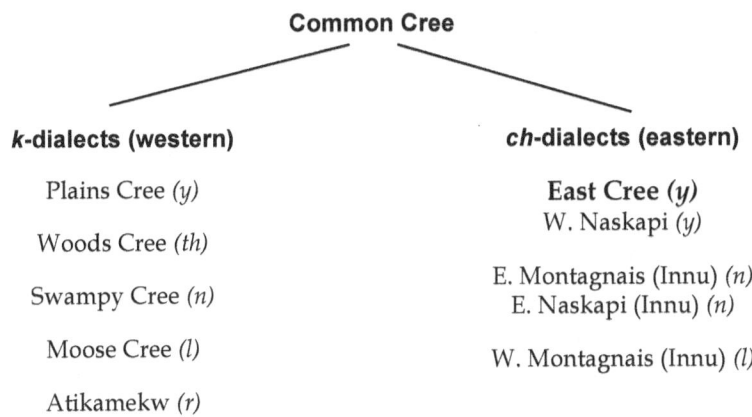

Common Cree

***k*-dialects (western)**

Plains Cree *(y)*

Woods Cree *(th)*

Swampy Cree *(n)*

Moose Cree *(l)*

Atikamekw *(r)*

***ch*-dialects (eastern)**

East Cree *(y)*
W. Naskapi *(y)*

E. Montagnais (Innu) *(n)*
E. Naskapi (Innu) *(n)*

W. Montagnais (Innu) *(l)*

Cree-Montagnais (Innu)-Naskapi dialects (map)

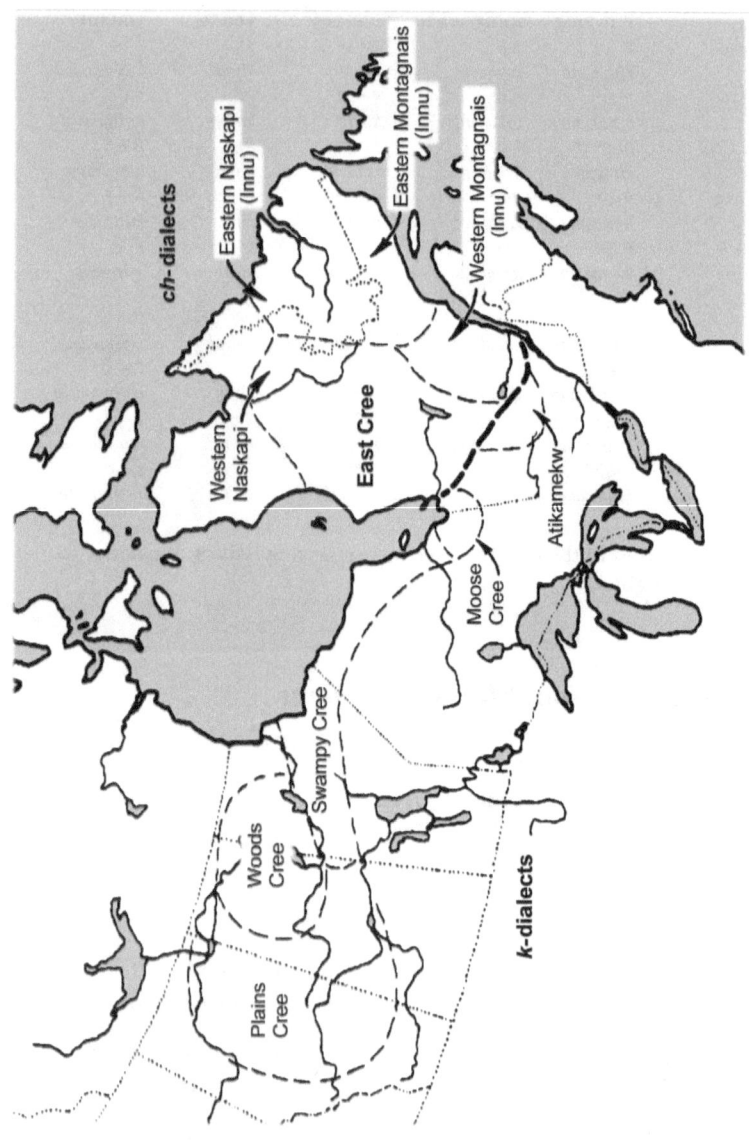

East Cree Dialects

East Cree can be divided into two main dialects, Southern and Northern, which have different pronunciations represented by different spellings, as well as different grammatical features and vocabulary. The Northern Dialect does not pronounce the vowel *e*, represented by the syllabic symbols ▽, ∨, ∪, ˥, ˤ, ⌐, ᴅ, etc. Instead the roman symbol *aa* and syllabic symbols ◁ ᐸ Ċ ᑲ ᒍ ᒪ ᣔ ᒼ ᑉ ᑊ are used, except in personal names. The Northern Dialect includes the communities of Whapmagoostui (formerly Great Whale), Chisasibi (formerly Fort George), and Wemindji. The Southern Dialect is divided into the Coastal (Eastmain, Waskaganish, Nemaska) and Inland (Mistissini, Oujé-Bougoumou and Waswanipi) sub-dialects. A number of differences in the dialects are noted but much more research is needed in this area.

East Cree Communities (map)

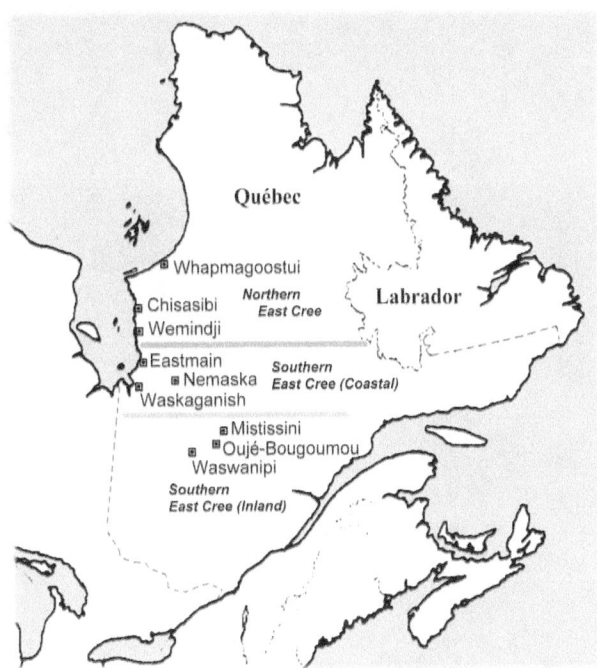

Writing System

The Cree read and write their language by means of a syllabic orthography based on the writing system innovated by James Evans, a Methodist minister serving the Ojibwe and Cree in Ontario and Manitoba from the 1820s to the 1840s. Modified versions of this system are now also used by the Inuit. The East Cree system is fully *pointed*, that is, a dot is used above the symbol to mark vowel length. Additional features of this system are the use of a dot on the left to indicate *w* before a vowel, the circle for *w* or consonantal *u* at the end of a word, the (") symbol for *h* and the "eastern" finals, which are small versions of the *a* symbol. Further, East Cree has added an extra symbol for the sound *kw* which occurs only at the end of a word, since this sound is not pronounced in western dialects.

The sort order for Cree words basically follows the syllabic chart, moving across the rows from left to right and from top to bottom, with short vowels preceding long ones.

Syllabic Chart – Eastern James Bay Cree

▽		△	△̇	▷	▷̇	◁	◁̇		°	‖
e		i	ii	u	uu	a	aa		u	h
·▽		·△	·△̇	·▷	·▷̇	·◁	·◁̇			
we		wi	wii	wu	wuu	wa	waa			
V	·V	∧	∧̇	>	>̇	<	<̇	·<	<	
pe	pwe	pi	pii	pu	puu	pa	paa	pwaa	p	
U	·U	∩	∩̇	⊃	⊃̇	⊂	⊂̇	·⊂	c	
te	twe	ti	tii	tu	tuu	ta	taa	twaa	t	
٩	·٩	ρ	ρ̇	d	ḋ	b	ḃ	·ḃ	b	d
ke	kwe	ki	kii	ku	kuu	ka	kaa	kwaa	k	kw
ๅ	·ๅ	Γ	Γ̇	⌐	⌐̇	L	L̇	·L̇	L	
che	chwe	chi	chii	chu	chuu	cha	chaa	chwaa	ch	
⌐	·⌐	Γ	Γ̇	⌐	⌐̇	L	L̇	·L̇	L	
me	mwe	mi	mii	mu	muu	ma	maa	mwaa	m	
⊃	·⊃	σ	σ̇	⊃	⊃̇	ᴀ	ᴀ̇	·ᴀ̇	ᴀ	
ne	nwe	ni	nii	nu	nuu	na	naa	nwaa	n	
⊃	·⊃	c	ċ	⊃	⊃̇	c	ċ	·ċ	c	
le	lwe	li	lii	lu	luu	la	laa	lwaa	l	
↳	·↳	↗	↗̇	↙	↙̇	↖	↖̇	·↖̇	↖	
se	swe	si	sii	su	suu	sa	saa	swaa	s	
∿	·∿	∫	∫̇	∼	∼̇	∽	∽̇	·∽̇	∽	
she	shwe	shi	shii	shu	shuu	sha	shaa	shwaa	sh	
⊣	·⊣	↗	↗̇	↙	↙̇	↳	↳̇	·↳̇	↳	
ye	ywe	yi	yii	yu	yuu	ya	yaa	ywaa	y	
⊃	·⊃	∩	∩̇	?	?̇	ς	ς̇	·ς̇	ς	
re	rwe	ri	rii	ru	ruu	ra	raa	rwaa	r	
ⱽ	·ⱽ	∧	∧̇	>	>̇	<	<̇	·<̇	<	
ve	vwe	vi	vii	vu	vuu	va	vaa	vwaa	v, f,
U	·U	∩	∩̇	⊃	⊃̇	C	Ċ	·Ċ	c	
the	thwe	thi	thii	thu	thuu	tha	thaa	thwaa	th	

Syllabic Spelling

Since the publication of the first *Cree Dictionary: Eastern James Bay Dialects* (1987) changes to the spelling of words have been implemented. In general, the spelling has been changed to be closer to an older form of the language and to other dialects of Cree. For instance, the symbol Δ has been replaced with ᐱ in words like ΔUᐱ"Cᒷ. There are now more differences between the way that words are spelled in the Northern and Southern Dialects. The spelling of Northern words now reflects more closely the way that elders speak, using fewer contractions, especially at the end of verbs; although the spelling is not as close to the pronunciation of younger speakers, the changes do make the spelling of suffixes much easier. The most recent version of the Spelling Manuals can be found on the www.eastcree.org website.

Roman Representation

East Cree is not written in English letters (roman script) except in rare cases (documents like this one, for example, for people who do not read syllabics). Literate East Cree speakers read their language primarily by using the syllabic system described above.

However, it is practical to have a consistent system of representing Cree in roman script. For this publication the partially phonemic system provided along with the *Syllabic Chart* is used for the roman spelling of the lexical entries, following the syllabic spelling. There are two ways to represent vowel length in roman orthography: the use of a macron or circumflex accent: *a* "short-a", *â* "long-a", or the use of double vowels: *a* "short-a", *aa* "long-a". This publication uses the latter system of double vowels to represent vowel length.

In the following charts, a column of roman spelling that corresponds to the each of the Cree syllabic characters is accompanied by an English example that is close to the Cree pronunciation of that sound. Sometimes, two different English consonants are used to describe one Cree sound, such as **pet** and **bet** for *pe*, as Cree does not distinguish between these pairs of sounds.

Pronunciation Charts

Roman	English		Cree example	English
e	end	▽	ekuh	so, thus
pe	pet, bet	V	pehkaach	slowly
te	ten, den	U	tehtapuwin	chair
ke	kept, get	۹	Ken	Ken
che	check, jet	ᑎ	chekwaan	what, thing
me	men	ᒣ	mekwaach	while
ne	net	ᓄ	neu	four
le	let	ᓓ	Leslii	Leslie
se	set, said	ᐢ	sechisuu	s/he is scared
she	shed	ᘁ	sheh	exclamation
ye	yet	ᐤ	yekaauu	it is sandy
we	wet	·▽	weshkach	long ago
pwe	keep wetting	·V	taapwe	really, truly
twe	twenty	·U	twehu	he lands
kwe	quell	·۹	kweih	hello
mwe	I'm wet	·ᒣ	mwehch	just like
nwe	unwed	·ᓄ	chinwekan	long fabric
swe	sweat	·ᐢ	iskwaasweu	burn
shwe	Schweppe's	·ᘁ	manishweu	s/he cuts it off
ywe	by wetting	·ᐤ	miywekan	it (sheet-like) is nice, good
i	it	△	iskweu	girl
pi	pit	∧	pimii	lard
ti	tip	∩	tipiskaau	it is night
ki	kin, give	ᑭ	Kitii	Kitty
chi	chip, gip	ᒋ	chinusheu	pike
mi	mitt	ᒥ	mitaas	sock
ni	nip	ᓂ	nipii	water
li	lip	ᓕ	Lisi	Lizzie
si	sit	ᐡ	sisuuch	near the shore
shi	ship	ᘁ	shikaakw	skunk
yi	yip	ᐩ	ayimuu	s/he talks

Roman	English		Cree example	English
ii	eat	∆	iinuu/iiyiyuu	Indian
pii	pea, bee	∧	piisim	sun
tii	tea, deep	∩	tii	tea
kii	keep, geese	ρ	kiipaa	yes, well
chii	cheap, jeep	ŕ	chiimaan	canoe
mii	meat	ŕ	miichim	food
nii	neat	ȯ	niipin	it is summer
lii	leap	ć	Lii	Lee
sii	seat	ŗ	siipii	river
shii	sheep	ʃ	shiishiip	duck
yii	yeast	⸸	utaayiyii	tongue

There are two ▷ *u* sounds, long and short. It is difficult to hear the difference between them right at the beginning or right at the end of a word. It is easiest to hear the difference when the sound occurs between two consonants. (— indicates no English equivalent)

Roman	English		Cree example	English
u	—	▷	uchimaau	boss
pu	put, book	>	puwaamuu	she dreams
tu	took	⊃	tuwehkachuu	helicopter
ku	cook, good	d	kuiiskw	straight
chu	—	⌄	pechichuwin	tide comes in
mu	—	⌋	mukuhuusuu	heron
nu	nook	ᓄ	nuwich	very
lu	look	⌐	Luiis	Louise
su	forsook	⸝	memepisun	swing
shu	should	∾	shunitaakan	net line
yu	—	ⸯ	miyumes	whitefish
uu	ooze	▷̇	uuhuumisuu	owl
puu	pooed, boot	>̇	puusuu	he gets in
tuu	to, do	⊃̇	tuuhaan	ball
kuu	coon, goon	ḋ	kuun	snow
chuu	choose, June	⌄̇	chuuchuu	baby bottle
muu	moon	⌋̇	muus	moose
nuu	noon	ọ̇	nuuhchimiihch	in the bush
luu	loon	⌐̇	Luusii	Lucy
suu	Sue, zoo	⸝̇	suuhk	try!
shuu	shoe	∾̇	shuukaau	sugar
yuu	youth	ⸯ̇	yuutin	it is windy

There is a short and a long ◁ *a* sound. The long sound changes when it occurs after *w*.

Roman	English		Cree example	English
a	up	◁	*asinii*	stone
pa	pun, bun	<	*pat*	butter
ta	ton, done	C	*tap*	tub
ka	cut, gut	ᐳ	*kapataakan*	portage
cha	chuck, jut	ᑐ	*chahkapesh*	story character
ma	mutt	L	*maschekw*	swamp
na	none, nut	ᗫ	*nama*	not, no
la	lump, luck	ᒡ	*lasar*	LaSarre
sa	supper, suck	ᐸ	*iskwaasam*	s/he burns it
sha	shut	ᔅ	*manisham*	he cuts it off
ya	yummy, yuck	ᐳ	*yakuskun*	it is cloudy
aa	at	◁́	*aamuu*	bee
paa	pat, bat	<́	*paanischihkw*	frying pan
taa	tap, dad	Ć	*taapaa*	not
kaa	cat, gat	ᑲ́	*kaanichii*	sweater
chaa	chat, jack	ᑐ́	*chaam*	jam
maa	mat	Ĺ	*maaniteu*	stranger
naa	nap	ᗫ́	*naapeu*	man
laa	lap	ᒡ́	*Laarii*	Larry
saa	sat	ᐸ́	*saakahiikan*	lake
shaa	shack	ᔅ́	*shaapuumin*	gooseberry
yaa	yap	ᐳ́	*yaakwaa*	look out!
waa	water	·◁	*waapan*	it is dawn
pwaa	pot	·<	*tiipwaat*	teapot
twaa	top	·C	*twaashin*	go through ice
kwaa	cot	·ᑲ	*kwaapahiipaan*	dipper
chwaa	job	·ᑐ	*Chwaan*	John
mwaa	mop	·L	*mwaakw*	loon
nwaa	not	·ᗫ	*chinwaaskun*	long wood
lwaa	lot	·ᒡ	*Lwaaraa*	Laura
swaa	sob	·ᐸ	*kaa iskwaaswaat*	burned one
shwaa	shop	·ᔅ	*niishwaashch*	seven
ywaa	yawl	·ᐳ	*ywaashtin*	it is calm

For more information about the pronunciation see *The Sounds of East Cree* in the *Grammar* section of the eastcree.org website.

Syllabic Keyboarding System

There are two basic systems used for keyboarding syllabics. The first has its roots in the early Cree typewriters, where each symbol has its own key on the keyboard. A special keyboard layout has to be learned, but once learned the typist can type syllabics rather quickly. Also, such a keyboard layout is arranged so that one horizontal row corresponds to the *e* syllabic series, and another corresponds to the *i* series, and so on. This system also sometimes requires holding down a control key (like Shift or Alt or both) while pressing the key to get the vowel length or various orientations of the characters.

The other system combines the English or French alphabet and computer keyboard. It requires knowledge of the correspondence between roman letters and syllabic characters, as seen on the syllabic chart, as well as familiarity with the standard keyboard of the official languages (English or French). The system lets the user type Cree words in roman letters on a standard keyboard of the official languages. What is seen on the screen as soon as one types is the word written in syllabics. For example typing *kaa* produces ᑳ. A benefit of this system is that the hardware — the keyboard — does not need to be modified in any way with special key-caps or stickers; a new keyboard does not have to be learned and memorized. This is the most popular system in use today.

For more information: www.eastcree.org/cree/en/resources/cree-fonts/

Grammatical Considerations

The structure of Cree is vastly different from English or French, and it is not the purpose of this introduction to provide a complete grammatical outline. However, an awareness of certain differences between Cree and the official languages will be particularly helpful for users of this dictionary.

Gender

In English and French, important distinctions are made on the basis of *gender*. Nouns, the names of persons, places or things are classified as to whether they are **male/masculine** or **female/feminine** (or neuter). This is called gender classification.

Cree also classifies nouns, but in a different way. Gender groups in Cree are not **he, she,** (or **it**): instead, all male, female, animal, living beings, and some plants and things are classified as *animate*, while other things are classified as *inanimate*.

Just as in English, and especially French, there is sometimes a gender distinction that is not necessarily based upon **masculinity** or **femininity** (for example, when referring to a car, a gun or a boat as a 'she'), so also in Cree some words are in the **animate** category, for instance the Cree words for 'pipe', 'caribou hide', 'bread' and 'snowmobile'.

In the dictionary, the noun gender classification is indicated by the letters **na** for *noun, animate* and **ni** for *noun, inanimate*. The verb gender classification is similarly indicated with **a** and **i**. See the *Grammatical Information Abbreviations* section, in the *Guide to the Dictionary* for more information.

Transitivity

Verbs are used in language to describe actions or states of being. The person or thing that **does** the action is called the **actor**. If there is someone or something that **receives** or is **affected by** the action, that one is called the **recipient**.

If a verb **does** have a recipient, it is called a *transitive* verb, because the action "transits" or passes over from the actor to the recipient. For example, in the English sentence 'Ben hits the ball', *Ben* is the actor, *the ball* is the recipient, and the *hitting* passes **(transits)** from the actor to the recipient.

Verbs that **do not** have recipients are called *intransitive* verbs. An English example could be 'Ben is running.' *Ben* is the actor, *is running* is the action, but there is no recipient.

The four verb classes in Cree are distinguished by whether the verb is *transitive* or *intransitive*, and then further by the gender (animacy or inanimacy) of the participants.

Transitive Animate Verbs (vta)

These verbs have a recipient to receive the action (which makes them **transitive**), and that recipient is an **animate** noun. Thus, they are called transitive animate verbs. The letters **vta** stand for *verb, transitive animate* and this is the designation you will find listed with these verbs when you look them up in the dictionary.

ᗯᐸᒣᐤ waapameu **vta** ♦ s/he sees him/her/it
(anim, ex snowshoe)

Transitive Inanimate Verbs (vti)

These verbs also have a recipient to receive the action (which makes them **transitive**), but this time the recipient is an **inanimate** noun. So these are designated **vti** for *verb, transitive inanimate*.

··ᐊ<"Cᒐ   waapahtam **vti** ♦ s/he sees it

Animate Intransitive Verbs (vai)

Since these verbs have no recipient, they are called **intransi-tive**. Instead, we look to the gender of the actor of these verbs: the person or thing that does the action is an **animate** noun. Thus they are designated **vai** for *verb, animate intransitive*.

ᓂᐸᐅ   nipaau **vai** ♦ s/he sleeps

ᒥᐦᑯᓲ   mihkusuu **vai** ♦ s/he, it (anim, ex mitten) is red

Inanimate Intransitive Verbs (vii)

Here the gender of the thing doing the action is **inanimate** (or there is no actor, as for weather verbs) and furthermore, there is no recipient indicated to receive the action. These are designated **vii** for *verb, inanimate intransitive*.

ᒋᒧᐏᐣ   chimuwin **vii** ♦ it is raining

ᒥᐦᑳᐤ   mihkwaau **vii** ♦ it is red

See the *Grammatical Information* section, in the *Guide to the Dictionary* for more information.

Word Classification (parts of speech)

Like other members of the Algonquian language family, Cree has four basic word classes or parts of speech: *Nouns*, words that name people and things; *Pronouns*, words that replace nouns; *Verbs*, words that describe actions; and *Particles*, which include function words with meanings like 'under', 'and', 'around', 'but', etc. English or French have more than twice the number of word classes (they have prepositions, adverbs, adjectives, determiners). While the complexity of English and French lies at the **sentence** level, the complexity of Cree is found at the **word** level. In Cree, a single **verb** always constitutes a **sentence**. This is easily seen in the body of this dictionary: all the English translations of Cree verbs are complete sentences. Thus, where English has a very complex **sentence** structure, Cree has a complex **verb** structure.

Guide to the Dictionary

In order to get the best information from the dictionary, it is important for users to understand how it is sorted, organized and formatted.

Dictionary Organization

A typical page in the body of the dictionary is organized in two columns, and each entry contains the following information:

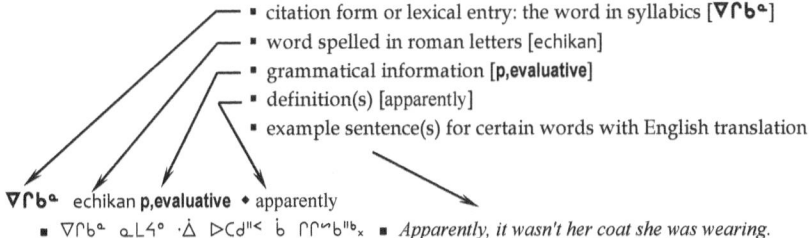

- citation form or lexical entry: the word in syllabics [∇ᒋᐯᐤ]
- word spelled in roman letters [echikan]
- grammatical information [p,evaluative]
- definition(s) [apparently]
- example sentence(s) for certain words with English translation

∇ᒋᐯᐤ echikan p,evaluative ♦ apparently
- ∇ᒋᐯᐤ ᐊᐱᑕᐤ ᐊᐃ ᐅᑕᔭᑯᐱᑕᐤ ᕲ ᒧᒋᐱᐤᐟ ■ *Apparently, it wasn't her coat she was wearing.*

∇ᒋ"ᐱᐤ emihkwaan na ♦ spoon

∇ᓴᐸᔨ enipayuu vai/vii -i ♦ s/he/it goes to the bottom

∇ᓴᔑᐤ enishin vai ♦ s/he lies down flat, s/he falls sick and cannot move for a long time

Citation Form (entry)

In the Cree to English dictionary, the *entry* (Cree word) is sorted according to its Cree spelling, basically in the order of the Syllabics as found in the *Syllabic Chart* (above). This is important because words beginning with ∇ will be found first, followed by words beginning with ∆, ∆̇, ᐅ, ᐅ̇, ᐊ, ᐊ̇, and so on.

The Cree citation form will normally be the "simplest" form of the word; that is, if it is a *noun*, the singular form will usually be found (unless the word is only, or more appropriately, used in the plural form). If it is a *verb*, the third-person singular Independent Indicative (present tense) form will be found. For example, you will not find the Cree word ᓂᒋ ᐚᐸᒣᐅᐟ nichii waapameuch 'I saw them' in the dictionary, but instead the word ᐚᐸᒣᐤ waapameu 's/he sees him'. This was done because the third-person singular form has no prefixes and the simplest inflections or suffixes. All the other forms of the Cree verb can be generated from the third-person singular form by applying the appropriate rules for prefixes and suffixes. The citation form is found in bold typeface Syllabics, immediately on the left of each column.

xxi

Roman Spelling

The word immediately following the citation form in Syllabics in the dictionary is the roman spelling of the citation form. As noted above in the *Writing System* section, this dictionary uses the double vowels *(ii, uu, aa)* to represent vowel length in the roman spelling. The roman spelling also indicates which keys would be pressed in order to type the word using the *Syllabic Keyboarding System*.

Dialect

An item in [brackets] sometimes found after the part of speech indicates that the lexical item is only used in that community or dialect area. The Southern Dialect is divided into the **Coastal** (Eastmain, Waskaganish, Nemaska) and **Inland** (Mistissini, Oujé-Bougoumou and Waswanipi) sub-dialects.

Grammatical Information

Different abbreviations occur in various locations in the dictionary. They are primarily found in the grammatical information for each word. Some of these have been introduced in the *Grammatical Considerations* section above. The following tables provide a complete listing of the grammatical information abbreviations, which are found immediately following the roman spelling.

Nouns

na	noun, animate
nad	noun, animate, dependent
nap	noun, animate, participle
ni	noun, inanimate
nid	noun, inanimate, dependent
nip	noun, inanimate, participle

Animate nouns (**na**) make their plural with the suffix *-ach* and their obviative with the suffix *-h* or *-a*.

A very small number of nouns may have either *animate* or *inanimate* gender, often with a change in meaning (mishtikw **na** 'tree' **ni** 'log'). They will appear in two entries.

Animate dependent, inalienable or possessed nouns (**nad**) are nouns that always occur with a personal prefix. They refer almost exclusively to parts of the body and kinship terms. Names for relatives are all **nad** and appear with three prefixes - *ni-* 'my', *chi-* 'your' *u-* or *w-* 'her/his'.

These nouns will end with *-h* (the obviative suffix) when they appear in the third person; and they have been often been translated as singular although they may be either singular or plural e.g. 'her/his son(s)'.

The kinship terms have been entered in the dictionary three times, with prefixes for 'my', 'your' and 'her/his' so that readers may easily see the formation of these words: ᓂᐹᐃ nikaawii, ᒋᐹᐃ chikaawii, ᐅᑳᐃᐦ" ukaawiih.

Animate noun participles (nominalizations) (nap) are verbs that are used as nouns. They usually begin with *kaa-* and end with a conjunct verbal suffix *-t, -k* or *-ch*.

Inanimate nouns (ni) make their plural with the suffix *-h*, and their obviative singular with the suffix *-iyiu*.

Inanimate dependent, inalienable or possessed nouns (nid) always occur with a personal prefix, and they refer almost exclusively to parts of the body.

Inanimate noun participles (nominalizations) (nip) are verbs that are used as nouns. They usually begin with *kaa-* and end with a conjunct verbal suffix *-ch*.

Verbs

vai .... verb, animate, intransitive
vai+o .... verb, animate, intransitive plus object
vii .... verb, inanimate, intransitive
vta .... verb, transitive, animate
vti .... verb, transitive, inanimate

Animate intransitive verbs (**vai**): These verbs include different types. The majority of them do not take an object (nipaau 's/he is asleep'), but some do. The ones that make their passive in *-kanuu* instead of *-nuu* are coded (**vai+o**) (ushihtaau 's/he makes it').

Active form		*Verb type*	*Passive form*	
ᓂᐹᐅ	nipaau	vai	ᓂᐹᓅ	nipaanuu
ᐅᔑᐦᑖᐅ	ushihtaau	vai+o	ᐅᔑᐦᑖᑲᓅ	ushihtaakanuu

For verbs that end in *-uu* (ᑑ ᐴ ᑰ ᒎ ᒨ ᓅ ᓲ ᔫ) the stem-vowel cannot be clearly seen at the end of the word, but is coded as either **-u,** or **-wi (-aawi, -iwi, -iiwi, -uwi).**

Independent form	*stem vowel*	*Conjunct form*
nikimuu	u	aa nikimut
sischiiuu	wi	aa sischiiwit
niipuu	wi	aa niipuwit

Inanimate intransitive verbs (**vii**): For these verbs, the subject is always inanimate (**ᒥᐦᒀᐤ** mihkwaau 'it is red', **ᒥᐢᐳᓐ** mispun 'it is snowing'). For verbs that end in *-uu* (ᑑ ᐴ ᑰ ᒎ ᒨ ᓅ ᓲ ᔫ) the stem-vowel cannot be clearly seen at the end of the word, but is coded as either **-u,** or **-wi (-aawi, -iwi, -iiwi, -uwi).**

Transitive animate verbs (**vta**): These are verbs like **ᐙᐸᒣᐤ** waapameu 's/he sees him/her, it (anim)' where an animate person or animal acts on another animate (or grammatically animate) recipient or object.

Transitive inanimate verbs (**vti**): These always end in *-ham* in this dialect. An animate person or animal acts on an inanimate object in most cases (**ᐙᐸᐦᑕᒼ** waapahtam 's/he sees it'). A few **vti** verbs do not take an object: (**ᒫᐦᐊᒼ** maaham 's/he goes downriver by boat').

Particles, Preverbs and Pronouns

p ....particle
preverb ....tense, aspect or mode marking preverb
pro ....pronoun

Particles (**p**) have been sub-categorized for their grammatical functions such as adverb of **location, time**, etc. See the complete list of ***particle*** sub-categories below.

Preverbs (**preverb**) come before verbs and may be found in combination.

Pronouns (**pro**) can be substituted for a noun. These are further sub-categorized as: **personal, focus, demonstrative,** etc. See the complete list of ***pronoun*** sub-categories below.

Immediately following the **p particle** abbreviation, preceded by commas, the various sub-categories of particles are found as follows:

affirmative	words for saying 'yes' or expressing agreement
conjunction	used to join phrases and sentences, 'and, or, but'
dem, (focus,) location	words used for pointing to a place (sometimes with focus)
emphasis	no specific meaning but adds emphasis to other words
evaluative	words that give a judgement on a situation, 'for sure, unnecessary'
interjection	words that are often said as an exclamation, 'listen!, look!, try!' and politeness words, 'hello, thank you'
location	includes prepositions 'below, on top', adverbs 'on one side, upwind' and directions 'east'
manner	adverbial words like 'very, incorrectly, secretly'
negative	words for saying 'no, not'
number	numbers
quantity	amounts like 'four pounds, three times' and adverbs like 'a lot, all, some'
question	words like 'when' and the yes-no question marker *aa*
time	includes prepositions 'before', adverbs 'sometimes' and time expressions 'last summer'

Immediately following the **pro** pronoun abbreviation, preceded by commas, the various sub-categories of pronouns are found as follows:

absent	absentative pronoun, for a person or thing that is lost indefinitely or gone for good, perhaps deceased
alternative	alternative pronoun, used to refer to 'the other'
dem	demonstrative pronoun, 'this, that'
dubitative	dubitative pronoun, used when wondering about the identity of a person or thing
focus	focus pronoun, used to draw attention to a person or thing, 'that's the one'
hesitation	hesitation or pause pronoun, used when making a pause in a sentence
indefinite	indefinite pronoun, used when the identity of the person or thing is not known, 'whoever, whatever'
question	interrogative pronoun, used when asking 'who' or 'what'
personal emphatic	personal pronoun, used for emphasis 'me, you, her, him, etc.'

Following any of the part of speech abbreviations, the fol-lowing designations may also be found, separated by commas:

pl	plural, used to indicate more than one
dim	diminutive, used when a thing or person is smaller than normal
inverse	actor and recipient reversed, used for some transitive verbs
pej	pejorative, indicating that something is old and worn-out
recip	reciprocal, used when people do things to each other, e.g., see each other, but also used for group action
redup	reduplication of the first syllable, indicating repetition of an action, e.g. jumping; doing an action over and over for a period of time, e.g., running around; or a description of a pair of things, e.g. 'big shoes'.
reflex	reflexive, used when doing something to oneself, e.g., washing oneself
voc	vocative, used with some kinship terms when calling to or addressing the person

The next abbreviations found with the part of speech indicate the underlying morphological shape of the stem or morpho-phonemic variations, always preceded by a dash. For **nouns**, this will indicate the vowel used before a locative suffix *(-hch)* or the possessive marker *(-m)*: **-im, iim, -aam**, etc. For **vai** and **vii** verbs, the stem vowel is indicated: **-u, -i, -wi (-iwi, -iiwi, -aawi, -uwi)**

Abbreviations in the Dictionary

Some grammatical abbreviations found in the dictionary are illustrated here:

ᔑᐯ·ᐊᐯᒍ yekaawaakamuu **vii –i** ♦ there is sand in the water

This word's grammatical information is: <u>v</u>erb, <u>i</u>nanimate, <u>i</u>ntransitive; stem final shape **-i**.

ᐊᓂᔭ aniyaa **pro,dem,absent** ♦ deceased, late, missing

This word's grammatical information is: <u>pro</u>noun, <u>dem</u>onstrative, <u>absent</u>ative.

Other abbreviations may be found in the definition, including the following:

    (anim)   animate
    (inan)   inanimate
    (ex)   for example

Definitions

In the dictionary, the English definition has a particular form, carefully chosen to reflect the meaning of the Cree word it describes. Since most of the words in Cree are verbs, their definitions reflect this. Verbs are actions, usually involving participants, so the definition includes words in English that tell who the participants are for that Cree word, as follows:

s/he
This word is always used to indicate a human participant.
It makes no difference whether the participant is male or female.

s/he, it (anim)
Sometimes this designation is used — especially when the action could be performed by a person **or** by another animate noun (animal, etc.)

In a few cases, such as 'she gives birth' or 'he has a beard', the *s/he* designation is not used for practical reasons. How-ever, it should be pointed out that the Cree word does not explicitly designate "female" or "male", even in these cases.

it
When "it" alone appears before the action word, an *inanimate* participant is indicated.

Certain verbs can refer to either an animate **or** an inanimate participant. These are designated as **vai/vii**, and have "s/he, it" listed in the definition.

Many words that describe places or shapes or weather are expressed as verbs in Cree; this means that the definition will be in the form of a complete sentence, as for all other verbs:

ᓅᑎᒫᐤ nuutimaau **vii** • it is a round shape

ᐱᔅᑯᑎᓈᐤ piskutinaau **vii** • it is a high hill

ᒋᒧᐎᐣ chimuwin **vii** • it is raining

Scientific terms (in Latin) are provided for a number of animals, birds, fish, insects and plants. These are often provisional, especially in the case of birds and fish, when positive identification has not yet been made. These terms will be found in the definition in italics:

ᐧᐄᔥᑳᒑᓂᔥ wiishkachaanish **na** • gray jay, Canada jay, whiskeyjack *Perisoreus canadensis*

Resources

A number of resources have been prepared to assist teachers and students with learning about Cree spelling, grammar and reading. Most of these can downloaded from the www.eastcree.org website:

- Spelling Manuals for Northern and Southern Dialects
- Resource Book for classrooms terms used in the elementary grades
- Cree syllabic fonts and keyboards for typing in Cree
- Grammar pages for learning more about the language
- Verb conjugation guides
- Catalogue of books and educational material in Cree
- Oral stories database with downloadable sound files of stories in Cree
- On-line Dictionary with advanced search engines, sound files and pictures
- On-line language games, lessons and exercises

Other useful sites are:
- www.atlas-ling.ca
- www.cscree.qc.ca
- www.creeculture.ca
- www.gcc.ca
- www.sil.org/computing/toolbox/
- www.collectionscanada.ca/naskapi/
- www.tshakapesh.ca
- www.innu-aimun.ca/dictionary

∇ e preverb ♦ whenever (used with conjunct verbs)

∇ ᐃᔑ e iishi preverb ♦ like, in a certain way (changed form of iishi, used with conjunct verbs)

∇ᐃᒥᔅ eimis ni ♦ town of Amos

∇ᐃᔑᐌᓴ eishiwesaa p,interjection ♦ I wonder ▪ ∇ᐃᔑᐌ ᑲᑦ ᐊᔕᑲᑌᐊ ᐋᐊ ᐊᐦᑲᐦᐄᐸᐊₓ ▪ *I wonder what that house is going to look like.*

∇ᐅᑯᓂᒃ eukunich pro,focus ♦ they are the ones, these are the ones (see *eukun*) ▪ ∇ᐅᑯᓂ ᑲ ᐯᒋ ᒪᔑᒋᐸᐃᒋᐦᐄᒋₓ ▪ *They are the ones who were mean to me.*

∇ᐅᑲᐊ eukun pro,focus ♦ that's the one, that's it (anim or inan) ▪ ∇ᐅᑲᐊ ᑲ ᐯᒋ ᒪᔑᒋᐸᐃᒋᒃₓ ▪ *That's the one who was mean to me.*

∇ᐅᑲᐊᐦ eukunh pro,focus ♦ these are the things, these are the ones (inan, see *eukun*) ▪ ∇ᐅᑲᐊᐦ ᑲ ᒥᐦᒃₓ ▪ *These are the things she gave me.*

∇ᐅᑲᐊᐦ eukunh pro,focus ♦ that's the one, these are the ones (obv anim, see *eukun*) ▪ ∇ᐅᑲᐊᐦ ᑲ ᐯᒋᒪᐃᒋᑦᒃₓ ▪ *These are the ones who were mean to him.*

∇ᐅᑲᔪ eukuyuu pro,focus ♦ that's the thing (see *eukun*) ▪ ∇ᐅᑲᔪ ᑲ ᒥᐦᒃₓ ▪ *That is the thing she gave me.*

∇ᐅᑲᔪᐦ eukuyuuh pro,focus ♦ these are the things, these are the ones (inan, see *eukun*) ▪ ∇ᐅᑲᔪᐦ ᑲ ᒥᐦᒃₓ ▪ *They are the things she gave me.*

∇ᐅᑲᔪᐦ eukuyuuh pro,focus ♦ that's the one, these are the ones (obv anim, see *eukun*) ▪ ∇ᐅᑲᔪᐦ ᑲ ᐯᒋᒪᐃᒋᑦᒃₓ ▪ *They are the ones who were mean to him.*

∇ᐅ·ᐸᓂᔦᓄ eukwaaniyene pro,focus,absent [Mistissini] ♦ that's the absent thing, there it goes ▪ ∇ᐅ·ᐸᓂᔦᓄ ᓄᐦᒌₓ ▪ *There goes my canoe.*

∇ᐅ·ᐸᓂᔦᓄᒡ eukwaaniyeneyuu pro,focus, absent [Mistissini] ♦ that's the absent thing, away it went (inan obviative) ▪ ∇ᐅ·ᐸᓂᔦᓄᒡ ᐅᒡᒃₓ ▪ *Away went his canoe.*

∇ᐅ·ᐸᓂᔦᐦᑲ eukwaaniyehkaa pro,focus, absent ♦ so there they go (plural anim, said just after someone has left) ▪ ∇ᐅ·ᐸᓂᔦᐦᑲ ᑲ ᒥᐦᒃᐹᐯᐄᐟᐅₓ ▪ *They have left for a long time.*

∇ᐅ·ᐸᓂᔦᐦᑲᓇᓂᒡ eukwaaniyehkaanaanich pro,focus,absent [Mistissini] ♦ so there s/he goes (plural obv anim, said just after someone has left, used for humans)

∇ᐅ·ᐸᓂᔦᐦᑲᓇᐊᐦ eukwaaniyehkaanaanh pro,focus, absent [Mistissini] ♦ so there the things go (plural obv anim and inan, said just after someone has left, used for humans)

∇ᐅ·ᐸᓂᔮ eukwaaniyaa pro,focus, absent ♦ so there it goes (said just after something, ex truck, skidoo, has left or something is gone for good) ▪ ∇ᐅ·ᐸᓂᔮ ᒥᒋ·ᐁ ᐅᒡᐸᐋᐊₓ ♦ ∇ᐅ·ᐸᓂᔮ ᐊᐅᑦ ᒥᒋ·ᐁ ᐅᒡᐁᐋₓ ▪ *There go all the trucks!* ♦ *There go all her/his trucks!*

∇ᐅ·ᐸᓂᔮᓇ eukwaaniyaanaa pro,focus, absent [Inland] ♦ so there it goes, dead, lost, gone ▪ ∇ᐅ·ᐸᓂᔮᓇ ᒥᒋ·ᐁ ᐅᒡᐸᐋᐊₓ ♦ ∇ᐅ·ᐸᓂᔮᓇ ᐋᐊ ᓄᑕᑉᐅᐦₓ ♦ ∇ᐅ·ᐸᓂᔮᓇ ᐋᐊ ᐊᓂᐦᐊₓ ▪ *There go all the trucks!* ♦ *There goes the child (ex when sliding).* ♦ *Now that dog is gone, dead.*

∇ᐅ·ᐸᓂᔮᓇᐦ eukwaaniyaanaah pro,focus, absent [Inland] ♦ so there it goes, dead, lost ▪ ∇ᐅ·ᐸᓂᔮᓇ ᐋᐊ ᐅᒡᐁᐋᐦₓ ♦ ∇ᐅ·ᐸᓂᔮᓇᐦ ᐅᐦₓ ▪ *There goes his child (ex when sliding).* ♦ *Now her dog is gone, dead.*

∇ᐅ·ᐸᓂᔮᐦ eukwaaniyaah pro,focus,absent ♦ so there they go (said just after something, ex dog, children, have left or are gone for good) ▪ ∇ᐅ·ᐸᓂᔮᐦ ᒥᒋ·ᐁ ᐅᐦₓ ▪ *There go all her/his dogs!*

∇ᐅ·ᐸᓇ eukwaanaa pro,focus, absent ♦ that's the absent one, so there s/he goes (plural obv anim, said just after someone has left, used for humans) ▪ ∇ᐅ·ᐸᓇ ᑲ ᐯᒡ ᓄᐦᔭᐦ ᐅᒡᒃᔪᐦᐊₓ ▪ *My brother left by boat yesterday.*

∇ᐅᐦ eukh p,interjection ♦ command to tell the leader of the dogteam to go to the right

∇ᐅᒡ eukw p,interjection ♦ that's it, uh-huh ▪ ∇ᐅᒡ ᐅ ᒍᑦ ∇ ᐊᔑᑲᐦᐦᐦₓ ▪ *That's the one that looks exactly the same.*

ᐁᐅᔅᐱᔅᑯᓄᐄᔥᑑᒡ euspiskunuwiishtuuch nip ♦ the back of the beaver house opposite to the door side

ᐁᐄᒉ ewiiche pro,dubitative ♦ it must be him/her/it (anim) ▪ ᐁᐄᒉ ᒐ̆ᐦ ᑳ ᓂᐸᐦᐋᒡ ᐊᒧᔅᒄ ᐊᑦᒥᒄ ᕽ ᐁᐄᒉ ᐊᐦ ᒫᐦᐄᐦᒋᒡ ᑳ ᓂᐸᐦᐋᒡ ᐊᒧᔅᒄ ᒌᔥᐦ ▪ It must be John who killed that beaver. ♦ It must have been the wolf that killed the moose.

ᐁᐄᒉᓂᒌ ewiichenichii pro,dubitative ♦ it must be them (anim, see ewiiche) ▪ ᐁᐄᒉᓂᒌ ᑳ ᓂᐸᐦᐋᒋᒄ ᐊᒧᔅᒄ ᐊᑦᒥᒡ ▪ It must be them who killed that beaver.

ᐁᐄᒉᓂᒡ ewiichenich pro,dubitative ♦ it must be them (anim, see ewiiche) ▪ ᐁᐄᒉᓂᒡ ᑳ ᓂᐸᐦᐋᒋᐦᒡ ᐊᒧᔅᒄ ᐊᑦᒥᒡ ▪ It must be them who killed the beaver.

ᐁᐄᒉᓂᐦᐄᐦ ewiichenihiih pro,dubitative ♦ it must be him/her/them (obv anim, see ewiiche)

ᐁᐄᒉᓂᐦᐄᐦ ewiichenihiih pro,dubitative ♦ it must be them (inan, see ewiiche) ▪ ᐁᐄᒉᓂᐦᐄᐦ ᒥᓯᓈᐦᐃᑲᓈᐦᒡ ▪ They must be our books.

ᐁᐄᒉᓐᐦ ewiichenh pro,dubitative ♦ it must be them (inan, see ewiiche) ▪ ᐁᐄᒉᓐᐦ ᒥᓯᓈᐦᐃᑲᓈᐦᒡ ▪ They must be our books.

ᐁᐄᒉᓐᐦ ewiichenh pro,dubitative ♦ it must be him/her/them (obv anim, see ewiiche) ▪ ᐁᐄᒉᓐᐦ ᐅᐦᑖᐦ ᑳ ᓂᐸᐦᐋᔨᑦ ᐊᒧᔅᒄ ᐊᑦᒥᒡ ᕽ ᐁᐄᒉᓐᐦ ᐅᑕᒥᒡ ▪ It must be his father who killed the beaver. ♦ They must be her/his snowshoes.

ᐁᐱᒥᒌᐦᑖᑳᒡ epimichihtakaach nip ♦ counter, wall

ᐁᑎ eti preverb ♦ begin to (changed form of ati, used with conjunct verbs) ▪ ᐁᑎ ᒫᐃᒡ ᐊᓂᒡ ᐁ ᐊᐱᒡ ᕽ ᓂᐦ ᓅᐦᒉᐦᐃᑳᐸᓂᒡ ᐁᑎ ᐅᒉᐅᔥᒡ ▪ Then she began to cry as she sat there. ♦ We went for a walk in the evening.

ᐁᑎᑐᐄᔥ etituwiish p,quantity dim ♦ a little bit more (used for comparative) ▪ ᐁᑎᑐᐄᔥ ᒥᔥᒡ ᐅᓕᐦᑉᒡ ᐊᓐᐊᓐ ᓂᑕᓂᓐ ▪ His tent is a little bigger than ours.

ᐁᑎᑐ etituu p,quantity ♦ quantity, more (used for comparative) ▪ ᐁᑎᑐ ᒥᔥᒡ ᐊ ᐅᐊᔥᐦᑲᒥᑯᓂᓐ ▪ His house is much bigger.

ᐁᑎᒋᓂᐯᑯᒋᓐ etichinipekuchin vai ♦ s/he/it (anim) is floating right side up, on her/his/it's back

ᐁᑎᒋᓂᐯᑯᐦᑎᓐ etichinipekuhtin vii ♦ it (ex boat) is floating right side up, on it's back

ᐁᑎᒋᓂᐱᑌᐤ etichinipiteu vta ♦ s/he pulls him/her onto right side up, his/her back

ᐁᑎᒋᓂᐱᑕᒻ etichinipitam vti ♦ s/he pulls it right side up, onto its back

ᐁᑎᒋᓂᐸᔨᐦᐅ etichinipayihuu vai -u ♦ s/he/it (anim) turns over right side up, onto her/his/its back

ᐁᑎᒋᓂᐸᔫ etichinipayuu vai -i ♦ s/he falls backwards right side up, on her/his back

ᐁᑎᒋᓂᒌᒣᐤ etichinichimeu vai [Coastal] ♦ s/he/it (anim) swims right side up, on her/his/its back

ᐁᑎᒋᓂᓀᐤ etichinineu vta ♦ s/he holds it (anim) front side up, face up

ᐁᑎᒋᓂᓇᒻ etichininam vti ♦ s/he holds it front side up

ᐁᑎᒋᓂᔑᒣᐤ etichinishimeu vta ♦ s/he lays him/her/it (anim) down right side up

ᐁᑎᒋᓂᔑᓐ etichinishin vai ♦ s/he lies right side up, on her/his back

ᐁᑎᒋᓂᔥᑌᐤ etichinishteu vii ♦ it is sitting right side up, on its back

ᐁᑎᒋᓂᔥᑖᐤ etichinishtaau vai+o ♦ s/he lays it down right side up, on its back

ᐁᑎᒋᓂᔥᑴᔑᓐ etichinishkweshin vai ♦ s/he lies right side up, on her/his back, face-up

ᐁᑎᒋᓈᑎᑳᐤ etichinaatikaau vai [Inland] ♦ s/he/it (anim) swims right side up, on her/his/its back

ᐁᑎᓀᐸᔫ etinepayuu vai/vii -i [Coastal] ♦ there is a dent in it, an impression of something on it

ᐁᑎᔅᒌᐤ etischiiu vai ♦ s/he leaves footprints, it (anim) leaves tracks

ᐁᑎᔥᑯᐌᐤ etishkuweu vta ♦ s/he dents, marks it (anim) by foot, by stepping on, kicking it

ᐁᑎᔥᑲᒻ etishkam vti ♦ s/he dents, marks it, by foot, by stepping on, kicking it

ᐁᑖᐦᐊᒻ etaham vti ♦ s/he dents, marks it, s/he leaves a dent, mark on it

ᐁᑖᐦᐌᐤ etahweu vta ♦ s/he leaves a dent, mark on it (anim)

ᐁᑕᐱᴴᑲᐅᵒ   ᐁᔅᑯᴴᐄᐯᵒ

ᐁᑕᐱᴴᑲᐅᵒ etaapihkaateu vii ◆ it is marked by tying with something string-like, has the impression of the string on it

ᐁᑕᐱᴴᑲᓲ etaapihkaasuu vai -u ◆ s/he/it (anim) is marked from being tied with something

ᐁᑯᑌᴴ ekuteh p,location ◆ OK, it's fine, right there ▪ ᐁᑯᑌᴴ, ᑯᐃᔅᐸ ᐃᓈᑯᐦᐊᵒˣ ▪ *It's okay, it looks fine.*

ᐁᑯᑦᴴ ekut-h p,location ◆ right there

ᐁᑯᐊ ekun p,interjection ◆ that's enough ▪ ᐁᑯᐊ ᐄᵐᐱᵐ ᐊᒥᒡ ᐊᐊ ᐊᓂᴸˣ ▪ *Quit feeding that dog.*

ᐁᑯᐢ ekush p,interjection ◆ it doesn't matter, give in ▪ ᐁᑯᐢ ᓂ ᐅᒡᒍᐅᵃˣ ▪ *It doesn't matter, I'll do it myself.*

ᐁᑯᴴ ekuh p,interjection ◆ so, then, now ▪ ᐁᑯᴴ ᓂ ᓀᐸᒡ ᒥᓅᐸᵐ ᒡ ᐊᒍᴴᐅᶜˣ ▪ *Now he will sleep after walking for such a long time.*

ᐁᑯᴴ ᐁᑎᵇ ekuh etik vta ◆ what I said to him/her (*ekuh* + changed conjunct of *iteu*) ▪ ᐁᑯᴴ ᐁᑎᵇ ᓃ, ᒑ ᒥᔅᒋᔐᵃˣ ▪ *Then, I said to Mary: "Where is your shoe?"*

ᐁᑯᴴ ᐊᔦᵘᴸ ekuh iyaahch p,time ◆ the first time (ex he went out) ▪ ᐁᑯᴴ ᐊᔦᵘᴸ ᐊᔦᵈ ᐁᔅᐃᶜˣ ▪ *It's the first time he's going out.*

ᐁᑯᴴ ᐁᐄ ekuh wesaa p,interjection ◆ exclamation of surprise, oh my goodness ▪ ᐁᑯᴴ ᐁᐄ ᐸᵈᐄᑦᶜ ᐁᔅᐅᒡᓴᓂˣ ▪ *My goodness, she broke the lamp!*

ᐁᑯᴴ ᐳᑦ ekuh puut p,interjection ◆ well now (ex probably there will be drinking), expression of dismay, dread, pessimism ▪ ᐁᑯᴴ ᐳᑦ ᐊᒐᐊ ᒥᒡ ᐅᴵᒥ ᒥᑐᐸᵒˣ ▪ *I don't think she'll find him.*

ᐁᑯᴴ ᒫᵇ ekuh maak p,interjection ◆ well then, so then ▪ ᐁᑯᴴ ᒫᵇ ᒥᒥᑉ ᒡ ᐊᓲᴹᒉᵃˣ ▪ *So then I lost it all.*

ᐁᑯᴴ ᴺᐳᶜ ekuh huut p,interjection ◆ OK let's go, expression of agreement to do an action ▪ ᐁᑯᴴ ᴺᐳᶜ ᐱᐃᒐᵒˣ ▪ *Ok, let's hurry up.*

ᐁᑰᴴ ekuuh p,interjection ◆ let's go, and then ▪ ᐁᑰᴴ ᒪᐃᒐᵒ ᓃᵐ ᒥᐃᐄᐊᔲˣ ▪ *Let's go, they are waiting for us.*

ᐁᑳ ekaa p,negative ◆ not, unless ▪ ᐁᑳ ᒥᒋᔕᓅ, ᓂᵇ ᐅᐳᵐᓂᐸᵃˣ ▪ *If I don't eat, I will have a headache.*

ᐁᑳ ᐅᐊᒡᐊᶜ ekaa wiiskaat p,negative ◆ never before ▪ ᐁᑦᴸ ᐁᑳ ᐅᐊᒡᐊᶜ ᐅᴵᒥ ᐊᒡᒎᒉᶜᵒ ᓯᓅᑎᓕᐅᴸˣ ▪ *I don't think they ever saw each other before.*

ᐁᑳ ᐊᓂᒥ ekaa pitimaa p,interjection ◆ not now, wait, just a minute ▪ ᐁᑳ ᐊᓂᒥ, ᐸᐊ ᐊᓂᵐᐊᓐᵃ ᒡᐅᔭᵃˣ ▪ *Wait, I want to help you.*

ᐁᑳᐄ ekaawii p,negative ◆ not (imperative), don't ▪ ᐁᑳᐄ ᐊᵐᒨᶜᴴˣ ▪ *Don't do it!*

ᐁᒋᑲ echikan p,evaluative ◆ apparently ▪ ᐁᒋᑲ ᐊᓛᐧ ᐊ ᐳᒡᴸᶜ ᒡ ᒥᵐᒡᴵᵇˣ ▪ *Apparently, it wasn't her coat she was wearing.*

ᐁᒋᐸᔮᒡᶜ echikaachiiwet nip ◆ her/his waist

ᐁᒥᴴᒀᓂᓲ emihkwaanisuu na -shiish ◆ black water bug (smaller than amiskusiis), believed poisonous

ᐁᒥᴴᒀᐊ emihkwaan na ◆ spoon

ᐁᓂᐸᔰ enipayuu vai/vii -i ◆ s/he/it goes to the bottom

ᐁᓂᔑᐊ enishin vai ◆ s/he lies down flat, s/he falls sick and cannot move for a long time

ᐁᓂᴴᒑᐅ enihchaau vii ◆ it is an elevation of land

ᐁᓇᐳ enapuu vai -i ◆ s/he sits down on the bare floor, ground (with nothing between)

ᐁᓇᑎᐊ enatin p,location ◆ at the base, bottom of a mountain

ᐁᓇᑳᵐ enakaam p,location ◆ same side of the body of water as the speaker ▪ ᐁᓇᑳᵐ ᒥᐳᵒ ᓂᐳᐃᵃˣ ▪ *Our cabin is on this side of the water, river, lake.*

ᐁᓇᔅᑲᒥᴴᶜ enaskamihch p,location ◆ on flat land, earth

ᐁᓇᔥᑌᐅᵒ enashteu vii ◆ it is placed flat

ᐁᓈᐅᴴᶜ enaauhch p,location ◆ flat on the sand, at the bottom on sand

ᐁᓈᒥᔥ enaamisch p,location ◆ at the bottom of a river, lake or stream

ᐁᓈᴴᶜ enaahch p,location ◆ on the bottom, flat against the bottom (ex of boat, on floor)

ᐁᓯᒥᑲ esimikan na [Coastal] ◆ seashell (hinged), bivalve mollusc

ᐁᔅ es na [Mistissini] ◆ seashell

ᐁᔅᑰᴴᐄᐯᐅᵒ eskuuhiipeu vai ◆ s/he sits and waits at the beaver net

ᐁᔅᖧᐤ **escheu** vai ♦ s/he does everything necessary to catch a beaver at its lodge using a net (find the lodge, prepare the place for the net, have someone watch the net, bang the top of the lodge to get the beaver out, and catch him)

ᐁᔑᑯᒼ **eshikum** p,time [Coastal] ♦ every (day, time, year)

ᐁᔑᔑᓐ **eshishin** vai ♦ s/he leaves a mark

ᐁᔑᐦᑎᓐ **eshihtin** vii ♦ it leaves a mark

ᐁᔥᑯᔒᔥ **eshkushiish** p,time dim ♦ in a little while ▪ ᐁᔥᑯᔒᔥ ᓂᐸ ᒑᑐᔑᐊ ᐄᔭ ▪ *I'll come a little later on.*

ᐁᔥᑲᓇᒡ **eshkanach** na pl ♦ antlers

ᐁᔥᑲᓐ **eshkan** ni ♦ ice chisel

ᐁᔥᒄ **eshkw** p,time ♦ later, still, yet ▪ ᐁᔥᒄ ᒋᐊ ᐸᒡ ᐊᔅᒡᓗᐹᐦ ▪ *He will be asked to come later.*

ᐁᔥᒄ ᐁᑲ **eshkw ekaa** p,time ♦ before, beforehand, ahead of time ▪ ᐊᓴᒥ ᒥᐅᒡ ᐁᔥᒄ ᐁᑲ ᒥᒋᔒ ▪ *Feed your dog before you go.*

ᐁᔥᒄ ᐁᑲ **eshkw ekaa** p,time ♦ not yet

ᐁᔪᐌᐦᒡ **eyuwehch** p,manner ♦ regardless, anyway ▪ ᒑ ᐁᔪᐌᐤ ᐸᒡ ᑯᐦᒋᒉᐦ ▪ *He's going to try again anyway.*

ᐁᔫ **eyuu** p ♦ also, including ▪ ᐁᔫ ᒥᐦᒋᓐ ᐦ ᒥᒡᑯᐦᐦ ▪ *He was also given some wood.*

ᐁᔫᒄ **eyuukw** p,interjection ♦ exclamation used for someone hitting right on a target (ex object, bird, animal, goal) ▪ ᐁᔫᒄ ᐁᒡᐦ ᓂ ᐊ ᒣᦺᐦᐊᔭᐦ ▪ *I'll make sure I hit the target this time.*

ᐁᔭᔨᐦᑕᑳᒡ **eyaayihtakaach** nip ♦ wall

ᐁᐦᐁ **ehe** p,affirmative ♦ yes, ok ▪ ᐁᐦᐁ, ᑫ ᓂ ᐊᒋᐦᐋᒡᐊᐦ ▪ *Ok, I'll help you.*

ᐃ

ᐃᑌᐍᐦᑕᒼ **itewehtam** vti [Coastal] ♦ s/he chews it (ex chips) loudly

ᐃᑌᐍᐦᑲᐦᑐᐌᐤ **itewehkahtuweu** vta [Coastal] ♦ s/he chews it (anim) loudly

ᐃᑌᐍᐦᑲᐦᑕᒼ **itewehkahtam** vti [Coastal] ♦ it (dog) chews something loudly

ᐃᑌᐤ **iteu** vta ♦ s/he says to him/her

ᐃᑌᐸᔨᐦᐁᐤ **itepayiheu** vta ♦ s/he mixes it (anim) by shaking

ᐃᑌᐸᔨᐦᑖᐤ **itepayihtaau** vai+o ♦ s/he mixes it up by shaking it

ᐃᑌᑲᓐ **itekan** vii ♦ it (sheet-like) looks, appears a certain way

ᐃᑌᒋᓲ **itechisuu** vai -i ♦ it (anim, sheet-like) looks, appears a certain way

ᐃᑌᔨᒣᐤ **iteyimeu** vta ♦ s/he thinks so of him/her

ᐃᑌᔨᒥᑐᐎᒡ **iteyimituwich** vai pl recip -u ♦ they think of each other in such a way, in a certain way

ᐃᑌᔨᒥᓲᐎᓐ **iteyimisuwin** ni ♦ one's self-esteem

ᐃᑌᔨᒥᓲ **iteyimisuu** vai reflex -u ♦ s/he thinks so of her/himself

ᐃᑌᔨᒨ **iteyimuu** vai -i ♦ s/he thinks, s/he feels a certain way

ᐃᑌᔨᐦᑕᒥᐦᐁᐤ **iteyihtamiheu** vta ♦ s/he makes her think like so

ᐃᑌᔨᐦᑕᒼ **iteyihtam** vti ♦ s/he thinks

ᐃᑌᔨᐦᑖᑯᓐ **iteyihtaakun** vii ♦ it feels like it

ᐃᑌᔨᐦᑖᑯᓲ **iteyihtaakusuu** vai -i ♦ s/he is considered so, s/he is thus regarded, s/he seems so, s/he feels so (when touched, to someone)

ᐃᑌᔨᐦᒉᐤ **iteyihcheu** vai ♦ s/he is thinking (about a person)

ᐃᑌᔮᑲᒪᐦᐊᒼ **iteyaakamaham** vti ♦ s/he stirs the liquid

ᐃᑌᐦᐊᒼ **iteham** vti ♦ s/he stirs it (liquid)

ᐃᑌᐦᐌᐤ **itehweu** vta ♦ s/he stirs it (anim, liquid)

ᐃᑌᐦᑲᐦᑐᐌᐤ **itehkahtuweu** vta [Coastal] ♦ s/he talks loudly to him/her

ᐃᑌᐦᑲᐦᑕᒼ **itehkahtam** vti [Coastal] ♦ it (anim, dog) barks at it

ᐃᑌᐦᒉ **itehche** p,location ♦ towards, on the side (used with demonstrative adverb) ▪ ᐲᐤ ᐃᑌᐦ ᐊᒋᐦ ▪ *Put it on this side.*

ᐃᑌᐦᒉᑳᒼ **itehchekaam** p,location ♦ this or that side of the river

ᐃᑌᐦᒉᔥᑯᐌᐤ **itehcheshkuweu** vta ♦ s/he walks on that side of it (anim)

ᐃᑌᐦᒉᔥᑲᒼ **itehcheshkam** vti ♦ s/he walks on that side of it

ᐃᐻᒉᐊᒡ itehcheham vti ♦ s/he drives on that side of it, s/he shoots off to one side of it (target)

ᐃᐻᒉᐌᐤ itehchehweu vta ♦ s/he drives on that side of it (anim), s/he shoots off to one side of it (anim, target)

ᐃᐅᑕᒻ itweutam vti ♦ s/he cries long and loud

ᐃᐅᐦᐁᐤ itweuheu vta ♦ s/he makes him/her cry long and loud

ᐃᐁᐱᑕᒻ itwewepitam vti ♦ s/he makes lots of noise, by moving things around

ᐃᐁᐸᔫ itwewepayuu vii -i ♦ it (ex engine) is heard

ᐃᐁᒣᐤ itwewemeu vta ♦ s/he talks long at him/her

ᐃᐁᒪᑲᓐ itwewemakan vii ♦ it is noisy, it has a sound like

ᐃᐁᓯᒉᐤ itwewesicheu vai ♦ s/he makes lots of noise by shooting a gun

ᐃᐁᐦᐊᒻ itweweham vti ♦ s/he makes noise by hitting it, s/he knocks it so

ᐃᐁᐦᐌᐤ itwewehweu vta ♦ s/he makes noise by hitting him/her/it (anim, ex drum)

ᐃᐁᐦᑕᒻ itwewehtam vti [Inland] ♦ s/he chews it (ex chips) loudly

ᐃᐁᐦᑖᐤ itwewehtaau vai+o ♦ s/he makes loud noises

ᐃᐁᐦᑲᐦᑐᐌᐤ itwewehkahtuweu vta [Inland] ♦ s/he chews it (anim) loudly

ᐃᐁᐦᑲᐦᑕᒻ itwewehkahtam vti [Inland] ♦ it (dog) chews something loudly

ᐃᐅ itweu vai ♦ s/he says ■ ᑖᔥ ᐃᐅ ᓖᐦ ■ *Mama said to come.*

ᐃᐅᔥᑕᒨᐌᐤ itweshtamuweu vta ♦ s/he interprets for him/her

ᐃᐅᔥᑕᒨᐋᑕᒻ itweshtamuwaatam vti ♦ s/he interprets it

ᐃᐅᔥᑕᒫᒉᐤ itweshtamaacheu vai ♦ s/he interprets

ᐃᐅᐦᐁᐤ itweuheu vta ♦ s/he says something to him/her, attributing it falsely to another, s/he tells him/her something not really said by another

ᐄᐅᐦᑲᐦᑐᐌᐤ itwehkahtuweu vta ♦ s/he talks to him/her very loudly, it (anim) barks, growls at him/her

ᐄᐅᐦᑲᐦᑕᒻ itwehkahtam vti [Inland] ♦ it (anim, dog) barks at it

ᐄᐅᐦᑳᓲ itwehkaasuu vai -u ♦ s/he makes a certain kind of noise with her/his mouth

ᐃᑎᓀᐤ itineu vta ♦ s/he holds him/her so

ᐃᑎᓇᒻ itinam vti ♦ s/he holds it so

ᐃᑎᓯᑯᓱ itisikusuu vai -i ♦ it (ice) looks a certain way

ᐃᑎᔅᑳᓀᓲ itiskaanesuu vai -i ♦ s/he is of a certain race, tribe, nation

ᐃᑎᔕᒨ itishamuu vii -u ♦ it (road) runs a certain way

ᐃᑎᔕᒨ itishamuu vai -u ♦ s/he flees to there

ᐃᑎᔕᒨᔥᑐᐌᐤ itishamuushtuweu vta ♦ s/he flees to him/her

ᐃᑎᔕᐦᐊᒨᐌᐤ itishahamuweu vta ♦ s/he sends it to him/her

ᐃᑎᔕᐦᐊᒫᒉᐤ itishahamaacheu vai ♦ s/he sends something to another

ᐃᑎᔕᐦᐊᒻ itishaham vti ♦ s/he sends it

ᐃᑎᔕᐦᐌᐤ itishahweu vta ♦ s/he sends him/her it (anim)

ᐃᑎᔕᐦᐙᑲᓐ itishahwaakan na ♦ someone who is sent somewhere for something, emissary

ᐃᑎᐦᑐᐁᓯᒉᐤ itihtwewesicheu vai ♦ the sound of her/his shooting is heard from there

ᐃᑎᐦᑐᐁᔥᑲᒻ itihtweweshkam vti ♦ s/he causes noise, sound to come from over there

ᐃᑎᐦᑐᐌᐤ itihtuweu vta ♦ s/he hears him/her/it (anim) in a certain way, s/he sounds so to him/her

ᐃᑎᐦᑐᐹᐯᔥᑯᒋᑲᓀᓲ itihtupaapeshkuchikanesuu vai -i ♦ s/he/it (anim) weighs certain number of pounds

ᐃᑎᐦᑐᐹᐯᔥᑯᒋᑲᓀᔮᐤ itihtupaapeshkuchikaneyaau vii ♦ it weighs a certain number of pounds

ᐃᑎᐦᑖᑯᓐ itihtaakun vii ♦ it sounds like

ᐃᑎᐦᑖᑯᓲ itihtaakusuu vai -i ♦ s/he sounds like

5

ᐃᑎᑊᑲᐧᐁᐤ **itihkaweu** vai ♦ it (grain of tree) looks a certain way (ex good for snowshoe frames)

ᐃᑐᑊᐅᐤ **ituhteu** vai ♦ s/he/it (anim) walks there

ᐃᑐᑊᒋᐧᐁᐤ **ituhtuweu** vta ♦ s/he takes something to him/her

ᐃᑐᑊᒐᑖᐤ **ituhtataau** vai+o ♦ s/he takes it there with her/him

ᐃᑐᑊᒋᐧᐁᐤ **ituhtaheu** vta ♦ s/he takes him/her it (anim) there

ᐃᑕᐧᐁᑊᐊᒎᐧᐁᐤ **itawehamuweu** vta ♦ s/he cuts, fixes someone's hair in a certain way

ᐃᑕᐧᐁᑊᐊᒫᐤ **itawehamaau** vai ♦ s/he cuts, fixes her/his own hair in a certain way

ᐃᑕᑎᓈᐤ **itatinaau** vii ♦ the mountain looks a certain way

ᐃᑕᒋᒣᐤ **itachimeu** vta ♦ s/he charges so much for it (anim)

ᐃᑕᒋᔅᑖᑯᓱᐤ **itachistaakusuu** vai -i ♦ it (anim) costs a certain amount

ᐃᑕᒋᑊᑕᒨᐧᐁᐤ **itachihtamuweu** vta ♦ s/he charges him/her so much for it

ᐃᑕᒋᑊᑕᒼ **itachihtam** vti ♦ s/he charges so much for it

ᐃᑕᒋᑊᑖᑯᓐ **itachihtaakun** vii ♦ it costs a certain amount

ᐃᑕᒧᐧᐁᐤ **itamuheu** vta ♦ s/he sticks it (anim) on, in a certain way

ᐃᑕᒧᑖᐤ **itamuhtaau** vai+o ♦ s/he sticks it on, in a certain way

ᐃᑕᒨ **itamuu** vai/vii -u ♦ it (road, path) leads to; it sticks on in a certain way

ᐃᑕᒪᑎᓲ **itamatisuu** vai -u [Coastal] ♦ s/he is aware of the presence of someone (ex spirit)

ᐃᑕᒪᑎᔔᔥᑐᐧᐁᐤ **itamatishuushtuweu** vta ♦ s/he feels the presence of him/her

ᐃᑕᒪᑎᔔᔥᑕᒼ **itamatishuushtam** vti ♦ s/he feels the presence of it in a certain way

ᐃᑕᒪᒋᑊᐁᐤ **itamachiheu** vta ♦ s/he makes him/her feel in a certain way

ᐃᑕᒪᒋᑊᐆ **itamachihuu** vai -u ♦ s/he feels in a certain way

ᐃᑕᒪᒋᑊᑖᐤ **itamachihtaau** vai+o -u ♦ s/he feels it in a certain way (ex on skin)

ᐃᑕᓂᑊᐆ **itanihuu** vai -u ♦ s/he is gone a long time

ᐃᑕᓯᓇᐃᑊᐃᒉᐤ **itasinahiicheu** vai ♦ s/he writes so

ᐃᑕᓯᓇᑊᐊᒼ **itasinaham** vti ♦ s/he writes this on it

ᐃᑕᓯᓇᑊᐧᐁᐤ **itasinahweu** vta ♦ s/he writes something about him/her

ᐃᑕᓯᓈᑌᐤ **itasinaateu** vii ♦ it is written so, numbered so

ᐃᑕᓯᓈᓲ **itasinaasuu** vai -u ♦ it (anim) is written on, it (anim) is so written about her/him, it (anim) is her/his grade number [Mistissini] (ex grade four)

ᐃᑕᔒᑊᑯᐧᐁᐤ **itashiihkuweu** vta ♦ s/he is occupied, busy with it (anim)

ᐃᑕᔒᑊᑲᒼ **itashiihkam** vti ♦ s/he is occupied, busy with it

ᐃᑕᔓᐧᐁᐤ **itashuweu** vai ♦ s/he commands, orders

ᐃᑕᔓᐃᒡ **itashuwich** vai pl -i ♦ they are a certain quantity

ᐃᑕᔓᐙᑌᐤ **itashuwaateu** vta ♦ s/he gives orders about what is to be done with him/her

ᐃᑕᔓᐙᑕᒼ **itashuwaatam** vti ♦ s/he gives orders about what to do with it

ᐃᑕᔓᒣᐤ **itashumeu** vta ♦ s/he commands, orders him/her verbally

ᐃᑕᔥᑌᐤ **itashteu** vii [Mistissini] ♦ it is so placed, written

ᐃᑕᔥᑖᐤ **itashtaau** vai+o [Mistissini] ♦ s/he places, writes it so

ᐃᑕᑊᐆᑐᐧᐁᐤ **itahuutuweu** vai ♦ s/he takes it to him/her/them by canoe, boat, plane

ᐃᑕᑊᐆᑖᐤ **itahuutaau** vai+o ♦ s/he takes it there by canoe, boat, plane

ᐃᑕᑊᐆᑖᓲ **itahuutaasuu** vai ♦ s/he transports things by boat, plane

ᐃᑕᑊᐆᔦᐤ **itahuuyeu** vai ♦ s/he takes him/her it (anim) there by canoe

ᐃᑕᑊᐊᒣᐤ **itahameu** vai ♦ s/he/it (anim) takes a step a certain way

ᐃᑕᑊᐊᒎᐧᐁᐤ **itahamuweu** vta ♦ s/he sings a song to him/her

ᐃᑕᑊᐊᒫᓲ **itahamaasuu** vai ♦ s/he sings a certain way

ᐃᑕᑊᐊᒼ **itaham** vti ♦ s/he/it (anim, ex tractor) breaks it up (ex the earth)

ᐃᑎᐧᐁ° itahweu vta ♦ s/he/it (anim) breaks it (anim) up

ᐃᑏᐱᑌ° itahpiteu vta ♦ s/he ties it (anim) in a certain way

ᐃᑏᐱᑕᒻ itahpitam vti ♦ s/he ties it in a certain way

ᐃᑎᐧᐅᑳᓐ itahtwekanh vii pl ♦ there are so many layers of it (sheet-like, pl)

ᐃᑎᐧᐃᓅ° itahtwechineu vta ♦ s/he holds so many of it (anim, sheet-like)

ᐃᑎᐧᐃᓇᒻ itahtwechinam vti ♦ s/he holds so many of it (sheet-like)

ᐃᑎᐧᐃᓲᐧᐃᒡ itahtwechisuwich vai pl -i ♦ there are so many layers of it (anim, sheet-like)

ᐃᑎᐧᐃᔥᑯᐁ° itahtwechishkuweu vta ♦ s/he puts so many layers of it (anim) on his/her body

ᐃᑎᐧᐃᔥᑲᒻ itahtwechishkam vti ♦ s/he puts so many layers of it on his body

ᐃᑎᐧᐃᐦᑎᓐ itahtwechihtinh vii pl ♦ there are so many layers of it (sheet-like)

ᐃᑏᓐ itahtin vii ♦ there are a certain number

ᐃᑐᐳᓀᓲ itahtupunesuu vai -i ♦ it (anim) is ...X ...years old

ᐃᑐᐳᓐ itahtupunh vii pl ♦ X number of years ▪ ᒑ ᐃᑐᐳᓐ ᐯ ᐃᒑᐱᔮ. ▪ How many years were you gone?

ᐃᑐᑌᓅ itahtutenuu vai ♦ there are a certain number of families

ᐃᑐᔥᒑᐁᔮ° itahtushtaweyaau vai ♦ there are a certain number of beaver lodges in the area

ᐃᑐᐁ° itahtuheu vta [Coastal] ♦ s/he makes a certain number of them (anim)

ᐃᑐᐦᑏ itahtuhtii na [Inland] ♦ a certain number of dollars

ᐃᑐᐦᑖ° itahtuhtaau vai+o [Coastal] ♦ s/he makes a certain number of them (anim)

ᐃᑖᒻ itahtam vti ♦ s/he hears it so, it sounds so to him

ᐃᑎᐋᐯᑳᓐ itahtwaapekanh vii pl ♦ there are a certain number of things (string-like)

ᐃᑎᐋᐯᓲᐧᐃᒡ itahtwaapechisuwich vai pl -i ♦ there are so many things (anim, string-like)

ᐃᑎᐋᐯᒡ itahtwaapech p,quantity ♦ so many, a certain number of things (string-like) ▪ ᒑ ᐃᑎᐋᐯᒡ ᐯ ᐅᓈᐦᒉᔭᓐ ᐋᐸᓐ. ▪ How many snares did you make?

ᐃᑎᐋᐱᔅᑳᐦ itahtwaapiskaauh vii pl [Coastal] ♦ there are a certain number of (stone, metal) things

ᐃᑎᐋᐱᓲᐧᐃᒡ itahtwaapischisuwich vai pl -i ♦ they (anim, stone, metal) are a certain number

ᐃᑎᐋᐱᔅ itahtwaapisch p,quantity [Coastal] ♦ the number of stone, metal things needed ▪ ᒑ ᐃᑎᐋᐱᔅ ᐅᔖᐸᐦᐄᑲᓐ ᐊᔮᓐ. ▪ How many traps to you have?

ᐃᑎᐋᐱᐦᑳᑌ° itahtwaapihkaateu vta [Coastal] ♦ s/he ties a certain number of them (anim ex dogs) together

ᐃᑎᐋᐱᐦᑳᑌᐦ itahtwaapihkaateuh vii pl [Coastal] ♦ there are a certain number of things tied together

ᐃᑎᐋᐱᐦᑳᑕᒻ itahtwaapihkaatam vti [Coastal] ♦ s/he ties a certain number of things together

ᐃᑎᐋᔅᑯᓐ itahtwaaskunh vii pl [Coastal] ♦ there are a certain number of (stick-like) things

ᐃᑎᐋᔅᑯᓲᐧᐃᒡ itahtwaaskusuwich vai pl -i [Coastal] ♦ there is a certain number of them (anim, stick-like)

ᐃᑎᐋᔅᒄ itahtwaaskw p,quantity ♦ so many, a certain number of stick-like things ▪ ᒑ ᐃᑎᐋᔅᒄ ᐅᒋᐧᐋᐦᑎᑯᒡ. ▪ How many poles do you need?

ᐃᐹᐦᑳᐋᓐ itaauhkaahaan vii ♦ it is a pattern left on sand by water action

ᐃᐋᐯᑲᒧᐁ° itaapekamuheu vta ♦ s/he leaves it (anim, net) stretched out

ᐃᐋᐯᑲᒧᐦᑖ° itaapekamuhtaau vai+o ♦ s/he leaves it stretched out (ex sets up a clothesline)

ᐃᐋᐯᑲᓐ itaapekan vii ♦ it (string-like) is a certain shape

ᐃᐋᐯᓲ itaapechisuu vai -i ♦ it (anim, string-like) is a certain shape

ᐃᐋᐱᒌ° itaapichiiu vai ♦ s/he is gone for a certain length of time

ᐃᐋᐱᔅᑳ° itaapiskaau vii ♦ it (metal, stone object) looks a certain way

7

ᐃᑖᐱᔅᕆᔫ **itaapischisuu** vai-i ♦ it (anim, metal, rock) looks a certain way

ᐃᑖᐱᐦᑳᑌᐅ° **itaapihkaateu** vta ♦ s/he ties it (anim, string-like) in a certain way

ᐃᑖᐱᐦᑳᑕᒧ **itaapihkaatam** vti ♦ s/he ties it (string-like) in a certain way

ᐃᑖᐱᐦᑳᓲ **itaapihkaasuu** vai-u ♦ it (anim) is tied in a certain way

ᐃᑖᐱᐦᒁᒨ **itaapihkwaamuu** vai-u ♦ s/he sleeps with her/his eyes open

ᐃᑖᐴ **itaapuu** vai-i ♦ s/he gazes, s/he is looking

ᐃᑖᐸᑎᓐ **itaapatin** vii ♦ it is so used, it is used for

ᐃᑖᐸᑎᓰᔫ **itaapatisiiu** vai ♦ s/he does a certain kind of work, it (anim) is used for this purpose

ᐃᑖᑎᓰᔫ **itaatisiiu** vai ♦ s/he has a certain personality, s/he behaves so

ᐃᑖᑐᑕᒧ **itaatutam** vti ♦ s/he tells such news about it

ᐃᑖᒋᒣᐅ° **itaachimeu** vta ♦ s/he tells such news about him/her

ᐃᑖᒋᒨᐃᓐ **itaachimuwin** ni ♦ news, testimony

ᐃᑖᒋᒨ **itaachimuu** vai-u ♦ s/he tells the news, talks about something

ᐃᑖᔅᐱᓀᐃᓐ **itaaspinewin** ni ♦ disease, sickness, illness

ᐃᑖᔅᐱᓀᐅ° **itaaspineu** vai ♦ s/he has a certain disease, sickness, illness

ᐃᑖᔅᐱᓲ **itaaspisuu** vai-i ♦ s/he dresses in a certain way

ᐃᑖᔅᑴᔮᐅ° **itaaskweyaau** vii ♦ the area has a certain growth of trees

ᐃᑖᔅᑯᓀᐅ° **itaaskuneu** vta ♦ s/he holds it (anim, stick-like) so

ᐃᑖᔅᑯᓇᒧ **itaaskunam** vti ♦ s/he holds it (stick-like) so

ᐃᑖᔅᑯᔨᐌᐅ **itaaskuyiweu** vai ♦ s/he has certain body shape, figure

ᐃᑖᔅᑯᔨᐌᔮᐅ° **itaaskuyiweyaau** vii ♦ it is shaped in a certain way

ᐃᑖᔫ **itaashuu** vai-i ♦ s/he sails, blows there

ᐃᑖᔑᑎᓐ **itaashtin** vii ♦ it sails, blows there

ᐃᑖᔨᐦᒁᒧᐌᐅ **itaayihkwehmuweu** vta ♦ s/he combs, sets someone's hair in a certain way (old term)

ᐃᑖᔨᐦᒁᒫᐅ **itaayihkwehmaau** vai ♦ s/he has her/his own hair combed, set in a certain way (old term)

ᐃᑖᐅᑌᐅ° **itaahuteu** vii ♦ it is drawn, sucked into the current

ᐃᑖᐅᑯᐤ **itaahukuu** vai ♦ s/he/it (anim) is drawn, sucked into the current

ᐃᑖᐦᑲᔰᐤ **itaahkasweu** vta ♦ s/he burns it (anim) so, in a certain way

ᐃᑖᐦᑲᓲ **itaahkasuu** vai-u ♦ it (anim) burns so

ᐃᑖᐦᑲᓴᒧ **itaahkasam** vti ♦ s/he burns it so

ᐃᑖᐦᑲᐦᑌᐅ° **itaahkahteu** vii ♦ it burns so

ᐃᑦᕃᓲ **itwaasuu** vai ♦ s/he pretends

ᐃᓯᓂᐦᑳᓱᐃᓐ **isinihkaasuwin** ni ♦ name

ᐃᓯᓂᐦᑳᓲ **isinihkaasuu** vai-u ♦ her/his name is, s/he is named

ᐃᓯᓈᑯᓲ **isinaakusuu** vai-i ♦ s/he looks like

ᐃᓰᐌᓲ **isiiwesuu** vai-i ♦ s/he seems to be in an angry mood

ᐃᔅᐱᑌᐅ° **ispiteu** vta ♦ s/he moves him/her over a little, pulls him/her so

ᐃᔅᐱᑌᒦᔅᑲᒨ **ispitemiiskamuu** vii-i ♦ it is the season when the leaves are fully grown, a late spring

ᐃᔅᐱᑕᒧ **ispitam** vti ♦ s/he moves it in a certain way, to a certain position

ᐃᔅᐱᒋᑑ **ispichituu** vai-i [Inland] ♦ s/he is a certain size

ᐃᔅᐱᒋᔅᑑ **ispichistuu** vai-i [Coastal] ♦ s/he/it (anim) is a certain size

ᐃᔅᐱᒍ **ispichuu** vai-i ♦ s/he journeys to a winter camp

ᐃᔅᐱᓯᓈᑯᓐ **ispisinaakun** vii ♦ it is a certain distance away

ᐃᔅᐱᓯᓈᑯᓲ **ispisinaakusuu** vai-i ♦ s/he/it (anim) is a certain distance away

ᐃᔅᐱᓵᐱᐦᑐᐃᒡ **ispisaapihtuwich** vai pl recip-u ♦ they (anim) are a certain distance apart from each other

ᐃᔅᐱᓵᐱᐦᑐᐦᐁᐤ **ispisaapihtuheu** vta ♦ s/he sets a certain distance between them

ᐃᔅᐱᓵᐱᐦᑐᐦᑖᐤ **ispisaapihtuhtaau** vai+o ♦ s/he sets a certain distance between things

ᐃᔅᐱᓵᐸᒣᐅ° **ispisaapameu** vta ♦ s/he is a certain distance from him/her

ᐃᔅᐱᓵᐸᐦᑕᒻ ispisaapahtam vti ◆ s/he is a certain distance from it

ᐃᔅᐱᐦᑌᑲᓐ ispihtekan vii ◆ it (sheet-like, ex linoleum, fabric) is a certain length

ᐃᔅᐱᐦᑌᒋᓲ ispihtechisuu vai -i ◆ it (anim, sheet-like, ex canvas door or hide) is a certain size

ᐃᔅᐱᐦᑌᔦᑲᓐ ispihteyekan vii ◆ it (sheet-like, ex cloth) is a certain width

ᐃᔅᐱᐦᑌᔦᒋᓲ ispihteyechisuu vai -i ◆ it (anim, sheet-like, ex moose hide) is a certain width

ᐃᔅᐱᐦᑌᔨᒣᐤ ispihteyimeu vta ◆ s/he expects him/her, s/he regards him/her so, in a certain way

ᐃᔅᐱᐦᑌᔨᒥᑎᓲ ispihteyimitisuu vai reflex -u ◆ s/he thinks her/himself capable of so much physical effort (ex can work so long)

ᐃᔅᐱᐦᑌᔨᐦᑕᒻ ispihteyihtam vti ◆ s/he expects it, regards it in a certain way

ᐃᔅᐱᐦᑌᔨᐦᑖᑯᓐ ispihteyihtaakun vii ◆ it is regarded, considered so, in a certain way

ᐃᔅᐱᐦᑌᔨᐦᑖᑯᓲ ispihteyihtaakusuu vai -i ◆ s/he is capable to certain extent, s/he is worth it

ᐃᔅᐱᐦᑌᔫᑳᐤ ispihteyuukaau vii ◆ it is a certain length and breadth (something flat, meat for drying)

ᐃᔅᐱᐦᑌᔫᒋᓲ ispihteyuuchisuu vai -i ◆ it (anim) is a certain width, breadth (something flat, especially goose, fish for drying)

ᐃᔅᐱᐦᑎᐯᑲᓐ ispihtipekan vii ◆ the tide is at a certain level

ᐃᔅᐱᐦᑎᓂᑯᑑ ispihtinikutuu vai -i ◆ s/he is a certain weight

ᐃᔅᐱᐦᑎᓂᑯᓐ ispihtinikun vii ◆ it is a certain weight

ᐃᔅᐱᐦᑎᓂᐦᐆ ispihtinihuu vai -u ◆ s/he is absent a certain length of time

ᐃᔅᐱᐦᑎᓯᓀᑳᐤ ispihtisinekaau vii ◆ it is a high out-crop of rock

ᐃᔅᐱᐦᑎᓰᐤ ispihtisiiu vai ◆ s/he is a certain age

ᐃᔅᐱᐦᑎᔅᑲᒥᑳᐤ ispihtiskamikaau vii ◆ it (world, piece of moss) is a certain size

ᐃᔅᐱᐦᑎᔅᒉᑳᐤ ispihtischekaau vii ◆ it (muskeg) is a certain size

ᐃᔅᐱᐦᑐᐍᔨᒣᐤ ispihtuweyimeu vta ◆ s/he is expecting him/her to arrive about now

ᐃᔅᐱᐦᑕᑯᑌᐤ ispihtakuteu vii ◆ it hangs at a certain height

ᐃᔅᐱᐦᑕᑯᑖᐤ ispihtakutaau vai+o ◆ s/he hangs it at a certain height

ᐃᔅᐱᐦᑕᑯᒋᓐ ispihtakuchin vai ◆ it (anim) hangs at a certain height

ᐃᔅᐱᐦᑕᑯᔦᐤ ispihtakuyeu vta ◆ s/he hangs it (anim) at a certain height

ᐃᔅᐱᐦᑕᔓᒣᐤ ispihtashumeu vta ◆ s/he tells him/her to be there at a certain time, appoints a time for him/her

ᐃᔅᐱᐦᑕᔓᒨ ispihtashumuu vai -u ◆ s/he appoints a time

ᐃᔅᐱᐦᑕᔥᑌᐤᐦ ispihtashteuh vii pl ◆ they are piled to a certain height

ᐃᔅᐱᐦᑕᔥᑖᐤ ispihtashtaau vai+o ◆ s/he piles it a certain height

ᐃᔅᐱᐦᑕᐦᐁᐤ ispihtaheu vta ◆ s/he piles it (anim) a certain height

ᐃᔅᐱᐦᑕᐦᐊᒻ ispihtaham vti ◆ s/he shoots it from a certain distance

ᐃᔅᐱᐦᑕᐦᐍᐤ ispihtahweu vta ◆ s/he shoots it (anim) from a certain distance

ᐃᔅᐱᐦᑖᐤ ispihtaau vii ◆ it is a certain height

ᐃᔅᐱᐦᑖᐱᔅᑳᐤ ispihtaapiskaau vii ◆ it (stone, metal) is a certain size

ᐃᔅᐱᐦᑖᐱᔅᒋᓲ ispihtaapischisuu vai -i ◆ it (anim, stone, metal) is a certain size

ᐃᔅᐱᐦᑖᐸᓐ ispihtaapan vii ◆ it is just before sunrise

ᐃᔅᐱᐦᑖᑎᒦᐤ ispihtaatimiiu vii ◆ it is a certain depth

ᐃᔅᐱᐦᑖᑯᓂᑳᐤ ispihtaakunikaau vii ◆ it is a certain depth of snow

ᐃᔅᐱᐦᑖᑯᓂᑳᔔ ispihtaakunikaashuu vii dim -i ◆ it is a small pile of snow blown by wind

ᐃᔅᐱᐦᑖᑲᒥᑌᐤ ispihtaakamiteu vii ◆ it (liquid) is warm enough, a certain warmth

ᐃᔅᐱᐦᑖᑲᒨ ispihtaakamuu vii -i ◆ it is a certain depth of liquid

ᐃᔅᐱᑖᔅᑯᐊ ispihtaaskun vii ♦ it (stick-like) is a certain size

ᐃᔅᐱᑖᔅᑯᑦ ispihtaaskusuu vai -i ♦ it (anim, stick-like) is a certain size

ᐃᔅᐱᑖᔮᐤ ispihtaayaau vii ♦ it is a certain season of the year

ᐃᔅᐱᒋᓯᒀᐤ ispihchisikwaau vii ♦ the ice is a certain size

ᐃᔅᐱᒑᐤ ispihchaau vii ♦ it is so far, a certain distance (sounds like 'a certain height, level of high ground')

ᐃᔅᐱᔮᐤ ispihyaau vai ♦ it (anim) flies to

ᐃᔅᐲᑐᐍᔨᑕᒼ ispiihtuweyihtam vti ♦ s/he expects it around that time

ᐃᔅᐳᐌᐤ ispuweu vta ♦ s/he finds the taste of it (anim, ex berry) such and such (ex sour)

ᐃᔅᐸᑕᒼ ispatam vti ♦ it has a certain taste to her/him, s/he finds the taste of it such and such

ᐃᔅᐸᑕᐦᖤᐌᔮᐤ ispatahaaweyaau vii ♦ it (ex something pointed, teepee) is a certain height

ᐃᔅᐸᔨᱷᐤ ispayihuu vai -u ♦ s/he thrusts, puts her/himself there

ᐃᔅᐸᔨᑖᐤ ispayihtaau vai+o ♦ s/he makes it go, move, shakes it so

ᐃᔅᐸᔫ ispayuu vai/vii -i ♦ s/he goes there driving, it happens so, in a certain way

ᐃᔅᐸᐦᐁᐤ ispaheu vta ♦ s/he runs with him/her to

ᐃᔅᐸᐦᑖᐤ ispahtaau vai ♦ s/he runs there

ᐃᔅᐸᐦᑖᒪᑲᓐ ispahtaamakan vii ♦ it (ex gas in a skidoo) runs, flows

ᐃᔅᐸᐦᑤᐤ ispahtwaau vai ♦ s/he runs with it to somewhere, someplace

ᐃᔅᐸᐦᒑᐤ ispahchaau vii ♦ it is high ground

ᐃᔅᐹᐦᒉᐱᓀᐤ ispaahchewepineu vta ♦ s/he throws him/her upward

ᐃᔅᐹᐦᒉᐱᓇᒼ ispaahchewepinam vti ♦ s/he throws it upward

ᐃᔅᐹᐦᒉᐸᐦᐊᒼ ispaahchewepaham vti ♦ s/he hits, sweeps it up into the air with something

ᐃᔅᐹᐦᒉᐸᐦᐌᐤ ispaahchewepahweu vta ♦ s/he hits, sweeps him/her up into the air with something

ᐃᔅᑵᐸᔨᒌᔅ iskweupayichiis ni ♦ bloomers; women's pants

ᐃᔅᑵᐸᔨᱷᐤ iskweupayihuu vai -u ♦ s/he walks like a woman

ᐃᔅᑵᐅᑎᐦᒄ iskweutihkw na ♦ female caribou (old term)

ᐃᔅᑵᒦᒋᒼ iskweumiichim ni ♦ woman's food (ex beaver, bear forefoot)

ᐃᔅᑵᓈᑯᓐ iskweunaakun vii ♦ it looks feminine, womanly

ᐃᔅᑵᱷᐤ iskweuhuu vai -u ♦ s/he dresses like a woman

ᐃᔅᑵᐤ iskweuu vai -u ♦ she is a woman

ᐃᔅᑵᐌᔨᑖᑯᓱᐤ iskweweyihtaakusuu vai -i ♦ s/he is womanly, feminine

ᐃᔅᑵᐤ iskweu na -em ♦ woman

ᐃᔅᑵᑲᒧᐦᑖᐤ iskwekamuhtaau vai+o ♦ s/he hangs it a certain length

ᐃᔅᑵᑲᒨ iskwekamuu vai/vii -u ♦ it (sheet-like) covers a certain portion

ᐃᔅᑵᑲᓐ iskwekan vii ♦ it (sheet-like, ex paper, fabric) is a certain length

ᐃᔅᑵᑲᔥᑌᐤ iskwekashteu vii ♦ it (sheet-like, ex rug, bedspread) extends to a certain point, length

ᐃᔅᑵᑳᐳᐤ iskwekaapuu vai -uu ♦ s/he lines up to a certain distance standing

ᐃᔅᑵᒋᓀᐤ iskwechineu vta ♦ s/he lifts it (anim, sheet-like)

ᐃᔅᑵᒋᓇᒼ iskwechinam vti ♦ s/he lifts it (sheet-like, fabric)

ᐃᔅᑵᒋᓱᐤ iskwechisuu vai -i ♦ it (anim, sheet-like) is a certain length

ᐃᔅᑯᐯᐤ iskupeu vai ♦ s/he is up to a certain depth in liquid

ᐃᔅᑯᐱᑌᐤ iskupiteu vta ♦ s/he pulls it (anim, ex pants) up

ᐃᔅᑯᐱᑐᓀᐤ iskupituneu vai ♦ her/his arm is so long, a certain length

ᐃᔅᑯᐱᑕᒼ iskupitam vti ♦ s/he pulls it up

ᐃᔅᑯᐸᔫ iskupayuu vai/vii -i ♦ s/he/it goes up on its own, it increases

ᐃᔅᑯᑖᒨ iskutaamuu vai ♦ s/he inhales

ᐃᔅᑯᑯᐦᑏᑖᐤ iskukuhtitaau vai+o ♦ s/he covers it to a certain depth with water

ᐃᔅᑯᑯᐦᒋᒣᐤ iskukuhchimeu vta ♦ s/he covers it to certain depth with water

ᐃᔅᑯᑳᐳᐤ iskukaapuu vai/vii -uu ♦ s/he/it is a certain height

ᐃᔅᑯᓄᐤ **iskuneu** vta ♦ s/he pushes, turns it (anim) up

ᐃᔅᑯᓇᒥ **iskunam** vti ♦ s/he pushes, turns it up

ᐃᔅᑯᓈᒃ **iskunaak** p,time ♦ from then on, since that time ▪ ᒃ ᐁᐃᔒᒥᐦᑖᒡ ᒃ ᒎᐋᒡ ᐋᒦᔥᑏ ᐁᐱᒡ ᐃᔅᑯᓈᒃ ᐊᓕᐋ ᒣᐊ ᐅᐦᒋ ᒎᐁᐤ ▪ *The last time s/he ate beaver, s/he ate too much of it, and s/he did not have any since that time.*

ᐃᔅᑯᓱᐤ **iskusuu** vai-i ♦ s/he/it (anim) is a certain length

ᐃᔅᑯᔥᑯᐌᐤ **iskushkuweu** vta ♦ s/he raises him/her by foot, body

ᐃᔅᑯᔥᑲᒻ **iskushkam** vti ♦ s/he raises it by foot, body

ᐃᔅᑯᔨᐌᐤ **iskuyiweu** vai ♦ her/his body is so long, it (anim) is the length of her/his body

ᐃᔅᑯᐦᐁᐤ **iskuheu** vta ♦ s/he makes it (anim, ex bow) a certain length

ᐃᔅᑯᐦᑕᑳᐤ **iskuhtakaau** vii ♦ it (useful wood) is so long

ᐃᔅᑯᐦᑖᐤ **iskuhtaau** vai+o ♦ s/he makes it a certain length

ᐃᔅᑲ **iska** p ♦ it seems to be, it seems like (particle obligatorily used in the Independent Indicative Subjective verb paradigm) ▪ ᐃᔅᑲ ᓀᐸᐦᐋᓲᐃᔅᑲ ᐸᐦᐄᐋ ♦ ᐃᔅᑲ ᒥᐦᑳᐋ ▪ *She seems to be laughing (when she should not be).* ♦ *It looks red.*

ᐃᔅᑲᑯᐦᑏᑖᐤ **iskakuhtitaau** vai+o ♦ s/he covers it with water to a certain level

ᐃᔅᑲᑯᐦᒋᒣᐤ **iskakuhchimeu** vta ♦ s/he covers him/her/it with water to a certain level

ᐃᔅᑲᓂᐲᓯᒻ **iskanipiisimh** p,time ♦ all month ▪ ᐃᔅᑲᓂᐲᓯᒻ ᒨᐱᒌᓪ ᐅᐦᒋ ᐄᒌᐋᐋᐦ ▪ *We were in the bush for a whole month.*

ᐃᔅᑲᓂᐳᓐ **iskanipunh** p,time ♦ all year, all winter

ᐃᔅᑲᓂᑎᐱᔅᑳᐤᐦ **iskanitipiskaauh** p,time ♦ all night

ᐃᔅᑲᓂᑑᔥᑌᐤᐦ **iskanituushteuh** p,time ♦ all week

ᐃᔅᑲᓂᑕᒀᒋᓐᐦ **iskanitakwaachinh** p,time ♦ all fall, autumn

ᐃᔅᑲᓂᒉᒋᔐᐹᔮᐅᐦ **iskanichechishepaayaauh** p,time ♦ all morning

ᐃᔅᑲᓂᒌᔑᑳᐅᐦ **iskanichiishikaauh** p,time ♦ all day

ᐃᔅᑲᓂᓃᐱᓐᐦ **iskaniniipinh** p,time ♦ all summer ▪ ᐃᔅᑲᓂᓃᐱᓐ ᒨᐱᒌᓪ ᐅᐦᒋ ᐄᒌᐋᐋᐦ ▪ *We were in the bush all summer.*

ᐃᔅᑲᓂᓰᑯᓐᐦ **iskanisiikunh** p,time ♦ all spring

ᐃᔅᑲᓇᐴ **iskanapuu** vai-i ♦ s/he spends the day in camp, takes the day off, one day spent at camp during a move, travelling

ᐃᔅᑳᓰᐤ **iskaasiiu** vai ♦ s/he is not feeling up to anything

ᐃᔅᒀᐤ **iskwaau** vii ♦ it is a certain length

ᐃᔅᒀᐯᑲᐦᐊᒻ **iskwaapekaham** vti ♦ s/he raises it (string-like) with a pole

ᐃᔅᒀᐱᐦᒉᐱᑌᐤ **iskwaapihchepiteu** vta ♦ s/he pulls him/her up with something string-like

ᐃᔅᒀᐱᐦᒉᐱᑕᒻ **iskwaapihchepitam** vti ♦ s/he pulls it up using something string-like

ᐃᔅᒀᐱᐦᒉᐱᒋᑲᓂᔮᐲ **iskwaapihchepichikaniyaapii** ni-m ♦ rope that raises something (ex flag, sail on a big sailing ship)

ᐃᔅᒀᐱᐦᒉᐸᔫ **iskwaapihchepayuu** vai/vii-i ♦ s/he/it goes up on something string-like

ᐃᔅᒀᐸᒥᓈᑯᓐ **iskwaapaminaakun** vii ♦ it can be seen for a certain distance

ᐃᔅᒀᐸᒥᓈᑯᓱᐤ **iskwaapaminaakusuu** vai-i ♦ s/he/it (anim) can be seen at a certain distance

ᐃᔅᒀᑎᓰᐤ **iskwaatisiiu** vai ♦ s/he lives a certain length of time

ᐃᔅᒀᑯᓂᒋᐤ **iskwaakunichiiu** vai ♦ s/he is in the snow to a certain depth

ᐃᔅᒀᒥᑖᐅᐦᑳᐤ **iskwaamitaauhkaau** vii ♦ it is the edge of the sand bank

ᐃᔅᒀᓂᑳᐤ **iskwaanikaau** vii ♦ the island is so long, a certain length

ᐃᔅᒀᓯᒀᐤ **iskwaasikwaau** vii ♦ it is the edge of a stretch of ice

ᐃᔅᒀᔅᑯᓐ **iskwaaskun** vii ♦ it (stick-like) is a certain length

ᐃᔅᒀᔅᑯᓲ **iskwaaskusuu** vai-i ♦ s/he/it (anim, stick-like, ex tree) is a certain length

ᐃᔅᒀᔅᑯᐦᑖᐤ **iskwaaskuhtaau** vai+o ♦ s/he makes it (stick-like) a certain length

ᐃᔅᕁᐹᑐᐎᐅ **iskwaahtuwiiu** vai ♦ s/he/it (anim) climbs

ᐃᔅᕁᐹᑐᐄᐸᔨᐤ **iskwaahtuwiipayuu** vai/vii -i ♦ s/he/it goes up on her/his/its own (ex in an elevator)

ᐃᔅᕁᐹᑐᐄᐦᑎᑖᐤ **iskwaahtuwiihtitaau** vai+o ♦ s/he makes it climb, s/he carries it up

ᐃᔅᕁᐹᑐᐄᐦᑕᐦᐁᐤ **iskwaahtuwiihtaheu** vta ♦ s/he makes him/her climb, s/he carries him/her up

ᐃᔅᕁᐦᒋᐸᔨᐤ **iskwaahchipayuu** vai/vii -i ♦ it (ex price) goes up

ᐃᔅᒌᔑᐤᐁᐤ **ischiishuweu** vai ♦ s/he says it in a certain way, s/he speaks a dialect

ᐃᔅᒌᔑᐗᐊᑐ **ischiishuwaateu** vta ♦ s/he speaks of him/her in a certain way

ᐃᔑᐌᐹᓱ **ishiwepaashuu** vai -i ♦ s/he/it (anim) blows, sails to

ᐃᔑᐌᐹᔥᑎᓐ **ishiwepaashtin** vii ♦ it blows, sails to

ᐃᔑᑐᐦᑐᐌᐤ **ishituhtuweu** vta [Coastal] ♦ s/he hears him/her in a certain way, s/he sounds so to him/her

ᐃᔑᑖᐳᐌᐤ **ishitaapuweu** vta ♦ s/he pulls something on a toboggan to another person

ᐃᔑᑖᔥᑕᒪᐳ **ishitaashtamapuu** vai -i ♦ s/he sits facing in a certain direction

ᐃᔑᑲᓀᐦᐳᐌᐤ **ishikanehpuweu** vta [Inland] ♦ s/he eats it (anim, bird) without separating the bones

ᐃᔑᑳᐴ **ishikaapuu** vai -uu ♦ s/he stands in a certain way

ᐃᔑᑳᐴᐦᐁᐤ **ishikaapuuheu** vta ♦ s/he stands it (anim) up a certain way

ᐃᔑᑳᐴᐦᑖᐤ **ishikaapuuhtaau** vai+o ♦ s/he stands it up in a certain way

ᐃᔑᒋᒣᐤ **ishichimeu** vai ♦ s/he paddles to

ᐃᔑᒌᔑᐌᐎᓐ **ishichiishuwewin** ni ♦ dialect, speech, language

ᐃᔑᒌᔑᐌᐤ **ishichiishuweu** vai ♦ s/he expresses it in a certain way

ᐃᔑᒌᔑᐌᒪᑲᓐ **ishichiishuwemakan** vii ♦ it is said, expressed in a certain way

ᐃᔑᒣᐤ **ishimeu** vta ♦ s/he speaks, talks at him/her (without being listened to, repeatedly)

ᐃᔑᒫᒣᐤ **ishimaameu** vta ♦ s/he finds that s/he smells a certain way

ᐃᔑᒫᐦᑕᒼ **ishimaahtam** vti ♦ s/he finds it smells a certain way

ᐃᔑᓂᔅᒉᔫ **ishinischeyuu** vai -i ♦ s/he stretches out her/his hand to give a sign, s/he talks in sign language

ᐃᔑᓂᐦᑳᑌᐤ **ishinihkaateu** vii ♦ its name is, it is named

ᐃᔑᓂᐦᑳᑕᒼ **ishinihkaatam** vti ♦ s/he calls it by its name, names it

ᐃᔑᓂᐦᑳᓱ **ishinihkaasuu** vai -u ♦ her/his name is, s/he is named

ᐃᔑᓅᐌᐤ **ishinuweu** vta ♦ s/he identifies him/her as

ᐃᔑᓇᒧᐎᓐ **ishinamuwin** ni ♦ vision, eyesight

ᐃᔑᓇᒼ **ishinam** vti ♦ s/he identifies it as

ᐃᔑᓈᑯᓐ **ishinaakun** vii ♦ it looks like

ᐃᔑᓈᑯᓯᐎᓐ **ishinaakusuwin** ni ♦ likeness

ᐃᔑᓈᑯᐦᐁᐤ **ishinaakuheu** vta ♦ s/he makes it (anim) of such an appearance, makes it (anim) like something

ᐃᔑᓈᑯᐦᑖᐤ **ishinaakuhtaau** vai+o ♦ s/he makes it look like

ᐃᔑᓈᑯᐦᑖᒉᒪᑲᓐ **ishinaakuhtaachemakan** vii ♦ it makes things look like such and such

ᐃᔑᔑᒣᐤ **ishishimeu** vta ♦ s/he lays, places him/her so, s/he is in a certain position

ᐃᔑᔑᓐ **ishishin** vai ♦ s/he lies down in a certain way

ᐃᔑᐦᐁᐤ **ishiheu** vta ♦ s/he makes it (anim) so, makes it (anim) like something else

ᐃᔑᐦᐆ **ishihuu** vai -u ♦ s/he is dressed in a certain way ▪ ᒌᐸ ᐃᔑᐦᐆᕽ ♦ *S/he is dressed up like a ghost.* ♦ *Elle est habillᵈᵉ comme un fantȏme.*

ᐃᔑᐦᑎᓐ **ishihtin** vii ♦ it lies so, it fits so

ᐃᔑᐦᑖᐤ **ishihtaau** vai+o ♦ s/he makes it so

ᐃᔑᐦᑣᐎᓐᐦ **ishihtwaawinh** ni pl ♦ values (ex Cree values)

ᐃᔑᐦᒁ° ishihkweu vai ♦ s/he has a
certain shape of face
ᐃᔑᐦᒃᐍᐸᔨᐦᐆ ishihkwepayihuu vai
♦ s/he makes funny faces
ᐃᔑᐦᒄᓈᑯᓱ ishihkwenaakusuu vai -i
♦ her/his face looks a certain way
ᐃᔑᐦᒊ ishihkweyuu vai ♦ s/he makes
a certain kind of face
ᐃᔒᐌ° ishiiweu vii ♦ the wind blows in
a certain direction
ᐃᔒᐌᓱ ishiiwesuu vai -i ♦ s/he sings
with certain words
ᐃᔒᐌᐦᐊᒼ ishiiweham vti ♦ s/he sings
with certain words, sings a song
ᐃᔒᐐ° ishiiwiiu vai ♦ s/he tries hard for
a long time, s/he persists in what s/he
is doing
ᐃᔒᐦᑯᐌ° ishiihkuweu vti ♦ s/he
bothers him/her/it (anim)
ᐃᔒᐦᑳᒼ ishiihkam vti ♦ s/he bothers
with it
ᐃᐧᐁᔮᔅᑯᐦᑯᐦᑎᑖ°
ishuweyaaskuhkuhtitaau vai+o ♦ s/he
floats it parallel to the shore
ᐃᔥᐯᔨᒣ° ishpeyimeu vta ♦ s/he thinks
highly of him/her
ᐃᔥᐯᔨᒥᑎᓱ ishpeyimitisuu vai reflex -u
♦ s/he thinks highly of her/himself
ᐃᔥᐯᐦᑖᑯᓐ ishpeyihtaakun vii ♦ it is
highly thought of, highly regarded
ᐃᔥᐯᐦᑖᑯᓱ ishpeyihtaakusuu vai -i
♦ s/he is highly thought of, highly
regarded
ᐃᔥᐱᐸᔨᐆ ishpipayihuu vai -u ♦ s/he
makes a motion upwards
ᐃᔥᐱᑌᐦᒳᒧ ishpitehkwaamuu vai -u
♦ s/he sleeps late in the mornings
ᐃᔥᐱᑎᔥᑎᒂᓀ° ishpitishtikwaaneu vai
♦ s/he has a certain size of head
ᐃᔥᐱᑖᐦᑳ° ishpitaauhkaau vii ♦ it is a
high sandy bank
ᐃᔥᐱᑲᐦᑎᒁ° ishpikahtikweu vai ♦ s/he
has a high forehead
ᐃᔥᐱᒥᐦᑕᑯᐐᐦᑖ°
ishpimihtakuwinihtaau vai+o [Inland]
♦ s/he makes an upstairs floor to it
ᐃᔥᐱᒥᐦᑕᑯᐎᓐ ishpimihtakuwin vii
[Inland] ♦ it has an upstairs

ᐃᔥᐱᒥᐦᑕᑯᒡ ishpimihtakuch p,location
♦ upstairs level ■ ᐃᔥᐱᒥᐦᑕᑯᒡ ᐃᒡᑳᐧ
ᓂᐯᐱᑦᐧ. ■ The bedrooms are upstairs.
ᐃᔥᐱᒥᐦᑕᑯ ishpimihtakw ni -um
♦ upstairs, ceiling
ᐃᔥᐱᒥᐦᒡ ishpimihch p,location ♦ above,
the roof, upstairs
ᐃᔥᐱᒧ ishpimuu vii -uu ♦ it has an
upstairs, an upper floor
ᐃᔥᐱᒨᐦᑖ° ishpimuuhtaau vai+o ♦ s/he
makes an upstairs to it
ᐃᔥᐱᓯᒁ° ishpisikwaau vii ♦ it is high
ice
ᐃᔥᐱᓱ ishpisuu vai -i ♦ it (anim) is a
certain height
ᐃᔥᐱᔑᐳᔦ° ishpishipuyeu vta ♦ s/he
gives him/her a certain share of the
food
ᐃᔥᐱᔑᐴ ishpishipuu vai -u ♦ her/his
share of the food is so much
ᐃᔥᐱᔑᒧᐎᓐ ishpishimuwin ni
♦ mattress
ᐃᔥᐱᔑᓐ ishpishin vai ♦ s/he lies at a
certain height, s/he lies on a covering
ᐃᔥᐱᔑᐦᐁ° ishpishiheu vta ♦ s/he
overcomes, overpowers him/her
ᐃᔥᐱᔒ° ishpishiiu vai ♦ s/he has time
ᐃᔥᐱᔒᒪᑲᓐ ishpishiimakan vii ♦ it has
enough horsepower, guts
ᐃᔥᐱᔒᐦᑯᐌ° ishpishiihkuweu vta
♦ s/he has time for him/her
ᐃᔥᐱᔒᐦᑳᒼ ishpishiihkam vti ♦ s/he has
time for it
ᐃᔥᐱᔖ° ishpishaau vii ♦ it is a certain
amount, size
ᐃᔥᐱᔖᒡ ishpishaat p ♦ than ■ ᐋᐧ ᐃᔥᐧᒄ
ᒥᒌᓱᑦ ᐃᔥᐱᔖᒡ ᐋᐧ ᐋᐁᐧᐧ. ■ The girl eats
more than the boy does.
ᐃᔥᐱᔥ ishpish p,quantity ♦ that much,
that amount ■ ᓗ° ᐃᔥᐱᔥ ᐅᒋᓈᐸᑳᐧ ᓂᐴᐧ.
■ This is how much sugar I want.
ᐃᔥᐱᔥᑎᒂᓀ° ishpishtikwaaneu vai
♦ s/he has a high, long top of head
ᐃᔥᐱᔥᑖ° ishpishtaau vai+o ♦ s/he is
equal to the task
ᐃᔥᐱᐦᑖ° ishpihtaau vai+o ♦ s/he makes
it high
ᐃᔥᐸᐴ ishpapuu vai -i ♦ s/he sits, is
placed high

ᐃᔑᐸᑎᓈᐤ ishpatinaau vii ♦ it is a high mountain

ᐃᔑᐸᑖᐅᔥᑎᐣ ishpataashtin vii ♦ the snow is piled up high by the wind, blown in high drift

ᐃᔑᐸᑯᑌᐤ ishpakuteu vii ♦ it is flying high, it is high up, it hangs high

ᐃᔑᐸᑯᑖᐤ ishpakutaau vai+o ♦ s/he hangs it up high

ᐃᔑᐸᑯᒋᐣ ishpakuchin vai ♦ it (anim) flies high, it (anim, ex sun) hangs high

ᐃᔑᐸᒨ ishpamuu vii-i ♦ it is a high level, is hung up high

ᐃᔑᐸᔥᑌᐤ ishpashteu vii ♦ it is piled, set up high

ᐃᔑᐸᔥᑖᐤ ishpashtaau vai+o ♦ s/he piles it up high

ᐃᔑᐹᐤ ishpaau vii ♦ it is high

ᐃᔑᐹᐯᑲᒧᐦᐁᐤ ishpaapekamuheu vta ♦ s/he strings it (anim, string-like) high

ᐃᔑᐹᐯᑲᒧᐦᑖᐤ ishpaapekamuhtaau vai+o ♦ s/he strings it (string-like) high

ᐃᔑᐹᐱᐦᑌᐤ ishpaapihteu vii ♦ it (smoke) ascends high

ᐃᔑᐹᑯᓂᑳᐤ ishpaakunikaau vii ♦ the snow is high

ᐃᔑᐹᑲᒋᐦᑎᐣ ishpaakachihtin vii ♦ it is a high snowdrift

ᐃᔑᐹᑲᒥᐦᑴᐸᔫ ishpaakamihkwepayuu vai-i ♦ s/he has high blood pressure

ᐃᔑᐹᒫᑎᓈᐤ ishpaamatinaau vii ♦ it is a long, high mountain range

ᐃᔑᐹᓂᑳᐤ ishpaanikaau vii ♦ it is a high island

ᐃᔑᐹᔅᑴᔮᐤ ishpaaskweyaau vii ♦ it is an area of tall trees

ᐃᔑᐹᔅᑯᒧᐦᐁᐤ ishpaaskumuheu vta ♦ s/he puts it (anim, stick-like) up high

ᐃᔑᐹᔅᑯᒧᐦᑖᐤ ishpaaskumuhtaau vai+o ♦ s/he puts it (stick-like) up high

ᐃᔑᐹᔅᑯᒨ ishpaaskumuu vii-u ♦ it (stick-like) is up too high to reach

ᐃᔑᐹᔅᑯᐦᐄᑲᐣ ishpaaskuhiikan ni ♦ support stick for raising something

ᐃᔑᐹᔅᑯᐦᑎᐣ ishpaaskuhtin vii ♦ it (stick-like) hangs high

ᐃᔑᐹᔥᑯᔑᐣ ishpaashkushin vai ♦ it (anim, tree) lies high (ex where caught when falling)

ᐃᔑᐹᐦᑎᑯᐧᐁᐤ ishpaahtikuweu vai ♦ it (anim) has long fur

ᐃᔑᐹᐦᑴᐦᐁᐤ ishpaahkweheu vta ♦ s/he makes the toes of long snowshoes, toboggan turn up high

ᐃᔑᐹᐦᒉᐧᐁᐱᓀᐤ ishpaahchewepineu vta ♦ s/he throws him/her up

ᐃᔑᐹᐦᒉᐧᐁᐱᓇᒼ ishpaahchewepinam vti ♦ s/he throws it up

ᐃᔑᐹᐦᒉᐧᐁᐸᐦᐊᒼ ishpaahchewepaham vti ♦ s/he hits it up into the air with something

ᐃᔑᐹᐦᒉᐧᐁᐸᐦᐧᐁᐤ ishpaahchewepahweu vta ♦ s/he hits him/her up into the air with something

ᐃᔑᐹᐦᒉᐸᔫ ishpaahchepayuu vai/vii-i ♦ it (anim) is being raised, goes high

ᐃᔑᐹᐦᒉᒀᔥᑯᐦᑑ ishpaahchekwaashkuhtuu vai-i ♦ s/he jumps up high

ᐃᔑᐹᐦᒉᓀᐤ ishpaahcheneu vta ♦ s/he holds him/her/it (anim) up high

ᐃᔑᐹᐦᒉᓇᒼ ishpaahchenam vti ♦ s/he holds it up high

ᐃᔥᑌᔮᑲᒥᐦᑎᐣ ishteyaakamihtin vii ♦ it (liquid) settles

ᐃᔥᑌᔮᑲᒨ ishteyaakamuu vii-i ♦ it settles, it is still (as turbid liquid)

ᐃᔥᑴᔑᒧᐎᐣ ishkweshimuwin ni ♦ pillow

ᐃᔥᑴᔑᒨᓀᒋᐣ ishkweshimuunechin ni ♦ pillow cover

ᐃᔥᑴᔑᐤ ishkweshiiu vai ♦ she is a girl

ᐃᔥᑴᔑᐦᑳᓲ ishkweshiihkaasuu vai-u ♦ s/he pretends to be a girl

ᐃᔥᑴᔥ ishkwesh na dim -iim ♦ girl

ᐃᔑᑯᐱᒋᑲᐣ ishkupichikan ni ♦ remnant of fabric

ᐃᔑᑯᐳᐧᐁᐤ ishkupuweu vta ♦ s/he leaves it (anim, after eating the rest)

ᐃᔑᑯᐸᔨᐦᐁᐤ ishkupayiheu vta ♦ s/he leaves it (anim, ex material, flour), has it left over after using the rest

ᐃᔑᑯᐸᔨᐦᑖᐤ ishkupayihtaau vai+o ♦ s/he does it so as to have extra left over

ᐃᔑᑯᐸᔫ ishkupayuu vai/vii-i ♦ there is some left over

ᐃᔥᑯᐅᑖᐹᓐ ishkuteutaapaan ni
 ♦ train
ᐃᔥᑯᐅᒫᐌᐦᒋᑲᓐ ishkuteumatwehchikan ni ♦ fire alarm
ᐃᔥᑯᐅ° ishkuteu ni -em ♦ fire; battery; sparkplug
ᐃᔥᑯᐅᔒᔥ ishkuteshiish na dim [Inland]
 ♦ spark
ᐃᔥᑯᐦᑳᓐ ishkutehkaan ni -im ♦ the place where the fire has been set, fireplace
ᐃᔥᑯᑕᒃ ishkutak p,time ♦ since, when ▪ ·ᐊᓈᓕ ᐃᔥᑯᒃ ·ᐊ<ᒪᐤ ▪ *Invite him when you see him.*
ᐃᔥᑯᑲᐦᐋᒉᐤ ishkukahiicheu vai ♦ s/he leaves without chopping everything
ᐃᔥᑯᑲᐦᐊᒻ ishkukaham vti ♦ s/he leaves some unchopped
ᐃᔥᑯᑲᐦᐌᐤ ishkukahweu vta ♦ s/he leaves some (ex trees) unchopped
ᐃᔥᑯᓀᐤ ishkuneu vta ♦ s/he leaves some of it (anim), s/he has some leftover
ᐃᔥᑯᓇᒧᐌᐤ ishkunamuweu vta ♦ s/he leaves some for him/her (ex after using the rest)
ᐃᔥᑯᓇᒻ ishkunam vti ♦ s/he leaves some of it, s/he has some leftover
ᐃᔥᑯᔥᐌᐤ ishkushweu vta ♦ s/he cuts it (anim) a certain length, s/he leaves so much after cutting a portion
ᐃᔥᑯᔖᒻ ishkusham vti ♦ s/he cuts it a certain length, s/he leaves so much after cutting his portion
ᐃᔥᑯᔥᑐᐋᓐ ishkushtuwaan ni
 ♦ leftover food to be thrown away
ᐃᔥᑯᔥᑕᒧᐌᐤ ishkushtamuweu vta
 ♦ s/he saves leftover food for him/her/it (anim)
ᐃᔥᑯᔥᑕᒻ ishkushtam vti ♦ s/he leaves some uneaten
ᐃᔥᑯᐦᐊᒻ ishkuham vti ♦ s/he leaves some leftovers in it
ᐃᔥᑯᐦᐌᐤ ishkuhweu vta ♦ s/he leaves without shooting, killing them (anim, ex caribou, targets) all
ᐃᔥᑲ ishka preverb ♦ it seems like (used with the subjective of Independent verbs) ▪ ᐃᔥᑲ ·ᐊ<ᔑ·ᐊ ▪ *It was as if she was seing him.*

ᐃᔥᑲ ᐯᑲ ishka ekaa p,negative ♦ not quite, it's not as if ▪ ᐃᔥᑲ ᐯᑲ ·ᐊᐱ·ᐊ ᒉᐦᑲᔅᓄᐸᑦ ᓱᓂᐋᓖ° x ▪ *I think s/he must not have a phone.*
ᐃᔥᑲ ᐊᔮᐦᒡ ishka iyaahch p,time [Inland]
 ♦ seem to be, I guess ▪ ᐃᔥᑲ ᐊᔮᐦᒡ ᐯᑲ ᐊᓐᐋᓐ ᐊᐦᒋ·ᐊ ᓂᒃ ·ᐊᓗᐱᐦx ♦ ᐊᒃ ᐊᔮᐦᒡ ᐁᐅᑦ ᑲ ᐊᓇᒋ·ᐊᒡᔨx ▪ *There seems to be less geese now.* ♦ *Here is the person I was looking for, I guess.*
ᐃᔥᑳᔅᑵᔮᐤ ishkaaskweyaau vii [Inland]
 ♦ it is a wooded area after an open space
ᐃᔥᑲᐋᐸᔫᐱᓯᒻ ishkwaapayuupiisim na [Coastal] ♦ January
ᐃᔥᑳᐅᑌᐅᒫᑯᓐ ishkwaateumaakun vii
 ♦ it smells burnt
ᐃᔥᑳᐅᑌᐅᒫᑯᓱᐤ ishkwaateumaakusuu vai -l
 ♦ it (anim) smells of fire, smells burnt
ᐃᔥᑳᐅᑌᐤ ishkwaateu vii ♦ it burns
ᐃᔥᑳᑑᔥᑌᐤᐦ ishkwaatuushteuh p,time
 ♦ weekend
ᐃᔥᑳᑖᐅᐦᑳᐤ ishkwaataauhkaau vii ♦ it is the end of a sandy ridge
ᐃᔥᑳᑯᒋᓐ ishkwaakuchin vii ♦ it (ex calendar page) is finished hanging, it is the end of the month
ᐃᔥᑳᒫᑎᓈᐤ ishkwaamatinaau vii ♦ it is the edge of the mountain
ᐃᔥᑳᔅᐌᐤ ishkwaasweu vta ♦ s/he burns him/her it (anim)
ᐃᔥᑳᓴᒻ ishkwaasam vti ♦ s/he burns it
ᐃᔥᑳᔥᒉᐅᑯᐦᐌᐤ ishkwaashcheukuhweu vta ♦ s/he gets soot on her (ex from burnt wood)
ᐃᔥᑳᔥᒉᐅᒋᓇᒻ ishkwaashcheuchinam vti ♦ s/he moves the wood that is not burned, to build up the fire
ᐃᔥᑳᔥᒉᐅᒋᐦᑖᐤ ishkwaashcheuchihtaau vai+o ♦ s/he gets soot on it (ex from burnt wood)
ᐃᔥᑳᔥᒉᐤ ishkwaashcheu vii ♦ the fire burns down, charcoal
ᐃᔥᑳᔥᒋᑌᐤ ishkwaashchiteu ni [Inland]
 ♦ leftover burnt end of a stick, log
ᐃᔥᑳᔮᐤ ishkwaayaau vii ♦ it has come to the end
ᐃᔥᑳᔮᓂᐦᒡ ishkwaayaanihch p,location
 ♦ at the end of a line-up

ᐃᔥᐃᑲᐦᑌᒥᐦᐃᑲᓇᐱᔑᐅᐃ
ishkwaahtemihiikanapishui ni ◆ door post pole on a teepee

ᐃᔥᐃᑲᐦᑌᒥᐦᐃᑲᓈᐦᑎᒄ
ishkwaahtemihiikanaahtikw ni ◆ pole across top of doorframe, lintel of a teepee door

ᐃᔥᐃᑲᐦᑌᒻ **ishkwaahtem** na ◆ door

ᐃᔥᐃᑲᐦᑲᔨᐤ **ishkwaahkasweu** vta ◆ s/he has some unburnt ones left, s/he leaves some unburnt

ᐃᔥᐃᑲᐦᑲᓲ **ishkwaahkasuu** vai-u ◆ some (anim, ex mitten) is left unburnt

ᐃᔥᐃᑲᐦᑲᓵᒻ **ishkwaahkasam** vti ◆ s/he leaves some remaining unburnt

ᐃᔥᐃᑲᐦᑲᐦᑌᐤ **ishkwaahkahteu** vii ◆ it is partially burnt, there are some unburnt ones left

ᐃᔨᒀᑳᓐ **iyekwaakan** vii ◆ it is the first layer of snow

ᐃᔨᔅᑯᐌᔨᒨ **iyeskuweyimuu** vai-u ◆ s/he feels s/he is ready

ᐃᔨᔅᑯᐃᐤ **iyeskuwiiu** vai ◆ s/he gets ready

ᐃᔨᔅᑯᐄᔥᑐᐌᐤ **iyeskuwiishtuweu** vta ◆ s/he gets ready for him/her

ᐃᔨᔅᑯᐄᔥᑕᒻ **iyeskuwiishtam** vti ◆ s/he is prepared ahead of time, gets ready for it

ᐃᔨᔅᑯᐱᑐᓀᐤ **iyeskupituneu** vai ◆ s/he has tired arms

ᐃᔨᔅᑯᐴ **iyeskupuu** vai-i ◆ s/he is tired from sitting

ᐃᔨᔅᑯᑐᐛᐴ **iyeskutuwaapuu** vai-i ◆ her/his eyes are tired

ᐃᔨᔅᑯᑖᐯᐤ **iyeskutaapeu** vai ◆ s/he is tired from pulling a toboggan

ᐃᔨᔅᑯᑖᐦᑕᒻ **iyeskutaahtam** vai ◆ s/he is out of breath

ᐃᔨᔅᑯᑳᐴ **iyeskukaapuu** vai-uu ◆ s/he is tired from standing

ᐃᔨᔅᑯᑳᑌᐤ **iyeskukaateu** vai ◆ her/his legs are tired

ᐃᔨᔅᑯᒨ **iyeskumuu** vai-u ◆ s/he is tired out after vocal activity (ex coughing, crying, singing)

ᐃᔨᔅᑯᓰᐃᓐ **iyeskusiiwin** ni ◆ tiredness, fatigue

ᐃᔨᔅᑯᓰᐤ **iyeskusiiu** vai ◆ s/he is tired

ᐃᔨᔅᑯᓰᒫᑲᓐ **iyeskusiimakan** vii ◆ it (ex arm) is tired

ᐃᔨᔅᑯᔑᓐ **iyeskushin** vai ◆ s/he is tired from lying down

ᐃᔨᔅᑯᔨᐌᐤ **iyeskuyiweu** vai ◆ his/her body is tired

ᐃᔨᔅᑯᐦᐁᐤ **iyeskuheu** vta ◆ s/he makes him/her tired

ᐃᔨᔅᑯᐦᐄᐌᐤ **iyeskuhiiweu** vai ◆ s/he tires people out

ᐃᔨᔅᑯᐦᑌᐤ **iyeskuhteu** vai ◆ s/he is tired from walking

ᐃᔨᔅᑯᐦᑖᐤ **iyeskuhtaau** vai+o ◆ s/he makes it tired

ᐃᔨᔅᑯᐌᔨᐦᑕᒻ **iyeskuuweyihtam** vti ◆ s/he thinks about it (ex decision) ahead of time

ᐃᔨᔅᑰᑳᐴ **iyeskuukaapuu** vai-uu ◆ s/he stands ready

ᐃᔨᔅᑰᔥᑖᐤ **iyeskuushtaau** vai+o ◆ s/he prepares for it in advance, stocks up, buys it ahead of time

ᐃᔨᔅᑳᐱᔥᑲᓀᐧᐃᐤ **iyeskwaapishkanewiiu** vai ◆ s/he has tired jaw from chewing too long

ᐃᔨᐌᐴ **iyiwepuu** vai-i ◆ s/he takes a rest after a tiring activity

ᐃᔨᐌᓯᓈᓅᒌᔑᑳᐤ **iyiwesinaanuuchiishikaau** vii ◆ it is a holiday

ᐃᔨᐯᐴ **iyipepuu** vai-i ◆ s/he sits on a slant

ᐃᔨᐯᐸᔪᐤ **iyipepayuu** vai/vii-i ◆ s/he/it falls over on one side, on a slant

ᐃᔨᐯᑯᑌᐤ **iyipekuteu** vii ◆ it hangs on a slant

ᐃᔨᐯᑯᒋᓐ **iyipekuchin** vai ◆ it (anim) hangs on a slant

ᐃᔨᐯᑯᐦᑎᓐ **iyipekuhtin** vii ◆ it (ex canoe) is on a slant in the water, lists to one side

ᐃᔨᐯᑯᐦᒋᓐ **iyipekuhchin** vai ◆ s/he/it (anim) floats on a slant

ᐃᔨᐯᓯᒁᐤ **iyipesikwaau** vii ◆ it is slanted ice

ᐃᔨᐯᓲ **iyipesuu** vai-i ◆ s/he is on a slant

ᐃᔨᐯᔑᓐ **iyipeshin** vai-i ◆ s/he lies on a slant

ᐃᔨᐯᔥᑌᐤ **iyipeshteu** vii ◆ it is sitting on a slant

ᐃᔨᐯᔅᑲᒻ **iyipeshkam** vti ◆ s/he makes it slant by sitting, shifting her/his weight to the side (ex in a canoe)

ᐃᔨᐯᔮᐅᕽᑲᒻ **iyipeyaauhkaham** vti ◆ s/he walks along the slant (ex below the ridge)

ᐃᔨᐯᔮᐤ **iyipeyaau** vii ◆ it is on a slant

ᐃᔨᐱᐅᑖᔫ **iyipiiutaashuu** vai -i ◆ s/he/it (anim) is covered by blowing snow (ex the snow covers the tracks)

ᐃᔨᐱᐅᑖᔥᑎᓐ **iyipiiutaashtin** vii ◆ it is covered by blowing snow

ᐃᔨᑯᑖᔫ **iyikutaashuu** vai -i ◆ s/he is covered by blowing snow (ex the snow covers the tracks)

ᐃᔨᑯᑖᔥᑎᓐ **iyikutaashtin** vii ◆ it is covered with blowing snow

ᐃᔨᑯᔮᑕᒻ **iyikuyaatam** vti ◆ it (anim, dog) raises leg to urinate, piss on it

ᐃᔨᑲᑭᒋᐋᓐ **iyikakatihchaan** ni ◆ space or skin between fingers ▪ ᒋ ᒧᓈᑦᔨ ᐊᓵᐦᐋᔨ ᐅᑎᑉᐸᑭᓂᒌᐦ. ▪ *S/he cut the skin between her/his fingers.*

ᐃᔨᑲᔅᑎᔅ **iyikastis** ni ◆ glove

ᐃᔨᒥᐸᔫ **iyimipayuu** vai/vii -i [Coastal] ◆ s/he/it travels against the wind

ᐃᔨᒥᔥᑲᒻ **iyimishkam** vti [Coastal] ◆ s/he is going against the wind, upwind

ᐃᔨᒪᑯᒋᓐ **iyimakuchin** vai [Coastal] ◆ s/he/it (anim) flies against the wind

ᐃᔨᒻ **iyim** p,location [Coastal] ◆ against the wind, upwind

ᐃᔨᐦᑌᐤ **iyihteu** vai ◆ there are bare patches from melting snow

ᐃᔨᐦᑌᐤ **iyihteu** vai [Coastal] ◆ it (animal) walks slowly

ᐃᔨᐦᑯᔑᒣᐤ **iyihkushimeu** vta ◆ s/he breaks it (anim) in pieces

ᐃᔨᐦᑯᐦᐊᒻ **iyihkuham** vti ◆ s/he breaks it in pieces with something

ᐃᔨᐦᑯᐦᑎᑖᐤ **iyihkuhtitaau** vai+o ◆ s/he breaks it in pieces

ᐃᔨᐦᑲᒋᒣᐤ **iyihkachimeu** vta ◆ s/he increases the value, price of it (anim)

ᐃᔨᐦᑲᒋᔅᑕᒧᐌᐤ **iyihkachistamuweu** vta ◆ s/he increases the price of it to him/her

ᐃᔨᐦᑲᒋᦦᑕᒻ **iyihkachihtam** vti ◆ s/he increases the price for it

ᐃᔨᐦᑳᑕᐦᐁᐤ **iyihkaataheu** vta ◆ s/he takes him/her for a walk farther than s/he intended, too far

ᐃᔨᐦᒋᐸᔫ **iyihchipayuu** vai/vii -i ◆ it (anim) increases (ex in price)

ᐃᔨᐦᒋᓯᐤ **iyihchisiiu** vai ◆ s/he is replaced in a job, position

ᐃᔨᐦᒋᐦᐁᐤ **iyihchiheu** vta ◆ s/he increases, adds on to it (anim)

ᐃᔨᐦᒋᐦᑖᐤ **iyihchihtaau** vai+o ◆ s/he increases, adds on to it

ᐃᔫ **iyuu** vai -i [Coastal] ◆ s/he says

ᐃᔭᑲᔥᒉᑲᓐ **iyakaschekan** vii ◆ it (sheet-like) is broad, wide

ᐃᔭᑲᔥᒉᒋᓱ **iyakaschechisuu** vai -i ◆ it (anim, sheet-like) is wide

ᐃᔭᑲᔥᒋᑐ **iyakaschituu** vai -i ◆ it (anim) is wide

ᐃᔭᑲᔥᒋᑯᑌᐅᔥᐸ **iyakaschikuteuship** na -im ◆ Northern shoveler duck *Anas clypeata*, literally 'wide-beaked duck'

ᐃᔭᑲᔥᑲᒨ **iyakashkamuu** vii -u ◆ it (path, road) is wide

ᐃᔭᑲᔥᑳᐤ **iyakashkaau** vii ◆ it is wide

ᐃᔭᑲᔥᑳᐯᑲᓐ **iyakashkaapekan** vii ◆ it (string-like) is wide

ᐃᔭᑲᔥᑳᐯᒋᓱ **iyakashkaapechisuu** vai -i ◆ it (anim, string-like) is wide

ᐃᔭᑲᔥᑳᔅᑯᓐ **iyakashkaaskun** vii ◆ it (stick-like) is wide

ᐃᔭᑲᔥᑳᔅᑯᓱ **iyakashkaaskusuu** vai -i ◆ it (anim, stick-like, ex toboggan) is wide

ᐃᔭᒣᔨᐦᑖᑯᓱ **iyameyihtaakusuu** vai -i [Coastal] ◆ s/he is a weak person

ᐃᔭᒥᓈᑯᓐ **iyaminaakun** vii [Coastal] ◆ it looks weak, small

ᐃᔭᒥᓈᑯᓱ **iyaminaakusuu** vai [Coastal] ◆ s/he is small (ex premature baby)

ᐃᔭᒥᓈᑯᐦᐁᐤ **iyaminaakuheu** vta [Coastal] ◆ s/he makes it (anim, ex snowshoe) poorly

ᐃᔭᒥᓈᑯᐦᑖᐤ **iyaminaakuhtaau** vai+o [Coastal] ◆ s/he does a lousy job of it (ex carving, sewing), makes it in a pitiful way

ᐃᔭᒥᓯᐤ **iyamisiiu** vai [Coastal] ◆ s/he is weak

ᐃᔭᒥᓰᐦᑳᓱ **iyamisiihkaasuu** vai -u [Coastal] ◆ s/he pretends s/he is weak

ᐃᔅᑲᒥᒋᓀᐤ **iyaskamichineu** vta ◆ s/he buries it (anim) in moss, ground

ᐃᔅᑲᒥᒋᓇᒻ **iyaskamichinam** vti ◆ s/he buries it in moss, ground

ᐃᔅᒋᐆᑲᐦᒻ **iyaschuukaham** vti ◆ s/he buries it in mud

ᐃᔅᒋᐆᑲᐦᐌᐤ **iyaschuukahweu** vta ◆ s/he buries it (anim) in mud

ᐃᔭᐦᒻ **iyaham** vti ◆ s/he covers it (with earth, snow, sand)

ᐃᔮᐅᐧᐋᑕᑲᓐ **iyaauwaatakan** vii ◆ it is a deep hollow hole, pit

ᐃᔮᐅᑌᔨᒣᐤ **iyaauteyimeu** vta ◆ s/he thinks he/she is a nuisance, a bother

ᐃᔮᐅᑎᓂᑲᑎᐦᐄᑌᐤ **iyaautinikatihiiteu** vai [Inland] ◆ s/he repeatively moves logs, carrying them on one shoulder ∎ ᐃᔮᐅᑎᓂᑲᑎᐦᐄᑌᐤ ᓂ"ᒋ·ᐋx ∎ *My father is carrying logs.*

ᐃᔮᐅᑎᓐ **iyaautin** vii ◆ it is of little value, useless

ᐃᔮᐅᑕᐦᐆᑖᐤ **iyaautahuutaau** vai+o ◆ s/he brings goods by canoe

ᐃᔮᐅᑕᐦᐆᑖᓲ **iyaautahuutaasuu** vai-u ◆ s/he works (on the crew) bringing goods by canoe

ᐃᔮᐅᑕᐦᐆᑖᓲᒪᑲᓐ **iyaautahuutaasuumakan** vii ◆ it (ex plane, boat) brings goods in, going back and forth

ᐃᔮᐅᑖᐤ **iyaautaau** vai+o ◆ s/he carries it from one place to another

ᐃᔮᐅᑖᔥᑎᑖᐤ **iyaautaashtitaau** vai+o ◆ s/he brings goods in by sailboat

ᐃᔮᐅᒋᐸᔨᐦᐄᐌᐅᑖᐸᓐ **iyaauchipayihiiweutaapaan** na ◆ taxi car

ᐃᔮᐅᒋᐸᔨᐦᐄᐌᓲ **iyaauchipayihiiwesuu** na-siim ◆ taxi driver

ᐃᔮᐅᒋᒣᐤ **iyaauchimeu** vta ◆ s/he talks to him/her unnecessarily

ᐃᔮᐅᒋᒨ **iyaauchimuu** vai-u ◆ s/he talks unnecessarily, s/he asks rhetorical questions, questions to which s/he already knows the answer, talks to no purpose

ᐃᔮᐅᒋᓂᑲᑎᐦᐄᒉᐤ **iyaauchinikatihiicheu** vai [Coastal] ◆ s/he repeatively moves logs, carrying them on one shoulder ∎ ᐃᔮᐅᒋᓂᑲᑎᐦᐄᒉᐤ ᓂ"ᒋ·ᐋx ∎ *My father is carrying logs.*

ᐃᔮᐅᒋᓯᐤ **iyaauchisiiu** vai ◆ s/he does something unnecessarily

ᐃᔮᐅᒋᐦᐆ **iyaauchihuu** vai-u ◆ s/he does something unnecessarily, for no good reason

ᐃᔮᐅᒡ **iyaauch** p,evaluative ◆ it is unnecessary ∎ ᒧᓐ ᐃᔮᐅᒡ ᐊ ᑲ ᐃ"ᑑᒐᓈ"ᒻx ∎ *It was unnecessary to do that.*

ᐃᔮᐅᓯᐤ **iyaausiiu** vai ◆ it (anim) is a small containerful

ᐃᔮᐅᔦᐤ **iyaauyeu** vta ◆ s/he carries them from one place to another

ᐃᔮᐅᐦᑲᐦᒻ **iyaauhkaham** vti ◆ s/he buries it in sand

ᐃᔮᐅᐦᑲᐦᐌᐤ **iyaauhkahweu** vta ◆ s/he buries it (anim, ex body) in sand by tool

ᐃᔮᐅᐦᑳᐦᓐ **iyaauhkaahan** vii ◆ it is buried in sand by the action of water

ᐃᔮᐅᐦᒋᓀᐤ **iyaauhchineu** vta ◆ s/he buries it (anim) in sand by hand

ᐃᔮᐅᐦᒋᓇᒻ **iyaauhchinam** vti ◆ s/he buries it in sand by hand

ᐃᔮᐃᓐ **iyaawin** vii ◆ it is a small containerful, the container can hold so much and no more, it is a small quantity

ᐃᔮᐯᐅᑎᐦᒄ **iyaapeutihkw** na-um ◆ very large male caribou

ᐃᔮᐯᐌᔨᒣᐤ **iyaapeweyimeu** vta ◆ s/he knows him/her well, personally

ᐃᔮᐯᐤ **iyaapeu** na ◆ male caribou

ᐃᔮᐯᔒᔥ **iyaapeshiish** na dim ◆ two-year-old male caribou in early fall

ᐃᔮᐱᑌᔨᒣᐤ **iyaapiteyimeu** vta ◆ s/he pays attention, cares for him/her, s/he is interested in him/her/it (anim)

ᐃᔮᐱᑌᔨᐦᑕᒻ **iyaapiteyihtam** vti ◆ s/he pays attention, cares for it, s/he is interested in it

ᐃᔮᐱᓯᐦᑐᐌᐤ **iyaapisihtuweu** vta ◆ s/he pays attention to what s/he says

ᐃᔮᐱᓯᐦᑕᒻ **iyaapisihtam** vti ◆ s/he pays attention to it

ᐃᔮᐱᔑᐯᒥᒋᐤ **iyaapishipemichiiu** vai redup ◆ it (tree) has small leaves

ᐃᔮᐱᔑᑳᒉᔂ **iyaapishikaacheshuu** vai redup dim -i ◆ s/he has skinny legs

ᐃᔭᐱᔑᒥᓄᑳᔈ" iyaapishiminikaashuuh
vii pl redup dim -i ♦ they are little berries

ᐃᔭᐱᔑᒥᓂᒋᔅᐧᐃᒡ iyaapishiminichishuwich vai pl dim redup -i ♦ they (anim) are little berries

ᐃᔭᐱᔑᔥᑲᔫ iyaapishishkashuu vai redup dim -i ♦ her/his footprints are small

ᐃᔭᐱᔒᐦᑯᐌᐤ iyaapishihkuweu vai redup ♦ it (wood) is fine-grained

ᐃᔭᐱᔖᔥᑯᐱᑐᓀᔑᐤ iyaapishaashkupituneshuu vai redup dim -i ♦ s/he has skinny arms

ᐃᔭᐱᔥᑌᔨᒣᐤ iyaapishteyimeu vta ♦ s/he thinks little of him/her

ᐃᔭᐱᔥᑌᔨᐦᑖᑯᓲ iyaapishteyihtaakusuu vai -i ♦ s/he is thought to be of little worth

ᐃᔭᐸᒡ iyaapach p ♦ still, anyway, nevertheless ■ ᐃᔭᐸᒡ ᒌ ᐸᒋᔥᑳ ᐊᑯ ᐁ ᒌ ᐋ"ᑯᓯᒡₓ ■ *She still came even though she was sick.*

ᐃᔭᑐᐙᐦᐁᐤ iyaatuwaaheu vta ♦ s/he criticizes him/her, s/he rejects him/her because of a defect, lack of responsibility

ᐃᔭᑐᐙᐦᑖᐤ iyaatuwaahtaau vai+o ♦ s/he criticizes it, s/he rejects it

ᐃᔭᑑᐦᐁᐤ iyaatuuheu vta ♦ s/he criticizes him/her, s/he dislikes the looks of him/her/it (anim)

ᐃᔭᑑᐦᑖᐤ iyaatuuhtaau vai+o ♦ s/he criticizes it, s/he dislikes the look of it (ex what someone made)

ᐃᔮᑯᓀᐤ iyaakuneu vai/vii ♦ s/he/it is buried in the snow

ᐃᔮᑯᓀᔑᓐ iyaakuneshin vai ♦ s/he falls and lands in the snow

ᐃᔮᑯᓀᐦᐊᒻ iyaakuneham vti ♦ s/he buries it in the snow

ᐃᔮᑯᓀᐦᐌᐤ iyaakunehweu vta ♦ s/he buries it (anim) in the snow

ᐃᔮᑯᓀᐦᑎᓐ iyaakunehtin vii ♦ it lands in the snow, it falls and is buried in the snow

ᐃᔮᑲᑐᐋᐸᐦᑕᒼ iyaakatuwaapahtam vti ♦ s/he keeps looking into it (ex hole, tunnel, to see what is inside)

ᐃᔮᑲᑐᓀᐤ iyaakatuneu vai ♦ s/he pokes around, puts her/his hand inside it (anim), an enclosed space

ᐃᔮᑲᑐᓇᒼ iyaakatunam vti ♦ s/he pokes around inside it, an enclosed space

ᐃᔮᑲᑐᐦᐊᒼ iyaakatuham vti ♦ s/he pokes around in an enclosed space (ex den, beaver lodge, gun barrel) using a tool

ᐃᔮᒥᐋᔑᑯᐙᐳᐤ iyaamiaashikuwaapuu vai -i ♦ her/his tears fall, her/his tears well up and run over

ᐃᔮᒥᑯᐙᐳᐤ iyaamikuwaapuu vai -i [Inland] ♦ her/his tears fall, her/his tears well up and run over

ᐃᔮᓂᔅᑯᐌᑲᔥᑖᐤ iyaaniskuwekashtaau vai+o redup ♦ s/he lays them down next to each other and joined

ᐃᔮᓂᔅᑯᐌᑲᐦᐁᐤ iyaaniskuwekaheu vta redup ♦ s/he lays them (anim) down next to each other joining

ᐃᔮᓂᔅᑯᑖᐱᐦᑳᑌᐤ iyaaniskutaapihkaateu vta redup ♦ s/he ties them together repeatedly

ᐃᔮᓂᔅᑯᑖᐱᐦᑳᑕᒼ iyaaniskutaapihkaatam vti redup ♦ s/he ties things together repeatedly

ᐃᔮᓂᔅᑯᒧᐦᐁᐤ iyaaniskumuheu vta redup ♦ s/he joins them together one after the other

ᐃᔮᓂᔅᑯᒧᐦᑖᐤ iyaaniskumuhtaau vai+o redup ♦ s/he joins things together one after the other

ᐃᔮᓇᐦᐌᐤ iyaanahweu vta ♦ s/he hits a part of it off

ᐃᔮᔅᐌ iyaaswe p,manner ♦ every other one ■ ᒥᐦᒡ ᐃᔮᔅᐌ ᐊᐎᔨᐊ ᐸᐦ ᐅᓈᐸᓐᐊᒡₓ ■ *Only every other person will be picked.*

ᐃᔮᔅᐌᑎᐱᔅᑳᐤ iyaaswetipiskaauh vii pl ♦ it is every other night

ᐃᔮᔅᐌᒌᔑᑳᐤ iyaaswechiishikaauh vii pl ♦ it is every other day

ᐃᔮᔅᐌᔥᑯᐌᐤ iyaasweshkuweu vta ♦ s/he skips every other person, thing (anim)

ᐃᔮᔅᐌᐦᐊᒼ iyaasweham vti ♦ s/he does every other one (ex goes into houses, skips a meal)

ᐃᔮᔅᐌᐦᐌᐤ iyaaswehweu vta ♦ s/he skips every other one (anim)

ᐃᔮᔅᐱᔑᑳᐳᐤ iyaaspishikaapuu vai -uu ♦ s/he tarries walking, takes her/his time, dawdles

ᐃᔮᔅᒌᐤ iyaaschiiu vai redup ♦ s/he hurries in what s/he does

ᐃᔦᔅᑏᒄᐧᐁᐤ iyaaschiihkuweu vta redup
♦ s/he does it in a great hurry for him/her

ᐃᔦᔅᑏᒃᒻ iyaaschiihkam vti redup ♦ s/he does it in a great hurry, is in a hurry for it

ᐃᔦᓐᐊᓂᒋᔥᒃᒻ iyaashuuaanichishkam vti redup ♦ s/he walks from island to island

ᐃᔦᓐᐦᑐᐦᑯᔅᒉᐤ iyaashuutahkuscheu vai redup ♦ s/he walks back and forth (ex steps from tussock to tussock in muskeg)

ᐃᔥᐱᔑᔫ iyaashpishiiu vai ♦ s/he is doing it, but is behind time

ᐃᔥᑐᐧᐊᓂᒋᔥᒃᒻ iyaashtuwaanichishkam vti redup ♦ s/he walks in and out among islands

ᐃᔥᑐᐧᐊᔅᑯᐸᔫ iyaashtuwaaskupayuu vai redup -i ♦ s/he/it (anim) moves among the trees

ᐃᔥᑐᐧᐊᔅᑯᐦᑌᐤ iyaashtuwaaskuhteu vai redup ♦ s/he/it (anim) walks among the trees

ᐃᔥᒁᐤ iyaashkweu vai ♦ s/he speaks quickly and loudly

ᐃᔥᒃᐧᐋᑌᐤ iyaashkwaateu vta redup
♦ s/he keeps hurrying him/her along by talking loudly

ᐃᔮᐃᒣᔨᐦᑎᒻ iyaayimeyihtam vti redup
♦ s/he worries about it

ᐃᔮᐅᐁᔨᒣᐤ iyaayuweyimeu vta ♦ s/he thinks that s/he is over-tired

ᐃᔮᐅᐁᔨᒨ iyaayuweyimuu vai ♦ s/he grieves to exhaustion

ᐃᔮᐅᐁᔮᐱᐦᑌᐤ iyaayuweyaapihteu vii
♦ the smoke goes along the shore

ᐃᔮᐅᐄᐤ iyaayuwiiu vai ♦ s/he is completely exhausted, worn out from working

ᐃᔮᐅᐄᒪᑲᓐ iyaayuwiimakan vii ♦ it is tired, exhausted (ex arm)

ᐃᔮᐅᐋᒨ iyaayuwaamuu vai -u ♦ s/he is exhausted from fleeing

ᐃᔮᐅᐋᔑᐤ iyaayuwaashuu vai -i ♦ it (anim) is ruined from blowing in the wind

ᐃᔮᐅᐋᔥᑎᓐ iyaayuwaashtin vii ♦ it is ruined from blowing in the wind

ᐃᔮᐅᐁᔨᐦᑖᒻ iyaayuuweyihtam vti
♦ s/he grieves to death over it

ᐃᔮᐅᐋᔑᐤ iyaayuuwaashuu vai -i [Coastal]
♦ it (anim) is being destroyed from blowing in the wind

ᐃᔮᐅᐋᔥᑎᓐ iyaayuuwaashtin vii [Coastal] ♦ it is being destroyed from blowing in the wind

ᐃᔮᐅᐴ iyaayuupuu vai -i ♦ s/he is tired, exhausted from sitting

ᐃᔮᐅᑳᐴ iyaayuukaapuu vai/vii -uu [Coastal] ♦ s/he/it (anim) is completely exhausted, worn out from standing upright, it (ex old tent) is ruined from standing too long

ᐃᔮᐅᓐ iyaayuun vii ♦ it is no longer usable, is ruined, it spills over

ᐃᔮᐅᓰᐤ iyaayuusiiu vai ♦ it (anim) is no longer usable, is ruined, it (anim) spills over

ᐃᔮᐅᔥᑌᐤ iyaayuushteu vii [Coastal] ♦ it (ex food) is ruined from sitting too long

ᐃᔮᐅᐦᐁᐤ iyaayuuheu vta ♦ s/he ruins him/her, murders, destroys him/her deliberately

ᐃᔮᐅᐦᐄᑎᓱ iyaayuuhiitisuu vai reflex -u
♦ s/he commits suicide

ᐃᔮᐅᐦᐆ iyaayuuhuu vai -u ♦ s/he gets her/himself killed, destroyed

ᐃᔮᐅᐦᑐᐁᐤ iyaayuuhtuweu vta ♦ s/he ruins, destroys it for him/her

ᐃᔮᐅᐦᑖᐤ iyaayuuhtaau vai+o ♦ s/he ruins it, destroys it deliberately

ᐃᔦᐦᐱᒋᓈᑯᓐ iyaahpichinaakun vii ♦ it looks important, useful (always used with negative)

ᐃᔦᐦᐱᒋᓈᑯᓲ iyaahpichinaakusuu vai -i
♦ s/he doesn't look important, useful

ᐃᔦᐦᑯᑖᐅᐦᑳᐤ iyaahkutaauhkaau vii [Coastal] ♦ it is difficult terrain

ᐃᔦᐦᑯᔨᐦᑑᔥᑖᐤ iyaahkuyihtuushtaau vai+o redup ♦ s/he piles things on top of each other

ᐃᔦᐦᑯᔨᐦᑑᐦᐁᐤ iyaahkuyihtuuheu vta redup
♦ s/he piles them (anim) one on top of another

ᐃᔦᐦᒀᒪᑎᓈᐤ iyaahkwaamatinaau vii [Coastal] ♦ it is a difficult mountain

ᐃᔦᐦᒋᑕᐦᐁᐤ iyaahchitaheu vta ♦ s/he makes it (anim) light-weight

ᐃᔦᐦᒋᑕᐦᑖᐤ iyaahchitahtaau vai+o ♦ s/he makes it light-weight

ᐃᔮᐦᒡ **iyaahch** p,emphasis [Inland] ♦ focus marker used after another particle, indicating a choice must be made, 'exactly' (ekuh iyaahch, iska iyaahch, maak iyaahch, eshkw iyaahch) ▪ ᒑ ᐃᔮᐦᒡ ᐊᐦ ᐅᒌ·ᐌᐦᒋᕐᐦₓ ▪ *Exactly which one do you want?*

ᐃ·ᔮᑯᓂᒋᐸᔫ **iywaakunichipayuu** vii -i ♦ there is an opening in the snow covering, a hole in the ice where the snow fell in when the stick, line into the hole was moved by a fish, beaver

ᐃ·ᔮᐦᔅᑎᓂᐸᔫ **iywaashtinipayuu** vai -i ♦ it (wind) dies down

ᐃ·ᔮᐦᔅᑎᓂᑎᐱᔅᑳᐤ **iywaashtinitipiskaau** vii ♦ it is a calm night

ᐃ·ᔮᐦᔅᑎᓂᑖᑯᔔ **iywaashtinitaakushuu** vii -i ♦ it is a calm evening

ᐃ·ᔮᐦᔅᑎᓂᔎ **iywaashtinishuu** vai -i ♦ it (wind) dies down while s/he is travelling

ᐃᐦᑑ **ihtuu** vai -i ♦ s/he does it

ᐃᐦᑑᑐᐌᐤ **ihtuutuweu** vta ♦ s/he does it to him/her/it (anim)

ᐃᐦᑑᑕᒼ **ihtuutam** vti ♦ s/he does it

ᐃᐦᑕᑯᓐ **ihtakun** vii ♦ it exists, there is some of it

ᐃᐦᑖᐎᓐ **ihtaawin** ni ♦ town, village, city

ᐃᐦᑖᐤ **ihtaau** vai ♦ s/he is here (there, somewhere), s/he exists

ᐄ

ᐄ·ᐯᒋᑲᓐ **iiwepichikan** ni ♦ fringe

ᐄ·ᐯᔫ **iiwepayuu** vai/vii -i ♦ it (anim, ex clothing) hangs in rags

ᐄ·ᐯᑯᑌᐤ **iiwekuteu** vii ♦ it hangs in a fringe

ᐄ·ᐯᑯᒋᓐ **iiwekuchin** vai ♦ it (anim) hangs in a fringe

ᐄ·ᐋᐤ **iiwaau** vii ♦ it is shallow

ᐄ·ᐋᐳ·ᐌᐤ **iiwaapuweu** na ♦ brant goose *Branta bernicla*

ᐄ·ᐋᐳ·ᐌᔥ **iiwaapuwesh** na dim ♦ young brant goose

ᐄ·ᐋᓇᒻ **iiwaanam** vti ♦ s/he leaves old tracks, her/his track is old

ᐄ·ᐋᓈᐅᐦᑳᐤ **iiwaanaauhkaau** vii ♦ it is a shallow sandy beach

ᐄ·ᐋᔅᑯᐌᐤ **iiwaaskuweu** vta ♦ s/he gets her/his way, succeeds with him/her

ᐄ·ᐋᔅᑲᒻ **iiwaaskam** vti ♦ s/he gets his way with it, succeeds in doing it

ᐄᐹᑌᔨᒣᐤ **iipaateyimeu** vta ♦ s/he is uncomfortable with him/her/it (anim) because he/she/it (ex dog) is messy

ᐄᐹᑌᔨᒧᐦᐁᐤ **iipaateyimuheu** vta ♦ s/he makes him/her miserable, uncomfortable

ᐄᐹᑌᔨᒨ **iipaateyimuu** vai -u ♦ s/he feels miserable because of the weather

ᐄᐹᑌᔨᐦᑕᒻ **iipaateyihtam** vti ♦ s/he is miserable, uncomfortable because of it, the weather

ᐄᐹᑌᔨᐦᑖᑯᓐ **iipaateyihtaakun** vii ♦ the weather is miserable, the times are miserable

ᐄᐹᑖᐅᑲᐦᐄᒉᐤ **iipaataukahiicheu** vai ♦ s/he makes messes by digging in the ground

ᐄᐹᑕᐳ **iipaatapuu** vai -i ♦ it (anim, ex bannock) sits in a mess

ᐄᐹᑕᓐ **iipaatan** vii ♦ it is messy, miserable weather

ᐄᐹᑕᐦᐄᒉᓲ **iipaatahiichesuu** vai ♦ s/he is a mess-maker

ᐄᐹᑖᐅᐦᑳᐤ **iipaataauhkaau** vii ♦ it is messy with sand

ᐄ·ᐋᐦᑳᐤ **iipwaahkaau** vai ♦ s/he is smart, intelligent

ᐄᑑ **iituu** p,location ♦ on both sides ▪ ᓅᐦ ᐄᑑ ᒋᐳᒌ ᐊᐦ ᐊᐦᑖᐦᑳᕐₓ ▪ *The bannock is cooked on both sides.*

ᐄᑑᐳ·ᐃᐧᐦ **iituupuwich** vai pl -i ♦ they sit on each side

ᐄᑑᐸᔫ **iituupayuu** vai/vii -i ♦ s/he/it falls on each side

ᐄᑑᑳᒻ **iituukaam** p,location ♦ on both sides of a river

ᐄᑑᒫᒨ **iituumaamuu** vii -u ♦ it (lake) has two outlets

ᐄᑑᔑᓄᐦ **iituushinuch** vai pl ♦ they lie at each side

ᐄᑑᐦᑲᒻ **iituushkam** vti ♦ s/he wears it on both sides

ᐄᑑᔫ **iituuyuu** p,location ♦ both sides of the body

ᐄᔫᐦᐱᑕᒻ iituuhpitam vti ♦ s/he ties it on both sides
ᐄᔫᐦᑯᑌᐤ iituuhkuteu vta ♦ s/he carves it (anim) on both sides
ᐄᔫᐦᑯᑕᒻ iituuhkutam vti ♦ s/he carves it on both sides
ᐃᑖᐦᐄᓅᐌᐤ iitahiinuweu vai ♦ s/he serves, takes food to someone else
ᐃᑖᐦᐆᑌᐤ iitahuuteu vii ♦ it wears out by rubbing on something
ᐃᑖᐳᐤ iitaapuu vai-i ♦ s/he is looking
ᐃᑖᒥᔅᑳᐤ iitaamiskaau vii ♦ it is the channel of a river
ᐄᑯᐸᔫ iikupayuu vii-i ♦ it clouds over
ᐄᑲᐯᓲ iikapesuu vai-i ♦ s/he is bow-legged
ᐄᑲᐯᐦᑖᐤ iikapehtaau vai+o ♦ s/he makes it fork
ᐄᑲᓀᓲ iikanesuu vai-u ♦ s/he is infected
ᐄᒉ iiche p,location ♦ out of the way, aside ▪ ᒡᒥᐦ ᐊᓱᐃᐦ ᐄᒉ ᒡᑳᐦᒥᒡ ᐊᐦᒡᐦ ᐊᓴᑦᐦ ᓯᒡᒥᒃ ▪ Place the wood pile away from the road.
ᐄᒉᐌᐱᓀᐤ iichewepineu vta ♦ s/he throws him/her aside
ᐄᒉᐌᐱᓇᒧᐌᐤ iichewepinamuweu vta ♦ s/he throws it aside for him/her
ᐄᒉᐌᐱᓇᒻ iichewepinam vti ♦ s/he throws it aside
ᐄᒉᐌᐱᔥᑯᐌᐤ iichewepishkuweu vta ♦ s/he pushes him/her away, aside by foot
ᐄᒉᐌᐱᔥᑲᒻ iichewepishkam vti ♦ s/he pushes, knocks it away, aside with his foot
ᐄᒉᐳᐤ iichepuu vai-i ♦ s/he sits aside
ᐄᒉᐸᔨᐦᐆ iichepayihuu vai-u ♦ s/he steps aside quickly
ᐄᒉᐸᐦᑖᐤ iichepahtaau vai ♦ s/he runs aside
ᐄᒉᑎᔑᓀᐤ iichetishineu vta ♦ s/he pushes him/her away, aside
ᐄᒉᑎᔑᓇᒻ iichetishinam vti ♦ s/he pushes it away, aside
ᐄᒉᑎᔕᒻ iichetishaham vti ♦ s/he sends it away from nearby
ᐄᒉᑎᔕᐦᐌᐤ iichetishahweu vta ♦ s/he sends him/her away, s/he tells him/her to move away, aside
ᐄᒉᑎᐦᑎᐱᓀᐤ iichetihtipineu vta ♦ s/he rolls it (anim) aside
ᐄᒉᑎᐦᑎᐱᓇᒻ iichetihtipinam vti ♦ s/he rolls it aside
ᐄᒉᑕᐦᐁᐤ iichetaheu vta ♦ s/he walks him/her out of the way
ᐄᒉᑳᐴ iichekaapuu vai-uu ♦ s/he stands out of the way
ᐄᒉᒀᔥᑯᐦᑑ iichekwaashkuhtuu vai-i ♦ s/he jumps out of the way, aside
ᐄᒉᓀᐤ iicheneu vta ♦ s/he puts him/her aside by hand
ᐄᒉᓇᒧᐌᐤ iichenamuweu vta ♦ s/he moves it aside for him/her
ᐄᒉᓇᒻ iichenam vti ♦ s/he puts it aside by hand
ᐄᒉᓲ iichesuu vai-i ♦ s/he gets out of the way
ᐄᒉᔅᒀᔫ iicheskweyuu vai-i ♦ s/he moves his/her head out of the way, aside
ᐄᒉᔑᓐ iicheshin vai-i ♦ s/he moves to the side while lying down
ᐄᒉᔥᑖᐤ iicheshtaau vai+o ♦ s/he moves, gets it out of the way, aside
ᐄᒉᔥᑯᐌᐤ iicheshkuweu vta ♦ s/he pushes him/her away, aside with the body, feet
ᐄᒉᔥᑲᒻ iicheshkam vti ♦ s/he pushes it aside with the body, feet
ᐄᒉᐦᑌᐤ iichehteu vai ♦ s/he walks out of the way, to one side
ᐄᒉᐦᑕᑖᐤ iichehtataau vai+o ♦ s/he takes it out of the way, to one side
ᐄᒉᐦᑖᐤ iichehtaau vai+o ♦ s/he takes some of it out of the way, to one side
ᐃᒋᑑᔥᑎᒀᐤ iichituushtikwaau vii ♦ the river divides, forked
ᐃᒋᑯᐸᔫ iichikupayuu vii ♦ it (window) frosts up
ᐃᒋᑯᑌᐤ iichikuteu vii ♦ it is frosty
ᐃᒋᑯᑎᓐ iichikutin vii ♦ it has frost form on it
ᐃᒋᑯᒎ iichikuchuu vai-i ♦ it (anim) has frost form on it
ᐃᒋᒀᐱᔅᒋᐸᔫ iichikwaapischipayuu vai/vii -i ♦ frost, steam forms on it (metal, glass)
ᐃᒋᒀᐸᓐ iichikwaapan vii ♦ it is frosty morning

ᐃᕆ·ᑲ"ᓂᑲᐤ iichikwaahtikaau vii ♦ there is frost on the trees
ᐃᕆ·ᑲ"ᓂᑲ<ᣅ iichikwaahtikaapan vii ♦ there is frost on the trees in the morning
ᐃᕆᓄᖻᑦ·ᐁ° iichineshkuweu vta ♦ s/he walks from one to the next (anim)
ᐃᕆᓄᖻᑲᖻ iichineshkam vti ♦ s/he walks from one to the next (inan)
ᐃᕆᓄ"ᐊᖻ iichineham vti ♦ s/he goes driving from one to the next
ᐃᕆᓄ"·ᐁ° iichinehweu vta ♦ s/he goes driving from one to the next (anim)
ᐃᕆᔑᖻᑎ·ᖳ<ᔨ iichishtuushtikwepayuu vii [Inland] ♦ two branches flow out from the main river
ᐃᕆ"ᒍ·ᐊ° iichihtuwaau vii ♦ it forks
ᐃᕆ"ᒍ·ᖳᔮ° iichihtuukweyaau vii ♦ it is a river that has two outlets
ᐃᕆ"ᒍᑲᖸ° iichihtuukasheu vai ♦ it has split, divided hooves
ᐃᕆ"ᒍᑲᖻ·ᖳ° iichihtuukashkweu vai ♦ it (anim) has divided hooves
ᐃᕆ"ᒍᔩ iichihtuusuu vai -i ♦ it (anim) forks
ᐃᕆᒋᒪᖻ iichiiminach na pl ♦ split peas
ᐃᕆᒋᒪᐛ iichiiminaapuu ni ♦ split pea soup
ᐃᓂ·ᐊᖻᐅᓂᒪᑲᖻ iiniwaashtenimaakan ni [Inland] ♦ candle
ᐃᓂᒪᓇ·"ᑎᑭᑦ iiniminaanaahtikw na -um [Inland] ♦ blueberry bush *Vaccinum sp*, or *Vaccinium angustifolium*
ᐃᓂᒪᓇ"ᔨ iiniminaanh ni pl [Inland] ♦ blueberries, berries in general
ᐃᓂᒪ"ᑎᑭᑦ iiniminaahtikw ni -um [Inland] ♦ blueberry bush *Vaccinium sp*, *Vaccinium angustifolium*
ᐃᓂᒥᒋᐊ"< iinimiichiwaahp ni [Inland] ♦ teepee
ᐃᓂᐢᕋᖻ iinischisin ni [Inland] ♦ moccasin
ᐃᓂᑭ< iiniship na -im [Inland] ♦ mallard duck *Anas platyrhynchos*, black duck *Anas rubripes*
ᐃᓂᖻᑦᑌᐤ iinishkuteu ni -m [Inland] ♦ campfire, open fire
ᐃᓂᐤ iiniiu vai [Inland] ♦ s/he is alive, born
ᐃᓂ"ᒍ·ᐃᖻ iiniihtuwin vii [Inland] ♦ it seems alive
ᐃᓂ"ᒍᓯᐤ iiniihtuusiiu vai [Inland] ♦ s/he feels alive, s/he seems to be alive
ᐃᓂ"ᑲᓂᑦ iiniihkaanish na [Inland] ♦ puppet
ᐃᓂ"ᑲᖻ iiniihkaan na -im [Inland] ♦ mannequin
ᐃᓄ"ᑌᐤ iinuhteu vai [Inland] ♦ it (animal) walks slowly
ᐃᓅ iinuu na -niim [Inland] ♦ person, human being, native person, Aboriginal person, Cree
ᐃᓅᐊᔨᒧᐃᖻ iinuuayimuwin ni [Inland] ♦ Cree language
ᐃᓅᑎᐯᐃ"ᒋᔨ iinuutipeyihchichesuu na -siim [Inland] ♦ Cree Regional Authority (CRA), Cree government
ᐃᓅᑲᒥᑾ iinuukamikw ni [Inland] ♦ aboriginal friendship centre
ᐃᓅᓂ"ᑲᑌᐤ iinuunihkaateu vii [Inland] ♦ it has a traditional name
ᐃᓅᓂ"ᑲᓲ iinuunihkaasuu vai -u [Inland] ♦ s/he has a Cree name
ᐃᓅᓇᑯᓲ iinuunaakusuu vai -i [Inland] ♦ s/he/it (anim) looks native, looks Cree
ᐃᓅᖻᑌᐤ iinuushteu vii [Inland] ♦ it is written in syllabics
ᐃᓅᖻᑖᐤ iinuushtaau vai+o [Inland] ♦ s/he writes it in syllabics
ᐃᓈᖻᑎᐱᒎ iinaashtipichuu na -chiim [Inland] ♦ balsam fir sap gum
ᐃᓈᖻᑎᐢᑲᐤ iinaashtiskaau vii [Inland] ♦ it is an area of balsam fir trees
ᐃᓈᖻᑕᒋᓲ iinaashtachisuu vai -i [Inland] ♦ it (anim, wood) smells, tastes of balsam fir
ᐃᓈᖻᒡ iinaasht na [Inland] ♦ balsam fir *Abies balsamea*
ᐃᓈ"ᑎᑯᑲᐤ iinaahtikuskaau vii [Inland] ♦ it is an area of black spruce trees
ᐃᓈ"ᑎᑰᑲᒥᑾ iinaahtikuukamikw ni [Inland] ♦ teepee made of split black spruce logs covered with moss
ᐃᓈ"ᑎᑾ iinaahtikw na -um [Inland] ♦ black spruce *Picea mariana*
ᐃᓈ"ᒋᑾ iinaahchikw na [Inland] ♦ ordinary seal *Phoca vitulina*
ᐃᖻ iin vii ♦ it happens, takes place, occurs
ᐃᓯᑎ iisitii ni -m ♦ pure tea nothing added to it

ᐄᓯᒥᓂᐅᓯᐱᐃ **iisimeniiusiipii** ni -m
* Eastmain river

ᐄᔅᑯ **iiskw** p,location * up to a certain time, the deadline is ..., until, up to a certain distance, as far as ▪ ᓂᑊᑳᕐᒡ ᐄᔅᑯ ᒥᑦᔨᐸᕐᒡₓ * ·ᐛ"·ᐁᐳᐋᕐᒡ ᐄᔅᑯ ᒡᑳ ᐃᔪ ᒑᐱᓂ·ᐊᐤ ᒡ ᐄ"ᑐᑦᑊₓ * ᒥᔪᐸᐧᐃ ᐄᔅᑯ ᐁᑦᐦ ᒡ ᐄᑊ<ᐱᑊₓ ▪ April to March. * September is the deadline I am giving you to do it; I am giving you up to September to work on it. * S/he will go as far as Chisasibi.

ᐄᔅᒋᒨᐊᔨᒧᐎᐣ **iischimeuayimuwin** ni
* Inuit language, Inuktitut

ᐄᔅᒋᒨᐊᔅᒋ **iischiimeuaschii** ni -m * Inuit (Eskimo) land, the territory frequented by the Inuit

ᐄᔅᒋᒨᑎᒻ **iischiimeutim** na * husky dog, literally 'Inuit dog'

ᐄᔅᒋᒨᑲᒥᒄ **iischiimeukamikw** ni * igloo

ᐄᔅᒋᒨᔅᒋ **iischiimeuschii** ni * Inuit community, land

ᐄᔅᒋᒨᔨᒨ **iischiimeuyimuu** vai -i * s/he speaks in Inuktitut

ᐄᔅᒋᒨ **iischiimeu** na -em * Inuit, Eskimo

ᐄᔅᒋᒻᔅᑫᐤ **iischiimeskweu** na -em * Inuit woman, Eskimo woman

ᐄᔅᒣᐃᐣ **iismein** ni * Eastmain

ᐄᔑ **iishi** preverb * like, in a certain way

ᐄᔑ ᒡᐊᐣ **iishi taan** p,interjection * I wonder what/which one ▪ ᐃᔑ ᒡᐊᐣ ᑳ ᐁᓈᐸᐦᐅᐦᐤ ▪ I wonder who is going to be chosen.

ᐄᔑᓂᒣᐦᑖᐤ **iishinimehtaau** vai+o * s/he/it (ex animal) leave signs of having been in a place

ᐄᔥᑌᐎᐤ **iishtewiiu** vai * s/he stops what s/he was doing

ᐄᔥᑌᐯᐤ **iishtepeu** vai * s/he becomes sober

ᐄᔥᑌᔮᐱᐦᑌᐤ **iishteyaapihteu** vai * the smoke stops rising, starts to clear

ᐃᔨᑕᐚᔥᑌᓂᒫᑲᐣ **iiyitawaashtenimaakan** ni [Coastal]
* candle

ᐃᔨᒥᓈᐋᐃᐦᑯᓈᐤ **iiyiminaaaihkunaau** na-naam * blueberry bannock

ᐃᔨᒥᓈᐦᑎᒄ **iiyiminaahtikw** na [Coastal]
* blueberry bush *Vaccinium sp.*

ᐃᔨᒥᐣᐦ **iiyiminh** ni pl [Coastal]
* blueberries

ᐃᔨᒦᒋᐚᐦᑊ **iiyimiichiwaahp** ni [Coastal]
* teepee

ᐃᔨᒦᒋᒻ **iiyimiichim** ni [Coastal]
* traditional food

ᐃᔨᒪᑲᐣ **iiyimakan** vii [Coastal] * it is alive, it lives

ᐃᔨᓂᐦᑳᑌᐤ **iiyinihkaateu** vii [Coastal]
* it has a Cree name

ᐃᔨᓂᐦᑳᓲ **iiyinihkaasuu** vai -u [Coastal]
* s/he has a Cree name

ᐃᔨᓈᑯᐣ **iiyinaakun** vii [Coastal] * it looks Indian

ᐃᔨᓈᑯᓯᐤ **iiyinaakusuu** vai -i [Coastal]
* s/he looks Cree, Indian

ᐃᔨᔅᒋᓯᐣ **iiyischisin** ni [Coastal]
* moccasin

ᐃᔨᔅᒋᐦᒄ **iiyischihkw** na [Coastal]
* copper kettle

ᐃᔨᔥᑯᑌᐤ **iiyishkuteu** ni -em [Coastal]
* open fire

ᐃᔨᔫ **iiyiyuu** na -yiim [Coastal] * person, human being, native person, Aboriginal person, Cree

ᐃᔨᔫᐊᔨᒧᐎᐣ **iiyiyuuayimuwin** ni [Coastal] * Cree language

ᐃᔨᔫᑎᐯᔨᐦᒋᒉᓲ **iiyiyuutipeyihchichesuu** na -siim [Coastal] * Cree Regional Authority, Cree government

ᐃᔨᔫᑲᒥᒄ **iiyiyuukamikw** ni [Coastal]
* aboriginal friendship centre

ᐃᔨᔫᓂᐦᑳᑌᐤ **iiyiyuunihkaateu** vii [Coastal]
* it has a Cree name, an Indian name

ᐃᔨᔫᓂᐦᑳᓲ **iiyiyuunihkaasuu** vai -u [Coastal] * s/he has a native, a Cree name

ᐃᔨᔫᓈᑯᐣ **iiyiyuunaakun** vii [Coastal]
* it looks native, Aboriginal, Cree

ᐃᔨᔫᓈᑯᓯᐤ **iiyiyuunaakusuu** vai -i [Coastal]
* s/he looks native, Aboriginal, Cree

ᐃᔨᔫᔅᑫᐤ **iiyiyuuskweu** na -em [Coastal]
* native woman, Cree woman

ᐃᔨᔫᔅᒋ **iiyiyuuschii** ni * Cree reserve, Aboriginal community

ᐃᔨᔫᔥᑌᐤ **iiyiyuushteu** vii [Coastal] * it is written in syllabics

ᐃᔨᔫᔥᑖᐤ **iiyiyuushtaau** vai+o [Coastal]
* s/he writes it in syllabics

ᐃᔨᐦᑑᐎᐣ **iiyihtuuwin** ni [Coastal]
* Cree culture

ᐃᔨᐦᑑᐣ **iiyihtuun** vii * it is a living thing, it seems alive

ᐄᔨᐦᑑᓰᐤ iiyihtuusiiu vai [Coastal] ◆ s/he feels alive, s/he seems to be alive, living, it (anim) is a living thing

ᐄᔨᐦᑳᓂᔥ iiyihkaanish na [Coastal] ◆ puppet

ᐄᔨᐦᑳᐣ iiyihkaan na [Coastal] ◆ mannequin

ᐄᔨᐦᑳᓲ iiyihkaasuu vai -u [Coastal] ◆ s/he pretends to be Native

ᐄᔮᔥᑎᐱᒍ iiyaashtipichuu na -chiim [Coastal] ◆ balsam fir sap gum

ᐄᔮᔥᑎᔅᑳᐤ iiyaashtiskaau vii [Coastal] ◆ it is an area of balsam fir trees

ᐄᔮᔥᐟ iiyaasht na [Coastal] ◆ balsam fir *Abies balsamea*

ᐄᔮᐦᑎᑯᔅᑳᐤ iiyaahtikuskaau vii [Coastal] ◆ it is an area of black spruce trees

ᐄᔮᐦᑎᑰᑲᒥᒄ iiyaahtikuukamikw ni [Coastal] ◆ teepee made of split black spruce logs covered with moss

ᐄᔮᐦᑎᒁᔥᐟ iiyaahtikwaasht na [Coastal] ◆ black spruce bough

ᐄᔮᐦᑎᒄ iiyaahtikw na -um [Coastal] ◆ black spruce *Picea mariana*

ᐄᔮᐦᒋᒄ iiyaahchikw na [Coastal] ◆ ordinary seal *Phoca vitulina*

ᐄᐦᐄᐲᐤ iihiipiiu vai ◆ s/he is a committed worker

ᐄᐦᑎᐣ iihtin vii [Coastal] ◆ it is a different one

ᐄᐦᑎᓰᐤ iihtisiiu vai [Coastal] ◆ s/he is a different one

ᐄᐦᑐᐌᓅ iihtuwenuu vai -uu [Coastal] ◆ s/he is of a different race than the others

ᐄᐦᑐᐌᔨᒣᐤ iihtuweyimeu vta [Coastal] ◆ s/he finds him/her different from someone else

ᐄᐦᑐᐎᐣ iihtuwin ni ◆ customs, way of doing things, manners, action

ᐄᐦᑕᐌᓰᔅ iihtawesiis na ◆ a certain kind of animal

ᐄᐦᑖᐌᔨᒣᐤ iihtaaweyimeu vta [Inland] ◆ s/he mistakes him/her for another

ᐄᐦᑖᐦᑉ iihtaahp p,manner [Coastal] ◆ totally different ▪ ᓅᐎᒡ ᐄᐦᑖᐦᑉ ᐃᑌᐤ ᐁ ᐊᔨᒥᐦᐋᑲᓅᐎᐟ᙮ ▪ *She talks about something totally different when spoken to.*

ᐄᐦᑯᔒᑲᐦᐅᐣ iihkushiikahun ni ◆ a louse comb, a fine-toothed comb

ᐄᐦᑰ iihkuu vai/vii -uu ◆ s/he/it is covered with lice

ᐄᐦᑲᓂᑳᐤ iihkanikaau vii ◆ it is solid bone

ᐄᐦᑲᓂᓲ iihkanisuu vai -i ◆ it (anim) is solid bone

ᐄᐦᑲᐣ iihkan ni ◆ solid bone (ex of an animal)

ᐄᐦᑲᓲ iihkasuu vai -u ◆ it (anim) emerges due to subsiding water, s/he (ex in canoe) is left high and dry

ᐄᐦᑲᔥᑌᐤ iihkashteu vii ◆ it has emerged due to subsiding water

ᐄᐦᑲᐦᐄᐯᐤ iihkahiipeu vai ◆ s/he bails the water out

ᐄᐦᑲᐦᐄᐹᑕᒼ iihkahiipaatam vti ◆ s/he bails the water out of it

ᐄᐦᑳᐯᐸᔫ iihkaapepayuu vii -i ◆ the water level goes down, drops, sinks, subsides

ᐄᐦᑳᑲᒥᐸᔫ iihkaakamipayuu vii -i ◆ the water level drops as beaver dam is partially opened

ᐄᐦᑳᒎᓲ iihkaachuusuu vai ◆ it (anim) evaporates as it boils, it boils down

ᐄᐦᑳᒎᐦᑌᐤ iihkaachuuhteu vii ◆ it evaporates as it boils, it boils down

ᐄᐦᒄ iihkw na -um ◆ louse

ᐄᐦᒋᐌᓅ iihchiwenuu vai -u ◆ s/he/it (anim) is of a different kind than her/his/its fellows

ᐄᐦᐨ iihch p,manner ◆ different ▪ ᐄᐦᐨ ᐃᔑᓈᑯᓂᔫ ᐯᔮᒄ ᐅᒪᔅᑭᓯᓐ᙮ ▪ *One of her shoes is different.*

ᐅ

ᐅᐧᐁᔑᐯᔨᒣᐤ uweshipeyimeu vta ◆ s/he has him/her in her/his thoughts

ᐅᐧᐁᔑᐯᔨᐦᑕᒼ uweshipeyihtam vti ◆ s/he is sensible, s/he has reason, s/he has it in her/his thought

ᐅᐧᐁᔫᓄᐌᐤ uweyuunuweu vta ◆ s/he finds s/he looks appealing

ᐅᐧᐁᔫᓇᒼ uweyuunam vti ◆ s/he finds it looks appealing

ᐅᐧᐁᔫᓈᑯᓲ uweyuunaakusuu vai -i ◆ s/he looks appealing

ᐅᐧᐁᔫᓈᑯᐦᐁᐤ **uweyuunaakuheu** vta
 • s/he makes him/her/it (anim) look appealing
ᐅᐧᐁᔫᔥᑐᐌᐤ **uweyuushtuweu** vta
 • s/he finds him/her appealing
ᐅᐧᐁᔫᔥᑕᒼ **uweyuushtam** vti • s/he finds it appealing
ᐅᐧᐁᔫᐦᐁᐤ **uweyuuheu** vta • s/he tries to repair it (anim) making it look better
ᐅᐧᐁᔫᐦᑖᐤ **uweyuuhtaau** vai+o • s/he tries to repair it making it look better
ᐅᐧᐁᔮᐅᐦᑲᐦᐊᒼ **uweyaauhkaham** vti
 • s/he arranges, levels the sand with something
ᐅᐧᐁᔮᐅᐦᒋᔥᑲᒻ **uweyaauhchishkam** vti
 • s/he arranges, levels the snow by foot
ᐅᐧᐁᔮᐸᓂᑲᐦᑐᐌᐤ **uweyaapaanikahtuweu** vta • s/he arranges the string on a toboggan
ᐅᐧᐁᔮᑯᓀᔥᑲᒻ **uweyaakuneshkam** vti
 • s/he arranges, levels the snow by foot
ᐅᐄᒉᐚᑲᓂᑐᐧᐃᒡ **uwiichewaakanituwich** vai pl recip -u
 • they are companions, friends
ᐅᐄᒉᐚᑲᓂᑐᑐᐌᐤ **uwiichewaakanitutuweu** vta • s/he makes a companion of him/her
ᐅᐄᒉᐚᑲᓅ **uwiichewaakanuu** vai
 • s/he has a companion
ᐅᐄᒋᒫᑲᓐ **uwiichimaakanh** nad
 • her/his spouse
ᐅᐄᓰᐦᑖᑯᓱ **uwiisihtaakusuu** vai -i
 • s/he/it (anim) sounds funny
ᐅᐋᐅᑲᓐ **uwaaukan** nid • her/his/its (anim) backbone, spine
ᐅᐋᓂᒨ **uwaanimuu** vai • s/he changes the subject because s/he does not want to talk about it
ᐅᐋᓂᓰᐤ **uwaanisiiu** vai -u • s/he is in need
ᐅᐋᐦᑯᒫᑲᓐ **uwaahkumaakanh** na
 • his/her relative(s)
ᐅᐯᐦᐯᐦᒄ **upehpehkw** nid • her/his spleen
ᐅᐱᑲᒫᐤ **upikamaau** vii [Coastal] • it is a double lake, two bodies of water joined by a narrow channel
ᐅᐱᒍᐃᓐ **upichuwin** vii • it is a narrows in a current

ᐅᐱᒫᒋᐦᐄᐌᓱᐤ **upimaachihiiwesuu** na -siim
 • saviour (biblical)
ᐅᐱᓯᑿᑎᔅ **upisikwaatis** na • adulterer
ᐅᐱᓯᑿᑎᔅᑴᐤ **upisikwaatiskweu** na
 • adulteress
ᐅᐱᔅᑯᑐᔮᓐ **upiskutuyaanh** nad pl [Inland]
 • its (anim, beaver) testicles
ᐅᐱᔅᑯᒑᓐ **upiskuchaan** na • animal intestine turned inside out and filled with fat
ᐅᐱᔅᑰ **upiskuu** vai • it (anim) is moulting
ᐅᐱᔅᑰᐲᓯᒻ **upiskuupiisim** na • July, literally 'moulting month'
ᐅᐱᔅᒀᔅᒋᑲᓐ **upiskwaaschikan** nid [Coastal] • her/his/its point where collarbones meet
ᐅᐱᔅᒐᓀ **upischuunai** nad • its (moose, caribou) stomach (one of four beside the liver)
ᐅᐱᔑᑯᐹᓂᐄᔥᑦ **upishikupaaniwiisht** ni -im • empty beaver lodge
ᐅᐱᔑᒨ **upishimuu** vii -u • it is the start of the portage
ᐅᐱᔥᑌᐦᐆᔫ **upishtehuuyuu** na
 • her/his diaphragm
ᐅᐱᔥᑎᑯᔮᐅᐊᔨᒧᐃᓐ **upishtikuyaauayimuwin** ni • French language
ᐅᐱᔥᑎᑯᔮᐅᐊᔨᒨ **upishtikuyaauayimuu** vai -i • s/he speaks French
ᐅᐱᔥᑎᑯᔮᐅᔥᑌᐤ **upishtikuyaaushteu** vii
 • it is written in French
ᐅᐱᔥᑎᑯᔮᐅᔥᑖᐤ **upishtikuyaaushtaau** vai+o • s/he writes it in French
ᐅᐱᔥᑎᑯᔮᐅᐤ **upishtikuyaauu** vai -uu
 • s/he is a French person
ᐅᐱᔥᑎᑯᔮᐤ **upishtikuyaau** na -aam
 • French person
ᐅᐱᔮᐅᑳᑌᐤ **upiywaaukaateu** vai • s/he has hairy legs
ᐅᐱᔮᐅᑳᑖᓐ **upiywaaukaataan** nid
 • moose, caribou leg with hide and hair still on; sealskin boot [coastal]
ᐅᐱᔮᐅᒥᓈᓐ **upiywaauminaanh** ni pl [Inland] • hairy red currant berries
ᐅᐱᔮᐅᒥᓈᐦᑎᒄ **upiywaauminaahtikw** ni -um • hairy red currant bush *Ribes glandulosum*, skunkberry

ᐅᐱᔾᐅᕐᐊ" **upiywaauminh** ni pl ♦ hairy red currants, kiwi fruit

ᐅᐱᔾᐊᑉᕈᑰ° **upiywaawaaschikaneu** vai ♦ s/he has a hairy chest

ᐅᐱᔾ° **upiywaau** vai/vii [Coastal] ♦ it has hair on it, it is hairy

ᐅᐱ"ᑯᐊ° **upihkupaau** vii ♦ it is a narrows in the willows in the water

ᐅᐱᐃᓂᐸᑲᐣ **upiiwiinipaakan** ni ♦ feather-filled blanket

ᐅᐱᐃ" **upiiwiih** nid pl -waahch / -wiihch ♦ her/his hair, its fur, its feathers

ᐅᐱᑯᑐᐌ° **upiikuhtuweu** vai ♦ it (beaver) chews twigs for food

ᐅᐱᑯᑐᐋᐣ **upiikuhtuwaan** ni ♦ branches chewed up by a beaver as food

ᐅᐱᒥᓂᑾ **upiiminikw** nid ♦ its lower back leg bone (moose, caribou)

ᐅᐳᒋᔑ **upuuchishii** ni-m ♦ small intestine of animal

ᐅᐳᒋᔑᔮᐱ **upuuchishiiyaapii** ni -m ♦ chain on a trap

ᐅᐸᐹᒧᑌᐤ° **upapaamuhteu** na ♦ nomad, wanderer, a person who travels around

ᐅᐸᐹᒫᔒᐃᐃᔨᔫ **upapaamaashiiwiyiyuu** na -yiim [Coastal] ♦ sailor

ᐅᐸᐹᒫᔔ **upapaamaashuu** na -iim [Inland] ♦ sailor

ᐅᐸᑎᓈᐤ° **upatinaau** vii ♦ it is a narrows, pass in the mountain

ᐅᐸᑖᐅᑳᐤ° **upataauhkaau** vii ♦ it is a narrows between sand dunes, earth banks

ᐅᐸᑯᔑᐃᐌᐤ° **upakushihiiweu** na ♦ beggar

ᐅᐸᒋᔅᑎᓂᒉᐤ° **upachistinicheu** na -esiim ♦ donor (of money)

ᐅᐸᔐᑳᐤ° **upaschekaau** vii ♦ it is a narrows in the muskeg

ᐅᐹᐅᑳᐤ° **upaauhkaau** vii ♦ it is a narrows in a stretch of sand

ᐅᐹᐤ° **upaau** vii ♦ it is a narrows

ᐅᐹᐱᔅᑳᐤ° **upaapiskaau** vii ♦ it is a narrows between rock

ᐅᐹᑯᓂᑳᐤ° **upaakunikaau** vii ♦ it is a narrows between snowbanks

ᐅᐹᒥᔅᑳᐤ° **upaamiskaau** vii ♦ it is a narrows in the channel

ᐅᐹᔥᑖᒨ **upaashtaamuu** na ♦ blasphemer, slanderer

ᐅᐚᒥᑲᐣ **upwaamikan** nid ♦ her/his/its femur, thigh bone

ᐅᐚᒪᐦᑳᒋᑲᐣ **upwaamahkaachikan** ni ♦ doghead of a gun lock

ᐅᐚᔨᒥᔔ **upwaayimishuu** vai -i ♦ she conceives a son, from English 'boy'

ᐅᐚᔨᒻ **upwaayimh** nad ♦ her boyfriend, from English 'boy'

ᐅᑌᐃᓃ **uteinii** nid ♦ her/his tongue (see also *uteii*)

ᐅᑌᐃᓃᐦᑳᒋᑲᐣ **uteiniihkaachikan** ni [Inland] ♦ catch which holds a trap open

ᐅᑌᒣᐤ° **utemeu** vta ♦ it (anim, fish) has it (anim) in its stomach

ᐅᑌᒥᐚᑾ **utemwaakw** na ♦ Pacific loon *Gavia pacifica*

ᐅᑌᒻ" **utemh** nad ♦ her/his dog

ᐅᑌᓇᒻ **utenam** vti ♦ s/he walks on the surface of frozen snow

ᐅᑌᓈᐤ° **utenaau** ni -aam [Mistissini] ♦ village, town

ᐅᑌᔨᑯᒻ" **uteyikumh** nad ♦ her/his nostril

ᐅᑌᔨᐦᑳᒋᑲᐣ **uteyihkaachikan** ni [Coastal] ♦ catch which holds a trap open

ᐅᑌᔨ **uteyii** nid [Coastal] ♦ her/his tongue (older term)

ᐅᑌᔮᐤ° **uteyaau** vii ♦ the surface of the snow freezes hard after it rains in winter

ᐅᑌᓖ **utelii** nid ♦ her/his tongue (from Moose Cree, see also *uteyii* and *uteinii*)

ᐅᑎᐦᔫᒥᐦᑯᔮᐱ **utehiiumihkuyaapii** nid [Inland] ♦ his/her vein, literally heart blood vessel (string-like)

ᐅᑎᐦᐄᒥᓇᐦ **utehiiminach** na pl ♦ strawberries

ᐅᑎᐦᐄᒥᓈᐣ" **utehiiminaanh** ni pl [Inland] ♦ strawberries

ᐅᑎᐦᐄᒥᓈᐦᑎᒄ **utehiiminaahtikw** na -im ♦ strawberry plant *Fragaria sp.*

ᐅᑎᐦᐄᒥᐣ" **utehiiminh** ni pl ♦ strawberries

ᐅᑎᐦᐄᔮᐱ **utehiiyaapii** nid ♦ his/her artery, literally heart vessel (string-like)

ᐅᑌᐦᐄᐦᐋᐹᓇ **utehiihaapaan** ni
  ♦ joining part of the centre hole in the webbing of snowshoes

ᐅᑌᐦᑕᑯᓲᐋᔅᐱᓀᐎᓐ **utehtakusuuaaspinewin** ni ♦ kidney problem, disease

ᐅᑌᐦᑕᒻ **utehtam** vti ♦ it (anim, fish) has it in its stomach

ᐅᑌᐦᒉᐤ **utehcheu** vai ♦ it (anim, fish) has something in its stomach

ᐅᑌᐦᒋᑲᓐ **utehchikanh** nid pl -im
  ♦ stomach contents of fish

ᐅᐱᔦᐦᒋᒉᐤ **utipeyihchicheu** vai ♦ s/he governs

ᐅᐱᔦᐦᒋᒉᓲ **utipeyihchichesuu** na -siim
  ♦ Lord

ᐅᐱᐃ **utipii** na -m ♦ root

ᐅᐱᐳᔮᐱ **utipiiuyaapii** ni -m ♦ fine root running under the earth

ᐅᐱᐳᔮᑲᓐ **utipiiuyaakan** ni
  ♦ container made of woven roots

ᐅᐱᐳ **utipiiu** vai ♦ it (anim, tree) has roots

ᐅᐸᐴ **utipapuu** vai -i ♦ s/he sits crouched over

ᐅᐸᐦᐋᔅᒉᐤ **utipahaascheu** na -esiim
  ♦ land surveyor

ᐅᐸᐋᒋᒧ **utipaachimuu** na
  ♦ messenger, storyteller

ᐅᑖᒥᔫᐦ **utitaamiyuuh** na ♦ all the organs inside the stomach cavity of an animal

ᐅᑎᒥᔅᑲᐃ **utimiskai** na -aam ♦ the inner lining of the moose hide (between the hide and the flesh, meat)

ᐅᑎᒥᔅᑲᒨ **utimiskamuu** vai -i ♦ s/he salutes it

ᐅᑎᓀᐤ **utineu** vta ♦ s/he takes it (anim)

ᐅᑎᓂᑲᓐ **utinikan** ni ♦ purchased item

ᐅᑎᓂᒉᐤ **utinicheu** vai ♦ s/he buys, purchases

ᐅᑎᓂᒉᐦᐄᐌᓲ **utinichehiiwesuu** vai
  ♦ s/he is a cashier

ᐅᑎᓇᒫᓲ **utinamaasuu** vai reflex -u ♦ s/he takes things for her/himself

ᐅᑎᓇᒻ **utinam** vti ♦ s/he takes it

ᐅᑎᓇᐦᐄᐹᓐ **utinahiipaan** ni ♦ hole in ice where net is pulled up to be checked

ᐅᑎᓈᐅᓱᐎᓐ **utinaausuwin** ni
  ♦ delivery of child at birth

ᐅᑎᓈᐅᓲ **utinaausuu** vai ♦ s/he delivers a child at birth

ᐅᑎᓈᐯᐤ **utinaapeu** vai ♦ s/he pulls the net string

ᐅᑎᓈᑲᓈᐱ **utinaakanaapii** ni -m ♦ string to pull a net from under the ice

ᐅᑎᓈᓱᐎᓐ **utinaasuwin** ni ♦ purchase

ᐅᑎᓈᓱᐦᐄᐌᐤ **utinaasuhiiweu** vai [Inland]
  ♦ s/he is a cashier

ᐅᑎᓈᓲ **utinaasuu** vai -u ♦ s/he buys

ᐅᑎᓯᓈᑯᓐ **utisinaakun** vii ♦ it is visible for a certain distance

ᐅᑎᓯᓈᑯᓲ **utisinaakusuu** vai -i ♦ s/he is in sight, at a distance

ᐅᑎᓯᓈᐦᒉᐤ **utisinaahcheu** nad -em ♦ its (moose, caribou) breast bone and flesh from the front

ᐅᑎᓯᐦᑐᐌᐤ **utisihtuweu** vta [Inland]
  ♦ s/he is able to hear him/her off in the distance (without seeing him/her)

ᐅᑎᓯᐦᑕᒻ **utisihtam** vti ♦ s/he is able to hear it off in the distance (without seeing it)

ᐅᑎᓰ **utisii** nid ♦ gizzard of a bird

ᐅᑎᓵᐸᒣᐤ **utisaapameu** vta ♦ s/he sees him/her as a person in the distance, s/he lives long enough to see someone

ᐅᑎᓵᐸᐦᑕᒻ **utisaapahtam** vti ♦ s/he lives long enough to see it

ᐅᑎᔒᐌᐤ **utishiweu** vai ♦ s/he comes upon them (old term, used only in third person)

ᐅᑎᔒᔑᓐ **utishishin** vai ♦ s/he lies with her/his face to the ground

ᐅᑎᔔ **utishuu** nad ♦ his testicle

ᐅᑎᐦᐱᑌᐅᓵᒻ **utihpiteusaam** na [Inland]
  ♦ beaver tail snowshoe

ᐅᑎᐦᐱᑖᐅᓵᒻ **utihpitaausaam** na
  ♦ beaver tail snowshoe

ᐅᑎᐦᐹᐳ **utihpaapuu** ni ♦ brain, mashed and boiled thick

ᐅᑎᐦᑌᐤ **utihteu** vta ♦ s/he reaches him/her walking

ᐅᑎᐦᑌᐤ **utihteu** vai ♦ s/he comes upon it

ᐅᑎᐦᑤᐌᐳᐦᒉᐤ **utihtwewepuhcheu** vai
  ♦ the noise s/he makes from sawing carries from there

ᐅᓂᑊᐐᐸᔨᑊᐁᐤ utihtwewepayiheu vta
  ♦ s/he makes a noise with it that reaches from there
ᐅᓂᑊᐐᐸᔨᒑᐤ utihtwewepayihtaau vai+o ♦ the sound of the noise s/he makes reaches a certain distance
ᐅᓂᑊᐐᐸᔫ utihtwewepayuu vai/vii -i
  ♦ the noise of her/him/it reaches from there
ᐅᓂᑊᐐᒑᐤ utihtwewetaau vai+o ♦ the noise s/he makes by her/his actions reaches from there, noise which carries
ᐅᓂᑊᐅᐠᐋᐦᐃᒉᐤ utihtwewekahiicheu vai ♦ the noise s/he makes by chopping reaches from there, carries
ᐅᓂᑊᐅᐯᒪᑲᐣ utihtwewemakan vii
  ♦ the sound comes from there
ᐅᓂᑊᐁᐦᐋᐦᐃᒉᐤ utihtwewehiicheu vai
  ♦ s/he makes noise from there by hitting, knocking, thumping
ᐅᓂᑊᐅᐁᐦᐊᒻ utihtweweham vti ♦ s/he makes noise from there, by hitting it
ᐅᓂᑊᐐᐦᐁᐤ utihtwewehweu vta
  ♦ s/he makes noise by hitting it (anim, ex drum) from there
ᐅᓂᐅᒋᒫ utihtwetam vti ♦ the noise s/he makes with her/his voice comes from there
ᐅᓂᑐᐁᐤ utihtuweu vta ♦ s/he reaches him/her with something
ᐅᓂᒐᑉ utihtapuu vai ♦ s/he sits crouching with her/his head to the ground, floor
ᐅᓂᒐᐸᑉ utihtapapuu vai -i ♦ s/he crouches over
ᐅᓂᒐᑊᑲᓂᔮᐲ utihtakwaakaniyaapii nid
  ♦ her/his spinal cord
ᐅᓂᒐᒫ utihtam vti ♦ s/he reaches it walking
ᐅᓂᒐᐳᔦᐤ utihtahuyeu vta ♦ s/he reaches her/his destination with him/her by water, by air
ᐅᓂᒐᐦᐊᒻ utihtaham vti ♦ s/he reaches it there, by vehicle
ᐅᓂᒐᐧᐁᐤ utihtahweu vta ♦ s/he reaches her/his target, arrives at someone's place
ᐅᓂᒐᐱᓲ utihtaapisuu vai -u ♦ the smell of smoke reaches her/him

ᐅᓂᒐᒨᓀᐤ utihtaamuuneu vta ♦ s/he holds him/her face down
ᐅᓂᒐᒨᓂᐲᑌᐤ utihtaamuunipiteu vta
  ♦ s/he pulls him/her on to his/her stomach
ᐅᓂᒐᒨᓂᐱᑕᒻ utihtaamuunipitam vti
  ♦ s/he pulls it onto its front, face down
ᐅᓂᒐᒨᓂᑉ utihtaamuunipuu vai -i ♦ it (anim, ex frying pan, saucepan) sits face down
ᐅᓂᒐᒨᓂᐸᔨᐦᐆ utihtaamuunipayihuu vai -u ♦ s/he rolls over onto her/his stomach, front, face down
ᐅᓂᒐᒨᓂᐸᔫ utihtaamuunipayuu vai/vii -i
  ♦ s/he/it falls down on her/his/its front, face down
ᐅᓂᒐᒨᓂᐸᐦᒋᔑᐣ utihtaamuunipahchishin vai ♦ s/he falls with her/his face to the ground
ᐅᓂᒐᒨᓂᔑᒣᐤ utihtaamuunishimeu vta
  ♦ s/he lays him/her down on her/his stomach, front, face down
ᐅᓂᒐᒨᓂᔑᐣ utihtaamuunishin vai
  ♦ s/he lies down on her/his stomach, front, face down
ᐅᓂᒐᒨᓂᔥᑌᐤ utihtaamuunishteu vii
  ♦ it sits face down
ᐅᓂᒐᒨᓂᔥᒑᐤ utihtaamuunishtaau vai+o
  ♦ s/he sets it face down
ᐅᓂᒐᒨᓂᐁᐤ utihtaamuuniheu vta
  ♦ s/he sets it (anim) face down
ᐅᓂᒐᒨᓇᒻ utihtaamuunam vti ♦ s/he holds it face down
ᐅᓂᒑᐦᐋᒣᐤ utihtaahaameu vai ♦ s/he meets, reaches the trail, travelling
ᐅᓂᑯᒽ utihkumuu vai -i ♦ s/he has lice
ᐅᓂᒋᐸᔫ utihchipayuu vai/vii -i ♦ s/he gets there by vehicle, it comes to pass
ᐅᓂᒋᑲᐣ utihchikan nid ♦ fin, flipper
ᐅᓂᒋ utihchii nid ♦ her/his hand
ᐅᓂᒋᑲᐣ utihchiikan nid ♦ her/his finger, his/her hand bone
ᐅᐃᐧᐁᐱᑖᑲᓐᐦ utiiwepitaakanh nad [Inland] ♦ its bell (loose skin on throat of caribou, moose)
ᐅᑐᐃ utui na -tuum ♦ the outer lining of the moose hide, between the hide and the hair
ᐅᑐᐋ utuwaa ni ♦ Ottawa

ᐅᔪ·ᐃ" utuuwiih nad ♦ blood clot

ᐅᔪᑕᔮ"ᑳᑦᵃ utuutemeyihtaakun vii
♦ it is a very friendly, welcoming atmosphere

ᐅᔪᑌᔪ·ᐁ° utuutemituweu vta ♦ s/he is being friendly with him/her

ᐅᔪᒌ·ᐁ·ᐃᵃ utuutemuwewin ni
♦ friendship

ᐅᔪᒌ·ᐁ° utuutemuweu vta ♦ s/he makes friends among others

ᐅᔪᐤᴸ" utuutemh nad ♦ her/his friend, her/his neighbour

ᐅᔪᑲᒼᵈ utuukamekw na ♦ white things inside a fish after it spawns, also found in male fish

ᐅᔪᑲ"·ᐁ° utuukahweu vta ♦ s/he bruises him/her by hitting

ᐅᔪᑲᐤ utuukaau vii ♦ it is bruised

ᐅᔪᑲᐱᒋᑯᔨ·ᐁ° utuukaapechikuyiweu vai
♦ s/he has a bruised neck, a hickey on the neck

ᐅᔪᑲᐳ"·ᐁ° utuukaapuhweu vta ♦ s/he gives him/her a black eye

ᐅᔪᑲᐳ utuukaapuu vai -i ♦ s/he has a black eye, s/he has a bruised eye

ᐅᔪᑲᒪ"ᐦᑲᓀᐤ utuukaamahkaneu vai
♦ s/he has a bruised cheek

ᐅᔪᑲᔥᒋᑲᓀᐤ utuukaaschikaneu vai
♦ s/he has a bruised chest

ᐅᔪᒋᐱᑐᓀᐤ utuuchipituneu vai ♦ s/he has a bruised arm

ᐅᔪᒋᑎ"ᑎᒥᓀᐤ utuuchitihtimineu vai
♦ s/he has a bruised shoulder

ᐅᔪᒋᑎ"ᒉᐤ utuuchitihcheu vai ♦ s/he has a bruised hand

ᐅᔪᒋᑐᓀᐤ utuuchituneu vai ♦ s/he has a bruised mouth

ᐅᔪᒋᑯᑌᐤ utuuchikuteu vai ♦ s/he has a bruised nose

ᐅᔪᒋᑲᐦᑎᒁᐤ utuuchikahtikweu vai
♦ s/he has a bruised forehead

ᐅᔪᒋᑳᑌᐤ utuuchikaateu vai ♦ s/he has a bruised leg

ᐅᔪᒋᒥ"ᑯᓱ utuuchimihkuusuu vai -i ♦ it (anim) is burgundy-coloured

ᐅᔪᒋᒥ"ᑾᐤ utuuchimihkwaau vii ♦ it is burgundy

ᐅᔪᒋᓯᑌᐤ utuuchisiteu vai ♦ s/he has a bruised foot

ᐅᔪᒋᓱ utuuchisuu vai -i ♦ s/he is bruised

ᐅᔪᒋᔑᓐᵃ utuuchishin vai ♦ s/he is bruised by falling

ᐅᔪᒋᔥᑎᒁᓀᐤ utuuchishtikwaaneu vai
♦ s/he has a bruised head

ᐅᔪᒋᔥᒋᔐᐤ utuuchishchisheu vai ♦ s/he has a bruised lip

ᐅᔪᒋ"ᐸᓀᐤ utuuchihpaneu vai ♦ s/he has a bruised lung

ᐅᔪᒋ"ᑯᓀᐤ utuuchihkuneu vai ♦ s/he has a bruised ankle

ᐅᔪᒋ"ᒋᑯᓀᐤ utuuchihchikuneu vai
♦ s/he has a bruised knee

ᐅᔪᒥᓈ"ᑎᒃ utuuminaahtikw ni -um
♦ serviceberry bush *Amelanchier bartramiana* Mountain Juneberry, *Amelanchier alnifolia or sanguinea* Saskatoon, Red-twigged Serviceberry, Juneberry

ᐅᔪᒥᓐ utuumin ni ♦ serviceberry

ᐅᒫᑲ" utuumaakanh nad [Mistissini]
♦ her/his name-mate

ᐅᔪᓯᒫᐤ utuusimaau nad ♦ a stepmother, an aunt (her/his mother's sister, father's brother's wife)

ᐅᔪᓴ utuusa nad [Inland] ♦ her/his stepmother, aunt (her/his mother's sister, father's brother's wife)

ᐅᔪᔅᐱ utuuspii ni -m ♦ speckled alder tree *Alnus rugosa*

ᐅᔪᔅᐱ·ᐊᐳ utuuspiiwaapuu ni ♦ liquid from boiled scraped bark of alder used for dying wood, hide

ᐅᔪᔅᐱᔅᑳᐤ utuuspiiskaau vii ♦ it is an area of alders, alders are plentiful

ᐅᔪᔅᐱᔮ"ᑎᒃ utuuspiiyaahtikw ni ♦ alder tree branch which has been cut off

ᐅᔪᔅ" utuus-h nad [Coastal] ♦ her/his step-mother, aunt (her/his mother's sister, father's brother's wife)

ᐅᔪᔑᒥᒫᐤ utuushimimaau nad ♦ a nephew, step-son

ᐅᔪᔑᒥᔅᑵᒥᒫᐤ utuushimiskwemimaau nad ♦ a niece, step-daughter

ᐅᔪᔑᒥᔅᑵᒻ utuushimiskwemh nad
♦ her/his niece, step-daughter

ᐅᔪᔑᒻ utuushimh nad ♦ her/his nephew, step-son

ᐅᔪᓕᐱ utuulipii na -m [Inland] ♦ Cisco fish *Coregonus artedii*

ᐅᔪ"ᐊᓂ"ᐊᒫᐤ utuuhaanihamaau vai
♦ she wears her hair in a bun

ᐅᔔᑎᓐ utuuhtin nid ♦ his/her heel
ᐅᑕᐚᓰᒥᑐᑐᐌᐤ utawaashiimitutuweu vta ♦ s/he has him/her for a child
ᐅᑕᐚᓰᒨ utawaashiimuu vai-i ♦ she is pregnant, she has a child, children
ᐅᑕᐱᐢᑯᒉᐤ utapiskucheu na ♦ her/his first bone below skull
ᐅᑕᐸᐦᒁᓂᐦᑳᓲ utapahkwaanihkaasuu vai-u ♦ s/he sews together pieces of canvas for a teepee cover
ᐅᑕᐸᐦᒁᓅ utapahkwaanuu vai-uu ♦ s/he has a canvas cover
ᐅᑕᑎᓐ utatin vii ♦ the snow is just frozen
ᐅᑐᔒᒨ utatuushimuu vai-i ♦ s/he seems like a monster (to someone else)
ᐅᑕᑖᒥᐦᑖᐤ utataamihtitaau vai+o ♦ s/he taps her/his foot on something, s/he bangs something on something
ᐅᑕᑖᒫᐯᑲᐦᐄᒉᓲ utataamaapekahiichesuu na -siim ♦ guitar player
ᐅᑕᑖᓯᑰ utataasikuu vai-uu ♦ it (anim, tree) has a layer of hard to carve wood inside inner bark, sometimes only on one side
ᐅᑕᑖᓯᑯ utataasikw na -uum ♦ outside bark of a tree only on one side, hard-to-carve
ᐅᑕᑖᐦᑎᑰ utataahtikuu vai-uu ♦ it (anim, tree) has a layer of hard to carve wood inside inner bark, sometimes only on one side
ᐅᑕᑖᐦᑎᑯ utataahtikw na ♦ layer of hard to carve wood inside inner bark, sometimes only on one side
ᐅᑕᒀᐛᐦᑯᐹᓂᐢ utakwaashkupaanish nid dim ♦ the spleen is attached to it
ᐅᑕᒋᑯᒨ utachikumuu vai-i ♦ s/he has a cold
ᐅᑕᒋᔒᐦ utachishiih nid pl ♦ her/his/its)intestines
ᐅᑕᒣᐤ utameu vta ♦ s/he sucks it (anim) in (ex through a straw, pipe)
ᐅᑕᒣᔨᒣᐤ utameyimeu vta ♦ s/he thinks s/he hinders, slows him/her down
ᐅᑕᒣᔨᒥᑎᓲ utameyimitisuu vai reflex -u ♦ s/he thinks s/he hinders, slows people down; s/he thinks s/he is too slow to do anything

ᐅᑕᒣᔨᒨ utameyimuu vai-u ♦ s/he uses things as an excuse for not doing something
ᐅᑕᒣᔨᐦᑕᒨᐎᓐ utameyihtamuwin ni ♦ concentration on one thing even though another has to be done, displacement activity
ᐅᑕᒣᔨᐦᑕᒼ utameyihtam vti ♦ s/he thinks it (ex watching TV show, taking something unwanted along) hinders, slows her/him down
ᐅᑕᒥᑌᐢᑯᔦᐤ utamiteshkuyeu vta ♦ s/he feeds him/her so he/she will not eat at mealtime
ᐅᑕᒥᑌᐢᑯᔫ utamiteshkuyuu vai-i ♦ s/he is full of food before mealtime
ᐅᑕᒥᑌᐦᐁᐤ utamiteheu vta ♦ s/he fills him/her up with food, so that it hinders him/her from feeling hungry
ᐅᑕᒥᓰᐤ utamisiiu vai ♦ s/he hinders, slows people down
ᐅᑕᒥᐢᑯᒣᐤ utamiskumeu nid -um ♦ beaver trail
ᐅᑕᒥᐦᐁᐤ utamiheu vta ♦ s/he hinders, slows him/her down
ᐅᑕᒥᐦᐄᐌᐤ utamihiiweu vai ♦ s/he continually hinders, slows people down
ᐅᑕᒥᐦᑖᐤ utamihtaau vai+o ♦ s/he hinders, slows it down
ᐅᑕᒦᐤ utamiiu vai ♦ s/he is prevented, hindered from doing one thing by having to do another; s/he is too busy to do anything else
ᐅᑕᒦᔮᑲᓂᐦᒉᐤ utamiiyaakanihcheu vai [Coastal] ♦ s/he takes her/his time at doing something so as to have an excuse not to do another thing
ᐅᑕᒦᐦᑯᐌᐤ utamiihkuweu vta ♦ s/he is prevented from doing other things because s/he is preoccupied with him/her
ᐅᑕᒦᐦᑲᒼ utamiihkam vti ♦ s/he is prevented from doing other things because s/he is preoccupied with it
ᐅᑕᒦᐦᑳᓲ utamiihkaasuu vai reflex ♦ s/he is occupied with her/his own things and makes others wait
ᐅᑕᓯᓃᒨ utasiniimuu vai-i ♦ s/he has gall stones
ᐅᑕᐢᑑᑎᐦᒌ utashtuutihchii nid ♦ her/his middle finger

ᐅᑉᓖᐸᓂᑭᒫᑯᑦ **utahiipanikamikw** ni ♦ pump house

ᐅᑉᓖᑲᓇᔮᐱ **utahiikanayaapii** ni ♦ cassette tape

ᐅᑉᓖᑲᓐ **utahiikan** ni [Inland] ♦ tape recorder

ᐅᑉᓖᒉᐤ **utahiicheu** vai ♦ s/he wins (ex lottery, at bingo, gambling), s/he records by taping

ᐅᑉᐋᒉᐤ **utahameu** vai ♦ s/he/it (anim) takes a step

ᐅᑉᐋᒻ **utaham** vti ♦ s/he pulls it toward him, using something, s/he pumps it, s/he wins it

ᐅᑉᐋᐹᓐ **utahaapaan** ni ♦ joint of the centre hole in the webbing of snowshoes

ᐅᑉᑕᒧᐌᐤ **utahtamuweu** vta ♦ s/he gives him/her mouth-to-mouth resuscitation

ᐅᑉᑕᒻ **utahtam** vti ♦ s/he sucks it in (ex through something) reaches it

ᐅᑉᑦᑕᑯᓂᑲᓐ **utahtahkunikan** ni [Inland] ♦ its wing bone

ᐅᑉᑦᑕᑯᓐ **utahtahkun** nid -im [Inland] ♦ wing of bird or airplane

ᐅᒉᐄᐊ **utaapewin** ni [Coastal] ♦ load a person pulls

ᐅᒉᐤ **utaapeu** vai ♦ s/he pulls a load

ᐅᒉᐸᑕᒧ **utaapehtamuu** na ♦ believer

ᐅᒉᐱᑳᑌᐤ **utaapihkaateu** vta ♦ s/he pulls and ties it (anim, ex toboggan) on to something to hold it

ᐅᒉᐱᑳᑕᒻ **utaapihkaatam** vti ♦ s/he pulls and ties it on to something to hold it

ᐅᒉᐱᐦᒉᐱᑎᐤ **utaapihchepiteu** vta ♦ s/he pulls it (anim string-like) toward himself, quickly

ᐅᒉᐱᐦᒉᐱᑕᒻ **utaapihchepitam** vti ♦ s/he pulls it toward himself, quickly with a string

ᐅᒉᐱᐦᒉᓀᐤ **utaapihcheneu** vta ♦ s/he pulls it (anim, string-like) toward her/himself

ᐅᒉᐱᐦᒉᓇᒻ **utaapihchenam** vti ♦ s/he pulls it towards himself with a string

ᐅᒑᐳᑳᐦᐄᒉᐚᑲᓐ **utaapuhkahiichewaakan** nid ♦ bone connecting to beaver tail, literally 'the thing that it slaps the water with'

ᐅᒑᐸᐦᐁᐤ **utaapaheu** vta ♦ s/he causes him/her to haul something

ᐅᒑᐹᐅᑖᐤ **utaapaautaau** vai+o ♦ s/he gets it wet and it shrinks

ᐅᒑᐹᐅᔨᐤ **utaapaauyeu** vta ♦ s/he gets it (anim) wet and it shrinks

ᐅᒑᐹᑌᐤ **utaapaateu** vta ♦ s/he drags, hauls him/her/it (anim)

ᐅᒑᐹᑕᒻ **utaapaatam** vti ♦ s/he drags, hauls it

ᐅᒑᐹᑖᐅᓲ **utaapaataausuu** vai -u ♦ s/he pulls a child (on a toboggan)

ᐅᒑᐹᓀᔮᐱᐦᒉᔅᑲᒻ **utaapaaneyaapihcheshkam** vti ♦ s/he is wearing it like a toboggan harness across the chest

ᐅᒑᐹᓂᔥ **utaapaanish** ni dim [Inland] ♦ car, truck

ᐅᒑᐹᓂᔮᐱ **utaapaaniyaapii** ni -m ♦ harness, traces for sled

ᐅᒑᐹᓂᐦᑯᐌᐤ **utaapaanihkuweu** vta ♦ s/he loads the toboggan for him/her

ᐅᒑᐹᓂᐦᑲᑐᐌᐤ **utaapaanihkatuweu** vta ♦ s/he arranges it (anim, load on a toboggan), s/he arranges a toboggan load for him/her

ᐅᒑᐹᓂᐦᑲᑕᒻ **utaapaanihkatam** vti ♦ s/he arranges it (load on a sled)

ᐅᒑᐹᓂᐦᑳᓲ **utaapaanihkaasuu** vai reflex -u ♦ s/he loads a toboggan for her/himself

ᐅᒑᐹᓂᐦᒉᐤ **utaapaanihcheu** vai ♦ s/he packs her/his toboggan

ᐅᒑᐹᓈᔅᒂᔅᒉᐅᒋᓇᒻ **utaapaanaaskwaascheuchinam** vti ♦ s/he piles it (wood) on the fire like a toboggan load

ᐅᒑᐹᓈᔅᑯ **utaapaanaaskw** na ♦ toboggan, tractor

ᐅᒑᐹᓐ **utaapaan** ni ♦ toboggan load, sled load, truck

ᐅᒑᐹᓲ **utaapaasuu** vai -u [Inland] ♦ s/he is being pulled on the sled, toboggan

ᐅᒑᑯᔑᐦᒉ **utaakushiche** p,time ♦ this evening, literally 'when it will be evening' (conjunct form of the verb *utaakushuu*)

ᐳᑖᑯᔑᐦᒡ utaakushiihch p,time
• yesterday

ᐳᑖᑯᔙ utaakushuu vii -i • it is evening

ᐳᑖᑯᔙᒡᑦᐦ utaakushuuchahkush na dim
• evening star

ᐳᑖᑯᔙᒦᒋᓱᐎᓐ utaakushuumiichisuwin
ni • evening meal, supper

ᐳᑖᑯᔙᒦᒋᓱᓈᓂᐦᑯᐌᐤ
utaakushuumiichisunaanihkuweu vta
• s/he makes supper, an evening
meal for someone

ᐳᑖᑯᔙᒦᒋᓲ utaakushuumiichisuu vai -u
• s/he takes an evening meal

ᐳᑖᑯᔑᓈᐦᑫᐤ utaakushuunaahkweu vai
• s/he has a evening snack

ᐳᑖᑯᐦᔑᐦᑲᒻ utaakuhiishkam vti • s/he
goes by foot to kill beaver in the
evening

ᐳᑖᑯᐦᐊᒨᐱᔦᔑᔥ
utaakuhamuupiyeshiish na dim [Inland]
• savannah sparrow *Passerculus
sandwichensis* it sings in the evening

ᐳᑖᑯᐦᐊᒻ utaakuham vti • s/he goes by
canoe/boat to kill a beaver in the
evening

ᐳᑖᐦᐊᒨᐱᔦᔑᔥ utaakahamupiyeshiish
na dim • savannah sparrow *Passerculus
sandwichensis*, literally ' it sings in the
evening'

ᐳᑌᐳᒋᔑᓐ utaameuchishin vai [Coastal]
• s/he has sore muscles after
walking on hard surface (old term)

ᐳᑌᑳᐦᐄᑲᓈᐦᑎᒄ
utaamekahiikanaahtikw ni • wooden
stick used as beater for softening
tanned hide

ᐳᑌᑳᐦᐄᑲᓐ utaamekahiikan ni • metal
beater for softening tanned hide

ᐳᑖᒥᐯᒋᔑᓐ utaamipechishin vai • s/he
falls down in shallow water

ᐳᑖᒥᐱᑐᓀᐦᐌᐤ utaamipitunehweu vta
• s/he hits him/her on the arm with
an instrument

ᐳᑖᒥᐺᒣᐦᐌᐤ utaamipwaamehweu vta
• s/he hits him/her on the thigh with
an instrument

ᐳᑖᒥᑎᐦᒉᐦᐌᐤ utaamitihchehweu vta
• s/he hits him/her on the hands

ᐳᑖᒥᑑᒉᐦᐌᐤ utaamituuchehweu vta
• s/he hits her/him on the ear

ᐳᑖᒥᑯᔨᐌᐦᐌᐤ utaamikuyiwehweu vta
• s/he hits him/her on the neck with
an instrument

ᐳᑖᒥᑲᒋᔐᔑᓐ utaamikachisheshin vai
• s/he hits her/his bottom as s/he
falls

ᐳᑖᒥᑲᒋᔐᐦᐌᐤ utaamikachishehweu vta
• s/he hits him/her on the bottom

ᐳᑖᒥᑲᐦᐆᓲ utaamikahuusuu vai reflex -u
• s/he cuts her/himself with an axe

ᐳᑖᒥᑲᐦᐊᒻ utaamikaham vti • s/he
chops it with an axe

ᐳᑖᒥᑲᐦᐌᐤ utaamikahweu vta • s/he
cuts him/her with an axe

ᐳᑖᒥᑳᑌᐦᐌᐤ utaamikaatehweu vta
• s/he hits him/her on the leg with an
instrument

ᐳᑖᒥᔅᑯᔑᓐ utaamiskushin vai • s/he
falls down on ice

ᐳᑖᒥᔥᒎᐗᒋᔑᓐ utaamischuuwachishin
vai • s/he falls down in mud

ᐳᑖᒥᔑᒋᑲᓀᐦᐌᐤ utaamishichikanehweu
vta • s/he hits him/her on the toe with
an instrument

ᐳᑖᒥᔑᒣᐤ utaamishimeu vta • s/he
throws him/her down (ex in a fight)

ᐳᑖᒥᔑᓐ utaamishin vai • s/he slips and
falls

ᐳᑖᒥᔑᐦᑴᔑᓐ utaamishihkweshin vai
• s/he bangs, hits her/his head on
something

ᐳᑖᒥᔥᑎᒃᐙᓀᔑᓐ utaamishtikwaaneshin
vai • s/he hits, bumps her/his head on
something

ᐳᑖᒥᔥᑎᒃᐙᓀᐦᐌᐤ
utaamishtikwaanehweu vta • s/he hits
him/her on the head

ᐳᑖᒥᐦᑎᑐᐌᐤ utaamihtituweu vta • s/he
hits him/her with an object

ᐳᑖᒥᐦᑎᑖᐤ utaamihtitaau vai+o • s/he
hits it against something

ᐳᑖᒥᐦᑎᓐ utaamihtin vii • it hits
something

ᐳᑖᒥᐦᑴᔑᓐ utaamihkweshin vai • s/he
falls on her/his face

ᐳᑖᒥᐦᑵᐤ utaamihkweu vta
• s/he hits him/her on the face with
an instrument

ᐳᑖᒪᐦᐄᑲᓐ utaamahiikan ni • hammer,
pounder

ᐅᒡᒫᐦᐃᔪ° utaamahiicheu vai ♦ s/he
hammers, hits, strikes

ᐅᒡᒫᐦᐃᔐᐹᔪᐤ utaamahiichepayuu vii-i
♦ it hits hard; it is a thunderstorm

ᐅᒡᒫᐦᐊᒻ utaamaham vti ♦ s/he hits it
with something

ᐅᒡᒫᐦᐍᐤ utaamahweu vta ♦ s/he hits
him/her with something

ᐅᒡᒫᐸᐦᐋᐦᐃᒉᓲ utaamaapekahiichesuu na
-siim ♦ guitar player

ᐅᒡᒫᐯᒋᔑᓐ utaamaapechishin vai
♦ s/he hits her/himself on something
string-like

ᐅᒡᒫᐯᒋᐦᑐᐍᐤ utaamaapechihtuweu vta
♦ s/he hits him/her with something
string-like

ᐅᒡᒫᐱᔅᑲᐦᐋᐦᐃᒉᐤ utaamaapiskahiicheu vai
♦ s/he hits, bangs on something
metal, glass (frequently used when a
couple gets married and people hit or
tap on their plates or cups, wanting the
couple to stand and kiss)

ᐅᒡᒫᐱᔅᒋᔑᓐ utaamaapischishin vai
♦ s/he slips and falls on (wet) rock

ᐅᒡᒫᐴᐦᐍᐤ utaamaapuuhweu vta
♦ s/he hits him/her in the eye

ᐅᒡᒫᔅᒋᑲᓀᐦᐍᐤ utaamaaschikanehweu
vta ♦ s/he hits him/her on the chest
with an instrument

ᐅᒡᒫᔥᑯᔑᓐ utaamaashkushin vai ♦ s/he
falls and hits against wood

ᐅᑕᓂᐍᐦᑕᒨ utaaniwehtamuu na
♦ disbeliever

ᐅᑕᓂᓰᒫᐤ utaanisimaau vai-u ♦ she is a
daughter

ᐅᑕᓂᓴ utaanisa nad [Inland] ♦ her/his
daughter

ᐅᑕᓂᔅᐦ utaanis-h nad [Coastal] ♦ her/his
daughter

ᐅᑕᓂᔓ utaanishuu vai-i ♦ she has a
daughter, she conceives a daughter

ᐅᑦᐦᑯᓀᐤ utaaskuneu vta ♦ s/he hires
him/her

ᐅᑦᐦᑯᐦᐄᑲᓐ utaaskuhiikan ni
♦ grappling pole

ᐅᑦᐦᑯᐦᐊᒻ utaaskuham vti ♦ s/he pulls it
toward him with a stick

ᐅᑦᐦᑯᐦᐍᐤ utaaskuhweu vta ♦ s/he
pulls it (anim) toward him/her using a
curved stick

ᐅᑦᔥᑌᐅᑲᐦᐄᑲᓈᐦᑎᒄ utaascheukahiikanaahtikw ni-um
♦ poker for a fire

ᐅᑦᔥᑌᐅᑲᐦᐊᒻ utaascheukaham vti
♦ s/he gathers the coals of the fire in
the stove together

ᐅᒑᔥᑕᒥᐱᔥᑐᐍᐤ utaashtamipishtuweu
vta ♦ s/he sits facing him/her

ᐅᒑᔥᑕᒥᐱᔥᑕᒻ utaashtamipishtam vti
♦ s/he sits facing it

ᐅᒑᔥᑕᒥᐳᐤ utaashtamipuu vai-i ♦ s/he
sits facing

ᐅᒑᔥᑕᒥᑎᐦᒑᓐ utaashtamitihchaan nid
♦ palm of her/his hand

ᐅᒑᔥᑕᒥᑳᐳᐤ utaashtamikaapuu vai-uu
♦ s/he stands facing a certain
direction

ᐅᒑᔥᑕᒥᑳᐴᔥᑐᐍᐤ
utaashtamikaapuushtuweu vta ♦ s/he
stands face to face with him/her

ᐅᒑᔥᑕᒥᔑᒥᑐᐍᐤ utaashtamishimituweu
vta ♦ s/he lays facing him/her

ᐅᒑᔥᑕᒥᔑᓐ utaashtamishin vai ♦ s/he
lies facing a certain direction

ᐅᒑᔥᑕᒪᐦᐍᐤ utaashtamahweu vta
♦ s/he dances facing, in front of
him/her

ᐅᒑᔥᑕᒫᐱᑕᑳᔥᑌᐤ
utaashtamaapitakashteu vii ♦ it (axe)
lays on the ground with the blade
facing towards one

ᐅᒑᔥᑕᒫᐱᑕᑳᐤ utaashtamaapitakaau vii
♦ the sharp side of the blade of an
axe faces towards one

ᐅᒑᔥᑕᒫᔅᒋᑲᓐ utaashtamaaschikan nid
♦ the front of her/his/its chest

ᐅᒑᐦᒄᐯᒋᑲᓂᔮᐱ utaahkwepachikaniyaapii ni-m ♦ string
that attaches from the curved head to
the body of a toboggan

ᐅᒑᐦᑯᓱᐎᓐ utaahkusuwin ni ♦ her
period, her menstruation

ᐅᒑᐦᑯᓲ utaahkusuu na-siim ♦ patient,
sick one

ᐅᒑᐦᒉᐤ utaahcheu vai ♦ s/he walks
behind

ᐅᒑᐦᒉᐹᔪᐤ utaahchepayuu vai/vii-i
♦ s/he/it goes behind

ᐅᒑᐦᒉᑕᒄ utaahchetakw ni ♦ back part
of canoe, boat, stern

ᐅᑳᐦᑐᔅᑯᔅ **utaahchekuskus** ni ♦ rear cross-bar on snowshoe (older form is kuskusch)
ᐅᑳᐦᑎᑳᑦ **utaahchekaat** nid ♦ its (moose, caribou) hind leg
ᐅᑳᐦᒡ **utaahch** p,location ♦ at the back, behind, in the past ▪ ᐅᑳᐦᒡ ᐅᐦᑎᐦᐸᐧ᙮ ♦ ᒉᐠ ᑖ ᓂᑑᐦᐋᑲᓂᐧᐃᑦ ᐅᑳᐦᒡₓ ▪ *S/he is standing behind, at the back.* ♦ *People always hunted in the past.*
ᐅᑐᐸᐊ **ukupaan** ni ♦ unused beaver lodge
ᐅᑯᓯᒫᐤ **ukusimaau** nad ♦ a son
ᐅᑯᓴ **ukusa** nad ♦ her/his son
ᐅᑯᓵᐸᐦᑕᒨ **ukusaapahtamuu** na ♦ conjuror, one who performs a shaking tent ceremony
ᐅᑯᔥ **ukus-h** nad [Coastal] ♦ her/his son
ᐅᑯᔑᒣᔮᐦᑎᒄ **ukushimeyaahtikw** ni -um ♦ heartwood stick
ᐅᑯᔔ **ukushuu** vai -i ♦ it (animal) carries young, is pregnant
ᐅᑯᔐ **ukushh** nad ♦ its (animal) young
ᐅᑯᔨᐧᐁᐱᑖᑲᓐ **ukuyiwepitaakan** na [Coastal] ♦ its bell (loose skin on throat) of male caribou, moose
ᐅᐦᑕᔥᑯᐃ **ukuhtashkui** nid ♦ her/his throat
ᐅᐦᑕᔥᑯᔮᐱ **ukuhtashkuyaapii** nid ♦ her/his esophagus, foodpipe
ᐅᐦᑖᑲᓐ **ukuhtaakan** nid ♦ her/his/its windpipe
ᐅᑲᑎᓈᐤ **ukatinaau** vii ♦ it is the near side of a hill
ᐅᑲᑳᒪᔐᑳᐤ **ukakaamaschekaau** vii ♦ it is the near side of a muskeg
ᐅᑲᑳᒻ **ukakaam** p,location ♦ near side of body of water
ᐅᑲᓅᔥᒄᐋᐦᑐᐧᐁᐤ **ukanuushkwaahtuweu** na -esiim ♦ doorkeeper
ᐅᑲᓇᐧᐁᔨᒧᐧᐁᐤ **ukanaweyimuweu** na -esiim ♦ protector, keeper
ᐅᑲᓇᐧᐋᔅᑳᐦᐄᑲᓄᐧᐁᐤ **ukanawaaskaahiikanuweu** na -esiim ♦ housekeeper
ᐅᑲᓇᐧᐋᐦᑎᒀᐤ **ukanawaahtikweu** na -esiim ♦ goalie, goal tender
ᐅᑲᔅᑰᓂ **ukaskuunii** nid -naahch / -niihch ♦ middle part cut out of the backbone of a rabbit, hare

ᐅᑳᐧᐄᒫᐅᒌᔑᑳᐤ **ukaawiimaauchiishikaau** vii ♦ it is Mother's Day
ᐅᑳᐧᐄᒫᐤ **ukaawiimaau** nad ♦ a mother
ᐅᑳᐧᐄᐦ **ukaawiih** nad ♦ her/his mother
ᐅᑳᐧᐄᐦ **ukaawiih** nad pl ♦ porcupine quills
ᐅᑳᐧᐄᐦᑳᐧᐃᐦ **ukaawiihkaawinh** na [Inland] ♦ her/his step-mother
ᐅᑳᐧᐄᐦᑳᑎᒫᐤ **ukaawiihkaatimaau** nad [Inland] ♦ a step-mother (old term)
ᐅᑳᐤ **ukaau** na ♦ walleye pickerel, doré fish *Stizostedion vitreum*
ᐅᑳᐳᐦᐁᐤ **neukaapuheu** vai ♦ s/he places and sets four of it (anim) in upright position
ᐅᑳᒋᑯᓈᓐ **ukaachikunaan** nid [Coastal] ♦ small hard-to-pluck feathers on the top of bird's wing
ᐅᑳᓯᒣᔨᐦᑖᑯᓲ **ukaasichimeyihtaakusuu** vai -i ♦ s/he wants to have everything and not share or leave any for others, is pushy
ᐅᑳᓯᒌᐦᑲᒻ **ukaasichimiihkam** vti ♦ s/he eats it greedily
ᐅᑳᓯᒧ **ukaasichimuu** vai -i ♦ s/he is greedy
ᐅᑳᓯᒻ **ukaasichim** nid ♦ (her/his) uvula
ᐅᑳᔅᑌᔅᑯᓐ **ukaasteskun** vii ♦ there are dark clouds forming in the distance
ᐅᑳᔅᑌᔅᒀᐤ **ukaasteskwaau** vii ♦ there are dark clouds above
ᐅᑳᔅᑲᐧᐋᓂᔮᐱ **ukaaskahwaaniyaapii** nid ♦ her/his/its main support ligament of a head of an animal
ᐅᑳᔅᑲᐧᐋᓐ **ukaaskahwaan** nad ♦ part of hide which covers its (moose, caribou) neck and back
ᐅᑳᔥ **ukaash** na dim -im ♦ walleye, pickerel, dore fish *Stizostedion vitreum* [inland]; young one [coastal] see *ukaau*)
ᐅᑳᔥᑌᐸᔳ **ukaashtepayuu** vii -i ♦ it turns, goes dark
ᐅᑳᔥᑌᔑᒨ **ukaashteshimuu** vai -u ♦ s/he stays in the shade
ᐅᑳᔥᑌᔑᓐ **ukaasteshin** vai ♦ s/he is in the shade, s/he casts a shadow

ᐅᑳᔥᑌᔥᑯᐌᐤ ukaashteshkuweu vta ♦ s/he blocks, stands in the way of his/her/its (ex moon) light, creates a shadow
ᐅᑳᔥᑌᔥᑲᒼ ukaashteshkam vti ♦ s/he stands in the way of the light, s/he shades, blocks the light from it by body
ᐅᑳᔥᑌᔮᐤ ukaashteyaau vii ♦ it is overcast, dark
ᐅᑳᔥᑌᐦᐋᒫᓲᐎᓐ ukaashtehamaasuwin ni ♦ shade for a window, a made-up shade from the sun
ᐅᑳᔥᑌᐦᐊᒼ ukaashteham vti ♦ s/he shades it, draws blinds to shut out light
ᐅᑳᔥᑌᐦᑎᓐ ukaashtehtin vii ♦ it is in the way of the light, obstructs the light
ᐅᑳᐦᑳᒎ ukaahkaachuu nid ♦ her/his duodenum, appendix
ᐅᑳᐦᑳᒎᐙᔅᐱᓀᐎᓐ ukaahkaachuuwaaspinewin ni ♦ appendicitis
ᐅᒉᑭᔥ uchekish na dim ♦ young fisher *Martes americana*
ᐅᒉᑯᔮᓐ uchekuyaan na ♦ fisher skin
ᐅᒉᑲᑕᐦᑰᔥ uchekatahkuush na ♦ small dipper (star formation)
ᐅᒉᑲᑕᐦᒄ uchekatahkw na ♦ big dipper (star formation)
ᐅᒉᒃ uchek na -im ♦ fisher (animal) *Martes pennanti*
ᐅᒉᒣᐤ uchemeu vta ♦ s/he kisses him/her
ᐅᒉᒥᔅᒁᐌᐤ uchemiskweweu vai ♦ s/he kisses a woman
ᐅᒉᒫᑕᐦᐙᑲᓅ uchemaatahwaakanuu vai ♦ s/he has as hickey
ᐅᒉᔅᒋᐸᐦᑯᐃ ucheschipahkui na -aam ♦ sheet of birchbark
ᐅᒉᔅᒋᐸᐦᒀᓐ ucheschipahkwaan na ♦ sheet of birchbark, used for covering, teepees, bowls, etc.
ᐅᒉᔥᑎᑕᐃ ucheshtitai ni -aam ♦ the top part of the abdomen of a moose that is cut out in a circle shape
ᐅᒉᔥᑎᔮᐲ ucheshtiyaapii nid ♦ her/his/its tendon, ligament
ᐅᒉᔥᑎᔮᐲᐤ ucheshtiyaapiiu vii ♦ it (ex meat) has lots of tendons in it
ᐅᒉᔥᑑ ucheshtuu vii -uu ♦ it is full of tendons
ᐅᒉᔥᑦ ucheshtnid [Coastal] ♦ her/his/its main support ligament for head
ᐅᒉᐦᑕᒼ uchehtam vti ♦ s/he kisses it
ᐅᒋᐱᑌᐤ uchipiteu vta ♦ s/he pulls him/her
ᐅᒋᐱᑎᑰ uchipitikuu vai ♦ s/he has a cramp, seizure
ᐅᒋᐱᑕᒼ uchipitam vti ♦ s/he pulls it
ᐅᒋᐱᒋᑲᓐ uchipichikan ni ♦ trigger of gun, starter for skidoo
ᐅᒋᐱᒋᑳᒉᐤ uchipichikaacheu vai ♦ s/he uses something to pull with
ᐅᒋᐳᑰ uchipukuu vai -u ♦ s/he is swept away by the current (at top of rapids)
ᐅᒋᐳᔦᐤ uchipuyeu vta ♦ s/he bribes him/her with food
ᐅᒋᐳᐦᐅᓐ uchipuhun nid ♦ her/his diaphragm
ᐅᒋᐸᔨᐦᐁᐤ uchipayiheu vta ♦ s/he pulls him/her back
ᐅᒋᐸᔨᐦᑖᐤ uchipayihtaau vai+o ♦ s/he pulls it back
ᐅᒋᐸᔫ uchipayuu vai/vii -i ♦ it shrinks
ᐅᒋᑳᑌᔫ uchikaateyuu vai -i ♦ s/he pulls her/his legs back from there
ᐅᒋᒀᑌᐤ uchikwaateu vta ♦ s/he catches it (anim) with a hook
ᐅᒋᒀᑐᐦᐌᐤ uchikwaatuhweu vta ♦ s/he hooks it (anim)
ᐅᒋᒀᑕᒼ uchikwaatam vti ♦ s/he catches it with a hook
ᐅᒋᒀᑕᐦᐊᒼ uchikwaataham vti ♦ s/he hooks it
ᐅᒋᒀᒉᐤ uchikwaacheu vai ♦ s/he fishes with line and hook
ᐅᒋᒀᒉᓲ uchikwaachesuu vai ♦ she is a fisherwoman, he is a fisherman (using a rod)
ᐅᒋᒀᒋᑲᓈᐱᔅᒄ uchikwaachikanaapiskw ni ♦ crochet hook
ᐅᒋᒀᒋᑲᓈᐦᑎᒄ uchikwaachikanaahtikw ni -um ♦ fishing pole
ᐅᒋᒀᒋᑲᓐ uchikwaachikan ni ♦ fish hook
ᐅᒋᒉᔨᑯᔥ uchicheyikush na dim [Inland] ♦ ant
ᐅᒋᒑᐦᑯᔥ uchichaahkush na dim ♦ young sandhill crane

ᐅᕆᑦᐦᵈ uchichaahkw na ♦ sandhill crane *Grus canadensis*

ᐅᕐᒥᐦᑐᐌᐤ uchimihtuweu ni ♦ standing stump or stem gnawed off by a beaver

ᐅᕐᒥᐦᑕᐌᐛᐦᑎᒄ uchimihtawewaahtikw ni -m [Inland] ♦ tree (birch, willow, poplar, etc.) gnawed off by a beaver

ᐅᕐᒥᐦᑕᐌᔮᐦᑎᒄ uchimihtaweyaahtikw ni -m ♦ branche(birch, willow, poplar, etc.) gnawed off by a beaver

ᐅᕐᒥᐦᑕᐚᓐ uchimihtawaan nid ♦ branch chewed off by beaver to use as food or shelter

ᐅᒋᒫᐅᐳᐤ uchimaaupuu vai -i ♦ s/he sits like the boss

ᐅᒋᒫᐅᑲᒥᒄ uchimaaukamikw ni ♦ manager's house

ᐅᒋᒫᐌᔨᒣᐤ uchimaaweyimeu vta ♦ s/he regards him/her with respect

ᐅᒋᒫᐌᔨᐦᑖᑯᓐ uchimaaweyihtaakun vai -i ♦ it is a respected place, thing

ᐅᒋᒫᐌᔨᐦᑖᑯᓱᐤ uchimaaweyihtaakusuu vai -i ♦ s/he is to be respected

ᐅᒋᒫᐎᓐ uchimaawin ni ♦ being in charge

ᐅᒋᒫᐤ uchimaau na -maam ♦ boss

ᐅᒋᒫᔅᑴᐤ uchimaaskweu na -em ♦ manager's wife, a female boss

ᐅᒋᒫᔅᑴᐸᔨᐦᐤ uchimaaskwepayihuu vai -u ♦ she walks, carries herself like a lady, proudly

ᐅᒋᒫᔅᑴᔥ uchimaaskwesh na dim -iim ♦ manager's daughter

ᐅᒋᒫᔑᐅᑲᒥᒄ uchimaashiiukamikw ni ♦ residence for clerks, staff house

ᐅᒋᒫᔑᐤ uchimaashiiu vai ♦ s/he is a clerk

ᐅᒋᒫᔥ uchimaash na dim -iim ♦ clerk

ᐅᒋᒫᐦᑲᐦᑐᐌᐤ uchimaahkahtuweu vta ♦ s/he bosses him/her

ᐅᒋᒫᐦᑳᓂᔅᑴᐤ uchimaahkaaniskweu na -em ♦ chief's wife

ᐅᒋᒫᐦᑳᓂᔑᐤ uchimaahkaanishiiu vai -uu ♦ s/he is a Band councillor

ᐅᒋᒫᐦᑳᓂᔥ uchimaahkaanish na dim ♦ Band councillor

ᐅᒋᒫᐦᑳᓂᐦᑳᓲ uchimaahkaanihkaasuu vai -u ♦ s/he pretends to be chief

ᐅᒋᒫᐦᑳᓂᐦᒉᐤ uchimaahkaanihcheu vai ♦ s/he puts him/her in charge; s/he makes him/her responsible

ᐅᒋᒫᐦᑳᓅ uchimaahkaanuu vai -u ♦ s/he is the chief

ᐅᒋᒫᐦᑳᓐ uchimaahkaan na -im ♦ chief

ᐅᒋᒫᐦᑳᓲ uchimaahkaasuu vai -u ♦ s/he pretends to be boss, s/he acts bossy

ᐅᒋᓭᐚᑎᓯᐤ uchisewaatisiiu na -siim ♦ kind person, one who loves others

ᐅᒋᔅᑎᑯᓇᐤ uchistikunaau vii ♦ it is a sheltered place

ᐅᒋᔅᑎᑯᓈᔅᑴᔮᐤ uchistikunaaskweyaau vii ♦ it is a sheltered place of trees

ᐅᒋᔅᑕᒫᑎᓯᐤ uchistamaatisiiu na -siim ♦ a poor person

ᐅᒋᔅᒋᓄᐦᑕᐦᐄᐌᐤ uchischinuhtahiiweu vai ♦ s/he is a guide, a leader

ᐅᒋᔅᒌᐦᐱᒧ uchischiihpimu vai -i ♦ s/he has a boil

ᐅᒋᔅᒌᐦᐱᒥᐦ uchischiihpimh nad ♦ her/his boil

ᐅᒋᔅᒎᐛᐦᐄᒉᐤ uchischuwaahiicheu na -esiim ♦ prophet

ᐅᒋᔥᑎᑯᓂᔑᒧᐎᓐ uchishtikunishimuwin ni ♦ a shelter from the rain, snow, wind

ᐅᒋᔥᑎᑯᓂᔑᒨ uchishtikunishimuu vai -u ♦ s/he takes shelter from the rain

ᐅᒋᔥᑎᑯᓇᐦᐅᓱᐎᓐ uchishtikunahusuwin ni ♦ temporary cover overhead (ex tarp put up for sudden rain); umbrella [coastal]

ᐅᒋᔥᑎᑯᓇᐦᐊᒫᓱᐎᓐ uchishtikunahamaasuwin ni ♦ temporary cover overhead (ex tarp put up for sudden rain)

ᐅᒋᔥᑎᑯᓇᐦᐊᒻ uchishtikunaham vti ♦ s/he makes a shelter

ᐅᒋᔥᑎᑯᓈᐹᓲᓐ uchishtikunaapaasun ni ♦ an arch above the sun

ᐅᒋᔥᑐᐄᓯᑖᓂᐲᐎᐦ uchishtuwiisitaanipiiwiih nid pl ♦ hair between split in caribou hoof

ᐅᒋᔥᑐᐄᓯᑖᓐ uchishtuwiisitaan ni ♦ split in caribou hoof

ᐅᒋᔥᑴᑎᐦᒌᔥ uchishkwetihchiish nid dim ♦ her/his little finger

ᐅᒋᔥᑴᔑᒧᐎᓂᔥ uchishkweshimuwinish nid dim ♦ her/his placenta

ᐅᒋᔥᴧᐧᐊᔫᓕᑊ uchishkweshiimh na d dim ♦ his girlfriend

ᐅᒋᔥᐧᑊᐊᔫᔅᑯ uchishkwaayuuskw ni [Coastal] ♦ cattail *Typha latifolia*, bulrush *Scirpus sp.*, literally 'muskrat tail grass'

ᐅᒋᔥᐧᑊᐊᔫᔅᑯᔥᐅ uchishkwaayuushkushuu ni -shiim [Inland] ♦ cattail *Typha latifolia*, bulrush *Scirpus sp.*, literally 'muskrat tail grass'

ᐅᒋᔮᔥᑯᒻ uchiyaashkumh nad ♦ her boyfriend, literally 'her gull'

ᐅᒋᐦᑲᓐ uchihkanh ni pl [Inland] ♦ beaver's store of food

ᐅᒋᐦᒉᐤ uchihcheu vii [Inland] ♦ it (beaver) gathers it's store of food

ᐅᒋᐦᒋᐱᔑᔥ uchihchipishiish na dim ♦ horned lark *Eremophila alpestris*

ᐅᒋᐦᒋᑲᓐ uchihchikanh na ♦ dried beaverskin, pelt, with the hole where the paws were sewn closed

ᐅᒋᐦᒋᒎᐃᓐ uchihchichuwin vii ♦ the river flows from

ᐅᒋᐦᒌᐦᑯᓅ uchihchiihkuniiu vai [Inland] ♦ s/he kneels

ᐅᒋᐦᒌᐦᑯᓇᐱᔥᑐᐌᐤ uchihchiihkunapishtuweu vta ♦ s/he kneels to him/her

ᐅᒋᐦᒌᐦᑯᓇᑊᐤ uchihchiihkunapuu vai -i ♦ s/he is kneeling with head bent (as for praying)

ᐅᒌᒋᓈᐦᑯᒨ uchiichinaahkumuu vai -i ♦ s/he has nits

ᐅᒌᒫᑲᓄ uchiimaakanuu vai ♦ s/he has a companion in a canoe

ᐅᒌᒫᑲᓐ uchiimaakanh nad ♦ her/his companion in a canoe

ᐅᒌᓀᐦᐁᐤ uchiineheu vta ♦ s/he gives him/her a special extra piece of meat

ᐅᒌᓈᓂᑲᓐ uchiinaanikan ni [Inland] ♦ part of backbone of moose, caribou

ᐅᒋᓰᓲ uchiisisuu vai -i ♦ s/he has wrinkles

ᐅᒋᓰᓵᐤ uchiisisaau vii ♦ it (skin) is wrinkled

ᐅᒋᓰᓵᑊᐤ uchiisisaapuu vai -i ♦ s/he has wrinkles around the eyes

ᐅᒋᓰᔅᑫᐤ uchiisiskweu vai ♦ s/he has a wrinkled face

ᐅᒌᔅᑳᐤ uchiiskaau vii ♦ it is mountainous

ᐅᒌᔥᒋᒥᓂᓲ uchiischiminisuu na -shiish [Inland] ♦ belted kingfisher *Megaceryle alcyon*

ᐅᒌᐦᒀᐦᑭᐧᐁᐦᐊᒻ uchiihkweham vti ♦ s/he sews the moccasin top to the gathered front

ᐅᒌᐦᒌᑯᒥᔥᑲᒫᐤ uchiihchiikumishkamaau vai ♦ s/he has damp snow sticking in the toe hole beneath the feet while walking on snowshoes

ᐅᒑᐃᑰᑲᓐ uchaaikuukan na ♦ muzzle, nose base (moose, caribou)

ᐅᒑᐹᓂᔥ uchaapaanish ni dim [Inland] ♦ small car, small truck

ᐅᒑᑦ uchaat na ♦ muzzle of animal

ᐅᒣᒌ umechii nid -m ♦ its (anim) partly digested food (caribou, hare, moose)

ᐅᒣᔥᑎᓂᐱᐃᐧᐃᐦ umeshtinipiiwiih ni pl -m ♦ down feathers (fowl)

ᐅᒥᒉᐤ umicheu vai ♦ it (anim, caribou) pulls back the snow smelling for food (old term)

ᐅᒥᒌᐅᑐᓈᓐ umichiiutunaan nid ♦ cold sore in the mouth

ᐅᒥᒌᐅᑕᔦᐹᔫ umichiiutayepayuu vai -i ♦ s/he has stomach ulcers

ᐅᒥᒌᐋᔅᐱᓀᐃᐧᓐ umichiiwaaspinewin ni ♦ impetigo

ᐅᒥᒌᐤ umichiiu vai ♦ s/he has scabs, eczema

ᐅᒥᒥᐦᑖᑯᒨ umimihtaakumuu na redup ♦ boaster, a conceited person

ᐅᒥᓂᑯᔥ uminikush na dim ♦ young pintail duck

ᐅᒥᓂᒄ uminikw na -um ♦ pintail duck *Anas acuta*

ᐅᒥᓯᒫᐤ umisimaau nad ♦ an older sister

ᐅᒥᓴ umisa na [Inland] ♦ her/his older sister

ᐅᒥᔅ umis-h na [Coastal] ♦ her/his older sister

ᐅᒥᔥᑕᑕᐃ umishtatai na -aam [Inland] ♦ the largest stomach, intestine of a moose, caribou (where the waste goes)

ᐅᒥᔥᴧᐧᐁᐋᐧᓐ umishkwewaan nid ♦ her/his/its large muscle

ᐅᒥᔥᑯᐃᐧᐃᓐ umishkuwiiwinh nid pl ♦ her/his muscles

ᐅᒥˢᑯ·ᐊᵃ" umishkuwaanh nad ♦ its muscle(s)

ᐅᒥˢᑯᔥ"ᑳᓂᐦᒉᓲ umishkushiihkaanihchesuu na -siim ♦ haystack maker

ᐅᒥˢᑯᔨ·ᐊᵃ" umishkuyiwaanh nad ♦ her/his muscle(s)

ᐅᒥᔦᔨᒧ"ᐊ·ᐯᔃ umiyeyimuhiiwesuu na-shiim ♦ one who comforts, comforter

ᐅᒥ"ᑲᔚ umihkasheu vai -u ♦ it (moose, caribou hide) is marked, has holes from parasites

ᐅᒦ·ᐯᔃ umiiwesuu na -siim ♦ giver

ᐅᒦᒦᵒ umiimiiu na -miish ♦ dove

ᐅᒦᓂᒻ" umiinimh nad ♦ her/his mole (ex on face)

ᐅᒍᑖ umutai nad ♦ its (anim, grouse, ptarmigan) crop

ᐅᔑᒥᒫᵒ umushumimaau nad ♦ a grandfather

ᐅᔑᒻ" umushumh nad ♦ her/his grandfather

ᐅᒐᑎᓰᵒ umachaatisiiu na -siim ♦ wicked person, unrighteous one

ᐅᒪᓂᔑᒉᵒ umanishicheu na -esiim ♦ reaper (biblical)

ᐅᒪᓯᓇ"ᐊᐸᓂ"ᑯᐌᵒ umasinahiikanihkuweu vta ♦ s/he makes a book, bill for him/her

ᐅᒫᒐ umaau nad ♦ its omasum (third stomach of caribou, moose)

ᐅᒫᒫᒻ" umaamaamh nad ♦ her/his eyebrow(s)

ᐅᒫᓂᔒᔥ umaanishiish na dim ♦ moose, caribou fetus

ᐅᒫᔦᔨᐦᒉᔃ umaayeyihchesuu na -siim ♦ despiser, one who is disrespectful

ᐅᒫᐊᒧ umaahamuu na [Inland] ♦ someone who comes downriver

ᐅᒫᑭᒥ"ᑯᐌᵒ umaahkimihkuweu vta ♦ s/he makes a tent for him/her

ᐅᒫᑭᒥ"ᑳᓲ umaahkiimihkaasuu vai reflex ♦ s/he is making a tent for herself/himself

ᐅᒫ"ᑳ umaahkaan na -im ♦ winch, pulley

ᐅᓂ"ᐃ·ᐊᵃ unihiiwin nid ♦ her/his right hand

ᐅᓃᒋ"ᐃᑯᒫᵒ uniichihiikumaau nad ♦ a parent

ᐅᓃᒋ"ᐃᑰ uniichihiikuu vta inverse -u ♦ s/he has parents, s/he has them as parents

ᐅᓃᒋ"ᐃᒄ" uniichihiikwh nad ♦ her/his parents

ᐅᓃᔥᒃ" uniishkh nad ♦ chest meat of beaver

ᐅᓇᐌ"ᐅ unaweuh nad [Inland] ♦ her/his upper cheek

ᐅᓇ·ᐄ" unawiih nad [Coastal] ♦ her/his upper cheek

ᐅᓇᒫ"ᒌᐃᓐ unamahchiiwin nid ♦ her/his left hand

ᐅᓇᓀ"ᑳᒋ"ᐊ·ᐯᔃ unanehkaachihiiwesuu na -siim ♦ oppressor

ᐅᓇᓂ"ᐄ"ᑕᒧ unanihiihtamuu vai ♦ s/he is an obedient person

ᐅᓇᓂ"ᐄ"ᑕᒨ unanihiihtamuusuu na -siim ♦ obedient person

ᐅᓇ"ᐊᑳᓂᔅᑴᒥᒣᐤ unahaakaniskwemimeu vta ♦ s/he has her as a daughter-in-law

ᐅᓇ"ᐊᑳᓂᔅᑴᒻ" unahaakaniskwemh nad ♦ her/his daughter-in-law

ᐅᓇ"ᐊᒋᒫᵒ unahaachimaau nad ♦ a son-in-law

ᐅᓇ"ᐊᒋᒻ" unahaachimh nad ♦ her/his son-in-law

ᐅᓈᐅᔥ unaaush p,manner [Inland] ♦ barely, hardly ■ ᐅᓈᐅᔥ ᐃ"ᒑᐊ ᓯᐋˣ ■ *There is hardly any water.*

ᐅᓈᐯᒥᒫᵒ unaapemimaau nad ♦ a husband

ᐅᓈᐯᒥ"ᑯᐌᐤ unaapemihkuweu vta ♦ s/he gets a husband for her

ᐅᓈᐯᒨ unaapemuu vai -i ♦ she is married, has a husband

ᐅᓈᐯᒻ" unaapemh nad ♦ her husband

ᐅᓈᑐ·ᐁᐸᔫ unaatuwepayuu vai -i [Inland] ♦ its fur gets messy

ᐅᓈᒑᐱ"ᒉᓇᒻ unaataapihchenam vti ♦ s/he tangles it (string-like)

ᐅᓈ"ᑕᐦᑎᑯᐌᐸᔫ unaataahtikuwepayuu vai -i [Inland] ♦ its fur gets messy

ᐅᓭ·ᐁ usewe p,location ♦ beyond ■ ᐊᓯᐤ" ᐅᓭ·ᐁ ᐃ"ᒑˣ ■ *He must be beyond over there somewhere.*

ᐅᓭᐌᵒ useweu vai ♦ s/he goes beyond

ᐅᔅᐁᐸᔾ usewepayuu vai -i ♦ s/he drives beyond

ᐅᔅᐁᐧᑯᐧᐁ useweshkuweu vta ♦ s/he disappears behind him/her

ᐅᔅᐁᐧᑲᒥ useweshkam vti ♦ s/he disappears behind it

ᐅᔅᐁᔭᐸᒣᐤ useweyaapameu vta ♦ s/he sees beyond him/her

ᐅᔅᐁᔭᐸᐦᑕᒼ useweyaapahtam vti ♦ s/he sees beyond it

ᐅᔅᐁᐦᐊᒼ useweham vti ♦ s/he paddles beyond

ᐅᔅᐌᐤ usweu vta ♦ s/he boils it (anim)

ᐅᔅᐯᑲᐦᐊᒧᐌᐤ uswepekahamuweu vta ♦ s/he splashes water on him/her with something

ᐅᔅᐯᑲᐦᐊᒼ uswepekaham vti ♦ s/he splashes water in it

ᐅᔅᐯᒋᐸᔨᐦᐁᐤ uswepechipayiheu vta ♦ s/he splashes him/her

ᐅᔅᐯᒋᐸᔨᐦᑖᐤ uswepechipayihtaau vai+o ♦ s/he splashes it

ᐅᔅᐯᒋᔑᒣᐤ uswepechishimeu vta ♦ s/he drops it (anim) with a splash, throws it (anim) down

ᐅᔅᐯᒋᔑᓐ uswepechishin vai ♦ s/he falls with a splash

ᐅᔅᐯᒋᐦᑎᑖᐤ uswepechihtitaau vai+o ♦ s/he drops it with a splash

ᐅᔅᐯᒋᐦᑎᓐ uswepechihtin vii ♦ it falls with a splash

ᐅᔅᐯᔾ uswepayuu vai/vii -i ♦ it (anim) sprays

ᐅᔅᐁᑯᐦᑖᐤ uswekuhtaau vai+o ♦ s/he splashes the water up

ᐅᓯᐱᐦᑖᐤ usipihtaau vai+o ♦ s/he observes the movement of the water for beaver activity

ᐅᓯᐱᐤ usipiu vai ♦ it (beaver) creates movement in the water

ᐅᓯᑖᔅᒀᐱᔅᒄ usitaaskwaapiskw ni [Inland] ♦ axe blade

ᐅᓯᑖᔅᒄ usitaaskw ni [Inland] ♦ axe

ᐅᓯᑯᓯᒫᐤ usikusimaau nad ♦ a mother-in-law, an aunt (mother's brother's wife or father's sister)

ᐅᓯᑯᓴ usikusa nad [Inland] ♦ her/his mother-in-law, her/his aunt (mother's brother's wife or father's sister)

ᐅᓯᑯᔅᐦ usikus-h nad [Coastal] ♦ her/his mother-in-law, her/his aunt (mother's brother's wife or father's sister)

ᐅᓯᑯᔥ usikush na dim ♦ young merganser duck

ᐅᓯᑲᓀᐛᐴ usikanewaapuu ni ♦ degreased bone broth

ᐅᓯᑲᓀᐤ usikaneu vai ♦ s/he cuts up bones to boil for broth

ᐅᓯᑲᓈᐴ usikanaapuu ni ♦ bone broth

ᐅᓯᑳᑯᓐ usikaakun nid ♦ her/his back of the knee

ᐅᓯᒄ usikw na -um ♦ red-breasted merganser duck *Mergus serrator*

ᐅᓯᒫᐤ usimaau nad ♦ a father-in-law, an uncle (mother's brother, father's sister's husband)

ᐅᓯᔅᐁᐁᐱᓇᒼ usiswewepinam vti ♦ s/he scatters it

ᐅᓯᔅᐯᔨᐦᐁᐤ usiswepayiheu vta ♦ s/he sprinkles it (anim, liquid), scatters it (anim, seed)

ᐅᓯᔅᐯᔨᐦᑖᐤ usiswepayihtaau vai+o ♦ s/he sprinkles it (liquid), scatters it (ex salt)

ᐅᓯᔅᐯᔾ usiswepayuu vai/vii -i ♦ it (anim) is scattered, sprinkled

ᐅᓯᔅᐁᔮᐴᒋᐸᔨᐦᑖᐤ usisweyaapuuchipayihtaau vai+o ♦ s/he lets it (liquid) slop out of the container

ᐅᓯᔑᐯᐤ usishipeu vai ♦ s/he boils ducks

ᐅᓯᐦᑌᐤ usihteu vai ♦ s/he hears well, s/he has good hearing

ᐅᓱᐁᐦᐊᒼ usuweham vti ♦ s/he shatters it

ᐅᓱᐁᐦᐁᐤ usuwehweu vta ♦ s/he shatters it (anim)

ᐅᓱᐚᔨᒉᑲᓐ usuwaayichekan nid ♦ his/her tailbone

ᐅᓲ usuu vai -u ♦ it (anim) boils

ᐅᓲ usuu nid ♦ its tail (nid)

ᐅᓲ usuu ni ♦ handle of pot, pan (ni)

ᐅᓲᔥ usuush nid dim -shumish ♦ her/his tailbone of person, its (animal) little tail

ᐅᓴ usa nad [Inland] ♦ her/his father-in-law, her/his uncle (mother's brother, father's sister's husband)

ᐅᓴ usaa p,quantity ♦ much, mostly ▪ ᐅᓴ ᓂᑖ ᐱᑕᐳᔮᕽ ▪ *He's mostly catching suckers in his net.*

ᐅᓴᐳᐱᔐᔑᐤ usaaupiyeshiish na ♦ yellow bird

ᐅᓴᐳᒥᓂᓲ usaauminisuu vai -i ♦ it (anim) is a yellow, green bead

ᐅᓴᐳᒥᓐ usaaumin na ♦ yellow bead

ᐅᓴᐳᓈᑯᓐ usaaunaakun vii ♦ it looks green, yellow

ᐅᓴᐳᓈᑯᓲ usaaunaakusuu vai -i ♦ it (anim) looks green, yellow

ᐅᓴᐳᓯᑯᓲ usaausikusuu vai -i ♦ it (anim) is yellow ice

ᐅᓴᐳᓲ usaausuu vai -i ♦ it (anim) is green, yellow

ᐅᓴᐳᔥᑎᒃᐚᓂᑲᓐ usaaustikwaanikan na ♦ name of a bird, literally 'yellow-head'

ᐅᓴᐳᔥᑯᐱᔐᔑᐤ usaauskupiyeshiish na dim ♦ warbler, canary, literally 'yellow-feathered bird'

ᐅᓴᐳᔥᑯᔔᑳᐤ usaauskushuukaau vii ♦ it is green grass

ᐅᓴᐳᔥᑯᔥ usaauskush na dim ♦ young brown bear *Ursus americanus*, yellow phase

ᐅᓴᐳᔥᑲᒥᒄ usaauskamikw ni -um ♦ yellow sphagnum moss *Sphagnum*

ᐅᓴᐳᔥᑳᐤ usaauskaau vii ♦ there is a lot of bright green new growth (ex grass, leaves)

ᐅᓴᐳᔥᒄ usaauskw na ♦ brown bear *Ursus americanus*

ᐅᓴᐳᔔᑳᐤ usaaushuukaau ni -m ♦ brown sugar

ᐅᓴᐳᔔᔮᓈᐱᔥᑯᔥ usaaushuuyaanaapishkush na -um [Coastal] ♦ gold coin

ᐅᓴᐳᔔᓕᔮᐤ usaaushuuliyaau na -aam [Inland] ♦ gold

ᐅᓴᐳᔔᓕᔮᓈᐱᔥᒄ usaaushuuliyaanaapiskw na [Inland] ♦ gold coin

ᐅᓴᐳᔥᑳᐤ usaaushkaau vii ♦ leaves are just starting to bloom, early summer, literally 'there is great deal of green'

ᐅᓴᐳᐦᐁᐤ usaauheu vta ♦ s/he colours it (anim) green, yellow

ᐅᓴᐳᐦᑖᐤ usaauhtaau vai+o ♦ s/he makes, colours it green, yellow

ᐅᓴᐳᐦᒐᐦᔑᔅᑳᐤ usaauhcheshiiskaau vii ♦ there are a lot of red foxes, it is an area of red foxes

ᐅᓴᐳᐦᒐᔑᔥ usaauhcheshiish na dim ♦ young red fox *Vulpes vulpa*

ᐅᓴᐳᐦᒐᔔ usaauhcheshuu na -iim ♦ red fox *Vulpes vulpa*

ᐅᓴᐘᐤ usaawaau vii ♦ it is green, yellow

ᐅᓴᐚᐱᔅᑯᔥ usaawaapiskush na dim [Coastal] ♦ a penny

ᐅᓴᐚᐱᔅᑳᐤ usaawaapiskaau vii ♦ it is a yellow metal, brass

ᐅᓴᐚᐱᔅᒄ usaawaapiskw ni ♦ yellow metal, brass, gold

ᐅᓴᐚᑲᒨ usaawaakamuu vii -i ♦ the water has a yellow colour to it

ᐅᓴᑲᐦᐋᒉᐤ usaakahaacheu ni ♦ tunnel to the beaver lodge

ᐅᓴᒦᑳᒨᐃᓐ usaamikaamuwin ni ♦ overweight

ᐅᓴᒥᒀᒨ usaamikwaamuu vai -u ♦ s/he oversleeps

ᐅᓴᒥᐦᑐᐁᐤ usaamihtuweu vai ♦ s/he takes more food than s/he should

ᐅᓴᒥᐦᑕᒻ usaamihtam vti ♦ s/he takes more food than s/he should take

ᐅᓴᒫᔥᑕᐁᐤ usaamaashtaweu vii ♦ it is a fire that is too low, ready to go out

ᐅᓴᓂᒡ usaanich p,location ♦ on the other side of the island

ᐅᓴᓈᑎᓐ usaanatin p,location ♦ on the other side of the mountain

ᐅᓵᓵᐱᔅᒋᔑᓐ usaasaapishchishin vai redup ♦ s/he slips on a rock continuously

ᐅᓵᐦᑎᒄ usaahtikw p,location ♦ other side of the tree

ᐅᔅᐱᑐᓐ uspitun nid ♦ his/her arm

ᐅᔅᐱᑲᐃ uspikai na -aam ♦ set, rack of side ribs

ᐅᔅᐱᒉᑲᓐ uspichekan na ♦ rib bone

ᐅᔅᐱᓭᑲᓐ uspiseukan ni ♦ breastbone (of goose, partridge, bird)

ᐅᔅᑑᐦᑲᓐ uspuuhkan ni ♦ beaver lower leg bone

ᐅᔅᐹᐁᔨᐦᑕᒻ uspaaweyihtam vti ♦ s/he can't sleep, s/he is sleepless

ᐅᔅᐚᑲᓐ uspwaakan na ♦ tobacco pipe

ᐅᔅᑌᓯᒫᐤ ustesimaau nad ♦ an older brother

ᐅᖕᑌᓴ **ustesa** na [Inland] ♦ her/his older brother

ᐅᖕᑌᔅᐦ **ustes-h** na [Coastal] ♦ her/his older brother

ᐅᖕᑎᑎᐦᐄᐯᑯᐦᒋᒣᐤ **ustitihiipekuhchimeu** vta ♦ s/he makes it (anim) float to the surface of the water

ᐅᖕᑎᑎᐦᐄᐯᑯᐦᒋᓐ **ustitihiipekuhchin** vai ♦ s/he/it (anim) floats on the surface of the water

ᐅᖕᑎᑎᐦᐄᐯᓲᐙᑲᓐ **ustitihiipesuuwaakan** ni ♦ lifejacket

ᐅᖕᑎᑕᐦᐄᐯᐤ **ustitahiipeu** vii [Coastal] ♦ it floats to the surface, does not sink

ᐅᖕᑎᑖᑯᓐ **ustitaakun** p,location ♦ on the surface of the snow

ᐅᖕᑑᐹᔅᒀᔮᐤ **ustuupaaskweyaau** vii ♦ it is an area of small trees

ᐅᖕᑑᐹᔅᒘᑲᒫᐤ **ustuupaaskwaakamaau** vii ♦ it is a lake surrounded by small trees

ᐅᖕᒀᐅᐊ **uskweun** vii [Inland] ♦ it is maggotty

ᐅᖕᒀᐅ **uskweuu** vai -u ♦ it (anim) is maggotty

ᐅᖕᒀᐅ **uskweuu** vii [Coastal] ♦ it is maggotty

ᐅᖕᒀᒎᔥ **uskwechuush** na dim ♦ cone from conifer tree

ᐅᖕᑯᑎᒥᔅᒌᔥ **uskutimischiish** ni pej [Inland] ♦ old beaver dam

ᐅᖕᑯᑎᒥᐦᒉᓲ **uskutimihchesuu** ni ♦ hydro company

ᐅᖕᑯᑎᒼ **uskutim** ni ♦ dam

ᐅᖕᑯᖧ **uskut** nid ♦ its beak

ᐅᖕᑯᓀᒪᒋᐦᐅᐃᓐ **uskunemachihuwin** ni ♦ heartburn

ᐅᖕᑯᓐ **uskun** nid ♦ his/her liver

ᐅᖕᑲᑕᒬ **uskatamui** na -muum ♦ water-lily root *Nymphaea sp.*

ᐅᖕᑲᑕᒧᔅᒋᐦᑿ **uskatamuschihkw** na [Coastal] ♦ kind of pot, not seen these days, made of copper

ᐅᖕᑲᑖᒥᓄᒪᒡ **uskataaminuminach** na pl ♦ cherries

ᐅᖕᑲᑖᒥᓐ **uskataamin** ni ♦ seed, stone, pit

ᐅᖕᑲᑳᓐ **uskakaan** ni ♦ new teepee

ᐅᖕᑲᓀᒪᒋᐦᐆ **uskanemachihuu** vai -u ♦ s/he has heartburn

ᐅᖕᑲᓂᐱᒦ **uskanipimii** ni -m ♦ moose, caribou grease, fat

ᐅᖕᑲᓅ **uskanuu** vai/vii ♦ it (anim) is bony, it has bones

ᐅᖕᑲᓈᐚᓐ **uskanaawaan** ni ♦ eggshell

ᐅᖕᑲᓈᒨ **uskanaamuu** na ♦ wasp

ᐅᖕᑲᓈᒨᔥ **uskanaamuush** na dim ♦ small wasp

ᐅᖕᑲᓐ **uskan** ni ♦ bone

ᐅᖕᑲᐦᐌᐤ **uskahweu** vta ♦ s/he flushes a bird out

ᐅᖕᑲᐦᑎᒄ **uskahtikw** nid ♦ her/his forehead; front webbing on a snowshoe

ᐅᖕᑳᑎᔮᐲᐦ **uskaatiyaapiih** ni pl -m ♦ plant root

ᐅᖕᑳᑖᔅᒄ **uskaataaskw** ni ♦ carrot

ᐅᖕᒋᐚᔅᑳᐦᐄᑲᓐ **uschiwaaskaahiikan** ni ♦ new house

ᐅᖕᒋᐚᔥ **uschiwaash** na -iim ♦ new baby, infant

ᐅᖕᒋᑖᐹᓀᐤ **uschitaapaaneu** vai ♦ s/he has a new car

ᐅᖕᒋᑲᒥᒄ **uschikamikw** ni ♦ new teepee, house, dwelling

ᐅᖕᒋᒥᓂᐦᐅᐃᓐ **uschiminihuwin** ni ♦ a child's first kill, celebrated with a feast

ᐅᖕᒋᓃᒋᔅᑵᔓᐤ **uschiniichiskweushuu** vai -i ♦ she is a young girl

ᐅᖕᒋᓃᒋᔅᑵᐤ **uschiniichiskweu** na -em ♦ young woman

ᐅᖕᒋᓃᒌᐅᓈᑯᓐ **uschiniichiiunaakun** vii ♦ it looks young

ᐅᖕᒋᓃᒌᐅᓈᑯᓲ **uschiniichiiunaakusuu** vai -i ♦ s/he looks young

ᐅᖕᒋᓃᒎ **uschiniichuu** na -chiim ♦ young man, young person

ᐅᖕᒋᓇᔅᑯᒧᐃᓐ **uschinaskumuwin** ni ♦ new agreement

ᐅᖕᒋᓈᐯᐚᓐ **uschinaapewaan** na ♦ bridegroom

ᐅᖕᒋᓈᑯᓐ **uschinaakun** vii ♦ it looks new

ᐅᖕᒋᓈᑯᓲ **uschinaakusuu** vai -i ♦ it (anim) looks new

ᐅᖕᒋᓰᐤ **uschisiiu** vai ♦ it (anim) is new

ᐅᖕᒋᔅᑵᐌᐤ **uschiskweweu** vai ♦ he has just married a first-time bride, he is a newlywed

ᐅᔑᒄᐧᐋᐧᓐ uschiskwewaan na ♦ bride
ᐅᔅᒋᑲᒥᓐ uschiskamin na ♦ pineapple
ᐅᔅᒋᑲᒪᒡ uschiskamach p ♦ on the surface of the land ▪ ᐊᐧᐱᒃᐤ ᐊᐸᒋᒧᐤᒡ ᐊᓯᒌᐦ ᐅᔅᒋᑲᒪᒡᐦ ▪ *The animals walk on the surface of the land.*
ᐅᔅᒋᑳᐤ uschiskaau vii ♦ it is an area of pine trees
ᐅᔅᒋᔅᒄ uschisk na -im ♦ pine tree *Pinus sp.*
ᐅᔅᒋᔅᒋᐸᒄ uschischipakw ni -um ♦ leatherleaf *Chamaedaphne calyculata* or bog rosemary *Andromeda polifolia*
ᐅᔅᒋᔒ uschishii nid ♦ her/his upper lip
ᐅᔅᒋᐦᑖᓲ uschihtesuu na -iihch ♦ pond lilies *Nuphar*
ᐅᔅᒋᐦᑖᐤ uschihtaau vai+o ♦ s/he renews it
ᐅᔅᒌᑕᐦᐄᐯᐤ uschiitahiipeu vii [Inland] ♦ it floats to the surface
ᐅᔅᒌᔑᑯᒥᓈᐦᑎᒄ uschiishikuminaahtikw na -um ♦ dwarf raspberry, dewberry plant *Rubus pubescens*
ᐅᔅᒌᔑᑯᒥᓂᐦ uschiishikuminh ni pl ♦ dwarf raspberries, dewberries
ᐅᔅᒌᔑᑯᐦᑳᓈᐱᔅᑰ uschiishikuhkaanaapiskuu vai -u [Inland] ♦ s/he wears glasses
ᐅᔅᒌᔑᑯᐦᑳᓈᐱᔅᒄ uschiishikuhkaanaapiskw ni [Inland] ♦ eyeglasses
ᐅᔅᒌᔑᑯᐦᑳᓲᐃᓐ uschiishikuhkaasuwinh ni pl [Coastal] ♦ eyeglasses
ᐅᔅᒌᔑᑯᐦᑳᓲᓅ uschiishikuhkaasunuu vai -u [Coastal] ♦ s/he wears glasses
ᐅᔅᒌᔑᒀᐱᔅᑰ uschiishikwaapiskuu vai -u [Inland] ♦ s/he wears glasses (old term)
ᐅᔅᒌᔑᒀᐱᔅᒄ uschiishikwaapiskw ni ♦ eyeglasses (old term)
ᐅᔑᒎᓃ uschuunii nid ♦ its (animal, ex dog, hare) nose
ᐅᔅᐦ us-h nad [Coastal] ♦ her/his father-in-law, her/his uncle (mother's brother, father's sister's husband)
ᐅᔐᑎᓈᐤ ushetinaau vii ♦ it is a mountain ridge
ᐅᔐᑐ ushetuu ni -tuum ♦ tail, heel on snowshoe
ᐅᔐᑖᐅᐦᑲᒻ ushetaauhkaham vti ♦ s/he walks on a ridge of sand

ᐅᔐᑲᓐ ushekan nid -im [Coastal] ♦ its (fish) backbone
ᐅᔐᓯᑳᐤ ushesikwaau vii ♦ it is a ridge of ice
ᐅᔐᓲ ushesuu vai -u ♦ it (anim) has a ridge, line of thickness (ex ridge on a moose hide)
ᐅᔐᔮᐅᐦᑳᐤ usheyaauhkaau vii ♦ it is a ridge of sand
ᐅᔐᔮᐤ usheyaau vii ♦ it is a ridge
ᐅᔐᔮᐱᔅᑲᐦᒻ usheyaapiskaham vti ♦ s/he walks on a ridge of rock
ᐅᔐᔮᑎᒥᐤ usheyaatimiiu vii ♦ it is a ridge of rock under water, it is a reef
ᐅᔐᔮᑯᓂᑳᐤ usheyaakunikaau vii ♦ it is a ridge of snow
ᐅᔐᔮᑲᑖᔥᑎᓐ usheyaakataashtin vii ♦ it is a snowdrift blown up into a ridge
ᐅᔐᔮᑲᒋᔥᑎᓐ usheyaakachishtin vii ♦ it is a snowdrift blown up into a ridge
ᐅᔐᔮᔅᑴᔮᐤ usheyaaskweyaau vii ♦ there are trees in a ridge line
ᐅᔐᔮᔅᑯᑎᓈᐤ usheyaaskutinaau vii ♦ it is a wooded ridge on a mountain
ᐅᔐᐦᑯᐹᐤ ushehkupaau vii ♦ the willows grow in a (ridge) line along the shore
ᐅᔑᑕᒫᐤ ushitamaau vai ♦ s/he sees moose, caribou tracks
ᐅᔑᑕᒫᑲᓐ ushitamaakan ni ♦ visible tracks made by a moose, caribou
ᐅᔑᑕᒻ ushitam vti ♦ s/he escapes from it
ᐅᔑᑖᑯᔒᐦᒡ ushitaakushiihch p,time ♦ day before yesterday
ᐅᔑᑯᐃᓐ ushikuwin ni ♦ injury, hurt, rupture
ᐅᔑᑯᐱᑐᓀᔑᓐ ushikupituneshin vai ♦ s/he injures an arm by falling
ᐅᔑᑯᐸᔨᐦᐆ ushikupayihuu vai -u ♦ s/he injures her/himself by moving, s/he strains her/himself
ᐅᔑᑯᐸᔫ ushikupayuu vai -i ♦ s/he/it (anim) strains a muscle
ᐅᔑᑯᑎᐦᒉᐤ ushikutihcheu vai ♦ s/he has an injured hand
ᐅᔑᑯᑎᐦᒉᔑᓐ ushikutihcheshin vai ♦ s/he injures her/his hand by falling, bumping

ᐅᔑᑲᐅᔑⁿ **ushikukaateshin** vai ◆ s/he injures her/his leg by falling, bumping

ᐅᔑᑯᒧ **ushikumuu** vai -u ◆ s/he injures her/himself by coughing, crying

ᐅᔑᑯᓯᐅ° **ushikusiteu** vai ◆ s/he has an injured foot

ᐅᔑᑯᔑᒣᐅ° **ushikushimeu** vta ◆ s/he injures him/her by throwing him/her down

ᐅᔑᑯᔑⁿ **ushikushin** vai ◆ s/he injures her/himself by falling

ᐅᔑᑯᐦᐁᐤ° **ushikuheu** vta ◆ s/he causes him/her serious harm, hurts him/her

ᐅᔑᑯᐦᐄᓲ **ushikuhiisuu** vai reflex -u ◆ she receives an injury which results in miscarriage, s/he injures her/himself accidentally

ᐅᔑᑯᐦᐆ **ushikuhuu** vai -u ◆ s/he is badly injured by her/his own carelessness

ᐅᔑᑯᐦᑎᑖᐤ° **ushikuhtitaau** vai+o ◆ s/he injures it by hitting it against something

ᐅᔑᑯᐦᑖᐤ° **ushikuhtaau** vai+o ◆ s/he damages it

ᐅᔑᑰ **ushikuu** vai -u ◆ s/he injures her/himself by straining

ᐅᔑᑲᐃ **ushikai** nad ◆ her/his/its skin

ᐅᔑᑳᐤ° **ushikaau** vii ◆ it is an outer covering (ex book, skin on goose foot)

ᐅᔑᒀᑎᓰᐤ° **ushikwaatisiiu** vai ◆ she miscarries

ᐅᔑᒣᐤ° **ushimeu** vta ◆ s/he escapes from him/her/it (anim)

ᐅᔑᒧᐎⁿᵃ **ushimuwin** ni ◆ escape

ᐅᔑᒧᑕᒻ **ushimutam** vti ◆ s/he escapes from it

ᐅᔑᒧᐦᐁᐤ° **ushimuheu** vta ◆ s/he causes him/her to escape someone

ᐅᔑᒧᐦᑖᐤ° **ushimuhtaau** vai+o ◆ s/he escapes with it

ᐅᔑᒨ **ushimuu** vai -u ◆ s/he escapes

ᐅᔑᓄᐌᐤ° **ushinuweu** vta ◆ s/he laughs at him/her

ᐅᔑᓇᒻ **ushinam** vti ◆ s/he laughs at it

ᐅᔑᐦᐁᐤ° **ushiheu** vta ◆ s/he makes it (anim)

ᐅᔑᐦᐄᐌᐤ **ushihiiweu** vai ◆ s/he makes, creates

ᐅᔑᐦᐄᒣᓲ° **ushihiimeseu** vai [Coastal] ◆ s/he cleans fish

ᐅᔑᐦᐆ **ushihuu** vai -u ◆ it (moon) waxes, gets bigger

ᐅᔑᐦᐆᒪᑲⁿ **ushihuumakan** vii ◆ it gains volume (through fermentation, as in soup gone off, homebrew)

ᐅᔑᐦᐊᒣᓲ° **ushihameseu** vai [Inland] ◆ s/he cleans fish

ᐅᔑᐦᑕᒧᐌᐤ° **ushihtamuweu** vta ◆ s/he makes it for him/her

ᐅᔑᐦᑕᒫᒉᐤ° **ushihtamaacheu** vai ◆ s/he makes it for someone else

ᐅᔑᐦᑕᒫᓲ **ushihtamaasuu** vai reflex -u ◆ s/he makes it for her/himself

ᐅᔑᐦᑖᐤ° **ushihtaau** vai+o ◆ s/he makes it

ᐅᔑᐦᑖᒉᐸᔫ **ushihtaachepayuu** vai/vii -u ◆ it does, makes things on its own

ᐅᔑᐦᑖᒉᒪᑲⁿ **ushihtaachemakan** vii ◆ it (ex a machine) makes things

ᐅᔒᐱᑲⁿ **ushiipiikan** nad ◆ her/his rib cartilage at end of breastbone

ᐅᔒᒥᒣᐤ° **ushiimimeu** vta ◆ s/he regards him/her as a younger brother, sister

ᐅᔒᒥᒫᐤ° **ushiimimaau** nad ◆ a younger sibling, younger brother, younger sister

ᐅᔒᒻ **ushiimh** na ◆ her/his younger brother, sister

ᐅᔒᔒᐱᒥᐦᐁᐤ° **ushiishiipimiheu** vta ◆ s/he gives him/her a duck

ᐅᔔᐲ **ushuupii** na -m ◆ back fat of moose, caribou

ᐅᔔᑯᓇᐃ **ushuukunai** nid -aahch ◆ fish tail

ᐅᔔᔮᓂᒨ **ushuuyaanimuu** vai -i [Coastal] ◆ s/he has lots of money

ᐅᔔᓕᔮᒨ **ushuuliyaamuu** vai -i [Inland] ◆ s/he has lots of money

ᐅᔕᐦᐊᒫᐤ° **ushahamaau** vai [Inland] ◆ s/he sees a moose, caribou s/he was tracking even if s/he doesn't have a chance to shoot, s/he tracks a moose, caribou

ᐅᔕᐦᐊᒫᑲⁿ **ushahamaakan** na [Inland] ◆ moose, caribou that has been tracked

ᐅᔕᐦᐌᐤ° **ushahweu** vta ◆ s/he flushes an animal out

ᐅᔖᐅᔑᔑᔪ **ushaaushishuu** vai ◆ it (animate) is yellow

ᐅᔕᐄᐧᑎᐧᑲᓂᐤ **ushaaushtikwaaneu** vai
♦ s/he is fair-haired, blonde

ᐅᔖᐧᐊᔂ **ushaawaashuu** vii -i ♦ it is yellow

ᐅᔖᐧᐊᔥᑏᓐ **ushaawaashtin** vii ♦ there are yellow clouds preceding the wind

ᐅᔖᑯᑌᐤ **ushaakuteheu** na ♦ timid person, a coward

ᐅᔖᑯᒋᐦᐄᐧᐁᐤ **ushaakuuchihiiweu** na -esiim
♦ conqueror, a victor

ᐅᔖᔑᔑᓐ **ushaashishin** vai ♦ s/he slips

ᐅᔖᔔ **ushaashui** na -uuhch [Coastal]
♦ new, fresh snow

ᐅᔖᔔ **ushaashuu** vii -uu [Coastal]
♦ there is new, fresh snow

ᐅᔖᔖᑯᓂᒋᔑᓐ **ushaashaakunichishin** vai
♦ s/he slips on snow

ᐅᔥᑎᐧᑲᓂᒉᑲᓐ **ushtikwaanichekan** nid
♦ its (animal) skull

ᐅᔥᑎᐧᑲᓅᔮᓐ **ushtikwaanuuyaan** ni
♦ head part of a beaver pelt

ᐅᔥᑎᐧᑲᓈᔅᒄ **ushtikwaanaaskw** ni
♦ clump of dry spruce boughs on top of tree (witch's broom)

ᐅᔥᑎᐧᑲᓐ **ushtikwaan** nid ♦ her/his head

ᐅᔥᑐᐁᔩᒥᐤ **ushtuweyimeu** vta ♦ s/he is disappointed with him/her

ᐅᔥᑐᐁᔩᑕᒥᐦᐁᐤ **ushtuweyihtamiheu** vta
♦ s/he disappoints him/her

ᐅᔥᑐᐁᔩᑕᒻ **ushtuweyihtam** vti ♦ s/he is disappointed with it

ᐅᔥᑐᐃᔨᓱ **ushtuwiyisuu** vai reflex -u
♦ s/he strains him/herself unecessarily

ᐅᔥᑐᐄᐧᐁᐤ **ushtuwiiweu** vai ♦ it (anim) is uncomfortable

ᐅᔥᑐᐄ **ushtuwiiu** vai ♦ s/he is uncomfortable in doing something

ᐅᔥᑐᑕᒧᐧᐋᔅᐲᓐᐤ **ushtutamuwaaspineu**
vai ♦ s/he has tuberculosis, literally 's/he has coughing in lungs'

ᐅᔥᑐᑕᒨᓈᐴ **ushtutamuunaapuu** ni
♦ cough syrup

ᐅᔥᑐᑕᒻ **ushtutam** vti ♦ s/he coughs

ᐅᔥᑑᐱᓯᐤ **ushtuupisiiu** vai ♦ s/he is flexible

ᐅᔥᑑᐳ **ushtuupuu** vai -i ♦ s/he is uncomfortable when sitting

ᐅᔥᑑᐹᐤ **ushtuupaau** vii ♦ it is flexible

ᐅᔥᑑᐹᔅᑲᓐ **ushtuupaaskun** vii ♦ it (stick-like) is flexible

ᐅᔥᑑᐹᔅᑯᓯᐤ **ushtuupaaskusuu** vai -i ♦ it (anim stick-like) is flexible

ᐅᔥᑑᑳᐴ **ushtuukaapuu** vai -uu ♦ s/he is uncomfortable while standing

ᐅᔥᑑᒧ **ushtuumuu** vai/vii -u ♦ it is fitted on wrong, improperly

ᐅᔥᑑᓄᐧᐁᐤ **ushtuunuweu** vta ♦ s/he finds s/he looks uncomfortable

ᐅᔥᑑᓇᒻ **ushtuunam** vti ♦ s/he finds it looks uncomfortable

ᐅᔥᑑᓐ **ushtuun** vii ♦ it is an uncomfortable place

ᐅᔥᑑᔑᓐ **ushtuushin** vai ♦ s/he is uncomfortable when lying down

ᐅᔥᑑᔥᑯᐧᐁᐤ **ushtuushkuweu** vta ♦ it (anim, ex snowshoe) is uncomfortable for her/him, s/he makes her/him uncomfortable with her/his weight

ᐅᔥᑑᔫ **ushtuuyeu** vta ♦ s/he makes him/her uncomfortable

ᐅᔥᑖᐱᑕᒻ **ushtaapitam** vti ♦ s/he makes trouble

ᐅᔥᑖᐹᔨᐁᐤ **ushtaapayiheu** vta ♦ s/he makes it inconvenient for him/her

ᐅᔥᑖᐹᔨᐦᑖᐤ **ushtaapayihtaau** vai+o
♦ s/he makes it inconvenient for it

ᐅᔥᑖᒪᐦᒋᐦᐤ **ushtaamahchihuu** vai -u
♦ s/he feels queasy, nauseated

ᐅᔥᑖᐦᒌᐤ **ushtaahchiiu** vai ♦ s/he moves over

ᐅᔥᑖᐦᒌᐱᔥᑐᐧᐁᐤ **ushtaahchiipiishtuweu**
vta ♦ s/he moves to sit a little distance from him/her

ᐅᔥᑖᐦᒌᐱᔥᑕᒻ **ushtaahchiipiishtam** vti
♦ s/he sits at a distance from it

ᐅᔥᑖᐦᒌᐴ **ushtaahchiipuu** vai -i ♦ s/he sits at a distance

ᐅᔥᑖᐦᒌᑳᐴ **ushtaahchiikaapuu** vai -uu
♦ s/he stands at a distance

ᐅᔥᑖᐦᒌᑳᐴᔥᑐᐧᐁᐤ
ushtaahchiikaapuushtuweu vta ♦ s/he stands at a distance from him/her/it (anim)

ᐅᔥᑖᐦᒌᑳᐴᔥᑕᒻ **ushtaahchiikaapuushtam**
vti ♦ s/he stands at a distance from it

ᐅᔥᑖᐦᒌᔑᓅᔥᑕᒻ **ushtaahchiishinuushtam**
vti ♦ s/he moves, lying down, to a distance from it

ᐅᔥᑖᒋᔑᓐ **ushtaahchiishin** vai ♦ s/he lies down at a distance

ᐅᔥᑖᒋᔑᔥᑐᐌᐤ **ushtaahchiishtuweu** vta ♦ s/he moves to a distance from him/her/it (anim)

ᐅᔥᐌᐸᑭᑎᓈᐤ **ushkwepakatinaau** vii ♦ it is a hill of birch trees

ᐅᔥᐌᐸᑳᐤ **ushkwepakaau** vii ♦ it is an area of birch trees

ᐅᔥᐌᐸᑳᓂᑳᐤ **ushkwepakaanikaau** vii ♦ it is an island is covered with birch trees

ᐅᔥᐌᐸᔪ **ushkwepayuu** vai/vii-i ♦ s/he takes a wrong turn, it goes off at the wrong angle

ᐅᔥᐌᑐᐃ **ushkwetui** na [Inland] ♦ cone from conifer tree

ᐅᔥᐌᔅᑳᐤ **ushkweskaau** vii ♦ there are many birch trees

ᐅᔥᐌᔑᒣᐤ **ushkweshimeu** vta ♦ s/he makes him/her bounce off, rebound

ᐅᔥᐌᔑᓐ **ushkweshin** vai ♦ s/he rebounds, bounces off at an angle

ᐅᔥᐌᑕᒻ **ushkweham** vti ♦ s/he makes it go off in the wrong direction, rebound with something

ᐅᔥᐌᐎᐤ **ushkwehweu** vta ♦ s/he makes him/her go off in the wrong direction, rebound, with something

ᐅᔥᐌᐦᑎᑖᐤ **ushkwehtitaau** vai+o ♦ s/he makes it bounce off, rebound

ᐅᔥᐌᐦᑎᓐ **ushkwehtin** vii ♦ it rebounds, bounces off at an angle

ᐅᔥᐌᐦᑕᒄ **ushkwehtakw** na ♦ birch wood

ᐅᔥᑯᐃ **ushkui** na-waam ♦ white birch tree, paper birch tree *Betula papyrifera var*, birch bark

ᐅᔥᑯᐃᐆᑦ **ushkuiuut** ni ♦ birch bark canoe

ᐅᔥᑯᐃᐦᑕᒄ **ushkuihtakw** ni [Coastal] ♦ birch wood

ᐅᔥᑯᔮᐦᑎᒄ **ushkuyaahtikw** na ♦ the inside part of a birch tree

ᐅᔥᑲᑎᓐ **ushkatin** vii ♦ it is newly frozen

ᐅᔥᑲᑎᐦᑯᔥ **ushkatihkush** na dim ♦ one year old caribou

ᐅᔥᑲᑯᒋᓐ **ushkakuchin** vai ♦ it (anim) is the beginning of the month

ᐅᔥᑲᑯᐦᐯᐤ **ushkakuhpeu** vai ♦ she has a new dress

ᐅᔥᑲᒡ **ushkach** p,time ♦ at first, the first time ■ ᐃᐤ ᐅᔥᑲᒡ ᑭ ᐋᒋᓚᑊ ᐅᐋᔨ, ᐁᐅᑯ ᓇᒐ ᐅᔅᒡ ᓂᐋᐱᒫᒡ᙮ ■ *The first time I saw Daisy she was not old yet.*

ᐅᔥᑲᔅᑎᓭᐤ **ushkastiseu** vai ♦ s/he has new mittens

ᐅᔥᑲᔅᒋᓯᓀᐤ **ushkaschisineu** vai ♦ s/he has new boots, shoes, moccasins

ᐅᔥᑲᔒ **ushkashii** na-m ♦ skidoo track, tire tread, literally 'claw'

ᐅᔥᑲᔥᑐᑎᓀᐤ **ushkashtutineu** vai ♦ s/he has a new hat

ᐅᔥᑲᐦᐱᓱ **ushkahpisuu** vai-u ♦ it (anim) is the first fish caught in a new net

ᐅᔥᑳᐤ **ushkaau** vii ♦ it is new

ᐅᔥᑳᐳᔥᒋᑌᐤ **ushkaapuschiteu** vii ♦ it is a recently burnt area

ᐅᔥᑳᐹᓀᑎᓐ **ushkaapaanetin** vii ♦ it is the first freezing (river, lake)

ᐅᔥᑳᑎᓰᐤ **ushkaatisiiu** vai ♦ s/he is a young person

ᐅᔥᑳᒉᐅᔅᒋᓯᓐ **ushkaacheuschisinh** ni pl ♦ waterproof footwear made from lower leg (bend) part of moose hide, caribou hide with hair left on

ᐅᔥᑳᒉᐎᑦ **ushkaachewit** ni ♦ caribou, moose leg skin bag

ᐅᔥᑳᒉᐤ **ushkaacheu** ni ♦ lower leg (bend) part on a moose hide, caribou hide

ᐅᔥᑳᒋᐦᒄ **ushkaachihkw** ni ♦ drill, awl

ᐅᔥᑳᔅᑲᑎᓐ **ushkaaskatin** vai ♦ it (anim) begins to freeze

ᐅᔥᑳᐦᑎᑳᐤ **ushkaahtikaau** vii ♦ it is an area of young trees

ᐅᔥᑳᐦᑎᒄ **ushkaahtikw** na-um ♦ young tree

ᐅᔥᒀᔅᑳᐤ **ushkwaaskaau** vii ♦ it is an area of birch trees

ᐅᔢᒋᐄ **ushchichii** ni-m ♦ pipe stem

ᐅᔢᒋᒡ **ushchich** p,location ♦ on the surface, on top, on the outside of ■ ᐊᐤ ᐅᔢᒋᒡ ᑭ ᐃᑳᒍᒡ ᓂᐸᐋᐤ ᐯᒋᐦ᙮ ■ *Bring the blanket that is on top.*

ᐅᔢᒋᒨᔥ **ushchimuusush** na dim ♦ one year old moose

ᐅᔢᒋᐦᐁᐤ **ushchiheu** vta ♦ s/he renews it (anim)

ᐅᔦᔑᒥᐤ **uyeyimeu** vta ♦ s/he chooses him/her, s/he decides on him/her

ᐅᔦᔨᐦᑕᒧᐌᐤ **uyeyihtamuweu** vta ♦ s/he decides, plans for him/her

ᐅᔦᔨᐦᑕᒧᐎᓐ **uyeyihtamuwin** ni ♦ decision, choice

ᐅᔫᔥᑲᒻ **uyuushkam** vti ♦ s/he walks out where the river flows in (to another body of water)

ᐅᔫᐦᐊᒻ **uyuuham** vti ♦ s/he paddles out where the river flows in

ᐅᔮᑲᓐ **uyaakan** ni ♦ dish, pan, plate

ᐅᔮᓐ **uyaanh** nad ♦ calf muscle of leg

ᐅᐦᐁᐤ **uheu** vta [Coastal] ♦ s/he lends it to him/her

ᐅᐦᐄᐌᐤ **uhiiweu** vai ♦ s/he lends things away

ᐅᐦᐄᒉᔅᑿ **uhiicheskw** ni [Inland] ♦ bark of a tree

ᐅᐦᐆᒥᓲ **uhuumisuu** na -shiish ♦ great horned owl *Bubo virginianus*

ᐅᐦᐆᒥᔑᔥ **uhuumishiish** na dim ♦ young owl

ᐅᐦᐊᑲᐃᐦ **uhakaih** nad pl -aam [Inland] ♦ its (anim, fish) scales

ᐅᐦᐋᓱᐎᓐ **uhaasuwin** ni ♦ borrowed thing (possessive could be nuuhaasuwin or nituhaasuwin)

ᐅᐦᐋᓲ **uhaasuu** vai -u ♦ s/he borrows it

ᐅᐦᐋᓲᒣᐤ **uhaasuumeu** vta ♦ s/he borrows it from him/her

ᐅᐦᐯᑲᐦᐊᒧᐌᐤ **uhpekahamuweu** vta ♦ s/he raises the sail for him/her (or any kind of fabric-like thing)

ᐅᐦᐯᑲᐦᐊᒻ **uhpekaham** vti ♦ s/he raises the sail, flag

ᐅᐦᐯᐌᐱᔥᑲᒻ **uhpewepishkam** vti ♦ s/he scatters them (ex feathers) with her/his feet

ᐅᐦᐯᐱᑕᒻ **uhpepitam** vti ♦ s/he scatters things (ex feathers), using hands, arms

ᐅᐦᐯᐸᔨᐦᑖᐤ **uhpepayihtaau** vai+o ♦ s/he throws them (ex feathers) around so that they scatter

ᐅᐦᐯᐸᔫ **uhpepayuu** vai/vii -i ♦ it (anim, feather, goose) rises up

ᐅᐦᐯᔥᑎᒃᐙᓀᐤ **uhpeshtikwaaneu** vai ♦ s/he has messy hair

ᐅᐦᐯᔥᑎᒃᐙᓀᐦᒀᒨ **uhpeshtikwaanehkwaamuu** vai ♦ s/he has messy hair from sleeping

ᐅᐦᐯᔮᐅᒋᔥᑲᒻ **uhpeyaauchishkam** vti ♦ s/he scatters the sand with her/his feet

ᐅᐦᐯᔮᑯᓀᔥᑲᒻ **uhpeyaakuneshkam** vti ♦ s/he scatters the snow with her/his feet

ᐅᐦᐯᔮᔥᑎᓐ **uhpeyaashtin** vii ♦ it (sand, dust) scatters in the wind

ᐅᐦᐱᐱᑎᐤ **uhpipiteu** vta ♦ s/he raises him/her by pulling

ᐅᐦᐱᐱᑕᒻ **uhpipitam** vti ♦ s/he raises it by pulling

ᐅᐦᐱᐸᔨᐦᐁᐤ **uhpipayiheu** vta ♦ s/he makes him/her go up

ᐅᐦᐱᐸᔨᐦᑖᐤ **uhpipayihtaau** vai+o ♦ s/he makes it go up

ᐅᐦᐱᐸᔫ **uhpipayuu** vai/vii -i ♦ s/he/it rises

ᐅᐦᐱᑌᔦᒋᓀᐤ **uhpiteyechineu** vta ♦ s/he lifts it (anim, sheet-like) up

ᐅᐦᐱᑌᔦᒋᓇᒻ **uhpiteyechinam** vti ♦ s/he lifts it (sheet-like) up

ᐅᐦᐱᑳᑌᔫ **uhpikaateyuu** vai -i ♦ s/he raises her/his leg

ᐅᐦᐱᒀᔥᑯᐦᑑ **uhpikwaashkuhtuu** vai -i ♦ s/he jumps up

ᐅᐦᐱᒋᑫᐃ **uhpichikai** nid ♦ her/his pelvis

ᐅᐦᐱᒋᓈᐅᓲ **uhpichinaausuu** vai -u ♦ s/he brings up children

ᐅᐦᐱᒋᐦᐁᐤ **uhpichiheu** vta [Mistissini] ♦ s/he brings him/her up (as a child)

ᐅᐦᐱᒋᐦᐋᐅᓲ **uhpichihaausuu** vai -u [Inland] ♦ s/he brings up children

ᐅᐦᐱᒍ **uhpichuu** vai -i ♦ s/he grows up

ᐅᐦᐱᒣ **uhpime** p,location ♦ to one side, to the side, beside ■ ᐅᐦᒣ ᐊᐦᐆ ᐊᐦ ᒣᓂᑲᒃₓ ■ *That cup is sitting to the side of something.*

ᐅᐦᐱᒣᐴ **uhpimepuu** vai -i ♦ s/he sits leaning to one side

ᐅᐦᐱᒣᑯᑌᐤ **uhpimekuteu** vii ♦ it hangs leaning to one side

ᐅᐦᐱᒣᑯᑖᐤ **uhpimekutaau** vai+o ♦ s/he hangs it leaning to one side

ᐅᐦᐱᒣᑯᐦᑎᓐ **uhpimekuhtin** vii ♦ it floats leaning to one side

ᐅᐱᑐᑕᐤ **uhpimekuhtaau** vai+o ♦ s/he floats it leaning to one side

ᐅᐱᑲᐳ **uhpimekaapuu** vai -uu ♦ s/he/it (anim) stands leaning to one side

ᐅᐱᔅᑴᔨᐤ **uhpimeskweyuu** vai -i ♦ s/he leans her/his head to one side

ᐅᐱᔑᒣᐤ **uhpimeshimeu** vta ♦ s/he lays him/her on one side

ᐅᐱᔑᓐ **uhpimeshin** vai ♦ s/he lies on her/his side

ᐅᐱᔥᑌᐤ **uhpimeshteu** vii ♦ it sits on its side on a slant ■ ᐅᐱᔥᑌᐤ ᐊᓂ ᒥᓐᑉᑳ ■ *That cup is sitting on its side.*

ᐅᐱᔥᒁᔑᓐ **uhpimeshkweshin** vai ♦ s/he lies with her/his head to the side

ᐅᐱᔥᑯᐌᐤ **uhpimeshkuweu** vta ♦ s/he makes it (anim, ex skidoo) lean to the side

ᐅᐱᔥᑲᒻ **uhpimeshkam** vti ♦ s/he makes it lean to the side, list

ᐅᐱᔮᐤ **uhpimeyaau** vii ♦ it leans to one side, it is lop-sided

ᐅᐱᔮᔅᑯᔑᓐ **uhpimeyaaskushin** vai ♦ it (anim, stick-like) leans to one side

ᐅᐱᔮᔅᑯᐦᑎᓐ **uhpimeyaaskuhtin** vii ♦ it (stick-like) leans to one side

ᐅᐱᔮᔅᑯᐦᑕᐤ **uhpimeyaaskuhtaau** vai+o ♦ s/he leans it (stick-like) to one side

ᐅᐱᔮᔛ **uhpimeyaashuu** vai -i ♦ s/he leans to one side as s/he is blown by wind

ᐅᐱᔮᔥᑎᓐ **uhpimeyaashtin** vii ♦ it leans to one side as it is blown by wind

ᐅᐱᒣᐦᑌᐤ **uhpimehteu** vai ♦ s/he walks leaning to the side

ᐅᐱᓀᐤ **uhpineu** vta ♦ s/he lifts him/her up

ᐅᐱᓂᔅᒉᔨᐤ **uhpinischeyuu** vai -i ♦ s/he lifts her/his hands up

ᐅᐱᓂᐦᑖᐅᒋᓀᐤ **uhpinihtaauchineu** vta ♦ s/he brings him/her up (as a child)

ᐅᐱᓂᐦᑖᐅᒎ **uhpinihtaauchuu** vai -i ♦ s/he grows up

ᐅᐱᓇᒨᐌᐤ **uhpinamuweu** vta ♦ s/he lifts it up for him/her

ᐅᐱᓇᒻ **uhpinam** vti ♦ s/he lifts it up

ᐅᐱᓯᑲᓐ **uhpisikan** ni -im ♦ baking powder, yeast, baking soda, leavening

ᐅᐱᓯᒄ **uhpisikwaau** vii ♦ the ice is raised

ᐅᐱᓲ **uhpisuu** vai -u ♦ it (anim) rises because of baking powder, leavening

ᐅᐱᔅᑖᐤ **uhpistaau** vai+o ♦ s/he begins to portage carrying a load with a tumpline

ᐅᐱᔅᑴᔨᐤ **uhpiskweyuu** vai -i ♦ s/he lifts her/his head up

ᐅᐱᔅᑯᑳᔅᑲᐙᓐ **uhpiskukaaskahwaan** nid ♦ its thick part of the moose hide, behind neck

ᐅᐱᔥᑳᐎᓐ **uhpishkaawin** ni ♦ ascension (biblical)

ᐅᐱᔥᑳᐤ **uhpishkaau** vai ♦ s/he goes up into the heavens

ᐅᐲᐤ **uhpiiu** vai ♦ s/he rises

ᐅᐲᔥᑐᐌᐤ **uhpiishtuweu** vta ♦ s/he rises up against it (anim, hunter to shoot birds)

ᐅᐸᑖᐙᓂᒨ **uhpataawaanimuu** vai -u [Inland] ♦ it (anim, bear) hibernates with its young

ᐅᐸᑯᑌᐤ **uhpakuteu** vta ♦ s/he hangs it (anim) up (with string), it hangs high

ᐅᐸᓐ **uhpanh** nid pl ♦ lungs

ᐅᐸᐄ **uhpahuu** vai -u ♦ s/he takes off into the air

ᐅᐸᐆᐱᓯᒻ **uhpahuupiisim** na [Inland] ♦ August

ᐅᐸᐆᑖᐤ **uhpahuutaau** vai+o ♦ s/he takes it on the plane with her/him, flies away with it

ᐅᐸᐆᒫᑲᓐ **uhpahuumakan** vii ♦ it takes off (plane), it flies off

ᐅᐸᐆᓲ **uhpahuusuu** vai reflex -u ♦ s/he raises her/himself up

ᐅᐸᐆᔦᐤ **uhpahuuyeu** vta ♦ s/he takes him/her on the plane with him/her, s/he flies him/her

ᐅᐸᐊᒻ **uhpaham** vti ♦ s/he raises it with something, s/he opens it (ex a trap)

ᐅᐹᐱᐦᑳᑌᐤ **uhpaapihkaateu** vta ♦ s/he ties him/her and pulls him/her up

ᐅᐹᐱᐦᑳᑕᒻ **uhpaapihkaatam** vti ♦ s/he ties it and pulls it up

ᐅᐦᐹᐱᐦᒉᐱᑌᐅ° uhpaapihchepiteu vta
 • s/he hoists him/her up using rope
ᐅᐦᐹᐱᐦᒉᐱᑕᒼ uhpaapihchepitam vti
 • s/he hoists it up using a rope
ᐅᐦᐹᐱᐦᒉᐱᒉᐅ° uhpaapihchepicheu vai
 • s/he hoists things, s/he lifts things up using rope
ᐅᐦᐹᐴ uhpaapuu vai -i • s/he looks up
ᐅᐦᐹᐸᐦᑌᐅ° uhpaapahteu vii • the smoke of a fire rises straight up
ᐅᐦᐹᐸᐦᑌᐸᔫ uhpaapahtepayuu vai/vii -i
 • it raises dust, smoke, it (smoke from a fire) rises straight up
ᐅᐦᐹᔅᑫᔮᐤ° uhpaaskeyaau vii • it is a flat area with taller trees at the edge
ᐅᐦᐹᔅᑯᓂᒉᐅ° uhpaaskunicheu vai • s/he plays 'pick up sticks'
ᐅᐦᐹᔅᑯᐦᒻ uhpaaskuham vti • s/he lifts it up with a pole
ᐅᐦᐹᔅᑯᐦᐌᐤ° uhpaaskuhweu vta • s/he lifts him/her up with a pole
ᐅᐦᐹᔒ uhpaashuu vai -i • s/he/it (anim) blows upwards
ᐅᐦᐹᔑᐦᑎᓐ° uhpaashtin vii • it blows upwards
ᐅᐦᑌᐚᐴ uhtewaapuu ni • boiling water
ᐅᐦᑌᐤ° uhteu vii • it boils
ᐅᐦᑌᔨᒣᐤ° uhteyimeu vta • s/he is jealous, envious of him/her
ᐅᐦᑌᔨᐦᑕᒧᐎᓐ uhteyihtamuwin ni
 • jealousy, envy
ᐅᐦᑌᔨᐦᑕᒼ uhteyihtam vti • s/he is jealous, envious of it
ᐅᐦᑎᑕᐦᑕᒼ uhtitahtam vti • it (animate) (ex. a dog, a wolf) bites right into something (a precise spot)
ᐅᐦᑎᓀᐤ° uhtineu vta • s/he gets him/her/it (anim) from there
ᐅᐦᑎᓇᒧᐌᐤ° uhtinamuweu vta • s/he provides it for him/her
ᐅᐦᑎᓇᒧᐎᓐ uhtinamuwin ni
 • provision
ᐅᐦᑎᓇᒧᐚᑕᒼ uhtinamuwaatam vti
 • s/he provides it for it (ex food for a bake sale)
ᐅᐦᑎᓇᒫᒉᐤ° uhtinamaacheu vai • s/he provides
ᐅᐦᑎᓇᒫᓲ uhtinamaasuu vai reflex -u
 • s/he provides for her/himself

ᐅᐦᑎᓐ° uhtin vii • the wind is from a certain direction
ᐅᐦᑎᓰᐤ° uhtisiiu vai • s/he is paid (an amount)
ᐅᐦᑎᔅᑲᓅᐌᐤ° uhtiskanuweu vai [Inland]
 • her/his/its tracks come from there
ᐅᐦᑎᔅᑲᓅᓲ uhtiskanuusuu vai -u [Inland]
 • her/his/its tracks are seen coming from there
ᐅᐦᑎᔅᑲᓅᐦᐁᐤ° uhtiskanuuheu vta [Inland]
 • s/he sees someone's tracks coming from there
ᐅᐦᑎᔅᑳᓀᓲ uhtiskaanesuu vai -i • s/he belongs to that country, tribe, race
ᐅᐦᑎᔥᑰ uhtishkuu p,location • facing towards, in the direction of ▪ ᐅᐦᑎᔥᑰ ᐊᐦᒡ ᐊᐦᒌ ▪ Place it in the front.
ᐅᐦᑎᔥᑰᐚᐱᔅᑳᐤ uhtishkuuwaapiskaau vii • there is a rock facing someone
ᐅᐦᑎᔥᑰᐚᔅᑲᒨ uhtishkuuwaaskamuu vii -u • it (stick-like, ex branch) sticks out towards the trail
ᐅᐦᑎᔥᑰᐴ uhtishkuupuu vai -i • s/he sits in front, facing
ᐅᐦᑎᔥᑰᑯᑌᐤ° uhtishkuukuteu vii • it hangs facing into the wind
ᐅᐦᑎᔥᑰᑯᒋᓐ uhtishkuukuchin vai • it (anim) hangs pointing towards, facing something, flies into the wind
ᐅᐦᑎᔥᑰᑯᐦᑎᓐ° uhtishkuukuhtin vii • it floats against the current
ᐅᐦᑎᔥᑰᑯᐦᒋᓐ uhtishkuukuhchin vai
 • s/he/it (anim) floats against the current
ᐅᐦᑎᔥᑰᑳᐴ uhtishkuukaapuu vai -uu
 • s/he stands towards someone, something, facing it
ᐅᐦᑎᔥᑰᑳᐴᔥᑖᑐᐎᒡ uhtishkuukaapuushtaatuwich vai pl recip -u
 • they stand facing each other
ᐅᐦᑎᔥᑰᐌᐤ° uhtishkuuhweu vta • s/he drives the canoe towards, against, into the waves
ᐅᐦᑎᐦᑕᒼ uhtihtam vti [Inland] • s/he has liquid or food in his/her mouth ▪ ᐋᐅᑌ ᐅᐦᑎᐦᑕᒼₓ ▪ I wonder where s/he got this food in her/his mouth!
ᐅᐦᑎᐦᑖᐱᐦᑳᑌᐤ° uhtihtaapihkaateu vta
 • s/he ties it (anim) from something (ex a tent post)

ᐅᐦᑎᐦᒐᐱᐦᑲᑕᒻ **uhtihtaapihkaatam** vti
 • s/he ties it from something (ex tent post)

ᐅᐦᑐᐃ **uhtui** nad -tuum • her/his harpoon for sturgeon, whale

ᐅᐦᑐᐦᑌᐤ **uhtuhteu** vai redup • s/he comes from there walking

ᐅᐦᑐᐦᑕᑖᐤ **uhtuhtataau** vai+o redup • s/he brings it from there

ᐅᐦᑐᐦᑕᐦᐁᐤ **uhtuhtaheu** vta redup • s/he brings him/her from there

ᐅᐦᑕᐦᐄᐯᐤ **uhtahiipeu** vai • s/he gets water from there

ᐅᐦᑕᐦᐄᐹᓐ **uhtahiipaan** ni • waterhole, pump, standpipe

ᐅᐦᑖᐎᒣᔨᒣᐤ **uhtaawiimeyimeu** vta
 • s/he regards him as a father

ᐅᐦᑖᐎᒫᐅᒌᔑᑳᐤ **uhtaawiimaauchiishikaau** vai • it is father's day

ᐅᐦᑖᐎᒫᐤ **uhtaawiimaau** nad • a father

ᐅᐦᑖᐎᐦᑯᐌᐤ **uhtaawiishkuweu** vta
 • he acts as a father to him/her

ᐅᐦᑖᐎᐦᑳᑎᒫᐤ **uhtaawiihkaatimaau** nad [Mistissini] • a step-father

ᐅᐦᑖᐸᑯᑎᓱᐎᓐ **uhtaapakutisuwin** ni
 • place from where an animal is killed and brought home

ᐅᐦᒑᒋᒣᐤ **uhtaachimeu** vai • s/he/it (anim) comes from a certain direction on snowshoe

ᐅᐦᒑᒋᒧᐎᓐ **uhtaachimuwin** ni
 • testimony

ᐅᐦᒑᒋᒧᐤ **uhtaachimuu** vai -u • s/he brings, tells the news, s/he gives testimony

ᐅᐦᒑᓯᐲᐤ **uhtaasipiiu** vai • s/he makes the water pulse from there

ᐅᐦᒑᔅᐱᓀᔑᓐ **uhtaaspineshin** vai • s/he is permanently sick or handicapped from an illness or an injury

ᐅᐦᒑᔅᐱᓇᓱᐙᒉᐤ **uhtaaspinasuwaacheu** vai • s/he uses it as a weapon

ᐅᐦᒑᔓ **uhtaashuu** vai -i • s/he/it (anim) blows, sails from there

ᐅᐦᒑᔥᑎᓐ **uhtaashtin** vii • it blows, sails from there

ᐅᐦᑯᐌᐅᐋᐦᑯᓈᐤ **uhkuweuaaihkunaau** na -naam • fishcake

ᐅᐦᑯᐌᐙᐳ **uhkuwewaapuu** ni • fish soup

ᐅᐦᑯᐌᐤ **uhkuweu** na • fish flesh

ᐅᐦᑯᒥᒫᐤ **uhkumimaau** nad • a grandmother

ᐅᐦᑯᒥᓯᑳᑎᒫᐤ **uhkumisikaatimaau** nad
 • a step-father

ᐅᐦᑯᒥᓯᒫᐤ **uhkumisimaau** nad • an uncle (the father's brother, mother's sister's husband) a stepfather

ᐅᐦᑯᒥᓴ **uhkumisa** nad [Inland] • her/his uncle (her/his father's brother, mother's sister's husband) her/his stepfather

ᐅᐦᑯᒥᔅ-ᐦ **uhkumis-h** nad [Coastal]
 • her/his uncle (her/his father's brother, mother's sister's husband) her/his stepfather

ᐅᐦᑳᑌᔨᒣᐤ **uhkaateyimeu** vta • s/he feels hostile towards him/her, s/he hates him/her

ᐅᐦᑳᑌᔨᐦᑕᒻ **uhkaateyihtam** vti • s/he feels hostile towards it, s/he hates it

ᐅᐦᑳᑕᒻ **uhkaatam** vti • s/he is hostile toward it, s/he hates it

ᐅᐦᑳᒣᐤ **uhkaameu** vta • s/he makes him/her angry by what s/he says to him/her

ᐅᐦᑳᓯᓄᐌᐤ **uhkaasinuweu** vta • s/he doesn't like seeing him/her

ᐅᐦᑳᓯᓇᒻ **uhkaasinam** vti • s/he dislikes seeing it

ᐅᐦᑳᓰᐤ **uhkaasiiu** vai • s/he is hostile

ᐅᐦᑳᔓᐌᐤ **uhkaashuweu** vta • s/he is an enemy

ᐅᐦᑳᔥᑯᐌᐤ **uhkaashkuweu** vta • s/he finds his/her presence annoying

ᐅᐦᑳᐦᐁᐤ **uhkaaheu** vta • s/he makes him/her feel hostile

ᐅᐦᒉᐤ **uhcheu** vai • s/he keeps a pet

ᐅᐦᒋ **uhchi** preverb • from, source

ᐅᐦᒋᑖᐯᐤ **uhchitaapeu** vai • s/he pulls things from there

ᐅᐦᒋᑖᐹᑌᐤ **uhchitaapaateu** vta • s/he pulls him/her from there

ᐅᐦᒋᑦ **uhchit** p,manner • just for fun, just pretend ▪ ᐅᐦᒋᑦ ᒥᑦ ᐃᐦᒋᓐ ▪ *Just do it for fun.*

ᐅᐦᒋᑯᐙᐳ **uhchikuwaapuu** vai -i • s/he sheds tears

ᐅᐦᒋᑯᐦ uhchikun nid ♦ her/his knee
ᐅᐦᒋᑰ uhchikuu vii -uu [Coastal] ♦ it leaks, bleeds
ᐅᐦᒋᑰᐦ uhchikuun vii [Inland] ♦ it leaks, it bleeds
ᐅᐦᒋᑰᐦᐁᐤ uhchikuuheu vta ♦ s/he drains it (anim)
ᐅᐦᒋᑰᐦᐄᐯᐤ uhchikuuhiipeu vai ♦ s/he catches rainwater, the drips
ᐅᐦᒋᑰᐦᐄᐹᐦ uhchikuuhiipaan ni ♦ a place to catch rainwater
ᐅᐦᒋᑰᐦᑖᐤ uhchikuuhtaau vai+o ♦ s/he makes it (ex water tap) drip
ᐅᐦᒋᑲᒫᐤ uhchikamaau vii ♦ the lake comes from that direction
ᐅᐦᒋᒍᐎᐣ uhchichuwin vii ♦ the current starts from there
ᐅᐦᒋᒎᔥ uhchichuushuu vai dim -i ♦ it (diminutive, creek) flows out
ᐅᐦᒋᔅᑕᒧᐁᐤ uhchistamuweu vta ♦ s/he provides him/her with it
ᐅᐦᒋᔅᑖᒫᒉᐎᐣ uhchistamaachewin ni ♦ provisions, a favour
ᐅᐦᒋᔅᑲᓄᐁᐤ uhchiskanuweu vai [Coastal] ♦ her/his/its tracks come from there
ᐅᐦᒋᔅᑲᓅᔅ uhchiskanuusuu vai -i [Coastal] ♦ her/his tracks reveal where s/he came from
ᐅᐦᒋᔅᑲᓅᐁᐤ uhchiskanuuheu vta [Coastal] ♦ s/he sees someone's tracks coming from there
ᐅᐦᒌᐤ uhchiiu vai ♦ s/he/it (anim) comes from there, originates from
ᐅᐦᒌᑫᐃᐦ uhchiikwh nad ♦ fish gill
ᐅᐦᒌᒪᑲᓐ uhchiimakan vii ♦ it comes from there
ᐅᐦᔮᐱᑌᐤ uhyaapiteu vta ♦ s/he pulls it (anim) out and makes a mess, a tangle of it
ᐅᐦᔮᐱᑕᒻ uhyaapitam vti ♦ s/he pulls it out and makes a mess, tangle
ᐅᐦᔮᔥᑖᓲ uhyaastaasuu vai ♦ s/he makes a mess with things

ᐆ uu pro,dem ♦ this, this one here, this is...(anim or inan) ▪ ᒫᓐᑦ ᐆ ♦ ᐦ ᒰ ◁ᐊ ᐆ ᕓᕐx ▪ This is Marguerite. ♦ This boy was crying.
ᐆᐦ uuteh p,dem,location ♦ here, right here, over here
ᐆᑎᑲᒥᒄ uutikamikw ni ♦ canoe shed
ᐆᑦ uut na ♦ canoe, boat
ᐆᑦᐦ uut-h p,dem,location ♦ here, right here
ᐆᒉᐅᓐ uucheun vai/vii [Inland] ♦ it has maggots
ᐆᒉᐙᑌᐤ uuchewaateu vta [Coastal] ♦ it (ex fly) lays eggs on her/him/it (anim)
ᐆᒉᐙᑕᒻ uuchewaatam vti [Coastal] ♦ it (ex fly) lays eggs on it
ᐆᒉᐤ uucheu na -em ♦ housefly
ᐆᒉᐳᑲᒨ uuchepukamuu ni ♦ Ouje Bougoumou, Chibougamau
ᐆᒉᔥ uuchesh na dim ♦ small housefly
ᐆᒌ uuchii pro,dem ♦ these ones, these (anim, see uu)
ᐆᒌᒡ uuchiich pro,dem ♦ these ones, these (anim, see uu)
ᐆᓯᒥᒫᐤ uusimimaau nad ♦ a grandchild
ᐆᓯᒻᐦ uusimh nad ♦ her/his grandchild
ᐆᔅᑫᐙᑌᐤ uuskwewaateu vta ♦ there are maggots on it (anim)
ᐆᔅᑫᐙᑕᒻ uuskwewaatam vti ♦ there are maggots on it
ᐆᔅᑫᐤ uuskweu na -em ♦ maggot
ᐆᔅᒋᓇᒻ uuschinam vti ♦ s/he extends it (ex out the back of the teepee)
ᐆᔦᔪ uuyeyuu pro,dem ♦ this one, this (obviative inan, see uu)
ᐆᔦᔫᐦ uuyeyuuh pro,dem ♦ these (obviative anim or inan); this (obviative anim) (see uu)
ᐆᔦᐦᑳ uuyehkaa pro,dem, absent ♦ these absent ones (see uuyaa) ▪ ∇ᓐᑦ ᐊᒐ ∆ᐦᑖᐅ ᐆᔦᐦᐸ ᐸ ᒥᔓᐤᒍᐧx ▪ The ones who left quite a while ago are not here.
ᐆᔦᐦᑳᐦ uuyehkaah pro,dem, absent ♦ this absent one, these absent ones (anim obviative, see uuyaa)
ᐆᔪ uuyuu pro,dem ♦ this one, this (obviative inan, see uu)

ᐅᔦᑦ" **uuyuuh** pro,dem ♦ these (obviative anim or inan); this (obviative anim) (see *uu*)

ᐅᔭ **uuyaa** pro,dem, absent [Coastal] ♦ this absent one (anim, see *uuyaa*) ▪ ᐁᓐᑦ ᐊᔨᐃ ᐊ"ᒉᐤ ᐅᔭ ᑯ ᒥᒡ"ᐅᒡᐢ ▪ *The one who left quite a while ago is not here.*

ᐅᔭᐦ" **uuyaah** pro,dem, absent [Coastal]
♦ this absent one, these absent ones (anim obviative, see *uuyaa*) ▪ ᐊᒋ ᒉᐊ ᐊ"ᓐᑦ" ᐅᔭ" ᐅᒡ-ᐊᒋᓪ" ᑳ ᐊᓓ"ᐅᔾᐢ ▪ *I wonder why it takes so long for his children to come.*

ᐅ"ᐊ" **uuhiih** pro,dem [Eastmain] ♦ these ones, these (inan, see *uu*)

ᐅ"ᓓᵃ **uuhtin** vii ♦ the wind is from a certain direction

ᐅ"ᒉ.ᐊ" **uuhtaawiih** nad ♦ her/his father

ᐅ"ᑯᑦ" **uuhkumh** nad ♦ her/his grandmother

ᐅ"ᑲᓂᑲᒥᒡᑦ **uuhkaanikamikw** ni [Coastal]
♦ barn, place where animals are kept

ᐅ"ᑲᵃ **uuhkaan** na [Coastal]
♦ domesticated animal, pet

ᐊ

ᐊᐃ **ai** pro, hesitation ♦ uh

ᐊᐃ·ᐊᔨᓓᔪᐤ° **aiwaacheyimeu** vta ♦ s/he thinks very highly of her/him

ᐊᐃ·ᐊᑦᐸᔪ **aiwaachipayuu** vai/vii -i ♦ it (anim) exceeds, is left over

ᐊᐃ·ᐊᒡ **aiwaach** p,quantity ♦ an extra, some extra ▪ ᐊᐃ·ᐊᒡ ᑭ ᖮᐳᖬ ᐊᓂᔾ ᐊᐢᐊᐢ ᓂᒋᐁᐢ"ᒉᐢᒡ ▪ *He was given extra to what he wanted.*

ᐊᐊᒡ **aich** pro, hesitation ♦ uh (animate plural, see *ai*) ▪ ᐊᐊᒡᵡᵡᵡᵡ ᑭ ᒉᑦᒋᐤ°ᵡᵡᵡᵡ ᐁᒋ ᑭᐦ" ᒪᖂᓂᒡᵡ ▪ *Uh... they arrived... Ella and Marguerite.*

ᐊᐊᔾ **aiyuu** pro, hesitation ♦ uh (obv inan sg, see *ai*)

ᐊᐊᔾ" **aiyuuh** pro, hesitation ♦ uh (obv inan pl, see *ai*)

ᐊᐊ" **aih** pro, hesitation ♦ uh (obv inan pl, see *ai*)

ᐊᐊ" **aih** pro, hesitation ♦ uh (obv anim, see *ai*) ▪ ᐊᐊ"ᵡᵡᵡᵡ ᑭ ᒍ·ᐁ° ᵡᵡᵡᵡᓂᒡᐢᵡ ▪ *Uh... s/he ate... fish.*

ᐊᐅᐸ·ᐊᒡ"ᓀ **ausiwaapahche** p,time
♦ day after tomorrow

ᐊᐅᐃᐸᐳᓂᒡᑦ **ausipipunihch** p,time
♦ winter before last

ᐊᐅᒉ·ᑳᒡ"ᐃ **ausitakwaakahch** p,time
♦ fall before last

ᐊᐅᓂᐳᐊᓂᑦ **ausiniipinihch** p,time
♦ summer before last

ᐊᐅᐃᔾᑐ"ᐃ **ausisiikunihch** p,time
♦ spring before last

ᐊᐅ"ᐁ° **auheu** vta [Inland] ♦ s/he lends it to him/her

ᐊᐅ"ᑲᓂᑲᒥᒡᑦ **auhkaanikamikw** ni [Inland]
♦ barn, place where animals are kept

ᐊᐅ"ᑲᵃ **auhkaan** na -im [Inland]
♦ domesticated animal, pet

ᐊᐅᓱ **auusuu** vai -i ♦ s/he is by the fire for warmth, s/he warms up by the fire

ᐊ·ᐁᔨ **aweche** pro,question,dubitative ♦ I wonder who, whoever ▪ ᐊ·ᐁᔨ ᑳ ᒉᑦᒋᑦ"ᐳᵡ ▪ *I wonder who came?*

ᐊ·ᐁᔨᓂᒋ **awechenichii** pro,question,dubitative ♦ I wonder who, whoever, people (see *aweche*) ▪ ᐊ·ᐁᔨᓂᒋ ᑳ ᒉᑦᒋᑦ"·ᐳ°ᵡ ❖ ᐊᔨᐃ ᓂᒉᑦᐁᓓ·ᐊᐤ ᐊ·ᐁᔨᓂᒋ ᑳ ᒉᑦᒋᑦ"·ᐳ°ᵡ ▪ *I wonder who they were that came? ❖ I don't know who they were that came.*

ᐊ·ᐁᔨᓂᒡ **awechenich** pro,question,dubitative ♦ I wonder who, whoever, people (see *aweche*) ▪ ᐊ·ᐁᔨᓂᒡ ᑳ ᒉᑦᒋᑦ"·ᐳ°ᵡ ❖ ᐊᔨᐃ ᓂᒉᑦᐁᓓ·ᐊᐤ ᐊ·ᐁᔨᓂᒡ ᑳ ᒉᑦᒋᑦ"·ᐳ°ᵡ ▪ *I wonder who they were that came? ❖ I don't know who they were that came.*

ᐊ·ᐁᒋᒡ **awechish** na dim [Inland]
♦ young beaver

ᐊ·ᐁᐳᐸᵃ **awenipan** pro,indefinite,preterit [Coastal] ♦ absent person, still expected to arrive (old term) (see *awen*) ▪ ᐊ·ᐁᓂᐸᵃ ᐊᓂᑦ ᓂᐅᒡᵡ ▪ *I wonder where my absent brother is.*

ᐊ·ᐁᓂᒋ **awenichii** pro,question, indefinite/indéfini ♦ who (plural), people (see *awen*) ▪ ᐊ·ᐁᓂᒋ ᑳ ᒉᑦᒋᑦ"·ᐳ°ᵡ ❖ ᐊᔨᐃ ᓂᒉᑦᐁᓓ·ᐊᐤ ᐊᓂᑦ ᐊ·ᐁᓂᒋ ᑳ ·ᐊᒉᑦ·ᐳ°ᵡ ▪ *Who (plural) came? ❖ I don't know who those people were that I saw.*

ᐊ·ᐁᓂᒡ **awenich** pro,question, indefinite
♦ who (plural), people (see *awen*) ▪ ᐊᔨᐃ ᓂᒉᑦᐁᓓ·ᐊᐤ ᐊᓂᑦ ᐊ·ᐁᓂᒡ ᑳ ·ᐊᒉᑦ·ᐳ°ᵡ ▪ *I don't know who those people were that I saw.*

ᐊᐧᐁᐊ awen pro,question, indefinite ♦ who, someone, person ▪ ᐊᐧᐁᐊ ᐯ ᑕᑯᔑᐣᐸ ᐅᒋᑕᔑᐤx ♦ ᐊᓚᐃ ᓂᑭᔐᓛᐢᐧᐃ ᐊᐧᐁᐊ ᐯ ᐧᐊᐸᒪᐠx ▪ *Who arrived yesterday?* ♦ *I don't know who I saw.*

ᐊᐧᐁᔑᐢ awesiis na -im ♦ wild animal

ᐊᐧᐁᔨᒉᓂᐦᐄ aweyichenihii pro,question,dubitative ♦ I wonder who, whoever, people (obviative, see *aweche*) ▪ ᐊᐧᐁᔨᒉᓂᐦᐄ ᐯ ᒥᓛᑦ ᐅᐦᐃx ▪ *I wonder who gave it to her/him?*

ᐊᐧᐁᔨᒉᐣ aweyichenh pro,question,dubitative ♦ I wonder who, whoever, people (obviative, see *aweche*) ▪ ᐊᐧᐁᔨᒉᐣ ᐯ ᒥᓛᑦ ᐅᐦᐃx ▪ *I wonder who gave it to her/him?*

ᐊᐧᐁᔫᐦ aweyuuh pro,question, indefinite ♦ who, someone, person (obviative, see *aweche*) ▪ ᐊᐧᐁᔫᐦ ᐯ ᐊᐤᐧᐊᐸᒫᑦxᐢ ▪ *Who went to visit her/him?*

ᐊᐧᐊᐢ awas p,interjection ♦ away!, be gone!, get away! ▪ ᐊᐧᐊᐢ ᐃᑕᔥx ▪ *Go away!*

ᐊᐧᐋᔑᐤ awaashiiu vai ♦ s/he is young, a child

ᐊᐧᐋᔑᐦᑳᓲ awaashiihkaasuu vai -u ♦ s/he acts childish

ᐊᐧᐋᔕᔒ awaashaschii ni -m ♦ sphagnum moss, literally 'baby moss' *Sphagnum fuscum*, also called rusty peat moss, common brown sphagnum

ᐊᐧᐋᔥ awaash na -iim ♦ child

ᐊᐧᐋᔥᑳᓂᔥ awaashkaanish na dim ♦ doll

ᐊᐧᐋᔥᓂᑐᐦᑯᔨᐣ awaashnituhkuyin ni -iim ♦ baby medicine

ᐊᐧᐁᐧᐃᐤ apwewiiu vai ♦ s/he sweats from working, from activity

ᐊᐧᐁᐤ apweu vai ♦ it (anim) is roast meat on a stick

ᐊᐧᐁᐸᔨᐁᐤ apwepayiheu vta ♦ s/he makes him/her sweat

ᐊᐧᐁᐸᔨᐦᐄᑎᓲ apwepayihiitisuu vai reflex ♦ s/he allows himself/herself to get sweaty

ᐊᐧᐁᐸᔫ apwepayuu vai -i ♦ s/he sweats with fever

ᐊᐧᐁᑎᐦᒉᐤ apwetihcheu vai ♦ her/his hands sweat

ᐊᐧᐁᑲᒋᔒᐤ apwekachishiiu vai ♦ s/he has a sweaty bottom, her/his bottom sweats

ᐊᐧᐁᑳᓯᒉᐤ apwekaasicheu vai ♦ s/he sweats by eating greedily

ᐊᐧᐁᒨ apwemuu vai -u ♦ s/he sweats from crying

ᐊᐧᐁᓰᑐ apwesiteu vai ♦ her/his feet sweat

ᐊᐧᐁᓰᐅᒫᑯᐣ apwesiiumaakun vii ♦ it smells of sweat

ᐊᐧᐁᓰᐅᒫᑯᓲ apwesiiumaakusuu vai -i ♦ s/he smells of sweat

ᐊᐧᐁᓲ apwesuu vai -u ♦ s/he sweats

ᐊᐧᐁᔑᒨ apweshimuu vai ♦ s/he sweats from dancing

ᐊᐧᐁᔥᑎᒁᓀᐤ apweshtikwaaneu vai ♦ her/his head sweats

ᐊᐧᐁᔥᑳᑰ apweshkaakuu vai ♦ it (ex medicine) makes her/him sweat, s/he gets sweaty from taking it

ᐊᐧᐁᔦᔨᐦᑕᒻ apweyeyihtam vti ♦ s/he breaks out in a sweat from thinking about it

ᐊᐧᐁᔮᑯᓂᒋᐤ apweyaakunichiiu vai ♦ s/he sweats from walking on deep snow

ᐊᐧᐁᐦᑐ apwehteu vai ♦ s/he sweats from walking

ᐊᐧᐁᐦᒁᒨ apwehkwaamuu vai ♦ s/he sweats while sleeping

ᐊᐱᐟ apit na ♦ flint stone

ᐊᐱᒋᐦᐸᔫ apichihpayuu vai -i ♦ s/he gets blue in the face from lack of air

ᐊᐱᔅᐌᐤ apisweu vta ♦ s/he warms, heats him/her by the stove

ᐊᐱᓴᒻ apisam vti ♦ s/he warms, heats it by fire, stove

ᐊᐱᓵᐌᐤ apisaaweu vai ♦ it (anim, ex stove) gives off heat

ᐊᐱᓵᐌᒫᑲᐣ apisaawemakan vii ♦ it (ex burning wood) gives off heat

ᐊᐱᐢ apis ni -im [Inland] ♦ string

ᐊᐱᐢᑎᒋᐸᔫ apistichipayuu vai/vii -i ♦ it (stitching) becomes undone

ᐊᐱᐢᒋᔥ apischish na dim ♦ small goose

ᐊᐱᔐᑲᔑᐤ apishekashuu vii dim -i ♦ it (sheet-like) is small

ᐊᐱᔐᒋᔑᐤ apishechishuu vai -i ♦ it (anim, sheet-like) is small

ᐊᐱᔑᐳᓲ apishipushuu vai dim -i ♦ s/he is given a small amount of food

◁∧ᓯᐁ"ᓀᓍ apishitihcheshuu vai dim -i
 • s/he has small hands

◁∧ᔑᑲᒧ apishikamaau vii • it is a small body of water

◁∧ᔑᑲᒫᓲ apishikamaashuu vii dim -i • it is a small lake

◁∧ᔑᒋᔮᔥᑯᔥ apishichiyaashkush na dim
 • arctic tern bird *Sterna paradisaea*

◁∧ᔑᔑᑯᓲ apishishikushuu vai dim -i • it (anim) is a small piece of ice

◁∧ᔑᔑᒀᓲ apishishikwaashuu vii dim -i
 • it is a small stretch of ice

◁∧ᔑᓃᔥ apishiiniish na dim -im [Inland]
 • little people, dwarfs

◁∧ᔑᓲ apishiishuu vai dim -i • s/he is small

◁∧ᔑᔥ apishiish p,quantity dim • a little ▪ ᒣᑯ ◁∧ᔑᔥ ᒨᒋᔅ ▪ *He just eats a little.*

◁∧ᔑᔨᔥ apishiiyiish na dim [Coastal]
 • little people, dwarfs

◁∧ᔗ∆ apishui ni • teepee pole

◁∧ᐋᐸᑲᔑᓲ apishaapekashuu vii dim -i
 • it (string-like) is a small diameter

◁∧ᐋᐯᒋᑯᔨᐌᐤ apishaapechikuyiweu vai • s/he has a skinny neck

◁∧ᐋᐯᒋᑯᔨᐌᓲ apishaapechikuyiweshuu vai dim • s/he has a really skinny neck

◁∧ᐋᐯᒋᔐᐤ apishaapechishweu vta
 • s/he cuts it (anim, string-like) small, narrow

◁∧ᐋᐯᒋᔑᓲ apishaapechishuu vai dim -i
 • it (anim, string-like) is a small diameter

◁∧ᐋᐯᒋᔕᒻ apishaapechisham vti
 • s/he cuts it (string-like) small, narrow

◁∧ᐋᐱᔥᑳᓲ apishaapishkaashuu vii dim -i
 • it (stone, metal) is small

◁∧ᐋᐱᔑᓲ apishaapishchishuu vai dim -i
 • it (anim, stone, metal) is small

◁∧ᐋᐱᒉᓲ apishaapihcheshuu vai dim -i
 • it (anim) is small in diameter (string, ex fine thread)

◁∧ᐋᐱᒉᔮᓲ apishaapihcheyaashuu vii dim -i • it (string-like) is small in diameter

◁∧ᐋᑲᒥᓲ apishaakamishuu vii dim -i
 • it is a small amount of water

◁∧ᐋᓂᑳᓲ apishaanikaashuu vii dim -i
 • it is a small island

◁∧ᐋᓲ apishaashuu vii dim -i • it is small

◁∧ᐋᔥᑎᒀᔮᐤ apishaashtikweyaau vii
 • it is a small creek

◁∧ᐋᔥᑯᔑᓲ apishaashkushishuu vai dim -i • it (anim, stick-like) is a small diameter; refers to a person who is slim [Mistissini]

◁∧ᐋᔥᑯᓲ apishaashkushuu vii dim -i
 • it (stick-like) is a small diameter

◁∧ᔥᑌᔨᐦᑕᒻ apishteyihtam vti • s/he thinks little of it

◁∧ᔥᑌᔨᐦᑖᑯᓐ apishteyihtaakun vii • it is little in estimation, it is thought to be small and worthless

◁∧ᔥᑎᒀᔖᓲ apishtikweyaashuu vii dim -i
 • it is a small river

◁∧ᔥᑎᒀᓀᓲ apishtikwaaneshuu vai dim -i
 • s/he has a small head

◁∧ᔥᑎᒀᓲ apishtikwaashuu vii dim -i
 • the river is small

◁∧ᔥᑐᐌᐤ apishtuweu vta • s/he sits by him/her

◁∧ᔥᑕᒻ apishtam vti • s/he sits beside it

◁∧"ᐅᑲᓐ apihtekan vii • it (sheet-like) is dark colour

◁∧"ᐅᒋᓲ apihtechisuu vai -i • it (anim, sheet-like) is dark colour

◁∧"ᑖᐅᐋᐱᔑᓲ apihtaauwaapischisuu vai • it (anim, metal) is bronze

◁∧"ᑖᐤ apihtaau vii • it is navy, dark colour

◁∧"ᑖᑯᓐ apihtaaskun vii • it (stick-like) is dark colour

◁∧"ᑖᑯᓲ apihtaaskusuu vai -i • it (anim, stick-like) is dark colour

◁∧"ᑲᓐ apihkan na • cross-bars of a canoe

◁∧"ᒋᓲ apihchisuu vai -i • it (anim) is navy, dark colour

◁ᐳ∆ apui na • paddle, propeller, outboard motor

◁ᐳ∆"ᒉᐤ apuihcheu vai [Coastal] • s/he makes a paddle

◁ᐳ·∆ᒋᓐ apuwinechin ni • hunting blind cover made of canvas

◁ᐳ·∆ᐋᐦᑎᒃ apuwinaahtikw ni -um
 • hunting blind frame

◁ᐳ·∆ᓐ apuwin ni • hunting blind

ᐊᐳᔮᐦᑎᒃ apuyaahtikw na ♦ wood to make a paddle
ᐊᐴ apuu vai-i ♦ s/he sits, is sitting
ᐊᐴᐦᒉᐤ apuuhcheu vai [Inland] ♦ s/he makes a paddle
ᐊᐸᐦᒀᐤ apahkweu vai ♦ s/he puts canvas on the teepee
ᐊᐸᐦᒀᓂᔮᐲ apahkwaaniyaapii ni-m ♦ string for canvas
ᐊᐸᐦᒀᓐ apahkwaan ni ♦ canvas
ᐊᐧᐋᓈᔅᒄ apwaanaaskw ni ♦ roasting stick used by stove, open fire to cook meat
ᐊᐧᐋᓐ apwaan ni ♦ roast meat on a stick
ᐊᑎ ati preverb ♦ begin to
ᐊᑎᐱᓴᒪᐦᒄ atipisamahkw na ♦ netting needle for fine snowshoe babiche
ᐊᑎᐱᔅ atipis ni ♦ thin babiche used for front and back webbing of a snowshoe (anim for inland dialects; inan for coastal dialects)
ᐊᑎᒌᐌᐳᔦᐤ atichiiwehuyeu vta ♦ s/he brings him/her back by canoe
ᐊᑎᒌᐌᐦᑰ atichiiwehuu vai-u ♦ s/he paddles home, back
ᐊᑎᒌᐤ atichiiu vai/vii ♦ it is unripe
ᐊᑎᒣᐤ atimeu vta ♦ s/he catches up to him/her walking
ᐊᑎᒥᐱᔥᑐᐌᐤ atimipishtuweu vta ♦ s/he sits with her/his back towards him/her
ᐊᑎᒥᐱᔥᑕᒻ atimipishtam vti ♦ s/he sits with his back toward it
ᐊᑎᒥᐸᔫ atimipayuu vai/vii-i ♦ s/he/it is going in the opposite direction (by vehicle)
ᐊᑎᒥᐸᐦᑖᐤ atimipahtaau vai ♦ s/he runs off, going in the opposite direction
ᐊᑎᒥᑖᐯᐤ atimitaapeu vai ♦ s/he pulls it away
ᐊᑎᒥᑲᓐ atimikan vii ♦ the tide recedes
ᐊᑎᒥᑳᐴ atimikaapuu vai-uu ♦ s/he stands with her/his back turned towards someone
ᐊᑎᒥᑳᐴᔥᑐᐌᐤ atimikaapuushtuweu vta ♦ s/he turns her/his back on him/her
ᐊᑎᒥᑳᐴᔥᑕᒻ atimikaapuushtam vti ♦ s/he turns his back on it

ᐊᑎᒥᒌᐌᒍᐎᓐ atimichiiwechuwin vii ♦ tide goes back out
ᐊᑎᒥᒌᔑᑳᐤ atimichiishikaau vii ♦ daylight is fading
ᐊᑎᒥᔑᒣᐤ atimishimeu vta ♦ s/he lays him/her with her/his back turned
ᐊᑎᒥᔑᒥᔥᑐᐌᐤ atimishimishtuweu vta ♦ s/he lies with her/his back turned to him/her
ᐊᑎᒥᔑᓐ atimishin vai ♦ s/he lies with her/his back turned
ᐊᑎᒥᔥᑯᐌᐤ atimishkuweu vta ♦ s/he catches up with him/her walking
ᐊᑎᒥᔥᑲᒻ atimishkam vti ♦ s/he wears it (ex dress) backwards
ᐊᑎᒥᔥᑳᐤ atimishkaau vai ♦ s/he is paddling away
ᐊᑎᒥᐦᔮᐤ atimihyaau vai ♦ it (anim) flies in the opposite direction
ᐊᑎᒥᐦᔮᒪᑲᓐ atimihyaamakan vii ♦ it flies in the opposite direction
ᐊᑎᒧᐯᔫ atimuwepayuu vai/vii-i ♦ s/he/it makes a noise going away from the hearer (ex by skidoo)
ᐊᑎᒧᐌᑕᒻ atimuwetam vti ♦ s/he makes a vocal noise while walking away
ᐊᑎᒧᐌᑖᐹᓈᔅᑴᔑᓐ atimuwetaapaanaaskweshin vai ♦ s/he is heard hauling the toboggan on the snow while departing
ᐊᑎᒧᐌᒪᑲᓐ atimuwemakan vii ♦ it is the sound of an engine going away
ᐊᑎᒧᐌᔑᓐ atimuweshin vai ♦ s/he makes a noise walking away (ex by footsteps)
ᐊᑎᒧᐌᔮᑯᓀᔑᓐ atimuweyaakuneshin vai ♦ the loud sound of her/his steps on the frozen snow is heard as s/he departs
ᐊᑎᒧᐌᔮᒋᒣᐤ atimuweyaachimeu vai ♦ the loud sound of her/his snowshoes on the frozen snow is heard as s/he departs
ᐊᑎᒧᐌᐦᐊᒻ atimuweham vti ♦ s/he is heard as s/he is going away by vehicle
ᐊᑎᒧᑖᐹᓂᔮᐲ atimutaapaaniyaapii ni-m ♦ dog harness
ᐊᑎᒧᐦᑌᐤ atimuhteu vai ♦ s/he walks off (into the opposite direction)

ᐊᑎᒧᐦᑳᑮ **atimuhkachii** ni ♦ dog shit

ᐊᑎᒫᐴ **atimapuu** vai -i ♦ s/he sits with her/his back turned

ᐊᑎᒪᓂᐦᑲᑐᐌᐤ **atimanihkatuweu** vta ♦ s/he puts a harness on the snowshoes

ᐊᑎᒪᓂᐦᑳᓲ **atimanihkaasuu** vai -u ♦ s/he cuts a harness for her/his own snowshoes

ᐊᑎᒪᓐ **atiman** ni ♦ snowshoe harness

ᐊᑎᒫᐦᐃᑌᐤ **atimahiiteu** vai ♦ s/he follows the tracks backward

ᐊᑎᒫᐦᐊᒣᐤ **atimahameu** vta ♦ s/he walks away following a trail

ᐊᑎᒫᐦᐊᒫᓲ **atimahamaasuu** vai -u ♦ s/he moves away singing

ᐊᑎᒫᐦᐊᒻ **atimaham** vti ♦ s/he catches up to it driving

ᐊᑎᒫᐦᐌᐤ **atimahweu** vta ♦ s/he catches up to him/her driving

ᐊᑎᒫᐱᑰ **atimaapikuu** vai ♦ s/he, it (animate) floats away

ᐊᑎᒫᐳᑌᐤ **atimaaputeu** vii ♦ it floats away

ᐊᑎᒫᑎᑳᓲ **atimaatikaasuu** vai -i ♦ s/he wades off into the water

ᐊᑎᒫᓯᑎᓭᐤ **atimaastiseu** vai ♦ s/he wears a mitten on the wrong, opposite hand

ᐊᑎᒫᔅᒋᓯᓀᐤ **atimaaschisineu** vai ♦ s/he has her/his shoes on the opposite feet

ᐊᑎᒫᔥᑯᐌᐤ **atimaashkuweu** vta ♦ s/he wears it (anim) backwards

ᐊᑎᒫᔥᑲᒻ **atimaashkam** vti ♦ s/he wears it (ex sweater) inside out, (ex shoes) on opposite feet

ᐊᑎᒫᐦᐊᒣᐤ **atimaahameu** vai ♦ s/he backtracks, s/he follows the tracks back

ᐊᑎᒼ **atim** na ♦ dog

ᐊᑎᔺ **atisweu** vta ♦ s/he smokes it (anim, intestine) using boughs over a fire

ᐊᑎᓯᑲᓐ **atisikan** ni ♦ dye

ᐊᑎᓲ **atisuu** vai -u ♦ it (anim, ex berry) is ripe, it (anim, ex net) is dyed

ᐊᑎᓴᒻ **atisam** vti ♦ s/he dyes it

ᐊᑎᐦᑌᐅᐎᑦ **atihteuwit** ni ♦ bag for pelts, used in older days

ᐊᑎᐦᑌᐅᐸᔨᐦᐁᐤ **atihteupayiheu** vta ♦ s/he causes the colour to run by washing it (anim, ex pants)

ᐊᑎᐦᑌᐅᐸᔨᐦᑖᐤ **atihteupayihtaau** vai+o ♦ s/he causes the colour to run by washing it (ex by mixing coloured clothes with white)

ᐊᑎᐦᑌᐅᐸᔫ **atihteupayuu** vai/vii -i ♦ its colour runs

ᐊᑎᐦᑌᐅᓯᓇᐦᐄᑲᓈᐦᑎᒄ **atihteusinahiikanaahtikw** ni ♦ coloured pencil

ᐊᑎᐦᑌᐅᓯᓇᐦᐄᑲᓐ **atihteusinahiikan** ni ♦ a hand painting

ᐊᑎᐦᑌᐅᓯᓇᐦᐄᒉᐅᓯᓇᐦᐄᑲᓐ **atihteusinahiicheusinahiikan** ni ♦ colouring book

ᐊᑎᐦᑌᐅᓯᓇᐦᐄᒉᐤ **atihteusinahiicheu** vai ♦ s/he is colouring

ᐊᑎᐦᑌᐎᑦ **atihtewit** ni ♦ bale of fur

ᐊᑎᐦᑌᐤ **atihteu** vii ♦ it (ex fruit, berry) is ripe, it (ex garment) is discoloured

ᐊᑎᐦᑕᐦᐊᒻ **atihtaham** vti ♦ s/he misses by shooting to the side of it

ᐊᑎᐦᑕᐦᐌᐤ **atihtahweu** vta ♦ s/he misses by shooting to the side of him/her/it (anim)

ᐊᑎᐦᑖᐴ **atihtaapuu** vai -i ♦ s/he is cross-eyed

ᐊᑎᐦᑯᐎᔮᔅ **atihkuwiyaas** ni ♦ caribou meat

ᐊᑎᐦᑯᑲᒥᒄ **atihkukamikw** ni -m ♦ caribou's house (in legend)

ᐊᑎᐦᑯᑲᓐ **atihkukan** ni ♦ caribou bone

ᐊᑎᐦᑯᒣᐤ **atihkumeu** ni -em ♦ caribou's trail

ᐊᑎᐦᑯᔥ **atihkush** na dim ♦ young caribou *Rangifer tarandus*

ᐊᑎᐦᑯᔮᓐ **atihkuyaan** na ♦ caribou hide

ᐊᑎᐦᑲᒣᑯᐱᐃᓯᒻ **atihkamekupiisim** na [Inland] ♦ October

ᐊᑎᐦᑲᒣᑯᒧᐚᑲᓂᔥ **atihkamekumuwaakanish** na dim ♦ small flies that the whitefish eat

ᐊᑎᐦᑲᒣᒄ **atihkamekw** na ♦ whitefish *Coregonus dupeaformis*

ᐊᑎᐦᒁᐯᐤ **atihkwaapeu** na -em ♦ caribou man

ᐊᑎᐦᒄ **atihkw** na -um ♦ caribou *Rangifer tarandus*

◁⊃∪° **atuteu** vta ✦ s/he asks someone to do work for him/her

◁⊃⊂> **atutapuu** vai -i ✦ s/he sits on it without knowing

◁⊃ᴸ **atuch** p,negative ✦ would not, should not ▪ ◁⊃ᴸ ⊳"ᴦ ◁ᵇ° ◁σ┘ ⌐"dᒐσ┘ₓ ✧ ◁⊃ᴸ ·∆ ⊳"ᴦ ⊂d∫ᵃ ∇ᵇ ⊳"ᴦ ·∆"⊂⌐·◁ᵇ.º᷄ₓ ▪ *She should not have that knife.* ✧ *S/he would not have come if s/he had not been told.*

◁⊃ˢ **atus** na ✦ arrowhead

◁⊃ˢd·∇° **atuskuweu** vta [Inland] ✦ s/he works for him/her as a servant

◁⊃ˢꓵ° **atuscheu** vai ✦ s/he labours

◁⊃ˢꓵ┕ᵇσˢ·ꟼ° **atuscheyaakaniskweu** na -em ✦ female worker, maid, female servant

◁⊃ˢꓵ┕ᵇᵃ **atuscheyaakan** na ✦ servant, worker

◁⊃ˢꓵ"ᵇ"⊂ᴸ **atuschehkahtam** vti ✦ s/he works at it

◁⊃"∆ᵇᵃ **atuhiikan** ni ✦ forefinger

◁⊃"∆ꓵ° **atuhiicheu** vai ✦ s/he points

◁⊃"∆ꓵ⌐ᵇᵃ **atuhiichemakan** vii ✦ it points to a certain direction

◁⊃"◁⌐·∇° **atuhamuweu** vta ✦ s/he points it, at to him/her/it (anim)

◁⊃"◁ᴸ **atuham** vti ✦ s/he points at it

◁⊃"·∇° **atuhweu** vai ✦ s/he points at him/her

◁⊃ᵟ◁"dᵃ° **atuushaaaihkunaau** na - naam ✦ fungus growing on tree trunk, lit. 'monster bannock'

◁⊃ᵟ **atuush** na -im ✦ cannibal giant, monster

◁⊂ᴦ° **atamiiu** vii [Coastal] ✦ the water level rises due to rain, run-off

◁⊂∟ᵇᵃ **atamakan** vii [Coastal] ✦ it (river, lake) swells due to rain, run-off

◁⊂·∇° **ataaweu** vai ✦ s/he sells

◁⊂·∇┘ **ataawesuu** na -siim ✦ trader, person who sells

◁⊂·∇ᵟ⊂⌐·∇° **ataaweshtamuweu** vta ✦ s/he sells it for him/her

◁⊂·◁⊳ᵇᴦᵈ **ataawaaukamikw** ni ✦ store

◁⊂·◁ꓵ° **ataawaacheu** vai ✦ s/he sells it

◁⊂ꓵ° **ataameu** vta ✦ s/he sells to him/her

◁⊂ꓶꓨꓵ° **ataameyimeu** vta ✦ s/he blames it on him/her

◁⊂ꓶꓨᴦꓵ┘ **ataameyimitisuu** vai reflex -u ✦ s/he blames her/himself

◁⊂ꓶꓨ"⊂⌐·∇° **ataameyihtamuweu** vta ✦ s/he blames him/her for it

◁⊂ꓶꓨ"⊂ᴸ **ataameyihtam** vti ✦ s/he blames someone for it

◁⊂ꓶꓨ"ꓵ° **ataameyihcheu** vai ✦ s/he blames

◁⊂ᵃ **ataan** na ✦ stone anvil for crushing bones to make broth, metal anvil

◁⊂ᶸ⊂"⊳ꓞ° **ataashtahuuyeu** vta ✦ s/he blames her/him for what s/he himself did

◁·ꟼ∧ȧdᵃ **akwepinaakun** vii ✦ it looks huge, it has a huge appearance

◁·ꟼ∧ȧd┘ **akwepinaakusuu** vai -i ✦ s/he/it (anim) looks huge, s/he/it (anim) has a huge appearance

◁·ꟼ∧ᴦ° **akwepisiiu** vai ✦ s/he has lots of stuff

◁d∧⊃·∇° **akupituweu** vai ✦ s/he puts a plaster, poultice on her/him

◁d∧·ᴄ·∆ᵃ **akupitwaawin** ni ✦ anything heated and applied as a plaster, poultice

◁d∧·ᴄ° **akupitwaau** vai ✦ s/he has a plaster on

◁d<ꓵᴼ° **akupaatineu** vta ✦ s/he sticks him/her on

◁d<ꓵᵃᴸ **akupaatinam** vti ✦ s/he sticks it on

◁dꓵȧ∪° **akutinaateu** vta ✦ s/he hangs another's wet clothes up

◁dꓵȧ┘ **akutinaasuu** vai -u ✦ s/he hangs things up (ex clothes to dry)

◁d⊃·◁ᵇȧ"ꓵᵈ **akutuwaakanaahtikw** ni ✦ pole inside a teepee used to hang things to dry

◁d⊂⌐"◁ᴸ **akutumuham** vti ✦ s/he pushes a cloth into it (cylinder) using a tool

◁d⊂⌐"·∇° **akutumuhweu** vta ✦ s/he pushes a cloth into it (anim, cylinder, ex stovepipe, gun barrel) using a tool

◁dᴄ·◁ᵇᵃ **akutaawaakan** ni ✦ clothes hanger

◁dᴄ° **akutaau** vai+o ✦ s/he hangs it up, sets snares

◁dĊ<ᶦᵃ **akutaapaan** ni ♦ wooden hook tied onto pole with string to suspend a kettle

◁dĊᒉ·∆ᵃ **akutaasuwin** ni ♦ flag

◁dĊᒉσᑊΛ **akutaasuuniyaapii** ni -m ♦ flag pole rope

◁dĊᒉ **akutaayuu** na [Coastal] ♦ snow hanging on the branches

◁dĊᒉᵃ **akutaayuun** vii [Inland] ♦ the snow is hanging on the branches

◁dᒥbᓇ·U° **akuchikanaateu** vta ♦ s/he hangs its (anim) bones up

◁dᒥbᓇ."∩ᵈ **akuchikanaahtikw** ni ♦ stick pole bones are tied on

◁dᒥᵃ **akuchin** vai ♦ it (anim) is hanging up

◁dJ **akuchuu** vai -i ♦ it (anim) freezes and sticks against

◁dᒥᓯ **akuchaashuu** vai dim ♦ s/he (child) sets a snare

◁dJᒉᔅ **akumushiish** na dim ♦ Jaeger (bird) *tercorarius sp.*

◁dJ **akumuu** vai -u ♦ s/he floats in one place

◁dᴖ° **akuneu** vta ♦ s/he holds, presses him/her on something, against something

◁dσᔥb° **akunisekaau** vii ♦ it is a cliff, mountain with overhanging rock

◁dσ"ᐃᐳĊᴖᒥᵃ **akunihiiutaanechin** ni ♦ sheet-like covering inside a canoe

◁dσ"ᐃᐳĊᵃ **akunihiiutaan** ni ♦ tarpaulin, literally 'covering'

◁dᴖ° **akuniiu** vai ♦ s/he covers her/himself

◁dᴀᴸ **akunam** vti ♦ s/he holds, presses it on something, against something

◁dᴀ."◁ᴸ **akunaham** vti ♦ s/he covers it

◁dᴀ."·∇° **akunahweu** vta ♦ s/he covers him/her

◁dᴀ"J·∇"ᐃbᵃ **akunahchuwehiikan** ni ♦ cover, lid for kettle, pot

◁dᓇΛᵋb° **akunaapiskaau** vii ♦ it is an overhanging cliff

◁dᓇ>·∇"ᐃbᵃ **akunaapuwehiikan** ni ♦ cover, lid for kettle, pot of liquid

◁dᓇᐸU° **akunaapaateu** vta ♦ s/he pulls the cover over him/her/it (anim)

◁dᓇᐸ∩ᴀᴸ **akunaapaatinam** vti ♦ s/he pulls the cover over it

◁dᓇᐸᒉ·∆ᵃ **akunaapaasuwin** ni ♦ umbrella, covering for things inside a canoe

◁dᓇ".ᖑ·ᐃ° **akunaahkwewiiu** vai ♦ s/he has a cover over her/his face

◁dᓇ".ᖑᒥ° **akunaahkweshimeu** vta ♦ s/he covers his/her (ex baby) face while he/she is lying down

◁dᓇ".ᖑᒥᒉ **akunaahkweshimisuu** vai reflex -u ♦ s/he lies covering her/his own face

◁dᓇ".ᖑᒥᓇ"∩ᵈ **akunaahkweshimunaahtikw** ni ♦ a wooden hoop for a cradleboard

◁dᓇ".ᖑᒥᵃ **akunaahkweshin** vai ♦ s/he lies with her/his face covered

◁dᓇ".ᖑ∆bᓇ"∩ᵈ **akunaahkwehiikanaahtikw** ni [Coastal] ♦ wooden hoop for a cradleboard

◁dᒉᔭ° **akusimeseu** na ♦ osprey *Pandion haliaetus*, fish hawk (cf kusimeseu)

◁dᒉᔭᔅ **akusimesesh** na dim [Inland] ♦ young osprey

◁dᒉ° **akusiiu** vai ♦ s/he perches

◁dᒉU"ᐧ **akusiitehuu** vai -u ♦ it (anim) flies off and perches

◁dᒉᑐ·∇° **akusiituweu** vta ♦ s/he perches on him/her

◁dᐦᑐᐳᒐᴀᴸ **akuscheuchinam** vti ♦ s/he makes the fire with piles of charcoal

◁dᐦJᒥᴖ° **akuschuuchineu** vta ♦ s/he puts gum, mud, clay, sticky substance on it (anim)

◁dᐦJᒥᴀᴸ **akuschuuchinam** vti ♦ s/he puts gum, mud, clay, sticky substance on it

◁dᐦJ·ᔥ° **akuschuusweu** vta ♦ s/he puts hot gum on him/her/it (anim)

◁dᵕᑕ"◁ᴸ **akushtaham** vti ♦ s/he sews it on

◁dᵕᑕ".∇° **akushtahweu** vta ♦ s/he sews it (anim) on

◁dᔦ° **akuyeu** vta ♦ s/he hangs it (anim) up

◁d"ᐃbᵃ **akuhiikan** ni ♦ piece of canvas covering the upper part of a teepee

◁d"◁ᴸ **akuham** vti ♦ s/he covers the upper part of a teepee

ᐊᑯᐦᐱᓯᐊ akuhpechin ni ◆ fabric, material, cloth for a dress, skirt

ᐊᑯᐦᐱᓀᐅ akuhpineu vta ◆ s/he holds him/her against

ᐊᑯᐦᐱᓇᒼ akuhpinam vti ◆ s/he holds it against

ᐊᑯᐦᑊ akuhp ni ◆ dress, skirt, coat

ᐊᑯᐦᑎᑖᐅ akuhtitaau vai+o ◆ s/he soaks it in water

ᐊᑯᐦᑎᓐ akuhtin vii ◆ it soaks, lies in water, it floats

ᐊᑯᐦᑕᑲᐦᐊᒼ akuhtakaham vti ◆ s/he nails it on

ᐊᑯᐦᑕᑲᐦᐌᐅ akuhtakahweu vta ◆ s/he nails it (anim) on

ᐊᑯᐦᑲᑌᐅ akuhkateu vii ◆ it sticks to the pot and burns

ᐊᑯᐦᑲᓱ akuhkasuu vai-u ◆ it (anim) sticks to the pot and burns

ᐊᑯᐦᒋᑲᓀᐅ akuhchikaneu vai ◆ s/he hangs bones up

ᐊᑯᐦᒋᒣᐅ akuhchimeu vta ◆ s/he soaks it (anim) in water, s/he dips food (anim) in gravy, grease while eating

ᐊᑯᐦᒋᒨ akuhchimuu vai-u ◆ s/he/it (anim) is soaking in water

ᐊᑯᐦᒋᓐ akuhchin vai ◆ s/he/it (anim) soaks, sits on top of the water, floats

ᐊᑯᐦᒋᔅᑐᔮᑳᓐ akuhchistuyaakan ni ◆ net float

ᐊᑲᔅᒃᐙᐦᑎᒃ akaskwaahtikw na ◆ arrow shaft

ᐊᑲᔅᒃᐤ akaskwh nad ◆ arrow

ᐊᑲᐦᑯᐃ akahkui na-uiim ◆ bloodsucker, leech

ᐊᑲᐦᒌ akahchii ni-m ◆ wooden hanging hook for a kettle from cross pole of teepee over fire

ᐊᑲᐦᒌᔮᐦᑎᒃ akahchiiyaahtikw ni ◆ wood for hanging hook for a kettle from cross pole of teepee over fire

ᐋᑳᒥᐚᔕᐤ akaamiwaashaau p,location ◆ across the bay

ᐋᑳᒥᐯᒡ akaamipech p,location ◆ across the water

ᐋᑳᒥᒌᐦᒋᑲᒦᐦᒡ akaamichihchikamiihch p,location ◆ across the ocean

ᐋᑳᒥᔅᑲᓅ akaamiskanuu p,location ◆ across the road, path

ᐋᑳᒥᔥᒉᒡ akaamischech p,location ◆ across the muskeg

ᐋᑳᒥᔥᑯᑌᐅᐄᔨᔫ akaamishkuteuiiyiyuu na-yiim [Coastal] ◆ person across the fire from the speaker

ᐋᑳᒥᔥᑯᑌᐦᒡ akaamishkutehch p,location ◆ across the fire; family that stay on opposite side of a teepee, tent (said even if there is no fire or stove)

ᐋᑳᒥᐦᒡ akaamihch p,location ◆ across water

ᐋᑳᒫᐤᒡ akaamaauch p,location ◆ across to the next ridge

ᐋᒀᐄᐌᐅ akwaaiiweu vii ◆ it is an on-shore wind

ᐋᒀᐚᓐ akwaawaan ni ◆ thinly cut deboned beaver meat hung to dry

ᐋᒀᐱᓴᒧᐌᐅ akwaapisamuweu vta ◆ s/he smokes it (anim, ex moose hide) for someone else

ᐋᒀᐱᔅᑲᒎ akwaapiskachuu vai-i ◆ her/his wet finger, tongue sticks to ice, frozen metal

ᐋᒀᐱᔅᒋᑌᐅ akwaapischiteu vii ◆ it is against hot metal (ex stove) and burns

ᐋᒀᐱᔅᒋᓀᐅ akwaapischineu vta ◆ s/he puts him/her/it (anim) against the hot metal (ex stove)

ᐋᒀᐱᔅᒋᓇᒼ akwaapischinam vti ◆ s/he puts it against hot metal (ex stove)

ᐋᒀᐱᔅᒋᓲ akwaapischisuu vai-u ◆ it (anim) is against hot metal (ex stove) and burns

ᐋᒀᐱᔅᒋᔥᑯᐌᐅ akwaapischishkuweu vta ◆ s/he pushes him/her/it (anim) against hot metal and burns it

ᐋᒀᐱᔅᒋᔥᑲᒼ akwaapischishkam vti ◆ s/he pushes it against hot metal and burns it

ᐋᒀᐱᐦᑳᑌᐅ akwaapihkaateu vii ◆ it is tied to it

ᐋᒀᐱᐦᑳᓲ akwaapihkaasuu vai-u ◆ s/he is tied to it

ᐋᒀᐸᔫ akwaapayuu vai/vii-i ◆ it (ex boat) goes ashore

ᐋᒀᐹᑎᓀᐅ akwaapaatineu vta ◆ s/he takes him/her out of the water with hands

ᐋᒀᐹᑎᓇᒼ akwaapaatinam vti ◆ s/he takes it out of the water with hands

ᐊᐧᐸᑌᐦᐊᒼ akwaapaataham vti ♦ s/he takes it out of the water, using a tool, an instrument

ᐊᐧᐸᑌᐦᐅᐤ akwaapaatahweu vta ♦ s/he takes him/her out of the water, using a tool, an instrument

ᐊᐧᐹᒋᐱᑌᐤ akwaapaachipiteu vta ♦ s/he pulls him/her out of the water

ᐊᐧᐹᒋᐱᑕᒼ akwaapaachipitam vti ♦ s/he pulls it out of the water

ᐊᐗᑕᒨᐤ akwaatamuweu vta ♦ s/he teases him/her for having a girlfriend, boyfriend

ᐊᐊᑯᓀᐤ akwaakuneu vii ♦ snow sticks to it

ᐊᐦᐦᒥᓂᒉᐤ akwaakaminicheu vai ♦ s/he scoops out the hardened, congealed fat of moose, caribou with her/his hand

ᐊᐦᒋᒣᐤ akwaachimeu vai ♦ s/he has wet, damp snow stick to her/his snowshoes

ᐊᐦᒎᐃᐣ akwaachuwin vii ♦ the current meets the bank

ᐊᐦᒥᔅᒌᐤ akwaamischiiu vai ♦ s/he/it (anim) swims touching the bottom of the shallow water, sticking out of the water

ᐊᐦᔅᑯᐹᐣ akwaaskupaan na ♦ wooden snowshovel

ᐊᐦᔅᑯᐦᐹᑕᒼ akwaaskuhpaatam vti ♦ s/he scoops chunks of ice out of the hole using a snow shovel

ᐊᐦᔅᑲᑎᒣᐤ akwaaskatimeu vta ♦ s/he freezes it (anim) onto something

ᐊᐦᔅᑲᑎᐦᑖᐤ akwaaskatihtaau vai+o ♦ s/he freezes it onto something

ᐊᐦᔕᑦᒎ akwaashkachuu vai-i ♦ it (anim) is frozen onto something

ᐊᐦᐄᑲᐣ akwaahiikan na ♦ surf scoter duck *Melanitta perspicillata*

ᐊᐦᐊᒼ akwaaham vti ♦ s/he dishes, scoops it out of a liquid

ᐊᐦᐋᓂᐦᑕᐤ akwaahaanihtakw ni ♦ driftwood

ᐊᐦᐦᑲᑌᐤ akwaahkateu vii [Inland] ♦ it (ex food) sticks to the pan

ᐊᐦᐦᑲᑎᔔ akwaahkatisuu vai-u ♦ it (anim) is stuck on by heat, dryness

ᐊᐦᐦᑲᑐᑌᐤ akwaahkatuteu vii ♦ it is stuck on by heat, dryness

ᐊᒋᑖᑲᒥᐦᑴᔑᐣ achitaakamihkweshin vai ♦ her/his blood goes to her/his head as s/he lays with it lower than his/her body

ᐊᒋᑳᑌᔥᑯᐌᐤ achikaateshkuweu vta ♦ s/he trips him/her with her/his leg

ᐊᒋᑳᑌᔥᑲᒼ achikaateshkam vti ♦ s/he trips on the leg of something

ᐊᒋᑳᔑᔥ achikaashish na dim ♦ young mink *Mustela vison*

ᐊᒋᑳᔔᔮᐣ achikaashuuyaan na ♦ mink skin, pelt

ᐊᒋᑳᔥ achikaash na -im ♦ mink *Mustela vison*

ᐊᒋᒀᔅᐱᓀᐃᐧᐣ achikwaaspinewin ni ♦ common cold

ᐊᒋᒄ achikw na -um ♦ phlegm, snot

ᐊᒋᒧᔥ achimush na dim ♦ puppy

ᐊᒋᒧᔥᑳᓂᔥ achimushkaanish na dim ♦ pussywillow *Salix discolor*

ᐊᒋᒨᔥᑳᓂᔥ achimuushkaanish na dim ♦ toy puppy

ᐊᒋᔔ achishtuu p,location ♦ west

ᐊᒋᐦᑎᓀᐤ achihtineu vta ♦ s/he holds him/her head down

ᐊᒋᐦᑎᓇᒼ achihtinam vti [Inland] ♦ s/he holds it upside-down

ᐊᒋᐦᑑᐙᐸᐦᐊᒼ achihtuuwaapaham vti ♦ it (plane) suddenly dips in flight

ᐊᒋᐦᑑᐸᔨᐅᐤ achihtuupayihuu vai/vii -u ♦ it (bird) suddenly dips in flight

ᐊᒋᐦᑑᐸᔫ achihtuupayuu vai/vii -i ♦ s/he/it skims over the water

ᐊᒋᐦᑕᑯᑌᐤ achihtakuteu vii ♦ it hangs upside-down

ᐊᒋᐦᑕᑯᑖᐤ achihtakutaau vai+o ♦ s/he hangs it upside-down

ᐊᒋᐦᑕᑯᒋᐣ achihtakuchin vai ♦ s/he hangs upside-down

ᐊᒋᐦᑕᑯᔮᐤ achihtakuyeu vta ♦ s/he hangs it (anim) upside-down

ᐊᒋᐦᑕᑯᐦᑎᐣ achihtakuhtin vii ♦ it floats upside-down

ᐊᒋᐦᑕᑯᐦᒋᐣ achihtakuhchin vai ♦ s/he floats upside-down

ᐊᒋᐦᑕᒼ achihtam vti ♦ s/he counts things

ᐊᕆᐦᑖᐊᓂᔅᑵᔨᔥᑐᐧᐁᐤ achihtaawaniskweyishtuweu vta
 • s/he bows her/his head down to someone

ᐊᕆᐦᑖᐊᓂᔅᑵᔫ achihtaawaniskweyuu vai -i • s/he bows her/his own head down

ᐊᕆᐦᑖᐯᒋᓀᐤ achihtaapechineu vta
 • s/he puts it (anim) in the water head down (string-like)

ᐊᕆᐦᑖᐯᒋᓇᒻ achihtaapechinam vti
 • s/he puts it (string-like) in the water head down

ᐊᕆᐦᑖᓲᓐ achihtaasun ni • number

ᐊᕆᐦᑖᓲ achihtaasuu vai -u • s/he counts, is counting

ᐊᕆᐦᒋᐱᑌᐤ achihchipiteu vta • s/he pulls him/her head down

ᐊᕆᐦᒋᐱᑕᒻ achihchipitam vti • s/he pulls it head down

ᐊᕆᐦᒋᐸᔨᐦᐁᐤ achihchipayiheu vta
 • s/he tips him/her upside-down

ᐊᕆᐦᒋᐸᔨᐦᑖᐤ achihchipayihtaau vai+o
 • s/he tips it upside-down

ᐊᕆᐦᒋᐸᔫ achihchipayuu vai -i • s/he falls down head first

ᐊᕆᐦᒋᑎᓐ achihchitin vii • it lays head sloping down

ᐊᕆᐦᒋᑳᐴ achihchikaapuu vai -uu • s/he stands head down

ᐊᕆᐦᒋᑳᐴᐦᐁᐤ achihchikaapuuheu vta
 • s/he stands him/her head down

ᐊᕆᐦᒋᑳᐴᐦᑖᐤ achihchikaapuuhtaau vai+o
 • s/he stands it upside-down

ᐊᕆᐦᒋᔑᓐ achihchishin vai [Coastal]
 • she passes away, dies, because she is unable to give birth while in delivery

ᐊᕆᐦᒋᔥᑖᐤ achihchishtaau vai+o • s/he places it upside-down, s/he writes upside-down

ᐊᕆᐦᒋᔥᑴᔑᓐ achihchishkweshin vai
 • s/he falls head first; s/he sleeps without having enough pillows, with head falling back

ᐊᕆᐦᒋᐦᐁᐤ achihchiheu vta • s/he sits, places it (anim) upside-down

ᐊᕆᐦ achihch p,manner • upside-down ▪
 ᐊᕆᐦ ᐱᕆᓐ ᐊ ᒧᑉᐸᕀ . The cup is inside something upside down.

ᐊᒍᐋᐱᐦᑳᑌᐤ achuwaapihkaateu vta
 • s/he shortens, reduces, lessens it (anim) by tying

ᐊᒍᐋᐱᐦᑳᑕᒻ achuwaapihkaatam vti
 • s/he shortens, reduces, lessens it by tying

ᐊᒍᐋᐱᐦᒉᓇᒻ achuwaapihchenam vti
 • s/he shortens, reduces it (string-like) by hand

ᐊᒍᐋᐱᐦᒉᓴᒻ achuwaapihchesham vti
 • s/he cuts it (string-like) to shorten it

ᐊᒍᐋᐳᑯᐦᐊᒧᐧᐁᐤ achuwaapukuhamuweu vta • s/he gives him/her a drink of degreased broth

ᐊᒍᐋᑉᐋᐅᑖᐤ achuwaapwaautaau vai+o
 • s/he washes a few things to decrease her laundry

ᐊᒍᐋᑉᐋᐅᔫ achuwaapwaauyeu vta
 • s/he shrinks it (anim, ex pants) by washing

ᐊᒎᐁᑲᐦᐊᒻ achuuwekaham vti • s/he lowers it (sheetlike, ex sail)

ᐊᒎᐁᒋᐱᑌᐤ achuuwechipiteu vta
 • s/he tears it (anim, ex hide) to make it smaller

ᐊᒎᐁᒋᐱᑕᒻ achuuwechipitam vti • s/he tears it (sheet-like) to make it smaller

ᐊᒎᐃᐤ achuuwiiuch vai pl • the number of people is reduced as they leave

ᐊᒎᐋᐳᑲᐦᐊᒻ achuuwaapukaham vti
 • s/he reduces liquid by scooping some out

ᐊᒎᐋᑲᑎᔧ achuuwaakatisweu vta
 • s/he shrinks it (anim, ex hide) by drying it

ᐊᒎᐋᑲᑎᓲ achuuwaakatisuu vai -i • it (anim, hide) shrinks as it dries

ᐊᒎᐋᑲᑎᓴᒻ achuuwaakatisam vti
 • s/he decreases the size by drying it, shrinks it

ᐊᒎᐋᑲᐦᑎᑌᐤ achuuwaakahtiteu vii • it shrinks as it dries

ᐊᒎᐋᒎᓴᒻ achuuwaachuusam vti • s/he reduces the liquid by boiling too long

ᐊᒎᐋᒎᐦᑌᐤ achuuwaachuuhteu vii
 • the liquid (water, broth) reduces by boiling

ᐊᒌ·ᐊᐤᑯᐤᒋᐦᑕᒼ achuuwaashkushtaham vti ◆ s/he makes it smaller, using something stick-like (ex pin)

ᐊᒍᐯᐸᔨ achuupepayuu vii -i ◆ the water-level goes down

ᐊᒎᐱᑌᐤ achuupiteu vta ◆ s/he decreases, reduces it (anim), by pulling, breaking

ᐊᒎᐱᑕᒧᐌᐤ achuupitamuweu vta ◆ s/he decreases, reduces it for him/her by pulling, breaking

ᐊᒎᐱᑕᒼ achuupitam vti ◆ s/he decreases, reduces it, by pulling, breaking

ᐊᒌᐦᒋᐦᑕᒼ achuupiihtaham vti [Coastal] ◆ s/he decreases it by taking some out (ex clothes out of suitcase)

ᐊᒌᐦᒑᓲ achuupiihtaasuu vai ◆ s/he reduces the amount by unloading some

ᐊᒍᐳᒑᐤ achuuputaau vai+o ◆ s/he reduces it by sawing

ᐊᒍᐳᔦᐤ achuupuyeu vta ◆ s/he reduces it (anim) by sawing

ᐊᒎᐸᔨᐦᐄᓲ achuupayihiisuu vai reflex ◆ s/he tries to reduce, lose weight

ᐊᒎᐸᔨ achuupayuu vai/vii -i ◆ it (anim) reduces, decreases

ᐊᒎᑳᑌᐌᔥᑕᐦᐌᐤ achuukaateweshtahweu vta ◆ s/he shortens it (anim, ex leg of pants) by sewing

ᐊᒌ·ᑳᐅᐤ achuukwaateu vta ◆ s/he lessens, shortens, reduces it (anim, ex pants) by sewing

ᐊᒌ·ᑳᑕᒼ achuukwaatam vti ◆ s/he shortens, reduces, lessens it by sewing (ex coat)

ᐊᒌ·ᑳᓈᓲ achuukwaanaasuu vai -u ◆ s/he decreases the load in the canoe, vehicle by removing some

ᐊᒌ·ᑳᐦᐄᓄᐌᐤ achuukwaahiinuweu vai ◆ s/he reduces the amount of food by scooping some out

ᐊᒌ·ᑳᐦᐊᒫᓲ achuukwaahamaasuu vai reflex -u ◆ s/he reduces the amount in the container by scooping some out for herself/himself

ᐊᒌ·ᑳᐦᐊᒼ achuukwaaham vti ◆ s/he reduces the amount in the container by scooping some out

ᐊᒎᒣᐤ achuumeu vta ◆ s/he reduces it (anim) by eating

ᐊᒎᓀᐤ achuuneu vta ◆ s/he decreases, lessens it (anim) by hand

ᐊᒎᓇᒧᐌᐤ achuunamuweu vta ◆ s/he lessens, reduces it (anim) by taking some

ᐊᒎᓇᒼ achuunam vti ◆ s/he decreases, lessens it by hand

ᐊᒎᓈᒡᐋᑳᒼ achuunaatwaakaham vti ◆ s/he shortens the stick by chopping it

ᐊᒎᓈᒡᐋᑳᐦᐌᐤ achuunaatwaakahweu vta ◆ s/he shortens the tree by chopping it with an axe

ᐊᒎᓈᓲ achuunaasuu vai/vii -i ◆ s/he reduces her/his stuff by throwing, giving it away

ᐊᒎᔈᐤ achuushweu vta ◆ s/he reduces it (anim) by cutting

ᐊᒎᔕᒧᐌᐤ achuushamuweu vta ◆ s/he reduces it for him/her by cutting

ᐊᒎᔕᒼ achuusham vti ◆ s/he reduces it by cutting

ᐊᒎᔥᑕᒼ achuushtaham vti ◆ s/he makes it smaller, reduces it by sewing

ᐊᒎᔥᑕᐦᐌᐤ achuushtahweu vta ◆ s/he sews it (anim) smaller

ᐊᒎᐦᐁᐤ achuuheu vta ◆ s/he decreases it (anim)

ᐊᒎᐦᐊᒼ achuuham vti ◆ s/he takes some out to lessen it, s/he decreases it with something, by tool

ᐊᒎᐦᐌᐤ achuuhweu vta ◆ s/he makes it (anim) shorter, smaller, s/he decreases it (anim) with something

ᐊᒎᐦᐋᐸᔅᑲᒼ achuuhwaakasam vti ◆ s/he reduces the supply of firewood by burning it up

ᐊᒎᐦᑕᒧᐌᐤ achuuhtamuweu vta ◆ s/he reduces it by eating before another can eat it

ᐊᒎᐦᑕᒼ achuuhtam vti ◆ s/he reduces it by eating

ᐊᒎᐦᒑᐤ achuuhtaau vai+o ◆ s/he decreases it

ᐊᒎᐦᑯᑌᐤ achuuhkuteu vta ◆ s/he reduces it (anim) by carving

ᐊᒎᐦᑯᑕᒼ achuuhkutam vti ◆ s/he reduces it by carving

ᐊᔨᐦᑐᒌᔪ achuuhkutaacheu vai ♦ s/he reduces things by carving

ᐊᔨᐦᑐᔭᓚᒫ achuuhkuyenam vti ♦ s/he reduces the fire

ᐊᔨᐦᑐᐧᐁᐧᐅ achuuhkuhweu vta ♦ s/he reduces it (anim) by axe

ᐊᔨᐦᒋᐦᑕᒫ achuuhchihtam vti ♦ s/he reduces the price of it

ᐊᔨᐦᒋᐦᑖᓲ achuuhchihtaasuu vai ♦ s/he lowers the prices, puts things on sale

ᐊᒐᐦᑯᔥ achahkush na dim -im ♦ star

ᐊᒥᑖᐦᑕᒫ amitaahtam vti ♦ s/he spits liquid out

ᐊᒥᒉᐦᑲᓱᐧᐃᓐ amichehkasuwin ni ♦ armchair, from English 'armchair'

ᐊᒥᔅᑰᑖᐦᑕᑯᓲ amiskuutehtakusuu na ♦ beaver kidneys

ᐊᒥᔅᑰᑎᑖᒥᔪᐦ amiskuutitaamiyuuh ni ♦ internal organs of the beaver

ᐊᒥᔅᑰᒋᐧᑳᒋᑲᓐ amiskuuchikwaachikan ni ♦ beaver hook

ᐊᒥᔅᑰᓲ amiskuusuu ni ♦ beaver tail

ᐊᒥᔅᑳᐦᑰᓈᐤ amiskuaaihkunaau ni-naam ♦ bannock made with beaver fat

ᐊᒥᔅᑯᐧᐃᔮᔅ amiskuwiyaas ni ♦ beaver meat

ᐊᒥᔅᑯᐧᐃᓱᐱ amiskuwiisupii ni-m ♦ the gall bladder of the beaver

ᐊᒥᔅᑯᐧᐃᔫ amiskuwiiyuu ni ♦ beaver fat

ᐊᒥᔅᑯᐧᐊᓇᐦᐄᑲᓐ amiskuwanahiikan ni ♦ beaver trap

ᐊᒥᔅᑯᐧᐊᓇᐦᐄᒉᐤ amiskuwanahiicheu vai ♦ s/he sets a beaver trap

ᐊᒥᔅᑯᐧᐋᔥᑌᓂᒫᑲᓐ amiskuwaashtenimaakan ni ♦ lamp using beaver grease

ᐊᒥᔅᑯᐱᒦ amiskupimii ni-m ♦ beaver grease

ᐊᒥᔅᑯᑎᔨᑲᓐ amiskutiyikan ni ♦ beaver shoulder blade

ᐊᒥᔅᑯᑲᓐ amiskukan ni ♦ beaver bone

ᐊᒥᔅᑯᒋᒫᐤ amiskuchimaau na -maam ♦ beaver tallyman

ᐊᒥᔅᑯᒣᐧᐃᐋᓐ amiskumeiwaan ni ♦ feces of beaver

ᐊᒥᔅᑯᒣᒋ amiskumeichii ni-m ♦ the stomach contents of the beaver

ᐊᒥᔅᑯᒣᐤ amiskumeu ni-em ♦ beaver's trail

ᐊᒥᔅᑯᒥᐦᒄ amiskumihkw ni ♦ beaver blood

ᐊᒥᔅᑯᒦᒋᒻ amiskumiichim ni ♦ beaver meat

ᐊᒥᔅᑯᓂᑳᑲᓐ amiskunikwaakan ni [Inland] ♦ beaver snare

ᐊᒥᔅᑯᓇᑳᓐ amiskunakwaan ni [Coastal] ♦ beaver snare

ᐊᒥᔅᑯᓰᑦ amiskusit ni ♦ the foot of the beaver

ᐊᒥᔅᑯᓰᔅ amiskusiis na -im [Coastal] ♦ black water bug

ᐊᒥᔅᑯᓴᑲᐹᐧᐊᓐ amiskusakapwaan na ♦ roast beaver on a string

ᐊᒥᔅᑯᓵᑲᐦᐄᑲᓐ amiskusaakahiikan ni ♦ a lake where there are beaver every year

ᐊᒥᔅᑯᔅᑯᓐ amiskuskun ni ♦ the liver of the beaver

ᐊᒥᔅᑯᔅᒋᐦᒄ amiskuschihkw na ♦ pot used for boiling beaver

ᐊᒥᔅᑯᔒᑉ amiskuship na-im ♦ white-winged scoter duck *Melanitta deglandi*

ᐊᒥᔅᑯᔖᐳᓂᑲᓐ amiskushaapunikan ni ♦ needle for making holes on beaver pelt for stretching

ᐊᒥᔅᑯᔥ amiskush na dim ♦ baby beaver *Castor canadensis*

ᐊᒥᔅᑯᔥᑎᒁᓂᑲᓐ amiskushtikwaanikan ni ♦ beaver skull

ᐊᒥᔅᑯᔮᐱ amiskuyaapii ni-m ♦ string, cord used for pulling a beaver home

ᐊᒥᔅᑯᔮᓀᑯᐦᑉ amiskuyaanekuhp ni-m ♦ coat made of beaver pelt

ᐊᒥᔅᑯᔮᓀᔅᑎᔅ amiskuyaanestis ni ♦ mitten made of beaver skin

ᐊᒥᔅᑯᔮᓀᔥᑐᑎᓐ amiskuyaaneshtutin ni ♦ beaver skin hat

ᐊᒥᔅᑯᔮᓐ amiskuyaan na ♦ beaver pelt

ᐊᒥᔅᑯᐦᐄᐱ amiskuhiipii na-m [Coastal] ♦ net used to kill beaver

ᐊᒥᔅᑯᐦᐊᐱ amiskuhapii na-m [Inland] ♦ net used to kill beaver

ᐊᒥᔅᑯᐦᑑ amiskuhtuu ni ♦ beaver skin stretcher

ᐊᒥᔅᑯᐦᑳᓐ amiskuhkaan na-im ♦ carved, stuffed beaver

ᐊᒥᔅᑰᐦᐸᓐ amiskuuhpan ni ♦ the lung of the beaver

ᐊᒥᔅᒁᐱᑦ amiskwaapit ni ♦ beaver tooth

◁୮ˤḃ⟩ **amiskwaapuu** ni ◆ beaver broth

◁୮ˤḃᴵ **amiskwaayuu** ni ◆ tail bone of beaver

◁୮ˤᵈ **amiskw** na ◆ beaver *Castor canadensis*

◁Lก๋ **amatisuu** vai -u [Inland] ◆ s/he is aware of the presence of someone (ex spirit)

◁Lᵎᵈ **amahkw** na ◆ snowshoe netting needle

◁L·▽·ˤ° **amaawesweu** vta ◆ s/he scares it (anim, game) away by shooting

◁L·▽ᒉᑊ° **amaawesicheu** vai ◆ s/he scares game away by shooting

◁L·▽ᵎᑲᵎ·▽° **amaawehkahweu** vta ◆ s/he scares away game by chopping wood

◁LU° **amaateu** vta ◆ s/he scares it (anim game) away

◁Lᵎ▽° **amaaheu** vta ◆ s/he scares him/her away

◁Lᵎȧ▽° **amaahiipeu** vai ◆ they (fish) avoid the area, because a net has been left too long

◁ᓄ **ane** pro,dem [Inland] ◆ that, that one over there, that yonder (inan, see *ne*)

◁ᓄṗ **anechii** pro,dem [Inland] ◆ those over there, those yonder (anim) (see *naa*)

◁ᓄṗᶜ **anechiich** pro,dem [Inland] ◆ those over there, those yonder (anim, see *naa*)

◁ᓄᒉ **aneyuu** pro,dem [Inland] ◆ that one over there, that yonder (obviative inan, see *ne*)

◁ᓄᒉᵎ **aneyuuh** pro,dem [Inland] ◆ those over there, those yonder (anim or inan obviative); that one over there, that yonder (anim obviative) (see *naa* or *ne*)

◁ᓄᵎȧᵎ **anehiih** pro,dem [Inland] ◆ those over there, those yonder (inan, see *ne*)

◁ᓄUᵎ **aniteh** p,dem,location ◆ there ◾ ◁ᓄUᵎ ᐱCᵎ◁ᵎ ◁ᓄᒉᵎ Lᒉᵅᵎḃᵃᵎₓ ◾ *Put those books in over there.*

◁ᓄᶜᵎ **anit-h** p,dem,location ◆ there ◾ ◁ᓄᶜᵎ ȧ⟩ᵎₓ ◾ *Stand right there.*

◁ᓄdÚᵎ **anikuchaash** na dim -im [Inland] ◆ squirrel *Tamiasciurus hudsonicus*, see also *nikuchaash* [coastal]

◁ᓄṗ **anichii** pro,dem ◆ those (anim, see *an*)

◁ᓄṗᶜ **anichiich** pro,dem ◆ those, those yonder (anim, see *naa*)

◁ᓄṗᵎ **anichiish** p,time dim ◆ now, today ◾ ◁ᓄṗᵎ ᓄᑎᐱᵚᑫᵃₓ ◾ *My birthday is now, today.*

◁ᓄĖ⟩·▽ᵎ **anichaapuweh** p,interjection ◆ expression of affection, kindness used when referring to someone (ex baby, child, elder) or something small and cute

◁ᓄˤdÚ⟨ᓄĖ° **aniskuchaapaanimaau** nad ◆ a great-great-grandparent

◁ᓄˤdÚ⟨ᓄᵚ **aniskuchaapaanish** na dim [Inland] ◆ great-great-grandchild

◁ᓄᑫᓄ **aniyene** pro,dem, absent [Inland] ◆ absent, missing (inan, see *aniyene*) ◾ ᓄ୮ᵎĊUᵃ ◁ᓄᑫᓄ ᓄLᒉᵅᵎḃᵃₓ ◾ *'I miss my late book.'*

◁ᓄᑫᓄᒉ **aniyeneyuu** pro,dem, absent [Inland] ◆ absent, missing (inan, see *aniyene*)

◁ᓄᑫᒉ **aniyeyuu** pro,dem ◆ that one (obviative inan, see *an*)

◁ᓄᑫᒉᵎ **aniyeyuuh** pro,dem ◆ that one, that (obviative anim); those (obviative anim or inan, see *an*))

◁ᓄᑫᵎḃ **aniyehkaa** pro,dem, absent ◆ deceased, late, missing (anim plural, see *aniyaa*)

◁ᓄᑫᵎḃȧᓄᵘ **aniyehkaanaanich** pro,dem, absent [Inland] ◆ deceased, late, missing (anim plural, see *aniyaa*) ◾ ₒJ∆ ∆ᵎĊ·∆ᵘ ◁ᓄᑫᵎḃȧᓄᵘ ᓄȯṗᵎ∆ḋȧᵃᵎₓ ◾ *They are no longer around, our late parents.*

◁ᓄᑫᵎḃȧᵃᵎ **aniyehkaanaanh** pro,dem, absent [Inland] ◆ absent, missing (inan, see *aniyene*)

◁ᓄᑫᵎḃ **aniyehkaah** pro,dem, absent ◆ deceased, late, missing (anim obviative singular and plural, see *aniyaa*) ◾ ◁ᓄᑫᵎḃ ᐅḃ·∆ᵎ ṗ ṗᑉdₓ ◾ *Her late mother gave it to her.*

◁ᓄᒉ **aniyuu** pro,dem ◆ that one (obviative inan, see *an*)

ᐊᓂᔫᐦ **aniyuuh** pro,dem ♦ that one, that (obviative anim); those (obviative anim or inan) (see *an*)

ᐊᓂᔫᐦ **aniyuuh** pro,dem ♦ those (inan, see *an*) ■ ᐯᒡ ᐊᓂᔫᐦ ᒋᒧᒋᔭᐦᒡ ■ *Bring those, your shoes!*

ᐊᓂᔮ **aniyaa** pro,dem, absent ♦ deceased, late, missing ■ ᐊᓂᔮ ᓂᒑᐃ ᐅᑉ ᒌᐱᒡ ■ *My late mother gave it to me.*

ᐊᓂᔮᓈ **aniyaanaa** pro,dem, absent ♦ deceased, late, missing (see *aniyaa*) ■ ᐊᓂᔮᓈ ᓂᒑᐃ ᐅᒡ ᒌᐱᒡ ■ *My late mother gave it to me.*

ᐊᓂᔮᓈᐦ **aniyaanaah** pro,dem, absent ♦ deceased, late, missing (anim obviative, see *aniyaa*)

ᐊᓂᔮᐦ **aniyaah** pro,dem, absent ♦ deceased, late, missing (anim obviative, see *aniyaa*)

ᐊᓂᐦᐄᐦ **anihiih** pro,dem [Eastmain] ♦ those (inan, see *an*)

ᐊᓂᐦᐊᐌ **anihawe** pro,dem [Mistissini] ♦ that, that one there, that is... (anim or inan, see *an*) ■ ᐊᐌ ᐊᓂᐦᐊᐌ ᐯ ᒋᑐᒑᒡ ■ *Who is that who just came in?*

ᐊᓄᐦᒋᐸᔫ **anuhchipayuu** vai-i ♦ s/he picks things up quickly (ex before they fall)

ᐊᓄᐦᒌᔥ **anuhchiish** p,time dim ♦ now, today ■ ᐊᓄᐦᒌᔥ ᓂᑎᐱᔅᑳᒡ ■ *My birthday is today.*

ᐊᓄᐦᒌᐦᑳᓐ **anuhchiihkaan** p,time ♦ recently, lately, not long ago ■ ᐊᓄᐦᒌᐦᑳᓐ ᐃ ᒎᐸᓃᒡ ■ *She just left not long ago.*

ᐊᓄᐦᒡ **anuhch** p,time ♦ now, today ■ ᐊᓄᐦᒡ ᓂᑎᐱᔅᑳᒡ ■ *My birthday is today.*

ᐊᓇᑯᐃ **anakui** nad ♦ sleeve

ᐊᓈ **anaa** pro,dem ♦ that, that one over there, that yonder is... (anim, see *naa*) ■ ᒫᒡᒃ ᐊᓛ ■ *That yonder is Marguerite.*

ᐊᓈ **anwaa** pro,dem ♦ that, that one, that yonder is...(anim, see *naa*)

ᐊᓐ **an** pro,dem ♦ that, that one there, that is... (anim or inan) ■ ᒫᒡᒃ ᐊᐦ ♦ ᐲ ᒨ ᐊᐦ ᐋᕐᐦ ■ *That is Marguerite.* ♦ *That boy was crying.*

ᐊᔐᑲᐴ **asekapuu** vai-i ♦ it (anim, sheet-like) is bunched up

ᐊᔐᒋᓀᐤ **asechineu** vta ♦ s/he holds a bunch of them (sheet-like) in her/his hand

ᐊᔐᒋᓇᒻ **asechinam** vti ♦ s/he holds a bunch of things (sheet-like) in his hand

ᐊᓯᐯᒋᔑᓐ **asipechishin** vai ♦ s/he is reflected in the water

ᐊᓯᐯᒋᐦᑎᓐ **asipechihtin** vii ♦ it is reflected in the water

ᐊᓯᐱᑌᐤ **asipiteu** vta ♦ s/he gathers them (anim) in bundles

ᐊᓯᐱᑕᒻ **asipitam** vti ♦ s/he gathers them in bundles

ᐊᓯᐳᐎᒡ **asipuwich** vai pl-i ♦ they gather together sitting, they sit in a heap

ᐊᓯᑎᒋᒣᐤ **asitichimeu** vta ♦ s/he counts him/her in

ᐊᓯᑎᒋᐦᑕᒻ **asitichihtam** vti ♦ s/he counts it in

ᐊᓯᑎᐦᑯᐌᐤ **asitishkuweu** vta [Inland] ♦ s/he presses on him/her/it (anim) by foot, body

ᐊᓯᑎᐦᑲᒻ **asitishkam** vti [Inland] ♦ s/he holds it against something with his foot, s/he presses on it by foot, body

ᐊᓯᒀᐱᑌᐤ **asikwepiteu** vta ♦ s/he grasps them by the neck

ᐊᓯᒄ **asikw** na-um [Waswanipi] ♦ red-breasted merganser duck *Mergus serrator*

ᐊᓯᒋᐱᑌᐤ **asichipiteu** vta ♦ s/he pulls him/her along with her/him

ᐊᓯᒋᐱᑕᒻ **asichipitam** vti ♦ s/he pulls it along with her/him

ᐊᓯᒋᑲᐦᐊᒻ **asichikaham** vti ♦ s/he cuts it on something wooden

ᐊᓯᒋᑲᐦᐌᐤ **asichikahweu** vta ♦ s/he cuts him/her/it (anim) on something wooden

ᐊᓯᒋᒀᑌᐤ **asichikwaateu** vta ♦ s/he sews it (anim) onto something

ᐊᓯᒋᒀᑕᒻ **asichikwaatam** vti ♦ s/he sews it to something

ᐊᓯᒋᐦᑯᐌᐤ **asichishkuweu** vta [Coastal] ♦ s/he presses on him/her/it (anim) by foot, body

ᐊᓯᒋᐦᑲᒻ **asichishkam** vti [Coastal] ♦ s/he holds it against something with his foot, s/he presses on it by foot, body

ᐊᓯᒧᐎᒡ **asimuwich** vai pl-u ♦ they (anim, ex berries) are in a cluster

◁ᕐᒨᕃᐧ asimunh vii pl [Inland] ♦ it is a cluster (ex of berries)

◁ᕐᒨᕃ asimuuh vii pl -u [Coastal] ♦ it is a cluster (ex of berries)

◁ᕐᐅᕈ asineu vta ♦ s/he holds them together in the hand

◁ᕐᓂ asinii na -m ♦ stone

◁ᕐᓂᐅᑕᐅᐦᑳᐅ asiniiutaauhkaau vii ♦ it is stony sandy ground

◁ᕐᓂᐅᔅᑲᒥᑳᐅ asiniiuskamikaau vii ♦ it is stony ground

◁ᕐᓂ·◁ᒥᔅᑳᐅ asiniiwaamiskaau vii ♦ it has a rocky, stony bottom

◁ᕐᓂᐤ asiniiu vii ♦ it is a rocky area

◁ᕐᓂᔅᑳᐅ asiniiskaau vii ♦ it is stony, rocky

◁ᕐᓂᔮᒥᔅᑰ asiniiyaamiskuu vii -uu [Inland] ♦ it is an area of small pebbles, stones

◁ᕐᓂᔮᒥᔅᑯ asiniiyaamiskw ni [Inland] ♦ small pebble

◁ᕐᓂᔮᒥᔥᑯᔥ asiniiyaamishkush ni pl dim [Inland] ♦ pebbles in water (lake, river)

◁ᕐᓂᐦᑯᒄ asiniihkukw ni -um ♦ lead, aluminum foil

◁ᕐᓂᐦᑳᑕᒻ asiniihkahtam vti ♦ s/he puts a cast on it

◁ᕐᓂᐦᑳᓐ asiniihkaan ni ♦ brick, cement, a cast

◁ᕐᓇᒻ asinam vti ♦ s/he holds things together in her/his hand

◁ᕐᓈᐱ asinaapii ni -m ♦ end anchor piece, sinker of net (stick, stone)

◁ᕐᓈᒥᔅᑰ asinaamiskuu vii -uu [Coastal] ♦ it is an area of small pebbles, stones

◁ᕐᓈᒥᔅᑯ asinaamiskw ni [Coastal] ♦ small pebble

◁ᕐᓈᒥᔥᑯᔥ asinaamishkush ni pl dim [Coastal] ♦ pebbles in water (lake, river)

◁ᕐᔅᒌᐅᒋᔑᒣᐤ asischiiuchishimeu vta [Coastal] ♦ s/he gets mud on him/her accidentally

◁ᕐᔅᒌᐅᒋᐦᑖᐤ asischiiuchihtitaau vai+o [Coastal] ♦ s/he gets mud on it accidentally

◁ᕐᔅᒌᐅᓀᐤ asischiiuneu vta [Inland] ♦ s/he covers him/her with mud by hand

◁ᕐᔅᒌᐅᓇᒻ asischiiunam vti ♦ s/he covers it with mud with his hand

◁ᕐᔅᒌᐅᔑᓐ asischiiushin vai ♦ s/he gets covered with mud by falling

◁ᕐᔅᒌᐅᐦᐁᐤ asischiiuheu vta ♦ s/he sprinkles, covers him/her with mud

◁ᕐᔅᒌᐅᐦᑎᓐ asischiiuhtin vii ♦ it gets covered with mud by falling

◁ᕐᔅᒌ·◁ᑲᒨ asischiiwaakamuu vii -i ♦ the water is muddy

◁ᕐᔅᒌ·◁ᔅᑯᓇᒻ asischiiwaaskunam vti ♦ s/he covers it (stick-like) with mud

◁ᕐᔅᒌᐤ asischiiu vai/vii ♦ it (anim) is muddy

◁ᕐᔅᒌᐦᑳᓈᐱᔅᒄ asischiihkaanaapiskw ni ♦ clay brick

◁ᕐᔅᒍ asischuu ni -chiim ♦ mud, clay

◁ᕐᔅᒍᒋᔑᒣᐤ asischuuchishimeu vta [Inland] ♦ s/he gets mud on him/her accidentally

◁ᕐᔅᒍᒋᐦᑖᐤ asischuuchihtitaau vai+o [Inland] ♦ s/he gets mud on it accidentally

◁ᕐᔑᓄᒡ asishinuch vai pl ♦ they lie in a heap

◁ᕐᔥᑖᐤ asishtaau vai+o ♦ s/he puts them in a heap

◁ᕐᐦᐁᐤ asiheu vta ♦ s/he puts them (anim) in a heap

◁ᕐᐦᐱᑌᐤ asihpiteu vta ♦ s/he ties them (anim) in bundles

◁ᕐᐦᐱᑕᒻ asihpitam vti ♦ s/he ties them in bundles

◁ᕐᐦᒀᐱᒉᐤ asihkwepicheu vai ♦ s/he ties ducks, geese together by the necks

◁ᕐᐦᒀᐱᒋᑲᓂᔮᐱ asihkwepichikaniyaapii ni -m ♦ string for tying geese in a bunch by the necks

◁ᔫ asuuteu vta ♦ s/he puts it (anim) into a container

◁ᒍ asuutaau vai+o ♦ s/he puts it into a container ▪ ◁ᓂᒡ ·ᐃᔨᓂᐤ ᐱ ◁ᒍ ᐅᑖᓯᒡᐧ ▪ *She put her berries in the bowl.*

◁ᓴᒋᐸᔫ asachipayuu vai/vii ♦ s/he/it falls over along with someone else

ᐊᕐᒋᑲᐅ° asachikwaateu vta ♦ s/he sews it (anim) onto something

ᐊᕐᒋᑲᑕᒻ asachikwaatam vti ♦ s/he sews it to something

ᐊᓴᐱᑲᐅ° asaapihkaateu vta [Inland] ♦ s/he ties a bunch of things (ex mittens) together

ᐊᓴᐱᑲᐅᐦ asaapihkaateuh vii pl [Inland] ♦ a bunch of things are tied together

ᐊᓴᐱᑲᑕᒻ asaapihkaatam vti [Inland] ♦ s/he ties a bunch of things together

ᐊᓴᐱᑲᓱᐃᒡ asaapihkaasuwich vai pl -u [Inland] ♦ a bunch of them are tied together

ᐊᓵᒥᔅᒌᔕᒡ asaamishchiishach na pl pej ♦ old pair of snowshoes

ᐊᓵᒻ asaam na ♦ snowshoe

ᐊᔐᔨᑕᒨᐃᓐ aspeyihtamuwin ni ♦ hope

ᐊᔐᔨᑕᒨ aspeyihtamuu vai ♦ s/he is hopeful

ᐊᔅᐸᑖᑲᒻ aspitahkaham vti ♦ s/he uses a piece of wood under the firewood s/he is splitting

ᐊᔅᐸᑖᑳᐙᓐ aspitahkahaawaan ni ♦ piece of wood put under firewood being split

ᐊᔅᐱᓀᐤ aspineu vta ♦ s/he takes him/her/it (anim) using something to protect the hand

ᐊᔅᐱᓂᑲᓐ aspinikan ni ♦ something to hold an object with

ᐊᔅᐱᓇᒻ aspinam vti ♦ s/he takes it using something to protect the hand

ᐊᔅᐱᓐ aspin p,time ♦ since ■ ᐳᒡᑐᓅ ᐊᔅᐱᓐ ᓂᒡ ᐙᐸᓕᒃ I have not seen him since yesterday.

ᐊᔅᐱᔅᑕᒫᐎᓐ aspishtamaawin ni ♦ homemade jam, spread

ᐊᔅᐱᐸᓱᔮᓐ aspihpasuyaan ni ♦ special blanket used to wrap the baby when s/he's put inside the *waaspisuyaan* (moss bag)

ᐊᔅᐱᒋᑯᓀᐴ aspihchikunepuu vai ♦ s/he uses something as an apron to cover up when sitting

ᐊᔅᐱᒋᑯᓀᐦᐊ aspihchikunehun ni ♦ apron

ᐊᔅᐱᒋᓈᑲᓐ aspihchinaakan ni ♦ gun case

ᐊᔅᐸᐳᐌᐤ aspapuweu vai ♦ s/he adds something to the soup, broth

ᐊᔅᐸᐴᓐ aspapuwin ni ♦ cushion

ᐊᔅᐸᐴ aspapuu vai -i ♦ s/he sits on it as a rug, cushion

ᐊᔅᐸᑯᐎᓐ aspakuwin ni ♦ shawl

ᐊᔅᐸᑰ aspakuu vai -u ♦ she wears something as a shawl

ᐊᔅᐸᐦᐄᑲᓐ aspahiikan ni ♦ washer for screw

ᐊᔅᐸᐦᐊᒻ aspaham vti ♦ s/he fits something on it to make it tight

ᐊᔅᐸᐦᐌᐤ aspahweu vta ♦ s/he fits something on it (anim) to make it tight

ᐊᔅᐸᐦᐱᓱᐎᓐ aspahpisuwin ni ♦ wrapper for baby in moss bag, handmade baby blanket

ᐊᔅᐹᐱᔅᒋᓀᐤ aspaapischineu vta ♦ s/he uses something to pick it (anim metal) up

ᐊᔅᐹᐱᔅᒋᓂᑲᓐ aspaapischinikan ni ♦ pot holder

ᐊᔅᐹᐱᔅᒋᓇᒻ aspaapischinam vti ♦ s/he uses something to pick it (metal) up

ᐊᔅᐹᐳᐌᐤ aspaapuweu vai ♦ s/he adds something to the soup, broth (old term)

ᐊᔅᐹᑲᐦᐄᑲᓐ aspaakahiikan ni [Coastal] ♦ piece of wood along outside upper edge of canoe

ᐊᔅᐹᔅᑯᔑᒣᐤ aspaaskuschimeu vai ♦ s/he covers the mid-section of snowshoe frames with hide, cloth

ᐊᔅᐹᔅᑯᔑᒫᓐ aspaaskuschimaan ni ♦ cloth wrapped around snowshoe frame mid-section under the lacing

ᐊᔅᑎᑳᒥᑯᒡ astikaamikuhch p,location ♦ this side of a body of water

ᐊᔅᑎᓯ astisii na -m ♦ ligament, sinew along backbone

ᐊᔅᑎᔅ astis na ♦ mitten

ᐊᔅᑑᔅᑐᐹᔫ astuustuupayuu vai/vii -i ♦ it (anim) gels

ᐊᔅᑖᒋᑯᓂᐦᒉᐤ astahchikunihcheu vai ♦ s/he prepares things to be stored, cached

ᐊᔅᑖᒋᑯᓐ astahchikun ni ♦ something in storage

ᐊᔅᑖᒋᑰ astahchikuu vai -u ♦ s/he stores things

ᐊᔅᒑᓯᓂᑭᒥᒄ **astaasunikamikw** ni
  ♦ warehouse, storage shack, shed
ᐊᔅᒑᔅᒄᐙᓐ **astaaskwewaan** na ♦ girl spoken for in marriage, engaged, betrothed girl
ᐊᔅᒑᑯᔖᐧᐁᐤ **astaaskushaaweu** vai
  ♦ s/he makes babiche using a knife with the hide draped over a piece of wood
ᐊᐦᑲᑖᐤ **askataau** vai+o ♦ s/he stays behind to wait for it
ᐊᐦᑲᒧᐧᐁᐤ **askamuweu** vta ♦ s/he waits for him/her in order to do something to him/her (ex ambush)
ᐊᐦᑲᒧᐚᑕᒻ **askamuwaatam** vti ♦ s/he waits for it (ex train)
ᐊᐦᐧᑳᔅᑯᐦᐄᑲᓐ **askwaaskuhiikan** ni
  ♦ support stick for clothesline
ᐊᔅᒋᐱᑐᓀᐤ **aschipituneu** vai ♦ her/his arm is tired (older term)
ᐊᔅᒋᐳᑌᐤ **aschiputeu** vii ♦ it is flooded by rising water
ᐊᔅᒋᐳᑖᐤ **aschiputaau** vai+o ♦ s/he causes it to flood
ᐊᔅᒋᐳᑯᐤ **aschipukuu** vai-u ♦ her/his place, camp is flooded by rising water
ᐊᔅᒋᐳᔦᐤ **aschipuyeu** vta ♦ s/he floods him/her out
ᐊᔅᒋᑲᒋᔐᐴ **aschikachishepuu** vai-i
  ♦ her/his bottom is tired from sitting
ᐊᔅᒋᑳᐴ **aschikaapuu** vai-uu ♦ s/he is tired from standing in one position
ᐊᔅᒋᑳᑌᐴ **aschikaatepuu** vai-i ♦ her/his legs are tired from sitting
ᐊᔅᒋᒣᐤ **aschimeu** vai ♦ s/he laces, nets snowshoes
ᐊᔅᒋᒥᓂᔮᐲ **aschiminiyaapii** ni-m ♦ thick babiche (for foot section of snowshoe)
ᐊᔅᒋᒥᓂᔮᐲᒪᐦᒄ **aschiminiyaapiimahkw** na
  ♦ netting needle for snowshoes
ᐊᔅᒋᒫᑌᐤ **aschimaateu** vta ♦ s/he laces, nets it (anim)
ᐊᔅᒋᒫᑕᒻ **aschimaatam** vti ♦ s/he laces, nets it
ᐊᔅᒋᔑᓐ **aschishin** vai ♦ s/he is tired from lying in one position
ᐊᔅᒋᐦᐚᐦᑎᒄ **aschihkwaahtikw** ni
  ♦ cross-pole to hang the kettle on in a teepee
ᐊᔅᒋᕽ **aschihkw** ni ♦ kettle, pail

ᐊᔅᒌ **aschii** ni-m ♦ world, earth, territory, country, ground, soil, moss
ᐊᔅᒌᐅᑲᒥᒄ **aschiiukamikw** ni ♦ wooden cabin covered with moss
ᐊᔅᒌᒫᔥᑌᐤ **aschiiumaashteu** vii
  ♦ there is a smell of burning moss
ᐊᔅᒌᓯᓈᐦᐄᑲᓐ **aschiiusinahiikan** ni
  ♦ map
ᐊᔅᒌᐅᔅᑲᒥᑳᐤ **aschiiuskamikaau** vii ♦ it is a mossy land
ᐊᔅᒌᐋᑎᓰᐎᓐ **aschiiwaatisiiwin** ni
  ♦ worldly pleasures (Bible word)
ᐊᔅᒌᐋᑎᓰᐤ **aschiiwaatisiiu** vai ♦ s/he lives off the land (Bible word)
ᐊᔅᒌᐯᒄ **aschiipekw** ni ♦ pond in a muskeg area
ᐊᔅᒌᒥᓈᓈᐦᑎᒄ **aschiiminaanaahtikw** ni
  ♦ crowberry plant *Empetrum nigrum*
ᐊᔅᒌᒥᓈᓐ **aschiiminaanh** ni pl [Inland]
  ♦ crowberries
ᐊᔅᒌᒥᓐ **aschiiminh** ni pl [Coastal]
  ♦ crowberries
ᐊᔑᓀᐤ **asheneu** vta ♦ s/he returns, takes him/her/it (anim) back
ᐊᔑᓇᒻ **ashenam** vti ♦ s/he takes it back, returns it
ᐊᔑᑎᒋᒥᓲ **ashitichimisuu** vai reflex -u
  ♦ s/he includes her/himself with the rest
ᐊᔑᑎᓀᐤ **ashitineu** vta ♦ s/he includes him/her/it (anim) with the rest, mixes it in
ᐊᔑᑎᓇᒻ **ashitinam** vti ♦ s/he includes, takes it along with the rest, mixes it in
ᐊᔑᑕᐴ **ashitapuu** vai-i ♦ s/he sits with the others
ᐊᔑᑕᑯᑌᐤ **ashitakuteu** vii ♦ it is hanging with the rest
ᐊᔑᑕᑯᑖᐤ **ashitakutaau** vai+o ♦ s/he hangs it along with the rest
ᐊᔑᑕᑯᒋᓐ **ashitakuchin** vai ♦ it (anim) is hanging with the others
ᐊᔑᑕᑯᔦᐤ **ashitakuyeu** vta ♦ s/he hangs it (anim) with the rest
ᐊᔑᑕᔥᑌᐤ **ashitashteu** vii ♦ it sits with the others
ᐊᔑᑖᐱᐦᑳᑌᐤ **ashitaapihkaateu** vta
  ♦ s/he ties it (anim) onto the rest
ᐊᔑᑖᐱᐦᑳᑕᒻ **ashitaapihkaatam** vti ♦ s/he ties it onto the rest

ᐊᔅᑖᒥᔅᑯᐦᐌᐤ **ashitaamiskuhweu** vta
  • s/he pins it (anim, ex beaver) down against the bottom of the river, lake with something

ᐊᔅᒑᔅᑲᐱᐦᑳᑌᐤ **ashitaaskwaapihkaateu** vta • s/he ties him/her/it (anim) on to something stick-like

ᐊᔅᒑᔅᑲᐱᐦᑳᑕᒻ **ashitaaskwaapihkaatam** vti • s/he ties it on to something stick-like

ᐊᔑᑲᓀᐦᐳᐌᐤ **ashikanehpuweu** vta [Inland] • s/he eats it (anim, bird) without separating the bones

ᐊᔑᒋᐸᔫ **ashichipayuu** vai/vii-i • it (anim) catches against something

ᐊᔑᒋᑳᐴᐧᐃᒡ **ashichikaapuuwich** vai pl -uu • they stand together with others

ᐊᔑᒋᑳᐴᐦᐁᐤ **ashichikaapuuheu** vta • s/he stands him/her together with the others

ᐊᔑᒎᑯᒉᔒᔥ **ashichuuukucheshiish** na dim [Inland] • red crossbill bird *Loxia curvirostra*

ᐊᔑᒡ **ashich** p,time • at the same time, together with ▪ ᐊᐧᐃᔾ ᑳᔾ ᐊᔑᒡ ᓂ ᒋᔮᐢ ▪ *Give him that at the same time.*

ᐊᔑᒣᐤ **ashimeu** vta • s/he gives him/her food, s/he feeds him/her/it (anim)

ᐊᔑᒫᑲᓂᔥ **ashimaakanish** na dim -im [Inland] • soldier

ᐊᔑᒫᑲᓐ **ashimaakan** ni • spear

ᐊᔑᓃᐤᔔ **ashiniiushuu** vii dim -i • it is very stony, there are lots of small stones, pebbles

ᐊᔑᓃᔥ **ashiniish** ni dim -im • twenty-two calibre bullets

ᐊᔑᐦᒉᐤ **ashihcheu** vai • s/he gives food away, s/he shares her/his food

ᐊᔓᐛᐳᐧᐃᓐ **ashuwaapuwin** ni • watching, waiting place (ex for game)

ᐊᔓᐛᐴ **ashuwaapuu** vai -i • s/he is waiting and watching for someone's return

ᐊᔓᐛᐸᒣᐤ **ashuwaapameu** vta • s/he is waiting and watching for him/her/it (anim)

ᐊᔓᐛᐸᐦᑕᒻ **ashuwaapahtam** vti • s/he is waiting and watching for it

ᐊᔓᐯᑲᐦᐊᒻ **ashupekaham** vti • s/he uses a paintbrush on it, especially for varnish

ᐊᔑᐅᑕᒧᐌᐤ **ashutamuweu** vta • s/he entrusts it to him/her (ex division of meat), s/he puts him/her in charge of it (ex feast)

ᐊᔑᐅᑕᒫᒉᐧᐃᓐ **ashutamaachewin** ni • passing over one's rights to another

ᐊᔑᐅᑕᒫᒉᐤ **ashutamaacheu** vai • s/he gives up her/his rights to another

ᐊᔓᐦᐄᑲᓈᐦᑎᒄ **ashuhiikanaahtikw** ni • paintbrush

ᐊᔓᐦᐄᑲᓐ **ashuhiikan** ni • paint

ᐊᔓᐦᐄᒉᐅᐳᐧᐃᓐ **ashuhiicheupuwin** ni • hunting blind (ex for goose, moose)

ᐊᔓᐦᐄᒉᐴ **ashuhiicheupuu** vai -i • s/he sits waiting in the goose blind

ᐊᔓᐦᐄᒉᐤ **ashuhiicheu** vai • s/he is waiting in the goose blind

ᐊᔓᐦᐄᒉᐤ **ashuhiicheu** vai • s/he is painting

ᐊᔓᐦᐊᒫᐧᐃᓐ **ashuhamaawin** ni • spread for bread (ex jam, peanut butter)

ᐊᔓᐦᐊᒫᐤ **ashuhamaau** vai • s/he spreads something (jam, peanut butter) on

ᐊᔓᐦᐊᒻ **ashuham** vti [Coastal] • s/he paints it

ᐊᔓᐦᐌᐤ **ashuhweu** vta • s/he paints him/her/it (anim)

ᐊᔖᐌᐱᓀᐤ **ashaawepineu** vta • s/he throws him/her backwards

ᐊᔖᐌᐱᓇᒻ **ashaawepinam** vti • s/he throws it backwards

ᐊᔖᐌᐱᔥᑯᐌᐤ **ashaawepishkuweu** vta • s/he pushes him/her back with her/his body, her/his weight

ᐊᔖᐌᐱᔥᑲᒻ **ashaawepishkam** vti • s/he pushes it back with his body, weight

ᐊᔖᐋᔥᑕᐦᐄᒉᐤ **ashaawaashtahiicheu** vai • s/he signals someone, with her/his hand, to stay back

ᐊᔖᐋᔥᑕᐦᐊᒧᐌᐤ **ashaawaashtahamuweu** vta • s/he signals to him/her by hand to stay back

◁᛫ᐱᑌᐤ **ashaapiteu** vta ◆ s/he pulls him/her backwards

◁᛫ᐱᑕᒼ **ashaapitam** vti ◆ s/he pulls it backwards

◁᛫ᐸᔨᐦᐁᐤ **ashaapayiheu** vta ◆ s/he drives him/her backwards

◁᛫ᐸᔨᐦᐅ **ashaapayihuu** vai-u ◆ s/he moves backwards (person only)

◁᛫ᐸᔨᐦᑖᐤ **ashaapayihtaau** vai+o ◆ s/he drives it backwards

◁᛫ᐸᔫ **ashaapayuu** vai/vii-i ◆ s/he/it goes backwards

◁᛫ᐸᐦᑖᐤ **ashaapahtaau** vai ◆ s/he runs backwards

◁ᔖᑎᐦᑎᐱᓀᐤ **ashaatihtipineu** vta ◆ s/he rolls it (anim) backwards

◁ᔖᑎᐦᑎᐱᓇᒼ **ashaatihtipinam** vti ◆ s/he rolls it backwards

◁ᔖᒑᒋᒨ **ashaataachimuu** vai-u ◆ s/he crawls backwards

◁ᔖᑳᐴ **ashaakaapuu** vai-uu ◆ s/he stands back

◁ᔖᒋᒣᐤ **ashaachimeu** vai ◆ s/he/it (anim) swims backward

◁ᔖᓀᐤ **ashaaneu** vta ◆ s/he pushes him/her away, back, down

◁ᔖᓇᒼ **ashaanam** vti ◆ s/he pushes it away, back, down

◁ᔖᔮᔫ **ashaayaashuu** vai-i ◆ s/he is blown backwards

◁ᔖᔮᔥᑎᓐ **ashaayaashtin** vii ◆ it is blown backwards

◁ᔖᐦᐊᒼ **ashaaham** vti ◆ s/he makes it go back using something, paddles the canoe backwards, s/he rewinds it backwards

◁ᔖᐦᐋᒣᐤ **ashaahaameu** vai ◆ s/he walks backwards

◁ᔖᐦᑌᐤ **ashaahteu** vai ◆ s/he walks backwards

◁ᔖᐦᑕᒣᐤ **ashaahtameu** vai ◆ s/he retraces her/his steps, going backwards

◁ᔥᐱᔑᑎᔑᒧᐎᓐ **ashpishiteshimuwin** ni ◆ floor mat

◁ᔥᐱᔥᑕᒫᐎᓐ **ashpishtamaawin** ni ◆ spread (for bread, bannock)

◁ᔥᐱᔥᑕᒫᐤ **ashpishtamaau** vai ◆ s/he spreads it on to eat

◁ᔥᐱᔥᑖᑲᓐ **ashpishtaakan** ni ◆ something (sheet-like) laid down for cutting, skinning, scaling animals, fish on

◁ᔥᑌᐤ **ashteu** vii ◆ it is sitting there

◁ᔥ᛫ᐅᐤ **ashtweu** vta ◆ s/he gets food ready for him/her ahead of time

◁ᔥᑎᑳᒥᑯᐦᒡ **ashtikaamikuhch** p,location ◆ this side of a body of water

◁ᔥᑐ᛫ᐄᐅᑲᒥᑿ **ashtuwiiukamikw** ni [Coastal] ◆ canoe factory shed

◁ᔥᑐ᛫ᐄᐤ **ashtuwiiu** vai [Coastal] ◆ s/he makes a canoe

◁ᔥᑐ᛫ᐄᐦᒉᐅᑲᒥᑿ **ashtuwiihcheukamikw** ni ◆ canoe factory

◁ᔥᑐ᛫ᐄᐦᒉᐤ **ashtuwiihcheu** vai ◆ s/he makes a canoe

◁ᔥᑐᑎᓐ **ashtutin** ni ◆ hat, cap

◁ᔥᒑᐤ **ashtaau** vai+o ◆ s/he places it there

◁ᔥᒑᐦᑯᓂᑲᒥᑿ **ashtaahkunikamikw** ni ◆ shelter made of boughs

◁ᔥᒑᐦᑯᓂᒌᔑᑳᐤ **ashtaahkunichiishikaau** vii ◆ it is Palm Sunday

◁ᔥᒑᐦᑯᓇᐸᐦᑴᐤ **ashtaahkunapahkweu** vai ◆ s/he covers the teepee with boughs

◁ᔥᒑᐦᑯᓈᐴ **ashtaahkunaapuu** ni ◆ home brew made from boughs (spruce, fir)

◁ᔥᒑᐦᑯᓈᐸᐦᑎᑯᒡ **ashtaahkunapaahtikuch** na pl ◆ needles from used flooring bough, conifer branch with no needles

◁ᔥᒑᐦᑯᓐ **ashtaahkun** na-im ◆ bough for flooring

◁ᔥ᛫ᒑᐅᓂᐦᒉᐤ **ashtwaaunihcheu** vai ◆ s/he prepares food to be eaten later

◁ᔥ᛫ᒑᐎᓐ **ashtwaawin** nid ◆ leftover food to be eaten later

◁ᔥ᛫ᒑᐤ **ashtwaau** vai ◆ s/he keeps food for later

◁ᔥ᛫ᒑᑲᓂᐦᑳᓐ **ashtwaakanihkaan** ni ◆ food made ready for coming company

◁ᔥ᛫ᒑᑲᓂᐦᒉᐤ **ashtwaakanihcheu** vai ◆ s/he gets food ready for coming guests

ᐊᔅᒌ ashtwaasuu vai reflex -u ♦ s/he keeps things for her/himself for later use

ᐊᕔᑊ ayekwaah p,interjection ♦ get out of the way!

ᐊᔨᐍᓴᓅᒌᔑᑳᐤ ayiwesinaanuuchiishikaau vii ♦ it is Labour Day

ᐊᔨᒁᔫ ayikweyimeu vta [Inland] ♦ s/he feels compassion for him/her/it (ex abandoned dog)

ᐊᔨᑯᔥ ayikush na [Coastal] ♦ ant

ᐊᔨᑳᑖᔥ ayikataash ni ♦ pitcher plant *Sarracenia purpurea*

ᐊᔨᑳᒥᓈᐦᑎᒄ ayikaminaahtikw ni ♦ swamp red currant bush *Ribes triste* 'Wild red currant'

ᐊᔨᑳᒥᓂᐦ ayikaminh ni pl ♦ smooth red currants *Ribes triste* 'Wild red currant'

ᐊᔨᑳᐦᑯᒡ ayikaahkuch na ♦ toad eggs

ᐊᔨᑳᐦᑿ ayikaahkw na ♦ tadpole

ᐊᔨᒀᔅᑯᐦᐄᑲᓈᐦᑎᒄ ayikwaaskuhiikanaahtikw ni ♦ bulletin board

ᐊᔨᒀᔅᑯᐦᐄᑲᓐ ayikwaaskuhiikan ni ♦ poster, notice on pole, wall, bulletin board

ᐊᔨᒃ ayik na -im ♦ toad

ᐊᔨᒄ ayikw na [Eastmain] ♦ ant

ᐊᔨᒥᑐᓀᔫ ayimituneyuu vai -i ♦ s/he moves her/his lips as if talking

ᐊᔨᒥᑑᑐᐌᐤ ayimituutuweu vta ♦ s/he talks persuasively about him/her

ᐊᔨᒥᑑᑕᒻ ayimituutam vti ♦ s/he talks persuasively about it

ᐊᔨᒥᐦᐁᐅᑲᒥᒄ ayimiheukamikw ni ♦ church

ᐊᔨᒥᐦᐁᐅᒋᒫᐅᑲᒥᒄ ayimiheuchimaukamikw ni ♦ minister's house

ᐊᔨᒥᐦᐁᐅᒋᒫᐤ ayimiheuchimaau na -maam ♦ minister, preacher

ᐊᔨᒥᐦᐁᐅᒋᔅᑐᐦᒉᓲ ayimiheuchistuhchesuu na ♦ pianist, organist

ᐊᔨᒥᐦᐁᐅᒋᔅᑐᐦᒋᑲᓐ ayimiheuchistuhchikan ni ♦ piano, organ

ᐊᔨᒥᐦᐁᐅᒋᔑᑳᐤ ayimiheuchiishikaau vii ♦ it is Sunday, literally 'praying day'

ᐊᔨᒥᐦᐁᐅᓯᓈᐦᐄᑲᓐ ayimiheusinahiikan ni ♦ prayer book

ᐊᔨᒥᐦᐁᐎᓐ ayimihewin ni ♦ religion

ᐊᔨᒥᐦᐁᐤ ayimiheu vta ♦ s/he talks to him/her

ᐊᔨᒥᐦᐁᑳᓱᐎᓐ ayimihekaasuwin ni ♦ hypocrisy (in religion)

ᐊᔨᒥᐦᐁᔥᑐᐌᐤ ayimiheshtuweu vta ♦ s/he prays to, worships him/her

ᐊᔨᒥᐦᐁᔥᑕᒧᐌᐤ ayimiheshtamuweu vta [Inland] ♦ s/he prays for him/her

ᐊᔨᒥᐦᐁᐦᑳᓲ ayimihehkaasuu vai -u ♦ s/he pretends to pray, one who is a hypocrite Christian

ᐊᔨᒥᐦᐄᐍᓲ ayimihiiwesuu na -siim ♦ being, spirit whose voice is heard in shaking tents and dreams

ᐊᔨᒥᐦᐄᑐᐎᓐ ayimihiituwin ni ♦ conversation

ᐊᔨᒥᐦᐋᐎᓃᔥ ayimihaawinish ni pl dim [Inland] ♦ short prayer

ᐊᔨᒥᐦᐋᐤ ayimihaau vai ♦ s/he attends church

ᐊᔨᒥᐦᑐᐌᐤ ayimihtuweu vta ♦ s/he reads it to him/her

ᐊᔨᒥᐦᑖᐤ ayimihtaau vai+o ♦ s/he reads it

ᐊᔨᒥᐦᒋᑫᐎᓐ ayimihchikewin ni ♦ prayer

ᐊᔨᒥᐦᒋᑫᐤ ayimihchikeu vai ♦ s/he prays

ᐊᔨᒥᐦᒋᑫᔥᑕᒧᐌᐤ ayimihchikeshtamuweu vta [Coastal] ♦ s/he prays for him/her

ᐊᔨᒦᒫᑲᓐ ayimiimakan vii ♦ it talks (ex radio)

ᐊᔨᒦᔥᑕᒧᐌᐤ ayimiishtamuweu vta ♦ s/he talks for him/her

ᐊᔨᒧᐌᔮᐲᐅᑲᒥᒄ ayimuweyaapiiukamikw ni ♦ radio station

ᐊᔨᒧᐎᓐ ayimuwin ni ♦ language, speech

ᐊᔨᒨ ayimuu vai -i ♦ s/he talks

ᐊᔨᒨᐌᔮᐲ ayimuuweyaapii ni -m ♦ bush radio

ᐊᔨᒨᐎᓐ ayimuuwin ni ♦ word, talk

ᐊᔨᐦᐄᒉᐤ ayihiicheu vai ♦ s/he packs snow around the lower edge of the teepee

ᐊᔨᐦᑎᓐ ayihtin vii [Inland] ◆ it is a different one

ᐊᔨᐦᑎᓰᐤ ayihtisiiu vai [Inland] ◆ s/he is a different one

ᐊᔨᐦᑎᔅᑳᓀᓲ ayihtiskaanesuu vai [Inland] ◆ s/he is of a different race, tribe

ᐊᔨᐦᑐᐍᓅ ayihtuwenuu vai -uu [Inland] ◆ s/he is of a different race than the others

ᐊᔨᐦᑐᐍᔨᒣᐤ ayihtuweyimeu vta [Inland] ◆ s/he finds him/her different from someone else

ᐊᔫᐚᐸᐦᑌᐸᔨᐦᐄᒉᐸᔫ ayuuwaapahtehiichepayuu vai ◆ it (animate) causes a little breeze

ᐊᔫᒌᒣᐤ ayuuchiimeu vta [Inland] ◆ s/he outgrows him/her/it (anim, ex pants)

ᐊᔫᒌᐦᑕᒻ ayuuchiihtam vti [Inland] ◆ s/he outgrows it

ᐊᔫᒥᓇᐋᐃᐦᑯᓈᐤ ayuuminaaaihkunaau na -naam ◆ rolled oat bannock

ᐊᔫᒥᓇᒡ ayuuminach na pl -im ◆ rolled oats

ᐊᔫᓀᑯᐦᑊ ayuunekuhp ni ◆ fur coat

ᐊᔫᓄᐏᐟ ayuunuwit ni ◆ bag for beaver pelts

ᐊᔫᓅᑐᐦᒉᐤ ayuunuutuhcheu vai -chesiim ◆ s/he bales furs

ᐊᔫᓇᔥᑐᑎᓐ ayuunashtutin ni ◆ fur hat

ᐊᔫᓐ ayuun na ◆ fur, pelt

ᐊᔫᓯᓰᐤ ayuusisiiu vai ◆ it (anim) is fresh food

ᐊᔫᔅᑲᓇᒡ ayuuskanach ni pl -im ◆ raspberries

ᐊᔫᔅᑲᓈᐦᑎᒄ ayuuskanaahtikw ni ◆ raspberry bush *Rubus idaeus var. strigosus*

ᐊᔫᔅᑲᓐ ayuuskan na -im ◆ raspberry

ᐊᔫᔑᐚᐸᓐᐦ ayuushiwaapanh p,time ◆ the following morning

ᐊᔫᔑᐳᓐᐦ ayuushipunh p,time ◆ within the same winter, year

ᐊᔫᔑᑎᐱᔅᑳᐤᐦ ayuushitipiskaauh p,time ◆ the night of the same day

ᐊᔫᔑᑎᒁᒋᓐᐦ ayuushitikwaachinh p,time ◆ within the same fall

ᐊᔫᔑᑖᑯᔗᐦ ayuushitaakushuuh p,time ◆ the evening of the same day

ᐊᔫᔑᒌᔑᑳᐤᐦ ayuushichiishikaauh p,time ◆ within the same day

ᐊᔫᔑᓃᐱᓐᐦ ayuushiniipinh p,time ◆ within the same summer

ᐊᔫᔑᓰᑯᓐᐦ ayuushisiikunh p,time ◆ within the same spring

ᐊᔫᔖᐤ ayuushaau vai ◆ it is fresh food

ᐊᔫᔥ ayuush p,time ◆ doing something within the same period of time (ex day)

ᐊᔮᐍᐤ ayaaweu vta ◆ s/he has it (anim)

ᐊᔮᐤ ayaau vai+o ◆ s/he has it

ᐊᔮᐸᐸᔨᐦᐁᐤ ayaapapayiheu vta ◆ s/he unwinds it (anim, ex. yarn) ▪ ᐊᔮᐸᐸᔨᐦᐁᐤ ᒥᑖᓯᔮᐲᐦ᙮ ▪ *She is unwinding the yarn.*

ᐊᔮᒁ ayaakwaa p,interjection ◆ be careful! ▪ ᔫᐦᒃ ᐊᔮᒁ ᑲᓄᐍᔨᐦᐟ ᒋᐸᔅᒋᓯᑲᓐ᙮ ▪ *Be sure to take good care of your gun.*

ᐊᔮᒁᒣᔨᒣᐤ ayaakwaameyimeu vta ◆ s/he is careful with it (anim)

ᐊᔮᒁᒣᔨᒧᐏᓐ ayaakwaameyimuwin ni ◆ cautiousness, heed

ᐊᔮᒁᒣᔨᐦᑕᒻ ayaakwaameyihtam vti ◆ s/he is cautious

ᐊᔮᒁᒥᐍᐏᓐ ayaakwaamiwewin ni ◆ warning to be cautious

ᐊᔮᒁᒥᒣᐤ ayaakwaamimeu vta ◆ s/he cautions, warns him/her

ᐊᔮᒁᒦᐤ ayaakwaamiiu vai ◆ s/he is careful, cautious

ᐊᔮᒁᒦᔥᑐᐍᐤ ayaakwaamiishtuweu vta ◆ s/he is cautious, careful with him/her

ᐊᔮᒁᒦᔥᑕᒻ ayaakwaamiishtam vti ◆ s/he is cautious, careful with it

ᐊᔮᒄ ayaakw p,emphasis ◆ emphatic marker used after another particle (*tekuh ayaakw, iska ayaakw, maak ayaakw*) ▪ ᐁᑯᐦ ᐊᔮᒄ ᑌᑯᔑᐦᒃ᙮ ◆ ᐁᑯᐦ ᐊᔮᒄ ᒉ ᒋᑲᓭᒣᐟ ᐊᓐ ᐊᐙᔥ᙮ ▪ *S/he finally arrives.* ◆ *It is the first time the child walks on snowshoes.*

ᐊᔮᔨᑳᓰᐤ ayaayikaasiiu vai [Eastmain] ◆ s/he is teasing

ᐊᔮᔨᑳᐦᐁᐤ ayaayikaaheu vta [Eastmain] ◆ s/he teases him/her/it (anim)

ᐊᔮᔮᐦᒡ ayaayaahch p,manner ◆ in spite of, to continue doing something after being told not to do so, disobedience ▪ ᒧᔥ ᐊᔮᔮᐦᒡ ᐃᐦᑐ ᒉᒁᔫ ᐁ ᐃᑖᑲᓅᐟ᙮ ▪ *He's always doing something else in spite of what he's told.*

ᐊᐧᔮᔥᑎᓐ aywaashtin vii ◆ it is calm

ᐊᓚᑲᐦᑯᐃ alakahkui na -uiim [Inland]
♦ bloodsucker, leech

ᐊᕌ" araah p,interjection ♦ command to tell the leader of the dogteam to go to the left

ᐊ"ᐁ° aheu vta ♦ s/he places it (anim) somewhere

ᐊ"ᐃᐱᐦᑳᒉᐤ ahiipihkaacheu vai [Coastal]
♦ s/he makes a net with it

ᐊ"ᐃᐱᐦᑳᓈᐦᑎᒄ ahiipihkaanaahtikw na -um [Coastal] ♦ netting needle

ᐊ"ᐃᐱᐦᒉᒑᒉᐤ ahiipihchewaacheu vai [Coastal] ♦ s/he makes a net with it

ᐊ"ᐃᐱᐦᒉᐤ ahiipihcheu vai [Coastal]
♦ s/he makes a net

ᐊ"ᐃᐱᐦᒉᓰᔅᑳᐤ ahiipihchesiiskaau vii
♦ there are a lot of spiders, spiders are numerous

ᐊ"ᐃᐱᐦᒉᓱ ahiipihchesuu na -shiish [Coastal] ♦ spider

ᐊ"ᐃᐱ ahiipii na -m [Coastal] ♦ net

ᐊ"ᐃᐱᔮᐯᒄ ahiipiiyaapekw na ♦ netting twine

ᐊ"ᐃᐱᔮᐦᑎᒄ ahiipiiyaahtikw ni -um ♦ net pole

ᐊ"ᐃᐱᐦᒉᓱ ahiipiihchesuu vai ♦ s/he is a net-maker

ᐊ"ᐃᐱᐦᒉᓱ ahiipiihchesuu na -shiish ♦ spider

ᐊ"ᐊᐱᐦᑳᒉᐤ ahapihkaacheu vai [Inland]
♦ s/he makes a net with it

ᐊ"ᐊᐱᐦᑳᓈᐦᑎᒄ ahapihkaanaahtikw na -um [Inland] ♦ netting needle

ᐊ"ᐊᐱᐦᒉᒑᒉᐤ ahapihchewaacheu vai [Inland] ♦ s/he makes a net with it

ᐊ"ᐊᐱᐦᒉᐤ ahapihcheu vai [Inland]
♦ s/he makes a net

ᐊ"ᐊᐱ ahapii na -m [Inland] ♦ net

ᐊ"ᐋᔅ ahaas na -im ♦ horse, saw-horse, from English 'horse'

ᐊ"ᓂᔖᐳᓂᑲᓐ ahtiishaapunikan ni [Coastal] ♦ needle for making holes in a beaver skin for stretching (old term)

ᐊ"ᑯᔥᑎᓂᔐᐤ ahkushtinishuu vai -i
♦ s/he/it (anim) is dripped on (ex through a leak in a tent)

ᐊ"ᑯᔥᑎᓐ ahkushtin vii ♦ it is dripped on (ex through a leak in a tent)

ᐊ"ᒉᐸᐦᑴᔑᒣᐤ ahchepahkweshimeu vta
♦ s/he causes the canvas to bulge out by leaning it (anim) against it

ᐊ"ᒉᐸᐦᑴᐦᑖᐤ ahchepahkwehtaau vai+o
♦ s/he causes the canvas to bulge out by leaning something against it

ᐊ"ᒉᒥᔅᑯ ahchemiskuu vai -u ♦ it (beaver) is pregnant

ᐊ"ᒉᒧᓱ ahchemusuu vai -u ♦ it (moose) is pregnant

ᐊ"ᒉᒧᔅ ahchemuus na -um ♦ pregnant moose

ᐊ"ᒉᔑᓐ ahcheshin vai ♦ s/he leans and makes a bulge visible from outside

ᐊ"ᒉᔥᑎᒧ ahcheshtimuu vai -u ♦ it (dog) is pregnant (old term)

ᐊ"ᒉᔮᐱᔑᐤ ahcheyaapishiiu vai -u ♦ it (lynx) is pregnant

ᐊ"ᒉᔮᐳᔋ ahcheyaapushuu vai -u ♦ it (hare, rabbit) is pregnant

ᐊ"ᒉᐦᑎᓐ ahchehtin vii ♦ it leans and makes a bulge visible from outside

ᐊ"ᒑᐱ ahchaapii na -m ♦ bow, metal spring

ᐊ"ᒑᐦᑰ ahchaahkuu vai -uu ♦ s/he is a spirit, s/he has spiritual power

ᐊ"ᒑᐦᑰᓐ ahchaahkuun vii [Coastal] ♦ it is a spirit, it has spiritual power

ᐊ"ᒑᐦᒄ ahchaahkw na ♦ soul, spirit; pompom on hat

ᐊ"ᔫ ahyeu vta [Mistissini] ♦ s/he places it (anim) somewhere

ᐊ

ᐋ aa p,question ♦ question marker ▪ ᓅᒉ° ᐊ ᓂᒋ·ᐊᔯᐦᓕ. ▪ *Is your child asleep?*

ᐋᐃ aai p,interjection ♦ exclamation used to get someone's attention ▪ ᐋᐃ, ᐁᑯ·ᐋ ᐃ"ᑐᑦ ᐊ°ₓ ▪ *Hey! don't do that.*

ᐋᐃ·ᐋ" aaiwaash p,manner ♦ no luck (ex in hunting) after a great deal of effort ▪ ᐋᐃ·ᐋ" ᐋᐃ ᓃᐱᒡᐋ°ₓ ▪ *I have no luck with my snares.*

ᐋᐃᔖᐨ aaishaach p,manner ♦ with extreme effort, unwillingly, in spite of ▪ ᐋᐃᔖᐨ ᑿ ᐅᔅ ᐋᐸᓂᔫ ᐋᒡ ᐁ ᐳ ᐊ"ᑯᒣₓ ▪ *He still made the effort to go work even though he was sick.*

ᐊᐃ"ᐁ aaihe p,interjection [Inland] ♦ uh, I mean

ᐊᐃ".ᐁ aaihwe p,interjection [Waswanipi] ♦ uh, I mean

ᐊᐃ"ᑫᐋᐳᒫᑯᓐ aaihkunaaumaakun vii ♦ it smells like bannock, cake

ᐊᐃ"ᑫᐋᐳᒫᔐᐪ aaihkunaaumaashteu vii ♦ there is a smell of baking bread, bannock

ᐊᐃ"ᑫᐋ° aaihkunaau na -naam ♦ bannock

ᐊᐃ"ᑫᐋ"ᕐ° aaihkunaahcheu vai ♦ s/he makes bannock

ᐊᐃ"ᑫᐋ"ᕐᔾ aaihkunaahchesuu na ♦ baker, pastry chef

ᐊᐳ·ᐊᑊ aauwach pro,dem, question ♦ could they be the ones? (anim, see *aau*) ▪ ᒉᐸ ᐦ ᐊᐳ·ᐊᑊ ᐊ ᓂᒐ·ᐊᒡᒷᕁ ▪ *Could those be my children?*

ᐊᐳ·ᐊᓂᔾ aauwaniyuu pro,dem, question ♦ could that be the one? (obv inan, see *aauwan*) ▪ ᒉᐸ ᐦ ᐊᐳ·ᐊᓂᔾ ᐊ ᐳᒀᓓᕁ ▪ *Could that be her/his car?*

ᐊᐳ·ᐊᓂᔾ" aauwaniyuuh pro,dem, question ♦ could those be the ones? (obv inan, see *aauwan*) ▪ ᒉᐸ ᐦ ᐊᐳ·ᐊᓂᔾ ᐊ ᐳᕀᑿᓗᕁ ▪ *Could those be her/his things?*

ᐊᐳ·ᐊᐊ aauwan pro,dem, question ♦ could that be the one? (inan) ▪ ᒉᐸ ᐦ ᐊᐳ·ᐊᐊ ᐊ ᓎᒀᐊᕁ ▪ *Could that be my car?*

ᐊᐳ·ᐊᐊ" aauwanh pro,dem, question ♦ could those be the ones? (see *aauwan*) ▪ ᒉᐸ ᐦ ᐊᐳ·ᐊᐊ" ᐊ ᓂᕀᑿᓗᕁ ▪ *Could those be my things?*

ᐊᐳᑐᔾ aautusuu na -siim [Inland] ♦ kind of sucker

ᐊᐳᑐᔾ aautuusuu na -iim [Inland] ♦ white sucker *Catostomus commersoni*

ᐊᐳᓄ·ᐁ° aaunuweu vta ♦ s/he is reminded of someone by another

ᐊᐳᓀ° aaunaau na ♦ landlocked salmon *Salvelinus alpinus*

ᐊᐳᔐ·ᐁ° aauseweu vai ♦ s/he walks out of sight behind something (ex point of land, building)

ᐊᐳᔐ·ᐁ<ᔾ aausewepayuu vai ♦ s/he drives out of sight behind something (ex point of land, building)

ᐊᐳᔾ" aauyuuh pro,dem, question ♦ could s/he be the one? could they be the ones? (obv anim, see *aau*) ▪ ᒉᐸ ᐦ ᐊᐳᔾ" ᐊ ᐳᑲ·ᐋᕁ ▪ *Could that be her mother?*

ᐊᐳ"ᕐ° aauhcheu vai ♦ s/he seems like someone else to him/her ▪ ·ᒐᐊ" ᐦ ᐊᐳ"ᕐ° ᐊᓂᔾ" ᐋᐁ°"ᕁ ▪ *S/he thought that man resembled John.*

ᐊ·ᐁ aawe p,interjection ♦ OK? agreed? please? (speaker is looking for agreement from listener) ▪ ᒌᕆᒋᑦ"ᐤ ᐊᐤᑦᒎ°, ᐊ·ᐁᕁ ▪ *Let's go to the restaurant, OK?*

ᐊ·ᐁᔦᕐ° aaweyimeu vta ♦ someone reminds him/her of someone else ▪ ᐊ·ᐁᐊ ᓂᒡ·ᐁᔆᓕ° ᐁ ·ᐊᒡᒷ ᐊᐊ ᐋᐅ°ᕁ ▪ *I am reminded of someone when I see that man. /That man reminds me of somebody.*

ᐊ·ᐁᔦᕐ"ᒡᐪ aaweyihtam vti ♦ s/he thinks of it as another

ᐊ° aau pro,dem, question ♦ could s/he/it (anim) be the one? ▪ ᒉᐸ ᐦ ᐊ° ᐊ ᓎᑲ·ᐋᕁ ▪ *Could that be my mother?*

ᐊᐱᑎᓂᔾ° aapitinishin vai ♦ s/he falls and dies instantly

ᐊᐱᑎᓃ° aapitiniiu vai ♦ s/he manages to take all her/his load in one trip

ᐊᐱᑕᓇ"·ᐁ° aapitanahweu vta ♦ s/he shoots him/her/it and he/she/it falls and dies instantly

ᐊᐱᑯᔾᔾᔾ aapikushiishish na dim ♦ young mouse, probably young deer mouse *Peromyscus maniculatus*

ᐊᐱᑯᔾᔾ"ᑲ aapikushiishihkaan na ♦ toy mouse

ᐊᐱᑯᔾᔾ aapikushiish na dim ♦ mouse, probably deer mouse *Peromyscus maniculatus*; computer mouse

ᐊᐱᑲᓀᔖᐁ°ᐁ° aapikaneshaaweu vai ♦ s/he cuts meat off an animal starting from the backbone

ᐊᐱᒥᐳ° aapimipiteu vta ♦ s/he turns him/her to face the speaker, it (anim, goose) turns back to person calling

ᐊᐱᒥᒑᓈ aapimitaashuu vai -i ♦ s/he/it (anim) blows, sails into the lee

ᐊᐱᒥᑲᓇ·ᐊ<ᐯ° aapimikanawaapameu vta ♦ s/he looks back at him/her, looks behind him/her

ᐊᐱᒥᒍ·ᐃᓐ aapimichuwin vii ♦ the current is slower, in a backwater

ᐊᐱᒥᐦᑎᓐ aapimihtin vii ♦ it is sheltered from the storm

ᐊᐱᒦᐤ aapimiiu vai ♦ it (anim) turns toward (as a goose to a decoy)

ᐊᐱᒦᔅᑐᐌᐤ aapimiishtuweu vta ♦ s/he turns toward, on him/her/it (anim)

ᐊᐱᒫᐤ aapimaau vii ♦ it is sheltered

ᐊᐱᒫᐳᑌᐤ aapimaaputeu vii ♦ it drifts into an area of calm water

ᐊᐱᒫᐳᑯᐤ aapimaapukuu vai-u ♦ s/he drifts into an area of calm water

ᐊᐱᒫᔔ aapimaashuu vai-i ♦ it (anim, snow) blows into the lee, s/he sails into a sheltered place

ᐊᐱᒫᔥᑎᓐ aapimaashtin vii ♦ it blows, sails into the lee, into a sheltered place

ᐊᐱᒼ aapim p,location ♦ behind something, around the corner ▪ ᐊᓱᐧ ᐊᐱᒼ ᐧᑦᑊᐋᑊᓅ ᐊᒥᒌᕀ ▪ Put it behind the house.

ᐊᐱᓯᐦᐁᐤ aapisiheu vta ♦ s/he revives, arouses him/her

ᐊᐱᓰᐌᔨᐦᑕᒼ aapisiiweyihtam vti ♦ s/he revives, s/he recovers consciousness

ᐊᐱᓵᐳᐤ aapisaapuu vai-i ♦ s/he looks back

ᐊᐱᓵᐸᒣᐤ aapisaapameu vta ♦ s/he glances back at him/her

ᐊᐱᓵᐸᐦᑕᒼ aapisaapahtam vti ♦ s/he glances back at it

ᐊᐱᓵᐹᐤᔦᐤ aapisaapaauyeu vta ♦ s/he revives, wakes him/her using water on his/her face

ᐊᐱᓵᐹᐌᐤ aapisaapaaweu vai ♦ s/he is awakened by water on her/his face

ᐊᐱᔅᑎᒋᓀᐤ aapistichineu vta ♦ s/he opens the seam of it (anim, ex material) through handling, wearing

ᐊᐱᔅᑎᒋᓇᒼ aapistichinam vti ♦ s/he opens the seam of it through handling, wearing

ᐊᐱᔅᑎᒋᔥᐌᐤ aapistichishweu vta ♦ s/he cuts the seam of it (anim) open

ᐊᐱᔅᑎᒋᔕᒼ aapistichisham vti ♦ s/he cuts the seam of it open

ᐊᐱᔅᑎᒋᔥᑯᐌᐤ aapistichishkuweu vta ♦ s/he undoes the stitching of it (anim) by wearing it (anim), s/he splits the seam if it (anim, ex pants)

ᐊᐱᔅᑎᒋᔥᑲᒼ aapistichishkam vti ♦ s/he undoes the stitching of it by wearing it

ᐊᐱᔑᐦᑯᔔ aapishihkushuu vai-i ♦ s/he is awake

ᐊᐱᐦᐄᐱᑕᒼ aapihiipitam vti ♦ s/he opens it by pulling

ᐊᐱᐦᐄᐸᔫ aapihiipayuu vai/vii-i ♦ it opens

ᐊᐱᐦᐄᑲᐦᑕᒼ aapihiikahtam vti ♦ s/he unties it with his teeth

ᐊᐱᐦᑌᐤ aapihteu vta [Coastal] ♦ s/he unravels it (anim)

ᐊᐱᐦᑎᐱᐄᐧᐄᔨᔫ aapihtipiiwiiyiyuu na -yiim [Coastal] ♦ Algonkin person, Indian

ᐊᐱᐦᑐ aapihtuu p,quantity ♦ half ▪ ᐊᐱᐦᑐ ᐊᓱᐧ ᐊᓯᒼ ᐊᐧᑦᑊᐋᓅ ▪ Just give her half a bannock.

ᐊᐱᐦᑑᐋᐯᐤ aapihtuuwaapeu vai ♦ he is a half grown man

ᐊᐱᐦᑑᐋᒫᑎᓐ aapihtuuwaamatin p,location ♦ half-way up a mountain

ᐊᐱᐦᑑᐋᔖᐤ aapihtuuwaashaau p,location ♦ half-way along the bay

ᐊᐱᐦᑑᐋᐦᑎᐦᒁ aapihtuuwaahtihkw p,location ♦ in the middle, half-way, on a stick-like thing

ᐊᐱᐦᑑᐋᐦᑲᑎᓲ aapihtuuwaahkatisuu vai -u ♦ it (anim) is half-dried

ᐊᐱᐦᑑᐋᐦᑲᑐᑌᐤ aapihtuuwaahkatuteu vii ♦ it is half-dried

ᐊᐱᐦᑑᐱᑐᓐ aapihtuupitun p,location ♦ half-way along the arm

ᐊᐱᐦᑑᑳᑦ aapihtuukaat p,location ♦ half-way along a leg

ᐊᐱᐦᑑᑳᒼ aapihtuukaam p,location ♦ half-way along a lake

ᐊᐱᐦᑑᓐ aapihtuun vii ♦ it is Wednesday; it is half of something

ᐊᐱᐦᑑᔑᓀᐤ aapihtuuschineu vii ♦ it is half-filled

ᐊᐱᐦᑑᔑᓀᐸᔮᐤ aapihtuuschinepeyaau vii ♦ it is half-full of liquid

ᐊᐱᐦᑑᔑᓀᐱᑖᐤ aapihtuuschinepitaau vai+o ♦ s/he fills it half-full with liquid

ᐊᐱᐦᑑᔑᓂᑖᓲ aapihtuuschinitaasuu vai -u ♦ s/he fills it half-full

ᐊᐱᐦᑑᔑᓂᐦᑖᐤ aapihtuuschinihtaau vai+o ♦ s/he fills it half-full with something

ᐊᐱᐦᑑᔫ aapihtuuyuu p,location ♦ half-way down the body, at the waist

ᐊᐱᕻᑕᒻ aapihtam vti [Coastal] ♦ s/he unravels it

ᐊᐱᕻᑖᐱᔅᑳᐤ aapihtaatipiskaau vii ♦ it is midnight

ᐊᐱᕻᑖᑎᑯᐦᒡ aapihtaatikuhch p,location ♦ in the middle of the canoe, half-way of the length

ᐊᐱᕻᑖᒌᔑᑳᐤ aapihtaachiishikaau vii ♦ it is noon

ᐊᐱᕻᑖᔅᑲᓅ aapihtaaskanuu p,location ♦ half-way along the road, path

ᐊᐱᕻᑯᔥᐧᐁᐤ aapihkushweu vta ♦ s/he cuts it (anim) loose from the tie

ᐊᐱᕻᑯᔒᒻ aapihkusham vti ♦ s/he cuts the tie on it, cuts it loose

ᐊᐱᕻᑲᓀᔥᐧᐁᐤ aapihkaneshweu vta ♦ s/he debones it (anim)

ᐊᐱᕻᑲᓀᔓᒻ aapihkanesham vti ♦ s/he debones it

ᐊᐱᕻᑲᓀᔖᐚᓐ aapihkaneshaawaan ni ♦ deboned animal

ᐋᐴᐋᐤ aapuwaau vii ♦ it is thawed

ᐋᐴᐊᐱᔅᒋᑌᐤ aapuwaapischiteu vii ♦ it (stone, metal) heats up

ᐋᐴᐊᐱᔅᒋᓱ aapuwaapischisuu vai-u ♦ it (anim, stone, metal) heats up

ᐋᐴᐋᑲᒥᑌᐤ aapuwaakamiteu vii ♦ it is warm liquid, after heating

ᐋᐴᐋᐦᑯᐤ aapuwaaskuteu vii ♦ it (stick-like) heats up

ᐋᐴᐋᐦᑯᓲ aapuwaaskusuu vai-i ♦ it (anim, stick-like) heats up

ᐋᐴᐋᔥᑌᐤ aapuwaashteu vii ♦ it heats up in the sun, the sun heats it

ᐋᐴᑎᓀᐤ aaputineu vta ♦ s/he folds it (anim, skin) over

ᐋᐴᑎᓂᔅᑳᔨᐌᐤ aaputiniskaayiweu vai ♦ it (anim) has a turned up tail

ᐋᐴᑎᓇᒻ aaputinam vti ♦ s/he folds it over, s/he pulls it inside out

ᐋᐴᑎᓈᐤ aaputinaau na-naam ♦ beaver with bones removed for cooking, flesh is in one piece, turned inside out, and cooked on a string

ᐋᐴᑎᓈᐦᒉᐤ aaputinaahcheu vai ♦ s/he cooks a beaver turned inside-out

ᐋᐴᑎᔥᐧᐁᐤ aaputishweu vai ♦ s/he cuts meat off an animal by it's back

ᐋᐴᑐᐍᐦᐊᒫᐤ aaputuwehamaau vai ♦ s/he combs her/his hair back

ᐋᐴᑐᓀᐦᐌᐤ aaputunehweu vta ♦ s/he opens the mouth of it (anim, wood stove)

ᐋᐴᑖᔨᐌᐤ aaputaayiweu vai ♦ it (dog) has a curled tail

ᐋᐴᒋᐱᑌᐤ aapuchipiteu vta ♦ s/he turns it (anim) inside out roughly, with quick motions

ᐋᐴᒋᐸᔫ aapuchipayuu vai/vii-i ♦ it (anim) folds over, turns inside out

ᐋᐴᔥᐧᐁᐤ aapushweu vta ♦ s/he cuts it (anim) open

ᐋᐴᔕᒻ aapusham vti ♦ s/he cuts it open

ᐋᐴᔥᑯᐌᐤ aapushkuweu vta ♦ s/he goes to meet up with someone already on the way

ᐋᐴᔥᑲᒻ aapushkam vti ♦ s/he goes to meet it

ᐋᐴᔥᑳᒉᐤ aapushkaacheu vai ♦ s/he goes to meet someone who is returning

ᐋᐴᔨᑐᐃᓐ aapuyituwin ni ♦ parcel (old term)

ᐋᐴᔨᑯᓰᐃᓐ aapuyikusiiwin ni ♦ parcel

ᐋᐴᐦᐌᓀᐤ aapuhweneu vta ♦ s/he unrolls, unravels it (anim) by hand

ᐋᐴᐦᐌᓇᒻ aapuhwenam vti ♦ s/he unrolls, unravels it with her/his hands

ᐋᐴᐦᐌᔦᒋᓀᐤ aapuhweyechineu vta ♦ s/he unwraps him/her

ᐋᐴᐦᑲᑌᐦᑕᒻ aapuhkatehtam vti ♦ s/he spits it out

ᐋᐴᐋᔮᐤ aapuuwaayaau vii ♦ it is a mild day, especially in spring, when snow melts

ᐋᐴᐸᔫ aapuupayuu vii-i ♦ the weather warms up

ᐋᐴᑌᐤ aapuuteu vii ♦ it is thawed by heat

ᐋᐴᑎᐦᒉᓀᐤ aapuutihcheneu vta ♦ warms someone's hands in her/his own

ᐋᐴᑖᒣᐤ aapuutaameu vta ♦ s/he thaws it (anim) in the mouth

ᐋᐴᒑᕻᑕᒻ aapuutaahtam vti ♦ s/he thaws it in her/his mouth

ᐋᐴᑯᕻᑎᑖᐤ aapuukuhtitaau vai+o ♦ s/he thaws it in water

ᐋᐴᑯᐦᒋᒣᐤ aapuukuhchimeu vta ♦ s/he thaws it (anim) in heated water

ᐋᐳᓄ° **aapuuneu** vta ♦ s/he thaws, unfreezes him/her by hand
ᐋᐳᓇᒫ **aapuunam** vti ♦ s/he thaws, unfreezes it with his hands
ᐋᐳᔌ° **aapuusweu** vta ♦ s/he thaws it (anim) by heat
ᐋᐳᔔ **aapuusuu** vai -u ♦ it (anim) is thawed by heat
ᐋᐳᓴᒻ **aapuusam** vti ♦ s/he thaws it by heat
ᐋᐳᔥᑌᐤ **aapuushteu** vta ♦ it (anim) thaws while sitting there
ᐋᐳᔥᑖᐤ **aapuushtaau** vai+o ♦ s/he thaws it
ᐋᐳᔥᑯᐌᐤ **aapuushkuweu** vta ♦ s/he heats him/her with the body
ᐋᐳᔥᑲᒻ **aapuushkam** vti ♦ s/he heats it with her/his body
ᐋᐳᐦᐁᐤ **aapuuheu** vta ♦ s/he thaws it (anim)
ᐋᐸᐱᑌᐤ **aapapiteu** vta [Inland] ♦ s/he unrolls, unravels it (anim) by pulling
ᐋᐸᐱᑕᒻ **aapapitam** vti [Inland] ♦ s/he unrolls, unravels it by pulling
ᐋᐸᐸᔫ **aapapayuu** vai/vii -i ♦ it (anim) unrolls, unravels
ᐋᐸᑎᓐ **aapatin** vii ♦ it is used, it is useful
ᐋᐸᑎᓰᐤ **aapatisiiu** vai ♦ s/he works
ᐋᐸᑎᓰᒫᑲᓐ **aapatisiimakan** vii ♦ it works
ᐋᐸᑎᓰᔥᑕᒧᐌᐤ **aapatisiishtamuweu** vta ♦ s/he works for him/her
ᐋᐸᑎᓰᐦᑲᐦᑐᐌᐤ **aapatisiihkahtuweu** vta ♦ s/he works on it (anim, ex snowshoe)
ᐋᐸᑎᓰᐦᑲᐦᑕᒻ **aapatisiihkahtam** vti ♦ s/he works on it
ᐋᐸᑎᓰᐦᑳᓲ **aapatisiihkaasuu** vai ♦ s/he pretends to work
ᐋᐸᒋᐦᐁᐤ **aapachiheu** vta ♦ s/he uses him/her/it (anim)
ᐋᐸᒋᐦᐅᐎᓐ **aapachihuwinh** ni pl [Inland] ♦ possessions, useful things, clothes, furniture
ᐋᐸᒋᐦᐋᑲᓐ **aapachihaakan** na ♦ helper
ᐋᐸᒋᐦᑖᐎᓐ **aapachihtaawinh** ni pl [Inland] ♦ possessions, useful things, clothes, furniture

ᐋᐸᒋᐦᑖᐤ **aapachihtaau** vai+o ♦ s/he uses it
ᐋᐸᔅᑎᒋᐱᑌᐤ **aapastichipiteu** vta ♦ s/he pulls the seam of it (anim) open, unravels it (anim)
ᐋᐸᔅᑎᒋᐱᑕᒻ **aapastichipitam** vti ♦ s/he pulls the seam of it open, unravels it
ᐋᐸᐦᐄᐅᑌᐤ **aapahiiuteu** vai ♦ s/he opens them (boxes, bags), opens gifts
ᐋᐸᐦᐄᐱᑌᐤ **aapahiipiteu** vta ♦ s/he opens it (anim) by pulling
ᐋᐸᐦᐄᐱᑕᒻ **aapahiipitam** vti ♦ s/he opens it quickly, pulls it open
ᐋᐸᐦᐄᐴ **aapahiipuu** vai -i ♦ it (anim) is set open
ᐋᐸᐦᐄᑳᒥᐤ **aapahiikameu** vta ♦ s/he opens it (anim) by teeth
ᐋᐸᐦᐄᑲᓄᐎᑦ **aapahiikanuwit** ni ♦ tool box
ᐋᐸᐦᐄᑲᓐ **aapahiikan** ni ♦ key, wrench, tool
ᐋᐸᐦᐄᔥᑌᐤ **aapahiishteu** vii ♦ it is set open
ᐋᐸᐦᐄᔥᑯᐌᐤ **aapahiishkuweu** vta ♦ s/he forces it (anim, door) open by body
ᐋᐸᐦᐄᔥᑲᒻ **aapahiishkam** vti ♦ s/he forces it open by body
ᐋᐸᐦᐄᐦᑎᓐ **aapahiihtin** vii ♦ it opens by rolling, falling
ᐋᐸᐦᐊᒫᒉᐤ **aapahamaacheu** vai ♦ s/he opens, unties it for someone
ᐋᐸᐦᐊᒻ **aapaham** vti ♦ s/he opens it
ᐋᐸᐦᐋᔅᑯᐦᐊᒻ **aapahaaskuham** vti ♦ s/he opens it with something stick-like
ᐋᐸᐦᐋᔅᑯᐦᐌᐤ **aapahaaskuhweu** vta ♦ s/he opens it (anim) with something stick-like
ᐋᐸᐦᐌᐤ **aapahweu** vta ♦ s/he opens it (anim), s/he unties a baby from his/her moss-bag
ᐋᐸᐦᐌᔥᑌᓀᐤ **aapahweshteneu** vta ♦ s/he unravels, unwinds it (anim, string-like)
ᐋᐸᐦᐌᔥᑌᓇᒻ **aapahweshtenam** vti ♦ s/he unravels, unwinds it (string-like)

aapahweyechipiteu vta
• s/he unwraps it (anim) by pulling, quickly

aapahweyechipitam vti
• s/he unwraps it by pulling, quickly

aapahweyechineu vta
• s/he unwraps it (anim)

aapahweyechinam vti
• s/he unwraps it

aapahkupiteu vta • s/he unties him/her quickly

aapahkupitam vti • s/he unties it quickly

aapahkupayuu vai/vii -i
• s/he/it becomes untied

aapahkumeu vta • it (anim, dog) unties it (anim, ex another dog's leash) by teeth

aapahkuneu vta • s/he unties, opens, frees him/her/it (anim)

aapahkunitisuu vai reflex -u
• s/he gets her/himself loose, untied

aapahkunam vti • s/he unties, opens, frees it

aapahkuhuu vai -u • s/he/it (anim) gets her/him/itself loose, is free

aatimaanischehpiteu vta
• s/he ties her/his hands behind her/his back, s/he ties its (anim, ex beaver) front legs behind

aatimaanischehpisuu vai -u
• s/he has her/his arm tied behind her/his back, it (anim) has its front legs tied behind

aatimaanischehteu vai -u
• s/he walks with her/his hands behind her/his back

aatishkuweu vta • s/he is there ahead of him/her

aatishkam vti • s/he gets there ahead of it

aatiyuuhkuweu vta • s/he tells him/her a legend

aatiyuuhkaan ni • legend

aatiyuuhcheu vai • s/he tells a legend

aatihtakahiikanh ni
• stick at end of a pile of firewood to hold it in place

aatuwii p • at least ▪ At least, there was enough food at the feast.

aatuwaachiyeh p,interjection
[Coastal] • good-bye (old term, opposite of waachiye for hello)

aatuusiiu vai • it (anim, fish) is lean

aatuuheu vta • s/he gets him/her stuck

aatuuhuu vai -u • s/he gets stuck

aatuuhtaau vai+o • s/he gets it stuck

aata p • even, even though, although ▪ He still left by boat even though it was raining. • She will be glad even if she just gets a little.

aataweyimeu vta • s/he has no use for him/her so s/he rejects, disallows, opposes him/her

aataweyimuu vai -u • s/he is in misery because s/he has something on her/his mind, s/he feels rejected

aataweyihtam vti • s/he has no use for it so s/he rejects it, disallows it, opposes it

aatawaapameu vta • s/he finds fault with him/her

aatawaapahtam vti • s/he finds fault with it

aatawaasinuweu vta
• s/he dislikes her/his appearance

aatawaasinam vti • s/he dislikes its appearance

aatakaamesikaau vii • there is a barrier of bushes

aatakaamesikwaau vii
• there is an ice barrier

aatakaameschehchishin vai • her/his way is blocked by a muskeg

aatakaameshimeu vta • s/he leaves him/her/it (anim) on the other side of a body of water with no way across

aatakaameyaau vii • the way across a body of water is blocked

aatakaameyaapiskaau vii
• there is a barrier of rock

ᐊᑕᑭᒥᕽ aatakaamihch p,location
 • blocked access, something which cannot be crossed ▪ ᐊᑕᑭᒪ ᐊᐅᓐ ᐊᔅ ᑎᐲᔾ ᐅᖃᐳᖅ ▪ *The access to his tent is blocked by the river.*

ᐊᑕᑲᒪᒋᔑᓐ aatakaamachishin vai
 • her/his crossing is blocked by a body of water

ᐊᑕᑲᒻ aatakaam p,location • on the other side of the river, river blocks the way ▪ ᐊᑕᑲᒻ ᐊᔅ ᐊᐧᑦᑐᔅ ᐅᖃᐳᖅ ▪ *The way to her/his tent is blocked by the river.*

ᐊᑕᒧᐧᐁᐤ aatamuhweu vta • s/he excels him/her

ᐊᑕᐅᐦᒋᔑᓐ aataauhchishin vai • s/he is stuck in the sand, is blocked by sand (ex sandbar in the way)

ᐊᑕᐱᔅᑲᐦᐄᑲᓐ aataapiskahiikan ni • lock on a door

ᐊᑕᐱᔅᑲᐦᐊᒻ aataapiskaham vti [Inland]
 • s/he locks it

ᐊᑕᐱᔅᑲᐦᐧᐁᐤ aataapiskahweu vta • s/he locks it (anim)

ᐊᑕᐱᔅᒋᓂᑲᓐ aataapischinikan ni
 • padlock, latch

ᐊᑕᐱᐦᒉᔑᒣᐤ aataapihcheshimeu vta
 • s/he hooks it (anim, string-like) on something

ᐊᑕᑯᓀᔑᓐ aataakuneshin vai • s/he cannot go further because caught, stuck in the snow

ᐊᑖᒥᔅᑿ aataamiskw na • rarely found big beaver

ᐊᑖᔅᑯᐦᐄᐅᑖᓈᐦᑎᒄ aataaskuhiiutaanaahtikw ni • stick to support shelf in a teepee

ᐊᑖᔅᑯᐦᐄᐅᑖᓐ aataaskuhiiutaan ni
 • shelf in a teepee, tent

ᐊᑖᔅᑯᐦᐄᑲᓈᐦᑎᒄ aataaskuhiikanaahtikw ni • wooden latch

ᐊᑯᐁᔨᐦᑕᒧᐎᓐ aakuweyihtamuwin ni
 • fainting

ᐊᑯᐁᔨᐦᑕᒻ aakuweyihtam vti • s/he faints

ᐊᑯᑎᓈᐦᒡ aakutinaahch p,location
 • shadow side of a rise, hill ▪ ᐊᓅᑉ ᐊᑯᑎᓈᕽ ᐁᑎᒡ ᑎᒧᔅᒃᐤ ▪ *There is an area of berries on the shadow side of the hill.*

ᐊᑯᔅᑯᐧᐁᐤ aakuskuweu vta • s/he heads him/her off while walking, goes ahead and stops him/her

ᐊᑯᔅᑲᔥᑖᐤ aakuskashtaau vai+o • s/he blocks access to it with something

ᐊᑯᔅᑲᐦᐊᒻ aakuskaham vti • s/he blocks access to it

ᐊᑯᔨᐦᑑᐧᐋᐱᔅᒋᔑᓐ aakuyihtuuwaapischishin vai • it (anim, metal) is on something double

ᐊᑯᔨᐦᑑᐧᐋᐱᔅᒋᐦᑎᓐ aakuyihtuuwaapischihtin vii • it (metal) is on something double

ᐊᑯᔨᐦᑑᐱᐦᑕᐦᐊᒻ aakuyihtuupiihtaham vti
 • s/he puts it into something and then inside something else

ᐊᑯᔨᐦᑑᐱᐦᑕᐦᐧᐁᐤ aakuyihtuupiihtahweu vta • s/he puts it (anim) inside something and then inside something else

ᐊᑯᔨᐦᑑᐱᐦᒋᔑᓐ aakuyihtuupiihchishin vai
 • it (anim) is inside something which is inside something else

ᐊᑯᔨᐦᑑᐱᐦᒋᐦᑎᓐ aakuyihtuupiihchihtin vii • it is inside something which is inside something else

ᐊᑯᔨᐦᑑᐳᐎᐨ aakuyihtuupuwich vai pl -i
 • they sit on top of each other

ᐊᑯᔨᐦᑑᐳ aakuyihtuupuu -i • it (anim, ex layer of cake) sits one on top of another

ᐊᑯᔨᐦᑑᐸᔨᒋᐄᓭᐤ aakuyihtuupayichiiseu vai • s/he wears several layers of pants, one covering the other

ᐊᑯᔨᐦᑑᓀᐤ aakuyihtuuneu vta • s/he holds it (anim) in layers

ᐊᑯᔨᐦᑑᓇᒻ aakuyihtuunam vti • s/he holds it in layers

ᐊᑯᔨᐦᑑᔅᒋᓈᓐ aakuyihtuuschisinaan ni
 • overshoe

ᐊᑯᔨᐦᑑᔑᒣᐤ aakuyihtuushimeu vta
 • s/he lays, puts it (anim) in layers

ᐊᑯᔨᐦᑑᔑᓐ aakuyihtuushin vai • s/he lays on top of another, it (anim) is a layer

ᐊᑯᔨᐦᑑᔥᑌᐤ aakuyihtuushteu vii • it sits, lays one on top of another

ᐊᑯᔨᐦᑑᔥᑖᐤ aakuyihtuushtaau vai+o
 • s/he sets things on top of each other

ᐊᑯᔨᐦᑑᔥᑯᐁᐧᐤ aakuyihtuushkuweu vta
  • s/he puts on another layer of it (anim, ex extra pants)

ᐊᑯᔨᐦᑑᔥᑲᒻ aakuyihtuushkam vti • s/he puts on another layer of it (ex extra shirt)

ᐊᑯᔨᐦᑑᐦᐁᐧᐤ aakuyihtuuheu vta • s/he sets them on top of each other

ᐊᑰ aakuu p,location • behind it, out of sight ▪ ᐊᓄᐦ ᐊᑰ ᐄᐦᑖᐤ ᐊᐸ ᒌᕌᐦ ▪ The canoe is out of sight.

ᐊᑰᐁᐧᔒᓐ aakuuweshin vai • s/he is out of sight behind the point

ᐊᑰᐊᐅᒫᑎᓐ aakuuwaaumatin vii • it is the hidden side of a mountain, it is behind the mountain ▪ ᐅᐦ ᐊᑰᐊᐅᒫᑎᓐ ᒥᒐᐧᓐ ᐄᒡᐱᕐ ▪ His tent is on the hidden side of the mountain, it is behind the mountain.

ᐊᑰᐊᐅᐦᒡ aakuuwaauhch p,location • on the hidden side of the hill ▪ ᐅᐦ ᐊᑰᐊᐅᐦᒡ ᒥᒐᐧᓐ ᐄᒡᐱᕐ ▪ His tent is hidden by the hill.

ᐊᑰᐊᐤ aakuuwaau vii • it is a hidden place

ᐊᑰᐊᐱᒁᐦᐅᓐ aakuuwaapikwehun ni • visor, peak of cap

ᐊᑰᐊᐱᓀᐤ aakuuwaapineu vta • s/he covers his/her eyes

ᐊᑰᐊᐱᔅᑳᐤ aakuuwaapiskaau vii • it is blocked by stones

ᐊᑰᐋᔥᑌᔒᓐ aakuuwaashteshin vai • s/he is in the shade

ᐊᑰᐋᔥᑌᔥᑯᐁᐧᐤ aakuuwaashteshkuweu vta • s/he blocks the sunlight from him/her

ᐊᑰᐋᔥᑌᐦᐁᐧᐤ aakuuwaashtehweu vta • s/he makes a shade over him/her

ᐊᑰᐋᔥᑌᐦᑎᓐ aakuuwaashtehtin vii • it is in the shade

ᐊᑰᐋᔥᑯᔒᒨ aakuuwaashkushimuu vai-u • s/he hides behind a tree

ᐊᑰᐋᔥᒑᐤ aakuuwaashcheu vai • the sun goes out of sight, behind something

ᐊᑰᐸᔨᐦᐁᐤ aakuupayiheu vta • s/he hides it (anim) quickly behind something

ᐊᑰᐸᔨᐦᐆ aakuupayihuu vai-u • s/he hides quickly behind something

ᐊᑰᐸᔨᐦᑖᐤ aakuupayihtaau vai+o • s/he hides it quickly behind something

ᐊᑰᐸᔫ aakuupayuu vai/vii-i • s/he/it hides behind something

ᐊᑰᑯᑌᐤ aakuukuteu vii • it hangs hidden behind something

ᐊᑰᑯᒋᓐ aakuukuchin vai • it (anim) hangs so as to hide something

ᐊᑰᒑᐱᐦᑳᑌᐤ aakuuchaapihkaateu vta • s/he blindfolds him/her

ᐊᑰᒑᐱᐦᑳᓲ aakuuchaapihkaasuu vai • s/he is blindfolded

ᐊᑰᔒᒣᐤ aakuushimeu vta • s/he hides himself from him/her behind something

ᐊᑰᔒᒨ aakuushimuu vai-u • s/he hides behind something

ᐊᑰᔥᑯᐁᐧᐤ aakuushkuweu vta • s/he blocks him/her from view

ᐊᑰᔦᑲᐦᐄᑲᓀᒋᓐ aakuuyekahiikanechin ni • curtain material, fabric

ᐊᑰᔦᑲᐦᐄᑲᓐ aakuuyekahiikan ni • curtain, drape, screen

ᐊᑰᔦᑲᐦᐊᒻ aakuuyekaham vti • s/he hangs/curtains something in front of it

ᐊᑰᔦᑲᐦᐁᐧᐤ aakuuyekahweu vta • s/he hangs something in front of him/her

ᐊᑰᔦᒋᐱᑕᒻ aakuuyechipitam vti • s/he pulls down the blind, s/he draws the curtain

ᐊᑰᔦᒋᐱᐦᒋᑲᓐ aakuuyechipihchikan ni • window blind

ᐊᑰᐦᐊᒻ aakuuham vti • s/he covers it by placing something in front, s/he conceals it

ᐊᑰᐦᐁᐧᐤ aakuuhweu vta • s/he covers, conceals him/her, it (anim) by placing something in front

ᐊᑰᐦᑌᐤ aakuuhteu vai • s/he walks out of sight behind something

ᐊᑰᐦᑎᓐ aakuuhtin vii • it is out of sight behind the point

ᐊᑰᐦᒀᓃᓲ aakuuhkwenisuu vai reflex-u • s/he covers her/his own face with her/his hands

ᐊᑲᑌᐸᔫ aakatepayuu vai-i • s/he gags, retches

ᐊᑲᑌᓀᐤ aakateneu vta • s/he puts her/his hand in someone's mouth so that he/she gags

ᐊᑲᐅᓯᔾ aakatenisuu vai reflex ♦ s/he puts her/his own hand in her/his mouth so that s/he gags

ᐊᑲᑐᓀᐤ aakatuneu vta ♦ s/he puts her/his whole hand into it (anim, ex stove)

ᐊᑲᑐᓇᒼ aakatunam vti ♦ s/he puts his hand into it

ᐊᑲᑦ aakat na ♦ curved stick for finding beaver tunnels under the ice

ᐊᑲᓱᐧᑫᔮᐸᒣᐤ aakasukweyaapameu vta ♦ s/he looks down into it (anim)

ᐊᑲᓱᐧᑫᔮᐸᑕᒼ aakasukweyaapahtam vti ♦ s/he looks down into it

ᐋᐧᑳᑎᐱᔅᑳᐤ aakwaatipiskaau vii ♦ it is late in the night

ᐋᐧᑳᒋᔑᑳᐤ aakwaachiishikaau vii ♦ it is late in the day

ᐋᒋᐱᐳᓂᔓᐤ aachipipunishuu vai -i ♦ s/he is caught there by the onset of winter just before leaving

ᐋᒋᑳᑌᐯᐸᔥᑯᐧᐁᐤ aachikaatewepashkuweu vta ♦ s/he trips him/her by foot

ᐋᒋᑳᑌᐯᐸᐧᐁᐤ aachikaatewepahweu vta ♦ s/he trips him/her using something

ᐋᒋᑳᑌᔥᑯᐧᐁᐤ aachikaateshkuweu vta ♦ s/he hooks it (anim) by the leg

ᐋᒋᑳᑌᔥᑲᒼ aachikaateshkam vti ♦ s/he hooks it by the leg

ᐋᒋᑳᑌᐱᑌᐤ aachikaatehpiteu vta ♦ s/he trips him/her by pulling his/her leg

ᐋᒋᓯᒁᐤ aachisikwaau vii ♦ it is caught by, blocked in by the ice

ᐋᒋᔑᒣᐤ aachishimeu vta ♦ s/he hooks it (anim) on to something

ᐊᒥᐦᑎᑖᐤ aachihtitaau vai+o ♦ s/he gets it hooked on something

ᐊᒥᐦᑎᓐ aachihtin vii ♦ it is hooked (caught) on a hook

ᐊᒥᐦᔑᓐ aachihshin vai ♦ s/he is hooked, caught on a hook, held back

ᐊᒥᐱᑌᐤ aamipiteu vta ♦ s/he pulls him/her/it (anim) down

ᐊᒥᐱᑕᒼ aamipitam vti ♦ s/he pulls it down and off

ᐊᒥᐸᔨᐦᐁᐤ aamipayiheu vta ♦ s/he drops him/her off (the sled of skidoo)

ᐊᒥᐸᔨᐆ aamipayihuu vai -u ♦ s/he gets her/himself off something

ᐊᒥᐸᔨᐦᑖᐤ aamipayihtaau vai+o ♦ s/he drops it off (ex the sled of skidoo)

ᐊᒥᐸᔫ aamipayuu vai/vii -i ♦ s/he/it falls off

ᐊᒥᐸᐦᑖᐤ aamipahtaau vai ♦ s/he runs off of something

ᐊᒥᑎᔑᓀᐤ aamitishineu vta ♦ s/he pushes him/her off something

ᐊᒥᑎᔑᓇᒼ aamitishinam vti ♦ s/he pushes it off something

ᐊᒥᒁᔥᑯᐦᑐᐤ aamikwaashkuhtuu vai -i ♦ s/he jumps down from it

ᐊᒥᒍᐃᓐ aamichuwin vii ♦ it is where the current starts to descend (ex top of falls, rapids)

ᐋᒥᓈ aamine p,manner [Inland] ♦ slightly more, a little more (used for comparatives) ∎ ᐋᒥᓈ ᐅᔥ ᕒᒡ ᐱᓄᕒᐅᐠ. ∎ He's getting slightly better.

ᐊᒥᓀᐤ aamineu vta ♦ s/he takes him/her off by hand

ᐊᒥᓇᒼ aaminam vti ♦ s/he takes it off using her/his hands

ᐊᒥᓈᐦᑴᐤ aaminaahkweu vai [Coastal] ♦ the front of pointed snowshoe, toboggan is very curved up

ᐊᒥᔅᒋᓀᐤ aamischineu vai/vii ♦ it (solid, ex fish, candy) overfills the container (old term)

ᐊᒥᔅᒋᓂᐦᐁᐤ aamischiniheu vta ♦ s/he overfills it (anim)

ᐊᒥᔅᒋᓂᐦᑖᐤ aamischinihtaau vai+o ♦ s/he overfills it

ᐊᒥᔑᒣᐤ aamishimeu vta ♦ s/he causes him/her to fall off

ᐊᒥᔑᓐ aamishin vai ♦ s/he falls off (ex a running vehicle)

ᐊᒥᔥᑖᐤ aamishtaau vai+o ♦ s/he takes it off, down from something

ᐊᒥᔥᑯᐧᐁᐤ aamishkuweu vta ♦ s/he knocks him/her off (with body)

ᐊᒥᔥᑲᒼ aamishkam vti ♦ s/he knocks it off, by foot, body

ᐊᒥᐦᐁᐤ aamiheu vta ♦ s/he takes him/her down from somewhere

ᐊᒥᐦᑖᐤ aamihtaau vai+o ♦ s/he causes it to fall off

ᐊᒥᐦᑎᓐ aamihtin vii ♦ it falls off (from a running vehicle)

ᐊᒦᐅᒡ aamiiuch vai pl ♦ they (fish) are spawning

ᐊᒦᐅᒉᐤ aamiiumekw na ♦ spawning fish

ᐊᒦᐤ aamiiu vai ♦ s/he gets off it

ᐊᒦᐦᑲᓐ aamiihkan ni [Coastal]
♦ spawning place

ᐊᒦᐦᑳᓈᓐ aamiihkaanaan ni [Inland]
♦ place where spawning fish are caught

ᐊᒦᐦᒉᐤ aamiihcheu vai ♦ fish are spawning

ᐊᒧᐍᐱᐦᑯᐍᐤ aamuwepishkuweu vta
♦ s/he knocks him/her off it with her/his body

ᐊᒧᐍᐱᐦᑲᒻ aamuwepishkam vti ♦ s/he knocks it off with his body

ᐊᒧᑌᐍᐱᐦᑯᐍᐤ aamutewepishkuweu vta ♦ s/he pushes him/her out of the canoe accidentally

ᐊᒧᑌᐍᐱᐦᑲᒻ aamutewepishkam vti
♦ s/he pushes it out of the canoe accidentally

ᐊᒧᑌᐸᔫ aamutepayuu vai/vii-i ♦ s/he/it falls out of a canoe

ᐊᒧᑌᔑᓐ aamuteshin vai ♦ s/he falls out of a canoe from the movement of it

ᐊᒨ aamuu na ♦ bee *apis melifica*

ᐊᒨᐚᒋᐦᑐᓐ aamuuwachishtun ni ♦ bee hive

ᐊᒨᓲᑳᐤ aamuushuukaau ni-m ♦ honey

ᐊᒨᔥ aamuush na dim ♦ young bee; biting house fly (*Stomoxys calcitrans*)

ᐊᒪᒐᒼ aamaham vti ♦ s/he knocks it off (with something)

ᐊᒪᐍᐤ aamahweu vta ♦ s/he knocks him/her/it (anim) off, using something

ᐋᓂᔅᑯᐋᐤ aaniskuwaau vii ♦ it is joined on, attached

ᐋᓂᔅᑯᐋᐯᒋᓀᐤ aaniskuwaapechineu vta
♦ s/he lengthens it (anim, string-like) by hand, s/he joins two strings together to lengthen it (anim)

ᐋᓂᔅᑯᐋᐱᐦᑳᑌᐤ aaniskuwaapihkaateu vta ♦ s/he lengthens it (anim) by tying something onto it

ᐋᓂᔅᑯᐋᐱᐦᑳᑕᒼ aaniskuwaapihkaatam vti ♦ s/he lengthens it by tying something on

ᐋᓂᔅᑯᐋᐱᐦᒉᐤ aaniskuwaapihcheu vai
♦ s/he lengthens things by tying something on

ᐋᓂᔅᑯᐋᐱᐦᒉᒧᐦᑖᐤ aaniskuwaapihchemuhtaau vai+o
♦ s/he joins a rope on to extend it

ᐋᓂᔅᑯᐋᐱᐦᒉᓅ aaniskuwaapihcheneu vta ♦ s/he joins another piece of line onto it (anim)

ᐋᓂᔅᑯᐋᐱᐦᒉᓇᒼ aaniskuwaapihchenam vti ♦ s/he joins another piece of line onto it

ᐋᓂᔅᑯᐋᔅᐱᑌᐤ aaniskuwaaspiteu vta
♦ s/he laces, weaves it (anim) onto another

ᐋᓂᔅᑯᐋᔅᐱᑕᒼ aaniskuwaaspitam vti
♦ s/he laces, weaves it onto another

ᐋᓂᔅᑯᐋᔅᑯᒨ aaniskuwaaskumuu vii-u
♦ it (stick-like) is joined with another stick

ᐋᓂᔅᑯᐋᔅᑯᔑᓐ aaniskuwaaskushin vai
♦ it (anim, stick) is joined with another stick

ᐋᓂᔅᑯᑖᐯᒧᔐᒼ aaniskutaapeumushuum na ♦ great-great-grandfather

ᐋᓂᔅᑯᑖᐯᐅᐦᑯᒼ aaniskutaapeuuhkum na
♦ great-great-grandmother

ᐋᓂᔅᑯᑖᐯᐤ aaniskutaapeu vai ♦ s/he makes a knot

ᐋᓂᔅᑯᑖᐯᓲ aaniskutaapesuu na -siim
♦ great, great, great-grandparent

ᐋᓂᔅᑯᑖᐱᐦᑳᑌᐤ aaniskutaapihkaateu vta
♦ s/he ties a knot on it (anim)

ᐋᓂᔅᑯᑖᐱᐦᑳᑕᒼ aaniskutaapihkaatam vti
♦ s/he ties a knot on it

ᐋᓂᔅᑯᑖᐱᐦᒉᐤ aaniskutaapihcheu vai
♦ s/he ties a knot

ᐋᓂᔅᑯᑖᐱᐦᒉᐸᔫ aaniskutaapihchepayuu vai/vii-i ♦ it becomes knotted

ᐋᓂᔅᑯᑖᐱᐦᒉᔑᒣᐤ aaniskutaapihcheshimeu vta ♦ s/he ties it (anim) in a knot

ᐋᓂᔅᑯᑖᐱᐦᒉᐦᑎᑖᐤ aaniskutaapihchehtitaau vai+o ♦ s/he ties it in a knot

ᐋᓂᔅᑯᑖᐹᓐ aaniskutaapaan ni ♦ knot

ᐊᓂᔅᑯᑖᐹᓐ aaniskutaapaan na [Inland]
 ♦ great-grandparent

ᐊᓂᔅᑯᒑᐹᓐ aaniskuchaapaan na [Coastal]
 ♦ great-great-grandparent

ᐊᓂᔅᑯᐚᐯᒋᓇᒻ aaniskuuwaapechinam vti ♦ s/he lengthens it (string-like) by hand, s/he joins two strings together to lengthen it

ᐊᓂᔅᑯᐴ aaniskuupuu vai -i ♦ it (anim) is set in place with others

ᐊᓂᔅᑰᑲᓂᒋᐦᒑᓐ aaniskuukanichihchaan ni [Inland] ♦ finger joint

ᐊᓂᔅᑰᑲᓈᓂᒋᐦᒑᓐ aaniskuukanaanichihchaan ni [Coastal] ♦ finger joint

ᐊᓂᔅᑰᑲᓈᓐ aaniskuukanaan ni ♦ bone joint

ᐊᓂᔅᑰᐙᑌᐤ aaniskuukwaateu vii ♦ it is lengthened by sewing

ᐊᓂᔅᑰᐙᑌᐤ aaniskuukwaateu vta ♦ s/he lengthens it by sewing

ᐊᓂᔅᑰᐙᑕᒻ aaniskuukwaatam vti ♦ s/he lengthens it by sewing

ᐊᓂᔅᑰᒧ aaniskuumuu vai -i ♦ it (anim) is joined to lengthen something

ᐊᓂᔅᑰᓀᐤ aaniskuuneu vta ♦ s/he holds an extension on it (anim) by hand

ᐊᓂᔅᑰᓇᒻ aaniskuunam vti ♦ s/he holds an extension on it

ᐊᓂᔅᑰᓲ aaniskuusuu vai -i ♦ it (anim) is joined on

ᐊᓂᔅᑰᔑᓐ aaniskuushin vai ♦ it (anim) is joined, attached, meets flush

ᐊᓂᔅᑰᐦᑌᐤ aaniskuushteu vii ♦ it is placed to lengthen something

ᐊᓂᔅᑰᐦᑕᒻ aaniskuushtaham vti ♦ s/he sews a piece onto it to lengthen it

ᐊᓂᔅᑰᐦᑕᐌᐤ aaniskuushtahweu vta ♦ s/he sews a piece on to it (anim)

ᐊᓂᔅᑰᐦᑖᐤ aaniskuushtaau vai+o ♦ s/he places it to lengthen something

ᐊᓂᔅᑰᐦᑯᔔ aaniskuushkushuu ni -shiim [Coastal] ♦ horsetail, riverbank plant with jointed stem *Equisetum sp.*

ᐊᓂᔅᑰᐦᐁᐤ aaniskuuheu vta ♦ s/he places it (anim) to lengthen something

ᐊᓂᔅᑰᐦᐱᑌᐤ aaniskuuhpiteu vta ♦ s/he pulls him/her behind the other one

ᐊᓂᔅᑰᐦᐱᑕᒻ aaniskuuhpitam vti ♦ s/he ties it behind the other one

ᐊᓂᔅᑰᐦᐱᒋᑲᓐ aaniskuuhpichikan ni ♦ extension to a toboggan

ᐊᓂᔅᑰᐦᐱᓲ aaniskuuhpisuu vai -u ♦ it (anim) is joined together

ᐊᓂᔅᒉᓇᒻ aanischenam vti [Coastal] ♦ s/he hauls it in a bit, a piece at a time

ᐊᓂᔅᒉᔥᑯᔒᐦ aanischeshkushiih ni pl -m [Inland] ♦ grasses found in water, aquatic grasses

ᐊᓂᔅᒉᔮᐲᐦᑳᑌᐤ aanischeyaapihkaateu vta ♦ s/he ties them one after the other

ᐊᓂᔅᒉᔮᐲᐦᑳᑕᒻ aanischeyaapihkaatam vti ♦ s/he ties things one after the other

ᐊᓂᔅᒉᔮᐲᐦᒉᔑᒥᐤ aanischeyaapihcheshimeu vta ♦ s/he lays them (ex extension cords) lengthways one after another

ᐊᓂᔅᒉᔮᐲᐦᒉᐦᑏᑖᐤ aanischeyaapihchehtitaau vai+o ♦ s/he puts, joins them (string-like objects) one following the next

ᐊᓂᔅᒉᔮᔅᐱᓀᐎᓐ aanischeyaaspinewin ni ♦ hereditary disease

ᐊᓂᔑᒉᓀᐤ aanishcheneu vta ♦ s/he hauls it (anim, net) in a bit, a piece at a time

ᐊᓂᔑᒉᓇᒻ aanishchenam vti ♦ s/he hauls it in a bit, piece at a time

ᐊᓅᐌᔨᒦᐤ aanuweyimeu vta ♦ s/he scolds him/her, reprimands him/her, s/he complains about him/her

ᐊᓅᐌᔨᐦᑕᒻ aanuweyihtam vti ♦ s/he complains about it, s/he disbelieves it

ᐊᓅᐌᔨᐦᑖᑯᓐ aanuweyihtaakun vii ♦ it is denied, it's not to be believed

ᐊᓅᐌᔨᐦᒉᐤ aanuweyihcheu vai ♦ s/he criticizes people

ᐊᓅᐌᐦᑐᐌᐤ aanuwehtuweu vta ♦ s/he disbelieves him/her, s/he disobeys him/her

ᐊᓅᐌᐦᑕᒧᐎᓐ aanuwehtamuwin ni ♦ disobedience

ᐊᓅᐌᐦᑕᒻ aanuwehtam vti ♦ s/he disbelieves it, doesn't agree to it

ᐋᔃᐧᔥᑯᐌᐤ aasweshkuweu vta ♦ s/he goes beyond him/her

ᐋᔥᐸᒃ aasweshkam vti ♦ s/he goes beyond it

ᐋᔇᔮᐸᒣᐤ aasweyaapameu vta ♦ s/he misses seeing him/her

ᐋᔇᐸᑕᒼ aasweyaapahtam vti ♦ s/he misses seeing it

ᐋᔥᐁᑉ aasweham vti ♦ s/he shoots, throws beyond it

ᐋᔥᐁᐤ aaswehweu vta ♦ s/he shoots, throws beyond him/her

ᐋᓯᔮᓐ aasiyaan na ♦ diaper, pamper

ᐋᓲ aasuu vai-u ♦ s/he leans on, against something for support (ex assistance in walking)

ᐋᓲᑳᐴᐁᐤ aasuukaapuuheu vta ♦ s/he stands it (anim, ex tree) leaning against something

ᐋᓲᑳᐴᑖᐤ aasuukaapuuhtaau vai+o ♦ s/he stands it leaning against something

ᐋᓲᑳᓲ aasuukaasuu vai-u ♦ s/he is walking across the creek

ᐋᓲᑳᔅᑰ aasuukaaskuu vai-u ♦ s/he goes across over the ice

ᐋᓲᔑᒧᑐᐌᐤ aasuushimututuweu vta ♦ s/he leans on him/her/it (anim)

ᐋᓲᔑᒧᑐᑕᒼ aasuushimututam vti ♦ s/he leans against, on it

ᐋᓲᔑᒨ aasuushimuu vai-u ♦ s/he leans against something

ᐋᓲᔑᓐ aasuushin vai ♦ it (anim, ex toboggan) leans against something

ᐋᓲᐅᑎᓐ aasuuhtin vii ♦ it leans on something

ᐋᔅᐱᑎᐋᔥᑖᓐ aaspitihaashtaan ni [Coastal] ♦ pile of boughs on side of teepee door

ᐋᔅᐳᓀᔨᒥᑯᓰᐤ aaspuneyimikusiiu vai ♦ s/he has the reputation of being eager

ᐋᔅᐳᓀᔨᒧᐎᓐ aaspuneyimuwin ni ♦ eagerness

ᐋᔅᐳᓀᔨᒨ aaspuneyimuu vai-u ♦ s/he is eager

ᐋᔅᐳᓂᓯᐤ aaspunisiiu vai ♦ s/he likes to be part of what is going on

ᐋᔅᑯ aaskuu p,time ♦ sometimes, once in a while ▪ ᒫᒃ ᐋᔅᑯ ᐯᔮᑖᒃ ▪ *He only comes around sometimes, once in a while.*

ᐋᔕᔮᑕᒼ aascheyihtam vti ♦ s/he makes progress, advances, gets ahead in it (through interest in it)

ᐋᔒᑎᔕᐌᐤ aaschitishahweu vta ♦ s/he hurries him/her while walking, running

ᐋᔑᐯᔮᐤ aashipeyaau vii ♦ it is a stretch of water crossed by a current

ᐋᔑᐱᑌᐤ aashipiteu vta ♦ s/he pulls it (anim, pants) down quickly

ᐋᔑᐱᑕᒼ aashipitam vti ♦ s/he pulls it down quickly

ᐋᔑᐸᔨᐁᐤ aashipayiheu vta ♦ it (anim, ex pants) slips down on him/her

ᐋᔑᐸᔨᐆ aashipayihuu vai-u ♦ s/he slips down

ᐋᔑᐸᔨᐆᑖᐤ aashipayihtaau vai+o ♦ it (ex sock) slips down on him/her

ᐋᔑᐸᔫ aashipayuu vai/vii-i ♦ s/he/it slips down

ᐋᔑᑌᒣᐤ aashitemeu vta ♦ s/he contends, disputes with him/her

ᐋᔑᑌᔮᐦᑎᑯᒉᐤ aashiteyaahtikucheu vai ♦ s/he makes a wooden cross, crucifix

ᐋᔑᑌᔮᐦᑎᒃ aashiteyaahtikw na -um ♦ wooden cross, crucifix

ᐋᔑᑌᐁᐯᑌᐤ aashitehepiteu vta ♦ s/he pulls down on the heart with his/her hand to kill it (anim, ex live rabbit)

ᐋᔑᑎᔑᓀᐤ aashitishineu vta ♦ s/he hands it (anim) down from something

ᐋᔑᑎᔑᓇᒼ aashitishinam vti ♦ s/he hands it down from something

ᐋᔑᒷᑳᑯᐱᓯᒼ aashimwaakupiisim na [Coastal] ♦ May

ᐋᔑᒷᑳᑯᒉᐤ aashimwaakucheu vai ♦ it (anim) is a game where children throw stones at a target tossed in the air

ᐋᔑᒷᑳᑯᔥ aashimwaakush na dim ♦ young red-throated loon

ᐋᔑᒷᑳᒃ aashimwaakw na ♦ red-throated loon *Gavia stellata*

ᐋᔑᓀᐤ aashineu vta ♦ s/he hands it (anim) down, s/he pulls it (anim) down (ex pants)

ᐋᔑᓂᑲᓐ aashinikan ni ♦ anything used to lower things with

ᐋᔑᓄᐋᓰᐤ aashinuwaasiiu vai [Coastal] ♦ s/he/it (anim) waits

ᐊᔑᓄᐋᕻᐤ aashinuwaaheu vta
[Coastal] ♦ s/he waits for him/her

ᐊᔑᓄᐋᐦᑖᐤ aashinuwaahtaau vai+o
[Coastal] ♦ s/he waits for it

ᐊᔑᓇᒻ aashinam vti ♦ s/he lowers it

ᐊᔒᐦᑫᐤ aashihkweu vai ♦ s/he yells, screams

ᐊᔒᐦᑫᕻᐤ aashihkweheu vta ♦ s/he makes him/her yell, scream

ᐊᔒᐦᒀᑌᐤ aashihkwaateu vta ♦ s/he screams at him/her

ᐊᔕᑲᓂᐹᔫ aashukanipayuu vai/vii -i ♦ it (anim) forms a bridge (as a fallen tree)

ᐊᔕᑲᓂᑳᐦᒉᐤ aashukanikaahcheu vai ♦ s/he builds a bridge for people

ᐊᔕᑲᓂᔥ aashukanish ni dim ♦ small dock

ᐊᔕᑲᓂᔅᒌᔥ aashukanishchiish ni pej ♦ old bridge, dock

ᐊᔕᑲᓂᐦᒉᐤ aashukanihcheu vai ♦ s/he makes a bridge

ᐊᔕᑲᓐ aashukan ni ♦ bridge, dock

ᐊᔔᐦᑎᑖᐤ aashuhtitaau vai+o ♦ s/he leans it across it

ᐊᔔᐙᐱᐦᑳᑌᐤ aashuuwaapihkaateu vta ♦ s/he ties it (anim) from one to the next

ᐊᔔᐙᐱᐦᑳᑕᒻ aashuuwaapihkaatam vti ♦ s/he ties it from one to the next

ᐊᔔᐙᐱᐦᒉᐧᐃᐤ aashuuwaapihchewiiu vai ♦ s/he crosses using a rope

ᐊᔔᐙᐱᐦᒉᐱᑌᐤ aashuuwaapihchepiteu vta ♦ s/he pulls him/her across with a rope

ᐊᔔᐙᐱᐦᒉᐱᑕᒻ aashuuwaapihchepitam vti ♦ s/he pulls it across with a rope

ᐊᔔᐙᑎᑳᓲ aashuuwaatikaasuu vai -i ♦ s/he wades across to the other side of the water

ᐊᔔᐙᔅᑯᒧᐦᑖᐤ aashuuwaaskumuhtaau vai+o ♦ s/he places it (stick-like) across other poles

ᐊᔔᐙᔅᑯᔒᒥᐤ aashuuwaaskushimeu vta ♦ s/he places it (anim, stick-like) across something

ᐊᔔᐙᔅᑯᔑᓐ aashuuwaaskushin vai ♦ it (anim, stick-like) lies across something

ᐊᔔᐙᔅᑯᐦᑎᓐ aashuuwaaskuhtin vii ♦ it (stick-like) goes across something

ᐊᔔᐙᐦᑑᐧᐄᐤ aashuuwaahtuuwiiu vai ♦ s/he/it (anim) climbs across it to something else

ᐊᔔᐱᐦᒉᐤ aashuupiihcheu vai ♦ s/he goes across, in to the other house

ᐊᔔᐸᔫ aashuupayuu vai/vii -i ♦ s/he drives across in a vehicle, it goes across

ᐊᔔᐸᐦᑖᐤ aashuupahtaau vai ♦ s/he crosses over running

ᐊᔔᑎᓐ aashuutin vii ♦ it freezes right across

ᐊᔔᑎᔕᐦᐌᐤ aashuutishahweu vta ♦ s/he sends him/her across

ᐊᔔᑖᒋᒨ aashuutaachimuu vai -u ♦ s/he crosses by crawling, crawls across

ᐊᔔᑳᒥᒉᐸᐦᑖᐤ aashuukamichepahtaau vai ♦ s/he runs across to another house

ᐊᔔᑳᒣᐸᔫ aashuukaamepayuu vai -i ♦ s/he crosses a stretch of water in a boat

ᐊᔔᑳᒣᔮᑎᑳᓲ aashuukaameyaatikaasuu vai -i ♦ s/he wades across to the other side

ᐊᔔᑳᒣᐦᐅᔦᐤ aashuukaamehuyeu vta ♦ s/he takes him/her across (in canoe, paddling)

ᐊᔔᑳᒣᐦᔮᐤ aashuukaamehyaau vai ♦ it (anim) flies across (river, lake)

ᐊᔔᑳᓯᐸᔨᐦᐁᐤ aashuukaasipayiheu vta ♦ s/he takes him/her across (by vehicle)

ᐊᔔᑳᓯᐸᔨᐦᑖᐤ aashuukaasipayihtaau vai+o ♦ s/he takes it across (by vehicle)

ᐊᔔᑳᓯᐸᔫ aashuukaasipayuu vai -i ♦ s/he drives her/him across it (frozen body of water)

ᐊᔔᑳᓯᑕᐦᐁᐤ aashuukaasitaheu vta ♦ s/he takes him/her across (walking)

ᐊᔔᑳᓯᐦᑕᑖᐤ aashuukaasihtataau vai+o ♦ s/he takes it across a body of water, walking

ᐊᔔᒀᔥᑯᐦᑐᐤ aashuukwaashkuhtuu vai -i ♦ s/he jumps across

ᐊᔔᒥᓯᐦᑌᐸᔫ aashuumisihtepayuu vii -i ♦ it spreads out, is contagious

ᐊᔔᓀᐤ aashuuneu vta ♦ s/he places him/her leaning across

ᐋᔅᑯ aashuuskuu vai -u ♦ s/he crosses a frozen body of water

ᐋᔅᑲᓅ aashuuskanuu p,location ♦ across the road

ᐋᔅᒋᑲᐦᐊᒻ aashuuschekaham vti ♦ s/he goes across the muskeg

ᐋᔅᑎᑫᐸᔪᐤ aashuushtikwepayuu vai/vii -i ♦ s/he drives, rides across the river, it goes across the river

ᐋᔅᑳᒻ aashuushkam vti ♦ s/he crosses it, walks across it (ex a clearing)

ᐋᔅᐦᐋᓂ aashuuhuunaan ni ♦ crossing place on a river, lake

ᐋᔅᐦᐊᒣᐤ aashuuhameu vai ♦ s/he crosses the path, road, trail

ᐋᔅᐦᐊᒣᐸᐦᑖᐤ aashuuhamepahtaau vai ♦ s/he runs across the road

ᐋᔅᐦᐊᒻ aashuuham vti ♦ s/he crosses water using something (paddling a canoe, swimming)

ᐋᔅᐦᐆ aashuuhteu vai ♦ s/he walks across

ᐋᔅᐦᑖᐤ aashuuhtataau vai+o ♦ s/he takes it across

ᐋᔅᐦᑖᐦᐁᐤ aashuuhtaheu vta ♦ s/he takes him/her across

ᐋᔐᐦᐊᒻ aashaham vti ♦ s/he lowers it with something

ᐋᔐᐦᐌᐤ aashahweu vta ♦ s/he lowers him/her with something

ᐋᔕᐯᒋᓀᐤ aashaapechineu vta ♦ s/he lowers it (anim, string-like)

ᐋᔕᐯᒋᓇᒻ aashaapechinam vti ♦ s/he lowers it down (string-like)

ᐋᔕᐱᐦᑳᑌᐤ aashaapihkaateu vta ♦ s/he lowers it (anim) as it (anim) is suspended by a string

ᐋᔕᐱᐦᑳᑕᒻ aashaapihkaatam vti ♦ s/he lowers it as it is suspended by a string

ᐋᔕᐱᐦᒉᐧᐄᐤ aashaapihchewiiu vai ♦ s/he lets her/himself down by rope

ᐋᔕᑳᐱᐦᒉᔥᑲᒻ aashaakaapihcheshkam vti ♦ s/he is caught, tangled in it (string-like)

ᐋᔕᑳᔅᑯᓐ aashaakaaskun vii ♦ it (stick-like, ex pole) has a fork used for a hook

ᐋᔕᐦᑳᔅᑯᓲ aashaakaaskusuu vai -i [Coastal] ♦ it (stick-like, ex tree) has a fork used for a hook

ᐋᔕᐦᒌᐦᑎᓐ aashaachihtin vii ♦ it is hooked, held back

ᐋᔈᒫᐦᑲᓀᐴ aashwaamahkanepuu vai -i ♦ s/he sits with her/his hand on her/his cheek

ᐋᔈᒫᐦᑲᓀᑳᐴ aashwaamahkanekaapuu vai -uu ♦ s/he stands leaning across something with her/his hand on her/his cheek

ᐋᔈᒫᐦᑲᓀᓂᓲ aashwaamahkanenisuu vai reflex -u ♦ s/he places her/his hand under her/his own jaw

ᐋᔥᐱᑖᔅᑯᔑᓐ aashpitaaskushin vai ♦ s/he is leaning on something (stick-like), a back rest

ᐋᔥᐱᒋᐦᑎᐦᑖᐤ aashpichistihtaau vai+o ♦ s/he leans it on something

ᐋᔥᐱᒋᔑᒣᐤ aashpichishimeu vta ♦ s/he leans him/her on something

ᐋᔥᐱᒋᔑᒧᑐᐌᐤ aashpichishimutuweu vta ♦ s/he leans against him/her

ᐋᔥᐱᒋᔑᒧᑕᒻ aashpichishimutam vti ♦ s/he leans on it

ᐋᔥᐱᒋᔑᒨ aashpichishimuu vai -u ♦ s/he leans against something, sitting

ᐋᔥᐱᒋᔑᓐ aashpichishin vai ♦ it (anim) is leaned on something

ᐋᔥᐱᒋᐤ aashpichiiu vai ♦ s/he leans on something to get up, s/he leans against it

ᐋᔥᑌᐱᐃᑲᓐ aashtepiikan vii ♦ it is clear liquid after the sediment has settled

ᐋᔥᑌᔥᑯᐌᐤ aashteshkuweu vta ♦ s/he misses meeting him/her, walking, after arranging where to meet

ᐋᔥᑌᔮᑲᒥᐸᔪᐤ aashteyaakamipayuu vii -i ♦ the water becomes calm

ᐋᔥᑐᐌᐤ aashtuweu vai/vii ♦ it is out, extinguished, fire

ᐋᔥᑐᐌᐱᑌᐤ aashtuwepiteu vta ♦ s/he switches, turns it (anim) off

ᐋᔥᑐᐌᐱᑕᒻ aashtuwepitam vti ♦ s/he switches, turns it off (ex electric light)

ᐋᔥᑐᐌᐴᑖᑌᐤ aashtuwepuutaateu vta ♦ s/he blows it (anim) out (ex match)

ᐋᔥᑐᐌᐴᑖᑕᒻ aashtuwepuutaatam vti ♦ s/he blows it out (ex candle)

ᐊᔅᑐᐁᐸᔨᐦᐁᐤ aashtuwepayiheu vta
 • s/he shakes it (anim, ex match) out to extinguish

ᐊᔅᑐᐁᐸᔨᐦᑖᐤ aashtuwepayihtaau vai+o
 • s/he shakes it (ex fire) out

ᐊᔅᑐᐁᐸᔫ aashtuwepayuu vai/vii -i • it goes out by itself (ex fire, gas lantern)

ᐊᔅᑐᐁᓅ aashtuweneu vta • s/he extinguishes, puts it (anim) out, by hand

ᐊᔅᑐᐁᓇᒻ aashtuwenam vti • s/he extinguishes it, puts it out, by hand

ᐊᔅᑐᐁᔑᒣᐤ aashtuweshimeu vta • s/he smothers the fire on it (anim)

ᐊᔅᑐᐁᔑᑲᒻ aashtuweshkam vti • s/he extinguishes it by foot, body

ᐊᔅᑐᐁᔮᐹᐅᑖᐤ aashtuweyaapaautaau vai+o • s/he extinguishes it (fire) with liquid

ᐊᔅᑐᐁᔮᐹᐍᐤ aashtuweyaapaaweu vii
 • it is extinguished by liquid

ᐊᔅᑐᐁᔮᔡ aashtuweyaashuu vai -i • it (anim) blows out (match)

ᐊᔅᑐᐁᔮᔥᑌᐱᑌᐤ aashtuweyaashtepiteu vta • s/he makes it (light) blink out

ᐊᔅᑐᐁᔮᔥᑌᐱᑕᒻ aashtuweyaashtepitam vti • s/he makes it blink out

ᐊᔅᑐᐁᔮᔥᑌᐸᔫ aashtuweyaashtepayuu vii -i • it blinks

ᐊᔅᑐᐁᔮᔥᑎᓐ aashtuweyaashtin vii • it blows out

ᐊᔅᑐᐍᐦᐄᒉᐅᑲᒥᒄ aashtuwehiicheukamikw ni • fire hall

ᐊᔅᑐᐍᐦᐄᒉᐅᒋᒫᐤ aashtuwehiicheuchimaau na • fire chief

ᐊᔅᑐᐍᐦᐄᒉᐤ aashtuwehiicheu vai
 • s/he is extinguishing, fighting a fire

ᐊᔅᑐᐍᐦᐄᒉᐸᔫ aashtuwehiichepayuu vai/vii -i • it causes a fire, light to go out

ᐊᔅᑐᐍᐦᐄᒉᓲ aashtuwehiichesuu na • firefighter

ᐊᔅᑐᐍᐦᐊᒻ aashtuweham vti • s/he puts it out (fire, candle, light)

ᐊᔅᑐᐍᐌᐤ aashtuwehweu vta • s/he puts it (anim) out, extinguishes it (anim), with something

ᐊᔅᑐᐍᐦᑖᐤ aashtuwehtitaau vai+o
 • s/he stubs, stamps it (fire) out

ᐊᔅᑐᓀᐹᔫ aashtunepayuu vai/vii -i
 • s/he/it goes crosswise

ᐊᔅᑐᓀᑳᑌᐴ aashtunekaatepuu vai -i
 • s/he sits with legs crossed

ᐊᔅᑐᓀᔥᑌᐤ aashtuneshteu vii • it is placed, written in the form of an 'X'

ᐊᔅᑐᓀᔥᑖᐤ aashtuneshtaau vai+o
 [Coastal] • s/he writes an "X", s/he puts it down in the form of an "X" ▪ ᒥ ᐊᔅᑐᓀᔥᒑ ᐊᓐᒉ" ᒪᓯᓇᐦᐃᑲᓐᐦ ▪ S/he only signed the letter with an X.

ᐊᔅᑐᓀᔮᐤ aashtuneyaau vii • it is crossed in form of an X

ᐊᔅᑐᓀᔮᐯᑲᒧᐦᑖᐤ aashtuneyaapekamuhtaau vai+o • s/he is putting up string to form an X

ᐊᔅᑐᓀᔮᐱᒉᐦᑖᐤ aashtuneyaapichehtaau vai+o • s/he lays out string in the form of a cross

ᐊᔅᑐᓀᔮᔅᑯᒧᐦᑖᐤ aashtuneyaaskumuhtaau vai+o • s/he fastens sticks into a cross

ᐊᔅᑐᓀᔮᔅᑯᒧ aashtuneyaaskumuu vii -u
 • it is fastened as a crosspiece (stick-like)

ᐊᔅᑐᓀᔮᔅᑯᔥᑖᐤ aashtuneyaaskushtaau vai+o • s/he lays it (stick-like) in the form of an 'X'

ᐊᔥᑕᑌᑳᒻ aashtatekaam p,location
 • across to the shore where the sun is not shining

ᐊᔥᑕᒣᐤ aashtameu p,location • on the sunny side of the point of land

ᐊᔥᑕᒥᑌᐦ aashtamiteh p,location • on this side of it (ex tree, house)

ᐊᔥᑕᒥᑖᐅᐦᒡ aashtamitaauhch p,location
 • on this side of the hill

ᐊᔥᑕᒥᑳᒻ aashtamikaam p,location • this side of the river

ᐊᔥᑕᒦᐦᑳᓐ aashtamiihkaan p,time
 • since that time ▪ ᓂᒥ ᐙᐱᒫᐤ ᐅᑕ ▪ I have seen her here since that time.

ᐊᔥᑕᒨ aashtamuu p,interjection • come then! ▪ ᐊᔥᑕᒨ ᒋᑲ ᐅᑎᓈᐅᑦ ᐁᑯᑎ ▪ Come he's going to take you anyway.

ᐊᔥᑕᒫᐅᐦᒡ aashtamaauhch p,location
 • this side of the ridge, mountain

ᐋᐃᒋᑖᐱᔅᑳᐤ aashtamaapiskaau vii ♦ it is the sunny side, face of a rock
ᐋᐃᒋᑖᐱᔥ aashtamaapisch p,location ♦ this side of a rock point
ᐋᐃᒋᒫᔥᑌᐤ aashtamaashteu vii ♦ it lies in the sun
ᐋᐃᒋᒫᔥᑌᐳ aashtamaashtepuu vai -i ♦ s/he sits in the sun
ᐋᐃᒋᒫᔥᑌᑳᐳ aashtamaashtekaapuu vai-uu ♦ s/he stands in the sun
ᐋᐃᒋᒫᔥᑌᔒᒣᐤ aashtamaashteshimeu vta ♦ s/he puts/lays him/her in the sun
ᐋᐃᒋᒫᔥᑌᔒᓐ aashtamaashteshin vai ♦ s/he lays in the sun
ᐋᐃᒋᒫᔥᑌᔥᑖᐤ aashtamaashteshtaau vai+o ♦ s/he spreads, puts it out in the sun
ᐋᐃᒋᒫᔥᑌᐦᐁᐤ aashtamaashteheu vta ♦ s/he places him/her/it (anim) out in the sun
ᐋᐃᒋᒫᔥᑌᐦᑎᑖᐤ aashtamaashtehtitaau vai+o ♦ s/he puts it in the sunshine
ᐋᐃᒋᒫᔮᐤ aashtamaayaau vii ♦ it is the sunny side of something
ᐋᐃᒋᒫᔮᐦᒡ aashtamaayaahch p,location ♦ on the sunny side of something (ex river, lake, hill)
ᐋᐃᒐᐦᑌᑳᒪᔐᑳᐤ aashtahtekaamaschekaau vii ♦ it is the near side of a muskeg
ᐋᐃᒐᐦᑌᔮᐅᐦᑳᑎᓈᐤ aashtahteyaauhkatinaau vii ♦ it is the near side of a hill
ᐋᔥᑳᑖᐦᑕᒻ aashkataahtam vti ♦ s/he breathes quickly, it (anim) pants
ᐋᔨᑳᓀᓖᒪᑲᓐ aayikaanesiimakan vii ♦ it (ex skin, animal) gets infected with sores
ᐋᔨᑳᓀᓱ aayikaanesuu vai-u ♦ s/he is infected with sores
ᐋᔨᒹᐤ aayimweu vai ♦ s/he sneezes
ᐋᔨᒹᐦᐁᐤ aayimweheu vta ♦ s/he makes him/her sneeze
ᐋᔨᒥᐸᔪ aayimipayuu vai-i ♦ s/he/it (anim) is always going around, driving around, s/he is always having a hard time
ᐋᔨᒥᑖᐅᐦᑳᐤ aayimitaauhkaau vii [Inland] ♦ it is difficult terrain

ᐋᔨᒥᓰᐦᑳᓱ aayimisiihkaasuu vai -u ♦ s/he is bothersome, always asking others to do something for her/him
ᐋᔨᒥᓱᐎᓐ aayimisuwin ni ♦ difficulty
ᐋᔨᒥᓱ aayimisuu vai -i ♦ s/he (ex a child) is difficult, mischievous, s/he is very active, it (anim, ex bread) is expensive
ᐋᔨᒥᐦᐁᐤ aayimiheu vta ♦ s/he gives him/her a difficult time
ᐋᔨᒥᐦᐆ aayimihuu vai -u ♦ s/he has a difficult time
ᐋᔨᒦᐦᑾᐁᐤ aayimiihkuweu vta ♦ s/he is busy caring for him/her, s/he keeps bothering him/her
ᐋᔨᒦᐦᑳᓱ aayimiihkaasuu vai -u ♦ s/he is preoccupied with her/his own preparations
ᐋᔨᒧᐦᑌᐤ aayimuhteu vai ♦ s/he is always walking around, walking in and out
ᐋᔨᒨᑕᒻ aayimuutam vti ♦ s/he talks about it
ᐋᔨᒨᒣᐤ aayimuumeu vta ♦ s/he talks about him/her
ᐋᔨᒫᑎᓈᐤ aayimatinaau vii ♦ it is a difficult mountain
ᐋᔨᒫᓯᓈᑯᓐ aayimaasinaakun vii ♦ it looks difficult
ᐋᔨᒫᓯᓈᑯᓱ aayimaasinaakusuu vai -i ♦ s/he looks difficult
ᐋᔨᒫᐦᒡ aayimaahch p,location ♦ it is in a difficult place ▪ ᐋᓐ ᐋᔨᒫᐦᒡ ᐊᐦᒋᑖ ᐋᐦ ᐅᑐᐦᑌᐦᒋᓛᒡ ▪ The thing you want is in a very difficult place.
ᐋᔨᔒᐄᓅ aayishiiinuu na -niim [Inland] ♦ long ago person, person who lived in mythical times
ᐋᔨᔒᐃᔨᔫ aayishiiiyiyuu na -yiim [Coastal] ♦ long ago person, person who lived in mythical times
ᐋᔨᐦᑲᒥᒣᐤ aayihkamimeu vta ♦ s/he forcefully talks him/her into doing something, s/he prevails upon him/her
ᐋᔨᐦᑲᒥᐦᐁᐤ aayihkamiheu vta ♦ s/he forces him/her
ᐋᔨᐦᑲᒥᐦᑖᐤ aayihkamihtaau vai+o ♦ s/he keeps on trying, s/he forces it
ᐋᔨᐦᑲᒻ aayihkam p,manner ♦ by force ▪ ᐋᔨᐦᑲᒻ ᑳ ᐃᑐᐦᑖᐸᓐ ᐋᐅᑖᐅᑦ ᐋᐤ ᐙᐤᒡᐋᔨᐦᑳᐤᔥᐦᑎᒡᐤ ▪ She was taken to the hospital by force.

◁ᣁᒉᐳ **aayaayimapuu** vai redup -i ♦ s/he moves around while sitting in one place

◁ᐦ **aah** p,interjection ♦ expression of disapproval (used alone)

◁ᐦ◁ **aahaa** p,interjection ♦ OK, used by the listener during discourse to express interest

◁ᐦ◁·▽ᒍᓐ **aahaaweshiish** na dim ♦ oldsquaw duck *Clangula hyemalis*

◁ᐦᑎᐱᐦᑌᐅ **aahtipihteu** vta ♦ s/he ties it (anim) in a different place

◁ᐦᑎᐱᐦᑕᒼ **aahtipihtam** vti ♦ s/he ties it in a different place, s/he changes the dressing on a wound

◁ᐦᑎᑯᐦᑎᑖᐅ **aahtikuhtitaau** vai+o ♦ s/he moves it to another area in water

◁ᐦᑎᓀᐅ **aahtineu** vta ♦ s/he changes his/her position

◁ᐦᑎᓂᐦᐄᐯᐅ **aahtinihiipeu** vai ♦ s/he moves her/his net to set somewhere else

◁ᐦᑎᓇᒻ **aahtinam** vti ♦ s/he changes its position

◁ᐦᑎᓈᔅᒉᐅ **aahtinaascheu** vai ♦ s/he changes boughs on floor

◁ᐦᑎᓐ **aahtin** vii [Coastal] ♦ it (ex lock) is changed

◁ᐦᑎᔅᑵᓀᐅ **aahtiskweneu** vta ♦ s/he moves someone else's head by hand

◁ᐦᑎᔅᑵᔫ **aahtiskweyuu** vai -i ♦ s/he moves her/his own head

◁ᐦᑎᔅᑰ **aahtiskuu** na ♦ sharp-tailed grouse *Pedioecetes phasianellus* or *Tympanuchus phasianellus*

◁ᐦᑎᔅᑰᔥ **aahtiskuush** na dim ♦ young sharp-tailed grouse

◁ᐦᑎᐦᐁᐅ **aahtiheu** vta ♦ s/he places, moves him/her somewhere else, changes his/her position

◁ᐦᑐᐌᐅ **aahtuweu** vai ♦ it (anim) changes its coat (ex an animal, by shedding, changing colour)

◁ᐦᑐᒉᐅ **aahtucheu** vai ♦ s/he moves to another house, tent

◁ᐦᑐᐦᑌᐅ **aahtuhteu** vai ♦ s/he walks to a different place

◁ᐦᑐᐦᑕᑖᐅ **aahtuhtataau** vai+o ♦ s/he walks to a different place with it

◁ᐦᑐᐦᑕᐦᐁᐅ **aahtuhtaheu** vta ♦ s/he walks to a different place with him/her

◁ᐦᑕᐳᐅ **aahtapuu** vai -i ♦ s/he sits in/goes to a different place, relocates

◁ᐦᑕᑯᑌᐅ **aahtakuteu** vii ♦ it hangs in a different place, it moves as it hangs

◁ᐦᑕᑯᑖᐅ **aahtakutaau** vai+o ♦ s/he hangs it in a different place

◁ᐦᑕᑯᒋᓐ **aahtakuchin** vai ♦ it (anim) hangs in a different place

◁ᐦᑕᑯᔦᐅ **aahtakuyeu** vta ♦ s/he hangs it (anim) in a different place

◁ᐦᑕᒧᐦᐁᐅ **aahtamuheu** vta ♦ s/he replaces, changes it (anim, ex door)

◁ᐦᑕᒧᐦᑖᐅ **aahtamuhtaau** vai+o ♦ s/he changes/replaces it with something else

◁ᐦᑕᐦᐆ **aahtahuu** vai -u ♦ s/he moves camp, paddling, by motor

◁ᐦᑕᐦᐊᒼ **aahtaham** vti ♦ s/he moves it, stirs it (once)

◁ᐦᑕᐤᐁᐅ **aahtahweu** vta ♦ s/he moves it (anim), stirs it (anim, once)

◁ᐦᒑᐱᑌᐅ **aahtaapiteu** vai ♦ s/he loses her/his milk teeth, s/he (child) gets new teeth

◁ᐦᒑᐱᐦᑳᑌᐅ **aahtaapihkaateu** vta ♦ s/he reties him/her/it (anim, ex dog) in another way, in a different place

◁ᐦᒑᐱᐦᑳᑕᒼ **aahtaapihkaatam** vti ♦ s/he reties it (someplace else) in another way

◁ᐦᒑᐳᑌᐅ **aahtaaputeu** vii ♦ it moves to another spot on the water

◁ᐦᒑᐴᐦᒉᐅ **aahtaapuuhcheu** vai ♦ s/he changes her/his wash water

◁ᐦᒑᑲᒥᐸᔫ **aahtaakamipayuu** vii -i ♦ it (water) moves, ripples

◁ᐦᒑᑲᒪᐦᐊᒼ **aahtaakamaham** vti ♦ s/he moves it (water) with something

◁ᐦᒑᓯᔮᓂᐦᐁᐅ **aahtaasiyaaniheu** vta ♦ s/he changes his/her diaper

◁ᐦᒑᔅᐱᑌᐅ **aahtaaspiteu** vta ♦ s/he changes his/her clothes

◁ᐦᒑᔅᐱᓲ **aahtaaspisuu** vai -u ♦ s/he changes clothes

◁ᐦᒑᔅᑯᐸᔫ **aahtaaskupayuu** vai/vii -i ♦ it (stick-like, ex tree, stick) moves

◁ᐦᒑᔅᑯᐦᑖᐅ **aahtaaskuhtaau** vai+o ♦ s/he renews, changes its handle

ᐊᐦᑖᔈᐅᑲᐦᐊᒻ aahtaascheukaham vti
 ♦ s/he stirs it (fire) with something,
s/he stokes the fire

ᐊᐦᑖᔈᐅᑲᐦᐌᐤ aahtaascheukahweu vta
 ♦ s/he stirs it, stokes it (anim, ex fire
in a stove)

ᐊᐦᑖᔑᑰᐦᐁᐤ aahtaashikuuheu vta ♦ s/he
pours it (anim, liquid, ex milk) into a
different container

ᐊᐦᑖᔑᑰᐦᑖᐤ aahtaashikuuhtaau vai+o
 ♦ s/he pours it (liquid) into a different
container

ᐊᐦᑵᔨᒧ aahkweyimuu vai -u ♦ s/he/it
(anim) struggles

ᐊᐦᑯᐱᑌᐤ aahkupiteu vii ♦ it gives off
too much heat

ᐊᐦᑯᐱᓵᐌᐤ aahkupisaaweu vai ♦ s/he/it
(anim, ex stove) gives off intense heat

ᐊᐦᑯᓐ aahkun vii ♦ it is strong flavoured

ᐊᐦᑯᓯᑕᒋᔐᐤ aahkusitachisheu vai ♦ s/he
has a stomach ache

ᐊᐦᑯᓯᐅᑲᒥᒄ aahkusiiukamikw ni
 ♦ hospital

ᐊᐦᑯᓱᐎᓐ aahkusuwin ni ♦ disease,
sickness

ᐊᐦᑯᓱᐤ aahkusuu vai ♦ s/he is sick

ᐊᐦᑯᓲᑖᐸᓐ aahkusuutaapaan ni
 ♦ ambulance

ᐊᐦᑯᓵᐱᑌᐤ aahkusaapiteu vai ♦ s/he
has a toothache

ᐊᐦᑯᓵᒋᐱᐢᑯᓀᐤ aahkusaachipiskuneu vai
 ♦ s/he has a back problem, a painful
back

ᐊᐦᑯᓵᒋᐱᐢᑯᓂᐎᓐ aahkusaachipiskuniwin ni ♦ back
problem

ᐊᐦᑯᐢᑑᑲᔦᐤ aahkustuukayeu vai ♦ s/he
has an earache

ᐊᐦᑯᔑᓐ aahkushin vai ♦ s/he is hurt
from falling

ᐊᐦᑯᔥᑎᒃᐙᓀᐤ aahkushtikwaaneu vai
 ♦ s/he has a headache, pain in the
head

ᐊᐦᑯᔥᑲᑌᐤ aahkushkateu vai ♦ s/he has
a bellyache

ᐊᐦᑯᔨᐍᓰᔥᑐᐌᐤ aahkuyiwesiishtuweu
vta ♦ s/he is violent towards him/her

ᐊᐦᑯᔨᐍᓱᐎᓐ aahkuyiwesuwin ni
 ♦ violence

ᐊᐦᑯᔨᐍᓱᐤ aahkuyiwesuu vai -i ♦ s/he is
violent

ᐊᐦᑯᐦᐁᐤ aahkuheu vta ♦ s/he hurts
him/her

ᐊᐦᑯᐦᐄᐌᐤ aahkuhiiweu vai ♦ s/he/it
(anim) causes hurt, pain

ᐊᐦᑯᐦᐄᐌᒪᑲᓐ aahkuhiiwemakan vii ♦ it
causes hurt, suffering

ᐊᐦᑲᒣᔨᒧ aahkameyimuu vai -u ♦ s/he
hurries walking

ᐊᐦᑲᒣᔨᐦᑕᒻ aahkameyihtam vti ♦ s/he is
diligent, s/he applies himself

ᐊᐦᑲᓐ aahkan vii ♦ it is light-weight

ᐊᐦᑳᐱᐢᑳᐤ aahkaapiskaau vii ♦ it is
light-weight stones, metal

ᐊᐦᒁᐱᑖᒣᐤ aahkwaapitaameu vta
 ♦ s/he/it (anim) bites him/her/it
painfully

ᐊᐦᒁᐱᑖᒥᑰ aahkwaapitaamikuu vta inverse
-u ♦ s/he has very bad bites (ex from
mosquitoes, dog)

ᐊᐦᒁᐱᔑᑌᐤ aahkwaapischiteu vii ♦ it
is terribly hot metal, glass

ᐊᐦᒁᐱᔑᓱᐤ aahkwaapischisuu vai -u ♦ it
(anim) is terribly hot metal, glass (ex
stove)

ᐊᐦᒁᐱᔑᓵᐌᐤ aahkwaapischisaaweu vai
 ♦ the stove gives a terribly hot heat

ᐊᐦᒁᑌᔨᒣᐤ aahkwaateyimeu vta ♦ s/he
thinks him/her dangerous, harmful

ᐊᐦᒁᑌᔨᐦᑕᒻ aahkwaateyihtam vti
 ♦ s/he thinks it is dangerous, harmful,
wild

ᐊᐦᒁᑌᔨᐦᑖᑯᓐ aahkwaateyihtaakun vii
 ♦ it is considered to be dangerous,
harmful

ᐊᐦᒁᑌᔨᐦᑖᑯᓲ aahkwaateyihtaakusuu vai
-i ♦ s/he is dangerous, harmful, wild

ᐊᐦᒁᑎᓐ aahkwaatin vii ♦ it is fierce,
harmful (ex sickness, burn)

ᐊᐦᒁᑎᓰᐎᓐ aahkwaatisiiwin ni
 ♦ fierceness, harmfulness, danger

ᐊᐦᒁᑎᓰᐤ aahkwaatisiiu vai ♦ s/he/it
(anim) is fierce, harmful, wild,
dangerous

ᐊᐦᒁᑎᔥᐌᐤ aahkwaatishweu vta ♦ s/he
cuts him/her badly, seriously

ᐊᐦᒁᑎᔓᓲ aahkwaatishusuu vai reflex -u
 ♦ s/he cuts her/himself badly

ᐋᑉᑲᑎᙌ aahkwaatisham vti ♦ s/he cuts it badly, seriously

ᐋᑉᑳᑕᒥ aahkwaataham vti ♦ s/he wrecks it by hitting

ᐋᑉᑳᑕᐌᐤ aahkwaatahweu vta ♦ s/he wrecks it (anim) by hitting, causes terrible damage to him/her

ᐋᑉᑳᑖᔅᑯᔑᒣᐤ aahkwaataaskushimeu vta ♦ s/he tears a big hole in it (anim) on something stick-like

ᐋᑉᑳᑖᔅᑯᐦᑎᑖᐤ aahkwaataaskuhtitaau vai+o ♦ s/he tears a big hole in it (ex clothing) on something stick-like

ᐋᑉᑳᔅᑲᑎᒣᐤ aahkwaataaskatimeu vta ♦ s/he freezes it (anim) solid

ᐋᑉᑳᔅᑲᑎᓐ aahkwaataaskatin vai-i ♦ it is frozen solid onto something

ᐋᑉᑳᔅᑲᑎᐦᑖᐤ aahkwaataaskatihtaau vai+o ♦ s/he freezes it really solid

ᐋᑉᑳᔅᑲᒍ aahkwaataaskachuu vai-i ♦ it (anim) is frozen solid onto something

ᐋᑉᑳᔥᑎᒣᐤ aahkwaataashtimeu vta ♦ s/he makes a big hole in it (anim), when shooting (ex his/her shirt)

ᐋᑉᑳᑖᐦᑲᔅᐌᐤ aahkwaataahkasweu vta ♦ s/he burns him/her badly

ᐋᑉᑳᑖᐦᑲᓴᒥ aahkwaataahkasam vti ♦ s/he burns it badly

ᐋᑉᑳᑯᓀᐅᑎᓐ aahkwaakuneutin vii ♦ it (snow) is frozen very hard

ᐋᑉᑳᑲᒥᑌᐤ aahkwaakamiteu vii ♦ it is painfully hot liquid

ᐋᑉᑳᒋᐸᔨᐦᐁᐤ aahkwaachipayiheu vta ♦ s/he ruins it (anim) by use

ᐋᑉᑳᒋᐸᔨᐦᑖᐤ aahkwaachipayihtaau vai+o ♦ s/he ruins it by using it

ᐋᑉᑳᒋᐸᔫ aahkwaachipayuu vai/vii-i ♦ it (anim) gets ruined

ᐋᑉᑳᒋᑲᐦᐅᑎᓲ aahkwaachikahutisuu vai reflex-u ♦ s/he chops her/himself badly

ᐋᑉᑳᒋᑲᐦᐌᐤ aahkwaachikahweu vta ♦ s/he cuts him/her badly with an axe

ᐋᑉᑳᒋᐦᐁᐤ aahkwaachiheu vta ♦ s/he spoils him/her

ᐋᑉᑳᒋᐦᐄᑎᓲ aahkwaachihiitisuu vai reflex-u ♦ s/he spoils her/himself

ᐋᑉᑳᒋᐦᑖᐤ aahkwaachihtaau vai+o ♦ s/he makes it worse, spoils it

ᐋᑉᑳᒪᑎᓈᐤ aahkwaamatinaau vii ♦ it is a dangerous mountain

ᐋᑉᑳᓯᓀᑳᐤ aahkwaasinekaau vii ♦ they are dangerously high rocks

ᐋᑉᑳᓯᓈᑯᓐ aahkwaasinaakun vii ♦ it looks dangerous, harmful

ᐋᑉᑳᓯᓈᑯᓲ aahkwaasinaakusuu vai-i ♦ s/he looks fierce, harmful, wild

ᐋᑉᑳᔅᑲᑎᓐ aahkwaaskatin vai-i ♦ it is frozen very solid

ᐋᑉᑳᔅᑲᒍ aahkwaaskachuu vai-i ♦ s/he has severe frostbite

ᐋᑉᑳᐦᑲᑎᔅᐌᐤ aahkwaahkatisweu vta ♦ s/he dries it (anim) hard and stiff

ᐋᑉᑳᐦᑲᑎᓲ aahkwaahkatisuu vai-u ♦ it (anim) dries hard and stiff

ᐋᑉᑳᐦᑲᑎᓴᒥ aahkwaahkatisam vti-u ♦ s/he dries it hard and stiff

ᐋᑉᑳᐦᑲᑐᑌᐤ aahkwaahkatuteu vii ♦ it dries hard and stiff

ᐋᒋᐱᑌᐤ aahchipiteu vta ♦ s/he pulls him/her to a different place

ᐋᒋᐱᑕᒥ aahchipitam vti ♦ s/he pulls it to a different place

ᐋᒋᐱᒎ aahchipichuu vai-i ♦ s/he moves camp in winter to a different place

ᐋᒋᐱᐦᑖᒪᑲᓐ aahchipihtaamakan vii ♦ it moves away (on its own power)

ᐋᒋᐸᒎᔮᓀᐤ aahchipachuyaaneu vai ♦ s/he changes her/his shirt

ᐋᒋᐸᔨᐦᐁᐤ aahchipayiheu vta ♦ s/he moves him/her/it (anim)

ᐋᒋᐸᔨᐦᑖᐤ aahchipayihtaau vai+o ♦ s/he moves it

ᐋᒋᐸᔫ aahchipayuu vai/vii-i ♦ it (anim) moves by itself

ᐋᒋᑐ aahchituu vai-i ♦ s/he/it (anim) is light-weight

ᐋᒋᑕᐦᐁᐤ aahchitaheu vta ♦ s/he makes him/her/it (anim) lighter (weight), s/he lightens him/her/it (anim)

ᐋᒋᑯᐧᐃᔫ aahchikuwiyuu na-um [Coastal] ♦ seal fat

ᐋᒋᑯᐱᒦ aahchikupimii ni-m [Inland] ♦ seal oil

ᐋᒋᑯᔥ aahchikush na dim ♦ young seal

ᐋᒋᑯᔮᓀᔥᑎᔅ aahchikuyaanestis na ♦ sealskin mitten

ᐋᒋᑯᔮᓀᔅᒋᓐ aahchikuyaaneschisin ni ♦ sealskin boot

ᐊᐦᒋᑯᔮᓐ **aahchikuyaan** na ♦ sealskin

ᐊᐦᒋᑯᐦᑳᓐ **aahchikuhkaan** na -im ♦ buoy, stuffed seal, blown-up seal

ᐊᐦᒋᑳᐳ **aahchikaapuu** vai -uu ♦ s/he moves to stand in a different place

ᐊᐦᒋᑳᐳᐦᐁᐤ **aahchikaapuuheu** vta ♦ s/he moves him/her/it (anim) to stand in a different place

ᐊᐦᒋᑳᐳᐦᑖᐤ **aahchikaapuuhtaau** vai+o ♦ s/he moves it to stand in a different place

ᐊᐦᒋᑳᑌᐸᔨᐦᐤ **aahchikaatepayihuu** vai -u ♦ s/he moves her/his leg

ᐊᐦᒋᒀᔥᑯᐦᑐ **aahchikwaashkuhtuu** vai -i ♦ s/he jumps to a different place

ᐊᐦᒋᒃ **aahchikw** na ♦ seal

ᐊᐦᒋᓂᐦᑳᑌᐤ **aahchinihkaateu** vii ♦ its name is changed

ᐊᐦᒋᓂᐦᑳᓱ **aahchinihkaasuu** vai -u ♦ her/his name is changed

ᐊᐦᒋᓈᑯᓐ **aahchinaakun** vii ♦ its appearance is changed

ᐊᐦᒋᓈᑯᓱ **aahchinaakusuu** vai -i ♦ her/his appearance is changed, different

ᐊᐦᒋᓈᑯᐦᐁᐤ **aahchinaakuheu** vta ♦ s/he changes the appearance of him/her

ᐊᐦᒋᓈᑯᐦᐄᓱ **aahchinaakuhiisuu** vai reflex -u [Inland] ♦ s/he changes her/his own appearance

ᐊᐦᒋᓈᑯᐦᑖᐤ **aahchinaakuhtaau** vai+o ♦ s/he changes the appearance of it

ᐊᐦᒋᓰᒋᓀᐤ **aahchisiichineu** vta ♦ s/he pours it (anim, liquid) into different container

ᐊᐦᒋᓰᒋᓇᒼ **aahchisiichinam** vti ♦ s/he pours (inan) liquid into a different container

ᐊᐦᒋᔅᑵᔫ **aahchiskweyuu** vai -i [Coastal] ♦ s/he/it (anim, ex bird) moves her/his own head

ᐊᐦᒋᔅᑲᑕᒼ **aahchiskatam** vti ♦ s/he moves to another community

ᐊᐦᒋᔑᒣᐤ **aahchishimeu** vta ♦ s/he moves him/her to lie somewhere else

ᐊᐦᒋᔑᓐ **aahchishin** vai ♦ s/he changes place, moves lying down

ᐊᐦᒋᔥᑌᐤ **aahchishteu** vii ♦ it is in a different location, it moved its location

ᐊᐦᒋᔥᑖᐤ **aahchishtaau** vai+o ♦ s/he places, moves it somewhere else, changes it's position

ᐊᐦᒋᔥᑯᐌᐤ **aahchishkuweu** vta ♦ s/he changes it (anim, ex pants), s/he moves it (anim) as s/he brushes against it

ᐊᐦᒋᔥᑲᒧᑎᔦᐤ **aahchishkamutiyeu** vta ♦ s/he changes his/her piece of clothing

ᐊᐦᒋᔥᑲᒼ **aahchishkam** vti ♦ s/he moves it by body, foot, s/he changes it (ex clothes)

ᐊᐦᒋᐦᐁᐤ **aahchiheu** vta ♦ s/he changes it (anim), s/he relocates it (anim)

ᐊᐦᒋᐦᐆ **aahchihuu** vai -u ♦ s/he changes into dress clothes

ᐊᐦᒋᐦᑖᐤ **aahchihtaau** vai+o ♦ s/he changes it

ᐊᐦᒋᐦᔮᐤ **aahchihyaau** vai ♦ s/he flies somewhere different

ᐊᐦᒌᐅᐦ **aahchiiuh** p,manner ♦ different ▪ ᐊᐦᒌᐅᐦ ᐃᔅᑯᐌᐤ ᐊᐦ ᐃᔨᓂᐎᑦ ▪ *The woman is of a different tribe.*

ᐊᐦᒌᐌᐤ **aahchiiweu** vii ♦ the wind changes direction

ᐊᐦᒌᐌᐸᔫ **aahchiiwepayuu** vii -i ♦ the wind changes direction as a storm hits

ᐊᐦᒌᐤ **aahchiiu** vai ♦ s/he moves

ᐎ

ᐧᐁᐱᔥᒌᔥ **weipishchiish** p,time dim ♦ a little while ▪ ᐧᐄᐦᐋ ᐧᐁᐱᔥᒌᔥ ▪ *Wait a little while for her/him.*

ᐧᐁᐅᒋᐱᑌᐤ **weuchipiteu** vta ♦ s/he embraces him/her

ᐧᐁᐅᒋᐱᑕᒼ **weuchipitam** vti ♦ s/he embraces it, puts his arms around it

ᐧᐁᐅᒋᑴᓀᐤ **weuchikweneu** vta ♦ s/he puts her/his arms around his/her neck

ᐧᐁᐅᒋᓀᐤ **weuchineu** vta ♦ s/he hugs him/her

ᐧᐁᐅᒋᓇᒼ **weuchinam** vti ♦ s/he hugs it

ᐌᐌᐱᑌᐤ **wewepiteu** vta redup ♦ s/he rocks him/her back and forth by hand

ᐌᐌᐱᑕᒼ **wewepipitam** vti redup ♦ s/he rocks it back and forth by hand

·ᐁ·ᐁᐱᐸᔨᐦᐁᐤ wewepipayiheu vta redup
 ♦ s/he waves it (anim) back and forth
·ᐁ·ᐁᐱᐸᔨᐦᑖᐤ wewepipayihtaau vai+o redup ♦ s/he waves it (ex flag) back and forth
·ᐁ·ᐁᐱᐸᔫ wewepipayuu vai/vii redup -i
 ♦ s/he/it sways
·ᐁ·ᐁᐱᑳᐴ wewepikaapuu vai redup -uu
 ♦ s/he rocks back and forth, standing
·ᐁ·ᐁᐱᒋᔐᔑᒨ wewepichischeshimuu vai redup ♦ s/he dances the twist
·ᐁ·ᐁᐱᒋᔐᔩ wewepichischeyuu vai redup -i
 ♦ s/he wiggles her/his hips
·ᐁ·ᐁᐱᔅᒀᔨᔥᑐᐌᐤ
 wewepiskweyishtuweu vta redup ♦ s/he shakes her/his head at him/her
·ᐁ·ᐁᐱᔅᒀᔫ wewepiskweyuu vai redup -i
 ♦ s/he shakes her/his head
·ᐁ·ᐁᐲᐤ wewepiiu vai redup ♦ s/he rocks back and forth sitting
·ᐁ·ᐁᐹᐱᐦᒉᐸᔨᐦᐁᐤ
 wewepaapihchepayiheu vta redup
 ♦ s/he is swinging him/her on a swing, string
·ᐁ·ᐁᐹᐱᐦᒉᐸᔨᐦᑖᐤ
 wewepaapihchepayihtaau vai+o redup
 ♦ s/he is swinging it on a swing, string
·ᐁ·ᐁᐹᐱᐦᒉᓀᐤ wewepaapihcheneu vta redup ♦ s/he swings it (anim, string-like) with her/his hand
·ᐁ·ᐁᐹᐱᐦᒉᓇᒼ wewepaapihchenam vti redup ♦ s/he swings it (string-like) with his hand
·ᐁ·ᐁᐹᔂ wewepaashuu vai redup -i ♦ it (anim) sways in the wind
·ᐁ·ᐁᐹᔥᑎᓐ wewepaashtin vii redup ♦ it sways in the wind, the wind blows it about
·ᐁ·ᐁᐹᔨᐌᐤ wewepaayiweu vai redup ♦ it (anim) wags its tail
·ᐁ·ᐁᐹᔫ wewepaayuu vai redup ♦ it (anim, ex dog) wags its tail
·ᐁ·ᐁᐹᔫᔥᑐᐌᐤ wewepaayuushtuweu vta redup ♦ it (anim) wags its tail at someone
·ᐁ·ᐁᐹᐦᐱᔥᑲᓀᐴ
 wewepaahpishkanepayuu vai redup -i
 ♦ her/his jaw moves from side to side

·ᐁ·ᐁᑲᐴ wewekapuu vai redup -i ♦ s/he sits with something wrapped partially around her/himself
·ᐁ·ᐁᑲᔥᑖᐤ wewekashtaau vai+o redup
 ♦ s/he wraps it in something
·ᐁ·ᐁᑲᐦᐁᐤ wewekaheu vta redup ♦ s/he wraps him/her in something
·ᐁ·ᐁᑲᐦᐱᑌᐤ wewekahpiteu vta redup
 ♦ s/he binds him/her round with string
·ᐁ·ᐁᑲᐦᐱᑕᒼ wewekahpitam vti redup
 ♦ s/he binds it round with string
·ᐁ·ᐁᑳᐦᐱᐦᑳᑌᐤ wewekaahpihkaateu vta redup ♦ s/he wraps it (anim) in something and then ties it (anim) around
·ᐁ·ᐁᑳᐦᐱᐦᑳᑕᒼ wewekaahpihkaatam vti redup ♦ s/he wraps it in something and then ties it around
·ᐁ·ᐁᒋᓀᐤ wewechineu vta redup ♦ s/he wraps it (anim) all around
·ᐁ·ᐁᒋᓇᒼ wewechinam vti redup ♦ s/he wraps it all around
·ᐁ·ᐁᒋᔑᒨ wewechishimeu vta redup
 ♦ s/he wraps him/her in something like a blanket
·ᐁ·ᐁᒋᔑᓄᒡ wewechishinuch vai pl redup
 ♦ they lie together with a cover
·ᐁ·ᐁᒋᔑᓐ wewechishin vai redup ♦ s/he lies with something wrapped around her/him
·ᐁ·ᐁᒋᔥᑕᐦᐊᒼ wewechishtaham vti redup
 ♦ s/he sews a wrapping around it
·ᐁ·ᐁᒋᔥᑕᐦᐌᐤ wewechishtahweu vta redup
 ♦ s/he sews a wrapping around it (anim)
·ᐁ·ᐁᒌᐤ wewechiiu vai redup ♦ s/he wraps her/himself around in it
·ᐁᐯᔨᒨ wepeyimeu vta ♦ s/he forsakes him/her
·ᐁᐯᔨᐦᑕᒧᐌᐤ wepeyihtamuweu vta
 ♦ s/he forgives him/her
·ᐁᐯᔨᐦᑕᒫᒉᐎᓐ wepeyihtamaachewin ni
 ♦ forgiveness, remission
·ᐁᐯᔨᐦᑕᒫᒉᐤ wepeyihtamaacheu vai
 ♦ s/he forgives
·ᐁᐯᔨᐦᑕᒼ wepeyihtam vti ♦ s/he forsakes it, s/he forgives it
·ᐁᐱᑲᒎᔥ wepikachuush na ♦ spinning top, toy

·∇Λ·ḃC"◁ᶫ **wepikwaataham** vti ♦ it (anim) sweeps, throws it away with its antlers

·∇Λ·ḃC"·∇° **wepikwaatahweu** vta ♦ it (anim) sweeps, throws her/him away with its antlers

·∇Λ·ḃĊ"Δ˙° **wepikwaataahiicheu** vai ♦ it (anim) sweeps its antlers around

·∇Λ·ḃḃᵃ **wepikwaakan** ni ♦ spring pole of a spring pole snare

·∇Λ˙ᵒ° **wepineu** vta ♦ s/he throws it (anim) away, divorces, separates from him/her

·∇Λσ˙つ·Δᶫ **wepinituwich** vai pl recip -u ♦ they get divorced, separated, literally 'throw each other away'

·∇Λσ˙つ·Δᵃ **wepinituwin** ni ♦ separation, divorce

·∇Λσḃᵃ **wepinikan** ni ♦ cast-off article

·∇Λσḃᵃ **wepinikan** na ♦ an uncared-for dog, an ex-wife, husband, an orphan without a home

·∇Λσ˙°Δᵃ **wepinichewin** ni [Mistissini] ♦ garbage

·∇Λσ˙°·◁ḃᵃ **wepinichewaakan** ni [Mistissini] ♦ garbage can

·∇Λσ˙°° **wepinicheu** vai ♦ s/he is throwing things away, throws garbage

·∇Λa.˙·∇° **wepinamuweu** vta ♦ s/he throws it to him/her

·∇Λaᶫ **wepinam** vti ♦ s/he throws it away

·∇Λȧ·ᶫo·Δᶜ **wepinaasunuwit** ni ♦ garbage can

·∇Λȧ·ᶫᵃ" **wepinaasunh** ni pl ♦ garbage

·∇Λȧ·ᶫ **wepinaasuu** vai -u ♦ s/he throws garbage away

·∇Λȧ·ᶫĊ<ᵃ **wepinaasuutaapaan** na ♦ garbage truck

·∇Λⁿᑯ·∇° **wepishkuweu** vta ♦ s/he knocks him/her/it (anim) away by foot

·∇ΛⁿᑯU° **wepishkuuteu** vii ♦ it is cast up, away by the ice during break-up

·∇Λⁿᑯᶫ **wepishkuusuu** vai-u ♦ s/he/it (anim) is cast up, away by the ice during break-up

·∇Λⁿḃᶫ **wepishkam** vti ♦ s/he knocks it away by foot

·∇<σΛ·◁Cᶫ **wepanipiiwaatam** vti ♦ s/he splashes water over the area after setting a trap to eliminate the human scent

·∇<ᴧ"∇° **wepayiheu** vta ♦ s/he flings it (anim, liquid) away [coastal] s/he flings it (anim) away [inland]

·∇<ᴧ"Ċ° **wepayihtaau** vai+o ♦ s/he flings it (liquid) away [coastal]; s/he flings it away [inland]

·∇<"Δḃȧ"∩ᑯ **wepahiikanaahtikw** ni ♦ broomstick

·∇<"Δḃᵃ **wepahiikan** ni ♦ broom

·∇<"Δḃᵃ" **wepahiikanh** ni pl ♦ sweepings

·∇<"Δ˙° **wepahiicheu** vai ♦ s/he sweeps

·∇<"Δ˙ᑯ **wepahiichesuu** na -siim ♦ sweeper, janitor

·∇<"Δᴧ˙·ḃU° **wepahiichiskwaateu** vta [Mistissini] [Mistissini] ♦ s/he throws at him/her with a sling

·∇<"◁ᒍ·∇° **wepahamuweu** vta ♦ s/he sweeps it to him/her

·∇<"◁ᶫ **wepaham** vti ♦ s/he sweeps it away

·∇<"◁ᑯ°° **wepahaakuneu** vai ♦ s/he sweeps, shovels snow

·∇<"◁ᑯ°"Δᴧ<ᒍ **wepahaakunehiichepayuu** vii-i ♦ it throws, blows snow out

·∇<"◁ᴧ"·ḃU° **wepahaashkwaateu** vta ♦ s/he slings at him/her

·∇<"◁ᴧ"·ḃCᶫ **wepahaashkwaatam** vti ♦ s/he slings at it

·∇<"◁ᴧ"·ḃᵃ **wepahaashkwaan** ni ♦ sling made with piece of hide and string

·∇<"·∇° **wepahweu** ♦ s/he sweeps it (anim) away

·∇<ᴧ"˙·Δ° **wepaapihchewiiu** vai ♦ s/he/it (anim) swings her/himself by a cord

·∇<ᴧ"˙ᴧU° **wepaapihchepiteu** vta ♦ s/he pulls and swings him/her

·∇<ᴧ"˙ᴧCᶫ **wepaapihchepitam** vti ♦ s/he pulls and swings it

·∇<ᴧ"˙ᴧᑯᵃ **wepaapihcheshin** vai ♦ s/he is thrown back as s/he holds onto something

·ᐁᐸᐱᐦᒉᐦᐊᒼ **wepaapihcheham** vti
 ◆ s/he hits it with something so it swings away
·ᐁᐸᐱᐦᒉᐦᐌᐤ **wepaapihchehweu** vta
 ◆ s/he hits him/her with something so s/he swings, sways
·ᐁᐸᐴᑌᐤ **wepaaputeu** vii ◆ it floats away
·ᐁᐸᔅᑯᐦᐊᒼ **wepaaskuham** vti ◆ s/he pushes it, using a stick
·ᐁᐸᔅᑯᐦᐌᐤ **wepaaskuhweu** vta ◆ s/he pushes it (anim), using a stick
·ᐁᐸᔔ **wepaashuu** vai -i ◆ s/he is blown away
·ᐁᐸᔑᑖᐤ **wepaashtitaau** vai+o ◆ s/he lets it blow away
·ᐁᐸᔑᒣᐤ **wepaashtimeu** vta ◆ s/he is blown away by it (anim)
·ᐁᐸᔑᓐ **wepaashtin** vii ◆ the wind blows it away
·ᐁᐸᔥᑯᔑᓐ **wepaashkushin** vai ◆ s/he is pushed back, repelled by hitting against wood
·ᐁᐹᐦᐅᑌᐤ **wepaahuteu** vta ◆ s/he lets him/her drift away, off
·ᐁᐹᐦᐅᑖᐤ **wepaahutaau** vai+o ◆ s/he makes it float/drift away
·ᐁᐹᐦᐅᑯᐤ **wepaahukuu** vai -u ◆ s/he is drifting away
·ᐁᒑᒡ **wetaach** p,manner ◆ gradually, increasingly ▪ ·ᐁᒑᒡ ᐊᒋ ᒥᔭᐟ ᐊᕐᐟ ᐅᔅᐱᑕᒃ ▪ Her arm is gradually healing.
·ᐁᒑᔅᐱᑌᐤ **wetaaspiteu** vta ◆ s/he mends it (anim, ex net, snowshoe netting)
·ᐁᒉᐦᒡ **wechehch** p,manner [Coastal]
 ◆ capable, more experienced ▪ ᓂ ·ᐁᒉᐦᒡ ᓂᐸ ᒥᔥᒉᐟᔮᐦ ▪ I, being more experienced, capable, will tell him about it.
·ᐁᒋᔥ **wechish** na dim [Coastal] ◆ young beaver *Castor canadensis*
·ᐁᒥᓈᑯᓐ **weminaakun** vii ◆ it is a clear view, it is possible to see far
·ᐁᒥᔥᑎᑯᔒᐊᔨᒧᐎᓐ **wemishtikushiiuayimuwin** ni ◆ English language
·ᐁᒥᔥᑎᑯᔒᐊᔨᒨ **wemishtikushiiuayimuu** vai -i ◆ s/he speaks English
·ᐁᒥᔥᑎᑯᔒᐅᔥᑌᐤ **wemishtikushiiushteu** vii ◆ it is written in English

·ᐁᒥᔥᑎᑯᔒᐅᔥᑖᐤ **wemishtikushiiushtaau** vai+o ◆ s/he writes it in English
·ᐁᒥᔥᑎᑯᔒᐤ **wemishtikushiiu** na -siim
 ◆ Whiteman, English Canadian, Anglophone
·ᐁᒦᐤ **wemiiweu** vii ◆ it is an area exposed to wind
·ᐁᒧᐦᒡ **wemuhch** p,manner [Mistissini]
 ◆ absolutely, right on
·ᐁᒫᐸᐦᑕᒼ **wemaapahtam** vti ◆ s/he goes to look from a viewpoint
·ᐁᒫᔥᑌᐤ **wemaashteu** vii ◆ it is the sunny side
·ᐁᕒᐊ **wesin** p,emphasis ◆ emphatic particle ▪ ·ᐁᕒᐊ ᐅᔥ ᐊᕐ ᒥᔭᐴ ᐅᒡᑐᓴᐟ ▪ *She was already given some medication.*
·ᐁᓵ **wesaa** p,manner ◆ too, too much ▪ ·ᐁᓵ ᒥᐦᒡᐋ ᐊᒉᐟ ᐊᐹ ᐊᐧᐋᔅ ◆ ·ᐁᓵ, ᐃᐄᐤ ᒥᐦᒡᐃᔅ ▪ *That child eats too much.* ◆ *Wow, that's too much.*
·ᐁᓵ ᐅᓵᒼ **wesaa usaam** p,interjection
 ◆ exclamation, too much ▪ ·ᐁᓵ ᐅᓵᒼ ᐃᐦᑐᑐᐌᐦ ◆ ·ᐁᓵ ᐅᓵᒼ ᐃᐦᑐᒉᐦ ▪ *s/he is really doing too much to him/her.* ◆ *s/he is really overdoing it.*
·ᐁᔅ **wes** p,emphasis ◆ emphatic particle ▪ ·ᐁᔅ ᓂᔭ ᐋ ᐊᐧᒌᐦ ◆ ᐋ ᐸᐧᐋ ᐃᐦᑐᒡ ·ᐁᔅ ᐋ ᐸ ᐊᐧᐆᐦ ▪ *I really wanted to see him.* ◆ *He should do it since he is the one who said it.*
·ᐁᔅᐱᑌᐤ **wespiteu** vta [Coastal] ◆ s/he dresses him/her
·ᐁᔅᐱᓲ **wespisuu** vai -u [Coastal] ◆ s/he dresses, gets dressed
·ᐁᔅᒑᔅᑖᑯᓲ **westaastaakusuu** vai -i ◆ s/he is tiresome, annoying to hear, listen to
·ᐁᔅᑲᐟ **weskat** ni ◆ vest, from English 'weskit'
·ᐁᔅᑲᒋᓰᐤ **weskachisiiu** vai ◆ s/he is rather old
·ᐁᔥᑖᑌᐤ **weshtaateu** vta [Coastal] ◆ s/he is lonely for him/her/it (anim), misses him/her/it (anim)
·ᐁᔥᑖᑌᔨᒣᐤ **weshtaateyimeu** vta ◆ s/he finds him/her annoying
·ᐁᔥᑖᑌᔨᐦᑕᒼ **weshtaateyihtam** vti ◆ s/he thinks it is annoying, troublesome
·ᐁᔥᑖᑌᔨᐦᑖᑯᓐ **weshtaateyihtaakun** vii [Coastal] ◆ it is tiresome, makes one feel lonely

・ᐅᵁᑖᑌᔅᐦᑳᑯᔾ

・ᐅᵁᑖᐅᐦᑳᑯᔾ **weshtaateyihtaakusuu** vai -i ♦ s/he does annoying, tiresome things, s/he is annoying, tiresome
・ᐅᵁᒑᒡ **weshtaatam** vti [Coastal] ♦ s/he is lonely for it, misses it
・ᐅᵁᒉᓬᑯᐊ **weshtaasimaakun** vii ♦ the smell is annoying
・ᐅᵁᒉᓬᑯᔾ **weshtaasimaakusuu** vai -i ♦ the smell on her/him is annoying
・ᐅᵁᒉᐋᑯᐊ **weshtaasinaakun** vii [Coastal] ♦ it makes one lonely to look at it
・ᐅᵁᒑᐦᑐᐌᐤ **weshtaastuweu** vta ♦ s/he finds his/her noise annoying
・ᐅᵁᒑᐦᑕᒻ **weshtaastam** vti ♦ s/he finds its noise annoying
・ᐅᵁᒑᐦᑖᑯᐊ **weshtaastaakun** vii ♦ it is tiresome, annoying to hear, listen to
・ᐅᵁᒑᐦᑖᑯᔾ **weshtaastaakusuu** vai -i ♦ s/he/it (anim) is tiresome, annoying to hear, listen to, her/his talking is annoying
・ᐅᵁᒑᐦᑖᑯᐦᑖᐤ **weshtaastaakuhtaau** vai+o ♦ s/he makes annoying noises with it
・ᐅᵁᐯᒋᓈᑯᐊ **weshkachinaakun** vii ♦ it looks old, old-fashioned
・ᐅᵁᐯᒋᓈᑯᔾ **weshkachinaakusuu** vai -i ♦ s/he/it (anim, ex pants) looks old-fashioned
・ᐅᵁᐯᒋᐦᐤ **weshkachihuu** vai -uu [Coastal] ♦ s/he dresses in an old-fashioned way
・ᐅᵁᐯᒋᐅᐣ **weshkachiiun** vai/vii -uu [Inland] ♦ it is rather old
・ᐅᵁᐯᒋᔥ **weshkachiish** p,time dim ♦ quite a long time ago, for quite a while ■ ᓂᔮ ・ᐅᵁᐯᒡ ᐊᒋᒥᐳᐦ ■ *He has been gone for quite a while.*
・ᐅᵁᐯᒡ **weshkach** p,time ♦ long ago ■ ᓂᐊᔨᐤ ・ᐅᵁᐯᒡ ᐊᐊ ・ᐊᑉᐋᐸᐊᐧ ♦ ᓂᐊᔨᐤ ・ᐅᵁᐯᒡ ᐯ ᐊᐦᑦᐁᒡᐧ ■ *That house is really old, from long ago.* ♦ *S/he has been sick for a long time.*
・ᐅᔦᑲᐳ **weyekapuu** vai -i ♦ it (anim) is set, laid out
・ᐅᔦᑲᔥᑕᐤ **weyekashteu** vii ♦ it is laid out
・ᐅᔦᑲᔥᑖᐤ **weyekashtaau** vai+o ♦ s/he lays it out
・ᐅᔦᑲᐦᐁᐤ **weyekaheu** vta ♦ s/he lays it (anim) out
・ᐅᔫᑎᐊ **weyuutin** vii ♦ it is plentiful

・ᐅᔫᑎᓯᐤ **weyuutisiiu** vai ♦ it (anim) is plentiful
・ᐅᔫᑎᓰᐦᐁᐤ **weyuutisiiheu** vta ♦ s/he enriches it (anim)
・ᐅᔫᑎᐦᐱᑌᐤ **weyuutihpiteu** vta ♦ s/he catches plenty of them in the net (ex fish)
・ᐅᔫᑎᐦᑎᑳᐤ **weyuutihtikaauh** vii pl ♦ there is plenty of firewood
・ᐅᔫᒐᐸᒣᐤ **weyuutaapameu** vta ♦ s/he sees plenty of them (anim)
・ᐅᔫᒐᐸᐦᑕᒻ **weyuutaapahtam** vti ♦ s/he sees plenty of it
・ᐅᔫᒋᐸᔨᐤ **weyuuchipayuu** vai/vii -i ♦ s/he/it abounds, is plentiful
・ᐅᔫᒋᒦᒋᓱ **weyuuchimiichisuu** vai -u ♦ s/he has plenty to eat
・ᐅᔫᒋᐦᐁᐤ **weyuuchiheu** vta ♦ s/he has lots of them (anim)
・ᐅᔫᒋᐦᑖᐤ **weyuuchihtaau** vai+o ♦ s/he has lots of it
・ᐅᔫᓯᓈᑯᐊ **weyuusinaakun** vii ♦ it looks very plentiful
・ᐅᔫᓯᓈᑯᔾ **weyuusinaakusuu** vai -i ♦ it (anim) looks very plentiful
・ᐅᔫᓴᐸᒣᐤ **weyuusaapameu** vta ♦ s/he sees plenty of them (anim, ex fish, birds)
・ᐅᔫᓴᐸᐦᑕᒻ **weyuusaapahtam** vti ♦ s/he sees plenty of it (ex berries)
・ᐅᐦᐁᐳᓯᒻ **wehweupiisim** na [Coastal] ♦ September
・ᐅᐦᐁᒦᒋᒥ **wehweumiichim** ni ♦ snow goose meat
・ᐅᐦᐁᐤ **wehweu** na ♦ blue goose *Chen caerulescens caerulescens*
・ᐅᐦᐁᐧᔥ **wehwesh** na dim -im ♦ a young blue goose *Chen caerulescens caerulescens*
・ᐅᐦᑎᑖᐋᐅᓅᒋᔑᑳᐤ **wehtitaawaanuuchiishikaau** vii ♦ it is boxing day
・ᐅᐦᑎᒋᐦᑕᒧᐌᐤ **wehtichistamuweu** vta ♦ s/he puts the price down for him/her, s/he sells it to him/her cheap
・ᐅᐦᑎᒋᐦᑖᓱ **wehtichistaasuu** vai -u ♦ s/he gives a sale
・ᐅᐦᑎᓯᐤ **wehtisiiu** vai ♦ it (anim) is easy, cheap
・ᐅᐦᑕᒋᒣᐤ **wehtachimeu** vta ♦ s/he sells it (anim) cheap

•ᐯ"ᑕᒢᐪ **wehtachistam** vti ♦ s/he puts the price down on it, s/he sells it cheap

•ᐯ"ᑕᒢᐨᑦᑯᐊ **wehtachistaakun** vii ♦ the price of it is cheap

•ᐯ"ᑕᒢᐨᑦᑯᓱ **wehtachistaakusuu** vai-i ♦ it (anim) has a cheap price

•ᐯ"ᑕᓂᔑᐤ **wehtanisheu** vai ♦ its feathers are easy to pluck

•ᐯ"ᑕᐊ **wehtan** vii ♦ it is easy, it is cheap

•ᐯ"ᒉᐱ"ᑲᑌᐤ **wehtaapihkaateu** vii ♦ it is tied lightly

•ᐯ"ᒉᐱ"ᑲᑕᒢ **wehtaapihkaatam** vti ♦ s/he ties it lightly

•ᐯ"ᒉᐱ"ᑲᓱ **wehtaapihkaasuu** vai-u ♦ it (anim) is tied lightly

•ᐯ"ᒋ **wehchi** preverb ♦ where from, from there (changed form of uhchi, used with conjunct verbs)

•ᐯ"ᒋᐸᔪ **wehchipayuu** vai/vii-i ♦ it (anim) is easy to do

•ᐯ"ᒋᓈᑯᐣ **wehchinaakun** vii ♦ it looks easy to do

•ᐯ"ᒋᓈᑯᓱ **wehchinaakusuu** vai-i ♦ it (anim) looks easy to do

•ᐯ"ᒋᐦᐄᑰ **wehchihiikuu** vai-u ♦ it is easy for her/him

•ᐯ"ᒋᐦᑖᐤ **wehchihtaau** vai+o ♦ s/he finds it easy to do

•ᐯ"ᒋᐤ **wehchiiu** vai ♦ s/he does it easily, without effort

•ᐃ

•ᐃᒋᐦᒉᐤ **wichihcheu** vii [Coastal] ♦ it (beaver) gathers it's store of food

•ᐃᓯᒉᐤ **winicheu** vai ♦ s/he carries a canoe on her/his shoulders

•ᐃᔦᓵᐲᐤ **wiyesaapiiu** vai [Inland] ♦ s/he is snow-blind

•ᐃᔦᔑᐸᒋᐦᑎᓀᐤ **wiyeshipachistineu** vta ♦ s/he betrays him/her

•ᐃᔦᔑᒣᐤ **wiyeshimeu** vta ♦ s/he deceives him/her by speech

•ᐃᔦᔑᒨᐤ **wiyeshimuweu** vai ♦ s/he is a deceiver

•ᐃᔦᔑᐣ **wiyeshin** p,evaluative ♦ does it matter (also used in negative with namui, taapaa 'it does not matter') ▪ ᐊᔮ ᐃᔦᔑᐊ ᐊᒡ ᒋᑦᐯᐅᓇᒡᐋᐟ ⋄ ᐃᔦᔑᐊ ᐋᐦ ▪ It doesn't matter if you take all of them. ⋄ Does it matter?

•ᐃᔦᔑᐦᐁᐤ **wiyeshiheu** vta ♦ s/he cheats, deceives him/her

•ᐃᔦᔑᐦᐄᐌᐎᐣ **wiyeshihiiwewin** ni ♦ deceit

•ᐃᔦᔑᐦᐄᐌᐤ **wiyeshihiiweu** vai ♦ s/he deceives, cheater

•ᐃᔦᔥ **wiyesh** p,manner ♦ around, approximately time, place ▪ ᐃᔥ ᑑ ᒋᓇᑯ ᐯᒡ ᐃ"ᒉ ▪ He should be here for about 4 days.

•ᐃᔦᔥᑌᔨᐦᑕᒢ **wiyeshteyihtam** vti ♦ s/he thinks something is wrong with it

•ᐃᔦᔥᑌ **wiyeshteh** p,location ♦ somewhere around, approximately ▪ ᐊᓴᐤ" ᐃᔥᐅ" ᐊ"ᒉᑦᓫᐣ ᐊ ᒋᔅᐸᔮ ▪ Your shoe must be around somewhere.

•ᐃᔦᔥᑑᑐᐌᐤ **wiyeshtuutuweu** vta ♦ s/he harms him/her, wrongs him/her

•ᐃᔦᔩᒣᐤ **wiyeyimeu** vta ♦ s/he chooses him/her/it (anim)

•ᐃᔦᔩᐦᑕᒢ **wiyeyihtam** vti ♦ s/he decides on it, s/he determines

•ᐃᔨᑎᓰᐤ **wiyitisiiu** vai ♦ s/he gets what s/he deserves

•ᐃᔨᑯᔥᑯᒡ **wiyikushkuch** ni-im [Coastal] ♦ onion

•ᐃᔨᑯᐦᑎᑖᐤ **wiyikuhtitaau** vai+o ♦ s/he places it in a certain position in a waterway (as setting a boat)

•ᐃᔨᑯᐦᒋᒣᐤ **wiyikuhchimeu** vta ♦ s/he set, places it (anim) in a certain position in a waterway (ex setting a buoy in a channel)

•ᐃᔨᑲᐦᐊᒢ **wiyikaham** vti ♦ s/he shapes it with an axe

•ᐃᔨᑲᐦᐌᐤ **wiyikahweu** vta ♦ s/he shapes it (anim) with an axe

•ᐃᔨᑳᒡ **wiyikaach** p,evaluative ♦ what a waste (old term) ▪ ᐃᔨᑳᒡ ᐊ ᒋᒥᐦ ▪ What a waste of food.

•ᐃᔨᒉᔅᑯ **wiyicheskw** ni [Coastal] ♦ bark of tree

•ᐃᔨᒉᔨᐦᑖᑯᐣ **wiyicheyihtaakun** vii ♦ it is a waste, wasted

97

•ᐃᔨᒉᐦᑖᑯᓲ **wiyicheyihtaakusuu** vai -i
 • what a waste of her/his talents, s/he did not fulfill his/her potential ▪ ᓂᐋᔭ ᐃᔨᒉᐦᑖᑯᓲ ᐊᓂ ᐋᓂᖑ ᐁᑲ ᐁᐦᑭ ᐅᐧᐃᒋᒣᐦᑭ ▪ *What a waste for her that she could not get married.*

•ᐃᔨᒋᒣᐤ **wiyichimeu** vta • s/he prices it (anim)

•ᐃᔨᒋᐦᐁᐤ **wiyichiheu** vta • s/he wastes it (anim)

•ᐃᔨᒋᐦᑕᒻ **wiyichihtam** vti • s/he prices it

•ᐃᔨᒋᐦᑖᐤ **wiyichihtaau** vai+o • s/he wastes it

•ᐃᔨᒥᓈᐦᑎᒄ **wiyiminaahtikw** ni
 • blackboard, chalkboard

•ᐃᔨᒥᓐ **wiyimin** na • ochre (red, green rock, ground and mixed with fat to make paint); chalk

•ᐃᔨᐦᑯᑌᐤ **wiyihkuteu** vta • s/he shapes it (anim) with a knife

•ᐃᔨᐦᑯᑕᒻ **wiyihkutam** vti • s/he shapes it with a knife

•ᐃᔪᐦᑯᐹᐤ **wiyuhkupaau** vii • there are willows all the way out to the mouth of the river, stream

•ᐃᔫᒫᑲᓐ **wiyuumakan** vii • it is fatty

•ᐃᔭᐦᐱᑌᐤ **wiyahpiteu** vta • s/he harnesses it (anim, ex toboggan), s/he lashes it up

•ᐃᔭᐦᐱᑕᒻ **wiyahpitam** vti • s/he ties, lashes it on (ex tying bait to hook)

•ᐃᔮᐱᔅᑳᔥᑖᐤ **wiyaapiskashtaau** vai+o
 • s/he sets it (stone, metal) up

•ᐃᔮᐱᔅᑳᐦᐁᐤ **wiyaapiskaheu** vta • s/he sets it (anim, stone, metal) up

•ᐃᔮᐱᔅᑳᐦᐧᐁᐤ **wiyaapiskahweu** vta
 • s/he shapes it (anim, stone, metal)

•ᐃᔮᐱᔅᒋᐦᑖᑖᒉᓲ **wiyaapischihtataachesuu** na • plumber

•ᐃᔮᐱᐦᑳᑌᐤ **wiyaapihkaateu** vta • s/he reties it (anim), s/he gets it (anim) ready tied

•ᐃᔮᐱᐦᒋᑲᓐ **wiyaapihchikan** ni
 [Mistissini] • front sight of a gun

•ᐃᔮᐸᒣᐤ **wiyaapameu** vta • s/he looks and picks it (anim) out, s/he aims at it (anim)

•ᐃᔮᐸᐦᑕᒻ **wiyaapahtam** vti • s/he looks and picks it out, s/he aims at it

•ᐃᔮᒣᐤ **wiyaameu** vta • s/he wears it (anim, ex clothing)

•ᐃᔮᔅ **wiyaas** ni -im • meat

•ᐃᔮᔅᑯᒋᑲᓐ **wiyaaskuchikan** ni
 • foundation

•ᐃᔮᔅᑯᓀᐤ **wiyaaskuneu** vta • s/he takes her/him to court

•ᐃᔮᔅᑯᓂᒉᐤ **wiyaaskunicheu** vai • s/he is judging

•ᐃᔮᔅᑯᓂᒉᓲ **wiyaaskunichesuu** na -siim • judge, lawyer

•ᐃᔮᔅᑯᓇᒻ **wiyaaskunam** vti • s/he points, aims it (gun)

•ᐃᔮᔅᑯᔑᒣᐤ **wiyaaskushimeu** vta • s/he lays it (anim, stick-like) for a foundation

•ᐃᔮᔅᑯᐦᐊᒻ **wiyaaskuham** vti • s/he puts it (ex moose meat) on a stick (to be roasted); s/he puts up the frame of a house, building

•ᐃᔮᔅᑯᐦᐧᐁᐤ **wiyaaskuhweu** vta • s/he gets it (anim, ex whole goose) ready with sticks to cook by fire

•ᐃᔮᔅᑯᐦᑎᑖᐤ **wiyaaskuhtitaau** vai+o
 • s/he lays it (stick-like) for a foundation

•ᐃᔮᔅᑲᑎᓐ **wiiyaaskatin** vii • the river or lake is starting to freeze

•ᐃᔮᐦᐱᑌᐤ **wiyaahpiteu** vai • s/he can easily pull, hauls a load

•ᐃᔮᐦᐱᑕᒻ **wiyaahpitam** vti • s/he has a load that is light to pull

•ᐃᔮᐦᐲᐤ **wiyaahpiiu** vai • s/he travels light

•ᐃᔮᐦᑕᒻ **wiyaahtam** vti • s/he wears it (ex clothing)

•ᐃᔮᐦᒋᑲᓐ **wiyaahchikanh** ni pl
 • clothing

•ᐃᐦᑖᐦᐊᔅᑴᐤ **wihtahaskweu** ni • worn down beaver trail

•ᐄ

•ᐄ **wii** pro,personal • she, he, her, him, hers, his, herself, himself ▪ ᐄ ᐦ ᒐᐦᐁᐤ ᐊᐧᔕ ᐋᓂᕀᐦᐠ ▪ *It was her/him that made that child cry.*

•ᐄᐅᒫᐤ **wiiumaau** nad • a wife

•ᐅᔑᑎ° **wiiushimeu** vta ♦ s/he carries him/her on her/his back

•ᐅᓴᐊᵃ **wiiushuwin** ni ♦ load carried on the back

•ᐅᓲ **wiiushuu** vai -i ♦ s/he carries a load on her/his back

•ᐊᒥᐦᑯᑎᓲ **wiiamiskutisuu** vai -i [Coastal] ♦ it (anim) tastes like beaver

•ᐊᒥᐦᑯᑲᓐ **wiiamiskukan** vii ♦ it tastes like beaver

•ᐊᒥᐦᑯᒋᓲ **wiiamiskuchisuu** vai -i [Inland] ♦ it (anim) tastes like beaver

•ᐊᒥᐦᑯᒫᑯᓐ **wiiamiskumaakun** vii ♦ it smells like beaver

•ᐊᒥᐦᑯᒫᑯᓲ **wiiamiskumaakusuu** vai -i ♦ it (anim) smells like a beaver

•ᐊᒥᐦᑯᔥᑌᐤ° **wiiamiskushteu** vii ♦ there is a smell of cooking beaver

•ᐊᔥᑕᐦᒋᑯᓂᑎᓲ **wiiashtahchikunitisuu** vai -i ♦ it (anim, ex snowshoe) smells musty from being in storage in the bush

•ᐊᔥᑕᐦᒋᑯᓂᑲᓐᵃ **wiiashtahchikunikan** vii ♦ it smells musty from being in storage in the bush

•ᐃ•ᐃᑎᐦᑯᐌᐤ° **wiiwitihkuweu** vta ♦ s/he makes a load for him/her to carry on the back

•ᐃ•ᐃᑎᐦᑲᐦᑐᐌᐤ° **wiiwitihkahtuweu** vta ♦ s/he makes a load of it (anim) to carry on the back

•ᐃ•ᐃᑎᐦᑲᐦᑕᒼ **wiiwitihkahtam** vti ♦ s/he makes a load of it to carry on the back

•ᐃ•ᐃᑎᐦᑳᓐᵃ **wiiwitihkaan** ni ♦ made-up load to be carried on the back

•ᐃ•ᐃᑎᐦᑳᓲ **wiiwitihkaasuu** vai ♦ s/he prepares her/his load for carrying on the back

•ᐃ•ᐃᑦ **wiiwit** nid ♦ her/his suitcase, luggage

•ᐃ•ᐃ•ᐌᐱᓀᐤ° **wiiwiiwepineu** vta ♦ s/he throws it (anim) out

•ᐃ•ᐃ•ᐌᐱᓇᒼ **wiiwiiwepinam** vti ♦ s/he throws it out

•ᐃ•ᐃ•ᐌᐱᔥᑯᐌᐤ° **wiiwiiwepishkuweu** vta ♦ s/he sweeps him/her outside by feet

•ᐃ•ᐃ•ᐌᐱᔥᑲᒼ **wiiwiiwepishkam** vti ♦ s/he sweeps it outside with his feet, body

•ᐃ•ᐃ•ᐌᐸᐌᐤ° **wiiwiiwepahweu** vta ♦ s/he knocks it (anim) outside, by tool

•ᐃ•ᐃᐤ° **wiiwiiu** vai ♦ s/he goes out, (euphemism for 's/he shits' among older speakers)

•ᐃ•ᐃᐱᑌᐤ° **wiiwiipiteu** vta ♦ s/he pulls him/her out

•ᐃ•ᐃᐱᑕᒼ **wiiwiipitam** vti ♦ s/he pulls it out

•ᐃ•ᐃᐸᔨᐦᐁᐤ° **wiiwiipayiheu** vta ♦ s/he brings it (anim) out

•ᐃ•ᐃᐸᔨᐦᐆ **wiiwiipayihuu** vai -u ♦ s/he springs out, rushes out

•ᐃ•ᐃᐸᔨᐦᑖᐤ° **wiiwiipayihtaau** vai+o ♦ s/he brings it out

•ᐃ•ᐃᐸᔫ **wiiwiipayuu** vai/vii -i ♦ s/he/it falls out

•ᐃ•ᐃᐸᐦᐁᐤ° **wiiwiipaheu** vta ♦ s/he runs out with him/her

•ᐃ•ᐃᐸᐦᑖᐤ **wiiwiipahtaau** vai ♦ s/he runs out

•ᐃ•ᐃᐸᐦᑤᐤ **wiiwiipahtwaau** vai ♦ s/he runs out with it

•ᐃ•ᐃᑎᒣ **wiiwiitime** p,location ♦ on the outside of an object ▪ ᒥᓐᵃ •ᐃ•ᐃᑎᒣ ᐊᵃ ᒧᐦᐳᐃᵃˣ ▪ *The outside of that cup is dirty.*

•ᐃ•ᐃᑎᒣᐤ° **wiiwiitimeu** p,location ♦ outside of the region ▪ •ᐃ•ᐃᑎᒣ ᐅᐦᒡ° ᐁᓚˣ •ᐃ•ᐃᑎᒣ ᐊᐸᑐᕀˣ ▪ *Ella comes from outside the community.* ♦ *S/he works outside the region.*

•ᐃ•ᐃᑎᒥᐦᒡ **wiiwiitimihch** p,location ♦ outside

•ᐃ•ᐃᑎᔑᒣᐤ° **wiiwiitishimeu** vta ♦ s/he runs out to escape from him/her/it (anim)

•ᐃ•ᐃᑎᔑᓀᐤ° **wiiwiitishineu** vta ♦ s/he pushes him/her outside

•ᐃ•ᐃᑎᔑᓇᒼ **wiiwiitishinam** vti ♦ s/he pushes it outside

•ᐃ•ᐃᑎᔕᐦᐊᒼ **wiiwiitishaham** vti ♦ s/he sends, orders it out

•ᐃ•ᐃᑎᔕᐦᐌᐤ° **wiiwiitishahweu** vta ♦ s/he sends, orders him/her out

•ᐃ•ᐃᑖᐯᐤ **wiiwiitaapeu** vai ♦ s/he hauls things out

•ᐃ•ᐃᑖᐹᑌᐤ° **wiiwiitaapaateu** vta ♦ s/he drags him/her out

·Ȧ·ȦĊ<Cᴸ wiiwiitaapaatam vti ♦ s/he drags it out

·Ȧ·ȦĊrJ wiiwiitaachimuu vai -u ♦ s/he crawls outside, out of something

·Ȧ·Ȧ·ḃᵚd"ḋLbᵃ wiiwiikwaashkuhtiimakan vii ♦ it jumps out

·Ȧ·Ȧ·ḃᵚd"ᑐ wiiwiikwaashkuhtuu vai -i ♦ s/he jumps out

·Ȧ·ȦLbσȦᑭᴸ wiiwiimakanipiisim na [Inland] ♦ January

·Ȧ·ȦLbᵃ wiiwiimakan vii ♦ it goes out, it is New Year's

·Ȧ·Ȧᒡᵚᒉ⸱J wiiwiisaahcheyimuu vai -u ♦ s/he suffers

·Ȧ·Ȧᵚᒉ·∇° wiiwiishtuweu vta ♦ s/he goes out to him/her

·Ȧ·ȦᵚCᴸ wiiwiishtam vti ♦ s/he goes out to it

·Ȧ·Ȧᵚd·∇° wiiwiishkuweu vta ♦ s/he takes him/her outside by foot

·Ȧ·Ȧᵚbᴸ wiiwiishkam vti ♦ s/he takes it outside by foot

·Ȧ·Ȧᔭ"ᒥ⸱ᵒ wiiwiiyahchineu vta ♦ s/he pushes him/her out

·Ȧ·Ȧᔭ<"Uᵒ wiiwiiyaapahteu vii ♦ the smoke goes out

·Ȧ·ȦᔭJᵚᑎᵒ wiiwiiyaamuhcheu vai ♦ s/he drives people out by nasty talk

·Ȧ·Ȧᔭᒼdᵒᵒ wiiwiiyaaskuneu vta ♦ s/he extends it (anim, stick-like) out of something

·Ȧ·ȦᔭᒼdɑL wiiwiiyaaskunam vti ♦ s/he extends it (stick-like) out of something

·Ȧ·Ȧ"CĊᵒ wiiwiihtataau vai+o ♦ s/he takes it outside

·Ȧ·Ȧ"C"∇ᵒ wiiwiihtaheu vta ♦ s/he takes him/her outside

·Ȧ·Ȧ"C"◁ᐅJȧȯ wiiwiihtahaausuunaanuu vii,impersonal ♦ there is a walking-out ceremony

·Ȧ·Ȧ"ᔭᵒ wiiwiihyaau vai ♦ it (anim) flies out

·Ȧ·◁ᵒ wiiwaau pro,personal pl ♦ they, them, theirs, themselves (see wii)

·Ȧᵒ wiiu vai ♦ he is married, he has a wife

·Ȧᵒ" wiiuh nad ♦ his wife ▪ ·Ȧᵒ" ◁σᒡ" ḃ ·Ȧᒉ·◁ᶜˣ ▪ That's his wife he's with.

·ȦV·∇ᵒ wiipeweu vii ♦ it is dark meat

·ȦVbᵃ wiipekan vii ♦ it (sheet-like) is black

·ȦVᒥJ wiipechisuu vai -i ♦ it (anim, sheet-like) is black

·ȦVᒥᒋᵃ wiipechishin vai ♦ it (anim, sheet-like) is dirty, black, from touching something

·ȦVᒥ"ᑎᵃ wiipechihtin vii ♦ it (sheet-like) is dirty, black, from touching something

·ȦVᒉᵒ wiipeyaau vii ♦ it is an area that is flooded with water

·ȦᐱĊ> wiipitaapuu ni ♦ sputum from teething

·Ȧᐱᒥbᵃ" wiipichikanh p,interjection ♦ word sung to a baby being rocked as s/he is teething, used with 'neuhaashii'

·Ȧᐱᒥᵚ wiipichiish na dim ♦ young walrus Odobenus rosmarus

·ȦᐱJ wiipichuu na -chiim ♦ walrus Odoberius rosmarus

·Ȧᐱᒉᐱᵒ⸱ᵒ wiipichaapineu vta ♦ s/he puts charcoal, eye make-up on his/her eyes

·Ȧᐱᒉ>"ᐅJ wiipichaapuhuusuu vai reflex - u ♦ s/he wears eye make-up

·Ȧᐱᒉᐳ wiipichaapuu vai -i ♦ s/he has black circles around the eyes

·Ȧᐱᵒᵒ wiipineu vta ♦ s/he blackens him/her by hand

·ȦᐱɑL wiipinam vti ♦ s/he blackens it by hand

·Ȧᐱȧdᵃ wiipinaakun vii ♦ it looks black, dark

·ȦᐱȧdJ wiipinaakusuu vai -i ♦ s/he looks black, dark

·ȦᐱJ wiipisuu vai -i ♦ s/he/it (anim) is black

·ȦᐱᒪᔭJ wiipisheyaasuu vai -u ♦ s/he is tanned by the sun

·Ȧᐱᒋᵃ wiipishin vai ♦ s/he gets dirty, black, by touching something

·Ȧᐱᵚ wiipish p,manner ♦ nickname for dark-skinned person ▪ ·Ȧᐱᵚ ȦᒉᵃbĊb ᣆᑐ·Ȧ ▽ Ȧᒉ ·Ȧ"◁bȯᶜˣ ▪ His nickname is 'blackish'.

·Ȧᐱᵚᑎ·ḃᵒᵒ wiipishtikwaaneu vai ♦ s/he has black hair

·ᐄᐱ"ᐁ° **wiipiheu** vta ♦ s/he blackens him/her, s/he gets him/her/it (anim) black

·ᐄᐱ"ᑎᓇ **wiipihtin** vii ♦ it gets dirty, black, by touching

·ᐄᐱ"ᒨ° **wiipihtaau** vai+o ♦ s/he blackens it, s/he gets it black

·ᐄᐱ"·ᖁᐁ° **wiipihkweneu** vta ♦ s/he blackens someone's face by hand

·ᐄᐱ"·ᖁᔮᔫ **wiipihkweyaasuu** vai -u ♦ s/he has her/his face tanned by the sun

·ᐄᐳᑊᐴ **wiipuskaau** vii ♦ it is an area burnt by a forest fire

·ᐄᐳᑊᑲᒫ° **wiipuskaakamaau** vii ♦ it is a lake in a burnt area

·ᐄᐳᑊᕐ"ᒡ **wiipuskaaschihtakw** ni -um ♦ burnt tree

·ᐄᐸᒌᐦᑳᓐ **wiipachiihkaan** p,time ♦ not long after ■ ·ᐄᐸᑊᐴ ᐦ ᑯᔖᓇx ■ *S/he arrived not long after.*

·ᐄᐸᒍᔮᓂᒫᔥᑌᐤ **wiipachuyaanimaashteu** vii ♦ it smells like burnt cloth

·ᐄᐸᒡ **wiipach** p,time ♦ soon, early ■ ·ᐄᐸᒡ ᓂ·ᐊᐅᑊᐸx ⋄ ·ᐄᐸᒡ ᐱᐸ ᑯᔖᓇx ■ *I wake up early. ⋄ S/he will arrive soon.*

·ᐄᐸᔖᑳ° **wiipaschuukaau** vii ♦ it is black mud

·ᐄᐸᔓᒋᓲ **wiipaschuuchisuu** vai -i ♦ it (anim) is black mud, black and muddy

·ᐄᐸᔕᑌ° **wiipaschuuneu** vai ♦ it (anim, dog) has a black nose

·ᐄᐸᔐᐤ **wiipasheu** vai ♦ s/he is dark-skinned

·ᐄᐸᔑᑫᐤ **wiipashikayeu** vai ♦ s/he has dark skin

·ᐄᐸᔑᑫᐦᑲᓲ **wiipashikayehkasuu** vai ♦ her/his skin is blackened by the sun

·ᐄᐸ"ᐳ **wiipahuu** vai -u ♦ s/he dresses in black

·ᐄᐸ"ᒋᔂ **wiipahcheshuu** na -iim ♦ black fox

·ᐄᐊᐅᐦᑳᐤ **wiipaauhkaau** vii ♦ it is black sand, ashes

·ᐄᐋ° **wiipaau** vii ♦ it is black

·ᐄᐸᐯᑲᓐ **wiipaapekan** vii ♦ it (string-like) is black

·ᐄᐸᐯᒋᓲ **wiipaapechisuu** vai -i ♦ it (anim, string-like) is black

·ᐄᐸᐳ **wiipaapuu** vai -i ♦ s/he has black eyes

·ᐄᐸᐳᓈᓐ **wiipaapuunaan** ni ♦ pupil of the eye

·ᐄᐸᑲᒨ **wiipaakamuu** vii -i ♦ it is black, dark liquid

·ᐄᐸᓲ **wiipaasuu** vai ♦ s/he/it (anim) is darkened by the sun

·ᐄᐸᔅᐱᓲ **wiipaaspisuu** vai -u ♦ s/he dresses, is dressed in black

·ᐄᐸᔥᒉᑎᓲ **wiipaascheutisuu** vai reflex -u ♦ s/he gets her/himself black from playing with charcoal

·ᐄᐸᔥᒎᑎᓲ **wiipaaschuutisuu** vai -i ♦ s/he is black from playing with the charcoal

·ᐄᐸᔥᑎᑯᔔ **wiipaashtikushiiu** na -siim ♦ black person

·ᐄᐹᑎᑯᐁ° **wiipaahtikuweu** vai ♦ its (anim) fur is black

·ᐄᐹᐦᑲᔫᐁᐤ **wiipaahkasweu** vta ♦ s/he burns it (anim) black

·ᐄᐹᐦᑲᓲ **wiipaahkasuu** vai -u ♦ it (anim) is burnt black

·ᐄᐹᐦᑲᓵᒻ **wiipaahkasam** vti ♦ s/he burns it black

·ᐄᐹᐦᑲᐦᑌᐤ **wiipaahkahteu** vii ♦ it burns black

·ᐄᑌᔅᒋᐦ"ᑫᐤ **wiiteschihkweu** vai ♦ s/he prepares meat into pot for cooking

·ᐄᑌᔅᒋᐦ"ᑖᒻ **wiiteschihkwaatam** vti ♦ s/he cuts it (meat) in the pot

·ᐄᑌᔨᒣᐤ **wiiteyimeu** vta ♦ s/he finds her/him amusing

·ᐄᑌᔨᐦᑕᒻ **wiiteyihtam** vti ♦ s/he is amused by it

·ᐄᑌᔨᐦᑖᑯᓐ **wiiteyihtaakun** vii ♦ it is funny, amusing

·ᐄᑌᔨᐦᑖᑯᓲ **wiiteyihtaakusuu** vai -i ♦ s/he is funny, amusing

·ᐄᑎᐱᔥᑐᐁ° **wiitipishtuweu** vta ♦ s/he sits by him/her, s/he keeps him/her company

·ᐄᑎᒣᓯᑎᓲ **wiitimesitisuu** vai -i ♦ s/he/it (anim) smells like fish

·ᐄᑎᒣᓯᒫᑯᓐ **wiitimesimaakun** vii ♦ it smells of fish

·ᐄᑎᒣᓯᒫᑯᓲ **wiitimesimaakusuu** vai -u ♦ s/he smells of fish

·ᐃᓂᒎᓖᐤ wiitimusimaau nad ♦ a sister-in-law, a brother-in-law, a cross-cousin

·ᐃᓂᒎ wiitimusuu vai -i ♦ s/he has her/him as a sister/brother-in-law

·ᐃᓂᒎ wiitimusuu vai -i [Mistissini] ♦ s/he has a boyfriend, girlfriend

·ᐃᓂᒎᓴ wiitimusa nad [Inland] ♦ his sister-in-law, his cross-cousin (mother's brother's or father's sister's daughter), her brother-in-law, her cross-cousin (mother's brother's or father's sister's sons)

·ᐃᓂᒎᔅᑦ wiitimus-h nad [Coastal] ♦ his sister-in-law, his cross-cousin (mother's brother's or father's sister's daughter), her brother-in-law, her cross-cousin (mother's brother's or father's sister's sons)

·ᐃᓂᓰᐤ wiitisiiu vai ♦ s/he is in a funny, amusing situation, it serves her/him right

·ᐃᔔ wiituu ni ♦ beaver anus, including surrounding fat, after it has been removes and turned inside out

·ᐃᔔᑲᐦᑐᐌᐤ wiituukahtuweu vai ♦ it (anim, young beaver) gnaws all around willows, poplar tree

·ᐃᔔᓈᐴᐃ wiituunaapui nad -puum ♦ beaver musk gland

·ᐃᔔᓈᐴᑲᐦᑕᒻ wiituunaapukahtam vti ♦ s/he puts the scent of musk on it

·ᐃᔔᓈᐴ wiituunaapuu ni ♦ liquid from beaver musk glands

·ᐃᔔᔅᑿ wiituuskw nid ♦ its (bird) musk gland behind tail

·ᐃᔔᔮᐴᑲᐦᑕᒻ wiituuyaapukahtam vti [Inland] ♦ s/he puts the scent of musk on it

·ᐃᔔᔮᔅᑯᐦᐄᑲᓐ wiituuyaaskuhiikan ni ♦ stick beside a trap with musk scent rubbed on it

·ᐃᑕᐱᒣᐤ wiitapimeu vta ♦ s/he sits with him/her, stays with him/her

·ᐃᑕᐱᔥᑕᒻ wiitapishtam vti ♦ s/he sits with it (ex cooking) and does not leave it

·ᐃᑕᐱᔥᑖᐤ wiitapishtaau vai+o ♦ s/he sets it beside it

·ᐃᑕᐱᐦᑎᔦᐤ wiitapihtiyeu vta ♦ s/he sits, seats him/her beside someone

·ᐃᑕᐱᐦᑐᐦᐁᐤ wiitapihtuheu vta ♦ s/he sits, seats him/her beside someone

·ᐃᑕᐱᐦᑕᒻ wiitapihtam vti ♦ s/he sits with it (ex cooking) and does not leave it

·ᐃᑕᑯᓃᒣᐤ wiitakuniimeu vta ♦ s/he uses the same covers as him/her

·ᐃᑕᒣᓯᑲᓐ wiitamesikan vii ♦ it smells like fish

·ᐃᑕᒣᓯᒎ wiitamesichisuu vai -i ♦ s/he smells like fish

·ᐃᑕᒥᔅᑰ wiitamiskuu vai ♦ it (beaver) mates

·ᐃᑦᐦᐆᒣᐤ wiitahuumeu vta ♦ s/he accompanies him/her in a separate canoe

·ᐃᒑᐯᐤᐦ wiitaapeuh nad ♦ his fellow man

·ᐃᒑᐴᔔ wiitaapushuu vai -u ♦ it (anim, hare) is mating

·ᐃᒑᔥᑯᔑᓅᒣᐤ wiitaashkushinuumeu vta ♦ s/he lies in the same room with him/her

·ᐄᐧᒀᔅᑲᓅᓲ wiikweskanuusuu vai ♦ s/he loses the tracks, the trail

·ᐄᐧᒀᔅᑲᓅᐦᐁᐤ wiikweskanuuheu vta ♦ s/he loses the tracks, trail of the person, animal s/he is following

·ᐄᐧᒀᐦᐊᒻ wiikweham vti ♦ s/he/it (anim) leaves fresh tracks on snow

·ᐄᑯᐯᓵᑲᓐ wiikupesaakan ni ♦ rainbow

·ᐄᑯᐱ wiikupii ni -m ♦ willow bark

·ᐄᑯᐲᐧᐃᑦ wiikupiiwit ni ♦ birch bark basket

·ᐄᑳᐴᐦᐁᐤ wiikaapuuheu vta ♦ s/he erects it (anim)

·ᐄᑳᐴᐦᑖᐤ wiikaapuuhtaau vai+o ♦ s/he erects it

·ᐄᑳᔒᓯᑖᓐ wiikaaschisitaan nid ♦ foot pad of bear, callus on person's foot sole

·ᐄᒃ wiikw ni ♦ fat on the kidneys (of moose, caribou)

·ᐄᒉᐅᑐᐃᒡ wiicheutuwich vai pl recip -u ♦ they go together

·ᐄᒉᐅᔅᒃ wiicheusk na ♦ kind of bird that flies around with its mate

·ᐄᒉᐌᐤ wiicheweu vta ♦ s/he goes with him/her

·ᐃᕈᐅᑲᐃᒧ wiichiukaawiimeu vta
  ♦ s/he has the same mother as him/her
·ᐃᕈᐱᐦᒡᐊᒧ wiichiuhtaawiimeu vta
  ♦ s/he has the same father as him/her
·ᐃᕈᐊᐸᑎᓰᒧ wiichiaapatisiimeu vta
  ♦ s/he works with him/her
·ᐃᕈᐊᐸᑎᓰᒫᑲᓐ wiichiaapatisiimaakan na
  ♦ co-worker
·ᐃᕈᐱᐳᓂᔒᒧ wiichipipunishiimeu vta
  ♦ s/he spends the winter with him/her
·ᐃᕈᐱᒋᒧ wiichipichiimeu vta ♦ s/he travels with him/her in winter
·ᐃᕈᐱᒫᑎᓰᒧ wiichipimaatisiimeu vta
  ♦ s/he lives her/his life with someone
·ᐃᕈᐱᒫᔑᒧ wiichipimaashuumeu vta
  ♦ s/he sails with him/her
·ᐃᕈᐱᓯᒃᐚᑎᓰᒧ wiichipisikwaatisiimeu vta ♦ s/he commits adultery with her
·ᐃᕈᐱᐦᑦᐚᒧ wiichipiihtwaaumeu vta
  ♦ s/he smokes with him/her
·ᐃᕈᐳᓲ wiichipusuu vai-i [Coastal]
  ♦ s/he has dirt on face and on clothing
·ᐃᕈᐳᐦᑯᐍ wiichipushkuweu vta
  [Coastal] ♦ s/he is tracking dirt on it (anim)
·ᐃᕈᐳᐦᑲᒻ wiichipushkam vti [Coastal]
  ♦ s/he is tracking dirt on it
·ᐃᕈᐴ wiichipuu vai-u ♦ s/he has a dirty face after s/he eats
·ᐃᕈᐸᐦᑖᒧ wiichipahtaameu vta ♦ s/he runs with him/her
·ᐃᕈᐧᐋᐤ wiichipwaau vii ♦ it is very visibly dirty
·ᐃᕋᑕᑳᒋᐦᑖᒧ wiichitakwaachihtaameu vta ♦ s/he spends the fall with him/her
·ᐃᕌᐴᔥᑐᐍ wiichikaapuushtuweu vta
  ♦ s/he stands beside him/her
·ᐃᕌᐴᔥᑕᒻ wiichikaapuushtam vti
  ♦ s/he stands with it
·ᐃᕋᒋᔐᐃᔥᑴᔥ wiichichisheishkwesh nad dim ♦ her/his old lady, wife
·ᐃᕋᒋᔐᐄᓅ wiichichisheiinuuh nad [Inland] ♦ her old man, husband
·ᐃᕋᒋᔐᐃᔩᔥᐦ wiichichisheiiyishh nad dim [Coastal] ♦ her/his old buddy
·ᐃᕋᒌᔥᑴᒧ wiichichiishkwepemeu vta
  ♦ s/he becomes drunk with him/her

·ᐃᕆᒧ wiichimeu vta ♦ s/he lives with him/her
·ᐃᕆᑕᐍᒧ wiichimetawemeu vta
  ♦ s/he plays together with him/her
·ᐃᕆᒥᓂᐦᑵᒧ wiichiminihkwemeu vta
  ♦ s/he drinks with him/her
·ᐃᕆᒥᔦᐦᑕᒨ wiichimiyeyihtamuumeu vta ♦ s/he rejoices with him/her
·ᐃᕆᒦᒋᓲᒧ wiichimiichisumeu vta ♦ s/he eats with him/her
·ᐃᕆᒨᔥ wiichimuus na -um ♦ mating partner of moose
·ᐃᕆᒪᑯᔐᒧ wiichimakushemeu vta
  ♦ s/he feasts with him/her
·ᐃᕆᒫᑲᓂᒫ wiichimaakanimaau nad ♦ a spouse, husband, wife
·ᐃᕆᒫᑲᓐ wiichimaakanh nad ♦ her/his spouse, other people living in the same area
·ᐃᕋᓅᐦᐆᒧ wiichinituhuumeu vta
  ♦ s/he hunts with him/her
·ᐃᕋᓂᑲᒨᒧ wiichinikamuumeu vta
  ♦ s/he sings with him/her
·ᐃᕋᓃᒨᒧ wiichiniimuumeu vta ♦ s/he dances with him/her
·ᐃᕋᓈᐯᐤ wiichinaapeuh nad ♦ two of the male sex
·ᐃᕆᓯᓂᑳᓲᒧ wiichisinikaasumeu vta
  ♦ s/he has the same name as her/him
·ᐃᕆᓯᓂᐦᑳᓲᒫᑲᓐ wiichisinihkaasumaakan na ♦ person with the same name
·ᐃᕆᓵᑯᓰᒧ wiichisinaakusiimeu vta
  ♦ s/he resembles him/her
·ᐃᕆᓵᑯᓰᐦᑕᒻ wiichisinaakusiihtam vti
  ♦ s/he resembles it
·ᐃᕆᓰᑯᓂᐦᑖᒧ wiichisiikunihtaameu vta
  ♦ s/he spends the spring with him/her
·ᐃᕆᓱᒫᑲᓂᐦᐁᐤ wiichisumaakaniheu vta
  ♦ s/he names him/her after another person
·ᐃᕆᓱᒫᑲᓐ wiichisumaakanh nad
  ♦ her/his name-mate, namesake
·ᐃᕆᓲᒧ wiichisuumeu vta ♦ s/he names him, s/he has the same name as him/her
·ᐃᕈᐱᐦᒋᓰᒧ wiichispihchisiimeu vta
  ♦ s/he is the same age as him/her
·ᐃᕈᑵᐦ wiichiskweuh nad ♦ his wife, two of the female sex

·ᐅᕆᔅᒎ wiichischemuu vai ♦ s/he (child) goes to live with another family, not her/his parents

·ᐅᕆᔖᓂᑳᓂᒫᐤ wiichishaanikaanimaau nad ♦ a step-brother

·ᐅᕆᔖᓂᒫᐤ wiichishaanimaau nad ♦ a sibling, parallel cousin (the father's brother's or mother's sister's child)

·ᐅᕆᔖᓂᔅᒀᒥᐦᑳᓂᒫᐤ wiichishaaniskwemihkaanimaau nad ♦ a step-sister

·ᐅᕆᔖᓂᔅᒀᒫᐤ wiichishaaniskwemaau nad ♦ a sister

·ᐅᕆᔖᓂᔅᒀᒻ wiichishaaniskwemh nad ♦ her/his sister

·ᐅᕆᔖᓂᔑᒫᐤ wiichishaanishimaau nad ♦ a younger sibling, a younger cousin

·ᐅᕆᔖᓐ wiichishaanh nad ♦ her/his sibling, parallel cousin (his/her father's brother's or mother's sister's child)

·ᐅᕆᔥᑎᒨ wiichishtimuu vai-u ♦ it (dog) mates

·ᐅᕆᐦᐁᐤ wiichiheu vta ♦ s/he helps him/her

·ᐅᕆᐦᐄᐌᐎᓐ wiichihiiwewin ni ♦ help, assistance, support

·ᐅᕆᐦᐄᐌᐤ wiichihiiweu vai ♦ s/he helps out; he is the best man for someone's wedding

·ᐅᕆᐦᐄᐌᒫᑲᓐ wiichihiiwemakan vii ♦ it helps

·ᐅᕆᐦᐄᐌᓲ wiichihiiwesuu na -siim ♦ bridesmaid, best man

·ᐅᕆᐦᑌᐦᐁᒣᐤ wiichihtehemeu vta ♦ s/he sympathizes with him/her

·ᐅᕆᐦᑎᔦᐤ wiichihtiyeu vta [Coastal] ♦ s/he marries him/her to her

·ᐅᕆᐦᑐᐎᓐ wiichihtuwin ni ♦ marriage

·ᐅᕆᐦᑐᐦᐁᐤ wiichihtuheu vta [Inland] ♦ s/he marries him/her to her

·ᐅᕆᐦᑖᐤ wiichihtaau vai+o ♦ s/he helps it

·ᐅᕆᐦᑖᓭᑲᐦᑕᒻ wiichihtaasekahtam vti ♦ s/he pairs it (ex socks) off, put them in pairs

·ᐅᕆᐦᑯᒥᔒᔥ wiichihkumishiish na dim ♦ yellow bellied flycatcher bird *Empidonax flaviventris*, perhaps least flycatcher *Empidonax minunus*

·ᐅᕆᐦᔮᒣᐤ wiichihyaameu vta ♦ it (anim) flies with it (anim)

·ᐅᕆᐅᐦᒋᔮᐤ wiichiiteyihtamuumeu vta ♦ s/he agrees with him/her in thinking

·ᐅᕆᓃᐦᑳᐎᓐ wiichiiniihkaawinh nad [Inland] ♦ her/his step-brother or sister, her/his cousin, his/her adopted brother or sister

·ᐅᕆᓃᐦᑳᓂᒫᐤ wiichiiniihkaanimaau nad [Inland] ♦ a cousin

·ᐅᕆᓅ wiichiinuuh nad [Inland] ♦ her/his sibling, brother or sister, parallel cousin (mother's sister's or father's brother's child)

·ᐅᕆᔾᔫ wiichiiyiyuuh nad [Coastal] ♦ her/his sibling, brother or sister, parallel cousin (mother's sister's or father's brother's child)

·ᐅᕆᔨᐦᑳᐎᓐ wiichiiyihkaawinh nad [Coastal] ♦ her/his step-brother or sister, her/his cousin, his/her adopted brother or sister

·ᐅᕆᔨᐦᑳᓂᒫᐤ wiichiiyihkaanimaau nad [Coastal] ♦ a cousin

·ᐆ wiichuu vai-i ♦ s/he lives (in a certain place)

·ᐆᓈᐱᔒᔥ wiichaapishiish na dim ♦ Lapland longspur bird

·ᐄᐧ wiich nid ♦ her/his home, his dwelling

·ᐅᒥᓂᒋ wiiminichii ni ♦ community of Wemindji, formerly Paint Hills, literally 'ochre mountain'

·ᐊᒪᑎᔥᐌᐤ wiimatishweu vta ♦ s/he cuts out a piece of it (anim, hide), cuts around it

·ᐊᒪᑎᔕᒻ wiimatisham vti ♦ s/he cuts a piece out of it, cuts around it

·ᐊᒫᐸᔨᔥᑐᐌᐤ wiimaapayishtuweu vta ♦ s/he avoids him/her while moving

·ᐊᒫᐸᔨᔥᑕᒻ wiimaapayishtam vti ♦ s/he avoids it while moving

·ᐊᒫᐸᔫ wiimaapayuu vai ♦ s/he avoids something while driving

·ᐊᒫᐸᐦᑖᐤ wiimaapahtaau vai ♦ s/he runs around it to avoid it

·ᐊᒫᑲᐦᐊᒻ wiimaakaham vti ♦ s/he cuts brush and trees around it to avoid

·ᐊᒫᔑᒧᐦᑖᐤ wiimaashimuhtaau vai+o ♦ s/he makes a trail around it to avoid it

ᐧᐄᒫᔥᑯᐧᐁᐤ wiimaashkuweu vta ♦ s/he avoids him/her by walking around him/her

ᐧᐄᒫᔥᑲᒻ wiimaashkam vti ♦ s/he avoids it by walking around it

ᐧᐄᒫᐦᐊᒻ wiimaaham vti ♦ s/he avoids it while driving

ᐧᐄᒫᐦᐧᐁᐤ wiimaahweu vta ♦ s/he avoids him/her/it (anim) while driving

ᐧᐄᒫᐦᑌᐤ wiimaahteu vai ♦ s/he walks around it to avoid it

ᐧᐄᓀᑲᓐ wiinekan vii ♦ it (sheet-like) is dirty

ᐧᐄᓀᒋᓲ wiinechisuu vai -i ♦ it (anim, sheet-like) is dirty

ᐧᐄᓀᔨᒣᐤ wiineyimeu vta ♦ s/he thinks him/her/it (ex pants) unclean, dirty

ᐧᐄᓀᔨᐦᑕᒻ wiineyihtam vti ♦ s/he thinks it is unclean, dirty

ᐧᐄᓀᔨᐦᑖᑯᓐ wiineyihtaakun vii ♦ it is detestable, it is filthy

ᐧᐄᓀᔨᐦᑖᑯᓲ wiineyihtaakusuu vai -i ♦ s/he is detestable, s/he is filthy

ᐧᐄᓂᐯᑰ wiinipekuu vai -u ♦ s/he is a coast Indian, coaster

ᐧᐄᓂᐯᑰᒣᔅ wiinipekuumes na -im ♦ saltwater fish

ᐧᐄᓂᐯᒄ wiinipekw ni ♦ James and Hudson Bay, salt water

ᐧᐄᓂᐯᔥᑌᐤ wiinipeshteu vii ♦ the melted snow water has an off taste

ᐧᐄᓂᑌᐤ wiiniteu vai ♦ s/he has a bad smelling burp, s/he feels sick and vomits because of eating too much different kinds of food

ᐧᐄᓂᑎᐦᑯᔦᐅᒫᑯᓐ wiinitihkuyeumaakun vii [Coastal] ♦ it smells of armpits

ᐧᐄᓂᑎᐦᑯᔦᐅᒫᑯᓲ wiinitihkuyeumaakusuu vai ♦ s/he smells of dirty armpits

ᐧᐄᓂᑎᐦᑯᔦᐤ wiinitihkuyeu vai [Coastal] ♦ s/he has smelly armpits

ᐧᐄᓂᑎᐦᒉᐤ wiinitihcheu vai ♦ s/he has dirty hands

ᐧᐄᓂᑯᓀᐧᐁᐤ wiinikuneweu vai ♦ s/he has bad breath

ᐧᐄᓂᑲᐦᒉᐤ wiinikahcheu vai ♦ s/he makes a smelly fart

ᐧᐄᓂᒋᐦᑯᑲᓀᐅᒫᑯᓐ wiinichihkukaneumaakun vii [Inland] ♦ it smells of armpits

ᐧᐄᓂᒋᐦᑯᑲᓀᐤ wiinichihkukaneu vai [Inland] ♦ s/he has smelly armpits

ᐧᐄᓂᒫᑯᓐ wiinimaakun vii ♦ it smells bad, it stinks

ᐧᐄᓂᒫᑯᓲ wiinimaakusuu vai -i ♦ s/he/it (anim, ex pants) smells bad, stinks

ᐧᐄᓂᓀᐤ wiinineu vta ♦ s/he dirties him/her by touching

ᐧᐄᓂᓄᐧᐁᐤ wiininuweu vta ♦ s/he finds him/her dirty-looking

ᐧᐄᓂᓇᒻ wiininam vti ♦ s/he finds it dirty-looking

ᐧᐄᓂᓈᑯᓐ wiininaakun vii ♦ it looks dirty

ᐧᐄᓂᓈᑯᓲ wiininaakusuu vai -i ♦ s/he looks dirty

ᐧᐄᓂᓯᑌᐅᒫᑯᓐ wiinisiteumaakun vii [Inland] ♦ it smells of dirty feet

ᐧᐄᓂᓯᑌᐤ wiinisiteu vai ♦ s/he has dirty feet

ᐧᐄᓂᓯᒁᐤ wiinisikwaau vii ♦ it is dirty ice

ᐧᐄᓂᓲ wiinisuu vai -i ♦ s/he is dirty, (also used for a man who bothers small children)

ᐧᐄᓂᔅ wiinis p,interjection ♦ it's dirty!, one word exclamation said to child who dirties diaper several times, dog licking plate

ᐧᐄᓂᔅᐸᑯᓐ wiinispakun vii ♦ it has an unpleasant taste to it

ᐧᐄᓂᔅᐸᑯᓲ wiinispakusuu vai -i ♦ it (anim) has an unpleasant taste

ᐧᐄᓂᔑᒋᑲᓀᐅᒫᑯᓐ wiinishichikaneumaakun vii ♦ it smells like dirty feet

ᐧᐄᓂᔑᒋᑲᓀᐤ wiinishichikaneu vai ♦ her/his feet smell bad

ᐧᐄᓂᔑᒋᑲᓀᒫᑯᓐ wiinishichikanemaakun vii ♦ it smells like dirty, stinky feet

ᐧᐄᓂᔑᒋᑲᓀᒫᑯᓲ wiinishichikanemaakusuu vai ♦ s/he smells of dirty, stinky feet

ᐧᐄᓂᔑᒣᐤ wiinishimeu vta ♦ s/he gets him/her/it (anim) dirty by letting him/her/it touch something, s/he lets it (anim) go rotten

·ᐃᓯᒐ wiinishimuu vai -i ♦ s/he/it (anim) gets dirty by touching something

·ᐃᓯᐅᑎᐍᐤ wiinishkuweu vta ♦ s/he dirties him/her by foot

·ᐃᓯᐅᑎᔅ wiinishkush na dim ♦ young groundhog *Marmota monax*

·ᐃᓯᔐᑲᐸᒃᐚᒧ wiinishkachaapukwaamuu vai -i ♦ s/he has dirt in the eyes after sleeping

·ᐃᓯᔐᑲᐸᐤ wiinishkachaapuu vai -i ♦ s/he has dirt, sleepy-dust in her/his eyes

·ᐃᓯᔐᑲᒻ wiinishkam vti ♦ s/he dirties it by foot

·ᐃᓯᔐᐤ wiinishkw na ♦ groundhog *Marmota monax*

·ᐃᓯᐤᐍᐤ wiiniheu vta ♦ s/he dirties him/her/it (anim), s/he defiles him/her

·ᐃᓯᐤᐃᓱ wiinihiisuu vai reflex ♦ s/he/it (anim) dirties him/her/itself

·ᐃᓯᐦᑎᑖᐤ wiinihtitaau vai+o ♦ s/he gets it dirty by letting it touch something

·ᐃᓯᐦᑏᓐ wiinihtin vii ♦ it (food) is spoiled, rotten

·ᐃᓯᐦᑑᑲᔦᐤ wiinihtuukayeu vai ♦ s/he has dirty ears and is hard of hearing (rude to say)

·ᐃᓯᐦᑑᒉᐤ wiinihtuucheu vai ♦ s/he is hard of hearing, because of dirty ears (old term)

·ᐃᓯᐦᒐᑳᐤ wiinihtakaau vii ♦ it (useful wood, ex floor) is dirty

·ᐃᓯᐦᒐᒋᓱ wiinihtachisuu vai -i ♦ it (anim, useful wood) is dirty

·ᐃᓯᐦᒁᐤ wiinihkweu vai ♦ s/he has a dirty face

·ᐃᓯᐦᑲᓱ wiinihkasuu vai -u ♦ it (anim) goes rotten from the heat

·ᐃᓯᐦᑲᐦᑌᐤ wiinihkahteu vii ♦ it goes rotten from the heat

·ᐃᓃᐦᑑ wiiniihtuu vai -i ♦ s/he does indecent actions

·ᐃᓅ wiinuu vai/vii [Inland] ♦ it (animal) is fat

·ᐃᓈᑲᐦᒉᐅᒫᑯᓐ wiinakahcheumaakun vii ♦ it smells of fart

·ᐃᓈᐤ wiinaau vii ♦ it is dirty

·ᐃᓈᐱᑌᐤ wiinaapiteu vai ♦ s/he has bad teeth

·ᐃᓈᐱᔅᑳᐤ wiinaapiskaau vii ♦ it (metal, stone) is dirty

·ᐃᓈᐱᔅᒋᓱ wiinaapischisuu vai -i ♦ it (anim, metal) is dirty

·ᐃᓈᐴ wiinaapuu ni ♦ dirty, filthy water

·ᐃᓈᑯᓂᑳᐤ wiinaakunikaau vii ♦ there is dirty snow

·ᐃᓈᑯᓂᒋᓱ wiinaakunichisuu vai -i ♦ it (snow) is dirty

·ᐃᓈᑯᓱ wiinaakusuu vai -i ♦ s/he/it (anim) is dirty

·ᐃᓈᑲᒥᔑᒣᐤ wiinaakamishimeu vta ♦ s/he leaves it (anim, liquid, ex milk) sitting around and it becomes dirty, contaminated, sour

·ᐃᓈᑲᒥᔑᓐ wiinaakamishin vai ♦ it (anim, ex milk) is spoiled, gone bad

·ᐃᓈᑲᒥᐍᐤ wiinaakamiheu vta ♦ s/he leaves it (anim, liquid) and it becomes dirty, contaminated

·ᐃᓈᑲᒥᐦᐊᒻ wiinaakamiham vti ♦ s/he dirties, contaminates it (liquid) by tool

·ᐃᓈᑲᒥᐦᐍᐤ wiinaakamihweu vta ♦ s/he dirties, contaminates it (anim, liquid) by tool

·ᐃᓈᑲᒥᐦᑖᐤ wiinaakamihtaau vai+o ♦ s/he leaves it (anim, liquid) and it becomes dirty, contaminated

·ᐃᓈᑲᒧ wiinaakamuu vii -i ♦ it is dirty water

·ᐃᓈᒋᒧ wiinaachimuu vai -u ♦ s/he tells a dirty story

·ᐃᓈᔅᑲᓐ wiinaaskun vii ♦ it (stick-like) is dirty

·ᐃᓈᔅᑯᓱ wiinaaskusuu vai -i ♦ it (anim, stick-like) is dirty

·ᐃᓈᔐᐍᐤ wiinaascheweu vai ♦ it (taste of meat) is spoiled by adrenalin in the meat because the animal ran too much before death

·ᐃᓈᔥᑕᑲᐃ wiinaashtakai ni -aam ♦ large stomach of moose, caribou where waste ends up (same as umistatai)

·ᐄᓐ wiin ni ♦ marrow

·ᐄᓭᐌ wiisewe p,manner ♦ approximately, around ▪ ·ᐄᓭᐌ ᑭ< ᐁᑖ ·ᐃ ᐊᔅᐊ.ᑦᐦx ▪ *Try to make it look approximately the same.*

·ᐃᔅ wiisit na ♦ the hoof of moose, caribou

wiisikaahkasweu vta ◆ s/he burned it (anim) so it tastes bitter

wiisikaahkasam vti ◆ s/he burned it so it tastes bitter

wiisicheyihtamushtamuweu vta ◆ s/he feels/shares someone's pain, anguish, suffering

wiisisupayihuu vai -u ◆ s/he moves in great haste

wiisisunaakun vii ◆ it looks flashy, it is a very bright colour

wiisisunaakusuu vai ◆ s/he looks flashy, s/he wears a very bright colour

wiisupii ni -m [Coastal] ◆ gall bladder

wiisakan vii ◆ it is bitter in taste

wiisakasheshin vai reflex -u ◆ s/he feels a stinging pain on the skin

wiisakahuuwewin ni ◆ stinging type of injury

wiisakahuuwemakan vii ◆ it (ex burn, slap, cut) stings

wiisakahuusuu vai reflex -u ◆ s/he stings her/himself with something

wiisakahweu vta ◆ s/he causes him/her to feel stinging (ex by hitting with strap)

wiisakahpineu vai ◆ s/he suffers greatly, s/he is in bitter pain, s/he is tormented with a stinging pain

wiisakahtaau vai+o ◆ s/he is too much (slang)

wiisakaapisuu vai -u ◆ her/his eyes sting from smoke

wiisakaapihtenihtaau vai+o ◆ s/he makes smoke that stings the eyes

wiisakaapuu vai -i ◆ her/his eyes smart, sting

wiisakaakamuu vai ◆ it (anim) is bitter liquid

wiisakaaspinewin ni ◆ painful disease in the chest, that causes stinging

wiisakaaspineu vai ◆ s/he has a stinging pain in the chest

wiisakaashteu vii ◆ it is burning hot in the sun, causing stinging

wiisakaahkasweu vta ◆ s/he burns it (anim) bitter

wiisakaahkasuu vai -u ◆ it (anim) is burnt bitter

wiisakaahkasam vti ◆ s/he burns it so it tastes bitter

wiisakaahkahteu vii ◆ it is burned bitter

wiisacheyitamushtamuweu vta ◆ he (Jesus) suffers stinging pain for him/her

wiisacheyimuu vai -u ◆ s/he is suffering stinging pain, s/he suffers

wiisacheyihtamuwin ni ◆ suffering, pain, agony

wiisacheyihtam vti ◆ s/he is in pain, in anguish from a stinging injury, s/he is suffering

wiisachipakw ni ◆ rhodora plant *Rhododendron canadense*

wiisachiminaanh ni pl [Inland] ◆ mountain cranberries

wiisachiminaahtikw ni ◆ mountain cranberry bush *Vaccinum vitis-idaea*

wiisachiminh ni pl [Coastal] ◆ mountain cranberries

wiisachineu vta ◆ s/he hurts, injures him/her by a powerful grip so it stings

wiisachinam vti ◆ s/he hurts, injures his own hand with pressure of a tool s/he is using so it stings

wiisachisuwin ni ◆ bitterness, soreness, pain, stinging feeling

wiisachisuu vai -i ◆ it (anim) is bitter, it (anim) stings (as from a burn)

wiisachishimeu vta ◆ s/he makes him/her fall and causes a stinging injury

wiisachishin vai ◆ s/he stings from a fall

wiisachishkuweu vta ◆ s/he injures him/her by foot, body so it stings

wiisachishkam vti ◆ s/he injures it by foot, body so it stings

•ᐃᓯᕐᐦᑎᑖᐤ wiisachihtitaau vai+o ♦ s/he injures part of her/his body by hitting it against something so it stings

•ᐃᓴᓱᐃᐧᐁᐤ wiisasuiiweu vii ♦ it is a very strong wind, usually in fall of year

•ᐃᓴᓱᒥᐦᑯᓱᐤ wiisasumihkusuu vai-i ♦ it (anim) is a flashy, bright red

•ᐃᓴᓱᒥᐦᒃᐋᐤ wiisasumihkwaau vii ♦ it is a flashy, bright red

•ᐃᓴᐱᐤ wiisaapiiu vai [Coastal] ♦ s/he is snowblind

•ᐃᔅᑯᐯᐤ wiisaaskupeu vai ♦ it (tree) is dead from standing in flood water

•ᐃᔅᑯᐦᐄᐯᐤ wiisaaskuhiipeu vii ♦ the trees are flooded when the river swells

•ᐃᓭᐦᑌᐤ wiisaahteu ni ♦ dried wood of any tree

•ᐃᔅ wiis ni ♦ fat around the stomach (caul fat)

•ᐃᔅᒄᐱᑌᐤ wiiskwepiteu vta ♦ s/he wraps and ties it (anim) in a bundle, bandages him/her

•ᐃᔅᒄᐱᑕᒻ wiiskwepitam vti ♦ s/he wraps and ties it in a bundle

•ᐃᔅᒄᐱᐦᒋᑲᓐ wiiskwepihchikan ni ♦ bandage

•ᐃᔅᒄᑖᐹᓐ wiiskwetaapaan ni ♦ cover on a toboggan load

•ᐃᔅᒄᓀᐤ wiiskweneu vta ♦ s/he wraps it (anim) all around

•ᐃᔅᒄᓂᑲᓐ wiiskwenikan ni ♦ wrapper, wrapping paper

•ᐃᔅᒄᓇᒻ wiiskwenam vti ♦ s/he wraps it all around

•ᐃᔅᒄᓈᓲᐃᓐ wiiskwenaasuwin nid ♦ her/his caul, wrapping found around a newborn baby

•ᐃᔅᒄᔐᔥᑎᒀᓀᐱᑌᐤ wiiskweshtikwaanepiteu vta ♦ s/he ties a scarf around someone's head

•ᐃᔅᒄᔐᔥᑎᒀᓀᐱᓱᐃᓐ wiiskweshtikwaanepisuwin ni ♦ headscarf

•ᐃᔅᒄᔦᑲᐴ wiiskweyekapuu vai-i ♦ s/he sits with something wrapped completely around her/himself

•ᐃᔅᒄᔦᒋᐸᔨᐦᐁᐤ wiiskweyechipayiheu vta ♦ s/he quickly wraps him/her in something sheet-like

•ᐃᔅᒄᔦᒋᑳᐴ wiiskweyechikaapuu vai-uu ♦ s/he stands with something wrapped around her/himself

•ᐃᔅᒄᔦᒋᓀᐤ wiiskweyechineu vta ♦ s/he wraps him/her in something sheet-like

•ᐃᔅᒄᔦᒋᓂᑲᓐ wiiskweyechinikan ni ♦ wrapper

•ᐃᔅᒄᔦᒋᓇᒻ wiiskweyechinam vti ♦ s/he wraps it in something sheet-like

•ᐃᔅᒄᔦᒋᓈᓲ wiiskweyechinaasuu vai-u ♦ s/he wraps things in something sheet-like

•ᐃᔅᒄᔦᒋᔑᓐ wiiskweyechishin vai ♦ s/he lies wrapped around with something (ex blanket)

•ᐃᔅᒄᔦᒋᐤ wiiskweyechiiu vai ♦ s/he wraps something (sheet-like) around her/himself

•ᐃᔅᒄᔦᐦᐱᒋᑲᓐ wiiskweyehpichikan ni ♦ cloth wrapping

•ᐃᔅᒄᔮᐱᐦᑳᑌᐤ wiiskweyaapihkaateu vta ♦ s/he wraps, ties him/her up

•ᐃᔅᒄᔮᐦᐱᐦᑳᑕᒻ wiiskweyaahpihkaatam vti ♦ s/he wraps and ties it up

•ᐃᔅᑮᒋᑲᓐ wiiskiichiikan na ♦ sharp-shinned hawk *Accipiter striatus*

•ᐃᔅᑯᑌᒫᑲᓐ wiiskuteumaakun vii ♦ it smells like smoke

•ᐃᔅᑯᑌᐤ wiiskuteu vii ♦ it is grey from smoke

•ᐃᔅᑯᑌᒥᓯᐧᐁᐤ wiiskutemisweu vta ♦ s/he makes him/her smell like smoke

•ᐃᔅᑯᑌᒥᓴᒻ wiiskutemisam vti ♦ s/he makes it smell like smoke

•ᐃᔅᑯᓂᐦᑫᔮᑲᓲ wiiskunihkeyaakasuu vai-u ♦ s/he has a sunburned, windburned face

•ᐃᔅᑯᓇᐦᒉᔒᔥ wiiskunahcheshiish na dim ♦ young silver fox *Vulpes vulpes*

•ᐃᔅᑯᓇᐦᒉᔔ wiiskunahcheshuu na-iim ♦ silver fox *Vulpes vulpes*

•ᐃᔅᑯᓲ wiiskusuu vai-i ♦ s/he/it (anim) is grey from smoke

•ᐃᔅᑯᓲᐧᐁᐤ wiiskusuuweu vai ♦ s/he/it (anim) is grey from smoke

•ᐃᔅᑯᓴᒻ wiiskusam vti ♦ s/he smokes it dark

ᐁᔅᑯᔥᑌᔭᑳⁿ wiiskushteyekan vii ✦ it (sheet-like) is grey

ᐁᔅᑯᔥᑌᔨᒋᓲ wiiskushteyechisuu vai -i ✦ it (anim, sheet-like) is grey

ᐁᔅᑯᔥᑌᔮᐤ wiiskushteyaau vii ✦ it is grey

ᐁᔅᑯᔥᑌᔮᐸᒣᒄ wiiskushteyaapamekw na ✦ grey-coloured whale, possibly an old beluga

ᐁᔅᑳᑦ wiiskaat p,negative ✦ ever, never (when used with namui, taapaa, eka) ▪ ᐁᔅᑳᑦ ᐊ ᑭᑕᒡ ᑯᒍᓈₓ ✦ ᐁᒐ ᐁᔅᑳᑦ ᐦᵐ ᑯᒍᓈₓ ▪ *Will s/he ever arrive?* ✦ *S/he never arrived.*

ᐁᔒᐲᐧᐹᑲᒨ wiischiipekwaakamuu vii -i ✦ it (water) tastes like muskeg

ᐁᐧᔐᐤ wiishweu vta ✦ s/he cuts it (anim) out

ᐁᔑᑳᑯᒋᓲ wiishikaakuchisuu vai -i [Inland] ✦ s/he/it (anim) smells of skunk

ᐁᔑᑳᑯᒫᑯⁿ wiishikaakumaakun vii ✦ it smells like skunk

ᐁᔑᑳᑯᒫᑯᓲ wiishikaakumaakusuu vai [Coastal] ✦ s/he/it (anim) smells of skunk

ᐁᔑᓈᐧᐋᐴ wiishinaawaapuu ni ✦ liquid from beaver castors (musk glands), used in medicine

ᐁᔑᓈᐤ wiishinaau nad -m ✦ beaver castoreum, castor gland

ᐁᔒᔒᐱᒋᓲ wiishiishiipichisuu vai -i ✦ s/he smells like duck

ᐁᔒᐧᐁᒋᒫᐤ wiishuweuchimaau na - maam ✦ community education administrator

ᐁᔒᐧᐁᐎⁿ wiishuwewin ni ✦ law

ᐁᔒᐧᐁᓲ wiishuwesuu na -siim ✦ coordinator

ᐁᔒᐧᐋᑌᐤ wiishuwaateu vta ✦ s/he orders, commands him/her

ᐁᔒᐧᐋᑕᒻ wiishuwaatam vti ✦ s/he commands, orders it

ᐁᔓᒣᐤ wiishumeu vta ✦ s/he orders him/her around

ᐁᔓᒻ wiisham vti ✦ s/he cuts it (pattern) out

ᐁᔖᐧᐁᐤ wiishaaweu vai ✦ s/he cuts out material, hide, leather to sew clothes

ᐁᔖᑯᐱᓯᒻ wiishaakupiisim na ✦ October, literally 'rutting month'

ᐁᔖᑯᒋᓲ wiishaakuchisuu vai -i ✦ it (anim) smells like rutting, mating moose, caribou

ᐁᔖᑯᒫᑯᓲ wiishaakumaakusuu vai -i ✦ it (anim) smells like rutting, mating moose, caribou

ᐁᔖᑯᔮⁿ wiishaakuyaan na ✦ thick moose hide, caribou hide (during mating season)

ᐁᔖᑯ wiishaakuu vai -u ✦ it (anim, moose, caribou) is rutting, in rut

ᐁᔖᑰᔅᐸᑯⁿ wiishaakuuspakun vii ✦ it has a rutting taste

ᐁᔖᑰᔅᐸᑯᓲ wiishaakuuspakusuu vai -i ✦ it (anim) has a rutting taste

ᐁᔖᒣᐤ wiishaameu vta ✦ s/he invites him/her, asks him/her to come along

ᐁᔖᒧᐧᐁᐤ wiishaamuweu vai ✦ s/he invites people

ᐁᔥᑌᐤ wiishteu vii ✦ it is written down

ᐁᔥᑎᒥᐦᐁᐤ wiishtimiheu vta ✦ s/he gives rights to trapping a beaver lodge to him/her

ᐁᔥᑎᔔ wiishtischii ni -m ✦ old beaver lodge

ᐁᔥᑎᐦᑳᓲ wiishtihkaasuu vai -u ✦ it (anim, beaver) makes its lodge

ᐁᔥᑎᐦᒉᐤ wiishtihcheu vai ✦ it (beaver) prepares it's lodge

ᐁᔥᑐᐧᐁᐤ wiishtuweu vta ✦ s/he sets out food for him/her/it (anim)

ᐁᔥᑐ wiishtuu ni ✦ beaver muzzle

ᐁᔥᑑᒫᐦᐁᐤ wiishtuumaheu vta ✦ s/he gives him/her the muzzle of a beaver

ᐁᔥᑖᐅᒫᐤ wiishtaaumaau nad ✦ the sister-in-law of a woman, the brother-in-law of a man, a male cross-cousin, a female cross-cousin

ᐁᔥᑖᐤ wiishtaau vai+o ✦ s/he writes it down, sets it down

ᐁᔥᑖᐤᐦ wiishtaauh nad ✦ her sister-in-law, his brother-in-law, his male cross-cousin, her female cross-cousin

ᐁᔥᑖᓲ wiishtaasuu vai -u ✦ s/he sets things up (for an event)

ᐁᔥᑦ wiisht ni -im ✦ beaver lodge

ᐁᔥᑯᑌᐅᒫᑯᓲ wiishkuteumaakusuu vai -i ✦ s/he smells like smoke

ᐁᔥᑯᑌᒥᔥᑌᐤ wiishkutemishteu vii ✦ the open fire smells smoky

·ÅⁿdULՐʲ **wiishkutemachisuu** vai -u ◆ s/he has the smell of the fire clinging her/him

·ÅⁿdⁿUʲ **wiishkushtesuu** na ◆ grey one (dog, wolf)

·ÅⁿbLσbՐᵈ **wiishkachaanikamikw** ni ◆ garage, work shed

·ÅⁿbLσⁿ **wiishkachaanish** na dim ◆ gray (Canada) jay, whiskey jay *Perisoreus canadensis*

·ÅⁿbLª **wiishkachaan** na -im ◆ mechanic, blacksmith

·ÅⁿbⁿՈJՐʲ **wiishkashtimuchisuu** vai -i ◆ s/he smells like dog

·ÅⁿbⁿՈJLdª **wiishkashtimumaakun** vii ◆ it smells like dog

·ÅⁿՐ"Ոd **wiishchiihtikuu** vai -u ◆ it (anim, tree) is rotten

·ÅⁿՐ"Ոd **wiishchiihtikw** ni ◆ rotten tree

·ÅⁿՐ"Cb° **wiishchiihtakaau** vii ◆ it (useful wood) is rotten

·Å⊃bª **wiiyekan** vii ◆ it smells of urine

·Å⊃ՐLdª **wiiyechimaakun** vii ◆ it smells of urine

·Å⊃Րʲ **wiiyechisuu** vai -i ◆ s/he smells of urine

·Å⊃ᔑ **wiiyeshituu** vai -u ◆ there is something (mentally) wrong with him/her but it is not known exactly what

·Å⊃"bˢᵈ **wiiyehkaskw** na [Inland] ◆ the upper part of inside the mouth, palate

·Å⊃"·b·◁ᓕ"◁° **wiiyehkwaawaashahaau** vii ◆ it is the end of a bay

·Å⊃"·bbL° **wiiyehkwaakamaau** vii ◆ it is the end of the lake

·Å⊃"·bՐ·b° **wiiyehkwaasikwaau** vii ◆ it is the end of a stretch of ice

·Å⊃"·bՐJ **wiiyehkwaashimuu** vii -u ◆ it (road) ends in a dead end

·Å⊃"·bᑊ° **wiiyehkwaayaau** vii ◆ it is the end of a tunnel, bag-like thing

·Å⊃"·b"◁ᑊ° **wiiyehkwaahaameu** vai ◆ s/he comes to the end of the road, to a dead end, walking

·Å⊃ **wiiyi** nid ◆ her/his/its bladder

·Å⊃bª **wiiyikan** p,interjection ◆ what a waste (old term) ∎ ꭎ·Å ·Å⊃bª ◁ª ՐᑊL ᑊ ·Åσ∩ᒨˣ ∎ *What a waste that the food was rotten.*

·Å⊃Րˢ·9° **wiiyimiskweu** vai ◆ s/he butchers the beaver

·Å⊃ʲ **wiiyisuu** vai -u ◆ it (anim) flames up, breaks into flames

·Å⊃ʲ **wiiyiyuu** vai -u ◆ it (anim) howls

·Å⊃"∇° **wiiyiheu** vta ◆ s/he finishes dealing with the dead large game animal (moose, caribou, bear, skinning, cutting up)

·Å⊃"bˢᵈ **wiiyihkaskw** nad -im [Coastal] ◆ the upper part of inside the mouth, palate

·Å⊃"dⁿ **wiiyihkwh** nad ◆ tonsils

·Åᒡ·◁° **wiiyuuwaau** vii ◆ it is where a river goes into a lake, into another river

·ÅᒡՐ **wiiyuuchii** ni -m ◆ the pinkish under bark of a tree (cambium)

·Åᒡ"Րbªⁿ **wiiy> hchikanh** ni pl ◆ clothing, clothes

·Å" **wiih** preverb ◆ want, intent, desire (used with independent verbs)

·Å"∇° **wiiheu** vta ◆ s/he has already cleaned the animal

·Å"∇° **wiiheu** vta redup ◆ s/he names him/her/it (anim), s/he gives a name to a newborn baby ∎ σb·Å Ր ·Å"∇° σC·◁ᒍᑊˣ ∎ *My mother gave my baby her/his name.*

·Å"ÅՈʲ **wiihiitisuu** vai reflex -u ◆ s/he gives her/his own name

·Å"∇⊺° **wiihpemeu** vta ◆ s/he sleeps with him/her/it (anim)

·Å"∇⊏⊃·Åᒪ **wiihpemituwich** vai pl recip -u ◆ they sleep together, with each other

·Å"∇⊏ȧ·∇° **wiihpeminaapeweu** vai ◆ she sleeps with a man

·Å"∇⊏ˢ·9·∇° **wiihpemiskweweu** vai ◆ he sleeps with a woman

·Å"∇⊏C└ **wiihpehtam** vti ◆ s/he sleeps with it

·Å"∧Ոσˢℾʲ **wiihpitinischisuu** vai -i ◆ it (anim, tree) is hollow

·Å"∧σˢbᒍ **wiihpiniskatuu** vai -u ◆ it (anim, tree) is rotten and hollow on the inside

·Å"∧ᑊb° **wiihpisekaau** vii ◆ there is a cave in the cliff

•ᐄ"ᐱᓭᓄᑳᐤ wiihpisinekaau vii ♦ it is a cave in the rock
•ᐄ"ᐱᓱ wiihpisuu vai-i ♦ it (anim, ex ball) is hollow
•ᐄ"ᐱ"ᒋᓱᐦ wiihpihtachisuu vai-i ♦ it (dry wood) is hollow
•ᐄ"ᐱ"ᑯᑌᐤ wiihpihkuteu vta ♦ s/he carves a hollow in it (anim)
•ᐄ"ᐱ"ᑯᑕᒻ wiihpihkutam vti ♦ s/he carves a hollow in it
•ᐄ"ᐸᑯᑌᐤ wiihpakuteu vii ♦ it is off the ground (ex there is a space between the bottom of the tent and the ground)
•ᐄ"ᐸᐢᑲᒥᑳᐤ wiihpaskamikaau vii ♦ there is a hollow in the ground, moss
•ᐄ"ᐸᐤ wiihpaau vii ♦ it has a hollow in it
•ᐄ"ᐸᐱᐢᑳᐤ wiihpaapiskaau vii ♦ it is a hollow in the rock
•ᐄ"ᐸᐱᐢᒋᓱᐦ wiihpaapischisuu vai-i ♦ it (anim, stone, metal) has a hollow
•ᐄ"ᐸᑯᓀᐦᑲᒻ wiihpaakuneshkam vti ♦ s/he makes a hollow in the snow
•ᐄ"ᐸᑯᓂᑳᐤ wiihpaakunikaau vii ♦ there is a hollow in the snow
•ᐄ"ᐸᐢᑲᓐ wiihpaaskun vii ♦ it (wood) is hollow
•ᐄ"ᐸᐢᑯᓱᐦ wiihpaaskusuu vai-i ♦ it (anim, ex tree) is hollow
•ᐄ"ᐸᐢᑯᔕᒡ wiihpaaskushach na pl ♦ macaroni, literally 'hollow things'
•ᐄ"ᐸᐢᑲᑎᓐ wiihpaaskatin vii ♦ it is frozen with a hollow in it
•ᐄ"ᐸᐢᑎᒃ wiihpaashtikw ni ♦ tree which is rotten and hollow on the inside
•ᐄ"ᐸᐢᑲᒍ wiihpaashkachuu vai-i ♦ it (anim) is frozen with a hollow in it
•ᐄ"ᐸᐢᑿ wiihpaashkw ni ♦ cow-parsnip plant *Heracleum lanatum*
•ᐄ"ᐸᔮᐦᑯᑌᐤ wiihpaayaahkuteu vii ♦ the snow has melted hollows around a fire-site
•ᐄ"ᐸᐦᑯᑌᐤ wiihpaahkuteu vii [Inland] ♦ the snow has melted into hollows from the sun
•ᐄ"ᑌᐤ wiihteu vii ♦ it is lit
•ᐄ"ᑌᐸᔪᐦ wiihtepayuu vii-i ♦ it catches fire

•ᐄ"ᑖᒧᐍᐤ wiihtamuweu vta ♦ s/he tells it to him/her
•ᐄ"ᑖᒫᒉᐤ wiihtamaacheu vai ♦ s/he tells about things
•ᐄ"ᑕᒻ wiihtam vti ♦ s/he tells it, s/he confesses
•ᐄ"ᒑᐤ wiihtaau vai+o [Coastal] ♦ s/he dismembers it, cuts it in pieces
•ᐄ"ᒑᒉᐤ wiihtaacheu vai ♦ s/he butchers meat
•ᐄ"ᑖᒫᒉᐅᓯᓇᐦᐄᑲᓐ wiihtaamaacheusinahiikan ni ♦ schedule, agenda book, literally 'information book'
•ᐄ"ᒡ wiiht p,interjection ♦ command used to tell dogteam to go faster
•ᐄ"ᑴᐤ wiihkweu vai ♦ s/he is swearing
•ᐄ"ᑴᒄᐙᑌᐤ wiihkwekwaateu vta ♦ s/he sews it (anim) into a bag-shape
•ᐄ"ᑴᒄᐙᑕᒻ wiihkwekwaatam vti ♦ s/he sews it into a bag-shape
•ᐄ"ᑴᓀᐤ wiihkweneu vta ♦ s/he guts, cleans a grouse by peeling back the skin without tearing it, in a bag shape
•ᐄ"ᑴᓯᑵᐤ wiihkwesikweu vii ♦ it (ex boot) is all covered with ice
•ᐄ"ᑴᐢᑯᒣᐤ wiihkweskumeu vai ♦ it (anim, snowshoe) is all covered with ice
•ᐄ"ᑴᐢᒋᓀᐤ wiihkweschineu vta ♦ s/he fences it (anim) in
•ᐄ"ᑴᐢᒋᓇᒻ wiihkweschinam vti ♦ s/he puts sticks around a trap
•ᐄ"ᑴᐢᒎᐍᐤ wiihkweschuuweu vai/vii ♦ s/he/it is all covered with mud
•ᐄ"ᑴᔖᐤ wiihkweshaau vai ♦ s/he urinates in her/his pants (old term)
•ᐄ"ᑵᔨᒋᐸᔨᐦᐁᐤ wiihkweyechipayiheu vta ♦ s/he wraps him/her/it (anim) into something bag-shaped and sheet-like
•ᐄ"ᑵᔨᒋᐸᔨᐦᑖᐤ wiihkweyechipayihtaau vai+o ♦ s/he wraps it into something bag-shaped and sheet-like
•ᐄ"ᑵᔨᒋᐸᔫ wiihkweyechipayuu vii-i ♦ it gets tangled in something bag-shaped and sheet-like (ex fish in net)
•ᐄ"ᑵᔨᒋᔑᓐ wiihkweyechishin vai ♦ s/he puts her/himself into something bag-like

·Ȧ"·qᑊᐅdⁱⁱ< **wiihkweyaaukuhp** ni
  ♦ pullover coat
·Ȧ"·qᑊᐤ° **wiihkweyaau** ni-aam ♦ bag
·Ȧ"·qᑊdᓄ° **wiihkweyaakuneu** vai/vii
  ♦ s/he/it is all covered with snow
·Ȧ"·qⁱⁱᑊ·ᐊᵃ **wiihkwehyaawaan** na
  ♦ grouse dressed without breaking the skin to gut it, in a bag shape
·Ȧ"dᐃ **wiihkui** ni-waam ♦ animal bladder, bird's esophagus used for container
·Ȧ"dCⁱⁱᐊᒷ **wiihkutaham** vti ♦ s/he frees it from being stuck, using something
·Ȧ"dCⁱⁱ·∇° **wiihkutahweu** vta ♦ s/he frees him/her/it (anim) from being stuck using a tool
·Ȧ"dᒉᐱU° **wiihkuchipiteu** vta ♦ s/he frees him/her/it (anim) by pulling
·Ȧ"dᒉᐱᐲ **wiihkuchipitisuu** vai reflex-u
  ♦ s/he frees her/himself by pulling
·Ȧ"dᒉᐱCᒷ **wiihkuchipitam** vti ♦ s/he frees it by pulling
·Ȧ"dᒉⁱⁱ∇° **wiihkuchiheu** vta ♦ s/he frees him/her/it (anim)
·Ȧ"dᒉⁱⁱȦdᐩ·ᐃᵃ **wiihkuchihiikusiiwin** ni
  ♦ freedom (Bible word)
·Ȧ"dᒉⁱⁱᐅ **wiihkuchihuu** vai-u ♦ s/he frees her/himself by pulling, escapes
·Ȧ"dᒉⁱⁱĊ° **wiihkuchihtaau** vai+o ♦ s/he frees it
·Ȧ"dⁱⁱᐅ **wiihkuhuu** vai-u ♦ s/he frees her/himself
·Ȧ"bᵃ **wiihkan** vii ♦ it is tasty
·Ȧ"bbᒐ **wiihkaakamuu** vii-i ♦ it tastes good (liquid)
·Ȧ"bᐱᶜ **wiihkwaapit** ni [Inland] ♦ molar tooth
·Ȧ"bU° **wiihkwaateu** vta ♦ s/he swears at him/her
·Ȧ"bCᒷ **wiihkwaatam** vti ♦ s/he swears at it
·Ȧ"·bbᒐ° **wiihkwaakamaau** vii ♦ it is the end of the lake
·Ȧ"·bᑊᒉᓄbᵃ **wiihkwaaschinikan** na ♦ at the end of the line of sticks in a beaver netting enclosure
·Ȧ"·bᑊ° **wiihkwaayaau** vii ♦ it is the end of a tunnel, bag-like thing
·Ȧ"ᒉ∇° **wiihcipeu** vai ♦ s/he likes to drink (alcohol, beverages)

·Ȧ"ᒉ>·∇° **wiihchipuweu** vta ♦ s/he likes its (anim) taste, the taste of it (anim)
·Ȧ"ᒉ>ᒀ° **wiihchipuumeu** vta ♦ s/he likes the thing (anim) that another cooked
·Ȧ"ᒉᐸⁱⁱᐳ **wiihchipaahpuu** vai-i ♦ s/he likes to laugh
·Ȧ"ᒉᑎⁱⁱ∇° **wiihchitiheu** vta ♦ s/he makes it taste good
·Ȧ"ᒉᒥᓄ° **wiihchimineu** vai ♦ s/he likes the taste of berries
·Ȧ"ᒉᒐdᵃ **wiihchimaakun** vii ♦ it smells good
·Ȧ"ᒉᒐdᐩ **wiihchimaakusuu** vai-i
  ♦ s/he/it (anim) smells good
·Ȧ"ᒉᒐdⁱⁱĊ° **wiihchimaakuhtaau** vai+o
  ♦ s/he is making a good smell with it
·Ȧ"ᒉᒐᒀ° **wiihchimaameu** vta ♦ s/he finds the smell of it (anim) appetizing
·Ȧ"ᒉᒐᐩ **wiihchimaasuu** vai-u ♦ it (anim) gives off a good smell while cooking
·Ȧ"ᒉᒐᑊ·∇° **wiihchimaasaaweu** vai
  ♦ s/he is cooking something that smells good
·Ȧ"ᒉᒐᐟU° **wiihchimaashteu** vii ♦ it gives off a good smell while cooking
·Ȧ"ᒉᒐⁱⁱCᒷ **wiihchimaahtam** vti ♦ s/he finds the smell of it appetizing
·Ȧ"ᒉᓇV·∇° **wiihchinaapeweu** vai ♦ she likes, is fond of men
·Ȧ"ᒉᑊ·q·∇° **wiihchiskweweu** vai ♦ he likes, is fond of women
·Ȧ"ᒉᔥCᒷ **wiihchishtam** vti ♦ s/he likes its taste, the taste of it
·Ȧ"ᒉⁱⁱᐩ **wiihchihtuu** vai-i ♦ it (anim) is tasty
·Ȧ"ᒉⁱⁱ·bᐩ **wiihchihkwaamuu** vai-u
  ♦ s/he likes to sleep

·ᐊ

·ᐊ·∇ᐲ·bU° **wawesikwaateu** vta redup
  ♦ s/he repairs it (anim) by sewing
·ᐊ·∇ᐲ·bCᒷ **wawesikwaatam** vti redup
  ♦ s/he repairs it by sewing
·ᐊ·∇ᒉⁱⁱ∇° **waweshiheu** vta redup ♦ s/he fixes, repairs it (anim)

•ᐊ·ᐅᒡᐦᐃᐦᑎᓱᐤ waweshihiitisuu vai redup reflex -u ♦ s/he puts on make-up, s/he makes her/himself prepared

•ᐊ·ᐅᒡᐦᐆ waweshihuu vai redup -u ♦ s/he dresses up, she puts on make-up

•ᐊ·ᐅᒡᐦᑖᐤ waweshihtaau vai+o redup ♦ s/he fixes, repairs it

•ᐊ·ᐅᔦᔨᒧ waweyeyimuu vai redup -u ♦ s/he plans to be ready

•ᐊ·ᐅᔦᔨᐦᑕᒼ waweyeyihtam vti redup ♦ s/he thinks, plans what to do

•ᐊ·ᐅᔨᐌᐦᐊᒫᐤ waweyiwehamaau vai redup ♦ s/he combs her/his own hair in a certain way

•ᐊ·ᐅᔨᐃᐤ waweyiwiiu vai redup -u ♦ s/he gets ready

•ᐊ·ᐅᔨᐱᐦᑕᒼ waweyipishtam vti redup ♦ s/he sits down beside it (ex food on table)

•ᐊ·ᐅᔨᐲᐦᑐᐌᐤ waweyipiishtuweu vta redup ♦ s/he sits down beside him/her

•ᐊ·ᐅᔨᐴ waweyipuu vai redup -i ♦ s/he adjusts her/his position after sitting

•ᐊ·ᐅᔨᑎᑯᓃᒣᐤ waweyitikuniimeu vta redup ♦ s/he crawls under the covers with someone

•ᐊ·ᐅᔨᑯᑌᐤ waweyikuteu vii redup ♦ it is hung up ready

•ᐊ·ᐅᔨᑯᑖᐤ waweyikutaau vai+o redup ♦ s/he hangs it up ready

•ᐊ·ᐅᔨᑯᒋᓐ waweyikuchin vai redup ♦ it (anim) is hung up ready

•ᐊ·ᐅᔨᑯᓃᐤ waweyikuniiu vai redup ♦ s/he gets ready to put covers on her/himself

•ᐊ·ᐅᔨᑯᓇᐦᐊᒼ waweyikunaham vti redup ♦ s/he gets ready to cover it properly

•ᐊ·ᐅᔨᑯᓇᐦᐌᐤ waweyikunahweu vta redup ♦ s/he gets ready to cover him/her properly

•ᐊ·ᐅᔨᑯᔦᐤ waweyikuyeu vta redup ♦ s/he hangs it (anim) up ready

•ᐊ·ᐅᔨᑳᐴ waweyikaapuu vai redup -uu ♦ s/he gets ready to stand

•ᐊ·ᐅᔨᓀᐤ waweyineu vta redup ♦ s/he readies it (anim) by hand

•ᐊ·ᐅᔨᓇᒧᐌᐤ waweyinamuweu vta redup ♦ s/he readies it for him/her by hand, aims it at him/her

•ᐊ·ᐅᔨᓇᒼ waweyinam vti redup ♦ s/he readies it by hand

•ᐊ·ᐅᔦᔑᒣᐤ waweyishimeu vta ♦ s/he lays him/her down

•ᐊ·ᐅᔦᔑᓐ waweyishin vai redup ♦ s/he gets ready to lie down

•ᐊ·ᐅᔦᔑᑕᒧᐌᐤ waweyishtamuweu vta redup ♦ s/he sets it ready for someone else

•ᐊ·ᐅᔦᔑᑖᐤ waweyishtaau vai+o redup ♦ s/he sets it so it is ready

•ᐊ·ᐅᔦᐦᐁᐤ waweyiheu vta redup ♦ s/he sets it (anim) so it (anim) is ready

•ᐊ·ᐅᔦᐦᐃᑎᓱᐤ waweyihiitisuu vai reflex -u ♦ s/he sits her/himself ready

•ᐊ·ᐅᔫᐦᐆ waweyuuhuu vai redup -u ♦ s/he makes herself attractive, gets her/himself ready

•ᐊ·ᐅᔫᐦᑐᐌᐤ waweyuuhtuweu vta ♦ s/he is persuaded by him/her

•ᐊ·ᐅᔫᐦᑕᒼ waweyuuhtam vti ♦ s/he is persuaded by it

•ᐊ·ᐅᔮᐱᐦᑳᑌᐤ waweyaapihkaateu vta ♦ s/he reties it (anim)

•ᐊ·ᐅᔮᐱᐦᑳᑕᒼ waweyaapihkaatam vti ♦ s/he reties it

•ᐊ·ᐅᔮᐱᐦᒉᐱᑌᐤ waweyaapihchepiteu vta redup ♦ s/he gets it (anim, string-like) ready by pulling

•ᐊ·ᐅᔮᐱᐦᒉᐱᑕᒼ waweyaapihchepitam vti redup ♦ s/he gets it (string-like) ready by pulling

•ᐊ·ᐅᔮᐱᐦᒉᓀᐤ waweyaapihcheneu vta redup ♦ s/he gets it (anim, string-like) ready

•ᐊ·ᐅᔮᐱᐦᒉᓇᒼ waweyaapihchenam vti redup ♦ s/he gets it (string-like) ready

•ᐊ·ᐅᔮᐸᐦᑕᒼ waweyaapahtam vti ♦ s/he chooses it, aims it

•ᐊ·ᐅᔮᐹᓇᐦᐁᐤ waweyaapaanaheu vta ♦ s/he arranges the string on the toboggan

•ᐊ·ᐅᔮᑯᓀᓇᒼ waweyaakunenam vti ♦ s/he arranges, levels snow by hand

•ᐊ·ᐅᔮᑯᓀᐦᔥᑲᒼ waweyaakuneshkam vti ♦ s/he arranges, levels snow with his feet

•ᐊ·ᐅᔮᑯᓀᐦᐊᒼ waweyaakuneham vti ♦ s/he arranges, levels the snow by tool

•ᐊ·ᐅᔮᔅᑯᐦᐁᐤ waweyaaskuheu vta redup ♦ s/he gets it (anim) ready to be bundled on the toboggan

•ᐛᐧᐯᐸᐦᐊᒼ **wawiiwepaham** vti redup
  ♦ s/he knocks, sweeps it out, by tool
•ᐛᐃᑌᐤ **wawiiteu** vai redup [Coastal]
  ♦ s/he makes jokes, talks amusingly
•ᐛᐃᑘᐤ **wawiitweu** vai redup [Inland]
  ♦ s/he makes jokes, talks amusingly
•ᐛᐃᓴᓈᑯᓐ **wawiisinaakun** vii redup ♦ it looks funny, amusing
•ᐛᐃᓴᓈᑯᓱᐤ **wawiisinaakusuu** vai redup -i
  ♦ s/he looks funny, amusing
•ᐛᐃᔑᒣᐤ **wawiishimeu** vta redup ♦ s/he jokes with him/her
•ᐛᐋᓂᑖᐦᑕᒼ **wawaanitaahtam** vti redup
  ♦ s/he finds breathing difficult, s/he has difficulty catching his breath
•ᐛᐋᓂᒦᒋᓲ **wawaanimiichisuu** vai redup -u
  ♦ s/he can't find anything to eat
•ᐛᐋᓈᐸᐋᐅᔦᐤ **wawaanaapaauyeu** vta redup ♦ s/he makes him/her have difficulty in catching his/her breath after holding him/her underwater
•ᐛᐋᓈᐸᐋᐌᐤ **wawaanaapaaweu** vai redup
  ♦ s/he has difficulty in catching her/his breath after being underwater
•ᐗᒌᔥᑐᓐ **wachishtun** ni ♦ nest
•ᐗᒌᔥᑯᐃᔥᑦ **wachishkuwiisht** ni -im
  ♦ muskrat hole, den
•ᐗᒌᔥᑯᐊᓇᐦᐄᑲᓐ **wachishkuwanahiikan** ni ♦ muskrat trap
•ᐗᒌᔥᑯᒦᒋᒼ **wachishkumiichim** ni
  ♦ muskrat meat
•ᐗᒌᔥᑯᔥ **wachishkush** na dim ♦ young muskrat *Ondatra zibethicus*
•ᐗᒌᔥᑯᔮᓐ **wachishkuyaan** na ♦ muskrat skin
•ᐗᒌᔥᑿᔫᔅᒄ **wachishkwaayuuskw** ni
  ♦ wild iris, blueflag *Iris versicolor*
•ᐗᒌᔥᒄ **wachishkw** na ♦ muskrat *Ondatra zibethicus*
•ᐗᒌ **wachii** ni-m ♦ mountain
•ᐗᒌᓈᓂᔥ **wachiinaanish** ni dim
  ♦ Pleiades (star constellation)
•ᐗᓀᔨᐦᑕᒼ **waneyihtam** vti ♦ s/he thinks wrongly, s/he doesn't know what to do to help someone, how to do something
•ᐗᓂᐱᑌᐤ **wanipiteu** vta ♦ s/he pulls him/her in the wrong direction
•ᐗᓂᐱᑕᒼ **wanipitam** vti ♦ s/he pulls it in the wrong direction

•ᐗᓂᐹᒋᐦᑎᓀᐤ **wanipachihtineu** vta
  ♦ s/he misplaces it (anim)
•ᐗᓂᐹᒋᐦᑎᓇᒼ **wanipachihtinam** vti
  ♦ s/he misplaces it
•ᐗᓂᐹᔫ **wanipayuu** vai-i ♦ s/he/it drives the wrong way
•ᐗᓂᐸᐦᑖᐤ **wanipahtaau** vai ♦ s/he runs the wrong way
•ᐗᓂᑌᐌᐤ **waniteweu** vai ♦ s/he gets lost because tracks in snow are invisible, especially in early spring
•ᐗᓂᑌᐤ **waniteu** vii ♦ in springtime, there are heat waves rising off snow, ice in the sun, often causing a mirage
•ᐗᓂᑎᐱᔑᓰᐃᐧᓐ **wanitipischisiiwin** ni
  ♦ eternal darkness
•ᐗᓂᑑᑐᐌᐤ **wanituutuweu** vta ♦ s/he does wrong to him/her
•ᐗᓂᑑᑕᒼ **wanituutam** vti ♦ s/he does wrong, s/he does it wrong
•ᐗᓂᑑᑖᒉᐤ **wanituutaacheu** vai ♦ s/he does wrong to another
•ᐗᓂᑳᑕᐦᐄᒉᐤ **wanikaatahiicheu** vai
  ♦ s/he carries things (ex log) on her/his shoulder
•ᐗᓂᑳᑕᐦᐌᐤ **wanikaatahweu** vta ♦ s/he carries him/her on her/his shoulder
•ᐗᓂᑳᑖᔅᑯᐦᐊᒼ **wanikaataaskuham** vti
  ♦ s/he carries a load suspended on a stick over his shoulder
•ᐗᓂᑳᑖᔅᑯᐦᐌᐤ **wanikaataaskuhweu** vta
  ♦ s/he carries it (anim, animal) with a stick over her/his shoulder
•ᐗᓂᒉᐙᑲᓐ **wanichewaakan** nid
  ♦ his/her hard lumpy part on back of the neck, usually bigger on men who carry canoe
•ᐗᓂᒉᐤ **wanicheu** vai ♦ s/he carries a canoe over her/his head and shoulders
•ᐗᓂᒋᔅᒋᓰᑐᐌᐤ **wanichischisiitutuweu** vta ♦ s/he forgets him/her/it (anim)
•ᐗᓂᒋᔅᒋᓰᑐᑕᒼ **wanichischisiitutam** vti
  ♦ s/he forgets it
•ᐗᓂᒋᔅᒋᓲ **wanichischisuu** vai-i ♦ s/he forgets, s/he is unaware
•ᐗᓂᒣᐤ **wanimeu** vta ♦ s/he distracts him/her by speech
•ᐗᓂᒥᑎᒣᐤ **wanimitimeu** vai ♦ s/he follows the wrong path, loses the path

- ·ᐊᓂᒧᔫ° **wanimuyeu** vta ♦ s/he tricks him/her
- ·ᐊᓂᒧᔨᐁᐅᒌᔥᐃᑳᐅ° **wanimuyiweuchiishikaau** vii ♦ it is April Fool's day
- ·ᐊᓂᒧᐦᐁᐤ° **wanimuheu** vta ♦ s/he puts it (anim) on wrongly
- ·ᐊᓂᒧᐦᑖᐤ° **wanimuhtaau** vai+o ♦ s/he puts it on wrong
- ·ᐊᓂᒎᑎᓐ° **wanimuutin** vii ♦ it is secret
- ·ᐊᓂᒎᑎᓰᐤ° **wanimuutisiiu** vai ♦ s/he is secret, s/he is sly
- ·ᐊᓂᒎᒋᑌᐦᐁᐤ° **wanimuuchiteheu** vai ♦ s/he has a secret kept in her/his heart
- ·ᐊᓂᒨᒡ **wanimuuch** p,manner ♦ secretly, slyly ▪ ᒋᐌ ·ᐊᓂᒨᒡ ᐃᐦᑑᒡ ᑭᐯᒡₓ ▪ *He does things secretly.*
- ·ᐊᓂᓀᐤ° **wanineu** vta ♦ s/he takes the wrong one (anim)
- ·ᐊᓂᓇᒥ **waninam** vti ♦ s/he takes the wrong one
- ·ᐊᓂᓯᔫ° **wanisiiu** vai ♦ s/he errs, s/he wanders
- ·ᐊᓂᔅᑯᒨ **waniskumuu** vii-u ♦ it is the end of the road, the road runs out
- ·ᐊᓂᔅᑯᓲ **waniskusuu** vai-i ♦ it (anim) is the end of it (anim)
- ·ᐊᓂᔅᑲᓄᐌᐤ° **waniskanuweu** vai ♦ his/her/its (anim) tracks are lost
- ·ᐊᓂᔅᑲᓅᐦᐁᐤ° **waniskanuuheu** vta ♦ s/he loses his/her/its (anim) tracks
- ·ᐊᓂᔅᒁᐤ° **waniskwaau** vii ♦ it is the end of it (ex road)
- ·ᐊᓂᔅᒁᔅᑯᓐ° **waniskwaaskun** vii ♦ it is the end of it (stick-like)
- ·ᐊᓂᔅᒁᔅᑯᓲ **waniskwaaskusuu** vai-i ♦ it (anim) is the end of it (anim, stick-like)
- ·ᐊᓂᔅᒁᐦᑎᒄ **waniskwaahtikw** ni-um ♦ end of a canoe
- ·ᐊᓂᔅᒉᔨᒣᐤ° **wanischeyimeu** vta ♦ s/he thinks wrongly that he/she is easy
- ·ᐊᓂᔅᒉᔨᐦᑕᒥ **wanischeyihtam** vti ♦ s/he thinks wrongly that it is easy
- ·ᐊᓂᔅᒋᒣᐤ° **wanischimeu** vai ♦ s/he makes a mistake while webbing a snowshoe
- ·ᐊᓂᔥᐌᐤ° **wanishweu** vta ♦ s/he cuts it (anim) wrong
- ·ᐊᓂᔒᒣᐤ° **wanishimeu** vta ♦ s/he loses him/her (his follower)
- ·ᐊᓂᔒᒨ **wanishimuu** vii-u ♦ the trail is lost
- ·ᐊᓂᔒᓐ° **wanishin** vai ♦ s/he goes astray, gets lost
- ·ᐊᓂᔕᒥ **wanisham** vti ♦ s/he cuts it wrong
- ·ᐊᓂᔥᑖᐤ° **wanishtaau** vai+o ♦ s/he makes a mistake in writing it
- ·ᐊᓂᔥᑲᒥ **wanishkam** vti ♦ s/he loses it by stepping on it (ex pushing under the snow)
- ·ᐊᓂᔥᑲᔅᑴᓀᐤ° **wanishkaskweneu** vai ♦ s/he raises someone's head
- ·ᐊᓂᔥᑳᐎᓐ° **wanishkaawin** ni ♦ resurrection
- ·ᐊᓂᔥᑳᐤ° **wanishkaau** vai ♦ s/he gets up, from lying down
- ·ᐊᓂᔥᑳᐱᑌᐤ° **wanishkaapiteu** vta ♦ s/he pulls him/her up from a lying position
- ·ᐊᓂᔥᑳᐱᑕᒥ **wanishkaapitam** vti ♦ s/he pulls it up from a prone position
- ·ᐊᓂᔥᑳᑎᔑᓀᐤ° **wanishkaatishineu** vta ♦ s/he raises him/her up from lying down
- ·ᐊᓂᔥᑳᑎᔑᓇᒥ **wanishkaatishinam** vti ♦ s/he raises it up from lying down, by hand
- ·ᐊᓂᔥᑳᑎᔕᐦᐌᐤ° **wanishkaatishahweu** vta ♦ s/he tells him/her to get up
- ·ᐊᓂᔥᑳᓇᒥ **wanishkaanam** vti ♦ s/he sets it up from lying down, by hand
- ·ᐊᓂᐦᐁᐤ° **waniheu** vta ♦ s/he loses him/her/it (anim)
- ·ᐊᓂᐦᐄᐦᑌᐤ° **wanihiihteu** vai [Inland] ♦ s/he loses the tracks of whom, what s/he is following
- ·ᐊᓂᐦᐋᒣᐤ° **wanihaameu** vai ♦ s/he follows the wrong path, loses the path
- ·ᐊᓂᐦᐋᐦᑌᐤ° **wanihaahteu** vai [Coastal] ♦ s/he loses the tracks of who, what s/he is following
- ·ᐊᓂᐦᐱᓱᐤ° **wanihpisuu** vai-u ♦ s/he gets in trouble
- ·ᐊᓂᐦᑌᐌᐤ° **wanihteweu** vai ♦ s/he gets lost because tracks in snow are invisible
- ·ᐊᓂᐦᑎᓐ° **wanihtin** vii ♦ it is lost

•ᐊᓂᑐᐌᐤ **wanihtuweu** vta ♦ s/he misunderstood him/her

•ᐊᓂᑕᒼ **wanihtam** vti ♦ s/he misunderstands it

•ᐊᓂᒑᐤ **wanihtaau** vai+o ♦ s/he loses it

•ᐊᓂᒑᓲ **wanihtwaasuu** vai ♦ s/he suffers loss

•ᐊᓂᑯᔔ **wanihkushuu** vai-u ♦ s/he has a nightmare, s/he sleep-walks

•ᐊᓂᑭᒼ **wanihchihtam** vti ♦ s/he misses when counting it (ex date, months, days of the week)

•ᐋᓂᐁᔨᑕᒼ **waniiteyihtam** vti ♦ s/he thinks wrongly

•ᐋᓂᐁᐤ **waniitweu** vai ♦ s/he makes a mistake in what s/he says

•ᐋᓂᑐᐃᐣ **waniihtuwin** ni ♦ fault, a misdeed

•ᐊᓇᐦᐄᑲᐣ **wanahiikan** ni ♦ trap (steel)

•ᐊᓇᐦᐄᒉᐤ **wanahiicheu** vai ♦ s/he traps, s/he sets traps

•ᐊᓇᐦᐊᒨᐁᐤ **wanahamuweu** vta ♦ s/he sets a trap for it (anim)

•ᐊᓇᐦᐋᐯᐤ **wanahaapeu** vai ♦ s/he laces something wrong

•ᐊᓈᐱᑯᐦᐊᒼ **wanaapikuham** vti ♦ s/he makes a mistake in his knitting, crocheting

•ᐊᓈᐱᑯᐦᐌᐤ **wanaapikuhweu** vta ♦ s/he makes a mistake in the netting

•ᐊᓈᐸᒣᐤ **wanaapameu** vta ♦ s/he loses sight of him/her, s/he sees him/her wrongly

•ᐊᓈᐸᑕᒼ **wanaapahtam** vti ♦ s/he loses sight of it, s/he sees it wrongly

•ᐊᓈᑎᐣ **wanaatin** vii ♦ it is lost, ruined

•ᐊᓈᑎᓯᐤ **wanaatisiiu** vai ♦ s/he dies in an accident, she has a miscarriage

•ᐊᓈᒋᐦᐁᐤ **wanaachiheu** vta ♦ s/he destroys him/her, she miscarries him/her, loses the baby

•ᐊᓈᒋᐦᐄᓲᐃᐣ **wanaachihiisuwin** ni ♦ miscarriage

•ᐊᓈᒋᐦᐆ **wanaachihuu** vai-u ♦ s/he dies (by drowning)

•ᐊᓈᒋᐦᑖᐤ **wanaachihtaau** vai+o ♦ s/he damages, harms it

•ᐋ

•ᐋᐳᑯᐸ **waaukanikan** ni ♦ backbone, with no meat on it

•ᐋᐳᑲᓈᑎᒄ **waaukanaahtikw** ni ♦ ridge-pole of tent, keel of canoe

•ᐋᐳᑲᐣ **waaukan** ni [Inland] ♦ eggshell

•ᐋᐳᓈᑖᐱᐦᒉᐸᔨᐦᐁᐤ **waaunaataapihchepayiheu** vta ♦ s/he tangles it (string-like) up

•ᐋᐳᓈᑖᐱᐦᒉᐸᔫ **waaunaataapihchepayuu** vai/vii-i ♦ it (string-like) gets tangled up

•ᐋᐳᓈᒌᔥᑐᐌᐤ **waaunaachiishtuweu** vai ♦ s/he exposes her/his private parts to someone without realizing it

•ᐋᐃᑎᓰᐤ **waawitisiiu** vai ♦ it serves her/him right

•ᐋᐃᔦᐳᑖᐤ **waawiyeputaau** vai+o ♦ s/he saws it in a circle

•ᐋᐃᔦᐳᔦᐤ **waawiyepuyeu** vta ♦ s/he saws it (anim) in a circle

•ᐋᐃᔦᐳᐦᒉᐤ **waawiyepuhcheu** vai ♦ s/he saws in a circle

•ᐋᐃᔦᑎᓈᐤ **waawiyetinaau** vii ♦ it is a mountain with a circular base

•ᐋᐃᔦᑯᑖᔅ **waawiyekutaas** na ♦ king eider duck *Somateria spectabilis*

•ᐋᐃᔦᑲᒫᐤ **waawiyekamaau** vii ♦ it is a round lake

•ᐋᐃᔦᒧᐦᐁᐤ **waawiyemuheu** vta ♦ s/he puts it (anim) around, in a circle

•ᐋᐃᔦᒧᐦᑖᐤ **waawiyemuhtaau** vai+o ♦ s/he puts things around in a circle

•ᐋᐃᔦᓴᓇᐦᐄᒉᐤ **waawiyesinahiicheu** vai ♦ s/he draws circles

•ᐋᐃᔦᓴᓇᐦᐊᒼ **waawiyesinaham** vti ♦ s/he draws a circle on it

•ᐋᐃᔦᓴᓇᐦᐌᐤ **waawiyesinahweu** vta ♦ s/he draws a circle on him/her

•ᐋᐃᔦᓲ **waawiyesuu** vai-i ♦ it (anim) is circular

•ᐋᐃᔦᔅᒉᑳᐤ **waawiyeschekaau** vii ♦ it is a round muskeg

•ᐋᐃᔦᔂᐤ **waawiyeshweu** vta ♦ s/he cuts it (anim) circular

•ᐋᐃᔦᔑᒧᐦᑖᐤ **waawiyeshimuhtaau** vai+o ♦ s/he makes the road, path circular

•ᐛᐃᔑᒨ waawiyeshimuu vii -u ♦ the road is circular

•ᐛᐃᔥᑌᐅ° waawiyeshteu vii ♦ it is placed, written in a circle

•ᐛᐃᔥᑖᐤ° waawiyeshtaau vai+o ♦ s/he writes in a circle, s/he places it in a circle

•ᐛᐃᔐᒋᓀᐤ° waawiyeyechineu vta ♦ s/he makes it (anim, sheet-like) circular

•ᐛᐃᔐᒋᓇᒻ waawiyeyechinam vti ♦ s/he makes it (sheet-like) circular

•ᐛᐃᔐᒋᔕᒻ waawiyeyechisham vti ♦ s/he cuts it in a circle

•ᐛᐃᔔᐱᒋᓇᒻ waawiyeyapichinam vti ♦ s/he bends it (wood) into a circle

•ᐛᐃᔮᐤ° waawiyeyaau vii ♦ it is circular

•ᐛᐃᔮᐯᑲᐳᐤ waawiyeyaapekapuu vai -i ♦ it (anim, string-like) is set in a circle

•ᐛᐃᔮᐯᑲᓐ° waawiyeyaapekan vii ♦ it (string-like) is circular

•ᐛᐃᔮᐯᑳᔥᑌᐅ° waawiyeyaapekashteu vii ♦ it (string-like) is set in a circle

•ᐛᐃᔮᐯᑳᔥᑖᐤ° waawiyeyaapekashtaau vai+o ♦ s/he places it (string-like) in a circle

•ᐛᐃᔮᐯᑳᐦᐁᐤ° waawiyeyaapekaheu vta ♦ s/he places it (anim, string-like) in a circle

•ᐛᐃᔮᐯᒋᓀᐤ° waawiyeyaapechineu vta ♦ s/he makes a loop of it (anim, string-like)

•ᐛᐃᔮᐯᒋᓇᒻ waawiyeyaapechinam vti ♦ s/he makes a loop of it (string-like)

•ᐛᐃᔮᐯᒋᓲ waawiyeyaapechisuu vai -i ♦ it (anim, string-like) is circular

•ᐛᐃᔮᐯᒋᔑᓐ° waawiyeyaapechishin vai ♦ it (anim, string-like) lies in a circle

•ᐛᐃᔮᐯᒋᐦᑎᓐ waawiyeyaapechihtin vii ♦ it (string-like) lies in a circle

•ᐛᐃᔮᐱᒋᓀᐤ° waawiyeyaapichineu vta ♦ s/he bends it (anim, wood) into a circle

•ᐛᐃᔮᐱᔅᑳᐤ waawiyeyaapiskaau vii ♦ it (stone, metal) is circular

•ᐛᐃᔮᐱᔅᒋᓀᐤ° waawiyeyaapischineu vta ♦ s/he bends it (anim, stone, metal) into a circle

•ᐛᐃᔮᐱᔅᒋᓇᒻ waawiyeyaapischinam vti ♦ s/he bends it (stone, metal) into a circle

•ᐛᐃᔮᐱᔅᒋᓲ waawiyeyaapischisuu vai -i ♦ it (anim, stone, metal) is circular

•ᐛᐃᔮᒋᓇᒻ waawiyeyaachinam vti ♦ s/he bends it into a circle

•ᐛᐃᔮᓯᒉᐤ waawiyeyaasicheu vai ♦ there is a circle around it (anim, sun)

•ᐛᐃᔮᔅᑯᓐ° waawiyeyaaskun vii ♦ it (stick-like) is circular

•ᐛᐃᔮᔅᑯᓲ waawiyeyaaskusuu vai -i ♦ it (anim, stick-like) is circular

•ᐛᐃᔮᐦᑲᓐ° waawiyeyaahkan vii ♦ the beaver frame is round

•ᐛᐃᔦᐤ° waawiyeheu vta ♦ s/he makes it (anim) circular

•ᐛᐃᔦᐦᑖᐤ° waawiyehtaau vai+o ♦ s/he makes it circular

•ᐛᐃᔦᐦᑖᑲᓈᐦᑎᒄ waawiyehtaakanaahtikw ni -um ♦ barrel stave

•ᐛᐃᔦᐦᑖᑲᓐ° waawiyehtaakan ni ♦ washtub, barrel

•ᐛᐃᔦᐦᑴᐤ° waawiyehkweu vai ♦ s/he has a round face

•ᐛᐃᔦᐦᑯᑌᐤ° waawiyehkuteu vta ♦ s/he carves it (anim) in a circle

•ᐛᐃᔦᐦᑯᑕᒻ waawiyehkutam vti ♦ s/he carves it in a circle

•ᐛᐃᔦᐦᑯᑖᒉᐤ waawiyehkutaacheu vai ♦ s/he carves things in a circle

•ᐛᔮᓂᑲᓐ° waawiyaanikan ni ♦ fat around intestines, suet fat

•ᐛᐄᓭᐌ waawiisewe p,location ♦ in the approximate area, around here ■ ᐅᑯ •ᐛᐄᓭᐤ ᑭᐦ ᐋᐦᒋᒐ ᐊᐦ ᐄᐦᐱᒃ ■ The tent should be around this area.

•ᐛᐄᓴᓈᑯᐦᐁᐤ° waawiisinaakuheu vta redup ♦ s/he makes him/her look funny

•ᐛᐄᓴᓈᑯᐦᑖᐤ° waawiisinaakuhtaau vai+o redup ♦ s/he makes it look funny

•ᐛᐄᓴᒉᔨᐦᑕᒻ waawiisacheyihtam vti redup ♦ s/he is suffering

•ᐛᐄᔑᐦᐁᐤ° waawiishiheu vta redup ♦ s/he plays a trick, joke on him/her

•ᐛᐄᐦᐁᐤ° waawiiheu vta redup ♦ s/he calls out their names

•ᐛᐄᐦᑕᒧᐌᐤ° waawiihtamuweu vta redup ♦ s/he tells him/her something

ᐧᐋᐧᐄᐦᑕᒫᒉᐤ waawiihtamaacheu vai redup
◆ s/he tells it to others repeatedly

ᐧᐋᐧᐄᐦᑕᒼ waawiihtam vti redup ◆ s/he tells it around, s/he names it repeatedly

ᐧᐋᐧᐋᐸᒣᐤ waawaapameu vta redup
◆ s/he looks at him/her carefully, s/he examines him/her (by inspection)

ᐧᐋᐧᐋᐸᐦᑎᒫᓲ waawaapahtimaasuu vai redup reflex -u ◆ s/he looks at things, then chooses something for her/himself

ᐧᐋᐧᐋᐸᐦᑕᒼ waawaapahtam vti redup
◆ s/he looks at it carefully, s/he inspects it

ᐧᐋᐧᐋᐸᐦᒋᒉᐤ waawaapahchikeu vai redup
◆ s/he looks, browses through a book, catalogue, comics

ᐧᐋᐧᐋᑯᐦᑌᐤ waawaakuhteu vai redup [Inland] ◆ s/he walks, winding

ᐧᐋᐧᐋᑲᒨ waawaakamuu vii redup -u ◆ it is a winding road

ᐧᐋᐧᐋᑲᔥᑌᐤ waawaakashteu vii redup ◆ it is handwritten, written in cursive

ᐧᐋᐧᐋᑲᔥᑖᐤ waawaakashtaau vai+o redup
◆ s/he handwrites it, write it in cursive

ᐧᐋᐧᐋᑳᐯᑲᐴ waawaakaapekapuu vai redup -i ◆ it (anim) sits in curves

ᐧᐋᐧᐋᑳᐯᑲᔥᑌᐤ waawaakaapekashteu vii redup ◆ it sits in curves

ᐧᐋᐧᐋᑳᐯᑲᔥᑖᐤ waawaakaapekashtaau vai+o redup ◆ s/he places it (string-like) in curves

ᐧᐋᐧᐋᑳᐯᑲᐦᐁᐤ waawaakaapekaheu vta redup ◆ s/he places it (anim, string-like) in curves

ᐧᐋᐧᐋᑳᐱᐦᒉᐧᐄᐤ waawaakaapihchewiiu vai redup ◆ s/he wiggles

ᐧᐋᐧᐋᑳᐱᐦᒉᐱᑌᐤ waawaakaapihchepiteu vta redup ◆ s/he makes it (anim) undulate, zigzag, by pulling

ᐧᐋᐧᐋᑳᐱᐦᒉᐱᑕᒼ waawaakaapihchepitam vti redup ◆ s/he makes it undulate, zigzag, by pulling

ᐧᐋᐧᐋᑳᐱᐦᒉᐸᔨᐦᐁᐤ
waawaakaapihchepayiheu vta redup
◆ s/he makes it (anim, string-like) describe curves

ᐧᐋᐧᐋᑳᐱᐦᒉᐸᔨᐦᐆ
waawaakaapihchepayihuu vai redup -u
◆ it (anim, ex snake) travels in curves

ᐧᐋᐧᐋᑳᐱᐦᒉᐸᔨᐦᑖᐤ
waawaakaapihchepayihtaau vai+o redup
◆ s/he makes it (string-like) describe curves

ᐧᐋᐧᐋᑳᐱᐦᒉᐸᔫ waawaakaapihchepayuu vii redup -i ◆ it (string-like) is twisted

ᐧᐋᐧᐋᑳᐱᐦᒉᓀᐤ waawaakaapihcheneu vta redup ◆ s/he makes it (anim, string-like) curvy, zigzag, by hand

ᐧᐋᐧᐋᑳᐱᐦᒉᓂᑲᓐ
waawaakaapihchenikan ni ◆ zigzag babiche laced over front cross-bar on snowshoe

ᐧᐋᐧᐋᑳᐱᐦᒉᓇᒼ waawaakaapihchenam vti redup ◆ s/he makes it (string-like) curvy, zigzag, by hand

ᐧᐋᐧᐋᑳᐱᐦᒉᔐᐤ waawaakaapihchesheu vta redup ◆ s/he cuts it (anim, string-like) crooked

ᐧᐋᐧᐋᑳᐱᐦᒉᔕᒼ waawaakaapihchesham vti redup ◆ s/he cuts it (string-like) crooked

ᐧᐋᐧᐋᑳᐱᐦᒉᔖᐧᐁᐤ
waawaakaapihcheshaaweu vai redup
◆ s/he cuts babiche crooked

ᐧᐋᐧᐋᑳᑎᒦᐤ waawaakaatimiiu vii redup
◆ the channel is winding

ᐧᐋᐧᐋᒋᑲᒫᐤ waawaachikamaau vii redup
◆ it is a winding lake

ᐧᐋᐧᐋᒋᐧᑳᑌᐤ waawaachikwaateu vta redup
◆ s/he sews it (anim) crooked, wavy

ᐧᐋᐧᐋᒋᐧᑳᑕᒼ waawaachikwaatam vti redup
◆ s/he sews it crooked, wavy

ᐧᐋᐧᐋᒋᓯᓇᐦᐄᒉᐤ waawaachisinahiicheu vai redup ◆ s/he writes in curves

ᐧᐋᐧᐋᒋᓯᓇᐦᐊᒼ waawaachisinaham vti redup ◆ s/he writes it in curves

ᐧᐋᐧᐋᒋᓯᓇᐦᐧᐁᐤ waawaachisinahweu vta redup ◆ s/he writes on it (anim, hide) in curves, wavy lines

ᐧᐋᐧᐋᒋᓯᓈᑌᐤ waawaachisinaateu vii redup
◆ there are wavy lines

ᐧᐋᐧᐋᒋᓯᓈᓲ waawaachisinaasuu vai redup -u ◆ it (anim) has wavy lines written on it

ᐧᐋᐧᐋᒋᔑᒨ waawaachishimuu vii redup -u
◆ it is a winding road

•ᐄ·ᐄᕐᓱᑎ·ᕿᐲᐤ waawaachishtikweyaau vii redup ♦ it is a winding, meandering river

•ᐄ·ᐄᕐᓴᑕᒼᐊᒡ waawaachishtaham vti redup ♦ s/he sews it in curves, zigzag

•ᐄ·ᐄᒡ waawaach p,manner redup ♦ even ▪ ᒡᐸ ·ᐄ·ᐄᒡ ᐆᒥᕐ ·ᐄᐸᒡᐦ ᑲ ᑕᑐᔅᒻᑉᵡ ▪ *I didn't even see him when came.*

•ᐄ·ᐄᓂᓴᒼᒡᕐᓴᒼᔕᐅ waawaaneyihtamiheu vta redup ♦ s/he confuses him/her

•ᐄ·ᐄᓂᓴᒼᐦᒡᒡ waawaaneyihtam vti redup ♦ s/he doesn't know what to do because s/he is confused, unsure

•ᐄ·ᐄᓄᓱᒐ waawaanische p,manner redup ♦ with ease, easily ▪ ᐁᔅᒻ ᒡᑉ ·ᐄ·ᐄᓄᓱᒐ ᒐ ᐸ ᐃᑉᓀ ᐁᑉ ᐊᑲᑎᑦᑉₓ ▪ *Now she can do what she wants since she's not working.*

•ᐄ·ᐄᓄᑲᑌᐆ waawaanihkateu vai redup ♦ s/he lacks food

•ᐄ·ᐄᓄᑲᓲ waawaanihkasuu vai redup -u ♦ s/he is uncomfortable in the heat

•ᐄ·ᐄᓇᒡᐦᒐᐯᔪ waawaanaataapihchepayuu vii redup -i ♦ it (ex string, hair) is tangled

•ᐄ·ᐄᓇᒡᐦᔨᐦᒀᐸᔪ waawaanaataayihkwepayuu vai redup -i [Coastal] ♦ her/his hair gets messy

•ᐄ·ᐄᐦᔅᑫᓅ waawaasteskun vii redup [Inland] ♦ there are northern lights

•ᐄ·ᐄᐦᔅᑌᐸᔪ waawaashtepayuu vii ♦ there is lightning

•ᐄ·ᐄᐦᔅᑌᐦᐁᑲᓐ waawaashtehiikan ni ♦ fan

•ᐄ·ᐄᐦᔅᑫᓲ waawaashkeshuu na -iim [Inland] ♦ white-tailed deer *Odoccileus virginianus*

•ᐄᐤ waau ni ♦ egg

•ᐄᐯᐦᑲᓱᒻ waapeuhkasam vti ♦ s/he barely cooks it

•ᐄᐯᐁᐤ waapeweu vai ♦ it (anim.) has white flesh

•ᐄᐯᑲᓐ waapekan vii ♦ it (sheet-like) is white

•ᐄᐯᑲᐦᐊᒻ waapekaham vti ♦ s/he whitens it (sheet-like) by hitting it

•ᐄᐯᑲᐦᐁᐤ waapekahweu vta ♦ s/he whitens it (anim, sheet-like) by hitting it

•ᐄᐯᒋᓲ waapechisuu vai-i ♦ it (anim, sheet-like) is white

•ᐄᐱᑌᐆᓲ waapiteusuu vai-i ♦ it (anim) is faded, it (anim, ex dog) is greyish

•ᐄᐱᑌᐆᔅᑲᒥᒃᐤ waapiteuskamikw ni ♦ white caribou moss *Cladina rangiferina* or *stellaris*

•ᐄᐱᑌᐆᔥᑌᐤ waapiteushteu vii ♦ it (sheet-like) has a faded design on it

•ᐄᐱᑌᐋᐤ waapitewaau vii ♦ it is faded

•ᐄᐱᑯᓀᐤ waapikuneu vai ♦ it (anim) has white feathers

•ᐄᐱᑯᓂᐲᓯᒻ waapikunipiisim na [Inland] ♦ June

•ᐄᐱᑯᓂᔥ waapikunish na dim [Coastal] ♦ daisy flower

•ᐄᐱᑯᓂᐆ waapikuniiu vai ♦ it (anim) blooms

•ᐄᐱᑯᓐ waapikun na -im ♦ flower

•ᐄᐱᑯᔨᐁᐤ waapikuyiweu vai ♦ s/he has a white neck

•ᐄᐱᑲᔦᔥ waapikayesh na dim ♦ young white owl, snowy owl *Nyctea scandiaca*

•ᐄᐱᑲᔫ waapikayuu na ♦ white owl, snowy owl *Nyctea scandiaca*

•ᐄᐱᑳᑌᐤ waapikaateu vai ♦ it (ex caribou, dog) has white legs

•ᐄᐱᒥᓐ waapimin ni ♦ apple

•ᐄᐱᒥᓱᐎᓐ waapimisuwin ni ♦ mirror

•ᐄᐱᒥᓲ waapimisuu vai reflex -u ♦ s/he looks at her/himself in the mirror

•ᐄᐱᓀᐆᓲ waapineusiiu vai ♦ s/he is pale

•ᐄᐱᓈᑯᓐ waapinaakun vii ♦ it looks white

•ᐄᐱᓈᑯᓲ waapinaakusuu vai-i ♦ s/he looks white

•ᐄᐱᓯᑌᐤ waapisiteu vai ♦ s/he has white feet

•ᐄᐱᓯᓇᐦᐊᒻ waapisinaham vti ♦ s/he draws a white design on it

•ᐄᐱᓯᓇᐦᐁᐤ waapisinahweu vta ♦ s/he draws a white line on it

•ᐄᐱᓯᓈᑌᐤ waapisinaateu vii ♦ it has white lines on it

•ᐄᐱᓯᓈᓲ waapisinaasuu vai -u ♦ it (anim, sheet-like) has a white design on it

•ᐄᐱᓲ waapisuu vai ♦ s/he/it (anim) is white

•◁ᐱᒡ waapisuu na -shiish ✦ tundra, whistling swan *Olor columbianus*, white swan

•◁ᐱᑊᑊᑲᕐᑳᐤ waapiskamikaau vii ✦ it is a stretch of caribou moss

•◁ᐱᑊᑲᕐᒃ waapiskamikw ni ✦ white moss *Cladonia sp.*

•◁ᐱᔅᐧᑳᐧ waapiskwaan ni ✦ white hair

•◁ᐱᔅᒉᐧᐁᐤ waapischeweu vai [Coastal]
✦ it (grouse) has white meat

•◁ᐱᔅᒋᑕᐅᐦᑳᐤ waapischitaauhkaau vii
✦ it is a white sandy ridge

•◁ᐱᔅᒋᒀᐦᐄᑲᐧ waapischikwekahiikan ni ✦ mark, blaze on a tree

•◁ᐱᔅᒋᒀᐦᐁᐤ waapischikwekahweu vta
✦ s/he marks, blazes a tree

•◁ᐱᔅᒋᒉᐦᑲᒻ waapischikwehkaham vti ✦ s/he cuts a blaze on it (wooden) with an axe

•◁ᐱᔅᒋᑳᑌᐤ waapischikaateu vai ✦ s/he has white-skinned legs

•◁ᐱᔅᒋᐦᑯᑌᐤ waapischihkuteu vta
✦ s/he peels it (anim, tree) with a crooked knife

•◁ᐱᔅᒋᐦᑯᑕᒻ waapischihkutam vti ✦ s/he peels a stick, using a crooked knife

•◁ᐱᔑᑊ waapiship na -im ✦ white duck

•◁ᐱᔥᑌᐤ waapishteu vii ✦ it (sheet-like) is faded

•◁ᐱᔥᑎᒀᓀᐤ waapishtikwaaneu vai
✦ s/he has white hair

•◁ᐱᔥᑎᒼ waapishtim na ✦ white dog

•◁ᐱᔥᑖᓂᐧᐊᓇᐦᐄᑲᐧ waapishtaaniwanahiikan ni ✦ marten trap

•◁ᐱᔥᑖᓂᔥ waapishtaanish na dim -im
✦ young marten *Martes americana*

•◁ᐱᔥᑖᓄᔮᐧ waapishtaanuyaan na
✦ marten skin, pelt

•◁ᐱᔥᑖᓈᔅᑴᔮᐤ waapishtaanaaskweyaau vii ✦ it is an area of woods good for marten

•◁ᐱᔥᑖᐧ waapishtaan na ✦ marten *Martes americana*

•◁ᐱᔥᑲᑎᐧ waapishkatin vii ✦ there is frost on the ground

•◁ᐱᔦᑯᔑᔥ waapiyekushiish na dim
✦ snow bunting bird *Plectrophenax nivalis*

•◁ᐱᔫᒥᓂᔕᒡ waapiyuuminishach na pl -im [Inland] ✦ rice

•◁ᐱᔫᒥᓇᒡ waapiyuuminach na pl -im [Coastal] ✦ rice

•◁ᐱᐦᐁᐤ waapiheu vta ✦ s/he makes it (anim) white

•◁ᐱᐦᑖᑳᐤ waapihtakaau vii ✦ it (useful wood) is white

•◁ᐱᐦᑕᒋᓲ waapihtachisuu vai -i ✦ it (anim, useful wood) is white

•◁ᐱᐦᑖᐤ waapihtaau vai ✦ s/he makes it white

•◁ᐱᐦᒄᐁᐤ waapihkweu vai ✦ s/he has a white face

•◁ᐱᐦᒄᐁᓂᐤ waapihkweneu vta ✦ s/he powders, whitens someone's face by hand

•◁ᐱᐦᒄᐁᓂᓲᐧᐃᐧ waapihkwenisuwin ni
✦ face powder

•◁ᐱᐦᒄᐁᓂᓲ waapihkwenisuu vai reflex -u
✦ s/he powders, whitens her/his (own) face

•◁ᐱᐦᒄᐁᐦᐁᐤ waapihkweheu vta ✦ s/he powders, whitens someone's face by tool (ex brush)

•◁ᐱᐦᑯᐁᐤ waapihkuweu vai ✦ it (grouse) has white meat

•◁ᐱᐦᑲᔑᐤᐁᐤ waapihkasweu vta ✦ s/he barely cooks it (anim)

•◁ᐱᐦᔦᐧᐋᐦᑎᒄ waapihyewaahtikw ni
✦ species of willow, perhaps Bebb's willow, beaked willow *Salix bebbiana*

•◁ᐱᐦᔦᐤ waapihyeu na -em ✦ willow ptarmigan bird *Lagopus lagopus*

•◁ᐱᐦᔦᔥ waapihyesh na dim -em ✦ young willow ptarmigan

•◁ᐳᔑᔥ waapushish na dim ✦ young hare (rabbit) *Lepus americanus*

•◁ᐳᔓᒣᐤ waapushumeu ni -em ✦ rabbit run-way, hare trail

•◁ᐳᔓᒣᔮᑳᐧ waapushumeyaakwaan nid -im ✦ pellet-shaped dropping of hare, rabbit

•◁ᐳᔓᓇᒀᑳᐧ waapushunakwaakan ni [Inland] ✦ snare for hare, rabbit

•◁ᐳᔓᓇᒀᐧ waapushunakwaan ni [Coastal] ✦ snare for hare, rabbit

•◁ᐳᔓᔮᓀᑯᐦᑊ waapushuyaanekuhp ni -im ✦ rabbit skin coat

•◁ᐳᔓᔮᓀᔥᑑᑎᐧ waapushuyaaneshtuutin ni -im [Inland]
✦ rabbit skin hat

•ᐊᐳᔑᕐᐧᐱᑎᑯᑦ **waapushuyaanipetikut** ni -im [Coastal] ♦ rabbit skin petticoat

•ᐊᐳᔑᕐᐸᑲᓐ **waapushuyaanipaakan** na ♦ rabbit skin blanket

•ᐊᐳᔑᕐᐱᔮ **waapushuyaaniyaapii** na -m ♦ rabbit skin cut in strips (for weaving into blanket, hat, wrist warmers)

•ᐊᐳᔑᕐᒪᐦᒄ **waapushuyaanamahkw** na ♦ rabbit skin blanket needle

•ᐊᐳᔑᕐᐊᔑᑑᑎᓐ **waapushuyaanashtuutin** ni -im [Coastal] ♦ rabbit skin hat

•ᐊᐳᔑᕐᔮᓐ **waapushuyaan** na ♦ rabbit skin

•ᐊᐳᔕᑳᓐ **waapushwaakun** na ♦ rabbit snow (a fresh fall of lightly fallen, sparkling snow)

•ᐊᐳᔥ **waapush** na -um ♦ snowshoe hare (rabbit) *Lepus americanus*

•ᐊᐳᔮᓀᒋᓐ **waapuyaanechin** ni ♦ blanket cloth, duffle

•ᐊᐳᔮᓀᒋᓐ **waapuyaanechin** ni ♦ duffle

•ᐊᐳᔮᓀᔅᑎᔅ **waapuyaanestis** na ♦ duffle mitten

•ᐊᐳᔮᓐ **waapuyaan** ni ♦ blanket

•ᐊᐳ **waapuu** vai -i ♦ s/he sees

•ᐊᐸᐧᐁᐧᐤ **waapawehweu** na ♦ snow goose *Chen caerulescens*

•ᐊᐸᑎᑳᐱᔑᔑᓐ **waapatikaapischishin** vai -i [Coastal] ♦ it (anim, skin) is white from a scar, s/he has peeling skin on her/his face

•ᐊᐸᑎᐦᒄ **waapatihkw** na -um ♦ white caribou

•ᐊᐸᒣᐤ **waapameu** vti ♦ s/he sees him/her/it (anim)

•ᐊᐸᒣᑯᒧᐋᐧᑲᓂᔥ **waapamekumuwaakanish** na dim -im ♦ small fish eaten by white whales, probably capelin *Mallotus villosus*

•ᐊᐸᒣᑯᔥ **waapamekush** na dim ♦ young white, beluga whale *Delphinapterus leucas*

•ᐊᐸᒣᑯᔥᑐᐃ **waapamekushtui** p,location ♦ community of Whapmagoostui, formerly Great Whale River

•ᐊᐸᒣᑯᔥᑑᔥᑎᒄ **waapamekushtuushtikw** ni -um ♦ Great Whale river

•ᐊᐸᒣᑯᔮᓐ **waapamekuyaan** na ♦ whale skin

•ᐊᐸᒣᒄ **waapamekw** na ♦ white, beluga whale *Delphinapterus leucas*

•ᐊᐸᒥᐹᑎᓲ **waapamipaatisuu** vai reflex ♦ s/he/it (anim, ex moose) looks at itself, its reflection in water

•ᐊᐸᒥᐹᑕᒻ **waapamipaatam** vti ♦ s/he looks through the water at it (ex checking beaver traps at the bottom)

•ᐊᐸᒥᒑᐦᑯᒣᐤ **waapamichaahkumeu** vta ♦ s/he scrys for him/her, looks for him/her by using a mirror, surface of water

•ᐊᐸᒥᒑᐦᑯᒫᓐ **waapamichaahkumaan** ni ♦ scrying (finding objects by looking in water, mirror, etc)

•ᐊᐸᒥᑯᔥ **waapamiskush** na dim ♦ young albino beaver

•ᐊᐸᒥᔅᒄ **waapamiskw** na ♦ albino beaver

•ᐊᐸᒫᐅᓱᐃᐧᓐ **waapamaausuwin** ni ♦ giving birth to a child

•ᐊᐸᒫᐅᓲ **waapamaausuu** vai -u ♦ she gives birth

•ᐊᐸᓂᑳᐳ **waapanikaapuu** vai -uu ♦ s/he stands there until dawn

•ᐊᐸᓂᓲ **waapanisuu** na ♦ spirit of the east

•ᐊᐸᓂᔑᓐ **waapanishin** vai ♦ s/he lies in bed until morning

•ᐊᐸᓂᔥᑎᓐ **waapanishtin** vii ♦ it blows from night until morning

•ᐊᐸᓂᐦᒁᒨ **waapanihkwaamuu** vai -u ♦ s/he sleeps till dawn

•ᐊᐸᓃᐁᐧᐤ **waapaniiweu** vii ♦ it is an east wind

•ᐊᐸᓄᐦᑌᐤ **waapanuhteu** vai ♦ s/he walks until dawn

•ᐊᐸᓅᑖᐅᐄᓅ **waapanuutaauiinuu** na -niim [Inland] ♦ person from the east

•ᐊᐸᓅᑖᐅᐃᔨᔫ **waapanuutaauiiyiyuu** na -yiim [Coastal] ♦ eastern Indian

•ᐊᐸᓅᒡ **waapanuutaahch** p,location ♦ east side

•ᐊᐸᓇᒐᐦᑯᔥ **waapanachahkush** na dim ♦ morning star

•ᐊᐸᓇᐦᐊᒻ **waapanaham** vti ♦ s/he comes home at dawn

•ᐊᐸᓐ **waapan** vii ♦ it is dawn, it is first light

•ᐛᔑᑯᓐ waapaskush na dim ♦ young polar bear *Ursus maritimus*
•ᐛᔑᑯᔮᐊ waapaskuyaan na ♦ polar bear skin
•ᐛᔑᒃ waapaskw na ♦ polar bear *Ursus maritimus*
•ᐛᔑᒍᑳᐤ waapaschuukaau vii ♦ it is white mud
•ᐛᔑᒍᒋᓲ waapaschuuchisuu vai-i ♦ it (anim) is white mud
•ᐛᔕᑲᔦᐤ waapashakayeu vai ♦ s/he has white skin
•ᐛᐦᐆ waapahuu vai-u ♦ s/he dresses in white
•ᐛᐦᑌᐤ waapahteu vta ♦ s/he sees the tracks of him/her
•ᐛᐦᑎᔦᐤ waapahtiyeu vta ♦ s/he shows it to him/her
•ᐛᐦᑎᐎᐎᓐ waapahtiiwewin ni ♦ vision (of something or someone)
•ᐛᐦᑕᒼ waapahtam vti ♦ s/he sees it
•ᐛᐦᒉ waapahche p,time ♦ tomorrow, literally 'when it will be morning' (conjunct form of the verb *waapan*)
•ᐛᐦᒉᔑᔥ waapahcheshiish na dim ♦ young arctic fox *Alopex lagopus*
•ᐛᐦᒉᔗᔮᓐ waapahcheshuyaan na ♦ white fox skin
•ᐛᐦᒉᔔ waapahcheshuu na-iim ♦ arctic fox *Alopex lagopus*
•ᐛᐳᐦᑳᐤ waapaauhkaau vii ♦ it is white sand
•ᐛᐤ waapaau vii ♦ it is white
•ᐛᐯᑲᓐ waapaapekan vii ♦ it (string-like) is white
•ᐛᐯᒋᓲ waapaapechisuu vai-i ♦ it (anim, string-like) is white
•ᐛᐱᔅᑳᐤ waapaapiskaau vii ♦ it (stone, metal) is white
•ᐛᐱᓯᓲ waapaapischisuu vai-i ♦ it (anim, stone, metal) is white
•ᐛᐴᓈᓐ waapaapuunaan ni ♦ white of the eye
•ᐛᑯᓂᑳᐤ waapaakunikaau vii ♦ the snow is white
•ᐛᑲᒨ waapaakamuu vai/vii ♦ it (anim) is milky, white liquid
•ᐛᔅᐱᓲ waapaaspisuu vai-u ♦ s/he wears white clothes

•ᐛᔑᑲ waapaaskun vii ♦ it (stick-like) is white
•ᐛᔅᑲᑎᓇ waapaaskatin vii ♦ it is frozen white
•ᐛᔨᐌᐤ waapaayiweu vai ♦ it (anim.) has a white tail
•ᐛᐦᒋᒀ waapaahchikw na ♦ white seal
•ᐋᑎᑯᒦᒋᑯᔒᔥ waatikumiichikushiish na dim ♦ bank swallow *Riparia riparia*, literally 'hole, den swallow'
•ᐋᑎᑰ waatikuu vai-u ♦ it (anim) has a burrow, den
•ᐋᑎᒄ waatikw ni-um ♦ burrow, den
•ᐋᑎᐦᒉᐤ waatihcheu vai ♦ it (beaver) makes a tunnel along the bank, den
•ᐋᐟ waat ni-im ♦ beaver tunnel
•ᐋᑲᒨ waakamuu vii-u ♦ the road, path is curved
•ᐋᑲᒨᐦᑖᐤ waakamuuhtaau vai+o ♦ s/he makes a curved road, path
•ᐋᑲᓯᓈᑌᐤ waakasinaateu vii ♦ it is drawn crooked
•ᐋᑲᓯᓈᓲ waakasinaasuu vai-u ♦ it (anim) is drawn crooked
•ᐋᑲᐦᑎᓐ waakahtin vii ♦ the tunnel takes a bend, there is a bend in the tunnel
•ᐋᑳᐅᑲᓀᐤ waakaaukaneu vai [Inland] ♦ s/he has a bent back
•ᐋᑳᐅᑲᓀᐱᑌᐤ waakaaukanepiteu vta [Inland] ♦ s/he bends someone forward, over
•ᐋᑳᐅᑲᓀᐴ waakaaukanepuu vai-i [Inland] ♦ s/he sits with a bent, hunched spine
•ᐋᑳᐅᑲᓀᔫ waakaaukaneyuu vai-i ♦ s/he bends her/his own back
•ᐋᑳᐤ waakaau vii ♦ it is crooked, bent
•ᐋᑳᐯᑲᓐ waakaapekan vii ♦ it (string-like) is curved, bent
•ᐋᑳᐯᒋᓲ waakaapechisuu vai-i ♦ it (anim, string-like) is curved, bent
•ᐋᑳᐱᑌᐤ waakaapiteu vai ♦ s/he has crooked teeth
•ᐋᑳᐱᔅᑳᐤ waakaapiskaau vii ♦ it (stone, metal) is bent
•ᐋᑳᐱᓯᓲ waakaapischisuu vai-i ♦ it (anim, stone, metal) is bent

•ᐋᐸᐱᐦᒉᓀᐤ waakaapihcheneu vta ♦ s/he bends it (anim, string-like) by hand

•ᐋᐸᐱᐦᒉᓇᒼ waakaapihchenam vti ♦ s/he bends it (string-like) by hand

•ᐋᐸᐱᐦᒉᔑᓐ waakaapihcheshin vai ♦ s/he lies down in a bent position

•ᐋᑳᑎᒥᐤ waakaatimiiu vii ♦ the channel takes a bend, there is a bend in the channel

•ᐋᒃᑯᐱᑌᐤ waakaaskupiteu vta ♦ s/he bends it (anim, stick-like, tree) over

•ᐋᒃᑯᐱᑕᒼ waakaaskupitam vti ♦ s/he bends it (stick-like) over

•ᐋᒃᑯᑎᐦᒉᐤ waakaaskutihcheu vai ♦ s/he has crooked fingers

•ᐋᒃᑯᓐ waakaaskun vii ♦ it (stick-like) is bent

•ᐋᒃᑯᓲ waakaaskusuu vai-i ♦ it (anim, stick-like) is bent

•ᐋᒃᑳᑎᓐ waakaaskatin vii ♦ it is frozen bent, it is bent by freezing

•ᐋᒃᑳᒍ waakaaskachuu vai-i ♦ it (anim) is frozen bent, bent by freezing

•ᐋᑳᔨᐌᐤ waakaayiweu vai ♦ it (anim) has a bent tail

•ᐋᑳᐦᑫᐦᐄᑲᓈᐦᑎᒄ waakaahkwehiikanaahtikw ni ♦ wooden block for shaping front curve of a pointed snowshoe

•ᐋᑳᐦᑲᑎᓲ waakaahkatisuu vai-u ♦ it (anim) dries warped, bent

•ᐋᑳᐦᑲᑐᑌᐤ waakaahkatuteu vii ♦ it dries warped, bent

•ᐋᒋᐱᑌᐤ waachipiteu vta ♦ s/he bends it (anim) by pulling

•ᐋᒋᐱᑕᒼ waachipitam vti ♦ s/he bends it by pulling

•ᐋᒋᐱᔅᑯᓀᐤ waachipiskuneu vai [Coastal] ♦ s/he has a bent back, s/he bends her/his own back

•ᐋᒋᐱᔅᑯᓀᐱᑌᐤ waachipiskunepiteu vta ♦ s/he bends someone back

•ᐋᒋᐱᔅᑯᓀᐴ waachipiskunepuu vai-i ♦ s/he sits with a bent, hunched back

•ᐋᒋᐸᐩ waachipayuu vai/vii-i ♦ it (anim) bends

•ᐋᒋᑯᑌᐤ waachikuteu vai ♦ s/he has a bent nose

•ᐋᒋᑲᒫᐤ waachikamaau vii ♦ it is a crooked lake

•ᐋᒋᑳᑌᐤ waachikaateu vai ♦ s/he walks bow-legged

•ᐋᒋᓀᐤ waachineu vta ♦ s/he bends him/her/it (anim)

•ᐋᒋᓂᒥᔅᑯᐦᑐᔦᐤ waachinimiskuhtuyeu vai ♦ s/he bends poles for beaver stretchers

•ᐋᒋᓂᓵᒣᐤ waachinisaameu vai ♦ s/he bends snowshoe frames

•ᐋᒋᓇᒼ waachinam vti ♦ s/he bends it

•ᐋᒋᓈᐤ waachinaau na [Inland] ♦ canoe rib

•ᐋᒋᓈᑲᓂᐦᑕᒄ waachinaakanihtakw na ♦ dry tamarack wood

•ᐋᒋᓈᑲᓐ waachinaakan na ♦ tamarack, larch *Larix laricina*

•ᐋᒋᓲ waachisuu vai-i ♦ it (anim) is bent, curved

•ᐋᒋᔥᑎᒀᐤ waachishtikwaau vii ♦ it is a curved river

•ᐋᒋᔥᑯᐌᐤ waachishkuweu vta ♦ s/he bends it (anim) with her/his weight

•ᐋᒋᔥᑲᒼ waachishkam vti ♦ s/he bends it with the weight of his body

•ᐋᒋᔦ waachiye p,interjection ♦ hello, from English 'what cheer'

•ᐋᒋᔦᒣᐤ waachiyemeu vta ♦ s/he greets him/her

•ᐋᒋᔦᐦᒄ waachiyehkw p,interjection ♦ hello, from English 'what cheer', greeting more than one person

•ᐋᒋᐦᐁᐤ waachiheu vta ♦ s/he makes it (anim) crooked, bent

•ᐋᒋᐦᑎᓐ waachihtin vii ♦ it is bent by dropping, the river takes a bend

•ᐋᒋᐦᑖᐤ waachihtaau vai+o ♦ s/he makes it crooked, bent

•ᐋᒋᐦᑲᓲ waachihkasuu vai-u ♦ it (anim) is bent by heat

•ᐋᒋᐦᑲᐦᑌᐤ waachihkahteu vii ♦ it is bent by heat

•ᐋᒌᐦᒁᓂᑲᓐ waachiihkwenikan ni ♦ front bent up part of snowshoes, toboggan

•ᐋᒡ waach na-im ♦ watch, clock, from English 'watch'

•ᐋᓂᑳᑕᐦᒼ waanikaataham vti ♦ s/he carries it on her/his shoulder

ᐚᓂᔥᑌᔨᒥᐅ waanischeyimeu vta ◆ s/he has confidence in her/his own ability to deal with him/her/it (anim)

ᐚᓂᔥᑌᔨᐦᑕᒼ waanischeyihtam vti ◆ s/he has confidence in her/his own ability to complete a task

ᐛᓈᐹᐚᐤ waanaapaaweu vta redup ◆ s/he has difficulty in catching her/his breath after being in water

ᐙᓭᐸᔨᐤ waasepayuu vii -i ◆ it (weather) is clearing up

ᐙᓭᒋᓱ waasechisuu vai -i ◆ it (anim, sheet-like) is white and can be seen from afar when the sun shines on it

ᐙᓭᒋᔥᑌᐤ waasechisteu vii ◆ something white (sheet-like) can be seen from afar as the sun shines on it

ᐙᓭᒋᐦᑯᑲᓐ waasechihkukan vii ◆ it is a starry night

ᐙᓭᓂᐦᑖᑲᓈᐱᔅᒄ waasenihtaakanaapiskw ni ◆ window glass, window pane, lamp glass

ᐙᓭᓂᐦᑖᑲᓈᐦᑎᒄ waasenihtaakanaahtikw ni -um ◆ window frame

ᐙᓭᓂᐦᑖᑲᓐ waasenihtaakan ni ◆ window

ᐙᔅᑯᓀᐅᒋᔒᔥ waaseskuneuchishiish na dim ◆ ruby-crowned kinglet bird *Regulus calendula*, golden-crowned kinglet *Regulus satrapa*

ᐙᔅᑯᓂᐸᔨᐤ waaseskunipayuu vii -i ◆ it clears up, to a sunny clear day

ᐙᔅᑯᓃᐧᐤ waaseskuniiweu vii ◆ it is a bright, clear, windy day

ᐙᔅᑯᓈᑲᓐ waaseskunaakun vii ◆ it is turquoise

ᐙᔅᑯᓈᑲᓱ waaseskunaakusuu vai -i ◆ it (anim) looks turquoise

ᐙᔅᑯᓐ waaseskun vii ◆ it is a clear day with blue sky

ᐙᓭᔮᐤ waaseyaau vii ◆ it is daylight

ᐙᓭᔮᐱᔅᑳᐤ waaseyaapiskaau vii ◆ it is clear (stone, metal)

ᐙᓭᔮᐱᔅᒋᑌᐤ waaseyaapischiteu vii ◆ it is bright (stone, metal)

ᐙᓭᔮᐱᔅᒋᓱ waaseyaapischisuu vai -i ◆ it (anim, metal, stone) is bright, is clear (as glass)

ᐙᓭᔮᐸᓐ waaseyaapan vii ◆ morning light is visible

ᐙᓯᐯᒋᔑᒥᐅ waasipechishimeu vta ◆ s/he throws him/her down in water with a splash

ᐙᓯᐯᐦᒋᑖᐤ waasipehchitaau vai+o ◆ it (ex net) makes a splash in water

ᐙᓯᐯᓱ waasipesuu vai -i ◆ s/he is shining from sweat

ᐙᓯᐴ waasipuu vai -i ◆ s/he shines, sitting in the sun

ᐙᓯᐹᒄᐚᐤ waasipaakwaau vii ◆ the bottom of a river, lake is visible because the water is shallow, clear

ᐙᓯᑌᐤ waasiteu vii ◆ it shines sitting in the sun

ᐙᓯᑯᓱ waasikusuu vai -i ◆ it (anim) is shiny, shines in the sun

ᐙᓯᑯᔥᑌᐤ waasikushteu vii ◆ it is shiny, shines in the sun

ᐙᓯᑯᐦᐊᒼ waasikuham vti ◆ s/he polishes and shines it

ᐙᓯᑯᐦᐧᐁᐤ waasikuhweu vta ◆ s/he shines it (anim)

ᐙᓯᑲᒣᐤ waasikameu vta ◆ it (anim, beaver) gnawed bark off tree so it is shiny, white in the light

ᐙᓯᑲᓀᓱ waasikanesuu vai -i ◆ it (bare bones) can be seen as the sun shines on them

ᐙᓯᓱ waasisuu vai -i ◆ it (anim) shines as the light hits it

ᐙᓯᔄᒋᓱ waasischuuchisuu vai -i ◆ it (anim, gluey substance) is clear

ᐙᓯᐦᑯᐸᔨᐊᐦᐁᐤ waasihkupayiheu vta ◆ s/he makes it (anim, ex pants) glitter

ᐙᓯᐦᑯᐸᔨᐦᑖᐤ waasihkupayihtaau vai+o ◆ s/he makes it (ex coat) glitter

ᐙᓯᐦᑯᐸᔨᐤ waasihkupayuu vai/vii ◆ it glitters

ᐙᓯᐦᑯᔥᑌᐸᔨᐤ waasihkushtepayuu vai/vii ◆ it sparkles

ᐙᓵᐱᔅᒋᑌᐤ waasaapischiteu vii ◆ it (stone, metal) is shiny

ᐙᓵᐱᔅᒋᓱ waasaapischisuu vai -i ◆ it (anim, stone, metal) is shiny

ᐙᓵᔅᑯᐯᐤ waasaaskupeu vii ◆ it is an area of flooded trees

- **ᐙᔅᑯᑌᐤ** waasaaskuteu vii ♦ it (stick-like) is shiny
- **ᐙᔅᑯᓲ** waasaaskusuu vai-i ♦ it (anim, stick-like) is shiny
- **ᐙᓵᐦᐊᓐ** waasaahan vii ♦ waves break in a high wind
- **ᐙᓵᐦᑐᐌᐤ** waasaahtuweu vai ♦ it (anim, porcupine) gnaws bark off tree so it (anim) is shiny, white in the light
- **ᐙᔃᐙᓂᐲ** waaswaanipii ni ♦ Waswanipi
- **ᐙᔅᐲᑌᐤ** waaspiteu vta ♦ s/he dresses him/her
- **ᐙᔅᐱᑕᐦᐄᐯᐤ** waaspitahiipeu vai ♦ s/he is mending a net
- **ᐙᔅᐱᑕᐦᐄᐹᓐ** waaspitahiipaan ni ♦ twine for mending nets
- **ᐙᔅᐱᑕᐦᐊᐅᓲ** waaspitahausuu vai-u ♦ s/he laces a baby in a moss bag
- **ᐙᔅᐱᑕᐦᐊᒼ** waaspitaham vti ♦ s/he laces it (ex load on toboggan)
- **ᐙᔅᐱᑕᐦᐌᐤ** waaspitahweu vta ♦ s/he laces it (anim, ex toboggan)
- **ᐙᔅᐱᑖᐅᓲ** waaspitaausuu vai-u ♦ s/he dresses a child [inland]; s/he laces a baby into a moss bag [coastal]
- **ᐙᔅᐱᓯᔮᓐ** waaspisuyaan ni ♦ moss bag
- **ᐙᔅᐱᓲ** waaspisuu vai-u [Inland] ♦ s/he gets dressed
- **ᐙᔅᑌᔅᒋᓲ** waasteschisuu vai-i ♦ it (anim, skin) is white from a scar, s/he has peeling skin on her/his face
- **ᐙᔅᑌᔮᐱᔅᒋᑌᐤ** waasteyaapischiteu vii ♦ it is red hot metal
- **ᐙᔅᑌᔮᐱᔅᒋᓲ** waasteyaapischisuu vai-u ♦ it (anim) is red hot metal
- **ᐙᔅᑎᓇᒨᐌᐤ** waastinamuweu vta ♦ s/he beckons him/her with her/his hand
- **ᐙᔅᑑᔅᑲᓐ** waastuuskun vii [Coastal] ♦ there are northern lights
- **ᐙᔅᑲᒣᔨᒣᐤ** waaskameyimeu vta ♦ s/he thinks someone is alert
- **ᐙᔅᑲᒣᔨᒨ** waaskameyimuu vai-u ♦ s/he is alert, s/he knows what is going on
- **ᐙᔅᑲᒣᔨᐦᑕᒼ** waaskameyihtam vti ♦ s/he thinks straight, well (used in negative: s/he doesn't think straight, s/he is not too bright)
- **ᐙᔅᑲᒥᑌᐦᐁᐤ** waaskamiteheu vai ♦ s/he has a pure heart
- **ᐙᔅᑲᒥᓈᑯᓐ** waaskaminaakun vii ♦ the weather looks clear
- **ᐙᔅᑲᒥᓈᑯᓲ** waaskaminaakusuu vai-i ♦ s/he/it (anim) appears clear
- **ᐙᔅᑲᒥᓰᐤ** waaskamisiiu vai ♦ s/he revives, comes to her/his senses, becomes sober after drinking
- **ᐙᔅᑲᒥᐦᐁᐤ** waaskamiheu vta ♦ s/he revives him/her/it (anim)
- **ᐙᔅᑲᒥᐦᑖᑯᓐ** waaskamihtaakun vii ♦ it (noise, radio) is clear and understandable
- **ᐙᔅᑲᒥᐦᑖᑯᓲ** waaskamihtaakusuu vai-i ♦ her/his voice is understandable, clear
- **ᐙᔅᑲᒨᐌᐤ** waaskamuweu vai ♦ s/he has a clear voice
- **ᐙᔅᑲᒪᐱᔅᑲᐦᐌᐤ** waaskamapiskahweu vta ♦ s/he brightens, shines, polishes it (anim, metal)
- **ᐙᔅᑲᒫᐤ** waaskamaau vii ♦ it is a clear day
- **ᐙᔅᑲᒫᐱᔅᑲᐦᐊᒼ** waaskamaapiskaham vti ♦ s/he polishes, shines it (metal) bright
- **ᐙᔅᑲᒫᐱᔅᑳᐤ** waaskamaapiskaau vii ♦ it (metal) is polished, shiny
- **ᐙᔅᑲᒫᐱᔅᒋᓀᐤ** waaskamaapischineu vta ♦ s/he polishes, shines it (anim, metal) by hand
- **ᐙᔅᑲᒫᐱᔅᒋᓇᒼ** waaskamaapischinam vti ♦ s/he polishes, shines it (metal) by hand
- **ᐙᔅᑲᒫᐱᔅᒋᓲ** waaskamaapischisuu vai-i ♦ it (anim, metal) is polished, shines
- **ᐙᔅᑲᒫᐱᔅᒋᐦᑖᐤ** waaskamaapischihtaau vai+o ♦ s/he brightens, shines, polishes it (metal)
- **ᐙᔅᑲᒫᑯᓂᑳᐤ** waaskamaakunikaau vii ♦ the snow is clean, shiny
- **ᐙᔅᑲᓅᐌᐤ** waaskanuweu vii ♦ tracks are very visible
- **ᐙᔅᑲᓅᐌᑌᐤ** waaskanuweteu vii [Coastal] ♦ it is visible in the snow across the water
- **ᐙᔅᑲᓅᐌᐦᐊᒼ** waaskanuweham vti ♦ her/his/its tracks are visible after a storm
- **ᐙᔅᑲᓅᓲ** waaskanuusuu vai-u ♦ tracks are visible in the distance (ex across a river, lake)

•ᐋᔅᑳ **waaskaa** p,location ♦ around ▪ ᒥᕐᐧᐁ ᐋᔅᑳ ᐋᐦᑕᐧ ᐋᐱᐅᐧᐦᕽ ▪ *There's flowers all around.*

•ᐋᔅᑳᐱᑕᒻ **waaskaapitam** vti ♦ s/he tears around it; s/he embroiders around it [coastal]

•ᐋᔅᑳᐱᔥᑐᐧᐁᐤᒡ **waaskaapishtuweuch** vta pl ♦ they sit in a circle around him/her

•ᐋᔅᑳᐱᔥᑖᑐᐧᐃᒡ **waaskaapishtaatuwich** vai pl recip -u ♦ they sit around each other, they sit in a circle

•ᐋᔅᑳᐳᐧᐃᒡ **waaskaapuwich** vai pl -i ♦ they (anim) sit around something

•ᐋᔅᑳᐳᑖᐤ **waaskaaputaau** vai+o ♦ s/he saws around it

•ᐋᔅᑳᐳᔦᐤ **waaskaapuyeu** vta ♦ s/he saws around it (anim)

•ᐋᔅᑳᐳᐦᒉᐤ **waaskaapuhcheu** vai ♦ s/he saws around things

•ᐋᔅᑳᐸᔨᔥᑐᐧᐁᐤ **waaskaapayishtuweu** vta ♦ s/he goes around him/her fast and swiftly

•ᐋᔅᑳᐸᔨᐦᑖᐤ **waaskaapayihtaau** vai+o ♦ s/he passes it around to those who are sitting

•ᐋᔅᑳᐸᔫ **waaskaapayuu** vii -i ♦ it moves around something by vehicle

•ᐋᔅᑳᑳᐳᔥᑕᒧᒡ **waaskaakaapushtamuch** vti pl [Coastal] ♦ they stand around it

•ᐋᔅᑳᑳᐳᐧᐃᒡ **waaskaakaapuuwich** vai pl -uu ♦ they stand around something

•ᐋᔅᑳᑳᐳᐦᐁᐤ **waaskaakaapuuheu** vta ♦ s/he stands them around in a circle

•ᐋᔅᑳᑳᐳᐦᑖᐤ **waaskaakaapuuhtaau** vai+o ♦ s/he stands it around in a circle

•ᐋᔅᑳᒀᑌᐤ **waaskaakwaateu** vta ♦ s/he sews around it (anim)

•ᐋᔅᑳᒀᑕᒻ **waaskaakwaatam** vti ♦ s/he sews around it

•ᐋᔅᑳᒀᒋᑲᓐ **waaskaakwaachikan** ni ♦ extra piece sewn around bottom of tent, to be weighted down

•ᐋᔅᑳᒣᓂᔅᒋᐦᑲᐦᑐᐧᐁᐤ **waaskaamenischihkahtuweu** vta ♦ s/he puts a fence around it (anim)

•ᐋᔅᑳᒣᓂᔅᒋᐦᑲᐦᑕᒻ **waaskaamenischihkahtam** vti ♦ s/he puts a fence around it

•ᐋᔅᑳᒣᓂᔔ **waaskaamenischuu** vii -uu ♦ it is fenced in

•ᐋᔅᑳᒧᐦᐁᐤ **waaskaamuheu** vta ♦ s/he puts it (anim) around (ex the walls)

•ᐋᔅᑳᒧᐦᑖᐤ **waaskaamuhtaau** vai+o ♦ s/he puts it around

•ᐋᔅᑳᒨ **waaskaamuu** vii -u ♦ the road, path goes around it

•ᐋᔅᑳᒫᐱᔅᑯᔔ **waaskaamaapiskushuu** vai -i ♦ s/he is completely awake

•ᐋᔅᑳᒫᑎᓯᐤ **waaskaamaatisiiu** vai ♦ s/he is sane, sensible

•ᐋᔅᑳᓇᒻ **waaskaanam** vti ♦ s/he shapes it around

•ᐋᔅᑳᓈᔥᒉᐤ **waaskaanaascheu** vai ♦ s/he puts boughs against the snow around the inner wall of the teepee

•ᐋᔅᑳᓯᓂᔥᑕᒻ **waaskaasinishtam** vti ♦ s/he embroiders around it

•ᐋᔅᑳᓯᓇᐦᐊᒻ **waaskaasinaham** vti ♦ s/he draws a line around it

•ᐋᔅᑳᓯᓇᐦᐧᐁᐤ **waaskaasinahweu** vta ♦ s/he draws a line around it (anim)

•ᐋᔅᑳᔅᒋᓇᒻ **waaskaaschinam** vti ♦ s/he places sticks around it (ex trap, leaving a space for the beaver to swim through)

•ᐋᔅᑳᔒᐧᐁᐤ **waaskaashweu** vta ♦ s/he cuts it (anim) around

•ᐋᔅᑳᔒᒣᐤ **waaskaashimeu** vta ♦ s/he places them around, in a circle

•ᐋᔅᑳᔒᒧᔥᑐᐧᐁᐤᒡ **waaskaashimushtuweuch** vta pl ♦ they lie around him/her/it (anim)

•ᐋᔅᑳᔒᒧᔥᑕᒧᒡ **waaskaashimushtamuch** vti pl ♦ they are lying around it

•ᐋᔅᑳᔒᓄᒡ **waaskaashinuch** vai pl ♦ they lie in a circle

•ᐋᔅᑳᔖᒻ **waaskaasham** vti ♦ s/he cuts around it

•ᐋᔅᑳᔥᑕᐦᐄᑲᓐ **waaskaashtahiikan** ni ♦ wall of a tent

•ᐋᔅᑳᔥᑕᐦᐊᒻ **waaskaashtaham** vti ♦ s/he sews it on all around

•ᐋᔅᑳᔥᑕᐦᐧᐁᐤ **waaskaashtahweu** vta ♦ s/he sews it (anim) on all around

•ᐋᔅᑳᔥᑯᐧᐁᐤ **waaskaashkuweu** vta ♦ s/he walks around him/her

•ᐋᔅᑳᔮᐤ **waaskaayaau** vii ♦ it is all around it

ᐊᒃᑳᔮᐱᐦᒉᔈᐌᐤ **waaskaayaapihcheshweu** vta ♦ s/he cuts the edges off it (anim, hide)

ᐊᒃᑳᔮᐱᐦᒉᔑᑲᓐ **waaskaayaapihcheshikan** ni ♦ strip cut off around edge of hide

ᐊᒃᑳᔮᐱᐦᒉᔉᒻ **waaskaayaapihchesham** vti ♦ s/he cuts the edges off it

ᐊᒃᑳᔮᑎᔫ **waaskaayaatiyuu** vai ♦ there is a circle around the moon or sun

ᐊᒃᑳᐦᐁᐤ **waaskaaheu** vta ♦ s/he places them (anim) all around

ᐊᒃᑳᐦᐄᑲᓂᔥ **waaskaahiikanish** ni dim -im ♦ community of Waskaganish (formerly Rupert House)

ᐊᒃᑳᐦᐄᑲᓐ **waaskaahiikan** ni ♦ house

ᐊᒃᑳᐦᑌᐤ **waaskaahteu** vai ♦ s/he walks all around the perimeter

ᐊᒃᑳᐦᑎᑖᐤ **waaskaahtitaau** vai+o ♦ s/he places it around (as a fence)

ᐊᒃᑳᐦᑯᑖᒉᐤ **waaskaahkutaacheu** vai ♦ s/he carves around something

ᐊᒃᒀᐦᑌᒥᐦᒡ **waaskwaahtemihch** p,location ♦ opposite the doorway at the back of the dwelling

ᐊᔐᑎᓐ **waashetin** vii ♦ the ice is frozen crystal clear

ᐊᔐᑲᒣᐤ **waashekameu** vta ♦ it (anim, beaver) gnaws bark off tree so it is white, shiny

ᐊᔐᑲᒫᐤ **waashekamaau** vii ♦ it is clear, transparent liquid

ᐊᔐᑲᐦᑐᐌᐤ **waashekahtuweu** vta ♦ it (anim, beaver) gnaws bark off tree so it is white, shiny

ᐊᔐᓯᒀᐤ **waashesikwaau** vii ♦ the ice is clear

ᐊᔐᔔᑳᐤ **waasheschuukaau** vii ♦ it (gluey substance) is clear

ᐊᔐᔮᐱᔅᑳᐤ **waasheyaapiskaau** vii ♦ (stone, metal) is bright, it (anim) is clear

ᐊᔐᔮᐱᔒᓲ **waasheyaapischisuu** vai -i ♦ it (anim, stone, metal) is bright, (anim) is clear

ᐊᔐᔮᐱᔒᓲ **waasheyaapischisuu** vai -i ♦ it (anim, metal) is silver

ᐊᔐᔮᑎᐯᐤ **waasheyaatihpeu** vai ♦ s/he is bald

ᐊᔐᔮᑎᐹᓐ **waasheyaatihpaan** nid ♦ his bald head

ᐊᔐᔮᑲᒨ **waasheyaakamuu** vii -i ♦ it is clear water

ᐊᔐᔮᑲᒫᐤ **waasheyaakamaau** vii ♦ it is clear body of water (ex lake)

ᐊᔑᑳᒣᐸᔨᐦᐁᐤ **waashikaamepayiheu** vta ♦ s/he passes it (anim) around to those who are sitting around

ᐊᔑᑳᒣᐸᔨᐦᑖᐤ **waashikaamepayihtaau** vai+o ♦ s/he passes it around to those who are sitting around

ᐊᔑᑳᒣᐸᔫ **waashikaamepayuu** vai/vii -i ♦ s/he goes all the way around a lake, it is passed to those sitting around

ᐊᔑᑳᒣᐸᐦᑖᐤ **waashikaamepahtaau** vai ♦ s/he runs all around in a circle

ᐊᔑᑳᒣᑖᐯᐤ **waashikaametaapeu** vai ♦ s/he pulls something all around it (lake)

ᐊᔑᑳᒣᑖᐹᑌᐤ **waashikaametaapaateu** vta ♦ s/he pulls him/her all around it (lake)

ᐊᔑᑳᒣᔥᑲᒻ **waashikaameshkam** vti ♦ s/he walks around it (bend, lake, island)

ᐊᔑᑳᒣᔮᐤ **waashikaameyaau** vii ♦ it is a lake that can be walked around

ᐊᔑᑳᒣᔮᔨᐌᐸᐦᑖᐤ **waashikaameyaayiwepahtaau** vai ♦ s/he runs all around a body of water

ᐊᔑᑳᒻ **waashikaam** p,location ♦ around something in a circular manner ▪ ᐊᔑᑳᒻ ᔨᑦ ᐊᐅᑦ ᔖᐹᔔᑦ ᐃᔒᑦᐦᐆ. ▪ He's walking around the shore of the lake.

ᐊᔒᐦᐃᐃᓯᑯᐸᔫ **waashihiisikupayuu** vii -i ♦ the ice starts to move at the edge of the bay

ᐊᔒᐦᐄᓯᒀᐤ **waashihiisikwaau** vii ♦ there is ice along the edge of the bay

ᐊᔕᐦᐁᑲᓐ **waashahekan** vii ♦ it (sheet-like) has a crooked edge, is crooked

ᐊᔕᐦᐁᒋᓲ **waashahechisuu** vai -i ♦ it (anim, sheet-like) has a crooked edge

ᐊᔕᐦᐄᑎᓈᐤ **waashahiitinaau** vii ♦ it is a horseshoe shaped mountain

ᐊᔕᐦᐄᑕᑳᐤ **waashahiitakaau** vii ♦ it (useful wood) is bag shaped

•ᐚᔅ"ᐋᐦᐅ"ᑯᐤ waashahiitaauhkaau vii
  ♦ it is a horseshoe shaped sandy ridge
•ᐚᔅ"ᐊᔑᒍᑰ waashahaschuukaau vii
  ♦ the edge of the bay is muddy
•ᐚᔅ"ᐊᐳᑳ waashahaaukaau vii ♦ the edge of the bay is sandy
•ᐚᔅ"ᐊᐤ waashahaau vii ♦ it is a bay
•ᐚᔅ"ᐊᑐ"ᐊᒻ waashahaakuneham vti
  ♦ s/he digs the snow in a bay shape
•ᐚᔅ"ᐊᑐᓂᑰ waashahaakunikaau vii
  ♦ the snow is horseshoe shaped
•ᐚᔅ"ᐊᔫ waashahaashuu vii dim -i ♦ it is a small bay
•ᐚᔐᐅᑲᒥᒄ waashaaukamikw ni
  ♦ dwelling made of four upright poles with poles tied horizontally across the top
•ᐚᔐᐅᔒᐱ waashaausiipii ni ♦ Washaw Siibii
•ᐚᔐᐧᐅᑎᐣ waashaawetin vii ♦ the edge of the shore is frozen
•ᐚᔐᐧᐸᔮ waashaaweyaau vii ♦ it is shaped like a bay
•ᐚᔐᐤ waashaau ni ♦ Hannah Bay
•ᐚᔐᐯᐤ waashaapeu vai ♦ s/he makes a hide babiche with a tool
•ᐚᔐᐸᑲᓈᐦᑎᒄ waashaapaakanaahtikw
ni [Inland] ♦ piece of wood used to set piece of razor blade into to make tool to cut babiche
•ᐚᔐᐸᑲᐣ waashaapaakan ni ♦ tool for cutting babiche, hide thong (piece of razor blade set into small piece of wood)
•ᐚᔐᐸᓂᒨᐦᑯᒫᐣ
waashaapaanimuuhkumaan ni ♦ knife used for cutting babiche, hide thong
•ᐚᔐᐸᓈᐦᑎᒄ waashaapaanaahtikw ni [Coastal] ♦ piece of wood to set piece of razor blade into to make tool for cutting babiche
•ᐚᔥᑌᐎᐣ waashtewin ni ♦ light
•ᐚᔥᑌᐤ waashteu vii ♦ it is light, bright, the light is on
•ᐚᔥᑌᐱᑕᒻ waashtepitam vti ♦ s/he turns the light on
•ᐚᔥᑌᐸᑲᓂᐲᓯᒼ waashtepakanipiisim na [Inland] ♦ September

•ᐚᔥᑌᐸᑲᐣ waashtepakan vii ♦ the leaves turn colour in the fall
•ᐚᔥᑌᐸᔪ waashtepayuu vii -i ♦ it lights up, lightning flashes
•ᐚᔥᑌᓀᐤ waashteneu vta ♦ s/he turns the light on it
•ᐚᔥᑌᓂᒧᐧᐁᐤ waashtenimuweu vta
  ♦ s/he gives him/her light
•ᐚᔥᑌᓂᒫᑲᓂᐲ
waashtenimaakanipimii ni -m ♦ lamp oil
•ᐚᔥᑌᓂᒫᑲᓂᔮᐱᐅᑲᒥᒄ
waashtenimaakaniyaapiiukamikw ni
  ♦ powerhouse
•ᐚᔥᑌᓂᒫᑲᓈᐱᔅᒄ
waashtenimaakanaapiskw ni
  ♦ candlestick (metal)
•ᐚᔥᑌᓂᒫᑲᓈᐦᑎᒄ
waashtenimaakanaahtikw ni -um
  ♦ candlestick (wooden)
•ᐚᔥᑌᓂᒫᑲᐣ waashtenimaakan ni
  ♦ lamp, light, candle
•ᐚᔥᑌᓂᒫᑳᓂᔮᐱ
waashtenimaakaaniyaapii ni -m
  ♦ electric wires
•ᐚᔥᑌᓂᒫᓲ waashtenimaasuu vai reflex -u
  ♦ s/he lights her/his own way
•ᐚᔥᑌᓂᐦᑲᑐᐧᐁᐤ waashtenihkahtuweu vta ♦ s/he shines light on him/her/it (anim)
•ᐚᔥᑌᓂᐦᑲᐦᑕᒻ waashtenihkahtam vti
  ♦ s/he shines light on it
•ᐚᔥᑌᓇᒻ waashtenam vti ♦ s/he lights it
•ᐚᔥᑌᔒᔫ waashteschiyuu vii -uu ♦ the colours of the trees turn in the fall
•ᐚᔥᑌᔮᐱᔒᓯᐧᐁᐤ waashteyaapischisweu vta ♦ s/he heats it (anim) to a red, white heat, so it glows
•ᐚᔥᑌᔮᐱᔒᓴᒻ waashteyaapischisam vti
  ♦ s/he heats it to red, white heat, so it glows
•ᐚᔥᑌᔮᐴ waashteyaapuu vai -i ♦ s/he has wide-open eyes
•ᐚᔥᑎᓂᒉᔥᑐᐧᐁᐤ waashtinicheshtuweu vta ♦ s/he makes a sign to him/her with her/his hand, by waving
•ᐚᔥᑎᐦᐃᒉᐤ waashtihiicheu vai ♦ s/he waves her/his hand, s/he beckons with something
•ᐚᔥᑐᐧᐁᔒᔥ waashtuweshiish na
  ♦ firefly

• ᐋᔥᑐᐌᐦᑕᒄ waashtuwehtakw ni
  ♦ rotten wood which is
  phosphorescent, glows in the dark
• ᐋᔥᑕᓇᒧᐌᐤ waashtanamuweu vta
  ♦ s/he beckons to him/her
• ᐋᔥᑕᐦᐊᒧᐌᐤ waashtahamuweu vta
  ♦ s/he waves at him/her
• ᐋᔥᑕᐦᐊᒼ waashtaham vti ♦ s/he waves
  it, s/he flashes it
• ᐋᔥᑫᔒᔥ waashkeshiish na dim ♦ young
  white-tailed deer *Odocileus virginianus*
• ᐋᔥᑫᔔ waashkeshuu na -lim [Coastal]
  ♦ white-tailed deer *Odocileus virginianus*
• ᐋᔥᑲᔑᑲᓂᔮᐲ waashkashikaniyaapii ni-
  m ♦ crooked piece trimmed off edge
  of a tanned hide
• ᐋᔥᑳᑳᐳᔥᑐᐌᐆᒡ
  waashkaakaapuushtuweuch vta pl
  ♦ they stand around him/her
• ᐋᔥᑳᔥᑌᐤ waashkaashteu vii ♦ it is set
  all around
• ᐋᔥᑳᔥᑕᐦᐄᑲᓂᔮᐲ
  waashkaashtahiikaniyaapii ni-m ♦ guy
  lines for a tent
• ᐋᔥᑳᔥᑖᐤ waashkaashtaau vai+o ♦ s/he
  puts it all around
• ᐋᔥᑳᔥᑯᐌᐤ waashkaashkuweu vta
  ♦ s/he walks, goes around it (anim, tree)
• ᐋᔥᑳᔥᑲᒼ waashkaashkam vti ♦ s/he
  walks around it
• ᐋᔨᐙᑎᐦᒉᐤ waayiwaatihcheu vai ♦ it
  (beaver) makes winding tunnel
• ᐋᔨᐯᔮᐤ waayipeyaau vii ♦ it is a
  depression of water, puddle, pool
• ᐋᔨᐸᔫ waayipayuu vai/vii -i ♦ it (anim)
  forms a hollow, depression
• ᐋᔨᑎᓈᐤ waayitinaau vii ♦ it is a
  valley, depression in mountains
• ᐋᔨᑲᒫᐤ waayikamaau vii ♦ it is a pond,
  a depression full of water
• ᐋᔨᑲᐦᐄᒉᐤ waayikahiicheu vai ♦ s/he is
  chopping out a pit
• ᐋᔨᑲᐦᐊᒼ waayikaham vti ♦ s/he makes
  a pit by chopping it
• ᐋᔨᒎᐃᓐ waayichuwin ni ♦ the water
  has a depression on it caused by its
  swirl
• ᐋᔨᓄᐸᔫ waayinupayuu vai/vii -i [Inland]
  ♦ it goes around a curve

• ᐋᔨᓄᒨ waayinumuu vii -u [Inland] ♦ it
  is in the shape of a curve
• ᐋᔨᓄᔑᒨ waayinushimuu vii -u [Inland]
  ♦ it is a winding trail, path, road
  (usually a secondary road)
• ᐋᔨᓄᐦᑌᐤ waayinuhteu vai [Inland]
  ♦ s/he walks in a curve
• ᐋᔨᓅᐸᔫ waayinuupayuu vai/vii -i
  [Inland] ♦ s/he drives around a curve
• ᐋᔨᓲ waayisuu vai -i ♦ it (anim) has a
  depression
• ᐋᔨᔍᑳᐤ waayischekaau vii ♦ it is a
  depression in a muskeg area
• ᐋᔨᔫᐸᔫ waayiyuupayuu vai/vii -i
  [Coastal] ♦ s/he drives around a
  curve
• ᐋᔨᔫᒨ waayiyuumuu vii -u [Coastal]
  ♦ the road, path makes a curve, it is
  in the shape of a curve
• ᐋᔨᔫᔑᒨ waayiyuushimuu vii -u [Coastal]
  ♦ it is a winding trail, path, road
  (usually a secondary road)
• ᐋᔨᔫᐦᐊᒼ waayiyuuham vti [Coastal]
  ♦ s/he makes a u-turn
• ᐋᔨᔫᐦᑌᐤ waayiyuuhteu vai [Coastal]
  ♦ s/he walks in a curve
• ᐋᔨᐦᐄᑲᓐ waayihiikan ni ♦ pit, hole
• ᐋᔨᐦᐊᒼ waayiham vti ♦ s/he hollows it
  out
• ᐋᔨᐦᐌᐤ waayihweu vta ♦ s/he hollows
  it (anim) out
• ᐋᔨᐦᑲᓂᑎᐦᒑᓐ waayihkanitihchaan ni
  [Inland] ♦ hollow of the hand, center
  of the palm of the hand
• ᐋᔫᐚᐤ waayuwaau vii ♦ it is curved,
  semi-circular
• ᐋᔫᐚᑲᒫᐤ waayuwaakamaau vii
  [Coastal] ♦ it is a curved, semi-
  circular lake
• ᐋᔫᑖᐦᑳᐤ waayutaauhkaau vii ♦ it is a
  bend in the clay banks of a river
• ᐋᔫᓯᒃᐚᐤ waayusikwaau vii ♦ there is a
  curve, semi-circle, of ice around a
  point
• ᐋᔫᓲ waayusuu vai -i ♦ it (anim) is
  curved, semi-circular
• ᐋᔫᐸᔫ waayuupayuu vai/vii -i [Coastal]
  ♦ it drives around a curve
• ᐋᔫᔥᑯᑌᐤ waayuuskuteu vii ♦ the ice
  breaks off around the edge of the bay

◂ᐅᑲ"ᐃᑲᵃ **waayaaukahiikan** ni ♦ canoe frame form in ground

◂ᕈᵒ **waayaau** vii ♦ it is hollow

◂ᕈᐱᐢᓯᑲᵃ **waayaapischinikan** ni ♦ fishing weir

◂ᕈᑎᒡᵒ **waayaatikweu** vii ♦ there is a trough in the waves

◂ᕈᑐ"ᐊᒪ **waayaakuneham** vti ♦ s/he makes a hollow in the snow for it

◂ᕈᑐ"·ᐁᵒ **waayaakunehweu** vta ♦ s/he makes a hollow in the snow for him/her

◂" **waah** p,interjection ♦ what? (said to get someone's attention, to get someone to repeat what was said), an expression of dismay in response to what another says ■ ◂", ᒉᵃ ᑲ ᐃᔑᐢᵃˣ ■ *What did you say to me?*

◂" **waah** preverb ♦ want, intent, desire (changed form of wii, used with conjunct verbs)

◂"ᑯᐊ"ᑕᐧᵒ **waahkuaaihkunaau** na-naam ♦ fish egg bannock

◂"ᑯᒥᵒ **waahkumeu** vta ♦ s/he is related to him/her

◂"ᑯᒧᐁᐃᐁᵃ **waahkumuwewin** ni ♦ kinship

◂"ᑯᓇᒡᑊ **waahkunach** na pl ♦ lichen

◂"ᑯᓈᐱᐢᑾ **waahkunaapiskw** na ♦ rock tripe *Umbilicaria pustulata* OR *Umbilicaria deusta*

◂"ᑯ **waahkuu** vai-u ♦ it (ex fish) is full of eggs

◂"ᑯ"ᒉᵃ **waahkuuhtaan** vii ♦ it is a hail storm of small pellets

◂"ᑲ"ᑯᐢᒋᓯᐣᵃ **waahkaahkuneschisin** ni [Inland] ♦ top part of a moccasin, around the ankle

◂".ᑲ"ᑎᑾ **waahkwaahtikw** ni-um ♦ stick for drying fish eggs

◂".ᑲ"ᑯᐢᒋᓯᐣᵃ **waahkwaahkuneschisin** ni [Coastal] ♦ top part of a moccasin, around the ankle

◂"ᑾ **waahkw** na-um ♦ fish egg

◂"ᔪ **waahyuu** p,location ♦ in the distance, far away ■ ◂"ᔪ ᐅ"ᐸᑦ ◂ᵃ ᐊᐯˣ ■ *That man travelled from a long distance.*

◂"ᔫᓇᑯᐣᵃ **waahyuunaakun** vii ♦ it appears in the distance, far away

◂"ᔫᓇᑯᓱ **waahyuunaakusuu** vai-i ♦ s/he appears in the distance, far away

V

ᐯᐯᒥᒍᐃᐧᐣᵃ **pepemichuwin** vii redup ♦ the water, current flows in a twisted way

ᐯᐯᓯᓈᓱ **pepesinaasuu** vai redup -u ♦ it (anim) is striped

ᐯᐯᔥᐌᵒ **pepeshweu** vta redup ♦ s/he marks it (anim, ex hide) with a knife, blade

ᐯᐯᓴᒼ **pepesham** vti redup ♦ s/he marks it with a knife, a blade

ᐯᐹᐅᐁᵒ **pepaauheu** vta ♦ s/he uses/puts pepper on it (anim)

ᐯᐹᐅᒉᵒ **pepaauhtaau** vai+o ♦ s/he uses pepper on it

ᐯᐹᵒ **pepaau** ni-aam ♦ pepper, from English 'pepper'

ᐯᑌᐯᐸᔫ **petewepayuu** vai-i ♦ it (anim, ex skidoo) makes a noise coming towards the speaker

ᐯᑌᐯᐸᑦᒉᵒ **petewepahtaau** vai ♦ s/he comes running noisily

ᐯᑌᐯᑕᐸᓈᐢᒉᑉᔑᐣᵃ **petewetaapanaaskweshin** vai ♦ it (anim, ex toboggan) can be heard on the snow as someone hauls it unseen towards you

ᐯᑌᐯᑖᑕᒼ **petewetaahtam** vti ♦ the sound of her/his breath can be heard as s/he (unseen) comes towards one

ᐯᑌᐯᒪᑲᐣᵃ **petewemakan** vii ♦ it (ex engine) makes a noise while going towards the speaker

ᐯᑌᐯᔑᐣᵃ **peteweshin** vai ♦ her/his steps are audible as s/he approaches

ᐯᑌᐯᔑᑎᐣᵃ **peteweshtin** vii ♦ the wind is heard approaching

ᐯᑌᐯᔮᑯᓀᔑᐣᵃ **peteweyaakuneshin** vai ♦ the sound of her/his snowshoes on the snow can be heard as s/he (unseen) comes towards one

ᐯᑌᐌᔮᒋᒣᐤ peteweyaachimeu vai ◆ the sound of her/his snowshoes can be heard as s/he (unseen) comes towards one

ᐯᑎᑖᒨ petitaamuu vai -u ◆ her/his breathing returns after temporary suspension

ᐯᑎᓂᒉᐤ petinicheu vai ◆ s/he arrives carrying a canoe on her/his back

ᐯᑎᔅᑯᓐ petiskun vii [Inland] ◆ there are storm clouds coming

ᐯᑎᔅᒁᐤ petiskwaau vii [Coastal] ◆ there is a storm coming

ᐯᑐᐌᐤ petuweu vta ◆ s/he brings it to/for him/her

ᐯᑑᑌᐤ petuuteu vai ◆ s/he brings something carrying it on her/his back

ᐯᑑᑖᒣᐤ petuutaameu vta ◆ s/he arrives carrying him/her on his/her back

ᐯᑕᑯᑦ petakut ni -im [Coastal] ◆ woman's under slip; a canvas funnel used to smoke hide, from English 'petticoat'

ᐯᑕᑯᑦ petakut ni [Coastal] ◆ woman's underslip

ᐯᑕᐦᐅᑐᐌᐤ petahutuweu vta ◆ s/he brings something for him/her by plane, canoe

ᐯᑕᐦᐅᑖᐤ petahutaau vai+o ◆ s/he brings it by plane, canoe

ᐯᑕᐦᐅᔦᐤ petahuyeu vta ◆ s/he/it brings him/her by plane, canoe

ᐯᑕᐦᐋᒫᓲ petahaamaasuu vai -u ◆ s/he is heard singing while approaching

ᐯᑖᐤ petaau vai+o ◆ s/he brings it

ᐯᑖᐳᑌᐤ petaaputeu vii ◆ it is brought by the current

ᐯᑖᐳᑖᐤ petaaputaau vai+o ◆ s/he floats it towards

ᐯᑖᐳᑯᑎᓲ petaapukutisuu vai -u ◆ s/he brings home a large amount of food from hunting by toboggan, sled

ᐯᑖᐳᑰ petaapukuu vai -u ◆ s/he floats towards

ᐯᑖᐳᐦᑌᐤ petaapuhteu vai ◆ s/he brings back organs (ex heart) after killing moose, caribou

ᐯᑖᐸᓐ petaapan vii ◆ it is daybreak, sunrise

ᐯᑖᐹᐌᐤ petaapaaweu vai ◆ s/he/it (anim) comes back soaking wet

ᐯᑖᒋᒧᔥᑐᐌᐤ petaachimushtuweu vta ◆ s/he brings bad news to somebody

ᐯᑖᒋᒨ petaachimuu vai -u ◆ s/he comes to tell about someone's death

ᐯᑖᒧᐦᒉᐤ petaamuhcheu vai ◆ s/he causes (them) to flee hither (for refuge)

ᐯᑖᒨ petaamuu vai -u ◆ s/he flees hither for refuge

ᐯᑖᓯᐲᐤ petaasipiiu vai ◆ it (anim, beaver) makes water pulsate by its approach

ᐯᑖᓱᐎᓐ petaasuwin ni ◆ thing that is brought

ᐯᑖᓲ petaasuu vai -u ◆ s/he bring things

ᐯᑖᔫ petaashuu vai -i ◆ s/he sails, is blown by the wind, in this direction

ᐯᑖᔥᑎᓐ petaashtin vii ◆ it is blown by the wind in this direction

ᐯᑖᔥᑕᒥᑳᐴ petaashtamikaapuu vai -uu ◆ s/he stands facing this way

ᐯᑖᔥᑕᒥᔑᓐ petaashtamishin vai ◆ s/he lies facing front

ᐯᑖᔥᑕᒥᔥᑳᐤ petaashtamishkaau vai ◆ s/he comes paddling, swimming

ᐯᑖᔥᑕᒧᐦᑌᐤ petaashtamuhteu vai ◆ s/he walks this way

ᐯᑖᔥᑕᒪᐴ petaashtamapuu vai -i ◆ s/he sits facing this way

ᐯᑖᐦᐅᑌᐤ petaahuteu vii ◆ it comes floating

ᐯᑖᐦᐅᑰ petaahukuu vai ◆ it (anim) comes floating this way

ᐯᑖᐦᐊᓐ petaahan vii ◆ it is brought by the waves

ᐯᑯᐯᐤ pekupeu vai ◆ s/he/it (anim) surfaces from water

ᐯᑯᐯᔥᑳᑐᐎᒡ pekupeshkaatuwich vai pl recip -u ◆ they (fish) fill the weir and come to the surface

ᐯᑯᐸᔫ pekupayuu vai -i ◆ s/he/it (anim) wakes up

ᐯᑯᑌᑲᐦᐅᑌᐤ pekutekahuteu vii ◆ a hole is made on it by rubbing

ᐯᑯᑌᑲᐦᐊᒻ pekutekaham vti ◆ s/he makes a hole in it (sheet-like) with something

ᐯᑯᑎᒣᐤ pekutimeu vta ◆ it (anim) gnaws a hole through it (anim)

ᐯᑯᑎᓄ° pekutineu vta ♦ s/he makes a hole on it by hand
ᐯᑯᑎᓇᒡ pekutinam vti ♦ s/he makes a hole in it by hand
ᐯᑯᑎᐦᑕᒡ pekutihtam vti ♦ it (anim) gnaws a hole through it
ᐯᑯᑖᐦᐃᒉᐅ° pekutahiicheu vai ♦ s/he makes a hole in it with a tool
ᐯᑯᑖᐦᐃᒉᐸᔪ pekutahiichepayuu vai/vii-i ♦ it gets torn from rubbing on something
ᐯᑯᑖᐦᐊᒼ pekutaham vti ♦ s/he makes a hole in it (ex wall)
ᐯᑯᑖᐦᐌᐤ° pekutahweu vta ♦ s/he makes a hole in it (anim, ex pelt)
ᐯᑯᑖᐱᔅᑲᐦᐊᒼ pekutaapiskaham vti ♦ s/he makes a hole in it (metal) with something
ᐯᑯᑖᐱᔅᑲᐦᐌᐤ° pekutaapiskahweu vta ♦ s/he makes a hole in it (anim, metal, ex stove) with something
ᐯᑯᑖᔅᑯᔑᒥᐤ° pekutaaskushimeu vta ♦ s/he tears it (anim, pants) on a sharp object, pointed stick
ᐯᑯᑖᔅᑯᐦᐊᒼ pekutaaskuham vti ♦ s/he tears a hole in it (ex paper, fabric) with something stick-like
ᐯᑯᑖᔅᑯᐦᐌᐤ° pekutaaskuhweu vta ♦ s/he tears a hole in it (anim, pants) with something stick-like
ᐯᑯᑖᔅᑯᐦᑎᑖᐤ pekutaaskuhtitaau vai+o ♦ s/he tears it (paper, fabric) on something stick-like (ex pointed stick)
ᐯᑯᑖᔅᒋᑲᓀᔥᐌᐤ° pekutaaschikaneshweu vta ♦ s/he cuts a slit open on the breastbone of it (anim)
ᐯᑯᒋᐱᑌᐤ° pekuchipiteu vta ♦ s/he digs, pinches a hole through it (anim) with his/her finger(s), its paws
ᐯᑯᒋᐱᑕᒡ pekuchipitam vti ♦ s/he, it (anim) digs, pinches a hole through it with his/her fingers, its paws
ᐯᑯᒋᐳᑖᐤ pekuchiputaau vai+o ♦ s/he makes a hole in it with a saw
ᐯᑯᒋᔥᐌᐤ° pekuchishweu vta ♦ s/he cuts it (anim) open at the breastbone (ex to skin beaver)
ᐯᑯᒋᔕᒡ pekuchisham vti ♦ s/he cuts it open to make a hole
ᐯᑯᒣᐤ° pekumeu vta ♦ s/he wakes him/her by talking

ᐯᑯᓄ° pekuneu vta ♦ s/he wakes him/her up by hand
ᐯᑯᐦᐁᐤ° pekuheu vta ♦ s/he wakes him/her (by something other than talking, ex by touch)
ᐯᑲᑌᐤ pekateu vai ♦ s/he burps
ᐯᑲᑌᑐᐌᐤ° pekatetuweu vta [Inland] ♦ s/he burps it (anim) up
ᐯᑲᑌᑐᑕᒡ pekatetutam vti [Inland] ♦ s/he burps because of it
ᐯᑲᑌᐦᐁᐤ° pekateheu vta ♦ s/he burps him/her
ᐯᑲᑌᐦᑕᒡ pekatehtam vti [Coastal] ♦ s/he burps because of it
ᐯᒀᑯᓀᐸᔨᐦᐤ pekwaakunepayihuu vai-u ♦ it (anim) flies out of the snow
ᐯᒀᑯᓀᐦᐊᒼ pekwaakuneham vti ♦ s/he digs it out from under the snow
ᐯᒀᑯᓂᒋᐤ° pekwaakunichiiu vai ♦ s/he/it (anim) comes out from under the snow
ᐯᒋ pechi preverb ♦ to here, toward here
ᐯᒋᒑᐧᐃᓐ pechichuwin vii ♦ the tide comes in
ᐯᒋᔅᑳᑎᓯᐤ pechiskaatisiiu vai ♦ s/he does it slowly
ᐯᒋᔅᒉᑲᐦᐊᒼ pechischekaham vti ♦ s/he comes across the muskeg
ᐯᒋᔥᑖᐯᐤ pechishtaapeu vai ♦ s/he comes pulling something
ᐯᒋᔥᑖᐹᑌᐤ° pechishtaapaateu vta ♦ s/he comes pulling him/her
ᐯᒋᔥᑖᒋᒧ pechishtaachimuu vai-u ♦ s/he/it (anim) comes crawling
ᐯᒥᐦᐄᑳᑌᑳᐳ pemihiikaatekaapuu vai-uu ♦ s/he stands with legs crossed
ᐯᒪᑲᒫᐤ° pemakamaau vii ♦ the lake takes a curve
ᐯᒫᐯᑲᐦᐊᒼ pemaapekaham vti ♦ s/he twists it around (ex string of snowshoe lacing)
ᐯᒫᑎᒥᐤ° pemaatimiiu vii ♦ the channel, river takes a curve
ᐯᓯᓇᐦᐊᒼ pesinaham vti ♦ s/he draws a line
ᐯᓯᓈᓱ pesinaasuu vai-u ♦ s/he/it (anim) has a stripe
ᐯᓯᔅᒉᑳᐤ° pesischekaau vii ♦ it is a thin strip of muskeg
ᐯᓯᔥᑌᐤ° pesishteu vii ♦ there is a line drawn on it

ᐲᔑᑎᓈᐤ peshitinaau vii ♦ there is the ligne of mountain in front of another one

ᐲᔐᑖᐅᐦᑳᐤ peshitaauhkaau vii ♦ it is a thin strip of land

ᐲᔑᓯᒃᐙᐤ peshisikwaau vii ♦ it is a thin strip of ice

ᐲᔑᔅᒉᑳᐤ peshischekaau vii ♦ it is a thin strip of muskeg

ᐲᔑᔅᒎᑳᐤ peshischuukaau vii ♦ it is a thin strip of mud

ᐲᔑᐦᑯᐹᐤ peshihkupaau vii ♦ there is a row of willows

ᐲᔑᐤ peshuweu vta ♦ s/he brings him/her/it (anim)

ᐲᔑᐤᒉᐎᓐ peshuwechuwin vii ♦ the rapids sound near

ᐲᔑᐙᐸᒣᐤ peshuwaapameu vta ♦ s/he is closing in on him/her, getting closer to him/her/it (anim)

ᐲᔑᐙᐸᐦᑐᐦᑖᐤ peshuwaapahtuhtaau vai+o ♦ s/he places them close together

ᐲᔑᐙᐸᐦᑕᒼ peshuwaapahtam vti ♦ s/he is closing in on it, getting closer to it

ᐲᔑᐦᒡ peshuch p,location ♦ close by, near
■ ᐲᔑᐦᒡ ᐊᐦᒌᐦ ᐋᒡᐋᐦᒋᐦᑉᐧ ■ *The store is close by.*

ᐲᔐᑎᓈᐤ peshatinaau vii ♦ there is a strip, row of mountains

ᐲᔐᐦᐋᐱᑳᓈᐦᑎᒄ peshahiikanaahtikw na [Mistissini] ♦ paintbrush

ᐲᔐᐦᐋᐱᒃ peshahiikan ni [Mistissini] ♦ paint

ᐲᔐᐦᐋᐦᐄᒉᐤ peshahiicheu vai [Mistissini] ♦ s/he paints things

ᐲᔐᐦᐋᒼ peshaham vti [Mistissini] ♦ s/he paints it different colours, paints it (picture)

ᐲᔐᐦᐧᐁᐤ peshahweu vta [Mistissini] ♦ s/he paints it (anim)

ᐲᔖᐅᐦᑳᐤ peshaauhkaau vii ♦ it is a thin strip of sand

ᐲᔖᐤ peshaau vii ♦ it has a stripe on it

ᐲᔖᐱᔅᑳᐤ peshaapiskaau vii ♦ it is a thin strip of rock

ᐲᔖᑯᓈᐤ peshaakunaau vii ♦ it is a thin strip of snow

ᐲᔖᓂᑳᐤ peshaanikaau vii ♦ it is a thin strip of island

ᐲᔖᔅᒀᔮᐤ peshaaskweyaau vii ♦ it is a thin strip of trees

ᐯᔭᒀᑲᓐ peyakwekan vii ♦ it is one thing (sheet-like), it (cloth) is in one piece

ᐯᔭᒀᒋᓲ peyakwechisuu vai-i ♦ it (anim) is one thing (anim, sheet-like)

ᐯᔭᒀᒋᔑᒣᐤ peyakwechishimeu vta ♦ s/he puts one layer of it (anim)

ᐯᔭᒀᒋᐦᑎᑖᐤ peyakwechihtitaau vai+o ♦ s/he puts one layer of it

ᐯᔭᒀᒡ peyakwech p,quantity ♦ one thing (sheet-like)

ᐯᔭᒀᒥᐦᑳᓂᔥ peyakwemihkwaanish p,quantity dim ♦ one teaspoon

ᐯᔭᒀᒥᐦᑳᓐ peyakwemihkwaan na ♦ one tablespoon

ᐯᔭᑯᐎᐟ peyakuwit p,quantity ♦ one bundle

ᐯᔭᑯᐙᔅᑳᐦᐄᑲᓐ peyakuwaaskaahiikan p,quantity ♦ one house

ᐯᔭᑯᐱᐳᓐ peyakupipunh p,time ♦ one year

ᐯᔭᑯᐱᑖᐤ peyakupitaau vai+o ♦ s/he catches one fish in her/his net

ᐯᔭᑯᐲᓯᒼ peyakupiisimh p,time ♦ one month

ᐯᔭᑯᐳᓀᓰᒪᑲᓐ peyakupunesiimakan vii ♦ it is one year old

ᐯᔭᑯᐳᓀᓲ peyakupunesuu vai-i ♦ s/he is one year old

ᐯᔭᑯᐳᔦᐤ peyakupuyeu vai ♦ s/he is using one paddle

ᐯᔭᑯᐴ peyakupuu vai-i ♦ s/he sits alone

ᐯᔭᑯᑌᓅ peyakutenuu na ♦ one family

ᐯᔭᑯᑎᐱᔅᑳᐤᐦ peyakutipiskaauh p,time ♦ one night

ᐯᔭᑯᑎᐹᐦᐄᑲᓐ peyakutipahiikan p,quanity ♦ one gallon, one mile; one hour [inland]

ᐯᔭᑯᑎᐹᐯᔥᑯᒋᑲᓀᔮᐤ peyakutipaapeshkuchikaneyaau vii ♦ it weighs one pound

ᐯᔭᑯᑎᐹᔅᑯᓂᑲᓐ peyakutipaaskunikan p,quantity ♦ one yard

peyakutunh p,time [Inland] ◆ in the same place every time (old term) ■ ᐯᔭᑐᐦ ᒥᐦ ᐃ ᐸᐦᒋᔑᓈᒃ ■ *S/he will fall down in the same place every time.*

peyakutuushteuh p,time ◆ one week

peyakutaapaan p,quantity ◆ one sled load

peyakukamichisuu vai -u ◆ there is one dwelling in the camp

peyakukamaau vii ◆ there is one lake

peyakukaapuu vai -uu ◆ s/he stands alone

peyakukaatekaapuu vai -uu ◆ s/he stands on one leg

peyakukwaapinikan p,quantity ◆ one scooped handful

peyakuchiishikaau vii ◆ it is one day

peyakuchiishikaauh p,time ◆ one day, in one day

peyakumichihchin p,quantity ◆ one inch

peyakuminehiituwich vai pl recip -u ◆ they are in one group, one family

peyakuminehpihchikan p,quantity ◆ one bunch of ten geese tied together at the necks

peyakuminikaau vii ◆ there is one berry

peyakuminiskaau vii ◆ there is one bundle

peyakuminishteu p,quantity ◆ it is one cord of wood

peyakuminihkwaakan ni ◆ one cup

peyakumisit p,quantity ◆ one foot

peyakumishtikuut p,quantity ◆ one case

peyakumihtikaan p,quantity ◆ one vertical stack of logs

peyakumiiwit p,quantity ◆ one box, one package

peyakumiichisuu vai -u ◆ s/he eats alone

peyakumaatishikan p,quantity ◆ one slice

peyakuneu vta ◆ s/he holds, carries one of it (anim)

peyakuneu vai ◆ s/he takes hold of, carries, one

peyakunihch p,location ◆ the same, one place ■ ᐯᔭᓂᓪ ᐊᔅᒋᐦᑖᑦ ᐅᒋᐦᐱᓈᑯᒃ ■ *Their dresses are the same.*

peyakunam vti ◆ s/he holds, carries one of it

peyakunaakun vii ◆ it is only visible as one, only one is visible, only one can be seen

peyakunaakusuu vai -i ◆ s/he is only visible as one

peyakun vii ◆ it is alone

peyakusinakan p,quantity ◆ one armful

peyakuskatiyechii p,quantity ◆ one pack, carton

peyakuschisin p,quantity ◆ piece of hide enough to make one pair of moccasins

peyakushikaakuyaan na ◆ twenty-five cents, one quarter of something, literally, one skunk skin

peyakushin vai -i [Coastal] ◆ s/he lays alone

peyakushuu vai -i ◆ s/he is alone, by her/himself

peyakushaapuwich vai pl -u ◆ they are eleven of them

peyakushaapunh p,time ◆ eleven years

peyakushaapanh vii pl ◆ there are eleven things

peyakushaapwaau p,quantity ◆ eleven times

peyakushaap p,number ◆ eleven

peyakushteushaapuwich vai pl -u ◆ there are nineteen of them

peyakushteushaapanh vii pl ◆ there are nineteen things

peyakushteushaapwaau p,quantity ◆ nineteen times

peyakushteushaap p,number ◆ nineteen

peyakushtewaaumitaahtumitinuu p,number ◆ nine hundred

peyakushteuaaumitaahtumitinuuchishtumituuchishtu
v·ᐊ°

ᐁᔭᑯᔥᑌᐧᐋᐅᒥᑖᐦᑐᒥᑎᓅᒋᔥ
peyakushtewaaumitaahtumitinuuchish
emitaahtumitinuwewaau p,quantity
[Coastal] ◆ nine hundred thousand
times

ᐁᔭᑯᔥᑌᐧᐋᐅᒥᑖᐦᑐᒥᑎᓅᒋᔥ·ᐊ°
peyakushtewaaumitaahtumitinuuchish
emitaahtumitinuwaau p,quantity [Inland]
◆ nine hundred thousand times

ᐁᔭᑯᔥᑌᐧᐋᐅᒥᑖᐦᑐᒥᑎᓅ
peyakushtewaaumitaahtumitinuuchish
emitaahtumitinuu p,number ◆ nine
hundred thousand

ᐁᔭᑯᔥᑌᐤ peyakushteu vii ◆ it sits alone

ᐁᔭᑯᔥᑌᐤ peyakushteu p,number ◆ nine

ᐁᔭᑯᔥᑌᒥᑎᓅ peyakushtemitinuu
p,number ◆ ninety

ᐁᔭᑯᔥᑎᒀᐤ peyakushtikwaau vii
◆ there is only one river, stream

ᐁᔭᑯᔥᑐᐧᐁᔮᐤ peyakushtuweyaau vii
◆ there is only one beaver lodge in
that lake, river

ᐁᔭᑯᔥᑐᐤ peyakushtuu ni ◆ one beaver
family, one beaver lodge, house

ᐁᔭᑯᐦᐁᐤ peyakuheu vta ◆ s/he deals
with him/her only, s/he always keeps
the same one

ᐁᔭᑯᐦᑌᐤ peyakuhteu vai ◆ s/he walks
alone

ᐁᔭᑯᐦᑏ peyakuhtii na -m [Coastal]
◆ dollar, lit. 'one paper bill' ▪ ᐁᔭᑯᐦᑏ
ᓂᑦ ᒌᔭᒥᒄ ▪ S/he gave me a dollar.

ᐁᔭᑯᐦᑏ peyakuhtii p,quantity ◆ one dollar

ᐁᔭᑰ peyakuu vai -i ◆ s/he/it (anim) is
alone

ᐁᔭᑰᑌᐤ peyakuuteu vai ◆ s/he carries
one on her/his back

ᐁᔭᑰᔑᓐ peyakuushin vai -i [Inland]
◆ s/he lays alone

ᐁᔭᑰᐦᑯᐧᐁᐤ peyakuuhkuweu vta ◆ s/he
is alone attending to it, s/he does it
(anim) by her/himself

ᐁᔭᑰᐦᑲᒻ peyakuuhkam vti ◆ s/he is
alone attending to it, s/he does it alone
by himself, s/he is alone in the canoe

ᐁᔭᒀᐅᒌᔐᒥᑖᐦᑐᒥᑎᓅᐧᐋ·ᐊ°
peyakwaauchishemitaahtumitinuwewa
au p,quantity [Coastal] ◆ one thousand
times

ᐁᔭᒀᐅᒌᔐᒥᑖᐦᑐᒥᑎᓅᐧᐋᐅ
peyakwaauchishemitaahtumitinuwaau
p,quantity [Inland] ◆ one thousand times

ᐁᔭᒀᐅᒥᑖᐦᑐᒥᑎᓅ
peyakwaaumitaahtumitinuu p,number
◆ one hundred

ᐁᔭᒀᐅᒥᑖᐦᑐᒥᑎᓅᒋᔐᒥᑖ
peyakwaaumitaahtumitinuuchishemita
ahtumitinuu p,number ◆ one hundred
thousand

ᐁᔭᒀᐯᐤ peyakwaapeu p,quantity ◆ one
boy in a family, a single guy ▪ ᒫ
ᐁᔭᒀᐯᐤ ᐊᐧ ᐅᐊᐧᑭᔅ ▪ He is the only boy in
the family.

ᐁᔭᒀᐱᔥ peyakwaapisch na [Inland]
◆ dollar, lit. one coin (metal) ▪
ᐁᔭᒀᐱᔥ ᓂᑦ ᒌᔭᒥᒄ ▪ S/he gave me a
dollar.

ᐁᔭᒀᐱᔥ peyakwaapisch p,quantity
[Inland] ◆ one dollar

ᐁᔭᒀᒌᔐᒥᑖᐦᑐᒥᑎᓅ
peyakwaachishemitaahtumitinuu
p,number ◆ one thousand

ᐁᔭᒀᔅᑯᑳᐴ peyakwaaskukaapuu vai/vii
◆ it (stick-like, ex tree, paddle)
stands alone

ᐁᔭᒀᐦᑎᒄ peyakwaahtikw p,quantity
◆ one tree, stick

ᐁᔭᒄ peyakw p,number ◆ one

ᐯᐦᐁᐤ peheu vta ◆ s/he waits for
him/her

ᐯᐦᐆ pehuu vai-u ◆ s/he is waiting

ᐯᐦᐯᑯᒑᐤ pehpekuchaau vii redup ◆ there
are holes on it

ᐯᐦᐯᒥᒋᐸᔫ pehpemichipayuu vai/vii redup -i
◆ it zigzags back and forth

ᐯᐦᐯᒥᔅᑲᓅ pehpemiskanuu p,location redup
◆ back and forth on each side of the
road, trail

ᐯᐦᐯᒥᔥᑲᒻ pehpemishkam vti redup
◆ s/he walks back and forth on it

ᐯᐦᐯᔐᑲᓐ pehpeshekan vii redup ◆ it
(sheet-like) has stripes on it

ᐯᐦᐯᔖᐤ pehpeshaau vii redup ◆ it is
striped

ᐯᐦᐯᔖᒋᐱᔅᑯᓀᐤ pehpeshaachipiskuneu
vai redup ◆ it (anim) has a striped back

ᐯᐦᐯᔭᑯᓀᐤ pehpeyakuneu vta redup
◆ s/he carries one at a time

ᐯᐦᐯᔭᑯᓇᒻ pehpeyakunam vti redup
◆ s/he carries them one at a time

ᐁᐦᐯᔭᑯᔥᑌᐅᐦ **pehpeyakushteuh** vii pl redup
♦ each one is set apart from the others

ᐁᐦᐯᔭᑯᔥᑖᐤ **pehpeyakushtaau** vai+o redup
♦ s/he sets each thing apart from the other ones

ᐁᐦᐯᔭᒀᐤ **pehpeyakwaau** p,time redup
♦ each time, one at a time ▪ ᒥᐟ ᐁᐦᐯᔭᒀᐤ ᐱ ᒥᒋᓱᐦᒡ ▪ *They ate once each time.*

ᐁᐦᐯᔭᒃ **pehpeyakw** p,manner redup ♦ one by one (older term) ▪ ᐁᐦᐯᔭᒃ ᒥᐟ ᐊᐧᓇᐤ ᐱ < ᐴᓈᑫᐦ ▪ *You should only go in one by one.*

ᐁᐦᑐᐌᐤ **pehtuweu** vta ♦ s/he hears him/her

ᐁᐦᑕᒼ **pehtam** vti ♦ s/he hears it, s/he hears

ᐁᐦᑖᐤ **pehtaau** vai+o ♦ s/he waits for it

ᐁᐦᑖᑯᓐ **pehtaakun** vii ♦ the sound of it can be heard

ᐁᐦᑖᑯᓯᐤ **pehtaakusuu** vai -i ♦ s/he is heard, audible

ᐁᐦᑖᑯᐦᑖᐤ **pehtaakuhtaau** vai+o ♦ s/he turns the sound on

ᐁᐦᑳᑖᑎᓯᐃᐧᓐ **pehkaataatisiiwin** na
♦ gentleness (Bible word)

ᐁᐦᑳᒡ **pehkaach** p,manner ♦ carefully, slowly

·ᐯ

·ᐯᒋᒋᔑᓐ **pechichishin** vai ♦ it (anim, animal) smells rotten after sitting around

·ᐯᒋᒋᐤ **pechichiiu** vai [Inland] ♦ s/he farts accidentally while lifting something heavy

·ᐯᒋᐦᑎᓐ **pechihtin** vii ♦ it smells rotten after sitting around

·ᐯᒋᐦᑎᐦᑾᐊᒹ **pechihtihkwaamuu** vai -u
♦ s/he farts in her/his sleep

·ᐯᒋᐦᑐᐤ **pechihtuu** vai -u ♦ s/he farts, breaks wind

·ᐯᒋᐦᑲᓱᐤ **pechihkasuu** vai -u ♦ it (anim, animal) smells rotten from the heat

·ᐯᒋᐦᑲᐦᑌᐤ **pechihkahteu** vii ♦ it smells rotten from the heat

·ᐯᐦᒋᒨ **pehchimuu** vai ♦ s/he farts accidentally while coughing

·ᐯᐦᒋᐤ **pehchiiu** vai [Coastal] ♦ s/he farts accidentally while lifting something heavy

ᐱ

ᐱᐯᒋᐢᑳᑎᓯᐤ **pipechiskaatisiiu** vai ♦ s/he is slow in what s/he does

ᐱᐯᒋᐤ **pipechiiu** vai [Eastmain] ♦ s/he does it slowly

ᐱᐯᒥᐦᐄᑳᑌᐳ **pipemihiikaatepuu** vai -i
♦ s/he sits with her/his legs crossed

ᐱᐯᐢᑯᐸᔫ **pipeskupayuu** vai redup -i
♦ s/he/it (anim) has lumps

ᐱᐯᐢᑯᓯᒀᐤ **pipeskusikwaau** vii redup ♦ it is lumpy, bumpy on the ice

ᐱᐯᐢᑯᓱ **pipeskusuu** vai redup -i ♦ it (anim) is very rough, lumpy, bumpy

ᐱᐯᐢᑯᐢᑲᒥᑳᐤ **pipeskuskamikaau** vii redup
♦ the ground is bumpy

ᐱᐯᐢᑯᔅᒎᑳᐤ **pipeskuschuukaau** vii redup
♦ it is bumpy mud

ᐱᐯᐢᑯᐦᑎᒨ **pipeskuhtimuu** vii redup -u ♦ it is bumpy, lumpy

ᐱᐯᐢᑯᐦᑕᑳᐤ **pipeskuhtakaau** vii redup ♦ it (useful wood) is lumpy, bumpy

ᐱᐯᐢᑯᐦᒑᐤ **pipeskuhchaau** vii redup ♦ it is bumpy earth

ᐱᐯᐢᒀᐅᐦᑳᐤ **pipeskwaauhkaau** vii redup
♦ it is bumpy sand

ᐱᐯᐢᒀᐤ **pipeskwaau** vii redup ♦ it is bumpy

ᐱᐯᐢᒀᐱᐢᑳᐤ **pipeskwaapiskaau** vii redup
♦ it is a bumpy rocky hill

ᐱᐯᐢᒀᑯᓂᑳᐤ **pipeskwaakunikaau** vii redup
♦ it is bumpy snow

ᐱᐱᑯᓱ **pipikusuu** vai redup -u ♦ it (anim) is rough, lumpy, bumpy

ᐱᐱᒀᐤ **pipikwaau** vii redup ♦ it is a bit rough, lumpy, bumpy

ᐱᐱᒦᐦᑯᐌᐤ **pipimiihkuweu** vta redup
♦ s/he fornicates with him/her, s/he has an affair with him/her

ᐱᐱᔦᐯᐤ **pipiyepeu** vii redup ♦ there is flooding of creeks, lakes inland, in spring, fall

ᐱᐱᐅᑎᵒ pipiiumeu vta redup ♦ s/he leaves scraps after eating it (anim, ex fish)

ᐱᐱᐅᕽᑕᒻ pipiiuhtam vti redup ♦ s/he leaves scraps after eating it

ᐱᐱᔅᐧᐁᐸᔪ pipiiswepayuu vii redup redup -i ♦ it (water) is bubbling up

ᐱᐳᓂᐱᔦᔒᔥ pipunipiyeshiish na dim ♦ winter bird (probably chickadee)

ᐱᐳᓂᐸᔨᒌᔅ pipunipayichiis na ♦ ski-pants

ᐱᐳᓂᑖᐹᓂᔥ pipunitaapaanish ni ♦ van on snow tracks, locally referred to as snowmobile

ᐱᐳᓂᑲᒥᒄ pipunikamikw ni ♦ winter dwelling

ᐱᐳᓂᓱ pipunisuu na -shiish ♦ gyrfalcon *Falco rusticolus*

ᐱᐳᓂᔅᑲᐃᔪ pipuniskawiiu vii [Coastal] ♦ it is open water during winter

ᐱᐳᓂᔓ pipunishuu vai -i ♦ s/he passes the winter in one place

ᐱᐳᓂᕽ pipunihch p,time ♦ last winter

ᐱᐳᓇᑎᑯᔥ pipunatihkush na dim ♦ one year old caribou, literally 'winter young caribou'

ᐱᐳᓇᔅᒋᓯᓐ pipunaschisin ni ♦ winter boot

ᐱᐳᓈᔅᐱᓱ pipunaaspisuu vai -u ♦ s/he dresses for winter

ᐱᐳᓐ pipun vii ♦ it is winter

ᐱᐸᔥᒋᔕᒻ pipashchisham vti redup ♦ s/he cuts it (string, line)

ᐱᐸᐦᐧᑫᐸᔨᐦᐁᐤ pipahkwepayiheu vta redup ♦ s/he breaks it (anim) off shaking it

ᐱᐸᐦᐧᑫᐸᔨᐦᑖᐅ pipahkwepayihtaau vai+o redup ♦ s/he breaks it off

ᐱᐸᐦᐧᑫᒣᐤ pipahkwemeu vta redup ♦ s/he bites it (anim) piece by piece

ᐱᐸᐦᐧᑫᐦᑕᒻ pipahkwehtam vti redup ♦ s/he bites it piece by piece (meat)

ᐱᑎᑯᓱ pitikusuu vai -i ♦ s/he is stocky, stout

ᐱᑎᒀᐤ pitikwaau vii ♦ it is stumpy, it is short and thick, it is stocky

ᐱᑎᒀᔨᐧᐁᐤ pitikwaayiweu vai ♦ it (anim, ex beaver) has a wide, short tail

ᐱᑎᒫ pitimaa p,time ♦ for the time being, first, wait for me!, in a little while (going to do something first) ▪ ᐱᑎᒫ ᑳ ᐯᕝᕚ ᒉ ᐋᑐᒃᐸᔨᐦᐠ, *She's going to wait for her to get up.*

ᐱᑕᐦᐅᑌᐤ pitahuteu vii ♦ it is caught in a net

ᐱᑕᐦᐅᑖᐤ pitahutaau vai+o ♦ s/he catches it in a net

ᐱᑕᐦᐅᔦᐤ pitahuyeu vta ♦ s/he catches it (anim) in a net

ᐱᑕᐦᐅᔮᐤ pitahuyaau vai ♦ s/he catches fish in a net

ᐱᑕᐦᐊᒧᑎᔕᐦᐧᐁᐤ pitahamutishahweu vta ♦ s/he causes it (anim, ex beaver) to get caught in the net

ᐱᑕᐦᐊᒻ pitaham vti ♦ it (anim, ex beaver) is caught in it (ex net)

ᐱᐧᑫᔨᑕᒥᐦᐁᐤ pikweyitamiheu vta ♦ s/he makes him/her anxious, disconsolate

ᐧᐱᑫᔨᒣᐤ pikweyimeu vta ♦ s/he is anxious about him/her

ᐧᐱᑫᔨᕽᑕᒻ pikweyihtam vti ♦ s/he is anxious about it

ᐱᑯᑎᒂᓈᕽᑎᒄ pikutikwaanaahtikw ni ♦ stick, pole to hang meat to dry

ᐱᑯᑑᔐᐤ pikutuusheu vai ♦ she gives birth to an illegitimate child

ᐱᑯᑑᔒᐦᐁᐤ pikutuushiheu vta ♦ s/he causes her to have an illegitimate child

ᐱᑯᑑᔖᓅ pikutuushaanuu vai -u ♦ s/he is an illegitimate child

ᐱᑯᑑᔖᓐ pikutuushaan na ♦ illegitimate child

ᐱᑯᑕᑲᐦᐊᒻ pikutakaham vti ♦ s/he carves slots for it in wood

ᐱᑯᑕᑲᐦᐧᐁᐤ pikutakahweu vta ♦ s/he carves slots in it (anim, snowshoes, ex for the cross bar)

ᐱᑯᓭᔨᒣᐤ pikuseyimeu vta ♦ s/he wishes for something from him/her

ᐱᑯᓭᕽᑕᒧᐧᐁᐤ pikuseyihtamuweu vta ♦ s/he wishes it for him/her

ᐱᑯᓭᕽᑕᒻ pikuseyihtam vti ♦ s/he wishes for something from it

ᐱᑯᓭᔨᐦᒋᑲᓐ pikuseyihchikan ni ♦ trap, any trapline device left to catch an animal

ᐱᑯᓭᕽᒋᒉᐃᐧᓐ pikuseyihchichewin ni ♦ wish

ᐱᐳᓂᐱ **pikwaanipii** ni -m ♦ open water on a lake during winter from a hole in the ice

ᐱᐤᕓᐤ **pikwaaheu** vta [Mistissini] ♦ s/he is anxiously waiting for him/her, s/he causes him/her to anxiously wait for him/her

ᐱᐤᐦᑎᓐ **pikwaahtin** vii ♦ it is a sharp knife

ᐱᒉᔨᐠ **picheyik** p,time ♦ just now, at the moment, only just now ▪ ᐱᒉᐠ ᐅᔅᐦᐁᐤ ᐊᐦᑳᐤ ᐊᓂᐦᐁᐧ ᐊ ᐊᓯᐧᐦᐁᐧ. ▪ *That woman is just making the bannock.*

ᐱᒐᐸᔫ **pichipayuu** vai -i ♦ s/he gets blue in the face from lack of air

ᐱᒋᑲᔨᐢᑭᔑᐃᔥ **pichikayishkishiish** na dim ♦ chickadee

ᐱᒋᓯᐦᑫᐧᔮᓐ **pichisihkweuyaan** ni ♦ bib

ᐱᒋᓯᐦᑫᐧᐤ **pichisihkweu** vai ♦ s/he drools

ᐱᒋᓯᐦᒃᐋᑌᐤ **pichisihkwaateu** vta ♦ s/he drools on him/her/it (anim)

ᐱᒋᓯᐦᒃᐋᑕᒼ **pichisihkwaatam** vti ♦ s/he drools on it

ᐱᒋᐢᑲᓀᑲᓐ **pichiskanekan** vii ♦ it (sheet-like, ex fabric, paper) is blue

ᐱᒋᐢᑲᓂᑕᐋᐧᐳ **pichiskanitawaapuu** vai ♦ s/he has blue eyes

ᐱᒋᐢᑲᓂᓲ **pichiskanisuu** vai -i ♦ it (anim) is blue

ᐱᒋᐢᑲᓂᐦᐋᐣ **pichiskanihan** vii ♦ the atmosphere is blue (indicating warm weather)

ᐱᒋᐢᑲᓂᐦᑕᑳᐤ **pichiskanihtakaau** vii ♦ it is a blue floor

ᐱᒋᐢᑲᓈᐤ **pichiskanaau** vii ♦ it is blue

ᐱᒋᐢᑲᓈᐯᑲᓐ **pichiskanaapekan** vii ♦ it (string-like) is blue

ᐱᒋᐢᑲᓈᐱᐢᑳᐤ **pichiskanaapiskaau** vii ♦ it is blue metal

ᐱᒋᐢᑲᓈᑯᓐ **pichiskanaakun** vii ♦ it is sky blue

ᐱᒋᔥᒋᐳᒋᑲᓐ **pichischipuchikan** ni ♦ meat grinder

ᐱᒋᔥᒋᑲᐦᐄᑲᓐᐦ **pichischikahiikanh** ni ♦ kindling

ᐱᒋᔥᒋᐦᑲᐦᐋᐋᐧᓐᐦ **pichischihkahaawaanh** ni pl ♦ small pieces of split wood for kindling, wood chips from chopping firewood

ᐱᒋᔥᑲᐦᐄᐸᑌᑎᓯᐋᐧᑳᓐ **pichishkahiipatetisiwaakan** ni ♦ potato masher

ᐱᒋᔥᑲᐦᐄᐸᑌᑎᓱᐋᐧᓐ **pichishkahiipatetisuwaan** ni ♦ mashed potatoes

ᐱᒋᔥᒋᔥᑯᐁᐧᐤ **pichishchishkuweu** vta ♦ s/he tramples all over it (anim)

ᐱᒋᔥᒋᔥᑲᒼ **pichishchishkam** vti ♦ s/he tramples all over it (ex tracks)

ᐱᒌᐁᐧᑲᓐ **pichiiwekan** vii ♦ it (sheet-like) has gum on it

ᐱᒌᐋᐧᐢᑯᓐ **pichiiwaaskun** vii ♦ it (stick-like) has gum on it

ᐱᒎ **pichuu** na -chiim ♦ gum, tree gum

ᐱᒣᑳᐳᐧᐃᒡ **pimekaapuuwich** vai pl -uu ♦ they stand in a row, line

ᐱᒣᑳᐳᐦ **pimekaapuuh** vii pl -uu ♦ the things (ex houses) stand in a row, line

ᐱᒣᔨᒣᐤ **pimeyimeu** vta ♦ s/he does something to him/her/it (anim), fiddles with it (anim)

ᐱᒣᔨᐦᑕᒼ **pimeyihtam** vti ♦ s/he does something to it, fiddles with, deals with

ᐱᒥᐁᐧᐸᐦᐊᒼ **pimiwepaham** vti ♦ s/he knocks, sweeps it down

ᐱᒥᐁᐧᐸᐦᐁᐧᐤ **pimiwepahweu** vta ♦ s/he brings, knocks it (anim, bird when shot) down

ᐱᒥᐁᐧᔥᑎᓐ **pimiweshtin** vii ♦ it is a howling wind

ᐱᒥᐯᔑᑳᐹᐤ **pimipeshikaapaau** vii ♦ it is a creek with thick bushes on either side

ᐱᒥᐯᔥᑖᓐ **pimipeshtaan** vii ♦ it is a rain shower

ᐱᒥᐯᔮᐤ **pimipeyaau** vii ♦ there is a line of open water in the ice, ground

ᐱᒥᐱᒎ **pimipichuu** vai -i ♦ s/he moves camp in winter

ᐱᒥᐸᔨᐦᐁᐤ **pimipayiheu** vta ♦ s/he drives him/her (in a vehicle)

ᐱᒥᐸᔨᐦᑖᐅᓯᓇᐦᐄᑲᓂᔥ **pimipayihtaausinahiikanish** ni ♦ driver's licence

ᐱᒥᐸᔨᐦᑖᐤ **pimipayihtaau** vai+o ♦ s/he drives it, s/he looks after it's operation (ex how a business is run)

ᐱᒥᐸᔨᐦᑖᓲ **pimipayihtaasuu** na -siim
♦ driver, the one who drives

ᐱᒥᐸᔨᐦᑤᓲ **pimipayihtwaasuu** vai
♦ s/he owns a business

ᐱᒥᐸᔫ **pimipayuu** vai/vii -i ♦ s/he travels by vehicle, it runs, functions

ᐱᒥᐸᐦᑖᐤ **pimipahtaau** vai ♦ s/he runs with it

ᐱᒥᐸᐦᑤᐤ **pimipahtwaau** vai ♦ s/he runs carrying it

ᐱᒥᑌᐤ **pimiteu** vii ♦ there is fat on top of the meat broth

ᐱᒥᑎᔕᐦᐊᒼ **pimitishaham** vti ♦ s/he runs after it

ᐱᒥᑎᔕᐦᖄᐌᐤ **pimitishahaaweu** vta
♦ s/he chases a large group of them (ex people, animals)

ᐱᒥᑎᔕᐦᐌᐤ **pimitishahweu** vta ♦ s/he runs after him/her

ᐱᒥᑎᐦᑌᐦᐄᑲᓈᐦᑎᒄ **pimitihtehiikanaahtikw** ni [Inland]
♦ pole used to weight down canvas door of a teepee, tent

ᐱᒥᑕᑎᓈᐤ **pimitatinaau** vii ♦ it is a line of mountains

ᐱᒥᑖᒋᒨ **pimitaachimuu** vai -u ♦ s/he crawls

ᐱᒥᑖᐢᑯᐱᐦᑖᑲᓐ **pimitaaskupihtaakan** ni
♦ cross-bar on a toboggan

ᐱᒥᑖᐢᑯᒧᐦᑖᐤ **pimitaaskumuhtaau** vai+o
♦ s/he puts it on (stick-like) crossways

ᐱᒥᑖᐢᑯᓀᐤ **pimitaaskuneu** vta ♦ s/he holds him/her crossways (ex carries him/her crossways on the shoulder)

ᐱᒥᑖᐢᑯᓂᑲᓐ **pimitaaskunikan** na ♦ piece of wood or metal used to set size of mesh when weaving a net, mesh-board

ᐱᒥᑖᐢᑯᓇᒼ **pimitaaskunam** vti ♦ s/he holds it crossways on his shoulders

ᐱᒥᑖᐢᑯᔒᒣᐤ **pimitaaskushimeu** vta
♦ s/he lays him/her/it (anim, ex snowshoe) crossways

ᐱᒥᑖᐢᑯᔑᓐ **pimitaaskushin** vai ♦ it (anim, stick-like, person) is lying crossways

ᐱᒥᑖᐢᑯᔥᑖᑲᓐ **pimitaaskushtaakan** ni
♦ pole, cooking stick above fire, parallel to doorway

ᐱᒥᑖᐢᑯᐦᐄᑲᓐ **pimitaaskuhiikan** ni ♦ pole used to weight down canvas door of a teepee, tent; stick used to hang a snare

ᐱᒥᑖᐢᑯᐦᑎᓐ **pimitaaskuhtin** vii ♦ it (stick-like) is lying crossways

ᐱᒥᑖᐢᑎᓐ **pimitaashtin** vii ♦ it is turned sideways by the wind

ᐱᒥᑖᐡᑯᐱᐦᒋᑲᓐ **pimitaashkupihchikan** ni
♦ cross-bars on toboggan

ᐱᒥᑖᐦᑯᓈᑲᓐ **pimitaahkunaakan** na
[Coastal] ♦ stick used to hang a snare

ᐱᒥᑳᑖᓐ **pimikaataan** ni ♦ shin

ᐱᒥᒋᐸᔨᐦᐁᐤ **pimichipayiheu** vta ♦ s/he drives him/her/it (anim) sideways

ᐱᒥᒋᐸᔨᐦᑖᐤ **pimichipayihtaau** vai+o
♦ s/he drives it sideways

ᐱᒥᒋᐸᔫ **pimichipayuu** vai/vii -i ♦ s/he/it falls sideways

ᐱᒥᒋᑕᐦᑯᓈᓐ **pimichitahkunaan** ni ♦ pole used to weight down canvas door of a tent, fastened across middle of canvas

ᐱᒥᒋᑲᒫᐤ **pimichikamaau** vii ♦ the lake is across to the travel route

ᐱᒥᒋᑳᐴ **pimichikaapuu** vai -uu ♦ s/he stands sideways

ᐱᒥᒋᑳᔥᑌᐸᔫ **pimichikaashtepayuu** vai/vii -i ♦ her/his/its shadow is seen as s/he/it passes by, s/he/it throws a shadow across passing by

ᐱᒥᒋᒀᔥᑯᐦᑐᐤ **pimichikwaashkuhtuu** vai -i
♦ s/he jumps sideways

ᐱᒥᒋᔥᑎᐦᑲᓈᓈᑎᐦᒄ **pimichishtihkanaanaatihkw** ni -um
[Coastal] ♦ pole used to weight down canvas door of a tent, fastened across middle

ᐱᒥᒋᐦᑎᓄᐌᐸᔫ **pimichihtinuwepayuu** vai/vii -i ♦ s/he rides across the wind (on land), it goes across the wind

ᐱᒥᒋᐦᑎᓄᐌᐡᑲᒼ **pimichihtinuweshkam** vti ♦ s/he walks with the wind on his side

ᐱᒥᒋᐦᑎᓄᐌᔮᐤ **pimichihtinuwehyaau** vai ♦ it (anim) flies across the wind

ᐱᒥᒋᐦᑖᑳᐤ **pimichihtakaau** vii ♦ it is a counter (ex in a store), it is a wall

ᐱᒥᒍᐄᐤ **pimichuwin** vii ♦ there is a current

ᐱᒥᒡ **pimich** p,location ♦ across, off to the side ▪ ᐊᓱᐤ" ᐱᒥᒡ ᕈᐸᒐ"ᒡ"ₓ ▪ *Put it off to the side.*

ᐱᒥᒨ **pimimuu** vii -u ♦ it (road) passes there ▪ ᓅ"ᕈ"ᐤ ᐊᓱᐤ" ᐱᒥᒨ ᐊᵃ ᒡᑉᓅₓ ▪ *The road passes there in the bushes.*

ᐱᒥᓀᐤ **pimineu** vta ♦ s/he raises him/her (as a parent does a child), s/he takes care of him/her

ᐱᒥᓀᐸᐧᔫ **piminepayuu** vai/vii -i ♦ it (anim, rigid ex wood) is cracked

ᐱᒥᓃᐅᒣᐤ **piminiiumeu** vta [Coastal] ♦ s/he bears him/her, s/he carries him/her on the back

ᐱᒥᓄᐌᔅᒋᐦᒄ **piminuweuschihkw** ni ♦ cooking pot, pot for general use, bucket

ᐱᒥᓄᐌᐙᑲᓐ **piminuwewaakan** ni ♦ cooking pot

ᐱᒥᓄᐌᐤ **piminuweu** vai ♦ s/he cooks

ᐱᒥᓄᐌᓲ **piminuwesuu** vai ♦ s/he is a cook

ᐱᒥᓄᐋᑲᓂᔅᒋᐦᒄ **piminuwaakanischihkw** ni ♦ cooking pot

ᐱᒥᓄᐋᓐ **piminuwaan** ni ♦ cooking

ᐱᒥᓅᑌᐤ **piminuuteu** vta ♦ s/he cooks for him/another

ᐱᒥᓅᓲ **piminuusuu** vai reflex -u ♦ s/he cooks for her/himself

ᐱᒥᓈᐅᓲ **piminaausuu** vai ♦ s/he is a parent, raises a child

ᐱᒥᓵᔨᐦᔮᐤ **pimisikaasihyaau** vai ♦ it (anim, bird) flies over the water

ᐱᒥᓯᒀᐤ **pimisikwaau** vii ♦ it is a line of ice

ᐱᒥᓯᐦᑖᐤ **pimisihtaau** vai+o ♦ s/he travels on a portage

ᐱᒥᓯᐦᑖᑲᓐ **pimisihtaakan** ni ♦ old portage

ᐱᒥᓵᐌᐤ **pimisaaweu** vai ♦ s/he has grease on the surface of the broth

ᐱᒥᓵᐋᓐ **pimisaawaan** ni ♦ fat floating on top of cooking liquid

ᐱᒥᔅᑖᑲᓐ **pimistaakan** ni ♦ well used water travel route

ᐱᒥᔅᑯᐱᒌ **pimiskupichuu** vai -i ♦ s/he moves camp in winter, going on ice

ᐱᒥᔅᑯᐸᔫ **pimiskupayuu** vai/vii -i ♦ s/he/it travels on ice

ᐱᒥᔅᑯᐸᐦᑖᐤ **pimiskupahtaau** vai ♦ s/he runs on ice

ᐱᒥᔅᑯᓐ **pimiskun** vii ♦ it is a line of dark storm clouds

ᐱᒥᔅᑯᔑᓐ **pimiskushin** vai ♦ s/he walks on the ice

ᐱᒥᔅᑯᐦᑌᐤ **pimiskuhteu** vai ♦ s/he walks on ice (suggesting that the ice is strong enough to bear her/his weight)

ᐱᒥᔅᑲᓄᐌᐤ **pimiskanuweu** vai ♦ s/he leaves tracks (as s/he passes through), her/his trail runs along

ᐱᒥᔅᒋᐱᓱᐎᓐ **pimischipisuwin** ni ♦ thick strip of hide which forms toe holes of a snowshoe

ᐱᒥᔑᑳᐹᐤ **pimishikaapaau** vii ♦ it (creek) has thick willow bushes on either side

ᐱᒥᔑᑳᒣᐦᔮᐤ **pimishikaamehyaau** vai ♦ it (anim, bird) flies reaching land from the water

ᐱᒥᔑᓐ **pimishin** vai ♦ s/he lies down

ᐱᒥᔑᑳᐤ **pimishkaau** vai ♦ s/he is paddling, swimming

ᐱᒥᔑᑳᓈᓐ **pimishkaanaan** ni ♦ well used water travel route

ᐱᒥᐦᑖᐤ **pimihutaau** vai+o ♦ s/he carries something while paddling, flying, it (anim) carries something while flying

ᐱᒥᐦᐤᔪ **pimihuyeu** vta ♦ it (anim) flies carrying it (anim)

ᐱᒥᐦᐋᐅᐄᓅ **pimihaauiinuu** na [Inland] ♦ pilot

ᐱᒥᐦᐋᐅᔅᒌ **pimihaauschii** ni [Inland] ♦ airport

ᐱᒥᐦᐋᐅᔅᒌᐅᑲᒥᒄ **pimihaauschiiukamikw** ni [Inland] ♦ airport terminal

ᐱᒥᐦᐋᐤ **pimihaau** vai [Inland] ♦ it (anim, bird) flies

ᐱᒥᐦᐋᒪᑲᓐ **pimihaamakan** vii [Inland] ♦ it flies

ᐱᒥᐦᑳᓂᐦᒋᐤ **pimihkaanihcheu** vai ♦ s/he makes pemmican

ᐱᒥᐦᑳᓐ **pimihkaan** ni -im ♦ mixture of dry powdered meat with fat, pemmican

ᐱᒥᐦᒀᓈᐦᑎᒄ **pimihkwaanaahtikw** ni [Inland] ♦ outside top edge of canoe

ᐱᒥᔮᐅᔅᒌ **pimihyaauschii** ni [Coastal] ♦ airport

ᐱᒥʰᔅᐅᔆᕆᐅᑲᒥᒃʷ
pimihyaauschiiukamikw ni ♦ airport terminal

ᐱᒥʰᔾᐤ pimihyaau vai [Coastal] ♦ it (anim, bird) flies

ᐱᒥʰᔅᒫᑲⁿ pimihyaamakan vii [Coastal]
♦ it flies

ᐱᐃ pimii ni -m ♦ lard, rendered fat, gas, oil, naphtha

ᐱᐃᐅᒐᐤ pimiiutaau vai+o ♦ s/he bears, carries, conveys it on the back

ᐱᐃᐅᑲᒥᒃʷ pimiiukamikw ni ♦ gas station

ᐱᐃᐅᑲⁿ pimiiukan vii ♦ it has oil on it

ᐱᐃᐅᒋᔔ pimiiuchisuu vai -i ♦ s/he (anim) has oil, gas on her/him/it

ᐱᐃᐅᒋᓴᐱᔅᒋᓴᐚⁿ
pimiiuchisaapischisaawaan ni ♦ oil furnace

ᐱᐃᐅᒫᑲⁿ pimiiumaakun vii ♦ it smells of fat, oil, gas

ᐱᐃᐅᒫᑯᓱ pimiiumaakusuu vai -i ♦ s/he smells of oil, gas

ᐱᐃᐅᔅᐸᑯⁿ pimiiuspakun vii ♦ it (meat) tastes of oil, gas

ᐱᐃᐅᔅᐸᑯᓱ pimiiuspakusuu vai -i ♦ it (anim) tastes of oil, gas

ᐱᐃᐅᔳ pimiiuyeu vta ♦ s/he bears him/her, s/he carries him/her on the back

ᐱᐃᐅᐦᐁᐤ pimiiuheu vta ♦ s/he gets him/her/it (anim) greasy, puts too much lard in or on it (anim, ex bannock)

ᐱᐃᐅᐦᑖᐤ pimiiuhtaau vai+o ♦ s/he gets it greasy, puts too much lard in it

ᐱᐃᐧᐁᐤ pimiiweu vii ♦ it (ex wind) blows past

ᐱᐃᐧᐁᐸᔫ pimiiwepayuu vii -i ♦ a gust of wind passes over

ᐱᐤ pimiu vai/vii ♦ it (anim) is fatty, it (anim, ex a skidoo) contains gas, oil

ᐱᒥʰᑯᐧᐁᐤ pimiihkuweu vta ♦ s/he does some work on it (anim) repairs it

ᐱᒥʰᑲᒼ pimiihkam vti ♦ s/he does some work on it

ᐱᒧᐧᐁᐤ pimuweu vta ♦ s/he throws something at him/her

ᐱᒧᐧᐁᐹᔪ pimuwepayuu vai ♦ s/he/it (anim) is heard going by in a plane or vehicle

ᐱᒧᐧᐁᑕᒼ pimuwetam vti ♦ s/he/it (anim) makes noise going by

ᐱᒧᐧᐁᑖᐸᓈᔅᑴᔑⁿ
pimuwetaapanaaskweshin vai ♦ s/he (unseen) can be heard pulling a toboggan on the snow

ᐱᒧᐧᐁᔑⁿ pimuweshin vai ♦ s/he/it (anim) is heard walking around

ᐱᒧᐧᐁᔥᑎⁿ pimuweshtin vii ♦ it makes a noise blowing by

ᐱᒧᐚᔅᑲᓄᐧᐁᐤ pimuwaaskanuweu vii
♦ the tracks are visible in the distance (ex across a river, lake)

ᐱᒧᑕᒼ pimutam vti ♦ s/he throws at it

ᐱᒧᑕʰᑴᐤ pimutahkweu vai ♦ s/he shoots with a bow and arrow

ᐱᒧᑕʰᒀᑌᐤ pimutahkwaateu vta ♦ s/he shoots at him/her with an arrow

ᐱᒧᑕʰᒀᑕᒼ pimutahkwaatam vti ♦ s/he shoots at it with an arrow

ᐱᒧᒉᐤ pimucheu vai ♦ s/he throws by hand

ᐱᒧᓰᓈᑕᐦᐄᒉᐤ pimusinaatahiicheu vai
♦ s/he is throwing stones at things

ᐱᒧᓰᓈᑕᐦᐊᒼ pimusinaataham vti ♦ s/he throws a stone at it

ᐱᒧᓰᓈᑕᐦᐧᐁᐤ pimusinaatahweu vta
♦ s/he throws a stone at him/her

ᐱᒧʰᑌᐚᑲⁿ pimuhtewaakan ni ♦ aid to walking (ex cane, walker)

ᐱᒧʰᑌᐚᒉᐤ pimuhtewaacheu vai ♦ s/he uses it to walk with (ex crutches)

ᐱᒧʰᑌᐤ pimuhteu vai ♦ s/he is walking

ᐱᒧʰᑌᔅᑲᓅ pimuhteskanuu ni -naam
♦ walking trail

ᐱᒧʰᑌᐦᐁᐤ pimuhteheu vta ♦ s/he makes him/her walk, s/he walks, guides him/her

ᐱᒧʰᑖᑖᐤ pimuhtataau vai+o ♦ s/he carries it walking

ᐱᒨᔳ pimuuyeu vta ♦ s/he bears, carries, conveys him/her

ᐱᒨʰᑖᐤ pimuuhtaau vai+o ♦ s/he bears, carries, conveys it

ᐱᒪᑎᓈᐤ pimatinaau vii ♦ it is a line of high mountains

ᐱᒪᑖᐅʰᑳᐤ pimataauhkaau vii ♦ it is a line of dry land

ᐱᒪᔥᒉᑳᐤ pimaschekaau vii ♦ it is a line of muskeg

141

ᐱᒪᔪᑲᐤ pimaschuukaau vii ♦ it is a line of mud, clay

ᐱᒪᐦᐄᓄᐌᐤ pimahiinuweu vta ♦ s/he carries, serves food to another

ᐱᒪᐦᐆᓈᓐ pimahuunaan ni ♦ crossways portage, from one waterway to the next

ᐱᒪᐦᐊᒫᓲ pimahamaasuu vai-u ♦ s/he walks along singing

ᐱᒪᐦᐊᒼ pimaham vti ♦ it (anim, bird) migrates

ᐱᒪᐦᐋᒣᐤ pimahaameu vai ♦ s/he follows the trail

ᐱᒪᐅᐦᑳᐤ pimaauhkaau vii ♦ it is a stretch of sand

ᐱᒫᐯᑲᒧᐦᐁᐤ pimaapekamuheu vta ♦ s/he runs it (string-like, ex a fish net) between two poles

ᐱᒫᐱᐢᑲᒨ pimaapiskamuu vii-u ♦ there is a strip of metal

ᐱᒫᐱᐢᑳᐤ pimaapiskaau vii ♦ it is a line of rock

ᐱᒫᐱᐢᒋᐦᑎᓐ pimaapischihtin vii ♦ it (stone, metal, ex a pipe) lies along

ᐱᒫᐱᐡᒋᔑᓐ pimaapishchishin vai ♦ it (anim, stone, metal) lies along

ᐱᒫᐱᐦᑌᐤ pimaapihteu vii ♦ the smoke passes through, along chimney

ᐱᒫᐳᑌᐤ pimaaputeu vii ♦ it floats along

ᐱᒫᐳᑖᐤ pimaaputaau vai+o ♦ s/he lets it float

ᐱᒫᐳᑰ pimaapukuu vai-u ♦ s/he floats along, s/he slides along on toboggan

ᐱᒫᐳᔦᐤ pimaapuyeu vta ♦ s/he lets it float (anim, ex paddle)

ᐱᒫᐧᐹᐅᑖᐤ pimaapwaautaau vai+o ♦ s/he washes, rinses it in several changes of water

ᐱᒫᐧᐹᐅᔦᐤ pimaapwaauyeu vta ♦ s/he washes it (anim, ex pants)

ᐱᒫᑎᑳᐤ pimaatikaau vai [Inland] ♦ s/he/it (anim) swims

ᐱᒫᑎᑳᓯᐦᑖᐤ pimaatikaasihtaau vai+o ♦ s/he pulls the canoe as s/he wades

ᐱᒫᑎᑳᓲ pimaatikaasuu vai-i ♦ s/he wades in

ᐱᒫᑎᒦ pimaatimiiu vii ♦ it is a channel

ᐱᒫᑎᓰᐤ pimaatisiiu vai ♦ s/he is living, alive

ᐱᒫᑯᓂᑳᐤ pimaakunikaau vii ♦ it is a line of snow

ᐱᒫᒋᐦᐁᐤ pimaachiheu vta ♦ s/he saves, rescues, redeems him/her, s/he provides a living for him/her

ᐱᒫᒋᐦᐄᐧᐁᐃᓐ pimaachihiiwewin ni ♦ salvation

ᐱᒫᒋᐦᐄᐧᐁᐤ pimaachihiiweu vai ♦ s/he saves lives, s/he gives life to others

ᐱᒫᒋᐦᐆ pimaachihuu vai-u ♦ s/he saves her/himself (ex from drowning)

ᐱᒫᒋᐦᑖᐤ pimaachihtaau vai+o ♦ s/he saves it (ex from getting lost), s/he saves it from death

ᐱᒫᒣᔨᒨ pimaameyimuu vai-u ♦ s/he is ashamed of having done something really wrong

ᐱᒫᒥᓄᐌᐤ pimaaminuweu vta ♦ s/he is embarrassed by what someone does

ᐱᒫᒥᓈᑯᓲ pimaaminaakusuu vai-i ♦ s/he causes embarrassment to others by her/his looks

ᐱᒫᒥᓰᐤ pimaamisiiu vai ♦ s/he is embarrassed, shy

ᐱᒫᒥᔑᐡᑐᐌᐤ pimaamishiishtuweu vta ♦ s/he is shy towards him/her

ᐱᒫᒥᐦᐁᐤ pimaamiheu vai ♦ s/he causes embarrassment to him/her

ᐱᒫᒥᐦᐄᐧᐁᐤ pimaamihiiweu vai ♦ s/he embarrasses people

ᐱᒫᒥᐦᑐᐌᐤ pimaamihtuweu vta ♦ s/he is embarrassed by what another says

ᐱᒫᒨ pimaamuu vai ♦ it (animal) flees from refuge, its safe place

ᐱᒫᐢᑫᐧᔮᐤ pimaaskweyaau vii ♦ it is a line of trees

ᐱᒫᐢᑯᒧᐦᑖᐤ pimaaskumuhtaau vai+o ♦ s/he puts it (stick-like) up

ᐱᒫᐢᑯᐦᑖᐤ pimaaskushtaau vai+o ♦ s/he places it (stick-like) alongside

ᐱᒫᐢᑯᐦᐁᐤ pimaaskuheu vta ♦ s/he places it (anim, stick-like) alongside

ᐱᒫᐢᑯᐦᑎᓐ pimaaskuhtin vii ♦ it (stick-like) lies along

ᐱᒫᔑᑳᒣᐤ pimaashikaameu vai ♦ s/he walks along the shore (while others shoot the rapids)

ᐱᒫᔑᑳᒣᐱᑕᒼ pimaashikaamepitam vti ♦ s/he tracks it (canoe) downstream with a line

ᐱᒫᔑᑳᒣᐱᒋᑲᓂᔮᐲ **pimaashikaamepichikaniyaapii** na -m
- tracking line, used when pulling a canoe over rapids

ᐱᒫᔑᑳᒣᐦᑕᐦᐁᐤ **pimaashikaamehtaheu** vta ◆ s/he carries it (anim) along the shore (while others take the canoe on the water)

ᐱᒫᔑᑳᒣᐦᑖᐤ **pimaashikaamehtaau** vai+o ◆ s/he carries it along the shore (while others take the canoe on the water)

ᐱᒫᔓᐎᓐ **pimaashuwin** ni ◆ sail

ᐱᒫᔑᐋᐦᑎᒄ **pimaashunaahtikw** ni ◆ mast pole for sailing vessel

ᐱᒫᔓ **pimaashuu** vai -i ◆ s/he sails, blows along

ᐱᒫᔥᑎᓐ **pimaashtin** vii ◆ it blows along

ᐱᒫᔥᑯᔑᓐ **pimaashkushin** vai ◆ s/he lies stretched out

ᐱᒫᐦᐅᑎᐤ **pimaahuteu** vii ◆ it is displaced by the waves, it floats along

ᐱᒫᐦᐅᑖᐤ **pimaahutaau** vai+o ◆ s/he floats it downriver

ᐱᒫᐦᐅᑰ **pimaahukuu** vai -u ◆ s/he is displaced by the waves

ᐱᒫᐦᐅᔦᐤ **pimaahuyeu** vta ◆ s/he lets it float (anim) along (ex a duck s/he shot into the water, a tree s/he threw into water)

ᐱᒫᐦᐊᓐ **pimaahan** vii ◆ it is displaced on water by the wind

ᐱᓀᒥᔅᑰ **pinemiskuu** vai -u ◆ it (beaver) gives birth

ᐱᓀᔮᐱᔒᐤ **pineyaapishiiu** vai -u ◆ it (lynx) gives birth

ᐱᓀᔮᐳᔔ **pineyaapushuu** vai -u ◆ it (hare, rabbit) gives birth

ᐱᓂᐳᑖᐤ **piniputaau** vai+o ◆ s/he makes sawdust from sawing it

ᐱᓂᐳᒋᑲᓐ **pinipuchikan** ni ◆ sawdust

ᐱᓂᐳᔦᐤ **pinipuyeu** vta ◆ s/he makes sawdust from sawing it (anim)

ᐱᓂᐳᐦᒉᐤ **pinipuhcheu** vai ◆ s/he creates sawdust while sawing

ᐱᓂᐸᔨᐦᐁᐤ **pinipayiheu** vta ◆ s/he sprinkles it (anim, ex flour)

ᐱᓂᐸᔨᐦᑖᐤ **pinipayihtaau** vai+o ◆ s/he sprinkles it (ex sand)

ᐱᓂᐸᔫ **pinipayuu** vii -i ◆ it goes into powder

ᐱᓂᑐᐧᐁᐧᐁᐤ **pinituwehweu** vta ◆ s/he knocks the feathers off the bird when shooting at it (anim)

ᐱᓂᑖᐅᐦᒋᐸᔫ **pinitaauhchipayuu** vii -i ◆ the bank slides down into the river

ᐱᓂᑲᓀᓇᒻ **pinikanenam** vti ◆ s/he leaves bones lying around

ᐱᓂᑲᓀᐦᐋᐋᓐ **pinikanehawaan** ni ◆ pieces of bone discarded and lying around

ᐱᓂᑲᐦᐄᒉᐤ **pinikahiicheu** vai ◆ s/he chops kindling

ᐱᓂᑲᐦᐊᒻ **pinikaham** vti ◆ s/he leaves chips from chopping wood

ᐱᓂᒣᑯᔥ **pinimekush** na dim ◆ fish that has spawned

ᐱᓂᓇᒻ **pininam** vti ◆ s/he makes scraps

ᐱᓂᓱᐁᐤ **pinisuweu** vai ◆ s/he walks down a slope

ᐱᓂᓱᐁᐱᓀᐤ **pinisuwepineu** vta ◆ s/he throws him/her down the hill

ᐱᓂᓱᐁᐱᓇᒻ **pinisuwepinam** vti ◆ s/he throws it down the hill

ᐱᓂᓱᐁᐸᔨᐦᑖᐤ **pinisuwepayihtaau** vai+o ◆ s/he takes something downhill, driving it

ᐱᓂᓱᐁᐸᔫ **pinisuwepayuu** vai/vii -i ◆ s/he/it drives, goes downhill

ᐱᓂᓱᐁᐸᐦᑖᐤ **pinisuwepahtaau** vai ◆ s/he runs downhill

ᐱᓂᓱᐁᑕᐦᐁᐤ **pinisuwetaheu** vta ◆ s/he takes him/her/it (anim) downhill

ᐱᓂᓱᐁᑖᐅᐦᑲᐦᐊᒻ **pinisuwetaauhkaham** vti ◆ s/he walks downhill

ᐱᓂᓱᐁᒋᐎᓐ **pinisuwechuwin** vii ◆ it flows down the bank, downhill

ᐱᓂᓱᐁᔮᐤ **pinisuweyaau** vii ◆ it is a downhill slope

ᐱᓂᓱᐁᐦᑎᑖᐤ **pinisuwehtitaau** vai+o ◆ s/he takes it (on her/him) downhill

ᐱᓂᐦᑯᑖᑲᓐ **pinihkutaakanh** ni pl ◆ scraps left around after planing wood, wood shavings

ᐱᓂᐦᑯᑖᒉᐤ **pinihkutaacheu** vai ◆ s/he leaves scraps around after planing wood, s/he leaves wood shavings

ᐱᓇᔥᑌᐤ **pinashteu** vii ◆ it is laying around discarded

ᐱᓇᶴᑖᵒ pinashtaau vai+o ♦ s/he leaves things lying around

ᐱᓇᐦᐄᐦᑲᐣ pinahiihkwaan ni ♦ fine-tooth comb

ᐱᓇᐦᐊᒻ pinaham vti ♦ s/he springs it

ᐱᓈᐌᐤ pinaaweu vai ♦ it (ex bird) lays eggs

ᐱᓈᐱᐦᒉᔥᑲᒻ pinaapihcheshkam vti ♦ s/he knocks it (string-like, ex snare) off, disturbs it

ᐱᓈᐹᐅᑖᐤ pinaapaautaau vai+o ♦ s/he soaks it so much that it drops from its weight

ᐱᓈᐹᐚᐌᐤ pinaapwaaweu vii ♦ it (ex line) washes off into the water

ᐱᓈᑯᓀᔥᑯᐌᐤ pinaakuneshkuweu vta ♦ s/he knocks snow off him/her/it

ᐱᓈᑯᓀᔥᑲᒻ pinaakuneshkam vti ♦ s/he knocks snow off it on to something

ᐱᓈᔅᒌᐅᐲᓯᒻ pinaaschiiupiisim na -um [Inland] ♦ September

ᐱᓈᔅᒌᐤ pinaaschiiu vai ♦ they (leaves) fall off the trees in fall

ᐱᓈᔓ pinaashuu vai -i ♦ it (anim, ex snow from roof) blows down

ᐱᓈᔥᑎᐣ pinaashtin vii ♦ it blows down (ex leaves from tree)

ᐱᔐᐌᑕᒻ piswewetam vti ♦ s/he creates an echo

ᐱᔐᐌᒎᐃᐣ piswewechuwin vii ♦ the sound of the rapids echos

ᐱᔐᐌᒪᑲᓐ piswewemakan vii ♦ it makes an echoing noise, as in an empty room

ᐱᔐᐌᐦᑎᐣ piswewehtin vii ♦ it is an echoing sound

ᐱᔐᐱᐦᒋᑲᓐ piswepihchikan ni ♦ woollen pompoms on snowshoes

ᐱᔐᒪᒌᐦᐆ piswemachihuu vai -u ♦ s/he feels sick after eating rich food (ex fat)

ᐱᔐᔥᑯᔫ pisweshkuyuu vai -yi ♦ s/he feels sick after eating a lot of grease, fat

ᐱᔐᔮᐤ pisweyaau vii ♦ it is rich food (fatty)

ᐱᓯᐌᓱᐤ pisiweseu vta ♦ s/he burns the hair of an animal by accident

ᐱᓯᐯᒋᐸᔨᐦᑖᐤ pisipechipayihtaau vai+o [Coastal] ♦ s/he throws it (ex flat stone) so that it skips a number of times on top of the water

ᐱᓯᐯᔮᐤ pisipehyaau vai ♦ it (anim, bird) flies with feet in the water before taking to the air

ᐱᓯᐯᔮᒪᑲᓐ pisipehyaamakan vii ♦ it (airplane) flies along in the water before take-off

ᐱᓯᐸᔨᐁᐤ pisipayiheu vta ♦ s/he drives it (anim) slowly

ᐱᓯᐸᔨᐦᑖᐤ pisipayihtaau vai+o ♦ s/he drives it slowly

ᐱᓯᑌᐤ pisiteu vii ♦ it is a forest fire, it is on fire

ᐱᓯᑌᐹᔫ pisitepayuu vai/vii -i ♦ it lights up in flames

ᐱᓯᑖᐅᐦᑲᐦᐊᒻ pisitaauhkaham vti ♦ s/he walks along in the trench

ᐱᓯᑖᐅᐦᑳᐤ pisitaauhkaau vii ♦ it is a trench on a sandy hill

ᐱᓯᑖᐅᐦᒋᐸᐦᑖᐤ pisitaauhchipahtaau vai ♦ s/he runs along in the trench

ᐱᓯᑖᐅᐦᒋᔥᑲᒻ pisitaauhchishkam vti ♦ s/he scrapes a trench in the ground, sand with his feet

ᐱᓯᑯᓀᐤ pisikuneu vta ♦ it (anim, bird) claws her/him, s/he attaches her/him with something sticky, s/he gets her/him sticky with hand

ᐱᓯᑯᓂᒉᐤ pisikunicheu vai ♦ it (anim) claws at things

ᐱᓯᑯᓇᒻ pisikunam vti ♦ s/he claws it, s/he attaches it with something sticky, s/he gets it sticky by touching with hand

ᐱᓯᑯᓲ pisikusuu vai -i ♦ it (anim) is sticky (ex gum, dough)

ᐱᓯᑯᔐᔑᒻ pisikuschesham vti ♦ s/he disjoints it by cutting

ᐱᓯᑯᔥᒎᒋᓀᐤ pisikuschuuchineu vta ♦ s/he sticks it (anim) with gum

ᐱᓯᑯᔥᒎᒋᓇᒻ pisikuschuuchinam vti ♦ s/he sticks it with gum

ᐱᓯᑯᔑᐣ pisikushin vai ♦ it (anim) is stuck on (ex toboggan on snow)

ᐱᓯᑯᐦᐄᑲᓐ pisikuhiikan ni ♦ glue, scotch tape

ᐱᕈᐦᐄᔨᐤ pisikuhiicheu vai ♦ s/he glues things, tapes things together

ᐱᕈᐦᐊᒻ pisikuham vti ♦ s/he glues, pastes it, tapes it

ᐱᕈᐦᐌᐤ pisikuhweu vta ♦ s/he glues, pastes it (anim) with something

ᐱᕈᐦᐱᒋᑲᓐ pisikuhpichikan ni ♦ bandaid

ᐱᕈᐦᑎᓐ pisikuhtin vii ♦ it sticks on

ᐱᕈᐦᑖᑳᓐ pisikuhtataakan ni [Inland] ♦ sticker

ᐱᕈᐦᑖᑲᓐ pisikuhtaakan ni ♦ sticker

ᐱᕈᐤ pisikuu vai ♦ s/he stands up (from another position)

ᐱᕈᑎᔨᓀᐤ pisikuutishineu vta [Inland] ♦ s/he helps him/her to stand, gives him/her a hand up

ᐱᕈᒋᔨᓀᐤ pisikuuchishineu vta [Coastal] ♦ s/he helps him/her to stand, gives him/her a hand up

ᐱᕈᔥᑐᐌᐤ pisikuushtuweu vta ♦ s/he stands up to him/her

ᐱᔅᐚᐤ pisikwaau vii ♦ it is sticky (ex glue, jam)

ᐱᔅᐚᐴ pisikwaapuu vai-i ♦ s/he has her/his eyes closed

ᐱᔅᐚᐸᔨᓲ pisikwaapayihuu vai-u ♦ s/he blinks

ᐱᓯᓃᐦᐁᐤ pisiniheu vta ♦ s/he gets something in someone's eye

ᐱᓯᓃᐎᓐ pisiniiwin ni ♦ something in the eye

ᐱᓯᓃᐤ pisiniiu vai ♦ s/he has something in her/his eye

ᐱᓯᓲ pisisuu vai-u ♦ s/he/it (anim) catches on fire

ᐱᓯᓴᒻ pisisam vti ♦ s/he sets it on fire

ᐱᓯᓵᐌᐤ pisisaaweu vai ♦ s/he burns things

ᐱᓯᔅᑲᒥᑳᐤ pisiskamikaau vii ♦ it is a trench in the ground

ᐱᓯᔐᑳᐤ pisischekaau vii ♦ it is a trench in a muskeg

ᐱᓯᔅᒎᑳᐤ pisischuukaau vii ♦ it is a muddy trench

ᐱᓯᔑᓐ pisishin vai ♦ s/he has an echo

ᐱᓯᐦᓵᒣᐤ pisihasaameu vai ♦ s/he cuts the wood for snowshoes

ᐱᓯᐦᑎᓐ pisihtin vii ♦ it echoes

ᐱᓯᐦᑯᔦᐸᔫ pisihkuyepayuu vai/vii-i ♦ it (anim) catches fire (slowly)

ᐱᓲ pisiiu vai ♦ s/he is slow

ᐱᓰᐦᑯᐌᐤ pisiihkuweu vta ♦ s/he is slow with it (anim)

ᐱᓰᐦᑲᒻ pisiihkam vti ♦ s/he is slow at it

ᐱᓰᐦᑳᓲ pisiihkaasuu vai-u ♦ s/he pretends to be slow

ᐱᓱᐌᑌᐤ pisuweteu vii ♦ it (fur) catches on fire

ᐱᓱᐌᔅᐌᐤ pisuwesweu vta ♦ s/he sets fire to it (anim, pelt)

ᐱᓱᐌᓲ pisuwesuu vai-u ♦ it (anim, skin, pelt) catches on fire

ᐱᓱᐌᓴᒻ pisuwesam vti ♦ s/he sets fire to it (fur)

ᐱᓱᑳᑌᔥᑯᐌᐤ pisukaateshkuweu vta ♦ s/he trips him/her using the foot, leg

ᐱᓱᒣᐤ pisumeu vta [Inland] ♦ s/he offends him/her by what s/he says

ᐱᓱᓯᑌᔑᓐ pisusiteshin vai ♦ s/he trips on something with her/his feet

ᐱᓱᔑᓐ pisushin vai ♦ s/he/it (anim) stumbles, trips

ᐱᓱᐦᐊᒻ pisuham vti ♦ s/he trips over it

ᐱᓱᐦᐌᐤ pisuhweu vta ♦ s/he trips over him/her/it (anim)

ᐱᓱᐦᑌᐤ pisuhteu vai ♦ s/he walks slowly, the clock runs slowly

ᐱᓱᐦᑕᒻ pisuhtam vti ♦ s/he is offended by it (what someone said)

ᐱᐦᑎᓈᐤ pisatinaau vii ♦ it is a valley between hills

ᐱᐦᐋᐲᔫ pisahiipuyeu vai ♦ s/he cuts wood to make a paddle

ᐱᐦᐊᒻ pisaham vti ♦ s/he cuts the wood for it

ᐱᐦᐌᐤ pisahweu vta ♦ s/he cuts the wood for him/her

ᐱᐦᐋᐦᒋᐱᑕᒻ pisaauhchipitam vti ♦ s/he scratches a ditch, trench in the ground, sand

ᐱᐦᐋᐤ pisaau vii ♦ it is a trench

ᐱᐦᐋᐱᔅᑳᐤ pisaapiskaau vii ♦ it is a crevice in rock

ᐱᐦᐋᑎᒦᐤ pisaatimiiu vii ♦ there is a channel in the water

ᐱᐦᐋᑯᓈᑳᐤ pisaakunakaau vii ♦ it is a trench in the snow

ᐱᔑᕐᔅᑯ° **pisaamiskaau** vii ♦ it is a trench in the rock underwater

ᐱᔑᕐᔅᒐᐸᒡ **pisaamischipitam** vti ♦ it (anim, animal) makes a tunnel underwater

ᐱᔥᏓᓈ° **pisaamatinaau** vii ♦ it is a valley between mountains

ᐱᔥᐧᐊᔾ° **pisaaskweyaau** vii ♦ it is a wooded narrows

ᐱᔥ"ᑯᓂᔥ° **pisaahkunisweu** vta ♦ s/he smokes it (anim, moose, caribou intestine) using spruce boughs over the fire

ᐱᐧᔥᐯ"ᐊᒫ **piswaapekaham** vti ♦ s/he trips on the rope

ᐱᐧᔥᐯᕐᔅᐣᐊ **piswaapechistin** vii ♦ it (string-like) gets tangled on it

ᐱᐧᔥᐯᕐᔑᐣᐊ **piswaapechishin** vai ♦ it (anim, string-like) gets tangled on it

ᐱᐧᔥᐯᕐᔥᑲᒡ **piswaapechishkam** vti ♦ s/he gets tangled in a line, cord

ᐱᐧᔥᐊᒐ"ᐣᐨ° **piswaapichehtitaau** vai+o ♦ s/he gets it (string-like) caught

ᐱᐧᔥᐊ"ᒐᔥᐯ° **piswaapihcheshimeu** vta ♦ s/he gets it (anim, string-like) caught on something

ᐱᔥᐱᐣᔥᐆ° **pispitishineu** vta [Inland] ♦ s/he lets, hands it (anim) out underneath the canvas

ᐱᔥᐱᐣᔥᐊᒡ **pispitishinam** vti [Inland] ♦ s/he lets, hands it out underneath the canvas

ᐱᔥᐱᕐᔥᐆ° **pispichishineu** vta [Coastal] ♦ s/he lets, hands it (anim) out underneath the canvas

ᐱᔥᐱᕐᔥᐊᒡ **pispichishinam** vti [Coastal] ♦ s/he lets, hands it out underneath the canvas

ᐱᔥᐱᓀᐅᒐ"ᐨᒡ **pispineucheyihtam** vti -u ♦ s/he feels close to danger, takes risks

ᐱᔥᐱᓂᓱᐨ **pispinitisuu** vai reflex -u ♦ s/he narrowly escapes killing her/himself

ᐱᔥᐱᓱᐨ **pispinisuu** vai reflex -u ♦ s/he comes close to danger, takes risks, puts her/himself at risk

ᐱᔥᐸᐤ **pispaapuu** vai -i ♦ s/he looks through a hole, window

ᐱᔥᐅᑲᔥᐆ° **pistekashteu** vii ♦ it is spread out over (ex canvas over a tent frame)

ᐱᔥᐅᑲᐦ° **pistekaheu** vta ♦ s/he drapes it (anim, cloth) over something

ᐱᔥᐣᒐᐳ **pistitapuu** vai -i ♦ it (anim, bear) hibernates alone

ᐱᔥᐣᔥᑯ·° **pistishkuweu** vta ♦ s/he bumps into her/him accidentally

ᐱᔥᐣᔥᑲᒡ **pistishkam** vti ♦ s/he bumps into it accidentally

ᐱᔥᑕᐯᒐᒧ"° **pistaapekamuheu** vta ♦ s/he places him/her (string-like) over something

ᐱᔥᑕᐯᒐᒧ"ᐨ° **pistaapekamuhtaau** vai+o ♦ s/he places it (string-like) over something

ᐱᔥᑕᐯᒐᔥᐨ° **pistaapekashtaau** vai+o ♦ s/he lays it (string-like) over something

ᐱᔥᑕᐯᒐ"° **pistaapekaheu** vta ♦ s/he places it (anim, string-like) over something

ᐱᔥᑕᐱ"ᑯ° **pistaapihkaateu** vta ♦ s/he ties him/her over something

ᐱᔥᑕᐱ"ᑲᒡ **pistaapihkaatam** vti ♦ s/he ties it over something

ᐱᔥᑕᐱ"ᒐᔥᐯ° **pistaapihcheshimeu** vta ♦ s/he lays it (anim, string-like, ex snake; in a string-like manner) over something

ᐱᔥᑕᐱ"ᒐᔥᐣᐊ **pistaapihcheshin** vai ♦ s/he is laying over something

ᐱᔥᑕᐱ"ᒐ"ᐣᐨ° **pistaapihchehtitaau** vai+o ♦ s/he places it (string-like) over something

ᐱᔥᑖᔅᑯ° **pistaaskweu** vai ♦ s/he laces the babiche to the side mid-sections of the snowshoe frame

ᐱᔥᑖᔅᑳᐣ ni ♦ **pistaaskwaan** babiche holding centre webbing to frame of snowshoe

ᐱᔥᑫᐧᐋᒡ **piskweham** vti ♦ s/he grazes it hitting, hit something but just miss it

ᐱᔥᑫᐧᐋ° **piskwehweu** vta ♦ s/he grazes him/her while hitting

ᐱᔅᑯᐯᓵᐋᐣ **piskupesaawaan** ni [Inland] ♦ fowl defeathered after being put in hot water

ᐱᔅᑯᐳ **piskupuu** vai -i ♦ it (anim, ex snow) sits in a pile

ᐱᔅᑯᑎᓈ° **piskutinaau** vii ♦ it is a high hill

ᐱᔅᑐᐦᒉᐦᐁᐤ piskutuuhcheheu vta
• s/he makes it (anim) into a clump, bunch, bundle

ᐱᔅᑐᑌ piskutai ni • large part of moose, caribou intestine near stomach (narrow, about 12 inches long), perhaps honeycomb tripe

ᐱᔅᑐᐌᓵᐙᓐ piskutawesaawaan ni [Coastal] • head or wing of waterfowl, or body of loon, defeathered after being put in hot water

ᐱᔅᑐᐌᓵᐙᓐ piskutawesaawaan ni [Inland] • head, wing or body of waterfowl defeathered by singeing

ᐱᔅᑐᑯᒋᓐ piskutakuchin vai • it (anim) hangs lump-like

ᐱᔅᑐᐦᑲᐦᒻ piskutaauhkaham vti
• s/he makes it into a sand pile

ᐱᔅᑐᐦᑳᐤ piskutaauhkaau vii • it is a pile of sand

ᐱᔅᑐᑯᓂᑳᐤ piskutaakunikaau vii
• there is a pile of snow

ᐱᔅᑯᓇᓐ piskukanaan ni • knuckle at the ankle, wrist

ᐱᔅᑯᒑᐳᐦ piskukaapuuh vii pl • it is a bluff of bushes, it is a mound of bushes

ᐱᔅᑯᒋᐌᐱᓀᐤ piskuchiwepineu vta
• s/he tosses it (anim) up into the air

ᐱᔅᑯᒋᐌᐱᓇᒻ piskuchiwepinam vti
• s/he tosses it up into the air

ᐱᔅᑯᓂᒉᐤ piskunicheu vai [Coastal]
• s/he holds a bunch of things

ᐱᔅᑯᓯᒁᐤ piskusikwaau vii • it is a lump, bump on the ice

ᐱᔅᑯᓲ piskusuu vai -i • s/he has a lump, a hard substance in her/his flesh

ᐱᔅᑯᔐᑳᐤ piskuschekaau vii • it is a bump, rise in the muskeg

ᐱᔅᑯᔅᒋᑳᐤ piskuschiskaau vii • it is a stand of pines, pine trees are numerous

ᐱᔅᑯᒎᑳᐤ piskuschuukaau vii • it is a lump of mud

ᐱᔅᑯᔐᐸᔫ piskushepayuu vai/vii -i
• s/he/it has lumps, bumps on her/his/its skin

ᐱᔅᑯᔱᐤ piskushweu vta • s/he cuts hair off it (anim, ex animal hide)

ᐱᔅᑯᔥᑌᐤ piskushteu vii • it is placed in a heap, pile

ᐱᔅᑯᔥᑖᐤ piskushtaau vai+o • s/he places things all in a pile

ᐱᔅᑯᐦᐁᐤ piskuheu vta • s/he places them all in a pile

ᐱᔅᑯᐦᒋᑲᓐ piskuhchikan ni • beamer (caribou, moose leg bone sharpened for removing hair roots from hide)

ᐱᔅᑯᐦᒑᐤ piskuhchaau vii • it is a rise of land (ex large bump on the land)

ᐱᔅᑲᑎᒥᓀᐤ piskatimineu vai • s/he breaks the snowshoe harness

ᐱᔅᑲᒋᓇᐦᐄᑲᓂᔥ piskachisinahiikanish ni dim • verse, a small separate portion of writing, printing

ᐱᔅᑲᒋᓇᐦᐄᑲᓐ piskachisinahiikan ni
• chapter, a separate portion of writing, printing

ᐱᔅᑲᒣᐤ piskameu vta • s/he cuts it (anim, ex string) off with the teeth

ᐱᔅᑲᐦᐌᐤ piskahweu vta • s/he breaks off the net by hitting

ᐱᔅᑲᐦᑕᒻ piskahtam vti • s/he cuts it (ex string) off with his teeth

ᐱᔅᑳᐯᑲᐦᒻ piskaapekaham vti • s/he breaks it (string-like) by hitting with something

ᐱᔅᑳᐯᑲᐦᐌᐤ piskaapekahweu vta • s/he breaks it (anim, string-like) by hitting

ᐱᔅᑳᐱᐦᒉᐱᑌᐤ piskaapihchepiteu vta
• s/he pulls him/her, it (anim) and breaks the string, wire holding him/her, it (anim)

ᐱᔅᑳᐱᐦᒉᐱᑕᒻ piskaapihchepitam vti
• s/he pulls it and breaks the string, wire holding it

ᐱᔅᑳᐱᐦᒉᐸᔨᐦᐤ piskaapihchepayihuu vai -u • s/he/it (anim, ex dog) pulls and breaks the string, wire holding her/him/itself

ᐱᔅᑳᐱᐦᒉᔬᐤ piskaapihcheshweu vta
• s/he cuts it (anim) off (string, rope)

ᐱᔅᑳᐱᐦᒉᔓᒻ piskaapihchesham vti
• s/he cuts it (string-like) off

ᐱᔅᑳᐸᒣᐤ piskaapameu vta • s/he notices him/her

ᐱᔅᑳᐸᐦᑕᒻ piskaapahtam vti • s/he notices it

ᐱᔅᑳᑌᐤ piskaateu vta ♦ s/he takes care of, bothers with him/her/it (anim, used only in negative)

ᐱᔅᑳᑕᒼ piskaatam vti ♦ s/he bothers with it, about it

ᐱᔅᑳᐦᑲᓴᐧᐤ piskaahkasweu vta ♦ s/he burns it (anim, string) off

ᐱᔅᑳᐦᑲᓴᒼ piskaahkasam vti ♦ s/he burns it off (string)

ᐱᔅᑹᐅᑲᓀᐤ piskwaaukaneu vai ♦ s/he has a humpback, is humpbacked

ᐱᔅᑹᐅᐦᑳᐤ piskwaauhkaau vii ♦ it is a hill of sand, a sand-bar

ᐱᔅᑹᐤ piskwaau vii ♦ it is lumpy, bumpy

ᐱᔅᑹᐱᔅᑳᐤ piskwaapiskaau vii ♦ it is a bump on a rock

ᐱᔅᑹᑯᓂᑳᐤ piskwaakunikaau vii ♦ it is a bump in the snow

ᐱᔅᑹᓂᑳᐤ piskwaanikaau vii ♦ it is an island that has a hill

ᐱᔅᑹᔅᑵᔮᐤ piskwaaskweyaau vii ♦ it is a wooded rise

ᐱᔅᒉᐅᒌᐤ pischeuchiiu vai ♦ s/he sprains a muscle

ᐱᔅᒉᐐᐤ pischewiiu vai ♦ it (anim, moose, caribou) deviates from the running herd

ᐱᔅᒉᐤ pischeu vai ♦ s/he goes in another direction leaving the trail

ᐱᔅᒉᐳᐤ pischepuu vai -i ♦ s/he sits to the side of the road

ᐱᔅᒉᐸᔨᐦᐆ pischepayihuu vai -u ♦ s/he goes off the trail

ᐱᔅᒉᐸᔫ pischepayuu vai/vii -i ♦ s/he drives off the path to go by another route, it goes astray

ᐱᔅᒉᐹᔥᑯᑑ pischekwaashkutuu vai -i ♦ s/he jumps aside off the road

ᐱᔅᒉᔑᒨ pischeshimuu vii ♦ it is a trail or road branching off the main trail or road

ᐱᔅᒉᔨᒣᐤ pischeyimeu vta ♦ s/he disturbs, touches, fools around with him/her

ᐱᔅᒉᔨᐦᑕᒼ pischeyihtam vti ♦ s/he disturbs, touches, fools around with it

ᐱᔅᒉᐦᑌᐤ pischehteu vai ♦ s/he walks in another direction leaving the trail

ᐱᔅᒋᑳᑌᔑᓐ pischikaateshin vai ♦ s/he hits her/his own leg accidentally

ᐱᔅᒋᓱᐤ pischisuu vai -i ♦ it (net) has large mesh

ᐱᔅᒋᔑᐧᐁᐤ pischishweu vta ♦ s/he cuts it (anim, string-like) off with scissors

ᐱᔅᒋᔖᐤ pischishaau vii ♦ it is a room

ᐱᔅᒋᔖᔓᐤ pischishaashuu vii dim -i ♦ it is a little room

ᐱᔅᒋᔮᒉᐤ pischiyaacheu vai ♦ s/he wins

ᐱᔅᒌᐤ pischiiu vai ♦ it (anim, moose, caribou) separates from the herd

ᐱᔅᒌᔨᐍᐤ pischiiyiweu vta ♦ s/he beats, wins over him/her at it

ᐱᔅᒌᔮᒉᐤ pischiiyaacheu vai ♦ s/he beats, wins over someone

ᐱᔐᑎᐦᑯᒨᓲᔥ pishetihkumuusush na dim [Coastal] ♦ two year old moose *Alces alces*

ᐱᔐᑎᐦᑯᒨᔅ pishetihkumuus na -um ♦ three year old moose *Alces alces*

ᐱᔐᑯᒣᐤ pishekumeu vta ♦ s/he leaves it (anim) uneaten accidentally

ᐱᔐᑯᓀᐤ pishekuneu vta ♦ s/he leaves it (anim) behind accidentally (an object, not a person)

ᐱᔐᑯᓇᒼ pishekunam vti ♦ s/he leaves it behind accidentally, by mistake

ᐱᔐᑯᔥᑯᐍᐤ pishekushkuweu vta ♦ s/he passes by and misses finding him/her

ᐱᔐᑯᔥᑲᒼ pishekushkam vti ♦ s/he passes by and misses finding it

ᐱᔐᑯᐦᑕᒼ pishekuhtam vti ♦ s/he leaves it uneaten accidentally

ᐱᔐᑹᐸᒣᐤ pishekwaapameu vta ♦ s/he fails to notice him/her

ᐱᔐᑹᐸᐦᑕᒼ pishekwaapahtam vti ♦ s/he fails to notice it

ᐱᔑᑵᔨᒣᐤ pishikweyimeu vta ♦ s/he is dissatisfied in her/his conscience about him/her

ᐱᔑᑵᔨᒨ pishikweyimuu vai -u ♦ s/he is not satisfied because food is not shared with her/him

ᐱᔑᑵᔨᐦᑕᒼ pishikweyihtam vti ♦ s/he is dissatisfied in his conscience about it

ᐱᔑᑯᐱᑌᐤ pishikupiteu vta ♦ s/he pulls it (anim, ex cord) off where it was attached, causes it to detach

ᐱᔑᑯᐱᑕᒼ pishikupitam vti ♦ s/he pulls it off where it was attached

ᐱᔑᑯᐴ pishikupuu vai -i ◆ s/he sits around empty-handed

ᐱᔑᑯᐸᔨᐦᐁᐤ pishikupayiheu vta ◆ s/he empties it (anim, liquid) out

ᐱᔑᑯᐸᔨᐦᑖᐤ pishikupayihtaau vai+o ◆ s/he empties it (liquid) out

ᐱᔑᑯᐸᔫ pishikupayuu vai/vii -i ◆ it empties out (ex water from pail)

ᐱᔑᑯᑳᐴ pishikukaapuu vai -uu ◆ s/he stands around empty-handed

ᐱᔑᑯᓀᐤ pishikuneu vta ◆ s/he undoes, unhooks, unfastens it (anim), empties it out of it

ᐱᔑᑯᓇᒼ pishikunam vti ◆ s/he undoes, unhooks, unfastens it, empties it out of it

ᐱᔑᑯᓲ pishikusuu vai -i ◆ it (anim, frying pan) is empty

ᐱᔑᑯᔑᐸᐦᑖᐤ pishikushipahtaau vai ◆ s/he gets up quickly and runs

ᐱᔑᑯᔥᑌᐤ pishikushteu vii ◆ it (ex plate) sits empty

ᐱᔑᑯᔥᑯᐧᐁᐤ pishikushkuweu vta ◆ s/he misses getting into, onto it (anim) and loses her/his balance

ᐱᔑᑯᔥᑲᒼ pishikushkam vti ◆ s/he knocks it loose, causes it to detach, by body movement, misses getting on it and loses his balance

ᐱᔑᑯᐦᑌᐤ pishikuhteu vai ◆ s/he walks empty-handed

ᐱᔑᑳᔥᑎᑵᐤ pishikaashtikweu vai [Coastal] ◆ s/he walks following the river

ᐱᔑᑳᔥᑎᑵᐸᔫ pishikaashtikwepayuu vai -i ◆ s/he drives along close to the river, it (river) runs close to another

ᐱᔑᑳᔥᑎᑵᐦᔮᐤ pishikaashtikwehyaau vai [Coastal] ◆ it (anim) flies following the river

ᐱᔑᒁᐤ pishikwaau vii ◆ it is empty

ᐱᔑᒁᐯᐤ pishikwaapeu vai ◆ s/he is a bachelor

ᐱᔑᒁᐱᔅᑳᐤ pishikwaapiskaau vii ◆ it is an empty pail

ᐱᔑᒁᑎᓰᐅᐄᔨᔫ pishikwaatisiiuiiyiyuu na -yiim ◆ immoral person

ᐱᔑᒁᑎᓰᐅᑌᔨᐦᑕᒼ pishikwaatisiiuteyihtam vti ◆ s/he is lascivious, obscene, s/he thinks immorally

ᐱᔑᒁᒋᒣᐤ pishikwaachimeu vai ◆ s/he has wet snow sticking to her/his snowshoes

ᐱᔑᒄ pishikw p,quantity ◆ empty, a container with no contents ▪ ᐱᔑᒄ ᒌ ᐯᑖᐤ ᐊᓂᔫ ᐊᔅᑭᒋᔫ ▪ *She brought an empty pail, only the pail with no contents.*

ᐱᔑᒋᔥᑐᐧᐁᐤ pishichishtuweu vta ◆ s/he obeys him/her about it

ᐱᔑᒋᔥᑕᒼ pishichishtam vti ◆ s/he is obedient (to it), s/he listens to it

ᐱᔑᒋᐦᐁᐤ pishichiheu vta ◆ s/he attends to him/her, s/he listens to him/her, s/he obeys him/her

ᐱᔑᒣᐤ pishimeu vai ◆ s/he is putting the border string on a snowshoe frame

ᐱᔑᒥᓂᑳᔔᐦ pishiminikaashuuh vii pl dim -i ◆ they are little berries

ᐱᔑᒪᓐ pishiman ni ◆ border string to which snowshoe webbing is woven

ᐱᔑᒫᓐ pishimaan ni ◆ grass burnt to keep the flies away

ᐱᔑᔂᐤ pishishweu vta ◆ s/he cuts it (anim, string, line)

ᐱᔑᔑᒄ pishishikw p,quantity ◆ nothing else, nothing but, simply, only ▪ ᐱᔑᔑᒄ ᒌ ᒦᒋᓲ ᑳ ᐱᒧᐦᑌᒡ ▪ *S/he did nothing but eat, while walking; all she did was eat while she was walking.*

ᐱᔑᔑᓐ pishishin vai ◆ it (anim) echoes

ᐱᔑᐦᐅᐧᐃᓐ pishihuwin ni ◆ animals can no longer be killed because the hunter did not treat them with sufficient respect

ᐱᔑᐦᐆ pishihuu vai -u ◆ s/he can no longer kill game because s/he did not treat the animals with sufficient respect

ᐱᔒᔥ pishiish na dim ◆ young lynx

ᐱᔓᒣᐤ pishumeu vta ◆ s/he gets angry at him/her but does not act on it

ᐱᔔ pishuu na -iim ◆ lynx *Lynx canadensis*

ᐱᔔᑖᐱᔥᑲᓐ pishuutaapishkan ni ◆ lynx jawbone used as tool to unlace snowshoe netting

ᐱᔔᑯᑖᐤ pishuukutaau vai+o ◆ s/he sets lynx snares

ᐱᔔᔮᐤ pishuuyeu vta ♦ s/he fools him/her, s/he gets him/her off-guard
ᐱᔔᔮᓐ pishuuyaan na ♦ lynx skin
ᐱᔥᐱᓂᑌᐤ pishpiniteu vta ♦ s/he puts him/her in danger, s/he almost killed it (anim, ex a moose)
ᐱᔥᐱᓂᑎᑰ pishpinitikuu vai-u ♦ s/he has a narrow escape of her/his life in some risky venture
ᐱᔥᐱᓂᑕᒼ pishpinitam vti ♦ s/he puts it in danger, almost got it (ex won the jackpot, game)
ᐱᔥᐱᓂᓲ pishpinisuu vai reflex -u ♦ s/he puts her/himself in danger
ᐱᔥᑌᐱᒑᓂᔮᐲ pishtepichikaniyaapii ni-m [Inland] ♦ carpenter's chalkline
ᐱᔥᑌᑳᔥᑖᐤ pishtekashtaau vai+o ♦ s/he drapes it (sheet-like, ex cloth) over
ᐱᔥᑌᐦᐄᑳᓂᔮᐲ pishtehiikaniyaapii ni-m ♦ whip for a dog team
ᐱᔥᑌᐦᐄᑲᓐ pishtehiikan ni ♦ strap
ᐱᔥᑌᐦᐧᐁᐤ pishtehweu vta ♦ s/he straps, whips him/her/it (anim)
ᐱᔥᑎᑑᔥᑯᓀᔑᓐ pishtituushkuneshin vai ♦ s/he hits her/his elbow accidentally
ᐱᔥᑎᓀᐤ pishtineu vta ♦ s/he took the wrong one (anim), s/he takes him/her by mistake, accidentally
ᐱᔥᑎᓇᒼ pishtinam vti ♦ s/he takes it by mistake
ᐱᔥᑎᔑᒣᐤ pishtishimeu vta ♦ s/he causes him/her to be hit on something accidentally
ᐱᔥᑎᔑᓐ pishtishin vai ♦ s/he is hit accidentally
ᐱᔥᑎᐦᑎᑖᐤ pishtihtitaau vai+o ♦ s/he hits it on something accidentally
ᐱᔥᑎᐦᑕᒼ pishtihtam vti ♦ s/he patches it (canoe)
ᐱᔥᑎᐦᑣᐃᓐ pishtihtwaawin ni [Coastal] ♦ gum, tar, amberoid for patching canoes
ᐱᔥᑎᐦᑣᐤ pishtihtwaau vai [Coastal] ♦ s/he patches a canoe with gum
ᐱᔥᑐᒉᐤ pishtucheu vai ♦ s/he goes into the wrong house by mistake
ᐱᔥᑕᒣᐤ pishtameu vta ♦ s/he bites, eats it (anim) by accident
ᐱᔥᑕᐦᐄᐯᐤ pishtahiipeu vii ♦ it floats lightly

ᐱᔥᑕᐦᐊᒼ pishtaham vti ♦ s/he hits, gets it accidentally
ᐱᔥᑕᐦᐧᐁᐤ pishtahweu vta ♦ s/he hits him/her accidentally, by mistake
ᐱᔥᑕᐦᑕᒼ pishtahtam vti ♦ s/he bites, eats it accidentally
ᐱᔥᑖᐌᓄᐌᐤ pishtaawenuweu vta ♦ s/he mistakes the appearance of him/her for another
ᐱᔥᑖᐌᓯᓄᐌᐤ pishtaawesinuweu vta ♦ s/he mistakes the appearance of him/her for another looking at him/her from afar
ᐱᔥᑖᐌᔨᒣᐤ pishtaaweyimeu vta ♦ s/he makes a mistake in thinking about who someone is
ᐱᔥᑖᐌᔨᐦᑕᒼ pishtaaweyihtam vti ♦ s/he makes a mistake in thinking about what something is
ᐱᔥᑯᐌᐤ pishkuweu vai ♦ it (anim, animal) has coarse hair
ᐱᔥᑯᐱᑕᒼ pishkupitam vti ♦ s/he pulls hair, feathers off it, s/he is weeding it
ᐱᔥᑯᑐᐌᐸᔫ pishkutuwepayuu vai-i ♦ her/his hair falls out
ᐱᔥᑯᒉᐸᔨᐦᐆᒪᑲᓐ pishkuchepayihuumakan vii ♦ it breaks open, explodes
ᐱᔥᑯᒉᐸᔫ pishkuchepayuu vai/vii-i ♦ it (anim) explodes, pops open, it (river) rushes out of something with great force
ᐱᔥᑯᒉᔑᓐ pishkucheshin vai ♦ it (anim, ex paper container) breaks open by falling down
ᐱᔥᑯᒉᐦᐊᒼ pishkucheham vti ♦ s/he breaks it (ex bag) open, opens a package of it
ᐱᔥᑯᒉᐦᐧᐁᐤ pishkuchehweu vta ♦ s/he breaks it (anim) open, opens a package of it
ᐱᔥᑯᒉᐦᑎᓐ pishkuchehtin vii ♦ it is broken open due to falling
ᐱᔥᑯᒉᐦᑲᔨᐧᐁᐤ pishkuchehkasweu vta ♦ s/he causes it (anim) to explode by heat (ex by dynamite)
ᐱᔥᑯᒉᐦᑲᓯᑲᓐ pishkuchehkasikan ni ♦ dynamite
ᐱᔥᑯᒉᐦᑲᓲ pishkuchehkasuu vai ♦ it (ex stove) explodes from the heat

pishkuchehkasaaweu vai
* s/he dynamites

pishkushtuneu vai * s/he has a nosebleed

pishkushtuneshin vai
* s/he falls, bumps into something and has a nosebleed

pishkushtunehweu vta
* s/he gives him/her a nosebleed

pishkushtaau vai+o * s/he piles it

pishkuhiicheu vai * s/he beams, removes hair roots from hide

pishkuhamuweu vta
* s/he cuts someone's hair

pishkuhamaau vai * s/he gets a haircut

pishkuhaamaachesuu na [Coastal] * barber

pishkuham vti * s/he beams it, cuts the hair off the hide

pishkuhweu vta * s/he beams, scrapes the hair roots off it (anim, ex moose hide)

pishkuhchikanihcheu vai
* s/he makes a bone scraper

pishkuhchii ni -m * recently fallen, overturned tree with roots pulled out; a gun butt

pishkuhchiihtakw ni * dead, fallen, overturned tree (dried out)

pishkahaapeu vai * s/he laces the snowshoe coarsely (ex with large holes)

pishkahweu vta * s/he laces it (anim, snowshoe) coarsely (ex with large holes)

piyeuminaanaahtikw ni
* creeping snowberry bush *Gaultheria hispidula*

piyeuminaanh ni pl -im
* creeping snowberries

piyeumaakun vii * it smells like grouse, ptarmigan

piyeumaakusuu vai -i * it (anim) smells like grouse, ptarmigan

piyewaapuu ni * grouse broth

piyeu na -em * grouse; club in playing cards

piyepeu vii * there is flooding inland, in the spring, fall

piyepitaau vai+o * it (anim, beaver) floods the creek with water

piyepihkuwin vii [Inland]
* there is soot on it

piyepihkuu vii -uu [Coastal]
* there is soot on it

piyepihkuuhtaau vai+o
* s/he gets soot on it

piyepihkw ni -um * soot

piyepayuu vai/vii -i * it (anim) fluffs up, becomes fluffy

piyekascheyimeu vta * s/he remembers him/her clearly

piyekascheyihtam vti
* s/he remembers it clearly

piyekaschinuweu vta
* s/he sees him/her clearly

piyekaschinam vti * s/he sees it clearly

piyekaschinaakun vii * it appears clearly, is seen clearly

piyekaschihtaakun vii * it sounds clear, distinct, well-understood

piyekaschihtaakusuu vai -i
* s/he sounds clear, distinct, well-understood

piyekasch p,manner * clearly ■ ... *The radio is very clear.*

piyekwaakamii ni * Pointe Bleue (now called Mashteuieatsh)

piyekwaakamiiuiinuu na - niim [Inland] * Pointe Bleue Indian

piyekwaakamiiuiiyiyuu na -yiim [Coastal] * Pointe Bleue Indian

piyekwaakan na * snowflake

piyemaaukwaateu vta
* s/he sews it (anim) differently on one side

piyemaaukwaatam vti
* s/he sews it differently on one side

piyemaauneu vta * s/he holds two of them which do not match (ex mittens)

piyemaaunam vti * s/he holds two which do not match (ex socks, boots)

ᐱᓯᓛᐅᵃ piyemaaun vii ♦ it does not match as a pair

ᐱᓯᓛᐅᔨ° piyemaaausiiu vai ♦ it (anim) is different from the other in the pair

ᐱᓯᓛᐅᔅᑎᓰ° piyemaaustiseu vai [Inland] ♦ s/he wears a different mitten on each hand

ᐱᓯᓛᐅᔅᒋᓰᑐ° piyemaauschisineu vai ♦ s/he wears one shoe that's different

ᐱᓯᓛᐅᔅᒋᓯᐦ piyemaauschisinh ni pl ♦ an odd pair of shoes

ᐱᓯᓛᐅᐦᑯᐌ° piyemaaushkuweu vta ♦ s/he wears a different pair (ex mittens)

ᐱᓯᓛᐅᐦᑲᒻ piyemaaushkam vti ♦ s/he wears two different ones of a pair (ex shoes)

ᐱᓯᔨ piyesuu na -shiish ♦ turkey, other large fowl

ᐱᓯᔨᐱᒦ piyesuupimii ni ♦ waterfowl grease

ᐱᓯᔨᐊᓀᔥᑌᒄᵈ piyesuunameshtekw ni -um ♦ smoke-dried goose, fowl

ᐱᔑᑲᓀᒋᓐᵃ piyeshikanechin ni ♦ blanket cloth, duffle

ᐱᔑᑲᓐᵇᵃ piyeshikan ni ♦ duffle sock

ᐱᔑᔑᔥ piyeshiish na dim ♦ smaller bird

ᐱᔥ piyesh na dim ♦ young grouse

ᐱᔦᔮᐹᐌ° piyeyaapaaweu vii ♦ it is fluffy from being wet

ᐱᐦᑯᐯ° piyehkupeu vii ♦ it is a flooded area

ᐱᐦᑲᓐᵇᵃ piyehkan vii ♦ it is a clean thing

ᐱᐦᑳᔅᑳᐸᐦᑌ° piyehkaskaapahteu vii ♦ smoke rises clearly

ᐱᐦᒑᑳᒧᐤ piyehkaakamuu vii -i ♦ it is clean water

ᐱᐦᒋᐊᐦᒑᐦᒄᵈ piyehchiahchaahkw na [Coastal] ♦ Holy spirit

ᐱᐦᒋᓈᑯᓐᵃ piyehchinaakun vii ♦ it looks clean

ᐱᐦᒋᓈᑯᓲ piyehchinaakusuu vai -i ♦ s/he looks clean

ᐱᐦᒋᓈᑯᐦᑖᐤ piyehchinaakuhtaau vai+o ♦ s/he makes it look clean

ᐱᐦᒋᓰᐃᐧᓐ piyehchisiiwin ni ♦ cleanliness

ᐱᐦᒋᓰᐤ piyehchisiiu vai ♦ s/he is clean

ᐱᐦᒋᐦᐁᐤ piyehchiheu vta ♦ s/he cleans him/her, s/he keeps him/her clean

ᐱᐦᒋᐦᐄᐌᐃᐧᓐ piyehchihiiwewin ni ♦ sanctification

ᐱᐦᒋᐦᐄᐌᒪᑲᓐ piyehchihiiwemakan vii ♦ it cleanses

ᐱᐦᒋᐦᐄᑯᓱᐃᐧᓐ piyehchihiikusuwin ni ♦ sanctification

ᐱᐦᒋᐦᑖᐤ piyehchihtaau vai+o ♦ s/he cleans it, s/he keeps it clean

ᐱᐘᐱᔅᑯᑲᒥᒄᵈ piywaapiskukamikw ni ♦ metal shack

ᐱᐘᐱᔅᑯᒌᒫᓂᔥ piywaapiskuchiimaanish ni dim ♦ small aluminum boat

ᐱᐘᐱᔅᑴᐦᑌᒻ piywaapiskushkwaahtem na ♦ metal door

ᐱᐘᐱᔅᑯᔮᐲ piywaapiskuyaapii ni -m ♦ wire

ᐱᐘᐱᔅᑯᔮᑲᓐᵇᵃ piywaapiskuyaakan ni [Coastal] ♦ bottle

ᐱᐘᐱᔅᑯᔮᑲᓐᵇᵃ piywaapiskuyaakan ni ♦ metal plate, pan

ᐱᐘᐱᔅᑯᐦᑲᐦᑐᐌ° piywaapiskuhkahtuweu vta ♦ s/he attaches a piece of metal to it (anim)

ᐱᐘᐱᔅᑯᐦᑲᐦᑕᒻ piywaapiskuhkahtam vti ♦ s/he attaches a piece of metal to it

ᐱᐘᐱᔅᑯᐤ piywaapiskuu vai/vii -u ♦ it (anim) is made of metal

ᐱᐘᐱᔅᒄ piywaapiskw ni -um ♦ metal

ᐱᐚᓂᒄᵈ piywaanikw na -um ♦ blasting cap (on shotgun shell)

ᐱᐚᓂᒄᵈ piywaanikw ni ♦ flint

ᐱᓕᓯᔮᐲᐦ pilesiyaapiih ni pl -m ♦ suspenders, braces, from English 'braces'

ᐱᐦᐱᔑᓐᵃ pihpishin vai redup ♦ her/his voice, its sound re-echoes

ᐱᐦᐱᐦᑯᒋᐦᐁᐤ pihpihkuchiheu vta redup ♦ s/he keeps him/her entertained

ᐱᐦᐱᐦᑯᒋᐦᑖᑯᓲ pihpihkuchihtaakusuu vai redup -i ♦ s/he sounds entertaining in what s/he says, sings

ᐱᐦᐱᐦᑯᒋᐤ pihpihkuchiiu vai redup ♦ s/he keeps her/himself from getting bored, lonely, entertains her/himself

ᐱᐦᐱᐦᑯᒌᐦᑯᐍᐤ pihpihkuchiihkuweu vta redup ♦ s/he does something to entertain him/her

ᐱᐦᐱᐦᑯᒌᐦᑲᒼ pihpihkuchiihkam vti redup ♦ s/he entertains himself with it

ᐱᐦᑯᑌᐆᒫᑯᓐ pihkuteumaakun vii ♦ it smells like ashes

ᐱᐦᑯᑌᐅᐦᑕᑳᐤ pihkuteuhtakaau vii ♦ there are ashes on the floor

ᐱᐦᑯᑌᐅᐦᑖᐤ pihkuteuhtaau vai+o ♦ s/he makes it ashy

ᐱᐦᑯᑌᐚᐱᐢᑳᐤ pihkutewaapiskaau vii ♦ it is metal (ex cup) covered with ashes

ᐱᐦᑯᑌᐚᐴ pihkutewaapuu ni ♦ lye water, water from ashes

ᐱᐦᑯᑌᐚᐢᑯᓐ pihkutewaaskun vii ♦ it (stick-like) has ashes on it

ᐱᐦᑯᑌᐚᐦᑎᒄ pihkutewaahtikw ni ♦ stick, log to hold sand around fireplace, hold in the ashes

ᐱᐦᑯᑌᐤ pihkuteu ni -em ♦ ash, soot, lye

ᐱᐦᑯᔥ pihkush na dim ♦ blackfly (both those seen in summer and those seen on snow in spring)

ᐱᐦᑯᐦᑖᐤ pihkuhtaau vai+o ♦ s/he gains, earns it

ᐱᐦᑲᔨᐍᐤ pihkasweu vta ♦ s/he toasts it (anim)

ᐱᐦᑲᔐᐸᔫ pihkashepayuu vai/vii -i ♦ it (skin) becomes creased

ᐱᐦᑲᔐᓀᐤ pihkasheneu vta ♦ s/he picks up a fold of it (anim, ex hide) between fingers

ᐱᐦᑲᔐᓇᒼ pihkashenam vti ♦ s/he picks up a fold of it between fingers

ᐱᐦᑳᐤ pihkaau vii ♦ it (ex arm, leg) can be bent

ᐱᐦᑳᐱᐦᒉᐸᔫ pihkaapihchepayuu vai/vii -i ♦ it string-like doubles on itself

ᐱᐦᑳᐱᐦᒉᓀᐤ pihkaapihcheneu vta ♦ s/he doubles it (anim, string-like) on itself

ᐱᐦᑳᐱᐦᒉᓇᒼ pihkaapihchenam vti ♦ s/he doubles it (string-like) on itself

ᐱᐦᑳᑌᐤ pihkaateu vii ♦ it is braided

ᐱᐦᑳᑕᒨᐍᐤ pihkaatamuweu vta ♦ s/he braids another's hair

ᐱᐦᑳᑕᒼ pihkaatam vti ♦ s/he braids it

ᐱᐦᒁᐴ pihkwaapuu ni ♦ gun powder water

ᐱᐦᒄ pihkw ni -um ♦ gun powder

ᐱᐦᒉᒋᓀᐤ pihchechineu vta ♦ s/he folds it (anim, sheet-like)

ᐱᐦᒉᒋᓇᒼ pihchechinam vti ♦ s/he folds it (sheet-like)

ᐱᐦᒋᐱᑐᓀᐤ pihchipituneu vai ♦ s/he has a bent arm

ᐱᐦᒋᐱᑐᓀᔫ pihchipituneyuu vai -i ♦ s/he bends her/his arm at an angle

ᐱᐦᒋᐳᐎᓐ pihchipuwin ni [Coastal] ♦ poison

ᐱᐦᒋᐳᔦᐤ pihchipuyeu vta ♦ s/he poisons him/her/it (anim)

ᐱᐦᒋᐴ pihchipuu vai -u ♦ s/he is poisoned accidentally, s/he eats something bad by mistake, accidentally

ᐱᐦᒋᐸᐦᑯᓀᐤ pihchipashkuneu vta ♦ s/he plucks it (anim, bird) by mistake, unawares, inadvertently

ᐱᐦᒋᐸᐦᑯᓇᒼ pihchipashkunam vti ♦ s/he plucks it (ex bird's head, wing) by mistake, unawares, inadvertently

ᐱᐦᒋᐸᔨᐦᐁᐤ pihchipayiheu vta ♦ s/he bends it (anim) at an angle

ᐱᐦᒋᐸᔨᐦᑖᐤ pihchipayihtaau vai+o ♦ s/he bends it (ex body part) at a joint, at an angle

ᐱᐦᒋᐸᔫ pihchipayuu vai/vii -i ♦ it (anim) bends at an angle

ᐱᐦᒋᑲᐦᐊᒼ pihchikaham vti ♦ s/he chops it accidentally

ᐱᐦᒋᑲᐦᐍᐤ pihchikahweu vta ♦ s/he chops him/her accidentally

ᐱᐦᒋᓀᐤ pihchineu vta ♦ s/he folds it (anim), s/he bends it (anim) at an angle by hand

ᐱᐦᒋᓇᒼ pihchinam vti ♦ s/he folds it, s/he bends it at an angle by hand

ᐱᐦᒋᓱ pihchisuu vai -i ♦ it (anim) is bent at a joint, at an angle

ᐱᐦᒌᐦᑑᑐᐍᐤ pihchihtuutuweu vta ♦ s/he does it to him/her without noticing, by mistake

ᐱᐦᒌᐦᑑᑕᒼ pihchihtuutam vti ♦ s/he does it without noticing, by mistake

ᐱᐦᒌᐤ pihchiiu vai ♦ s/he does it unawares, inadvertently

ᐱᐦᒌᑴᓇᒼ pihchiikwenam vti ♦ s/he forms the gather, pleat in a moccasin front

ᐱ"ᖹ"ᐧᙯᓂᑲᐊ pihchiihkwenikan ni ◆ crease, a gather (in sewing)

ᐱ"ᖹ"ᐧᙯᓃᖏ pihchiihkwenicheu vai ◆ s/he folds, creases, makes gathers

ᐱ"ᔦᑯᓱ pihyekusuu vai-u ◆ it (anim) is thick (dense)

ᐱ"ᔦᑯᔥᑌᐤ pihyekushteu vii ◆ it has thickened from sitting, becomes denser

ᐱ"ᔦᑯᐦᐁᐤ pihyekuheu vta ◆ s/he thickens, makes it (anim, ex gravy) denser

ᐱ"ᔦᑯᐦᑖᐤ pihyekuhtaau vai+o ◆ s/he thickens it, makes it denser

ᐱ"ᔦᒀᐤ pihyekwaau vii ◆ it is thick, dense

ᐱ"ᔦᒀᑲᒥᓱ pihyekwaakamisuu vai-i ◆ it (anim, liquid, ex milk) is thick, dense

ᐱ"ᔦᒀᑲᒥᔥᑌᐤ pihyekwaakamishteu vii ◆ it (liquid) thickens (ex after being left out all night)

ᐱ"ᔦᒀᑲᒧ pihyekwaakamuu vii-i ◆ it (liquid) is thick, dense

ᐱ"ᔦᒀᒍᓱ pihyekwaachuusuu vai-u ◆ it (anim) boils thick, dense

ᐱ"ᔦᒀᒎᐦᑌᐤ pihyekwaachuuhteu vii ◆ it boils thick, dense

ᐲ

ᐲᐧᐋᑕᑲᐦᐄᑲᓇᐦ piiuwaatakahiikanach na pl ◆ boughs off a small cut down tree

ᐲᐳᒋᑲᐊ piiupuchikan ni ◆ woodchips from sawing

ᐲᐳᐦᒉᐤ piiupuhcheu vai ◆ s/he creates wood chips

ᐲᐸᔨᐁᐤ piiupayiheu vta ◆ s/he shakes, makes it (anim) scatter, disperse

ᐲᐸᔨᐦᑖᐤ piiupayihtaau vai+o ◆ s/he shakes, makes it scatter, disperse

ᐲᐸᔫ piiupayuu vai/vii-i ◆ it is scattered

ᐲᑕᒣᔨᒣᐤ piiutameyimeu vta ◆ s/he feels calm, peaceful about her/him

ᐲᑕᒣᔨᐦᑕᒼ piiutameyihtam vti ◆ s/he feels calm, peaceful in his mind

ᐲᑕᒼ piiutam vti ◆ s/he shoots, runs the rapids

ᐲᑖᐳᑌᐤ piiutaaputeu vii ◆ it floats down the rapids

ᐲᑖᐳᑯ piiutaapukuu vai-u ◆ s/he/it (anim) floats down the rapids

ᐲᐅᓀᐤ piiuneu vta ◆ s/he scatters, leaves scraps of it (anim)

ᐲᐅᓇᒼ piiunam vti ◆ s/he scatters, leaves scraps of it

ᐲᐅᔅᑲᔥᑐᐚᓐ piiuskashtuwaanh ni pl [Coastal] ◆ small bits or scraps of grass that drifts along the shore (left by the blue goose while eating)

ᐲᐅᔐᐤ piiushweu vta ◆ s/he cuts it (anim), leaving scraps

ᐲᐅᔑᑲᐊ piiushikan ni ◆ scrap of cloth, left-over cloth

ᐲᐅᔑᒼ piiusham vti ◆ s/he cuts it, leaving scraps

ᐲᐅᔖᐌᐤ piiushaaweu vai ◆ s/he cuts, leaving scraps

ᐲᐅᔥᑖᐤ piiushtaau vai+o ◆ s/he scatters it, leaves things lying around

ᐲᐅᔥᑖᓱ piiushtaasuu vai-u ◆ s/he scatters things around

ᐲᐅᐦᐁᐤ piiuheu vta ◆ s/he leaves it (anim) lying around, leaves scraps of it lying around

ᐲᐅᐦᐊᒣᑾᐤ piiuhamekweu vai ◆ s/he scales fish (old term)

ᐲᐅᐦᐊᒣᓭᐤ piiuhameseu vai [Inland] ◆ s/he scales fish

ᐲᐅᐦᐌᐤ piiuhweu vta ◆ s/he scales it (fish)

ᐲᐅᐦᑐᐌᐤ piiuhtuweu vai ◆ s/he leaves scraps of food while eating

ᐲᐅᐦᑕᑲᐦᐋᐌᐤ piiuhtakahaaweu vai ◆ s/he makes wood chips with an axe

ᐲᐅᐦᑕᑲᐦᐋᐚᓐ piiuhtakahaawaanh ni pl [Inland] ◆ curly wood shavings for starting fire

ᐲᐅᐦᑕᒼ piiuhtam vti ◆ s/he leaves food scraps

ᐲᐅᐦᒑᐚᓐ piiuhtaawaanh ni pl [Inland] ◆ scraps of food left from eating

ᐲᐅᐦᑯᑖᑲᐊ piiuhkutaakan ni ◆ curled shavings from carving with a crooked knife, planing wood

ᐱᐅᖁᑕᒉᐤ piiuhkutaacheu vai ♦ s/he is planing (wood), s/he leaves wood chips

ᐱᐅᖃᐦᐄᑲᓐ piiuhkahiikanh ni pl ♦ wood pieces, chips which split off while chopping wood

ᐱᐅᖃᐦᐄᐦᑖᓐ piiuhkahiihutaanh ni pl ♦ pieces left from chopping wood (old term)

ᐱᐅᖃᐦᐋᐚᓐ piiuhkahaawaanh ni pl ♦ pieces left from chopping wood

ᐱᐁᔨᒥᐤ piiweyimeu vta ♦ s/he neglects him/her/it (anim)

ᐱᐁᔨᒨ piiweyimuu vai -u ♦ s/he is neglectful

ᐱᐁᔨᐦᑕᒼ piiweyihtam vti ♦ s/he neglects it

ᐱᐁᔨᐦᑖᑯᓐ piiweyihtaakun vai -i ♦ it is neglected

ᐱᐁᔨᐦᑖᑯᓱᐤ piiweyihtaakusuu vai -i ♦ s/he is neglected

ᐱᐄᐦ piiwin vii ♦ it is a blizzard

ᐱᐋᐯᑲᔥᑌᐤ piiwaapekashteu vii ♦ it (string-like) is scattered around

ᐱᐋᐯᔥᐍᐤ piiwaapeshweu vta ♦ s/he leaves scraps of hide after cutting snowshoe lacing

ᐱᐋᐯᔑᑲᓐ piiwaapeshikan ni ♦ scraps of untanned hide left after cutting snowshoe lacing

ᐱᐋᐱᐦᒉᔥᑯᐌᐤ piiwaapihcheshkuweu vta ♦ s/he scatters it (anim, string-like) around by foot

ᐱᐋᐱᐦᒉᔥᑲᒼ piiwaapihcheshkam vti ♦ s/he scatters it (string-like) around by foot

ᐱᐋᔥᑎᓐ piiwaashtin vii ♦ it is scattered, dispersed by the wind

ᐱᐋᐦᑕᑲᐦᐄᒉᐤ piiwaahtakahiicheu vai ♦ s/he strips branches from a tree for flooring

ᐱᐋᐦᑕᑲᐦᐊᒼ piiwaahtakaham vti ♦ s/he strips branches from it (tree) for flooring

ᐱᐋᐦᑕᑲᐦᐌᐤ piiwaahtakahweu vta ♦ s/he cuts off the branches from the tree

ᐱᐳᑌᐤ piiputeu vai ♦ it (fire) is only giving off smoke

ᐱᐳᑌᐲᐃᓐ piiputepiiwin vii ♦ it is a blowing snowstorm

ᐱᐳᑌᓂᓴᒋᒣᐌᐤ piiputenisachimeweu vai ♦ s/he makes smoke to keep the mosquitoes off

ᐱᐳᑌᓂᓴᒋᒣᐋᓐ piiputenisachimewaan ni ♦ something burned for smoke to keep flies and bugs away, mosquito coils

ᐱᐳᑌᓂᐦᑲᐦᑐᐌᐤ piiputenihkahtuweu vta ♦ s/he smoke-dries it (anim)

ᐱᐳᑌᓂᐦᑲᐦᑕᒼ piiputenihkahtam vti ♦ s/he smoke-dries it

ᐱᐳᑌᓇᒧᐌᐤ piiputenamuweu vta ♦ s/he makes smokes around him/her (to keep the flies off)

ᐱᐳᑌᓇᒼ piiputenam vti ♦ s/he makes smoke around it (to keep the flies off)

ᐱᐳᑌᔥᑎᓐ piiputeshtin vii ♦ there is blowing sand, dust

ᐱᐳᑌᔮᐅᒋᔑᓐ piiputeyaauchishin vai ♦ s/he raises sand, dust in falling

ᐱᐳᑌᔮᐅᒋᔥᑯᐌᐤ piiputeyaauchishkuweu vta ♦ s/he churns it (anim) up (sand, dust) with feet, body

ᐱᐳᑌᔮᐅᒋᐦᑎᓐ piiputeyaauchihtin vii ♦ it raises sand, dust in falling

ᐱᐳᑌᔮᐅᐦᒋᐱᑌᐤ piiputeyaauhchipiteu vta ♦ s/he churns it (anim) up (sand, dust) in passing

ᐱᐳᑌᔮᐅᐦᒋᐱᑕᒼ piiputeyaauhchipitam vti ♦ s/he churns it (sand, dust) up in passing

ᐱᐳᑌᔮᐅᐦᒋᐸᔪᐤ piiputeyaauhchipayuu vii ♦ the sand swirls up

ᐱᐳᑌᔮᐅᐦᒋᔥᑲᒼ piiputeyaauhchishkam vti ♦ s/he churns it up (sand, dust) with feet, body

ᐱᑐᔐᔨᒥᐤ piitusheyimeu vta ♦ s/he thinks him/her different from another

ᐱᑐᔐᔨᐦᑕᒼ piitusheyihtam vti ♦ s/he finds it different from another, strange

ᐱᑐᔑᓈᑯᓐ piitushinaakun vii ♦ it looks different from another, unlike

ᐱᑐᔑᓈᑯᓱᐤ piitushinaakusuu vai -i ♦ s/he looks different from another, unlike

ᐱᑐᔑᓈᑯᐦᑖᐤ piitushinaakuhtaau vai+o ♦ s/he makes it look different from another

ᐲᑑᔥ piitush p,manner ◆ different from another ▪ ᐲᑑᔥ ᐃᔑᓈᑯᓐ ᐊᓐ ᐯᔦᒄ ▪ *One of them looks different.*

ᐲᑑ piituu ni -uum ◆ pull rope, front loop on sled, toboggan

ᐲᒀᐦᑕᒼ piitwaahtam vai ◆ s/he smokes something other than tobacco (ex drugs, tea leaves)

ᐲᑴᓲ piikweesuu vai -i ◆ it (anim, tree, animal) has bushy, thick hair, fur

ᐲᑴᐌᐤ piikweweu vai ◆ it (anim) has thick fur

ᐲᑴᒋᐱᑌᐤ piikwechipiteu vta ◆ s/he tears it (anim, sheet-like, ex paper) by crumpling, by pulling (ex material)

ᐲᑴᒋᐱᑕᒼ piikwechipitam vti ◆ s/he tears it (sheet-like) by crumpling, pulling

ᐲᑴᒋᐸᔫ piikwechipayuu vai/vii ◆ it (sheet-like) is torn

ᐲᑴᒋᓀᐤ piikwechineu vta [Inland] ◆ s/he tears it (anim, sheet-like, ex cheque, paper money) by hand

ᐲᑴᒋᓇᒼ piikwechinam vti ◆ s/he tears it (sheet-like, ex paper) with his hands by crumpling

ᐲᑴᔐᐤ piikweshweu vta ◆ s/he cuts it (anim, animal) bulky, thick

ᐲᑴᔕᒼ piikwesham vti ◆ s/he cuts it (meat) bulky, thick (ex lots of meat on a bone)

ᐲᑴᔥᑎᒁᓀᐤ piikweshtikwaaneu vai ◆ s/he has bushy, thick hair

ᐲᑴᔥᑎᒁᓀᐸᔫ piikweshtikwaanepayuu vai -i ◆ her/his hair becomes bushy by shaking it around

ᐲᑴᔥᑎᒁᓂᔮᔔ piikweshtikwaaniyaashuu vai -i ◆ her/his hair gets bushy-looking by the wind

ᐲᑴᔮᐤ piikweyaau vii ◆ it is bushy, bulky, thick, dense

ᐲᑴᔮᑯᓂᑳᐤ piikweyaakunikaau vii ◆ the snow is dense, thick (and hard to walk through)

ᐲᑴᔮᔅᑕᒋᓲ piikweyaastachisuu vai -i ◆ it (tree) has bushy, dense, thick boughs, branches

ᐲᑯᐌᐱᐦᐊᒼ piikuwepiham vti ◆ s/he breaks it by throwing

ᐲᑯᐌᐸᐦᐌᐤ piikuwepahweu vta ◆ s/he breaks it (anim) by throwing

ᐲᑯᐱᑌᐤ piikupiteu vta ◆ s/he tears it (anim)

ᐲᑯᐱᑕᒼ piikupitam vti ◆ s/he tears it

ᐲᑯᐱᐦᒉᐤ piikupihcheu vai [Inland] ◆ s/he tears things

ᐲᑯᐳᑖᐤ piikuputaau vai+o ◆ s/he breaks it with a saw

ᐲᑯᐳᔦᐤ piikupuyeu vta ◆ s/he breaks it (anim) with a saw

ᐲᑯᐸᔫ piikupayuu vai/vii -i ◆ it (anim) breaks, it is broken

ᐲᑯᑑ piikutuu vii -uu [Coastal] ◆ it (tree) rots

ᐲᑯᑑᐦᑕᑰ piikutuuhtakuu vai/vii ◆ it (anim, ex toboggan, board) is rotten wood, it (tree) has rotted and crumbled

ᐲᑯᑑᐦᑕᒄ piikutuuhtakw ni ◆ piece of rotten wood

ᐲᑯᑯᓀᐌᐸᔫ piikukunewepayuu vai -i ◆ s/he has sores inside the mouth

ᐲᑯᑲᐦᐊᒼ piikukaham vti ◆ s/he breaks it with an axe

ᐲᑯᑲᐦᐌᐤ piikukahweu vta ◆ s/he breaks, takes it apart, with an axe

ᐲᑯᑲᐦᑕᒼ piikukahtam vti ◆ s/he/it (anim) breaks it (stick-like) with the teeth

ᐲᑯᒣᐤ piikumeu vta ◆ s/he breaks it (anim) by teeth

ᐲᑯᓀᐤ piikuneu vai ◆ s/he breaks it (anim), takes it (anim) apart

ᐲᑯᓇᒼ piikunam vti ◆ s/he breaks it, takes it apart using his hands

ᐲᑯᓈᑯᓐ piikunaakun vii ◆ it looks broken up

ᐲᑯᓈᑯᓲ piikunaakusuu vai -i ◆ it (anim) looks broken up

ᐲᑯᓈᑯᐦᐁᐤ piikunaakuheu vta ◆ s/he breaks it (anim, ex bird) so its appearance is messy-looking

ᐲᑯᓈᑯᐦᑖᐤ piikunaakuhtaau vai+o ◆ s/he breaks its and it shows (ex mirror)

ᐲᑯᓯᓇᐦᐄᒉᐤ piikusinahiicheu vai ◆ s/he pays her/his debts

ᐲᑯᓯᓇᐦᐄᒉᐦᐁᐤ piikusinahiicheheu vta ◆ s/he makes a payment on someone's debt using that person's money

ᐱᑯᓯᓇᐦᐊᒨ **piikusinahamuweu** vta
  • s/he pays her/his debts to someone
ᐱᑯᔚ **piikushweu** vta • s/he cuts it (anim) up
ᐱᑯᔑᒣ **piikushimeu** vta • s/he breaks it (anim) by hitting it on something
ᐱᑯᔑᓐ **piikushin** vai • it (anim, bread, ice, goose, etc) breaks from falling and hitting
ᐱᑯᔥ **piikusham** vti • s/he cuts it up
ᐱᑯᔖᐌ **piikushaaweu** vai • s/he cuts up a animal
ᐱᑯᔥᑎᑿᓀᐅ **piikushtikwaanehweu** vta • s/he breaks its (anim) skull by hitting with something
ᐱᑯᔥᑯᐌ **piikushkuweu** vta • s/he breaks it (anim) using feet, bodyweight
ᐱᑯᔥᑲᒻ **piikushkam** vti • s/he breaks it using his body
ᐱᑯᐦᐄᒉ **piikuhiicheu** vai • s/he breaks things using something
ᐱᑯᐦᐊᒻ **piikuham** vti • s/he breaks it with an instrument
ᐱᑯᐧᐦᐁ **piikuhweu** vta • s/he breaks it (anim) using something
ᐱᑯᐦᑎᑖᐤ **piikuhtitaau** vai+o • s/he breaks it by dropping it
ᐱᑯᐦᑎᓐ **piikuhtin** vii • it breaks from falling
ᐱᑯᐦᑐᐌᔮᐦᑎᒄ **piikuhtuweyaahtikw** ni -um • beaver's chewed up stick
ᐱᑯᐦᑕᒻ **piikuhtam** vti • s/he breaks it with his teeth
ᐱᑯᐦᑖᐤ **piikuhtaau** vai+o • s/he breaks it by hitting it on something
ᐱᑯᐦᑲᓲ **piikuhkasuu** vai -u • it (anim) is broken by heat
ᐱᑯᐦᑲᐦᑌ **piikuhkahteu** vii • it is broken by heat
ᐱᑰᑌᐸᔫ **piikuutepayuu** vai/vii -i
  • her/his bundle on her/his back becomes untied
ᐱᑰᑌᔑᓐ **piikuuteshin** vai • s/he breaks it (canoe) by hitting it on something
ᐱᑳᓐ **piikan** vii • the water is cloudy, disturbed, turbid
ᐱᑲᐧᐋᒉ **piikahwaacheu** na • species of owl
ᐱᑳᑲᒥᔥᑲᒻ **piikaakamishkam** vti • s/he stirs up the water by walking in it

ᐱᑳᑲᒥᐦᑖᐤ **piikaakamihtaau** vai+o
  • s/he/it (anim) stirs up the water
ᐱᑳᑲᒨ **piikaakamuu** vii -i • the water is disturbed, stirred up, turbid
ᐱᑳᑲᒪᐸᔫ **piikaakamapayuu** vii -i • the water gets stirred up
ᐱᑳᑲᒪᐦᐊᒻ **piikaakamaham** vti • s/he stirs up the water with it
ᐱᑳᑲᒫᐦᐊᓐ **piikaakamaahan** vii • the water is stirred up by the waves
ᐲᑳᐳᑌᐤ **piikwaaputeu** vii • it is broken by the current
ᐲᑳᐳᑯ **piikwaapukuu** vai-u • it (anim) is broken by the current
ᐲᑳᐸᔦᐤ **piikwaapauyeu** vta • s/he breaks, ruins it (anim) with water
ᐲᑳᐸᐦᐊᒻ **piikwaapaham** vti • s/he takes it (ex engine) apart
ᐲᑳᐹᐅᑖᐤ **piikwaapaautaau** vai+o • s/he breaks, ruins it with water
ᐲᑳᑯᓀᔥᑲᒻ **piikwaakuneshkam** vti
  • s/he tramples the snow
ᐲᑳᔅᑯᔑᒣ **piikwaaskushimeu** vta • s/he rips it (anim) by catching it on something
ᐲᑳᔅᑯᔑᓐ **piikwaaskushin** vai • it (anim) is ripped by catching on something
ᐲᑳᔅᑯᐦᑎᑖᐤ **piikwaaskuhtitaau** vai+o
  • s/he rips it by catching it on something
ᐲᑳᔅᑲᑎᒣ **piikwaaskatimeu** vta • s/he causes it (anim) to break from freezing
ᐲᑳᔅᑲᑎᓐ **piikwaaskatin** vii • it breaks from freezing
ᐲᑳᔅᑲᑎᐦᑖᐤ **piikwaaskatihtaau** vai+o
  • s/he causes it to break from freezing
ᐲᑳᔅᑲᒎ **piikwaaskachuu** vai -i • it (anim) breaks from freezing
ᐲᑳᔐ **piikwaashuu** vai -i • it (anim, ex door) is blown apart by the wind
ᐲᑳᔥᑎᑖᐤ **piikwaashtitaau** vai+o • s/he causes it to break apart by shooting
ᐲᑳᔥᑎᒣ **piikwaashtimeu** vta • s/he breaks it (anim) apart shooting it
ᐲᑳᔥᑎᓐ **piikwaashtin** vii • it is blown apart by the wind
ᐲᑳᐦᐅᑯ **piikwaahukuu** vai -u • it (anim, ex ice) is broken by the wind and waves

ᐲᐦᒁᐊᶯ piikwaahan vii ♦ it is broken up by the wind and waves

ᐲᒃ piik na [Mistissini] ♦ spade in playing cards

ᐲᒋᐌᐸᐦᐌᐤ piichiwepahweu vta ♦ s/he sweeps, slides him/her/it (anim) into something (ex a ball, puck into a net)

ᐲᒋᑭᔥᑲᔒᔥ piichikiishkashiish na dim ♦ boreal chickadee

ᐲᒋᓇᒻ piichinam vti ♦ s/he/it (anim) stirs up the water by walking in it

ᐲᒋᓈᑲᒨ piichinaakamuu vii -i [Coastal] ♦ the water is disturbed, stirred up, turbid

ᐲᒋᓈᑲᒫᐦᐋᓐ piichinaakamaahaan vii ♦ the water is disturbed, stirred up by the waves

ᐲᒋᓈᑲᐦᆞᒻ piichinaakaham vti ♦ s/he stirs up the water with something

ᐲᒋᓈᔥᑲᒻ piichinaashkam vti ♦ s/he stirs up the water by walking in it

ᐲᓯᑳᑌᔨᒣᐤ piichiskaateyimeu vta ♦ s/he is lonely for him/her

ᐲᓯᑳᑌᔨᑕᒧᐦᐁᐤ piichiskaateyihtamuheu vta ♦ s/he makes her/him lonely

ᐲᓯᑳᑌᔨᑕᒨᓈᑯᓲ piichiskaateyihtamuunaakusuu vai -i ♦ s/he looks like s/he feels lonely

ᐲᓯᑳᑌᔨᑕᒻ piichiskaateyihtam vti ♦ s/he is lonely

ᐲᓯᑳᑌᔨᑖᑯᓐ piichiskaateyihtaakun vii ♦ it is lonely

ᐲᓯᑳᑌᔨᑖᑯᓲ piichiskaateyihtaakusuu vai -i ♦ s/he is annoying, tiresome, boring

ᐲᓯᑳᑕᒨᓈᑯᓲ piichiskaatamuunaakusuu vai -i ♦ s/he looks lonely

ᐲᓯᑳᒋᔥᑖᐤ piichiskaachishtaau vai+o ♦ s/he makes it lonely by her/his absence

ᐲᓯᑳᒋᐦᐁᐤ piichiskaachiheu vta ♦ s/he makes him/her lonely by her/his absence

ᐲᓯᑳᓯᓈᑯᓐ piichiskaasinaakun vii ♦ it looks lonely, deserted

ᐲᓯᑳᓯᐦᑖᑯᓐ piichiskaasihtaakun vii ♦ it sounds lonely (ex a song)

ᐲᓯᑳᓯᐦᑖᑯᓲ piichiskaasihtaakusuu vai -i ♦ s/he sounds lonely

ᐲᒋᔅᑿᑕᒻ piichiskwaatam vti ♦ s/he gossips about it

ᐲᒋᔐᐌᐤ piichischeweu vai ♦ it (taste of meat) is spoiled by adrenalin released by the animal (moose, caribou) running too much, from being tired before death

ᐲᒋᔐᐌᒫᔥᑌᐤ piichischewemaashteu vai ♦ it (meat) smells spoiled by adrenalin released by the animal (moose, caribou) running too much, from being tired before death

ᐲᒋᔐᐸᔫ piichishepayuu vai/vii -i ♦ it (anim) creates steam, vapour, is steamy

ᐲᒋᔐᑌᐤ piichisheteu vii ♦ there is steam, vapour, humidity from hot water

ᐲᒋᔐᑖᒨ piichishetaamuu vai -u ♦ her/his breath vaporizes

ᐲᒋᔐᑲᒨ piichishekamuu vii -i ♦ the steam condenses above the water

ᐲᒋᔐᔮᑲᒥᑌᐤ piichisheyaakamiteu vii ♦ it is steam rising from hot water

ᐲᒋᔐᔮᔥᑎᓐ piichisheyaashtin vii ♦ it is fog, mist driven by the wind

ᐲᒋᔐᐦᑲᒨ piichishehkamuu vai -i ♦ it is vapour rising from liquid

ᐲᒋᔥᑎᓀᐤ piichishtineu vta ♦ s/he moves him/her on slowly but progressively

ᐲᒋᔥᑎᓇᒻ piichishtinam vti ♦ s/he moves it on slowly but progressively

ᐲᒋᔥᑕᐦᆞᒻ piichishtaham vti ♦ s/he moves it suddenly, drives it very fast

ᐲᒋᔥᑴᐅᐦᐁᐤ piichishkweuheu vta ♦ s/he makes him/her gossip about him/her

ᐲᒋᔥᑴᐤ piichishkweu vai ♦ s/he talks a lot, gossips

ᐲᒋᔥᑲᒻ piichishkam vti [Inland] ♦ s/he stirs up the water by walking in it

ᐲᒋᔥᑳᒋᒣᐤ piichishkaachimeu vta ♦ s/he makes him/her sad by what s/he says

ᐲᒋᔥᑳᓱᒣᐤ piichishkaasumeu vta ♦ s/he annoys, irritates him/her by speech

ᐲᒋᔥᑳᑌᐤ piichishkwaateu vta ♦ s/he gossips about him/her

ᐲᒋᐦᑖᐤ piichihtaau vai+o ♦ it (animal) stirs up the water

ᐲᑲᔥᑌᐤ piimekashteu vii ♦ it (sheet-like) is crooked

ᐲᑲᐦᐧᐁᐤ piimekahweu vta ♦ s/he stretches it (sheet-like, ex hide) and it twists, becomes crooked

ᐲᒋᐱᑌᐤ piimechipiteu vta ♦ s/he stretches it (anim, beaver skin) crooked

ᐲᒋᔐᐧᐁᐤ piimechishweu vta ♦ s/he cuts the skin, animal hide crooked

ᐲᐱᑌᐤ piimipiteu vta ♦ s/he pulls him/her/it (anim) to turn him/her/it

ᐲᐱᑐᓀᐤ piimipituneu vai ♦ s/he has a twisted arm

ᐲᐱᑕᒼ piimipitam vti ♦ s/he pulls it to turn it

ᐲᐳᑖᐤ piimiputaau vai+o ♦ s/he saws it crooked

ᐲᐳᔦᐤ piimipuyeu vta ♦ s/he saws it (anim) crooked

ᐲᐸᔫ piimipayuu vai/vii -i ♦ it is twisted, crooked

ᐲᐹᑖᔅᑯᐦᐄᑲᓈᐦᑎᒄ piimipaataaskuhiikanaahtikw ni ♦ poles for wringing out hide

ᐲᐹᑖᔅᑯᐦᐊᒼ piimipaataaskuham vti ♦ s/he wrings it out, using a pole

ᐲᐹᑖᔅᑯᐦᐧᐁᐤ piimipaataaskuhweu vta ♦ s/he wrings it (anim, ex moose hide) out using a pole

ᐲᑐᑯᓀᐤ piimitukuneu vai ♦ s/he has a twisted hip

ᐲᑐᓀᐤ piimituneu vai ♦ s/he has a twisted mouth, her/his mouth is twisted

ᐲᑑᓀᐤ piimituuneu vai ♦ s/he has a twisted mouth

ᐲᑑᓀᓀᐤ piimituuneneu vta ♦ s/he twists his/her mouth

ᐲᒀᓀᐤ piimikweneu vta ♦ s/he twists, wrings its neck

ᐲᑳᐳᐤ piimikaapuu vai/vii -uu ♦ s/he/it stands crooked, twisted

ᐲᑳᐳᐦᑖᐤ piimikaapuuhtaau vai+o ♦ s/he stands it up crooked

ᐲᑳᑌᐤ piimikaateu vai ♦ s/he has a crooked leg

ᐲᑳᒣᐸᔨᐦᐁᐤ piimikaamepayiheu vta ♦ s/he takes him/her across diagonally by vehicle

ᐲᑳᒣᐸᔨᐦᑖᐤ piimikaamepayihtaau vai+o ♦ s/he takes it across diagonally by vehicle

ᐲᑳᒣᐸᔫ piimikaamepayuu vai/vii -i ♦ s/he/it (anim) goes across diagonally by vehicle

ᐲᑳᒣᑑᑖᒣᐤ piimikaametuutaameu vta ♦ s/he takes him/her across diagonally on the back

ᐲᑳᒣᑲᐳᐤ piimikaamekapuu vai -i ♦ s/he is placed, sits crooked, at an angle

ᐲᑳᒣᒋᒣᐤ piimikaamechimeu vai ♦ s/he/it (anim) crosses the water diagonally paddling, swimming

ᐲᑳᒣᒧᐦᐁᐤ piimikaamemuheu vta ♦ s/he puts it (anim) on crooked, at an angle

ᐲᑳᒣᒧᐦᑖᐤ piimikaamemuhtaau vai+o ♦ s/he puts it on crooked, at an angle

ᐲᑳᒣᓀᐤ piimikaameneu vta ♦ s/he holds him/her crooked, at an angle

ᐲᑳᒣᓇᒼ piimikaamenam vti ♦ s/he holds it crooked, at an angle

ᐲᑳᒣᓯᓇᐦᐊᒼ piimikaamesinaham vti ♦ s/he draws a crooked line on it

ᐲᑳᒣᓲ piimikaamesuu vai -i ♦ s/he is set at an angle, not straight, crooked

ᐲᑳᒣᔅᑯᐱᒎ piimikaameskupichuu vai -i ♦ s/he crosses the ice diagonally when moving winter camp

ᐲᑳᒣᔅᑯᐸᐦᑖᐤ piimikaameskupahtaau vai ♦ s/he crosses the ice running diagonally

ᐲᑳᒣᔅᑯᐦᑑᑖᒣᐤ piimikaameskuhtuutaameu vta ♦ s/he carries him/her on the back, across the ice diagonally

ᐲᑳᒣᔅᑯᐦᑕᑖᐤ piimikaameskuhtataau vai+o ♦ s/he takes it across the ice diagonally

ᐲᑳᒣᔅᑯᐦᑖᐦᐁᐤ piimikaameskuhtaheu vta ♦ s/he takes him/her across the ice diagonally

ᐲᑳᒣᔅᑰ piimikaameskuu vai -u ♦ s/he crosses the ice diagonally

ᐲᑳᒣᔅᒉᑲᐦᐊᒼ piimikaameschekaham vti ♦ s/he walks across the muskeg diagonally

ᐲᑳᒣᔥᐧᐁᐤ piimikaameshweu vta ♦ s/he cuts it (anim) crooked

ᐲᒥᑳᓴᒻ piimikaamesham vti ♦ s/he cuts it crooked

ᐲᒥᑳᔥᑌᐤ piimikaameshteu vii ♦ it is placed crooked, at an angle

ᐲᒥᑳᔥᑖᐤ piimikaameshtaau vai+o ♦ s/he places it crooked, at an angle

ᐲᒥᑳᔥᑯᐌᐤ piimikaameshkuweu vta ♦ s/he crosses it (anim) by foot at an angle, diagonally

ᐲᒥᑳᔥᑲᒻ piimikaameshkam vti ♦ s/he crosses it at an angle, diagonally, by foot

ᐲᒥᑳᔦᒋᐱᑌᐤ piimikaameyechipiteu vta ♦ s/he pulls it (anim, sheet-like) crooked

ᐲᒥᑳᔦᒋᐱᑕᒻ piimikaameyechipitam vti ♦ s/he pulls it (sheet-like) crooked

ᐲᒥᑳᔦᒋᓀᐤ piimikaameyechineu vta ♦ s/he folds it (anim, sheet-like) crooked

ᐲᒥᑳᔦᒋᓇᒻ piimikaameyechinam vti ♦ s/he folds it (sheet-like) crooked

ᐲᒥᑳᔮᐤ piimikaameyaau vii ♦ it is set at an angle, not straight, crooked

ᐲᒥᑳᔮᐱᑳᑌᐤ piimikaameyaapihkaateu vta ♦ s/he ties it (anim) crooked

ᐲᒥᑳᔮᐱᑳᑕᒻ piimikaameyaapihkaatam vti ♦ s/he ties it crooked

ᐲᒥᑳᔮᐱᒉᐱᑌᐤ piimikaameyaapihchepiteu vta ♦ s/he pulls it (anim, string-like) in a crooked way

ᐲᒥᑳᔮᔅᑯᑖᐁᐤ piimikaameyaaskutaapeu vta ♦ s/he crosses the ice diagonally, pulling him/her

ᐲᒥᑳᔮᔅᑯᒧᐦᐁᐤ piimikaameyaaskumuheu vta ♦ s/he puts it (stick-like) up crooked

ᐲᒥᑳᔮᔅᑯᒧᐦᑖᐤ piimikaameyaaskumuhtaau vai+o ♦ s/he puts it (stick-like) up, installs it crooked

ᐲᒥᑳᔮᔅᑯᒧᐤ piimikaameyaaskumuu vai/vii-u ♦ it (stick-like) is put up crooked

ᐲᒥᑳᐦᐁᐤ piimikaameheu vta ♦ s/he places him/her crooked, at an angle

ᐲᒥᑳᐦᐅᑖᐤ piimikaamehutaau vai+o ♦ s/he brings it across diagonally by canoe

ᐲᒥᑳᐦᐅᔦᐤ piimikaamehuyeu vta ♦ s/he brings him/her across diagonally by canoe

ᐲᒥᑳᐦᑌᐤ piimikaamehteu vai ♦ s/he takes something across diagonally

ᐲᒥᑳᐦᑑᑌᐤ piimikaamehtuuteu vai ♦ s/he takes something across on her/his back walking diagonally

ᐲᒥᑳᐦᑖᐤ piimikaamehtaau vai+o ♦ s/he makes, places it at an angle

ᐲᒥᑳᒨᑖᒣᐤ piimikaamuutaameu vta ♦ s/he takes him/her across diagonally, on the back

ᐲᒥᑳᒫᐱᐦᒉᐱᑕᒻ piimikaamaapihchepitam vti ♦ s/he pulls it (string-like) in a crooked way

ᐲᒥᑳᒫᐱᐦᒉᓇᒻ piimikaamaapihchenam vti ♦ s/he places it (string-like) crooked, on the bias

ᐲᒥᑳᒫᐱᐦᒉᔥᑖᐤ piimikaamaapihcheshtaau vai+o ♦ s/he places it (string-like, ex chalkline) crooked

ᐲᒥᑳᒫᐱᐦᒉᐦᐁᐤ piimikaamaapihcheheu vta ♦ s/he places it (anim, string-like) crooked

ᐲᒥᑳᒼ piimikaam p,location ♦ across the river, to the left or right ▪ ᑐᐅ" ᐲᑳᒼ ᕆᒡᐃᔨ ᐅ·ᐊᒡᐦ"ᐃᐸᓫ˯ ▪ *His house is across the river.*

ᐲᒥᒀᑌᐤ piimikwaateu vta ♦ s/he sews it (anim) crooked

ᐲᒥᒀᑕᒻ piimikwaatam vti ♦ s/he sews it crooked

ᐲᒥᓀᐤ piimineu vta ♦ s/he twists, turns, wrings it (anim) by hand

ᐲᒥᓂᑲᓐ piiminikan ni ♦ it is a doorknob

ᐲᒥᓂᒄ piiminikw ni ♦ part of a moose, caribou where the knee and leg bone are joined

ᐲᒥᓇᒻ piiminam vti ♦ s/he twists, turns, wrings it by hand

ᐲᒥᓲ piimisuu vai-i ♦ it (anim, ex tree) is twisted, out of shape

ᐲᒥᔅᒋᔐᐤ piimischisheu vai ♦ s/he has a twisted lip, her/his lip is twisted

ᐲᒥᔑᓐ piimishin vai ♦ s/he lies crooked, in an uncomfortable position

ᐲᒥᔥᑌᓀᐤ piimishteneu vta ♦ s/he twists, wrings it (anim) by hand

ᐱᒥᔐᐧᓇᒃ **piimishtenam** vti ♦ s/he wrings, twists it (ex rubber) by hand

ᐱᒥᐦᐋᒎ° **piimihiicheu** vai ♦ s/he is turning, screwing something

ᐱᒥᐦᒉᐤ° **piimihtakaau** vii ♦ it (firewood) is twisted

ᐱᒥᐦᒋᓲ **piimihtachisuu** vai-i ♦ it (anim, tree) is twisted

ᐱᒥᐦᒑ° **piimihtaau** vai+o ♦ s/he makes it crooked, twisted

ᐱᒥᐦᑴᐸᔪ **piimihkwepayuu** vai-i ♦ her/his face is twisted, s/he has a tremor in the face, s/he has Bell's palsy

ᐱᒥᐦᑯᑌᐤ° **piimihkuteu** vta ♦ s/he carves it (anim) crookedly

ᐱᒥᐦᑯᑕᒻ **piimihkutam** vti ♦ s/he carves it crookedly

ᐱᒫᐳ **piimapuu** vai-i ♦ s/he sits crooked

ᐱᒫᑯᑌᐤ° **piimakuteu** vii ♦ it is hung crooked

ᐱᒫᑯᑖᐤ° **piimakutaau** vai+o ♦ s/he hangs it crooked

ᐱᒫᑯᒋᓐ **piimakuchin** vai ♦ it (anim) is hung crooked

ᐱᒫᑯᔦᐤ° **piimakuyeu** vta ♦ s/he hangs it (anim) crooked

ᐱᒫᑳᒣᒎᐎᓐ **piimakaamechuwin** vii ♦ the rapids are winding

ᐱᒫᐦᐄᑲᓐ **piimahiikan** ni ♦ screwdriver, wrench, screw

ᐱᒫᐦᐊᒻ **piimaham** vti ♦ s/he twists it, winds it

ᐱᒫᐦᐍᐤ° **piimahweu** vta ♦ s/he twists it (anim), winds it (anim)

ᐱᒫᐤ° **piimaau** vii ♦ it is twisted

ᐱᒫᐯᑲᓐ **piimaapekan** vii ♦ it (string-like) is twisted, crooked

ᐱᒫᐯᑲᔥᑖᐤ° **piimaapekashtaau** vai+o ♦ s/he places it (string-like) on something crooked

ᐱᒫᐯᑲᐦᐊᒻ **piimaapekaham** vti ♦ s/he twists it (string-like) using a tool

ᐱᒫᐯᑲᐦᐍᐤ° **piimaapekahweu** vta ♦ s/he places the string on it (anim, ex snowshoe) crooked

ᐱᒫᐯᒋᓲ **piimaapechisuu** vai-i ♦ it (anim, string-like) is twisted, crooked

ᐱᒫᐱᐢᑲᐦᐊᒻ **piimaapiskaham** vti ♦ s/he hits and twists it (stone, metal)

ᐱᒫᐱᐢᑳᐤ° **piimaapiskaau** vii ♦ it (stone, metal) is twisted

ᐱᒫᐱᓯᓲ **piimaapischisuu** vai-i ♦ it (anim, stone, metal) is twisted

ᐱᒫᐱᐦᑳᑌᐤ **piimaapihkaateu** vta ♦ s/he ties it (anim) twisted, crooked

ᐱᒫᐱᐦᑳᑕᒻ **piimaapihkaatam** vti ♦ s/he ties it twisted, crooked

ᐱᒫᐱᐦᒉᐱᑌᐤ **piimaapihchepiteu** vta ♦ s/he pulls it (anim, string-like) crooked

ᐱᒫᐱᐦᒉᐱᑕᒻ **piimaapihchepitam** vti ♦ s/he pulls it (string-like) crooked

ᐱᒫᐱᐦᒉᐸᔪ **piimaapihchepayuu** vai/vii-i ♦ it (line) is twisted around

ᐱᒫᐱᐦᒉᓀᐤ° **piimaapihcheneu** vta ♦ s/he twists it (anim, string)

ᐱᒫᐱᐦᒉᓇᒻ **piimaapihchenam** vti ♦ s/he twists it (string-like) by hand

ᐱᒫᐳᑌᐤ° **piimaaputeu** vii ♦ it is made crooked, displaced by the water, current

ᐱᒫᐳᑯ **piimaapukuu** vai-u ♦ it (anim) is made crooked, displaced by the water, current

ᐱᒫᐳ **piimaapuu** vai-i ♦ s/he has twisted, crooked eye

ᐱᒫᐢᑯᓐ **piimaaskun** vii ♦ it (stick-like) is twisted

ᐱᒫᐢᑯᓲ **piimaaskusuu** vai-i ♦ it (anim, stick-like) is twisted, crooked

ᐱᒫᔂ **piimaashuu** vai-i ♦ it (anim) is blown crooked

ᐱᒫᔥᑎᓐ **piimaashtin** vii ♦ it is blown crooked

ᐱᓂᐳᒋᑲᓐ **piinipuchikan** ni [Inland] ♦ it is sawdust

ᐱᓂᐳᒋᒉᐤ° **piinipuchicheu** vai [Inland] ♦ s/he makes sawdust

ᐱᓈᐦᑎᑯᐎᑦ **piinaahtikuwit** ni ♦ clothespin bag

ᐱᓈᐦᑎᒄ **piinaahtikw** ni-um ♦ clothespin

ᐱᓐ **piin** ni-im ♦ safety pin

ᐲᐢᐌᐸᔪ **piiswepayuu** vai/vii-i ♦ it (anim) is bubbling up

ᐲᐢᐌᔦᑲᓐ **piisweyekan** vii ♦ it is woolly, woollen material, flannel

ᐲᐢᐌᔦᒋᓲ **piisweyechisuu** vai-i ♦ it (anim) is woolly

ᐲᓯᑎᐢᑳᐤ piisitipiskaau vii ♦ the night is long

ᐲᓯᑕᐧᐋᒋᓐ piisitakwaachin vii ♦ it is a long autumn, fall

ᐲᓯᒧᐍᔮᐲ piisimuweyaapii ni -m ♦ rainbow; sunbeam

ᐲᓯᒧᐦᑳᓐ piisimuhkaan ni ♦ clock

ᐲᓯᒧᑖᐦᒡ piisimuutaahch p,location ♦ sun side, south

ᐲᓯᒨᓯᓇᐦᐄᑲᓐ piisimuusinahiikan ni ♦ calendar

ᐲᓯᒨᐦᑌᐤ piisimuuhteu na ♦ mushroom

ᐲᓯᒻ piisim na -um ♦ sun, month

ᐲᓯᓀᐤ piisineu vta ♦ s/he changes it (anim, money)

ᐲᓯᓯᐤ piisisiiu vai ♦ it (anim, granular, ex soap) is fine

ᐲᓯᓯᑰᓐ piisisiikun vii ♦ it is a long spring

ᐲᔑᐦᑎᑖᐤ piisishtitaau vai+o ♦ s/he dilutes it (ex gravy)

ᐲᐦᑎᑖᐤ piisihtitaau vai+o ♦ s/he breaks it into pieces by dropping

ᐲᐦᑎᓐ piisihtin vii ♦ it breaks into pieces, shatters

ᐲᓴᐦᐊᒻ piisaham vti ♦ s/he breaks it into pieces

ᐲᓴᐦᐌᐤ piisahweu vta ♦ s/he breaks it (anim) into pieces

ᐲᓵᐃᐦᑯᓈᐦᒉᐤ piisaaihkunaahcheu vai ♦ s/he makes bread

ᐲᓵᐅᐦᑳᐤ piisaauhkaau vii ♦ it is fine (granular, ex sand)

ᐲᓵᐃᐦᑯᓈᐤ piisaaihkunaau na -naam ♦ bread

ᐲᓵᐤ piisaau vii ♦ it is fine textured

ᐲᓵᑯᐸᔨᐦᑖᐤ piisaakupayihtaau vai+o ♦ s/he makes it lasts a long time

ᐲᓵᑯᐸᔪ piisaakupayuu vai/vii -i ♦ it (anim) lasts a long time

ᐲᓵᑯᓀᐤ piisaakuneu vta ♦ s/he makes it (anim, cooked ptarmigan) last a long time

ᐲᓵᑯᓂᒋᐸᔪ piisaakunichipayuu vii ♦ it snows very small snowflakes

ᐲᓵᑯᓇᒻ piisaakunam vti ♦ s/he makes it (ex sugar) last a long time

ᐲᓵᑯᓐ piisaakun vii ♦ it lasts a long time

ᐲᓵᑯᓐ piisaakun ni ♦ very small snowflakes

ᐲᓵᑯᓯᐤ piisaakusiiu vai ♦ it (anim, animal) provides food which will last a long time

ᐲᓵᑯᔥᑯᐌᐤ piisaakushkuweu vta ♦ s/he makes it (anim) last a long time

ᐲᓵᑯᔥᑲᒻ piisaakushkam vti ♦ s/he makes it last a long time, s/he takes a long time to get around it (ex trapline)

ᐲᓵᑯᐦᐄᓄᐌᐤ piisaakuhiinuweu vai ♦ s/he makes the food go a long way when serving it

ᐲᓵᑯᐦᑖᐤ piisaakuhtaau vai+o ♦ s/he makes it (ex food) last a long time

ᐲᓵᐦᐊᓐ piisaahan vii -i ♦ there are small waves

ᐲᔃᐃᐦᑯᓈᐦᒉᓲ piiswaaihkunaahchesuu na ♦ baker

ᐲᔃᑳᓐ piiswaakan vii ♦ it is flaky snow

ᐲᔑᐱᐳᓐ piishipipun vii ♦ it is a long winter

ᐲᔑᓃᐱᓐ piishiniipin vii ♦ it is a long summer

ᐲᔑᐦᑌᔔ piishisteshuu vii dim -i ♦ it is written small

ᐲᔑᐦᑌᐤ piishishteu vii ♦ it is finely written

ᐲᔑᐦᑌᔔ piishishteshuu vii dim -i ♦ it is written small

ᐲᔑᐦᑖᐤ piishishtaau vai+o ♦ s/he writes it small

ᐲᔖᑲᓂᔅᒋᓯᓐ piishaakanischisin ni ♦ hide moccasin (old term)

ᐲᔖᑲᓇᑯᐦᑊ piishaakanakuhp ni ♦ hide coat, dress

ᐲᔖᑲᓈᔅᑎᔅ piishaakanastis na ♦ moose hide mitten, hide leather

ᐲᔖᑲᓈᐲ piishaakanaapii ni -m ♦ string, leather cord

ᐲᔖᑲᓐ piishaakan na ♦ leather, tanned hide

ᐲᔥᑌᐅᐸᔪ piishteupayuu vai/vii -i ♦ it foams up

ᐲᔥᑌᐅᑖᐦᑕᒻ piishteutaahtam vti ♦ s/he foams at the mouth

ᐲᔥᑌᐅᒋᐎᓐ piishteuchuwin vii ♦ the current foams up

ᐲᔥᑌᐋᑲᒥᒋᐎᓐ piishtewaakamichuwin vii ♦ the current creates foam in the water

ᐲᔥᑌᐧᐊᒍᐦᑌᐤ piishtewaachuuhteu vii
• it boils to a foam

ᐲᔥᑌᐤ piishteu vii • there is foam
(liquid, soapsuds)

ᐲᔥᑳᐱᑌᐤ piishkaapiteu vta • s/he tears
a bigger hole in it (anim)

ᐲᔥᑳᐱᑕᒼ piishkaapitam vti • s/he tears
a bigger hole in it

ᐲᔥᑳᔮᐤ piishkaayaau vii • it is a hole
torn in it

ᐲᔥᑳᔮᐦᑯᑌᐤ piishkaayaahkuteu vii • the
hole becomes bigger as the snow
melts

ᐲᔥᒌᔑᑳᐤ piishchiishikaau vii • it is a
long day

ᐲᐦᐄᒋᓀᐤ piihiichineu vai • s/he peels
the bark off a tree by hand

ᐲᐦᐄᒼ piihiim p,time [Inland] • until, up to
this time ▪ ᐲᐦᐄᒼ ᐦ ᐊᐲᒋᓲᑎᑦ ᐋᒦᑦ
ᐁᐧᐹᒌᐹᓂᒄ ▪ They waited for him until
noon.

ᐲᐦᐊᒼ piiham p,time [Coastal] • until, up
to this time ▪ ᐲᐦᐊᒼ ᐦ ᐊᐲᒋᓲᑎᑦ ᐋᒦᑦ
ᐁ ᐧᐹᒌᐹᓂᒄ ▪ They waited for him until
noon.

ᐲᐦᐲᐦᒉᐤ piihpiihcheu na -em • robin
Turdus migratorius

ᐲᐦᑌ piihte p,location • on the inside ▪
ᐲᐦᑌ ᐊᓯᐤ ᒧᐦᒃᑯᒻ ᐃᒉᑕ ᓂᐹᒃ ▪
There is sugar on the inside of the cup.

ᐲᐦᑌᐧᐁᐤ piihteweu vai • s/he makes an
echoing sound

ᐲᐦᑌᐧᐁᐱᓀᐤ piihtewepineu vta • s/he
throws him/her inside

ᐲᐦᑌᐧᐁᐱᓇᒼ piihtewepinam vti • s/he
throws it inside

ᐲᐦᑌᐧᐁᐸᔫ piihtewepayuu vai/vii -i • the
sound of her/him/it comes clearly from
a distance

ᐲᐦᑌᐱᑌᐤ piihtepiteu vta • s/he pulls
him/her in

ᐲᐦᑌᐱᑕᒼ piihtepitam vti • s/he pulls it
in

ᐲᐦᑌᐴ piihtepuu vai -i • s/he sits where
s/he is noticeable

ᐲᐦᑌᐸᔨᐦᐁᐤ piihtepayiheu vta • s/he
makes him/her go into it, records
him/her on tape

ᐲᐦᑌᐸᔨᐦᐆ piihtepayihuu vai -u • s/he
goes back into something

ᐲᐦᑌᐸᔨᐦᑖᐤ piihtepayihtaau vai+o
• s/he makes it go into it, records it
on tape

ᐲᐦᑌᐸᔫ piihtepayuu vai/vii -i • it goes
into something

ᐲᐦᑌᐸᐦᑖᐤ piihtepahtaau vai • s/he runs
inside

ᐲᐦᑌᑕᐦᑯᓀᐤ piihtetahkuneu vta • s/he
holds someone as s/he goes inside

ᐲᐦᑌᑕᐦᑯᓇᒼ piihtetahkunam vti • s/he
holds it as s/he goes inside

ᐲᐦᑌᑕᐦᒋᔥᑯᐧᐁᐤ piihtetahchishkuweu vta
• s/he kicks him/her inside

ᐲᐦᑌᑕᐦᒋᔥᑲᒼ piihtetahchishkam vti
• s/he kicks it inside

ᐲᐦᑌᑖᒋᒨ piihtetaachimuu vai -u • s/he
crawls inside

ᐲᐦᑌᒋᔑᓀᐤ piihtechishineu vta • s/he
pushes him/her inside by hand

ᐲᐦᑌᒋᔑᓇᒼ piihtechishinam vti • s/he
pushes it inside by hand

ᐲᐦᑌᒨ piihtemuu vii -u • it goes in (as a
path into a fence)

ᐲᐦᑌᔅᒋᐦᒄᐁᔑᓐ piihteschihkweshin vai
• it (anim) is inside the kettle, pot

ᐲᐦᑌᔅᒋᐦᒄᐁᐦᑎᓐ piihteschihkwehtin vii
• it is inside the kettle, pot

ᐲᐦᑌᔥᑌᐤ piihteshteu vii • it sits where
it is noticeable

ᐲᐦᑌᔥᑯᐧᐁᐤ piihteshkuweu vta • s/he
drags it (anim) inside on her/his foot,
s/he walks it (anim) in

ᐲᐦᑌᔥᑲᒼ piihteshkam vti • s/he moves
it inside by foot

ᐲᐦᑌᔮᐱᑯᑎᓲ piihteyaapikutisuu vai -i
• s/he takes her/his butchered
moose, caribou meat inside the tent,
house

ᐲᐦᑌᔮᐸᒣᐤ piihteyaapameu vta • s/he
sees all of him/her clearly, s/he peeks
in to see him/her, s/he looks inside
him/her

ᐲᐦᑌᔮᐸᐦᑕᒼ piihteyaapahtam vti • s/he
sees all of it clearly, s/he peeks into it,
s/he looks inside it from outside

ᐲᐦᑌᔮᑯᓀᐸᔫ piihteyaakunepayuu vii -i
• the snow falls inside

ᐲᐦᑌᔮᔐᐤ piihteyaashuu vai -i • s/he is
blown in by the wind

ᐲᐳᔮᔅᑎᓐ **piihteyaashtin** vii ♦ it is blown in by the wind

ᐲᐳᔮᔥᑐᐧᐁᐅ **piihteyaashtuweu** ni ♦ beam of light

ᐲᐦᑌᐦᐊᒣᐅ **piihtehameu** vai ♦ s/he walks pigeon-toed, toes turned in

ᐲᐦᑌᐦᐊᒼ **piihteham** vti ♦ s/he throws it (ex firewood) indoors

ᐲᐦᑌᐦᔮᐅ **piihtehyaau** vai ♦ it (anim) flies in

ᐲᐦᑐᐧᐁᒋᔥᑕᐦᐄᑲᓐ **piihtuwechishtahiikan** ni ♦ lining of garment

ᐲᐦᑐᐧᐁᔅᑎᓵᓐ **piihtuwestisaan** ni [Inland] ♦ mitten lining

ᐲᐦᑐᐧᐁᔥᑳᒋᑲᓐ **piihtuweshkaachikan** ni [Coastal] ♦ short sealskin boots, short rubbers used over moccasins

ᐲᐦᑐᐧᐁᔮᔅᑯᐦᐊᒼ **piihtuweyaaskuham** vti ♦ s/he walks along the shore through to the trees, along the river

ᐲᐦᑐᑯᐧᐁᐅ **piihtukuweu** vta ♦ s/he goes inside the house to him/her

ᐲᐦᑐᓈᐧᐁᔅᒋᓵᓐ **piihtunaaweschisaan** ni ♦ mitten lining [coastal]; mitten worn inside another [inland]

ᐲᐦᑐᐦᐧᐁᔑᒨᓐ **piihtuhweshimuun** ni ♦ sleeping bag

ᐲᐦᑑᐧᐁᒋᑎᓐ **piihtuuwechitin** vii ♦ a layer is added to another

ᐲᐦᑑᐧᐁᒋᓀᐅ **piihtuuwechineu** vta ♦ s/he wraps another layer of it (sheet-like) around him/her

ᐲᐦᑑᐧᐁᒋᓇᒼ **piihtuuwechinam** vti ♦ s/he wraps another layer of it (sheet-like) around it

ᐲᐦᑑᐧᐁᒋᔥᑕᐦᐊᒼ **piihtuuwechishtaham** vti ♦ s/he puts/sews a lining in it

ᐲᐦᑑᐧᐁᒋᔥᑕᐦᐧᐁᐅ **piihtuuwechishtahweu** vta ♦ s/he puts/sews a lining in it (anim, ex mittens)

ᐲᐦᑑᐧᐁᒋᔥᑯᐧᐁᐅ **piihtuuwechishkuweu** vta ♦ s/he wears another layer of it (anim, clothes)

ᐲᐦᑑᐧᐁᒋᔥᑲᒼ **piihtuuwechishkam** vti ♦ s/he wears another layer (of clothes)

ᐲᐦᑑᐧᐁᒋᐦᑎᑖᐅ **piihtuuwechihtitaau** vai+o ♦ s/he adds another layer of it

ᐲᐦᑑᐧᐁᔑᒨ **piihtuuweshimuu** vai -u ♦ s/he lies enclosed in a layer (ex zipped up sleeping bag)

ᐲᐦᑑᐧᐁᔥᑌᐅ **piihtuuweshteu** vii ♦ it (ex box) sits inside another

ᐲᐦᑑᐧᐁᔨᒣᐅ **piihtuuweyimeu** vta ♦ s/he doubts that someone is capable of doing something

ᐲᐦᑑᐧᐁᔨᐦᑕᒼ **piihtuuweyihtam** vti ♦ s/he doubts that it will happen

ᐲᐦᑑᐧᐁᐦᑖᐅ **piihtuuwehtaau** vai+o ♦ s/he puts it (ex pillow) into the cover

ᐲᐦᑑᐋᐅ **piihtuuwaau** vii ♦ it is in layers, there is one on top of another

ᐲᐦᑑᐋᔅᐱᑌᐅ **piihtuuwaaspiteu** vta ♦ s/he laces her/him (ex baby) up

ᐲᐦᑑᐋᔅᐱᑕᒼ **piihtuuwaaspitam** vti ♦ s/he pulls on another layer of clothing

ᐲᐦᑑᐯᒋᐸᔫ **piihtuupechipayuu** vai/vii -i ♦ s/he/it gets blisters

ᐲᐦᑑᐯᒋᓇᒼ **piihtuupechinam** vti ♦ s/he gets a blister from rubbing on his hands

ᐲᐦᑑᐯᔮᐅ **piihtuupeyaau** vai ♦ it (anim) is water between layers of ice

ᐲᐦᑑᐱᑌᐅ **piihtuupiteu** vta ♦ s/he thins it (anim), by peeling off a layer

ᐲᐦᑑᐱᑕᒼ **piihtuupitam** vti ♦ s/he thins it, by peeling off a layer

ᐲᐦᑑᐳᑖᐅ **piihtuuputaau** vai+o ♦ s/he thins it by sawing off a layer

ᐲᐦᑑᐳᔦᐅ **piihtuupuyeu** vta ♦ s/he thins it (anim) by sawing off a layer

ᐲᐦᑑᐸᒍᔮᓈᓐ **piihtuupachuyaanaan** ni ♦ undershirt

ᐲᐦᑑᐸᒍᔮᓐ **piihtuupachuyaan** ni ♦ undershirt

ᐲᐦᑑᐸᔨᒋᐄᓭᐅ **piihtuupayichiiseu** vai ♦ s/he wears two pairs of pants

ᐲᐦᑑᐸᔨᒋᐄᓵᓐ **piihtuupayichiisaan** na ♦ underpants, long underwear

ᐲᐦᑑᐸᐦᒁᐅ **piihtuupahkweu** vai ♦ s/he covers the teepee with a second cover, layer

ᐲᐦᑑᐸᐦᒁᓐ **piihtuupahkwaan** ni ♦ second layer of canvas covering on something (ex teepee, sweatlodge)

ᐲᐦᑑᑎᓈᐅ **piihtuutinaau** vii ♦ there are two mountain peaks so close together that they seem one

ᐲᐦᑑᑎᓵᓐ **piihtuutisaan** ni ♦ inner lining of a goose gizzard

ᐲᐦᑑᑰᓂᐤ piihtuukuniiu vai ◆ s/he is covered with another layer (ex blanket)

ᐲᐦᑑᑯᐦᐯᐤ piihtuukuhpeu vai ◆ s/he wears two skirts

ᐲᐦᑑᑯᐦᐯᐤ piihtuukuhpeu vai ◆ s/he wears one dress over another

ᐲᐦᑑᑯᐦᐹᓐ piihtuukuhpaan ni ◆ slip

ᐲᐦᑑᑲᒫᐤ piihtuukamaau vii ◆ the lake sits close to another

ᐲᐦᑑᒧᐦᑖᐤ piihtuumuhtaau vai+o ◆ s/he spreads another layer of it on

ᐲᐦᑑᓀᐤ piihtuuneu vta ◆ s/he puts another layer inside it (anim) by hand

ᐲᐦᑑᓀᐸᔫ piihtuunepayuu vai/vii -i ◆ it (stick) splits a little in the middle by itself

ᐲᐦᑑᓇᒼ piihtuunam vti ◆ s/he puts another layer inside it by hand; s/he causes blisters on her/his hand

ᐲᐦᑑᓲ piihtuusuu vai -i ◆ it (anim) is in layers

ᐲᐦᑑᔅᑳᒋᑲᓐ piihtuuskaachikan ni ◆ underclothes (old term)

ᐲᐦᑑᔙᐤ piihtuushweu vta [Coastal] ◆ s/he cuts it (anim) thinly, slices a layer off it (anim)

ᐲᐦᑑᔑᑌᔑᓐ piihtuushiteshin vai ◆ s/he has a blister on her/his foot

ᐲᐦᑑᔕᒼ piihtuusham vti ◆ s/he cuts it thinly, slices a layer off of it

ᐲᐦᑑᔖᐙᐤ piihtuushaaweu vai ◆ s/he is thinning hides by cutting

ᐲᐦᑑᔥᐱᔑᒨᐃᓐ piihtuushpishimuwin ni ◆ sheet

ᐲᐦᑑᔥᑖᐤ piihtuushtaau vai+o ◆ s/he puts it in layers

ᐲᐦᑑᔥᑯᐌᐤ piihtuushkuweu vta ◆ s/he wears layers of it (anim), s/he wears it (anim) under

ᐲᐦᑑᔥᑲᒼ piihtuushkam vti ◆ s/he wears layers of it, s/he wears it under

ᐲᐦᑑᔥᒀᐦᑌᒼ piihtuushkwaahtem na ◆ outside door, storm door

ᐲᐦᑑᐦᑎᒡ piihtuuhtich p,location ◆ aboard, inside a boat, canoe

ᐲᐦᑑᐦᑕᑳᐤ piihtuuhtakaau vii ◆ it (wood, ex the grain) is in layers

ᐲᐦᑑᐦᑕᒋᓲ piihtuuhtachisuu vai -i ◆ it (anim, tree) is in layers

ᐲᐦᑑᐦᑯᑌᐤ piihtuuhkuteu vta ◆ s/he carves it (anim) thin

ᐲᐦᑑᐦᑯᑕᒼ piihtuuhkutam vti ◆ s/he carves it thinner by carving off a layer

ᐲᐦᑕᑎᓈᔥᑎᓐ piihtatinaashtin vii ◆ it is a long stretch of water between rapids

ᐲᐦᑕᑲᑖᐤ piihtakataau vai+o ◆ s/he takes, brings it in

ᐲᐦᑕᑲᒥᐦᒡ piihtakamihch p,location ◆ inside

ᐲᐦᑕᑲᕁᐤ piihtakaheu vta ◆ s/he brings, lets him/her in

ᐲᐦᑕᑳᒣᔮᐤ piihtakaameyaau vii ◆ the lake is long to cross

ᐲᐦᑕᐦᐆᑯᓐ piihtahuukun vii ◆ it is a area which takes a long time to paddle through

ᐲᐦᑕᐦᐊᒧᐌᐤ piihtahamuweu vta ◆ s/he gives him/her a smoke, a cigarette

ᐲᐦᑕᐦᐊᒼ piihtaham vti ◆ s/he puts it into something

ᐲᐦᑕᐦᐌᐤ piihtahweu vta ◆ s/he puts him/her into something

ᐲᐦᑖᐱᔅᑲᐦᐄᒉᐤᔮᑲᓐ piihtaapiskahiicheuyaakan ni ◆ roasting pan

ᐲᐦᑖᐱᔅᑲᐦᐄᒉᐤ piihtaapiskahiicheu vai ◆ s/he is roasting (food)

ᐲᐦᑖᐳᒋᑲᓐ piihtaapuchikan ni [Inland] ◆ funnel

ᐲᐦᑖᐸᒥᓈᑯᓐ piihtaapaminaakun vii ◆ it is possible to see a long distance

ᐲᐦᑖᐹᐅᑖᐤ piihtaapaautaau vai+o ◆ s/he pours water into it

ᐲᐦᑖᐹᐅᔦᐤ piihtaapaauyeu vta ◆ s/he fills it (anim) with liquid

ᐲᐦᑖᐹᐌᐤ piihtaapaaweu vii ◆ the water goes inside it, leaks in

ᐲᐦᑖᑲᒫᐦᐊᓐ piihtaakamaahan vii ◆ the wind causes water to go into something (ex boat)

ᐲᐦᑖᑲᓲ piihtaakaasuu vai -u ◆ s/he fills her/his pipe

ᐲᐦᑖᒉᐤ piihtaacheu vai ◆ s/he fills something (ex a feather blanket)

ᐲᐦᑖᒎᐃᓐ piihtaachuwin vii ◆ it is a long rapids

ᐲᐦᑖᒪᑎᓈᐤ piihtaamatinaau vii ◆ it is a long mountain to travel up, across

ᐱᐦᑕᓯᑳᐅ **piihtaasikwaau** vii ♦ it is a long area of ice to walk through

ᐱᐦᑕᓱᐙᑲᓐ **piihtaasuwaakan** ni ♦ container

ᐱᐦᑕᓱ **piihtaasuu** vai-u ♦ s/he puts, loads things into boxes, bags

ᐱᐦᑕᓱᓄᐎᑦ **piihtaasuunuwit** ni ♦ cupboard, shelf, dresser

ᐱᐦᑖᔅᑵᔮᐤ **piihtaaskweyaau** vii ♦ it is a wooded area which is long to walk through

ᐱᐦᑖᔑᑯᐦᑖᑲᓐ **piihtaashikuhtaakan** ni ♦ funnel, siphon [inland]

ᐱᐦᑖᔑᑯ **piihtaashikuu** vii -uu ♦ water runs into a container

ᐱᐦᑖᔑᑯᐦᑖᐤ **piihtaashikuuhtaau** vai+o ♦ s/he fills up a container with water

ᐱᐦᑖᔑᑳᒣᔮᐤ **piihtaashikaameyaau** vii ♦ it is a long distance along the shoreline

ᐱᐦᑖᔥᑎᑵᐸᔫ **piihtaashtikwepayuu** vai/vii -i [Coastal] ♦ s/he rides following the river, it follows the river

ᐱᐦᑖᔥᑎᑵᔮᐤ **piihtaashtikweyaau** vii ♦ it is a long river to travel

ᐱᐦᑤᐴ **piihtwaaupuu** vai -i ♦ s/he sits there smoking

ᐱᐦᑤᐅᑳᐴ **piihtwaaukaapuu** vai -uu ♦ s/he stands around smoking

ᐱᐦᑤᐦᑌᐤ **piihtwaauhteu** vai ♦ s/he smokes while walking

ᐱᐦᑤᐙᒉᐤ **piihtwaawaacheu** vai ♦ s/he smokes a brand of cigarettes, cigars, etc

ᐱᐦᑤᐤ **piihtwaau** vai ♦ s/he smokes

ᐱᐦᑤᑐᐌᐤ **piihtwaatuweu** vta ♦ s/he smokes a certain brand

ᐱᐦᑤᔑᓐ **piihtwaashin** vai ♦ s/he smokes while lying down

ᐱᐦᑰᑖᑲᓐ **piihkutaakan** ni ♦ scraps from planing wood

ᐱᐦᑰᑎᐤ **piihkutaacheu** vai ♦ s/he is planing (wood)

ᐱᐦᒉᐤ **piihcheu** vai ♦ s/he goes in

ᐱᐦᒉᒪᑲᓂᐲᓯᒻ **piihchemakanipiisim** na ♦ December

ᐱᐦᒉᒪᑲᓂᑎᐱᔅᑳᐤ **piihchemakanitipiskaau** vai ♦ it is Christmas eve

ᐱᐦᒉᒪᑲᓂᒋᔐᐄᓅ **piihchemakanichisheiinuu** na -niim [Inland] ♦ Santa Claus

ᐱᐦᒉᒪᑲᓂᒋᔐᐃᔨᔫ **piihchemakanichisheiiyiyuu** na -yiim ♦ Santa Claus

ᐱᐦᒉᒪᑲᓐ **piihchemakan** vii ♦ it goes in, it is Christmas day

ᐱᐦᒋᐌᐱᓀᐤ **piihchiwepineu** vta ♦ s/he throws him/her/it (anim) into something

ᐱᐦᒋᐌᐱᓇᒻ **piihchiwepinam** vti ♦ s/he throws it into something

ᐱᐦᒋᐱᒣᐅᑖᐹᓐ **piihchipimeutaapaan** ni ♦ oil truck

ᐱᐦᒋᐱᒣᐅᑲᒥᒄ **piihchipimeukamikw** ni ♦ gas station

ᐱᐦᒋᐸᔪ **piihchipayuu** vai/vii -i ♦ s/he/it is loose, moves about

ᐱᐦᒋᑐᓀᔥᑳᑯ **piihchituneshkaakuu** vta inverse -u ♦ it (anim, ex fly) gets into her/his mouth

ᐱᐦᒋᑯᓀᐌᐱᑌᐤ **piihchikunewepiteu** vta ♦ s/he throws it (anim) into someone's mouth

ᐱᐦᒋᑯᓀᐌᓀᐤ **piihchikuneweneu** vta ♦ s/he puts her/his fingers in someone's mouth

ᐱᐦᒋᑯᓀᐤ **piihchikuneu** p,location ♦ inside the mouth

ᐱᐦᒋᓯᓈᓐ **piihchisinaan** ni ♦ ammunition pouch

ᐱᐦᒋᓲᑖᐤ **piihchisuutaau** vai+o ♦ s/he puts it inside something (ex container, hole)

ᐱᐦᒋᓱᔦᐤ **piihchisuuyeu** vta ♦ s/he puts it (anim) inside it (ex container, hole)

ᐱᐦᒋᔅᑲᒥᑳᐤ **piihchiskamikaau** vii ♦ it is a long piece of land to walk across

ᐱᐦᒋᔅᑲᓅᐦᐁᐤ **piihchiskanuuheu** vta ♦ s/he is within the circle of the path of an animal being hunted

ᐱᐦᒋᔅᑳᑎᒫᐤ **piihchiskwaatimaau** vii ♦ it is a long frozen body of water to walk across

ᐱᐦᒋᔅᑳᑕᒻ **piihchiskwaatam** vti ♦ s/he spits into it

ᐱᐦᒋᔐᑳᐤ **piihchischekaau** vii ♦ it is a long muskeg to cross

ᐱᐦᒋᔑᒣᐤ **piihchishimeu** vta ♦ s/he puts it (anim) in a container

ᐲᐦᒋᔑᒧ piihchishimuu vai -u ♦ s/he puts her/himself in a container

ᐲᐦᒋᔑᓐ piihchishin vai ♦ s/he is inside it

ᐲᐦᒋᔥᑐᐙᐳᑌᐤ piihchishtuwaaputeu vai -u ♦ it (anim) floats into the mouth of the river

ᐲᐦᒋᔥᑐᐙᐳᑖᐤ piihchishtuwaaputaau vai+o -u ♦ s/he causes it to float into the mouth of the river

ᐲᐦᒋᔥᑐᐙᐳᑯ piihchishtuwaapukuu vai -u ♦ s/he floats into the river

ᐲᐦᒋᔥᑐᐙᔔ piihchishtuwaashuu vai -i ♦ s/he sails into the mouth of the river

ᐲᐦᒋᔥᑐᐙᔖᐤ piihchishtuwaashaau vii ♦ it is a bay (that goes into the land)

ᐲᐦᒋᔥᑐᐙᔥᑎᓐ piihchishtuwaashtin vii -u ♦ it floats into the mouth of the river, blown and pushed by the wind

ᐲᐦᒋᔥᑐ piihchishtuu p,location ♦ into the mouth of the river

ᐲᐦᒋᔥᑐᐸᔪ piihchishtuupayuu vai/vii -i ♦ s/he/it (anim) drives into the mouth of the river

ᐲᐦᒋᔥᑑᑯᐦᑎᓐ piihchishtuukuhtin vii ♦ it (ex canoe) is in the mouth of the river, creek, bay

ᐲᐦᒋᔥᑑᒋᒣᐤ piihchishtuuchimeu vai ♦ s/he/it (ex beaver) paddles, swims into the mouth of the river

ᐲᐦᒋᔥᑑᔥᑲᒼ piihchishtuushkam vti ♦ s/he walks to the mouth of the river

ᐲᐦᒋᔥᑑᐦᐳᔦᐤ piihchishtuuhuyeu vta ♦ s/he paddles her/him into a river

ᐲᐦᒋᔥᑑᐦᐳᑖᐤ piihchishtuuhuutaau vai+o ♦ s/he paddles into the river with it

ᐲᐦᒋᔥᑑᐦᐊᒼ piihchishtuuham vti ♦ s/he/it (anim, ex. beaver) paddles, swims into the mouth of the river

ᐲᐦᒋᔥᑑᐦᔮᐤ piihchishtuuhyaau vai ♦ it (anim) flies into the mouth of a river

ᐲᐦᒋᔥᑑᐦᔮᒪᑲᓐ piihchishtuuhyaamakan vii ♦ it (ex airplane) flies into the mouth of a river

ᐲᐦᒋᔥᑯᐌᐤ piihchishkuweu vta ♦ s/he is inside it (anim)

ᐲᐦᒋᔫ piihchiyuu p,location ♦ internal (to the body) ▪ ᐊᓅᐦ ᐲᐦᒋᔫ ᐁᑎᓰᑕᐦᒃ. ▪ She's feeling the pain on the inside.

ᐲᐦᒋᐦᑎᓐ piihchihtin vii ♦ it is inside it

ᐲᐦᒋᐦᑑᒉᔥᑳᑰ piihchihtuucheshkaakuu vta inverse -u ♦ it (anim, ex fly) gets into her/his ear

ᐲᐦᒋᐦᑯᒫᓂᐦᑲᑕᒼ piihchihkumaanihkatam vti ♦ s/he makes a case for the knife

ᐲᐦᒋᐦᑯᒫᓂᐦᒉᐤ piihchihkumaanihcheu vai ♦ s/he makes a knife case

ᐲᐦᒋᐦᑯᒫᓈᓐ piihchihkumaanaan ni ♦ knife case

ᐲᐦᒋᐦᑯᒫᓐ piihchihkumaan ni ♦ pocket knife

ᐲᐦᒑᐤ piihchaau vii ♦ it is a long distance

ᐲᐦᒡ piihch p,location ♦ inside something ▪ ᐊᓅᐦ ᐲᐦᒡ ᒥᒋᒼ ᐊᔥᑖ ᐊᐦ ᒥᒋᕽ. ▪ Put the food inside the teepee.

>

ᐳᐃᐌᐤ puiweu na ♦ one-year-old beaver (old term)

ᐳᐃᐌᔥ puiwesh na -im ♦ one-year-old beaver

ᐳᐌᔮᔅᑯᐦᑎᓐ puweyaaskuhtin vii ♦ it is visible through the trees

ᐳᐘᑎᑖᐤ puwatitaau vai+o ♦ s/he senses conjuring against it

ᐳᐚᐹᐚᐌᐤ puwaapwaaweu vai ♦ s/he feels the water come through her/his clothes

ᐳᐚᑌᐤ puwaateu vta ♦ s/he dreams of him/her

ᐳᐚᑕᒼ puwaatam vti ♦ s/he dreams of it

ᐳᐚᑯᓀᐎᓲ puwaakunehuusuu vai reflex -u ♦ s/he/it (anim) brushes the snow off her/himself

ᐳᐚᑯᓀᐎᐌᐤ puwaakunehweu vta ♦ s/he hits the snow off him/her with something

ᐳᐚᑯᓂᑲᐦᐊᒼ puwaakunikaham vti ♦ s/he hits the snow off it with something

ᐳᐚᑯᓂᒋᐱᑌᐤ puwaakunichipiteu vai [Coastal] ♦ s/he shakes the snow off it (ex tree)

ᐳᓴᑯᓂᒋᐸᑦ puwaakunichipitam vti [Coastal] ♦ s/he shakes the snow off it (ex tarp)

ᐳᓴᑯᓂᒋᐸᔨᐤ puwaakunichipayiheu vta ♦ s/he shakes the snow off it (anim, ex boughs)

ᐳᓴᑯᓂᒋᐸᔨᐦᑖᐤ puwaakunichipayihtaau vai+o ♦ s/he shakes the snow off it (ex blanket)

ᐳᐋᒋᒣᐤ puwaachimeu vai ♦ s/he has a hard time walking with snowshoes on wet snow

ᐳᐋᒧᐃᓐ puwaamuwin ni ♦ dream

ᐳᐋᒨ puwaamuu vai-u ♦ s/he dreams

ᐳᐋᔅᑯᔑᓐ puwaaskushin vai ♦ s/he stands partially hidden by trees (but still visible)

ᐳᓀᔑᓐ puneshin vai ♦ s/he is visible through the blizzard

ᐳᓀᐦᑎᓐ punehtin vii ♦ it is visible through the blizzard

ᐳᓴᐋᑲᓐ pusaakan ni ♦ fungus growing on tree trunk

ᐳᔅᑖᔅᑯᔑᒣᐤ pustaaskushimeu vta ♦ s/he puts it (anim) onto something stick-like (ex fur stretcher, axe handle)

ᐳᔅᑖᔅᑯᐦᑎᐦᑖᐤ pustaaskuhtihtaau vai+o ♦ s/he puts it on an wooden handle (ex axe)

ᐳᔑᒣᐤ pushimeu vta ♦ s/he senses someone conjuring against him/her (not with absolute assurance)

ᐳᔥᑎᔅᑲᒧᑎᔦᐤ pushtiskamutiyeu vta [Inland] ♦ s/he puts clothing on her/him

ᐳᔥᑕᑯᐦᐯᐤ pushtakuhpeu vai ♦ s/he puts on a dress

ᐳᔥᑕᓵᒣᐤ pushtasaameu vai ♦ s/he puts on snowshoes

ᐳᔥᑕᓵᒥᐦᐁᐤ pushtasaamiheu vta ♦ s/he puts snowshoes on him/her

ᐳᔥᑕᔅᑎᓭᐤ pushtastiseu vai ♦ s/he puts on mittens

ᐳᔥᑕᔑᓀᐤ pushtaschineu vai ♦ s/he puts on shoes

ᐳᔥᑕᔑᓂᐦᐁᐤ pushtaschiniheu vta ♦ s/he puts shoes on him/her

ᐳᔥᑖᐹᓂᐦᐁᐤ pushtaapaaniheu vta ♦ s/he puts the harness on the dog

ᐳᔥᑯᔥᑌᐤ pushkushteu vii ♦ it has a line across it

ᐳᔥᒋᑖᓯᐦᐁᐤ pushchitaasiheu vta ♦ s/he puts socks on him/her

ᐳᔥᒋᔥᑐᑎᓂᐦᐁᐤ pushchishtutiniheu vta ♦ s/he puts a hat on him/her

ᐳᔥᒋᔥᑐᑎᓂᐦᐄᓲ pushchishtutinihiisuu vai reflex -u ♦ s/he puts on a hat

ᐳᔥᒋᔥᑯᐌᐤ pushchishkuweu vta ♦ s/he puts it (anim, ex pants) on

ᐳᔥᒋᔥᑲᒧᑎᔦᐤ pushchishkamutiyeu vta ♦ s/he puts clothing on him/her

ᐳᔥᒋᔥᑲᒼ pushchishkam vti [Coastal] ♦ s/he puts it (ex clothing) on

ᐳᔦᔨᒣᐤ puyeyimeu vta ♦ s/he has a vision, clue, insight, about him/her through conjuring, s/he reads about him/her in signs, portents

ᐳᔦᔨᐦᑕᒼ puyeyihtam vti ♦ s/he has a vision, clue, insight, about it through conjuring, s/he predicts by signs, portents

ᐳᐦᐄᑲᒣᐤ puhiikameu vta ♦ it (anim) peels it (anim, ex tree) with its teeth

ᐳᐦᐄᑲᐦᐊᒼ puhiikaham vti ♦ s/he peels it by axe (old term)

ᐳᐦᐄᑲᐦᐌᐤ puhiikahweu vta ♦ s/he peels it (anim, ex tree) with an axe (old term)

ᐳᐦᐄᑲᐦᑕᒼ puhiikahtam vti ♦ s/he/it (anim) peels it with her/his/its teeth

ᐳᐦᐄᒋᓇᒼ puhiichinam vti ♦ s/he peels the bark off it, by hand

ᐳᐦᒋᓂᑳᑕᐦᐊᒼ puhchinikaataham vti ♦ s/he puts it (stick-like) on her/his shoulder for carrying

ᐳᐦᒋᓂᑳᑕᐦᐌᐤ puhchinikaatahweu vta ♦ s/he puts it (anim, stick-like) on her/his shoulder for carrying

ᐳᐦᒍᑌᐤ puhchuuteu vai ♦ s/he puts her/his load on her/his back

ᐳᐦᒍᑌᐸᔨᐦᐆ puhchuutepayihuu vai -i ♦ s/he puts her/his load on her/his back in a hurry

ᐳᐦᒍᑕᐦᐁᐤ puhchuutaheu vta ♦ s/he loads it on someone's back

ᐳᐦᒍᑖᒣᐤ puhchuutaameu vta ♦ s/he puts him/her on her/his back for carrying

ᐳᐳᔑᑳᐊ

>

ᐳᐳᔑᑳᐊ puupuuyaakan ni ♦ baby talk for toilet, potty
ᐳᑎᓗᐦᒋᐤ puutinihcheu vai ♦ s/he makes steamed pudding
ᐳᑎᓈᔑᐦᒄ puutinaschihkw na ♦ steamed pudding pot
ᐳᑎᓐ puutin na -im ♦ steamed pudding, from English 'pudding'
ᐳᒍᐌᑳᐊ puutuwekan vii ♦ it (sheet-like) is inflated
ᐳᒍᐌᑳᔔ puutuwekaashuu vai -i ♦ it (anim) is inflated, blown up by the wind
ᐳᒍᐚ puutuwaau vii ♦ it is inflated, bloated, puffed up
ᐳᒍᐚᐯᑳᐊ puutuwaapekan vii ♦ it (string-like) is big in diameter, inflated
ᐳᒍᐚᐯᒋᓲ puutuwaapechisuu vai -i ♦ it (anim, string-like, ex intestines) is inflated
ᐳᒍᐚᐱᔅᑳᐤ puutuwaapiskaau vii ♦ it (stone, metal) is big in diameter
ᐳᔅᐌᑳᔥᑎᓐ puutuuwekaashtin vii ♦ it is inflated, blown up by the wind (something sheet-like)
ᐳᔅᐌᒋᓲ puutuuwechisuu vai -i ♦ it (anim, sheet-like) is inflated
ᐳᔅᐊᔅᑳᑎᓐ puutuuwaaskatin vii ♦ it (frozen liquid) bulges from a container
ᐳᔅᐊᔅᑳᒎ puutuuwaaskachuu vai -i ♦ it (anim, frozen liquid) bulges from a container
ᐳᔅᐳ puutuupuu vai -i ♦ s/he sits fatly, in a ball shape
ᐳᔅᐸᔫ puutuupayuu vai/vii -i ♦ it (anim) inflates
ᐳᔅᑦᐦᑳᓄ puutuutaamihkaneu vai ♦ s/he has chubby cheeks
ᐳᔅᑲᒫᐤ puutuukamaau vii ♦ it is a round lake
ᐳᔅᓲ puutuusuu vai -i ♦ s/he/it (anim) is inflated, fat, roly-poly
ᐳᔅᓵᒥᐦᑴᐤ puutuusaamihkuweu vta ♦ s/he makes round snowshoes for him/her

ᐳᔅᓵᒥᐦᒉᐤ puutuusaamihcheu vai ♦ s/he makes round snowshoes
ᐳᔅᓵᒻ puutuusaam na ♦ round snowshoes
ᐳᔅᐦᑴᐤ puutuuhkweu vai ♦ s/he has a chubby face
ᐳᑌ puutai ni -aam [Inland] ♦ bottle, from French 'bouteille'
ᐳᑖᑌᐤ puutaateu vta ♦ s/he blows on her/him, it (anim), blows it (anim) up
ᐳᑖᑕᒻ puutaatam vti ♦ s/he blows it, at it
ᐳᑖᑕᐦᐄᑳᓐ puutaatahiikan vii ♦ it is an air pump
ᐳᑖᑕᐦᐄᒉᐤ puutaatahiicheu vai ♦ s/he fills things with air (using something), s/he sprays
ᐳᑖᑕᐦᐌᐤ puutaatahweu vta ♦ s/he inflates (anim, ex tire), pumps it
ᐳᒑᒋᑳᓐ puutaachikan ni ♦ horn, whistle, harmonica, wind instrument
ᐳᒑᐦᒉᐤ puutaahcheu vai ♦ s/he/it (anim) blows
ᐳᒑᐦᒉᓲ puutaahchesuu na -slim ♦ horn player, harmonica player, someone who blows an instrument
ᐳᑦ puut p,time [Inland] ♦ future reference, used with *eku, kiipa* ■ ∇ᑦ" ᐳᑦ ᐊ ᐎ ·ᐊᕐ"ᐃ·ᐁᒡ <<ᑐᐤ·ᐊᐦᒡ *I suppose she'll be arriving with the others.*
ᐳᒋᒉᐤ puuchicheu vai ♦ s/he is pot-bellied
ᐳᒣᓯᐤ puumesiiu vai ♦ s/he is tired of waiting
ᐳᒣᐦᐁᐤ puumeheu vta ♦ s/he waits anxiously for him/her
ᐳᒣᐦᑖᐤ puumehtaau vai+o ♦ s/he is tired of waiting for it (ex plane, when it did not arrive at the expected time)
ᐳᒥᓀᔑᓐ puumineshin vai ♦ it (bear) is partially visible through berry bushes in distance
ᐳᒥᐦᒀᐤ puumihkwaau vii ♦ it is light red, pink
ᐳᓀᐌᔑᓐ puuneweshin vii ♦ the sound of a person walking stops
ᐳᓀᐌᔥᑎᓐ puuneweshtin vii ♦ the sound of the wind stops

puuneyihtam vti ◆ s/he ceases thinking about it, s/he repents of it, s/he changes his mind about it

puunipimaatisiiu vai ◆ s/he dies, literally 'stops living'

puunipayiheu vta ◆ s/he stops him/her from doing something

puunipayihtaau vai+o ◆ s/he stops it from doing something

puunipayuu vai/vii -i ◆ s/he/it stops functioning

puunisinaapaateu vta ◆ s/he anchors it (anim)

puunisinaapaatam vti ◆ s/he anchors it

puunisinaapaan ni ◆ end anchor pieces of net, made from stick, stone

puunisinaapaasuwin ni ◆ anchor

puunisinaapaasuuniyaapii ni -m ◆ anchor chain, rope

puuniyehyeu vai ◆ it (anim, ex dog) ceases to breathe

puuniheu vta ◆ s/he quits it (anim)

puunihtaau vai+o ◆ s/he quits it, s/he stops it

puuniiweu vii ◆ it calms, the wind drops, it ceases blowing

puuniiu vai ◆ s/he quits, s/he ceases

puunuushaaniheu vta ◆ she weans, stops breastfeeding her/him

puunuushaanuu vai ◆ s/he is weaned, stops breastfeeding

puunam vti [Coastal] ◆ s/he feeds the fire (old term)

puunaapatisiiu vai ◆ s/he quits working

puunaapameu vta ◆ s/he stops looking to him/her for co-operation

puunaapahtam vti ◆ s/he stops trying to do it

puunaakuneu vai ◆ s/he puts snow in the broth to congeal the fat

puusiwepineu vta ◆ s/he throws it (anim) aboard

puusiwepinam vti ◆ s/he throws it aboard

puusiwepaham vti ◆ s/he sweeps it aboard, using something

puusiwepahweu vta ◆ s/he sweeps it (anim) aboard, using something

puusitishaham vti ◆ s/he sends it out on board a vehicle

puusitishahweu vta ◆ s/he sends him/her out in, on it (ex vehicle)

puusikwaashkuhtuu vai -i ◆ s/he jumps into it

puusichuwin vii ◆ the water pours over into the canoe as it travels

puusiheu vta ◆ s/he loads it (anim) into a canoe, onto a toboggan

puusihtaau vai+o ◆ s/he loads it into a vehicle (canoe, car, boat)

puusihtaasuwin ni ◆ cargo, things put in a vehicle, canoe

puusihtaasuu vai ◆ s/he loads things into it

puusihtaasuutaapaanish na dim ◆ pickup truck

puusihtaasuutaapaan na ◆ transport truck

puusihtaasuumakan vii ◆ it (ex boat) is loaded

puusuu vai -i ◆ s/he embarks, gets in, on, aboard a vehicle, boat

puusaapwaaweu vai [Coastal] ◆ it (anim) is soaking wet from the rain

puusaahkwaamuu vai [Coastal] ◆ s/he sleeps soundly, for a long time

puuskusinaham vti ◆ s/he draws a line across dividing it in two, in half

puuskusinahweu vta ◆ s/he draws a line across it (anim) dividing it in two, in half

puuskusinaateu vii ◆ there is a line drawn across dividing it in two, in half

puuskuhtii na -m [Coastal] ◆ fifty cents

ᐴᔅᑳᐋᐤ puuskwaawiiu vai [Coastal] ♦ it (anim, partridge) goes beneath the soft snow to sleep, s/he (child) throws her/himself down into the soft snow

ᐴᔅᑳᐱᔥ puuskwaapisch na [Mistissini] ♦ fifty cents

ᐴᔅᑳᑯᓀᐸᔨᐦᐅᐤ puuskwaakunepayihuu vai -u [Coastal] ♦ it (anim, partridge) goes beneath the soft snow to sleep, s/he (child) throws her/himself down into the soft snow

ᐴᔅᒋᓈᐅᑲᒥᒄ puuschinaaukamikw ni ♦ a dwelling made of small trees

ᐴᔅᒋᓈᐤ puuschinaau vai ♦ it (anim) is a small tree cut down and used to make a trail

ᐴᔅᒋᓈᐦᑲᐦᑐᐌᐤ puuschinaahkahtuweu vta ♦ s/he marks the place with a small tree (ex where meat is buried)

ᐴᔅᒋᔮᑲᓐ puuschiyaakan ni ♦ bark cup, bowl, can be used for collecting sap

ᐴᔒ puushii na -m ♦ cat, from English 'pussy'

ᐴᔒᔥ puushiish na dim ♦ kitten

ᐴᔥᑯᐱᑌᐤ puushkupiteu vta ♦ s/he tears it (anim) in half

ᐴᔥᑯᐱᑕᒻ puushkupitam vti ♦ s/he tears it in two pieces

ᐴᔥᑯᐸᔨᐤ puushkupayuu vai -i ♦ it (anim) has a piece broken off it, it is broken in half

ᐴᔥᑯᔥᐌᐤ puushkushweu vta ♦ s/he cuts a piece off it (anim), cuts it in half

ᐴᔥᑯᔑᓐ puushkushin vai ♦ a piece breaks off it (anim) as it falls, it falls and breaks in two

ᐴᔥᑯᔕᒻ puushkusham vti ♦ s/he cuts it in two pieces, cuts it in half

ᐴᔥᑯᔥᑾᐌᐤ puushkushkuweu vta ♦ s/he breaks it (anim) in two, in half with her/his weight

ᐴᔥᑯᔥᑲᒻ puushkushkam vti ♦ s/he breaks it in two, in half with his weight

ᐴᔅᑳᐤ puushkwaau vii ♦ it has a piece broken off it, it is broken in two, in half

ᐴᔦᔨᐦᑕᒻ puuyeyihtam vti ♦ s/he senses it conjuring against someone (not with absolute assurance)

ᐴᓘᐦᐁᐤ puuluuheu vta ♦ s/he fools him/her, from English 'fool'

ᐴᐦᑎᑖᐅᓀᐤ puuhtitaauneneu vta ♦ s/he puts her/his finger in someone's else's mouth

ᐴᐦᑎᑖᐅᓀᓯᐤ puuhtitaaunenisuu vai ♦ s/he puts her/his own finger in her/his mouth

ᐴᐦᑎᓀᐤ puuhtineu vta ♦ s/he puts her/his hand, finger into it (anim) with a tight fit

ᐴᐦᑎᓂᑲᓐ puuhtinikan na ♦ thimble

ᐴᐦᑎᓇᒻ puuhtinam vti ♦ s/he puts his hand in it, accidentally steps into a hole

ᐴᐦᑕᐴ puuhtapuu vai -i ♦ s/he sits inside it (ex a tub, box)

ᐴᐦᑖᐸᒥᓈᑯᓐ puuhtaapaminaakun vii ♦ it is a clear view because of lack of obstacles

ᐴᐦᑖᑲᒥᐸᔨᐦᐁᐤ puuhtaakamipayiheu vta ♦ s/he drops him/her/it (anim) into a container of water

ᐴᐦᑖᑲᒥᐸᔨᐦᑖᐤ puuhtaakamipayihtaau vai+o ♦ s/he drops it into a container of water

ᐴᐦᑖᔥᑎᒁᐤ puuhtaashtikweu vai ♦ s/he walks along a river

ᐴᐦᑖᔥᑎᒀᐦᐊᒻ puuhtaashtikweham vti ♦ s/he paddles into it (ex a river from another body of water)

ᐴᐦᑖᔥᑎᓐ puuhtaashtin vii ♦ the wind blows into it

ᐴᐦᑳᐋᐤ puuhkwaawiiu vai [Inland] ♦ it (anim, partridge) goes beneath the soft snow to sleep, s/he (child) throws her/himself down into the soft snow

ᐴᐦᒋᐸᔨᐦᐁᐤ puuhchipayiheu vta ♦ s/he drops him/her into it

ᐴᐦᒋᐸᔨᐦᑖᐤ puuhchipayihtaau vai+o ♦ s/he drops it into it

ᐴᐦᒋᐸᔨᐤ puuhchipayuu vai/vii -i ♦ s/he/it falls into it

ᐴᐦᒋᓲᑖᐤ puuhchisuutaau vai+o ♦ s/he puts it into something with a tight fit

ᐴᐦᒋᓲᔦᐤ puuhchisuuyeu vta ♦ s/he puts him/her/it (anim) into something with a tight fit

ᐴᐦᒋᔅᑳᒋᑲᓐᐦ puuhchiskaachikanh ni pl ♦ sealskin overshoes

ᐳᐦᒋᔥᑎᑫᐱᒑᐤ **puuhchishtikwepichuu** vai-i ◆ s/he travels on the ice following a river as s/he moves winter camp

ᐳᐦᒑᐱᓀᐤ **puuhchaapineu** vta ◆ s/he pokes his/her eye with a finger

ᐳᐦᒑᐱᓂᓱ **puuhchaapinisuu** vai reflex -u ◆ s/he pokes her/his own eye

ᐳᐦᒑᐳᐦᐌᐤ **puuhchaapuhweu** vta ◆ s/he pokes him/her in the eye with something

ᐸ

ᐸᐯᐱᔦᔅᐌᐤ **papeupiyesweu** vai ◆ s/he sings her/his geese song

ᐸᐯᐅᒣᓭᐤ **papeumeseu** vai ◆ s/he sings her/his fish song

ᐸᐯᐅᒥᔅᑵᐤ **papeumiskweu** vai ◆ s/he sings her/his beaver song

ᐸᐯᐌᐤ **papeweu** p,interjection ◆ good luck (said after hiccoughing)

ᐸᐯᐌᐤ **papeweu** vai ◆ s/he has a good sign, portent, omen

ᐸᐯᐌᒪᑲᓐ **papewemakan** vii ◆ it gives a good omen, portent

ᐸᐯᐌᔨᒣᐤ **papeweyimeu** vta redup ◆ s/he interprets the good omen, portent someone gives

ᐸᐯᐌᔨᐦᑕᒼ **papeweyihtam** vti ◆ s/he interprets the good omen, portent it gives

ᐸᐯᑎᑯᐳ **papetikupuu** vai-i ◆ s/he sits on her/his legs and feet

ᐸᐯᑎᒁᑲᓂᒋᐸᔪ **papetikwaakanichipayuu** vii ◆ the snow becomes moist

ᐸᐯᔅᑯᓯᒁᐤ **papeskusikwaau** vii redup ◆ there are piles of ice, frozen together

ᐸᐯᔅᑕᓵᒣᐤ **papestasaameu** vai redup ◆ s/he puts on her/his snowshoes

ᐸᐲᐙᐦᑎᑲᐦᐄᒉᐤ **papiiwaahtikahiicheu** vai redup [Coastal] ◆ s/he cuts the boughs to sit on before making a fire in winter

ᐸᐸᑲᑎᓐ **papakatin** vii ◆ it (body of water) is thinly frozen

ᐸᐸᑲᔐᐤ **papakasheu** vai ◆ it (anim, skin, hide) is very thin

ᐸᐸᑲᔐᔎ **papakasheshuu** vai dim -i ◆ it (anim, smaller skin, hide) is very thin

ᐸᐸᑳᐤ **papakaau** vii ◆ it is thin

ᐸᐸᑳᐱᐢᑳᐤ **papakaapiskaau** vii ◆ it (stone, metal) is thin

ᐸᐸᑳᐱᐢᒋᔎ **papakaapischisuu** vai-i ◆ it (anim, metal, stone, ex teapot) is thin

ᐸᐸᑳᔅᑯᓐ **papakaaskun** vii ◆ it (stick-like) is thin

ᐸᐸᑳᔅᑯᓱ **papakaaskusuu** vai-i ◆ it (anim, stick-like) is thin

ᐸᐸᒉᑲᓐ **papachekan** vii ◆ it (sheet-like) is thin

ᐸᐸᒉᒋᓱ **papachechisuu** vai-i ◆ it (anim, sheet-like, ex pants) is thin

ᐸᐸᒋᓯᒁᐤ **papachisikwaau** vii ◆ it is thin ice

ᐸᐸᒋᓯᔫ **papachisiiu** vai ◆ it (anim, ex hide) is thin in thickness

ᐸᐸᒋᔥᐌᐤ **papachishweu** vta ◆ s/he cuts it (anim) thin

ᐸᐸᒋᔥᐊᒼ **papachisham** vti ◆ s/he cuts it thin

ᐸᐸᒋᔥᒋᔐᐤ **papachishchisheu** vai ◆ s/he has a thin upper lip

ᐸᐸᒌᔫᒌᐤ **papachiiyuchiiu** vai [Inland] ◆ the bark of the tree is very thin

ᐸᐸᒍᐄᓄᐙᒌᐤ **papachuwiinuwachiiu** vai ◆ it (anim, new growth of wood on a tree) is thin

ᐸᐸᓈᔥᑎᑲᐦᐌᐤ **papanaashtikahweu** vai redup ◆ it (partridge) eats bits of black spruce needles laying around on the snow or ground

ᐸᐸᓈᐦᑎᑲᐦᐄᒉᐤ **papanaahtikahiicheu** vai redup ◆ it (anim, grouse, partridge) causes the needles to fall to the ground while eating in a conifer tree

ᐸᐸᐦᑵᔐᐤ **papahkwescheu** vai redup [Coastal] ◆ s/he cuts off pieces of frozen moss

ᐸᐹᐅᔑᒣᐤ **papaaushimeu** vta redup [Coastal] ◆ s/he runs and hides so someone will not know where s/he is

ᐸᐹᐅᐦᐄᒉᐤ **papaauhiicheu** vai redup ◆ s/he is repeatedly knocking ▪ ᐆᐸᒡ ᒉᐸᑉ ᒌ ᐸᐹᐅᐦᐄᒉᐤ. ▪ *S/he was knocking for quite a long time.*

<< ᐃᒐᕏ papaawiicheweu vta redup
• s/he walks around with, hangs around with him/her

<<·ᑦ<"ᑎᔅᕏ papaawaapahtiyeu vta redup • s/he shows him/her around

<<ᐷ"ᒡ"ᕒᕏ papaatehtaheu vta redup
• s/he takes him/her/it (anim) around on top of a vehicle (ex skidoo, motorcycle)

<<ᐷᒡᑕᒡ papaatahkunam vti redup
• s/he goes around holding it

<<ᐸᐤ papaakaapuu vai redup -i [Inland]
• her/his eyes are swollen

<<ᐸᐸᔅ papaakaapamuu vai redup -u
• s/he has swollen eyes from crying

<<ᐸᑰᓐᒍᕏ papaakaashuushtuweu vta redup • s/he runs and hides from him/her

<<ᑳᐦᑲᓴᒣᐤ papaachikasaameu vai
• s/he walks around in snowshoes

<<ᐋᒣᔨᒣᐤ papaameyimeu vta redup
• s/he thinks a lot about him/her, worries about him/her

<<ᐋᒣ"ᒡᒡ papaameyihtam vti redup
• s/he cares for it, s/he worries about it

<<ᐋᒥᐋ"ᒍᕏ papaamiaahtucheu vai redup
• s/he moves from house to house

<<ᐋᒥᐱᔫ papaamipichuu vai redup -i
• s/he moves from one winter camp to another

<<ᐋᒥᐸᐋᐤ"ᖅ papaamipahtaau vai redup
• s/he runs around

<<ᐋᒥᑎᒣᐤ papaamitimeu vta redup • s/he follows it's (anim) tracks around

<<ᐋᒥᑎᔕᐦᐌᐤ"ᕏ papaamitishahweu vta redup • s/he runs after him/her to catch up

<<ᐋᒥᑎᐦᑌᐤ papaamitihteu vai redup
• s/he follows someone else's tracks, trail around

<<ᐋᒥᑖᒋᒨ papaamitaachimuu vai redup -u
• s/he crawls around

<<ᐋᒥᔅᑯᐸᔫ papaamiskupayuu vai redup -i
• s/he skates around, s/he rides around on the ice

<<ᐋᒥᔅᑯᐸᔫᑲᒥᒃ papaamiskupayuukamikw ni • skating arena

<<ᐋᒥᐦᔮᐅᐄᓅ papaamihyaauiinuu na - niim [Inland] • flying spirit which enters the shaking tent

<<ᐋᒥᐦᔮᐅᐄᔨᔫ papaamihyaauiiyiyuu na - yiim • pilot of airplane, flying spirit (being that enters the shaking tent)

<<ᐋᒥᐦᔮᐅᒋᒧᔥ papaamihyaauchimush na • flying dog (a spirit in the shaking tent)

<<ᐋᒥᐦᔮᓂᑯᒑᔥ papaamihyaanikuchaash na dim • flying squirrel *Glaucomys sabrinus*

<<ᐋᒦᒋᓲ papaamiichisuu vai redup -u
• s/he goes around eating

<<ᐋᒨᐌᐸᐦᓲᐙᑲᓐ papaamuwepahusuuwaakan ni
• baby walker

<<ᐋᒨᐌᔑᓐ papaamuweshin vai redup
• the sound of her/his steps is heard, s/he is heard walking around

<<ᐋᒨᐌᔥᑳᑌᐤ papaamuweshkateu vai redup • s/he has a growling stomach

<<ᐋᒨᐌᔮᑯᓀᔑᓐ papaamuweyaakuneshin vai redup
• her/his steps are heard as s/he walks in the snow, s/he is audible walking around on the snow

<<ᐋᒨ"ᐅᐋ"ᒡᒡ papaamuhteuaahchikw na [Coastal] • kind of seal that goes walking, literally 'walking seal'

<<ᐋᒨ"ᐅ papaamuhteu vai redup • s/he walks around

<<ᐋᒨ"ᒡᒌ papaamuhtataau vai+o redup
• s/he walks around carrying it

<<ᐋᒨ"ᒡ"ᕏ papaamuhtaheu vta redup
• s/he walks around with him/her, s/he takes him/her around for a walk

<<ᒨᐤ papaamuuteu vai redup • s/he travels around, s/he goes around carrying it on her/his back (ex traps)

<<ᒨᓲ papaamuutesuu na • one who travels around carrying a load on the back

<<ᒨᑖᒣᐤ papaamuutaameu vta redup
• s/he goes around carrying him/her on the back

<<ᓛ"ᑖᒣᐤ papaamahaameu vai redup
• s/he follows it (ex road, tracks)

<<ᓛ"ᑖ"ᐅ papaamahaahteu vai redup
• s/he follows his/her/its tracks, trail

173

◁◁ᒫᐳᐁ° **papaamaaputeu** vii redup ♦ it is floating around in the water ■ ◁◁ᒫᐳᐁ° ◁ᵃ ᖸᒼᑎᑊˣ ■ *The stick is floating around.*

◁◁ᒫᑎᔨ° **papaamaatisiiu** vai redup ♦ s/he is a wanderer

◁◁ᒫᑯᓯᖸ° **papaamaakunichiiu** vai redup ♦ s/he walks on snow without snowshoes

◁◁ᒫᒋᕈᐸ **papaamaachihuu** vai redup -u ♦ s/he/it (anim) wanders around

◁◁ᒫᔅᐳ **papaamaaspuu** vai redup -u ♦ s/he walks around eating

◁◁ᒫˢᑯᕽᐊᒷ **papaamaaskuham** vti redup ♦ s/he walks around, strolls in the bush

◁◁ᒫᔑᑯᐋᐳᐤ **papaamaashikuwaapuu** vai redup -i ♦ her/his tears fall, s/he goes around with her/his tears falling

◁◁ᒫᔑᑯᐋᐸᑕᒼ **papaamaashikuwaapahtam** vti redup ♦ s/he has tears running down her/his cheeks

◁◁ᒫᔓ **papaamaashuu** vai redup -i ♦ s/he sails around

◁◁ᒫˢᑎᑖᐤ **papaamaashtitaau** vai+o redup ♦ s/he flies it (ex kite) around

◁◁ᒫˢᑎᒣᐤ **papaamaashtimeu** vta redup ♦ s/he flies it (anim, ex kite) around

◁◁ᒫˢᑎᓐ **papaamaashtin** vii redup ♦ it sails around, blows around in the wind

◁◁ᒫᐦᑐᐧᐄᐤ **papaamaahtuwiiu** vai redup ♦ s/he/it (anim) climbs around

◁◁ᒫᐦᑐᐧᐄᐸᐦᑖᐤ **papaamaahtuwiipahtaau** vai redup ♦ s/he/it (anim) runs around on something stick-like (ex mouse on a tent frame)

◁◁ᒫᐦᑐᐧᐄᑎᔑᒧᐤ **papaamaahtuwiitishimuu** vai redup -u ♦ s/he/it (anim, ex mouse) runs all over the place trying to escape

◁◁ᒫᐦᑐᐧᐄᑎᔕᐦᐌᐤ **papaamaahtuwiitishahweu** vta redup ♦ s/he/it (anim) runs after him/her/it up and down (ex stairs, tree)

◁◁ᓂᔕᒼ **papaanisham** vti redup ♦ s/he cuts it (meat) in accordion fashion to open it out for to drying, frying

◁◁ᓃᐅᒣᐤ **papaaniiumeu** vta redup ♦ s/he goes around carrying him/her/it on the back

◁◁ᓇᐦᐊᒼ **papaanaham** vti redup ♦ s/he digs the snow to bare the ground

◁◁ᓰᐦᑑᑎᕽᐚᒣᐤ **papaasiihtuutihkwaameu** vta ♦ s/he takes him/her/it (anim) under her/his arm

◁◁ᓰᐦᑑᑎᕽᐚᐦᑕᒼ **papaasiihtuutihkwaahtam** vti redup ♦ s/he takes it under her/his arm

◁◁ᔒᒥᒋᓯᑌᐦᑌᐤ **papaashimichisitehteu** vai redup ♦ s/he walks around with toes pointing out

◁◁ᐦᐁᐤ **papaaheu** vta ♦ s/he puts a binding along the edges of it (anim, net)

◁◁ᐦᐄᑲᓐ **papaahiikan** na ♦ binding along the edges of a net

◁◁ᐦᑐᐁ **papaahtuwe** p,location redup ♦ circular direction of a path, return and settle near the first place where it had rested

◁◁ᐦᑐᐁᔮᔥᑯᔥᑲᒼ **papaahtuweyaashkushkam** vti redup ♦ s/he walks to the side of a road, river, close to the trees

◁ᑌᑎᔅ **patetis** ni -im ♦ potato, from English 'potatoes'

◁ᑎᑯᐁᐤ **patikuweu** vai ♦ it (anim, rabbit) moves the snare wire but misses getting caught

◁ᑎᒥᔅᒄ **patimiskw** na ♦ three year old beaver

◁ᑎᓀᐤ **patineu** vta ♦ s/he misses grabbing, catching it (anim)

◁ᑎᓇᒼ **patinam** vti ♦ s/he misses grabbing, catching it

◁ᑎᔥᑯᐁᐤ **patishkuweu** vta ♦ s/he misses stepping on her/him/it (anim)

◁ᑎᔥᑲᒼ **patishkam** vti ♦ s/he misses stepping on it

◁ᑎᐦᐄᒉᐤ **patihiicheu** vai ♦ s/he misses a target

◁ᑎᐦᐊᒼ **patiham** vti ♦ s/he misses hitting it (ex target, nail)

◁ᑐ **patute** p,location ♦ to the side of, out of line, off to the side

◁ᑐᐳ **patutepuu** vai -i ♦ s/he sits off, misses her/his seat

◁⊃∪◁ᐲ"Ċ° patutepayihtaau vai+o ♦ s/he drives off the side of the road

◁⊃∪◁ᒃ patutepayuu vai/vii -i ♦ s/he/it (anim) drives off the side of the road, it goes astray, off target

◁⊃∪◁"Ċ° patutepahtaau vai ♦ s/he runs off from the trail, s/he runs aside, off to the side

◁⊃∪ᑉᑲ patuteskanuu p,location ♦ off to the side of the road, path

◁⊃∪ᒼᑲᴸ patuteshkam vti ♦ s/he walks off to the side of the road, path

◁⊃".∇° patuhweu vta ♦ s/he misses him/her shooting, hitting

◁Cᑯᒼᑊ·∇° patakushkuweu vta ♦ s/he sits upon him/her, holds him/her down with her/his weight

◁Cᑯᒼᑲᴸ patakushkam vti ♦ s/he sits on it, holds it down with his weight

◁C⅂° patameu vta ♦ s/he/it (anim) misses him/her/it (anim) when biting

◁CJ⅃° patamuyeu vta ♦ s/he finds it (anim) gone and trap sprung, just misses trapping it (anim)

◁Cᑊb"ᐅ·∇·∆ᵃ pataskahuwewin ni [Inland] ♦ inoculation

◁C"⅂° patahameu vai ♦ s/he takes the wrong road, s/he steps off the trail

◁C"⅂ᴸ pataham vti ♦ s/he misses hitting it

◁C"Cᴸ patahtam vti ♦ s/he misses it when trying to bite it

◁Ċᒼᑯ pataamiskw p,location ♦ off the side of the channel

◁ᑯC·ᑲ·ᐤᐦ"∩ᑯ pakutakwaawaanaahtikw ni ♦ stick used to hang fish, meat for smoke-drying

◁ᑯC·ᑲ·ᐤᵃ pakutakwaawaan ni ♦ rack made of wood, poles to hang meat, fish to smoke-dry

◁ᑯ⅂ᓂ° pakucheneu vta ♦ s/he guts it (anim)

◁ᑯ⅂ᓂᑲᵃ pakuchenikan ni ♦ opening made to gut an animal

◁ᑯ⅂ᓂ⅂° pakuchenicheu vai ♦ s/he guts an animal

◁ᑯ⅂·ᔥ° pakucheshweu vta ♦ s/he cuts it (anim) open to remove the guts

◁ᑯ⅂ᣙᴸ pakuchesham vti ♦ s/he cuts it (anim, ex bag) open to remove the contents

◁ᑯᓂ∧∪° pakunepiteu vta ♦ s/he tears a hole in it (anim)

◁ᑯᓂ∧Cᴸ pakunepitam vti ♦ s/he tears a hole in it

◁ᑯᓂ◁ᒃ pakunepayuu vai/vii -i ♦ it (anim) gets a hole in it (anim)

◁ᑯᓂᑲᐦᑭᔥ◁ᒃ pakunekachishepayuu vai -i ♦ s/he/it (anim) gets a hole in the behind (ex seat of pants)

◁ᑯᓂᑲᐦᑭᔨᣙ° pakunekachishiiu vai ♦ s/he has a hole behind (ex seat of pants)

◁ᑯᓂᑲ"Cᴸ pakunekahtam vti ♦ s/he/it (anim) bites a hole in it (wood, stick)

◁ᑯᓂ⅂° pakunemeu vta ♦ s/he bites a hole in it (anim)

◁ᑯᓂᓂ° pakuneneu vta ♦ s/he makes a hole in it (anim) by hand

◁ᑯᓂᓇᴸ pakunenam vti ♦ s/he makes a hole in it by hand (with emphasis on the object)

◁ᑯᓂᓭᑳ° pakunesekaau vii ♦ there is a hole in the rock

◁ᑯᓂᓯᑳ° pakunesikwaau vii ♦ there is a hole in the ice

◁ᑯᓂᓲ pakunesuu vai -i ♦ it (anim) has a hole in it

◁ᑯᓂᑭᐦᒉᑳ° pakuneskamikaau vii ♦ there is a hole in the earth

◁ᑯᓂᔥᒉᑳ° pakuneschekaau vii ♦ there is an opening through to the muskeg

◁ᑯᓂᔥᒎᑳ° pakuneschuukaau vii ♦ there is a hole in the mud

◁ᑯᓂ·ᔥ° pakuneshweu vta ♦ s/he cuts a hole in it (anim)

◁ᑯᓂᣙᴸ pakunesham vti ♦ s/he cuts a hole in it

◁ᑯᓂᣉ"C"⅂ᴸ pakuneshtaham vti ♦ s/he makes a hole in it with a sharp instrument (ex needle)

◁ᑯᓂᣉ"C".∇° pakuneshtahweu vta ♦ s/he makes a hole in it (anim) with a sharp instrument

◁ᑯᓂᣉᑯ·∇° pakuneshkuweu vta ♦ s/he makes a hole in it (anim) with her/his weight, foot

◁ᑦᑦᓐᑲᒃ pakuneshkam vti ◆ s/he makes a hole in it with her/his weight, foot

◁ᑦᑐᔅᑲᐊ pakuneyekan vii ◆ it (sheet-like) has a hole in it

◁ᑦᑐᔅᑎᑐᐤ pakuneyechineu vta ◆ s/he makes a hole in it (anim, ex hide, skin) by hand

◁ᑦᑐᔅᑎᓇᒃ pakuneyechinam vti ◆ s/he makes a hole in it (sheet-like, ex paper) by hand

◁ᑦᑐᔅᑎᓲ pakuneyechisuu vai-i ◆ it (anim, sheet-like) has a hole in it

◁ᑦᑐᔾᐅᐦᑲᒪᒃ pakuneyaauhkaham vti ◆ s/he makes a hole in the sand with a tool

◁ᑦᑐᔾᐅᐦᑳᐤ pakuneyaauhkaau vii ◆ there is a hole in the sand

◁ᑦᑐᔾᐤ pakuneyaau vii ◆ it has a hole in it

◁ᑦᑐᔾᐯᑲᓐ pakuneyaapekan vii ◆ it (string-like) has a hole in it

◁ᑦᑐᔾᐯᑎᓲ pakuneyaapechisuu vai-i ◆ it (anim, string-like) has a hole in it

◁ᑦᑐᔾᐱᔅᑳᐤ pakuneyaapiskaau vii ◆ it (metal) has a hole in it

◁ᑦᑐᔾᐱᔅᑎᓲ pakuneyaapischisuu vai-i ◆ it (anim, metal) has a hole in it

◁ᑦᑐᔾᑦᑐᓐᑲᒃ pakuneyaakuneshkam vti ◆ s/he makes a hole in the snow by his/her weight, by foot

◁ᑦᑐᔾᑦᑐᓐᑳᒪᒃ pakuneyaakuneham vti ◆ s/he makes a hole in the snow with a tool

◁ᑦᑐᔾᑦᑐᓇᑳᐤ pakuneyaakunakaau vii ◆ there is a hole in the snow

◁ᑦᑐᔾᔅᑌᐊ pakuneyaaskun vii ◆ it (stick-like) has a hole in it

◁ᑦᑐᔾᔅᑎᓲ pakuneyaaskusuu vai-i ◆ it (anim, stick-like) has a hole in it (anim)

◁ᑦᑐᔾᔨᐧᐤ pakuneyaayiweu vai [Inland] ◆ it (anim, ex beaver) has a hole in its tail

◁ᑦᑐᔾᐦᑲᓲ pakuneyaahkasuu vai-i ◆ it (anim) has a hole burnt in it

◁ᑦᑐᔾᐦᑲᓴᒃ pakuneyaahkasam vti ◆ s/he burns a hole in it

◁ᑦᑐᔾᐦᑲᐦᑌᐤ pakuneyaahkahteu vii ◆ it has a hole burnt in it

◁ᑦᑐᐦᐄᑲᓐ pakunehiikan ni ◆ drill (tool)

◁ᑦᑐᐦᐊᒃ pakuneham vti ◆ s/he makes a hole in it using a tool

◁ᑦᑐᐦᐧᐁᐤ pakunehweu vta ◆ s/he makes a hole in it (anim) using something

◁ᑦᑐᐦᑎᓐ pakunehtin vii ◆ it gets a hole in it by dropping

◁ᑦᑐᐦᑕᑳᐤ pakunehtakaau vii ◆ it (useful wood) has a hole in it

◁ᑦᑐᐦᑕᑎᓲ pakunehtachisuu vai-i ◆ it (anim, useful wood, ex plywood) has a hole in it

◁ᑦᑐᐦᑕᒻ pakunehtam vti ◆ s/he bites a hole in it

◁ᑦᑐᐦᑖᐤ pakunehtaau vai+o ◆ s/he puts, makes, leaves a hole in it

◁ᑦᓅ pakunuu p,manner ◆ from memory
■ ◁ᑦᓅ ᕒ ᐃᓐᔑᑦₓ ■ She did it from memory.

◁ᑦᓅᒣᐤ pakunuumeu vta ◆ s/he talks bad about him/her behind his/her back

◁ᑦᓅᐦᑖᐤ pakunuushtaau vai+o ◆ s/he writes it without looking at it

◁ᑦᓅᐦᐊᒃ pakunuuham vti ◆ s/he sings without looking at the words

◁ᑦᔥᑌᔑᓐ pakushiteshin vai ◆ s/he has a blister on the bottom of the foot

◁ᑦᔥᐦᐁᐤ pakushiheu vta ◆ s/he sits silently and expects food (anim) to be given out

◁ᑦᔥᐦᑣᐤ pakushihtwaau vai ◆ s/he sits silently and expects food to be given out

◁ᑦᐦᐅᑯᐤ pakuhukuu vai-u ◆ s/he has blisters (ex from boots), literally 'gets a hole in body'

◁ᑲᓱᓐ pakasun ni ◆ marrow

◁ᑲᓲ pakasuu vai ◆ s/he breaks open animal bones to extract marrow to eat

◁ᑲᔅᒐᔨᐦᑕᒻ pakascheyihtam vti ◆ s/he is alert, bright

◁ᑲᔥᑐᐧᐁᐧᐯᐤ pakashtuwewepuheu vta ◆ s/he hits him/her/it (anim) into the water

◁ᑲᔥᑐᐧᐁᐧᐯᐦᐊᒃ pakashtuwewepaham vti ◆ s/he hits it and it lands in the water

pakashtuwepiteu vta
 • s/he pulls him/her into the water
pakashtuwepitam vti
 • s/he pulls it into the water
pakashtuwepineu vta
 • s/he throws him/her in the water
pakashtuwepinam vti
 • s/he throws it in the water
pakashtuwepayiheu vta
 • s/he drops him/her/it (anim) into the water
pakashtuwepayihuu vai-u
 • s/he throws her/himself into the water
pakashtuwepayihtaau vai+o
 • s/he drops it into the water
pakashtuwepayuu vai/vii -i
 • s/he/it falls in the water
pakashtuwepahtaau vai
 • s/he runs into the water and wades
pakashtuwetishimuu vai -u
 • s/he escapes to the water
pakashtuwetishinam vti
 • s/he pulls, puts his canoe into the water
pakashtuwetishahweu vta • s/he chases him/her into the water
pakashtuwetahchishkuweu vta • s/he kicks him/her into the water
pakashtuwetahchishkam vti • s/he kicks it into the water
pakashtuweham vti • s/he puts, immerses it in the water
pakashtuwehweu vta
 • s/he puts him/her in the water
pakashtuwehteu vai
 • s/he walks into the water
pakaan na [Inland] • nut (rarely used, probably borrowed from neighbouring Innu)
pakaascheyimeu vta • s/he thinks s/he is capable of handling her/his situation
pakaascheyihtam vti • s/he thinks s/he is capable of handling it (the situation)
pakaaschisiiu vai • s/he is able to handle her/his responsibilities

pakaaschiihkuweu vta
 • s/he is able to handle his/her children
pakaaschiihkam vti • s/he is able to handle it (ex his work)
pakaaschiihkaatisuu vai reflex -u • s/he earns her/his own living, s/he supports, looks after her/himself by her/his own efforts
pakaashimuheu vta • s/he gives him/her a bath
pakaashimuu vai -u • s/he is bathing, swimming
pakaashimuuaaihkunaau na
 • dumpling boiled in water or broth
pakaashimuupayichiis ni -im
 • swimshorts
pakaashimuuyaakan ni
 • bathtub
pakaaheu vta • s/he cooks it (anim) by boiling it
pakaahtaau vai+o • s/he cooks it by boiling it
pakwaataskamikaahch p, location • in the wilderness
pakwaanam vti • s/he is able to walk on top of the hard frozen crust of snow
pakwaashuweu vai • s/he is an enemy (Bible word)
pakwaahiipeu vai [Coastal]
 • s/he sets a net in winter, through the ice
pakwaahiipaan ni • winter net setting hole through ice
pakwaahapeu vai [Inland]
 • s/he sets a net in winter, through a hole in the ice
pakwaaham vti • s/he cuts a hole in the ice to set a net
pachitishkam vti • s/he takes his weight off it
pachistitaau vai+o • s/he lets go of it, s/he drops it
pachistineu vta • s/he lets go of him/her, s/he surrenders him/her
pachistinicheu vai • s/he gives the offering in church

ᐸᔅᑎᓂᒉᔥᑕᒧᐌᐤ **pachistinicheshtamuweu** vta ♦ s/he drops it in for him/her, s/he gives the offering in church for him/her

ᐸᔅᑎᓇᐤ **pachistinam** vti ♦ s/he lets hold, lets go of it

ᐸᔅᑎᓐ **pachistin** vii ♦ it falls, drops

ᐸᔅᑑᐅᔦᐤ **pachistuuhuyeu** vta ♦ s/he takes him/her/it (anim) ahead by canoe, boat, plane

ᐸᔅᑕᒣᐤ **pachistameu** vta ♦ s/he lets him/her/it (anim) go with her/his teeth

ᐸᔅᑕᐦᐅᑖᓲᐃᓐ **pachistahutaasuwinh** ni pl ♦ things taken ahead by canoe

ᐸᔅᑕᐦᐅᑖᓲ **pachistahutaasuu** vai-u ♦ s/he takes things ahead by canoe

ᐸᔅᑕᐦᐅᔦᐤ **pachistahuyeu** vta [Coastal] ♦ s/he takes him/her ahead by canoe, boat

ᐸᔅᑕᐦᑦ **pachistaham** vti ♦ s/he puts, places it (ex food on a plate) using a tool

ᐸᔅᑕᐦᐚᐤ **pachistahwaau** vai ♦ s/he sets a fish net

ᐸᔅᑕᐦᑕᒼ **pachistahtam** vti ♦ s/he lets go of it with her/his teeth

ᐸᔅᑖᐱᐦᒉᐎᐤ **pachistaapihchewiiu** vai [Coastal] ♦ s/he lowers her/himself down using a rope

ᐸᔅᑖᐱᐦᒉᓀᐤ **pachistaapihcheneu** vta [Coastal] ♦ s/he lowers him/her down with a rope

ᐸᔅᑖᐱᐦᒉᓇᒼ **pachistaapihchenam** vti [Coastal] ♦ s/he lowers it down with a rope

ᐸᔅᑲᐦᐄᑲᓈᐴ **pachiskahiikanaapuu** ni ♦ injection liquid

ᐸᔅᑲᐦᐄᑲᓐ **pachiskahiikan** ni ♦ a needle used for injection, a drill bit

ᐸᔅᑲᐦᐄᒉᐤ **pachiskahiicheu** vai ♦ s/he pricks something with something sharp, s/he drills

ᐸᔅᑲᐦᒼ **pachiskaham** vti ♦ s/he pierces it with something pointed

ᐸᔅᑲᐦᓵᒣᐤ **pachiskahasaameu** vai ♦ s/he pierces holes in snowshoe frames for the lacing to go through

ᐸᔅᑲᐦᐌᐤ **pachiskahweu** vta ♦ s/he pierces him/her with something pointed, gives him/her an injection

ᐸᔅᒋᔑᑌᔑᓐ **pachischishiteshin** vai ♦ s/he steps on something sharp which pierces her/his foot

ᐸᔅᒋᔑᓐ **pachischishin** vai [Coastal] ♦ s/he is pierced

ᐸᒋᔑᒣᐤ **pachishimeu** vta ♦ s/he drops it (anim, ex pants)

ᐸᒋᔥᑎᐸᐦᑴᐦᐄᑲᓐ **pachishtipahkwehiikanh** ni pl ♦ poles over canvas to keep it in place on the teepee

ᐸᒋᔥᑎᑎᔑᑌᔑᓐ **pachishtitishiteshin** vai [Inland] ♦ s/he steps on something sharp which pierces her/him

ᐸᒋᔥᑎᔦᑲᐦᐄᑲᓐ **pachishtiyekahiikan** ni ♦ pole, rock used to weight canvas, tarp down

ᐸᒋᔥᑎᔦᑲᐦᒼ **pachishtiyekaham** vti ♦ s/he is putting a pole/rock to weight the canvas, tarp down

ᐸᒋᔥᑕᐦᐄᑲᓐ **pachishtahiikan** ni ♦ pole, rock used to weight something down

ᐸᒋᔥᑕᐦᒼ **pachishtaham** vti ♦ s/he puts something on top of it to hold it down

ᐸᒋᔥᑕᐦᐌᐤ **pachishtahweu** vta ♦ s/he puts something on top of him/her to hold him/her down

ᐸᒋᔥᑤᐙᐃᔦᐤ **pachishtwaawiyeu** vta ♦ s/he takes him/her/it (anim) ahead on a winter's move

ᐸᒋᔥᑤᐙᐤ **pachishtwaau** vai ♦ s/he takes her/his things ahead before moving camp

ᐸᒋᔥᒋᔑᑌᔑᓐ **pachishchishiteshin** vai [Coastal] ♦ s/he steps on something sharp which pierces her/himself

ᐸᒋᐦᑌᔨᒧ **pachihteyimuu** vai-u ♦ s/he surrenders her/his will, s/he gives in to her/his thinking

ᐸᒋᐦᑎᓂᒉᐤ **pachihtinicheu** vai ♦ s/he puts money on it, donates to it

ᐸᒋᐦᑎᓇᒧᐌᐤ **pachihtinamuweu** vta ♦ s/he gives it to him/her, s/he allows him/her the use of it

ᐸᒎᔮᓐ **pachuuyaan** ni ♦ shirt, cloth

ᐸᓯᔥᑌᐦᐄᑲᓐ **pasistehiikan** ni [Inland] ♦ whip, strap

ᐸᔅᐸᔅᑌᐤ **paspasteu** vii [Coastal] ♦ it emits sparks, it crackles

ᐸᔅᐸᔑᑌᐤ paspaschiteu vii [Inland] ♦ it emits sparks, it crackles, the fire makes a crackling sound

ᐸᔅᐸᔑᒎ paspaschuu na -chilim ♦ ruffed grouse, *Bonasa umbellus*

ᐸᔅᑲᐦᐌᐤ paskahweu vta ♦ s/he breaks the babiche while lacing a snowshoe

ᐸᔅᒋᑲᐦᐊᒻ paschikaham vti ♦ s/he cuts it off with an axe

ᐸᔅᒋᑲᐦᐌᐤ paschikahweu vta ♦ s/he cuts it (anim) off with an axe

ᐸᔥ pasch p,quantity ♦ some, a few ▪ ᒫ ᐸᔥ ᐯᒋ ᐲ ᔫᑎ ᐊᓂᑦ ᐅᑖᐸᓂᒃ. ▪ *Only some, a few can go in that car.*

ᐸᔐᐦᐄᑲᓐ pashtehiikan ni [Coastal] ♦ whip, strap

ᐸᔐᐦᐊᒻ pashteham vti ♦ s/he whips it

ᐸᔐᐦᐌᐤ pashtehweu vta ♦ s/he whips him/her/it (anim)

ᐸᔥᑯᐯᓴᒻ pashkupesam vti ♦ s/he puts it (paws, feet, wings) in hot water to get the fur, feathers off

ᐸᔥᑯᐯᔐᐤ pashkupeshteu vii ♦ fur, feathers come off it from being in hot water

ᐸᔥᑯᐱᑌᐤ pashkupiteu vta ♦ s/he plucks, pulls the hair/feathers off it (anim, a skin)

ᐸᔥᑯᓀᐤ pashkuneu vta ♦ s/he plucks it (anim, ex goose, duck)

ᐸᔥᑯᓂᒉᐤ pashkunicheu vai ♦ s/he is plucking geese, ducks

ᐸᔥᑯᓇᒻ pashkunam vti ♦ s/he plucks it (ex head, wing)

ᐸᔅᒋᔽᐤ paschishweu vta ♦ s/he cuts it (anim, string-like, ex rope, belt, ribbon)

ᐸᔅᒋᔕᒻ pashchisham vti ♦ s/he cuts it (string-like)

ᐸᔨᒌᔅ payichiis na -im ♦ pants

ᐸᔨᒑᓂᔥ payichaanish na dim ♦ juvenile, baby bird

ᐸᔨᔅᑯᐯᒋᐸᔫ payiskupechipayuu vii -i ♦ it (water) breaks through something

ᐸᔨᔅᑯᐯᒋᓀᐤ payiskupechineu vta ♦ s/he breaks it (anim, ex birth sac) containing water, with hands

ᐸᔨᔅᑯᐯᒋᓇᒻ payiskupechinam vti ♦ s/he breaks it (something containing water) with hands

ᐸᔨᔅᑯᐯᒋᒌᐤ payiskupechiiu vai ♦ s/he (baby) breaks through the water sac when being born

ᐸᔨᔅᑯᐯᔐᐤ payiskupeshteu vii ♦ there is water coming through a hole in the ice (ex from sun melting snow)

ᐸᔨᔅᑯᐳᑖᐤ payiskuputaau vai+o ♦ s/he saws through it

ᐸᔨᔅᑯᐳᔦᐤ payiskupuyeu vta ♦ s/he saws through it (anim)

ᐸᔨᔅᑯᐸᔨᐦᐁᐤ payiskupayiheu vta ♦ s/he causes it (anim) to break through by moving it

ᐸᔨᔅᑯᐸᔨᐦᑖᐤ payiskupayihtaau vai+o ♦ s/he causes it to break through by moving it

ᐸᔨᔅᑯᐸᔫ payiskupayuu vai/vii -i ♦ it (ex bag) breaks through on its own, the bottom of it is knocked out

ᐸᔨᔅᑯᑎᔦᒌᐤ payiskutiyechiiu vai ♦ s/he/it (anim) breaks through a bag (ex mouse gets out of bag)

ᐸᔨᔅᑯᒋᔅᒉᐸᔫ payiskuchischepayuu vii -i [Inland] ♦ it (ex bottom of box) comes out, breaks through, is knocked out

ᐸᔨᔅᑯᒋᔖᐌᐸᔫ payiskuchischaawepayuu vii -i [Coastal] ♦ it (ex bottom of box) comes out, breaks through, is knocked out

ᐸᔨᔅᑯᓀᐤ payiskuneu vta ♦ s/he knocks, punches a hole through it (anim)

ᐸᔨᔅᑯᓇᒻ payiskunam vti ♦ s/he knocks, punches a hole through it

ᐸᔨᔅᑯᔦᑲᐦᐊᒻ payiskuyekaham vti ♦ s/he breaks through it (ex bag) by hitting

ᐸᔨᔅᑯᔦᒋᓀᐤ payiskuyechineu vta ♦ s/he breaks through it (anim, ex paper bag) while putting hand in

ᐸᔨᔅᑯᔦᒋᓇᒻ payiskuyechinam vti ♦ s/he breaks through it (ex bag) while putting hand in

ᐸᔨᔅᑯᐦᐊᒻ payiskuham vti ♦ s/he knocks, punches a hole through it with his hand

ᐸᔅᑯᐦᐌᐤ payiskuhweu vta ♦ s/he knocks, punches a hole through it (anim) with something

ᐸᔨᐦᑌᔮᔅᑯᑳᐴ payihteyaaskukaapuu vai-uu ♦ it is one tree that stands by itself taller than the others

ᐸᓛᐗᐨ palwaach na -im ♦ badge, brooch, crest, rosette, flowers worn at wedding, caribou hunting charm, from English 'brooch'

ᐸᐦᐳᐌᑲᐦᐊᒼ pahpuwekaham vti redup ♦ s/he hits it (sheet-like, repeatedly) with something to make it shake

ᐸᐦᐳᐌᑲᐦᐊᒼ pahpuwekaham vti redup ♦ s/he cleans it (sheet-like) by hitting (ex a rug)

ᐸᐦᐳᐌᑲᐦᐌᐤ pahpuwekahweu vta redup ♦ s/he hits it (anim, sheet-like, ex a hide) with something, repeatedly, to make it shake

ᐸᐦᐳᐌᑲᐦᐌᐤ pahpuwekahweu vta redup ♦ s/he cleans it (anim, sheet-like) by hitting

ᐸᐦᐳᐌᒋᐸᔨᐦᐁᐤ pahpuwechipayiheu vta redup ♦ s/he shakes it (anim, sheet-like) out

ᐸᐦᐳᐌᒋᐸᔨᐦᑖᐤ pahpuwechipayihtaau vai+o redup ♦ s/he shakes it (sheet-like) out

ᐸᐦᐳᐌᒋᓀᐤ pahpuwechineu vta redup ♦ s/he hits it (anim, sheet-like) repeatedly by hand

ᐸᐦᐳᐌᒋᓇᒼ pahpuwechinam vti redup ♦ s/he hits it (sheet-like) repeatedly by hand

ᐸᐦᐳᐄᐤ pahpuwiiu vai redup -u ♦ it (anim, dog) shakes off the excess water after swimming

ᐸᐦᐳᐙᑯᓀᐦᑰᓲ pahpuwaakunehuusuu vai redup reflex -u ♦ s/he brushes the snow off her/himself repeatedly

ᐸᐦᐳᐙᓂᔅᑲᐦᐌᐤ pahpuwaaniskahweu vta redup ♦ s/he hits the snow off it (anim, ex tree)

ᐸᐦᐳᐙᔅᑯᐱᑌᐤ pahpuwaaskupiteu vta redup ♦ s/he shakes it (anim, stick-like)

ᐸᐦᐳᐙᔅᑯᐱᑕᒼ pahpuwaaskupitam vti redup ♦ s/he shakes it (stick-like)

ᐸᐦᐳᐙᔅᑯᐦᐊᒼ pahpuwaaskuham vti redup ♦ s/he hits against it (stick-like), repeatedly (ex to get the snow off)

ᐸᐦᐳᐙᔅᑯᐦᐌᐤ pahpuwaaskuhweu vta redup ♦ s/he hits against it (anim, stick-like) repeatedly

ᐸᐦᐳᐙᔥᑌᐤ pahpuwaashteu vii redup ♦ light shines through the trees off and on, showing lake, river beyond

ᐸᐦᐳᐙᔥᑎᑖᐤ pahpuwaashtitaau vai+o redup ♦ s/he lets the wind shake the dust out of it

ᐸᐦᐳᐙᔥᑎᒋᔑᒣᐤ pahpuwaashtichishimeu vta redup ♦ s/he shakes the boughs off

ᐸᐦᐳᐙᔥᑎᒣᐤ pahpuwaashtimeu vta redup ♦ s/he lets the wind shake the dust out of it (anim)

ᐸᐦᐳᑯᑎᓯᑯᐦᐊᒼ pahpukutisikuham vti redup ♦ s/he knocks the ice off something that was frozen to the ground

ᐸᐦᐳᑯᑎᓯᑯᐦᐌᐤ pahpukutisikuhweu vta redup ♦ s/he knocks the ice off it (anim, ex beaver)

ᐸᐦᐳᓂᔅᑲᐦᐊᒼ pahpuniskaham vti redup ♦ s/he hits the snow off it

ᐸᐦᐳᓂᔅᑳᔔ pahpuniskaashuu vai redup -i ♦ the wind blows the snow off the tree

ᐸᐦᐳᔨᐦᐌᔑᒣᐤ pahpuyihweshimeu vta redup [Inland] ♦ s/he dries the water off its (anim, beaver only) fur by sweeping it on the snow, grass

ᐸᐦᐴᐸᔨᐦᐁᐤ pahpuupayiheu vta redup ♦ s/he cleans it (anim) by shaking it

ᐸᐦᐴᐸᔨᐦᑖᐤ pahpuupayihtaau vai+o redup ♦ s/he cleans it by shaking it

ᐸᐦᐴᑕᐌᔑᒣᐤ pahpuutaweshimeu vta redup ♦ s/he dries the water off its (anim, ex any animal) fur by sweeping it on the snow, grass

ᐸᐦᐴᓂᔅᑲᐦᐊᒼ pahpuuniskaham vti redup ♦ s/he brushes snow off trees and branches using an instrument

ᐸᐦᐴᓂᔅᒋᐱᑌᐤ pahpuunischipiteu vta redup ♦ s/he shakes the snow off it (anim, standing object, ex tree)

ᐸᐦᐴᓂᔅᒋᐱᑕᒼ pahpuunischipitam vti redup ♦ s/he shakes the snow off it (standing object, ex pole)

ᐸᐦᐳᓂᐢᒋᐦᑖᐤ pahpuunischihtaau vai+o redup ♦ s/he knocks the snow off the trees by movement, walking by

ᐸᐦᐳᓂᐢᐦᒋᐦᑖᐤ pahpuunishchihtaau vai+o redup ♦ s/he knocks the snow off the trees by movement, walking by

ᐸᐦᐴᓯᑯᐦᐊᒼ pahpuusikuham vti redup ♦ s/he knocks the ice off it using an instrument

ᐸᐦᐴᓯᑯᐦᐌᐤ pahpuusikuhweu vta redup ♦ s/he knocks the ice off him/her/it (anim) using an instrument

ᐸᐦᐴᔑᒣᐤ pahpuushimeu vta redup ♦ s/he shakes it (anim) back and forth to clean off snow

ᐸᐦᐴᐦᐆᓲ pahpuuhuusuu vai redup reflex -u ♦ s/he brushes things (snow, dirt) off her/himself

ᐸᐦᐴᐦᐊᒼ pahpuuham vti redup ♦ s/he brushes it off, cleans it by hitting it

ᐸᐦᐴᐦᐌᐤ pahpuuhweu vta redup ♦ s/he brushes snow, sand off him/her, s/he cleans him/her by hitting him/her

ᐸᐦᐴᐦᑎᑖᐤ pahpuuhtitaau vai+o redup ♦ s/he hits it against something to get sand, snow off

ᐸᐦᐸᑳᔨᐦᑲᐌᐤ pahpakaayihkweu vai redup ♦ s/he has thin hair

ᐸᐦᐸᒁᔨᐦᑲᐌᐤ pahpakwaayihkweu vai redup [Coastal] ♦ s/he has thin hair

ᐸᐦᑌᐤ pahteu vta ♦ s/he singes the hair, feathers, quills, fur off it (anim)

ᐸᐦᑕᒼ pahtam vti ♦ s/he singes feathers off its wings

ᐸᐦᑖᐅᒥᐢᑵᐤ pahtaaumiskweu vai ♦ s/he burns the fur off a beaver, singes it

ᐸᐦᑖᐅᒥᐢᑹ pahtaaumiskw na ♦ singed beaver (old word)

ᐸᐦᑖᐅᓈᑯᓐ pahtaaunaakun vii ♦ it is brown

ᐸᐦᑖᐅᓈᑯᓲ pahtaaunaakusuu vai -i ♦ it (anim) looks brown

ᐸᐦᑖᐚᐳᔥ pahtaawaapush na -um ♦ rabbit with the hair singed off

ᐸᐦᑖᐤ pahtaau na -aam ♦ singed beaver

ᐸᐦᑖᔨᐌᓴᒼ pahtaayiwesam vti [Inland] ♦ s/he heats the tail of beaver in the fire to peel the skin off

ᐸᐦᑵᐱᑌᐤ pahkwepiteu vta ♦ s/he tears, pulls a piece off of it

ᐸᐦᑵᐳᑖᐤ pahkweputaau vai+o ♦ s/he saws a piece off it

ᐸᐦᑵᐳᔦᐤ pahkwepuyeu vta ♦ s/he saws a piece off it (anim)

ᐸᐦᑵᐸᔫ pahkwepayuu vai/vii -i ♦ it breaks off, a piece is broken off it

ᐸᐦᑵᑖᐅᐦᒋᐸᔫ pahkwetaauhchipayuu vii -i ♦ a piece of sandy ground breaks off

ᐸᐦᑵᑲᐦᐊᒧᐌᐤ pahkwekahamuweu vta ♦ s/he cuts a piece out of it (anim) for him/her with an axe

ᐸᐦᑵᑲᐦᐌᐤ pahkwekahweu vta ♦ s/he cuts a piece off it (anim) with an axe

ᐸᐦᑵᒋᔎᐌᐤ pahkwechishweu vta ♦ s/he cuts it (anim, sheet-like, ex hide) thinly, slices a layer off it

ᐸᐦᑵᒣᐤ pahkwemeu vta ♦ s/he bites a piece of it (anim, ex bannock) off

ᐸᐦᑵᓀᐤ pahkweneu vta ♦ s/he breaks a piece off it (anim) by hand

ᐸᐦᑵᓇᒫᒉᐃᓐ pahkwenamaachewin ni ♦ tithing (Bible word)

ᐸᐦᑵᓇᒼ pahkwenam vti ♦ s/he breaks a piece off it with his hand

ᐸᐦᑵᓯᑯᐸᔫ pahkwesikupayuu vai/vii -i ♦ a piece of ice breaks off

ᐸᐦᑵᓯᑯᓇᒼ pahkwesikunam vti ♦ s/he breaks a piece of ice by stepping

ᐸᐦᑵᓯᑯᔥᑯᐌᐤ pahkwesikushkuweu vta ♦ s/he breaks off a piece of ice on which another person is also standing, with her/his weight

ᐸᐦᑵᓯᑯᔥᑲᒼ pahkwesikushkam vti ♦ s/he breaks off a piece of ice with her/his weight

ᐸᐦᑵᐢᑲᒥᒋᐸᔫ pahkweskamichipayuu vii -i ♦ a piece of ground breaks off

ᐸᐦᑵᔐᐤ pahkwescheu vai [Coastal] ♦ s/he cuts a piece of frozen moss off

ᐸᐦᑵᔔᑲᐦᐊᒼ pahkweschuukaham vti ♦ s/he breaks a piece of mud off with a tool

ᐸᐦᑵᔔᒋᐸᔫ pahkweschuuchipayuu vii -i ♦ it (mud) breaks off

ᐸᐦᑵᔔᒋᓀᐤ pahkweschuuchineu vta ♦ s/he breaks off a piece of it (anim, clay-like) by hand

ᐸᐦᑵᔔᒋᓇᒼ pahkweschuuchinam vti ♦ s/he breaks off a piece of something mud-like by hands

ᐸᐦᑵᔐᑦᑊᑲᒼ pahkweschuuchishkam vti
• s/he breaks off a piece of mud with her/his weight

ᐸᐦᑵᔽᐤ pahkweshweu vta • s/he cuts a slice, piece off it (anim)

ᐸᐦᑵᔑᑲᓀᐤ pahkweshikaneheu vta
• s/he flours it (anim, ex fish) by hand

ᐸᐦᑵᔑᑲᓀᐦᑖᐤ pahkweshikanehtaau vai+o
• s/he flours it by hand

ᐸᐦᑵᔑᑲᓂᒌᔑᑳᐤ pahkweshikanichiishikaau vii • it is Friday, literally 'flour day'

ᐸᐦᑵᔑᑲᓅᓀᐤ pahkweshikanuuneu vta [Inland] • s/he gets flour on him/her/it (anim, ex fish) by hand

ᐸᐦᑵᔑᑲᓅᓇᒼ pahkweshikanuunam vti -m
• s/he gets flour on it (ex meat)

ᐸᐦᑵᔑᑲᓈᐳ pahkweshikanaapuu ni
• flour broth

ᐸᐦᑵᔑᑲᓈᐳᐦᒉᐤ pahkweshikanaapuuhcheu vai • s/he makes broth thickened with flour

ᐸᐦᑵᔑᑲᓐ pahkweshikan na • flour, bread

ᐸᐦᑵᔑᒣᐤ pahkweshimeu vta • s/he breaks a piece off it (anim) by dropping it, by hitting against something (ex in toboggan)

ᐸᐦᑵᔕᒧᐌᐤ pahkweshamuweu vta
• s/he cuts a piece off of it (anim, ex bannock) for him/her

ᐸᐦᑵᔕᒼ pahkwesham vti • s/he cuts it (inan) thinly, slices a layer off it (anim), s/he cuts a piece out of it

ᐸᐦᑵᔥᑯᐌᐤ pahkweshkuweu vta • s/he breaks it (anim) off by her/his weight/body/foot

ᐸᐦᑵᔥᑲᒼ pahkweshkam vti • s/he breaks it off with her/his weight

ᐸᐦᑵᔦᒋᔽᐤ pahkweyechishweu vta
• s/he cuts a piece off it (anim, ex hide)

ᐸᐦᑵᔮᐅᐦᒋᔥᑲᒼ pahkweyaauhchishkam vti • s/he breaks off a piece of sandy ground by his weight, by kicking

ᐸᐦᑵᔮᐳᑌᐤ pahkweyaaputeu vii • the land is washed out by high water, the water, current breaks off a piece of land

ᐸᐦᑵᔮᑉᐚᐌᐤ pahkweyaapwaaweu vii [Coastal] • the water breaks off something, high water, the current washed it out

ᐸᐦᑵᔮᑯᓂᒋᐸᔫ pahkweyaakunichipayuu vii -i • a piece of snow breaks off

ᐸᐦᑵᔮᑯᓂᒋᔥᑲᒼ pahkweyaakunichishkam vti • s/he breaks a piece of snow off by kicking, with his weight

ᐸᐦᑵᐦᐊᒼ pahkweham vti • s/he breaks off a piece of the whole with a tool

ᐸᐦᑵᐦᐌᐤ pahkwehweu vta • s/he breaks off a piece of it (anim), with a tool

ᐸᐦᑵᐦᑎᑖᐤ pahkwehtitaau vai+o • s/he breaks a piece off it by dropping it, by hitting it on something

ᐸᐦᑵᐦᑕᒼ pahkwehtam vti • s/he bites a piece of it off (ex candy, chocolate)

ᐸᐦᑵᐦᑯᑌᐤ pahkwehkuteu vta • s/he cuts out a piece of it (anim) with a crooked knife

ᐸᐦᑵᐦᑯᑕᒼ pahkwehkutam vti • s/he cuts out a piece of it with a crooked knife

ᐸᐦᑵᐦᑲᐦᐊᒼ pahkwehkaham vti • s/he cuts a piece out of it with an axe

ᐸᐦᑯᐯᐅᔑᓯᓐ pahkupeuschisin ni [Inland] • hip wader boot

ᐸᐦᑯᐯᐤ pahkupeu vai • s/he wades into the water

ᐸᐦᑯᐯᑎᓈᐤ pahkupetinaau vii • the mountain goes right into the water

ᐸᐦᑯᐯᔮᐱᔅᑳᐤ pahkupeyaapiskaau vii
• the rock goes right into the water

ᐸᐦᑯᑎᓀᐤ pahkutineu vta • s/he loosens it (anim) frozen on something, by hand

ᐸᐦᑯᑎᓇᒼ pahkutinam vti • s/he loosens it, frozen on something, by hand

ᐸᐦᑯᑎᐦᑲᓲ pahkutihkasuu vai -u • it (anim) loosens in the heat

ᐸᐦᑯᑎᐦᑲᐦᑌᐤ pahkutihkahteu vii • it loosens in the heat

ᐸᐦᑯᑕᐌᓴᒼ pahkutawesam vti • s/he singes the hair off beaver feet

ᐸᐦᑯᑕᐦᐊᒼ **pahkutaham** vti ◆ s/he
loosens it (ex article frozen to the
ground)
ᐸᐦᑯᑕᐦᐌᐤ **pahkutahweu** vta ◆ s/he
loosens it (anim, something frozen to
the ground)
ᐸᐦᑯᑖᐦᑲᑎᓲ **pahkutaahkatisuu** vai-u ◆ it
(anim) comes loose in drying
ᐸᐦᑯᑖᐦᑲᑐᑌᐤ **pahkutaahkatuteu** vii ◆ it
comes loose in drying
ᐸᐦᑯᒋᐱᑌᐤ **pahkuchipiteu** vta ◆ s/he
pulls it (anim) off (something stuck
on), s/he guts it (anim) quickly
ᐸᐦᑯᒋᐱᑕᒼ **pahkuchipitam** vti ◆ s/he
pulls it off (something that was glued
on)
ᐸᐦᑯᒋᐸᔪ **pahkuchipayuu** vai/vii-i ◆ it
(anim) comes unstuck
ᐸᐦᑯᓀᐤ **pahkuneu** vta ◆ s/he skins it
(anim)
ᐸᐦᑯᓂᒉᑯᐌᐤ **pahkunichekuweu** vai
◆ s/he skins a fisher
ᐸᐦᑯᓂᒋᔥᒁᐤ **pahkunichishkweu** vai
◆ s/he skins muskrat
ᐸᐦᑯᓂᒥᔥᒁᐤ **pahkunimiskweu** vai ◆ s/he
skins a beaver
ᐸᐦᑯᓂᒪᐦᐄᐦᑲᓀᐤ **pahkunimahiihkaneu**
vai ◆ s/he skins a wolf
ᐸᐦᑯᓂᓂᑯᒑᔗᐌᐤ
pahkuninikuchaashuweu vai ◆ s/he
skins a squirrel
ᐸᐦᑯᓂᓯᐦᑯᓱᐌᐤ **pahkunisihkusuweu** vai
◆ s/he skins a weasel, ermine
ᐸᐦᑯᓂᔅᑫᐤ **pahkuniskweu** vai [Waswanipi]
◆ s/he skins a bear
ᐸᐦᑯᓃᐤ **pahkuniiu** vai ◆ s/he has a
blister; it (tree bark) peels off easily
(good time to collect fence posts)
ᐸᐦᑯᓇᒋᑳᔗᐌᐤ **pahkunachikaashuweu**
vai ◆ s/he skins a mink
ᐸᐦᑯᓇᒼ **pahkunam** vti ◆ s/he skins it
ᐸᐦᑯᓇᐦᒉᔗᐌᐤ **pahkunahcheshuweu** vai
◆ s/he skins a fox
ᐸᐦᑯᓈᐱᔑᐌᐤ **pahkunaapishiweu** vai
◆ s/he skins a lynx
ᐸᐦᑯᓈᐱᔥᑖᓅᐌᐤ
pahkunaapishtaanuweu vai ◆ s/he
skins a marten
ᐸᐦᑯᓈᐳᔥᐌᐤ **pahkunaapushweu** vai
◆ s/he skins rabbits

ᐸᐦᑯᓈᓃᐤ **pahkunaaniiu** vai/vii redup
[Coastal] ◆ it (tree bark) peels off
easily
ᐸᐦᑯᓈᐦᒋᒁᐤ **pahkunaahchikweu** vai
◆ s/he skins an otter, seal
ᐸᐦᑯᓲ **pahkusuu** vai-u ◆ s/he feels heat
of fire, stove (but is not burned)
ᐸᐦᑯᐦᐁᐤ **pahkuheu** vta ◆ s/he frees
him/her/it from being tied up
ᐸᐦᑯᐦᐆ **pahkuhuu** vai-u ◆ s/he is free,
loose (ex from being tied)
ᐸᐦᑯᐦᐆᑯ **pahkuhuukuu** vai-u ◆ it (anim,
ex pulse) beats, throbs
ᐸᐦᑯᐦᐊᔉ **pahkuhascheu** vai [Inland]
◆ s/he cuts off a piece of frozen moss
ᐸᐦᑯᐦᑌᐦᓐ **pahkuhtehun** na ◆ belt
ᐸᐦᑯᐦᑌᐦᐆ **pahkuhtehuu** vai-u ◆ s/he
wears a belt
ᐸᐦᑲᑌᐤ **pahkateu** vii ◆ it is scorched
ᐸᐦᑲᓲ **pahkasuu** vai-u ◆ s/he is
scorched
ᐸᐦᑲᓱᐙᑲᓐ **pahkasuwaakan** ni
◆ toaster
ᐸᐦᑲᐦᐊᓐ **pahkahan** vii ◆ it (ex heart)
throbs
ᐸᐦᑳᓂᐱᑌᐤ **pahkaanipiteu** vta ◆ s/he
separates them (anim, ex frozen fish,
people fighting) by pulling them apart
ᐸᐦᑳᓂᐱᑕᒼ **pahkaanipitam** vti ◆ s/he
separates things by pulling them apart
ᐸᐦᑳᓂᑳᐴ **pahkaanikaapuu** vai-uu ◆ s/he
stands separately
ᐸᐦᑳᓂᒋᐦᒁᒨ **pahkaanichihkwaamuu** vai-i
◆ s/he sleeps by herself/himself,
separately
ᐸᐦᑳᓂᓰᐤ **pahkaanisiiu** vai ◆ s/he is
apart, s/he is alone
ᐸᐦᑳᓂᔥᑖᐤ **pahkaanishtaau** vai+o ◆ s/he
puts it aside
ᐸᐦᑳᓂᐦᐁᐤ **pahkaaniheu** vta ◆ s/he puts
it (anim) aside
ᐸᐦᑳᓂᐦᐅᑖᐤ **pahkaanihutaau** vai+o
◆ s/he takes it aside by canoe
ᐸᐦᑳᓃᑳᐦᑎᓲ **pahkaaniikaahtisuu** vai-u
◆ s/he does something by her/himself
ᐸᐦᑳᓇᐴ **pahkaanapuu** vai-i ◆ s/he sits
by her/himself
ᐸᐦᑳᓇᐦᐊᒼ **pahkaanaham** vti ◆ s/he
distributes it

ᐸᒃᑳᓇᕽ pahkaanaham vti ◆ s/he separates things by tool

ᐸᒃᑳᓇᐦᐧᐁᐤ pahkaanahweu vta ◆ s/he separates them by tool

ᐸᒃᑳᓈᐢᑲᐦᑎᒣᐤ pahkaanaaskahtimeu vta ◆ s/he freezes it (anim) separately

ᐸᒃᑳᓈᐢᑲᐦᑎᐦᑖᐤ pahkaanaaskahtihtaau vai+o ◆ s/he freezes it (ex caribou, moose meat) separately

ᐸᒃᑳᓈᔑᑰ pahkaanaashikuu vii -uu ◆ it flows out separately

ᐸᒃᑳᓐ pahkaan p,manner ◆ separate, by itself, on its own ■ ᐃᔨ ᐸᒃᑳ ᐋᔨ. ■ *She lives on her own.*

ᐸᒃᐧᐋᒌᐡ pahkwaachiish na dim ◆ bat (animal)

ᐸᒃᐧᐋᔨᐁᓴᒻ pahkwaayiwesam vti [Coastal] ◆ s/he heats the tail of beaver in the fire to peel the skin off

ᐸᒃᒋᑰᓂᑲᓐ pahchikuunikan ni ◆ dropper, eye dropper

ᐸᒋᐢᑕᐦᐋᐧᐁᐤ pahchistahaaweu vai ◆ it (ex bird) lays eggs

ᐸᒋᔑᒧᐦᑳᓲ pahchishimuhkaasuu vai -u ◆ s/he pretends to trip on something and fall

ᐸᒋᔑᒨ pahchishimuu vai -u ◆ it (anim, sun) sets, it (anim) deliberately fell

ᐸᒋᔑᓐ pahchishin vai ◆ s/he falls

ᐸᒋᔥᑲᕽ pahchishkaham vti ◆ s/he causes it to explode by shooting it

ᐸᒋᔥᑲᐦᐧᐁᐤ pahchishkahweu vta ◆ s/he causes it (anim, ex bird) to explode by shooting it

ᐹ

ᐹᐅᑎᒣᐤ paautimeu vta [Coastal] ◆ s/he wind dries, freeze-dries it (anim, hide)

ᐹᐅᑎᓐ paautin vii [Coastal] ◆ it is wind, freeze-dried

ᐹᐅᑎᐦᑖᐤ paautihtaau vai+o [Coastal] ◆ s/he dries it by letting it freeze in the wind

ᐹᐅᒎ paauchuu vai -i [Coastal] ◆ it (anim, ex hide) is wind-dried, freeze-dried

ᐹᐅᓂᑎᓐ paaunitin vii [Inland] ◆ it is wind, freeze-dried

ᐹᐅᓂᑎᐦᑖᐤ paaunitihtaau vai+o [Inland] ◆ s/he dries it by letting it freeze in the wind

ᐹᐅᓂᒎ paaunichuu vai -i [Inland] ◆ it (anim, ex hide) is wind, freeze-dried

ᐹᐅᓃᐤ paauniiu vai ◆ s/he faints from hunger

ᐹᐅᓈᐡᑲᒎ paaunaashkachuu vai -i [Coastal] ◆ it (anim, ex hide) is wind, freeze-dried

ᐹᐅᔥᑎᑯᐱᔦᓱ paaushtikupiyesuu na -shiish ◆ Harlequin duck *Histrionicus histrionicus*

ᐹᐅᔥᑎᑰᔑᐡ paaushtikuushiish ni dim ◆ small rapids

ᐹᐱᒎ paapichuu vai redup -i ◆ s/he comes back in winter from her/his camp by sled

ᐹᐱᓯᐯᒋᐸᔨᐦᑖᐤ paapisipechipayihtaau vai+o [Inland] ◆ s/he skims a stone over the water

ᐹᐱᓯᐯᒋᐸᔪ paapisipechipayuu vai/vii -i ◆ it skims over the water

ᐹᐱᐦᒋᐯᔥᑖᓐ paapihchipeshtaan vii redup ◆ it is just starting to rain, coming down in little droplets

ᐹᐱᐦᔮᐤ paapihyaau vai redup ◆ s/he/it (anim) comes flying

ᐹᐹᑯᐱᑌᐤ paapakupiteu vta redup ◆ s/he peels it (anim, ex animal, tree)

ᐹᐹᑯᐱᑕᒻ paapakupitam vti redup ◆ s/he peels it

ᐹᐹᑯᐸᔪ paapakupayuu vai/vii redup -i ◆ it peels off by itself

ᐹᐹᑯᒣᐤ paapakumeu vta redup ◆ it (anim, beaver) gnaws bark off tree

ᐹᐹᑯᓀᐤ paapakuneu vta redup ◆ s/he peels it (anim, ex orange)

ᐹᐹᑯᓀᐦᐧᐁᐤ paapakunehweu vai redup [Coastal] ◆ s/he pierces holes in snowshoe frames

ᐹᐹᑯᓂᔥᑯᔦᐤ paapakunishkuyeu vai redup ◆ s/he peels bark off a birch tree

ᐹᐹᑯᓇᒻ paapakunam vti redup ◆ s/he peels it using his hands

ᐹᐹᑯᔐᐱᑌᐤ paapakushepiteu vta redup ◆ s/he peels its (anim) skin off

ᑉᐊᑯᔑᔑᐣ paapakusheshin vai redup
  ♦ s/he scrapes, skins her/himself on rough surface
ᑉᐊᑯᔱᐤ paapakushweu vta redup ♦ s/he peels it (anim, ex apple) using a knife
ᑉᐊᑯᔑᑲᐣ paapakushikan ni ♦ peeler (ex for vegetables)
ᑉᐊᑯᔑᐣ paapakushin vai redup ♦ s/he scrapes her/himself
ᑉᐊᑯᔑᐊᒻ paapakusham vti redup ♦ s/he peels it using a knife
ᑉᐊᑯᐦᐄᑲᐣ paapakuhiikan ni ♦ scraper (ex for wallpaper)
ᑉᐊᑯᐦᐄᒉᓀᐤ paapakuhiicheneu vta
  ♦ s/he peels the bark off it (anim, tree) by hand
ᑉᐊᑯᐦᐄᒉᓇᒻ paapakuhiichenam vti
  ♦ s/he peels the bark off it by hand
ᑉᐊᑯᐦᐄᒉᔅᑲᐦᐊᒻ paapakuhiicheskaham vti ♦ s/he peels the bark off a log by tool
ᑉᐊᑯᐦᐄᒉᔅᑲᐦᐁᐤ paapakuhiicheskahweu vta ♦ s/he peels the bark off a tree by tool
ᑉᐊᑯᐦᐊᒻ paapakuham vti redup ♦ s/he peels it using something
ᑉᐊᑯᐦᐁᐤ paapakuhweu vta redup ♦ s/he peels it (anim, tree) using something (ex axe)
ᑉᐊᑉᐘᐱᔅᒋᐸᔫ paapakwaapischipayuu vii redup -i ♦ it (metal) peels off, something metal is peeling
ᑉᐊᐸᔨᐦᐁᐤ paapayiheu vta redup ♦ s/he arrives driving him/her/it (anim, ex skidoo)
ᑉᐊᐸᔨᐦᑖᐤ paapayihtaau vai+o redup ♦ s/he arrives with it, s/he vomits it up
ᑉᐊᐸᔫ paapayuu vai redup -i ♦ s/he is coming, arriving by driving
ᑉᐊᐦᑣᐤ paapahtwaau vai redup ♦ s/he comes running with it
ᑉᐊᐸᐦᒋᑯᐎᐣ paapahchikuwin vii redup
  ♦ it (ex house) is dripping
ᑉᐊᐸᐦᒋᑯ paapahchikuu vai redup -uu ♦ it (anim) drips
ᑉᐊᐸᐦᒋᑰᓀᐤ paapahchikuuneu vta redup
  ♦ s/he drips it (anim) drop by drop by hand
ᑉᐊᐸᐦᒋᑰᓇᒻ paapahchikuunam vti redup
  ♦ s/he drips it drop by drop by hand
ᑉᐊᐸᐦᒋᑰᐦᐁᐤ paapahchikuuheu vta redup
  ♦ s/he drips it (anim)
ᑉᐊ paapaa na voc ♦ papa! from French 'papa'
ᐸᑎᒫ paatimaah p,time ♦ in a little while, soon, later on ▪ ᐁᐧᑦ ᐸᑎᒫ ᐯᒋ ᑎᐸᔕᐦᒃ ▪ She going to be here later on.
ᐸᑎᒫᐦᐱᓀᐦᐁᐤ paatimaahpinehweu vta
  ♦ s/he hits it (anim, shooting) but it flies on a little longer before it falls
ᐸᑎᔥ paatish p,time ♦ until, until later, not until ▪ ᐸᑎᔥ ᒌᕒᐁᐧ ᐊᐦᒌᐧᐦᑲᐢ ᐱᑯ ᐴᑎᓈᐦᐠ ▪ You can't take them until they're all there.
ᑉᐊᑯᐦ paakuch p,location [Inland]
  ♦ wilderness, in the deep bush ▪ ᑉᐊᑯᐦ ᐃᐦᑳ ᐊᐧ ᐊᐧᑎᐧᐦᐠ ▪ The cabin is deep in the bush.
ᑉᐊᑯᒥᐦᑫᐧᐤ paakumihkweu vai ♦ s/he coughs up blood
ᑉᐊᑯᒥᐎᐣ paakumuwin ni ♦ vomit
ᑉᐊᑯᒥᐅᐸᔨᐦᐄ paakumutepayihuu vai -u
  ♦ s/he vomits from moving around too soon after eating
ᑉᐊᑯᒥᐅᐸᔫ paakumutepayuu vai -i
  ♦ s/he vomits from moving around
ᑉᐊᑯᒥᐅᓀᐤ paakumuteneu vta ♦ s/he makes him/her vomit with her/his finger
ᑉᐊᑯᒥᐅᔅᒋᓂᑖᐤ paakumuteschinitaau vai+o
  ♦ s/he overpacks it so that it spills out
ᑉᐊᑯᒥᐅᔥᑯᔦᐤ paakumuteshkuuyeu vta
  ♦ s/he overfeeds him/her so that it makes him/her vomit
ᑉᐊᑯᒥᐅᔥᑯᔫ paakumuteshkuuyuu vai -yi
  ♦ s/he vomits from over eating
ᑉᐊᑯᒧᑐᑕᒻ paakumututam vti ♦ s/he vomits it, s/he vomits on it
ᑉᐊᑯᒧᔥᑳᑯ paakumushkaakuu vai -u ♦ it makes her/him vomit (ex by feeding something, by falling on him/her)
ᑉᐊᑯᒧᐦᑐᐁᐧᐤ paakumuhtuweu vta ♦ s/he vomits on him/her
ᑉᐊᑯᒧᐦᑖᓱ paakumuhtaasuu vai reflex -u
  ♦ s/he vomits on her/himself
ᑉᐊᑯᔅᑌᒎᐎᐣ paakustechuwin vii ♦ the water is very shallow in a rapids, the rapids are almost dry

ᐹᑲᒋᔥᑖᐤ paakachishtaau vai+o ◆ s/he packs the snow down from walking over it

ᐹᑲᒋᔥᑲᒻ paakachishkam vti ◆ s/he/it (anim) packs the snow down from running over it repeatedly

ᐹᑲᒑᐴ paakachaapuu vai -i ◆ her/his eye is swollen

ᐹᑲᓂᒉᐸᔫ paakanichepayuu vai -i ◆ her/his gums swell

ᐹᑲᓐ paakan vii ◆ it is swollen, it swells

ᐹᑳᐱᑌᐤ paakaapiteu vai ◆ s/he has an abscessed, swollen gum

ᐹᑳᐴ paakaapuu vai -i ◆ s/he has a swollen, puffy eye

ᐹᐧᑳᐤ paakwaau vii ◆ it is shallow [coastal]; almost dry [inland]

ᐹᐧᑳᐱᔅᒋᒍᐧᐃᓐ paakwaapischichuwin vii ◆ the water is very shallow in a rapids, the rapids are almost dry

ᐹᒋᐧᐄᔨᐦᐧᑫᐸᔫ paachiwiiyihkwepayuu vai -i ◆ s/he has tonsillitis, swollen tonsils

ᐹᒋᐱᑐᓀᐸᔫ paachipitunepayuu vai -i ◆ her/his arm swells, s/he has a swollen arm

ᐹᒋᐸᔫ paachipayuu vai/vii -i ◆ s/he/it swells up, is swollen

ᐹᒋᑎᐦᒉᐸᔫ paachitihchepayuu vai -i ◆ her/his hand swells

ᐹᒋᑑᔅᑯᓀᐸᔫ paachituuskunepayuu vai -i ◆ her/his elbow swells, s/he has a swollen elbow

ᐹᒋᑯᑌᐸᔫ paachikutepayuu vai -i ◆ her/his nose swells, s/he has a swollen nose

ᐹᒋᑯᔨᐧᐁᐸᔫ paachikuyiwepayuu vai -i ◆ her/his neck swells, s/he has swollen neck

ᐹᒋᑯᐦᑕᔥᐧᑫᐸᔫ paachikuhtashkwepayuu vai -i ◆ her/his throat swells, s/he has a swollen throat

ᐹᒋᑳᑌᐸᔫ paachikaatepayuu vai -i ◆ her/his leg swells

ᐹᒋᓄᐧᐁᐸᔫ paachinuwepayuu vai -i ◆ her/his cheek swells, her/his cheek is swollen

ᐹᒋᓯᑌᐸᔫ paachisitepayuu vai -i ◆ her/his feet swell

ᐹᒋᓲ paachisuu vai -i ◆ s/he is swollen

ᐹᒋᔅᑐᐧᐁᐸᔫ paachistuwepayuu vai -i ◆ her/his upper lip swells

ᐹᒋᔅᑐᓀᐸᔫ paachistunepayuu vai -i ◆ her/his mouth swells

ᐹᒋᔐᐸᔫ paachishepayuu vai -i ◆ her/his lip swells, s/he has a swollen lip

ᐹᒋᔥᑎᐧᑳᓀᐸᔫ paachishtikwaanepayuu vai -i ◆ her/his head swells, s/he has swollen head

ᐹᒋᔥᒋᔐᐤ paachishchisheu vai ◆ s/he has a swollen upper lip

ᐹᒋᐦᐸᓀᐸᔨᐧᐋᔅᐱᓀᐧᐃᓐ paachihpanepayiwaaspinewin ni ◆ pneumonia, swollen lung disease

ᐹᒋᐦᐸᓀᐸᔫ paachihpanepayuu vai -i ◆ her/his lungs swell, s/he has pneumonia

ᐹᒋᐦᑑᑲᔦᐸᔫ paachihtuukayepayuu vai -i ◆ her/his ear swells, is swollen

ᐹᒋᐦᐧᑫᐤ paachihkweu vai ◆ her/his face swells, is swollen, is big

ᐹᒋᐦᐧᑫᐸᔫ paachihkwepayuu vai -i ◆ her/his face swells

ᐹᒋᐦᑯᓀᐸᔫ paachihkunepayuu vai -i ◆ her/his ankle swells

ᐹᒋᐦᒋᑯᓀᐸᔫ paachihchikunepayuu vai -i ◆ her/his knee swells, s/he has a swollen knee

ᐹᓀᐱᑌᐤ paanepiteu vta ◆ s/he expands it (anim), opens it out

ᐹᓀᐱᑕᒻ paanepitam vti ◆ s/he expands it, opens it out (ex moss)

ᐹᓀᐸᔫ paanepayuu vai/vii -i ◆ it (anim, ex blossom) expands, opens out

ᐹᓀᔮᔥᑎᓐ paaneyaashtin vii ◆ it is blows open, upward

ᐹᓀᔮᔥᔴ paaneyaashshuu vai ◆ it (anim, skirt) is blows open, up

ᐹᓂᐸᔫ paanipayuu vai/vii -i ◆ it (anim) opens out, expands

ᐹᓂᑮᑲᓲ paanikiikasuu vai reflex ◆ s/he makes pancakes for her/himself

ᐹᓂᑮᒃ paanikiik na -im ◆ pancake, from English 'pancake'

ᐹᓂᔅᒉᔮᐤ paanischeyaau vii ◆ the teepee is open at the top

ᐹᓂᔅᒋᐦᐧᑳᔫ paanischihkwaayuu ni -yim / -yuum ◆ handle of a frying pan

paanishweu vta ♦ s/he slices it (anim, beaver) to open it out for drying, frying

paanisham vti ♦ s/he slices it (meat) once to lay it open for drying, frying

paanishaaweu vai ♦ s/he cuts something so it opens out (ex meat, fish for drying, frying)

paanishaawepayuu vai/vii -i ♦ it (ex box) opens out, comes apart

paanaschihkw na ♦ frying pan

paanaham vti ♦ s/he opens it out by tool (ex digs in the snow till reaching ground)

paanaahkuhteu vii ♦ it is a spot where snow has melted and exposed the bare ground

paasweu vta ♦ s/he dries him/her/it (anim)

paasikuuhkuushaawaan na ♦ bacon

paasichichuwin vii ♦ the current flows over it (a dam)

paasichuwehyaau vai ♦ it (anim, bird) flies beyond a piece of land

paasiminaanh ni pl ♦ dried berries

paasinuwaan ni ♦ dried meat

paasinaasuwaahtikw ni ♦ stick used to hang things to dry in the teepee

paasinaasuniyaapii ni -m ♦ string used to hang things to dry in the teepee

paasinaasuu vai -u ♦ s/he is drying wet clothes

paasuu vai -u ♦ it (anim, ex hide) is dry

paasam vti ♦ s/he dries it

paasascheu vai ♦ s/he dries moss for diapers

paasaayiwaan ni ♦ beaver tail cut open and hung to dry

paasaahkuch na pl [Coastal] ♦ dried fish eggs

paasaahkwaanach na pl [Inland] ♦ dried fish eggs

paaspaastichiiu vai ♦ it (dog) licks its muzzle

paastechinikan ni ♦ page

paastechinam vti ♦ s/he turns the page

paastisikupayuu vai/vii -i ♦ it (ice) is cracked

paastisikushimeu vta ♦ s/he cracks it (anim, ice) by hitting him/her against something

paastisikushkam vti ♦ s/he cracks it (ice) by weight

paastisikwaau vii ♦ it is a crack in the ice

paastuneuschii na -m [Inland] ♦ America

paaskuunenam vti ♦ s/he/it (anim, ex animal) leaves visible tracks, walking in snow after a storm

paaskuuneham vti ♦ s/he/it (anim) leaves visible tracks in snow after a storm travelling by vehicle

paaskataauhkaashuu vai -i ♦ it (anim) is uncovered of sand by blowing wind

paaskataauhkaashtin vii ♦ the ground is uncovered by blowing wind

paaskataashuu vai -i ♦ it (anim, ex her/his tracks) is uncovered by the wind

paaskahascheu vai [Inland] ♦ s/he cuts a piece of frozen moss out (ex to use for diapers, includes clearing away the snow)

paaskahaaweu vai ♦ there are eggs hatching

paaskaauhkaapaaweu vii ♦ it is uncovered in the sand by water

paaskaauhkaashtin vii ♦ it has been uncovered of sand by blowing wind

paaskaakuneshkam vti ♦ s/he goes to renew his trail after a snowstorm

paaskaan p,time ♦ until ■ *She's not coming back until next summer.*

paaschipiteu vta ♦ s/he pulls the cover off him/her

ᐹᔅᒋᐸᑕᒻ paaschipitam vti ♦ s/he pulls the cover off it

ᐹᔅᒋᑐᓀᔫ paaschituneyuu vai-u ♦ s/he opens her/his mouth (Bible word)

ᐹᔅᒋᓅ paaschineu vta ♦ s/he uncovers him/her

ᐹᔅᒋᓇᒻ paaschinam vti ♦ s/he uncovers it

ᐹᔅᒋᓈᐦᒂᓐ paaschinaahkwaan ni ♦ club moss *Lycopodium sp.*

ᐹᔅᒋᔐᐤ paaschisweu vta ♦ s/he shoots him/her

ᐹᔅᒋᓯᑲᓈᐱᔅᒄ paaschisikanaapiskw ni ♦ gun barrel

ᐹᔅᒋᓯᑲᓈᐸᒋᐦᑖᐎᓐ paaschisikanaapachihtaawinh ni pl ♦ ammunition (used especially for the things to load a muzzle loader)

ᐹᔅᒋᓯᑲᓐ paaschisikan ni ♦ gun

ᐹᔅᒋᓯᒑᐤ paaschisicheu vai ♦ s/he shoots

ᐹᔅᒋᓯᒉᔥᑕᒧᐌᐤ paaschisicheshtamuweu vta ♦ s/he shoots for him/her

ᐹᔅᒋᓴᒻ paaschisam vti ♦ s/he shoots it

ᐹᔅᒋᔥᑯᐌᐤ paaschishkuweu vta ♦ s/he uncovers him/her by feet, s/he wins him/her over

ᐹᔅᒋᔥᑲᒻ paaschishkam vti ♦ s/he uncovers it with his feet

ᐹᔅᒋᐦᑌᓇᒧᐌᐤ paaschihtenamuweu vta ♦ s/he opens it (anim, ex door) for him/her

ᐹᔅᒋᐦᑌᓇᒻ paaschihtenam vti ♦ s/he opens it (ex doorflap to teepee)

ᐹᔅᒋᐦᒁᔰ paaschihkweshweu vta ♦ s/he cuts it (anim, beaver) accidentally when skinning it and blood comes out on the pelt

ᐹᔅᒋᐦᒁᔑᒣᐤ paaschihkweshimeu vta ♦ s/he lays him/her down with his/her face uncovered

ᐹᔅᒋᐦᒁᔫ paaschihkweyuu vai-i ♦ s/he uncovers her/his face

ᐹᔅᒋᐦᒁᐦᑎᑖᐤ paaschihkwehtitaau vai+o ♦ s/he knocks it against something and re-opens it (ex cut), s/he causes it to be uncovered by dropping, hitting it against something

ᐹᔅᒎᓵᐌᐤ paaschuusaaweu vai [Inland] ♦ s/he makes blueberry jam

ᐹᔅᒎᓵᐚᓂᐦᒉᐤ paaschuusaawaanihcheu vai ♦ s/he makes blueberry jam

ᐹᔅᒎᓵᐚᓈᑯᓐ paaschuusaawaanaakun vii ♦ it is purple

ᐹᔅᒎᔖᐚᓈᑯᓱᐤ paaschuushaawaanaakusuu vai-i ♦ it (anim) is purple

ᐹᔅᒎᓵᐘᓐ paaschuusaawaan ni [Inland] ♦ homemade jam

ᐹᔑᑎᓇᒧᐌᐤ paashitinamuweu vta ♦ s/he passes it to her/him by hand over something (ex fence)

ᐹᔑᑕᐦᐊᒻ paashitaham vti ♦ s/he steps over it, s/he goes beyond it, s/he shoots over it

ᐹᔑᑕᐦᐌᐤ paashitahweu vta ♦ s/he does better, exceeds another, shoots over him/her

ᐹᔑᑖᐤᒡ paashitaauch p,location ♦ other side of the mountain

ᐹᔑᑖᐤᐦᑲᐦᐊᒻ paashitaauhkaham vti ♦ s/he walks over a ridge and down the other side, over a mountain

ᐹᔑᒁᔨᐦᑕᒻ paashikweyihtam vti ♦ s/he is overexcited

ᐹᔑᑯᓈᑯᓐ paashikunaakun vii ♦ it disappears from sight

ᐹᔑᒀᐹᐦᑕᒻ paashikwaapahtam vti ♦ s/he sees it disappear from sight

ᐹᔑᒀᑎᓐ paashikwaatin vii ♦ it is stormy, a snowstorm

ᐹᔥᐹᔥᑌᐤ paashpaashteu na ♦ northern three-toed woodpecker *Picoides tridactylus*, also black-backed three-toed *Picoides arcticus*, downy *Picoides pubescens*

ᐹᔥᑌᐤᒦᒋᒻ paashteumiichim ni ♦ dried food

ᐹᔥᑌᐅᔮᔅ paashteuyaas ni-im ♦ dried moose, caribou meat

ᐹᔥᑌᐤ paashteu vii ♦ it is dry

ᐹᔥᑎᐱᑌᐤ paashtipiteu vta ♦ s/he cracks it (anim) by pulling

ᐹᔥᑎᐱᑕᒻ paashtipitam vti ♦ s/he cracks it by pulling

ᐹᔥᑎᐸᔫ paashtipayuu vai/vii-i ♦ it (anim) cracks

ᐹᔥᑎᒣᐤ paashtimeu vta ♦ s/he cracks it (anim) with her/his teeth

ᐹᔥᑎᓀᐤ paashtineu vta ♦ s/he cracks it (anim) by hand

ᐹᔥᑎᓀᐸᔨᐤ paashtinepayuu vii-i ♦ it cracks by itself (glass, wood)

ᐹᔥᑎᓀᐦᐊᒼ paashtineham vti ♦ s/he cracks it (glass, wood) by hitting

ᐹᔥᑎᓂᑲᓐ paashtinikan ni ♦ very short portage (where the canoe is just pulled over)

ᐹᔥᑎᓂᒡ paashtinicheu vai ♦ s/he makes a short portage over the rocks

ᐹᔥᑎᓇᒼ paashtinam vti ♦ s/he cracks it with his hands

ᐹᔥᑎᓯᑯᔥᑯᐌᐤ paashtisikushkuweu vta ♦ s/he cracks the ice with her/his weight

ᐹᔥᑎᓯᑯᐦᐌᐤ paashtisikuhweu vta ♦ s/he cracks the ice using a tool

ᐹᔥᑎᔥᑎᒀᓀᐤ paashtishtikwaaneu vai [Inland] ♦ it (anim) has a cracked skull

ᐹᔥᑎᔥᑎᒀᓀᔑᓐ paashtishtikwaaneshin vai ♦ s/he has a cracked skull from falling

ᐹᔥᑎᔥᑯᐌᐤ paashtishkuweu vta ♦ s/he cracks it (anim) with her/his weight

ᐹᔥᑎᔥᑲᒼ paashtishkam vti ♦ s/he cracks it with his weight

ᐹᔥᑎᐦᐄᑲᓀᐤ paashtihiikaneu vai-u ♦ s/he cracks open animal bones to extract marrow to eat

ᐹᔥᑎᐦᐄᑲᓂᓱ paashtihiikanisuu vai-u ♦ s/he breaks open the bone to extract the marrow

ᐹᔥᑎᐦᑎᑖᐤ paashtihtitaau vai+o ♦ s/he cracks it

ᐹᔥᑎᐦᑕᒼ paashtihtam vti ♦ s/he cracks it with the teeth

ᐹᔥᑐᓀᐤ paashtuneu na-em [Inland] ♦ American

ᐹᔥᑕᒋᓐ paashtachin p,location ♦ straight over the mountain

ᐹᔥᑕᐦᐄᐯᐤ paashtahiipeu vii ♦ it overflows

ᐹᔥᑕᐦᐄᑲᓂᓱ paashtahiikanisuu vai-u ♦ s/he extracts bone marrow to eat

ᐹᔥᑖᐅᑲᐦᐊᒼ paashtaaukaham vti ♦ s/he walks on the other side of the mountain, hill

ᐹᔥᑖᐯᔥᑳᑯ paashtaapeshkaakuu vai-u ♦ it (liquid) goes up his/her nasal passages and chokes her/him

ᐹᔥᑖᐱᔅᑲᐦᐊᒼ paashtaapiskaham vti ♦ s/he walks on the other side of the mountain

ᐹᔥᑖᐸᔨᐦᐤ paashtaapayihuu vai-u ♦ s/he is agitated and goes off in the wrong direction

ᐹᔥᑖᐸᐅᑖᐤ paashtaapaautaau vai+o ♦ s/he overflows it

ᐹᔥᑖᐹᐌᐤ paashtaapaaweu vii ♦ it overflows

ᐹᔥᑖᑉᐙᐌᐤ paashtaapwaaweu vii ♦ it overflows

ᐹᔥᑖᑎᔑᒧ paashtaatishimuu vai-u ♦ s/he/it (anim) runs off the wrong way in her/his/its haste to escape

ᐹᔥᑖᒌᐌᑎᓐ paashtaachiiwetin vii ♦ it is a northwest wind

ᐹᔥᑖᒎᓱ paashtaachuusuu vai-u ♦ it (anim) boils over

ᐹᔥᑖᒎᐦᑌᐤ paashtaachuuhteu vii ♦ it boils over

ᐹᔥᑖᒧᐎᓐ paashtaamuwin ni ♦ blasphemy

ᐹᔥᑖᒧᔖᐌᑎᓐ paashtaamushaawetin vii ♦ it is a northeast wind

ᐹᔥᑖᒨ paashtaamuu vai-u ♦ s/he talks blasphemously, exaggerates

ᐹᔥᑖᒫᑎᓐ paashtaamatin p,location ♦ over the mountain

ᐹᔥᑖᔅᑯᐸᔨᐤ paashtaaskupayuu vai/vii-i ♦ it (anim, stick) is cracked

ᐹᔥᑖᔅᑯᐦᐊᒼ paashtaaskuham vti ♦ s/he walks over trees, bushes

ᐹᔥᑖᔦᔨᒣᐤ paashtaayeyimeu vta ♦ s/he is agitated, deeply grieved (in her/his thinking) by him/her and s/he may be forgetful, do the wrong thing because of him/her

ᐹᔥᑖᔦᔨᐦᑕᒼ paashtaayeyihtam vti ♦ s/he is agitated, deeply grieved (in his thinking) by it and s/he may be forgetful, do the wrong thing because of it

ᐹᔥᑖᐦᐅᐎᓐ paashtaahuwin ni ♦ saying something which will bring bad luck on oneself, punishment for what one has said

paashtaahuu vai -u ♦ s/he is punished in some way for having acted cruelly, meanly, blasphemously

paashtaahtikw p,location ♦ over the trees, bushes

paashtaahtuwiiu vai ♦ s/he goes, climbs over

paashtaahtuwiitishineu vta ♦ s/he helps her/him/it by hand to get over to the other side of something (ex bed, couch, fence)

paashtaahkatisuu vai -u ♦ it (anim) dries cracked

paashtaahkatuteu vii ♦ it dries cracked

paashkii na -m ♦ ruffed grouse *Bonasa umbellus*

paashkiish na dim -m ♦ young ruffed grouse

paashkataashtin vii ♦ it (ex trail) is uncovered by the wind

paashkahaausuu vai -u ♦ she gives birth (old word)

paashkahaaweu vai ♦ s/he breaks the eggs, it (anim, chick) cracks the egg from inside

paashkahweu vta ♦ s/he hits it (anim) and causes an explosion (ex caps)

paashkaapishin vai [Coastal] ♦ s/he bursts her/his eyeball by falling

paashkaakachishuu vai -i ♦ her/his tracks in snow are uncovered by the wind

paashkaachemakuhweu vta ♦ s/he hits and bursts it (anim, guts of bird) with something

paashkaacheham vti ♦ s/he hits and bursts it (filled with liquid) with something

paashkaachehweu vta ♦ s/he hits and bursts it (anim, filled with liquid) with something

paashkaachaapuhweu vta ♦ s/he hits and bursts it's eye

paashkaashuu vai -i ♦ it (wind) blows the cover off her/him/it, the wind uncovers her/him/it

paashkaashtin vii ♦ the wind blows the cover off it

paashchipayuu vai/vii -i ♦ s/he/it goes beyond, s/he/it falls over something

paashchitishinamuweu vta ♦ s/he gives, passes him/her something over top of another

paashchikwaashkuhtuweu vta ♦ s/he jumps over him/her/it (anim)

paashchikwaashkuhtuu vai -i ♦ s/he jumps over it

paashchiskanuweyaashuu vai -i ♦ her/his trail in the snow is uncovered by the wind

paayischineu vai/vii [Coastal] ♦ it (solid, ex fish, candy) overfills the container

paayischinepitaau vai+o ♦ s/he overfills it with liquid

paayischinepiyeu vta ♦ s/he overfills it (anim) with liquid

paayischiniheu vta ♦ s/he overfills it (anim) with something

paayischinihtaau vai+o ♦ s/he overfills it (with something)

paahiikachipiteu vta ♦ s/he pulls its (anim) bones opposite to their natural flex so they break apart at the joint, dislocate a joint

paahiikachipitam vti ♦ s/he pulls its bones opposite to their natural flex so they break apart at the joint, dislocate a joint

paahpewaahcheu vai redup ♦ it (anim, bird) flaps her/his wings

paahpewaahchepayihuu vai redup -u ♦ it (anim, bird) moves around flapping its wings

paahpewaahchepahtaau vai+o redup ♦ it (anim, bird) flaps its wings as it (anim) runs along

paahpeyakuneu vta redup ♦ s/he carries them (anim) one at a time, one by one

ᐹᐯᔭᑲᓐ paahpeyakunam vti redup ♦ s/he carries them one at a time, one by one

ᐹᐯᔭᑯᐦᑳᑎᓲ paahpeyakuhkaatisuu vai redup reflex -u ♦ s/he is on his/her own

ᐹᐯᔭᒀᐤ paahpeyakwaau p,time redup [Inland] ♦ each time, one at a time ▪ ᒫᐩ ᐹᐯᔭᒀᐤ ᑮ ᒦᒋᓱᕽ ▪ *They ate one at a time.*

ᐹᐯᔭᒄ paahpeyakw p,quantity redup ♦ one by one

ᐹᐱᔦᒋᓲ paahpiyechisuu na -siim ♦ boreal owl *Aegolius funereus*

ᐹᐱᔦᒋᔒᔥ paahpiyechishiish na dim ♦ young boreal owl

ᐹᐲᐦᐁᐤ paahpiheu vta ♦ s/he makes him/her laugh

ᐹᐲᐦᑫᔫ paahpihkweyuu vai -i ♦ s/he smiles

ᐹᐲᐦᑳᓲ paahpihkaasuu vai -u ♦ s/he pretends to laugh

ᐹᐲᒦᑳᒣᑯᐦᑯᐦᐆᓲ paahpiimikaamekuhkuhuusuu vai redup -u ♦ s/he poles the canoe up the rapids in a zigzag fashion

ᐹᐲᒦᑳᒣᔮᐱᐦᒉᓇᒻ paahpiimikaameyaapihchenam vti redup ♦ s/he braids it (string-like) by hand

ᐹᐲᐦᑐᐌᒋᓇᒻ paahpiihtuwechinam vti redup redup ♦ s/he makes layers (sheet-like, paper)

ᐹᐲᐦᑐᐌᒋᐦᑎᓐ paahpiihtuwechihtin vii redup ♦ it is in layers (sheet-like)

ᐹᐲᐦᑐᐌᔮᔅᑵᔮᐤ paahpiihtuweyaaskweyaau vii redup ♦ clearings alternate with stands of trees

ᐹᐲᐦᑐᐌᔮᔅᑯᐱᒎ paahpiihtuweyaaskupichuu vai redup -i ♦ s/he goes from clearings to wooded stands as s/he moves camp in winter

ᐹᐲᐦᑐᐚᐤ paahpiihtuwaau vii redup ♦ it is layered

ᐹᐲᐦᑐᔦᒋᓇᒻ paahpiihtuyechinam vti redup ♦ s/he makes layers (sheet-like, fabric)

ᐹᐴ paahpuu vai -i ♦ s/he laughs

ᐹᐸᐅᑐᓀᐦᐄᑲᓐ paahpautunehiikan ni ♦ Jew's harp (musical instrument)

ᐹᐸᐅᑐᓀᐦᐄᒉᐤ paahpautunehiicheu vai redup ♦ s/he is playing the Jew's harp (instrument)

ᐹᐸᑕᕽ paahpataham vti ♦ s/he keeps missing it (his/her target)

ᐹᐸᐦᒋᑰᓇᒻ paahpahchikuunam vti ♦ s/he drops it drop by drop

ᐹᐹᐅᐦᐄᒉᐤ paahpaauhiicheu vai redup ♦ s/he is knocking

ᐹᐹᑐᐌᐱᒎ paahpaatuwepichuu vai redup ♦ s/he hauls the toboggan and travels in another direction breaking her/his own trail while others are travelling on a visible trail

ᐹᐹᑐᐌᔥᑲᒻ paahpaatuweshkam vti redup ♦ s/he walks to the side of the river and back to the path repeatedly

ᐹᐹᒀᑲᓐ paahpaakwekan vii redup ♦ it (sheet-like) is a narrow width, thin

ᐹᐹᒀᒋᓲ paahpaakwechisuu vai redup -i ♦ it (anim, sheet-like) is a narrow width, thin

ᐹᐹᑯᐌᐤ paahpaakuweu vai redup ♦ its fur is thin, has short hairs

ᐹᐹᑯᐌᔮᐤ paahpaakuweyaau vii redup ♦ the fur is thin

ᐹᐹᑳᔮᐦᑯᑌᐤ paahpaakaayaahkuhteu vii ♦ there are bare patches in the snow in spring

ᐹᐹᒀᑯᓂᑳᐤ paahpaakwaakunikaau vii redup ♦ the snow is shallow

ᐹᐹᒀᓈᒥᔅᒋᒋᐎᓐ paahpaakwaanaamischichuwin vii redup ♦ the water is very shallow in the rapids, is going dry

ᐹᐹᒀᔩᐦᑵᐤ paahpaakwaayihkweu vai redup ♦ s/he has thin layer of hair

ᐹᐹᒋᐱᔅᑳᐤ paahpaachipiskaau vii redup ♦ it is a series of rounded, exposed rock (igneous or metamorphic) outcrops

ᐹᐹᒋᐱᔅᑳᑲᒫᐤ paahpaachipiskaakamaau vii redup ♦ it is a lake surrounded by flat rock

ᐹᐹᔒᐴ paahpaashipuu vai redup -u ♦ s/he eats in a hurry

ᐹᐹᔒᒣᐤ paahpaashimeu vta redup ♦ s/he hurries him/her by talking, shouting

ᐹᐹᔒᐤ paahpaashiiu vai redup ♦ s/he hurries

ᐹᑉᐹᔒᐦᑲᒻ **paahpaashiihkam** vti redup
 ♦ s/he does it in a hurry, hastily

ᐹᑉᐹᔓᐧᐄᐧᐁᐤ **paahpaashuwiiweu** vai redup
 ♦ s/he is overactive

ᐹᑉᐹᔔᔦᐤ **paahpaashuuyeu** vta redup
 ♦ s/he hurries him/her at doing something

ᐹᑉᐹᐦᑌᓲ **paahpaahteusuu** vai redup -i
 ♦ s/he/it (anim) is spotted

ᐹᑉᐹᐦᑌᔐᐤ **paahpaahteusheu** vai redup
 ♦ it (anim, skin) is spotted, it (anim) has freckles

ᐹᑉᐹᐦᑌᔑᑲᔦᐤ **paahpaahteushikayeu** vai redup ♦ s/he has freckles on her/his skin

ᐹᑉᐹᐦᑌᐦᒁᐤ **paahpaahteuhkweu** vai redup ♦ s/he has freckles on her/his face

ᐹᑉᐹᐦᑌᐚᐤ **paahpaahtewaau** vii redup
 ♦ it is spotted

ᐹᐦᑐᐧᐁᔥᑲᒻ **paahtuweshkam** vti [Inland]
 ♦ s/he walks to the side of a river, road

ᐹᐦᒀᐅᐦᑳᐤ **paahkweuhkaau** vii ♦ it is dry meat without moisture, fat

ᐹᐦᒉᑲᓐ **paahkwekan** vii ♦ it (sheet-like, ex cloth) is dry

ᐹᐦᒉᒋᓲ **paahkwechisuu** vai -i ♦ it (anim, cloth) is dry

ᐹᐦᑯᐱᓵᐚᓅ **paahkupisaawaanuu** vii [Inland] ♦ it is a period of warm weather late in the fall, Indian summer

ᐹᐦᑯᐳ **paahkupuu** vai -i ♦ it (anim, ex hide) sits and dries out

ᐹᐦᑯᐸᔨᐦᑖᐤ **paahkupayihtaau** vai+o
 ♦ s/he dries it in the dryer, s/he dries it

ᐹᐦᑯᐸᔫ **paahkupayuu** vai/vii -i ♦ it (anim) dries, it abates

ᐹᐦᑯᐸᑎᓀᐤ **paahkupaatineu** vta ♦ s/he wrings it (anim) out dry

ᐹᐦᑯᐸᑎᓇᒻ **paahkupaatinam** vti ♦ s/he wrings it out dry

ᐹᐦᑯᑎᓐ **paahkutin** vii ♦ it is dried up from being frozen

ᐹᐦᑯᑎᐦᒉᓀᐤ **paahkutihcheneu** vta
 ♦ s/he dries another's hands

ᐹᐦᑯᑎᐦᒉᱷᓲ **paahkutihchehuusuu** vai reflex -u ♦ s/he dries her/his own hands

ᐹᐦᑯᑐᐧᐁᐤ **paahkutuweu** vai ♦ its fur is dry

ᐹᐦᑯᑐᐧᐁᔍᐤ **paahkutuwesweu** vta
 ♦ s/he dries its (anim, beaver) fur at a fire

ᐹᐦᑯᑐᐧᐁᔑᒣᐤ **paahkutuweshimeu** vta
 ♦ s/he dries its (anim, beaver) fur by sweeping on the snow

ᐹᐦᑯᑖᐅᐦᑳᐤ **paahkutaauhkaau** vii ♦ it is a dry, sandy ridge

ᐹᐦᑯᑖᒧᔥᑯᔫ **paahkutaamushkuyuu** vai -i
 ♦ s/he gets thirsty after eating

ᐹᐦᑯᑖᒧᔥᑳᑰ **paahkutaamushkaakuu** vai -u
 ♦ it makes her/him thirsty

ᐹᐦᑯᑖᒨ **paahkutaamuu** vai -u [Coastal]
 ♦ s/he is thirsty, has a dry mouth

ᐹᐦᑯᑖᐦᑕᒻ **paahkutaahtam** vti ♦ s/he is thirsty

ᐹᐦᑯᑯᑌᐤ **paahkukuteu** vii ♦ it hangs dry

ᐹᐦᑯᑯᒋᓐ **paahkukuchin** vai ♦ it (anim) hangs dry

ᐹᐦᑯᑯᓀᐧᐸᔫ **paahkukunewepayuu** vai -i
 ♦ her/his mouth is dry

ᐹᐦᑯᑯᐦᑎᓐ **paahkukuhtin** vii ♦ it sits and dries out (something that had been soaking in water)

ᐹᐦᑯᒋᔍᐦᐁᐧᐤ **paahkuchischeuhweu** vta
 ♦ s/he wipes, dries his/her (ex baby) bottom using something

ᐹᐦᑯᒋᔐᓀᐤ **paahkuchischeneu** vta
 ♦ s/he dries, wipes someone's wet bottom by hand

ᐹᐦᑯᒋᔐᱷᓲ **paahkuchischehuusuu** vai reflex -u ♦ s/he wipes, dries her/his own bottom

ᐹᐦᑯᒋᔥᒄ **paahkuchishkw** na ♦ may be Norway rat *Rattus norvegicus*, or badger *Taxidea taxus*, term related to 'muskrat'

ᐹᐦᑯᒎ **paahkuchuu** vai -i ♦ it (anim) is dried up from being frozen

ᐹᐦᑯᒑᐤ **paahkuchaau** vii ♦ there are patches of higher dry ground

ᐹᐦᑯᓀᐤ **paahkuneu** vta ♦ s/he dries him/her by rubbing him/her by hand

ᐹᐦᑯᓂᑲᓐ **paahkunikan** ni [Coastal]
 ♦ powder

ᐹᐦᑯᓇᒻ **paahkunam** vti ♦ s/he dries it by rubbing it with his hands

ᐹᐦᑯᓯᑌᱷᓲ **paahkusitehuusuu** vai reflex -u
 ♦ s/he wipes her/his own feet dry

ᐸᐦᑯᐸᔫ paahkusikupayuu vai/vii -i
• it (ice) dries (something that had a
thin layer of ice on it)

ᐸᐦᑯᐢᑳᐤ paahkusikwaau vii • it is dry
ice

ᐸᐦᑯᓲ paahkusuu vai -i • it (anim, ex
bannock) is dry

ᐸᐦᑯᐢᑲᒥᑳᐤ paahkuskamikaau vii • it is
dry ground

ᐸᐦᑯᐢᒋᓈᓐ paahkuschisinaan ni
• sealskin boot, rubber boot

ᐸᐦᑯᐢᒋᓯᓐ paahkuschisin ni [Inland]
• rubber boot

ᐸᐦᑯᔐᓂᑲᓐ paahkushenikan ni [Inland]
• powder

ᐸᐦᑯᔑᓐ paahkushin vai • s/he/it (anim)
is caught in a dried up area

ᐸᐦᑯᔥᑌᐤ paahkushteu vii • it sits and
dries out

ᐸᐦᑯᔥᑯᐁᐤ paahkushkuweu vta • s/he
dries it (anim, clothing) on the body,
by wearing it

ᐸᐦᑯᔥᑲᒻ paahkushkam vti • s/he dries
it (clothing) on the body, by wearing it

ᐸᐦᑯᐦᐄᒉᐤ paahkuhiicheu vai • s/he
dries it up

ᐸᐦᑯᐦᐊᒼ paahkuham vti • s/he wipes it
dry

ᐸᐦᑯᐦᐋᒉᓲ paahkuhaachesuu vai -i • it
(anim, fish) has dry scales

ᐸᐦᑾᐁᐤ paahkuhweu vta • s/he wipes
him/her dry with a cloth

ᐸᐦᑾᐦᑕᑳᐤ paahkuhtakaau vii • it (useful
wood, ex floor, log) is dry

ᐸᐦᑾᐦᑕᒄ paahkuhtakw ni -um • dry wood

ᐸᐦᑾᐦᑕᔥᑴᐤ paahkuhtashkweu vai
• her/his throat is dry

ᐸᐦᑾᐦᑴᐦᐆᓲ paahkuhkwehuusuu vai reflex
-u • s/he dries her/his own face

ᐸᐦᑲᒥᓂᑲᓐ paahkaminikan ni • hole
cleared on surface of ice in order to
later detect beaver activity

ᐸᐦᑲᒥᔥᑲᒻ paahkamishkam vti [Inland]
• s/he breaks it (ice) with her/his
weight

ᐸᐦᑲᒪᐦᐊᒻ paahkamaham vti [Inland]
• s/he breaks it (ice) with a tool, a
boat

ᐸᐦᑲᐦᐋᒀᓐ paahkahaakwaan ni
• chicken

ᐸᐦᑳᐅᐦᒋᔑᒣᐤ paahkaauhchishimeu vta
• s/he causes it (anim, ex balloon) to
burst as it hits on the sand

ᐸᐦᑳᐯᒋᓀᐤ paahkaapechineu vta • s/he
breaks it (anim, containing water, ex
birth sac) by hand

ᐸᐦᑳᐱᑌᐤ paahkaapiteu vta • s/he
bursts it (anim) while handling it
(anim), s/he breaks open its (anim)
skin while scratching it

ᐸᐦᑳᐱᑕᒻ paahkaapitam vti • s/he
bursts, breaks it while handling it

ᐸᐦᑳᐸᔫ paahkaapayuu vai/vii -i • it
(anim) bursts, is burst open (ex skin,
from a cut)

ᐸᐦᑳᑌᐤ paahkaateu vii • it explodes

ᐸᐦᑳᑲᒥᐸᔫ paahkaakamipayuu vii -i • a
thin layer of ice breaks up so there is
open water

ᐸᐦᑳᑲᒫᐦᐊᓐ paahkaakamaahan vii • the
wind breaks up a thin layer of ice so
there is open water

ᐸᐦᑳᒉᓀᐤ paahkaacheneu vta • s/he
bursts it (anim, full of air) by hand

ᐸᐦᑳᒉᓇᒻ paahkaachenam vti • s/he
bursts it with his hand

ᐸᐦᑳᒉᐦᐊᒻ paahkaacheham vti • s/he
hits and bursts it (ex balloon) with
something

ᐸᐦᑳᒉᐦᐁᐤ paahkaachehweu vta • s/he
hits and bursts it (anim) with
something

ᐸᐦᑳᓀᐤ paahkaaneu vta • s/he bursts it
(anim) by hand

ᐸᐦᑳᓇᒻ paahkaanam vti • s/he bursts it
by hand

ᐸᐦᑳᓯᑯᐦᐊᒻ paahkaasikuham vti • s/he
makes a hole in the ice

ᐸᐦᑳᓲ paahkaasuu vai -u • it (anim)
explodes

ᐸᐦᑳᓴᒻ paahkaasam vti • s/he explodes
it, causes it to deflate

ᐸᐦᑳᔑᒣᐤ paahkaashimeu vta • s/he
causes it (anim) to fall and burst, break
open

ᐸᐦᑳᔑᓐ paahkaashin vai • s/he is burst,
punctured, s/he gets a cut from falling

ᐸᐦᑳᔥᑕᐦᐊᒻ paahkaashtaham vti • s/he
bursts it with a pointed object

ᐹᐦᑳᔥᑕᐦᐌᐤ paahkaashtahweu vta ◆ s/he bursts it (anim) with a pointed object

ᐹᐦᑳᔥᑯᐌᐤ paahkaashkuweu vta ◆ s/he bursts it (anim) using her/his body

ᐹᐦᑳᔥᑲᒻ paahkaashkam vti ◆ s/he bursts it with his weight, his feet

ᐹᐦᑳᔮᐱᔑᓐ paahkaayaapishin vai ◆ s/he gets a cut around her/his eye by falling

ᐹᐦᑳᔮᒎᓲ paahkaayaachuusuu vai -u ◆ it (anim) bursts while boiling

ᐹᐦᑳᔮᒎᓴᒻ paahkaayaachuusam vti ◆ s/he causes it to burst (ex eggs, teabag) when boiling

ᐹᐦᑳᔮᒎᐦᑌᐤ paahkaayaachuuhteu vii ◆ it bursts in boiling

ᐹᐦᑳᐦᐄᑲᓐ paahkaahiikan ni ◆ hole broken through the ice

ᐹᐦᑳᐦᐊᒻ paahkaaham vti ◆ s/he makes a hole in it (ice, canoe)

ᐹᐦᑳᐦᐌᐤ paahkaahweu vta ◆ s/he throws something which hits and cuts him/her, s/he punctures him/her

ᐹᐦᑳᐦᑎᑖᐤ paahkaahtitaau vai+o [Inland] ◆ s/he bursts it, breaks it open by falling

ᐹᐦᒀᐤ paahkwaau vii ◆ it (water) is dried up; it is shallow [inland]

ᐹᐦᒀᐱᐢᑲᐦᐊᒻ paahkwaapiskaham vti ◆ s/he dries it (stone, metal)

ᐹᐦᒀᐱᐢᑲᐦᐌᐤ paahkwaapiskahweu vta ◆ s/he dries it (anim, stone, metal) using something

ᐹᐦᒀᐱᐢᑳᐤ paahkwaapiskaau vii ◆ it (stone, metal) is dry

ᐹᐦᒀᐱᐢᒋᓷᐤ paahkwaapischisweu vta ◆ s/he dries it (anim, stone, metal) by heat

ᐹᐦᒀᐱᐢᒋᓲ paahkwaapischisuu vai -i ◆ it (anim, stone, metal) is dry

ᐹᐦᒀᐱᐢᒋᓴᒻ paahkwaapischisam vti ◆ s/he dries it (stone, metal), s/he cooks it and lets the water in it evaporate, s/he stir-fries it

ᐹᐦᒀᐱᐢᒋᐦᑵᓴᒻ paahkwaapischihkwesam vti ◆ s/he boils the kettle dry

ᐹᐦᒀᐱᔥᑳᔫ paahkwaapishkaashuu vii dim -i ◆ it is a small dry metal object

ᐹᐦᒀᒎᓷᐤ paahkwaachuusweu vta ◆ s/he boils it (anim) dry

ᐹᐦᒀᒎᓲ paahkwaachuusuu vai -u ◆ it (anim) boils dry

ᐹᐦᒀᒎᓴᒻ paahkwaachuusam vti ◆ s/he boils it dry

ᐹᐦᒀᒎᐦᑌᐤ paahkwaachuuhteu vii ◆ it boils dry

ᐹᐦᒀᐢᑯᓐ paahkwaaskun vii ◆ it (stick-like) is dry

ᐹᐦᒀᐢᑯᓲ paahkwaaskusuu vai -i ◆ it (anim, stick-like) is dry

ᐹᐦᒀᐢᑲᑎᓐ paahkwaaskatin vii ◆ it is freeze-dried

ᐹᐦᒀᐢᑲᒎ paahkwaaskachuu vai -i ◆ it (anim) is freeze-dried

ᐹᐦᒀᔑᑰ paahkwaashikuu vii -uu ◆ it runs dry

ᐹᐦᒀᔫ paahkwaashuu vai -i ◆ it (anim) is dried by the wind

ᐹᐦᒀᔥᑎᑖᐤ paahkwaashtitaau vai+o ◆ s/he dries it in the wind

ᐹᐦᒀᔥᑎᒣᐤ paahkwaashtimeu vta ◆ s/he dries it (anim) in the wind

ᐹᐦᒀᔥᑎᓐ paahkwaashtin vii ◆ it is dried by the wind

ᐹᐦᒀᔮᐤ paahkwaayaau vii ◆ it is dry weather

ᐹᐦᒀᐦᑎᒄ paahkwaahtikw ni -um ◆ dry pole

ᐹᐦᒀᐦᒡ paahkwaahch p,location ◆ on dry land

ᐛ

ᐛᐅᐸᔫ pwaaupayuu vii -i ◆ it drags heavily

ᐛᐅᑌᐤ pwaauteu vai ◆ s/he is burdened, s/he is heavily loaded

ᐛᐅᑕᐦᐁᐤ pwaautaheu vta ◆ s/he burdens him/her heavily, s/he pulls a heavy burden

ᐛᐅᑖᐯᐤ pwaautaapeu vai ◆ s/he pulls a load that is too heavy for her/him

ᐛᐅᒣᐤ pwaaumeu vta ◆ s/he can't manage to get him/her to do, to listen to him/her

ᐛᐅᔥᑎᑰ pwaaushtikuu ni ◆ rapids

・ᐸᐅᐦᐃᒥᓈᒉᑎᒃʷ pwaauhiiminaanaahtikw ni -im
  ◆ chokecherry or pin cherry tree
  Prunus virginiana or *Prunus pensylvanica*

・ᐸᐅᐦᐃᒥᓐʰ pwaauhiiminh ni
  ◆ chokecherries

・ᐹᐧᐃᓲ pwaawiyisuu vai reflex -u ◆ s/he has difficulty carrying her/his own weight

・ᐹᐃᐤ pwaawiiu vai -u ◆ s/he has difficulty carrying a heavy load, weight

・ᐹᒧʰ pwaamush p,time ◆ before ■ ᐳᓇᓪ ・ᐹᒧʰ ᕐᑲᐁ ・ᐁᐸᓯᐦᒐᒃ ◆ ᐳᓇᓪ ・ᐹᒧʰ ᕐᑲᐁ ᐊᐸᔦᐦᒐᒃ ■ Take it, before he wastes all of it. ◆ Take it, before he wastes all of it. *[inland]*

・ᐹᓈᔥᑯᐃᐧᓲ pwaanaashkuyiwesuu vai ◆ it (anim, ex beaver) has a skinny tail

・ᐹᔥᑐᐃᐤ pwaashtuwiiu vai ◆ s/he is late for something

・ᐹᔥᑐᐤ pwaashtuu p,time ◆ too late ■ ・ᐁᒡ ・ᐹᔥᑐᐤ ᕐᐯᒐᒃ ■ You brought it too late.

・ᐹᔥᑐᐯᑲᓐ pwaashtuupekan vii ◆ the high tide is late

・ᐹᔥᑐᐸᔫ pwaashtuupayuu vii ◆ it (ex airplane, train) comes in late

・ᐹᔥᑐᐦᐊᒻ pwaashtuuham vti ◆ s/he comes in late

U

ᑌᐱᑐᓀᐤ teupituneu vai ◆ her/his arm aches

ᑌᑎᑯᓀᐤ teutikuneu vai ◆ s/he has sore hips, a sore hip

ᑌᑎᐦᑎᒥᓀᐤ teutihtimineu vai ◆ s/he has an aching shoulder

ᑌᑎᐦᒉᐤ teutihcheu vai ◆ her/his hand aches

ᑌᑐᐦᑎᓀᐤ teutuuhtineu vai ◆ s/he has sore heels

ᑌᑯᑌᐤ teukuteu vai ◆ her/his nose is sore

ᑌᑯᔨᐌᐤ teukuyiweu vai ◆ s/he has an aching neck

ᑌᑲᓀᐤ teukaneu vai ◆ s/he has aching bones

ᑌᑲᓂᐦᑎᐦᒉᐤ teukanihtihcheu vai
  ◆ s/he has aching fingers

ᑌᑲᔥᒄᐌᒎ teukashkweuchuu vai
  ◆ s/he has aching finger nails (in a cold weather with bare hands)

ᑌᑳᑌᐤ teukaateu vai ◆ her/his leg aches

ᑌᒋᔥᒉᐤ teuchischeu vai ◆ her/his bottom aches

ᑌᒑᐳᐤ teuchaapuu vai -i ◆ s/he has a sore eye or sore eyes

ᑌᓰᑌᐤ teusiteu vai ◆ her/his foot aches

ᑌᓲ teusuu vai -i ◆ s/he aches

ᑌᔅᑯᓀᐤ teuskuneu vai ◆ s/he has an ache in her/his liver

ᑌᔑᒋᑲᓀᐤ teushichikaneu vai ◆ s/he has aching toes

ᑌᔥᑎᒀᓀᐤ teushtikwaaneu vai ◆ s/he has a headache

ᑌᐦᑑᑲᔦᐤ teuhtuukayeu vai ◆ her/his ear aches

ᑌᐦᒋᑯᓀᐤ teuhchikuneu vai ◆ s/he has aching knees

ᑌᐌᐦᐄᑲᓈᑎᒃʷ tewehiikanaahtikw ni
  ◆ drum stick

ᑌᐌᐦᐄᑲᓐ tewehiikan na ◆ drum

ᑌᐌᐦᐄᒉᐤ tewehiicheu vai ◆ s/he plays the drum, s/he drums on something

ᑌᐌᐧᐁᐤ tewehweu ◆ s/he drums

ᑌᐙᐯᒋᑯᔨᐌᐤ tewaapechikuyiweu vai
  ◆ s/he has an aching neck

ᑌᐙᐱᑌᐤ tewaapiteu vai ◆ s/he has a sore tooth

ᑌᐙᐱᔥᑲᓀᐤ tewaapishkaneu vai ◆ s/he has an aching jaw

ᑌᐙᒋᐱᔅᑯᓀᐤ tewaachipiskuneu vai
  ◆ s/he has an aching back

ᑌᐙᔥᒋᑲᓀᐤ tewaaschikaneu vai ◆ s/he feels a pain, ache in her/his chest

ᑌᐯᒉᔨᐦᑕᒥᐦᐁᐤ tepecheyihtamiheu vta
  ◆ s/he satisfies him/her

ᑌᐯᔨᒨ tepeyimuu vai -u ◆ s/he is confident

ᑌᐯᔨᐦᑕᒥᐦᐁᐤ tepeyihtamiheu vta ◆ s/he has enough of it (anim)

ᑌᐯᔨᐦᑕᒧᐃᓐ tepeyihtamuwin ni
  ◆ contentment

ᑌᐯᐌᔥᒉᐤ tepeweescheu vai ◆ s/he shoots within hearing distance

ᑕᐯᐤ **tepeu** vai ♦ s/he is calling, s/he calls

ᑕᐯᒪᐣ **tepemakan** vii ♦ it (ex siren) sounds loud

ᑕᐯᒪᑳᐦᑖᐤ **tepemakahtaau** vai+o ♦ s/he makes it (ex horn, siren) sound loud

ᑕᐱᐸᔫ **tepipayuu** vii -i ♦ it is enough for the purpose

ᑕᐱᑕᐯᐤ **tepitepeu** vai redup ♦ s/he calls and calls

ᑕᐱᑕᐹᑎᐤ **tepitepwaateu** vta redup ♦ s/he calls and calls him/her/it (anim)

ᑕᐱᑎᓇᒻ **tepitinam** vti [Inland] ♦ his weight is held by the ice, crust of snow

ᑕᐱᑳᐴᐦᐁᐤ **tepikaapuuheu** vta ♦ s/he has enough room to stand it (anim) up

ᑕᐱᒉᔨᒥᑎᓲ **tepicheyimitisuu** vai reflex -u ♦ s/he thinks s/he is worthy, able

ᑕᐱᒉᔨᒧᑐᐌᐤ **tepicheyimutuweu** vta ♦ s/he thinks, is confident that s/he can defeat, overcome him/her

ᑕᐱᒉᔨᒨ **tepicheyimuu** vai -u ♦ s/he thinks it (anim) is enough, s/he has confidence in it, s/he feels competent, confident, able

ᑕᐱᒉᔨᐦᑕᒻ **tepicheyihtam** vti ♦ s/he thinks it is enough, s/he is contented, confident

ᑕᐱᒉᔨᐦᑖᑯᓐ **tepicheyihtaakun** vii ♦ it is worthy

ᑕᐱᒉᔨᐦᑖᑯᓲ **tepicheyihtaakusuu** vai -i ♦ s/he is worthy

ᑕᐱᒋᓇᒻ **tepichinam** vti [Coastal] ♦ his weight is held by the ice, crust of snow

ᑕᐱᒣᐤ **tepimeu** vta ♦ s/he says so much to him/her (when cursing or criticizing him/her), s/he gets carried away with what s/he says to him/her

ᑕᐱᒥᔅᑴᐤ **tepimiskweu** vai ♦ s/he has his/her fill of beaver

ᑕᐱᒦᒋᓲ **tepimiichisuu** vai -u ♦ s/he has enough to eat

ᑕᐱᒫᑯᓐ **tepimaakun** vii ♦ it scents the place, the place is filled with the smell of it

ᑕᐱᒫᑯᓲ **tepimaakusuu** vai -i ♦ it (anim, ex skunk) scents the place, the place is filled with the smell of it

ᑕᐱᒫᐦᐊᒻ **tepimaaham** vti ♦ s/he has travelled downriver enough

ᑕᐱᓀᐤ **tepineu** vta ♦ s/he reaches around him/her, s/he manages to hold it all in her/his arms, hands

ᑕᐱᓇᒻ **tepinam** vti ♦ s/he reaches around, s/he manages to hold it all in his arms

ᑕᐱᔅᑯᓇᒻ **tepiskunam** vti ♦ his weight is held by it (ice)

ᑕᐱᔅᑳᒡ **tepiskaach** p,time ♦ last night (changed conjunct form of the verb *tipiskaau*)

ᑕᐱᔅᒋᓀᐤ **tepischineu** vai/vii ♦ there is room enough for her/him/it to fit

ᑕᐱᔅᒋᓂᑖᐤ **tepischinitaau** vai+o ♦ s/he has enough room for it, s/he fits it in

ᑕᐱᔅᒋᓂᐦᐁᐤ **tepischiniheu** vta ♦ s/he has room enough for him/her to fit, there is room to put him/her in

ᑕᐱᔑᑯᐌᐤ **tepishikuweu** vta ♦ it (anim, clothing) fits her/him

ᑕᐱᔑᑳᑐᐃᒡ **tepishikaatuwich** vai pl recip -u ♦ they have room

ᑕᐱᔑᓐ **tepishin** vai ♦ s/he fits into it (not something to wear)

ᑕᐱᔑᑯᔫ **tepishkuyuu** vai -i ♦ s/he feels uncomfortable after eating (especially something greasy)

ᑕᐱᔥᑲᒻ **tepishkam** vti ♦ it (clothing) fits her/him

ᑕᐱᔮᐦᒡ **tepiyaahch** p,quantity ♦ as long as, if, enough ∎ ᐅᑎᓐ ᐹᒡ, ᑕᐱᔮᐦᒡ ᐊᔮᐣ ᑳ ᐳᐌᒋᐦᑐᐦᒃ ♦ ᐁᐅᑯ ᑕᐱᔮᐦᒡ ᐁᒫᐤ ᒌᐳᐦᒃ *Take it, as long as you bring it back.* ♦ *You've given me enough for now.*

ᑕᐱᐦᑎᓐ **tepihtin** vii ♦ it fits

ᑕᐱᐦᑖᑯᓐ **tepihtaakun** vii ♦ it is audible, able to be heard all over

ᑕᐱᐦᑖᑯᓲ **tepihtaakusuu** vai -i ♦ s/he is audible all over (ex by means of a loud speaker)

ᑕᐱᐦᒀᒨ **tepihkwaamuu** vai -u ♦ s/he sleeps enough

ᑕᐳᐌᐅᑕᒻ **tepuweutam** vti ♦ s/he fills it (ex room) with the sound of her/his voice

U>·ᐯᐅ"ᐯ° tepuweuheu vta ✦ s/he causes him/her to cry out and fill the room with the sound of his/her voice (ex by pinching him/her)
U>·ᐯ° tepuweu vai ✦ s/he fills the space with the sound of her/his voice, s/he calls out
U>ᓇᒍ·ᐯ° teputinamuweu vta ✦ s/he supplies him/her with enough
Uᐊ<"Cᴸ tepaapahtam vti ✦ s/he sees enough of it, s/he sees all the view
Uᐊᔅᑯᐅ° tepaaskuneu vta ✦ s/he reaches around the circumference of it (anim, tree)
Uᐊᔅᑯᒪᴸ tepaaskunam vti ✦ s/he reaches around the circumference of it
Uᐊᔑᒋᔕᵃ tepaashchiishin vai ✦ s/he/it (anim) comes in at the right time
Uᐊᔑᒋᔥᑯᐅ·ᐯ° tepaashchiishkuweu vta ✦ s/he meets him/her at a certain place by chance
U·ᐊU° tepwaateu vta ✦ s/he calls him/her, publishes their banns
U·ᐊCᴸ tepwaatam vti ✦ s/he calls to it
Uᑎᐯᐅ"ᐊᴸ tetipeuham vti ✦ s/he paddles around to the other side of the point
Uᑎᐯ·ᐯ° tetipeweu vai ✦ s/he walks around a point of land (ex along the shore)
Uᑎᐯ·ᐯ<ᔦ tetipewepayuu vai-i ✦ s/he drives around to the other side of a point
Uᑎᐯ·ᐯ<"Ċ° tetipewepahtaau vai ✦ s/he runs around a point
Uᑎᐯ·ᐯ<".Ċ° tetipewepahtwaau vai ✦ s/he runs around a point of land with it
Uᑎᐯ·ᐯᔅᑯᑉᒋᐅ tetipeweskupichuu vai-i ✦ s/he goes around a point while pulling a toboggan on the ice, moving winter camp
Uᑎᐯ·ᐯ"ᐊᴸ tetipeweham vti ✦ s/he paddles around it (point)
Uᑎᐯᔾᐅ"ᑊ"ᐊᴸ tetipeyaauhkaham vti ✦ s/he walks around a hill of sand
Uᑎᐱ·ᐯ<ᔑ"ᐯ° tetipiwepayiheu vta ✦ s/he pulls it (anim) around it driving an outboard motor

Uᑎᐱ·ᐯ<ᔑ"Ċ° tetipiwepayihtaau vai+o ✦ s/he pulls it around it driving an outboard motor
Uᑎᐱ·ᐯᔾᓂᒋ<ᔑ"ᐯ° tetipiweyaanichipayiheu vta ✦ s/he travels around the island with it
Uᑎᐱ·ᐯᔾᓂᒋ<ᔦ tetipiweyaanichipayuu vai-i ✦ s/he/it (anim) travels around the island by boat or airplane
Uᑎᐱ·ᐯ"ᐊᴸ tetipiweham vti ✦ s/he swims around it (ex island)
UᑎᐱᐊĊᐯ° tetipitaapeu vai ✦ s/he pulls a sled, toboggan in a circle
Uᑎᐱᔅᑯ"C"ᐯ° tetipiskuhtaheu vta ✦ s/he takes him/her around a point on the ice
Uᑎᐱᔅᑯ tetipiskuu vai-u ✦ s/he walks around a point on the ice
Uᑎᐱᔥᑯ·ᐯ° tetipishkuweu vta ✦ s/he walks completely around the edge, periphery of it (anim)
Uᑎᐱᔥᑲᒻᴸ tetipishkam vti ✦ s/he walks around the periphery of it
Uᑎ<ᒍ tetipamuu vii-u ✦ it (road) runs around an object, an obstacle
Uᑎ<ᔦ tetipayuu vai-i ✦ s/he drives around something
Uᑎ<"ᐅᐊ° tetipahuyeu vta ✦ s/he takes him/her/it (anim) around by canoe, paddling
Uᑎ<".ᐯ° tetipahweu vta ✦ s/he pulls it (anim) around it driving an outboard motor, s/he paddles around him/her
Uᑎᐊ° tetipaau vii [Coastal] ✦ it is, goes all around, there is a passage around (ex island)
Uᑎᐊᓂᒋ<ᔑ"ᐯ° tetipaanichipayiheu vta ✦ s/he pulls it (anim) around an island driving an outboard motor
Uᑎᐊᔓ tetipaashuu vai-i ✦ s/he sails all around
Uᑎᐊᔦ° tetipaayaau vii ✦ it is, goes all around, there is a passage around (ex island)
Uᑎᐊ"ᐅĊ° tetipaahutaau vai+o ✦ s/he paddles to take things around it
Uᑎᐊ"ᐅᐊ° tetipaahuyeu vta ✦ s/he paddles to take him/her around it
Uᑎᐊ"ᐊᴸ tetipaaham vti [Inland] ✦ s/he paddles around it

ᑎᓂᑊ tetip p,location ♦ all around ▪ ᒥᕐᐁ ᑎᓂᑊ ᓂᑯᒉ ᐅᐋᐄ ᐊᓕᒋ ᒡᑎᑊᓗ ᐊᑊᓂᕐᑊᓗₓ ▪ There's fur around the top of the mitten.

ᑌᒐᐅᐱᐆ tetaaupiteu vta ♦ s/he tears it (anim) down the middle

ᑌᒐᐅᐱᑕᒪ tetaaupitam vti ♦ s/he tears it down the middle

ᑌᒐᐅᐳᒙ tetaauputaau vai+o ♦ s/he saws it into halves, down the middle

ᑌᒐᐅᐳᔪ tetaaupuyeu vta ♦ s/he saws it (anim) into halves, down the middle

ᑌᒐᐅᐸᔨᐅᒙ tetaaupayihtaau vai+o ♦ s/he divides it (ex sugar, water) in half by pouring

ᑌᒐᐅᐸᔪ tetaaupayuu vai/vii -i ♦ it separates into equal pieces, parts, down the middle

ᑌᒐᐅᒙᒐᐁᐤ tetaauhtwaatuwich vai pl recip -u ♦ they divide it equally among themselves

ᑌᒐᐅᑳᒪ tetaaukaam p,location ♦ out in the middle of the water

ᑌᒐᐅᒡ tetaauch p,location ♦ in the middle of something

ᑌᒐᐅᓀᐤ tetaauneu vta ♦ s/he separates it (anim) at the middle by hand

ᑌᒐᐅᓇᒧᐁᐤ tetaaunamuweu vta ♦ s/he shares it (anim) equally with him/her/them

ᑌᒐᐅᓇᒫᑐᐊᐁᐤ tetaaunamaatuwich vai pl recip -u ♦ they divide it equally among themselves

ᑌᒐᐅᔕᒋᐤ tetaauschech p,location ♦ in the middle of a muskeg, swamp

ᑌᒐᐅᔥᐁᐤ tetaaushweu vta ♦ s/he divides it (anim) equally by cutting in the middle

ᑌᒐᐅᔕᒧᐁᐤ tetaaushamuweu vta ♦ s/he divides it among them by cutting it down the middle

ᑌᒐᐅᔕᒪ tetaausham vti ♦ s/he divides it equally by cutting down the middle

ᑌᒐᐅᔥᑯᐁᐤ tetaaushkuweu vta ♦ s/he breaks (anim) in half in the middle by weight, by foot

ᑌᒐᐅᔥᑯᐆ tetaaushkuteu ni ♦ centre, middle of the fire

ᑌᒐᐅᔥᑯᑌᐸᔨᐁᐤ tetaaushkutepayiheu vta ♦ s/he holds it (anim, ex pot) over the middle of a flame, a fire

ᑌᒐᐅᔥᑯᑌᑯᔮᐅ tetaaushkutekuyeu vta ♦ s/he hangs it (anim) over the middle of a fire

ᑌᒐᐅᔥᑲᒪ tetaaushkam vti ♦ s/he breaks it in half down the middle by weight, by foot

ᑌᒐᐅᔥᑳᒡ tetaaushkwaach p,location ♦ point in teepee opposite the door, literally 'in the middle of a circle of poles'

ᑌᒐᐅᐊᒪ tetaauham vti ♦ s/he separates it at the middle by hitting it with something

ᑌᒐᐅᐅᒍᐁᐤ tetaauhtuweu vta ♦ s/he shares it equally among them

ᑌᒐᐁᒋᐱᐆ tetaawechipiteu vta ♦ s/he tears it (anim, sheet-like) in the middle

ᑌᒐᐁᒋᐱᑕᒪ tetaawechipitam vti ♦ s/he tears it (sheet-like) in the middle

ᑌᒐᐁᒋᓀᐤ tetaawechineu vta ♦ s/he folds it (anim, sheet-like) in the middle

ᑌᒐᐁᒋᓇᒪ tetaawechinam vti ♦ s/he folds it (sheet-like) in the middle

ᑌᑯᒣᐤ tekumeu vta ♦ s/he inhales it (anim, ex flour) and is made to cough, choke

ᑌᑯᓯᒥᐯᐤ tekusimipeu vai ♦ s/he chokes while drinking

ᑌᑯᓯᒨ tekusimuu vai -u ♦ s/he chokes on liquid

ᑌᑯᐊᑕᒪ tekuhtam vti ♦ s/he inhales it (ex feathers) and is made to cough, choke

ᑌᑲᔒᐁᐤ tekashiheu vta ♦ s/he completes it (anim)

ᑌᑲᔒᐊᐆ tekashihtaau vai+o ♦ s/he completes it

ᑌᑲᔥ tekash p,manner ♦ thoroughly ▪ ᒥᔓᐊ ᑌᑲᔥ ᐋ ᐸᐅᐅᑎᒉₓ ▪ She cleaned it thoroughly.

ᑌᑲᓕᑊ tekalep na -im [Mistissini] ♦ pancake, from French 'des crêpes'

ᑌᑲᐊᑕᐊᒪ tekahtaham vti ♦ s/he fits all the way into it

ᑌᑲᐁᒋᔥᑲᒪ tekahchishkam vti ♦ his foot fits all the way into it

ᑎᒋᔥᒋᐸᔪ techischipayuu vai/vii -i ♦ it (anim) is barely enough

ᐅᔑᐱᑖᑲᓐ teshipitaakan ni ♦ storage, cache platform used in camps

ᐅᔐᓛᐤ teyimaau vai ♦ s/he plays cards

ᐅᔐᓛᐊ teyimaan na ♦ playing card

ᐅᑋᐅᒎ tehutaau vai+o ♦ s/he lands with it

ᐅᑋᐅᓛᐊ tehumakan vii ♦ it (ex airplane) lands

ᐅᑋᐅᓛᐎᒎ tehumakahtaau vai+o ♦ s/he lands it

ᐅᑋᐅᔫ tehuyeu vta ♦ s/he lands with him/her by flying (by air), s/he lands where he/it is

ᐅᑋᐅ tehuu vai -u ♦ s/he/it (anim) lands from the air

ᐅᑋᐅᐤ tehteu na ♦ green frog

ᐅᑋᐅᔥᑳᐤ tehteskaau vii ♦ it is an area of land with lots of green frogs

ᐅᑋᐅᔅᒋᔥᑳᐤ tehteschiskaau vii ♦ it is an area of pine trees with no branches on the lower part

ᐅᑋᐅᔅᒋᔥᒃ tehteschiskw na ♦ a pine tree with branches only on the upper part, the top, not on the lower part

ᐅᑋᓂᐤ tehtineu vta ♦ s/he carries him/her on top of a stretcher

ᐅᑋᓂᑲᓐ tehtinikan ni ♦ stretcher for carrying a patient

ᐅᑋᓇᒻ tehtinam vti ♦ s/he carries it on top of a stretcher

ᐅᑋᐸᐎᓂᒋᒫᐤ tehtapuwinichimaau na ♦ chairperson, literally 'chair boss'

ᐅᑋᐸᐎᓐ tehtapuwin ni ♦ chair

ᐅᑋᐸᐙᑲᓐ tehtapuwaakan ni ♦ something used as a seat

ᐅᑋᐸᐤ tehtapuu vai -i ♦ s/he sits on top of a surface

ᐅᑋᑲᑌᐤ tehtakuteu vii ♦ it sits on top of a cache

ᐅᑋᑲᑖᐤ tehtakutaau vai+o ♦ s/he sets it on top of the cache

ᐅᑋᑲᑯᓯᐤ tehtakusiiu vai ♦ s/he/it (anim) climbs on top of some high place (ex roof, cache)

ᐅᑋᑲᑯᔮᐤ tehtakuyeu vta ♦ s/he sets him/her on top of the cache

ᐅᑋᐊᔥᑌᐤ tehtashteu vii ♦ it sits on top of a surface

ᐅᑋᐊᔥᑖᐤ tehtashtaau vai+o ♦ s/he sets it on top of something

ᐅᑋᐊᐦᐁᐤ tehtaheu vta ♦ s/he puts him/her on top of something

ᐅᑋᐊᐦᐄᑲᓐ tehtahiikan ni ♦ foundation, shim

ᐅᑋᐊᐦᐊᒻ tehtaham vti ♦ s/he puts a low platform under it (to keep it dry)

ᐅᑋᐊᐦᐁᐤ tehtahweu vta ♦ s/he builds a low platform under it (anim) (to keep it dry)

ᐅᑋᐊᐱᔅᑲᐴ tehtaapiskapuu vai -i ♦ s/he/it (anim) sits on top of the rocks

ᐅᑋᐊᐱᔅᒋᑳᐴ tehtaapischikaapuu vai -uu ♦ s/he stands on top of the rocks

ᐅᑋᐊᐱᔅᒡ tehtaapisch p,location ♦ on top of the rocks

ᐅᑋᐊᔅᑯᐸᔫ tehtaaskupayuu vai/vii -i ♦ it (anim) moves, falls on top of the wood

ᐅᑋᐊᔅᑯᑳᐴ tehtaaskukaapuu vai -uu ♦ s/he stands on top of the wood

ᐅᑋᐊᔅᑯᔑᓐ tehtaaskushin vai -i ♦ s/he lays on top of the wooden object

ᐅᑋᐊᔅᑯᔑᑖᐤ tehtaaskushtaau vai+o ♦ s/he loads wood on top of it (ex toboggan)

ᐅᑋᐊᔅᑯᐦᐄᑲᓐ tehtaaskuhiikan ni ♦ low platform built to keep things dry (in canoe, on snow, mud, in tent, teepee)

ᐅᑋᒋᑳᐴ tehchikaapuu vai -uu ♦ s/he stands on top of a seat, chair, bench

ᐅᑋᒋᔥᒃ tehchiskw p,location ♦ on the surface, top of the ice

ᐅᑋᒋᔑᓐ tehchishin vai -i ♦ s/he lays on top of the object

ᑎ

ᑎᐯᒋᓀᐤ tipechineu vta ♦ s/he measures it (anim, sheet-like) holding it up to something

ᑎᐯᒋᓇᒻ tipechinam vti ♦ s/he measures it (sheet-like) holding it up to something

ᑎᐯᔨᒣᐤ tipeyimeu vta ♦ s/he owns, possesses, governs him/her/it (anim)

ᑎᐯᔨᒥᑎᓱᐎᓐ tipeyimitisuwin ni ♦ self-government

ᑎᐯᔨᒥᑎᓲ tipeyimitisuu vai reflex -u ◆ s/he governs her/himself, s/he is free, s/he is her/his own boss

ᑎᐯᔨᐦᑕᒧᐧᐃᓐ tipeyihtamuwin ni ◆ authority

ᑎᐯᔨᐦᑕᒧᐦᐁᐤ tipeyihtamuheu vta ◆ s/he gives it into her/his possession, commits it to him/her

ᑎᐯᔨᐦᑕᒻ tipeyihtam vti ◆ s/he owns, possesses, governs it

ᑎᐯᔨᐦᑖᑯᓐ tipeyihtaakun vii ◆ it belongs (there), it is the property of

ᑎᐯᔨᐦᑖᑯᓲ tipeyihtaakusuu vai -i ◆ s/he belongs there, s/he has a right to be there

ᑎᐯᔨᐦᒋᒉᐧᐃᓐ tipeyihchichewin ni ◆ governing body

ᑎᐯᔨᐦᒋᒉᓲ tipeyihchichesuu vai ◆ s/he is a governor

ᑎᐯᔨᐦᒋᒉᓲ tipeyihchichesuu ni -siim ◆ government

ᑎᐱᐸᔫ tipipayuu vii -i ◆ it is fulfilled

ᑎᐱᑎᔓᐧᐃᒡ tipitishuwich vai pl -i ◆ there are enough of them

ᑎᐱᑯᔅᑳᑌᐤ tipikuskaateu vta ◆ s/he measures it (anim) by pacing it out with long steps

ᑎᐱᑯᔅᑳᑕᒻ tipikuskaatam vti ◆ s/he measures it by pacing it out with long steps

ᑎᐱᓀᐤ tipineu vta ◆ s/he measures it (anim, ex net) by arm lengths

ᑎᐱᓀᐸᔨᐦᐁᐤ tipinepayiheu vta ◆ s/he measure, rations it (anim) out so that it (anim) lasts (ex flour)

ᑎᐱᓀᐸᔨᐦᑖᐤ tipinepayihtaau vai+o ◆ s/he measures, rations it out so that it lasts

ᑎᐱᓀᔕᒧᐧᐁᐤ tipineshamuweu vta ◆ s/he divides it among them by cutting

ᑎᐱᓀᔨᐦᑕᒧᐧᐃᓐ tipineyihtamuwin ni ◆ making sure there is enough, not running short

ᑎᐱᓂᔅᑳᑌᐤ tipiniskaateu vta ◆ s/he measures it (string-like, ex net) with extended arms

ᑎᐱᓂᔅᑳᑕᒻ tipiniskaatam vti ◆ s/he measures it with extended arms

ᑎᐱᓂᔅᒑᐦᑕᒻ tipinischaahtam vti ◆ s/he measures it by hand length

ᑎᐱᓄᐧᐋᐤ tipinuwaau vii ◆ it is sheltered, it is a lee

ᑎᐱᓄᐧᐋᔥᑯᔑᒨ tipinuwaashkushimuu vai -u ◆ s/he takes shelter in the trees

ᑎᐱᓅᔑᒧᐧᐃᓐ tipinuushimuwin ni ◆ sheltered place from the storm

ᑎᐱᓅᔑᒨ tipinuushimuu vai -u ◆ s/he takes cover, shelter from the cold

ᑎᐱᓅᔥᑯᐧᐁᐤ tipinuushkuweu vta ◆ s/he acts as a shelter for him/her/it (anim)

ᑎᐱᓅᔥᑲᒻ tipinuushkam vti ◆ s/he acts as a shelter for it

ᑎᐱᓅᐦᐄᑲᓐ tipinuuhiikan ni ◆ shelter made by someone

ᑎᐱᓅᐦᐊᒻ tipinuuham vti ◆ s/he shelters it, puts up a shelter from the wind, cold

ᑎᐱᓇᒻ tipinam vti ◆ s/he measures it (sheet-like) by arm lengths, s/he holds something against it to measure with

ᑎᐱᓯᐲᐅᓐ tipisipiiun vii ◆ it is low blowing snow

ᑎᐱᓯᑖᒣᐤ tipisitaameu vta ◆ s/he measures it (anim, ex sled) putting one foot immediately in front of the other

ᑎᐱᓯᑖᐦᑕᒻ tipisitaahtam vti ◆ s/he measures it (ex floor) putting one foot immediately in front of the other

ᑎᐱᓯᓇᐦᐄᒉᐤ tipisinahiicheu vai ◆ s/he makes an inventory by writing, s/he does the accounts

ᑎᐱᓯᓇᐦᐊᒻ tipisinaham vti ◆ s/he makes an inventory of it in writing

ᑎᐱᓯᓇᐦᐧᐁᐤ tipisinahweu vta ◆ s/he makes an inventory of it (anim) in writing

ᑎᐱᓯᐦᐁᐤ tipisiheu vta ◆ s/he ducks him/her (ex his/her punch)

ᑎᐱᓯᐦᑖᐤ tipisihtaau vai+o ◆ s/he ducks it

ᑎᐱᓰᐤ tipisiiu vai ◆ s/he ducks

ᑎᐱᔅᑳᐅᐱᔦᔒᔥ tipiskaaupiyeshiish na dim ◆ common nighthawk bird *Chordeiles minor*

ᑎᐱᔅᑳᐅᐲᓯᒻ tipiskaaupiisim na ◆ moon, literally 'night sun'

ᑎᐱᔅᑳᐤ tipiskaau vii ◆ it is night

ᑎᐱᐢᑳᒉ **tipiskaache** p,time ♦ tonight, literally 'when it will be night' (conjunct form of *tipiskaau*)

ᑎᐱᐢᒋᐲᓯᒼ **tipischipiisim** na ♦ moon (rare word)

ᑎᐱᔑᐲᐅᔬ **tipishipiiushuu** vii dim -i ♦ there is low blowing snow

ᑎᐱᔑᒣᐤ **tipishimeu** vta ♦ s/he compares the size of two of them

ᑎᐱᔒᐧᔥ **tipishiish** p,location ♦ low ▪ ᐯᑯ ᑎᐱᔒᐧᔥ ᒣᐧᑖᒋᒃ ▪ *Put it down low.*

ᑎᐱᔥᑯᑕᐴ **tipishkutapuu** vai -i [Coastal] ♦ s/he/it (anim) sits perpendicular to something, straight across from something

ᑎᐱᔥᑯᑕᐦᑯᔦᐤ **tipishkutahkuyeu** vii [Coastal] ♦ the flames go straight up

ᑎᐱᔥᑯᑖᐱᐦᑌᐤ **tipishkutaapihteu** vii [Coastal] ♦ the smoke rises straight up

ᑎᐱᔥᑯᑖᔥᑌᐤ **tipishkutaashteu** vii [Coastal] ♦ the light shines straight upward

ᑎᐱᔥᑯᒋᑳᐴ **tipishkuchikaapuu** vai/vii -uu [Coastal] ♦ s/he/it stands upright

ᑎᐱᔥᑯᒋᑳᐴᐦᐁᐤ **tipishkuchikaapuuheu** vta [Coastal] ♦ s/he stands him/her/it (anim) upright

ᑎᐱᔥᑯᒋᑳᐴᐦᑖᐤ **tipishkuchikaapuuhtaau** vai+o [Coastal] ♦ s/he stands it upright

ᑎᐱᔥᑯᒋᓀᐤ **tipishkuchineu** vta [Coastal] ♦ s/he places him/her/it (anim) upright by hand

ᑎᐱᔥᑯᒋᓇᒼ **tipishkuchinam** vti [Coastal] ♦ s/he places it upright by hand

ᑎᐱᔥᑯᒋᔧᐤ **tipishkuchishweu** vta [Coastal] ♦ s/he cuts it (anim) straight across, at right angles

ᑎᐱᔥᑯᒋᔖᒼ **tipishkuchisham** vti [Coastal] ♦ s/he cuts it straight across, at a right angle

ᑎᐱᔥᑯᒋᔥᑌᐤ **tipishkuchishteu** vii [Coastal] ♦ it is placed, set upright

ᑎᐱᔥᑯᒋᔥᑖᐤ **tipishkuchishtaau** vai+o [Coastal] ♦ s/he places it upright

ᑎᐱᔥᑯᒋᐦᐁᐤ **tipishkuchiheu** vta [Coastal] ♦ s/he places him/her/it (anim) upright

ᑎᐱᔥᑯᐦ **tipishkuch** p,location [Coastal] ♦ directly opposite, in front, above

ᑎᐱᔥᑰᑕᐴ **tipishkuutapuu** vai -i [Inland] ♦ s/he/it (anim) sits perpendicular to something, straight across from something

ᑎᐱᔥᑰᑕᐦᑯᔦᐤ **tipishkuutahkuyeu** vii [Inland] ♦ the flames go straight up

ᑎᐱᔥᑰᑖᐱᐦᑌᐤ **tipishkuutaapihteu** vii [Inland] ♦ the smoke rises straight up

ᑎᐱᔥᑰᑖᔥᑌᐤ **tipishkuutaashteu** vii [Inland] ♦ the light shines straight upward

ᑎᐱᔥᑰᒋᑳᐴ **tipishkuuchikaapuu** vai/vii -uu [Inland] ♦ s/he stands upright

ᑎᐱᔥᑰᒋᑳᐴᐦᐁᐤ **tipishkuuchikaapuuheu** vta [Inland] ♦ s/he stands him/her/it (anim) upright

ᑎᐱᔥᑰᒋᑳᐴᐦᑖᐤ **tipishkuuchikaapuuhtaau** vai+o [Inland] ♦ s/he stands it upright

ᑎᐱᔥᑰᒋᓀᐤ **tipishkuuchineu** vta [Inland] ♦ s/he places him/her/it (anim) upright by hand

ᑎᐱᔥᑰᒋᓇᒼ **tipishkuuchinam** vti [Inland] ♦ s/he places it upright by hand

ᑎᐱᔥᑰᒋᔧᐤ **tipishkuuchishweu** vta [Inland] ♦ s/he cuts it (anim) straight across, at right angles

ᑎᐱᔥᑰᒋᔖᒼ **tipishkuuchisham** vti [Inland] ♦ s/he cuts it straight across, at a right angle

ᑎᐱᔥᑰᒋᔥᑌᐤ **tipishkuuchishteu** vii [Inland] ♦ it is placed, set upright

ᑎᐱᔥᑰᒋᔥᑖᐤ **tipishkuuchishtaau** vai+o [Inland] ♦ s/he places it upright

ᑎᐱᔥᑰᒋᐦᐁᐤ **tipishkuuchiheu** vta [Inland] ♦ s/he places him/her/it (anim) upright

ᑎᐱᔥᑰᐦ **tipishkuuch** p,location [Inland] ♦ directly opposite, in front, above

ᑎᐱᔥᑲᒧᒋᐦᔑᑳᐤ **tipishkamuchiishikaau** vii ♦ it is a birthday

ᑎᐱᔥᑲᒼ **tipishkam** vti ♦ s/he has a birthday feast, party, s/he celebrates a birthday

ᑎᐱᔮᐌᐤ **tipiyaaweu** vta ♦ s/he reaches the limit with it (anim, ex beaver quota), s/he has acquired enough of it (anim)

ᑎᐱᔮᐤ **tipiyaau** vai ♦ s/he acquires her/his limit, s/he acquires enough of what s/he needs

ᑎᐱᐦᑎᑖᐤ **tipihtitaau** vai+o ◆ s/he compares the size of two things, it is even

ᑎᐲᐌ **tipiiwe** p,manner ◆ one's own ▪ ᐐ ᑎᐲᐌ ᐊᓂᔫ ᐅᒌᒫᓐ᙮ ▪ *That's his own canoe.*

ᑎᐲᐌᐅᓰᐤ **tipiiweusiiu** vai ◆ s/he is the owner

ᑎᐸᒋᒣᐤ **tipachimeu** vta ◆ s/he counts, adds it (anim) up

ᑎᐸᒋᐦᑕᒧᐌᐤ **tipachihtamuweu** vta ◆ s/he counts, adds it up for him/her

ᑎᐸᒋᐦᑕᒼ **tipachihtam** vti ◆ s/he counts, adds it up

ᑎᐸᒋᐦᑖᓲ **tipachihtaasuu** vai -u ◆ s/he makes an inventory, counting the objects

ᑎᐸᐦᐄᐲᓯᒹᓐ **tipahiipiisimwaan** ni ◆ sundial, a circle is drawn in the snow, a stick put in the centre and the shadow of the stick is marked in the snow for future reference

ᑎᐸᐦᐄᑲᓈᐦᑎᒄ **tipahiikanaahtikw** ni ◆ yardstick, measuring stick

ᑎᐸᐦᐄᑲᓐ **tipahiikan** ni ◆ mile, gallon

ᑎᐸᐦᐄᒉᐤ **tipahiicheu** vai [Inland] ◆ s/he pays, s/he surveys

ᑎᐸᐦᐄᒉᔥᑕᒧᐌᐤ **tipahiicheshtamuweu** vta ◆ s/he pays it for him/her

ᑎᐸᐦᐄᒉᔥᑕᒫᒉᐤ **tipahiicheshtamaacheu** vai ◆ s/he pays a debt for another

ᑎᐸᐦᐄᔫᑎᓈᓐ **tipahiiyuutinaan** ni ◆ windbag, instrument used to find wind speed

ᑎᐸᐦᐊᒧᐌᐤ **tipahamuweu** vta ◆ s/he pays him/her for it

ᑎᐸᐦᐊᒧᐦᑎᔦᐤ **tipahamuhtiyeu** vta ◆ s/he charges him/her for it

ᑎᐸᐦᐊᒫᑌᐤ **tipahamaateu** vta ◆ s/he measures it (anim) with big steps, s/he paces it (anim) off

ᑎᐸᐦᐊᒫᑕᒼ **tipahamaatam** vti ◆ s/he measures it with big steps, s/he paces it off

ᑎᐸᐦᐊᒫᑯᓰᐎᓐ **tipahamaakusiiwin** ni ◆ payment, wages, reward, salary

ᑎᐸᐦᐊᒫᒉᔥᑕᒫᒉᐤ **tipahamaacheshtamaacheu** vai ◆ s/he makes a payment for someone else, s/he redeems it

ᑎᐸᐦᐊᒼ **tipaham** vti ◆ s/he pays it, s/he measures it

ᑎᐸᐦᐊᐢᒉᐤ **tipahascheu** vai ◆ s/he measures land, s/he surveys

ᑎᐸᐦᐊᐢᒉᓲ **tipahaschesuu** vai ◆ s/he is a land surveyor

ᑎᐸᐦᐌᐤ **tipahweu** vta ◆ s/he pays for it (anim), s/he measures him/her

ᑎᐹᐯᑲᐦᐄᑲᓐ **tipaapekahiikan** ni ◆ pound of weight

ᑎᐹᐯᑲᐦᐄᒉᐤ **tipaapekahiicheu** vai ◆ s/he measures (it) with a line

ᑎᐹᐯᑲᐦᐊᒼ **tipaapekaham** vti ◆ s/he measures, weighs it

ᑎᐹᐯᔥᑯᑖᐤ **tipaapeshkutaau** vai+o ◆ s/he weighs it

ᑎᐹᐯᔥᑯᒋᑲᓐ **tipaapeshkuchikan** ni ◆ scale for weighing

ᑎᐹᐯᔥᑯᔦᐤ **tipaapeshkuyeu** vta [Inland] ◆ s/he weighs him/her/it (anim)

ᑎᐹᐯᔥᑯᔨᓲ **tipaapeshkuyisuu** vai reflex -u ◆ s/he weighs her/himself

ᑎᐹᐸᒣᐤ **tipaapameu** vta ◆ s/he measures him/her with a look, s/he looks him/her over

ᑎᐹᐸᐦᑕᒼ **tipaapahtam** vti ◆ s/he measures it with a look, by eye, s/he looks it over

ᑎᐹᐹᑌᐤ **tipaapaateu** vta ◆ s/he measures him/her/it (anim) with a tape measure

ᑎᐹᐹᑕᒼ **tipaapaatam** vti ◆ s/he measures it with a tape measure

ᑎᐹᐹᒋᑲᓂᔮᐲ **tipaapaachikaniyaapii** ni-m ◆ cloth, metal tape measure, measuring line

ᑎᐹᐹᒋᑲᓐ **tipaapaachikan** ni ◆ something used to take measurements of size, measuring tape

ᑎᐹᐹᓐ **tipaapaan** ni ◆ measuring line, string

ᑎᐹᑐᑕᒼ **tipaatutam** vti ◆ s/he tells about it

ᑎᐹᒋᒧᐎᓐ **tipaachimuwin** ni ◆ story, news

ᑎᐹᒋᒧᔥᑐᐌᐤ **tipaachimushtuweu** vta ◆ s/he tells him/her a story, news

ᑎᐹᒋᒨ **tipaachimuu** vai -u ◆ s/he tells a story, news about a certain person, event

ᑎᐹᒋᒨᓯᓈᐦᐄᑲᓐ tipaachimuusinahiikan ni ◆ story book, newspaper

ᑎᐹᓂᒫᑐᐧᐃᒡ tipaanimaatuwich vai pl recip -u ◆ they divide it among themselves

ᑎᐹᓂᓰᐤ tipaanisiiu vai ◆ s/he is distinct, separate, apart

ᑎᐹᓂᔥᑖᐤ tipaanishtaau vai+o ◆ s/he sets it apart

ᑎᐹᓂᐦᐁᐤ tipaaniheu vta ◆ s/he sets him/her apart

ᑎᐹᓂᐦᐄᑐᐧᐃᒡ tipaanihiituwich vai pl recip -u ◆ they disband, separate from each other

ᑎᐹᓂᐦᐄᓱᐤ tipaanihiisuu vai reflex ◆ s/he puts her/himself apart from others, alone

ᑎᐹᓇᒧᐌᐤ tipaanamuweu vta ◆ s/he shares it among them

ᑎᐹᓐ tipaan p,manner ◆ separate, apart, separately, on one's own ■ ᑎᐹ ᐯᒡ ᓃᔅᑉ ᑦᑖᓐₓ He's going to hunt by himself this spring.

ᑎᐹᔅᑯᓀᐤ tipaaskuneu vta ◆ s/he judges him/her, s/he measures him/her with a tape, ruler

ᑎᐹᔅᑯᓂᑎᐦᒑᑌᐤ tipaaskunitihchaateu vta ◆ s/he measures it (anim) by hand

ᑎᐹᔅᑯᓂᑎᐦᒑᑕᒻ tipaaskunitihchaatam vti ◆ s/he measures it using his hand

ᑎᐹᔅᑯᓂᑲᓂᔮᐲ tipaaskunikaniyaapii ni -m ◆ cloth, metal tape measure, line, string used for measuring line

ᑎᐹᔅᑯᓂᑲᓈᐦᑎᒄ tipaaskunikanaahtikw ni ◆ ruler for measurement

ᑎᐹᔅᑯᓂᑲᓐ tipaaskunikan ni ◆ yard of measurement

ᑎᐹᔅᑯᓂᒉᐅᑲᒥᒄ tipaaskunicheukamikw ni ◆ court house

ᑎᐹᔅᑯᓂᒉᐎᓐ tipaaskunichewin ni ◆ trial, court

ᑎᐹᔅᑯᓂᒉᐤ tipaaskunicheu vai ◆ s/he holds a trial, court hearing, s/he measures

ᑎᐹᔅᑯᓂᒉᓲ tipaaskunichesuu vai -u ◆ s/he is a judge

ᑎᐹᔅᑯᓂᒉᓲᑲᒥᒄ tipaaskunichesuukamikw ni ◆ court house

ᑎᐹᔅᑯᓂᒉᐦᐃᔥ tipaaskunicheshiish na dim [Inland] ◆ caterpillar

ᑎᐹᔅᑯᓇᒡ tipaaskunam vti ◆ s/he judges it, s/he measures it with a tape, ruler

ᑎᐹᔅᑯᐦᐄᑲᓈᐦᑎᒄ tipaaskuhiikanaahtikw ni [Coastal] ◆ ruler, stick for measuring, yardstick

ᑎᑎᐦᐱᔥᑕᐦᐊᒻ titihpishtaham vti redup ◆ s/he hems it

ᑎᑎᐦᐱᔥᑕᐦᐌᐤ titihpishtahweu vta redup ◆ s/he hems it (anim, ex pants)

ᑎᑳᔥᑌᓀᐤ tikaashteneu vta ◆ s/he alerts him/her to her/his presence inadvertently, unintentionally

ᑎᑳᔥᑌᔑᒣᐤ tikaashteshimeu vta ◆ s/he casts a shadow on her/him

ᑎᑳᔥᑌᔑᓐ tikaashteshin vai ◆ s/he/it (anim) casts a shadow, it (anim) is her/his/its shadow, s/he stars in a movie

ᑎᑳᔥᑌᐦᐌᐤ tikaashtehweu vta ◆ s/he/it (anim) casts a shadow on her/him/it

ᑎᑳᔥᑌᐦᑎᑖᐤ tikaashtehtitaau vai+o ◆ s/he casts a shadow on it

ᑎᑳᔥᑌᐦᑎᓐ tikaashtehtin vii ◆ it casts a shadow, it is a shadow

ᑎᑳᔥᑌᐦᒋᑲᓐ tikaashtehchikan ni ◆ movie screen

ᑎᒋᔑᓀᐤ tichischineu vta ◆ s/he drops him/her unintentionally

ᑎᒋᔑᓇᒻ tichischinam vti ◆ s/he drops it unintentionally

ᑎᒥᑲᓐ timikan vii ◆ it is rising water, due to rain, snow

ᑎᒥᒀᐴᐌᐦᐊᒻ timikwaapuweham vti ◆ s/he makes the water in the pot overflow

ᑎᒥᔮᑯᓂᑳᐤ timiyaakunikaau vii ◆ it is deep snow

ᑎᒥᔮᑲᒫᐤ timiyaakamaau vii ◆ it is a deep body of water

ᑎᒧᒀᐴᐌᐸᔫ timukwaapuwepayuu vii -i ◆ it is rising water

ᑎᒪᑳᐦᐄᑲᓐ timakahiikan ni [Coastal] ◆ process of scaring the fish into a net

ᑎᐦᑎᐯᐅᑲᐦᐄᑲᓐ tihtipeukahiikan ni ◆ embroidery outlining top piece of moccasin

ᑎᐦᑎᐱᐌᐳᐦᐆᓱᐙᑲᓐ tihtipiwepuhuusuwaakan na ◆ a bicycle

ᑎᐦᑎᐱᐅᖴ **tihtipiteu** vta ◆ s/he rolls him/her by pulling

ᑎᐦᑎᐱᑕᒼ **tihtipitam** vti ◆ s/he rolls it by pulling

ᑎᐦᑎᐱᐧᑳᐅᖴ **tihtipikwaateu** vta ◆ s/he sews a binding on it (anim)

ᑎᐦᑎᐱᓀᐤ **tihtipineu** vta ◆ s/he rolls him/her over and over, rolls up her/his sleeves

ᑎᐦᑎᐱᓂᒁᓐ **tihtipinikwaan** ni ◆ strip of rabbit skin worn around the wrist for warmth

ᑎᐦᑎᐱᓃᐦᑖᐤ **tihtipinihtaau** vai+o ◆ s/he winds it (ex string) around and around

ᑎᐦᑎᐱᓇᒼ **tihtipinam** vti ◆ s/he rolls it over and over

ᑎᐦᑎᐱᓈᐱᐦᑳᐅᖴ **tihtipinaapihkaateu** vta ◆ s/he ties it (anim) on by wrapping, winding it (anim) around

ᑎᐦᑎᐱᓈᐱᐦᑳᑕᒼ **tihtipinaapihkaatam** vti ◆ s/he ties it on by wrapping, winding it around

ᑎᐦᑎᐱᓈᐱᐦᒉᓇᒼ **tihtipinaapihchenam** vti ◆ s/he rolls it (string-like) into a ball

ᑎᐦᑎᐱᓈᐱᐦᒉᔑᒣᐤ **tihtipinaapihcheshimeu** vta ◆ s/he winds it (anim, string-like) into a ball

ᑎᐦᑎᐱᓈᐱᐦᒉᐦᑖᐤ **tihtipinaapihchehtaau** vai+o ◆ s/he winds it (string-like) up

ᑎᐦᑎᐱᓈᔅᑯᐸᔨᐅ **tihtipinaaskupayihuu** vai-u ◆ it (anim, rabbit) gets itself wound around the sticks at the snare

ᑎᐦᑎᐱᓈᔅᑯᐦᑎᑖᐤ **tihtipinaaskuhtitaau** vai+o ◆ s/he winds it around a wooden object

ᑎᐦᑎᐱᓈᔅᑯᐦᒋᑲᓐ **tihtipinaaskuhchikan** ni ◆ empty spool for thread

ᑎᐦᑎᐱᓈᐦᑯᔑᒣᐤ **tihtipinaashkushimeu** vta ◆ s/he winds it (anim) around a wooden object

ᑎᐦᑎᐱᔥᑯᐍᐤ **tihtipishkuweu** vta ◆ s/he rolls him/her by foot

ᑎᐦᑎᐱᔥᑲᒼ **tihtipishkam** vti ◆ s/he rolls it with his feet

ᑎᐦᑎᐸᔨᐦᐁᐤ **tihtipayiheu** vta ◆ s/he makes it (anim, ex tire) roll

ᑎᐦᑎᐸᔨᐅ **tihtipayihuu** vai-u ◆ s/he rolls over and over

ᑎᐦᑎᐸᔨᐦᑖᐤ **tihtipayihtaau** vai+o ◆ s/he makes it roll

ᑎᐦᑎᐸᔫ **tihtipayuu** vai/vii-i ◆ s/he/it rolls

ᑎᐦᑎᐸᐦᐱᐅᖴ **tihtipahpiteu** vta ◆ s/he binds him/her/it (anim)

ᑎᐦᑎᐸᐦᐱᑕᒼ **tihtipahpitam** vti ◆ s/he binds it

ᑎᐦᑎᐹᐱᐦᑳᐅᖴ **tihtipaapihkaateu** vta ◆ s/he wraps the string around to tie him/her

ᑎᐦᑎᐹᐱᐦᑳᑕᒼ **tihtipaapihkaatam** vti ◆ s/he wraps the string around to tie it

ᑎᐦᑎᐹᐱᐦᒉᓂᑲᓐ **tihtipaapihchenikan** ni ◆ hide semi-circle around the foot hole of snowshoes

ᑎᐦᑎᐹᐱᐦᒉᔑᒣᐤ **tihtipaapihcheshimeu** vta ◆ s/he winds it (anim) up into a ball

ᑎᐦᑎᐹᔓ **tihtipaashuu** vai-i ◆ it (anim) is blown and wound around

ᑎᐦᑎᐹᔥᑎᓐ **tihtipaashtin** vii ◆ it is blown and wound around

ᑎᐦᑎᓈᑲᓐ **tihtinaakan** ni ◆ cradleboard

ᑎᐦᑎᔅᑳᐱᐦᒉᑎᐦᑖᐤ **tihtiskaapihchetihtaau** vai+o ◆ s/he unwinds it by walking away with it

ᑎᐦᑎᔅᑳᐱᐦᒉᑕᐦᐁᐤ **tihtiskaapihchetaheu** vta ◆ s/he unwinds it (anim) by walking away with it

ᑎᐦᑎᔅᑳᐱᐦᒉᔥᑯᐍᐤ **tihtiskaapihcheshkuweu** vta ◆ s/he accidentally unwinds it (anim) by foot

ᑎᐦᑎᔅᑳᐱᐦᒉᔥᑲᒼ **tihtiskaapihcheshkam** vti ◆ s/he accidentally unwinds it by foot

ᑎᐦᑳᐱᔅᒋᓴᒼ **tihkaapischisam** vti ◆ s/he melts metal

ᑎᐦᑳᐹᐅᑖᐤ **tihkaapaautaau** vai+o ◆ s/he dissolves it

ᑎᐦᑳᐹᐍᐤ **tihkaapaaweu** vai/vii ◆ it dissolves

ᑎᐦᑳᑲᓲ **tihkaakasuu** vai-u ◆ it (anim, ex snow, ice on sled, board) melts

ᑎᐦᑳᔅᑯᓲ **tihkaaskusuu** vai-u ◆ it (anim, ex snow, ice) melts

ᑎᐦᒋᐸᔫ **tihchipayuu** vai/vii-i ◆ it (anim) melts

ᑎᐦᒋᑌᐤ **tihchiteu** vii ◆ it melts

ᑎᐦᒋᓷᐤ **tihchisweu** vta ◆ s/he melts it (anim)

ᓂᑦᒋᔅ tihchisuu vai-u ♦ it (anim, ex butter) melts
ᓂᑦᒋᓴᒻ tihchisam vti ♦ s/he melts it
ᓂᑦᒋᓯᑌᐤ tihchisteu vii ♦ it (ex metal) melts

ᑎ

ᑎ tii na-m ♦ tea, from English 'tea'
ᑎᐳᔅᒋᐦᒃᐤ tiiuschihkw na ♦ tea kettle
ᑎᐧᐁᐦᒡ tiiwehch p,time ♦ right away, immediately ▪ ᑎᐧᐁᐧᒡ ᑎ ᑲᑌᔨᔮₓ ▪ S/he came right away.
ᑎᐃᐦᑫᔮᔥ tiiwiihkweyaash ni dim ♦ teabags
ᑎᐸᐟ tiipwaat ni-im ♦ teapot, from English 'teapot'
ᑎᑯᒡ tiikuch p,manner ♦ instead of ▪ ᐋ ᑎᑯᒡ ᑎ ᐃᒡᐅᒡₓ ▪ He went instead.
ᑎᔮᐳᐦᑳᑌᐤ tiiywaapuuhkaateu vta ♦ s/he makes tea for him/her
ᑎᔮᐳᐦᑳᓲ tiiywaapuuhkaasuu vai reflex -u ♦ s/he makes tea for him/herself
ᑎᔮᐳᐦᒉᐚᒉᐤ tiiywaapuuhchewaacheu vai ♦ s/he is using it (anim) to make tea with
ᑎᔮᐳᐦᒉᐤ tiiywaapuuhcheu vai ♦ s/he makes tea

ᑐ

ᑐᐁᑲᓐ tuwekan ni [Waswanipi] ♦ outboard motor
ᑐᐁᒡᑲᒍ tuwehkachuu ni-uum [Inland] ♦ helicopter

ᑑ

ᑑᐄᔥᑐᐁᐤ tuuwiishtuweu vta [Inland] ♦ s/he makes space for him/her
ᑑᐄᔥᑖᓲ tuuwiishtaasuu vai ♦ s/he makes space, clears away things to make space

ᑑᐄᔥᑯᐁᐤ tuuwiishkuweu vta ♦ s/he clears the way for him/her by moving aside
ᑑᐄᔥᑲᒻ tuuwiishkam vti ♦ s/he clears the way for it by moving aside
ᑑᐗᑎᓈᐤ tuuwatinaau vii ♦ it is an open space between mountains
ᑑᐗᑖᐅᐦᑳᐤ tuuwataauhkaau vii ♦ it is an open area of dry earth
ᑑᐗᑲᐦᑕᒻ tuuwakahtam vti ♦ it (anim, rabbit) chews an opening in a bushy area
ᑑᐗᔔᑳᐤ tuuwaschuukaau vii ♦ it is an open muddy area
ᑑᐗᐅᐦᑳᐤ tuuwaauhkaau vii ♦ it is an open area of sand, a sandy open area
ᑑᐗᐤ tuuwaau vii ♦ it is an open space, there is room
ᑑᐗᐱᔅᑳᐤ tuuwaapiskaau vii ♦ it is an open area through rocks
ᑑᐗᐱᔅᒋᓂᒉᐤ tuuwaapischinicheu vai ♦ s/he makes an opening through rock, in rocks (ex when making a weir)
ᑑᐗᐱᔅᒋᓇᒻ tuuwaapischinam vti ♦ s/he is clearing it (rock, ex as for building a weir)
ᑑᐗᐳᒄ tuuwaapukuu vai-u ♦ it (floating ice) has an opening in it
ᑑᐗᑯᓀᔥᑯᐁᐤ tuuwaakuneshkuweu vta ♦ s/he breaks an open space in the snow, walking through
ᑑᐗᑯᓀᔥᑲᒻ tuuwaakuneshkam vti ♦ s/he breaks an open space in the snow, walking through, s/he breaks it (the trail) after a heavy snowfall
ᑑᐗᑯᓀᔮᐤ tuuwaakuneyaau vii ♦ it is an area of bare ground in the snow
ᑑᐗᑯᓀᐦᐊᒻ tuuwaakuneham vti ♦ s/he breaks it using something (the trail) after a heavy snowfall
ᑑᐗᑯᓂᑳᐤ tuuwaakunikaau vii ♦ it is an open area covered with snow
ᑑᐗᑯᓂᒋᐸᔫ tuuwaakunichipayuu vii-i ♦ there is an opening in the snow
ᑑᐗᓂᑳᐤ tuuwaanikaau vii ♦ it is a gap between islands
ᑑᐗᔅᑫᔮᐤ tuuwaaskweyaau vii ♦ it is an open area, clearing in the trees

205

ᑐᐋᔅᑯᐦᐄᑲᓐ tuuwaaskuhiikan ni ♦ straight, cleared line cut by surveyors or prospectors through the bush

ᑐᐯᔮᐤ tuupeyaau vii ♦ it is an area of open water on a lake, river

ᑐᐱᔥ tuupiish ni -im [Mistissini] ♦ bus, from French 'autobus'

ᑐᐸᔫ tuupayuu vai/vii -i ♦ s/he has free time; it opens up, clears a space

ᑐᒣᒋᓀᐤ tuumechineu vta ♦ s/he greases it (anim, sheet-like)

ᑐᒣᒋᓇᒻ tuumechinam vti ♦ s/he greases it (sheet-like)

ᑐᒥᑎᐦᒉᐤ tuumitihcheu vai ♦ s/he has greasy hands

ᑐᒥᑎᐦᒉᓀᐤ tuumitihcheneu vta ♦ s/he greases someone else's hands, applies cream, ointment

ᑐᒥᑎᐦᒉᓂᓱᐤ tuumitihchenisuu vai reflex -u ♦ s/he greases her/his own hands, applies cream, ointment

ᑐᒥᑳᐦᑎᒁᓀᐤ tuumikahtikweneu vta ♦ s/he anoints him/her on the forehead

ᑐᒥᒉᐦᑯᓀᐧᐁᐤ tuumikwaahkuneweu vai ♦ s/he has a greasy chin

ᑐᒦᐦᒑᐦᑯᐁᓇᒻ tuumichaahkuwenam vti ♦ s/he offers grease to the spirit (by rubbing it on the skull of a bear)

ᑐᒥᓀᐤ tuumineu vta ♦ s/he greases him/her/it (anim)

ᑐᒥᓂᑲᓐ tuuminikan ni ♦ ointment, vaseline

ᑐᒥᓇᒻ tuuminam vti ♦ s/he greases it

ᑐᒥᓯᑌᐤ tuumisiteu vai ♦ s/he has grease, ointment on her/his feet

ᑐᒥᓯᑌᓀᐤ tuumisiteneu vta ♦ s/he greases, anoints someone's feet

ᑐᒥᐢᑯᐃᐧᓐ tuumiskuwin ni ♦ hair oil, tonic

ᑐᒥᐢᑰ tuumiskuu vai -uu ♦ s/he puts hair oil on her/his hair

ᑐᒥᐢᑰᓀᐤ tuumiskuuneu vta ♦ s/he greases him/her on head, puts hair cream on him/her

ᑐᒥᐢᑰᓇᒻ tuumiskuunam vti ♦ s/he greases it (skull, hair)

ᑐᒥᐦᐁᐤ tuumiheu vta ♦ s/he adds grease, fat to it (anim), s/he makes it (anim, bannock) greasy, rich

ᑐᒥᐦᑖᐤ tuumihtaau vai+o ♦ s/he adds grease, lard to it

ᑐᒥᐦᑴᓀᐤ tuumihkweneu vta ♦ s/he greases someone else's face

ᑐᒥᐦᑴᓂᓱᐤ tuumihkwenisuu vai reflex -u ♦ s/he greases her/his own face

ᑐᒫᐤ tuumaau vii ♦ it is greasy

ᑐᒫᐱᔅᒋᓂᑲᓐ tuumaapischinikan ni ♦ gun oil

ᑐᒫᐱᔅᒋᓇᒻ tuumaapischinam vti ♦ s/he greases it (stone, metal)

ᑐᒫᐱᐦᒉᓀᐤ tuumaapihcheneu vta ♦ s/he greases it (anim, string-like)

ᑐᒫᐱᐦᒉᓇᒻ tuumaapihchenam vti ♦ s/he greases it (string-like)

ᑐᒫᐢᑯᓐ tuumaaskun vii ♦ it (stick-like) is greased

ᑐᓯᒁᐤ tuusikwaau vii ♦ it is an open area in the ice floating on the water

ᑐᐢᑑᐱᓲ tuustuupisuu vai -u ♦ it (anim) is wobbly, jiggly

ᑐᐢᑑᐹᒋᐸᔫ tuustuupaachipayuu vii ♦ it bends easily, is flexible (ex tree, stick, frame of snowshoes)

ᑐᐢᑑᐹᐢᑯᓐ tuustuupaaskun vii ♦ it (stick-like) is wobbly, jiggly

ᑐᐢᑑᐹᐢᑯᓲ tuustuupaaskusuu vai -i ♦ it (anim, stick-like) is wobbly, jiggly

ᑐᐢᑖᓲ tuustaasuu vai -u ♦ s/he clears an open space by putting things away

ᑐᔥᑯᐧᐁᐤ tuuskuhweu vta ♦ s/he nudges him/her/it (anim)

ᑐᔑᑌᐤ tuushteu vii ♦ it is a week

ᑐᔑᑑᐹᐤ tuushtuupaau vii ♦ it is wobbly, it jiggles

ᑐᔥᑯᐯᔮᐤ tuushkupeyaau vii ♦ it is an opening of water in the ice on a river

ᑑᐁᐤ tuuheu vai ♦ s/he plays ball

ᑑᐁᐢᒃ tuuhesk na -im ♦ semipalmated plover bird *Charadrius semipalmatus* (see also *chuuhesk*)

ᑑᐦᐄᑲᓐ tuuhiikan ni ♦ cleared line through the bush (ex trail, snare line), not straight

ᑑᐦᐋᓐ tuuhaan na ♦ ball

ᑑᐦᑑᐱᓰ tuuhtuupisii ni -m ♦ button-on-string game

ᑐᑢᐱᔑᐦᑳᓐ tuuhtuupisiihkaan na ◆ buzzing sound of stick on a string toy

ᑐᐦᑳᑑ tuuhkatuu vai ◆ her/his front teeth are missing (old term)

ᑐᐦᑲᒋᔒᐤ tuuhkachishiiu vai ◆ s/he displays her/his bare bottom

ᑐᐦᑲᒋᔒᔥᑐᐌᐤ tuuhkachishiishtuweu vta ◆ s/he displays her/his bare bottom to him/her, s/he moons him/her

ᑐᐦᑲᒣᐤ tuuhkameu vta ◆ it (anim, beaver) chews an opening in it (anim)

ᑐᐦᑲᔨᑎᐦᒉᐸᔨᐦᐆ tuuhkayitihchepayihuu vai-u ◆ s/he spreads her/his fingers out

ᑐᐦᑲᔨᔑᒋᑲᓀᐸᔨᐦᐆ tuuhkayishichikanepayihuu vai [Inland] ◆ s/he spreads her/his toes out

ᑐᐦᑳᐦᐄᑲᓐ tuuhkahiikan ni ◆ line cleared through the bush

ᑐᐦᑳᐦᐄᒉᐤ tuuhkahiicheu vai ◆ s/he does line-cutting through the bush using an axe, s/he clears bush

ᑐᐦᑳᐦᐊᒼ tuuhkaham vti ◆ s/he widens it, by cutting (axe) it apart

ᑐᐦᑲᐦᐌᐤ tuuhkahweu vta ◆ s/he makes it (anim, snowshoe) widen (ex a large opening in the frame)

ᑐᐦᑲᐦᑕᒼ tuuhkahtam vti ◆ it (anim, beaver) chews an opening through it (stick-like)

ᑐᐦᑳᐯᑲᐦᐄᑲᓈᐦᑎᒄ tuuhkaapekahiikanaahtikw ni ◆ stick for keeping toe hole open while lacing snowshoes

ᑐᐦᑳᐯᑲᐦᐊᒼ tuuhkaapekaham vti ◆ s/he opens a gap in it (string-like, ex a snare loop)

ᑐᐦᑳᐱᑌᐤ tuuhkaapiteu vai ◆ her/his front teeth are missing, there is a gap in her/his teeth

ᑐᐦᑳᐱᓀᐤ tuuhkaapineu vta ◆ s/he opens someone else's eyes

ᑐᐦᑳᐱᐦᒉᓀᐤ tuuhkaapihcheneu vta ◆ s/he holds a loop of it (anim) open

ᑐᐦᑳᐱᐦᒉᓇᒼ tuuhkaapihchenam vti ◆ s/he holds a loop of it open

ᑐᐦᑳᐴ tuuhkaapuu vai-uu ◆ s/he opens her/his (own) eyes

ᑐᐦᑳᔅᑯᐦᐊᒼ tuuhkaaskuham vti ◆ s/he widens it by using a stick

ᑐᐦᑳᔅᑯᐦᐌᐤ tuuhkaaskuhweu vta ◆ s/he widens it (anim) using a stick

ᑐᐦᒋᐱᑌᐤ tuuhchipiteu vta ◆ s/he opens it (anim, ex snowshoe frames) by drawing the sides apart

ᑐᐦᒋᐱᑕᒼ tuuhchipitam vti ◆ s/he opens it (ex bag) by drawing it apart

ᑐᐦᒋᐸᔫ tuuhchipayuu vai/vii-i ◆ it (anim) opens up by drawing apart

ᑐᐦᒋᔑᒋᑲᓀᐸᔨᐦᐆ tuuhchishichikanepayihuu vai [Coastal] ◆ s/he spreads her/his toes out

C

ᑕᐱᔮᑲᓐ tapiyaakan ni ◆ washtub

ᑕᐱᐦᑎᓰᐤ tapihtisiiu vai ◆ s/he/it (anim) is low

ᑕᐱᐦᑎᔅᑲᒦᑳᐤ tapihtiskamikaau vii ◆ the land is low

ᑕᐱᐦᑎᐦᐋᐙᑌᐤ tapihtihaawaateu vii ◆ it (house) has a low ceiling, it (teepee) has a low slope

ᑕᐱᐦᑐᐌᐤ tapihtuweu vai ◆ s/he speaks quietly, in a low voice

ᑕᐱᐦᑕᑯᒋᓐ tapihtakuchin vai ◆ it (anim, flies, hangs low

ᑕᐱᐦᑖᐤ tapihtaau vii ◆ it is low

ᑕᐸᐦᑌᔨᒨ tapahteyimuu vai-u ◆ s/he is humble

ᑕᑊ tap ni-im ◆ washtub, from English 'tub'

ᑕᑕᒀᓰᒎ tatakwaasichuu vai redup-i [Coastal] ◆ s/he has cold feet

ᑕᑕᒀᔥᒉᐅᒎ tatakwaascheuchuu vai redup-i [Coastal] ◆ s/he has cold hands

ᑕᑯᐸᔫ takupayuu vai/vii-i ◆ they join together, stick together (ex pieces of snowshoe frame at front or back)

ᑕᑯᑳᐴ takukaapuu vai-uu ◆ s/he stands with the group, s/he joins the standing group

ᑕᑯᑳᐴᐦᐁᐤ takukaapuuheu vta ◆ s/he stands it (anim) with the others

ᑕᑯᑳᐴᐦᑖᐤ takukaapuuhtaau vai+o ◆ s/he stands it with the others

ᑕᑯᒋᔥᒉᔥᑯᐌᐤ takuchischeshkuweu vta ◆ s/he steps on his/her hand

ᑕᑯᓯᑌᐃᐧᐅ **takusitehweu** vta ♦ s/he drops it (anim) on her/his foot

ᑕᑯᔑᑌᔥᑯᐃᐧᐅ **takushiteshkuweu** vta ♦ s/he steps on someone's foot with her/his own foot, body

ᑕᑯᔑᐣ **takushin** vai ♦ s/he arrives

ᑕᑯᐦᐁᐅ **takuheu** vta ♦ s/he adds it (anim) to what s/he has given, already has

ᑕᑯᐦᐊᒼ **takuham** vti ♦ s/he puts something on it, jams it (ex fingers in door), flattens it, presses down on it with something (ex to powder dried meat, fish)

ᑕᑯᐦᑖᐤ **takuhtaau** vai+o ♦ s/he adds it to what s/he already has

ᑕᑯᐦᑯᒫᐣ **takuhkumaan** ni [Mistissini] ♦ scissors

ᑕᑯᐦᑲᔅᐁᐧᐅ **takuhkasweu** vta ♦ s/he welds it (anim)

ᑕᑯᐦᑲᓴᒼ **takuhkasam** vti ♦ s/he welds it

ᑕᑯᐦᑲᓵᐁᐧᓲ **takuhkasaawesuu** na -slim ♦ welder

ᑕᑯᐦᑲᓵᐋᐧᐣ **takuhkasaawaan** ni ♦ a weld, something welded

ᑕᑲᔅᐁᐧᐅ **takasweu** vta ♦ s/he cooks it (anim)

ᑕᑲᓲ **takasuu** vai -u ♦ it (anim) is cooked

ᑕᑲᓴᒼ **takasam** vti ♦ s/he cooks it

ᑕᑲᔥᑌᐤ **takashteu** vii ♦ it is cooked

ᑕᑳᐦᐊᐦᐨ **takwaakahch** p,time ♦ last fall

ᑕᑳᒋᐣ **takwaachin** vii ♦ it is autumn, fall

ᑕᑳᒋᔅᑖᐅᑲᒥᐠ **takwaachistaaukamikw** ni ♦ cabin built in fall of year

ᑕᑳᒋᔅᑖᐤ **takwaachistaau** vai+o ♦ s/he spends the fall in a certain place

ᑕᑳᒋᔔ **takwaachishuu** vai -i ♦ s/he spends the fall in a certain place

ᑕᒌᐁᐧᔖᔔ **tachiiweyaashuu** vai -i ♦ s/he is cooled by the air

ᑕᒌᐁᐧᔖᐦᑌᐸᔨᐦᐁᐤ **tachiiweyaashtepayiheu** vta ♦ s/he cools it (anim) by waving it (anim) in the air

ᑕᒥᐦᒋᓀᐤ **tamihchineu** vta ♦ s/he packs it (anim)

ᑕᒥᐦᒋᓇᒼ **tamihchinam** vti ♦ s/he packs it (stuff)

ᑕᒥᐦᒋᐤ **tamihchiiu** vai ♦ s/he packs her/his belongings

ᑕᓯᐱᓀᐤ **tasipineu** vta ♦ s/he unbuttons, unhooks him/her/it (anim)

ᑕᓯᐱᓇᒼ **tasipinam** vti ♦ s/he unbuttons, unhooks it

ᑕᓯᐱᔥᑌᓂᑲᐣ **tasipishtenikan** ni ♦ trigger of a gun

ᑕᓯᐹᔅᑯᓂᑕᒼ **tasipaaskunitam** vti [Inland] ♦ s/he shoots it with a slingshot

ᑕᓯᐹᔅᑯᓂᑲᐣ **tasipaaskunikan** ni ♦ slingshot [inland]; type of sling made of a piece of wood with flat top used to flick a stone at a target [coastal]

ᑕᓯᐹᔅᑯᓂᒉᐦᐁᐤ **tasipaaskunicheheu** vta [Inland] ♦ s/he helps him/her shoot with a slingshot

ᑕᓯᐹᔅᑯᓇᒧᐁᐧᐅ **tasipaaskunamuweu** vta [Inland] ♦ s/he shoots him/her with a slingshot

ᑕᓲᑌᐤ **tasuuteu** vii ♦ it (other than an animal) is caught in a trap; it is caught, trapped under a fallen tree

ᑕᓲᑖᐤ **tasuutaau** vai+o ♦ s/he traps it

ᑕᓲᓲ **tasuusuu** vai -u ♦ s/he is caught in a trap

ᑕᓲᔦᐤ **tasuuyeu** vta ♦ s/he traps an animal (ex beaver)

ᑕᔃᔅᑯᓲ **taswaaskusuu** vai -i ♦ it (anim, stick-like) is straight, stiff

ᑕᔥᑕᒋᔥᑫᐧᔫ **tastachiskweyuu** vai -i ♦ s/he puts her/his head back, raises head a bit

ᑕᔥᑕᓵᐸᒣᐤ **tastasaapameu** vta ♦ s/he looks up at him/her by raising head

ᑕᔥᑕᓵᐸᐦᑕᒼ **tastasaapahtam** vti ♦ s/he looks up at it by raising head

ᑕᔅᑲᒣᐸᔫ **taskamepayuu** vai -i ♦ s/he cuts across, by vehicle

ᑕᔅᑲᒣᒧ **taskamemuu** vii -u ♦ the path cuts straight ahead

ᑕᔅᑲᒥᐸᔨᐦᐁᐤ **taskamipayiheu** vta ♦ s/he takes him/her straight across, by vehicle

ᑕᔅᑲᒥᐸᔨᐦᑖᐤ **taskamipayihtaau** vai+o ♦ s/he takes it straight across the river, by canoe

ᑕᔅᑲᒥᐸᔫ **taskamipayuu** vai/vii -i ♦ s/he goes straight across by vehicle, it goes straight across

ᑕᐦᑭᒣᐸᐦᑖᐅ taskamipahtaau vai ♦ s/he
runs straight ahead

ᑕᐦᑭᒥᑳᓯᐸᔨᐦᑖᐅ taskamikaasipayihtaau
vai+o ♦ s/he takes it (by boat) straight
across the body of water

ᑕᐦᑭᒥᑳᓯᐸᐦᑖᐅ taskamikaasipahtaau vai
♦ s/he runs straight across in the
(shallow) water

ᑕᐦᑭᒥᑳᓯᑖᐦᐁᐤ taskamikaasitaheu vta
♦ s/he takes him/her straight across
walking in the water

ᑕᐦᑭᒥᑳᓯᐦᑕᑖᐅ taskamikaasihtataau vai+o
♦ s/he takes it straight across,
walking in the water

ᑕᐦᑭᒥᔅᑯᐱᒑᐤ taskamiskupichuu vai -i
♦ s/he goes straight across ice in
moving winter camp

ᑕᐦᑭᒥᔅᑯᐸᔪᐤ taskamiskupayuu vai ♦ s/he
goes by skidoo straight across

ᑕᐦᑭᒥᔅᑯᐸᐦᑖᐅ taskamiskupahtaau vai
♦ s/he runs straight across ice

ᑕᐦᑭᒥᔅᑯᑖᐦᐁᐤ taskamiskutaheu vta
♦ s/he takes him/her straight across
the ice

ᑕᐦᑭᒥᔅᑯᑖᐯᐤ taskamiskutaapeu vai
♦ s/he pulls a toboggan straight
across

ᑕᐦᑭᒥᔅᑯᑖᐹᑌᐤ taskamiskutaapaateu vta
♦ s/he pulls him/her on the toboggan
straight ahead

ᑕᐦᑭᒥᔅᑯᐦᑌᐤ taskamiskuhteu vai ♦ s/he
walks straight across ice

ᑕᐦᑭᒥᔅᑯᐦᑕᑖᐅ taskamiskuhtataau vai+o
♦ s/he carries it straight across the
ice

ᑕᐦᑭᒥᔅᑰ taskamiskuu vai -u ♦ s/he goes
straight across (walking on ice)

ᑕᐦᑭᒥᔅᑰᑌᐤ taskamiskuuteu vai ♦ s/he
carries things on her/his back straight
across the ice

ᑕᐦᑭᒥᔅᑰᑖᒣᐤ taskamiskuutaameu vta
♦ s/he carries him/her on the back
straight across the ice

ᑕᐦᑭᒥᔥᑲᒼ taskamishkam vti ♦ s/he cuts
across, walking

ᑕᐦᑭᒥᐦᔮᐤ taskamihyaau vai ♦ it (anim)
flies straight across water

ᑕᐦᑭᒧᕚᔕᐌᐤ taskamuwaashaaweu vai
♦ s/he goes across, from one point to
the next, walking

ᑕᐦᑭᒧᐦᑌᐤ taskamuhteu vai ♦ s/he walks
straight across

ᑕᐦᑭᒧᐦᑕᑖᐅ taskamuhtataau vai+o ♦ s/he
takes it straight across

ᑕᐦᑭᒧᐦᑖᐦᐁᐤ taskamuhtaheu vta ♦ s/he
takes him/her straight across

ᑕᐦᑲᒪᔈᑲᐦᐊᒼ taskamaschekaham vti
♦ s/he walks straight across the
muskeg

ᑕᐦᑲᒪᔈᒌᔥᑖᐹᑌᐤ
taskamaschechishtaapaateu vta ♦ s/he
goes across the muskeg pulling
him/her

ᑕᐦᑲᒪᔈᐦᑕᑖᐅ taskamaschehtataau vai+o
♦ s/he brings it from one side of the
muskeg to the other, straight across

ᑕᐦᑲᒪᔈᐦᑖᐦᐁᐤ taskamaschehtaheu vta
♦ s/he brings him/her from one side
of the muskeg to the other (straight
across)

ᑕᐦᑲᒪᔈᐦᒋᐱᒑᐤ taskamaschehchipichuu
vai -i ♦ s/he goes straight across the
muskeg in moving winter camp

ᑕᐦᑲᒪᔈᐦᒋᐸᔨᐦᐁᐤ
taskamaschehchipayiheu vta ♦ s/he
takes him/her straight across the
muskeg by vehicle

ᑕᐦᑲᒪᔈᐦᒋᐸᔨᐦᑖᐅ
taskamaschehchipayihtaau vai+o ♦ s/he
takes it straight across the muskeg by
vehicle

ᑕᐦᑲᒪᔈᐦᒋᐸᔪᐤ taskamaschehchipayuu vai
-i ♦ s/he goes straight across the
muskeg by vehicle

ᑕᐦᑲᒪᔈᐦᒋᐸᐦᑖᐅ taskamaschehchipahtaau vai ♦ s/he
runs straight across the muskeg

ᑕᐦᑲᒪᔈᐦᒋᔥᑖᐯᐤ taskamaschehchishtaapeu vai ♦ s/he
goes across the muskeg pulling
something

ᑕᐦᑲᒪᐦᐅᑖᐅ taskamahutaau vai+o ♦ s/he
takes it straight across by canoe, by
plane

ᑕᐦᑲᒪᐦᐅᔦᐤ taskamahuyeu vta ♦ s/he
takes him/her straight across by
paddling, by plane

ᑕᐦᑲᒪᐦᐊᒼ taskamaham vti ♦ s/he
paddles across

CᴴbḶVbˋ taskamaapekapuu vai-uu ◆ it (anim, string-like) is placed straight across

CᴴbḶVbᴶ"∇° taskamaapekamuheu vta ◆ s/he installs, strings it (anim, string-like) straight across

CᴴbḶVbᴶ"Ċ° taskamaapekamuhtaau vai+o ◆ s/he installs it (string-like) straight across

CᴴbḶVbᴶ taskamaapekamuu vai/vii-u ◆ it (anim, string-like) is stretched straight across

CᴴbḶVbᵚU° taskamaapekashteu vii ◆ it (string-like) is placed straight across

CᴴbḶVbᵚĊ° taskamaapekashtaau vai+o ◆ s/he places it (string-like) straight across

CᴴbḶVb"∇° taskamaapekaheu vta ◆ s/he places/strings it (anim, string-like) straight ahead

CᴴbḶΛᴴbᴶ"Ċ° taskamaapiskamuhtaau vai+o ◆ s/he installs it (stone, metal) straight ahead

CᴴbḶΛᴴbᴶ taskamaapiskamuu vai/vii-u ◆ it (anim, stone, metal) is installed straight ahead

CᴴbḶCbᴶ taskamaatakaasuu vai-i ◆ s/he walks straight across in the water

CᴴbḶᴴdᴶ"Ċ° taskamaaskumuhtaau vai+o ◆ s/he installs it (stick-like) straight ahead

CᴴbḶᴴdᒉᵃ taskamaaskushin vai ◆ it (anim, stick-like) is stretched straight ahead

CᴴbḶᴴdᵚĊ° taskamaaskushtaau vai+o ◆ s/he places it (stick-like) straight ahead

CᴴbḶᴴd"∇° taskamaaskuheu vta ◆ s/he places it (anim, stick-like) straight ahead

CᴴbḶᴴd"∩ᵃ taskamaaskuhtin vii ◆ it (stick-like) lays straight ahead (ex tree on the road)

Cᴴbᴸ taskam p,location ◆ straight across water

Cᴴrᴴ<"Cᴸ taschisaapahtam vti ◆ s/he looks up at it

C·ᴧbΛ"U° tashwekapihteu vta ◆ s/he stretches it (anim) by pulling with string

C·ᴧbᴶ"∇° tashwekamuheu vai ◆ s/he hangs it (anim, sheet-like, ex moose hide) so it is spread out

C·ᴧbᴶ"Ċ° tashwekamuhtaau vai+o ◆ s/he hangs it (sheet-like) so it is spread out

C·ᴧbᵚĊ° tashwekashtaau vai+o ◆ s/he spreads, flattens it (sheet-like) out

C·ᴧb"∇° tashwekaheu vta ◆ s/he straightens, spreads, flattens it (anim, sheet-like) out

C·ᴧb"◁ᴸ tashwekaham vti ◆ s/he puts it up (sheet-like, ex tent), erects it

C·ᴧb"Λcᴸ tashwekahpitam vti ◆ s/he stretches it by pulling with string

C·ᴧrΛU° tashwechipiteu vta ◆ s/he unfolds it (anim, sheet-like) by pulling

C·ᴧrΛcᴸ tashwechipitam vti ◆ s/he unfolds it (sheet-like) by pulling

C·ᴧr<ᴧ"∇° tashwechipayiheu vta ◆ s/he shakes it (anim, sheet-like) out (ex from being folded)

C·ᴧr<ᴧ"Ċ° tashwechipayihtaau vai+o ◆ s/he shakes it (sheet-like) out (ex from being folded)

C·ᴧr<ᴶ tashwechipayuu vai/vii-i ◆ it (anim, sheet-like) straightens, flattens, spreads out by itself, spontaneously

C·ᴧrᵒ° tashwechineu vta ◆ s/he unfolds it (anim, sheet-like)

C·ᴧrᵃᴸ tashwechinam vti ◆ s/he unfolds it (sheet-like)

C·ᴧᴖbᴴd"◁ᴸ tashweyukaaskuham vti ◆ s/he stretches it on sticks

C·ᴧᴖbᴴd"·∇° tashweyukaaskuhweu vta ◆ s/he stretches it (anim) on sticks

C·ᴧᴖσdḸᵚ tashweyuunikuchaash na dim -im ◆ flying squirrel *Glaucomys sabrinus*

CᒉΛᵚUᵃᴸ tashipishtenam vti ◆ s/he sets off the trigger accidentally

CᒉˋσˏĊ° tashipunihtaau vai+o ◆ s/he stays for the whole winter in the same place

Cᒉˋ tashipuu vai-u ◆ s/he stays near her/his kill and eats it up

Cᒉbˋᵚɔ·∇° tashikaapuushtuweu vta ◆ s/he stands by him/her for a long while

Cᒉᒉᵃ tashishin vai ◆ s/he lies buried there in the grave

ᑕᔅᐧᐯᒉᓇᒻ **tashuwechinam** vti ♦ s/he straightens it (paper, fabric) out by hand

ᑕᔅᐧᐄᐤ **tashuwiiu** vai ♦ s/he stretches (himself)

ᑕᔅᐱᑌᐤ **tashupiteu** vta ♦ s/he pulls him/her straight, stretches him/her out

ᑕᔅᐱᑎᐦᑖᑲᓂᔮᐲ **tashupitihtaakaniyaapii** ni-m [Inland] ♦ the string used to stretch moose hide onto the frame

ᑕᔅᐱᑎᐦᑖᑲᓈᐦᑎᒄ **tashupitihtaakanaahtikw** ni [Inland] ♦ the frame made to stretch moose hide

ᑕᔅᐱᑐᓀᔫ **tashupituneyuu** vai-i ♦ s/he straightens her/his arm

ᑕᔅᐱᑕᒻ **tashupitam** vti ♦ s/he pulls it straight, stretches it out

ᑕᔑᐸᔫ **tashupayuu** vii-i ♦ it unfolds, smoothes out again, returns to original position

ᑕᔑᐦᑌᔅᑲᓀᐤ **tashuteshkaneu** vai ♦ it (anim) has straight antlers

ᑕᔑᑳᐴ **tashukaapuu** vai-uu ♦ s/he stands up straight from being bent over

ᑕᔑᑳᑌᔑᓐ **tashukaateshin** vai ♦ s/he straightens her/his leg while laying down

ᑕᔑᑳᑌᔫ **tashukaateyuu** vai-i ♦ s/he (anim) straightens her/his leg from being bent

ᑕᔑᓀᐤ **tashuneu** vta ♦ s/he spreads it (anim) out straight by hand from being bent

ᑕᔑᓇᒻ **tashunam** vti ♦ s/he straightens it out by hand from being bent

ᑕᔑᔑᒣᐤ **tashushimeu** vta ♦ s/he lays him/her down spread out, straightened out from being bent

ᑕᔓᐦᐊᒻ **tashuham** vti ♦ s/he smoothes it flat (as wrinkled cloth)

ᑕᔓᐦᐧᐁᐤ **tashuhweu** vta ♦ s/he smoothes it (anim) flat

ᑕᔓᐦᑖᐤ **tashuhtaau** vai+o ♦ s/he straightens it out from being bent

ᑕᔕᐦᐃᐤ **tashuu** vai-u ♦ s/he/it (anim) straightens up, stretches from being bent

ᒉᐧᔖᐤ **tashwaau** vii ♦ it is straightened out from being bent

ᒉᐧᔖᐯᑲᒧᐦᐁᐤ **tashwaapekamuheu** vta ♦ s/he straightens it (anim, string-like) out

ᒉᐧᔖᐯᑲᒧᐦᑖᐤ **tashwaapekamuhtaau** vai+o ♦ s/he strings it (string-like) up straight

ᒉᐧᔖᐯᑲᔥᑌᐤ **tashwaapekashteu** vii ♦ it (string-like) lies straight at full length

ᒉᐧᔖᐯᑲᔥᑖᐤ **tashwaapekashtaau** vai+o ♦ s/he straightens it (string-like) out

ᒉᐧᔖᐯᑲᐦᐊᒻ **tashwaapekaham** vti ♦ s/he straightens it (string-like) from being bent with a tool (ex smooth stiff cord with a knife)

ᒉᐧᔖᐯᑲᐦᐧᐁᐤ **tashwaapekahweu** vta ♦ s/he straightens it (anim, string-like, ex moose intestine)

ᒉᐧᔖᐱᔅᑲᐦᐊᒻ **tashwaapiskaham** vti ♦ s/he spreads it (stone, metal) out straight by tool

ᒉᐧᔖᐱᔅᑲᐦᐧᐁᐤ **tashwaapiskahweu** vta ♦ s/he spreads it (anim, stone, metal) out straight by tool

ᒉᐧᔖᐱᔑᓀᐤ **tashwaapischineu** vta ♦ s/he spreads it out straight (anim, stone, metal) by hand

ᒉᐧᔖᐱᔑᓇᒻ **tashwaapischinam** vti ♦ s/he spreads it (stone, metal) it out straight by hand

ᒉᐧᔖᑯᔨᐧᐁᐸᔨᐦᐤ **tashwaakuyiwepayihuu** vai-u ♦ s/he stretches her/his (own) neck up

ᒉᐧᔖᒋᐸᔫ **tashwaachipayuu** vai/vii-i ♦ it (stick-like) straightens out by itself, spontaneously

ᒉᐧᔖᔅᑯᓇᒻ **tashwaaskunam** vti ♦ s/he straightens it (stick-like) with his hands

ᒉᐧᔖᔅᑯᓐ **tashwaaskun** vii ♦ it (stick-like) is straight, stiff

ᒉᐧᔖᔅᑯᔑᒣᐤ **tashwaaskushimeu** vta ♦ s/he lays it (anim, stick-like) straight, at full length

ᒉᐧᔖᔅᑯᔑᓐ **tashwaaskushin** vai ♦ it (anim, stick-like) lies straight at full length

ᒉᐧᔖᔅᑯᐦᐊᒻ **tashwaaskuham** vti ♦ s/he straightens it (stick-like) with something

ᑖᔑᔅᑯᐦᐌᐤ **tashwaaskuhweu** vta ♦ s/he stretches it (anim, stick-like) with something

ᑖᔒᐦᐁᐤ **tashwaahkweu** vai ♦ it (front curve of snowshoe, toboggan) is straightened out

ᑖᔒᐦᐁᐸᔪ **tashwaahkwepayuu** vai-i ♦ it (front curve of snowshoe, toboggan) straighten out on its own

ᑖᔒᐦᐁᓅ **tashwaahkweneu** vta ♦ s/he straightens out the curve in it (anim, snowshoe, toboggan) by hand

ᑖᔒᐦᐁᔑᑾᐌᐤ **tashwaahkweshkuweu** vta ♦ s/he straightens the curve of it (anim, snowshoe, toboggan) with the weight of her/his body

ᑖᔒᐦᒀᐹᐌᐤ **tashwaahkwaapaaweu** vai ♦ it (front curve of snowshoe) straightens from getting wet

ᑖᔥᑲᒥᔑᓐ **tashkamishin** vai ♦ s/he lies straight across

ᑖᔥᑲᒫᔥᑌᐤ **tashkamashteu** vii ♦ it is placed straight across, it is written from one side to the other

ᑖᔥᑲᒫᔥᑖᐤ **tashkamashtaau** vai+o ♦ s/he places it straight across, s/he writes from one side to the other

ᑖᐦᑕᑯᐸᔫ **tahtakupayuu** vai/vii-i ♦ it (anim) evens out

ᑖᐦᑕᑯᑎᓈᐤ **tahtakutinaau** vii ♦ the top of the mountain is flat and even

ᑖᐦᑕᑯᑖᐅᐦᑲᒻ **tahtakutaauhkaham** vti ♦ s/he evens out the sand with a tool

ᑖᐦᑕᑯᑖᐅᐦᑳᐤ **tahtakutaauhkaau** vii ♦ the top of the sandy ridge is even

ᑖᐦᑕᑯᔅᑲᒥᑳᐤ **tahtakuskamikaau** vii ♦ it is even, flat ground, earth

ᑖᐦᑕᑯᔥᑯᐌᐤ **tahtakushkuweu** vta ♦ s/he evens it (anim) out by foot

ᑖᐦᑕᑯᔥᑲᒻ **tahtakushkam** vti ♦ s/he evens it out with his foot

ᑖᐦᑕᑯᐦᐊᒻ **tahtakuham** vti ♦ s/he makes it even with a tool

ᑖᐦᑕᒀᐅᒋᓇᒻ **tahtakwaauchinam** vti ♦ s/he evens it out (sand) with his hands

ᑖᐦᑕᒀᐤ **tahtakwaau** vai ♦ it is flat and even

ᑖᐦᑕᒀᑯᓀᑲᐦᐊᒻ **tahtakwaakunekaham** vti ♦ s/he evens out (hard) snow by chopping

ᑖᐦᑕᒀᑯᓀᐦᐄᒉᐤ **tahtakwaakunehiicheu** vai ♦ s/he evens out snow with an instrument (shovel)

ᑖᐦᑕᒀᑯᓀᐦᐊᒻ **tahtakwaakuneham** vti ♦ s/he evens out the snow with a tool

ᑖᐦᑕᒀᑯᓂᒋᔥᑲᒻ **tahtakwaakunichishkam** vti ♦ s/he evens out the snow by foot (walking on it)

ᑖᐦᑴᑲᓐ **tahkwekan** vii ♦ it (sheet-like) is short

ᑖᐦᑴᒋᓱ **tahkwechisuu** vai-i ♦ it (anim, sheet-like) is short

ᑖᐦᑯᐱᑐᓀᐤ **tahkupituneu** vta ♦ s/he has short arms

ᑖᐦᑯᐱᑖᐅᓱ **tahkupitaausuu** vai-u ♦ she has a new baby (old term)

ᑖᐦᑯᑛᐤ **tahkuputaau** vai+o ♦ s/he saws it short

ᑖᐦᑯᐳᔦᐤ **tahkupuyeu** vta ♦ s/he saws it (anim) short

ᑖᐦᑯᑎᐦᒉᐦᐆᓱ **tahkutihchehuusuu** vai reflex-u ♦ s/he hits her/himself on her/his fingers, gets her/his fingers jammed in a door

ᑖᐦᑯᑎᐦᒉᐦᐌᐤ **tahkutihchehweu** vta ♦ s/he crushes someone's hand, using something

ᑖᐦᑯᑖᐅᐦᑲᐦᐊᒻ **tahkutaauhkaham** vti ♦ s/he goes up to the top of the bank

ᑖᐦᑯᑖᐅᐦᒋᑲᒫᐤ **tahkutaauhchikamaau** vii ♦ the lake is on top of the mountain on high ground

ᑖᐦᑯᑖᒋᐱᔅᑯᓐ **tahkutaachipiskun** p,location ♦ on the top of his back

ᑖᐦᑯᑖᒑᐅᐎᓀᐦᐊᒻ **tahkutaachuwineham** vti ♦ s/he is travelling upstream to the top of the rapids

ᑖᐦᑯᑖᒑᐅᐎᓐ **tahkutaachuwin** ni ♦ top of the rapids; also the name of a place near Waskaganish

ᑖᐦᑯᑖᒣᐤ **tahkutaameu** vta ♦ s/he has it (anim) inside her/his mouth

ᑖᐦᑯᑖᒥᒌᐌᐤ **tahkutaamichiweu** vai ♦ s/he goes right up to the top of the mountain

ᑖᐦᑯᑖᒫᑎᓐ **tahkutaamatin** ni ♦ top of a mountain

ᑖᐦᑯᑖᓂᒡ **tahkutaanich** p,location ♦ on the island

ᒋᑊᑯᑖᐦᑐᐧᐄᐅ **tahkutaahtuwiiu** vai
* s/he/it (anim) climbs on top of something

ᒋᑊᑯᑖᐦᑕᒼ **tahkutaahtam** vti ◆ s/he has it inside his mouth

ᒋᑊᑯᑯᔅᒉᐤ **tahkukuscheu** vai ◆ it (foot section of the snowshoe) is too short

ᒋᑊᑯᑳᑉᐅᐤ **tahkukaapuu** vai -uu ◆ s/he is short in height

ᒋᑊᑯᑳᑌᐤ **tahkukaateu** vai ◆ s/he has short legs

ᒋᑊᑯᒋᒀᔥᑯᐦᑐᐤ **tahkuchikwaashkuhtuu** vai -i ◆ s/he jumps on top of something

ᒋᑊᑯᒣᐤ **tahkumeu** vta ◆ s/he holds it (anim) between the teeth

ᒋᑊᑯᒥᑯᐤ **tahkumikuu** vta inverse -u ◆ it (ex ice) catches and holds her/him

ᒋᑊᑯᒧᒋᑲᓐ **tahkumuchikan** ni ◆ vice, pliers, wrench

ᒋᑊᑯᒧᔦᐤ **tahkumuyeu** vta ◆ s/he catches and holds it (anim, ex in a trap)

ᒋᑊᑯᓀᐤ **tahkuneu** vta ◆ s/he holds it (anim) together, s/he holds it (anim)

ᒋᑊᑯᓂᑲᓐ **tahkunikan** ni ◆ handle

ᒋᑊᑯᓇᒀᔮᐤ **tahkunakweyaau** vii ◆ it has short sleeves

ᒋᑊᑯᓇᒨᐌᐤ **tahkunamuweu** vta ◆ s/he holds it for him/her

ᒋᑊᑯᓇᒻ **tahkunam** vti ◆ s/he holds it together

ᒋᑊᑯᓈᐅᓲ **tahkunaausuu** vai -u ◆ s/he holds a baby

ᒋᑊᑯᓯᑌᕘᓲ **tahkusitehuusuu** vai reflex -u
* s/he has something heavy pressing down on her/his own foot

ᒋᑊᑯᓯᑖᐌᓲ **tahkusitaawesuu** vai -i ◆ it (foot section of the snowshoe) is too short

ᒋᑊᑯᓯᒁᐤ **tahkusikwaau** vii ◆ it is a short stretch of ice

ᒋᑊᑯᓲ **tahkusuu** vai -i ◆ s/he is short

ᒋᑊᑯᔅᑳᑌᐤ **tahkuskaateu** vta ◆ s/he steps on him/her/it (anim)

ᒋᑊᑯᔅᑳᑕᒼ **tahkuskaatam** vti ◆ s/he steps on it

ᒋᑊᑯᔅᑳᒋᑲᓐ **tahkuskaachikan** ni
* treadle, foot pedal

ᒋᑊᑯᔅᒉᐤ **tahkuscheu** vai ◆ s/he steps

ᒋᑊᑯᐦᐁᐤ **tahkuheu** vta ◆ s/he makes it (anim) short

ᒋᑊᑯᐦᐄᑳᓂᔥ **tahkuhiikaanish** na [Inland]
* Band councillor

ᒋᑊᑯᐦᐄᑲᓈᐦᑎᑯ **tahkuhiikanaahtikw** ni
* steering pole

ᒋᑊᑯᐦᐄᑲᓐ **tahkuhiikan** ni ◆ steering wheel, steering paddle

ᒋᑊᑯᐦᐊᒣᐤ **tahkuhameu** vai ◆ s/he takes short steps

ᒋᑊᑯᐦᐊᒨᐌᐤ **tahkuhamuweu** vta ◆ s/he steers it for him/her

ᒋᑊᑯᐦᐊᒨᐙᑲᓐ **tahkuhamuwaakan** ni
* rudder

ᒋᑊᑯᐦᐊᒨᐙᐦᑎᑯ **tahkuhamuwaahtikw** ni
* steering paddle, handle

ᒋᑊᑯᐦᐊᒨᓲ **tahkuhamuusuu** na -siim
* steersman

ᒋᑊᑯᐦᐊᒻ **tahkuham** vti ◆ s/he steers it

ᒋᑊᑯᐧᐁᐤ **tahkuhweu** vta ◆ s/he puts something (heavy) on him/her/it (anim), jams him/her/it (anim)

ᒋᑊᑯᐦᑕᒼ **tahkuhtam** vti ◆ s/he holds it between his teeth

ᒋᑊᑯᐦᑕᐦᐁᐤ **tahkuhtaheu** vta ◆ s/he lifts and sets him/her on top of something

ᒋᑊᑯᐦᑖᐅᐦᒡ **tahkuhtaauhch** p,location ◆ on top of the bank

ᒋᑊᑯᐦᑖᐤ **tahkuhtaau** vai+o ◆ s/he makes it short

ᒋᑊᑯᐦᑖᒋᐃᐧᓐ **tahkuhtaachuwin** p,location
* above the rapids

ᒋᑊᑯᐦᑯᑖᐤ **tahkuhkutaau** vai+o ◆ s/he carves it short

ᒋᑊᑯᐦᒋᐸᔫ **tahkuhchipayuu** vai/vii -i
* s/he/it goes, runs on top of something

ᒋᑊᑯᐦᒋᑳᑉᐅᐤ **tahkuhchikaapuu** vai -uu
* s/he stands on top of something

ᒋᑊᑯᐦᒋᑳᑉᐅᔥᑐᐌᐤ **tahkuhchikaapuushtuweu** vta ◆ s/he stands on top of him/her

ᒋᑊᑯᐦᒋᑳᑉᐅᔥᑕᒻ **tahkuhchikaapuushtam** vti
* s/he stands on top of it

ᒋᑊᑯᐦᒋᔑᓐ **tahkuhchishin** vai ◆ s/he lies stretched out on top of something

ᒋᑊᑯᐦᒋᔥᑌᐤ **tahkuhchishteu** vii ◆ it sets on top of something

ᒋᑊᑯᐦᒋᔥᑖᐤ **tahkuhchishtaau** vai+o ◆ s/he lifts and sets it on top of something

ᒋᑊᑯᐦᒡ **tahkuhch** p,location ◆ on top of a surface

ᑕᑊᑲᑉᐴ **tahkapuu** vai-ɪ ♦ it (anim, bread) cools down by sitting out

ᑕᑊᑲᒣᐤ **tahkameu** vta ♦ s/he spears, stabs him/her

ᑕᑊᑲᔥᑌᐤ **tahkashteu** vii ♦ it cools as it sits

ᑕᑊᑲᑕᒻ **tahkahtam** vti ♦ s/he spears, stabs it

ᑕᑊᑲᒉᐤ **tahkahcheu** vai ♦ s/he is stabbing at (ex with ice chisel)

ᑕᑊᑲᒉᑲᓐ **tahkahchikan** ni ♦ spear

ᑕᑊᑳᐅᐦᑳᐤ **tahkaauhkaau** vii ♦ it is cold sand, ashes

ᑕᑊᑳᐤ **tahkaau** vii ♦ it is cold to the touch

ᑕᑊᑳᐱᔅᑳᐤ **tahkaapiskaau** vii ♦ it is cold metal

ᑕᑊᑳᐱᔅᒋᓲ **tahkaapischisuu** vai-ɪ ♦ it (anim) is cold metal, stone

ᑕᑊᑳᐱᐦᒉᓇᒨᐌᐤ **tahkaapihchenamuweu** vta ♦ s/he phones him/her

ᑕᑊᑳᐸᓐ **tahkaapan** vii ♦ it is a cold morning

ᑕᑊᑳᐹᐅᔦᐤ **tahkaapaauyeu** vta ♦ s/he cools it (anim) by pouring on cold water

ᑕᑊᑳᐹᐌᐤ **tahkaapaaweu** vii ♦ it cools off in the water

ᑕᑊᑳᒋᐱᔅᑯᓀᐆᒍ **tahkaachipiskuneuchuu** vai-ɪ ♦ s/he feels a chill at her/his back

ᑕᑊᑳᔔ **tahkaashuu** vai-ɪ ♦ s/he gets sick by catching a chill from the wind

ᑕᑊᑳᔥᑎᒄ **tahkaashtikw** p,location ♦ all the way along the river

ᑕᑊᑳᔥᑎᒨ **tahkaashtimuu** vai ♦ s/he is chilled by the wind and gets sick, s/he cools off in the breeze

ᑕᑊᑳᔥᑎᓐ **tahkaashtin** vii ♦ it is cooled by the wind

ᑕᑊᑳᔦᔨᐦᑖᑯᓐ **tahkaayeyihtaakun** vii ♦ it seems cold outside

ᑕᑊᑳᔮᐤ **tahkaayaau** vii ♦ it is cold out

ᑕᑊᒄᐋᐤ **tahkwaau** vii ♦ it is short

ᑕᑊᒄᐋᐯᑲᓐ **tahkwaapekan** vii ♦ it (string-like) is short

ᑕᑊᒄᐋᐯᒋᓲ **tahkwaapechisuu** vai-ɪ ♦ it (anim, string-like) is short

ᑕᑊᒄᐋᐱᔅᑳᐤ **tahkwaapiskaau** vii ♦ it is short metal

ᑕᑊᒄᐋᐱᔅᒋᓲ **tahkwaapischisuu** vai-ɪ ♦ it (anim) is short metal

ᑕᑊᒄᐋᑯᔨᐌᐤ **tahkwaakuyiweu** vai ♦ s/he has a short neck

ᑕᑊᒄᐋᔅᑴᔮᐤ **tahkwaaskweyaau** vii ♦ there are short trees

ᑕᑊᒄᐋᔅᑯᑲᔑᒫᓐ **tahkwaaskukashimaan** ni ♦ lacing holding the two pieces of frame of long snowshoes together at the front (old term)

ᑕᑊᒄᐋᔅᑯᓐ **tahkwaaskun** vii ♦ it (stick-like) is short (in horizontal position)

ᑕᑊᒄᐋᔅᑯᓲ **tahkwaaskusuu** vai-ɪ ♦ it (anim, stick-like) is short (in horizontal position)

ᑕᑊᒄᐋᔨᐌᐤ **tahkwaayiweu** vai ♦ it (anim) has a short tail

ᑕᑊᒄᐋᔨᒄᐌᐤ **tahkwaayikweu** vai ♦ s/he has short hair

ᑕᒉᔨᐦᑖᑯᓐ **tahcheyihtaakun** vii ♦ it is chilly

ᑕᒋᐯᑲᓐ **tahchipekan** vii ♦ it is cold from a wet, sheet-like covering

ᑕᒋᐯᒋᓲ **tahchipechisuu** vai-u ♦ s/he is cold from her/his wet clothes

ᑕᒋᐯᔮᐤ **tahchipeyaau** vii ♦ it is cool because it is wet out

ᑕᒋᐸᔩ **tahchipayuu** vii-ɪ ♦ it gets cold (ex in the room)

ᑕᒋᑖᑯᔫ **tahchitaakushuu** vii ♦ it is a cold evening

ᑕᒋᑲᒥᓲ **tahchikamisuu** vai-ɪ ♦ it (anim, milk) is cold

ᑕᒋᑲᒥᔥᑌᐤ **tahchikamishteu** vii ♦ it (liquid) cools as it sits

ᑕᒋᑲᒥᔥᑖᐤ **tahchikamishtaau** vai+o ♦ s/he sets it (liquid) to cool

ᑕᒋᑲᒨ **tahchikamuu** vai ♦ it (anim) is cold liquid

ᑕᒋᑲᒫᐴ **tahchikamaapuu** ni ♦ cold water

ᑕᒋᓀᐤ **tahchineu** vta ♦ s/he makes him/her cold by touching him/her with cold hands

ᑕᒋᓄᐌᐆ **tahchinuweuchuu** vai ♦ her/his cheeks are chilly

ᑕᒋᓲ **tahchisuu** vai-ɪ ♦ s/he is cold to the touch

ᑕᒋᔥᑎᒁᓀᐤ **tahchishtikwaaneu** vai ♦ her/his head is cold

tahchishkuweu vta • s/he kicks him/her/it (anim)
tahchishkam vti • s/he kicks it
tahchishkaacheu vai • s/he kicks
tahchiiweu vii • it is a cold wind
tahchiiwepayuu vii-i • it blows in cold
tahchiiweyaashtitaau vai+o • s/he cools it (anim) by holding it in the air, s/he lets air in to cool it
tahchiiweyaashtimeu vta • s/he lets air in to cool him/her
tahchiiweyaashtimisuu vai reflex-u • s/he cools her/himself by riding in a vehicle to create moving air
tahchiiweyaashtimuu vai-u • s/he cools her/himself
tahchiiweyaashtin vii • it is cooled by the air

Ċ

taaisp p,question,time • when ▪ *Ċᐃᖕ ᕐᐊ ᖑ ᓂᕐᑐ·ᐃᔭˣ* ▪ When will we meet again?
taaishpish p,time • when ▪ *ᒐᓱᕐᐊᕐ ᓄᑐ·ᐁᐱᒡ ᓃᐱᐊˣ* ▪ When do you want the money.
taaupitunehweu vta • s/he hits him/her on the arm
taaupayishtuweu vta • s/he comes upon him/her suddenly
taaupayuu vai/vii-i • s/he/it (anim) flies right over
taautihchehweu vta • s/he hits him/her on the hand (accidentally)
taautuneneu vta • s/he holds his/her mouth open
taautuneyuu vai-i • s/he has her/his mouth open
taautunehkwaamuu vai-u • s/he sleeps with her/his mouth open
taautuu vai-i • s/he opens her/his own mouth

taaukaatehweu vta • s/he hits him/her on the leg (accidentally)
taauchiiwetinuuhtaahch p,location • northwest
taauchiiwetin p,location • a wind right from the north
taauchaapuhweu vta • s/he hits him/her right in the eyeball
taauch p,location • offshore
taauneu vta • s/he wins it (anim) in a draw
taaunikuu vta inverse -u • they (geese) fly right above her/him
taaunikan ni • prize in a draw
taaunam vti • s/he wins it in a draw
taausitehweu vta • s/he hits him/her on the foot
taauschechimuu vii-u • it (path, road) runs across the swamp, muskeg
taauschech p,location • in the middle of the muskeg
taaushimeu vta • s/he causes him/her to hit against something
taaushin vai • s/he hits her/himself on something
taaushaawanuutaahch p,location • southeast
taaushtikwaaneshin vai • s/he hits her/his head on something
taaushtikwaanehweu vta • s/he hits him/her on the head (accidentally)
taaushkuweu vta • s/he comes upon him/her by accident, bumps into him/her/it (anim)
taaushkutewekutaau vai+o • s/he hangs it (ex pail, meat) over the fire
taaushkam vti • s/he comes upon it accidentally, bumps into it
taaushkwaahch p,location • directly in line with the door
taauham vti • s/he causes something to hit it
taauhweu vta • s/he causes something to hit him/her

ċᐪ"ᑎċ° taauhtitaau vai+o ♦ s/he hits a part of her/his body (ex hand) on something

ċ·ᐊᐯᕑᑐᙞ·ᐁ".ᐁ° taawaapechikuyiwehweu vta ♦ s/he hits him/her on the neck (accidentally)

ċ·ᐊ>ᑐ taawaapukuu vai-u ♦ it (anim), floating, crashes into something

ċ·ᐊᕑᨕᓴᑐ".ᐁ° taawaachipiskunehweu vta ♦ s/he hits him/her on the back (accidentally)

ċ·ᐊᕑᨕᓴᑐᵃ taawaachipiskun p,location ♦ in the middle of the back

ċ·ᐊᓴᑐ"ᐊᒻ taawaaskuham vti ♦ s/he hits it (stick-like, ex pole) with something (ex runs into it with a skidoo)

ċ·ᐊᓴᑐ".ᐁ° taawaaskuhweu vta ♦ s/he hits it (anim, stick-like, ex tree) with something (ex runs into it with a skidoo)

ċ·ᐯᐅᕈᐊ°ᔥ° taapeucheyimeu vta ♦ s/he trusts her/him

ċ·ᐯᐅᕈᐊ"ᒡᐃᐊᵃ taapweucheyihtamuwin ni ♦ belief

ċ·ᐯᐅᕈᐊ"ᒡᒪ taapeucheyihtam vti ♦ s/he trusts it

ċ·ᐯᐅᕈᐊ"ċᑕᵃ taapeucheyihtaakun vii ♦ it is credible, believable

ċ·ᐯᐅᕈᐊ"ċᑐᑎ taapeucheyihtaakusuu vai -i ♦ s/he is credible, worthy

ċ·ᐁ·ᐊᵃ taapwewin ni ♦ truth

ċ·ᐁ° taapeu vai ♦ s/he tells the truth

ċ·ᐁᔅᐟ"ᒡᐃᐊᵃ taapeyeyihtamuwin ni ♦ belief, truth

ċ·ᐁᔅᐟ"ᒡᐃᐊᵃ taapweyeyihtamuwin ni ♦ faith

ċ·ᐁ" taapeh p,interjection ♦ truly, really, it is true ■ ċ·ᐁ" ᕐᓈ° ᐊᵃ ᕒᒪᵃ╳ ■ *That's a real big boat, that boat is really big.*

ċᐱᒡᒪ taapipitam vti ♦ s/he makes it fit into it by pulling (used in speaking of reload mechanism of a gun)

ċᐱ<ᑐ taapipayuu vai/vii -i ♦ s/he/it goes in the same place, it fits in, it fits back into place

ċᐱᑐ·ᐊ° taapituwaau vii ♦ it is level

ċᐱᑐ·ᐊ"ᑎᑲ° taapituwaahtikaau vii ♦ the boughs on the floor are smooth and level

ċᐱᑐ taapituu p,manner ♦ equally, even, level ■ ċᐱᑐ ᒥ ᐃᴺᐊᴺ ᓯᐱ"ᐁᒡ ᐊᕐᔥᵈᶦᶦ ᐱ>ᡠᔅ╳ ■ *They killed an equal amount of beaver this winter.*

ċᐱᑐᐱᐅ° taapituupiteu vta ♦ s/he sets him/her up evenly by pulling, s/he pulls him/her back evenly

ċᐱᑐᐱᒡᒪ taapituupitam vti ♦ s/he sets it right by pulling, s/he pulls it back evenly

ċᐱᑐᐱᑐ taapituupuu vai -i ♦ it (anim) is set, sits level

ċᐱᑐ<ᔥ"ᐃ taapituupayihuu vai -u ♦ s/he straightens up, rights her/himself

ċᐱᑐ<ᑐ taapituupayuu vai/vii -i ♦ it (anim) levels itself

ċᐱᑐċᐪ"ᑲ° taapituutaauhkaau vii ♦ the top of the sandy ridge is level

ċᐱᑐᑐ taapituusuu vai ♦ it (anim) is level

ċᐱᑐᔥᒥᑲ° taapituuskamikaau vii ♦ it is a level area of earth, land

ċᐱᑐᔨᐅ° taapituushteu vii ♦ it is set level

ċᐱᑐᔥċ° taapituushtaau vai+o ♦ s/he sets it level

ċᐱᑐ"ᐁ° taapituuheu vta ♦ s/he sets it (anim) level

ċᐱᑐ"ċᑲ° taapituuhtakaau vii ♦ it is a level floor

ċᐱ·ᐁ° taapikweu vai ♦ s/he sets snare on a snareline

ċᐱᑐᓴ° taapikuneu vta ♦ s/he gathers it (anim, ex loops of net, in order to put string through) on her/his hand, s/he puts the backing line on the net

ċᐱᑐ"ᐅᔥ° taapikuhuyeu vta ♦ s/he snares it (anim, grouse) with a loop of snare wire on a stick

ċᐱᑐ"ᐊᒻ taapikuham vti ♦ s/he puts a noose on it, using something, s/he puts thread through a needle

ċᐱᑐ".ᐁ° taapikuhweu vta ♦ s/he puts a noose on it (anim), using something, threads heads

ċᐱᑲ taapikaa p,evaluative ♦ of course ■ ċᐱᑲ ᐊᔥᑐ ᑲᐣ ·ᐊ ᓄᡠᢣᵃ╳ ♦ ċᐱᑲ ᐁᵈ ᓴᑐ ᐱċᵃ╳ ■ *Of course, s/he wants to be first.* ♦ *Of course I will bring it later on.*

ᒉᐱᒨᐦᐁᐤ **taapimuheu** vta ♦ s/he fits it (anim) together
ᒉᐱᒧᐦᑖᐤ **taapimuhtaau** vai+o ♦ s/he fits it together
ᒉᐱᓯᑯᓀᐤ **taapisikuneu** vta ♦ s/he puts her/his finger, hand through a ring, loop of it (anim)
ᒉᐱᓯᑯᓇᒻ **taapisikunam** vti ♦ s/he puts his finger, hand through a ring, loop of it (ex string)
ᒉᐱᓯᑯᐦᐊᒻ **taapisikuham** vti ♦ s/he strings it through something, threads a needle
ᒉᐱᓯᑯᐦᐆᐤ **taapisikuhweu** vta ♦ s/he strings it (anim, beads) through something, puts fish on a stick through its gills
ᒉᐱᓯᑯᐦᑎᑖᐤ **taapisikuhtitaau** vai+o ♦ s/he hitches it up
ᒉᐱᓯᓇᐦᐊᒻ **taapisinaham** vti ♦ s/he copies, traces the outline of it
ᒉᐱᓯᓇᐦᐆᐤ **taapisinahweu** vta ♦ s/he outlines, traces the outline of him/her
ᒉᐱᔅᒉᐦᐱᓱᐎᓐ **taapischehpisuwin** na ♦ ring for finger
ᒉᐱᔅᒉᐦᐱᓲᓂᑎᐦᒌᔅ **taapischehpisuunitihchiis** ni ♦ ring finger
ᒉᐱᐦᐁᐦᓐ **taapisehun** na ♦ earring
ᒉᐱᔥᐌᐤ **taapishweu** vta ♦ s/he cuts it (anim) out according to a pattern
ᒉᐱᔑᒣᐤ **taapishimeu** vta ♦ s/he fits it (anim) together, fits it (anim) into something (ex stove)
ᒉᐱᔑᓐ **taapishin** vai ♦ s/he fits into it (ex one piece into another)
ᒉᐱᔕᒻ **taapisham** vti ♦ s/he cuts it out according to a pattern
ᒉᐱᔕᐦᐆᐤ **taapishahweu** vta ♦ s/he hitches it (anim, ex dog) up
ᒉᐱᔥᑐᐌᐤ **taapishtuweu** vta ♦ s/he returns it (ex a borrowed thing) to him/her
ᒉᐱᔥᑖᐤ **taapishtaau** vai+o ♦ s/he returns it (a borrowed thing)
ᒉᐱᔥᑯᐌᐤ **taapishkuweu** vta ♦ s/he wears it (anim, around the neck)
ᒉᐱᔥᑯᑌᔨᐦᑕᒻ **taapishkuteyihtam** vti ♦ s/he feels the same toward both of them (inan)

ᒉᐱᔥᑯᐦ **taapishkuch** p,manner ♦ same (size), equal amount, the same way
ᒉᐱᔥᑯᓀᔨᒣᐤ **taapishkuneyimeu** vta ♦ s/he feels the same toward both of them
ᒉᐱᔥᑯᓀᔨᐦᑕᒻ **taapishkuneyihtam** vti ♦ s/he feels the same toward both things
ᒉᐱᔥᑯᓐ **taapishkun** p,quantity ♦ both, same ▪ ᒉᐱᔥᑯᓈᑲᓂᐧᐤ ᕽ ᒉᐱᔥᑯᑊ ᑕᑯᔑᓂᐧᐤ ▪ They look the same. ♦ They arrived at the same time.
ᒉᐱᔥᑲᒻ **taapishkam** vti ♦ s/he wears it (around his neck)
ᒉᐱᔥᑳᑲᓐ **taapishkaakan** na ♦ scarf, necktie
ᒉᐱᔥᑳᐦᒉᐤ **taapishkaahcheu** vai ♦ s/he wears a scarf, tie
ᒉᐱᔥᑳᐦᒋᑯᔨᐌᐱᓱᐎᓐ **taapishkaahchikuyiwepisuwin** na ♦ scarf
ᒉᐱᐦᑎᑖᐤ **taapihtitaau** vai+o ♦ s/he fits it together, fits it into something (ex stovepipe)
ᒉᐱᐦᑎᓐ **taapihtin** vii ♦ it fits into it (ex one piece into another) as in a puzzle
ᒉᐱᐦᑖᑲᓐ **taapihtaakan** ni ♦ puzzle
ᒉᐱᐦᒋᑲᓐ **taapihchikan** ni ♦ puzzle
ᒉᐴ **taapiiteu** vai [Coastal] ♦ s/he says it over again, repeats her/himself
ᒉᐲᐤ **taapiitweu** vai [Inland] ♦ s/he says it over again
ᒉᐳᐌᐤ **taapuweu** vai ♦ s/he repeats what was said
ᒉᐳᐦ **taapucheu** vai ♦ s/he uses the same campsite
ᒉᐳᐦᐌᔥᑯᐌᐤ **taapuhweshkuweu** vta ♦ s/he slips into it (anim, ex pants)
ᒉᐳᐦᐌᔥᑲᒻ **taapuhweshkam** vti ♦ s/he slips into it (ex coat, slipper)
ᒉᐳᐦᐌᔥᑳᒋᑲᓐ **taapuhweshkaachikan** ni pl ♦ slipper
ᒉᐸᑫᐤ **taapakweu** vai ♦ s/he resets snares
ᒉᐹᐦᐋᒋᐚᓐ **taapahaachiwaan** ni ♦ cup and pin game
ᒉᐹ **taapaa** p,negative ♦ no, not ▪ ᒉᐹ ᐊᐦᒉᐦ ▪ S/he is not here.
ᒉᐹᒎᓴᒻ **taapaachuusam** vti ♦ s/he re-boils it

ᑖᐹᖅᑯᔑᒣᐤ **taapaashkushimeu** vta ♦ it (anim) winds onto it (anim, a bobbin)

ᑖᐹᖅᑯᐦᑕᑖᐤ **taapaashkuhtataau** vai+o ♦ it (anim) winds onto it (ex a reel)

ᑖᑎᔮᑲᓈᔅᒄ **taatiyaakanaaskw** na ♦ sled

ᑖᑐᐱᑌᐤ **taatupiteu** vta ♦ s/he tears it (anim), rips it (anim) open

ᑖᑐᐱᑕᒻ **taatupitam** vti ♦ s/he tears it, rips it open

ᑖᑐᓀᐤ **taatuneu** vta ♦ s/he splits it (anim, ex bag-like shape) open by hand

ᑖᑐᓇᒻ **taatunam** vti ♦ s/he splits it open with his hand (bag like shape)

ᑖᑐᓭᓀᑳᐤ **taatusenekaau** vii ♦ a rock with a split in it

ᑖᑐᔥᐌᐤ **taatushweu** vta ♦ s/he splits it (anim) open with scissors, knife

ᑖᑐᔕᒻ **taatusham** vti ♦ s/he splits it open with scissors, knife

ᑖᑐᔥᑯᐌᐤ **taatushkuweu** vta ♦ s/he bursts it (anim, ex at the seams as when clothes are too small)

ᑖᑐᔥᑲᒻ **taatushkam** vti ♦ s/he bursts it (ex at the seams as when clothes are too small)

ᑖᑐᔦᑲᐦᐊᒻ **taatuyekaham** vti ♦ s/he splits it (sheet-like, ex tent, tarp) right open by hitting it accidentally

ᑖᑐᔦᑲᐦᐌᐤ **taatuyekahweu** vai ♦ s/he splits it (ex a beaver) open using a knife

ᑖᑐᐦᐊᒻ **taatuham** vti ♦ s/he splits it right open with something

ᑖᑐᐦᐌᐤ **taatuhweu** vta ♦ s/he splits it (anim) right to open with something

ᑖᑖᔅᒋᓯᑯᐸᔨᐤ **taataaschisikupayuu** vai/vii redup -i ♦ it (ice) cracks in many places, directions

ᑖᒋᐳᐙᐯᐤ **taachipuwaapeu** na -em ♦ chubby boy

ᑖᒋᒄᐌᐤᐦᐁᐤ **taachikweuheu** vta ♦ s/he makes him/her scream

ᑖᒋᒄᐌᐤ **taachikweu** vai ♦ s/he yells, screams, shrieks

ᑖᒋᒃᐋᑌᐤ **taachikwaateu** vta ♦ s/he screams at her/him

ᑖᒌᐹᐹ **taachiipaapaa** na -m ♦ God (child language)

ᑖᒌᔥ **taachiish** na ♦ God, Jesus (child's word)

ᑖᓂᑌᐦ **taaniteh** p,question,location ♦ where, how ▪ ᑖᓂᑌᐦ ᒃ ᐄᑐᑕᒡ ♦ ᑖᓂᑌᐦ ᐧᐄᕐ ᑮ ᐄᐦᒌᒡ ᐊᑐᕙᐦ ▪ Where did s/he go? ♦ How did s/he get over there?

ᑖᓂᑕᐦᑖᐤ **taanitahtwaau** p,quantity ♦ how many times ▪ ᑖᓂᑕᐦᑖᐤ ᒃ ᑕᑯᔑᐦᒡ ▪ How many times did s/he come here.

ᑖᓂᑕᐦᑦ **taanitaht** p,quantity ♦ how many ▪ ᑖᓂᑕᐦᑦ ᓂᔥᒃ ᒃ ᓂᐹᐦᑖᒡ ▪ How many geese did s/he kill?

ᑖᓂᑦ **taanit-h** p,question,location ♦ where ▪ ᑖᓂᑦ ᐧᐊᑌᒡ ▪ Where does she live?

ᑖᓂᒌ **taanichii** pro,question ♦ which, where (anim plural, see *taan*) ▪ ᑖᓂᒌ ᓂᒋᒫᓕᐤ ♦ ᑖᓂᒌ ᐲᐧᐋᔅᓖᑐᒡ ▪ Which ones, where are my snowshoes? ♦ Which ones do you want?

ᑖᓂᒌᐦ **taanichiich** pro,question ♦ which (anim plural), which place (see *taan*) ▪ ᑖᓂᒌᐦ ᓂᒋᒫᓕᐤ ♦ ᑖᓂᒌᐦ ᐲᐧᐋᔅᓖᑐᒡ ▪ Which ones, where are my snowshoes? ♦ Which ones do you want?

ᑖᓂᓱᔮᐦᐱᒡ **taanisuyaahpich** p,interjection ♦ what is the use of, it's no use (+ conjunct verb) ▪ ᑖᓂᓱᔮᐦᐱᒡ ᐊᑕ ᐤᐦᐋᖅ ▪ What's the use waiting for him.

ᑖᓂᔥᐱᔥ **taanishpish** p,quantity ♦ how much ▪ ᑖᓂᔥᐱᔥ ᐲᐧᐋᓕᒡ ᐳᔑᖅ ▪ How much money do you want?

ᑖᓂᔥᐱᔥ **taanishpish** p,time [Inland] ♦ when ▪ ᑖᓂᔥᐱᔥ ᐲᐧᐋᓕᒡ ᔑᒋᖅ ▪ When do you want the money.

ᑖᓂᔪᐤ **taaniyuu** pro,question ♦ which, which one, where (obviative inan sing, see *taan*) ▪ ᑖᓂᔪᐤ ᐅᑖᐹᓈᔥᒄ ♦ ᑖᓂᔪᐤ ᐲᐧᐋᔅᒻᒃ ♦ ᑖᓂᔪᐤ ᐅᒪᔅᒋᓯᓐ ▪ Which one is her/his car? ♦ Which one does s/he want? ♦ Where is her/his shoe.

ᑖᓂᔪᐦ **taaniyuuh** pro,question ♦ which, where (obviative anim sing, anim or inan plural, see *taan*) ▪ ᑖᓂᔪᐦ ᐅᑖᐹᓈᔥᒄ ♦ ᑖᓂᔪᐦ ᐲᐧᐋᔅᒻᒃ ♦ ᑖᓂᔪᐦ ᐅᒪᔅᒋᓯᓐ ▪ Which ones are her/his cars? ♦ Which ones does s/he want? ♦ Where are her/his shoes.

ᑖᓂᐦᐄᐦ **taanihiih** pro,question ♦ which, where (inan plural, see *taan*) ▪ ᑖᓂᐦᐄᐦ ᓂᑖᐹᓈᔥᒄ ♦ ᑖᓂᐦᐄᐦ ᐲᐧᐋᔅᐦᒃ ♦ ᑖᓂᐦᐄᐦ ᓂᒪᔅᒋᓯᓐ ▪ Which ones are my cars? ♦ Which ones do you want? ♦ Where are my shoes.

ᑖᓐ taaniiche pro,question,dubitative ♦ I wonder which ▪ ᑖᓐ ᐁᐧᐤ ᐅᒌᒥᕽ ⸳ ᑖᓐ ᐊᐦ ᐅᒋᐯᔥᑖᒫᐦᒡ ▪ *I wonder which is her/his food?* ♦ *I wonder which one you want?*

ᑖᓂᒉᓂᐦ taaniichenich pro,question,dubitative ♦ I wonder which (see *taaniiche*) ▪ ᑖᓂᒉᓂᐦ ᐦ ᒋᒋᒡᓕᕽ ▪ *I wonder which ones are your snowshoes?*

ᑖᓂᒉᓂᐦᐄ taaniichenihii pro,question,dubitative ♦ I wonder which (see *taaniiche*) ▪ ᑖᓂᒉᓂᐦᐄ ᐦ ᒋᓕᔑᕆᔮᐦᒡ ▪ *I wonder which ones are your shoes?*

ᑖᓂᒉᓐᐦ taaniichenh pro,question,dubitative ♦ I wonder which one (animate obviative), which ones (anim or inan) (see *taaniiche*) ▪ ᑖᓂᒉᓐᐦ ᐦ ᒋᓕᔑᕆᔮᐦᒡ ⸳ ᑖᓂᒉᓐᐦ ᐅᒋᓕᕽ ▪ *I wonder which ones are your shoes?* ♦ *I wonder which ones are her/his snowshoes?*

ᑖᓐ taan pro,question ♦ which, where ▪ ᑖᓐ ᐁᐧᐤ ᐦ ᒡᒑᔮᕽ ⸳ ᑖᓐ ᐊᐦ ᐅᒋᐯᔥᑖᒫᐦᒡ ⸳ ᑖᓐ ᓂᓕᑐᕆᔮᕽ ⸳ ᑖᓐ ᐯ ᐃᐅᔮᕽ ▪ *Which one is your car?* ♦ *Which one do you want?* ♦ *Where is my shoe.* ♦ *What did you say?*

ᒑᔥᑎᐦᒋᐸᔫ taastihtichipayuu vai/vii -i ♦ it (useful wood) cracks

ᒑᔥᑯᒥᔒᐦ taaskumishiish p,location dim ♦ at a little distance out on the ice

ᒑᔥᑯᒻ taaskum p,location ♦ way out on the middle area of the ice

ᒑᔥᑳᐱᔅᑳᐤ taaskaapiskaau vii ♦ it (stone, metal) is split

ᒑᔥᑳᐱᔅᒋᓲ taaskaapischisuu vai -i ♦ it (anim, stone, metal) is split

ᒑᔥᑳᐱᐦᒉᐱᑌᐤ taaskaapihchepiteu vta ♦ s/he tears it (anim, string-like) in two

ᒑᔥᑳᐱᐦᒉᐱᑕᒻ taaskaapihchepitam vti ♦ s/he tears it (string-like) in two

ᒑᔥᑳᒎᐦᑌᐤ taaskaachuuhteu vii ♦ it splits from boiling

ᒑᔥᑳᔅᑲᑎᓐ taaskaaskatin vii ♦ it is split by freezing

ᒑᔥᒋᐲᑌᐤ taaschipiteu vta ♦ s/he tears it (anim) in two

ᒑᔥᒋᐱᑕᒻ taaschipitam vti ♦ s/he tears it in two

ᒑᔥᒋᐳᑖᐤ taaschiputaau vai+o ♦ s/he splits it by sawing

ᒑᔥᒋᐳᔦᐤ taaschipuyeu vta ♦ s/he splits it (anim) by sawing

ᒑᔥᒋᐸᔫ taaschipayuu vai/vii -i ♦ it splits on its own, spontaneously

ᒑᔥᒋᑲᓲ taaschikasuu vai -i ♦ it (anim) is split, cracks from heat

ᒑᔥᒋᑲᐦᐊᒻ taaschikaham vti ♦ s/he splits it (with an axe)

ᒑᔥᒋᑲᐦᑌᐤ taaschikahteu vii ♦ it is split, cracks from heat

ᒑᔥᒋᓀᐤ taaschineu vta ♦ s/he splits it (anim) by hand

ᒑᔥᒋᓂᑲᓐ taaschinikan ni ♦ wild card in card game

ᒑᔥᒋᓇᒻ taaschinam vti ♦ s/he splits it with his hands

ᒑᔥᒋᓭᑳᐤ taaschisekaau vii ♦ it is a split, crevice in the rock

ᒑᔥᒋᓯᑯᐸᔫ taaschisikupayuu vai/vii -i ♦ it (ice) splits

ᒑᔥᒋᓯᑯᒍᐃᓐ taaschisikuchuwin vii ♦ the current makes a split in the ice

ᒑᔥᒋᓯᒀᐤ taaschisikwaau vii ♦ it is a split, crevice in the ice

ᒑᔥᒋᓲ taaschisuu vai -i ♦ it (anim) is split

ᒑᔥᒋᔐᐧᐤ taaschishweu vta ♦ s/he splits it (anim) with a knife

ᒑᔥᒋᔒᒣᐤ taaschishimeu vta ♦ s/he splits it (anim) by throwing it (anim) down

ᒑᔥᒋᔕᒻ taaschisham vti ♦ s/he splits it with a knife

ᒑᔥᒋᔥᑯᐁᐧᐤ taaschishkuweu vta ♦ s/he splits it by foot, by her/his weight

ᒑᔥᒋᔥᑲᒻ taaschishkam vti ♦ s/he splits it by foot, by his weight

ᒑᔥᒋᐦᑖᐤ taaschihtitaau vai+o ♦ s/he splits it by throwing (anim) down

ᒑᔥᒋᐦᑕᑳᐤ taaschihtakaau vii ♦ it (useful wood) is split, cracked

ᑖᔖᐦᐄᑲᓐ taashahiikan ni ♦ sharpening instrument

ᑖᔖᐦᐊᒧᐁᐧᐤ taashahamuweu vta ♦ s/he sharpens it for him/her

ᑖᔖᐦᐊᒻ taashaham vti ♦ s/he sharpens it

ᒑᔥᑎᑳᒋᐤ taashtikaachiiu vai ♦ s/he is unwilling to do something, take action, s/he doesn't want to put out the effort to do something

ᒑᔥᑎᑳᒋᑌᐤ taashtikaachiiteu vai ♦ s/he asks for something to be done that is extremely difficult

ᑖᔥᑎᑳᔅᑖᑯᓲ **taashtikaastaakusuu** vai -i
  ♦ s/he is reluctant to do it what is asked
ᑖᔥᑕᑳᑌᐤ **taashtakaateu** vta ♦ s/he is unconcerned, does not care about him/her
ᑖᔥᑕᑳᑌᔨᒣᐤ **taashtakaateyimeu** vta
  ♦ s/he feels opposed to him/her, s/he resists him/her mentally
ᑖᔥᑕᑳᑌᔨᐦᑕᒻ **taashtakaateyihtam** vti
  ♦ s/he feels opposed to it, s/he resists doing it (mentally)
ᑖᔥᑕᑳᑕᒻ **taashtakaatam** vti ♦ s/he is unconcerned about it, s/he does not care about it
ᑖᔥᑖᐳᐦᐁᐤ **taashtaapuheu** vta ♦ s/he inserts the needle up and down through the small holes while lacing a snowshoe
ᑖᔥᑖᐸᐋᒣᐤ **taashtaapahaameu** vta [Inland] ♦ s/he follows him/her walking in his/her footprints
ᑖᔥᑯᐌᐦᐊᒧᐌᐤ **taashkuwehamuweu** vta
  ♦ s/he parts someone's hair
ᑖᔥᑯᐌᐦᐊᒫᐤ **taashkuwehamaau** vai
  ♦ s/he parts her/his own hair
ᑖᔥᑲᒣᐤ **taashkameu** vta ♦ s/he splits it (anim) with her/his teeth
ᑖᔥᑲᐦᐄᒉᐤ **taashkahiicheu** vai ♦ s/he splits wood
ᑖᔥᑲᐦᐊᒻ **taashkaham** vti ♦ s/he splits it (wood)
ᑖᔥᑲᐦᐌᐤ **taashkahweu** vta ♦ s/he splits it (anim)
ᑖᔥᑲᐦᑕᒻ **taashkahtam** vti ♦ s/he splits it with his teeth
ᑖᔥᑳᐤ **taashkaau** vii ♦ it is split
ᑖᔥᑳᒧᓲ **taashkaachuusuu** vai ♦ it (anim) splits from boiling
ᑖᔥᑳᔅᑲᑎᓐ **taashkaaskatin** vii -i ♦ it is split open by freezing
ᑖᔥᑳᔥᑲᒍ **taashkaashkachuu** vai -i ♦ it (anim) is split by freezing
ᑖᔥᑳᐦᑲᑎᓲ **taashkaahkatisuu** vai -u ♦ it (anim) is split by heat
ᑖᔥᑳᐦᑲᑐᑌᐤ **taashkaahkatuteu** vii ♦ it (useful wood, log, house) is split by heat
ᑖᔥᒄ **taashkw** na [Coastal] ♦ snipe *Capella gallinago*

ᑖᔅᒋᐳᒉᓰᐤ **taashchipuchesiiu** vai ♦ s/he is the sawmill operator
ᑖᔅᒋᐳᒉᓲ **taashchipuchesuu** vai ♦ s/he is a sawmill operator
ᑖᔅᒋᐳᒋᑲᓐ **taashchipuchikan** ni
  ♦ sawmill
ᑖᔅᒋᑲᐦᐌᐤ **taashchikahweu** vta ♦ s/he splits it (anim, with an axe)
ᑖᐦᑕᐦᑯᔅᑳᑌᐤ **taahtahkuskaateu** vta
  ♦ s/he tramples on it (anim), treads it down
ᑖᐦᑕᐦᑯᔅᑳᑕᒻ **taahtahkuskaatam** vti ♦ s/he tramples on it, treads on it
ᑖᐦᑕᐦᒋᔥᑯᐌᐤ **taahtahchishkuweu** vta redup
  ♦ s/he kicks him/her repeatedly
ᑖᐦᑕᐦᒋᔥᑲᒻ **taahtahchishkam** vti redup
  ♦ s/he kicks it repeatedly
ᑖᐦᑖᐳᑯᔅᒉᐤ **taahtaapukuscheu** vai ♦ s/he fits the cross-bar into it (anim, snowshoe)
ᑖᐦᑖᐸᔪ **taahtaapayuu** vai/vii redup -i
  ♦ s/he/it falls into place
ᑖᐦᑖᐸᐦᐊᒫᑌᐤ **taahtaapahamaateu** vta
  ♦ s/he walks in his/her footprints
ᑖᐦᑖᐸᐦᐋᒣᐤ **taahtaapahaameu** vai
  ♦ s/he walks in the footprints of another
ᑖᐦᑖᑳᐱᐦᒉᔥᑲᒻ **taahtaakaapihcheshkam** vti ♦ the toboggan line sits loosely around his shoulders (because the load is light and does not pull the line tight)
ᑖᐦᑖᑳᐦᐱᐦᒉᔥᑯᐌᐤ **taahtaakaahpihcheshkuweu** vta ♦ it (anim, toboggan load) pulls lightly on him/her
ᑖᐦᑲᐚᓈᐦᑎᒃ **taahkawaanaahtikw** ni
  ♦ marker placed through snow into water which, if moved, indicates that beaver is present
ᑖᐦᑲᐦᐌᐤ **taahkahweu** vta ♦ s/he touches him/her using a tool, instrument
ᑖᐦᑳᐱᔑᓀᐤ **taahkaapischineu** vta ♦ s/he touches it (anim, stone, metal, ex stove)
ᑖᐦᑳᐱᔑᓇᒻ **taahkaapischinam** vti ♦ s/he burns it by touching a hot surface (ex stovepipe)
ᑖᐦᑳᐱᔑᔑᓐ **taahkaapischishin** vai ♦ s/he burns by accidentally touching against the stove

ᒑᐦᑳᐲᒋᐦᑎᓐ **taahkaapischihtin** vii ♦ it burns by accidentally touching against the stove

ᒑᐦᑳᐱᐦᒉᓂᑲᓐ **taahkaapihchenikan** ni ♦ telephone

ᒑᐦᑳᐱᐦᒉᓂᒉᐤ **taahkaapihchenicheu** vai ♦ s/he makes a telephone call, phones

ᒑᐦᑳᐱᐦᒉᓂᒨᐌᐤ **taahkaapihchenimuweu** vta ♦ s/he makes a telephone call to him/her

ᒑᐦᑳᒋᐱᐢᑯᓀᐅᒎ **taahkaachipiskuneuchuu** vai -i ♦ s/he feels a cold surface on her/his back

ᒑᐦᒋᐯᒋᔑᓐ **taahchipechishin** vai ♦ it (anim) touches the water when landing

ᒑᐦᒋᐯᒋᐦᑎᓐ **taahchipechihtin** vii ♦ it touches the water when landing

ᒑᐦᒋᐳᐦᐁᐤ **taahchipuheu** vta ♦ s/he fattens him/her/it (anim)

ᒑᐦᒋᐳ **taahchipuu** vai -u ♦ s/he is fat

ᒑᐦᒋᓀᐤ **taahchineu** vta ♦ s/he touches him/her/it (anim)

ᒑᐦᒋᓄᐌᒎ **taahchinuweuchuu** vai ♦ her/his cheeks are very cold, red-looking, almost frozen, s/he has rosy cheeks from the cold

ᒑᐦᒋᓇᒻ **taahchinam** vti ♦ s/he touches it

ᒑᐦᒋᐢᑖᐤ **taahchistaau** vai+o ♦ s/he places it to touch it

ᒑᐦᒋᔑᒣᐤ **taahchishimeu** vai ♦ s/he places it (anim) to touch it

ᒑᐦᒋᔑᓐ **taahchishin** vai ♦ s/he is touching, s/he touches

ᒑᐦᒋᐢᒁᐦᑯᐌᒎ **taahchishkweuchuu** vai ♦ s/he has a cold face due to very cold weather

ᒑᐦᒋᐢᑳᒻ **taahchishkam** vti ♦ s/he touches it with her/his body

ᒑᐦᒋᐢᑳᑐᐎᒡ **taahchishkaatuwich** vai pl recip -u ♦ they touch one another by sitting, lying together

ᒑᐦᒋᐦᑎᓐ **taahchihtin** vii ♦ it touches something

ᒑᐦᒋᐦᑯᓀᐅᒎ **taahchihkuneuchuu** vai ♦ her/his knees are cold

·ᒑᐳ° **twaapiteu** vai ♦ s/he/it (anim) breaks the ice, crust of snow, in passing

·ᒑᐸᔪ **twaapayuu** vii -i ♦ the ice breaks through

·ᒑᑯᓀᐸᔪ **twaakunepayuu** vai/vii -i ♦ s/he/it sinks through the snow

·ᒑᑯᓀᔑᓐ **twaakuneshin** vai ♦ s/he sinks through the snow

·ᒑᑯᓀᐦᐊᒻ **twaakuneham** vti ♦ s/he breaks through the snow using something

·ᒑᐢᑯᐯᑲᐦᐊᒻ **twaaskupekaham** vti ♦ s/he breaks a thin layer of ice, using something

·ᒑᐢᑯᐯᒋᔑᓐ **twaaskupechishin** vai ♦ s/he/it (anim) breaks through the thin top layer of ice to water underneath

·ᒑᐢᑯᐯᔮᐤ **twaaskupeyaau** vii ♦ there is a thin top layer of ice on the water above the thick ice which can be broken through

·ᒑᔑᒣᐤ **twaashimeu** vta ♦ s/he causes it (anim) to break through the ice

·ᒑᔑᓐ **twaashin** vai ♦ s/he/it (anim) breaks through the ice

·ᒑᐦᐄᑲᓐ **twaahiikan** ni ♦ hole made in the ice to check nets

·ᒑᐦᐄᒉᐤ **twaahiicheu** vai ♦ s/he makes a hole through the ice

·ᒑᐦᐊᒨᐌᐤ **twaahamuweu** vta ♦ s/he makes a hole through the ice for him/her/it (anim)

·ᒑᐦᐊᒻ **twaaham** vti ♦ s/he breaks the ice, using something

·ᒑᐦᑎᑖᐤ **twaahtitaau** vai+o ♦ s/he causes it to break through the ice

·ᒑᐦᑎᓐ **twaahtin** vii ♦ it breaks through the ice

q

qⁿqⁿᵈ kehkehkw na ♦ goshawk *Accipiter gentilis* (see also *chehchehkw*)

·q

·qᐃ" kweih p,interjection ♦ hello, a greeting ■ ·qᐃ" ᐃᒐ ᐊᵃ ᒪᓲᑌ°ₓ ■ *Say hello to the stranger.*

·qᑎᐱ·▽ᐱᙰ° kwetipiwepineu vta
♦ s/he throws him/her completely over by hand

·qᑎᐱ·▽ᐱᓇᴸ kwetipiwepinam vti
♦ s/he throws it completely over by hand

·qᑎᐱ·▽<"◁ᴸ kwetipiwepaham vti
♦ s/he throws it completely over, with force, using something

·qᑎᐱ·▽<"·▽° kwetipiwepahweu vta
♦ s/he throws him/her/it (anim) completely over, with force, using something

·qᑎᐱ<ᐟ"Ċ° kwetipipayihtaau vai+o
♦ s/he tips it (liquid) completely over

·qᑎᐱ<ᒡ kwetipipayuu vai/vii -i ♦ it tips completely over

·qᑎᐱ·Ċᒡ kwetipitwaasuu vai reflex -u
♦ s/he/it (anim) turns, tips something completely over on her/him/itself

·qᑎᐱᙰ° kwetipineu vta ♦ s/he completely overturns him/her/it (anim, milk)

·qᑎᐱᓇᴸ kwetipinam vti ♦ s/he turns it completely over (ex canoe turned over to drain)

·qᑎᐱᔑᐦ"ᐦ° kwetipischihkweu vai
♦ s/he turns a kettle, pail completely over; s/he breaks her/his engagement for marriage

·qᑎᐱᔑᒣ° kwetipishimeu vta ♦ s/he tips completely over so things fall out, fall off

·qᑎᐱᔑᑌ° kwetipishteu vii ♦ it is set completely face down, upside down

·qᑎᐱᔑᒡĊ° kwetipishtaau vai+o ♦ s/he turns it completely face down, upside down

·qᑎᐱᔑᐦ·▽° kwetipishkuweu vta ♦ s/he tips it (anim) completely over with her/his body

·qᑎᐱᔑᐦᒃᴸ kwetipishkam vti ♦ s/he tips it completely over with body, foot (for coastal speakers must be something that has liquid in it, for inland speakers there is nothing in it)

·qᑎᐱ"▽° kwetipiheu vta ♦ s/he turns him/her/it (anim) face down, completely over

·qᑎᐱ"ᑎĊ° kwetipihtitaau vai+o ♦ s/he tips it completely over so things fall out, fall off

·qᑎᐱ"ᑎĊ° kwetipihtichiiu vai ♦ s/he tips completely over while sitting inside something (ex box)

·qᑎᐱ̇° kwetipiiu vai ♦ s/he capsizes (in a canoe), overturns completely, s/he rolls over completely

·qᑎ<ᐟ"▽° kwetipayiheu vta ♦ s/he tips it (anim, liquid) completely over

·qᑎ<ᐟ"ᐸ kwetipayihuu vai -u ♦ s/he rolls completely over laying down

·qᑎ<ᒡ kwetipayuu vai/vii -i ♦ s/he/it rolls completely over

·qᑎ<"◁ᴸ kwetipaham vti ♦ s/he overturns, upsets it completely

·qᑎ<"·▽° kwetipahweu vta ♦ s/he upsets him/her, turns him/her/it (anim) completely over

·qᒡ kwechuu ni -uum ♦ penis

·qᐦᑌᐦᐦ·̇ kwesteskanuu p,location
♦ other side of the road

·qᐦᑌ kwesteh p,location ♦ other side, the other way ■ ·qᐦᑌ" ᑭ ◁>ₓ ♦ ᓲᑌ" ·qᐦᑌ" ᐃ"ᑐᑌ"ₓ ■ *S/he sat on the other side.* ♦ *Go the other way.*

·qᐦᑌᐦᒉ kwestehche p,location ♦ on the other side

·qᐦᑌᐦ"ᐦᒃᒥᐦᒡᴸ kwestehcheskamihch p,location ♦ on the other side of the world

·qᐦᑲ̇ kweskapuu vai -i ♦ s/he/it (anim) turns around while sitting

·qᐦᑲᑳ̇ kweskakaapuu vai -uu [Coastal]
♦ s/he/it (anim) turns around when standing

•ᓀᐢᑲᑌᐸᔪ kweskakaamepayuu vai -i
 • s/he crosses to the other side (ex. of the road, the river) by vehicle
•ᓀᐢᑲᑌᐦᐊᒼ kweskakaameham vti
 • s/he changes sides of the direction while paddling
•ᓀᐢᑲᒼ kweskakaam p,location • on the other side of the water
•ᓀᑯᓄᐍᐸᔪ kweskanuwepayuu vai -i
 • s/he crosses to the other side of the road driving
•ᓀᐢᑲᒻ kweskaham vti • s/he turns it over with an instrument while cooking it (ex eggs)
•ᓀᐢᑲᐌᐤ kweskahweu vta • s/he turns it (ex fish) over with something, while cooking
•ᓀᐢᑳᐱᐦᒉᐦᐊᒼ kweskaapihcheham vti
 • s/he spins it
•ᓀᐢᑳᐱᐦᒉᐦᐌᐤ kweskaapihchehweu vta
 • s/he turns it (anim, string-like) to the other end
•ᓀᐢᑳᐱᐦᒉᐦᑎᐦᑖᐤ kweskaapihchehtihtaau vai+o • s/he turns it (string-like) to the other end
•ᓀᐢᑳᐳᑎᓀᐤ kweskaaputineu vta • s/he turns it (anim) inside out
•ᓀᐢᑳᐳᑎᓇᒼ kweskaaputinam vti • s/he turns it inside out
•ᓀᐢᑳᐳᑕᐦᐊᒼ kweskaaputaham vti
 • s/he/it (anim, ex tractor) turns it (ex earth) over
•ᓀᐢᑳᐳᑕᐦᐌᐤ kweskaaputahweu vta
 • s/he turns it (anim, ex bear, moose guts) inside out
•ᓀᐢᑳᐳᒋᐱᑌᐤ kweskaapuchipiteu vta
 • s/he pulls it (anim) inside out
•ᓀᐢᑳᐳᒋᐱᑕᒼ kweskaapuchipitam vti
 • s/he pulls it inside out
•ᓀᐢᑳᐳᒋᓲ kweskaapuchisuu vai -i • it (anim) is inside out
•ᓀᐢᑳᐳᒋᐢᑯᐌᐤ kweskaapuchishkuweu vta • s/he wears it (anim) inside out
•ᓀᐢᑳᐳᒋᐢᑲᒼ kweskaapuchishkam vti
 • s/he wears it inside out
•ᓀᐢᑳᐳᒋᐤ kweskaapuchiu vai • s/he/it (anim) turns a somersault
•ᓀᐢᑳᐳᒑᐤ kweskaapuchaau vii • it is inside out
•ᓀᐢᑳᑎᓯᐅᐃᓄ kweskaatisiiuiinuu na -niim [Inland] • converted Christian

•ᓀᐢᑳᑎᓯᐎᓐ kweskaatisiiwin ni
 • conversion
•ᓀᐢᑳᑎᓯᐤ kweskaatisiiu vai • s/he is converted
•ᓀᐢᑳᐢᑯᐳᔦᐤ kweskaaskupuyeu vai
 • s/he changes sides when paddling
•ᓀᐢᑳᐢᑯᐸᔨᐦᐁᐤ kweskaaskupayiheu vta
 • s/he changes it (anim, stick-like, ex pole) to the other side
•ᓀᐢᑳᐢᑯᐸᔨᐦᑖᐤ kweskaaskupayihtaau vai+o • s/he changes it (stick-like) to the other side
•ᓀᐢᑳᐢᑯᐸᔪ kweskaaskupayuu vii -i • it (stick-like) turns by itself
•ᓀᐢᑳᐢᑯᓀᐤ kweskaaskuneu vta • s/he turns it (anim, stick-like) over
•ᓀᐢᑳᐢᑯᓇᒼ kweskaaskunam vti • s/he turns it (stick-like) over
•ᓀᐢᑳᔮᐤ kweskaayaau vii • it is a change of season
•ᓀᒉᐌᐦᐆ kweschewehuu vai -u • s/he paddles from one river, lake to another
•ᓀᒉᔨᒣᐤ kwescheyimeu vta • s/he changes her/his mind about him/her
•ᓀᒉᔨᐦᑕᒥᐦᐁᐤ kwescheyihtamiheu vta
 • s/he makes him/her change his/her mind after thinking about it
•ᓀᒉᔨᐦᑕᒼ kwescheyihtam vti • s/he changes his mind about it
•ᓀᒋᐱᒫᑎᓯᐎᓐ kweschipimaatisiiwin ni
 • changed life, conversion
•ᓀᒋᐴ kweschipuu vai -i • s/he/it (anim) turns around while sitting
•ᓀᒋᐸᔨᐦᐁᐤ kweschipayiheu vta • s/he turns him/her the other side up, over
•ᓀᒋᐸᔨᐦᐆ kweschipayihuu vai -u • s/he makes a sudden turn
•ᓀᒋᐸᔪ kweschipayuu vai/vii -i • s/he/it turns on her/his/its own
•ᓀᒋᑳᐴ kweschikaapuu vai -uu • s/he/it (anim) turns around when standing
•ᓀᒋᑳᐴᐢᑐᐌᐤ kweschikaapuushtuweu vta • s/he turns around to face him/her standing
•ᓀᒋᑳᐴᐦᑖᐤ kweschikaapuuhtaau vai+o
 • s/he turns it (tent, shack, house) to stand facing a different direction ■ •ᓀᒋᑳᐴᐦᑖᐤ ᐊᓄᒡ ᒦᑭᐗᒥᐦᒡ ■ S/he turns the tent.

•ᑫᠰᢲᠯᢥᑊ° **kweschichiishikaau** vii ♦ the weather changes during the day

•ᑫᠰᠬᠣ° **kweschineu** vta ♦ s/he turns him/her/it (ex bannock) over

•ᑫᠰᠬᠥᒐ·ᐁ° **kweschinamuweu** vta ♦ s/he turns it for him/her

•ᑫᠰᠬᠥᒐᒡ **kweschinam** vti ♦ s/he turns it over

•ᑫᠰᠬᠥᑯᵃ **kweschinaakun** vii ♦ its appearance is changed

•ᑫᠰᠬᠥᑯᔪ **kweschinaakusuu** vai -i ♦ her/his appearance is changed

•ᑫᠰᠬᠥᑯ"ᐃᑎᔪ **kweschinaakuhiitisuu** vai reflex -u ♦ s/he changes her/his own appearance (ex at Halloween)

•ᑫᠰᠬᠥᑯ"ᑖᐅ **kweschinaakuhtaau** vai+o ♦ s/he changes its appearance

•ᑫᠰᠯ·ᑫᔪ **kweschiskweyuu** vai -i ♦ s/he/it (anim) turns her/his/its head

•ᑫᠰᠯᑊᠥ **kweschnuu** p,location ♦ the other side of the road

•ᑫᠰᠯᠰᑎ° **kweschishimeu** vta ♦ s/he turns someone over (when laying down)

•ᑫᠰᠯᠰᒍ·ᐁ° **kweschishimutuweu** vta ♦ s/he turns around to face him/her in bed

•ᑫᠰᠯᠰᒍᒡ **kweschishimutam** vti ♦ s/he turns around to face it lying in bed

•ᑫᠰᠯᠰᵃ **kweschishin** vai ♦ s/he/it (anim) turns over, lying down

•ᑫᠰᠬᠮᐧᑕᒡ **kweschishtaham** vti ♦ s/he sews it in the opposite way

•ᑫᠰᠬᠮᐧᑕ·ᐁ° **kweschishtahweu** vta ♦ s/he sews it (anim) in the opposite way

•ᑫᠰᠬᠥᒥ **kweschiyimuu** vai -i ♦ s/he speaks in tongues, s/he switches languages

•ᑫᠰᠬ"ᑖᑯᵃ **kweschihtaakun** vii ♦ it changes its sound

•ᑫᠰᠬ"ᑖᑯᔪ **kweschihtaakusuu** vai -i ♦ s/he changes her/his voice

•ᑫᠰᢲ·ᐁ° **kweschiiweu** vii ♦ it (wind) changes direction

•ᑫᠰᢲ° **kweschiiu** vai ♦ s/he/it (anim) turns from it, turns the other way (ex a baby turning to have it's head in down position)

•ᑫᠰᢲᐱᵃ **kweschiipin** p,manner ♦ in turn ∎ ᠯ ·ᐃ ·ᑫᠰᐱᵃ ᑊᐃ ᐅᑕᑯ"ᐅ°ₓ ∎ *Let him have his turn to lead the way.*

•ᑫᔅ **kwesch** p,manner ♦ it is your turn, in turn ∎ ᐁᑦ" ᠯ ·ᑫᔅ ᐊᠣ-ᶜ" ᐊᐱ"ₓ ∎ *It's your turn to sit there.*

•ᑫᐧᑊᐱᠰᣂᣐ"ᐁ° **kweshkaapuchipayiheu** vta ♦ s/he flips him/her over frontward

•ᑫᐧᑊᐱᠰᣂᠰᡊ° **kweshkaapuchipayihtaau** vai+o ♦ s/he flips it over backwards

•ᑫᐧᑊᐱᠰᣂᣐ **kweshkaapuchipayuu** vai/vii -i ♦ s/he/it flips over frontward, it turns inside out (ex sleeve)

•ᑫᐧᑊᐱᠰᠯᣂᣐ"ᐅ **kweshkwaanichipayihuu** vai -u ♦ s/he flips her/himself over frontward

•ᑫ"ᐧ **kwehch** p,interjection ♦ come here (used to call dogs only)

ᑭ

ᑭᠯᵃ **kichin** ni -im ♦ kitchen, from English 'kitchen'

ᑭ̇

ᑭ̇< **kiipaa** p,affirmative ♦ yes, of course ∎ ᑭ̇< ᑊ ·ᐊ<ᒡᑊₓ ♦ ᑭ̇< ᠯᵃ ᠬ ·ᐃᠯ"ᐃᑦᵃₓ ∎ *Of course I saw him.* ♦ *Of course, I'll help you again.*

ᑭ̇ᠯ **kiiya** p ♦ indeed, so then ∎ ᐁᑦ" ᑭ̇ᠯ ᠯᵃ ᑊ ᠣᐳᠯᠯᠯᑊᵘₓ ∎ *So then we went to eat again.*

ᑯ

ᑯᐃᓕᐅᢲ° **kuitimaausiiu** vai ♦ s/he is in need

ᑯᐃᓕᐃᵃ **kuitimaawin** ni ♦ need, want, necessity

ᑯᐃᒍᐃᐅ° **kuituiteu** vai ♦ s/he does not know what to say, s/he is at a loss for words

ᑯᐃᑐᐱᕐᔫ kuituiteyimeu vta ✦ s/he is
uncertain about his/her whereabouts

ᑯᐃᐧᕙᕐᔫ kuituweyimeu vta ✦ s/he
tries to find him/her unsuccessfully

ᑯᐃᐧᕙᕐᐦᑕᒧᐃᐧᓐ kuituweyihtamuwin ni
✦ hesitation, doubt, uncertainty

ᑯᐃᐧᕙᕐᐦᑕᒼ kuituweyihtam vti ✦ s/he
tries to find, do it unsuccessfully

ᑯᐃᐧᐋᐸᒣᐤ kuituwaapameu vta ✦ s/he
looks for him/her unsuccessfully

ᑯᐃᐧᐋᐸᐦᑕᒼ kuituwaapahtam vti ✦ s/he
looks for it unsuccessfully

ᑯᐃᑑᐴ kuituupuu vai -i ✦ s/he cannot
find a place to sit

ᑯᐃᑐᑳᐴ kuituukaapuu vai -uu ✦ s/he
cannot find a place to stand

ᑯᐃᑑᒥᒋᓲ kuituumiichisuu vai -u ✦ s/he
doesn't know what to eat

ᑯᐃᑑᓀᐤ kuituuneu vta ✦ s/he cannot
find him/her/it (anim) by feeling
around, tries to find, do it
unsuccessfully

ᑯᐃᑑᓇᒼ kuituunam vti ✦ s/he cannot
find it by feeling around, tries to find,
do it unsuccessfully

ᑯᐃᑑᓈᑯᓐ kuituunaakun vii ✦ its
appearance doesn't make sense

ᑯᐃᑑᓈᑯᓱ kuituunaakusuu vai -i
✦ her/his actions do not make sense

ᑯᐃᑑᔑᒣᐤ kuituushimeu vta ✦ s/he lacks
space to lay him/her/it down

ᑯᐃᑑᔑᓐ kuituushin vai ✦ s/he cannot
find a place to lie down

ᑯᐃᑑᐸᑖᐤ kuituushtaau vai+o ✦ s/he
cannot find a place to put it

ᑯᐃᑑᐸᑯᐧᐤ kuituushkuweu vta ✦ s/he
does not know which side of him/her
to pass on

ᑯᐃᑯᐸᔨᐦᐁᐤ kuikupayiheu vta ✦ s/he
drops it (anim) out of (a pocket)

ᑯᐃᑯᐸᔨᐦᑖᐤ kuikupayihtaau vai+o ✦ s/he
drops it out of something (ex a pocket)

ᑯᐃᑯᑖᐅᐦᒋᐸᔫ kuikutaauhchipayuu vii -i
✦ the sand is falling in

ᑯᐃᑯᓀᐤ kuikuneu vta ✦ s/he pushes,
empties it (anim) out by putting hand
right in

ᑯᐃᑯᓀᐤ kuikuneu na ✦ bird (seen
mostly in the woods, similar to
woodpecker)

ᑯᐃᑯᓇᒼ kuikunam vti ✦ s/he pushes,
empties it out by putting hand right in

ᑯᐃᑯᓈᓲ kuikunaasuu vai -u ✦ s/he
unloads, unpacks things

ᑯᐃᑯᔑᒣᐤ kuikushimeu vta ✦ s/he
empties it (anim) out from a bag

ᑯᐃᑯᐦᐊᒼ kuikuham vti ✦ s/he pushes it
out using a tool

ᑯᐃᑯᐦᐋᒉᐤ kuikuhaacheu na
✦ wolverine *Gulo gulo*

ᑯᐃᑯᐦᐋᒉᔑᔥ kuikuhaacheshiish na dim
✦ young wolverine *Gulo gulo*

ᑯᐃᑯᐦᐧᐁᐤ kuikuhweu vta ✦ s/he pushes,
empties it (anim) out using a tool

ᑯᐃᑯᐦᑎᑖᐤ kuikuhtitaau vai+o ✦ s/he
empties it (ex bag) out

ᑯᐃᐧᑳᐅᐦᒋᐸᔫ kuikwaauhchipayuu vii -i
✦ the sand falls out of the container

ᑯᐃᐧᑳᐢᑯᐦᐊᒼ kuikwaaskuham vti ✦ s/he
uses something (stick-like) to take it
out of something

ᑯᐃᐧᑳᐢᑯᐦᐧᐁᐤ kuikwaaskuhweu vta
✦ s/he uses something (stick-like) to
take him/her out of it

ᑯᐃᐢᑎᑳᒣᔅᒉᐦᒋᐸᐦᑖᐤ
kuistikaameschehchipahtaau vai ✦ s/he
runs all around the muskeg

ᑯᐃᐢᑵᑲᓐ kuiskwekan vii ✦ it (sheet-
like) is straight

ᑯᐃᐢᑵᒋᓲ kuiskwechisuu vai -i ✦ it (anim,
sheet-like) is straight

ᑯᐃᐢᑯᐃᔨᐦᑐᐃᐧᓐ kuiskuiiyihtuwin ni
✦ justification

ᑯᐃᐢᑯᐃᐦᑑ kuiskuiihtuu vai -i ✦ s/he is
honest

ᑯᐃᐢᑯᐧᐁᔨᐦᑖᑯᓐ kuiskuweyihtaakun vii
✦ it is just, reasonable, honest

ᑯᐃᐢᑯᐧᐁᔨᐦᑖᑯᓲ kuiskuweyihtaakusuu vai
-i ✦ s/he is just, reasonable, honest

ᑯᐃᐢᑯᐧᐁᔮᐤ kuiskuweyaau vii ✦ the bank
of the river is straight

ᑯᐃᐢᑯᐳᑖᐤ kuiskuputaau vai+o ✦ s/he
saws it straight

ᑯᐃᐢᑯᐳᔦᐤ kuiskupuyeu vta ✦ s/he saws
it (anim) straight

ᑯᐃᐢᑯᐳ kuiskupuu vai -i ✦ s/he sits
straight

ᑯᐃᐢᑯᐸᔫ kuiskupayuu vai/vii -i ✦ s/he/it
goes straight

225

ᑯᐃᔅᑯᐃᒉᐅ kuiskuteheu vai ♦ s/he is
good-hearted
ᑯᐃᔅᑯᑎᓈᔥᑎᓐ kuiskutinaashtin vii ♦ the
river is straight
ᑯᐃᔅᑯᑖᑎᓰᐎᓐ kuiskutaatisiiwin ni
♦ righteousness
ᑯᐃᔅᑯᑖᑎᓰᐤ kuiskutaatisiiu vai ♦ s/he
lives righteously
ᑯᐃᔅᑯᑯᑌᐤ kuiskukuteu vii ♦ it hangs
straight
ᑯᐃᔅᑯᑯᑖᐤ kuiskukutaau vai+o ♦ s/he
hangs it straight
ᑯᐃᔅᑯᑯᒋᓐ kuiskukuchin vai ♦ it (anim)
hangs straight
ᑯᐃᔅᑯᑯᔦᐤ kuiskukuyeu vta ♦ s/he hangs
it (anim) straight
ᑯᐃᔅᑯᑳᐳ kuiskukaapuu vai -uu ♦ s/he
stands straight
ᑯᐃᔅᑯᑳᐳᐦᐁᐤ kuiskukaapuuheu vta
♦ s/he stands him/her straight
ᑯᐃᔅᑯᑳᐳᐦᑖᐤ kuiskukaapuuhtaau vai+o
♦ s/he stands it straight
ᑯᐃᔅᑯᑳᒣᔮᐤ kuiskukaameyaau vii ♦ the
river is straight
ᑯᐃᔅᑯᒀᑌᐤ kuiskukwaateu vta ♦ s/he
sews it (anim) straight
ᑯᐃᔅᑯᒀᑕᒼ kuiskukwaatam vti ♦ s/he
sews it straight
ᑯᐃᔅᑯᒍᐎᓐ kuiskuchuwin vii ♦ the
water flows straight
ᑯᐃᔅᑯᒧᐦᐁᐤ kuiskumuheu vta ♦ s/he
places him/her on, in right, s/he lines
him/her up
ᑯᐃᔅᑯᒧᐦᑖᐤ kuiskumuhtaau vai+o ♦ s/he
places it on, in right, s/he lines it up
ᑯᐃᔅᑯᒧ kuiskumuu vii -u ♦ the path is
straight
ᑯᐃᔅᑯᓈᑯᓐ kuiskunaakun vii ♦ it looks
right
ᑯᐃᔅᑯᓈᑯᓲ kuiskunaakusuu vai -i
♦ s/he/it (anim) looks right
ᑯᐃᔅᑯᓐ kuiskun vii ♦ it is right
ᑯᐃᔅᑯᓯᓇᐦᐄᒉᐤ kuiskusinahiicheu vai
♦ s/he writes in straight lines
ᑯᐃᔅᑯᓯᓇᐦᐊᒼ kuiskusinaham vti ♦ s/he
writes it in straight lines
ᑯᐃᔅᑯᓯᓈᑌᐤ kuiskusinaateu vii ♦ it is
written in straight lines, it is written
right

ᑯᐃᔅᑯᓯᓈᓲ kuiskusinaasuu vai -u ♦ s/he
is written on a straight line, it (anim) is
written right
ᑯᐃᔅᑯᓲ kuiskusuu vai -i ♦ s/he/it (anim)
is straight
ᑯᐃᔅᑯᔑᐁᐤ kuiskushweu vta ♦ s/he cuts it
(anim) straight
ᑯᐃᔅᑯᔑᐹᑕᒼ kuiskushipaatam na ♦ black
common scoter duck *Melanitta nigra*
ᑯᐃᔅᑯᔑᓐ kuiskushin vai ♦ s/he lies
straight
ᑯᐃᔅᑯᔑᐅᑐᑕᒼ kuiskushiiututam vti
♦ s/he whistles at it
ᑯᐃᔅᑯᓴᒼ kuiskusham vti ♦ s/he cuts it
straight
ᑯᐃᔅᑯᔥᑕᐦᐊᒼ kuiskushtaham vti ♦ s/he
sews it on straight
ᑯᐃᔅᑯᔥᑕᐦᐁᐤ kuiskushtahweu vta
♦ s/he sews it (anim) on straight
ᑯᐃᔅᑯᔥᑖᐤ kuiskushtaau vai+o ♦ s/he lays
it down straight
ᑯᐃᔅᑯᐦᐁᐤ kuiskuheu vta ♦ s/he makes
him/her straight
ᑯᐃᔅᑯᐦᑌᐤ kuiskuhteu vai ♦ s/he walks
straight
ᑯᐃᔅᑯᐦᑎᓐ kuiskuhtin vii ♦ it lies
straight
ᑯᐃᔅᑯᐦᑕᑳᐤ kuiskuhtakaau vii ♦ it (useful
wood) is straight
ᑯᐃᔅᑯᐦᑕᒋᓲ kuiskuhtachisuu vai -i ♦ it
(anim, useful, unprocessed wood) is
straight
ᑯᐃᔅᑯᐦᑖᐤ kuiskuhtaau vai+o ♦ s/he
makes it straight
ᑯᐃᔅᑯᐦᑯᑌᐤ kuiskuhkuteu vta ♦ s/he
carves it (anim) straight
ᑯᐃᔅᑯᐦᑯᑕᒼ kuiskuhkutam vti ♦ s/he
carves it straight
ᑯᐃᔅᑯᐦᑯᑖᒉᐤ kuiskuhkutaacheu vai
♦ s/he carves straight
ᑯᐃᔅᒀᐤ kuiskwaau vii ♦ it is straight
ᑯᐃᔅᒀᐯᑲᒧᐎᒡ kuiskwaapekamuwich vai
pl -u ♦ they fly in a straight line, they
are installed in a straight line
ᑯᐃᔅᒀᐯᑲᒧᐦᐁᐤ kuiskwaapekamuheu vta
♦ s/he puts it (anim, string-like)
straight, above the ground
ᑯᐃᔅᒀᐯᑲᒧᐦᑖᐤ kuiskwaapekamuhtaau
vai+o ♦ s/he puts it (string-like)
straight, above the ground

ᑯᐃᖅᑲᐯᑲᒨ **kuiskwaapekamuu** vai/vii ♦ it (anim, string-like) is installed straight

ᑯᐃᖅᑲᐯᑲᓐ **kuiskwaapekan** vii ♦ it (string-like) is straight

ᑯᐃᖅᑲᐯᑲᔥᑖᐤ **kuiskwaapekashtaau** vai+o ♦ s/he set it (line) straight

ᑯᐃᖅᑲᐯᑲᐦᐁᐤ **kuiskwaapekaheu** vta ♦ s/he puts it (anim, string-like) straight on the ground

ᑯᐃᖅᑲᐯᒋᓀᐤ **kuiskwaapechineu** vta ♦ s/he holds it (anim, string-like) on straight

ᑯᐃᖅᑲᐯᒋᓇᒻ **kuiskwaapechinam** vti ♦ s/he holds it (string-like) on straight

ᑯᐃᖅᑲᐯᒋᓲ **kuiskwaapechisuu** vai-i ♦ it (anim, string-like) is straight

ᑯᐃᖅᑲᐯᒋᔻᐤ **kuiskwaapechishweu** vta ♦ s/he cuts it (anim) in straight strings

ᑯᐃᖅᑲᐯᒋᓴᒻ **kuiskwaapechisham** vti ♦ s/he cuts it in straight strings

ᑯᐃᖅᑲᐯᒋᔖᐤ **kuiskwaapechishaaweu** vai ♦ s/he cuts straight lines of babiche

ᑯᐃᖅᑲᐱᔅᑲᒴ **kuiskwaapiskaham** vti ♦ s/he straightens it (stone, metal) by tool

ᑯᐃᖅᑲᐱᔅᑲᐘᐤ **kuiskwaapiskahweu** vta ♦ s/he straightens it (anim, stone, metal) by tool

ᑯᐃᖅᑲᐱᔅᑳᐤ **kuiskwaapiskaau** vii ♦ it is straight (stone, metal)

ᑯᐃᖅᑲᐱᔅᒋᐱᑌᐤ **kuiskwaapischipiteu** vta ♦ s/he pulls it (anim, stone, metal) straight

ᑯᐃᖅᑲᐱᔅᒋᐱᑕᒻ **kuiskwaapischipitam** vti ♦ s/he pulls it (stone, metal) straight

ᑯᐃᖅᑲᐱᔅᒋᓀᐤ **kuiskwaapischineu** vta ♦ s/he straightens it (anim, stone, metal) by hand

ᑯᐃᖅᑲᐱᔅᒋᓇᒻ **kuiskwaapischinam** vti ♦ s/he straightens it (stone, metal) out by hand

ᑯᐃᖅᑲᐱᔅᒋᓲ **kuiskwaapischisuu** vai-i ♦ it (anim) is straight (stone, metal)

ᑯᐃᖅᑲᐱᐦᑌᐤ **kuiskwaapihteu** vii ♦ the smoke rises, stands straight up

ᑯᐃᖅᑲᐱᐦᑳᑌᐤ **kuiskwaapihkaateu** vta ♦ s/he ties it (anim) straight, right, properly

ᑯᐃᖅᑲᐱᐦᑳᑕᒻ **kuiskwaapihkaatam** vti ♦ s/he ties it straight, right, properly

ᑯᐃᖅᑲᐱᐦᒋᐱᑌᐤ **kuiskwaapihchepiteu** vta ♦ s/he pulls it (anim, string-like) straight

ᑯᐃᖅᑲᐱᐦᒋᐱᑕᒻ **kuiskwaapihchepitam** vti ♦ s/he pulls it (string-like) straight

ᑯᐃᖅᑲᐱᐦᒋᐸᔨᐦᐁᐤ **kuiskwaapihchepayiheu** vta ♦ s/he makes it (anim, string-like) stay straight

ᑯᐃᖅᑲᐱᐦᒋᐸᔨᐦᑖᐤ **kuiskwaapihchepayihtaau** vai+o ♦ s/he makes it (string-like) stay straight

ᑯᐃᖅᑲᐱᐦᒋᐸᔫ **kuiskwaapihchepayuu** vai/vii-i ♦ it (string-like) becomes straight

ᑯᐃᖅᑲᐱᐦᒋᓀᐤ **kuiskwaapihcheneu** vta ♦ s/he holds it (anim, string-like) up, out straight

ᑯᐃᖅᑲᐱᐦᒋᓇᒻ **kuiskwaapihchenam** vti ♦ s/he holds it (string-like) up, out straight

ᑯᐃᖅᑳᑎᒦᐤ **kuiskwaatimiiu** vii ♦ the channel is straight

ᑯᐃᖅᑳᔅᑯᓐ **kuiskwaaskun** vii ♦ it (stick-like) is straight

ᑯᐃᖅᑳᔅᑯᓲ **kuiskwaaskusuu** vai-i ♦ it (anim, stick-like) is straight

ᑯᐃᖅᑳᔅᑯᔑᒣᐤ **kuiskwaaskushimeu** vta ♦ s/he lays him/her down straight

ᑯᐃᖅᑳᔅᑯᔥᑌᐤ **kuiskwaaskushteu** vii ♦ it (stick-like) is placed straight

ᑯᐃᖅᑳᔅᑯᔥᑖᐤ **kuiskwaaskushtaau** vai+o ♦ s/he places it (stick-like) straight

ᑯᐃᖅᑳᔅᑯᐦᐁᐤ **kuiskwaaskuheu** vta ♦ s/he places it (anim, stick-like) straight

ᑯᐃᖅᑳᔅᑯᐦᑎᑖᐤ **kuiskwaaskuhtitaau** vai+o ♦ s/he lays it (stick-like) down straight

ᑯᐃᔅᑿ **kuiskw** p,manner ♦ correct, straight, right ▪ ᐊᔨᒫ ᑯᐃᔅᑿ ᐊᔅᐋᑎᔮ ▪ *It doesn't look right.*

ᑯᐃᔥᑎᑳᒣᐳᐎᒡ **kuishtikaamepuwich** vai pl-i ♦ they sit around, at the periphery

ᑯᐃᔥᑎᑳᒣᐸᔨᐦᐁᐤ **kuishtikaamepayiheu** vta ♦ s/he drives him/her around, on the periphery

227

ᑯᐃᵁᓂᑲᑊᐸᐅᒼᒉᐤ **kuishtikaamepayihtaau** vai+o ♦ s/he drives it around, on the periphery

ᑯᐃᵁᓂᑲᑊᐸᔫ **kuishtikaamepayuu** vai/vii -i ♦ s/he/it goes around the teepee, as a bowl of food may be passed around

ᑯᐃᵁᓂᑲᑊᐸᐦᑖᐤ **kuishtikaamepahtaau** vai ♦ s/he runs around, on the periphery

ᑯᐃᵁᓂᑲᑊᔅᑯᐱᒍ **kuishtikaameskupichuu** vai -i ♦ s/he goes around the lake on the ice moving winter camp

ᑯᐃᵁᓂᑲᑊᔅᑯᐸᔫ **kuishtikaameskupayuu** vai -i ♦ s/he drives around the lake on the ice

ᑯᐃᵁᓂᑲᑊᔅᑯᐸᐦᑖᐤ **kuishtikaameskupahtaau** vai ♦ s/he runs around the lake on the ice

ᑯᐃᵁᓂᑲᑊᔅᑰ **kuishtikaameskuu** vai -u ♦ s/he goes around the lake on the ice

ᑯᐃᵁᓂᑲᑊᔐᑲᐦᒼ **kuishtikaameschekaham** vti ♦ s/he walks all around the muskeg, swamp

ᑯᐃᵁᓂᑲᑊᔐᒋᐱᒍ **kuishtikaameschechipichuu** vai -i ♦ s/he goes around the muskeg, moving winter camp

ᑯᐃᵁᓂᑲᑊᔐᒋᐸᔫ **kuishtikaameschechipayuu** vai -i ♦ s/he drives around the muskeg

ᑯᐃᵁᓂᑲᑊᔐᐅᑊ **kuishtikaameshteuh** vii pl ♦ things are set around, at the periphery

ᑯᐃᵁᓂᑲᑊᔐᑖᐤ **kuishtikaameshtaau** vai+o ♦ s/he places it around, at the periphery

ᑯᐃᵁᓂᑲᑊᔐᔅᑯᐌᐤ **kuishtikaameshkuweu** vta ♦ s/he walks around him/her in a circle, at a distance

ᑯᐃᵁᓂᑲᑊᔐᔅᑲᒼ **kuishtikaameshkam** vti ♦ s/he walks around a space

ᑯᐃᵁᓂᑲᑊᔮᐅᐦᑳᐤ **kuishtikaameyaauhkaau** vii ♦ there is sand all around, at the periphery

ᑯᐃᵁᓂᑲᑊᔮᐤ **kuishtikaameyaau** vii ♦ it is possible to walk around the lake

ᑯᐃᵁᓂᑲᑊᔮᐱᔅᑳᐤ **kuishtikaameyaapiskaau** vii ♦ there are rocks all around, at the periphery

ᑯᐃᵁᓂᑲᑊᔮᑎᑳᓯᐸᐦᑖᐤ **kuishtikaameyaatikaasipahtaau** vai ♦ s/he runs around the periphery in the water

ᑯᐃᵁᓂᑲᑊᔮᑎᑳᓲ **kuishtikaameyaatikaasuu** vai -i ♦ s/he/it (anim, ex moose) walks around the edge of the lake in the water

ᑯᐃᵁᓂᑲᑊᔮᔅᑯᐦᒼ **kuishtikaameyaaskuham** vti ♦ s/he walks around to another row of trees

ᑯᐃᵁᓂᑲᑊᐦᐁᐤ **kuishtikaameheu** vta ♦ s/he sets them around the periphery

ᑯᐃᵁᓂᑲᑊᐦᐅᑐᐌᐤ **kuishtikaamehutuweu** vta ♦ s/he takes it for him/her around the periphery, paddling, swimming

ᑯᐃᵁᓂᑲᑊᐦᐅᑖᐤ **kuishtikaamehutaau** vai+o ♦ s/he takes it around the periphery, paddling

ᑯᐃᵁᓂᑲᑊᐦᐅᔦᐤ **kuishtikaamehuyeu** vta ♦ s/he takes him/her around the lake paddling, swimming

ᑯᐃᵁᓂᑲᑊᐊᒼ **kuishtikaameham** vti ♦ s/he paddles around the lake

ᑯᐃᵁᓂᑲᑊᑕᐦᐁᐤ **kuishtikaamehtaheu** vta ♦ s/he takes him/her around inside the tent

ᑯᐃᵁᓂᑲᑊᑖᐤ **kuishtikaamehtaau** vai+o ♦ s/he walks around inside the teepee, the lake

ᑯᐃᵁᓂᑲᒫᑎᑳᓲ **kuishtikaamaatikaasuu** vai -i ♦ s/he walks around the edge, the periphery in the water

ᑯᐃᵁᓂᑲᒫᓂᑲᐦᒼ **kuishtikaamaanikaham** vti ♦ it (anim, beaver) swims around an island

ᑯᐃᵁᓂᑲᒫᓂᒋᔅᑲᒼ **kuishtikaamaanichishkam** vti ♦ s/he walks around an island

ᑯᐃᵁᓂᑲᒼ **kuishtikaam** p,location ♦ around, on the periphery

ᑯᐃᔥᑯᔑᐅᓂᑲᒨ **kuishkushiiunikamuu** vai -u ♦ s/he whistles a tune

ᑯᐃᔥᑯᔑᐌᐤ **kuishkushiiweu** vii ♦ the wind whistles

ᑯᐃᔥᑯᔑᒣᐤ **kuishkushiimeu** vta ♦ s/he whistles to him/her

ᑯᐃᔥᑯᔑᒫᑲᓐ **kuishkushiimakan** vii ♦ it whistles

ᑯᐃᔑᑯᔑᐎᐊᐤ **kuishkushuwin** ni ◆ whistle

ᑯᐃᔑᑯᔑᐤ **kuishkushuu** vai ◆ s/he whistles

ᑯᐄᐦᑯᐣ **kuiihkun** vii ◆ it is an earthquake

ᑰᐯᓀᐤ **kuwepineu** vta ◆ s/he overturns him/her, s/he throws him/her down

ᑰᐯᓇᒼ **kuwepinam** vti ◆ s/he throws it down from a standing position

ᑰᐯᔥᑯᐁᐤ **kuwepishkuweu** vta ◆ s/he knocks him/her down by brushing against him/her

ᑰᐯᔥᑲᒼ **kuwepishkam** vti ◆ s/he knocks it down by brushing against it

ᑰᔦᒧᐦᐁᐤ **kuweyimuheu** vta ◆ s/he causes him/her to die of grief

ᑰᔦᒨ **kuweyimuu** vai-u ◆ s/he dies from grief over someone's death, grieves to death

ᑳᐋᐳᑌᐤ **kuwaaputeu** vii ◆ it is swept down, over by the current

ᑳᐋᐳᑰ **kuwaapukuu** vai-u ◆ s/he is swept down, away by the current as s/he is wading

ᑳᐋᑯᓀᐤ **kuwaakuneu** vai/vii ◆ s/he/it falls over from the weight of the snow

ᑳᐋᔒ **kuwaashuu** vai-i ◆ it (anim, tree) blows down

ᑳᐋᔥᑎᐊᐤ **kuwaashtin** vii ◆ it blows down

ᑳᐋᐦᑲᓲ **kuwaahkasuu** vai-u ◆ it (anim, tree) burns down

ᑳᐋᐦᑲᐦᑌᐤ **kuwaahkahteu** vii ◆ it burns down

ᑯᐯᒃ **kupek** ni ◆ Quebec

ᑯᑎᐯᐅᐦᐊᒼ **kutipeuham** vti ◆ s/he paddles around the other side of the point of land

ᑯᑎᐯᐁᐤ **kutipeweu** vai ◆ s/he walks through bush to a point of land

ᑯᑎᐯᐁᐸᔫ **kutipewepayuu** vai-i ◆ s/he drives around to the other side of a point of land

ᑯᑎᐯᐁᐦᐊᒼ **kutipeweham** vti ◆ s/he travels around the other side of it (a point of land)

ᑯᑎᐯᐤ **kutipeu** p,location ◆ around the lee of the point of land ■ ᐊᓅᑦ ᑯᑎᐯᐤ ᐯ ᐊᒋᕐ ᐅᑦᐋᓐ ■ *He must have left his canoe around the point.*

ᑯᑎᐯᔮᐤ **kutipeyaau** vii ◆ it is very wet; grass and plants are very wet after a rain ■ ᓂᐃᐸ ᑯᐅᔮᐤ, ᐁᑳ ᐱᑎᓚ ᓯᑐᐸᒡᐃᐤ ᓂᐦᑎᐦᒃ ■ *Everything is still very wet in the woods, so don't go for a walk yet.*

ᑯᑎᑯᐱᑌᐤ **kutikupiteu** vta ◆ s/he dislocates him/her by pulling (as in wrestling)

ᑯᑎᑯᐱᑕᒼ **kutikupitam** vti ◆ s/he dislocates, disjoints it by pulling

ᑯᑎᑯᐸᔫ **kutikupayuu** vai/vii-i ◆ it (anim) is out of joint

ᑯᑎᑯᓀᐤ **kutikuneu** vta ◆ s/he disjoints, dislocates it (anim) by hand

ᑯᑎᑯᓃᐤ **kutikuniiu** vai ◆ s/he spends the night away from camp

ᑯᑎᑯᓇᐳᐤ **kutikunapuu** vai-i [Inland] ◆ s/he stays in an overnight shelter made of boughs, with a fire beside it

ᑯᑎᑯᓇᒼ **kutikunam** vti ◆ s/he disjoints it, s/he dislocates it (by hand)

ᑯᑎᑯᔐᐁᔥᐁᐤ **kutikuschesheshweu** vta ◆ s/he cuts it (anim) apart at the ligaments of the joint

ᑯᑎᑯᔐᐁᔥᐊᒼ **kutikuschewesham** vti ◆ s/he cuts it apart at the ligaments of the joint

ᑯᑎᑯᔐᐸᔫ **kutikuschepayuu** vai-i ◆ her/his knees keep buckling under her/him

ᑯᑎᑯᔥᐁᐤ **kutikushweu** vta ◆ s/he cuts (anim) apart at the joints

ᑯᑎᑯᔥᐊᒼ **kutikusham** vti ◆ s/he cuts it apart at the joint

ᑯᑎᑯᐦᑎᐦᑎᒥᓀᔑᐣ **kutikuhtihtimineshin** vai ◆ s/he has a dislocated shoulder

ᑯᑎᑯᐦᑯᓀᐎᐤ **kutikuhkunewiiu** vai ◆ s/he sprained her/his ankle

ᑯᑎᑯᐦᒋᑯᓀᐸᔫ **kutikuhchikunepayuu** vai-i [Coastal] ◆ s/he dislocates a knee, her/his knees keep buckling under her/him

ᑯᑎᓀᐤ **kutineu** vta ◆ s/he feels him/her/it (anim), she tests it (anim) by touching with hand

ᑯᑎᓇᔅ **kutinam** vti ♦ s/he feels it, s/he tries it by touching

ᑯᑎᔴᐤ **kutishweu** vta ♦ s/he tests it (anim) by cutting

ᑯᑎᔕᔅ **kutisham** vti ♦ s/he tests it by cutting

ᑯᑐᐌᐤ **kutuweu** vai ♦ s/he makes a fire

ᑯᑐᐍᐦᑳᑐᐍᐤ **kutuwehkatuweu** vta ♦ s/he makes a fire in order to warm him/her up

ᑯᑐᐍᐦᑳᑕᔅ **kutuwehkatam** vti ♦ s/he makes a fire in order to heat it up

ᑯᑐᐙᑯᓇᑉᐴ **kutuwaakunapuu** vai-i [Coastal] ♦ s/he stays in an overnight shelter made of boughs, with a fire beside it

ᑯᑐᐙᑲᓂᐦᒉᐤ **kutuwaakanihcheu** vai ♦ s/he makes a wind screen for making a fire out of doors

ᑯᑐᐙᑲᓐ **kutuwaakan** ni ♦ place where a fire has been made out of doors

ᑯᑐᐙᑲᓐ **kutuwaakan** ni [Inland] ♦ vagina

ᑯᑑᑌᐤ **kutuuteu** vta ♦ s/he makes a fire out of doors for another

ᑯᑑᓱᐎᓐ **kutuusuwin** ni ♦ campfire

ᑯᑑᓱᐤ **kutuusuu** vai-u ♦ s/he makes a fire and has a snack out of doors while travelling

ᑯᑕᐱᐌᐲᔥᑯᐌᐤ **kutapiwepishkuweu** vta ♦ s/he knocks it (anim) over with her/his weight

ᑯᑕᐱᐌᐲᔥᑲᔅ **kutapiwepishkam** vti ♦ s/he knocks it over with her/his weight

ᑯᑕᐱᐌᐸᐦᐊᔅ **kutapiwepaham** vti ♦ s/he upsets it with a sweeping gesture

ᑯᑕᐱᐌᐸᐦᐌᐤ **kutapiwepahweu** vta ♦ s/he upsets him/her/it (anim) with a sweeping gesture

ᑯᑕᐱᐸᔫ **kutapipayuu** vai-i ♦ it (anim) capsizes

ᑯᑕᐱᓀᐤ **kutapineu** vta ♦ s/he pours it (anim, liquid), s/he upsets, overturns, capsizes it (anim)

ᑯᑕᐱᓇᒨᐌᐤ **kutapinamuweu** vta ♦ s/he pours it for someone, s/he turns it (canoe) over for someone

ᑯᑕᐱᓇᔅ **kutapinam** vti ♦ s/he pours it (liquid), s/he upsets, overturns, capsizes it

ᑯᑕᐱᔅᑴᔫ **kutapiskweyuu** vai-i ♦ s/he puts her/his head to the side

ᑯᑕᐱᔅᒋᑴᐤ **kutapischikweu** vai ♦ it (anim, kettle) tips over

ᑯᑕᐱᔑᒣᐤ **kutapishimeu** vta ♦ s/he spills it (anim) accidentally, s/he tips him/her over by skidoo

ᑯᑕᐱᔑᓐ **kutapishin** vai ♦ s/he falls over

ᑯᑕᐱᔥᑌᐤ **kutapishteu** vii ♦ it is overturned

ᑯᑕᐱᔥᑯᐌᐤ **kutapishkuweu** vta ♦ s/he tips him/her over in a canoe, s/he knocks him/her over

ᑯᑕᐱᔥᑲᔅ **kutapishkam** vti ♦ s/he knocks it over, s/he tips the canoe over

ᑯᑕᐱᐦᑎᑖᐤ **kutapihtitaau** vai+o ♦ s/he spills it accidentally

ᑯᑕᐱᐦᑎᓐ **kutapihtin** vii ♦ it falls over and spills

ᑯᑕᐲᐤ **kutapiiu** vai ♦ s/he/it (anim) capsizes, tips over

ᑯᑕᐸᐦᐊᔅ **kutapaham** vti ♦ s/he upsets, knocks it over with something (ex water in a glass)

ᑯᑕᐸᐦᐌᐤ **kutapahweu** vta ♦ s/he knocks it (anim, ex milk) over with something

ᑯᑕᐹᔰ **kutapaashuu** vai-i ♦ s/he/it (anim) blown over by the wind

ᑯᑕᐹᔥᑎᓐ **kutapaashtin** vii ♦ it is blown over

ᑯᑕᑲᒡ **kutakach** pro,alternative ♦ others, other ones (see *kutak*)

ᑯᑕᒃ **kutak** pro,alternative ♦ other, another (anim or inan, see *kutak*)

ᑯᑕᒄ **kutakh** pro,alternative ♦ other, another (anim obviative), others, other ones (anim obv or prox; inan obv) (see *kutak*) ▪ ·ᐲᐊ ᑉ ·ᐋ·ᒍᐤ ᑯᑕᒄ ᐋ·ᐁᐡ, ♦ ·ᐲᐊ ᑉ ·ᐋ·ᒃᒡ ᑯᑕᒄ ᑎᑉᐅᔪᔅ ▪ *John saw another person.* ♦ *John saw some other things.*

ᑯᑕᒌᐤ **kutachiyuu** pro,alternative ♦ other one (inan obv, see *kutak*)

ᑯᑕᒡ **kutach** pro,alternative ♦ other, another (inan, see *kutak*)

ᑯᑕᒥᔅᑴᐤ **kutamiskweu** vai ♦ s/he has a taste of beaver

ᑯᑕᒧᕝᕓᐅ   kutamuheu vta ♦ s/he tries to fit it (anim) on, in
ᑯᑕᒧᐧᕓᐅ   kutamuhweu vta ♦ s/he tries to fit it (anim) on, fit it in
ᑯᑕᒧᑖᐅ   kutamuhtaau vai+o ♦ s/he tries to fit it on, fit it in
ᑯᑕᔅᒉᐅ   kutascheu vai ♦ s/he checks if the goose is fat
ᑯᑖᒻ   kutaham vti ♦ s/he tests the strength of it (ex wire) with something
ᑯᑖᐋᔥᑰᐅ   kutahaashkweu vai ♦ s/he practices aiming at a target, tries to reach the target
ᑯᑖᐋᔥᒀᑌᐅ   kutahaashkwaateu vta ♦ s/he tries her/his aim at a target (anim), tries to reach the target
ᑯᑖᐋᔥᒀᑖᒻ   kutahaashkwaatam vti ♦ s/he tries her/his aim at a target, tries to reach the target
ᑯᑖᐅᐯᑲᐦᐄᑲᓐ   kutaaupekahiikan ni ♦ plunger
ᑯᑖᐅᐯᒋᓀᐅ   kutaaupechineu vta ♦ s/he pushes him/her/it (anim) underwater
ᑯᑖᐅᐯᒋᓈᒻ   kutaaupechinam vti ♦ s/he pushes it underwater
ᑯᑖᐅᐸᔫ   kutaaupayuu vai/vii -i ♦ s/he/it sinks into something
ᑯᑖᐅᓀᐅ   kutaauneu vta ♦ s/he pushes it (anim) into something
ᑯᑖᐅᓈᒻ   kutaaunam vti ♦ s/he pushes it under
ᑯᑖᐅᔅᑲᒥᒋᓀᐅ   kutaauskamichineu vta ♦ s/he puts it into the ground, moss, by hand
ᑯᑖᐅᔅᑲᒥᒋᓈᒻ   kutaauskamichinam vti ♦ s/he puts something into the ground, moss by hand
ᑯᑖᐅᔓᐅᒋᐸᔫ   kutaauschuuchipayuu vai/vii -i ♦ s/he/it sinks in mud
ᑯᑖᐅᔓᐅᒋᓀᐅ   kutaauschuuchineu vta ♦ s/he pushes it (anim) into the mud, by hand
ᑯᑖᐅᔓᐅᒋᓈᒻ   kutaauschuuchinam vti ♦ s/he pushes it into the mud, by hand
ᑯᑖᐅᐦᐋᒻ   kutaauham vti ♦ s/he hits it so it goes in
ᑯᑖᐅᐦᐧᕓᐅ   kutaauhweu vta ♦ s/he hits him/her so it goes in

ᑯᑖᐋᐤ   kutaawiiu vai ♦ s/he goes underneath
ᑯᑖᐋᐳᐦᒋᐸᔫ   kutaawaauhchipayuu vai/vii -i ♦ s/he/it sinks in sand
ᑯᑖᐋᐳᐦᒋᓀᐅ   kutaawaauhchineu vta ♦ s/he puts him/her into the sand
ᑯᑖᐋᐳᐦᒋᓇᒧᐧᕓᐅ   kutaawaauhchinamuweu vta ♦ s/he puts it into the sand for him/her
ᑯᑖᐋᐳᐦᒋᓈᒻ   kutaawaauhchinam vti ♦ s/he puts it into the sand
ᑯᑖᐋᐱᔅᑴᐅ   kutaawaapiskweu vai ♦ s/he pushes down the needle underneath the snowshoe while lacing
ᑯᑖᐋᑯᓀᐸᔫ   kutaawaakunepayuu vai/vii -i ♦ s/he/it sinks deeply into the snow
ᑯᑖᐋᑯᓀᓀᐅ   kutaawaakuneneu vta ♦ s/he puts him/her deeply into the snow by hand
ᑯᑖᐋᑯᓀᓈᒻ   kutaawaakunenam vti ♦ s/he puts it deeply into the snow by hand
ᑯᑖᐋᑯᓀᔥᑰᐅ   kutaawaakuneshkuweu vta ♦ s/he drives him/her into the snow by foot
ᑯᑖᐋᑯᓀᔥᑳᒻ   kutaawaakuneshkam vti ♦ s/he drives it into the snow by foot
ᑯᑖᐋᑯᓀᐦᐋᒻ   kutaawaakuneham vti ♦ s/he makes it sink in the snow using something
ᑯᑖᐋᑯᓀᐦᐧᕓᐅ   kutaawaakunehweu vta ♦ s/he makes it (anim) sink in the snow using something
ᑯᑖᐋᑯᓂᒌᐤ   kutaawaakunichiiu vai ♦ s/he goes down into the snow
ᑯᑖᐋᔅᑯᐸᐦᐁᐅ   kutaawaaskupaheu vta ♦ s/he runs into the forest, woods carrying him/her
ᑯᑖᐋᔅᑯᐸᐦᑖᐅ   kutaawaaskupahtaau vai ♦ s/he runs into the forest, woods
ᑯᑖᐋᔅᑯᐸᐦᑤᐅ   kutaawaaskupahtwaau vai ♦ s/he runs into the forest, woods carrying it
ᑯᑖᐋᔕᔥᐃᑰ   kutaawaashikuu vii -uu ♦ it drains into something
ᑯᑖᑎᒧᐧᕓᐋᒻ   kutaatimuweham vti ♦ s/he checks the water depth with a pole
ᑯᑖᔅᑯᓀᐅ   kutaaskuneu vta ♦ s/he tests the length of it (anim, ex tree, pole)

ᑯᑖᔅᑲᓇᒻ **kutaaskunam** vti ♦ s/he tests it (ex stick)

ᑯᑖᔅᑯᐊᒻ **kutaaskuham** vti ♦ s/he tries to beam it, take hair roots off a hide

ᑯᑖᔅᑯᐊᐌᐤ **kutaaskuhweu** vta ♦ s/he tries to beam it (anim), take hair roots off a hide

ᑯᑖᔑᑲᓀᔥᐌᐤ **kutaaschikaneshweu** vta ♦ s/he cuts a slit open at its breastbone

ᑯᑦᐚᓱᒥᑎᓄᐌᐚᐤ **kutwaasumitinuwewaau** p,quantity ♦ sixty times

ᑯᑦᐚᓱᒥᑎᓄᐌᐦ **kutwaasumitinuweuh** vii pl [Coastal] ♦ there are sixty things

ᑯᑦᐚᓱᒥᑎᓄᐃᓐ **kutwaasumitinuwinh** vii pl [Inland] ♦ there are sixty things

ᑯᑦᐚᓱᒥᑎᓅ **kutwaasumitinuu** p,number ♦ sixty

ᑯᑦᐚᔖᐅᒥᑖᐦᑐᒥᑎᓄᐌᐚᐤ **kutwaaswaaumitaahtumitinuwewaau** p,quantity ♦ six hundred times

ᑯᑦᐚᔖᐅᒥᑖᐦᑐᒥᑎᓅ **kutwaaswaaumitaahtumitinuu** p,number ♦ six hundred

ᑯᑦᐚᔖᐅ **kutwaaswaau** p,quantity ♦ six times

ᑯᑦᐚᔑᔖᑉ **kutwaashushaap** p,number ♦ sixteen

ᑯᒋᐳᐌᐤ **kuchipuweu** vta ♦ s/he tastes it (anim)

ᑯᒋᐸᔨᐦᐁᐤ **kuchipayiheu** vta ♦ s/he tries him/her out

ᑯᒋᐸᔨᐦᑖᐤ **kuchipayihtaau** vai+o ♦ s/he tries it out

ᑯᒋᔥᑎᐯᔨᒣᐤ **kuchishtipeyimeu** vta ♦ s/he tries, tests him/her for strength

ᑯᒋᔥᑎᐯᔨᐦᑕᒻ **kuchishtipeyihtam** vti ♦ s/he tries, tests it for strength

ᑯᒋᔥᑕᒻ **kuchishtam** vti ♦ s/he tastes it

ᑯᒋᔥᑖᐤ **kuchishtaau** vai+o ♦ s/he tries it

ᑯᒋᔥᑯᐌᐤ **kuchishkuweu** vta ♦ s/he tries it (anim, ex pants) on

ᑯᒋᔥᑯᔮᐲ **kuchishkuyaapii** ni -m [Coastal] ♦ stovepipe

ᑯᔥᑲᒻ **kuchishkam** vti ♦ s/he tries it (clothing) on

ᑯᒋᐦᐁᐤ **kuchiheu** vta ♦ s/he tries to do something with, to him/her/it (anim, ex skidoo) ▪ ᑯᒋᐦᐁᐤ ᐅ ᒋ ᐋᔑᒫᑦ ▪ s/he is trying to feed him/her.

ᑯᒋᐦᑑᑕᒻ **kuchihtuutam** vti ♦ s/he tries to do it

ᑯᓯᑴᐌᔑᓐ **kusikweweshin** vai ♦ s/he sounds heavy, ponderous

ᑯᓯᑴᑲᓐ **kusikwekan** vii ♦ it (sheet-like) is heavy

ᑯᓯᑴᒋᓲ **kusikwechisuu** vai -i ♦ it (anim, sheet-like) is heavy

ᑯᓯᑴᔨᒣᐤ **kusikweyimeu** vta ♦ s/he thinks him/her/it (anim) heavy

ᑯᓯᑴᔨᒧᑐᐌᐤ **kusikweyimutuweu** vta ♦ it (anim, animal) attacks her/him/it (anim)

ᑯᓯᑴᔨᒧᑕᒻ **kusikweyimutam** vti ♦ s/he attacks it

ᑯᓯᑴᔨᒨ **kusikweyimuu** vai -u ♦ s/he/it (anim) attacks

ᑯᓯᑴᔨᐦᑕᒻ **kusikweyihtam** vti ♦ s/he is depressed in mind, things are heavy on his mind

ᑯᓯᑯᐸᔫ **kusikupayuu** vai/vii -i ♦ s/he/it becomes heavy

ᑯᓯᑯᑑ **kusikutuu** vai -i ♦ s/he is heavy

ᑯᓯᑯᑖᐹᓀᐤ **kusikutaapaaneu** vai ♦ s/he has a heavy sled load

ᑯᓯᑯᑖᐹᓈᔅᑴᐤ **kusikutaapaanaaskweu** vai ♦ s/he has a heavy loaded sled

ᑯᓯᑯᑖᐹᓐ **kusikutaapaan** ni ♦ heavily loaded sled

ᑯᓯᑯᒪᐦᒋᐅ **kusikumahchihuu** vai -u ♦ s/he feels heavy, s/he is depressed, s/he is dejected

ᑯᓯᑯᒪᐦᒋᐦᑖᐤ **kusikumahchihtaau** vai+o ♦ s/he feels it heavy, s/he finds it a burden

ᑯᓯᑯᓐ **kusikun** vii ♦ it is heavy

ᑯᓯᑯᔥᑳᐅᔫ **kusikushkaaushuu** vai -i ♦ s/he feels strain from a heavy load on the back

ᑯᓯᑯᐦᑖᐤ **kusikuhtaau** vai+o ♦ s/he makes it heavy

ᑯᓯᑰᑌᐤ **kusikuuteu** vai ♦ s/he has a heavy load on her/his back

ᑯᓯᒃᐚᐯᑲᓐ **kusikwaapekan** vii ♦ it (string-like) is heavy

kusikwaapechisuu vai-i ♦ it (anim, string-like) is heavy

kusikwaapiskaau vii ♦ it (stone, metal) is heavy

kusikwaapischisuu vai-i ♦ it (anim, stone, metal) is heavy

kusikwaapuweyaau vii ♦ it is a heavy container of water

kusikwaapwaaweu vii ♦ it is heavy with water, water-soaked

kusikwaaskun vii ♦ it (stick-like) is heavy

kusikwaaskusuu vai-i ♦ it (anim, stick-like) is heavy

kusaapeu vii ♦ it sinks in water

kusaapepayiheu vta ♦ s/he puts it under water by movement

kusaapepayihtaau vai+o ♦ s/he puts it under water with her/his movement

kusaapepayuu vai/vii-i ♦ s/he/it goes underwater on her/his/its own

kusaapechipiteu vta ♦ s/he pulls him/her underwater

kusaapechipitam vti ♦ s/he pulls it underwater

kusaapechishimeu vta ♦ s/he throws him/her so s/he sinks in the water

kusaapechishkuweu vta ♦ s/he sinks him/her/it (anim) underwater with her/his weight, by foot

kusaapechishkam vti ♦ s/he sinks it underwater with her/his weight, by foot

kusaapechihtitaau vai+o ♦ s/he throws it so it sinks in the water

kusaapeneu vta ♦ s/he pushes him/her underwater

kusaapenam vti ♦ s/he pushes it under water

kusaapeyaahuuteu vii ♦ it is sunk by the waves

kusaapeyaahuukuu vai-u ♦ s/he is sunk by the waves

kusaapeyaahan vii ♦ it is sunk by the waves

kusaapeham vti ♦ s/he sinks it

kusaapehweu vta ♦ s/he sinks him/her/it (anim)

kusaapahtam vti ♦ s/he does a ceremony in the shaking tent

kusaapahchikan ni ♦ shaking tent

kuspipichuu vai-i ♦ s/he goes inland, to make winter camp

kuspipahtaau vai ♦ s/he runs up from the shore

kuspineyihtam vti ♦ s/he dreads it

kuspinaatikun vii ♦ it causes dread, is dangerous, risky

kuspihuyeu vta ♦ s/he takes him/her upriver, inland, in a canoe

kuspihtitaau vai+o ♦ s/he takes it up from the shore to the land

kuspihtaheu vta ♦ s/he takes him/her up from the shore to the inland, s/he takes him/her in the bush for the winter

kuspuu vai-i ♦ s/he goes up from the shore, inland, s/he goes to the bush for the winter

kuspaniiu vai ♦ s/he is afraid for something to happen

kuspaniishtuweu vta ♦ s/he is afraid of what someone might do

kuspaniishtam vti ♦ s/he is afraid of what it might do, s/he is afraid of it

kuspahuutaau vai+o ♦ s/he takes it upriver, inland in a canoe

kuspaham vti ♦ s/he goes up river, inland in a canoe

kuspaamatinuwehtaheu vta [Coastal] ♦ s/he takes him/her/it (anim) up a mountain

kuspaamachiwehtaheu vta ♦ s/he takes him/her/it (anim) up a mountain

kuspaaskuham vti ♦ s/he/it (anim) walks to the wooded area

kuspaahtuwiiu vai ♦ s/he/it (anim) climbs up, s/he goes upstairs

ᑯᔅᐹᔪᐃᐦᑎᑖᐤ **kuspaahtuwiihtitaau** vai+o
♦ s/he takes it up, s/he goes upstairs with it

ᑯᔅᐹᔪᐃᐦᑖᐦᐁᐤ **kuspaahtuwiihtaheu** vta
♦ s/he takes him/her up, upstairs

ᑯᔅᑖᓯᓄᐌᐤ **kustaasinuweu** vta ♦ s/he fears the sight of him/her

ᑯᔅᑖᓯᓇᒻ **kustaasinam** vti ♦ s/he fears the sight of it

ᑯᔅᑖᓯᓈᑯᓐ **kustaasinaakun** vii ♦ it looks frightening

ᑯᔅᑖᓯᓈᑯᓲ **kustaasinaakusuu** vai -i ♦ s/he looks frightening

ᑯᔅᑖᓯᐦᑖᑯᓐ **kustaasihtaakun** vii ♦ it sounds frightening

ᑯᔅᑖᓯᐦᑖᑯᓲ **kustaasihtaakusuu** vai -i
♦ s/he sounds frightening

ᑯᔅᑯᐙᑌᔨᐦᑖᑯᓐ **kuskuwaateyihtaakun** vii
♦ it seems still, quiet

ᑯᔅᑯᐙᑌᔨᐦᑖᑯᓲ **kuskuwaateyihtaakusuu** vai -i ♦ s/he seems still, quiet

ᑯᔅᑯᓈᐲ **kuskunaapii** ni -m ♦ fishing line, hook set through ice

ᑯᔅᑯᔅ **kuskus** ni ♦ cross-bar at bottom of snowshoe frame

ᑯᔅᑯᔅᑳᐦᑎᒄ **kuskuskaahtikw** ni ♦ wood for cross-bar on snowshoes

ᑯᔅᑯᔅᒁᐤ **kuskuskwaau** vii ♦ it (canoe) is tippy

ᑯᔅᑯᔐᐸᔨᐦᑖᐤ **kuskuschepayihtaau** vai+o [Coastal] ♦ s/he moves it (ex canoe) about by his/her movement

ᑯᔅᑯᔅᒡ **kuskusch** ni [Mistissini] ♦ cross-bar at bottom snowshoe frame

ᑯᔅᑳᓅ **kuskaanuu** ni ♦ ice fishing place, place for setting hooks under the ice

ᑯᔅᑳᐙᑎᓰᐤ **kuskwaawaatisiiu** vai ♦ s/he is of a quiet disposition

ᑯᔅᑳᐙᑕᐴ **kuskwaawaatapuu** vai -i
♦ s/he sits still

ᑯᔅᑳᐙᒋᑳᐴ **kuskwaawaachikaapuu** vai - uu ♦ s/he stands still

ᑯᔥᒉᐤ **kuscheu** vai ♦ s/he sets fish hooks (in winter)

ᑯᔥᒉᔫ **kuscheyuu** ni ♦ bait

ᑯᔥᒉᔮᐦᑲᐦᑕᒻ **kuscheyaahkahtam** vti
♦ s/he baits it (ex hook, trap)

ᑯᔖᐌᑯᑌᐤ **kushaawekuteu** vai ♦ it (anim) hangs dangling

ᑯᔖᐌᑯᒋᓐ **kushaawekuchin** vii ♦ it hangs dangling

ᑯᔖᐌᔮᐱᐦᑳᑌᐤ **kushaaweyaapihkaateu** vta ♦ s/he hangs him/her/it (anim) dangling by a string

ᑯᔖᐌᔮᐱᐦᑳᑌᐤ **kushaaweyaapihkaateu** vai ♦ it (anim) hangs, dangles by a string

ᑯᔖᐌᔮᐱᐦᑳᑕᒻ **kushaaweyaapihkaatam** vti [Coastal] ♦ s/he hangs it up with a string

ᑯᔖᐌᐦᐱᑌᐤ **kushaawehpiteu** vta ♦ s/he hangs him/her up with a string

ᑯᔖᐌᐦᐱᑕᒻ **kushaawehpitam** vti ♦ s/he hangs it up with a string

ᑯᔥᑌᐤ **kushteu** vta ♦ s/he fears him/her

ᑯᔥᑕᒧᐌᐤ **kushtamuweu** vta ♦ s/he is afraid for him/her

ᑯᔥᑖᑌᔨᐦᑖᑯᓲ **kushtaateyihtaakusuu** vai -i
♦ s/he is dangerous because of her/his actions

ᑯᔥᑖᑎᑯᓐ **kushtaatikun** vii ♦ it is dangerous

ᑯᔥᑖᑎᑯᓰᐤ **kushtaatikusiiu** vai ♦ s/he is a dangerous person

ᑯᔥᑖᑎᑯᓰᐦᑳᓲ **kushtaatikusiihkaasuu** vai -u
♦ s/he is pretending to be dangerous

ᑯᔥᑖᒋᒣᐤ **kushtaachimeu** vta ♦ s/he terrifies him/her by talking

ᑯᔥᑖᒋᐦᐁᐤ **kushtaachiheu** vta ♦ s/he frightens him/her/it (anim)

ᑯᔥᑖᒋᐦᑯᔔ **kushtaachihkushuu** vai -i
♦ s/he has a nightmare

ᑯᔥᑖᒋᐅᓈᑯᓐ **kushtaachiiunaakun** vii ♦ it looks frightful, it is hideous

ᑯᔥᑖᒋᐅᓈᑯᓲ **kushtaachiiunaakusuu** vai -i
♦ s/he looks frightful, s/he is hideous

ᑯᔥᑖᒍᐃᓐ **kushtaachuwin** ni ♦ fear, fright, terror

ᑯᔥᑖᒍ **kushtaachuu** vai -i ♦ s/he is afraid

ᑯᔥᑫᐌᑌᐤ **kushkweweteu** vii ♦ it is a startling shot

ᑯᔥᑫᐌᔅᐌᐤ **kushkwewesweu** vta ♦ s/he startles another with the sound of a shotgun

ᑯᔥᑫᐌᓲ **kushkwewesuu** vai -u ♦ s/he is startled by a shot

ᑯᔥᑫᔨᒣᐤ **kushkweyimeu** vta ♦ s/he is deep in thought about him/her

ᑯᔅ·ᑴᔨᐦᑕᒼ kushkweyihtam vti ♦ s/he is deep in thought about it

ᑯᔥᑯᐸᔫ kushkupayuu vai-i ♦ s/he wakes up, s/he is in a state of shock

ᑯᔥᑯᒣᐤ kushkumeu vta ♦ s/he startles him/her by talking, calling out loudly

ᑯᔥᑯᓀᐤ kushkuneu vta ♦ s/he awakens another using her/his hand

ᑯᔥᑯᔥ kushkush ni ♦ small cross-bar at top of snowshoe frame

ᑯᔥᑯᔥᑯᐌᐤ kushkushkuweu vta ♦ s/he shakes him/her with her/his weight

ᑯᔥᑯᔥᑯᐱᑌᐤ kushkushkupiteu vta ♦ s/he shakes him/her by pulling

ᑯᔥᑯᔥᑯᐱᑕᒼ kushkushkupitam vti ♦ s/he shakes it by pulling

ᑯᔥᑯᔥᑯᐸᔫ kushkushkupayuu vai/vii-i ♦ s/he/it shakes

ᑯᔥᑯᔥᑲᒼ kushkushkam vti ♦ s/he shakes it (with his weight)

ᑯᔥᑯᐦᐁᐤ kushkuheu vta ♦ s/he startles him/her/it (anim)

ᑯᔥᑯᐦᑖᑯᓐ kushkuhtaakun vii ♦ it is a startling noise

ᑯᔥᑯᐦᑖᑯᓲ kushkuhtaakusuu vai-i ♦ s/he startles someone by what s/he says

ᑯᔥᑰᔦᐤ kushkuuyeu vta ♦ s/he startles him/her by making a sound doing something

ᑰᐦᐁᐤ kuheu vta ♦ s/he swallows it (anim, ex coin)

ᑰᐦᑕᒼ kuhtam vti ♦ s/he swallows it, it (anim, fish) takes the hook

ᑰᐦᑯᑌᐦᐄᑲᓈᐦᑎᒄ kuhkutehiikanaahtikw ni ♦ stick that spaces the side frames of snowshoes apart while being dried

ᑰᐦᑯᓀᐤ kuhkuneu vta ♦ s/he pushes him/her over by hand

ᑰᐦᑯᓇᒼ kuhkunam vti ♦ s/he pushes it over by hand

ᑰᐦᑯᓲ kuhkusuu vai reflex -u [Inland] ♦ s/he pushes her/himself along in a canoe with a pole, especially in a rapids

ᑰᐦᑯᓲ kuhkusuu vai-i ♦ it (snowshoe) is a certain width, too wide, too narrow (old term)

ᑰᐦᑯᔥᑯᐌᐤ kuhkushkuweu vta ♦ s/he pushes him/her over with her/his body

ᑰᐦᑯᔥᑲᒼ kuhkushkam vti ♦ s/he pushes it over with her/his body

ᑰᐦᑯᐦᐊᒼ kuhkuham vti ♦ s/he pushes it over with something

ᑰᐦᑯᐦᐌᐤ kuhkuhweu vta ♦ s/he pushes him/her over with something

ᑰᐦᑳᐦᑯᓲ kuhkwaahkusuu vai reflex -u [Coastal] ♦ s/he pushes her/himself along in a canoe with a pole, especially in a rapids

ᑰᐦᒋᐸᔨᐦᐁᐤ kuhchipayiheu vta ♦ s/he gulps it (anim) down

ᑰᐦᒋᐸᔨᐦᑖᐤ kuhchipayihtaau vai+o ♦ s/he gulps it down

ᑰᐦᒋᔅᑴᔫ kuhchiskweyuu vai-i ♦ s/he swallows

ᑰ

ᑰᐌᐸᐦᐊᒼ kuuwepaham vti ♦ s/he knocks it over using something

ᑰᐌᐸᐦᐌᐤ kuuwepahweu vta ♦ s/he knocks him/her/it (anim) over using something

ᑰᐘᑲᒣᐤ kuuwakameu vta ♦ s/he fells it (anim, tree by gnawing)

ᑰᐘᑲᐦᐌᐤ kuuwakahweu vta ♦ s/he fells it (anim, tree)

ᑰᐱᑌᐤ kuupiteu vta ♦ s/he pulls him/her/it (anim) over

ᑰᐱᑕᒼ kuupitam vti ♦ s/he pulls it down, over

ᑰᐳᑖᐤ kuuputaau vai+o ♦ s/he saws it down

ᑰᐳᔦᐤ kuupuyeu vta ♦ s/he saws it (anim) down

ᑰᐸᔨᐦᐆ kuupayihuu vai-u ♦ s/he throws her/himself down to the ground while standing

ᑰᐸᔫ kuupayuu vai/vii-i ♦ s/he/it falls down, over

ᑰᑎᒣᐤ kuutimeu vta ♦ s/he freezes him/her almost to death

ᑰᑲᒣᒄ kuukamekw na ♦ lake trout Salvelinus namaycush, older word)

ᑰᑲᒣᔥ kuukamesh na dim ♦ lake trout Salvelinus namaycush

ᑰᑲᒪᐦᐄᑲᓐ kuukamahiikan ni [Inland] ♦ process of scaring the fish into a net

ᑰᑳᔐᒡ kuukaham vti ♦ s/he chops it down

ᑰᑳᐌᐤ kuukahweu vta ♦ s/he chops it (anim, tree) down

ᑰᑳᐦᑕᒧ kuukahtam vti ♦ it (anim, beaver) gnaws it down

ᑰᒋᐋᐦᐆᑰ kuuchiiaahuukuu vai ♦ it (wind) makes her/him/it (anim) dive into the water

ᑰᒋᐋᐦᐊᓐ kuuchiiaahan vii ♦ the wind makes it (canoe) go underwater

ᑰᒋᐤ kuuchiiu vai ♦ s/he dives into the water

ᑰᒋᐸᔨᐦᐆ kuuchiipayihuu vai -u ♦ s/he dives suddenly

ᑰᒋᐦᐆᑖᐤ kuuchiihutaau vai+o -u ♦ s/he dives with it

ᑰᒋᐦᑎᑐᐌᐤ kuuchiihtituweu vai -u ♦ s/he dives for her/him, to get her/him/it (anim)

ᑰᒋᐦᑎᑕᒧ kuuchiihtitam vti ♦ s/he dives to get it

ᑰᒎ kuuchuu vai -i ♦ s/he freezes to death

ᑰᓀᐤ kuuneu vta ♦ s/he pushes him/her/it (anim, ex tree) over, takes it (anim, ex stove) down

ᑰᓂᑑᐦᐋᓐ kuunituuhaan na ♦ snowball

ᑰᓂᑲᒥᒄ kuunikamikw ni ♦ snow hut

ᑰᓃᔅᑳᔮᐤ kuuniiskaayaau vii ♦ the snow drops from the branches as the weather gets mild

ᑰᓃᔑᓇᒧ kuuniischinam vti ♦ s/he makes tracks in the snow in fall or spring during mild weather; it (beaver) makes its lodge in fall with a mixture of snow, mud and sticks

ᑰᓃᔥᑎᐦᒉᐤ kuuniishtihcheu vai ♦ it (beaver) insulates its lodge with snow mixed with mud and sticks

ᑰᓅᐚᔅᑎᒋᓲ kuunuwaastichisuu vai -i ♦ it (ex tree) has snow on it

ᑰᓅᐚᔅᑯᓐ kuunuwaaskun vii ♦ it (stick-like) has snow on it

ᑰᓅᐚᔅᑯᓲ kuunuwaaskusuu vai -i ♦ it (anim, stick-like) has snow on it

ᑰᓅᔅᑲᒥᑳᐤ kuunuskamikaau vii ♦ the ground is covered with snow

ᑰᓅ kuunuu vai/vii ♦ s/he/it has snow on it, it is snowy

ᑰᓅᓰᑯᓲ kuunuusikusuu vai/vii ♦ there is ice and frozen snow on something

ᑰᓅᓰᒃᐚᐤ kuunuusikwaau vii ♦ there is some snow on the ice

ᑰᓅᔥᑯᐌᐤ kuunuushkuweu vta ♦ s/he gets snow from himself on him/her/it

ᑰᓅᔥᑲᒧ kuunuushkam vti ♦ s/he gets snow from himself on it

ᑰᓅᐦᐁᐤ kuunuuheu vta ♦ s/he gets him/her snowy

ᑰᓅᐦᑖᐤ kuunuuhtaau vai+o ♦ s/he gets it snowy

ᑰᓇᐸᐦᐊᓐ kuunapahan vii ♦ there is slush under the ice when setting a net, fish hooks in winter

ᑰᓇᒧ kuunam vti ♦ s/he takes it down by hand

ᑰᓈᐯᐤ kuunaapeu na -em ♦ snowman

ᑰᓈᐴ kuunaapuu ni ♦ snow water

ᑰᓐ kuun na ♦ snow

ᑰᓯᒻ kuusim nad ♦ your grandchild

ᑰᔑᒧᓂᐦᑳᓲ kuushimunihkaasuu vai -u ♦ s/he is making her/his bed

ᑰᔑᒨ kuushimuu vai -u ♦ s/he goes to bed

ᑰᔑᒨᓂᐦᑯᐌᐤ kuushimuunihkuweu vta ♦ s/he makes someone's bed up for him/her

ᑰᔑᓐ kuushin vai [Coastal] ♦ s/he/it falls down on her/his/its own

ᑰᔥᑰᔥᒉᐸᔨᐦᐁᐤ kuushkuushchepayiheu vta ♦ s/he rocks him/her in the canoe

ᑰᔥᑰᔥᒉᐸᔨᐦᑖᐤ kuushkuushchepayihtaau vai+o ♦ s/he rocks it (ex canoe), s/he moves it about, back and forth

ᑰᐦᐄᑲᓐ kuuhiikan na ♦ felled tree

ᑰᐦᐄᒉᐤ kuuhiicheu vai ♦ s/he fells timber

ᑰᐦᐄᒥᓈᓈᐦᑎᒄ kuuhiiminaanaahtikw ni ♦ wild chokecherry tree *Prunus virginiana* or *Prunus pensylvanica*

ᑰᐦᐄᒥᓈᓐ kuuhiiminaanh ni pl [Inland] ♦ wild chokecherries (in clusters) or pin cherries (in panicles)

ᑰᐦᐄᒥᓐ kuuhiiminh ni pl [Coastal] ♦ wild chokecherries

ᑰᐦᐆ kuuhuu vai -u ♦ s/he is burned (baby talk)

ᑰᐦᐊᒧ kuuham vti ♦ s/he knocks it over

ᑰᐋᔅᑴᐤ **kuuhaaskweu** vai ♦ s/he is felling trees

ᑰᐌᐤ **kuuhweu** vta ♦ s/he fells it, cuts it (anim, tree) down

ᑰᐸᓀᔨᒨ **kuuhpaneyimuu** vai -u [Coastal] ♦ s/he is in misery because s/he has something on her/his mind

ᑰᐹᑌᔨᒧᐦᐁᐤ **kuuhpaateyimuheu** vta ♦ s/he makes him/her/it (anim) miserable

ᑰᐹᑌᔨᒨ **kuuhpaateyimuu** vai -u ♦ s/he is in misery because s/he has something on her/his mind

ᑰᐹᑎᓰᐎᓐ **kuuhpaatisiiwin** ni ♦ misery

ᑰᐹᒋᐦᐁᐤ **kuuhpaachiheu** vta ♦ s/he makes him/her miserable

ᑰᐹᓀᐤ **kuuhpaaneu** na -em [Mistissini] ♦ male helper, servant, unkinged piece in a checker game

ᑰᐹᓀᔅᑴᐤ **kuuhpaaneskweu** na -em [Inland] ♦ female helper, servant

ᑰᐹᓀᐦᐁᐤ **kuuhpaaneheu** vta [Inland] ♦ s/he uses him/her as a servant, helper

ᑰᐹᐦᑎᓯᐤ **kuuhpaahtisiiu** vai ♦ s/he is always miserable because s/he is always sickly

ᑰᐦᑖᐄ **kuuhtaawii** nad ♦ your father

ᑰᐦᑯᒥᓈᔥ **kuuhkuminaash** na dim -im ♦ old lady

ᑰᐦᑯᒥᔅ **kuuhkumis** nad ♦ your uncle (your father's brother, your mother's sister's husband) your stepfather

ᑰᐦᑯᒻ **kuuhkum** nad ♦ your grandmother

ᑰᐦᑯᔔ **kuuhkushuu** vai -i ♦ s/he falls asleep

ᑰᐦᑯᔑᐱᒦ **kuuhkuushupimii** ni -m ♦ lard, pork fat

ᑰᐦᑯᔑᐸᐧᒻ **kuuhkuushupwaam** ni ♦ ham (leg)

ᑰᐦᑯᔑᑕᐦᒋᔒ **kuuhkuushutahchishii** na -m ♦ sausage

ᑰᐦᑯᔑᔑᑲᐃ **kuuhkuushushikai** na -aam ♦ pig skin

ᑰᐦᑯᔑᐦᑕᒄ **kuuhkuushuhtakw** ni ♦ pork barrel

ᑰᐦᑯᔑᔮᔅ **kuuhkuushuuyaas** ni ♦ pork meat, pork chop

ᑰᐦᑯᔥ **kuuhkuush** na -im ♦ pig

ᑰᐦᑲᑌᐎᓐ **kuuhkatewin** ni ♦ starvation

ᑰᐦᑲᑌᐤ **kuuhkateu** vai ♦ s/he is starving

ᑰᐦᑲᑎᐦᐁᐤ **kuuhkatiheu** vta ♦ s/he starves him/her/it (anim)

ᑰᐦᑲᑎᐦᐄᓲ **kuuhkatihiisuu** vai reflex -u ♦ s/he abstains from food, s/he fasts

ᑰᐦᑲᓵᐌᐤ **kuuhkasaaweu** vai ♦ s/he passes out (ex from drinking alcohol)

ᑲ

ᑲᐅᔑᒨ **kaushimuu** vai -u ♦ s/he throws her/himself down to the ground while standing

ᑲᐅᔑᓐ **kaushin** vai [Inland] ♦ s/he/it falls down on her/his/its own

ᑲᐅᔥᑯᐌᐤ **kaushkuweu** vta ♦ s/he makes him/her fall with her/his body

ᑲᐅᔥᑲᒻ **kaushkam** vti ♦ s/he makes it fall with his body

ᑲᐯᐅᓈᓐ **kapeunaan** ni ♦ campsite for travelling in summer

ᑲᐯᔑᐎᓐ **kapeshuwin** ni [Inland] ♦ camping place, campsite in winter

ᑲᐯᔔᓈᓐ **kapeshuunaan** ni ♦ usual camping place, campsite in winter

ᑲᐸᑖᐤ **kapataau** vai+o ♦ s/he carries things while portaging

ᑲᐸᑖᑲᓐ **kapataakan** na ♦ portage

ᑲᐸᑦ **kapat** ni -im ♦ cupboard, shelf, dresser, from English 'cupboard'

ᑲᐹᐌᐱᓀᐤ **kapaawepineu** vta ♦ s/he throws it out of a boat

ᑲᐹᐌᐱᓇᒻ **kapaawepinam** vti ♦ s/he throws it out of, off a boat

ᑲᐹᐤ **kapaau** vai ♦ s/he disembarks from a boat, car, airplane, bus

ᑲᐹᐸᐦᑖᐤ **kapaapahtaau** vai ♦ s/he runs ashore, s/he hurriedly disembarks

ᑲᐹᔮᐦᑯᑰ **kapaayaahukuu** vai -u ♦ s/he is forced ashore because of high winds

ᑲᑎᑯᓂᒨᔅ **katikunimuus** na -um [Inland] ♦ 2 year old moose *Alces alces*

ᑲᑐᓀ **katune** na ♦ name of owl in traditional story

ᑲᑕ **kata** preverb ♦ will (future marker used with third person of independent verbs)

ᑳᑦᐋᔥᑎᐱᒥᓄᐌᐤ kataashtipiminuweu vai
• s/he cooks fast

ᑳᑦᐋᔥᑎᐱᓯᓇᐦᐄᒉᐤ kataashtipisinahiicheu vai • s/he writes fast

ᑳᑦᐋᔥᑎᐱᓯᓇᐦᐄᒉᒪᑲᓐ kataashtipisinahiichemakan vii • it writes, prints fast

ᑳᑦᐋᔥᑎᐱᔥᑲᒫᐤ kataashtipishkamaau vai
• s/he is quick on her/his feet

ᑳᑦᐋᔥᑎᐱᐄᐎᓐ kataashtipiiwin ni [Inland]
• swift action, agility

ᑳᑦᐋᔥᑎᐱᐄᐤ kataashtipiiu vai • s/he does things with ease, quickly, s/he is clever

ᑳᑦᐋᔥᑎᐱᐄᒪᑲᓐ kataashtipiimakan vii • it works quickly

ᑳᑦᐋᔥᑎᐳᐌᐤ kataashtipuweu vai • s/he speaks fast

ᑳᑦᐋᔥᑎᐸᑌᓄᐌᐤ kataashtipatenuweu vai
• s/he cooks quickly, fast

ᑳᑦᐋᔥᑎᐸᔨᐅᐦ kataashtipayihuu vai -u
• s/he is quick in getting about

ᑲᑴᑌᔨᒣᐤ kakweteyimeu vta redup • s/he is thinking about doing something about/to him/her

ᑲᑴᑌᔨᐦᑕᒼ kakweteyihtam vti redup
• s/he is thinking about, making up her/his mind to do it

ᑲᑴᑌᔨᐦᒧᑐᐌᐤ kakweteyihmutuweu vta redup • s/he is thinking about, making up her/his mind to do something to him/her

ᑲᑴᑎᒣᐤ kakwetimeu vta redup • s/he tries to eat it (anim) up

ᑲᑴᑎᐦᑕᒼ kakwetihtam vti redup • s/he tries to eat it all fast

ᑲᑴᑕᐦᐊᒼ kakwetaham vti redup • s/he tests it with a tool

ᑲᑴᑕᐦᐌᐤ kakwetahweu vta redup • s/he tests it (anim) with a tool

ᑲᑴᒋᒣᐤ kakwechimeu vta redup • s/he asks him/her

ᑲᑴᒋᐢᑲᑖᐦᐆᑐᐎᐦ kakwechiskatahuutuwich vai pl redup recip -u [Coastal] • they are racing against each other in canoes, on skidoos

ᑲᑴᒋᔅᒉᒨ kakwechischemuu vai redup -u
• s/he asks about something

ᑲᑴᒋᐦᐁᐤ kakwechiheu vta redup [Coastal]
• s/he tests, tries him/her/it (anim)

ᑲᑴᒋᐦᐄᐌᐎᓐ kakwechihiiwewin ni
• temptation

ᑲᑴᒋᐦᐄᐌᓲ kakwechihiiwesuu na -siim
• tempter

ᑲᑴᒋᐦᑖᐤ kakwechihtaau vai+o redup
• s/he practices it, keeps on trying

ᑲᑯᐃᑎᒫᐎᓐ kakuitimaawin ni • need, want, necessity

ᑲᑲᒋᐃᓱ kakachiitisuu vai -i [Coastal]
• s/he has sore muscles after working, exercising too hard

ᑲᑳᓂᑎᐦᒉᐤ kakaanitihcheu vai redup [Coastal] • s/he has long hands

ᑲᑳᓄᐱᑑᓀᐤ kakaanupituuneu vai redup
• s/he has long arms

ᑲᑳᓄᑎᐦᒉᐤ kakaanutihcheu vai redup [Inland] • s/he has long hands

ᑲᑳᓄᑲᔥᑴᐤ kakaanukashkweu vai redup
• s/he has long fingernails

ᑲᑳᓄᑳᑌᐤ kakaanukaateu vai redup • s/he has long legs

ᑲᑳᓄᓯᑌᐤ kakaanusiteu vai redup • s/he has long feet

ᑲᑳᓄᐦᑑᑲᔦᐤ kakaanuhtuukayeu vai redup
• it (anim) has long ears

ᑲᑳᓐᐚᔅᑯᑎᐦᒉᐤ kakaanwaaskutihcheu vai redup [Coastal] • s/he has long fingers

ᑲᑳᓐᐚᔨᐦᑴᐤ kakaanwaayihkweu vai redup
• s/he has long hair

ᑲᒉᐹᑎᓰᐤ kachepaatisiiu vai redup • s/he doesn't know what to do, how to do it, s/he is incapable

ᑲᒉᒋᐦᒣᐤ kachechihmeheu vta redup [Coastal] • s/he takes snowshoes off him/her

ᑲᒉᒣᔨᒀᐤ kachemeyikweu vai [Coastal]
• s/he has a snub-nose

ᑲᒉᒣᔨᑯᒣᐤ kachemeyikumeu vai [Coastal]
• s/he has a snub-nose

ᑲᒉᒥᐱᑌᐤ kachemipiteu vta redup • s/he pulls it (anim) so it breaks piece by piece

ᑲᒉᒥᐱᑕᒼ kachemipitam vti redup • s/he pulls it so it breaks piece by piece

ᑲᒉᒧᑎᒀᐤ kachemutikweu vai redup
• s/he robs snares repeatedly

ᑲᒉᒧᑎᒧᐌᐤ kachemutimuweu vta redup
• s/he keeps stealing from him/her

ᑲᒉᒧᑐ kachemutuu vai -i • s/he steals, s/he keeps stealing

ᑲᔅᑴᐤ **kacheskweu** vai redup ♦ s/he is preaching

ᑲᔐᔨᐦᑕᒻ **kachescheyihtam** vti redup ♦ s/he seems to know everything (not a compliment)

ᑲᔐᒋᒣᐤ **kacheschimeu** vta redup ♦ s/he gives him/her advice, instruction, s/he preaches to him/her

ᑲᔐᒋᒧᐧᐁᐤ **kacheschimuweu** vai redup ♦ s/he preaches, gives advice, instruction

ᑲᔦᔨᐱᒣᐤ **kacheyipimeu** vta redup ♦ s/he hurries him/her in what s/he does

ᑲᔦᔨᐱᐃᐦᑳᐦᑎᓲ **kacheyipiihkaahtisuu** vai redup reflex -u ♦ s/he hurries to prepare her/himself

ᑲᐦᑖᐅᓀᐤ **kachehtaauneu** vta redup ♦ s/he holds him/her/it (anim) skilfully

ᑲᐦᑖᐅᓄᐧᐁᐤ **kachehtaaunuweu** vta redup ♦ s/he finds someone looks skilful

ᑲᐦᑖᐅᓇᒻ **kachehtaaunam** vti redup ♦ s/he holds it skilfully

ᑲᐦᑖᐧᐁᐤ **kachehtaaweu** vai redup ♦ s/he speaks from wisdom

ᑲᐦᑖᐧᐁᔨᐦᑕᒻ **kachehtaaweyihtam** vti redup ♦ s/he is wise, smart, alert

ᑲᐦᑖᐧᐁᔨᐦᑖᒧᐃᓐ **kachehtaaweyihtaamuwin** ni ♦ wisdom

ᑲᐦᑖᐧᐁᐦᑳᓲ **kachehtaawehkaasuu** vai redup -u ♦ s/he pretends to speak from wisdom

ᑲᒋᑐᓲ **kachiitusuu** vai -i ♦ s/he is stiff, from sitting, running, walking

ᑲᒌᑳᐧᐁᐤ **kachiikaaweu** vai ♦ her/his voice is heard loudly above the others

ᑲᒌᐦᒉᐳᑖᐤ **kachiihcheputaau** vai+o redup ♦ s/he saws, files it square

ᑲᒌᐦᒉᐳᔦᐤ **kachiihchepuyeu** vta redup ♦ s/he saws, files it (anim) square

ᑲᒌᐦᒉᑲᐦᐊᒻ **kachiihchekaham** vti redup ♦ s/he squares it off by tool

ᑲᒌᐦᒉᑲᐦᐧᐁᐤ **kachiihchekahweu** vta redup ♦ s/he chops it (anim) into squares

ᑲᒌᐦᒉᓲ **kachiihchesuu** vai -i ♦ it (anim) has a corner

ᑲᒌᐦᒉᔅᑲᒥᑲᐦᐊᒻ **kachiihcheskamikaham** vti redup ♦ s/he cuts a square of moss out with an axe

ᑲᒌᐦᒉᔑᐧᐁᐤ **kachiihcheshweu** vta redup ♦ s/he cuts it (anim) up in squares

ᑲᒌᐦᒉᔓᒻ **kachiihchesham** vti redup ♦ s/he cuts it up in squares

ᑲᒌᐦᒉᔦᑲᓐ **kachiihcheyekan** vii redup ♦ it (sheet-like) is square

ᑲᒌᐦᒉᔦᒋᐱᑌᐤ **kachiihcheyechipiteu** vta redup ♦ s/he tears it (anim, sheet-like) in squares

ᑲᒌᐦᒉᔦᒋᓲ **kachiihcheyechisuu** vai redup -i ♦ it (anim, sheet-like) is square

ᑲᒌᐦᒉᔦᒋᔑᐧᐁᐤ **kachiihcheyechishweu** vta redup ♦ s/he cuts it (anim, sheet-like) square

ᑲᒌᐦᒉᔦᒋᔕᒻ **kachiihcheyechisham** vti redup ♦ s/he cuts it (sheet-like) square

ᑲᒌᐦᒉᔮᐤ **kachiihcheyaau** vii redup ♦ it is square

ᑲᒌᐦᒉᔮᐯᑲᓐ **kachiihcheyaapekan** vii redup ♦ it (string-like) is square

ᑲᒌᐦᒉᔮᐱᔅᑳᐤ **kachiihcheyaapiskaau** vii redup ♦ it (metal) is square

ᑲᒌᐦᒉᔮᐱᔅᒋᓲ **kachiihcheyaapischisuu** vai redup -i ♦ it (anim, stone, metal) is square

ᑲᒌᐦᒉᔮᐱᔅᒋᔑᐧᐁᐤ **kachiihcheyaapischishweu** vta redup ♦ s/he cuts it (anim, metal) square

ᑲᒌᐦᒉᔮᐱᔅᒋᔕᒻ **kachiihcheyaapischisham** vti redup ♦ s/he cuts it (stone, metal) square

ᑲᒌᐦᒉᔮᐱᐦᒉᓲ **kachiihcheyaapihchesuu** vai redup -i ♦ it (anim, string-like) is square

ᑲᒌᐦᒉᔮᔅᑯᓐ **kachiihcheyaaskun** vii redup ♦ it (stick-like) is squared off

ᑲᒌᐦᒉᔮᔅᑯᓲ **kachiihcheyaaskusuu** vai redup -i ♦ it (anim, stick-like) is squared off

ᑲᒌᐦᒉᐦᐁᐤ **kachiihcheheu** vta redup ♦ s/he makes it (anim) square

ᑲᒌᐦᒉᐦᑕᑳᐤ **kachiihchehtakaau** vii redup ♦ it (useful wood) has square corners

ᑲᒌᐦᒉᐦᑖᐤ **kachiihchehtaau** vai+o redup ♦ s/he makes it square

ᑳᐋᔥᑎᐲᐃᐧᓐ **kachaashtipiiwin** ni [Coastal] ♦ swift action, agility

ᑲᒫ **kamaa** p ♦ I wish ▪ ᑲᒫ ᒌ ᐱᒧᐦᐸᔮᕽ. *I wish I could go on another canoe trip.*

ᑲᓄᔅᑳᑖᐅᓲ **kanuskaataausuu** vai -u [Inland] ♦ she is expecting a baby, is pregnant (old term)

ᑲᓅᔥᒁᐦᑐᐌᓲ kanuushkwaahtuwesuu na -siim ◆ doorkeeper

ᑲᓇᐌᔨᒣᐤ kanaweyimeu vta ◆ s/he cares for him/her

ᑲᓇᐌᔨᒫᐅᓲ kanaweyimaausuu vai -u ◆ s/he baby-sits, she is pregnant [inland]

ᑲᓇᐌᔨᒫᐅᓲᑲᒥᒄ kanaweyimaausuukamikw ni ◆ daycare center

ᑲᓇᐌᔨᐦᑕᒧᐌᐤ kanaweyihtamuweu vta ◆ s/he keeps it for him/her

ᑲᓇᐌᔨᐦᑕᒫᓲ kanaweyihtamaasuu vai reflex -u ◆ s/he keeps it for her/himself

ᑲᓇᐌᔨᐦᑕᒼ kanaweyihtam vti ◆ s/he keeps it

ᑲᓇᐌᔨᐦᑖᑯᓐ kanaweyihtaakun vii ◆ it is to be kept, cared for

ᑲᓇᐌᔨᐦᑖᑯᓲ kanaweyihtaakusuu vai -i ◆ s/he is to be kept, cared for

ᑲᓇᐚᐯᒋᓀᐤ kanawaapechineu vta ◆ s/he gives him/her a little food to keep him/her alive

ᑲᓇᐚᐳᒉᐤ kanawaapucheu vai ◆ s/he looks after the camp, a house

ᑲᓇᐚᐴ kanawaapuu vai -i ◆ she is watching

ᑲᓇᐚᐸᒣᐤ kanawaapameu vta ◆ s/he watches another

ᑲᓇᐚᐸᐦᑕᒼ kanawaapahtam vti ◆ s/he watches it

ᑲᓇᐚᑎᑵᐤ kanawaatikweu vai ◆ s/he tends the goal

ᑲᓇᐚᑕᑵᓲ kanawaatakwesuu na -siim ◆ goalie

ᑲᓇᐚᒌᔥ kanawaachiish p,time dim ◆ ration food, eat sparingly of a set amount of wild food ▪ ᐋᑕᐐ ᑲᓇᐚᒌᔥ ᓂᒦᒋᓱᓐx ▪ *I ration the food out.*

ᑲᓇᐚᒡ kanawaach p,time ◆ ration food, eat sparingly of a set amount of wild food ▪ ᐋᑕᐐ ᑲᓇᐚᒡ ᓂᒦᒋᓱᓐx ▪ *I ration the food out.*

ᑲᓇᐚᔐᐅᑲᒥᒄ kanawaasheukamikw ni [Inland] ◆ daycare center

ᑲᓇᐚᔐᐤ kanawaasheu vai [Inland] ◆ s/he baby-sits

ᑲᓇᐢᑳᑖᐅᓲ kanaskaataausuu vai -u [Coastal] ◆ she is expecting a baby, is pregnant (old term)

ᑲᐢᑕᐦᑕᒥᓀᐦᐌᐤ kastahtaminehweu vta [Coastal] ◆ s/he breaks its (anim) wing bone with something

ᑲᐢᑲᑎᒧᐢᒋᐦᒄ kaskatimuschihkw na ◆ old-fashioned copper pot (old term)

ᑲᐢᑲᑎᓂᐲᓯᒼ kaskatinipiisim na ◆ November, literally 'freeze-up month'

ᑲᐢᑲᑎᓇᒼ kaskatinam vti ◆ s/he breaks it off cleanly

ᑲᐢᑲᑎᓈᐤ kaskatinaau vii ◆ it is a high cliffed mountain

ᑲᐢᑲᑎᓐ kaskatin vii ◆ it (water) freezes up, it is freeze-up

ᑲᐢᑲᒋᐸᔨᐦᐁᐤ kaskachipayiheu vta ◆ s/he makes it (anim) break off by moving it

ᑲᐢᑲᒋᐸᔨᐦᑖᐤ kaskachipayihtaau vai+o ◆ s/he makes it break off by moving it

ᑲᐢᑲᒑᒧᐙᐤ kaskachaamuwaau vii ◆ it is stuffy (in a room, building or container)

ᑲᐢᑲᒑᒧᐦᐊᒼ kaskachaamuham vti ◆ s/he lets the room become stuffy

ᑲᐢᑲᒣᒧᐦᑖᐤ kaskamemuhtaau vai+o ◆ s/he makes a short-cut trail

ᑲᐢᑲᒣᒨ kaskamemuu vii -u ◆ it is a short-cut trail

ᑲᐢᑲᒣᐦᐊᒣᐤ kaskamehameu vai ◆ s/he walks across a short-cut on the trail

ᑲᐢᑲᓈᐅᑳᐦᐊᓐ kaskanaaukaahan vii ◆ it is a pattern left on the sand by wave action

ᑲᐢᑲᓐ kaskan na ◆ wave

ᑲᐢᑲᐢᒉᐦᑕᒄ kaskaschehtakw na ◆ rotted wood (used for smoking hide)

ᑲᐢᒉᐌᐤ kascheweu vai ◆ s/he takes a short-cut across a point

ᑲᐢᒉᐌᐱᒎ kaschewepichuu vai -i ◆ s/he travels to another body of water moving winter camp

ᑲᐢᒉᐌᔥᑖᐤ kascheweshtaau vai+o ◆ s/he portages from one river to the other

ᑲᐢᒉᐌᔥᑖᑲᓐ kascheweshtaakan ni ◆ portage from one river to another

ᑲᐢᒉᐌᔥᑲᒼ kascheweshkam vti ◆ s/he walks across through it

ᑲᔐᐧᐁᕽᐤ **kaschewehuu** vai -u ♦ s/he paddles from one river, lake to another, takes a short-cut

ᑲᔐᐧᐁᐸᔫ **kaschewehpayuu** vai -i ♦ s/he travels by vehicle from one river, lake to another

ᑲᔐᐚᓈᓐ **kaschewaanaan** ni ♦ a short-cut across a point of land

ᑲᔐᔨᐦᑕᒥᐁᐤ **kascheyihtamiheu** vta ♦ s/he frustrates him/her by not doing what s/he said she would, causing him/her to wait

ᑲᔐᔨᐦᑕᒧᐃᓐ **kascheyihtamuwin** ni [Coastal] ♦ irritation

ᑲᔐᔨᐦᑕᒼ **kascheyihtam** vti ♦ s/he is irritated

ᑲᔑᐸᐦᒋᐦᑎᓐ **kaschipahchihtin** vii ♦ it is a steep and high falls, waterfall

ᑲᔑᑌᐤᐦᒉᔋ **kaschiteuhcheshuu** na -lim ♦ black fox

ᑲᔑᑌᐤ **kaschiteu** vii ♦ it is cooked until tender

ᑲᔑᑕᐦᑕᑯᓀᐦᐁᐤ **kaschitahtahkunehweu** vta [Inland] ♦ s/he shoots a bird and breaks the shoulder part of the wing

ᑲᔑᑕᐦᑕᑯᓀᐦᐁᐤ **kaschitahtahkunehweu** vta [Coastal] ♦ s/he shoots a bird and breaks the main part of the wing

ᑲᔑᒄᐁᐚᐤ **kaschikwehwaau** na ♦ bark used to make containers, teepee covers long ago

ᑲᔑᒄᐁᐚᓅᐃᐟ **kaschikwehwaanuwit** ni ♦ bark basket

ᑲᔑᒄᐚᑌᐤ **kaschikwaateu** vta ♦ s/he sews it (anim)

ᑲᔑᒄᐚᑕᒧᐁᐤ **kaschikwaatamuweu** vta ♦ s/he sews it for him/her

ᑲᔑᒄᐚᑕᒼ **kaschikwaatam** vti ♦ s/he sews it

ᑲᔑᒄᐚᓱᓂᔮᐱ **kaschikwaasuniyaapii** na -m ♦ thread

ᑲᔑᒄᐚᓱᓈᐱᔅᒄ **kaschikwaasunaapiskw** na ♦ thimble

ᑲᔑᒄᐚᓲᓐ **kaschikwaasun** ni ♦ sewing

ᑲᔑᒄᐚᓲ **kaschikwaasuu** vai -u ♦ s/he sews

ᑲᔑᒄᐚᓲᓅᐃᐟ **kaschikwaasuunuwit** ni ♦ sewing basket, box container

ᑲᔑᓭᑳᐤ **kaschisekaau** vii ♦ it is a high steep rock cliff

ᑲᔑᓭᒄᐃᓐ **kaschisechuwin** vii ♦ it is steep, high falls

ᑲᔑᓯᐁᐤ **kaschisweu** vta ♦ s/he cooks it (anim) until tender

ᑲᔑᓰᐤ **kaschisiiu** vai ♦ it (anim) is rotten

ᑲᔑᓱᒣᐤ **kaschisumeu** vta ♦ s/he is able to persuade him/her

ᑲᔑᓲ **kaschisuu** vai -i ♦ it (anim) is cooked tender

ᑲᔑᓴᒧᐁᐤ **kaschisamuweu** vta ♦ s/he cooks it tender for him/her

ᑲᔑᓴᒼ **kaschisam** vti ♦ s/he cooks it until tender

ᑲᔑᓵᐁᐤ **kaschisaaweu** vta ♦ s/he cooks things tender

ᑲᔑᐦᐁᐤ **kaschiheu** vta ♦ s/he is capable, smart in making it (anim)

ᑲᔑᐦᐅᐃᓐ **kaschihuwin** ni ♦ capability, power

ᑲᔑᐦᐅ **kaschihuu** vai -u ♦ s/he is capable, smart, s/he does a really good job

ᑲᔑᐦᐅᒫᑲᓐ **kaschihuumakan** vii ♦ it is capable

ᑲᔑᐦᑕᒧᐁᐤ **kaschihtamuweu** vta ♦ s/he earns it for him/her

ᑲᔑᐦᑕᒫᓲ **kaschihtamaasuu** vai reflex -u ♦ s/he earns it for her/himself

ᑲᔑᐦᑕᒥᓀᐦᐁᐤ **kaschihtaminehweu** vta [Inland] ♦ s/he breaks its (anim) wing bone with something

ᑲᔑᐦᑖᐤ **kaschihtaau** vai+o ♦ s/he is capable, smart in doing it

ᑲᔑᐦᑖᓲ **kaschihtaasuu** vai -u ♦ s/he earns

ᑲᔑᐦᑦᐋᓲ **kaschihtwaasuu** vai reflex -u [Inland] ♦ s/he earns it for her/himself

ᑲᔥᑯᐃᓐ **kashkuwin** vii ♦ it is foggy

ᑲᔥᑰᐃᓐ **kashkuuwin** na ♦ cloud

ᑲᔥᑰᓇᐯᔥᑖᓐ **kashkuunapeshtaan** vii ♦ it is a misty, drizzling rain

ᑲᔥᑰᓈᐸᓐ **kashkuunaapan** vii ♦ it is a misty, foggy morning

ᑲᔥᑰᓐ **kashkuun** vii ♦ it is foggy

ᑲᔥᑲᑖᒨ **kashkataamuu** vai -u ♦ s/he/it (anim) suffocates under covers

ᑲᛓᑭᐱᑌᐤ **kashkachipiteu** vta ♦ s/he pulls it (anim) so it breaks off cleanly

kashkachipitam vti ♦ s/he pulls it so it breaks off cleanly

kashkachipayuu vai/vii-i ♦ it (anim, flexible) cracks and breaks off

kashkachishweu vta ♦ s/he cuts it (anim) off cleanly

kashkachisham vti ♦ s/he cuts it off cleanly

kashkameshkam vti ♦ s/he goes by a short-cut, walking

kashkamikuu vai-u ♦ it (ex elastic band) is tight on her/him and leaves a mark, a cut

kashkanichiish na dim ♦ rock ptarmigan *Lagopus mutus*

kashkan vii ♦ it (fabric) is rotten from being damp all the time

kashkaatimiiu vii ♦ the river, lake is deep right on the shoreline

kashkaachehweu vta ♦ s/he shoots a bird and it falls with a broken wing tip

kashkaashcheu vii ♦ the fire burns down to coals

kashcheshkashwehweu vta [Coastal] ♦ s/he shoots a bird and breaks the wing tip

kayeutikuteu vii ♦ it hovers in air, in the same place

kayeutapuu vai-i ♦ s/he sits still

kayeutakuchin vai ♦ s/he hovers in the air, in the same place

kayeutakumuu vai-u ♦ s/he/it (anim) floats in the same place

kayeutakuhtin vii ♦ it floats in the same place, makes no headway

kayeuchikaapuu vai ♦ s/he stands still in one place

kayeuchihshin vai-i ♦ s/he is lying down in one place without moving

kayeuch p,location ♦ does not move, stays in the same place ▪ ᑲᔪᐤ ᐃ"Cᑦᵃ ᐊᵃ ᐱ·ᑊᵡ ▪ *That thing is still in the same place, is not moving.*

kayeh p ♦ and, also ▪ ᓂᑳ ᑲᔮ" ᐧᔾ"ᑦᒻ ᑯᑕ ᒥᐱ·ᐃᵡ ▪ *My mother and grandmother are going to eat.*

kayapaa p,affirmative [Mistissini] ♦ yes, of course ▪ ᑲᔭ< ᑲ ·ᐊ<ᒐᵡ ♦ ᑲᔭ< ᒣᵃ ᐊ ·ᐃᒻᐊᒡᵃᵡ ▪ *Of course I saw him.* ♦ *Of course, I'll help you again.*

kalwaakasiwiihkweyaau ni-aam ♦ burlap bag

kalwaakasuwit ni ♦ burlap bag

kalwaakas ni-im ♦ burlap material

kahchiteuhcheshuu na-iim ♦ black fox

kahchisteu ni-em ♦ charcoal

ᑲ

ᑲ **kaa** preverb ♦ past tense marker, relative clause marker (used with conjunct verbs)

kaaishinischeyit nap ♦ music conductor, a person who conducts an orchestra

kaautahusuwaakaanuuhch nip [Inland] ♦ tape recorder

kaautahaakunehiichepayich nip -payim ♦ snowblower

kaauchikwaatahiichet nap [Waswanipi] ♦ elephant

kaauchiiweu vai ♦ s/he follows her/his own trail home

kaauchaau vai ♦ it (anim) is rough, granular snow

kaaum p,manner [Mistissini] ♦ in return, give back ▪ ᒣᵃ ᑲᐅᒻ ᑭ ᒥᑊᐸᐤ ᐅᐱ·ᐸᒡᵡ ▪ *His things were given back to him.*

kaausikwaau vii ♦ it is rough ice

kaausuu vai-i ♦ it (anim) is rough to touch

kaausaawaapiskushit nap dim ♦ copper metal, penny

kaaustichipepahtaat nap ♦ sea-doo

ᑳᐅᔅᑎᐦᑖᑯᓂᒋᐸᐦᑖᑦ kaaustihtaakunichipahtaat na ♦ skidoo
ᑳᐅᔌ kaausheu vai ♦ s/he has a rough skin
ᑳᐅᔐᔮᐤ kaausheyaau vii ♦ it has a rough skin
ᑳᐅᐦᑌᐸᔨᒡ kaauhtepayich nip -payim
♦ fruit salts, fizzing medicine, literally 'that which fizzes'
ᑳᐅᐦᑕᑳᐤ kaauhtakaau vii ♦ it is rough floor
ᑳᐅᐦᑕᒋᓲ kaauhtachisuu vai-i ♦ it (anim) is rough boards
ᑳᐋᔥᑐᐌᐦᐄᒉᐸᔨᒡ kaaaashtuwehiichepayich nip -payim
♦ fire extinguisher
ᑳᐌᐱᓈᓲᑦ kaawepinaasuut na
♦ garbage man
ᑳᐌᐸᐦᐋᑯᓀᐸᔨᒡ kaawepahaakunepayich nip -payim
[Inland] ♦ snowplow
ᑳᐌᐸᐦᐋᑯᓀᑦ kaawepahaakunet nap
♦ snowplow driver, one who shovels snow
ᑳᐌᐸᐦᐋᑯᓀᐦᐄᒉᐸᔨᒡ kaawepahaakunehiichepayich nip -payim
[Coastal] ♦ snowplow
ᑳᐌᑲᓐ kaawekan vii ♦ it (sheet-like) is rough
ᑳᐌᒋᓲ kaawechisuu vai-i ♦ it (anim, sheet-like) is rough
ᑳᐑᓂᓵᓅᒡ kaawiinisinaanuuch nip
♦ venereal disease
ᑳᐋᐤ kaawaau vii ♦ it is rough to touch
ᑳᐙᐱᔅᑳᐤ kaawaapiskaau vii ♦ it (metal) is rough
ᑳᐙᐱᔅᒋᓲ kaawaapischisuu vai-i ♦ it (anim, metal) is rough
ᑳᐙᐹᐯᑲᔑᒡ kaawaapaapekashich nip
♦ thin white string
ᑳᐙᓭᔮᐱᔅᑳᒡ kaawaaseyaapiskaach ni
♦ transparent clear sparkling glass, bottle, cup
ᑳᐙᔅᑯᓐ kaawaaskun vii ♦ it (stick-like) is rough
ᑳᐙᔅᑯᓲ kaawaaskusuu vai-i ♦ it (anim, stick-like) is rough
ᑳᐙᐦᑎᑳᐤ kaawaahtikaau vii ♦ the bough needles are sharp

ᑳᐤ kaau p,manner ♦ in return, give back ■ ᒫ ᑳ ᑮ ᒥᔮᐸᒪᑦ ᐅᑎᐸᓕᒻ x ■ His things were given back to him.
ᑳᐯᐯᔒᐌᑦ kaapepeshiiwet nap ♦ zebra
ᑳᐯᔭᑯᑐᓀᔮᒡ kaapeyakutuneyaach nip
♦ single-barrelled gun
ᑳᐯᔭᑯᑦ kaapeyakut na ♦ widow, widower
ᑳᐯᔭᒃᐙᔅᑯᒡ kaapeyakwaaskuch nip
[Inland] ♦ single-barrelled gun
ᑳᐯᐦᐯᔥᑌᒡ kaapehpeshtech nip ♦ lined paper
ᑳᐱᐯᔖᔨᐌᑦ kaapipeshaayiwet nap
♦ raccoon
ᑳᐱᐸᒥᐦᐄᓅᐌᑦ kaapipamihiinuwet nap
♦ waitress, waiter
ᑳᐱᐹᒥᐦᔮᑦ kaapipaamihyaat na [Coastal]
♦ pilot
ᑳᐱᒀᐸᑖᑲᓄᐎᒡ kaapikwepataakanuwich ni [Coastal]
♦ blanket cloth, duffle (old term)
ᑳᐱᒥᐸᔨᒡ kaapimipayich nip [Coastal]
♦ outboard motor
ᑳᐱᒥᔥᑳᒪᑲᐦᒡ kaapimishkaamakahch nip
[Mistissini] ♦ outboard motor
ᑳᐱᒥᐦᔮᑦ kaapimihyaat na [Inland]
♦ pilot
ᑳᐱᒥᐦᔮᒪᑲᐦᒡ kaapimihyaamakahch nip
♦ airplane
ᑳᐱᔅᒋᔖᒡ kaapischishaach nip -chaam
♦ room
ᑳᐱᐦᔦᒋᑖᓲᑦ kaapihyechitaasuut na
♦ janitor
ᑳᐱᐱᒫᑕᐦᐄᒉᐸᔨᐦᒡ kaapiimipaatahiichepayihch nip
♦ wringer of washing machine
ᑳᐱᔖᐱᔅᒋᐦᔑᑖᐤ kaapiishaapischihshitwaau ni ♦ coins, small change
ᑳᐱᔥᑌᐅᐸᔨᔑᒡ kaapiishteupayishich nip -shim ♦ beer
ᑳᐱᔮᐱᔅᑯᔑᑖᐤ kaapiiywaapiskushitwaau nap pl
♦ coins, small change
ᑳᐱᐦᑌᐸᔨᑖᑲᓅᒡ kaapiihtepayihtaakanuuch nip [Coastal]
♦ tape recorder
ᑳᐱᐦᑐᒑᒨᑦ kaapiihtuchaamuut na [Inland]
♦ pie, from English 'jam'
ᑳᐱᐦᑐᒦᓂᔐᑦ kaapiihtumiinishuut na
♦ pie

ᑳᐱᐦᑐᐦᐁᔑᒧᓈᓅᒡ kaapiihtuhweshimunaanuuch nip
 ♦ sleeping bag

ᑳᐱᐦᒑᒄ kaapiihtwaataakanuuch nip
 ♦ marihuana, hashish, literally 'that which is smoked'

ᑳᐳᒑᑲᓅᐊᒡ kaapuutaataakanuwich nip
 ♦ balloon, harmonica

ᑳᐸᐹᒫᔑᑯᑦ kaapapaamaashikuut na
 ♦ carpenter's level

ᑳᐸᐹᓂᐦᒃᐙᐦᒉᑦ kaapapaanihkwaahchet na ♦ kind of owl

ᑳᐸᔨᐦᑌᔮᔅᑯᓯᑦ kaapayihteyaaskusit nap
 ♦ a tree that stands out

ᑳᐸᓚᑲᔅᑫᐎ kaapalakaskweu na -em [Mistissini] ♦ a horse

ᑳᐹᒥᒑᑦ kaapaamichaat nip [Coastal]
 ♦ plaid material

ᑳᐹᓯᒉᐸᔨᐦᒡ kaapaasichepayihch nip [Mistissini] ♦ clothes dryer

ᑳᐹᔥᑌᐦᐄᒉᐸᔨᒡ kaapaashtehiichepayich nip -payim [Inland] ♦ clothes dryer

ᑳᐹᐦᑯᑕᐌᐦᐄᒉᐸᔨᒡ kaapaahkutawehiichepayich nip -payim [Coastal] ♦ hair dryer

ᑳᐹᐦᑯᓯᑦ kaapaahkusit na ♦ powdered milk

ᑳᐹᐦᑯᐦᐄᒉᐸᔨᒡ kaapaahkuhiichepayich nip -payim [Coastal] ♦ clothes dryer

ᑳᑎᐯᔨᐦᑕᕽ kaatipeyihtahk nap
 ♦ director, leader, instigator, foreman

ᑳᑎᓀᐤ kaatineu vta ♦ s/he hides it (anim) by holding it (ex behind back)

ᑳᑎᓂᒡ kaatinich p,location ♦ in a hidden place ▪ ᐋᓅᐦ ᑳᑎᓂᒡ ᐊᐦᒡₓ ▪ *Put it in a hidden place.*

ᑳᑎᓇᒻ kaatinam vti ♦ s/he hides it with his hand

ᑳᑎᐦᑎᐸᔨᑦ kaatihtipayit nip ♦ tire

ᑳᑕᔅᐌᑲᔥᑌᒡ kaatashwekashtech nip -em
 ♦ floor covering, linoleum, oilcloth

ᑳᑕᐦᑯᑯᒋᕽ kaatahkukuchihk nip
 ♦ February, old term, literally 'it hangs short'

ᑳᑕᐦᑯᓯᑕᐱᓯᒻ kaatahkusitapiisim na
 ♦ February, literally 'the short month'

ᑳᑕᐦᑳᒋᑲᐸᑦ kaatahkaachikapat ni
 ♦ refrigerator

ᑳᑕᐦᑳᒡ kaatahkaach nap [Inland] ♦ ice cream

ᑳᑕᐦᒋᓯᑦ kaatahchisit na [Coastal] ♦ ice cream

ᑳᑖᐤ kaataau vai+o ♦ s/he hides it ▪ ᑳᑖᐤ ᒫᓯᓇᐦᐃᑲᓂᓂᕽₓ ▪ *S/he is hiding the book.*

ᑳᑖᐱᔥᑳᑲᓄᐎᒡ kaataapishkaakanuwich nip ♦ a necklace

ᑳᑖᓱᐎᓐ kaataasuwin ni ♦ hand game where an object is hidden, others guess who has it

ᑳᑯᒥᓈᐦᑎᒄ kaakuminaahtikw ni pl -im
 ♦ bristly black currant bush, black gooseberry bush *Ribes lacustre*, literally 'porcupine berry bush'

ᑳᑯᒥᓐ kaakuminh ni pl ♦ bristly black currants, literally 'porcupine berry'

ᑳᑯᔅᒉᓰᐅᐊᔨᒧᐎᓐ kaakuschesiiuayimuwin ni [Mistissini]
 ♦ French language

ᑳᑯᔅᒉᔑᐅᔥᑌᐤ kaakuscheshiiushteu vii [Mistissini] ♦ it is written in French

ᑳᑯᔅᒉᔑᐅᔥᑖᐤ kaakuscheshiiushtaau vai+o [Mistissini] ♦ s/he writes it in French

ᑳᑯᔅᒉᔥᐆ kaakuscheshuu vai [Mistissini]
 ♦ s/he is a French person

ᑳᑯᔅᐦᐁᐅᒋᓇᒻ kaakusheuchinam vti ♦ s/he feeds the fire more wood so that it does not go out

ᑳᑯᔥ kaakush na dim ♦ young porcupine *Erethizon dorsatum*

ᑳᑰᔑᐱᒦ kaakuushipimii ni -m [Mistissini]
 ♦ bear grease

ᑳᑰᔕᔮᓐ kaakuushuuyaan na [Mistissini]
 ♦ bear skin

ᑳᑰᔥ kaakuush na dim [Mistissini] ♦ bear

ᑳᑲᑳᐦᒌᐌᐸᔨᒡ kaakakaahchiiwepayich nip -payim [Coastal] ♦ elevator

ᑳᑲᒀᓈᐦᒀᐅᐦ kaakakwaanwaahkwaauh nip pl ♦ hip waders

ᑳᑲᒉᒋᐻᔮᐦᒀᐅᐦ kaakachechipwameyaahkwaauh nip pl
 ♦ hip waders

ᑳᑲᓄᐙᐳᒉᑦ kaakanuwaapuchet nap
 ♦ interim manager, caretaker

ᑳᑲᓇᐌᔨᐦᑕᕽ kaakanaweyihtahk nap
 ♦ caretaker

ᑳᑲᔅᒋᒀᓲᐸᔨᒡ kaakaschikwaasuupayich nip -payim ♦ sewing machine

ᑳᑲᔅᒋᐦᑖᑦ kaakaschihtaat nap ♦ hero, winner

ᒃᒃᔅᒃᐦᐋᒡᒡᐦ **kaakashkahiichet** na nap
  ♦ grader, road grader, literally 'the one who scrapes'

ᒃᒃᔦᐦ **kaakayeh** p,manner ♦ also, too (emphatic) ▪ ᒃᒃᐦ ᒥᕐᐁ ᐋ ᐊᓱᑦᐦ ᒥᓄᒋᒥᔾ ▪ *I thought they were all yours.*

ᒃᒃᐋᐧᐦ **kaakaawaach** ni ♦ rough scouring pad

ᒃᒃᐋᔑᐧᒡᑖᑕᓈᓄᐧᐃᒡ **kaakaashuushtaatunaanuwich** nip ♦ game of hide-and-seek

ᒃᒃᐦᒌᐧᔦᐋᐱᒉᐸᔨᒡ **kaakaahchiiweyaapichepayich** nip -payim [Inland] ♦ elevator

ᒃᐧᐸᐲᑕᐸᔨᒡ **kaakwaapitepayihch** nip ♦ jet plane, literally 'the thing that flies with smoke'

ᒃᒃᐧᐋᔥᒃᐧᐋᒃᐧᐸᐦᑖᑦ **kaakwaashkwaakwepahtaat** nap ♦ kangaroo

ᒃᐧᐋᔫ **kaakwaayuu** ni ♦ porcupine tail

ᒃᐧ **kaakw** na ♦ porcupine *Erethizon dorsatum*

ᑳᒉᑎᐦᒃᐧ **kaachetihkw** na ♦ extra-uterine embryo in a caribou

ᑳᒋᐴ **kaachipuu** vai-u ♦ s/he eats something in secret, hides food

ᑳᒋᐸᔨᐦᐁᐤ **kaachipayiheu** vta ♦ s/he hides him/her quickly

ᑳᒋᐸᔨᐦᑖᐤ **kaachipayihtaau** vai+o ♦ s/he hides it quickly

ᑳᒋᐸᐧᐋᑲᓅᑦ **kaachipahwaakanuut** nap [Coastal] ♦ prisoner

ᑳᒋᒉ **kaachiche** p,time ♦ always, forever and ever ▪ ᐁᐧᐊ ᑳᒋᒉ ᐁᔅᒻ ᐧᒥ ᒥ ᐋᐱᑕᐦ ▪ *You can't stay here forever.*

ᑳᒋᒉᐸᒃᐧ **kaachichepakw** ni ♦ Labrador tea bush *Ledum groenlandicum*

ᑳᒋᒉᒥᔅᒃᐧ **kaachichemiskw** na ♦ fetus permanently lodged outside the uterus of a beaver, extra-uterine

ᑳᒋᒉᔮᐴᔥ **kaachicheyaapuush** na ♦ extra-uterine embryo in a hare, rabbit

ᑳᒋᒋᐧᐋᒣᔮᐦᒃᐧᐋᐤ **kaachichipwaameyaahkwaau** ni [Coastal] ♦ hip wader boot

ᑳᒋᒡ **kaachich** p,time ♦ always, forever and ever ▪ ᐁᑦ ᑳᒋᒡ ᑖ ᐋᒡᒡᐦ ▪ *She will always stay here.*

ᑳᒋᓅᑯᑦᐦ **kaachinukutet** nap [Waskaganish]
  ♦ elephant

ᑳᒋᓈᐧᐋᐯᒋᔑᐧᑖᐤ **kaachinwaapechishitwaau** nap pl
  ♦ spaghetti

ᑳᒋᓈᐧᐋᒋᐅᑖᐸᓐ **kaachinwaachiutaapaan** ni ♦ bus

ᑳᒋᔅᐸᐦᐄᒉᐸᔨᒡ **kaachispahiichepayich** nip ♦ cake mixer

ᑳᒋᔅᑖᐸᐅᒋᔮᑲᓀᐸᔨᒡ **kaachistaapauchiyaakanepayich** nip -payim ♦ automatic dishwasher

ᑳᒋᔅᑖᐳᐧᐋᐅᒉᐸᔨᐦᒡ **kaachistaapwaauchepayihch** nip
  ♦ washing machine

ᑳᒋᔑᐸᔨᑦ **kaachishipayit** nap
  ♦ motorcycle

ᑳᒋᐦᑳᔥᑌᐦᑎᐦᒡ **kaachihkaashtehtihch** nip
  ♦ movie

ᑳᒋᐋᑎᑯᐸᔨᑦ **kaachiiwaatikupayit** nap
  ♦ compass

ᑳᒌᐱᒥᓄᐧᐁᒪᑲᐦᒡ **kaachiipiminuwemakahch** nid
  ♦ microwave

ᑳᒌᑐᓲ **kaachiitusuu** vai -i [Inland] ♦ s/he has sore muscles after working, exercising too hard

ᑳᒌᑑᔅᒃᐧ **kaachiituuskw** na [Mistissini] ♦ elephant, monster who eats parents of Chahkaapesh in traditional story

ᑳᒌᑯᔅᐱᓈᓅᐦᒋᐲᓯᒻ **kaachiikuspinaanuuhchipiisim** na [Mistissini] ♦ August

ᑳᒌᒋᐦᐁᐤ **kaachiichiheu** vta ♦ s/he comforts him/her

ᑳᒌᒋᐦᐄᐧᐁᐧᐃᓐ **kaachiichihiiwewin** ni
  ♦ comfort

ᑳᒌᒋᐦᐄᐧᐁᐤ **kaachiichihiiweu** vai ♦ s/he comforts

ᑳᒌᒋᐦᐄᑎᓲ **kaachiichihiitisuu** vai reflex -u ♦ s/he comforts her/himself

ᑳᒌᓂᒃᐧᐋᓈᔥᑎᐦᒡ **kaachiinikwaanaashtihch** nip ♦ windmill

ᑳᒌᔥᒋᐳᒉᐸᔨᒡ **kaachiishchipuchepayich** nip -payim ♦ chainsaw, power saw

ᑳᒌᒉᔦᒋᐱᑕᒻ **kaachiihcheyechipitam** vti ♦ s/he tears it (sheet-like) in squares

ᑳᒌᐦᒌᑯᒫᑲᓅᑦ **kaachiihchiikumaakanuut** nap ♦ corn on the cob (rare word)

ᑲᒥᐦᑯᔐᐸᔨᓈᓅᒡ
kaamihkushepayinaanuuch nip [Coastal]
* measles

ᑲᒥᐦᑯᔕᓅᐦᒡ kaamihkushaanuuhch nip
[Inland] * measles

ᑲᒧᔐᐦᑲᑌᔑᒧᑦ kaamusheshkateshimut
na * topless dancer, strip tease artist

ᑲᒧᔐᐦᑲᑌᔑᒧᓈᓅᐧᒡ
kaamusheshkateshimunaanuwich na
* topless dance, strip tease dance

ᑲᒨᓂᐦᐄᒉᑦ kaamuunihiichet nap
* digger

ᑲᒨᓅᐦᑲᐦᐄᒉᐸᔨᒡ
kaamuunaauhkahiichepayich nip -payim
* backhoe, digger

ᑲᒨᓅᐦᑲᐦᐄᒉᑦ kaamuunaauhkahiichet
nap * driver of a backhoe

ᑲᒪᓯᓈᐚᔥᑌᐸᔨᑦ
kaamasinawaashtepayit nip
* television

ᑲᒪᓯᓈᐚᔥᑌᐸᔨᒡ
kaamasinawaashtepayich nip -payim * it
is a television

ᑲᒪᓯᓈᐱᔥᑲᐦᐄᒉᐸᔨᒡ
kaamasinaapiskahiichepayich nip -payim
* movie camera

ᑲᒪᔅᑰᐚᒋᐱᔅᑯᓀᑦ
kaamaskuuwaachipiskunet nap * turtle

ᑲᒫᒥᒋᑉᐚᒣᑦ kaamaamichipwaamet nap
[Inland] * four-wheeler

ᑲᒫᒫᐦᑖᐅᔥᑎᒀᓀᑦ
kaamaamaahtaaushtikwaanet na
[Coastal] * mallard duck *Anas
platyrhynchos*, black duck *Anas rubripes*

ᑲᒫᐦᒑᓂᑲᐦᐆᑎᓈᓅᐧᑦ
kaamaahchaanikahuutinaanuwit nip
* name of game in which children run
around, are touched and are counted
as 'out' so that last one left wins

ᑳᓀᐆᑳᑌᑦ kaaneukaatet nap * four-
wheeler

ᑳᓂᐯᔥᑳᒉᒀᐅᐦ kaanipeshkaachekwaauh
nip pl * sleeping pills

ᑳᓂᐯᐅᐧᐁᒀᐅᐦ kaanipehuwekwaauh nip
pl * sleeping pills (old term)

ᑳᓂᐲ kaanipii ni -m * insect netting,
screening, from English 'canopy'

ᑳᓂᑲᒨᒪᑲᐦᒡ kaanikamuumakahch nip
* record player

ᑳᓂᒌ kaanichii ni -m * pullover sweater

ᑳᓂᔥᑐᑳᑌᑦ kaanishtukaatet nap
* three-wheeler

ᑳᓃᐤ kaaniiu vai [Inland] * s/he earns
wages, s/he wins

ᑳᓃᔐᑳᑌᑦ kaaniishukaatet nap * two-
wheel motorbike

ᑳᓃᐦᑖᐦᑕᐧᐄᐸᔨᒡ kaaniihtaahtawiipayich
nip -payim * down escalator

ᑳᓅᑯᐦᑖᑲᓅᐦᒀᐅᐦ
kaanuukuhtaakanuuhkwaauh nip pl
* articles that are put on display

ᑳᓇᓇᑴᑲᓯᒫᒉᐸᔨᒡ
kaananakwekasimaachepayich nip
[Coastal] * hair curler

ᑳᓇᓇᑴᔮᐦᑲᓴᒫᒉᐸᔨᒡ
kaananakweyaahkasamaachepayich nip
[Inland] * hair curler

ᑳᓇᐦᐋᐅᔥᑖᓲᑦ kaanahaaushtaasuut na
* cleaning person

ᑳᓈᔅᐲᑌᑲᐦᐄᑲᓅᑦ
kaanaaspitekahiikanuut nip [Coastal]
* a pleated dress, skirt

ᑳᓯᓂᑯᐱᑖᑲᓅᒡ kaasinikupitaakanuuch nip
-im * pump action shotgun

ᑳᓯᓂᒁᐯᑲᐦᐄᑲᓅᒡ
kaasinikwaapekahiikanuuch nip
* violin

ᑳᓯᓰᐤ kaasisiiu vai * it (anim) is sharp

ᑳᓰᐯᑲᐦᐄᑲᓐ kaasiipekahiikan ni
* dishrag

ᑳᓰᐱᔅᒋᐸᔨᒡ kaasiipischipayich nip -payim
* something stretchy, elastic

ᑳᓰᐱᔥᑌᐸᔨᒡ kaasiipishtepayich nip -payim
* slingshot, elastic

ᑳᓰᑎᐦᒉᐤ kaasiitihcheu vai * s/he wipes
her/his own hands

ᑳᓰᑎᐦᒉᓀᐤ kaasiitihcheneu vta * s/he
wipes someone's hands

ᑳᓰᑎᐦᒉᓂᑲᓐ kaasiitihchenikan ni
* paper towel

ᑳᓰᑎᐦᐊᓀᐅᐧᐃᓐ kaasiitihanehuwin ni
* napkin

ᑳᓰᑐᓀᐅᐧᐃᓐ kaasiitunehuwin ni [Inland]
* napkin, mouth wipe

ᑳᓰᓀᐤ kaasiineu vta * s/he wipes
him/her/it (anim)

ᑳᓰᓂᑲᓐ kaasiinikan ni * dish towel for
drying, wiping dishes

ᑳᓰᓂᔮᑲᓀᐤ kaasiiniyaakaneu vai * s/he
washes dishes

ᑳᓰᓇᒻ kaasiinam vti * s/he wipes it

ᑳᔒᓇᐦᐄᑲᓐ kaasiisinahiikan ni ♦ eraser

ᑳᔒᓇᐦᐄᒉᐤ kaasiisinahiicheu vai ♦ s/he erases writing, wipes it out

ᑳᔒᓇᐦᐊᒻ kaasiisinaham vti ♦ s/he erases it, wipes it out

ᑳᔒᓇᐦᐌᐤ kaasiisinahweu vta ♦ s/he erases, wipes it (anim) out, s/he erases his/her name off the list

ᑳᔒᔅᑲᒥᒋᓀᐤ kaasiiskamichineu vta ♦ s/he wipes him/her with moss

ᑳᔒᔅᑲᒥᒋᓇᒻ kaasiiskamichinam vti ♦ s/he wipes it with moss

ᑳᔒᔑᑯᐌᐤ kaasiishkuweu vta ♦ s/he erases it (anim), wipes it out by foot, body

ᑳᔒᔑᑲᒻ kaasiishkam vti ♦ s/he erases it, wipes it out with his foot, body

ᑳᔒᔮᐱᔅᑲᐦᐊᒻ kaasiiyaapiskaham vti ♦ s/he wipes it (metal) dry

ᑳᔒᐦᐄᑲᓐ kaasiihiikan ni ♦ wiper, an eraser

ᑳᔒᐦᐊᒻ kaasiiham vti ♦ s/he wipes it with something

ᑳᔒᐦᐌᐤ kaasiihweu vta ♦ s/he wipes him/her/it (anim) with something

ᑳᔒᐦᑎᑖᐤ kaasiihtitaau vai+o ♦ s/he wipes it, rubs it off on something

ᑳᔒᐦᑕᑲᑎᐦᐄᑲᓐ kaasiihtakatihiikan ni ♦ floor rag

ᑳᔒᐦᒁᔔᑉ kaasiihkweusuup na -im ♦ hand soap

ᑳᔒᐦᒁᐤ kaasiihkweu vai ♦ s/he washes, wipes her/his face

ᑳᔒᐦᒁᐎᓐ kaasiihkwehun ni ♦ cloth to wipe face

ᑳᔒᐦᒁᓂᔥ kaasiihkwaanish ni dim ♦ face cloth

ᑳᔒᐦᒁᓂᔮᑲᓐ kaasiihkwaaniyaakan ni ♦ sink, wash basin

ᑳᔒᐦᒁᓐ kaasiihkwaan ni [Coastal] ♦ face towel

ᑳᓲ kaasuu vai -u ♦ s/he hides

ᑳᔅ kaas ni -im ♦ gas, from English 'gas'

ᑳᔅᐱᓯᐤ kaaspisiiu vai ♦ s/he/it (anim, branch, plastic spoon) breaks easily, is brittle, fragile

ᑳᔅᐱᔑᓐ kaaspishin vai ♦ it (anim, ex bough) breaks off easily when frozen or cold, is brittle

ᑳᔅᐱᐦᑎᐦᑲᑎᓐ kaaspihtihkatin vii ♦ it (wood) freezes so that it is brittle (and easy to split)

ᑳᔅᐱᐦᑕᑳᐤ kaaspihtakaau vii ♦ it (useful wood) splits easily when cold, frozen, is brittle

ᑳᔅᐱᐦᑕᒋᓲ kaaspihtachisuu vai -i ♦ it (anim, useful wood) splits easily when cold, frozen, is brittle

ᑳᔅᐸᑎᓐ kaaspatin vii ♦ it breaks easily when cold or frozen, is brittle

ᑳᔅᐸᓐ kaaspan vii ♦ it breaks easily, is brittle, fragile

ᑳᔅᑲᑐᐌᐤ kaaskatuweu vai ♦ s/he/it (anim) brings bad luck to a hunter by eating the wrong part of an animal (ex a dog who eats beaver bones means trapper will no longer kill beaver)

ᑳᔅᑲᑖᑖᑯᔥ kaaskataataakush na dim ♦ small lizard

ᑳᔅᑲᑖᑖᒄ kaaskataataakw na ♦ lizard, skink, salamander, newt

ᑳᔅᑲᒣᐤ kaaskameu vta ♦ s/he brings bad luck to him/her by eating the wrong thing (ex a dog who eats beaver bones means trapper will no longer kill beaver)

ᑳᔅᑲᐦᐄᒉᐳᓈᓐ kaaskahiichepunaan na [Mistissini] ♦ fish cooked with the scales on using a stick by the fire

ᑳᔅᑳᔅᒋᐱᑌᐤ kaaskaaschipiteu vta ♦ s/he scratches him/her using her/his nails

ᑳᔅᑳᔅᒋᐱᑕᒻ kaaskaaschipitam vti ♦ s/he scratches it using her/his nails

ᑳᔅᑳᔅᒋᐦᑲᓲ kaaskaaschihkasuu vai redup -u ♦ it (anim) is cooked crispy

ᑳᔅᒉᑲᐦᐄᑲᓐ kaaschekahiikan ni ♦ tool used to scrape the fat and blood off the flesh side of hides, skins after flesh has been scraped off

ᑳᔅᒋᐱᑌᐤ kaaschipiteu vta ♦ s/he scratches him/her/it (anim)

ᑳᔅᒋᐱᑕᒻ kaaschipitam vti ♦ s/he scratches it

ᑳᔅᒋᐱᐦᒉᐤ kaaschipihcheu vai ♦ s/he is scratching

ᑳᔅᒋᐹᑌᐤ kaaschipaateu vta ♦ s/he shaves him/her

ᑳᔅᒋᐹᑕᒻ kaaschipaatam vti ♦ s/he shaves it

ᑳᔅᐲᑖᐦᐄᑲᓐ **kaaschipaatahiikan** ni [Coastal] ◆ tool used to scrape the fat and blood off the flesh side of hides, skins after flesh has been scraped off (hide is stretched but not frozen)

ᑳᔅᐲᓲᓐ **kaaschipaasun** ni ◆ razor

ᑳᔅᐲᓲ **kaaschipaasuu** vai-u ◆ s/he shaves

ᑳᔅᒋᓈ **kaaschinaau** vai ◆ it (fish) is split open down the back

ᑳᔑᑲᔥᒴ **kaashikashkweu** vai ◆ s/he has very sharp nails, claws

ᑳᔑᑳᒡ **kaashikaach** p,time ◆ in the daytime, during the day (changed conjunct form of the verb *chiishikaau*)

ᑳᔑᒃ **kaashik** na-im ◆ a greedy person

ᑳᔑᒧᐌᑦ **kaashimuwet** na ◆ welfare officer

ᑳᔑᒨ **kaashimuu** vai-u ◆ s/he is always crying

ᑳᔑᒨᔫ **kaashimuusheu** vai ◆ her/his baby is always crying

ᑳᔑᐦᑖᐤ **kaashihtaau** vai+o ◆ s/he makes it sharp

ᑳᔑᐦᑲᑌᐤ **kaashihkateu** vai ◆ s/he is always hungry

ᑳᔑᐌᐤ **kaashiiweu** vii ◆ the wind makes the temperature drop, causes windchill

ᑳᔑᐙᑲᒥᔑᐦ **kaashiiwaakamishich** nip-shiim ◆ pop, sweet drink

ᑳᔑᐯᔫᒋᐸᔨᑦ **kaashiipeyuuchipayit** nap ◆ tights

ᑳᔑᔑᑌᔑᒨᐎᓐ **kaashiishiteshimuwin** ni ◆ rug

ᑳᔑᔑᑌᔑᒨ **kaashiishiteshimuu** vai ◆ s/he wipes her/his feet on something

ᑳᔑᔒᐱᑯᑑᒡ **kaashiishiipikutuuch** nip ◆ flint lock gun

ᑳᐦᐅᑌᐅᓰᐤ **kaashuteusiiu** vai ◆ it (anim) is sharp, it (anim) is prickly

ᑳᐦᐅᑌᐧᐋᐤ **kaashutewaau** vii ◆ it is sharp, it is prickly

ᑳᔒᒡᑖᒉᐸᔨᒡ **kaashuuchishtaachepayich** nip-payim ◆ fire hydrant

ᑳᔓᔥᑑᐌᐤ **kaashuushtuweu** vta ◆ s/he hides himself from him/her

ᑳᔓᔥᑕᒻ **kaashuushtam** vti ◆ s/he hides himself from it

ᑳᔕᐤ **kaashaau** vii ◆ it is sharp

ᑳᔖᐱᑌᐤ **kaashaapiteu** vai ◆ s/he has sharp teeth

ᑳᔖᐱᔅᑳᐤ **kaashaapiskaau** vii ◆ it (rock, metal) is sharp

ᑳᔖᐹᐧᐋᐸᐦᒉᑦ **kaashaapwaapahchet** na ◆ x-ray technician

ᑳᔖᐹᐧᐋᔥᑌᔦᑲᐦᒡ **kaashaapwaashteyekahch** nip ◆ plastic

ᑳᔖᐹᐧᐋᔥᑌᔮᐱᔅᑳᒋᒥᓂᐦᒄ ᐋᑲᓐ **kaashaapwaashteyaapiskaachiminihkw aakan** na ◆ drinking glass, glass

ᑳᔖᐹᐧᐋᔥᑌᔮᐱᔅᑳᒡ **kaashaapwaashteyaapiskaach** ni [Inland] ◆ transparent clear sparkling glass, bottle, cup

ᑳᔖᔖᐅᐱᐦᒉᑦ **kaashaashaaupihchet** nap ◆ physical therapist

ᑳᔥᑑᔥᑑᐸᔨᒡ **kaashtuushtuupayich** nip-payim ◆ jello

ᑳᔥᑲᐦᐄᑲᓐ **kaashkahiikan** ni ◆ rake

ᑳᔥᑲᐦᐄᒉᐤ **kaashkahiicheu** vai ◆ s/he is scraping, raking

ᑳᔥᑲᐦᐊᒻ **kaashkaham** vti ◆ s/he scratches, scrapes it with something

ᑳᔥᑲᐦᐌᐤ **kaashkahweu** vta ◆ s/he scratches, scrapes him/her with something

ᑳᔥᑳᔥᑲᐦᐊᒻ **kaashkaashkaham** vti redup ◆ s/he scrapes it, s/he rakes it repeatedly

ᑳᔥᑳᔥᑲᐦᐌᐤ **kaashkaashkahweu** vta ◆ s/he scrapes him/her

ᑳᔅᒋᐱᑐᓀᔑᓐ **kaashchipituneshin** vai ◆ her/his arms are scratched

ᑳᔅᒋᑳᑌᔑᓐ **kaashchikaateshin** vai ◆ her/his legs are scratched

ᑳᔅᒋᔑᑌᔑᓐ **kaashchishiteshin** vai ◆ her/his feet are scratched

ᑳᔅᒋᔑᒣᐤ **kaashchishimeu** vta ◆ s/he scratches him/her by her/his movement

ᑳᔅᒋᐦᒀᔑᓐ **kaashchihkweshin** vai ◆ her/his face is scratched

ᑳᔦᐤ **kaayeu** vta ◆ s/he hides another

ᑳᔨᔅᒀᐦᑐᐄᐸᔨᒡ **kaayiskwaahtuwiipayich** nip-payim ◆ up escalator

ᑳᔫᑎᓂᐦᐄᒉᐸᔨᒡ **kaayuutinihiichepayich** nip ◆ electric fan

ᑳᔮᒥᐦᐁᒪᑲᐦᒡ **kaayamihemakahch** ni p
[Coastal] ♦ record player (old term)
ᑳᔮᒦᒪᑲᐦᒡ **kaayamiimakahch** ni p [Inland]
♦ radio
ᑳᓘ **kaaluu** na -m [Mistissini] ♦ playing
card, ticket, card for driving, medical
etc., from French 'carreaux'
ᑳᓘᐦᒑᐤ **kaaluuhcheu** vai [Mistissini]
♦ s/he plays cards
ᑳᐦᑎᐱᓯᓀᑳᐤ **kaahtipisinekaau** vii ♦ it is
a ledge on the mountain
ᑳᐦᑎᐱᓲ **kaahtipisuu** vai ♦ it (anim,
stone) has, is a ledge
ᑳᐦᑎᐱᐢᑲᒥᑳᐤ **kaahtipiskamikaau** vii ♦ it
is a ledge in the ground
ᑳᐦᑎᐱᐦᑕᑳᐤ **kaahtipihtakaau** vii ♦ it is a
ledge on the floor
ᑳᐦᑎᐹᐅᐦᑳᐤ **kaahtipaauhkaau** vii ♦ it is
a ledge up a sandy bank
ᑳᐦᑎᐹᐤ **kaahtipaau** vii ♦ it is a ledge, on
a cliff
ᑳᐦᑎᐹᐱᐢᑳᐤ **kaahtipaapiskaau** vii ♦ it is
a ledge on the rock
ᑳᐦᑎᐦᐱᐦᑖᐤ **kaahtihpihtaau** vai+o ♦ s/he
makes a shelf, ledge
ᑳᐦᑫᔨᒣᐤ **kaahkweyimeu** vta ♦ s/he is
jealous of him/her
ᑳᐦᑫᔨᐦᑕᒻ **kaahkweyihtam** vti ♦ s/he is
jealous of it
ᑳᐦᑲᐯᐹᔫ **kaahkapepayuu** vai -i ♦ s/he
falls with her/his legs spread apart
ᑳᐦᑲᐯᐹᐦᑖᐤ **kaahkapepahtaau** vai ♦ s/he
runs with her/his legs spread apart
ᑳᐦᑲᐯᑳᐴ **kaahkapekaapuu** vai -uu ♦ s/he
stands with her/his legs spread apart
ᑳᐦᑲᐯᓀᐤ **kaahkapeneu** vta ♦ s/he
spreads it (anim) open by hand
ᑳᐦᑲᐯᓇᒻ **kaahkapenam** vti ♦ s/he
spreads it open by hand
ᑳᐦᑲᐯᔑᓐ **kaahkapeshin** vai ♦ s/he lies
with her/his legs apart
ᑳᐦᑲᐯᐦᑌᐤ **kaahkapehteu** vai ♦ s/he
walks with her/his legs spread apart
ᑳᐦᑲᔮᐦᑫᐤ **kaahkayaahkweu** na ♦ four-
horned sculpin fish *Myoxocephalus
quadricorni*
ᑳᐦᑳᒌᒥᓈᐦᑎᒄ **kaahkaachiiminaahtikw** ni pl
-um ♦ juniper bush *Juniperus communis*

ᑳᐦᑳᒌᒥᓐ **kaahkaachiiminh** ni pl
♦ juniper berries, literally 'raven
berries'
ᑳᐦᑳᒌᔑᑉ **kaahkaachiiship** na -im
♦ double-crested cormorant bird
Phalacrocorax auritus
ᑳᐦᑳᒌᔑ **kaahkaachiish** na dim -iimish
♦ young common raven *Corvus corax*
ᑳᐦᑳᒎ **kaahkaachuu** na iim ♦ common
raven *Corvus corax*
ᑳᐦᑳᐦᒌᐌᐤ **kaahkaahchiiweu** vai redup
♦ s/he walks, goes back and forth
ᑳᐦᑳᐦᒌᐌᐸᔨᐦᐁᐤ
kaahkaahchiiwepayiheu vta redup ♦ s/he
moves it (anim) back and forth
ᑳᐦᑳᐦᒌᐌᐸᔨᐦᒨ **kaahkaahchiiwepayihuu**
vai redup -u ♦ s/he moves back and forth
ᑳᐦᑳᐦᒌᐌᑳᐴ **kaahkaahchiiwekaapuu** vai
redup ♦ s/he moves back and forth
away from the place s/he is standing
ᑳᐦᑳᐦᒌᐌᔑᒨ **kaahkaahchiiweshimuu** vai
redup -u ♦ s/he dances back and forth
ᑳᐦᑳᐦᒌᐌᐦᑌᐤ **kaahkaahchiiwehteu** vai
redup ♦ s/he walks back and forth
ᑳᐦᒋᑌᐤ **kaahchiteu** vii ♦ it is little bit dry
ᑳᐦᒋᓴᒻ **kaahchisam** vti ♦ s/he dries meat
a little
ᑳᐦᒋᔥᑎᓀᐤ **kaahchishtineu** vta ♦ s/he
catches him/her/it (anim)
ᑳᐦᒋᔥᑎᓇᒻ **kaahchishtinam** vti ♦ s/he
catches it
ᑳᐦᒋᔥᑕᐦᐊᒻ **kaahchishtaham** vti ♦ s/he
nicks it, hits it just slightly
ᑳᐦᒋᔥᑕᐦᐌᐤ **kaahchishtahweu** vta ♦ s/he
nicks, hits him/her/it (anim) just
slightly
ᑳᐦᒎᔮᓐ **kaahchuuyaan** ni ♦ dried moose,
caribou hide

ᒁ

ᒁᐱᑯᐌᐤ **kwaapikuweu** vta ♦ s/he
fetches, goes for water for him/her
ᒁᐱᑳᑲᓈᐦᑎᒄ **kwaapikaakanaahtikw** ni
♦ yoke
ᒁᐱᑳᓈᔅᒋᐦᒄ **kwaapikaanaschihkw** ni
♦ water pail

•ᑲᐱᒉᐤ **kwaapicheu** vai ♦ s/he carries water

•ᑲᐱᒉᑎᔑᐦᐌᐤ **kwaapichetishihweu** vta ♦ s/he sends him/her off to fetch water

•ᑲᐱᒉᔥᑕᒨᐌᐤ **kwaapicheshtamuweu** vta ♦ s/he fetches water for him/her

•ᑲᐲᓀᐤ **kwaapineu** vta ♦ s/he scoops up a handful of it (anim, flour)

•ᑲᐱᓇᒻ **kwaapinam** vti ♦ s/he scoops up a handful of it

•ᑲᐱᔆᐌᐤ **kwaapisweu** vta ♦ s/he smokes it (anim, hide)

•ᑲᐱᓯᒉᐤ **kwaapisicheu** vai ♦ s/he is smoking hide

•ᑲᐱᓲ **kwaapisuu** vai-u ♦ s/he is irritated by smoke, it (anim, hide) is smoked

•ᑲᐱᓴᒻ **kwaapisam** vti ♦ s/he smokes it

•ᑲᐱᓵᐌᐤ **kwaapisaaweu** vai ♦ s/he creates smoke (for smoking hide)

•ᑲᐱᐦᑌᐅᒫᑯᓐ **kwaapihteumaakun** vii ♦ it smells smoked

•ᑲᐱᐦᑌᐅᒫᑯᓱᐤ **kwaapihteumaakusuu** vai-i ♦ it (anim) smells smoked

•ᑲᐱᐦᑌᐤ **kwaapihteu** vii ♦ it is smoking, it is smoked

•ᑲᐱᐦᑌᓇᒻ **kwaapihtenam** vti ♦ s/he makes it smoke

•ᑲᐱᐦᑐᐌᐤ **kwaapihtuweu** vai ♦ it (anim, ex stove) is making smoke, smoking

•ᑳᐹᐦᐄᐹᓐ **kwaapahiipaan** ni ♦ water dipper

•ᑳᐹᐦᐄᑲᓐ **kwaapahiikan** ni ♦ thing used for scooping up water

•ᑳᐹᐦᐄᒉᐤ **kwaapahiicheu** vai ♦ s/he catches, scoops fish in a dip net

•ᑳᐹᐦᐊᒨᐌᐤ **kwaapahamuweu** vta ♦ s/he scoops, dips water for him/her

•ᑳᐹᐦᐊᒻ **kwaapaham** vti ♦ s/he scoops, dips water

•ᑳᐹᐦᐌᐤ **kwaapahweu** vta ♦ s/he scoops him/her with something

•ᑳᐹᐦᐚᓐ **kwaapahwaan** na ♦ scoop net for fish

•ᑳᑯᐸᔫ **kwaakupayuu** vai/vii-i ♦ it (anim) is getting mouldy

•ᑳᑯᒥᓂᑲᓐ **kwaakuminikan** na ♦ snow put into moose, caribou bone broth to harden the grease

•ᑳᑯᔑᓐ **kwaakushin** vai ♦ it (anim, meat food) is mouldy

•ᑳᑯᐦᑎᓐ **kwaakuhtin** vii ♦ it (food) is mouldy

•ᑳᑳᐧᐋᔨᒋᓀᐤ **kwaakwaayichineu** vta redup [Inland] ♦ s/he tickles him/her

•ᑳᑳᐧᐋᔨᒋᓯᑌᓀᐤ **kwaakwaayichisiteneu** vta redup [Inland] ♦ s/he tickles his/her feet

•ᑳᑳᐧᐋᔨᒋᓲ **kwaakwaayichisuu** vai redup-i [Inland] ♦ s/he is ticklish

•ᑳᓱᐌᐱᓀᐤ **kwaasuwepineu** vta ♦ s/he throws him/her/it (anim) ashore from the canoe

•ᑳᓱᐌᐱᓇᒻ **kwaasuwepinam** vti ♦ s/he throws it ashore from the canoe

•ᒀᔅᑲᑎᓐ **kwaaskatin** vii ♦ it is frozen onto something

•ᒀᔥᑎᓐᐦ **kwaashtinh** ni pl ♦ green weeds in water which stick to nets

•ᒀᔥᑦ **kwaasht** p,manner ♦ doing something with all one's ability, strength

•ᒀᔥᑴᐱᑌᐤ **kwaashkwepiteu** vta ♦ s/he moves something and causes it to flip, bounce away

•ᒀᔥᑴᐱᑕᒻ **kwaashkwepitam** vti ♦ s/he moves it causing it to flip, bounce away

•ᒀᔥᑴᐸᔫ **kwaashkwepayuu** vai-i ♦ s/he awakens with a start, it bounces off in the air

•ᒀᔥᑴᑯᒋᓐ **kwaashkwekuchin** vai ♦ s/he/it (anim) rebounds

•ᒀᔥᑴᔑᓐ **kwaashkweshin** vai ♦ s/he/it (anim) bounces

•ᒀᔥᑴᔥᑲᒨᐌᐤ **kwaashkweshkamuweu** vta ♦ s/he makes it bounce off with by foot or body (accidentally)

•ᒀᔥᑴᔮᐱᐦᒉᐱᑕᒻ **kwaashkweyaapihchepitam** vti ♦ s/he pulls it and causes it (string-like) to bounce

•ᒀᔥᑴᔮᒍᐦᑌᐤ **kwaashkweyaachuuhteu** vii ♦ it is at a full rolling, bouncing boil

•ᒀᔥᑴᐦᐊᒻ **kwaashkweham** vti ♦ s/he hits it causing it to fly away, bounce away

•ᒀᔥᑴᐦᐌᐤ **kwaashkwehweu** vta ♦ s/he hits it (anim) causing it to fly away

·ᑳᐧᖅᐦᑎᓐᐤ **kwaashkwehtin** vii ✦ it bounces away

·ᑳᐧᑯᐦᑐᐧᐁᐤ **kwaashkuhtuweu** vta ✦ s/he jumps, leaps at another

·ᑳᐧᑯᐦᑐᐤ **kwaashkuhtuu** vai -i ✦ s/he jumps

·ᑳᐧᑯᐦᑕᒼ **kwaashkuhtam** vti ✦ s/he jumps upon it

·ᑳᐧ·ᑳᐧᑎᑯᐦᑕᒼ **kwaashkwaashtikuhtam** vti redup ✦ s/he slurps it down repeatedly

·ᑳᐧ·ᑳᐧᐦᑫᐸᔨᐦᐤ **kwaashkwaashkwepayihuu** vai redup -u ✦ s/he jumps up and down

·ᑳᐧ·ᑳᐧᐦᑫᐸᔨᐦᐤᐚᑲᓐ **kwaashkwaashkwepayihuuwaakan** ni redup ✦ jolly jumper

·ᑳᐧ·ᑳᐧᐦᑫᔮᐱᐦᒉᐱᑌᐤ **kwaashkwaashkweyaapihchepiteu** vta redup ✦ s/he pulls it (anim, string-like) and causes it to bounce

·ᑳᐧ·ᑳᐧᐦᑫᔮᒍᓱ **kwaashkwaashkweyaachuusuu** vai redup -u ✦ it (anim, ex dumpling) bounces, jumps up and down as it boils

·ᑳᐧ·ᑳᐧᐦᑯᑕᐦᐄᐯᐤ **kwaashkwaashkutahiipeu** na ✦ main artery from heart, aorta

·ᑳᐧ·ᑳᐧᐦᑯᒋᔒᔥ **kwaashkwaashkuchishiish** na dim ✦ grasshopper

·ᑳᐦᑎᑯᒋᓐ **kwaahtikuchin** vai ✦ s/he limps

·ᑳᐦᑯᑌᓇᒼ **kwaahkutenam** vti ✦ s/he builds up the fire and makes a lot of heat

·ᑳᐦᑳᐱᓰᔥ **kwaahkwaapishiish** na dim ✦ butterfly, moth

ᒉ

ᒉ **che** preverb ✦ will (future marker used with conjunct verbs)

ᒉᐃᒥᐢ ᐯ ᓇᔅᑯᒧᐧᐃᓐ **cheimis pei naskumuwin** ni ✦ James Bay Agreement

ᒉᐃᔥᐱᔥ **cheishpish** p,time ✦ as long as, while ▪ ᐁᑯᒡ ᒉ ᐃᑖᒉᐠ ᒉᐃᔥᐱᔥ ᐁᑲ ᑲᒋᔖᐧᑕᐠ ▪ I'll stay here while you're gone.

ᒉᑖᐦᐊᒼ **chetaham** vti ✦ s/he takes it out, s/he removes it (ex charge from a gun)

ᒉᑖᐱᔅᒋᓀᐤ **chetaapischineu** vta [Coastal] ✦ s/he takes it (anim) out of a metal trap

ᒉᑖᐱᔅᒋᓇᒧᐧᐁᐤ **chetaapischinamuweu** vta [Coastal] ✦ s/he takes it (anim) out of the metal trap for someone

ᒉᑯᐧᐁᓂᒌ **chekuwenichii** pro,question, indefinite ✦ which people, which ones (anim, see *check awen*) ▪ ᒉᑯᐧᐁᓂ ᐋᓂ ᑳ ᑕᑯᔑᐦᒃᣁ ✧ ᐊᓗ ᓂᑕᐹᐦᑌᐧᐋᐠ ᒉᑯᐧᐁᓂ ᐋᓂ ᑳ ·ᐃᐸᐧᑳᣁ ▪ Which people came? ✧ I don't know which people I saw.

ᒉᑯᐧᐁᓐ **chekuwen** pro,question, indefinite ✦ which person (see also *check awen*) ▪ ᒉᑯᐧᐁᓐ ᐋᓐ ᑳ ᑕᑯᔑᐦᒃᣁ ✧ ᐊᓗ ᓂᑕᐹᐦᑌᐧᐋᣁ ᒉᑯᐧᐁᓐ ᐋᓐ ᑳ ·ᐃᐸᐧᑳᣁ ▪ Which person is that who came? ✧ I don't know which person I saw.

ᒉᑯᔮᓐ **chekuyaan** p,quantity ✦ what skin is it? which pelt? ▪ ᒉᑯᔮᓐ ᐅᣁ ▪ What kind of a skin is this?

ᒉᑲᐟ **chekat** ni -im ✦ long coat, from English 'jacket'

ᒉᑳᐟ **chekaat** p,manner ✦ almost ▪ ᒉᑳᐟ ᐊᓗ ᓄᐦᑭ ᐋᒉᐧᑳᣁ ▪ I almost didn't go.

ᒉᑾᒉ **chekwaache** pro,question,dubitative ✦ whatever it is, I wonder what it is ▪ ᒉᑾᒉ ᑳ ᐋᐸᒋᐦᑕᒥᐣᣁ ✧ ᒉᑾᒉ ᐋᓐ ᑳ ᐱᒋᔨᐊᣁ ▪ What in the world is it? ✧ Whatever it is you're bringing, I wonder what you're bringing.

ᒉᑾᒉᓂᐦᐄᐦ **chekwaachenihiih** pro,question,dubitative ✦ whatever they (inan) are I wonder what they are (see *checkwaache*) ▪ ᒉᑾᒉᓂᐦᐄᐦ ᑳ ᐋᐸᒋᐦᑕᒥᐣᣁᐧᐠ ✧ ᒉᑾᒉᓂᐦᐄᐦ ᐋᓂᐧᐠ ᑳ ᐱᒋᔨᐊᣁ ▪ What in the world are they? ✧ Whatever are they that you are bringing, I wonder what things you are bringing.

ᒉᑾᒉᓐ **chekwaachenh** pro,question,dubitative ✦ whatever they (inan) are I wonder what they are (see *checkwaache*) ▪ ᒉᑾᒉᓐ ᑳ ᐋᐸᒋᐦᑕᒥᐣᣁᐧᐠ ✧ ᒉᑾᒉᓐ ᐋᓂᐧᐠ ᑳ ᐱᒋᔨᐊᣁ ▪ What in the world are they (inan)? ✧ Whatever are they that you are bringing, I wonder what things you are bringing.

ᒉᑳᓂᔥᒌᔥ **chekwaanishchiish** ni pej -im ✦ old things, old clothes

ᒉᐧᑳᓂᐦᐄᐦ chekwaanihiih pro,question, indefinite [Eastmain] ♦ what things (see *checkwaan*) ▪ ᒉᐧᑳᓂᐦᐄᐦ ᒃ ᐅᑎᐁᐧᑑᐦ ▪ *What things did they buy?*

ᒉᐧᑳᓃᐦ chekwaaniiche pro,question,dubitative ♦ whatever it is, I wonder what it is (less used) (see *checkwaache*) ▪ ᒉᐧᑳᓃᐦ ᒃ ᐃᔑᑖᒫᐦᒡ ♦ ᒉᐧᑳᓃᐦ ᐊᓂ ᒃ ᐯᓯᐯᒃ ▪ *What in the world is it?* ♦ *Whatever it is you're bringing, I wonder what you're bringing.*

ᒉᐧᑳ chekwaan ni -im ♦ thing, something

ᒉᐧᑳ chekwaan pro,question, indefinite ♦ what

ᒉᐧᑳᔨᐦ chekwaayiche pro,question,dubitative ♦ whatever it is, I wonder what it is (see *checkwaache*) ▪ ᒉᐧᑳᔨᐦ ᒃ ᐃᔑᑖᑖᒫᐦᒡ ♦ ᒉᐧᑳᔨᐦ ᐊᐅᑦ ᒃ ᐯᓯᒡ ▪ *What in the world is it?* ♦ *Whatever it is s/he is bringing, I wonder what s/he is bringing.*

ᒉᐧᑳᔨᓂᐦᐄᐦ chekwaayichenihiih pro,question,dubitative ♦ whatever they (inan) are, I wonder what they (inan) are (see *checkwaache*) ▪ ᒉᐧᑳᔨᓂᐦᐄᐦ ᒃ ᐃᔑᑖᑖᒫᐦᒡ ♦ ᒉᐧᑳᔨᓂᐦᐄᐦ ᐊᐅᑦᐦ ᒃ ᐯᓯᒡ ▪ *What in the world is it?* ♦ *Whatever things is s/he bringing, I wonder what things s/he is bringing.*

ᒉᐧᑳᔨᓂᐦ chekwaayichenh pro,question,dubitative ♦ whatever they (inan) are, I wonder what they (inan) are (see *checkwaache*) ▪ ᒉᐧᑳᔨᓂᐦ ᒃ ᐃᔑᑖᑖᒫᐦᒡ ♦ ᒉᐧᑳᔨᓂᐦ ᐊᐅᑦᐦ ᒃ ᐯᓯᒡ ▪ *What in the world is it?* ♦ *Whatever things is s/he bringing, I wonder what things s/he is bringing.*

ᒉᐧᑳᔫ chekwaayuu pro,question, indefinite ♦ what (see *checkwaan*) ▪ ᒉᐧᑳᔫ ᐊᐅᔫ ᒥᒡ ▪ *What is s/he eating?*

ᒉᐧᑳᔫᐦ chekwaayuuh pro,question, indefinite ♦ what things (see *checkwaan*) ▪ ᒉᐧᑳᔫ ᒃ ᐅᑎᐁᐧᑑᐦ ▪ *What things did they buy?*

ᒉᒃ chek p,time ♦ then finally ▪ ᒃ ᑐᐧᐯᐦ, ᒉᒃ ᒃ ᐊᔔᐅᔑᐦᐄᐦ ▪ *I was playing, then finally I got tired.*

ᒉᑦ chekw p,question ♦ which, which one ▪ ᒉᑦ ᐃᐦᑴ ᐆ ▪ *Which woman is this?*

ᒌᐦᑯᐱᑌᐤ chechikupiteu vta ♦ s/he pulls him/her/it (anim) off

ᒌᐦᑯᐱᑕᒼ chechikupitam vti ♦ s/he pulls it (clothing) off

ᒌᐦᑯᓀᐤ chechikuneu vta ♦ s/he takes them (anim, ex mitts) off

ᒌᐦᑯᓇᒼ chechikunam vti ♦ s/he takes it (ex garment, trap) off

ᒌᐦᑯᓵᒣᐤ chechikusaameu vai ♦ s/he takes her/his snowshoes off

ᒌᐦᑯᓵᒣᓀᐤ chechikusaameneu vta ♦ s/he takes snowshoes off him/her by hand

ᒌᐦᑳᐢᑯᓀᐤ chechikwaaskuneu vta ♦ s/he takes it (anim, ex skin from fur stretcher) out

ᒌᐦᑳᐢᑯᓇᒼ chechikwaaskunam vti ♦ s/he takes it (ex stretcher from fur) out

ᒌᐦᔑᐱᒋᓈᑲᓀᓇᒼ chechispichinaakanenam vti ♦ s/he takes off the gun cover, gun case

ᒌᐦᔑᐸᔫ chechischipayuu vai/vii -i ♦ s/he makes do with the little s/he has, it is barely enough

ᒌᐦᔑᐢ chechisch p,manner [Coastal] ♦ barely ▪ ᒌᐦᔑᐢ ᑮ ᐃᔨᐯᒡ ᐊᐅᑦ ᒃ ᐃᐦᐋᐦ ᐊᒃᒡ ᒉᐧᐦᐃ, ᒌᐦᔑᐢ ᓂᒡ ᐃᔨᐯᓯ ᒃ ᐃᔨ ᐊᔨᔫᐦ ▪ *He barely had enough of those things he had (he almost ran out of supplies while in the bush).* ♦ *I barely had enough of what I had.*

ᒌᔑᐯᐋᐤ chechishepaawiiu vai ♦ s/he starts early in the morning

ᒌᔑᐯᐋᐧᓂᐦᑳᐤ chechishepaawanishkaau vai ♦ s/he gets up early in the morning

ᒌᔑᐯᐹᔫ chechishepaapayuu vai -i ♦ s/he goes early in the morning by vehicle

ᒌᔑᐯᐋᓂᐤ chechishepaaniiu vai ♦ s/he eats her/his breakfast

ᒌᔑᐯᐋᓃᐦᑴᐤ chechishepaaniihkweu vai ♦ s/he eats her/his breakfast

ᒌᔑᐯᐋᔮᐅᑯᐦᑉ chechishepaayaaukuhp ni ♦ housecoat

ᒌᔑᐯᐋᔮᐅᒦᒋᒼ chechishepaayaaumiichim ni ♦ breakfast food (ex porridge, eggs, cornflakes)

ᒌᔑᐯᐋᔮᐅᔑᓯᓐ chechishepaayaauschisin ni ♦ slipper

ᒌᔑᐯᐋᔮᐤ chechishepaayaau vii ♦ it is morning

ᒌᔑᐯᐋᔮᐦ chechishepaayaache p,time ♦ tomorrow morning, in the morning (conjunct form of *chechishepaayaau*)

ᒋᒐᔕᐯᐊᐦᑌᐤ **chechishepaahteu** vai ◆ s/he comes in walking early in the morning

ᒋᒐᔑᐯ **chechishep** p,time ◆ this morning ▪ ᒉᐧᐁ ᐲ ᒥᔥᑳ ᒋᒐᔑᐠ ▪ *The dawn was really nice this morning.*

ᒋᒐᔑᑎᐦᐄᐯᓀᐤ **chechishtihiipeneu** vai [Coastal] ◆ s/he takes it (anim, fish) out of the net

ᒋᒐᔥᑖᐹᓀᔥᑲᒼ **chechishtaapaaneshkam** vti ◆ s/he takes the toboggan line off her/himself

ᒉᒣᑳ **chemekaa** p,affirmative [Inland] ◆ yes, of course, positively, no wonder ▪ ᒉᒣᑳ ᐅᑉ ᒑᑐᓈᐠ ✧ ᒉᒣᑳ ᐦᐋᕐᐦᐋᐧᐁᐠ ▪ *Of course I will be there.* ✧ *Of course, she went along with the crowd.*

ᒉᒫᓂᒼ **chemaanim** p,affirmative [Coastal] ◆ sure, certainly, of course I am, it's no wonder ▪ ᒉᒫᓂᒼ ᐅᑉ ᒑᑐᓈᐠ ✧ ᒉᒫᓂᒼ ᐋᐦᑐ ᐧᐃᐦ ᐁᐧᒥ ᐦᕐᐅᒃᐠ ▪ *Of course I will be there.* ✧ *It's no wonder she's sick, because she's not eating enough.*

ᒉᔅᐴ **chespuu** vai-uu [Coastal] ◆ s/he eats hungrily

ᒉᔅᑎᓈᑎᔥᑌᐤ **chestinaatishteu** vii ◆ it is set firmly

ᒉᔅᑎᓈᔅᑐᐧᐁᐤ **chestinaastuweu** vta ◆ s/he is sure it is what someone said

ᒉᔅᑎᓈᔅᑕᒼ **chestinaastam** vti ◆ s/he is sure it was what s/he heard

ᒉᔅᒑᓵᒣᓀᐤ **chestasaameneu** vta ◆ s/he takes snowshoes off him/her

ᒉᔅᒑᐱᔑᓀᐤ **chestaapischineu** vta ◆ s/he takes him/her/it (anim) out of a metal trap

ᒉᔅᒑᐱᔑᓇᒧᐧᐁᐤ **chestaapischinamuweu** vta ◆ s/he takes it (anim) out of the metal trap for someone

ᒉᔅᑯᐧᐁᐤ **cheskuweu** vta ◆ s/he catches him/her in the act

ᒉᔅᑰ **cheskuu** vai-uu [Inland] ◆ s/he eats hungrily

ᒉᔅᑲᐟ **cheskat** p,time ◆ often ▪ ᒉᔅᑲᐟ ᒉᒫ ᐦᐋᐧᐁᓐᐠ ᐲᒡᐠ ▪ *She comes here often.*

ᒉᔅᑲᒧᐧᐁᐤ **cheskamuweu** vta ◆ s/he arrived while he/she was eating and helped finish the meal

ᒉᔅᑲᒼ **cheskam** vti ◆ s/he arrives in time for it (ex store opening)

ᒉᔥᒋᔥᑯᐧᐁᐤ **cheschishkuweu** vta ◆ s/he catches him/her just in time walking

ᒉᔥᒋᔥᑲᒼ **cheschishkam** vti ◆ s/he gets there in time for it (ex meeting) walking

ᒉᔔᐧᐋᐟ **cheshuwaat** p,evaluative ◆ since at least, lucky that ▪ ᒉᔔᐧᐋᐟ ᐲ ᐋᐸᐧᐃᐦᐋᐴ ᐧᐁᐦᕐ ᐲ ᒐᑐᐧᐁᐠ ▪ *Lucky she got help to come.*

ᒉᔔᐧᐋᐟ **cheshuwaat** p,manner ◆ luckily

ᒉᔥᑎᑐᐧᐋᐸᒣᐤ **cheshtituwaapameu** vta ◆ s/he just catches sight of him/her

ᒉᔥᑎᑐᐧᐋᐸᐦᑕᒼ **cheshtituwaapahtam** vti ◆ s/he catches sight of it

ᒉᔥᑎᓅ **cheshtinuu** p,time ◆ in time, while there is time ▪ ᒉᔥᑎᓅ ᐦᐴ ᐦᕐᐅᑖᐠ ✧ ᒉᔥᑎᓅ ᐦᐴ ᐲ ᒥᒡᒋᔅᐠ ▪ *While there is time you should eat.* ✧ *Eat while there is time.*

ᒉᔥᑎᓅᔑᒋᔥᑕᒼ **cheshtinuushichishtam** vti ◆ s/he overhears what is being said

ᒉᔥᑎᓇᒼ **cheshtinam** vti ◆ s/he catches it (ex plane) just in time

ᒉᔥᑎᓈᑌᔨᒣᐤ **cheshtinaateyimeu** vta ◆ s/he is certain about him/her

ᒉᔥᑎᓈᑌᔨᐦᑕᒧᐃᓐ **cheshtinaateyihtamuwin** ni ◆ a certainty, something for sure

ᒉᔥᑎᓈᑌᔨᐦᑕᒼ **cheshtinaateyihtam** vti ◆ s/he is certain about it

ᒉᔥᑎᓈᑌᔨᐦᑖᑯᓐ **cheshtinaateyihtaakun** vii ◆ it is reliable, it is for sure

ᒉᔥᑎᓈᑌᔨᐦᑖᑯᓲ **cheshtinaateyihtaakusuu** vai-i ◆ s/he is trustworthy, reliable

ᒉᔥᑎᓈᑎᓐ **cheshtinaatin** vii ◆ it (ex step) is solid, firmly-fixed

ᒉᔥᑎᓈᑎᓰᐤ **cheshtinaatisiiu** vai ◆ s/he is firm to the touch

ᒉᔥᑎᓈᑖᐴ **cheshtinaatapuu** vai-i ◆ s/he sits firmly, securely

ᒉᔥᑎᓈᒋᑳᐴ **cheshtinaachikaapuu** vai-uu ◆ s/he stands firmly

ᒉᔥᑎᓈᔥ **cheshtinaash** p,evaluative ◆ for sure, most likely ▪ ᒉᔥᑎᓈᔥ ᐊᔐ ᐲᐦᕐ ᒥᔅᐠ ᒉᐧᐋᐠ ▪ *Most likely she didn't find any berries.*

ᒉᔥᑎᓈᐦᐅᐃᓐ **cheshtinaahuwin** ni ◆ certainty

ᒉᔥᑎᓈᐦᐆ **cheshtinaahuu** vai-u ◆ s/he is certain, sure

ᒉᔥᑎᓈᐦᐆᒪᑲᓐ **cheshtinaahuumakan** vii ◆ it is thought to be certain

ᒉᔅᑎᐦᐄᐯᓀᐤ cheshtihiipeneu vai [Inland]
♦ s/he takes it (anim, fish) out of the net

ᒉᔅᑎᐦᑕᒻ cheshtihtam vti ♦ s/he is in time to get something to eat

ᒉᔥᑐᐙᐸᐦᑕᒻ cheshtuwaapahtam vti
♦ s/he just catches sight of it

ᒉᔥᑐᐦᐌᐤ cheshtuhweu vta ♦ s/he catches, shoots him/her in the nick of time

ᒉᔥᒋᓅᓯᒋᐦᐁᐤ cheshchinuusichiheu vta
♦ s/he overhears him/her (old term)

ᒉᔥᒋᓅᔥᑐᐌᐤ cheshchinuustuweu vta
♦ s/he overhears him/her

ᒉᔥᒋᓅᔥᑕᒻ cheshchinuustam vti ♦ s/he overhears it

ᒉᐦᒉᒫᔥᑲᒋᔒᐤ chehchemaashkachishiiu vai redup ♦ s/he wears a very short skirt, dress

ᒉᐦᒉᐦᒄ chehchehkw na ♦ goshawk
Accipiter gentilis

ᒋ

ᒋᐯᑲᒧᐦᐁᐤ chipekamuheu vta ♦ s/he puts it (anim, sheet-like) as a barrier

ᒋᐯᑲᒧᐦᑖᐤ chipekamuhtaau vai+o ♦ s/he puts it (sheet-like) as a barrier

ᒋᐯᔨᒄᐁᐤ chipeyikweu vai ♦ her/his nose is stuffed up

ᒋᐱᑲᐦᒉᐤ chipikahcheu vai ♦ s/he is constipated

ᒋᐱᑳᐳᐤ chipikaapuu vai-uu ♦ s/he stands blocking the way

ᒋᐱᔅᑲᓅ chipiskanuu p,location ♦ at the blockage of the road, path

ᒋᐱᔑᓐ chipishin vai ♦ s/he/it (anim) blocks the way by lying in it

ᒋᐱᔥᑯᐌᐤ chipishkuweu vta ♦ s/he blocks his/her way

ᒋᐱᔥᑯᔦᐤ chipishkuyeu vta ♦ s/he makes him/her choke on something

ᒋᐱᔥᑯᔨᐯᐤ chipishkuyipeu vai ♦ s/he has liquid blocking her/his throat

ᒋᐱᔥᑯᔨᐦᐄᐯᐤ chipishkuyihiipeu vai [Inland] ♦ it (anim) is a blocked body of water (ex river, sink)

ᒋᐱᔥᑯᔫ chipishkuyuu vai-i ♦ s/he chokes on something blocking her/his throat

ᒋᐱᔥᑯᐦᐄᐯᐤ chipishkuhiipeu vai [Coastal]
♦ it (anim) is a blocked body of water (ex river, sink)

ᒋᐱᔥᑲᒻ chipishkam vti ♦ s/he blocks the way

ᒋᐱᔥᑳᐦᒉᐤ chipishkaahcheu vai ♦ s/he is blocking the way

ᒋᐱᔥᒀᐦᑐᐌᐳᐤ chipishkwaahtuwepuu vai-i ♦ s/he sits blocking the doorway

ᒋᐱᔥᒀᐦᑐᐌᑳᐳᐤ chipishkwaahtuwekaapuu vai-uu
♦ s/he stands blocking the doorway

ᒋᐱᔥᒀᐦᑐᐌᔑᓐ chipishkwaahtuweshin vai-i ♦ s/he lies blocking the doorway

ᒋᐱᔥᒀᐦᑐᐌᔥᑖᐤ chipishkwaahtuweshtaau vai+o ♦ s/he puts it in the doorway (as obstructing the passage)

ᒋᐱᔥᒀᐦᒡ chipishkwaahch p,location ♦ at the doorway

ᒋᐱᐦᑌᐎᓐ chipihtewin ni ♦ deafness

ᒋᐱᐦᑌᐤ chipihteu vai ♦ her/his hearing is blocked

ᒋᐱᐦᑌᐸᔫ chipihtepayuu vii-i ♦ her/his hearing becomes blocked off

ᒋᐱᐦᑎᓀᐤ chipihtineu vta ♦ s/he stops him/her/it (anim) moving by hand

ᒋᐱᐦᑎᓇᒻ chipihtinam vti ♦ s/he stops it moving by hand

ᒋᐱᐦᑐᐌᐅᐦᖄᓲ chipihtuweuhaausuu vai-u ♦ s/he causes the baby to stop crying

ᒋᐱᐦᑐᐌᐤ chipihtuweu vai ♦ s/he stops crying, talking

ᒋᐱᐦᑐᐌᐦᐁᐤ chipihtuweheu vta ♦ s/he causes him/her to stop crying

ᒋᐱᐦᑕᑳᐤ chipihtakaau vii ♦ it is blocked by a plank

ᒋᐱᐦᑖᓯᑰ chipihtaashikuu vii-uu ♦ it stops bleeding, running (ex water)

ᒋᐱᐦᑵᑖᐤ chipihkwetaau vai+o [Coastal]
♦ s/he keeps it (gun) loaded

ᒋᐱᐦᑵᔮᐤ chipihkweyaau vii [Coastal]
♦ it (gun) is loaded

ᒋᐱᐦᒋᐱᐦᒋᐸᔫ chipihchipihchipayuu vai/vii redup -i ♦ it stops and starts off and on

ᒋᐱᐦᒋᐸᔨᐦᐁᐤ chipihchipayiheu vta
• s/he stops him/her/it (anim) from moving about

ᒋᐱᐦᒋᐸᔨᐦᑖᐤ chipihchipayihtaau vai+o
• s/he stops it from moving about

ᒋᐱᐦᒋᐸᔫ chipihchipayuu vai/vii -i
• s/he/it stops by itself, s/he ceases to breathe, takes her/his last breath

ᒋᐱᐦᒋᑰᓐ chipihchikuun vii [Inland] • it stops bleeding, running (ex water)

ᒋᐱᐦᒋᑳᐴ chipihchikaapuu vai -uu • s/he comes to a standstill while walking

ᒋᐱᐦᒋᓇᒼ chipihchinam vti • s/he stops it with his hand

ᒋᐱᐦᒋᐦᐁᐤ chipihchiheu vta • s/he stops him/her (ex skidoo, in a car)

ᒋᐱᐦᒋᐦᑖᐤ chipihchihtaau vai+o • s/he stops it, turns it (ex machine) off

ᒋᐱᐦᒋᐤ chipihchiiu vai • s/he/it (anim) stops, ceases, halts (functioning, running, moving)

ᒋᐳᐱᑌᐤ chipupiteu vta • s/he zips him/her/it (anim) up

ᒋᐳᐱᑕᒼ chipupitam vti • s/he zips it up

ᒋᐳᐱᒋᑲᓐ chipupichikan ni • zipper

ᒋᐳᑎᔕᐦᐌᐤ chiputishahweu vta • s/he blocks his/her way deliberately

ᒋᐳᑐᓀᓀᐤ chiputuneneu vta • s/he covers, shuts his/her mouth by hand

ᒋᐳᑐᓀᓂᓱ chiputunenisuu vai reflex -u
• s/he covers her/his own mouth with her/his hand

ᒋᐳᑐᓀᔮᐳᐦᑳᓲᓐ chiputuneyaapuhkaasun ni • scarf, literally 'mouth cover',

ᒋᐳᑐᓀᔮᐱᐦᑳᓲ chiputuneyaapihkaasuu vai -u • s/he ties on something to close, cover her/his mouth (ex surgical mask)

ᒋᐳᑐᓀᐦᐌᐤ chiputunehweu vta • s/he causes someone to shut his/her own mouth, s/he shuts him/her up, talking by covering his/her mouth

ᒋᐳᑐᓀᐦᐱᓲ chiputunehpisuu vai reflex
• s/he ties on something to cover her/his own mouth

ᒋᐳᑐᓀᐦᐱᓲᓐ chiputunehpisun ni
• mask

ᒋᐳᑖᒥᓀᐤ chiputaamineu vta • s/he chokes him/her

ᒋᐳᑖᒥᔥᑯᐌᐤ chiputaamishkuweu vta
• s/he suffocates him/her with her/his body

ᒋᐳᑖᒨ chiputaamuu vai -u • s/he/it (anim) suffocates

ᒋᐳᑖᒫᐱᐦᑳᓲ chiputaamaapihkaasuu vai -u
• s/he/it (anim) strangles, is strangled with something string-like

ᒋᐳᑖᒫᑯᓀᐤ chiputaamaakuneu vai
• s/he/it (anim) suffocates with snow

ᒋᐳᑖᒫᔫ chiputaamaashuu vai -i
• her/his breath is taken away by the wind

ᒋᐳᑖᒫᐦᑲᔨᐁᐤ chiputaamaahkasweu vta
• s/he asphyxiates him/her with fire

ᒋᐳᑖᒫᐦᑲᓲ chiputaamaahkasuu vai
• s/he dies of asphyxiation in a fire

ᒋᐳᑖᐦᑕᒼ chiputaahtam vti • s/he suffocates

ᒋᐳᒀᑌᐤ chipukwaateu vta • s/he sews it (anim) closed

ᒋᐳᒀᑕᒼ chipukwaatam vti • s/he sews it closed

ᒋᐳᒎ chipuchuu vai -i • s/he eats grease and it freezes in her/his throat

ᒋᐳᓀᐤ chipuneu vta • s/he holds it (anim) closed, s/he restrains him/her by blocking him/her

ᒋᐳᓇᒼ chipunam vti • s/he holds it closed

ᒋᐳᓯᑯᒎᐃᓐ chipusikuchuwin vii • it is an ice jam

ᒋᐳᓯᑯᒣᐤ chipusikumeu vai/vii • s/he/it is blocked by ice

ᒋᐳᓯᒀᐤ chipusikwaau vii • it (river) is blocked by ice

ᒋᐳᓲ chipusuu vai -i • it (anim, ex pipe) is stopped up, blocked

ᒋᐳᓴᑳᐌᔑᓐ chipusakaaweshin vai
• s/he/it (anim) is blocked with bushes, brush

ᒋᐳᓴᑳᐤ chipusakaau vii • it is blocked with brush, bushes

ᒋᐳᔅᒎᐌᐤ chipuschuweu vii • it is blocked up with mud

ᒋᐳᔅᒎᑖᐤ chipuschuutaau vai+o • s/he blocks it up with mud

ᒋᐳᔅᒎᒋᓀᐤ chipuschuuchineu vta • s/he blocks it (anim) up with mud by hand

ᐱᐳᔅᒋᓇᒻ **chipuschuuchinam** vti ♦ s/he blocks it up with mud using his hands

ᐱᐳᔅᒍᐦᐁᐤ **chipuschuuheu** vta ♦ s/he blocks it (anim) up with mud

ᐱᐳᔑᓐ **chipushin** vai ♦ s/he/it (anim) blocks something, s/he is stuck (ex in a hole)

ᐱᐳᔔᑕᒻ **chipushtaham** vti ♦ s/he sews it (ex slit, opening) closed

ᐱᐳᔔᑕᐦᐁᐤ **chipushtahweu** vta ♦ s/he sews it (anim, pants) closed

ᐱᐳᐦᑎᓐ **chipuhtin** vii ♦ it is blocked by something

ᐱᐳᐦᑖᑕᒧᐋᔅᐱᓀᐎᓐ **chipuhtaatamuaaspinewin** ni ♦ asthma

ᒋᐸᐦ **chipah** preverb ♦ should, would (used only with second or third person of independent verbs)

ᒋᐸᐦᐄᑲᓐ **chipahiikan** ni ♦ lid, cover, stopper, cap

ᒋᐸᐦᐄᒉᐸᔫ **chipahiichepayuu** vai/vii-i ♦ it (anim) closes, is closed by something

ᒋᐸᐦᐅᐌᓲ **chipahuwesuu** na -siim [Coastal] ♦ policeman

ᒋᐸᐦᐅᐌᓲᑖᐹᓐ **chipahuwesuutaapaan** ni [Coastal] ♦ police car

ᒋᐸᐦᐅᐌᓲᑲᒥᒄ **chipahuwesuukamikw** ni ♦ police station

ᒋᐸᐦᐅᑑᑲᒥᒄ **chipahutuukamikw** ni ♦ prison

ᒋᐸᐦᐊᒧᐁᐤ **chipahamuweu** vta ♦ s/he closes it for him/her

ᒋᐸᐦᐊᒻ **chipaham** vti ♦ s/he closes it

ᒋᐸᐦᐋᐹᐗᓐ **chipahaapwaan** ni ♦ shell wad

ᒋᐸᐦᐁᐤ **chipahweu** vta ♦ s/he closes it, s/he closes it on him/her, s/he puts him/her in jail

ᒋᐸᐦᐙᑲᓐ **chipahwaakan** na ♦ prisoner

ᒋᐸᐦᒋᐸᐦᐄᐸᔫ **chipahchipahiipayuu** vai/vii redup -i ♦ it opens and closes, like a bellows

ᒋᐹᐯᑲᒧᐦᐁᐤ **chipaapekamuheu** vta ♦ s/he holds it (anim, string-like) as a barrier, closed

ᒋᐹᐯᑲᒧᐦᑖᐤ **chipaapekamuhtaau** vai+o ♦ s/he holds it (string-like) as a barrier, closed

ᒋᐹᐱᔅᑲᐦᐊᒻ **chipaapiskaham** vti ♦ s/he bolts it closed

ᒋᐹᔅᑯᒧᐦᐁᐤ **chipaaskumuheu** vta ♦ s/he uses it (anim, stick-like) as a barricade

ᒋᐹᔅᑯᒧᐦᑖᐤ **chipaaskumuhtaau** vai+o ♦ s/he uses it (stick-like) as a barricade

ᒋᐹᔅᑯᐦᐄᑲᓐ **chipaaskuhiikan** ni ♦ board used to close an opening, gate, crossbar

ᒋᐧᐋᐅᐦᑴᐤ **chipwaauhkweu** vii ♦ it is blocked with sand

ᒋᐧᐋᐅᐦᑳᐦᐊᓐ **chipwaauhkaahan** vii ♦ it is blocked up with sand washed by the waves

ᒋᐧᐋᐤ **chipwaau** vii ♦ it is closed up, blocked

ᒋᐧᐋᐱᓀᐤ **chipwaapineu** vta ♦ s/he shuts another's eyes by hand

ᒋᐧᐋᐱᔅᑳᐤ **chipwaapiskaau** vii ♦ it is blocked by rocks

ᒋᐧᐋᐱᔥᑳᔥᑌᐤ **chipwaapishkashteu** vii ♦ there is a rock which blocks the way

ᒋᐧᐋᐱᐦᑳᑌᐤ **chipwaapihkaateu** vta ♦ s/he ties it (anim) shut, closed

ᒋᐧᐋᐱᐦᑳᑕᒻ **chipwaapihkaatam** vti ♦ s/he ties it shut, closed

ᒋᐧᐋᐱᐦᒉᓲ **chipwaapihchesuu** vai-i ♦ it (anim, tubular, ex a hose) is blocked

ᒋᐧᐋᐴ **chipwaapuu** vai ♦ s/he has narrow, half-closed eyes

ᒋᐧᐋᑯᓀᐤ **chipwaakuneu** vai/vii ♦ s/he/it is blocked by snow

ᒋᐧᐋᑲᓲ **chipwaakasuu** vai-u ♦ s/he is imprisoned, blocked by the flames

ᒋᐧᐹᔅᐱᑌᐤ **chipwaaspiteu** vta ♦ s/he closes it (anim) by lacing it

ᒋᐧᐹᔅᐱᑕᒻ **chipwaaspitam** vti ♦ s/he closes it by lacing it

ᒋᐧᐹᔅᐱᑖᑲᓐ **chipwaaspitaakan** ni ♦ top binding around a caribou leg skin bag used to close it

ᒋᐧᐹᔅᐱᒋᑲᓐ **chipwaaspichikan** ni ♦ string to lace the bag closed

ᒋᐧᐹᔅᑯᔥᑕᐦᐄᑲᓇᐦᑎᒄ **chipwaaskushtahiikanaahtikw** ni [Coastal] ♦ skewer stick

chipwaaskushtahweu vta
[Coastal] ♦ s/he closes the cut in it (animal, bird to be roasted) with skewer stick

chipwaaskuhiikanaahtikw ni ♦ stick used to close a tent door

chipwaaskuham vti ♦ s/he blocks it with something stick-like

chipwaaskuhweu vta ♦ s/he blocks him/her with something stick-like

chipwaashkushtahiikanaahtikw ni ♦ skewer stick to close the cavity of an animal, bird while roasting

chipwaahuukuu vai -u ♦ s/he is held up by windy weather

chipwaahkatisuu vai -u ♦ it (anim, ex skin) dries so it (anim) is closed

chituus nad ♦ your aunt, (your mother's sister, your father's brother's wife) your stepmother

chituushimiskwem nad ♦ your niece, step-daughter

chituushim nad ♦ your nephew, step-son

chitaanis nad ♦ your daughter

chikus nad ♦ your son

chikuuwateu vai ♦ s/he sits with a packsack on

chikuupeshin vai ♦ s/he lays down wearing wet clothing

chikuushaaneu na ♦ pregnant moose that is still travelling with the previous year old young

chika preverb ♦ will (future marker used with second or third person of independent verbs)

chikamuwaakuneshin vai ♦ s/he/it (anim) is stuck in the snow

chikamuwaakunehtin vii ♦ it is stuck in the snow

chikamupechishin vai ♦ s/he, it (anim) is stuck in slush

chikamupechishin vai ♦ s/he is stuck in slush on the ice

chikamuschuweu vai ♦ s/he is stuck in the mud

chikamushin vai ♦ s/he/it (anim) is stuck (ex in snow)

chikamushkupechishin vai
[Inland] ♦ s/he, it (anim) is stuck in slush on the ice

chikamuheu vta ♦ s/he sticks it (anim) on

chikamuhtin vii ♦ it is stuck (ex in snow)

chikamuhtaau vai+o ♦ s/he sticks it on it

chikamuu vai/vii -u ♦ s/he/it is stuck on it

chikamwaakuneshin vai ♦ s/he is stuck in the snow

chikasaameu vai ♦ s/he is wearing snowshoes

chikaschipuu vai -u ♦ s/he eats raw meat

chikaschitenuweu vai
[Coastal] ♦ s/he undercooks food

chikaschituu vai -u ♦ it (anim) is raw

chikaschinuweu vai ♦ s/he undercooks food

chikaschisineu vai ♦ s/he has her/his shoes, moccasins on

chikaschisineshin vai ♦ s/he lies down with her/his shoes on

chikaschisinehkwaamuu vai -u ♦ s/he sleeps with her/his shoes on

chikashtutineu vai ♦ s/he has her/his cap, hat on

chikashkahiinuweu vta ♦ s/he passes out raw meat

chikashkaau vii ♦ it is raw

chikashkaaskun vii ♦ it is a green stick

chikashkaaskusuu vai -i ♦ it (anim) is a green stick, tree

chikashkaahtikw ni -um ♦ green wood

chikahacheu vai ♦ it (fish) still has its scales on, has not yet been scaled

chikahamaapuwin ni ♦ fork

chikaham vti ♦ s/he pricks it

ᒋᑲᐦᐁᐤ **chikahweu** vta ♦ s/he pricks him/her, s/he shoots pool

ᒋᑲᐦᑵᐸᔫ **chikahkwepayuu** vai -i ♦ s/he falls over head first

ᒋᑳᐐ **chikaawii** nad [Inland] ♦ your mother

ᒋᑳᑯᓀᐤ **chikaakuneu** vai ♦ s/he enters with snow on her/himself

ᒋᑳᓯᑯᓲ **chikaasikusuu** vai -i ♦ it (anim, ice) narrows

ᒋᑳᓯᒁᐤ **chikaasikwaau** vii ♦ it (ice) narrows

ᒋᑳᓲ **chikaasuu** vai -i ♦ it (anim) narrows

ᒋᑳᔮᐤ **chikaayaau** vii ♦ it narrows

ᒋᑳᔮᐱᔅᑳᐤ **chikaayaapiskaau** vii ♦ it is a narrows in a rock

ᒋᑳᔮᔅᑯᔨᐁᐤ **chikaayaaskuyiweu** vai ♦ s/he has a narrow waist

ᒋᑳᐦᑯᓀᐤ **chikaahkuneu** vai ♦ s/he has a sliver, splinter

ᒋᑳᐦᑯᓂᑎᐦᒑᓐ **chikaahkunitihchaan** ni ♦ narrowing of the wrist

ᒋᑳᐦᑯᓐ **chikaahkun** ni ♦ narrowing of the ankle

ᒋᒋᐱᐦᑵᑖᐤ **chichipihkwetaau** vai+o [Inland] ♦ s/he keeps it (gun) loaded

ᒋᒋᐱᐦᑵᔮᐤ **chichipihkweyaau** vii [Inland] ♦ it (gun) is loaded

ᒋᒋᓀᐤ **chichineu** vta [Coastal] ♦ s/he runs to him/her

ᒋᒋᓅᐁᐤ **chichinuweu** vta [Inland] ♦ s/he runs to him/her

ᒋᒋᓯᒨ **chichisimuu** vai ♦ s/he drinks water from the river, stream or lake without using a cup, using only lips

ᒋᒋᓵᐅᐦᐊᒻ **chichisaauham** vti ♦ s/he nails it

ᒋᒋᔑᓐ **chichishin** vai ♦ s/he falls and pierces her/himself on something

ᒋᒋᔥᑯᐁᐤ **chichishkuweu** vta ♦ s/he wears it (anim)

ᒋᒋᔥᑲᒧᑎᔦᐤ **chichishkamutiyeu** vta [Inland] ♦ s/he puts it on someone

ᒋᒋᔥᑲᒻ **chichishkam** vti ♦ s/he wears it

ᒋᒋᐦᑖᐅᐸᔫ **chichihtaaupayuu** vai/vii -i [Inland] ♦ it penetrates, sinks into (ex mud)

ᒋᒋᐦᑖᐅᔥᒎᒋᐸᔫ **chichihtaauschuuchipayuu** vai/vii -i [Inland] ♦ s/he/it sinks into the mud

ᒋᒑᒣᐤ **chichaameu** vta ♦ s/he dirties it (anim, ex pants) with shit

ᒋᒑᐦᑕᒻ **chichaahtam** vti ♦ s/he dirties it with shit

ᒋᒣᑲᓐ **chimekan** vii ♦ it (sheet-like) is cut off

ᒋᒣᒋᐱᑌᐤ **chimechipiteu** vta ♦ s/he tears a piece of it (anim, sheet-like)

ᒋᒣᒋᐱᑕᒻ **chimechipitam** vti ♦ s/he tears a piece of it (sheet-like)

ᒋᒣᒋᐸᔫ **chimechipayuu** vai/vii -i ♦ it (anim, sheet-like) gets torn off, tears off

ᒋᒣᒋᓲ **chimechisuu** vai -i ♦ it (anim, sheet-like) is cut off

ᒋᒣᔨᒁᐤ **chimeyikweu** vai [Inland] ♦ s/he has a snub-nose

ᒋᒣᔨᑯᒣᐤ **chimeyikumeu** vai [Inland] ♦ s/he has a snub-nose

ᒋᒥᐱᑌᐤ **chimipiteu** vta ♦ s/he tears it (anim) off

ᒋᒥᐱᑐᓀᐤ **chimipituneu** vai ♦ s/he has an amputated arm

ᒋᒥᐱᑐᓀᐦᑰ **chimipitunehukuu** vai ♦ s/he has an arm cut off with an instrument

ᒋᒥᐱᑐᓀᐦᐁᐤ **chimipitunehweu** vta ♦ s/he cuts off someone's arm with an instrument, machine

ᒋᒥᐱᑕᒧᔦᐤ **chimipitamuyeu** vta ♦ s/he/i has (animal) escaped her/his trap, leaving a paw, leg in it

ᒋᒥᐱᑕᒻ **chimipitam** vti ♦ s/he tears it off, it (animal) tears off a paw in a trap

ᒋᒥᐳᑖᐤ **chimiputaau** vai+o ♦ s/he saws it off

ᒋᒥᐳᑖᑲᓈᐦᑎᒄ **chimiputaakanaahtikw** ni ♦ saw-horse

ᒋᒥᐳᒋᑲᓐ **chimipuchikan** ni ♦ a piece of sawed off wood

ᒋᒥᐳᔦᐤ **chimipuyeu** vta ♦ s/he saws it (anim) off

ᒋᒥᑌᐤ **chimiteu** vii ♦ it sticks up, it is erected

ᒋᒥᑌᔮᐱᐦᑌᐤ **chimiteyaapihteu** vii ♦ the smoke rises, stands straight up

ᒋᒥᑌᐦᑯᔦᐤ **chimitehkuyeu** vii ♦ the flames rise straight up

ᒋᒥᑎᐦᒉᐤ **chimitihcheu** vai ♦ s/he has an amputated finger

ᐱᕆᒐᣞ **chimitaau** vai+o ♦ s/he stands, sets it up, erects it, pitches it (ex tent)

ᐱᕆᒐᣜ **chimitaan** vii ♦ it stops raining ▪ ᓂᓐ ᐱᕆᒐᣜ ▪ *it stops raining*

ᐱᕆᑲᐦᐊᒻ **chimikaham** vti ♦ s/he chops it off

ᐱᕆᑲᐦᐁᐤ **chimikahweu** vta ♦ s/he chops it (anim) down (stick-like)

ᐱᕆᑲᐦᑎᑫᐦᐊᒫᐤ **chimikahtikwehamaau** vai ♦ s/he cuts her/his bangs short

ᐱᕆᑳᑌᐤ **chimikaateu** vai ♦ s/he has an amputated leg

ᐱᕆᑳᑌᐸᔫ **chimikaatepayuu** vai-i ♦ it (ex pants) gets a leg torn off

ᐱᕆᑳᑌᔥᐌᐤ **chimikaateshweu** vta ♦ s/he cuts someone's leg, pant leg off short

ᐱᕆᒥᒣᐤ **chimimeu** vta ♦ s/he bites it (anim) off

ᐱᕆᒥᓀᐤ **chimineu** vta ♦ s/he breaks off a piece of something (anim) by hand

ᐱᕆᓂᔅᑲᑑᐦᑕᑿ **chiminiskatuuhtakw** ni ♦ dried, broken-off standing tree, tree stump

ᐱᕆᓂᔅᒋᐸᔫ **chiminischipayuu** vii-i ♦ it is a dried broken-off standing tree

ᐱᕆᓇᒻ **chiminam** vti ♦ s/he breaks off a piece of something by hand

ᐱᕆᓯᑯᔑᒣᐤ **chimisikushimeu** vta ♦ s/he causes it (anim) to have a piece cut off by the ice

ᐱᕆᓯᑯᐦᑎᑖᐤ **chimisikuhtitaau** vai+o ♦ s/he causes it to have a piece broken off by the ice ▪ ᐅᒥᐸ ᐱᕆᓯᑯᐦᑎᑖᐤ ᐳᐅᒻᐸ ᐁ ᐋ ᐊᐦᐸᐦᐃᐠᐊᓃᐃᑳ ▪ *S/he broke a piece of his/her ice chisel, when s/he tried to dig a hole in the ice.*

ᐱᕆᓲ **chimisuu** vai-i ♦ it (anim) sticks up, is erected, is standing (tree)

ᐱᕆᓵᐦᐁᐤ **chimisaaheu** vta ♦ s/he wipes his/her bottom

ᐱᕆᓵᐦᐅᓐ **chimisaahun** ni ♦ toilet paper, something used to wipe one's bottom

ᐱᕆᓵᐦᐆ **chimisaahuu** vai-u ♦ s/he wipes her/his own bottom

ᐱᕆᓵᐦᑎᔦᔑᒨ **chimisaahtiyeshimuu** vai-u ♦ it (dog) wipes its bottom on something

ᐱᕆᔅ **chimis** nad ♦ your older sister

ᐱᕆᔅᐳᑖᓐ **chimisputaan** vii ♦ it stops snowing

ᐱᕆᔑᐌᐤ **chimishweu** vta ♦ s/he cuts it (anim) short

ᐱᕆᔑᑳᒉᐤ **chimishikaacheu** vai ♦ s/he cuts things short with it

ᐱᕆᔐᒧᐌᐤ **chimishamuweu** vta ♦ s/he cuts some off for him/her

ᐱᕆᔐᒻ **chimisham** vti ♦ s/he cuts it right off

ᐱᕆᔥᑎᒀᓀᐤ **chimishtikwaaneu** vai ♦ her/his head is cut off

ᐱᕆᔥᑎᒀᓀᔥᐌᐤ **chimishtikwaaneshweu** vta ♦ s/he cuts its (anim) head off

ᐱᕆᔥᑎᓐ **chimishtin** vii ♦ it stops blowing, the wind dies down

ᐱᕆᔫ **chimiyeu** vta ♦ s/he stands him/her up, s/he puts it (anim) up

ᐱᕆᔨᐌᐤ **chimiyiweu** vai ♦ the lower part of his body is amputated, cut off

ᐱᕆᐦᐄᑲᓐ **chimihiikan** ni ♦ chopped out place on a tree, log, signs that it has been cut

ᐱᕆᐦᐄᔅᑳᓐ **chimihiiskaan** ni-im ♦ standing stump, base of a tree

ᐱᕆᐦᐊᒫᐤ **chimihamaau** vai ♦ s/he cuts her/his hair short

ᐱᕆᐦᑕᒻ **chimihtam** vti ♦ s/he bites it off

ᐱᒦᐌᐤ **chimiiweu** vii ♦ the wind dies down

ᐱᒧᐎᓀᐅᒋᔒᔥ **chimuwineuchishiish** na dim ♦ Swainson's thrush bird *Catharus ustulatus*, hermit thrush *Catharus guttatus*

ᐱᒧᐎᓂᐱᔦᔒᔥ **chimuwinipiyeshiish** na dim ♦ kind of warbler, literally 'rain bird'

ᐱᒧᐎᓂᐸᔨᒌᔅ **chimuwinipayichiis** na ♦ rain pants

ᐱᒧᐎᓂᐸᔫ **chimuwinipayuu** vii-i ♦ it is a sudden rain, it suddenly begins to rain

ᐱᒧᐎᓂᔓ **chimuwinishuu** vai-i ♦ s/he is caught in the rain

ᐱᒧᐎᓇᑰᑉ **chimuwinakuhp** ni ♦ raincoat

ᐱᒧᐎᓇᔥᑐᑎᓐ **chimuwinashtutin** ni ♦ rain hat

ᐱᒧᐎᓈᐴ **chimuwinaapuu** ni ♦ rainwater

ᐱᒧᐎᓐ **chimuwin** vii ♦ it is raining

ᐱᒍᑎᒁᐤ **chimutikweu** vai ♦ s/he robs snares

ᐱᒍᑎᔅᐠ **chimutisk** na ♦ thief

chimutuu vai-i ♦ s/he steals

chimutuuwinh ni pl ♦ stolen goods

chimutamuweu vta ♦ s/he steals from him/her

chimutaheu vta ♦ s/he steals from one person for another

chimutahiipeu vai ♦ s/he robs, steals from the nets

chimukahiikan ni ♦ way of catching fish by scaring them into a net

chimuchipeu vai ♦ s/he steals a drink

chimuschisuu vai-i ♦ s/he/it (anim) is soggy

chimuschuukaau vii ♦ it is a muddy place

chimushum nad ♦ your grandfather

chimushkaau vii ♦ it is soggy

chimushkaapwaaweu vii ♦ it is soaking wet

chimuuchipeu vai ♦ s/he sneaks a drink, steals alcohol

chimaham vti ♦ s/he cuts it (ex wood) off

chimahaatikweyaau vii ♦ it is a clear-cut area of trees

chimahaahtikweu vai ♦ s/he cuts poles

chimaau vii ♦ it is amputated, cut off short

chimaapekan vii ♦ it (string-like) is cut off

chimaapechisuu vai-i ♦ it (anim, string-like) is cut off

chimaapiskaau vii ♦ it (metal) is cut off short

chimaapischisuu vai-i ♦ it (anim, metal) is cut off short

chimaaputeu vii ♦ it is broken off and washed away

chimaaskweyaau vii ♦ it is an area where the trees look cut off

chimaaskun vii ♦ it (stick-like) is cut off

chimaaskusuu vai-i ♦ it (anim, stick-like) is cut off

chimaayiweu vai ♦ it (anim) has a cut off, shortened tail

chimaahaaskweu vai ♦ s/he cuts off poles and strips the branches (to make a beaver barricade)

chimaahkweshweu vta ♦ s/he cuts its (anim, snowshoe, toboggan) head off

chineush p,time ♦ for a long time, a long while, a long time (also heard as neush) ■ *We waited a long time for her.*

chinepikushikai na ♦ snake skin

chinepikush na dim ♦ worm, small snake

chinepikw na-um ♦ snake

chinwekakuteu vta ♦ s/he hangs it (anim, sheet-like) long

chinwekakutaau vai+o ♦ s/he hangs it (sheet-like) long

chinwekan vii ♦ it (sheet-like) is long

chinwechisuu vai-i ♦ it (anim, sheet-like) is long

chiniichihiikuch nad ♦ your parents

chinupituneu vai ♦ s/he has long arms

chinuputaau vai ♦ s/he saws it long

chinupayiheu vta ♦ s/he lengthens it (anim) out

chinupayihtaau vai+o ♦ s/he lengthens it out

chinupayuu vii-i ♦ it lengthens

chinutihcheu vai ♦ s/he has long hands

chinutihchiikaneu vai ♦ s/he has a long finger

chinukuteu vai ♦ it (anim) has a long beak, nose

chinukutaau vai+o ♦ s/he hangs it long

chinukuchin vai ♦ s/he/it (anim) hangs long

chinukuyeu vta ♦ s/he has it (anim, ex pants) hanging down

chinukamaau vii ♦ it is a long lake

ᒋᓄᑳᔫ **chinukasheu** vai ♦ it (anim) has long claws, nails

ᒋᓄᑳᒻ **chinukaham** vti ♦ s/he cuts it (wood) long

ᒋᓄᑳᐌᐤ **chinukahweu** vta ♦ s/he cuts it (anim) long

ᒋᓄᑳᐴ **chinukaapuu** vai -uu ♦ s/he is tall

ᒋᓄᑳᑌᐤ **chinukaateu** vai ♦ s/he has long legs

ᒋᓄᓰᑌᐤ **chinusiteu** vai ♦ s/he has a long foot

ᒋᓄᓯᑯᓱ **chinusikusuu** vai -i ♦ it (anim, ice) is long

ᒋᓄᓯᑳᐤ **chinusikwaau** vii ♦ it is a long stretch of ice

ᒋᓄᓱ **chinusuu** vai -i ♦ it (anim, ex fish) is long

ᒋᓄᔫ **chinusheu** na ♦ pike *Esox lucius*, literally 'long fish'

ᒋᓄᔐᔥ **chinushesh** na dim -im / -iim ♦ young pike *Esox lucius*

ᒋᓄᔨᐌᐤ **chinuyiweu** vai ♦ s/he has a long body

ᒋᓄᔨᐃᑎᐦᒋᒉᐤ **chinuyihyitihchicheu** vai ♦ s/he has long fingers

ᒋᓅᐌᐤ **chinuheu** vta ♦ s/he makes it (anim) long, s/he lengthens it (anim)

ᒋᓅᑑᑲᔦᐤ **chinuhtuukayeu** vai ♦ it (anim) has long ears

ᒋᓅᑑᒉᐤ **chinuhtuucheu** vai ♦ it (anim) has long ears

ᒋᓅᐦᑕᑲᒻ **chinuhtakaham** vti ♦ s/he chops it long

ᒋᓅᐦᑕᑳᐤ **chinuhtakaau** vii ♦ it is a long piece of firewood

ᒋᓅᐦᑖᐤ **chinuhtaau** vai+o ♦ s/he lengthens it, s/he makes it long

ᒋᓇᐦᐋᑲᓂᔅᑵᒼ **chinahaakaniskwem** nad ♦ your daughter-in-law

ᒋᓇᐦᐋᒋᒻ **chinahaachim** nad ♦ your son-in-law

ᒋᓈᐯᒼ **chinaapem** nad ♦ your husband

ᒋᓈᐅᑲᓀᐤ **chinwaaukaneu** vai ♦ s/he has a long spine

ᒋᓈᐅᑲᓀᐦᑖᐤ **chinwaaukanehtaau** vai+o ♦ s/he makes it (wood, ex ridge of roof) too long

ᒋᓈᐤ **chinwaau** vii ♦ it is long

ᒋᓈᐯᑲᓐ **chinwaapekan** vii ♦ it (string-like) is long

ᒋᓈᐯᒋᑯᑌᐤ **chinwaapechikuteu** vai ♦ s/he has a long nose

ᒋᓈᐯᒋᓀᐤ **chinwaapechineu** vta ♦ s/he lengthens it (anim, string-like)

ᒋᓈᐯᒋᓇᒻ **chinwaapechinam** vti ♦ s/he lengthens it (string-like), s/he makes it long (ex a long speech)

ᒋᓈᐯᒋᓱ **chinwaapechisuu** vai -i ♦ it (anim, string-like) is long

ᒋᓈᐯᒋᐦᑴᐤ **chinwaapechihkweu** vai ♦ s/he has a long face

ᒋᓈᐱᑌᐤ **chinwaapiteu** vai ♦ s/he has long teeth

ᒋᓈᐱᒥᓈᑯᓐ **chinwaapiminaakun** vii ♦ it is possible to see a long distance along a road

ᒋᓈᐱᔅᑳᐤ **chinwaapiskaau** vii ♦ it (metal) is long

ᒋᓈᐱᔅᒋᓱ **chinwaapischisuu** vai -i ♦ it (anim, metal) is long

ᒋᓈᑯᔨᐌᐤ **chinwaakuyiweu** vai ♦ s/he has a long neck

ᒋᓈᒋᐱᔅᑯᓀᐤ **chinwaachipiskuneu** vai ♦ s/he has a long back

ᒋᓈᓂᑳᐤ **chinwaanikaau** vii ♦ the island is long

ᒋᓈᔅᑯᓐ **chinwaaskun** vii ♦ it (stick-like) is long

ᒋᓈᔅᑯᓱ **chinwaaskusuu** vai -i ♦ it (anim, tree) is long, tall

ᒋᓈᔅᑯᔥᑐᐌᐤ **chinwaaskushtuweu** vai ♦ s/he/it has a long beard

ᒋᓈᔅᑯᐦᐌᐤ **chinwaaskuheu** vta ♦ s/he makes it (anim, stick-like) long

ᒋᓈᔅᑯᐦᑖᐤ **chinwaaskuhtaau** vai+o ♦ s/he makes it (stick-like) long

ᒋᓈᔓ **chinwaashuu** vii dim -i ♦ it is rather long

ᒋᓈᔨᐌᐤ **chinwaayiweu** vai ♦ it (anim) has a long tail

ᒋᓈᔨᐦᑵᐤ **chinwaayihkweu** vai ♦ s/he has long hair

ᒋᓈᐦᒉᐤ **chinwaahcheu** vai ♦ it (anim) has long wings, long wing feathers

ᒋᓭᐙᑎᓰᐎᓐ **chisewaatisiiwin** ni ♦ kindness, mercy, grace, bounty

ᒋᓭᐙᑎᓰᐤ **chisewaatisiiu** vai ♦ s/he is kind, affectionate, good-natured, gracious, merciful

chisewaatutaacheu vai
 ♦ s/he shows humility through her/his actions, s/he shows kindness to others
chisemiskw na ♦ adult beaver *Castor canadensis*
chisesiniiupaaschisikan ni ♦ 30-30 gun
chisesiipii ni -m ♦ large river, town of Chisasibi
chisesiipiiiinuu na -niim [Inland] ♦ Chisasibi Native
chisesiipiiuiiyiyuu na -yiim ♦ Chisasibi Native
chisipaaskunikan ni ♦ flexible flat stick used to shoot projectile (small piece of willow) at target (feather stuck in Cow-parsnip plant)
chisipaaskunicheu vai ♦ s/he shoots a projectile from a flexible flat stick at a target
chisikus nad ♦ your aunt (your mother's brother's wife, your father's sister), your mother-in-law
chisinipeyaau vii ♦ it is cold and rainy weather
chisiniiweu vii ♦ it is a cold wind
chisinaau vii ♦ it is cold weather
chisisweu vta ♦ s/he heats it (anim)
chisisamuweu vta ♦ s/he heats it up for him/her
chisisam vti ♦ s/he heats it
chisiyaauhchineu vta ♦ s/he cleans him/her with sand, an abrasive
chisiyaauhchinam vti ♦ s/he cleans it with sand, an abrasive
chisiyaapiskahiikan ni ♦ metal scouring pad for pots, cleaner for gun
chisiyaapaauchipayiheu vai ♦ s/he rinses it (anim, ex pants)
chisiyaapaauchipayihtaau vai+o ♦ s/he rinses it (ex clothes)
chisiyaapaauyeu vta ♦ s/he rinses it (anim) out

chisiyaapaaweu vii ♦ it is being rinsed
chisiyaapwaaweu vii ♦ it (ex car) is washed, rinsed off
chisiipechineu vta ♦ s/he wipes him/her with a liquid, gives him/her a sponge bath
chisiipechinam vti ♦ s/he wipes it with a wet rag
chisiipichuu vai -i ♦ its (ex moose, caribou) tracks are frozen hard
chisiipuwesikupayuu vii -i ♦ pieces of ice rub against each other and make squeaking sounds
chisiipayuu vai/vii -i ♦ it (anim) rubs off
chisiipaaskw na ♦ a bent, slanted tree rubbing against another tree in the wind
chisiikaapwaauyeu vta ♦ s/he washes it (anim, ex hide) out
chisiineu vta ♦ s/he wipes him/her/it (anim) clean
chisiinam vti ♦ s/he wipes it clean
chisiiyaapitehusun ni ♦ toothbrush
chisiiyaapaautaau vai+o ♦ s/he rinses it out
chisiiyaashtimeu vta ♦ s/he airs it (anim)
chisiihiikan ni ♦ blackboard, chalkboard brush
chisiihkweneu vta ♦ s/he wipes his/her face clean with a wet cloth
chisiihkweyaapwaautaau vai+o ♦ s/he washes blood out of it
chisiihkweyaapwaauyeu vta ♦ s/he washes blood out of it (anim, ex hide)
chisuwaasuu vai -i ♦ s/he is angry
chisusiiu vai ♦ s/he is capable, strong
chisuu vai -u ♦ s/he feels hot
chisuusiiunaakusuu vai -i ♦ s/he looks like s/he has the strength and energy to do something

ᑦᒌᒋᐧᐁᔨᒣᐅ chisuusiiweyimeu vta ♦ s/he thinks another has the strength and energy to do something

ᑦᒌᒋᐅ chisuusiiu vai ♦ s/he has a lot of strength and energy

ᒋᔑᔐᑎᐅᐤ chisaapischiteu vii ♦ it (metal) is very hot

ᒋᔑᔐᑎᓲ chisaapischisuu vai-u ♦ it (anim, stove) is very hot

ᒋᔑᔐᒋᔖᐙᓐ chisaapischisaawaan na ♦ stove, furnace

ᒋᔕᑲᒥᓴᒻ chisaakamisam vti ♦ s/he warms, heats it (liquid)

ᒋᔕᒋᒣᐅᐤ chisaachimeu vta ♦ s/he stays him/her, s/he detains him/her by speech

ᒋᔅ chis nad ♦ your uncle (your mother's brother, your father's sister's husband), your father-in-law

ᒋᔅᐯᐧᐁᐤ chispeweu vai ♦ s/he takes someone's side, sides, stands up for, defends someone

ᒋᔅᐯᐧᐋᐅᓲ chispewaausuu vai ♦ s/he defends his/her children

ᒋᔅᐯᐧᐋᑌᐤ chispewaateu vta ♦ s/he defends him/her

ᒋᔅᐯᐧᐋᑎᓲ chispewaatisuu vai reflex-u ♦ s/he defends her/himself

ᒋᔅᐯᐧᐋᑖᐅᓲ chispewaataausuu vai ♦ s/he defends his/her children

ᒋᔅᐯᐤ chispeu p,evaluative ♦ it is a waste of it, it is wasteful ■ ᒋᔅᐯᐤ ᐊᓂ ᑎᔅ ᑳ ᐧᐋᐸᓘᐦᐠ ■ What a waste of food you are throwing out.

ᒋᔅᐱᓀᐤ chispineu vta ♦ s/he mixes it (anim, ex dough) by hand

ᒋᔅᐱᓇᒻ chispinam vti ♦ s/he mixes it with his hands

ᒋᔅᐸᑭᑎᓐ chispakatin vii ♦ it is frozen thick (ex ice on a river)

ᒋᔅᐸᑲᒧᐦᑖᐤ chispakamuhtaau vai+o ♦ s/he puts it on thickly

ᒋᔅᐸᑲᒨ chispakamuu vai/vii-u ♦ it is on it thickly, it is spread on thickly

ᒋᔅᐸᑲᔐᐤ chispakasheu vai ♦ it (anim) has a thick skin, hide (after removal)

ᒋᔅᐸᑲᔐᐤ chispakasheu vai ♦ the hide is thick

ᒋᔅᐸᑲᐦᐆ chispakahuu vai-u ♦ s/he wears many layers

ᒋᔅᐸᑳᐤ chispakaau vii ♦ it is thick

ᒋᔅᐸᑳᐯᑲᓐ chispakaapekan vii ♦ it (string-like) is thick

ᒋᔅᐸᑳᐯᒋᓲ chispakaapechisuu vai-i ♦ it (anim, string-like) is thick

ᒋᔅᐸᑳᐱᔅᑳᐤ chispakaapiskaau vii ♦ it is thick (stone, metal)

ᒋᔅᐸᑳᐱᔅᒋᓲ chispakaapischisuu vai-i ♦ it (anim, metal, stone) is thick

ᒋᔅᐸᑳᑯᓂᑳᐤ chispakaakunikaau vii ♦ it is thick snow

ᒋᔅᐸᑳᔅᑯᓐ chispakaaskun vii ♦ it (stick-like) is thick

ᒋᔅᐸᑳᔅᑯᓲ chispakaaskusuu vai-i ♦ it (anim, stick-like) is thick

ᒋᔅᐸᔅᑲᑎᓐ chispakaaskatin vii ♦ it (inan) is frozen thickly

ᒋᔅᐸᔅᑲᒍ chispakaaskachuu vai-i ♦ it (anim) is frozen thickly

ᒋᔅᐸᔮᐦᒁᐅ chispakaayihkweu vai ♦ s/he has thick hair

ᒋᔅᐸᒉᑲᓐ chispachekan vii ♦ it (sheet-like) is thick

ᒋᔅᐸᒉᒋᓲ chispachechisuu vai-i ♦ it (anim, sheet-like) is thick

ᒋᔅᐸᒋᐳᑖᐤ chispachiputaau vai+o ♦ s/he saws it thick

ᒋᔅᐸᒋᐳᔦᐤ chispachipuyeu vta ♦ s/he saws it (anim) thick

ᒋᔅᐸᒋᒫᒦᔕᐦᐊᒻ chispachimaamiishaham vti ♦ s/he patches it thickly (ex layer after layer)

ᒋᔅᐸᒋᒫᒦᔕᐦᐧᐁᐤ chispachimaamiishahweu vta ♦ s/he patches it (anim) thickly (ex layer after layer)

ᒋᔅᐸᒋᓀᐤ chispachineu vta ♦ s/he forms it (anim, ex bannock) thick by hand

ᒋᔅᐸᒋᓯᑌᐤ chispachisiteu vai ♦ s/he has thick feet

ᒋᔅᐸᒋᓯᑯᓲ chispachisikusuu vai-i ♦ it (anim) is thick with ice

ᒋᔅᐸᒋᓯᒁᐤ chispachisikwaau vii ♦ it is thick with ice

ᒋᔅᐸᒋᓲ chispachisuu vai-i ♦ it (anim) is thick

ᒋᔅᐸᒋᔐᐤ chispachishweu vta ♦ s/he cuts it (anim, ex beaver) thick

ᒋᔅᐸᒋᔑᑲᔦᐤ chispachishikayeu vai ♦ s/he has thick skin

ᒋᔅᐸᒋᔑᒨ chispachishimuweu vta
• s/he cuts it thick for him/her
ᒋᔅᐸᒋᔕᒻ chispachisham vti • s/he cuts it thick
ᒋᔅᐸᒋᔥᑯᐌ chispachishkuweu vta
• s/he wears several thicknesses of it (anim, ex socks)
ᒋᔅᐸᒋᔥᑲᒻ chispachishkam vti • s/he wears several thicknesses of it
ᒋᔅᐸᒋᔓᒋᔫ chispachishchisheu vai
• s/he has thick upper lip
ᒋᔅᐸᒋᐦᔫ chispachiheu vta • s/he makes it (anim) thick
ᒋᔅᐸᒋᐦᑎᑖᐤ chispachihtitaau vai+o
• s/he applies several thicknesses, layers to it
ᒋᔅᐸᒋᐦᑖᐤ chispachihtaau vai+o • s/he makes it thick
ᒋᔅᐸᓂᑕᒨ chispanitamuweu vai
• s/he defends one of the people when s/he sees two people fighting, jumps in to the fight
ᒋᔅᑌᐧᐸᔫ chistewepayuu vai/vii -i • it makes a rattling sound
ᒋᔅᑌᐧᔮᐱᑌᔑᓐ chisteweyaapiteshin vai
• her/his teeth are chattering
ᒋᔅᑌᔅ chistes nad • your older brother
ᒋᔅᑎᒥᐦᔫ chistimiheu vta • s/he ill-treats him/her
ᒋᔅᑎᒥᐦᐄᐌ chistimihiiweu vai • s/he causes misery, s/he is guilty of ill-treatment
ᒋᔅᑎᒥᐦᐄᓲ chistimihiisuu vai reflex -u
• s/he makes her/himself pitiful, s/he causes her/himself misery
ᒋᔅᑎᒪᒋᐦᐆ chistimachihuu vai -u • s/he is not feeling up to anything, is feeling poorly, is feeling lazy
ᒋᔅᑎᒪᑎᓰᐤ chistimaatisiiu vai • s/he is poor, destitute, pitiable
ᒋᔅᑎᒫᑲᓐ chistimaakan vii • it is poor, it is worthless, in a state of destitution, the times are poor
ᒋᔅᑎᒫᒉᔨᒣᐤ chistimaacheyimeu vta
• s/he pities, befriends him/her, is kind to him/her/it (anim)
ᒋᔅᑎᒫᒉᔨᒥᓱᐧᐃᓐ chistimaacheyimisuwin ni • self-pity, self-compassion
ᒋᔅᑎᒫᒉᔨᒨ chistimaacheyimuweu vai
• s/he shows compassion, s/he shows pity to someone

ᒋᔅᑎᒫᒉᔨᒨ chistimaacheyimuu vai -u
• s/he thinks s/he is poor, s/he dwells on her/his poverty, s/he is humble-minded
ᒋᔅᑎᒫᒉᔨᐦᑖᑯᓐ chistimaacheyihtaakun vii
• it is pitiable
ᒋᔅᑎᒫᒉᔨᐦᑖᑯᓲ chistimaacheyihtaakusuu vai -i • s/he is pitiable, to be pitied, s/he is lovable
ᒋᔅᑎᒫᒉᔨᐦᒋᒉᐧᐃᓐ chistimaacheyihchichewin ni
• compassion, pity
ᒋᔅᑎᒫᒉᔨᐦᒋᒉᐤ chistimaacheyihchicheu vai • s/he is compassionate, merciful, pitiful
ᒋᔅᑎᒫᒉᔨᐦᒋᒉᓲ chistimaacheyihchichesuu na -siim • a compassionate person
ᒋᔅᑎᒫᒋᓅᐌ chistimaachinuweu vta
• s/he is compassionate to him/her, s/he pities him/her, s/he looks on him/her with pity
ᒋᔅᑎᒫᒋᓈᐯᐤ chistimaachinaapeu na -em
• widower, literally 'poor man', (Bible word)
ᒋᔅᑎᒫᒋᓈᑯᓐ chistimaachinaakun vii • it looks poor, pitiable
ᒋᔅᑎᒫᒋᓈᑯᓲ chistimaachinaakusuu vai -i
• s/he looks poor and pitiable, s/he is cute
ᒋᔅᑎᒫᒋᓈᒉᐤ chistimaachinaacheu vai
• s/he is compassionate
ᒋᔅᑎᒫᒋᓯᐢᒀᐦᐅᐤ chistimaachisiiskweuu vai
• she is a poor woman
ᒋᔅᑎᒫᒋᔅᑐᐌ chistimaachistuweu vta
• s/he hears him/her with pity, is moved with compassion on hearing his/her story
ᒋᔅᑎᒫᒋᔅᑫᐤ chistimaachiskweu na -em
• poor woman, a recent widow
ᒋᔅᑎᓰᐤ chistisiiu vai • s/he is great, s/he is important
ᒋᔅᑐᑌᐤ chistuteu vta • s/he tells him/her off, scolds him/her/it (anim)
ᒋᔅᑐᐦᐁᐤ chistuheu vta • s/he calls it (anim) by using its own sound (ex moose, birds)
ᒋᔅᑐᐦᐄᒨᓲ chistuhiimuuseu vai • s/he calls a moose
ᒋᔅᑐᐦᐄᒨᔖᑲᓐ chistuhiimuuswaakan ni
• moose caller

ᑭᔅᑐᐃᔥᒉᐤ chistuhiischeu vai ♦ s/he calls a Canada goose

ᑭᔅᑐᐦᑌᐤ chistuhteu vai ♦ s/he departs, s/he sets off

ᑭᔅᑐᐦᑖᑖᐤ chistuhtataau vai+o ♦ s/he walks away with it

ᑭᔅᑐᐦᑕᐦᐁᐤ chistuhtaheu vta ♦ s/he walks away with him/her

ᑭᔅᑐᐦᒉᐤ chistuhcheu vai ♦ s/he plays on a musical instrument

ᑭᔅᑐᐦᒉᓱ chistuhchesuu na ♦ musician, guitarist, fiddler

ᑭᔅᑐ chistuu vai-i ♦ s/he/it (anim) makes a noise, it (ex bird, moose) calls

ᑭᔅᑐᐙᓈᔅᒄ chistuupwaanaaskw ni ♦ a forked, split roasting stick used for fish

ᑭᔅᑐᒫᑲᓐ chistuumakan vii [Coastal] ♦ it produces a sound

ᑭᔥᑕᒧᥣᐦᑲᒻ chistamushkam vti ♦ s/he packs the snow hard from walking on it repeatedly

ᑭᔥᑕᐦᐊᒧᐌᐤ chistahamuweu vta ♦ s/he disciplines him/her by talking

ᑭᔥᑕᐦᐊᒫᐅᓲ chistahamaausuu vai ♦ s/he disciplines the children by talking to them, after they have been mischievous

ᑭᔥᑕᐦᐊᒫᒉᐃᐧᓐ chistahamaachewin ni ♦ discipline

ᑭᔥᑖᐅᐦᐊᒻ chistaauham vti ♦ s/he nails it in, down, causes it to penetrate

ᑭᔥᒑᐤ chistaau vai+o ♦ s/he eats it up

ᑭᔥᒑᒍᐃᓐ chistaachuwin vii ♦ it is where the current is strongest, it is a main current

ᑭᔥᒑᓀᐤ chistaaneu vta ♦ s/he dips, dunks him/her/it (anim) by hand

ᑭᔥᒑᓇᒻ chistaanam vti ♦ s/he dips, dunks it using his hand

ᑭᔥᒑᔓ chistaashuu vai-i ♦ s/he sails away

ᑭᔥᒑᔥᑎᒣᐤ chistaashtimeu vta ♦ s/he sails away with him/her

ᑭᔥᒑᔥᑎᓐ chistaashtin vii ♦ it sails away

ᑭᔥᒑᔥᑎᐦᑖᐤ chistaashtihtaau vai+o ♦ s/he sails it away

ᑭᔥᑯᑕᒧᐌᐤ chiskutamuweu vta ♦ s/he teaches him/her

ᑭᔥᑯᑕᒫᑑᐱᔑᔖᐤ chiskutamaatuupischishaau vii ♦ it is a classroom

ᑭᔥᑯᑕᒫᑑᑲᒥᒄ chiskutamaatuukamikw ni ♦ school

ᑭᔥᑯᑕᒫᑯᓰᐃᐧᓐ chiskutamaakusiiwin ni ♦ lesson

ᑭᔥᑯᑕᒫᒉᐅᑲᒥᒄ chiskutamaacheukamikw ni ♦ school, building for teaching

ᑭᔥᑯᑕᒫᒉᐅᒋᒫᐤ chiskutamaacheuchimaau na ♦ school principal

ᑭᔥᑯᑕᒫᒉᐅᒋᒫᔥ chiskutamaacheuchimaash na ♦ vice-principal

ᑭᔥᑯᑕᒫᒉᐅᓯᓇᐦᐃᑲᓐ chiskutamaacheusinahiikan ni ♦ teaching certificate

ᑭᔥᑯᑕᒫᒉᐃᐧᓐ chiskutamaachewin ni ♦ teaching, instruction, school board

ᑭᔥᑯᑕᒫᒉᐤ chiskutamaacheu vai ♦ s/he teaches

ᑭᔥᑯᑕᒫᒉᓲ chiskutamaachesuu na -siim ♦ teacher

ᑭᔥᑯᑕᒫᒉᓲᑲᒥᒄ chiskutamaachesuukamikw ni ♦ teacher's apartment

ᑭᔥᑯᑕᒫᓲ chiskutamaasuu vai reflex -u ♦ s/he teaches her/himself

ᑭᔥᑰᓲ chiskuusuu vai-u [Coastal] ♦ it (anim, sled) has sides

ᑭᔥᑲᒥᐙᔖᐌᐤ chiskamiwaashaaweu vai ♦ s/he is walking across the frozen bay

ᑭᔥᑲᒫᕁ chiskamaham vti ♦ s/he takes a short-cut across the water

ᑭᔥᑲᥣᔥᑖᐤ chiskashtaau vai+o ♦ s/he puts, stores it away

ᑭᔥᑲᕁᐦᐁᐤ chiskaheu vta ♦ s/he puts, stores it (anim) away

ᑭᔥᑲᕁᐦᐃᑲᓐ chiskahiikan ni ♦ marker for indicating where a camp is

ᑭᔥᒉᔨᒣᐤ chischeyimeu vta ♦ s/he knows him/her

ᑭᔥᒉᔨᐦᑕᒥᐦᐁᐤ chischeyihtamiheu vta ♦ s/he informs him/her, makes it known to him/her

ᑭᔥᒉᔨᐦᑕᒧᐃᐧᓐ chischeyihtamuwin ni ♦ information, knowledge

ᑭᔥᒉᔨᐦᑕᒻ chischeyihtam vti ♦ s/he knows it

ᒋᔅᒉᔨᐦᑖᑯᓐ chischeyihtaakun vii ◆ it is known
ᒋᔅᒉᔨᐦᑖᑯᓲ chischeyihtaakusuu vai -i ◆ s/he is known
ᒋᔅᒉᔨᐦᑖᑯᐦᐁᐤ chischeyihtaakuheu vta ◆ s/he makes him/her known
ᒋᔅᒉᔨᐦᑖᑯᐦᐄᓲ chischeyihtaakuhiisuu vai reflex -u ◆ s/he makes her/himself known
ᒋᔅᒉᔨᐦᑖᑯᐦᐆ chischeyihtaakuhuu vai -u ◆ s/he wanted it to be known that s/he had been there
ᒋᔅᒉᔨᐦᑖᑯᐦᑖᐤ chischeyihtaakuhtaau vai+o ◆ s/he makes it known
ᒋᔅᒋᓄᐙᐴ chischinuwaapuu vai -i ◆ s/he learns how to do it from watching
ᒋᔅᒋᓄᐙᐸᒣᐤ chischinuwaapameu vta ◆ s/he imitates him/her, s/he takes him/her for an example, copies from him/her
ᒋᔅᒋᓄᐙᐸᐦᑎᔦᐤ chischinuwaapahtiyeu vta ◆ s/he sets an example for him/her
ᒋᔅᒋᓄᐙᐸᐦᑕᒻ chischinuwaapahtam vti ◆ s/he imitates it, s/he has, takes it as an example, s/he copies work from another
ᒋᔅᒋᓄᐙᑎᐦᒉᔫ chischinuwaatihcheyuu vai -i ◆ s/he makes signs with her/his hand
ᒋᔅᒋᓄᐙᒋᓯᓇᐦᐄᑲᓐ chischinuwaachisinahiikan ni ◆ copy of an original book
ᒋᔅᒋᓄᐙᒋᓯᓇᐦᐊᒻ chischinuwaachisinaham vti ◆ s/he writes a mark on it
ᒋᔅᒋᓄᐙᒋᔥᐌᐤ chischinuwaachishweu vta ◆ s/he circumcises him/her, s/he cuts a mark on him/her/it (anim)
ᒋᔅᒋᓄᐙᒋᔕᒻ chischinuwaachisham vti ◆ s/he cuts a mark on it
ᒋᔅᒋᓄᐙᒋᐦᐁᐤ chischinuwaachiheu vta ◆ s/he marks, labels him/her/it (anim)
ᒋᔅᒋᓄᐙᒋᐦᑕᒧᐌᐤ chischinuwaachihtamuweu vta ◆ s/he sets an example for him/her, shows him/her how to do it, s/he marks it for him/her
ᒋᔅᒋᓄᐙᒋᐦᑖᐤ chischinuwaachihtaau vai+o ◆ s/he marks it, labels it
ᒋᔅᒋᓄᐙᒋᐦᒋᑲᓐ chischinuwaachihchikan ni ◆ marker, beacon, rear sight on a rifle
ᒋᔅᒋᓄᐙᓯᓈᑯᓐ chischinuwaasinaakun vii ◆ it is used for a sign, it gives a sign
ᒋᔅᒋᓄᐙᓯᓈᑯᓲ chischinuwaasinaakusuu vai -i ◆ s/he is used for a sign, s/he gives a sign
ᒋᔅᒋᓄᐙᐦᐄᒉᐎᓐ chischinuwaahiichewin ni ◆ prophecy (Bible word)
ᒋᔅᒋᓄᐙᐦᐄᒉᐤ chischinuwaahiicheu vai ◆ s/he prophesies
ᒋᔅᒋᓄᐦᐊᒧᐌᐤ chischinuhamuweu vta ◆ s/he teaches him/her (old term)
ᒋᔅᒋᓄᐦᐊᒧᐙᑲᓐ chischinuhamuwaakan na ◆ disciple
ᒋᔅᒋᓄᐦᐊᒫᒉᐅᑲᒥᒄ chischinuhamaacheukamikw ni [Inland] ◆ school (old term)
ᒋᔅᒋᓄᐦᐊᒫᒉᐤ chischinuhamaacheu vai ◆ s/he teaches
ᒋᔅᒋᓄᐦᐊᒫᒉᓲ chischinuhamaachesuu na -siim ◆ teacher (old term)
ᒋᔅᒋᓄᐦᐊᒫᓲ chischinuhamaasuu vai reflex -u ◆ s/he teaches her/himself (old term)
ᒋᔅᒋᓄᐦᑕᐦᐁᐤ chischinuhtaheu vta ◆ s/he leads, directs, guides him/her
ᒋᔅᒋᓄᐦᑕᐦᐄᐌᐤ chischinuhtahiiweu vai ◆ s/he guides, s/he leads
ᒋᔅᒋᓲ chischisuu vai ◆ s/he remembers
ᒋᔅᒋᓲᐸᔫ chischisuupayuu vai -i ◆ s/he recollects, it flashes across her/his mind
ᒋᔅᒋᓲᒣᐤ chischisuumeu vta ◆ s/he reminds him/her
ᒋᔅᒋᓵᐸᒣᐤ chischisaapameu vta ◆ s/he glances up at him/her
ᒋᔅᒋᓵᐸᐦᑕᒻ chischisaapahtam vti ◆ s/he glances up at something
ᒋᔐᐃᔥᑵᔥ chisheishkwesh na dim [Inland] ◆ robin, term used in legends, literally 'old woman'
ᒋᔐᐄᓅ chisheiinuu vai -u [Inland] ◆ s/he is an old person
ᒋᔐᐄᓅ chisheiinuu na -niim [Inland] ◆ old person
ᒋᔐᐄᓅᐌᔨᐦᑕᒻ chisheiinuuweyihtam vti [Inland] ◆ s/he thinks like an adult

chisheiinuuweyihtaakusuu vai -i [Inland]
♦ s/he seems mature, old for her/his age

chisheiinuuwaatisiiwin ni [Inland] ♦ aging

chisheiinuuwaaspinewin ni [Inland]
♦ arthritis, literally 'disease of the elderly'

chisheiinuumakan vii [Inland]
♦ it is old

chisheiinuunaakun vii [Inland] ♦ it looks old

chisheiinuunaakusuu vai -i [Inland] ♦ s/he looks old

chisheiinuunaakuhiisuu vai reflex -u [Inland] ♦ s/he makes her/himself look old

chisheiinuushuuliyaau na -aam [Inland] ♦ old age pension

chisheiiyiyuu vai -i [Coastal]
♦ s/he is an old person

chisheiiyiyuu na -yiim [Coastal]
♦ old person

chisheiiyiyuuweyihtam vti [Coastal] ♦ s/he thinks like an adult

chisheiiyiyuuweyihtaakusuu vai -i [Coastal] ♦ s/he seems mature, old for her/his age

chisheiiyiyuuwaatisiiwin ni [Coastal]
♦ aging

chisheiiyiyuuwaaspinewin ni [Coastal]
♦ arthritis, literally 'disease of the elderly'

chisheiiyiyuumakan vii [Coastal] ♦ it is old

chisheiiyiyuunaakun vii [Coastal] ♦ it looks old

chisheiiyiyuunaakusuu vai -i [Coastal] ♦ s/he looks old

chisheiiyiyuunaakuhiisuu vai reflex -u [Coastal] ♦ s/he makes her/himself look old

chisheiiyiyuushuuyaan na -im [Coastal] ♦ old age pension

chisheuchimaauapuwin ni ♦ throne

chisheuchimaauaapachihaakan na
♦ Indian agent, civil servant

chisheuchimaautehtapuwin ni [Coastal]
♦ throne

chisheuchimaaukuuhpaaneu na -em [Mistissini] ♦ Indian agent, civil servant

chisheuchimaaushtutin ni ♦ crown

chisheuchimaau vai ♦ s/he is a ruler, someone with authority

chisheuchimaau na -maam
♦ government

chisheuchimaash na dim -iim
♦ prince

chisheuchimaashkwesh na dim -iim ♦ princess

chisheuchimaahkaan na -im
♦ grand chief ■ ◁·∇ᵃ ḃᵃĊ Àᴀ᠇
chisheuchimaahkaanₓ ■ Who is the national chief?

chisheaaniskutaapaan na [Inland] ♦ great-great-grandparent

chishepiiwaanh nid pl ♦ large outer feathers of a bird

chishepiisim na ♦ January or February (old term)

chishetipeyihchichesuu na -siim ♦ federal government

chishechiimaan ni -im ♦ large ship

chishemitaahtumitinuu p,number ♦ thousand

chishemiskw na ♦ old beaver

chishemuus na -um ♦ adult moose
Alces alces

chishemanituu na -tuum ♦ God

chishenaapeu na -em ♦ adult, grown-up man

chishesinii ni -m ♦ large bullet (30-30)

chisheyimiheuchiishikaau vii ♦ it is Easter day

chisheyiniihkatam vti [Inland]
♦ s/he is the oldest person in the camp

chisheyinuweyihtaakusuu vai -i [Inland]
♦ s/he seems mature, old for her/his age

chisheyiyuweyihtaakusuu vai -i [Coastal]
♦ s/he seems mature, old for her/his age

chisheyiyuumakan vii [Coastal] ♦ it is old

chisheyihkatam vti [Coastal]
♦ s/he is the oldest person in the camp

chisheyaakupimii ni -m [Coastal / Waswanipi] ♦ bear grease

chisheyaakush na dim ♦ young bear *Ursus americanus*

chisheyaakuyaan na [Coastal]
♦ bear skin

chisheyaakuyaas ni ♦ bear meat

chisheyaakw na [Coastal / Waswanipi] ♦ bear *Ursus americanus*

chishweweu vai ♦ s/he talks, speaks, calls out loudly

chishwewepayuu vii -i ♦ it makes a loud noise

chishwewetaapanaaskweshin vii ♦ the sound of her/him pulling the toboggan is loud

chishwewekahiicheu vai
♦ s/he chops loudly

chishwewekaham vti
♦ s/he chops it loudly

chishwewekahweu vta
♦ s/he chops it (anim) loudly

chishwewechuwin vii ♦ the noise of the rapids is loud

chishwewemeu vta ♦ s/he chews it (anim) noisily

chishwewemakan vii ♦ it is loud

chishwewemakahtaau vai+o
♦ s/he makes it sound loud

chishweweshin vai ♦ s/he/it (anim) makes a loud noise walking, falling

chishweweshtin vii ♦ the wind howls loudly

chishweweyaachimeu vai
♦ the sound of her/him walking on snowshoes is loud

chishweweyaaskushin vai
♦ it (anim, material) is noisy as it brushes against the bushes

chishweweyaaskuhtin vii
♦ it (material) is noisy as it brushes against the bushes

chishweweyaashtin vii ♦ it makes a loud noise as it is blown by the wind

chishweweham vti ♦ s/he makes a loud noise hitting it

chishwewehweu vta ♦ s/he makes a loud noise hitting it (ex drum)

chishwewehtin vii ♦ it falls with a loud noise, it rings loud

chishwewehtam vti ♦ s/he chews it noisily

chishwewehtaau vai+o ♦ s/he makes a loud noise with it

chishwewehkwaamuu vai -u
♦ s/he snores loudly

chishwewaatutuweu vta
♦ s/he shows affection, kindness to him/her/it (anim)

chishiwiiu vai ♦ s/he works impatiently, fast

chishipisikwaau vii ♦ it is the end of the ice

chishipayiheu vta ♦ s/he drives him/her/it (anim) fast

chishipayihtaau vai+o ♦ s/he drives it fast, s/he goes fast

chishipayuu vai/vii -i ♦ s/he/it is, goes fast

chishipaau vii ♦ it is without a handle

chishiteunikusiiu vai
♦ s/he feels hot to the touch, feverish

chishiteuschisin ni
♦ sandals

chishiteuhamaau vai
♦ s/he eats her/his food hot

chishitewaaspinewin ni
♦ fever

chishitewaaspineu vai
♦ s/he has a fever

chishiteu vii ♦ it is hot

ᒋᔐᑖᒨᐁᐤ chishitaamuiiweu vii ♦ it is humid weather

ᒋᔐᑖᒧ chishitaamuteu vii ♦ it is humid, stuffy in the room

ᒋᔑᑳᐱᐦᐁᐤ chishikaapiheu vta ♦ s/he ties him/her/it (anim, ex dog) to something

ᒋᔑᑳᐱᐦᑳᑌᐤ chishikaapihkaateu vta ♦ s/he ties him/her up to something immovable

ᒋᔑᑳᐱᐦᑳᓱᐎᓐ chishikaapihkaasuwin ni ♦ tie string, leash

ᒋᔑᑳᐱᐦᑳᓱ chishikaapihkaasuu vai-u ♦ s/he is tied up to something

ᒋᔑᒎᐃ chishichuwin vii ♦ it is a swift current

ᒋᔑᔮᔥ chishiyaashuu vai-i ♦ s/he sails fast

ᒋᔑᔮᔥᑏ chishiyaashtin vii ♦ it sails fast

ᒋᔥᐦᑯᔐᐤ chishihkushuu vai-i ♦ s/he is sleepy

ᒋᔒᐎᐤ chishiiwiiu vai ♦ s/he is busy doing it

ᒋᔒᐸᐦᑖᐤ chishiipahtaau vai ♦ s/he runs fast

ᒋᔒᑎᔑᐦᐁᐤ chishiitishihweu vta ♦ s/he sends him/her quickly

ᒋᔒᒣᐤ chishiimeu vta ♦ s/he makes him/her angry talking to him/her

ᒋᔒᒧ chishiimuu vai-u ♦ s/he talks angrily

ᒋᔒᒼ chishiim nad dim ♦ your younger brother, sister

ᒋᔒᔮᐦᑎᑯᐸᔫ chishiiyaahtikupayuu vii-i ♦ the water is driven forcibly, fast (either by wind, current)

ᒋᔒᐦᑴᐤ chishiihkweu vai-uu ♦ s/he loses liquid, bleeds fast

ᒋᔒᐦᑯᐁᐤ chishiihkuweu vta ♦ s/he is occupied with him/her

ᒋᔒᐦᑳᒼ chishiihkam vti ♦ s/he is busy with, occupied with it

ᒋᔔᐁᔩᒣᐤ chishuweyimeu vta ♦ s/he is determined to get, kill it (anim, animal)

ᒋᔔᐁᔩᒥᑎᓱ chishuweyimitisuu vai reflex -u ♦ s/he persists until s/he succeeds, is determined to do something or get somewhere

ᒋᔔᐁᔩᐦᑕᒼ chishuweyihtam vti ♦ s/he is determined to do it

ᒋᔔᐋᐯᐤ chishuwaapeu na -em ♦ capable man

ᒋᔔᐎᐤ chishuuwiiu vai ♦ s/he is angry because s/he has so much work to do

ᒋᔔᐙᐸᒨ chishuuwaapamuu vai-u ♦ s/he is angered by what s/he sees

ᒋᔔᐙᐦᐁᐤ chishuuwaaheu vta ♦ s/he angers him/her

ᒋᔑᑲᓇᐙᐸᒣᐤ chishuukanawaapameu vta ♦ s/he looks at him/her angrily

ᒋᔑᑲᓱ chishuukasuu vai-u ♦ s/he is cranky because s/he is too hot

ᒋᔑᓀᐤ chishuuneu vta ♦ s/he makes him/her angry by grabbing him/her as if to fight him/her

ᒋᔑᔅᑳᑌᐤ chishuuskateu vai ♦ s/he is angry because someone walks too fast for her/him

ᒋᔑᔑᓐ chishuushin vai ♦ s/he is angry because s/he fell, s/he lies there angry

ᒋᔑᔥᑳᑌᐤ chishuushkateu vai ♦ s/he has pain in her/his bowels, s/he has a bellyache

ᒋᔔᐦᐄᑲᓂᔥ chishuuhiikanish p,manner dim ♦ being angered by being exceeded by another (children's language)

ᒋᔔᐦᐁᐤ chishuuhweu vta ♦ s/he makes him/her angry by exceeding him/her in doing something

ᒋᔔᐦᑌᐤ chishuuhteu vai ♦ s/he is angry from walking

ᒋᔔᐦᑯᔐᐤ chishuuhkushuu vai-i ♦ s/he is angry because s/he is sleepy

ᒋᔔᐦᑳᑌᐤ chishuuhkateu vai ♦ s/he is angry because s/he is hungry

ᒋᔖᐱᔅᒋᓵᐙᓂᑯᑎᔥᑯᐃ chishaapischisaawaanikutishkui ni [Inland] ♦ stovepipe

ᒋᔖᔥᑌᐤ chishaashteu vii ♦ it is sunny

ᒋᔥᑌᒫᐅᒫᑯᓐ chishtemaaumaakun vii ♦ it smells of tobacco

ᒋᔥᑌᒫᐅᒫᑯᓱ chishtemaaumaakusuu vai-i ♦ s/he smells of tobacco

ᒋᔥᑌᒫᐅᒫᓵᐁᐤ chishtemaaumaasaaweu vai ♦ s/he produces a burnt tobacco smell

ᒋᔥᑌᒫᐅᒫᔥᑌᐤ chishtemaaumaashteu vii ♦ it smells of burning tobacco

ᑭᔅᑌᒫᐃᔮᑲᓐ chishtemaawiyaakan ni
 ♦ ashtray
ᑭᔅᑌᒫᐙᐴ chishtemaawaapuu ni
 ♦ water in which tobacco has been soaked
ᑭᔅᑌᒫᐅ chishtemaau na -maam ♦ tobacco
ᑭᔅᑌᔨᒣᐤ chishteyimeu vta ♦ s/he esteems, thinks highly of, respects, glorifies him/her
ᑭᔅᑌᔨᒥᑎᓲ chishteyimitisuu vai reflex -u
 ♦ s/he is proud of her/himself
ᑭᔅᑌᔨᒧ chishteyimuu vai -u ♦ s/he is snobbish, fastidious,
ᑭᔅᑌᔨᐦᑕᒧᐎᓐ chishteyihtamuwin ni
 ♦ respect
ᑭᔅᑌᔨᐦᑕᒼ chishteyihtam vti ♦ s/he esteems, glorifies, respects it
ᑭᔅᑌᔨᐦᑖᑯᓐ chishteyihtaakun vai -i ♦ it is worthy to be honoured, glorified, respected
ᑭᔅᑌᔨᐦᑖᑯᓱ chishteyihtaakusuu vai -i
 ♦ s/he is worthy to be honoured, glorified, respected, excellent, estimable
ᑭᔅᑌᔨᐦᑖᑯᐦᐁᐤ chishteyihtaakuheu vta
 ♦ s/he makes him/her worthy of admiration, exalts, glorifies him/her
ᑭᔅᑌᔨᐦᑖᑯᐦᑖᐤ chishteyihtaakuhtaau vai
 ♦ s/he makes it worthy of admiration
 ▪ ᔑ·ᐃᓪ ᑿ ᑭᔅᑌᔨᐦᑖᑯᐦᑖᐤ ᐅᒋᒧᓕᓈ·ᐃᔮᑲᐣ ▪
 S/he made the Bible worthy of admiration (the way she talked about it).
ᑭᔅᑌᔨᐦᒉᐤ chishteyihcheu vai ♦ s/he is respectful
ᑭᔅᑎᑯᐦᐊᒼ chishtikuham vti ♦ s/he mashes it, stirs it to mix it
ᑭᔅᑎᑯᐦᐁᐤ chishtikuhweu vta ♦ s/he mashes it (anim), mixes it
ᑭᔅᑎᓈᒡ chistinaach p ♦ I bet you...
ᑭᔅᑐᐄᐅᑲᒥᒄ chishtuwiiukamikw ni
 [Inland] ♦ canoe factory shed
ᑭᔅᑐᐄᐤ chishtuwiiu vai [Inland] ♦ s/he makes a canoe
ᑭᔅᑐᐦᐄᑲᓈᐦᑎᒄ chishtuhiikanaahtikw ni
 ♦ one of three main poles used in frame of teepee
ᑭᔅᑐᐦᑲᓈᐦᑎᒄ chishtuhkanaahtikw ni
 ♦ one of two vertical poles forming doorway of teepee
ᑭᔅᑐᐦᑲᓐ chishtuhkan na ♦ teepee door

ᑭᔅᑐᐦᒋᑲᓂᔮᐲ chishtuhchikaniyaapii na -m
 ♦ string for a musical instrument, guitar, fiddle
ᑭᔅᑐᐦᒋᑲᓇᐦᒑᐲ chishtuhchikanahchaapii
 na -m ♦ fiddle bow
ᑭᔅᑐᐦᒋᑲᓐ chishtuhchikan ni ♦ musical instrument (guitar, violin, fiddle)
ᑭᔅᑑᒡ chishtuuch p,location ♦ in the middle, between ▪ ᑭᔅᑑᒡ ᐊᓯᒡ ᐊᑦ ▪ Put it in the middle.
ᑭᔅᑑᒥᓀᐙᑎᒼ chishtuuminewaatim vii
 [Coastal] ♦ it is a river with two branches flowing out
ᑭᔅᑑᐦᐄᑲᓐ chishtuuhiikan ni ♦ place where poles are tied together (ex in teepee, tent)
ᑭᔅᑕᑳᒥᒄ chishtakaamikw ni ♦ mainland
ᑭᔅᑕᒨ chishtamuu vii -u ♦ it is a hard-packed trail
ᑭᔅᑕᒫᐅᒌᔑᑳᐤ chishtamaauchiishikaau vii
 [Coastal] ♦ it is a special day
ᑭᔅᑕᒫᐌᔨᒣᐤ chishtamaaweyimeu vta
 ♦ s/he respects him/her/it (anim)
ᑭᔅᑕᒫᐌᔨᐦᑕᒧᐎᓐ chishtamaaweyihtamuwin ni ♦ respect
ᑭᔅᑕᒫᐌᔨᐦᑕᒼ chishtamaaweyihtam vti
 ♦ s/he respects it
ᑭᔅᑕᒫᐌᔨᐦᑖᑯᓐ chishtamaaweyihtaakun vii ♦ it is respected
ᑭᔅᑕᒫᐌᔨᐦᑖᑯᓱ chishtamaaweyihtaakusuu vai -i ♦ s/he is respected
ᑭᔅᑕᒹᑯᓀᔥᑲᒼ chishtamwaakuneshkam vti ♦ it is packed when s/he walked on the snow repeatedly
ᑭᔅᑖᐅᐊᓂᔥᑴᔑᓐ chishtaauwanishkweshin vai ♦ s/he lies down with her/his head lower than his body
ᑭᔅᒑᐸᑎᓐ chishtaapatin vii ♦ it is very useful
ᑭᔅᒑᐸᑎᓯᐤ chishtaapatisiiu vai ♦ s/he/it (anim) is very useful, it (anim) is serviceable
ᑭᔅᒑᐸᒋᐦᐁᐤ chishtaapachiheu vta
 ♦ s/he makes great use of him/her/it (anim)
ᑭᔅᒑᐸᒋᐦᐅᐎᓐ chishtaapachihuwinh ni
 pl ♦ possessions, useful things, clothes, furniture

ᒋᔕᑕᐹᒋᐦᑖᐤ chishtaapachihtaau vai+o
• s/he makes great use of it

ᒋᔕᑖᐹᐅᒋᑯᓀᐧᐁᐤ chishtaapaauchikuneweu vai • s/he rinses her/his mouth

ᒋᔕᑖᐹᐧᐋᐅᑎᐦᒉᐤ chishtaapwaautihcheu vai • s/he washes her/his hands

ᒋᔕᑖᐹᐧᐋᐅᑖᐤ chishtaapwaautaau vai+o
• s/he washes it

ᒋᔕᑖᐹᐧᐋᐅᒉᐸᔨᐦᑖᐤ chishtaapwaauchepayihtaau vai+o
• s/he washes using a washing machine

ᒋᔕᑖᐹᐧᐋᐅᒋᐸᔨᐦᑖᐤ chishtaapwaauchipayihtaau vai+o
• s/he washes it in a machine

ᒋᔕᑖᐹᐧᐋᐅᒋᑲᒥᑴᐤ chishtaapwaauchikamikweu vai • s/he washes the floor

ᒋᔕᑖᐹᐧᐋᐅᒋᑲᓂᑕᒄ chishtaapwaauchikanitakw ni
• washboard

ᒋᔕᑖᐹᐧᐋᐅᒋᑲᓂᓲᑉ chishtaapwaauchikanisuup ni
• laundry soap

ᒋᔕᑖᐹᐧᐋᐅᒋᑲᓂᔮᐲ chishtaapwaauchikaniyaapii ni -m
• clothesline

ᒋᔕᑖᐹᐧᐋᐅᒋᑲᓈᐦᑎᒄ chishtaapwaauchikanaahtikw ni
• pole to hold clothesline

ᒋᔕᑖᐹᐧᐋᐅᒋᑲᓐ chishtaapwaauchikanh ni pl • laundry

ᒋᔕᑖᐹᐧᐋᐅᒋᓰᑌᐤ chishtaapwaauchisiteu vai • s/he washes her/his own feet

ᒋᔕᑖᐹᐧᐋᐅᒋᔮᑲᓀᐤ chishtaapwaauchiyaakaneu vai • s/he washes dishes

ᒋᔕᑖᐹᐧᐋᐤᔦᐤ chishtaapwaauyeu vta
• s/he washes him/her/it (anim)

ᒋᔕᑖᐹᐧᐋᐤᔫ chishtaapwaauyuu vai -i
• s/he washes

ᒋᔕᑖᐹᐧᐋᐤᔮᑲᓐ chishtaapwaauyaakan ni
• sink

ᒋᔕᑖᐹᐧᐋᐃᔨᓲ chishtaapwaawiyisuu vai reflex -u • s/he washes her/himself, it (anim) preens itself, rubs and rubs its own feathers

ᒋᔕᑖᑲᓈᐦᑎᒄ chishtaakanaahtikw ni
• pole for blocking up a river to catch beaver

ᒋᔕᑖᑲᓐ chishtaakanh ni pl • sticks put across the stream to block beaver

ᒋᔕᑖᒉᐤ chishtaacheu vai • s/he shuts in a beaver to prevent its escape

ᒋᔕᑖᔥᑎᒄ chishtaastikw ni • main river with creeks flowing in

ᒋᔨᑲᒋᔒᐤ chiyikachishiiu vai [Coastal]
• s/he has an itchy bottom

ᒋᔨᑲᒋᔒᒥᓐ chiyikachishiiminh ni pl
• rose hips Rosa acicularis sp. or blanda, literally 'itchy bum berries'

ᒋᔨᑲᒋᔔ chiyikachishuu vai -i [Inland]
• s/he has an itchy bottom

ᒋᔨᑲᔐᐤ chiyikasheu vai • s/he has scabies

ᒋᔨᑲᔖᓐ chiyikashaan ni • scabies

ᒋᔨᑳᐲᑌᐤ chiyikaapiteu vai • s/he is teething

ᒋᔨᒉᐦᑴᐤ chiyicheikweu vai • her/his nostril is itchy

ᒋᔨᒋᑳᑌᐤ chiyichikaateu vai • her/his leg is itchy

ᒋᔨᒋᓰᑌᐤ chiyichisiteu vai • her/his foot is itchy

ᒋᔨᒋᓲ chiyichisuu vai • s/he is itchy

ᒋᔨᒋᔥᑎᐧᑳᓀᐤ chiyichishtikwaaneu vai
• her/his head is itchy

ᒋᔨᒋᐦᑑᑳᔦᐤ chiyichihtuukayeu vai
• her/his ear is itchy

ᒋᔨᒋᐦᑑᒉᐤ chiyichihtuucheu vai • s/he has an itchy ear, her/his ear is itchy (old term)

ᒋᔮᒣᐳᐤ chiyaameupuu vai -i • s/he sits quietly

ᒋᔮᒣᐅᑎᐱᔅᑳᐤ chiyaameutipiskaau vii
• it is a calm, peaceful night ▪ ᐋᒌᐤ ᒋᔮᒣᐅᑎᐱᔅᑳᐤx ▪ It's a very peaceful night.

ᒋᔮᒣᐅᑳᐴ chiyaameukaapuu vai -uu
• s/he stands quietly

ᒋᔮᒣᐅᓈᑯᓐ chiyaameunaakun vii • it looks peaceful, quiet

ᒋᔮᒣᐅᓈᑯᓲ chiyaameunaakusuu vai -i
• s/he looks peaceful, quiet

ᒋᔮᒣᐅᓰᐤ chiyaameusiiu vai • s/he is calm, a quiet person

ᒋᔮᒣᐅᔑᓐ chiyaameushin vai • s/he lies down quietly

ᒋᔮᒣᐧᐁᔮᐤ chiyaameweyaau vii • it is still, calm weather

ᒋᔮᒣᐦᑖᒧᐧᐃᓐ chiyaameyihtamuwin ni
♦ peace

ᒋᔮᒣᐦᑕᒻ chiyaameyihtam vti ♦ s/he is at peace

ᒋᔮᒣᐦᑖᑯᓐ chiyaameyihtaakun vii ♦ it is silent, calm, peaceful, quiet

ᒋᔮᒣᐦᑖᑯᓱᐤ chiyaameyihtaakusuu vai -i
♦ s/he is peaceful, quiet

ᒋᔮᒥᑳᐴ chiyaamikaapuu vai -uu ♦ s/he stands quietly

ᒋᔮᒫᑎᓯᐤ chiyaamaatisiiu vai ♦ s/he is a peaceful, quiet person

ᒋᔮᒻ chiyaam p,manner ♦ silently, quietly
■ ᒋᔮᒻ ⊲∧"ₓ ■ *Sit quietly.*

ᒋᔮᔥᑯᔥ chiyaashkush na dim ♦ tern, small gull

ᒋᔮᔥᑿ chiyaashkw na ♦ gull

ᒋᔮᐦᐁᐤ chiyaaheu vta ♦ s/he finishes before him/her

ᒋᐧᔮᒣᐤ chiywaameu vta [Coastal] ♦ s/he fools, deceives him/her by what s/he said

ᒋᐧᔮᐦᐁᐤ chiywaaheu vta [Coastal] ♦ s/he fools, deceives him/her, does not do what s/he said s/he would

ᒋᐦᐄᐸᔫ chihiipayuu vai/vii -i [Inland]
♦ s/he slips down

ᒋᐦᐄᓀᐤ chihiineu vta [Inland] ♦ s/he finds him/her/it (anim) slippery, cannot get a grip on her/him/it (anim)

ᒋᐦᐄᓇᒻ chihiinam vti [Inland] ♦ s/he finds it slippery, cannot get a grip on it

ᒋᐦᐄᓯᑯᔑᓐ chihiisikushin vai ♦ s/he slips on slippery ice

ᒋᐦᐄᔥᒎᒋᔑᓐ chihiischuuchishin vai
♦ s/he slips on mud

ᒋᐦᐄᔑᓐ chihiishin vai ♦ s/he slips on ice

ᒋᐦᐋᐤ chihaau vai/vii [Inland] ♦ s/he/it is slippery

ᒋᐦᐋᒋᒣᐤ chihaachimeu vai ♦ her/his feet slip on the frozen snowshoes

ᒋᐦᑎᒥᑲᓀᐤ chihtimikaneu vai ♦ s/he is a lazybones

ᒋᐦᑎᒥᑲᓐ chihtimikan na ♦ lazybones, English loan translation, literally 'lazy bone'

ᒋᐦᑎᒥᑳᐴ chihtimikaapuu vai -uu ♦ s/he stands idle, s/he is tired of standing, standing lazy

ᒋᐦᑎᒦᔥᑕᒧᐌᐤ chihtimiishtamuweu vta [Coastal] ♦ s/he feels lazy on behalf of someone who is working very hard

ᒋᐦᑎᒦᐦᑳᓲ chihtimiihkaasuu vai reflex -u
♦ s/he is too lazy to take care of her/himself

ᒋᐦᑎᒧᐌᔨᒣᐤ chihtimuweyimeu vta
♦ s/he thinks he/she is lazy

ᒋᐦᑎᒧᐧᐃᓐ chihtimuwin ni ♦ idleness, laziness

ᒋᐦᑎᒨ chihtimuu vai ♦ s/he is lazy

ᒋᐦᑖᐴᔫ chihtaaupayuu vai/vii -i [Coastal]
♦ it penetrates, sinks into (ex mud)

ᒋᐦᑖᐅᔖᒎᒋᐸᔫ chihtaauschuuchipayuu vai/vii -i [Coastal] ♦ s/he/it sinks into the mud

ᒋᐦᑖᐧᐄᐤ chihtaawiiu vai ♦ s/he sinks into water

ᒋᐦᑖᐧᐋᑯᓀᐸᔫ chihtaawaakunepayuu vai/vii -i [Coastal] ♦ s/he/it sinks into the snow

ᒋᐦᑖᐧᐋᑯᓀᐤ chihtaawaakuneneu vta [Coastal] ♦ s/he puts him/her/it (anim) into the snow by hand

ᒋᐦᑖᐧᐋᑯᓀᓇᒻ chihtaawaakunenam vti [Coastal] ♦ s/he puts it into the snow by hand

ᒋᐦᑖᐯᒋᐱᑌᐤ chihtaapechipiteu vta
♦ s/he plunges, pulls it (anim, ex moose hide) into the water

ᒋᐦᑖᐯᒋᐱᑕᒻ chihtaapechipitam vti
♦ s/he plunges, pulls it (ex clothing) into the water

ᒋᐦᑖᒋᒨ chihtaachimuu vai -u ♦ s/he starts to tell a story

ᒋᐦᑖᒧᐦᑳᓲ chihtaamuhkaasuu vai reflex -u
♦ s/he causes game to flee from her/himself by her/his actions ■ ᒋ ·ᐃ ᐸᓐᓂᐧᐁᐤ ⊲ᓂᔨ ∧ᐋᐤ, ∇ᑦ" ᑲ ᐅᐧᑖᒋᒋ ᒋᒋᒌᐦᒃᕒ ■ *S/he wanted to shoot the ptarmigan, but caused it to fly away by coughing.*

ᒋᐦᑖᒧᐦᒉᐤ chihtaamuhcheu vai ♦ s/he has the game disturbed by something while hunting

ᒋᐦᑲᑕᐦᐊᒻ chihkataham vti ♦ it (anim, bird) pecks it

ᒋᐦᑲᑕᐦᐌᐤ chihkatahweu vta ♦ it (anim, bird) pecks her/him/it (anim)

ᑎᑊᐦᑳᒋᔑᐦᐋᐹᓂᔥ **chihkachishihaapaanish**
ni dim ♦ small stick placed underneath
the snare loop

ᑎᑊᐦᑳᐚᑌᔨᒨ **chihkaawaateyimuu** vai -u
♦ s/he feels at home (more common
in negative form)

ᑎᑊᐦᑳᐱᓀᐤ **chihkaapineu** vta ♦ s/he pokes
someone else's eye

ᑎᑊᐦᑳᑌᔨᒣᐤ **chihkaateyimeu** vta [Coastal]
♦ s/he thinks a lot of him/her

ᑎᑊᐦᑳᑌᔨᒥᑎᓲ **chihkaateyimitisuu** vai reflex -u
[Coastal] ♦ s/he esteems her/himself,
s/he thinks a lot of her/himself

ᑎᑊᐦᑳᑌᔨᐦᑕᒻ **chihkaateyihtam** vti [Coastal]
♦ s/he thinks a lot of it, thinks highly
of it

ᑎᑊᐦᑳᑌᔨᐦᑖᑯᓐ **chihkaateyihtaakun** vii
[Coastal] ♦ it is esteemed, thought a
lot of, thought highly of

ᑎᑊᐦᑳᔥᑌᐤ **chihkaashteu** vii ♦ it shines
brightly, gives light, the sun shines

ᑎᑊᐦᒉᐤ **chihcheu** vai ♦ s/he leaves shit on
her/himself

ᑎᑊᒋᐅᒋᒫᐅᐎᓐ **chihchiuchimaauwin** ni
♦ kingdom

ᑎᑊᒋᐅᒋᒫᐅᐳᐎᓐ **chihchiuchimaaupuwin** ni ♦ throne
(old term)

ᑎᑊᒋᐅᒋᒫᐅᑌᐦᑕᐳᐎᓐ
chihchiuchimaautehtapuwin ni
♦ king's throne

ᑎᑊᒋᐅᒋᒫᐎᓐ **chihchiuchimaawin** ni
♦ throne (Bible word)

ᑎᑊᒋᐅᒋᒫᐤ **chihchiuchimaau** na -maam
♦ king

ᑎᑊᒋᐅᒋᒫᔅᑴᐤ **chihchiuchimaaskweu** na -
em ♦ queen

ᑎᑊᒋᐌ **chihchiwe** p,manner ♦ real thing,
for real ◼ ᐁᐗᒃ ᑎᑊᒋᐌ ᐁᓈᑯᓯᑦ ᐊᓐ ◼
That looks so real.

ᑎᑊᒋᐌᔦᔨᒥᑎᓲ **chihchiweyeyimitisuu** vai
reflex -u ♦ s/he is proud of her/himself,
s/he thinks a lot of her/himself

ᑎᑊᒋᐱᒡ **chihchipichuu** vai -i ♦ s/he goes
away to another camp, place

ᑎᑊᒋᐸᔨᐦᐁᐤ **chihchipayiheu** vta ♦ s/he
starts it (anim) up, s/he takes
him/her/it (anim) along, goes with
him/her/it (anim) in a vehicle

ᑎᑊᒋᐸᔨᐦᐆ **chihchipayihuu** vai -u ♦ s/he
moves off from the spot (ex baby
learning to crawl)

ᑎᑊᒋᐸᔨᐦᑖᐤ **chihchipayihtaau** vai+o
♦ s/he starts it up (engine), s/he
starts, takes, goes off with it

ᑎᑊᒋᐸᔨᐤ **chihchipayuu** vai/vii -i ♦ it is
Monday, s/he/it starts off

ᑎᑊᒋᐸᔨᐤ **chihchipayuu** vii ♦ it is Monday,
it starts

ᑎᑊᒋᐸᐦᐁᐤ **chihchipaheu** vta ♦ s/he runs
off with him/her/it (anim)

ᑎᑊᒋᐸᐦᑖᐤ **chihchipahtaau** vai ♦ s/he
runs off

ᑎᑊᒋᐸᐦᑤᐤ **chihchipahtwaau** vai ♦ s/he
runs off with it

ᑎᑊᒋᑎᔕᐦᐊᒻ **chihchitishaham** vti ♦ s/he
sends it far away

ᑎᑊᒋᑎᔕᐦᐌᐤ **chihchitishahweu** vta
♦ s/he sends him/her/it (anim) away

ᑎᑊᒋᑖᐚᑯᓀᐸᔫ
chihchitaawaakunepayuu vai/vii -i
[Inland] ♦ s/he/it sinks into the snow

ᑎᑊᒋᑖᐚᑯᓀᐤ **chihchitaawaakuneneu**
vta [Inland] ♦ s/he puts him/her/it
(anim) into the snow by hand

ᑎᑊᒋᑖᐚᑯᓀᓇᒻ **chihchitaawaakunenam**
vti [Inland] ♦ s/he puts it into the snow
by hand

ᑎᑊᒋᑲᔑᔑᓐ **chihchikasheshin** vai
♦ her/his toenails hurt from rubbing
on the crossbar of her/his snowshoe

ᑎᑊᒋᑲᔫ **chihchikayuu** na [Inland] ♦ red-
winged blackbird *Agelaius phoeniceus*,
rusty blackbird *Euphagus carolinus*

ᑎᑊᒋᑲᓘ **chihchikaluu** na [Coastal] ♦ red-
winged blackbird *Agelaius phoeniceus*,
rusty blackbird *Euphagus carolinus*

ᑎᑊᒋᒋᒣᐤ **chihchichimeu** vai ♦ s/he starts
to paddle away

ᑎᑊᒋᒋᔒᔑᑳᐤ **chihchichiishikaau** vii [Inland]
♦ it is a special day

ᑎᑊᒋᒋᔒᔑᒄ **chihchichiishikw** ni -um
♦ heaven

ᑎᑊᒋᒪᓯᓇᐦᐄᑳᓐ **chihchimasinahiikaan** ni
♦ Bible

ᑎᑊᒋᓀᐤ **chihchineu** vta ♦ s/he pokes
him/her/it (anim) with the hand

ᑎᑊᒋᓄᐌᐤ **chihchinuweu** vai ♦ s/he
starts to cook

ᒋᐦᒋᓇᒼ **chihchinam** vti ♦ s/he pokes it with the hand

ᒋᐦᒋᐦᐁᐅ **chihchiheu** vta ♦ s/he starts it (anim)

ᒋᐦᒋᐦᑖᐅ **chihchihtaau** vai+o ♦ s/he starts doing it

ᒋᐦᒋᐦᑲᔥᑌᐅ **chihchihkashteu** vii ♦ it has dots on it

ᒋᐦᒋᐦᑲᔥᑖᐅ **chihchihkashtaau** vai+o ♦ s/he puts marks, dots on it

ᒋᐦᒋᐦᑳᑯᓀᐅ **chihchihkaakuneu** vai ♦ s/he pokes at the snow while melting it in a pail

ᒋᐦᒌᐤ **chihchiiu** vai ♦ s/he starts doing something, s/he begins

ᒋᐦᒌᐤᐃᓐ **chihchiitwewin** ni ♦ vow, an oath

ᒋᐦᒌᐅᐤ **chihchiitweu** vai ♦ s/he vows, s/he takes an oath

ᒋᐦᒎᑖᐅ **chihchuutaau** vai+o ♦ s/he takes it away

ᒋᐦᒎᔦᐤ **chihchuuyeu** vta ♦ s/he takes him/her away

ᒌ

ᒌ **chii** pro,personal ♦ you (singular, also spelled chiiya in letters), yours, yourself

ᒌ **chii** preverb ♦ past tense marker

ᒌ **chii** preverb ♦ is able, can

ᒌᐃᔥᒁ **chiiishkwaa** p,time ♦ after, finish ■ ᒃ ᐅᑖᔅᒋᐦᐄᒡᐦ ᒌᐃᔥᒁ ᐊᐸᑎᓰᑖᐅᐦ. ■ *I will come and help you after I finish work.*

ᒌᐳᔪᐤ **chiiupayuu** vai/vii -i ♦ it is loose, slack

ᒌᐅᑌᐤ **chiiuteu** vai [Inland] ♦ s/he visits

ᒌᐅᑌᑖᐦᐁᐅ **chiiutetaheu** vai [Inland] ♦ s/he takes him/her for a visit

ᒌᐅᑕᒣᐤ **chiiutameu** vta [Inland] ♦ s/he visits him/her

ᒌᐅᔐᔨᒣᐤ **chiiusheyimeu** vta ♦ s/he is forlorn without her/him/it (anim, ex missing a loved one)

ᒌᐅᔐᔨᐦᑕᒼ **chiiusheyihtam** vti ♦ s/he is forlorn (ex from missing a loved one)

ᒌᐅᔖᓂᔥ **chiiushaanish** na dim -m ♦ orphan

ᒌᐅᔖᓅ **chiiushaanuu** vai ♦ s/he is an orphan

ᒌᐎᐦᐃᔑᓐ **chiiuhiishin** vai ♦ it (anim) fits loosely

ᒌᐎᐦᐄᔥᑯᐌᐤ **chiiuhiishkuweu** vta ♦ s/he wears it (anim) loose

ᒌᐎᐦᐃᔥᑲᒼ **chiiuhiishkam** vti ♦ s/he wears it loose

ᒌᐌᐎᐤ **chiiwewiiu** vai ♦ s/he/it (anim) turns her/his/its body around to turn back

ᒌᐌᐤ **chiiweu** vai ♦ s/he goes home

ᒌᐌᐱᒍᐤ **chiiwepichuu** vai -i ♦ s/he goes back, moving winter camp

ᒌᐌᐱᔥᑐᐌᐤ **chiiwepishtuweu** vta ♦ s/he turns toward him/her sitting

ᒌᐌᐱᔥᑕᒼ **chiiwepishtam** vti ♦ s/he turns toward it sitting

ᒌᐌᐸᔨᐦᐅᐤ **chiiwepayihuu** vai -u ♦ s/he/it (anim) turns around to go back

ᒌᐌᐸᔪᐤ **chiiwepayuu** vai/vii -i ♦ s/he drives home, it turns back

ᒌᐌᐸᐦᐁᐤ **chiiwepaheu** vta ♦ s/he comes back running with him/her

ᒌᐌᐸᐦᑖᐅ **chiiwepahtwaau** vai ♦ s/he returns running away with it

ᒌᐌᑎᓂᐸᔪᐤ **chiiwetinipayuu** vii -i ♦ the wind changes to a north wind

ᒌᐌᑎᓂᓲ **chiiwetinisuu** na ♦ north wind, spirit of the north wind

ᒌᐌᑎᓂᔑᔥ **chiiwetinishiish** ni dim ♦ a light north wind

ᒌᐌᑎᓅᔥᑎᒁᓐ **chiiwetinushtikwaan** na - im [Inland] ♦ witch's broom (dense ball of twigs) on a tree

ᒌᐌᑎᓅᐦᑖᐅᒥᔥᑐᒡ **chiiwetinuhtaaumistuk** na -um ♦ muskox *Ovibos moschatus*

ᒌᐌᑎᓅᐦᑖᐅᒥᔥᑐᔥ **chiiwetinuhtaaumistush** na dim ♦ young muskox

ᒌᐌᑎᓅᑖᐅᐄᓅ **chiiwetinuutaauiinuu** na - niim [Inland] ♦ man of the north

ᒌᐌᑎᓅᑖᐅᐄᔨᔪ **chiiwetinuutaauiiyiyuu** na -yiim [Coastal] ♦ man of the north

ᒌᐌᑎᓅᑖᐦᒡ **chiiwetinuutaahch** p,location ♦ to the north, the north side

ᒌᐌᑎᓇᒑᒃᑯᔥ **chiiwetinachahkush** na dim ♦ north star

ᒌᐱᓈᔅᒄ **chiiwetinaaskw** na ♦ witch's broom (dense ball of twigs) on a tree

ᒌᐱᓐ **chiiwetin** vii ♦ it is a north wind

ᒌᐱᓴᐦᒻ **chiiwetishaham** vti ♦ s/he sends it back

ᒌᐱᓴᐦᐌᐤ **chiiwetishahweu** vta ♦ s/he sends him/her home

ᒌᐙᐴ **chiiwekaapuu** vai -uu ♦ s/he/it (anim) turns around standing, s/he backslides

ᒌᐙᐴᔥᑐᐌᐤ **chiiwekaapuushtuweu** vta ♦ s/he turns around toward him/her, standing

ᒌᐙᐴᔥᑕᒻ **chiiwekaapuushtam** vti ♦ s/he turns around toward it, standing

ᒌᐯᒋᔓᐙᔒᔥᑐᐌᐤ **chiiwechishuwaashiishtuweu** vta ♦ s/he is angry back at him/her

ᒌᐯᒋᐦᑖᐯᐤ **chiiwechihtaapeu** vai ♦ s/he pulls it home, back

ᒌᐯᒋᐦᑖᐹᑌᐤ **chiiwechihtaapaateu** vta ♦ s/he pulls him/her back, home

ᒌᐯᒎᐎᓐ **chiiwechuwin** vii ♦ the tide goes out

ᒌᐯᒥᔅᑯᐌᐤ **chiiwemiskuweu** vta ♦ s/he finds him/her again

ᒌᐯᒥᔦᐤ **chiiwemiyeu** vta ♦ s/he gives it back, returns it to him/her

ᒌᐌᓀᐤ **chiiweneu** vta ♦ s/he turns him/her in the other direction by hand, s/he returns it (anim)

ᒌᐌᓇᒻ **chiiwenam** vti ♦ s/he turns it in the other direction with his hands, s/he returns it

ᒌᐌᔅᒉᐤ **chiiwescheu** vai ♦ s/he goes home to her/his birth place after a long absence

ᒌᐌᔥᑯᐌᐤ **chiiweshkuweu** vta ♦ s/he returns him/her with body, feet

ᒌᐌᔥᑲᒻ **chiiweshkam** vti ♦ s/he returns it with body, foot

ᒌᐌᔮᐳᑐᐌᐤ **chiiweyaaputuweu** vta ♦ s/he brings food home for another

ᒌᐌᔮᒧᐦᑳᓲ **chiiweyaamuhkaasuu** vai -u ♦ s/he causes the game animal to come back to where s/he is

ᒌᐌᔮᒧᐦᒉᐤ **chiiweyaamuhcheu** vai -u ♦ s/he causes the game animals to go back in the direction they came from

ᒌᐌᔮᔅᐳ **chiiweyaaspuu** vai -u ♦ s/he leaves the feast eating something

ᒌᐌᐦᑖᐤ **chiiwehutaau** vai+o ♦ s/he takes it back, returns it, paddling

ᒌᐌᐦᔫᐤ **chiiwehuyeu** vta ♦ s/he takes him/her back, returns him/her paddling

ᒌᐌᐦᐆ **chiiwehuu** vai -u ♦ s/he returns paddling

ᒌᐌᐦᑕᑖᐤ **chiiwehtataau** vai+o ♦ s/he takes it home

ᒌᐌᐦᑕᐦᐁᐤ **chiiwehtaheu** vta ♦ s/he takes him/her home

ᒌᐌᐦᑦᐙᓲ **chiiwehtwaasuu** vai -u ♦ s/he takes home food from a feast to eat later

ᒌᐌᐦᔮᐤ **chiiwehyaau** vai ♦ s/he/it (anim) flies back ▪ ᐁ ᒥᒄᓈᓈᑉ ᒌᐌᐦᔮᐤ ᐁᐦᔮᐤ. ▪ *In the fall, the blue goose is flying back.*

ᒌᐛᐤ **chiiwaau** pro,personal ♦ you (plural), you-all, yours, yourselves

ᒌᐛᑯᓀᐱᑕᒻ **chiiwaakunepitam** vti ♦ it (anim, fish, beaver) moves the stick, line in the hole in the ice so the snow falls in

ᒌᐯᐦᐁᔥ **chiipehesh** na dim ♦ boreal owl, saw-whet owl

ᒌᐱᑎᐴ **chiipitipuu** vai ♦ s/he sits up

ᒌᐱᑎᓀᐤ **chiipitineu** vta ♦ s/he holds him/her/it (anim) up in an erect posture

ᒌᐱᑎᓇᒻ **chiipitinam** vti ♦ s/he holds it up in an erect posture

ᒌᐱᑕᐦᔑᐦᒁᓐ **chiipitaheschihkwaan** ni ♦ stick over a fire that the teapot hangs on

ᒌᐱᑕᐦᐋᐸᓐ **chiipitahaapaan** ni ♦ sticks to hold a snare open

ᒌᐱᑖᑯᔨᐌᐴ **chiipitaakuyiwepuu** vai ♦ it (anim) stretches its neck out

ᒌᐱᑖᔅᑯᐦᐄᑲᓈᐦᑎᒄ **chiipitaaskuhiikanaahtikw** ni -m ♦ stick used for setting up a dead fowl as a decoy

ᒌᐱᑖᔅᑯᐦᐄᑲᓐ **chiipitaaskuhiikan** ni ♦ dead bird used as a decoy, set on a stick

ᒌᐱᑖᔅᑯᐦᐄᒉᐤ **chiipitaaskuhiicheu** vai ♦ s/he is using a dead bird, goose as a decoy, set on a stick

ᒌᐱᒋᐸᔫ chiipichipayuu vai -i ◆ s/he falls, topples over

ᒌᐱᒋᑳᐴᐦᑖᐤ chiipichikaapuuhtaau vai+o ◆ s/he pushes a stick into the earth to stand it upright

ᒌᐱᒋᔑᒣᐤ chiipichishimeu vta ◆ s/he/it topples it (anim, something standing, ex grandfather clock) over

ᒌᐱᒋᔥᑯᐧᐁᐤ chiipichishkuweu vta ◆ s/he knocks him/her/it (anim, ex ice) over (ex from a sitting position)

ᒌᐱᒋᔥᑲᒼ chiipichishkam vti ◆ s/he upsets it, knocks it over (something standing up, ex rocking chair)

ᒌᐱᒋᐦᑎᑖᐤ chiipichihtitaau vai+o ◆ s/he/it topples it (something standing) over

ᒌᐱᒋᐦᑖᐤ chiipichihtaau vai+o ◆ s/he pushes it into the ground to stand it up

ᒌᐱᒎ chiyipichuu vai ◆ s/he grows fast

ᒌᐱᓀᐤ chiipineu vta ◆ s/he uses it (anim) up fast

ᒌᐱᓂᓰᐤ chiipinisiiu vai ◆ s/he wears out clothes fast

ᒌᐱᓂᐦᑖᐅᒋᓐ chiipinihtaauchin vii ◆ it grows fast

ᒌᐱᓂᐦᑖᐅᒎ chiipinihtaauchuu vai -i ◆ s/he/it (anim) grows fast

ᒌᐱᓇᒼ chiipinam vti ◆ s/he uses it up fast

ᒌᐱᐦᐁᐤ chiipiheu vta ◆ s/he wears out (anim) clothes fast

ᒌᐱᐦᑖᐤ chiipihtaau vai+o ◆ s/he wears it (clothes) out fast

ᒌᐲᐤ chiipiiu vai ◆ s/he does it fast

ᒌᐳᓲ chiipusuu vai -i ◆ it (anim) is tapered

ᒌᐳᐦᐁᐤ chiipuheu vta ◆ s/he makes it (anim) tapered

ᒌᐳᐦᐊᒼ chiipuham vti ◆ s/he tapers it with a tool

ᒌᐳᐦᐧᐁᐤ chiipuhweu vta ◆ s/he tapers it (anim) with a tool

ᒌᐳᐦᑖᐤ chiipuhtaau vai+o ◆ s/he tapers it

ᒌᐸᐃ chiipai na -aam / -aaim ◆ ghost

ᒌᐸᑌᓄᐧᐁᐤ chiipatenuweu vai ◆ s/he cooks fast

ᒌᐸᔨᑲᒥᒄ chiipayikamikw ni ◆ graveyard

ᒌᐸᔨᑲᓐ chiipayikan ni ◆ particular arm bone of a bear

ᒌᐸᔨᑲᓐᐦ chiipayikanh ni pl ◆ skeleton, skeleton bones

ᒌᐸᔨᒥᔥᑎᑯᐧᐃᑦ chiipayimishtikuwit ni ◆ coffin

ᒌᐸᔨᔥᑯᑌᐤ chiipayishkuteu ni ◆ ghost fire, seen at night after a death

ᒌᐸᔨᐦᐁᔥ chiipayihesh na ◆ type of owl

ᒌᐹᔨᑲᒥᒄ chiipaayikamikw ni ◆ graveyard

ᒌᐹᐦᑲᓲ chiipaahkasuu vai ◆ it (anim) melts, burns quickly

ᒌᐧᐹᐤ chiipwaau vii ◆ it is tapered

ᒌᑎᒧᐢ chiitimus nad ◆ your sister/brother-in-law, your cross-cousin (child of mother's brother or father's sister)

ᒌᑐᐧᐁᑲᓐ chiituwekan vii ◆ it (sheet-like) is stiff

ᒌᑐᐧᐁᒋᓲ chiituwechisuu vai -i ◆ it (anim, sheet-like) is stiff

ᒌᑐᐧᐁᒋᐦᑖᐤ chiituwechihtaau vai+o ◆ s/he starches it (sheet-like)

ᒌᑐᐧᐋᐤ chiituwaau vii ◆ it is stiff

ᒌᑐᐧᐋᐯᑲᓐ chiituwaapekan vii ◆ it (string-like) is stiff

ᒌᑐᐧᐋᐯᒋᓲ chiituwaapechisuu vai -i ◆ it (anim, string-like) is stiff

ᒌᑐᐧᐋᐱᐦᑳᑌᐤ chiituwaapihkaateu vta ◆ s/he stiffens it (anim) by tying it

ᒌᑐᐧᐋᐱᐦᑳᑕᒼ chiituwaapihkaatam vti ◆ s/he stiffens it by tying it

ᒌᑐᐧᐋᐢᑯᐸᔫ chiituwaaskupayuu vai -i ◆ s/he stiffens

ᒌᑐᐧᐋᐢᑯᓐ chiituwaaskun vii ◆ it (stick-like) is stiff

ᒌᑐᐧᐋᐢᑯᓲ chiituwaaskusuu vai -i ◆ it (anim, stick-like) is stiff

ᒌᑐᐧᐋᐢᑯᔨᐧᐁᐦᐆᓱᐧᐃᓐ chiituwaaskuyiwehuusuwin ni ◆ corset

ᒌᑐᐧᐋᐦᑲᑎᓲ chiituwaahkatisuu vai -u ◆ it (anim) dries stiff

ᒌᑐᐧᐋᐦᑲᑐᑌᐤ chiituwaahkatuteu vii ◆ it dries stiff

ᒌᑑᑯᔨᐧᐁᐤ chiituukuyiweu vai ◆ s/he has a stiff neck

ᒌᑑᑲᓀᐦᐳᐧᐁᐤ chiituukanehpuweu vta [Coastal] ◆ s/he eats it (anim, bird) without separating the bones

ᒌᑐᓱ **chiituusuu** vai -i ♦ s/he/it (anim) is stiff

ᒌᑐᐦᐄᑲᓂᑳᑦ **chiituuhiikanikaat** ni ♦ bone of the right hind leg of a certain male caribou is split lengthwise, the marrow removed and eaten only by older men, and the bone tied together and kept

ᒌᑐᐦᑖᐤ **chiituuhtaau** vai+o ♦ s/he stiffens it

ᒌᑯ **chiikuu** p,quantity ♦ in addition, including ▪ ᒌᑯ ᐯᒋ ᒥᔮ" ᐊᓯᒡ" ᒌᐹᔅ"ₓ ▪ *In addition, give me the candies too.*

ᒌᑯᐙᐳᐦᒉᐤ **chiikuuwaapuuhcheu** vai ♦ s/he adds water to her/his drink to weaken it

ᒌᑯᐯᒋᐤ **chiikuupechiiu** vii ♦ it is snow mixed with rain

ᒌᑰᓀᐤ **chiikuuneu** vta ♦ s/he mixes it (anim) with something else

ᒌᑰᓇᒻ **chiikuunam** vti ♦ s/he mixes it with something else

ᒌᑯᔅᑎᓂᑖᐤ **chiikuustinitaau** vai+o ♦ s/he mixes it in a container (ex when packing)

ᒌᑯᐦᑎᑖᐤ **chiikuushtitaau** vai+o ♦ s/he mixes it (liquid) with another liquid

ᒌᑰᐦᐁᐤ **chiikuuheu** vta ♦ s/he mixes it (anim) with something else

ᒌᑰᐦᑖᐤ **chiikuuhtaau** vai+o ♦ s/he mixes it with something else

ᒋᑲᐦᐄᑲᓈᐱᔅᑿ **chiikahiikanaapiskw** ni [Coastal] ♦ axe blade

ᒋᑲᐦᐄᑲᓈᐦᑎᒄ **chiikahiikanaahtikw** ni ♦ axe handle

ᒋᑲᐦᐄᑲᓐ **chiikahiikan** ni [Coastal] ♦ axe

ᒋᑲᐦᐄᒉᐤ **chiikahiicheu** vai ♦ s/he chops

ᒋᑲᐦᐄᒉᐦᐄᔥ **chiikahiicheshiish** na dim ♦ sand fly

ᒋᑲᐦᐊᒻ **chiikaham** vti ♦ s/he chops it

ᒋᑲᐦᐌᐤ **chiikahweu** vta ♦ s/he chops it (anim)

ᒋᑲᐦᒡ **chiikahch** p,location [Coastal] ♦ near, close to the inside edge ▪ ᒋᑲᐦᒡ ᐊᓐᒌ" ᐊᓂᒡ" ᓂᐸᐙ"ₓ ▪ *Put the blankets close to the inside edge (of the tent).*

ᒌᑲᐌᔑᒣᐤ **chiikaaweshimeu** vta ♦ s/he wears out the foot webbing on snowshoes at the frame

ᒌᑲᐌᔑᓐ **chiikaaweshin** vai ♦ s/he wears out the binding on the edge of the snowshoes by walking

ᒌᒉᐤ **chiicheu** vai ♦ s/he is healed (ex from sores)

ᒌᒉᓯᑲᓐ **chiichesikan** ni ♦ ointment, a healing salve

ᒌᒋᓈᐦᑯᔥ **chiichinaahkush** na dim ♦ nit (louse egg)

ᒌᒋᓱ **chiichisuu** vai -i [Coastal] ♦ s/he is ticklish

ᒌᒋᔅᑴᐤ **chiichiskweu** nad ♦ your wife

ᒌᒋᔖᓐ **chiichishaan** nad ♦ your sibling, brother or sister, parallel cousin (your father's brother's or mother's sister's child)

ᒌᒋᐃᓅ **chiichiinuu** nad [Inland] ♦ your sibling, brother or sister, parallel cousin (your father's brother's or mother's sister's child)

ᒌᒋᔥ **chiichiish** na dim -im ♦ baby

ᒌᒋᔨᔩᐤ **chiichiiyiyuu** nad [Coastal] ♦ your sibling, brother or sister, parallel cousin (your father's brother's or mother's sister's child)

ᒌᒣᐤ **chiimeu** vta ♦ s/he goes with, accompanies him/her in a canoe

ᒌᒦᓀ **chiimine** p,quantity ♦ many, lots (older word, less used than mihchet); takes a lot and doesn't use all ▪ ᐁᑯᓐ ᒌᒦᓀ ᐯᒋ" ᒥᔮ"ₓ ▪ *Just in case bring lots of firewood.*

ᒌᒧᑎᓐ **chiimuutin** vii ♦ it is secret, it is underhanded

ᒌᒧᑎᓯᐤ **chiimuutisiiu** vai ♦ s/he is secret, s/he is concealed, s/he is sly

ᒌᒧᒋᔨᒧ **chiimuuchiyimuu** vai ♦ s/he speaks secretly, s/he whispers

ᒌᒧᒡ **chiimuuch** p,manner ♦ in secrecy, secretly ▪ ᐋᵘᒡ ᒌᒡ ᐊᔐᒡₓ ▪ *He's talking very secretly.*

ᒌᒧᓵᐳ **chiimuusaapuu** vai -i ♦ s/he spies

ᒌᒧᓵᐸᒣᐤ **chiimuusaapameu** vta ♦ s/he peeks at him/her

ᒌᒧᓵᐸᐦᑕᒻ **chiimuusaapahtam** vti ♦ s/he looks at it without being seen

ᒌᒫᓂᑲᓐ **chiimaanikan** ni [Coastal] ♦ first three ribs and part of backbone of moose, caribou cut off to form canoe shape

ᒋᒫᓂᒋᒫᐤ chiimaanichimaau na -maam
- captain of a ship

ᒋᒫᓐ chiimaan ni -im ◆ boat, barge; canoe [Waswanipi]

ᒉᓀᑲᓐ chiinekan vii ◆ it (sheet-like) is pointed

ᒉᓀᒋᓱᐤ chiinechisuu vai -i ◆ it (anim, sheet-like) is pointed

ᒋᓂᕐᔮᔕᐦᐋᐤ chiiniwaashahaau vii ◆ it is a pointed bay

ᒋᓂᐳᑖᐤ chiiniputaau vai+o ◆ s/he files, saws it to a pointed end

ᒋᓂᐳᔦᐤ chiinipuyeu vta ◆ s/he files, saws it (anim) into a pointed head

ᒋᓂᑖᐅᐦᑳᐤ chiinitaauhkaau vii ◆ it is a pointed ridge

ᒋᓂᑯᑌᐤ chiinikuteu vai ◆ s/he has a pointed nose

ᒋᓂᑲᐦᐊᒼ chiinikaham vti ◆ s/he cuts a point on it with an axe

ᒋᓂᑲᐦᐌᐤ chiinikahweu vta ◆ s/he cuts a point on it (anim) with an axe

ᒋᓂᑳᓂᐌᐸᐦᐆᓱᐤ chiinikwaaniwepahuusuu vai reflex -u ◆ s/he makes her/himself go around and around

ᒋᓂᑳᓂᐌᐸᐦᐊᒼ chiinikwaaniwepaham vti ◆ s/he sweeps it around, makes it go around in circles

ᒋᓂᑳᓂᐌᐸᐦᐌᐤ chiinikwaaniwepahweu vta ◆ s/he sweeps him/her around in a circle

ᒋᓂᑳᓂᐌᐹᓲ chiinikwaaniwepaashuu vai -i ◆ s/he is whirled round and round by the wind

ᒋᓂᑳᓂᐌᐹᔥᑎᓐ chiinikwaaniwepaashtin vii ◆ it is whirled round and round by the wind

ᒋᓂᑳᓂᐱᑌᐤ chiinikwaanipiteu vta ◆ s/he pulls him/her around

ᒋᓂᑳᓂᐱᑕᒼ chiinikwaanipitam vti ◆ s/he pulls it around

ᒋᓂᑳᓂᐸᔨᐦᐁᐤ chiinikwaanipayiheu vta ◆ s/he drives him/her/it (anim, ex dog team, skidoo) around in a circle, s/he swings a partner when dancing

ᒋᓂᑳᓂᐸᔨᐦᐆ chiinikwaanipayihuu vai -u ◆ s/he/it (anim) turns her/him/itself round and round

ᒋᓂᑳᓂᐸᔨᐦᑖᐤ chiinikwaanipayihtaau vai+o ◆ s/he swings, spins, whirls it around

ᒋᓂᑳᓂᐸᔫ chiinikwaanipayuu vai/vii -i ◆ s/he/it goes round, it revolves, it spins, it whirls

ᒋᓂᑳᓂᐸᐦᑖᐤ chiinikwaanipahtaau vai ◆ s/he runs around in circles, s/he runs all the way around

ᒋᓂᑳᓂᑎᔑᒧᐤ chiinikwaanitishimuu vai ◆ s/he flees around in a circle from someone chasing her/him

ᒋᓂᑳᓂᑎᔕᐦᐊᒼ chiinikwaanitishaham vti ◆ s/he chases it around something

ᒋᓂᑳᓂᑎᔕᐦᐌᐤ chiinikwaanitishahweu vta ◆ s/he chases him/her around something

ᒋᓂᑳᓂᑖᐯᐤ chiinikwaanitaapeu vai ◆ s/he goes around something pulling

ᒋᓂᑳᓂᑖᐹᑌᐤ chiinikwaanitaapaateu vta ◆ s/he goes around something pulling him/her

ᒋᓂᑳᓂᑯᒑᐤ chiinikwaanikuchaau vai [Coastal] ◆ s/he spins around, pirouettes

ᒋᓂᑳᓂᑳᐴ chiinikwaanikaapuu vai -uu ◆ s/he/it (anim) turns right around, standing

ᒋᓂᑳᓂᒉᐎᓐ chiinikwaanichuwin vii ◆ it is an eddy of water, the current spins around

ᒋᓂᑳᓂᓀᐤ chiinikwaanineu vta ◆ s/he turns, spins him/her by hand

ᒋᓂᑳᓂᓯᓇᐦᐊᒼ chiinikwaanisinaham vti ◆ s/he draws a circle around it

ᒋᓂᑳᓂᓯᓇᐦᐌᐤ chiinikwaanisinahweu vta ◆ s/he draws a circle around him/her

ᒋᓂᑳᓂᔑᒧᐤ chiinikwaanishimuu vai ◆ s/he dances around in a circle

ᒋᓂᑳᓂᔑᓐ chiinikwaanishin vai ◆ s/he is curled up

ᒋᓂᑳᓂᔥᑯᐌᐤ chiinikwaanishkuweu vta ◆ s/he walks in a circle around him/her/it (anim)

ᒋᓂᑳᓂᔥᑲᒼ chiinikwaanishkam vti ◆ s/he walks in a circle around it

ᑮᓂᑳᓂᔮᐱᐦᒉᐱᑌᐤ chiinikwaaniyaapihchepiteu vta [Coastal]
• s/he spins him/her/it (anim, top, ex beaver on a cooking string) around with a string

ᑮᓂᑳᓂᔮᐱᐦᒉᐱᑕᒼ chiinikwaaniyaapihchepitam vti [Coastal]
• s/he spins it around with a string

ᑮᓂᑳᓂᔮᐱᐦᒉᐅ chiinikwaaniyaapihchehweu vta • s/he spins it (anim, beaver, goose) on a string cooking beside an open fire, stove

ᑮᓂᑳᓂᔮᔥᑎᓐ chiinikwaaniyaashtin vii
• it spins around; is whirled around by the wind

ᑮᓂᑳᓂᐦᐌᐤ chiinikwaanihweu vta
• s/he rides around him/her (in a circle)

ᑮᓂᑳᓂᐦᑌᐤ chiinikwaanihteu vai • s/he walks all around something, s/he/it (anim, ex hand of clock) completes a revolution

ᑮᓂᑳᓂᐦᑎᓐ chiinikwaanihtin vii • it is in a coil

ᑮᓂᑳᓂᐦᑯᑌᐤ chiinikwaanihkuteu vta
• s/he carves all around it (anim, ex tree)

ᑮᓂᑳᓂᐦᑯᑕᒼ chiinikwaanihkutam vti
• s/he carves all around it

ᑮᓂᑳᓂᐦᔮᐤ chiinikwaanihyaau vai
• s/he flies around, s/he flies around and around

ᑮᓂᑳᓂᐦᔮᒫᑲᓐ chiinikwaanihyaamakan vii • it (plane, helicopter) flies around

ᑮᓂᑳᓄᑯᒋᓐ chiinikwaanukuchin vai • it (anim, ex duck spinning) whirls through the air after being shot

ᑮᓂᑳᓇᒼ chiinikwaanam vti • s/he turns, spins it with his hands

ᑮᓂᑳᓈᐱᐦᒉᐱᑌᐤ chiinikwaanaapihchepiteu vta [Inland]
• s/he spins him/her/it (anim, ex beaver on a cooking string) around with a string

ᑮᓂᑳᓈᐱᐦᒉᐱᑕᒼ chiinikwaanaapihchepitam vti [Inland]
• s/he spins it around with a string

ᑮᓂᑳᓈᐱᐦᒉᐦᐊᒼ chiinikwaanaapihcheham vti • s/he turns it around suspended by a string

ᑮᓂᑳᓈᐱᐦᒉᐅ chiinikwaanaapihchehweu vta • s/he turns him/her around suspended by a string

ᑮᓂᑳᓈᔅᑯᐦᐊᒼ chiinikwaanaaskuham vti
• s/he makes it turn using a stick

ᑮᓂᑳᓈᔅᑯᐦᐌᐤ chiinikwaanaaskuhweu vta • s/he makes him/her turn using a stick

ᑮᓂᑳᓈᔓᐎᒡ chiinikwaanaashuwich vai pl-i • they (clouds) are driven round and round by wind

ᑮᓂᑳᓈᔥᑌᐱᑌᐤ chiinikwaanaashtepiteu vta • s/he makes him/her turn in the air

ᑮᓂᑳᓈᔥᑌᐱᑕᒼ chiinikwaanaashtepitam vti • s/he makes it turn in the air

ᑮᓂᑳᓈᔥᑌᐸᔫ chiinikwaanaashtepayuu vai/vii-i • it (anim) revolves, spins in the air

ᑮᓂᑳᓈᔥᑌᐦᐊᒼ chiinikwaanaashteham vti • s/he makes something in the air spin round, using something so the supporting strings are twisted

ᑮᓂᑳᓈᔥᑌᐦᐌᐤ chiinikwaanaashtehweu vta • s/he makes him/her spin round in the air, so the supporting strings are twisted

ᑮᓂᑳᐦᑯᓀᐤ chiinikwaahkuneweu vai
• s/he has a pointed chin

ᑮᓂᓲ chiinisuu vai-i • it (anim) is pointed

ᑮᓂᔚ chiinishweu vta • s/he cuts it (anim) to a point

ᑮᓂᔑᒣᐤ chiinishimeu vta • s/he rubs it (anim) to a point

ᑮᓂᓴᒼ chiinisham vti • s/he cuts it to a point

ᑮᓂᔥᑎᒁᓀᐤ chiinishtikwaaneu vai
• s/he has a pointed head

ᑮᓂᔥᑐᐌᔮᐱᑯᔒᔥ chiinishtuweyaapikushiish na dim
• masked common shrew *Sorex cinereus*, literally 'pointed nose mouse'

ᑮᓂᔍ chiinishcheu vai • s/he has a pointed upper lip

ᑮᓃᐤ chiiniheu vta • s/he makes it (anim) pointed

ᑮᓐᐦᑎᑖᐤ chiinihtitaau vai+o • s/he rubs it to a point

ᓰᓂᐦᑖᑳᐤ chiinihtakaau vii ♦ it (useful wood) is pointed
ᓰᓂᐦᑎᓯᐤ chiinihtachisuu vai-i ♦ it (anim, useful wood) is pointed
ᓰᓂᐦᑯᑌᐤ chiinihkuteu vta ♦ s/he carves, sharpens it (anim) to a point with a tool (ex a pencil)
ᓰᓂᐦᑯᑕᒻ chiinihkutam vti ♦ s/he carves it (stick-like) pointed
ᓰᓈᐤ chiinaau vii ♦ it is pointed
ᓰᓈᐯᑲᒣᐤ chiinaapekameu vta ♦ s/he makes it (anim, string-like, ex thread) pointed with her/his teeth
ᓰᓈᐯᑲᓐ chiinaapekan vii ♦ it (string-like) is pointed
ᓰᓈᐯᑲᐦᑕᒻ chiinaapekahtam vti ♦ s/he makes it (string-like) pointed with her/his teeth
ᓰᓈᐯᒋᓱ chiinaapechisuu vai-i ♦ it (anim, string-like) is pointed
ᓰᓈᐲᑌᐤ chiinaapiteu vai ♦ s/he has sharp pointed teeth
ᓰᓈᐱᔅᑲᐦᐊᒻ chiinaapiskaham vti ♦ s/he puts a point on it (stone, metal)
ᓰᓈᐱᔅᑲᐦᐌᐤ chiinaapiskahweu vta ♦ s/he puts a point on it (anim, stone, metal)
ᓰᓈᐱᔅᑳᐤ chiinaapiskaau vii ♦ it is pointed (stone, metal)
ᓰᓈᐱᔅᒋᐳᑖᐤ chiinaapischiputaau vai+o ♦ s/he files, saws it (metal, stone) to a point
ᓰᓈᐱᔅᒋᐳᔦᐤ chiinaapischipuyeu vta ♦ s/he files, saws it (anim, stone, metal) to a point
ᓰᓈᐱᔅᒋᓱ chiinaapischisuu vai-i ♦ it (anim, stone, metal) is pointed
ᓰᓈᐱᔅᒋᔑᒣᐤ chiinaapischishimeu vta ♦ s/he puts a point on it (anim, stone, metal) by rubbing
ᓰᓈᐱᔅᒋᐦᑎᑖᐤ chiinaapischihtitaau vai+o ♦ s/he puts a point on it (stone, metal) by rubbing
ᓰᓈᐱᔥᑲᓀᐤ chiinaapishkaneu vai ♦ s/he has a sharp, pointed chin
ᓰᓈᔅᑯᐳᑖᐤ chiinaaskuputaau vai+o ♦ s/he files, saws it to a point
ᓰᓈᔅᑯᐳᔦᐤ chiinaaskupuyeu vta ♦ s/he files, saws it (anim, stick-like) to a point

ᓰᓈᔅᑯᓐ chiinaaskun vii ♦ it (stick-like) is pointed
ᓰᓈᔅᑯᓱ chiinaaskusuu vai-i ♦ it (anim, stick-like) is pointed
ᓰᓈᔅᑯᔑᒣᐤ chiinaaskushimeu vta ♦ s/he rubs it (anim, stick-like) to a point
ᓰᓈᔅᑯᐦᑎᑖᐤ chiinaaskuhtitaau vai+o ♦ s/he rubs it (stick-like) to a point
ᓰᓈᔅᑯᐦᑯᑌᐤ chiinaaskuhkuteu vta ♦ s/he carves it (anim) to a point
ᓰᓈᔅᑯᐦᑯᑕᒻ chiinaaskuhkutam vti ♦ s/he carves it to a point
ᓰᓈᔅᑯᐦᑲᐦᐊᒻ chiinaaskuhkaham vti ♦ s/he chips a point on it (stick-like)
ᓰᓈᔅᑯᐦᑲᐦᐌᐤ chiinaaskuhkahweu vta ♦ s/he chops a point on it (anim, stick-like)
ᓰᓈᐦᑫᐤ chiinaahkweu vai ♦ it (anim, snowshoe, toboggan) has a pointed front
ᒋᓵᐚᓯᓄᐌᐤ chiisaawaasinuweu vta ♦ s/he looks for a distinguishing mark on him/her/it (anim)
ᒋᓵᐚᓯᓇᒻ chiisaawaasinam vti ♦ s/he looks for a distinguishing mark on it
ᒋᓵᐚᓯᓈᑯᓐ chiisaawaasinaakun vii ♦ it is marked, so it can be told apart
ᒋᓵᐚᓯᓈᑯᓱ chiisaawaasinaakusuu vai-i ♦ s/he/it (anim) is marked, so s/he/it can be distinguished, identified, told apart from another
ᒋᓵᐚᓯᓈᑯᐦᐌᐤ chiisaawaasinaakuheu vta ♦ s/he marks it (anim) so s/he can be distinguished, identified, told apart
ᒋᓵᐚᓯᓈᑯᐦᑖᐤ chiisaawaasinaakuhtaau vai+o ♦ s/he marks it so it can be distinguished, told apart from another
ᒋᓵᐚᓵᐸᒣᐤ chiisaawaasaapameu vta ♦ s/he looks for a distinguishing mark on him/her/it (anim)
ᒋᓵᐚᓵᐸᐦᑕᒻ chiisaawaasaapahtam vti ♦ s/he looks for a distinguishing mark on it
ᒋᔅᑖᔅᑯᐦᐌᐤ chiistaaskuhweu vta ♦ s/he hammers it (anim), pounds it (anim) in, s/he crucifies him/her
ᒋᔅᑖᔅᑯᐦᑕᒻ chiistaaskuhtam vti ♦ s/he hammers, pounds it in
ᒋᔅᑖᔅᑯᐦᒉᐤ chiistaaskuhcheu vai ♦ s/he nails it down

ᒋᔅᒑᔅᑲᓂᔥ chiistaaskwaanish ni
 ◆ thumbtack, small nail
ᒋᔅᒑᔅᑳᓐ chiistaaskwaan ni ◆ nail (for use with hammer)
ᒋᔅᑲᒑᐅᐦᑳᐤ chiiskataauhkaau vii ◆ the river has steep banks of sand
ᒋᔅᑲᔅᑲᒥᑳᐤ chiiskaskamikaau vii ◆ it is a landscape of cliffs
ᒋᔅᑲᐦᐆᑯᐤ chiiskahuukuu vta inverse -u ◆ it (ex stick) pokes him/her
ᒋᔅᑲᐦᒻ chiiskaham vti ◆ s/he pokes it
ᒋᔅᑲᐦᐌᐤ chiiskahweu vta ◆ s/he pokes him/her with an object
ᒋᔅᑳᐱᑐᓂᔅᑳᐤ chiiskaapituniskaau vii [Coastal] ◆ the river has steep banks
ᒋᔅᑳᐱᔅᑳᐤ chiiskaapiskaau vii ◆ it is a sheer cliff
ᒋᔅᑳᐱᔅᑳᑲᒫᐤ chiiskaapiskaakamaau vii ◆ it is a lake surrounded by rock cliffs
ᒋᔅᑳᐱᔅᒉᒐᐧᐃᓐ chiiskaapischechuwin vii ◆ it is a steep rock falls, cascade
ᒋᔅᑳᐱᔅᒋᒐᐧᐃᓐ chiiskaapischichuwin vii ◆ it is a current, rapids over a high rock, a steeply falling current
ᒋᔅᒉᐱᓱᐃᓐ chiischepisuwin ni ◆ garter
ᒋᔅᒋᐱᑌᐤ chiischipiteu vta ◆ s/he pinches him/her very hard
ᒋᔅᒋᐳᑖᐤ chiischiputaau vai+o ◆ s/he saws it
ᒋᔅᒋᐳᔦᐤ chiischipuyeu vta ◆ s/he saws it (anim)
ᒋᔅᒋᒥᐱᑐᓀᐤ chiischimipituneu vai ◆ s/he has a numb arm, her/his arm goes to sleep
ᒋᔅᒋᒥᐸᔫ chiischimipayuu vai -i ◆ her/his circulation is momentarily blocked, cut off
ᒋᔅᒋᒥᑎᐦᒉᐤ chiischimitihcheu vai ◆ her/his hand is numb, goes to sleep
ᒋᔅᒋᒥᓂᓲ chiischiminisuu na -shiish [Coastal] ◆ belted kingfisher *Megaceryle alcyon*
ᒋᔅᒋᒥᓯᑌᐳ chiischimisitepuu vai -i ◆ her/his feet are numb from sitting
ᒋᔅᒋᒥᓲ chiischimisuu vai -i ◆ s/he feels numb
ᒋᔅᒋᒥᔥᑲᒻ chiischimishkam vti ◆ his limb is numb from lying on it, s/he makes it numb from lying on it

ᒋᔅᒋᒦᐌᐸᔫ chiischimiiwepayuu vai -i
 ◆ s/he shivers
ᒋᔅᒋᓭᑲᑎᓈᐤ chiischisekatinaau vii ◆ it is a cliff in a mountain
ᒋᔅᒋᓭᑳᐤ chiischisekaau vii ◆ it is a steep cliff
ᒋᔅᒋᓭᑳᐱᔅᑳᐤ chiischisekaapiskaau vii ◆ it is a rock cliff
ᒋᔅᒋᓭᑳᑲᒫᐤ chiischisekaakamaau vii ◆ the steep cliff goes right into the lake
ᒋᔅᒋᓭᑳᐦᒡ chiischisekaahch p,location ◆ at the cliff
ᒋᔅᒋᓯᒁᐤ chiischisikwaau vii ◆ it is a cliff of ice
ᒋᔅᒋᔅᒋᓂᑲᓐ chischischinikan na
 ◆ computer mouse
ᒋᔐᐃᔥᑴ chisheiskweu na ◆ fully mature girl
ᒋᔐᔮᐯᐤ chisheyaapeu na ◆ fully mature boy
ᒋᔒ chiishi preverb ◆ finish
ᒋᔒᐯᑲᓐ chiishipekan vii ◆ high tide has finished coming in
ᒋᔒᐯᒥᒌᐤ chiishipemichiiu vai ◆ it (anim, ex a tree with leaves) is in full bloom
ᒋᔒᐯᒪᑲᓐ chiishipemakan vii ◆ things are in full bloom in summertime
ᒋᔒᐱᑌᐤ chiishipiteu vta ◆ s/he makes it (anim) slip through a loop by pulling
ᒋᔒᐱᑕᒻ chiishipitam vti ◆ s/he makes it slip through a loop by pulling
ᒋᔒᐸᑲᓐ chiishipakan vii ◆ everything is in full bloom
ᒋᔒᐸᔫ chiishipayuu vii -i ◆ it is finished, over
ᒋᔒᑌᓅᐌᐤ chiishitenuuweu vai ◆ s/he is finished cooking
ᒋᔒᑲᔍᐤ chiishikasweu vta ◆ s/he is finished cooking it (anim)
ᒋᔒᑲᐦᒻ chiishikaham vti ◆ s/he finished chopping it (ex pile of firewood)
ᒋᔒᑳᐅᐲᓯᒻ chiishikaaupiisim na ◆ sun
ᒋᔒᑳᐅᒐᐦᑯᔥ chiishikaauchahkush na dim
 ◆ day star
ᒋᔒᑳᐤ chiishikaau vii ◆ it is day
ᒋᔒᑳᔥᑌᐤ chiishikaashteu vii ◆ there is moonlight

ᑫᔑᑳᐅᑎᐱᔅᑳᐤ chiishikaashtetipiskaau vii ♦ it is moonlit night
ᑫᔑᑳᐦᐄᐦᑕᒻ chiishikaahiihtam vti [Inland] ♦ s/he finished shovelling the snow
ᑫᔑᑴᑌᐤ chiishikwaateu vta ♦ s/he finishes sewing it (anim, mittens, pants)
ᑫᔑᒁᑕᒻ chiishikwaatam vti ♦ s/he finishes sewing it
ᑫᔑᒄ chiishikw ni -um ♦ sky
ᑫᔑᓀᐤ chiishineu vta ♦ s/he is tanning a hide
ᑫᔑᓂᒉᐤ chiishinicheu vai ♦ s/he tans a hide
ᑫᔑᓇᒼ chiishinam vti ♦ s/he tans it
ᑫᔑᐦᐁᐤ chiishiheu vta ♦ s/he finished it (anim)
ᑫᔑᐦᐄᐁᐤ chiishiiheu vta ♦ s/he fools him/her
ᑫᔑᐦᑖᐤ chiishihtaau vai+o ♦ s/he finishes it
ᑫᔑᐦᑲᓲ chiishihkasuu vai -u ♦ it (anim) is really cooked
ᑫᔑᐦᑲᐦᑌᐤ chiishihkahteu vii ♦ it is really cooked
ᑫᔒᐦᑯᐌᐤ chiishiihkuweu vta [Inland] ♦ s/he pays him/her
ᑫᔒᐦᑲᒧᐌᐤ chiishiihkamuweu vta [Inland] ♦ s/he pays it for him/her
ᑫᔒᐦᑲᒼ chiishiihkam vti [Inland] ♦ s/he pays for it
ᑫᔒᐦᑳᓲ chiishiihkaasuu vai -u [Inland] ♦ s/he pays
ᒌᔔᐙᐤ chiishuwaau vii ♦ it is warm (clothing) ■ ᓂᐱᔥ ᒌᔔᐙᐤ ᐁ ᓅᑯᒋᒡx ■ This sweater of mine is very warm.
ᒌᔔᐙᑲᒥᑌᐙᐴ chiishuwaakamitewaapuu ni ♦ warm water
ᒌᔔᐙᑲᒥᑌᐤ chiishuwaakamiteu vii ♦ it (liquid) is warm
ᒌᔔᐙᔅᐱᓲ chiishuwaaspisuu vai -u ♦ s/he dresses warm
ᒌᔔᐙᔮᐤ chiishuwaayaau vii ♦ it is a warm spell in winter
ᒌᔔᐙᔮᓂᐸᔪ chiishuwaayaanipayuu vii ♦ the weather is starting to get mild
ᒌᔔᐯᓀᔨᐦᑖᑯᓐ chiishupeneyihtaakun vii [Coastal] ♦ it seems, looks like a mild day in winter
ᒌᔔᐯᓈᐤ chiishupenaau vii ♦ it is a warm spell
ᒌᔔᐅᐧᐄᐤ chiishuuwiiu vai ♦ s/he warms up from being active
ᒌᔔᐙᑯᓀᐤ chiishuuwaakuneu vai ♦ it (anim) is warmed by the covering of snow
ᒌᔔᐙᑲᒥᓴᒼ chiishuuwaakamisam vti ♦ s/he warms it (liquid)
ᒌᔔᐙᑲᒥᔥᑖᐤ chiishuuwaakamishtaau vai+o ♦ s/he sets it (liquid) to warm
ᒌᔔᐱᑌᐤ chiishuupiteu vii ♦ it (house) gets warm, warms up
ᒌᔔᐱᓴᒼ chiishuupisam vti ♦ s/he keeps a teepee warm by keeping the fire burning through the day or night
ᒌᔔᐸᔨᐦᐆ chiishuupayihuu vai ♦ s/he gets warmed up by moving around
ᒌᔔᑌᐦᐆᓱᐎᓐ chiishuutehuusuwinh ni pl ♦ earmuffs
ᒌᔔᑌᐦᐱᓲ chiishuutehpisuu vai ♦ s/he wraps a warm kerchief around the head to keep the ears warm
ᒌᔔᑯᓀᐤ chiishuukuniiu vai ♦ s/he keeps her/himself warm by covering up
ᒌᔔᑯᓇᐦᐊᒼ chiishuukunaham vti ♦ s/he keeps it warm by covering it
ᒌᔔᑯᓇᐦᐌᐤ chiishuukunahweu vta ♦ s/he keeps him/her warm by covering him/her
ᒌᔔᓀᐤ chiishuuneu vta ♦ s/he warms him/her by hands, wraps him/her in something warm
ᒌᔔᓂᓱ chiishuunitisuu vai reflex -u ♦ s/he keeps her/himself warm by wrapping up
ᒌᔔᓇᒼ chiishuunam vti ♦ s/he warms it with his hands, wraps it up in something warm
ᒌᔔᓈᑯᓱ chiishuunaakusuu vai ♦ s/he looks like she is warmly dressed
ᒌᔔᓲ chiishuusuu vai -i ♦ it (anim, ex clothing) is warm, s/he keeps warm
ᒌᔔᔑᓐ chiishuushin vai ♦ s/he covers herself/himself with a warm blanket while laying down
ᒌᔔᔥᑎᒁᓀᐱᓲ chiishuushtikwaanepisuu vai ♦ s/he wraps his/her head with something to keep it warm

ᑭᔅᐧᑰᐁᐤ **chiishuushkuweu** vta ♦ s/he keeps him/her warm with her/his body

ᑭᔅᐧᒄ **chiishuushkam** vti ♦ s/he keeps it warm with his body

ᑭᔅᐧᒑᑰᐁᐤ **chiishuushkaakuweu** vta ♦ s/he keeps him/her/it (anim) warm with her/his body

ᑭᔅᐅᔨᒋᔑᓐ **chiishuuyechishin** vai ♦ s/he lays wrapped in something sheet-like (ex blanket) to keep warm

ᑭᔅᐦᐁᐤ **chiishuuheu** vta ♦ s/he dresses him/her warmly

ᑭᔅᐦᐃᓲ **chiishuuhiisuu** vai reflex -u ♦ s/he dresses her/himself warmly

ᑭᔅᐦᐆ **chiishuuhuu** vai -u ♦ s/he dresses warmly

ᑭᔖᐚᒋᑲᐦᒻ **chiishawaachikaham** vti ♦ s/he chops a mark on it

ᑭᔖᐌᐤ **chiishaaweu** vai [Coastal] ♦ s/he cuts the last bits of meat from a bone

ᑭᔖᐚᑕᒻ **chiishaawaatam** vti [Coastal] ♦ s/he is cutting the last bits of meat off a bone

ᑭᔖᐚᒋᑲᐦᐌᐤ **chiishaawaachikahweu** vta ♦ s/he chops a mark on it (anim)

ᑭᔖᐚᒋᒃᐚᑌᐤ **chiishaawaachikwaateu** vta ♦ s/he sews a mark, label on it (anim)

ᑭᔖᐚᒋᒃᐚᑕᒻ **chiishaawaachikwaatam** vti ♦ s/he sews a mark, label on it

ᑭᔖᐚᒋᓯᓇᐦᒻ **chiishaawaachisinaham** vti ♦ s/he writes a mark, label on it

ᑭᔖᐚᒋᓯᓇᐦᐌᐤ **chiishaawaachisinahweu** vta ♦ s/he writes a mark, label on it (anim)

ᑭᔖᐚᒋᓲᒻ **chiishaawaachisham** vti ♦ s/he marks it by cutting

ᑭᔖᐚᒋᐦᐁᐤ **chiishaawaachiheu** vta ♦ s/he marks him/her (anim)

ᑭᔖᐚᒋᐦᑖᐤ **chiishaawaachihtaau** vai+o ♦ s/he marks it

ᑭᔖᐚᓐ **chiishaawaan** ni [Coastal] ♦ last bits of meat scraped from a bone

ᑭᔖᐯᐤ **chiishaapeu** na -em ♦ full grown man

ᑭᔖᑎᓐ **chiishaatin** vii ♦ it is ready-made, pre-fabricated

ᑭᔖᑎᓰᐤ **chiishaatisiiu** vai ♦ it (anim) is ready-made, pre-fabricated

ᑭᔖᑕᑲᓲ **chiishaatakasuu** vai -u ♦ it (anim) has been cooked already, cooked ahead of time

ᑭᔖᒋᑌᓄᐌᐤ **chiishaachitenuweu** vai ♦ s/he cooks ahead of time

ᑭᔖᒋᑌᓅᑌᐤ **chiishaachitenuuteu** vta ♦ s/he cooks ahead of time for him/her

ᑭᔖᒋᑌᓅᓲ **chiishaachitenuusuu** vai reflex ♦ s/he cooks ahead of time for himself/herself

ᑭᔖᒋᒨ **chiishaachimuu** vai -u ♦ s/he finishes telling a story

ᑭᔖᒡ **chiishaach** p,time ♦ right away, done before something else ▪ ᐁᑯᓐ ᑭᔖᒡ ᐯᑦᕽ ▪ *Bring it right away.*

ᑭᔖᔅᑯᐦᐃᒉᐤ **chiishaaskuhiicheu** vai [Coastal] ♦ s/he finishes removing, beaming hair roots from hide

ᑭᔥᐳᑌᔮᐳᐌᐤ **chiishputeyaapuweu** vai ♦ s/he fills herself/himself up on liquid and feels bloated

ᑭᔥᐳᐦᐁᐤ **chiishpuheu** vta ♦ s/he fills him/her with food

ᑭᔥᐳᐦᐃᐌᐤ **chiishpuhiiweu** vai ♦ s/he fills him/her with food, it (anim) is filling

ᑭᔥᐳᐦᒻ **chiishpuham** vti ♦ it (lump on sound bone of a pike) foretells good fishing

ᑭᔥᐳ **chiishpuu** vai -u ♦ s/he is full from eating

ᑭᔥᐳᑯᓀᐧᔥᑯᔫ **chiishpuukuneweshkuyuu** vai -i ♦ her/his mouth is full

ᑭᔥᑌᑲᐦᐃᑲᓐ **chiishtekahiikan** ni ♦ poles along the sides of a tent, a stake

ᑭᔥᑌᑲᐦᒻ **chiishtekaham** vti ♦ s/he puts in poles along the sides of a tent

ᑭᔥᑎᓀᐤ **chiishtineu** vta ♦ s/he pinches him/her

ᑭᔥᑎᓀᓲ **chiishtinesuu** vai reflex -u ♦ s/he pinches him/herself

ᑭᔥᑎᓂᐸᔫ **chiishtinipayuu** vii ♦ a summer storm hits suddenly

ᑭᔥᑎᓇᒻ **chiishtinam** vti ♦ s/he pinches it

ᑭᔥᑎᓐ **chiishtin** vii [Coastal] ♦ a summer storm hits

ᑭᔥᑕᐹᐸᒣᐤ **chiishtapaapameu** vta ♦ s/he notices him/her at once

ᑳᔅᑕᐹᐸᐦᑕᒻ chiishtapaapahtam vti
♦ s/he notices it at once

ᑳᔅᑕᑊ chiishtap p,time ♦ quick, sudden, fast ▪ ᐋᔅᒄ ᑳᔅᑕᑊ ᒌ ᐋᐦᑰᓯᐤ ▪ *He got sick very quickly.*

ᑳᔅᑖᐦᐄᐯᑯᐦᑎᓐ chiishtahiipekuhtin vii
♦ the front of the canoe is low in the water

ᑳᔅᑖᐦᐄᐹᓈᐦᑎᒄ chiishtahiipaanaahtikw ni ♦ stick at each end of a fish net; stick holding a trap to the ground [inland]

ᑳᔅᑖᐦᐄᐹᓐ chiishtahiipaan ni [Coastal]
♦ stick in middle of fish net, sometimes live fish are tied to it so as to keep them alive longer

ᑳᔅᑖᐦᐄᑳᓐ chiishtahiikan ni ♦ piercing tool, an awl, a big fork

ᑳᔅᑖᐦᐄᔥᑯᔔᐙᑳᓐ chiishtahiishkushuwaakan ni ♦ hay fork, pitch fork

ᑳᔅᑕᐦᐊᒣᓵᓐ chiishtahamesaan na ♦ fish cooked on a stick

ᑳᔅᑕᐦᐊᒫᐳᐎᓐ chiishtahamaapuwin ni [Inland] ♦ fork

ᑳᔅᑕᐦᐊᒻ chiishtaham vti ♦ s/he pricks it, s/he roasts meat on a stick

ᑳᔅᑕᐦᐋᐃᐦᑯᓈᐙᓐ chiishtahaaihkunaawaan na ♦ bannock on a stick

ᑳᔅᑕᐦᐋᐳᐙᓐ chiishtahaapwaan na
♦ meat cooked on a stick

ᑳᔅᑕᐦᐋᑲᓈᐳᔥ chiishtahaakanaapush na
♦ rabbit cooked on a stick

ᑳᔅᑕᐤ chiishtahweu vta ♦ s/he pricks him/her

ᑳᒑᐤ chiishtaau nad ♦ your sister-in-law (if you are female), your brother-in-law (if you are male), your cross-cousin (if you are female, your mother's brother's or your father's sister's daughter; if you are male, your mother's brother's or your father's sister's son)

ᑳᒐᐯᐦᑳᓐ chiishtaapekahiikan ni [Coastal] ♦ stick holding a trap to the ground

ᒌᔥᑴᐅᑲᒥᒄ chiishkweukamikw ni
♦ mental hospital

ᒌᔥᑴᐙᒉᐤ chiishkwewaacheu vai ♦ s/he fools around with it

ᒌᔥᑴᐤ chiishkweu vai ♦ s/he is crazy

ᒌᔥᑴᐯᐤ chiishkwepeu vai ♦ s/he is drunk

ᒌᔥᑴᐯᔥᑳᑰ chiishkwepeshkaakuu vta inverse -u ♦ it (liquid) makes her/him crazy, s/he is affected by liquor

ᒌᔥᑴᐯᐦᑳᓲ chiishkwepehkaasuu vai -u
♦ s/he pretends to be drunk

ᒌᔥᑴᐸᔨᐆ chiishkwepayihuu vai
♦ s/he becomes confused by moving around too much

ᒌᔥᑴᐸᔫ chiishkwepayuu vai -i ♦ s/he gets dizzy from movement, s/he has motion-sickness

ᒌᔥᑴᐸᐦᐁᐤ chiishkwepaheu vta ♦ s/he gets him/her drunk

ᒌᔥᑴᑲᓲ chiishkwekasuu vai -i ♦ s/he is dizzy, disoriented from smoking too much

ᒌᔥᑴᒣᐤ chiishkwemeu vta ♦ s/he confuses him/her with noise, talking

ᒌᔥᑴᓈᑯᓐ chiishkwenaakun vii ♦ it looks crazy

ᒌᔥᑴᓈᑯᓲ chiishkwenaakusuu vai -i
♦ s/he looks crazy

ᒌᔥᑴᓯᓇᐦᐄᒉᐤ chiishkwesinahiicheu vai
♦ s/he writes incomprehensibly, crazily

ᒌᔥᑴᓯᓈᑌᐤ chiishkwesinaateu vii ♦ it is written, drawn incomprehensibly

ᒌᔥᑴᓯᓈᓲ chiishkwesinaasuu vai -u
♦ s/he is written, drawn incomprehensibly

ᒌᔥᑴᔑᒣᐤ chiishkweshimeu vta ♦ s/he knocks him/her/it (anim) out by hitting against, dropping him/her/it

ᒌᔥᑴᔑᓐ chiishkweshin vai ♦ s/he falls on something and passes out

ᒌᔥᑴᔔ chiishkweshuu vai -i ♦ s/he acts silly

ᒌᔥᑴᔥᑌᐤ chiishkweshteu vii ♦ it is written, set, arranged in a crazy way

ᒌᔥᑴᔥᑖᐤ chiishkweshtaau vai+o ♦ s/he writes, arranges, sets it in a crazy way

ᒌᔥᑴᔥᑖᓲ chiishkweshtaasuu vai ♦ s/he arranges, sets things in a crazy way

ᒌᔥᑴᔥᑯᐌᐤ chiishkweshkuweu vta
♦ s/he bumps into him/her and knocks him/her out

ᒋᔥᑫᔦᔨᐦᑕᒥᐦᐁᐤ **chiishkweyeyihtamiheu** vta ♦ s/he causes her/him to be confused

ᒋᔥᑫᔦᔨᐦᑕᒽ **chiishkweyeyihtam** vti ♦ s/he has a lot on his mind, a confused mind

ᒋᔥᑫᔦᔨᐦᑖᑯᓐ **chiishkweyeyihtaakun** vii ♦ it is confused, noisy

ᒋᔥᑫᔦᔨᐦᑖᑯᓲ **chiishkweyeyihtaakusuu** vai-i ♦ s/he is noisy, causing others confusion

ᒋᔥᑫᔮᐸᒨᐃᓐ **chiishkweyaapamuwin** ni ♦ dizziness

ᒋᔥᑫᔮᐸᒨ **chiishkweyaapamuu** vai-u ♦ s/he is dizzy

ᒋᔥᑫᔮᐸᒨᓈᑯᓐ **chiishkweyaapamuunaakun** vii ♦ it is dizzying to look at (ex bright colours)

ᒋᔥᑫᔮᐸᐦᑕᒽ **chiishkweyaapahtam** vti ♦ s/he is dizzy, her/his vision is blurred causing dizziness

ᒋᔥᑫᔮᑎᓰᐤ **chiishkweyaatisiiu** vai ♦ s/he acts crazy, ridiculous

ᒋᔥᑫᔮᔅᐱᓀᐤ **chiishkweyaaspineu** vai ♦ s/he is crazy from the sickness s/he had

ᒋᔥᑫᔮᐦᐆᑯ **chiishkweyaahuukuu** vai ♦ s/he gets motion sickness

ᒋᔥᑫᐧᐁᐦᐁᐤ **chiishkweheu** vta ♦ s/he makes him/her confused, upset, makes him/her to be noisy, s/he sets, arranges it in a crazy way

ᒋᔥᑫᐧᐁᐧᐤ **chiishkwehweu** vta ♦ s/he makes him/her/it (anim) unconscious, confused from a blow on the head

ᒋᔥᑫᐦᑖᑯᓐ **chiishkwehtaakun** vii ♦ it sounds funny, silly

ᒋᔥᑫᐦᑖᑯᓲ **chiishkwehtaakusuu** vai-u ♦ s/he sounds silly

ᒋᔥᑫᐦᑲᓲ **chiishkwehkashuu** vai-u ♦ s/he feels confused because of sleeplessness

ᒋᔥᑫᐦᑳᓐ **chiishkwehkaan** na-im [Coastal] ♦ a clown

ᒋᔥᑫᐦᑳᓲ **chiishkwehkaasuu** vai-u ♦ s/he pretends to be crazy, s/he acts silly

ᒋᔥᑲᑎᓈᐤ **chiishkatinaau** vii ♦ it is cliff on a mountain

ᒋᔥᑲᑖᐅᐦᑳᐤ **chiishkataauhkaau** vii ♦ it is a steep sand bank

ᒋᔥᑳᑲᒫᐤ **chiishkaakamaau** vii ♦ it is a cliff-side lake

ᒋᔥᑳᔨᐚᐤ **chiishkaayiwaau** vii ♦ it is deep water, the water goes steeply down

ᒋᔥᑳᔪᐯᔮᐤ **chiishkaayupeyaau** vii ♦ the water is deep

ᒋᔥᑳᔮᑎᒦᐤ **chiishkaayaatimiiu** vii ♦ the cliff goes deeply, steeply into the water

ᒋᔥᒉᔨᔥᑯᔾ **chiishcheyishkuyuu** vai-i ♦ s/he feels food blocking the throat, oesophagus after swallowing

ᒋᔥᒉᔨᔥᑳᑯ **chiishcheyishkaakuu** vta inverse-u ♦ it (ex food) is stuck in her/his esophagus, food pipe

ᒋᔥᒋᐱᑕᒽ **chiishchipitam** vti ♦ s/he pinches it very hard

ᒋᔥᒋᐱᔒᔥ **chiishchipishiish** na [Inland] ♦ green-winged teal duck *Anas crecca*

ᒋᔥᒋᐱᔥ **chiishchipish** na [Coastal] ♦ green-winged teal duck *Anas crecca*

ᒋᔥᒋᐳᒋᑲᓐ **chiishchipuchikan** ni ♦ bucksaw, carpenter's saw

ᒋᔥᒋᓭᑳᑲᒫᐤ **chiishchisekaakamaau** vii [Coastal] ♦ it is a lake with steep banks

ᒋᔥᒋᔑᑌᔑᓐ **chiishchishiteshin** vai ♦ her/his foot hurts from rubbing on the snow hardened on the snowshoes

ᒋᔥᒋᔑᒣᐤ **chiishchishimeu** vta ♦ s/he pushes him/her on something which pokes

ᒋᔥᒋᔑᓐ **chiishchishin** vai ♦ s/he gets poked by lying on something

ᒋᔥᒋᐦᑯᓂᔮᐱ **chiishchihkuniyaapii** ni-m [Coastal] ♦ laces for moccasins

ᒌᔮᓅ **chiiyaanuu** pro,personal ♦ we, us (you and me), ours, ourselves ▪ ᒌᔮᓅ ᒉ ᐃᑐᐦᑌᐦᒡ ᑎᐅ" We are going over there.

ᒌᐦᐃᐸᔫ **chiihiipayuu** vai/vii-i [Coastal] ♦ s/he/it slips down

ᒌᐦᐄᑯ **chiihiikuu** vai ♦ it (animal, bird) gets away on her/him, runs off, flies off before s/he/it (anim) can kill it

ᒌᐦᐄᓀᐤ **chiihiineu** vta [Coastal] ♦ s/he finds him/her/it (anim) slippery, cannot get a grip on him/her/it (anim)

ᒌᐦᐄᓇᒽ **chiihiinam** vti [Coastal] ♦ s/he finds it slippery, cannot get a grip on it

ᓰᐦᐄᓐ chiihiin vii [Inland] ♦ it works (ex it isn't broken, it serves its purpose)

ᓰᐦᐊᓐ chiihan vii [Coastal] ♦ it works (ex it isn't broken, it serves its purpose)

ᓰᐦᐋᐤ chiihaau vai/vii [Coastal] ♦ it is slippery

ᓰᐦᑐᐁ chiihtuwe p,manner ♦ suddenly (ex the moose showed up)

ᓰᐦᑐ chiihtuu vai -i ♦ it (anim, ex a skidoo thought to be broken but not) works ▪ ᓰᐦᑐ ᐊᐸ ᐱᕃᐧᐦᐸ, ᕁᑦ ᐁᐪᑕᐤᐯᐧ ᓰ ᓂᑐᐧᐁᐦᑦᑯᑦᕁ ▪ *The clock works, it just needed new batteries.*

ᓰᐦᑲᑖᐅᐦᐧ chiihkataauhch p,location ♦ near a sand ridge

ᓰᐦᑲᕁᒉᐧ chiihkaschech p,location ♦ near a stretch of muskeg

ᓰᐦᑲᐦᐧ chiihkahch p,location [Inland] ♦ near, close to the inside edge (ex of a tent), the edge where the head is placed ▪ ᓰᐦᑲᐦᐧ ᓂᓗᐤ ᐊᐸ ᕂᐧᓐᑦˣ ▪ *The pole is close to the inside edge.*

ᓰᐦᑳᐁᐤ chiihkaaweu vai ♦ s/he sounds clear from a distance

ᓰᐦᑳᐁᐸᔨᐦᐁᐤ chiihkaawepayiheu vta ♦ s/he makes a loud noise using it (anim, ex skidoo)

ᓰᐦᑳᐁᐸᔨᐦᑖᐤ chiihkaawepayihtaau vai+o ♦ s/he uses it to make a noise

ᓰᐦᑳᐁᐸᔪ chiihkaawepayuu vai/vii -i ♦ the sound of her/him/it comes clearly

ᓰᐦᑳᐁᑕᒼ chiihkaawetam vti ♦ s/he raises his voice, makes a loud noise with the voice

ᓰᐦᑳᐁᒪᑲᓐ chiihkaawemakan vii ♦ it (ex bell) makes a clear sound

ᓰᐦᑳᐁᔑᓐ chiihkaaweshin vai ♦ s/he walks noisily

ᓰᐦᑳᐁᐦᑎᓐ chiihkaawehtin vii ♦ it sound noisy

ᓰᐦᑳᐁᐦᑐᐁᐤ chiihkaawehtuweu vai ♦ s/he eats noisily

ᓰᐦᑳᐱᐧ chiihkaapisch p,location ♦ near a rock

ᓰᐦᑳᒪᒋᐢᑌᐁᔮᐤ chiihkaamachisteweyaau vii ♦ it is a clear view of a point of land

ᓰᐦᑳᒫᑯᓐ chiihkaamaakun vii ♦ it smells strongly, a lot

ᓰᐦᑳᒫᑯᓱ chiihkaamaakusuu vai -i ♦ s/he smells strongly, a lot

ᓰᐦᑳᓄᐁᐤ chiihkaanuweu vta ♦ s/he sees and picks him/her/it (anim) out clearly from a group

ᓰᐦᑳᓇᒼ chiihkaanam vti ♦ s/he sees and picks it out clearly from a group

ᓰᐦᑳᓈᑯᓐ chiihkaanaakun vii ♦ it is in full sight, very visible

ᓰᐦᑳᓈᑯᓱ chiihkaanaakusuu vai -i ♦ s/he is in clear, full sight

ᓰᐦᑳᓈᑯᐦᐁᐤ chiihkaanaakuheu vta ♦ s/he makes it easily, clearly visible

ᓰᐦᑳᐢᑯᐴ chiihkaaskupuu vai -i ♦ s/he sits near a wall, tree

ᓰᐦᑳᐢᑯᑎᓐ chiihkaaskutin vii ♦ it lies along the edge, a river running parallel to another body of water

ᓰᐦᑳᐢᑯᑳᐴ chiihkaaskukaapuu vai -uu ♦ s/he stands near a wall, tree

ᓰᐦᑳᐢᑾ chiihkaaskw p,location ♦ near a wall, tree

ᓰᐦᑳᐢᑯᒋᒫᑕᒼ chiihkaashkuchimaatam vti ♦ s/he paddles near the shore in water on the ice (in spring)

ᓰᐦᑳᔦᔨᒣᐤ chiihkaayeyimeu vta ♦ s/he knows him/her well

ᓰᐦᑳᔦᔨᐦᑕᒼ chiihkaayeyihtam vti ♦ s/he knows it well

ᓰᐦᑳᔦᔨᐦᑖᑯᓐ chiihkaayeyihtaakun vii ♦ it is well known, famous

ᓰᐦᑳᔦᔨᐦᑖᑯᓱ chiihkaayeyihtaakusuu vai -i ♦ s/he is well known, famous

ᓰᐦᑳᔮᔥᑌᓇᒼ chiihkaayaashtenam vti ♦ s/he turns the lamp on bright

ᓰᐦᑳᔮᔥᑌᐦᐊᒼ chiihkaayaashteham vti ♦ s/he/it (anim, ex skidoo) throws a bright light shining while moving

ᓰᐦᑳᔮᔥᑐᐁᐤ chiihkaayaashtuweu vai ♦ it (anim, ex moon) shines brightly

ᓰᐦᑳᐦᑐᐁᐤ chiihkaahtuweu vta ♦ s/he hears her/him clearly

ᓰᐦᑳᐦᑐᐁᐦᐄᒉᐤ chiihkaahtuwehiicheu vai ♦ s/he is cutting away the branches from a tree using something

ᓰᐦᑳᐦᑐᐁᐦᐊᒼ chiihkaahtuweham vti ♦ s/he cuts, breaks away, clears away the branches from it using something

ᓰᐦᑳᐦᑐᐍᐦᐌᐤ chiihkaahtuwehweu vta
 ♦ s/he cuts, breaks away the branches from a tree using something

ᓰᐦᑳᐦᑖᑯᓐ chiihkaahtaakun vii ♦ the sound is clear

ᓰᐦᑳᐦᑖᑯᓱᐤ chiihkaahtaakusuu vai-i ♦ s/he sounds clear, is clearly heard (ex using a microphone)

ᓰᐦᒉᓲ chiihchesuu vai-i ♦ it (anim) is square

ᓰᐦᒉᔂᐤ chiihcheshweu vta ♦ s/he cuts it (anim) into a square shape

ᓰᐦᒉᔖᒻ chiihchesham vti ♦ s/he cuts it in a square shape

ᓰᐦᒉᔮᐤ chiihcheyaau vii ♦ it is a corner

ᓰᐦᒉᐦᑖᑳᐤ chiihchehtakaau vii ♦ it (useful wood) has a corner

ᓰᐦᒉᐦᑖᒋᓲ chiihchehtachisuu vai-i ♦ it (anim, useful wood) has a corner

ᓰᐦᒋᑕᐦᒡ chiihchitahch p,location ♦ near, close to the wall

ᓰᐦᒋᑖᐅᐦᒡ chiihchitaauhch p,location ♦ near a sand ridge

ᓰᐦᒋᑳᒣᐢᑯᐱᒎ chiihchikaameskupichuu vai-i ♦ s/he follows the shoreline closely while moving winter camp

ᓰᐦᒋᑳᒣᐦᐊᒻ chiihchikaameham vti ♦ s/he follows the shore closely by canoe, swimming

ᓰᐦᒋᑳᒻ chiihchikaam p,location ♦ very near the shore

ᓰᐦᒋᒡ chiihchich p,location ♦ close, very near, at the edge

ᓰᐦᒋᓱᐯᒡ chiihchisupech p,location ♦ on the water near the shore

ᓰᐦᒋᐢᑯᑌᐍᑳᐳ chiihchishkutewekaapuu vai-uu ♦ s/he stands near the fire

ᓰᐦᒋᐢᑯᑌᐤ chiihchishkuteu p,location ♦ near the fire

ᓰᐦᒌᐱᑎᐦᑎᒥᓀᐤ chiihchiipitihtimineu vai ♦ her/his shoulder twitches

ᓰᐦᒌᐱᑎᐦᒉᐤ chiihchiipitihcheu vai ♦ her/his hand twitches

ᓰᐦᒌᐱᑐᓀᐤ chiihchiipituneu vai ♦ her/his arm twitches

ᓰᐦᒌᐱᑑᓀᐤ chiihchiipituuneu vai ♦ her/his lips twitch

ᓰᐦᒌᐱᑳᑌᐤ chiihchiipikaateu vai ♦ her/his leg twitches

ᓰᐦᒌᐱᒁᐦᑳᓀᐌᐤ chiihchiipikwaahkaneweu vai ♦ her/his chin twitches

ᓰᐦᒌᐱᒋᑯᓀᐤ chiihchiipichikuneu vai ♦ her/his knee twitches

ᓰᐦᒌᐱᓲ chiihchiipisuu vai-i ♦ her/his body twitches

ᓰᐦᒌᐱᔥᒋᔐᐤ chiihchiipishchisheu vai ♦ her/his upper lip twitches

ᓰᐦᒌᐱᐦᑵᐸᔫ chiihchiipihkwepayuu vai ♦ her/his face twitches

ᓰᐦᒌᐹᐳ chiihchiipaapuu vai-i ♦ her/his eye twitches

ᓰᐦᒌᑎᓯᑌᓀᐤ chiihchiitisiteneu vta [Coastal] ♦ s/he tickles his/her feet

ᓰᐦᒌᑯᒣᐤ chiihchiikumeu vta ♦ s/he gnaws it (anim)

ᓰᐦᒌᑯᔖᒻ chiihchiikusham vti ♦ s/he cuts the meat off a bone

ᓰᐦᒌᑯᐊᒫᐤ chiihchiikuhamaau vai ♦ s/he has a very short haircut (almost to the scalp)

ᓰᐦᒌᑯᐦᑕᒻ chiihchiikuhtam vti ♦ s/he gnaws it, s/he picks the bone

ᓰᐦᒌᑯᐦᑯᓀᐤ chiihchiikuhkuneu vai ♦ s/he picks at, gnaws the meat of the freshly cooked bone

ᓰᐦᒌᑲᒉᓀᐤ chiihchiikacheneu vta [Coastal] ♦ s/he tickles him/her

ᓰᐦᒌᑲᐦᐤ chiihchiikahuu vai ♦ it (dog) scratches with it's hind leg

ᓰᐦᒌᒁᔨᐌᐤ chiihchiikwaayiweu vai ♦ it (anim) has a bare tail

ᓰᐦᒌᒄ chiihchiikw na -um ♦ wart

ᓰᐦᒌᔑᓂᒉᐤ chiihchiishinicheu vai ♦ s/he picks up, gathers litter lying around on boughs inside teepee

ᒎ

ᒎᐃᓄᐤ chuuiinuu na -niim [Inland] ♦ Jewish person, from English 'Jew'

ᒎᐃᔨᔫ chuuiiyiyuu na -yiim [Coastal] ♦ Jewish person, from English 'Jew'

ᒎᒎ chuuchuu ni -m ♦ baby bottle

ᒎᒎᒥᐁᐤ chuuchuumiheu vta ♦ s/he pumps it (anim)

ᒎᒥᐦᑖᐅ **chuuchuumihtaau** vai+o ♦ s/he pumps it

ᒎᒍᒋᐌᔮᐲ **chuuchuushimuweyaapii** ni [Coastal] ♦ bra

ᒎᒋᓈᐳᐃ **chuuchuushinaapui** na -uum ♦ milk

ᒎᒋᓈᐳ **chuuchuushinaapuu** vai uu ♦ there is milk in, on it (anim)

ᒎᒋᓈᐳ **chuuchuushinaapuu** vii uu [Coastal] ♦ there is milk in, on it

ᒎᒋᓈᐳᐧ **chuuchuushinaapuun** vii [Inland] ♦ there is milk in, on it

ᒎᔥ **chuuchuush** ni dim -im ♦ nipple (baby talk)

ᒍᐦᐁᔅᑭᔥ **chuuheskish** na dim ♦ small semipalmated plover bird *Charadrius semipalmatus*

ᒍᐦᐁᔅᒃ **chuuhesk** na -im ♦ semipalmated plover bird *Charadrius semipalmatus*

ᒍᐦᒎᒋᔑᔥ **chuuhchuushchishiish** na dim ♦ northern waterthrush bird *Seiurus noveboracensis*

ᒐ

ᒐᑯᐙᔑᓐ **chakuwaashinh** vii pl ♦ there are a few things

ᒐᑯᐙᔓᐃᒡ **chakuwaashuwich** vai pl -i ♦ they are few

ᒐᑯᐙᔛᐤ **chakuwaashwaau** p,time ♦ a few times

ᒐᐦᑳᐯᔥ **chahkaapesh** na dim ♦ boy who lives in the moon, character in traditional story

ᒑ

ᒑᐹᓂᔥ **chaapaanish** na dim ♦ great-grandchild

ᒑᐹᓐ **chaapaan** na -im [Coastal] ♦ great-grandparent

ᒑ **chaah** p,interjection ♦ you stink! (said to babies)

ᒑᐦᑴᓵᒻ **chaahkweusaam** na [Coastal] ♦ long, pointed snowshoe

ᒑᐦᑯᐌᓵᒻ **chaahkuhweusaam** na [Coastal] ♦ long, pointed snowshoe

ᒑᐦᑲᔥᑴᐤ **chaahkashkweu** vai ♦ the weight of the net raises the floats

ᒑᐦᑲᔥᑯᐌᐤ **chaahkashkuweu** vta ♦ s/he raises a part of him/her by foot

ᒑᐦᑲᔥᑲᒻ **chaahkashkam** vti ♦ s/he raises a part of it with his foot

ᒑᐦᑲᐦᐄᐯᐤ **chaahkahiipeu** vii ♦ it (ex canoe) raises up because one end is stuck, has weight on it

ᒑᐦᑲᐧᐌᓵᒻ **chaahkahweusaam** na [Inland] ♦ long, pointed snowshoe

ᒑᐦᑳᐱᑌᐤ **chaahkaapiteu** vai ♦ s/he has buck teeth

ᒑᐦᑳᔅᑴᐳ **chaahkaaskwepuu** vai -i ♦ s/he raises her/his head while sitting

ᒑᐦᑳᔅᑴᐸᔨᐦᐅ **chaahkaaskwepayihuu** vai -u ♦ s/he lifts her/his head while lying down

ᒑᐦᑳᔅᑴᐸᔨᐤ **chaahkaaskwepayuu** vai/vii -i ♦ it (anim) lifts up at one end

ᒑᐦᑳᔅᑴᓀᐤ **chaahkaaskweneu** vta ♦ s/he lifts someone's head

ᒑᐦᑳᔅᑴᔑᓐ **chaahkaaskweshin** vai ♦ s/he lies with her/his head raised

ᒑᐦᑳᔅᑴᔨᐤ **chaahkaaskweyuu** vai -i ♦ s/he raises her/his head

ᒑᐦᑳᔥᑴᔑᒣᐤ **chaahkaashkweshimeu** vta ♦ s/he lays him/her down with his/her head raised

ᒑᐦᑳᔥᑯᔥᑯᐌᐤ **chaahkaashkushkuweu** vta ♦ s/he raises the other end of it (anim, stick-like) by stepping on it

ᒑᐦᑳᔥᑯᔥᑲᒻ **chaahkaashkushkam** vti ♦ s/he raises the other end of it (stick-like) by stepping on it

ᒑᐦᑳᔾᐌᐸᔨᐤ **chaahkaayiwepayuu** vai -i ♦ its tail curves up

ᒑᐦᒋᔥᒋᔓ **chaahchishchisheu** vai ♦ s/he has turned up upper lip

ᒑᐦᒑᐦᒌ **chaahchaahchii** ni -m ♦ very burnt standing tree, tree stump

ᒣ

ᒣᐃ **mei** ni ♦ shit, feces

ᒣᑕᐯᐊᔅᒌ metaweuaschii ni -m ♦ playground

ᒣᑕᐯᐅᑲᒥᒄ metaweukamikw ni ♦ play house, recreation hall

ᒣᑕᐌᐎᓐ metawewin ni ♦ game

ᒣᑕᐯᐤ metaweu vai ♦ s/he plays

ᒣᑕᐯᑳᑖᒉᐤ metawekuhtaacheu vai ♦ s/he carves a toy

ᒣᑕᐯᒣᐤ metawemeu vta ♦ s/he plays with him/her

ᒣᑕᐯᓲ metawesuu na -sim ♦ one who plays a sport

ᒣᑕᐯᔓ metaweshuu vai dim -i ♦ s/he (child) plays

ᒣᑕᐯᔨᐦᑐ metaweyihtuu vai -i ♦ s/he plays around

ᒣᑕᐁᐦᐁᐤ metaweheu vta ♦ s/he makes them play, s/he arranges sports for them

ᒣᑕᐁᐦᐄᐌᐤ metawehiiweu vai ♦ s/he organizes sports, recreational games

ᒣᑕᐁᐦᐄᐌᓲ metawehiiwesuu na -sim ♦ organizer of sports, recreational games

ᒣᑕᐁᐦᑳᓲ metawehkaasuu vai -u ♦ s/he pretends to play

ᒣᑕᐋᑲᓂᐦᒉᐤ metawaakanihcheu vai ♦ s/he makes toys

ᒣᑕᐋᑲᓐ metawaakan ni ♦ toy

ᒣᑕᐋᒉᐤ metawaacheu vai ♦ s/he plays with it

ᒣᑴᔒᓅ mekweshiinuu p,location ♦ in the middle of a crowd

ᒣᑴᔮᓂᒡ mekweyaanich p,location ♦ in the middle of the island

ᒣᑴᔮᐦᑎᒄ mekweyaahtikwh p,location ♦ in the woods among the trees

ᒣᑯᔖ mekushkaa p ♦ perhaps ■ ᒣᑯᔖ ᐁᑐᑖ ᐋᓪ ᐸᒡ ᐲ ᒐᒌᔥᑳᔅ ■ *Maybe he can come sooner.*

ᒣᒀᐯᔮᐤ mekwaapeyaau vii ♦ the water level is at its normal high; it is high tide

ᒣᒀᐱᐳᓐ mekwaapipun vii ♦ it is mid-winter

ᒣᒀᐳᕽ mekwaapunh p,time ♦ mid-winter, during the winter

ᒣᒀᑎᐱᔅᑳᐤ mekwaatipiskaauh p,time ♦ during the night

ᒣᒀᑎᒀᔨᓐ mekwaatikwaachin vii ♦ it is mid-fall

ᒣᒀᑎᒀᔨᕽ mekwaatikwaachinh p,time ♦ during mid-fall

ᒣᒀᒌᔑᑳᐤ mekwaachiishikaau vii ♦ it is the middle of the day

ᒣᒀᒌᔑᑳᐅᕽ mekwaachiishikaauh p,time ♦ during the day

ᒣᒀᒡ mekwaach p,time ♦ during, meanwhile, while ■ ᐦ ᐁᒉ ᐋᑖᐤ ᒣᒀᒡ ᐸ ᐊᔭᒥᐋᐧᐅᐊᔨᒡ ■ *He came in during the church service.*

ᒣᒀᓃᐱᓂᐲᓯᒻ mekwaaniipinipiisim na [Inland] ♦ the mid-summer month, July

ᒣᒀᓃᐱᓐ mekwaaniipin vii ♦ it is mid-summer

ᒣᒀᓃᐱᕽ mekwaaniipinh p,time ♦ during mid-summer

ᒣᒀᓰᑯᓐ mekwaasiikun vii ♦ it is mid-spring

ᒣᒀᓰᑯᕽ mekwaasiikunh p,time ♦ during mid-spring

ᒣᒀᔑᓐ mekwaashin vai ♦ s/he comes in at the right time, during a meal

ᒣᒀᔥᑯᐌᐤ mekwaashkuweu vta ♦ s/he goes straight to where it (ex game) is found

ᒣᒀᐦᑲᓂᔔ mekwaahkanishuu vai -i [Coastal] ♦ it (anim) emerges at low tide, s/he (ex in canoe) is left high and dry at low tide

ᒣᒀᐦᑲᓐ mekwaahkan vii ♦ the tide is at its lowest

ᒣᒋᒧᐋᒋᐦᐁᐤ mechimuwaachiheu vta ♦ s/he puts him/her/it (anim) into something and gets him/her/it stuck

ᒣᒋᒧᐋᒋᐦᐆ mechimuwaachihuu vai -u ♦ s/he gets her/himself stuck in something, somewhere

ᒣᒋᒧᐋᒋᐦᑖᐤ mechimuwaachihtaau vai+o ♦ s/he puts it into something and it gets stuck

ᒣᒣᐤ memeu vai redup ♦ s/he sleeps (baby word)

ᒣᒣᐱᑌᐤ memepiteu vta redup ♦ s/he puts him/her in a hammock to swing

ᒣᒣᐱᓱᓂᔮᐲ memepisuniyaapii ni -m ♦ hammock string

ᒣᒣᐱᓲᓐ memepisun ni ♦ swing, hammock

ᒣᒥᐱᓲ **memepisuu** vai redup -u ♦ s/he/it (anim) swings

ᒣᐱᐦᒉᐱᑌᐅ° **memepihchepiteu** vta redup ♦ s/he swings him/her back and forth by hand

ᒣᐱᐦᒉᓀᐅ° **memepihcheneu** vta redup ♦ s/he swings him/her in a hammock pulling the string

ᒣᑐᓂᓀᐅ° **memetunineu** vta redup ♦ s/he feels him/her by hand

ᒣᑐᓂᓇᒼ **memetuninam** vti redup ♦ s/he feels it by hand

ᒣᒣᒁᓲ **memekweshuu** na -iim ♦ mythical beings who resemble monkeys, gorillas

ᒣᒣᒀᓲᒦᒋᒼ **memekweshuumiichim** ni ♦ banana

ᒣᒧᐦᐁᐅ° **memenuheu** vta redup ♦ s/he sings a lullaby to him/her (while swinging in hammock)

ᒣᐦᒋᑌᐅ° **memehchiiteu** vai redup ♦ s/he says many different things, s/he says mean things to him/her

ᒣᐦᒋᔑᐦᐅᐤ **memehchiishihuu** vai -u ♦ s/he is all dressed up (ex for Halloween)

ᒣᐦᒋᔑᐦᐆᓈᓅᒌᔑᑳᐤ° **memehchiishihuunaanuuchiishikaau** vii ♦ it is Halloween

ᒣᐦᒋᐦᑐ **memehchiihtuu** vai redup -i ♦ s/he finds many things to do, s/he does many different things

ᒣᒣᐦ **memehch** p,manner ♦ in many different ways ■ ᐋᐦᒋᐌ ᒣᒣᐦ ᐃᐦᑖᑯᐱᓈ ■ *There are many different ways of doing it.*

ᒥᓂᔅᑳᑎᐦᒄ **meniskaatihkw** ni -um ♦ fence

ᒥᓂᔅᑳᓈᔑᓀᐅ° **meniskaanaaschineu** vta ♦ s/he fences it (anim) in

ᒥᓂᔅᑳᓈᔑᓇᒼ **meniskaanaaschinam** vti ♦ s/he fences it in

ᒥᓂᔅᑳᓈᐦᑎᑯᐦᑲᑐᐌᐅ° **meniskaanaahtikuhkatuweu** vta ♦ s/he fences it (anim) in, s/he makes a fence around it (anim)

ᒥᓂᔅᑳᓈᐦᑎᑯᐦᑲᐦᑕᒼ **meniskaanaahtikuhkahtam** vti ♦ s/he makes a fence around it

ᒥᓂᔅᑳᓈᐦᑎᑰᐦ **meniskaanaahtikuun** vii [Inland] ♦ it is fenced

ᒥᓂᔅᑳᓈᐦᑎᒀᐦᑎᒄ **meniskaanaahtikwaahtikw** ni -um ♦ support pole for fence

ᒥᓂᔅᑳᓈᐦᑎᒄ **meniskaanaahtikw** ni -um ♦ fence pole

ᒣᔅᑎᓂᓲ **mestinisuu** vai reflex -u ♦ s/he uses up all her/his own things (ex. belongings, money), s/he ruins her/himself

ᒣᔅᑎᐢᑯᔦᐅ° **mestiskuyeu** vai ♦ s/he has killed all the beavers in one lodge

ᒣᔅᑖᔅᑯᔑᒣᐅ° **mestaaskushimeu** vta ♦ s/he wears it (anim) out

ᒣᔅᑖᔅᑯᐦᑎᑖᐤ **mestaaskuhtitaau** vai+o ♦ s/he wears it out, by it catching on bushes and sticks

ᒣᔅᑲᓅ **meskanuu** ni -naam ♦ trail, road, way

ᒣᔅᑲᓈᐤ° **meskanaau** ni -aam ♦ trail, road, way

ᒣᔅᑲᓈᐦᑯᐌᐅ° **meskanaahkuweu** vta ♦ s/he breaks a trail for him/her

ᒣᔅᑲᓈᐦᑲᐦᑕᒼ **meskanaahkahtam** vti ♦ s/he makes a trail for it

ᒣᔅᑲᓈᐦᑳᓲ **meskanaahkaasuu** vai -u ♦ s/he makes trail for her/his own use

ᒣᔅᑲᓈᐦᒉᐅ° **meskanaahcheu** vai ♦ s/he makes a road, s/he makes a path, s/he breaks a trail

ᒣᔐᑰᑑᔥᑲᒼ **meshekuutuushkam** vti -u [Inland] ♦ s/he wears one layer of clothing

ᒣᔑᑯᑑᔑᓐ **meshikutuushin** vai ♦ s/he feels the floor, ground when s/he lays down because of lack of padding, thick mattress

ᒣᔑᑯᒥᒌᔑᑳᐤᐦ **meshikumichiishikaauh** p,time ♦ every day

ᒣᔑᑯᒫᐱᐦᒉᔥᑲᒼ **meshikumaapihcheshkam** vti ♦ it (anim, rabbit) is caught in every snare

ᒣᔑᑯᒼ **meshikum** p,quantity ♦ every time ■ ᒣᔑᑯᒼ ᐋᑎᔅᑳᐤᐦ ᐊᐸᓂᒪᔨᒄ ■ *She works every day.*

ᒣᔥᑎᑖᐅᐦᒋᐸᔫ **meshtitaauhchipayuu** vii -i ♦ the sand of the bank is eroding away

ᒣᔥᑎᒣᐅ° **meshtimeu** vta ♦ s/he eats it (anim) all up

ᒣᔥᑎᓀᐤ meshtineu vta ◆ s/he takes them all, s/he gives them all away

ᒣᔥᑎᓂᐱᐃᐧᐃᐦ meshtinipiiwiih ni pl -m ◆ down feathers of bird

ᒣᔥᑎᓂᐱᐃᐧᐋᓐ meshtinipiiwaanh ni [Coastal] ◆ down feathers of bird

ᒣᔥᑎᓇᒨᐤ meshtinamuweu vta ◆ s/he gives all of it to him/her, s/he takes all of it from it

ᒣᔥᑎᓇᒫᓲ meshtinamaasuu vai ◆ s/he gives it all away without leaving any for her/himself

ᒣᔥᑎᓇᒻ meshtinam vti ◆ s/he takes it all, s/he gives it all away

ᒣᔥᑎᔥᑯᐁᐤ meshtishkuweu vta ◆ s/he wears it (anim) out, uses it (anim) up, by wearing it out

ᒣᔥᑎᔥᑲᒻ meshtishkam vti ◆ s/he wears it out, uses it up, by wearing it

ᒣᔥᑎᑕᒻ meshtihtam vti ◆ s/he eats it all up

ᒣᔥᑕᐦᐄᐯᐤ meshtahiipeu vai ◆ s/he uses it (liquid, water) all up, takes it all

ᒣᔥᑖᐸᐧᐋᐅᑖᐤ meshtaapwaautaau vai+o ◆ s/he has done all the washing of it

ᒣᔥᑖᐸᐧᐋᐅᔦᐤ meshtaapwaauyeu vta ◆ s/he uses it (anim, ex soap) up in washing

ᒣᔥᑖᒎᓲ meshtaachuusuu vai-u ◆ it (anim) boils away until it (anim) is dry

ᒣᔥᑖᒎᐦᑌᐤ meshtaachuuhteu vii ◆ it boils away until it is dry

ᒣᔥᑖᓲ meshtaashuu vai-i ◆ it (anim) all blows away

ᒣᔥᑖᔥᑎᓐ meshtaashtin vii ◆ it all blows away

ᒣᔥᑖᐦᑲᔅᐁᐤ meshtaahkasweu vta ◆ s/he burns it (anim) all

ᒣᔥᑖᐦᑲᓴᒻ meshtaahkasam vti ◆ s/he burns it all (ex firewood)

ᒣᔥᑖᐦᑲᐦᑌᐤ meshtaahkahteu vii ◆ it is all burnt up

ᒣᔥᑖᐦᑲᐦᑌᐸᔫ meshtaahkahtepayuu vii ◆ the fresh fallen snow melts away (in early fall or spring)

ᒣᔨᒋᑯᔥ meyichikush na -im / -iim ◆ goat

ᒣᔮᐅᒉᔨᒨ meyaaucheyimeu vta ◆ s/he thinks it serves him/her right

ᒣᔮᐅᒉᔨᐦᑕᒻ meyaaucheyihtam vti ◆ s/he thinks it is just as well that something did not happen

ᒣᔮᐅ meyaau p,interjection ◆ serves her/him right ▪ ᐁᑯᓐ ᒣᔮᐤ ᐁ ᑲ ᐊᐸᒋᐦᐋᑉᐸᓐ ▪ It serves him right that he got left behind.

ᒣᔮᒀᓐ meyaakwaan ni ◆ pellet-shaped dropping of dung (of moose, caribou, hare, rabbit)

ᒣᐦᑖᑯᔔ mehtaakushuu vai-i ◆ s/he is crabby from lack of sleep, s/he complains about too little sleep

ᒣᐦᑖᔅᐴ mehtaaspuu vai ◆ s/he did not have enough to eat (wanted to eat more of good food) ▪ ᑲ ᒣᐦᒌᔅᐳᐦ ▪ She didn't have enough to eat.

ᒣᐦᒋᐱᒣᔮᐦᑲᓲ mehchipimeyaahkasuu vai -u ◆ it (anim, motor, skidoo) runs out of gas

ᒣᐦᒋᐱᒣᔮᐦᑲᐦᑌᐤ mehchipimeyaahkahteu vii ◆ it runs out of gas

ᒣᐦᒋᐱᒥᓲ mehchipimisuu vai-u [Inland] ◆ it (anim, stove) runs out of gas

ᒣᐦᒋᐸᔨᐦᐁᐤ mehchipayiheu vta ◆ s/he uses it (anim) all up, runs out of, diminishes it (anim)

ᒣᐦᒋᐸᔨᐦᑖᐤ mehchipayihtaau vai+o ◆ s/he uses it all up

ᒣᐦᒋᐸᔫ mehchipayuu vai/vii -i ◆ it (anim) is used up, has run out, is diminished

ᒣᐦᒋᐸᐦᑯᓲ mehchipahkusuu vai-u ◆ s/he uses up all the shotgun shells

ᒣᐦᒋᓯᓀᔮᐦᑲᓲ mehchisineyaahkasuu vai-u ◆ s/he uses up all the rifle bullets

ᒣᐦᒋᐦᐁᐤ mehchiheu vta ◆ s/he uses it (anim) up, finishes it (anim) off, s/he catches it (anim, ex beaver in the lodge) all

ᒣᐦᒋᐦᑖᐤ mehchihtaau vai+o ◆ s/he wears it up, finishes it off

ᒣᐦᒋᐦᑫᑰ mehchihkwekuu vai-u [Inland] ◆ s/he loses a lot of blood, dies from loss of blood (ex during miscarriage)

ᒣᐦᒋᐦᑫᐅᑰ mehchihkwehuukuu vai-u [Coastal] ◆ s/he dies from loss of blood (ex during miscarriage)

ᒣᐦᒋᐦᑫᐁᐧᐤ mehchihkwehweu vta ◆ s/he kills it (anim, ex cow) by draining the blood, it (ex vampire) kills him/her/it (anim) by draining the blood

·ᐃᒋᕆᒪᑯᓱ mwestaasimaakusuu vai -i
 • the smell on her/him/it (anim) is annoying
·ᐃᔅᑖᑲᑯᓱ mwestaastaakusuu vai -i
 • s/he is tiresome, annoying to hear, listen to
·ᐃᔑᓀᐤ mweshtineu vta • s/he is too late to catch him/her, s/he misses catching him/her/it (anim)
·ᐃᔑᓇᒼ mweshtinam vti • s/he arrives too late to catch it (ex plane), misses it
·ᐃᔑᔥᑯᐌᐤ mweshtishkuweu vta • s/he misses him/her because s/he has already gone
·ᐃᔑᔥᑲᒼ mweshtishkam vti • s/he misses it because it is already over, being late
·ᐃᑖᐦᐄᒉᐤ mweshtahiicheu vai • s/he just misses her/his target
·ᐃᑖᐦᐊᒼ mweshtaham vti • s/he just misses hitting the target, using something (ex gun, stick)
·ᐃᑖᐦᐌᐤ mweshtahweu vta • s/he just misses hitting him/her/it (anim, target), using something (ex gun, stick)
·ᐃᒐᑌᐤ mweshtaateu vta [Inland]
 • s/he is lonely for him/her/it (anim), misses him/her/it (anim)
·ᐃᒐᑌᔨᒣᐤ mweshtaateyimeu vta [Inland]
 • s/he is lonely for him/her
·ᐃᒐᑌᔨᐦᑖᑯᓐ mweshtaateyihtaakun vii
 • it is tiresome, makes one feel lonely
·ᐃᒐᑌᔨᐦᑖᑯᓱ mweshtaateyihtaakusuu vai -i • s/he does annoying, tiresome things, s/he is annoying, tiresome
·ᐃᒐᑕᒼ mweshtaatam vti [Inland] • s/he is lonely for it, misses it
·ᐃᒐᓯᓄᐌᐤ mweshtaasinuweu vta
 • s/he is fed up from seeing him/her, s/he is tiresome to him/her
·ᐃᒐᓯᓇᒼ mweshtaasinam vti • s/he is fed up from seeing it, it is tiresome to him
·ᐃᒐᓯᓈᑯᓐ mweshtaasinaakun vii
 [Inland] • it makes one lonely to look at it

·ᐃᒐᓯᓈᑯᓱ mweshtaasinaakusuu vai -i
 • s/he is tiresome, annoying to look at
·ᐃᒐᔅᑐᐌᐤ mweshtaastuweu vta • s/he finds his/her noise annoying
·ᐃᔅᑖᑲᓐ mweshtaastaakun vii • it is tiresome, annoying to hear, listen to
·ᐃᔅᑖᑲᓱ mweshtaastaakusuu vai
 • s/he/it (anim) is tiresome, annoying to hear, listen to, her/his talking is annoying
·ᐃᔅᑖᑲᐦᑖᐤ mweshtaastaakuhtaau vai+o
 • s/he makes annoying noises with it
·ᐃᔑᔑᓐ mweshchishin vai • s/he misses it by arriving late
·ᐃᔑᔥᑯᐌᐤ mweshchishkuweu vta
 • s/he misses him/her/it (anim) by foot (ex when kicking)
·ᐃᔑᔥᑲᒼ mweshchishkam vti • s/he misses it by foot (ex when kicking)
·ᐃᐦᒡ mwehch p,manner • just like, just when, exactly the same, as is ▪ ·ᐃᐦᒡ ᐯ ᑎᔥᐱᔥ ᐁᐦ ᑳᔑᐦᐅᒃ ▪ He came in just when it was over.

ᒥ

ᒥᐚᒻ mipwaam nid • thigh
ᒥᐁᐃᓂ miteinii nid • tongue (see also miteyii)
ᒥᑌᐤ miteuu vai -i • s/he uses bad spiritual power, conjures
ᒥᑌᐎᓐ mitewin ni • shamanism, conjuring
ᒥᑌᐚᑎᓯᐤ mitewaatisiiu vai • s/he practises conjuring
ᒥᑌᐤ miteu na -em • conjuror
ᒥᑌᔨᑯᒻ miteyikum nad • nostril
ᒥᑌᔨ miteyii nid [Coastal] • tongue (older term)
ᒥᑌᓖ mitelii nid • tongue (from Moose Cree, see also miteyii and miteinii)
ᒥᑌᐦᐄ mitehii nid • heart
ᒥᑌᐦᐄᐤᒥᐦᑯᔮᐲ mitehiiumihkuyaapii nid [Inland] • vein, literally heart blood vessel (string-like)
ᒥᑌᐦᐄᔮᐲ mitehiiyaapii nid • artery
ᒥᑌᐦᑕᑯᓱ mitehtakusuu nad • a kidney

ᒥᑌᐦᑳᑐᐌᐤ mitehkahtuweu vta ✦ s/he places a curse on him/her
ᒥᑌᐦᑳᐦᑕᒻ mitehkahtam vti ✦ s/he places a curse on it
ᒥᑎᑎᐦᒄ mititihkw nad ✦ kneecap
ᒥᑎᒣᐤ mitimeu vai ✦ s/he follows a path
ᒥᑎᒣᐸᐦᑖᐤ mitimepahtaau vai ✦ s/he follows the road, path, running
ᒥᑎᒣᔑᓐ mitimeshin vai ✦ it (anim) lies all along something
ᒥᑎᒣᐦᑎᓐ mitimehtin vii ✦ it lies all along something
ᒥᑎᔔ mitishuu nad ✦ testicle
ᒥᑎᔨᑲᓐ mitiyikan nad ✦ shoulder blade
ᒥᑎᐦᑉ mitihp nid ✦ brain
ᒥᑎᐦᑌᐤ mitihteu vta ✦ s/he follows the tracks of him/her
ᒥᑎᐦᑎᒥᓂᑲᓐ mitihtiminikan nid ✦ upper arm bone, humerus bone, shoulder bone
ᒥᑎᐦᑎᒥᓐ mitihtimin nid ✦ shoulder
ᒥᑎᐦᑎᒨᓴᐧᐁᐤ mitihtimuusweu vta [Inland] ✦ s/he follows the moose tracks
ᒥᑎᐦᑕᒀᑲᓐ mitihtakwaakan nid ✦ backbone
ᒥᑎᐦᑯᐃ mitihkui nid ✦ armpit
ᒥᑎᐦᒌ mitihchii nid ✦ hand
ᒥᑐᑲᓐ mitukan nid ✦ the ball joint in hip assembly
ᒥᑐᓀᔨᐦᒋᑲᓐ mituneyihchikan ni ✦ intelligence, memory, mind
ᒥᑐᓂᓰᐤ mitunisiiu vai ✦ it (anim) is complete, perfect, accurate
ᒥᑐᓂᔮᐲ mituniyaapii ni-m ✦ hide strips from toe hole to cross bar on snowshoe
ᒥᑐᓂᔮᐲᒡ mituniyaapiicheu vai ✦ s/he makes the hide strips join the toe hole to the cross bar of the snowshoe
ᒥᑐᓈᐤ mitunaau vii ✦ it is complete, perfect, smooth ground, smooth floor
ᒥᑐᓐ mitun p,quantity ✦ completely ▪ ᓅᒉ ᒥᑐᓐ ᒥᔦᔨᓘ ᑮ. ▪ *She is completely well now.*
ᒥᑑᓐ mituun nid ✦ mouth
ᒥᑑᐢᑯᓂᑲᓐ mituuskunikan nid ✦ forearm bone
ᒥᑑᐢᑯᓐ mituuskun nid ✦ elbow
ᒥᑑᐦᑎᓐ mituuhtin nid ✦ heel
ᒥᑕᐃ mitai nid ✦ stomach

ᒥᑖᐯᔮᐲᐢᑳᐤ mitaapeyaapiskaau vii ✦ the rock extends right up to the water
ᒥᑖᐱᐦᑲᓐ mitaapishkan nid ✦ jawbone
ᒥᑖᒥᐦᑲᓐ mitaamihkan nid ✦ cheekbone
ᒥᑖᓯᐱᔾᐙᐲᐢᒄ mitaasipiywaapiskw ni-um [Coastal] ✦ knitting needle
ᒥᑖᓯᔖᐳᓂᑲᓐ mitaasishaapunikan ni ✦ darning needle
ᒥᑖᓯᔮᐲᐢᒄ mitaasiyaapiskw ni-um [Inland] ✦ knitting needle
ᒥᑖᓯᔮᐲ mitaasiyaapii ni-m ✦ wool
ᒥᑖᓯᔮᐲᐤ mitaasiyaapiiu vai/vii ✦ it is made of wool
ᒥᑖᓰᐦᒉᐤ mitaasihcheu vai ✦ s/he makes, knits socks
ᒥᑖᓴ mitaasa nid pl [Inland] ✦ a pair of stockings
ᒥᑖᐢ mitaas nid ✦ sock
ᒥᑖᐢᑕᒥᐦᒄ mitaashtamihkw nid ✦ face
ᒥᑖᐦᑎᓐ mitaahtinh vii pl ✦ there are ten things
ᒥᑖᐦᑎᔔᐃᒡ mitaahtishuwich vai pl-i [Coastal] ✦ they are ten (people)
ᒥᑖᐦᑐᐃᒡ mitaahtuwich vai pl-u ✦ they are ten
ᒥᑖᐦᑐᐃᒡ mitaahtuwiich p,quantity ✦ there are ten different kinds, different places, ten ways ▪ ᒥᑖᐦᑐᐃᒡ ᐊᔔᒥᒡ ᐊᓂᔮ ᐊᑎᑦ ᓵᑲᐦᐃᑲᓂᐦᒡ ▪ *There are 10 different kinds of fish in that lake.*
ᒥᑖᐦᑐᒥᑎᓅ mitaahtumitinuu p,number ✦ hundred
ᒥᑖᐦᑐᒥᑐᓄᐌᐦᑏ mitaahtumitunuwehtii p,quantity ✦ hundred dollars
ᒥᑖᐦᑐᐦᑏ mitaahtuhtii p,quantity ✦ ten dollars
ᒥᑖᐦᑘᐅᒋᐦᔐᒥᑖᐦᑐᒥᑎᓄᐌ mitaahtwaauchishemitaahtumitinuwe waau p,quantity [Coastal] ✦ ten thousand times
ᒥᑖᐦᑘᐅᒋᐦᔐᒥᑖᐦᑐᒥᑎᓄᐙ mitaahtwaauchishemitaahtumitinuwaa u p,quantity [Inland] ✦ ten thousand times
ᒥᑖᐦᑘᐅᒋᐦᔐᒥᑖᐦᑐᒥᑎᓅ mitaahtwaauchishemitaahtumitinuu p,number ✦ ten thousand
ᒥᑖᐦᑘᐤ mitaahtwaau p,quantity ✦ ten times ▪ ᓅᒉ ᒥᑖᐦᑘᐤ ᑭ ᐹᒋ ᐅᒋ ᐙᔅᐙᓂᐲ ▪ *He's been in Waswanipi 10 times.*

ᒥᑖᐦᐟ **mitaaht** p,number ♦ ten
ᒥᑯᔥᑳᑌᔨᒣᐤ **mikushkaateyimeu** vta
♦ s/he gets confused because s/he is bothered about someone
ᒥᑯᔥᑳᑌᔨᐦᑕᒻ **mikushkaateyihtam** vti
♦ s/he gets confused because something is bothering her/him
ᒥᑯᔥᑳᒋᑌᐦᐁᐎᓐ **mikushkaachitehewin** ni
♦ stress on the heart
ᒥᑯᔥᑳᒋᒣᐤ **mikushkaachimeu** vta ♦ s/he bothers him/her by talking to him/her
ᒥᑯᔥᑳᒋᐦᐁᐤ **mikushkaachiheu** vta ♦ s/he gets to be a nuisance by bothering him/her
ᒥᑯᔥᑳᒋᐦᑖᐤ **mikushkaachihtaau** vai+o
♦ s/he bothers about it, touches, plays around with something s/he shouldn't, is nosy about objects
ᒥᑯᔫ **mikuyuu** nid ♦ neck
ᒥᑯᔫᒉᑲᓐ **mikuyuuchekan** nid ♦ neck bone
ᒥᑯᐦᑕᔥᑯᐃ **mikuhtashkui** nid ♦ throat
ᒥᑯᐦᑕᔥᑯᔮᐲ **mikuhtashkuyaapii** nid
♦ food pipe, esophagus
ᒥᑯᐦᑖᑲᓐ **mikuhtaakan** nid ♦ a windpipe
ᒥᑿᐦᑯᓀᐤ **mikwaahkuneu** nad ♦ chin
ᒥᒉᔥᑎᔮᐲ **micheshtiyaapii** nid ♦ tendon, ligament (white, in muscles)
ᒥᒋᒑᔅᑲᐃ **michichaaskai** nid ♦ groin area
ᒥᒋᒣᑲᐦᐄᑲᓐ **michimekahiikan** ni
♦ stapler
ᒥᒋᒣᑲᐦᐊᒻ **michimekaham** vti ♦ s/he is stapling, fastening the paper
ᒥᒋᒥᐯᒋᔑᓐ **michimipechishin** vai
♦ s/he/it (ex skidoo) is stuck because of slush on the ice
ᒥᒋᒥᐸᔫ **michimipayuu** vai/vii -i ♦ s/he/it stays stuck in position, it resists being unfastened, withdrawn
ᒥᒋᒥᒣᐤ **michimimeu** vta ♦ s/he holds it (anim) back with her/his teeth
ᒥᒋᒥᓀᐤ **michimineu** vta ♦ s/he holds him/her back by hand from doing something
ᒥᒋᒥᓇᒻ **michiminam** vti ♦ s/he holds it back by hand from doing something
ᒥᒋᒥᔥᑯᐌᐤ **michimishkuweu** vta ♦ s/he holds him/her back by foot, body
ᒥᒋᒥᔥᑲᒻ **michimishkam** vti ♦ s/he holds it back with his feet, body

ᒥᒋᒥᐦᐊᒻ **michimiham** vti ♦ s/he fastens it with something
ᒥᒋᒥᐦᑕᒻ **michimihtam** vti ♦ s/he holds it back with his teeth
ᒥᒋᒥᐦᑖᐤ **michimihtaau** vai+o ♦ s/he fastens it down
ᒥᒋᒥᔫ **michimiiu** vai ♦ s/he holds on, s/he clings on
ᒥᒋᒦᒪᑲᓐ **michimiimakan** vii ♦ it holds on, it clings
ᒥᒋᒧᐌᐦᐄᑲᓐ **michimuwehiikan** ni
♦ hairpin, barrette
ᒥᒋᒧᔑᒣᐤ **michimushimeu** vta ♦ s/he causes it (anim, ex tractor) to get stuck
ᒥᒋᒧᔑᓐ **michimushin** vai ♦ s/he is stuck in a position
ᒥᒋᒧᐦᐌᐤ **michimuhweu** vta ♦ s/he fastens it (anim) with something (ex nail)
ᒥᒋᒧᐦᑎᑖᐤ **michimuhtitaau** vai+o ♦ s/he causes it to get stuck
ᒥᒋᒧᐦᑎᓐ **michimuhtin** vii ♦ it is stuck in a position
ᒥᒋᒫᐯᑲᐦᐄᑲᓐ **michimaapekahiikan** ni
♦ stick holding a trap to the ground as a support
ᒥᒋᒫᐱᔅᑯᐦᐌᐤ **michimaapiskuhweu** vta
♦ s/he fastens him/her with metal (ex handcuffs)
ᒥᒋᒫᐱᔅᑲᐦᐊᒻ **michimaapiskaham** vti
♦ s/he fastens it with something metal
ᒥᒋᒫᐱᐦᑳᑌᐤ **michimaapihkaateu** vta
♦ s/he holds him/her/it (anim) back by tying
ᒥᒋᒫᐱᐦᑳᑕᒻ **michimaapihkaatam** vti
♦ s/he holds it back by tying it
ᒥᒋᒫᐱᐦᒉᓀᐤ **michimaapihcheneu** vta
♦ s/he holds it (anim, string-like) back by hand
ᒥᒋᒫᐱᐦᒉᓇᒻ **michimaapihchenam** vti
♦ s/he holds it (string-like) back with his hands
ᒥᒋᒫᔅᑯᓀᐤ **michimaaskuneu** vta ♦ s/he holds it (anim, stick-like) steady
ᒥᒋᒫᔅᑯᓇᒻ **michimaaskunam** vti ♦ s/he holds it (stick-like) steady

ᒥᒋᒫᐢᑯᐦᐊᒼ michimaaskuham vti ◆ s/he steadies it (stick-like), using something

ᒥᒋᒫᐢᑯᐦᐌᐤ michimaaskuhweu vta ◆ s/he steadies him/her using something

ᒥᒋᓯᒧᑐᐌᐤ michisimutuweu vta ◆ it (anim) barks at her/him/it (anim)

ᒥᒋᓯᒧᑕᒼ michisimutam vti ◆ s/he barks at something unknown

ᒥᒋᓯᒨ michisimuu vai -u ◆ it (anim) barks

ᒥᒋᓲ michisuu na -shiish ◆ bald eagle *Haliaeetus leucocephalus*

ᒥᒋᓲᐘᒋᔥᑐᓐ michisuuwachishtun ni ◆ eagle nest

ᒥᒋᓲᐲᓯᒼ michisuupiisim na ◆ March

ᒥᒋᐢᑌᐤ michisteu vta ◆ it (anim) barks at her/him/it (anim)

ᒥᒋᐢᑕᒼ michistam vti ◆ it (anim) barks at it

ᒥᒋᐢᒡ michisch nid ◆ rectum, anus

ᒥᒋᔒᔥ michishiish na dim ◆ young bald eagle

ᒥᒋᔥᑵᑎᐦᒌᔥ michishkwetihchiish nid ◆ baby finger

ᒥᒋᐦᒋᓐ michihchin ni ◆ thumb

ᒥᒍᓐ michun p,quantity ◆ completely, entirely, at all (see also *mitun*) ▪ ᓇᒧᐃ ᒥᒍᓐ ᒉᑿᓐ ᐃᔥᑯᐸᔨᔪ᙮ ▪ *There is nothing at all left from it.*

ᒥᒎᒎᔓᒥᔮᐲ michuuchuushimiyaapii ni -m ◆ bra

ᒥᓀᓰᐤ minesiiu vai ◆ s/he is very poor, poverty-stricken

ᒥᓀᔮᑎᒦᐤ mineyaatimiiu vii ◆ it is the only place, spot of deep water in a body of water

ᒥᓂᑯᔥ minikush na ◆ minute, from English or French 'minute'

ᒥᓂᐢᑳᐤ miniskaau vii ◆ it is one carton, package

ᒥᓂᔥᑌᐤ minishteu vii ◆ it is a heap of firewood

ᒥᓂᔥᑎᑯᒍᐎᓐ minishtikuchuwin vii ◆ the current flows on either side of an island

ᒥᓂᔥᑎᑯᓯᒁᐤ minishtikusikwaau vii ◆ it is a slab, island of ice

ᒥᓂᔥᑎᑯᐢᒎᑳᐤ minishtikuschuukaau vii ◆ it is an island of mud

ᒥᓂᔥᑎᑯᐦᑯᐹᐤ minishtikuhkupaau vii ◆ it is a clump of willows

ᒥᓂᔥᑎᒁᐱᐢᒄ minishtikwaapiskw ni ◆ rock island, large rock sticking out of water

ᒥᓂᔥᑎᒁᑯᓂᑳᐤ minishtikwaakunikaau vii ◆ it is an island-like heap of snow

ᒥᓂᔥᑎᒁᑲᒫᐤ minishtikwaakamaau vii ◆ it is a lake full of islands

ᒥᓂᔥᑎᒁᐢᑵᔮᐤ minishtikwaaskweyaau vii ◆ it is an isolated group of trees, that resembles an inland

ᒥᓂᔥᑎᒄ minishtikw ni ◆ island

ᒥᓂᔥᑳᐤ minishkaau vii [Coastal] ◆ there are many island-like mounds (ex of seaweed exposed at low tide)

ᒥᓂᐦᐁᐤ miniheu vta ◆ s/he gives him/her/it (anim) a drink

ᒥᓂᐦᐄᐌᐤ minihiiweu vai ◆ s/he serves, gives drinks

ᒥᓂᐦᑵᐅᐴ minihkweupuu vai -i ◆ s/he is sitting down while drinking

ᒥᓂᐦᑵᐎᓐ minihkwewin ni ◆ drunkenness

ᒥᓂᐦᑵᐚᒉᐤ minihkwewaacheu vai ◆ s/he drinks from it

ᒥᓂᐦᑵᐤ minihkweu vai ◆ s/he drinks

ᒥᓂᐦᑵᒪᑲᓐ minihkwemakan vii ◆ it drinks (ex outboard motor), takes in water to cool itself

ᒥᓂᐦᑵᓲ minihkwesuu na -siim ◆ drunkard

ᒥᓂᐦᒁᑐᑕᒼ minihkwaatutam vti ◆ s/he drinks it

ᒥᓂᐦᒁᑲᓂᔥ minihkwaakanish na dim ◆ small cup, small glass ▪ ᒥᒄ ᐯᔭᑯᓅ ᒥᓂᐦᒁᑲᓂᔥ᙮ ▪ *There's only one small cup.*

ᒥᓂᐦᒁᑲᓐ minihkwaakan na ◆ cup, glass ▪ ᒥᒄ ᐯᔭᑯᓅ ᒥᓂᐦᒁᑲᓐ᙮ ▪ *There's only one cup.*

ᒥᓂᐦᒁᑳᓅ minihkwaakaanuu vai -uu ◆ it can be used as a cup, it can be drunk from

ᒥᓂᐦᒁᒉᐤ minihkwaacheu vai ◆ s/he used it to drink from

ᒥᓄᐦᑳᓀᐤ minuhkaaneu vta ◆ s/he takes him/her as a slave

ᒥᓄᐦᑳᓈᓐ minuhkaanaan na ◆ slave

ᒥᓇᐦᐄᑯᐢᑳᐤ minahiikuskaau vii ◆ it is an area of white spruce

ᒥᓇᐦᐄᑯᐦᑕᑯ minahiikuhtakw na ♦ dry white spruce, still standing, white spruce firewood

ᒥᓇᐦᐄᐘᔥᐟ minahiikwaasht na ♦ white spruce bough

ᒥᓇᐦᐄᒄ minahiikw na -um ♦ white spruce *Picea glauca*

ᒥᓈᐅᐦᑳᐤ minaauhkaau vii ♦ it is a sand-bar

ᒥᓈᐱᔅᒄ minaapiskw ni ♦ a rock island

ᒥᓈᐱᔥᑯᔥ minaapishkush ni dim ♦ a small rock island

ᒥᓈᑎᒦᐤ minaatimiiu vii ♦ it is a area of deep water

ᒥᓈᑯᓂᑳᐤ minaakunikaau vii ♦ it is a patch of snow

ᒥᓈᑳᓐ minaakan ni [Mistissini] ♦ gallon

ᒥᓈᒋᔥᑐᐌᐤ minaachishtuweu vta ♦ s/he gives him/her a small ration of something

ᒥᓈᒋᐦᐁᐤ minaachiheu vta ♦ s/he saves, manages it (anim, ex money)

ᒥᓈᒋᐦᑖᐤ minaachihtaau vai+o ♦ s/he saves, manages it

ᒥᓈᔅᑴᔮᐤ minaaskweyaau vii ♦ it is a grove, cluster of trees

ᒥᓈᔅᑯᑎᓈᐤ minaaskutinaau vii ♦ it is a wooded mountain

ᒥᓈᐦᐆ minaahuu vai -u ♦ s/he gathers things (ex berries, boughs)

ᒥᓈᐦᑎᑳᐤ minaahtikaau vii ♦ it is a spot covered with boughs

ᒥᓰᐌ misiwe p,quantity ♦ all ▪ ᒥᓰᐌ ᐯᒋ ᐴᑐᒡ ᐋᐸᒋᒡ ▪ *They're all coming tomorrow.*

ᒥᓰᐌᐸᑳᐦᐁᐤ misiwepakaaheu vta [Coastal] ♦ s/he boils and cooks it (anim, bird, small animal) whole

ᒥᓰᐌᐸᔨᐦᐁᐤ misiwepayiheu vta ♦ s/he swallows it (anim) whole

ᒥᓰᐌᐸᔨᐦᑖᐤ misiwepayihtaau vai+o ♦ s/he swallows it whole

ᒥᓰᐌᓲ misiwesuu vai -i ♦ it (anim, ex pieces of beaver) is all there

ᒥᓰᐌᔭᑲᓐ misiweyekan vii ♦ it (sheet-like) is all there, is whole

ᒥᓰᐌᔮᒋᓲ misiweyechisuu vai -i ♦ it (anim, sheet-like, ex a whole moose hide) is all there, is whole

ᒥᓰᐌᔮᐤ misiweyaau vii ♦ it is all there, it is whole

ᒥᓰᐌᔮᒎᔅᐌᐤ misiweyaachuusweu vta ♦ s/he boils it (anim) whole

ᒥᓰᐌᔮᒎᓴᒻ misiweyaachuusam vti ♦ s/he boils it whole

ᒥᓯᐸᑳᐦᐁᐤ misipakaaheu vta [Inland] ♦ s/he boils and cooks it (anim, bird, small animal) whole

ᒥᓯᑎᔮᐲ misitiyaapii na -m ♦ foot webbing on snowshoe

ᒥᓯᑎᔮᐲᒫᒄ misitiyaapiimahkw na ♦ netting needle for thick babiche of snowshoe

ᒥᓯᐟ misit nid ♦ foot

ᒥᓯᑲᓐ misikan vii ♦ it is freezing rain

ᒥᓯᑳᑎᐦᑉ misikaatihp nid ♦ crown of the head

ᒥᓯᑳᑯᓐ misikaakun nid ♦ back of the knee

ᒥᓯᒋᐦᑎᐦᐁᐤ misichihtiheu vta ♦ s/he enlarges it (anim)

ᒥᓯᒋᐦᑐ misichihtuu vai -i ♦ s/he/it (anim) is big ▪ ᒋᔅᒋ ᒥᓯᒋᐦᑐ ᐊᓐ ᐋᐦᑳᐧᐦᒡ ▪ *That cake is big.*

ᒥᓯᒌᓐ misichiin ni [Coastal] ♦ blouse

ᒥᓯᓯᒃᐚᐤ misisikwaau vii ♦ it is a large stretch of ice

ᒥᓯᓵᒄ misisaahkw na [Inland] ♦ moosefly, horsefly, deerfly, botfly

ᒥᓯᐦᑌ misihte p,location ♦ all about, all over, scattered about ▪ ᔖᔥ ᒥᓯᐦᑌ ᐲᒃ ▪ *It's already stuck all over.*

ᒥᓯᐦᑌᐱᑌᐤ misihtepiteu vta ♦ s/he scatters, spreads them out

ᒥᓯᐦᑌᐱᑕᒻ misihtepitam vti ♦ s/he scatters, spreads them out

ᒥᓯᐦᑌᐳᐧᒡ misihtepuwich vai pl -i ♦ they are scattered, set spread out

ᒥᓯᐦᑌᐸᔨᐦᐁᐤ misihtepayiheu vta ♦ s/he scatters something or things around by hand

ᒥᓯᐦᑌᐸᔨᐦᑖᐤ misihtepayihtaau vai+o ♦ s/he lets everyone get to know it, s/he scatters/spreads it around

ᒥᓯᐦᑌᐸᔫ misihtepayuu vai/vii -i ♦ s/he/it gets around to everyone, scatters, spreads (ex news, gossip)

ᒥᓯᐦᑌᓀᐤ misihteneu vta ♦ s/he spreads them (anim) out, by hand

ᒥᔅᑌᓇᒻ misihtenam vti ♦ s/he spreads it out, by hand

ᒥᔅᑌᔅᑲᒥᐦᒡ misihteskamihch p,location ♦ all over the world

ᒥᔅᑌᔥᑌᐤ misihteshteu vii ♦ it is spread out

ᒥᔅᑌᔥᑖᐤ misihteshtaau vai+o ♦ s/he spreads it around

ᒥᔅᑌᔥᑯᐌᐤ misihteshkuweu vta ♦ s/he spreads, tracks it (anim) all over

ᒥᔅᑌᔥᑲᒻ misihteshkam vti ♦ s/he spreads, tracks it all over

ᒥᔅᑌᔮᔥᑌᐤ misihteyaashteu vii ♦ it (light) is spread out

ᒥᔅᑌᔮᐦᑲᐦᑌᐤ misihteyaahkahteu vii ♦ the (forest) fire spreads

ᒥᔅᑌᐦᐁᐤ misihteheu vta [Inland] ♦ s/he spreads them (anim) around

ᒥᔅᑯᓯᓈᐦᐊᒻ misihkusinaaham vti ♦ s/he smears it in writing, colouring

ᒥᔅᑯᓯᓈᐦᐌᐤ misihkusinaahweu vta ♦ s/he smears it (anim) in writing, colouring

ᒥᔅᑯᔥᑖᐤ misihkushtaau vai+o ♦ s/he smears it when drawing

ᒥᔅᑯᔥᑯᐌᐤ misihkushkuweu vta ♦ s/he smears it (anim) by foot

ᒥᔅᑯᔥᑲᒻ misihkushkam vti ♦ s/he smears it by foot (leaves marks, dirt, etc)

ᒥᔅᑯᐦᐁᐤ misihkuheu vta [Coastal] ♦ s/he smears it (anim)

ᒥᔅᑯᐦᐊᒻ misihkuham vti ♦ s/he smears it with something

ᒥᔅᑯᐦᐌᐤ misihkuhweu vta ♦ s/he smears him/her with something

ᒥᔅᑯᐦᑖᐤ misihkuhtaau vai+o ♦ s/he smears it

ᒥᓱᐚᔨᒉᑲᓐ misuwaayichekan nid ♦ tailbone

ᒥᓲᐦᐁᐤ misuuheu vta ♦ s/he treats him/her/it (anim) so the person/animal has enough of the situation and wants to avoid it (ex animal learns about a trap)

ᒥᓵᐦᑎᑯᑲᒥᒄ misaahtikukamikw ni ♦ log cabin

ᒥᔅᐱᑐᓐ mispitun nid ♦ arm

ᒥᔅᐱᒉᑲᓐ mispichekan nid ♦ rib

ᒥᔅᐱᔅᑯᓐ mispiskun nid ♦ back

ᒥᔅᐴ mispun vii ♦ it is snowing

ᒥᔅᑎᓯᒄ mistisikw na -um ♦ common merganser duck Mergus merganser

ᒥᔅᑎᓲ mistisuu na -siim ♦ vulture-like bird

ᒥᔅᑎᐦᑲᓐ mistihkan na [Inland] ♦ caribou hide with the hair left on

ᒥᔅᑎᐦᑲᔮᓐ mistihkayaan na [Coastal] ♦ caribou hide with the hair left on, often used as a mattress

ᒥᔅᑐᐌᑯᑌᐤ mistuwekuteu vii ♦ it is hung, suspended here and there

ᒥᔅᑐᐌᑯᑖᐤ mistuwekutaau vai+o ♦ s/he hangs, suspends something here and there

ᒥᔅᑐᐌᑯᔦᐤ mistuwekuyeu vta ♦ s/he hangs, suspends it (anim) here and there

ᒥᔅᑐᐌᑯᐦᑏᓐ mistuwekuhtin vii ♦ it floats here and there

ᒥᔅᑐᐌᑯᐦᒋᓐ mistuwekuhchin vai ♦ it (anim) floats here and there

ᒥᔅᑐᐌᑲᓐ mistuwekan vii ♦ it (sheet-like) is whole

ᒥᔅᑐᐚᐤ mistuwaau vii ♦ it is in one piece

ᒥᔅᑐᓯᒁᐤ mistusikwaau vii ♦ it is all one piece of ice

ᒥᔅᑐᓱᐧᐃᔮᔅ mistusuwiyaas ni -im ♦ beef, roast beef, literally 'cow meat'

ᒥᔅᑐᓱᑲᒥᒄ mistusukamikw ni ♦ barn, cow shed

ᒥᔅᑐᓱᔮᓐ mistusuyaan na ♦ cow hide

ᒥᔅᑐᔅ mistus na -um ♦ cow

ᒥᔅᑑᐚᑲᒥᐦᒁᐸᔫ mistuuwaakamihkwepayuu vii -i ♦ her/his blood clots

ᒥᔅᑑᓲ mistuusuu vai -i ♦ it (anim) is in one piece

ᒥᔅᑕᐹᔑᒁᑎᓐ mistapaashikwaatin vii ♦ there is a hurricane

ᒥᔅᑕᒋᓲ mistachisuu vai -i ♦ it (anim) is large wood

ᒥᔅᑕᒣᒄ mistamekw na ♦ general term for large dark whale

ᒥᔅᑕᓯᓃ mistasinii ni -m ♦ community of Mistissini, formerly Mistassini Post, literally 'big rock'

ᒥᔅᑖᐲᐤ mistaapeu na -em ◆ spirit who appears in traditional stories, in the shaking tent, who hunters are familiar with, literally 'big man'

ᒥᔅᑖᐳᔥ mistaapush na -um ◆ arctic hare, jackrabbit

ᒥᔅᑖᓲ mistaasuu na ◆ tornado, whirlwind

ᒥᔅᑖᔅᐱᓲᔮᓐ mistaaspisuuyaan ni ◆ outer baby bag, moss bag (only used when travelling)

ᒥᔅᑯᐌᐤ miskuweu vta ◆ s/he finds him/her/it (anim)

ᒥᔅᑯᐯᓈᓲᓀᐤ miskuwepanaasuuneu vai [Inland] ◆ s/he finds something in the garbage, dump

ᒥᔅᑯᐯᐹᐦᐄᑲᓀᐤ miskuwepahiikaneu vai [Coastal] ◆ s/he finds something in the garbage, dump

ᒥᔅᑯᐚᓱᒣᐤ miskuwaasumeu vta ◆ s/he reminds him/her about something

ᒥᔅᑯᐙᐦᑕᒨᐌᐤ miskuwaahtamuweu vta ◆ s/he reminds him/her by telling him/her about something

ᒥᔅᑯᑦ miskut nid ◆ nose

ᒥᔅᑯᒥᔅᑣᐤ miskumiskweu vai ◆ s/he finds beaver in the lodge

ᒥᔅᑯᒥᐦᑖᓐ miskumihtaan vii ◆ it is a hail storm of large pellets

ᒥᔅᑯᒥᐳᑖᓐ miskumiiutaan vii ◆ it is a hail storm

ᒥᔅᑯᓀᐤ miskuneu vta ◆ s/he finds him/her/it (anim) by hand, by feeling around

ᒥᔅᑯᓇᒻ miskunam vti ◆ s/he finds it by using his hand, feeling around

ᒥᔅᑯᓐ miskun nid ◆ liver

ᒥᔅᑲᐚᕐᐤ miskawaaheu vta ◆ s/he finds him/her out, s/he discovers him/her

ᒥᔅᑲᐚᐦᑖᐤ miskawaahtaau vai+o ◆ s/he finds it out, discovers it

ᒥᔅᑲᒻ miskam vti ◆ s/he finds it

ᒥᔅᑲᐦᑎᒄ miskahtikw nid ◆ forehead; front webbing on a snowshoe

ᒥᔅᑲᐦᒋᕐᐤ miskahchiheu vta ◆ s/he robs him/her, fights over something to take it away from him/her

ᒥᔅᑳᑌᔨᑕᒥᕐᐤ miskaateyitamiheu vta ◆ s/he is surprised by him/her/it (anim)

ᒥᔅᑳᑎᑲᓐ miskaatikan nid -im ◆ lower leg bone, tibia

ᒥᔅᑳᑦ miskaat nid ◆ leg

ᒥᔅᑳᔅᒋᑲᓂᒉᑲᓐ miskaaschikanichekan nid ◆ breast bone

ᒥᔅᑳᔅᒋᑲᓐ miskaaschikan nid ◆ chest

ᒥᔅᒋᓰ mischisii nid [Inland] ◆ top lip

ᒥᔅᒌᔑᑯᑲᓐ mischiishikukan nid ◆ brow ridge

ᒥᔅᒌᔑᑯᓂᑐᐦᑯᔨᓇ mischiishikunituhkuyina ◆ eye doctor

ᒥᔅᒌᔑᒄ mischiishikw nid ◆ eye

ᒥᔅᒌᕐ mischiih nad ◆ upper lip

ᒥᔅᒑᐦᒄ mischaahkw na [Coastal] ◆ moosefly, horsefly, deerfly, botfly

ᒥᔑᐛᑲᓅ mishiwaakanuu vai -u ◆ s/he has a wound

ᒥᔑᑰᒉᔥ mishikuuhkuush na ◆ elephant (old term)

ᒥᔑᑲᐃ mishikai nad ◆ skin

ᒥᔑᑳᔅᑲᑖᑖᐦᒄ mishikaaskataataahkw na -um ◆ crocodile

ᒥᔑᒋᑎᓈᑯᓐ mishichitinaakun vii ◆ it looks big

ᒥᔑᒋᑲᓐᐦ mishichikanh nid pl ◆ toes (all together), its (anim, ex rabbit) hind foot

ᒥᔑᒌᒫᓐ mishichiimaan ni -im ◆ ship

ᒥᔑᒣᔨᐦᑕᒻ mishimeyihtam vti ◆ s/he is grieving

ᒥᔑᒧᐦᑯᒫᓂᔅᒌ mishimuhkumaanischii na -m [Coastal] ◆ America

ᒥᔑᒧᐦᑯᒫᓐ mishimuhkumaan na [Coastal] ◆ American

ᒥᔑᔑᑉ mishiship na -im ◆ common eider duck *Somateria mollissima*

ᒥᔑᐦᑯᓐ mishihkun nid ◆ big toe

ᒥᔑᐦᔦᐤ mishihyeu na -em ◆ turkey

ᒥᔓᐛᒡ mishuwaach p ◆ at any rate, none-the-less ■ ᒥᔓᐛᒡ ᒫᒃ ᑯ ᑭᒡ ᒥᔥᐴ ᐅᒫᓯᓈᐦᐄᑲᓐᕽ *Nevertheless, she will get her book back.*

ᒥᔑᐤ mishuu p ◆ if, in the event that ■ ᐊᓐᓐᔮ ᑭᒡ ᓅ ᐚᐸᒫᑦ ᒥᔑᐤ ᓈᒋᐸᔨᐦᐄᑦ ᐯᔑᐧᒥᒡ ■ *He won't be able to see him if you don't bring him soon.*

ᒥᔔᑲᓐ mishuukan nid ◆ lower back

ᒥᔕᑳᐤ mishakaau vai ◆ s/he arrives by canoe

ᒥᔖᑳᐯᔫ **mishakaamepayuu** vai -i
* s/he reaches the other side of a body of water, by vehicle

ᒥᔖᑳᐦᐊᒼ **mishakaameham** vti * s/he reaches the other side of a body of water, swimming, paddling

ᒥᔖᑳᒣᐦᔮᐅᐲᓯᒼ **mishakaamehyaaupiisim** na [Coastal]
* August

ᒥᔖᑳᒣᐦᔮᐅ **mishakaamehyaau** vai * s/he flies from across, from inland to water's edge

ᒥᔖᑳᔅᑯᐱᒍ **mishakaaskupichuu** vai -i
* s/he reaches the other side of a stretch of ice, moving winter camp

ᒥᔖᐅ **mishaau** vii * it is big

ᒥᔽᑳᓂᐦᑳᑌᐅ **mishwaakanihkaateu** vta
* s/he wounds him/her/it (anim)

ᒥᔽᑳᓂᐦᒉᐅ **mishwaakanihcheu** vai
* s/he/it (anim) wounds it

ᒥᔽᑳᓐ **mishwaakan** na * wounded being

ᒥᔥᑎᒀᒥᐦᑳᓐ **mishtikwemihkwaan** na
* wooden spoon

ᒥᔥᑎᑯᐎᑦ **mishtikuwit** ni * wooden box, trunk

ᒥᔥᑎᑯᐊᓇᐦᐄᑲᓐ **mishtikuwanahiikan** ni
* wooden trap, deadfall trap

ᒥᔥᑎᑯᐱᒍ **mishtikupichuu** na -chiim
* spruce gum

ᒥᔥᑎᑯᑲᒥᒄ **mishtikukamikw** ni * wooden teepee (split logs covered with moss), wooden shack

ᒥᔥᑎᑯᓈᐯᐅᒋᒫᐅ **mistikunaapeuchimaau** na * foreman of housing construction

ᒥᔥᑎᑯᓈᐯᐦᑯᑖᑲᓐ **mishtikunaapeuhkutaakan** ni
* carpenter's plane

ᒥᔥᑎᑯᓈᐯᐅ **mishtikunaapeu** na -em
* carpenter, literally 'wood man'

ᒥᔥᑎᑯᓈᐯᔥ **mishtikunaapesh** na dim
* religious brother, literally 'little wood man'

ᒥᔥᑎᑯᔅᑳᐅᐱᔦᔒᔥ **mishtikuskaaupiyeshiish** na dim * rusty blackbird *Euphagus carolinus*

ᒥᔥᑎᑯᔅᑳᐅ **mishtikuskaau** vii * there are lots of trees, it is a forest

ᒥᔥᑎᑯᔅᒋᓯᓐ **mishtikuschisin** ni * hard leather shoe

ᒥᔥᑎᑯᐦᑳᓐ **mishtikuhkaan** ni -im * flag pole, wooden pole for hanging religious objects on, mast of a ship

ᒥᔥᑎᑯᐦᔦᐅ **mishtikuhyeu** na -em * spruce grouse *Canachites canadensis*

ᒥᔥᑎᑯᐦᔦᔥ **mishtikuhyesh** na dim
* young spruce grouse

ᒥᔥᑎᑰ **mishtikuu** vai * it (anim) is made of wood, wooden

ᒥᔥᑎᑰᓐ **mishtikuun** vii * it is made of wood, wooden

ᒥᔥᑎᒀᓂᐲᐎᓲᑉ **mishtikwaanipiiwiisuup** na -im [Coastal] * shampoo

ᒥᔥᑎᒀᓂᐲᐎᐦ **mishtikwaanipiiwiih** nid pl [Coastal] [Coastal] * hair of the head

ᒥᔥᑎᒀᓂᑐᐦᑯᔨᓐ **mishtikwaanituhkuyin** ni -im * aspirin, literally 'head medicine'

ᒥᔥᑎᒀᓂᑲᓐ **mishtikwaanikan** nid * skull

ᒥᔥᑎᒀᓂᔮᐲᓲᑉ **mishtikwaaniyaapiisuup** na -im [Inland] * shampoo

ᒥᔥᑎᒀᓂᔮᐲᐦ **mishtikwaaniyaapiih** nid pl [Inland] * hair of the head

ᒥᔥᑎᒀᓐ **mishtikwaan** nid * head

ᒥᔥᑎᒀᔅᒀᓂᑳᐅ **mishtikwaaskwaanikaau** vii * it is a wooded island

ᒥᔥᑎᒄ **mishtikw** ni -m * stick

ᒥᔥᑎᒄ **mishtikw** na -m * tree

ᒥᔥᑎᓈᑯᓐ **mishtinaakun** vii -i [Inland]
* it looks big

ᒥᔥᑎᓈᑯᓲ **mishtinaakusuu** vai -i [Inland]
* s/he/it (anim) looks big

ᒥᔥᑎᑎᒼ **mishtatim** na * lion

ᒥᔥᑕᒦᒀᐦᐦ **mishtamiikwehch** p,interjection
* thank you very much ▪ ᒥᔥᑕᒦᒀᐦᐦ ᓂᑳᐎ ᐃᑦᐌᐤ *My mother says thank you very much*.

ᒥᔥᑖᐦᐄ **mishtahii** p,quantity * much, a lot ▪ ᒥᔥᑖᐦᐄ ᑭ ᐅᑎᓀᐤ ᒥᒌᒼ *She took lots of food*.

ᒥᔥᑖᐱᑦ **mishtaapit** ni [Coastal] * molar tooth

ᒥᔥᑖᐸᒣᒄ **mishtaapamekw** na * whale, possibly bowhead *Balaena mystecetus*

ᒥᔥᑯᐐᐎᓐ **mishkuwiiwinh** ni
* strength

ᒥᔥᑰᑎᐦᒉᐅᒍ **mishkuutihcheuchuu** vai -i
* s/he has a frostbitten hand

ᒥᔥᑰᑯᑌᐅᒍ **mishkuukuteuchuu** vai -i
* s/he has a frostbitten nose

mishkuunuuweuchuu vai -i ♦ s/he has a frostbitten cheek

mishkuusiteuchuu vai -i ♦ s/he has a frostbitten foot

mishkuuhtuukayeuchuu vai -i ♦ s/he has a frostbitten ear

mishkuuhkweuchuu vai -i ♦ s/he has a frost bitten face

mishkatai nid ♦ front of body (chest and abdomen)

mishkashii nid ♦ nail of finger, toe, claw of animal

mishkashkahiinuweu vta [Inland] ♦ s/he passes out raw meat

mishkashkaau vii ♦ it is cooked rare

mishkashchituu vii ♦ it (anim) is cooked rare

miyeyimeu vta ♦ s/he likes him/her

miyeyimuwin ni ♦ comfortable feeling, happiness, joy

miyeyimuheu vta ♦ s/he makes him/her comfortable

miyeyimuu vai -u ♦ s/he is comfortable

miyeyimuumakan vii ♦ it is in a suitable, safe place (ex boat better left at camp than in village)

miyeyihtamiheu vta ♦ s/he makes him/her content, happy

miyeyihtamihiisuu vai reflex -u ♦ s/he amuses her/himself, keeps her/himself happy, content

miyeyihtamuwin ni ♦ happiness

miyeyihtam vti ♦ s/he likes it, is happy

miyeyihtaakun vii ♦ it is amusing, funny, pleasant

miyeyihtaakusiyihkaasuu vai -u ♦ s/he pretends to be nice

miyeyihtaakusuu vai -i ♦ s/he is a nice person, s/he is amusing,

miywekan vii ♦ it (sheet-like) is nice, good

miywechisuu vai -i ♦ it (anim, sheet-like) is nice, good

miyuitaatisiiu vai ♦ s/he is honest, of good character

miyuayimuumeu vta ♦ s/he speaks well of him/her, commends him/her

miyuweyaau vii ♦ the fur is nice

miyupeyaau vii ♦ it is nice on the water (can also be said after break-up), the tide is at the right level

miyupimatisiiukamikw ni ♦ health, wellness center

miyupimaatisiiwin ni ♦ health

miyupimaatisiiu vai ♦ s/he is in good health, healthy, has a strong constitution, s/he recovers from illness

miyuputeu vii ♦ it is sawed well

miyupuu vai -i ♦ s/he sits comfortably

miyupayuu vai/vii -i ♦ s/he/it goes well, runs well

miyutipiskaau vii ♦ it is a nice night

miyutinaau vii ♦ it is a nicely shaped, smooth mountain

miyututemimeu vta ♦ s/he is on terms of good friendship with him/her

miyutuutuweu vta ♦ s/he is good to him/her, showing kindness to a person

miyutuutaacheu vai ♦ s/he treats people well, kindly

miyutaauhkaau vii ♦ it is a nice sandy terrain covered with vegetation

miyutaakushuu vii ♦ it is a nice evening

miyutaamuu vai -u ♦ s/he/it (anim) breathes freely

miyutaashtamihkweu vai ♦ s/he has a nice face

miyukaau vii ♦ it is soft

miyukaakunikaau vii ♦ the snow is soft, it is soft snow

miyukwaateu vta ♦ s/he sews it (anim) well

ᒥᔫᐦᑕᒻ miyukwaatam vti ♦ she sews it well
ᒥᔫᐦᓲ miyukwaasuu vai-u ♦ s/he sews well
ᒥᔫᒋᒣᐤ miyuchimeu vta ♦ s/he blesses him/her (Bible word)
ᒥᔫᒋᒧᐌᐎᓐ miyuchimuwewin ni ♦ blessing (Bible word)
ᒥᔫᒋᔒᑳᐤ miyuchiishikaau vii ♦ it is a nice day, nice weather
ᒥᔫᒣᔅ miyumes na-im ♦ whitefish (medium size, smaller than atihkamekw *Coregonus dupeaformis*
ᒥᔫᒥᓂᑳᐤ miyuminikaau vii ♦ it is a good, ripe berry
ᒥᔫᒥᓂᒋᓲ miyuminichisuu vai-i ♦ it (anim) is a good, ripe berry
ᒥᔫᒦᒋᓲ miyumiichisuu vai-u ♦ s/he eats well
ᒥᔫᒧᐦᑖᐤ miyumuhtaau vai+o ♦ s/he makes a good path
ᒥᔫᒨ miyumuu vii-u ♦ it is a nice road, path
ᒥᔫᒪᒋᐦᐁᐤ miyumachiheu vai ♦ s/he/it (anim) is caused to feel good by someone
ᒥᔫᒪᒋᐦᐆ miyumachihuu vai-u ♦ s/he feels good
ᒥᔫᒪᒋᐦᑖᐤ miyumachihtaau vai+o ♦ s/he/it (anim) feels the good effects of it (ex foot massager)
ᒥᔫᒫᑯᓐ miyumaakun vii ♦ it smells nice, good
ᒥᔫᒫᑯᓲ miyumaakusuu vai-i ♦ s/he smells nice, good
ᒥᔫᒫᑯᐦᐁᐤ miyumaakuheu vta ♦ s/he makes him/her smell good
ᒥᔫᒫᑯᐦᐄᓲ miyumaakuhiisuu vai reflex-u ♦ s/he makes her/himself smell good
ᒥᔫᒫᑯᐦᑖᐤ miyumaakuhtaau vai+o ♦ s/he makes it smell good
ᒥᔫᒫᓵᐌᐤ miyumaasaaweu vii ♦ her/his cooking smells good
ᒥᔫᒫᔥᑌᐤ miyumaashteu vii ♦ the cooking smells good
ᒥᔫᓂᑯᓐ miyunikun vii ♦ it is good, easy to handle, it is good walking, footing, it feels good to touch
ᒥᔫᓂᑯᓰᐤ miyunikusiiu vai ♦ s/he is easy to handle, s/he feels good to touch

ᒥᔫᓄᐌᐤ miyunuweu vta ♦ s/he likes the looks of him/her
ᒥᔫᓇᒻ miyunam vti ♦ it is easy to walk on the snow for her/him; the snow is good enough for her/him to walk on
ᒥᔫᓈᑯᓐ miyunaakun vii ♦ it is nice looking
ᒥᔫᓈᑯᓲ miyunaakusuu vai-i ♦ s/he is nice looking, s/he is looking well (ex after an illness)
ᒥᔫᓈᑯᐦᐁᐤ miyunaakuheu vta ♦ s/he makes him/her pretty, nice looking, adorns him/her
ᒥᔫᓈᑯᐦᐄᓲ miyunaakuhiisuu vai reflex-u ♦ s/he pretties her/himself, makes her/himself look attractive
ᒥᔫᓈᑯᐦᑖᐤ miyunaakuhtaau vai+o ♦ s/he makes it pretty, nice looking
ᒥᔫᓯᑯᓲ miyusikusuu vai-i ♦ it (anim, ice) is good, clean
ᒥᔫᓯᒀᐤ miyusikwaau vii ♦ it is good smooth ice for travelling
ᒥᔫᓲ miyusuu vai-i ♦ s/he/it (anim, ex hide) is good, nice
ᒥᔫᔅᐳᑯᓐ miyuspukun vii ♦ it tastes good
ᒥᔫᔅᐳᑯᓲ miyuspukusuu vai-i ♦ it (anim) tastes good
ᒥᔫᔅᑖᓲ miyustaasuu vai-u ♦ s/he tidies up, makes things nice
ᒥᔫᔅᑴᐤ miyuskweu vai ♦ she is a pretty woman
ᒥᔫᔅᑲᒥᑳᐤ miyuskamikaau vii ♦ it is a nice area of land, country
ᒥᔫᔅᑲᒨ miyuskamuu vii-i ♦ it is springtime, the time of snow melting
ᒥᔫᔅᒎᑳᐤ miyuschuukaau vii ♦ it is soft, squishy mud
ᒥᔫᔑᒣᐤ miyushimeu vta ♦ s/he lays him/her down comfortably, well
ᒥᔫᔑᓐ miyushin vai ♦ s/he is lying comfortably
ᒥᔫᔔ miyushuu vai-i ♦ s/he is good, nice, pretty (used of people only)
ᒥᔫᔥᑎᒨ miyushtimuu vai-uu ♦ it is a good, nice dog
ᒥᔫᔥᑖᐤ miyushtaau vai+o ♦ s/he sets it nicely
ᒥᔫᔥᑴᔔ miyushkweushuu vai-i ♦ she is a pretty girl

301

miyushkuweu vta ♦ it (anim) fits her/him well

miyushkam vti ♦ it (anim) fits it well

miyuheu vta ♦ s/he makes it (anim) nice, does it (anim) well

miyuhtuweu vta ♦ s/he likes the sound of it (anim)

miyuhtam vti ♦ s/he finds it good to listen to, s/he likes the sound of it

miyuhtaau vai+o ♦ s/he makes it nice, does it well

miyuhtaakun vii ♦ it sounds nice, it sounds like good news

miyuhtaakusuu vai-i ♦ s/he sounds nice

miyuhtwaaweyimeu vta ♦ s/he thinks he/she is kind, gentle

miyuhtwaau vai ♦ s/he is good-tempered, patient, gentle, kind

miyuhkweunaakusuu vai-i ♦ her/his face shows the s/he is pleased

miyuhkuweu vta ♦ s/he treats it (anim) well, cleans an animal well

miyuhkam vti ♦ s/he treats it well

miyuhkasuu vai-u ♦ s/he feels good from drinking; it (anim) is nicely cooked, cooked well

miyuhkasam vti ♦ s/he cooks it well

miyuhkwaamuu vai-u ♦ s/he sleeps well

miyuu nid ♦ body

miyaauiish p,location dim ♦ a little bit further, past ▪ ⌐ᑉᐅᐊᓐ ᐃᐧᐃᐅᐣₓ ▪ *Go little further.*

miyaaupayiheu vta ♦ s/he drives him/her past the destination

miyaaupayihtaau vai+o ♦ s/he drives it past, arrives past the time

miyaaupayuu vai/vii-i ♦ s/he/it goes past, passes

miyaaushiish p,location dim ♦ a little bit further, past ▪ ⌐ᑉᐅᓐᐠ ᑎᐧᐃᐅᐣₓ ▪ *Go little further.*

miyaauham vti ♦ s/he passes it by (ex vehicle)

miyaauhweu vta ♦ s/he passes him/her/it (anim) by vehicle

miyaawaashuu vai-i ♦ it (anim) is blown past by the wind

miyaawaashtin vii ♦ it blows past

miyaapaahkun ni ♦ hair-like moss dry branches on trees *Usnea sp.* or *Usnea barbata* (good for starting a fire)

miyaakun vii ♦ it smells, gives off a smell

miyaakusuu vai-i ♦ s/he/it (anim) smells, give off a smell

miyaameu vta ♦ s/he smells him/her/it (anim)

miyaanakw p,interjection ♦ my goodness! (exclamation of surprise when someone does what was not expected from him) ▪ ⌐ᑉᓴᐧᑦ, ᐅᐊᑉ ᑭ ⌐ᓴᓐᐨᒃ ᑲ ᐣᐱᒪᐧᐠₓ ▪ *My goodness, but he was happy on his birthday!*

miyaanam vti ♦ s/he leaves fresh tracks on the ground (no snow)

miyaasuu vai-u [Inland] ♦ it (anim) smells burnt

miyaashteu vii ♦ the smell of something burning

miyaashkuweu vta ♦ s/he passes him/her by foot

miyaashkam vti ♦ s/he passes it, by foot

miyaahtam vti ♦ s/he smells it

miyaahkateu vii-u ♦ there is a smell of something burning

miyaahkatuu na-tuum ♦ burbot, ling fish *Lota lota*

miyaahkasuu vai-u [Coastal] ♦ it (anim) smells burnt

miyaahcheu vai ♦ s/he smells something

miyaahchikan ni ♦ scent, something aromatic

miywaauhkaau vii ♦ it is nice sand

miywaau vii ♦ it is good ▪ ᐁᐧᑦ ⌐ᑉᐅ ᑕᐊ ᓀᓐ ᓂ ᑭ ᐊᑕᐣᒉᐅᐊᑉₓ ▪ *The canoe is still good to use.*

miywaapeushuu vai dim-i ♦ he is a handsome, nice-looking young man

miywaapekan vii ♦ it (string-like) is good

miywaapechisuu vai -i ♦ it (anim, string-like) is good

miywaapiteu vai ♦ s/he has nice teeth

miywaapiskaau vii ♦ it (stone, metal) is nice, good

miywaapischisuu vai -i ♦ it (anim, stone, metal) is nice, good

miywaapihcheneu vta ♦ s/he puts it (anim, string-like) right, disentangles it (anim)

miywaapihchenam vti ♦ s/he puts it (string-like) right, disentangles it

miywaapatisiiu vai ♦ s/he works well

miywaapatan vii ♦ it works well, it is useful

miywaapachiheu vta ♦ s/he finds him/her useful

miywaapachihuwinh ni pl [Coastal] ♦ possessions, useful things, clothes, furniture

miywaapachihtaawin ni ♦ good, useful thing

miywaapachihtaau vai+o ♦ s/he finds it useful

miywaapameusiiu vai ♦ s/he has a change of personality (and brings bad luck; old term; used with negative only)

miywaapameu vta ♦ s/he regards him/her with favour, s/he favours him/her

miywaapan vii ♦ it is a nice, pretty dawn, a nice, clear morning

miywaapahteu vii ♦ it (ex chimney) draws well, the smoke goes up well

miywaapwaaucheu vai ♦ s/he is good at washing

miywaatisiiu vai ♦ s/he feels better after being sick

miywaatutam vti ♦ s/he speaks well of it, commends it

miywaatamuwin ni ♦ rejoicing

miywaatam vti ♦ s/he rejoices about it

miywaakamuu vii ♦ the water is clean, clear, good to drink

miywaachimeu vta ♦ s/he speaks well of him/her, commends him/her

miywaachimitisuu vai reflex -u ♦ s/he talks to give a good impression of her/himself

miywaachimuwin ni ♦ good news (Bible word)

miywaachimushtuweu vta ♦ s/he tells good news to him/her

miywaachimuu vai -u ♦ s/he tells good news

miywaamiskaau vii ♦ the bottom of the lake is nice

miywaamiskaakamaau vii ♦ the lake has a nice bottom

miywaashuu vii dim -i ♦ it is pretty, nice, good to look at ■ *That book is good.* ♦ *Your dress is pretty.*

miywaahtikuweu vai ♦ it (anim) has nice fur

miywaahtikuskaau vii ♦ there is lots of good wood

mihpan ni ♦ lung

mihtikaan ni ♦ vertical pile of firewood, stacked in a cone shape

mihtiiu vii ♦ it is dead wood

mihtui nad -im ♦ pointed bone put on a stick and used to spear fish

mihtuweu vai ♦ s/he complains about the amount s/he receives (food, money)

mihtukaan ni ♦ wooden lodge

mihtunehtaau vai+o ♦ s/he takes out her/his temper on it (ex hitting wall)

mihtuutihcheu vai ♦ s/he makes a raft

mihtuut ni ♦ raft

mihtuukai nid ♦ ear

mihtuumeu vta ♦ s/he expresses dissatisfaction with what s/he gets from him/her

mihtuuneheu vta ♦ s/he takes it out on someone else

ᒥᐦᑖᑌᐤ mihtaateu vta ♦ s/he misses, regrets him/her (when absent)

ᒥᐦᑖᑌᔨᒣᐤ mihtaateyimeu vta ♦ s/he feels regret for him/her

ᒥᐦᑖᑌᔨᐦᑕᒼ mihtaateyihtam vti ♦ s/he feels regret for it

ᒥᐦᑖᑕᒼ mihtaatam vti ♦ s/he misses, regrets it (when absent) ▪ ᒥᐦᑖᒼ ᐊᓂᒣ ᐅᑎᒋᐸᓐ ᑳ ᒥᔨᒡ ▪ S/he regrets that s/he gave his/her toy to him/her.

ᒥᐦᒉᕽ mihtaamin na ♦ large black bear

ᒥᐦᑖᔨᐤ mihtaayuu na ♦ snow that hangs, is piled on the boughs of trees

ᒥᐦᒡ miht ni -im ♦ firewood

ᒥᐦᑴᐸᔫ mihkwepayuu vai -i ♦ s/he is blushing

ᒥᐦᑴᑲᓐ mihkwekan vii ♦ it (sheet-like) is red, it is red cloth

ᒥᐦᑴᒋᓲ mihkwechisuu vai -i ♦ it (anim, sheet-like) is red

ᒥᐦᑯᐸᔫ mihkupayuu vai/vii -i ♦ it (anim) reddens

ᒥᐦᑯᑐᓀᓂᓲ mihkutunenisuu vai -u ♦ she is putting on lipstick

ᒥᐦᑯᑐᓀᐦᐅᓱᐎᓐ mihkutunehusuwin ni ♦ lipstick

ᒥᐦᑯᑯᐦᑌᐅᒍ mihkukuhteuchuu vai -i ♦ her/his nose is red from cold weather

ᒥᐦᑯᑯᐦᑴᐅᒍ mihkukuhkweuchuu vai -i ♦ his/her face is red from cold weather

ᒥᐦᑯᑯᐦᑴᐤ mihkukuhkweu vai ♦ s/he has a red face

ᒥᐦᑯᑯᐦᑴᑲᓲ mihkukuhkwekasuu vai -u ♦ his/her face becomes red from the heat of the stove, fire

ᒥᐦᑯᑲᔐᐦᐊᓐ mihkukashehun ni ♦ nail polish

ᒥᐦᑯᑲᐦᔐᓂᓲ mihkukahshenisuu vai reflex -u ♦ s/he puts on nail polish

ᒥᐦᑯᒋᑳᔥ mihkuchikaash na dim -im ♦ red, long nose sucker fish *Catostomus catostomus* (see also *mihkwaasheu*)

ᒥᐦᑯᒣᐱ mihkumepii na -m ♦ long nose sucker, red sucker fish *Catostomus catostomus*

ᒥᐦᑯᓀᐤ mihkuneu vta ♦ s/he reddens it (anim) by hands (ex spreading on something)

ᒥᐦᑯᓂᑎᐦᒌ mihkunitihchii ni -m ♦ wrist, wristlet

ᒥᐦᑯᓄᐌᓂᓱᐎᓐ mihkunuwenisuwin ni ♦ rouge for cheeks

ᒥᐦᑯᓄᐌᓂᓲ mihkunuwenisuu vai -u ♦ she is putting rouge on her cheeks

ᒥᐦᑯᓇᒼ mihkunam vti ♦ s/he reddens it with his hands (spreading on something)

ᒥᐦᑯᓐ mihkun nid ♦ ankle

ᒥᐦᑯᓰᓈᑌᐤ mihkusinaateu vii ♦ it is written in, coloured red

ᒥᐦᑯᓰᓈᓲ mihkusinaasuu vai -u ♦ it (anim) is coloured, written in red

ᒥᐦᑯᓲ mihkusuu vai -i ♦ s/he/it (anim) is red

ᒥᐦᑯᔅᑲᒥᒄ mihkuskamikw ni ♦ red coloured sphagnum moss (causes rash to babies), red earth *Sphagnum capillifolium*, acute-leaved peat moss, small red peat moss

ᒥᐦᑯᔐᐤ mihkusheu vai ♦ s/he has the measles

ᒥᐦᑯᔐᐸᔫ mihkushepayuu vai -i ♦ s/he gets red skin, a rash

ᒥᐦᑯᔐᐸᔫ mihkushepayuu vai -i [Coastal] ♦ s/he has the measles

ᒥᐦᑯᔔ mihkushuu vai dim -i ♦ it (anim) is pinky-red

ᒥᐦᑯᔥᑌᐤ mihkushteu vii ♦ it is written in red

ᒥᐦᑯᔥᑎᒀᓀᐤ mihkushtikwaaneu vai ♦ s/he has red hair

ᒥᐦᑯᔥᑖᐤ mihkushtaau vai+o ♦ s/he writes it in red

ᒥᐦᑯᔥᒑᓲ mihkushchuuchisuu vai -i ♦ it (anim, mud-like) is red

ᒥᐦᑯᔮᐲ mihkuyaapii ni -m ♦ vein

ᒥᐦᑯᐦᐁᐤ mihkuheu vta ♦ s/he makes, colours it (anim) red

ᒥᐦᑯᐦᐆ mihkuhuu vai -u ♦ s/he is dressed in red

ᒥᐦᑯᐦᖠᔔ mihkuhaashaau na [Inland] ♦ red, long nose sucker fish, found only in inland waters

ᒥᐦᑯᐦᑴᐸᔫ mihkuhkwepayuu vai -i ♦ s/he blushes

ᒥᐦᑯᐦᑯᑴᔮᑲᓲ mihkuhkukweyaakasuu vai -i ♦ his/her face is red from sunburn, heat

ᒥᐦᑰᐦᐁᐤ mihkuuheu vta [Inland] ♦ s/he gets blood on him/her/it (anim)

ᒥᐦᑰᐦᑖᐤ mihkuuhtaau vai+o [Inland] ♦ s/he sprinkles it with blood

ᒥᐦᒀᐅᑖᑯᔑᐤ mihkwaautaakushuu vii -i ♦ it is a red sky in the evening, after the sun has set

ᒥᐦᒀᐅᔅᒁᐤ mihkwaauskwaau vii ♦ it is red sky, cloud

ᒥᐦᒀᐅᐦᑳᐤ mihkwaauhkaau vii ♦ it is red sand

ᒥᐦᒀᐤ mihkwaau vii ♦ it is red

ᒥᐦᒀᐯᑲᓐ mihkwaapekan vii ♦ it (string-like) is red

ᒥᐦᒀᐯᒋᓱ mihkwaapechisuu vai -i ♦ it (anim, string-like) is red

ᒥᐦᒀᐯᒥᑯᔅᑳᐤ mihkwaapemikuskaau vii ♦ it is an area of red osier dogwood bushes

ᒥᐦᒀᐯᒥᑿ mihkwaapemikw ni ♦ red osier dogwood bush *Cornus stolonifera*

ᒥᐦᒀᐱᔅᑳᐤ mihkwaapiskaau vii ♦ it (stone, metal) is red

ᒥᐦᒀᐱᔅᒋᓱ mihkwaapischisuu vai -i ♦ it (anim, stone, metal, ex a stove from the heat) is red

ᒥᐦᒀᐳ mihkwaapuu ni ♦ bloody water

ᒥᐦᒀᐸᓐ mihkwaapan vii ♦ it is red sky at dawn

ᒥᐦᒀᑌᐅᔑᑉ mihkwaateuship na -im ♦ American widgeon duck *Anas americana*

ᒥᐦᒀᑖᑯᓱ mihkwaataakusuu vai -i ♦ s/he, it (anim) is red from the sun

ᒥᐦᒀᑖᑯᔑᐤ mihkwaataakushuu vii -i ♦ it is a red sunset

ᒥᐦᒀᑲᒧ mihkwaakamuu vii -i ♦ it (liquid) is red

ᒥᐦᒀᓈᐦᑎᒄ mihkwaanaahtikw ni [Coastal] ♦ inside edge, piece of canoe

ᒥᐦᒀᔅᐱᓱ mihkwaaspisuu vai -u ♦ s/he dresses in red

ᒥᐦᒀᔅᑯᓐ mihkwaaskun vii ♦ it (stick-like) is red

ᒥᐦᒀᔅᑯᓐ mihkwaaskun vii ♦ it is red sky

ᒥᐦᒀᔅᑯᓱ mihkwaaskusuu vai -i ♦ it (anim, stick-like) is red

ᒥᐦᒀᔅᒋᑲᓀᐤ mihkwaaschikaneu vai ♦ it (anim) has a red breast

ᒥᐦᑿᔑᐤ mihkwaashuu vii dim -i ♦ it is pinkish-red

ᒥᐦᑿᔐᐤ mihkwaashteu vii ♦ it is a red light

ᒥᐦᑿᐦᑲᓱ mihkwaahkasuu vai -i ♦ s/he, it (anim) is red from the sun, the heat

ᒥᐦᑾ mihkw ni ♦ blood

ᒥᐦᒉᑦᐍᑲᓐᐦ mihchetwekanh vii pl ♦ there are many sheet-like things (ex blankets, paper)

ᒥᐦᒉᑦᐍᒋᓱᐎᒡ mihchetwechisuwich vai pl -i ♦ they (sheet-like) are many

ᒥᐦᒉᑎᓐᐦ mihchetinh vii pl [Inland] ♦ there are many things

ᒥᐦᒉᑐ mihchetu p,quantity ♦ there is/are a lot, it (anim) is abundant ▪ ᒥᐦᒉᑐ ᐋᔨᐦᒄᐦ ᐅᒋ ᐴᒋᐦᒉᐤ ᐋᔭᐎᒡ ▪ *There will be a lot of houses built this summer.*

ᒥᐦᒉᑐᐎᒡ mihchetuwich vai pl -i ♦ they are many

ᒥᐦᒉᑐᐎᒡ mihchetuwiich p,manner ♦ in many ways ▪ ᒥᐦᒉᑐᐎᒡ ᓂᐹ ᑭ ᐋᐦᑐᐦᒡ ▪ *You can do it in many ways.*

ᒥᐦᒉᑐᑲᒫᐅᐦ mihchetukamaauh vii pl ♦ there are many lakes

ᒥᐦᒉᑕᑎᓈᐅᐦ mihchetatinaauh vii pl ♦ there are many mountains

ᒥᐦᒉᑦᐚ mihchetwaau p,quantity ♦ many times ▪ ᒥᐦᒉᑦᐚ ᐃᔥ ᓂᐦ ᑎᑐᐦᒑᕽ ▪ *She tried it many times.*

ᒥᐦᒉᑦᐚᐯᑲᒧᐎᒡ mihchetwaapekamuwich vai pl -u ♦ they (string-like) are many strung up

ᒥᐦᒉᑦᐚᐯᑲᒧᓐᐦ mihchetwaapekamunh vii pl [Inland] ♦ they (string-like) are many hung up

ᒥᐦᒉᑦᐚᐯᑲᒧᐦᑖᐤ mihchetwaapekamuhtaau vai+o ♦ s/he strings up many string-like things (ex clotheslines)

ᒥᐦᒉᑦᐚᐯᑲᒨᐦ mihchetwaapekamuuh vii pl [Coastal] ♦ they (string-like) are many

ᒥᐦᒉᑦᐚᐯᑲᓐᐦ mihchetwaapekanh vii pl ♦ they (string-like) are many; there are many things

ᒥᐦᒉᑦᐚᐯᒋᓱᐎᒡ mihchetwaapechisuwich vai pl -i ♦ they (string-like) are many

ᒥᐦᒉᑦᐚᐱᔅᑳᐅᐦ mihchetwaapiskaauh vii pl ♦ there are many (stone, metal) things

ᒥᐦᒉᑖᐱᔑᔑᐎᒡ mihchetwaapischisuwich vai pl -i ♦ they (stone, metal) are many

ᒥᐦᒉᑖᔅᑯᓐᐦ mihchetwaaskunh vii pl ♦ there are many (stick-like, ex poles) things

ᒥᐦᒉᑖᔅᑯᓲᒡ mihchetwaaskusuwich vai pl -i ♦ they (stick-like, ex trees, boards, pencils) are many

ᒥᐦᒉᓐᐦ mihchenh vii pl [Coastal] ♦ there is a lot, there are many things ■ ᓅ ᐴᐋᒡ ᒥᐦᒉᓐᐦ ᐲᓛᒡₓ ■ *There's lots of boats now.*

ᒥᐦᒋᐴ mihchipuu vai -u ♦ s/he gets a big portion of food

ᒥᐦᒋᑯᓐ mihchikun nid ♦ knee

ᒥᐦᒋᓯᑯᓲ mihchisikusuu vai -i ♦ it (anim) is a big block of ice

ᒥᐦᒋᓯᒃᐙᐤ mihchisikwaau vii ♦ it is big ice

ᒥᐦᒋᔅᑌᐤ mihchisteu vta ♦ s/he fleshes it (anim, a hide)

ᒥᐦᒋᐦᑯᓐ mihchihkun na ♦ flesher for hide made of bone

ᒥᐦᒌᐧᐁᓲ mihchiiwesuu vai -i ♦ s/he is sorry, s/he repents

ᒥᐦᒌᐧᐁᔨᐦᑕᒧᐌᐤ mihchiiweyihtamuweu vta ♦ s/he is sorry for him/her

ᒥᐦᒌᐧᐁᔨᐦᑕᒧᐎᓐ mihchiiweyihtamuwin ni ♦ regret, repentance

ᒥᐦᒌᐧᐁᔨᐦᑕᒻ mihchiiweyihtam vti ♦ s/he is sorry for it, s/he repents of it

ᒥᐦᒌᐤ mihchiiu vai ♦ s/he fleshes a hide, takes the meat off

ᒥᐦᒑᐯᑲᓐ mihchaapekan vii ♦ it is thick (string-like)

ᒥᐦᒑᐯᒋᓲ mihchaapechisuu vai -i ♦ it (anim, string-like) is thick, big

ᒥᐦᒑᐱᔅᑳᐤ mihchaapiskaau vii ♦ it (stone, metal) is large

ᒥᐦᒑᐱᔑᓲ mihchaapischisuu vai -i ♦ it (anim, stone, metal) is large

ᒥᐦᒑᑲᒨ mihchaakamuu vii -i ♦ there is a lot of water, the water is deep

ᒥᐦᒑᔅᑯᑳᑌᐤ mihchaaskukaateu vai ♦ s/he has large, big legs

ᒥᐦᒑᔅᑯᓐ mihchaaskun vii ♦ it (stick-like) is large, big

ᒥᐦᒑᔅᑯᓲ mihchaaskusuu vai -i ♦ it (anim, stick-like, ex tree) is big

ᒥᐦᒑᔅᑯᔨᐌᐤ mihchaaskuyiweu vai ♦ s/he has a large body girth

ᒥᐦᒑᔅᑯᔨᐌᔮᐤ mihchaaskuyiweyaau vii ♦ it has a large diameter

ᒦ

ᒦᐍᐎᓐ miiwewin ni ♦ gift, present one gives

ᒦᐍᐤ miiweu vai ♦ s/he gives things away

ᒦᐍᔥᑯᐌᐤ miiweshkuweu vta ♦ s/he takes someone's place without permission

ᒦᐍᔥᑲᒻ miiweshkam vti ♦ s/he takes its place

ᒦᐍᐦᐁᐤ miiweheu vta ♦ s/he drives him/her away by her/his actions (ex meanness)

ᒦᐎᑎᔮᐲ miiwitiyaapii nid ♦ carrying strap for bag

ᒦᐎᑦ miiwit nid ♦ suitcase, container, box

ᒦᐱᑎᐦᑳᓂᒉᓲ miipitihkaanichesuu vai ♦ s/he is a denturologist, makes false teeth

ᒦᐱᑎᐦᑳᓐᐦ miipitihkaanh ni pl ♦ false teeth, dentures

ᒦᐱᑖᐴ miipitaapuu ni ♦ toothache medicine

ᒦᐱᑦ-ᐦ miipit-h nid pl ♦ teeth

ᒦᑐᓱᐦᑕᒄ miitusuhtakw na ♦ dry poplar wood

ᒦᑐᔅ miitus na ♦ balsam poplar *Populus balsamifera*, trembling aspen, white poplar *Populus tremuloides*

ᒦᑐᔅᑳᐤ miituskaau vii ♦ it is an area of poplar trees

ᒦᑕᑲᐃ miitakai nid ♦ penis

ᒦᑖᑴᑎᓐ miitaakwetin vii ♦ it starts to freeze from the shore outwards

ᒦᑖᑴᓀᐤ miitaakweneu vta ♦ s/he pushes him/her/it (anim) aside, to the side by hand

ᒦᑖᑴᓇᒻ miitaakwenam vti ♦ s/he pushes it aside, to the side by hand

ᒦ၄ᐞ miikwehch p,interjection ♦ thank you ▪ ᒦ၄ᐞ ᓂᑦ ᓅᑕᐎᐤ ▪ *My mother says "thank you"*.

ᒦᑰᑖ miikunaakui ni -kuum ♦ birch bark container for collecting birch sap, jam, bear grease

ᒦᑯᐣ miikun na ♦ wing feather

ᒦᑯᓰᐎᐣ miikusiiwin nid ♦ gift, present one receives

ᒥᒋᐚᐦᑊ miichiwaahp ni ♦ teepee

ᒥᒋᐸᔫ miichipayuu vai -i ♦ s/he/it (anim) has excrement come out spontaneously

ᒥᒋᑎᓲ miichitisuu vai reflex -u [Inland] ♦ s/he shits in her/his pants

ᒥᒋᒫᐦᑎᑯᐦᒉᐤ miichimaahtikuhcheu vai ♦ s/he makes a bait for the beaver using a stick

ᒥᒋᒫᐦᑎᒄ miichimaahtikw ni -im ♦ branches used as food by beaver

ᒥᒋᒼ miichim ni ♦ food

ᒥᒋᓱᐎᓈᐦᑎᑯᔥ miichisuwinaahtikush ni dim ♦ end table, small table

ᒥᒋᓲᐦᐁᐤ miichisuheu vta ♦ s/he makes him/her/it (anim) eat

ᒥᒋᓲ miichisuu vai -u ♦ s/he eats

ᒥᒋᓲᑲᒥᒄ miichisuukamikw ni ♦ restaurant, dining room

ᒥᒋᓲᓈᐦᑎᑯᐌᒋᐣ miichisuunaahtikwechin ni ♦ tablecloth

ᒥᒋᓲᓈᐦᑎᑯᔥ miichisuunaahtikush ni dim ♦ small table, end table

ᒥᒋᓲᓈᐦᑎᒄ miichisuunaahtikw ni ♦ table

ᒥᒋᔅ miichis na -im ♦ bead

ᒥᒋᔅᑕᓲ miichistikasuu vai reflex -u ♦ s/he shits in her/his pants

ᒥᒋᔥᑕᐦᐄᑲᐣ miichishtahiikan ni ♦ beadwork

ᒥᒋᐦᑯᔒᔥ miichihkushiish na dim ♦ swallow bird *Riparia riparia*, tree swallow *Iridoprocne bicolor*

ᒥᒋᐦᑯᓓᔒᔥ miichihkuleshiish na dim [Coastal] ♦ swallow bird *Riparia riparia*, tree swallow *Iridoprocne bicolor*

ᒦᒎ miichuu vai -i ♦ s/he eats it

ᒦᒧᐌᐦᒋᓲ miimuwehchisuu vai -i ♦ it (anim, granular) is damp

ᒦᒧᐚᐦᑳᐤ miimuwaauhkaau vii ♦ it (granular) is damp

ᒦᒧᐚᐤ miimuwaau vii ♦ it is damp

ᒦᒧᐚᑯᓂᑳᐤ miimuwaakunikaau vii ♦ it is damp snow

ᒦᒧᐚᑯᓂᒋᓲ miimuwaakunichisuu vai -i ♦ it (anim) is damp snow

ᒦᒧᑲᒋᔐᐤ miimukachisheu vai ♦ s/he is damp on her/his behind

ᒦᒧᓯᑌᐤ miimusiteu vai ♦ s/he has damp feet

ᒦᒧᓯᒀᐤ miimusikwaau vii ♦ it is damp ice

ᒦᒧᓰᐤ miimusiiu vai ♦ s/he/it (anim) is damp

ᒦᒧᐦᑕᑳᐤ miimuhtakaau vii ♦ it (useful wood) is damp

ᒦᒧᐦᑕᒋᓲ miimuhtachisuu vai -i ♦ it (anim, wooden) is damp

ᒦᓂᓵᐊᐃᐦᑯᓈᐤ miinishaaaihkunaau na -naam ♦ berry cake

ᒦᓂᔕᐦ miinishach na -im [Coastal] ♦ berries, fruit

ᒦᓂᓵᐴ miinishaapuu ni ♦ jam, wine, berry juice

ᒦᓂᓵᐦᑎᒄ miinishaahtikw ni -um [Coastal] ♦ berry bush, branch of berry bush

ᒦᓂᔥ miinishh ni pl ♦ berries

ᒦᓄᐚᑎᓰᐤ miinuwaatisiiu vai ♦ s/he is healed

ᒦᓄᐚᑕᓰᐅᑲᒥᒄ miinuwaatasiiukamikw ni ♦ healing center

ᒦᓄᐚᒋᐦᐁᐤ miinuwaachiheu vta ♦ s/he heals him/her/it (anim)

ᒦᓄᐚᒋᐦᐄᐎᐎᐣ miinuwaachihiiwewin ni ♦ healing

ᒦᓄᐚᒋᐦᐄᐌᐤ miinuwaachihiiweu vai ♦ s/he heals

ᒦᓄᐚᒋᐦᐄᐌᓲ miinuwaachihiiwesuu na -siim ♦ healer

ᒦᓄᐚᔥᑯᐦᑦ miinuwaaskuham vti ♦ s/he puts it upright, using a stick for support, s/he steers it with a stick

ᒦᓄᐱᑌᐤ miinupiteu vta ♦ s/he pulls him/her in the right direction

ᒦᓄᐱᑕᒼ miinupitam vti ♦ s/he pulls it in the right direction

ᒦᓄᐸᔫ miinupayuu vii -i [Coastal] ♦ the weather gets mild after a cold spell

ᒦᓄᓀᐤ miinuneu vta ♦ s/he straightens it (anim) by hand

ᒦᓅᓈᐱᐱᓐ miinuniipin vii [Coastal] ♦ it is a period of warm fall weather after some freezing weather and snow, Indian summer

ᒦᓄᒻ miinunam vti ♦ s/he straightens it by hand

ᒦᓄᐦᐊᒻ miinuham vti ♦ s/he steers it in the right direction

ᒦᓄᐦᐌᐤ miinuhweu vta ♦ s/he steers him/her in the right direction

ᒦᓅᔥ miinuush na dim -im [Mistissini] ♦ cat, from French 'minou'

ᒦᓈᐦᑎᒄ miinaahtikw ni -um [Inland] ♦ berry bush

ᒦᓈᐱᔑᓀᐤ miinwaapischineu vta ♦ s/he straightens it (anim, metal) out, bends it back into shape by hand

ᒦᓈᐱᔑᓇᒻ miinwaapischinam vti ♦ s/he straightens it (stone, metal) by hand

ᒦᓈᔅᑯᐦᐌᐤ miinwaaskuhweu vta ♦ s/he puts him/her upright using a stick for support

ᒦᓐ miin p,quantity ♦ again, more ▪ ᒦ ᑖ ᐅᑎᓈᐸᔔ ᐊ ᐦ ᐋᑲᓃᒡ᙮ He is going to be taken back again on that job.

ᒦᓯᒋᓯᐤ miisichisiiu vai ♦ s/he is rich

ᒦᓯᐅᑲᒥᒄ miisiiukamikw ni ♦ toilet, washroom, outhouse

ᒦᓯᐙᐴ miisiiwaapuu ni ♦ laxative, literally 'shit liquid'

ᒦᓯᐤ miisiiu vai ♦ s/he has a bowel movement, shits

ᒦᔥᑯᐦᐊᒻ miiskuham vti ♦ s/he hits it (target)

ᒦᔥᑯᐦᑎᓐ miiskuhtin vii ♦ it is in line with another object in one's vision

ᒦᔅᒀᐱᓐ miiskwaapin nid ♦ carrying strap, tumpline

ᒦᔐᐃ miishui na -uiim ♦ cedar waxwing bird *Bombycilla cedrorum*

ᒦᔐᐅᐤ miishuteu vta ♦ s/he hits it (anim, ex target)

ᒦᔐᐦᐊᒻ miishaham vti ♦ s/he puts a patch on it

ᒦᔐᐦᐋᔅᐱᑌᐤ miishahaaspiteu vta ♦ s/he mends a net

ᒦᔐᐦᐌᐤ miishahweu vta ♦ s/he puts a patch on it (anim)

ᒦᔐᐱᓈᓐ miishaapunaan nid ♦ eyelash

ᒦᔥᑐᐌᐤ miishtuweu vai ♦ s/he has a beard, whiskers, moustache

ᒦᔥᑐᐙᑲᓐ miishtuwaakan na ♦ whiskers, beard

ᒦᔥᑐᐙᓐ miishtuwaan ni [Inland] ♦ a bearded person

ᒦᔥᑯᑎᓀᐤ miishkutineu vta ♦ s/he exchanges it (anim) for a different one by hand

ᒦᔥᑯᑎᓇᒻ miishkutinam vti ♦ s/he exchanges it, by hand

ᒦᔥᑯᑎᔥᑯᐌᐤ miishkutishkuweu vta ♦ s/he replaces him/her (ex at work)

ᒦᔥᑯᑎᔥᑲᒻ miishkutishkam vti ♦ s/he changes, exchanges it for another (ex clothing)

ᒦᔥᑯᑑᓇᒧᐌᐤ miishkutuunamuweu vta ♦ s/he exchanges it for/with him/her

ᒦᔥᑯᑑᓇᒻ miishkutuunam vti ♦ s/he exchanges it for a different one by hand

ᒦᔥᑯᑕᐱᔥᑐᐌᐤ miishkutapiishtuweu vta ♦ s/he sits in someone's place, s/he exchanges places with him/her

ᒦᔥᑯᑕᔥᑖᐤ miishkutashtaau vai+o ♦ s/he exchanges it for a different one (by hand) when it's on something (ex shelf)

ᒦᔥᑯᑖᔅᐱᑌᐤ miishkutaaspiteu vta ♦ s/he exchanges someone's clothes

ᒦᔥᑯᑖᔅᐱᓱᐤ miishkutaaspisuu vai -u ♦ s/he changes her/his own clothes

ᒦᔥᑯᒋᐸᔫ miishkuchipayuu vai/vii -i ♦ s/he/it (anim) exchanges places with something, it takes its place

ᒦᔥᑯᒋᑳᐴᔥᑐᐌᐤ miishkuchikaapuushtuweu vta ♦ s/he stands in the place of another, s/he exchanges places with him/her standing

ᒦᔥᑯᒋᑳᐴᐦᐁᐤ miishkuchikaapuuheu vta ♦ s/he stands another (ex stove) in its (anim) place

ᒦᔥᑯᒋᔑᓐ miishkuchishin vai ♦ s/he lies down somewhere else

ᒦᔥᑯᒋᔥᑖᓲ miishkuchishtaasuu vai -u ♦ s/he re-arranges things

ᒦᔥᑯᒋᔥᑯᐌᐤ miishkuchishkuweu vta ♦ s/he takes her/his place

ᒦᔥᑯᒡ **miishkuch** p,manner ♦ in exchange ▪ ᒦᔥᑯᒡ ᑯᒃᐹ ᓂᐱ ᒥᔫ ▪ *I'll give her another one in exchange.*

ᒦᔥᑯᔑᓐᐦ **miishkushin** vai ♦ s/he/it (anim) is in line with another object in one's vision

ᒦᔫ **miiyeu** vta ♦ s/he gives it to him/her

ᒥᔾ **miiyi** ni ♦ pus from infection

ᒥᔾᔫ **miiyiyuu** vii ♦ it has pus inside it (ex hand, knee)

ᒥᔾᔫᐙᐱᑌᐤ **miiyiyuuwaapiteu** vai ♦ s/he has an abscessed, infected tooth

ᒥᔾᔫᐙᐱᑦ **miiyiyuuwaapit** ni ♦ abscessed tooth

ᒥᔪᒋᓰᐤ **miiyuchisiiu** vai ♦ it (anim) is soft, squishy, rotten

ᒥᔪᒋᐦᑕᒄ **miiyuchihtakw** ni ♦ rotten, soft stick

ᒥᔫᑖᒨ **miiyuutaamuu** vai ♦ s/he has tuberculosis, infected lungs

ᒥᔫᐦᑲᑌᐤ **miiyuuhkateu** vii ♦ it is full of pus, infected

ᒥᔮᓇᒻ **miiyaanam** vti ♦ s/he/it (anim) leaves fresh tracks on snow

ᒦᐦᒃᐙᑎᓰᐤ **miihkwaatisiiu** vai ♦ s/he is strong and healthy ▪ ᐋᓂᑦ ᓈᐦ ᐳ ᒦᐦᒃᐙᑎᔫᒡᐦ ▪ *Those are the ones who are still strong and healthy.*

ᒦᐦᒀᒡ **miihkwaach** p,quantity ♦ hardly, scarcely (must be used with negative) ▪ ᐁᑳ ᒦᐦᒀᒡ ᑎᐹ ᐋᔮᐦᒡ ▪ *She hardly has anything.*

ᒨ

ᒨᐙᐅᐦᑵᐤ **muwaauhkweu** vai ♦ it (anim, partridge) eats sand

ᒨᐙᐳᐤ **muwaapuu** vai-i ♦ s/he goes to get supplies

ᒨᐙᐦᒀᒉᓲ **muwaahkwaachesuu** na ♦ small sturgeon, just hatched, literally 'raw fish-egg eater'

ᒧᑯᔥᑳᒋᐦᐁᐤ **mukushkaachiheu** vta ♦ s/he bothers, bugs him/her

ᒧᑯᔥᑳᒋᐦᑖᐤ **mukushkaachihtaau** vai+o ♦ s/he bothers it

ᒧᑯᐦᐆᓲ **mukuhuusuu** na -shiish ♦ heron, great blue *Ardea herodias*, also black-crowned night heron *Nycticorax nycticorax*

ᒧᑯᐦᐆᔒᔥ **mukuhuushiish** na dim ♦ young heron

ᒧᐹᑯᓀᐳ **mukwaakunepuu** vai-i ♦ it (anim) creates a mound as it (anim) sits under the snow

ᒧᐹᑯᓀᔥᑌᐤ **mukwaakuneshteu** vii ♦ it creates a mound as it sits under the snow

ᒧᒥᔅᑯᐦᐄᐌᐤ **mumiskuhiiweu** vai ♦ s/he supplies beaver as food for the people

ᒨᓵᓰᑳᓰᐦᑖᑖᐤ **musaasikaasihtataau** vai+o ♦ s/he takes it out from shore walking in the water

ᒨᓵᓰᑳᓰᐦᑕᐦᐁᐤ **musaasikaasihtaheu** vta ♦ s/he takes him/her out from shore walking in the water

ᒨᓵᐦᔮᐤ **musaasihyaau** vai ♦ it (anim) flies out to the water

ᒨᓵᓲ **musaasuu** vai-i ♦ s/he walks out to the water from shore

ᒨᔅᑯᐱᒋᐤ **musaaskupichuu** vai-i ♦ s/he goes out onto the ice, moving winter camp

ᒨᔅᑯᐸᔫ **musaaskupayuu** vai/vii -i ♦ s/he/it goes out on the ice, by vehicle

ᒨᔅᑯᐸᐦᑖᐤ **musaaskupahtaau** vai ♦ s/he runs out on the ice

ᒨᔅᑯᑑᑌᐤ **musaaskutuuteu** vai ♦ s/he carries it out on the ice on her/his back

ᒨᔅᑯᑖᐯᐤ **musaaskutaapeu** vai ♦ s/he pulls a toboggan out on the bare ice

ᒨᔅᑯᑖᐹᑌᐤ **musaaskutaapaateu** vta ♦ s/he pulls him/her (on toboggan) out on the ice

ᒨᔅᑯᐦᑕᑖᐤ **musaaskuhtataau** vai+o ♦ s/he takes it out on the ice

ᒨᔅᑯᐦᑕᐦᐁᐤ **musaaskuhtaheu** vta ♦ s/he takes him/her/it (anim) out on the ice

ᒨᔅᑰ **musaaskuu** vai-u ♦ s/he goes out on the ice from shore

ᒨᔅᑰᑑᑖᒣᐤ **musaaskuutuutaameu** vta ♦ s/he carries him/her on the back out on the ice

ᒧᔅᑎᓂᔅᑳᑌᐤ **mustiniskaateu** vta ♦ s/he kills it (anim) using her/his hands alone

ᒧᔅᑎᔅᑲᒥᑢ **mustiskamihch** p,location
 • right, directly on the ground

ᒧᔅᒑᐱᔅᑳᐤ **mustaapiskaau** vii • it
(mineral) is bare (ex rock, blade
without a handle)

ᒧᔅᑳᐅᐦᑳᔔ **muskaauhkaashuu** vai-i • it
(anim) is uncovered in the sand by the
wind

ᒧᔅᑳᐅᐦᑳᔥᑎᓐ **muskaauhkaashtin** vii • it
is bared, uncovered in the snow by the
wind

ᒧᔅᒌᐌᓲ **muschiiwesuu** vai-i • s/he gets
angry again after calming down

ᒧᔐ **mushe** p,manner • free, bare, out in
the open ▪ ᒧᔐ ᐊ᳊᳓ᒡ ᐊᵃ ᓖᵖˣ ▪ *Put the
tent out in the open.*

ᒧᔐᐱᔮᐤ **mushepeyaau** vii • it is bare of
ice, open water

ᒧᔐᐱᑌᐤ **mushepiteu** vta • s/he pulls
the cover off him/her, bares it

ᒧᔐᐱᑎᓲ **mushepitisuu** vai reflex -u • s/he
pulls the cover off her/himself

ᒧᔐᐱᑕᒻ **mushepitam** vti • s/he pulls the
cover off it, bares it

ᒧᔐᐹᒣᐤ **mushepwaameu** vai • s/he has
bare thighs

ᒧᔐᑯᓃᐱᑌᐤ **mushekuniipiteu** vta • s/he
pulls the blanket off him/her while
sleeping

ᒧᔐᑯᔨᐌᐤ **mushekuyiweu** vai • s/he has
her/his neck uncovered, has a bare
neck

ᒧᔐᑲᒋᔒᐤ **mushekachishiiu** vai • s/he is
bare-bottomed

ᒧᔐᑳᑌᐤ **mushekaateu** vai • s/he has
bare legs

ᒧᔐᑳᑌᐦᐁᐤ **mushekaateheu** vta • s/he
uncovers his/her legs

ᒧᔐᓀᐤ **musheneu** vta • s/he carries
him/her/it (anim, ex bannock)
uncovered, bare

ᒧᔐᓇᒻ **mushenam** vti • s/he carries it
uncovered (ex plate of food)

ᒧᔐᔑᓐ **musheshin** vai • s/he lies
uncovered, exposed, bare

ᒧᔐᔥᑌᐤ **musheshteu** vii • it is placed,
lies uncovered, bare, exposed

ᒧᔐᔥᑎᒁᓀᐤ **musheshtikwaaneu** vai
 • s/he has a bare head

ᒧᔐᔥᑎᒁᓀᔑᓐ **musheshtikwaaneshin** vai
 • s/he has nothing on her/his head
while laying down, lays down with a
bare head

ᒧᔐᔥᑯᐌᐤ **musheshkuweu** vta • s/he
uncovers it (anim) by foot, body

ᒧᔐᔥᑲᑌᐐᐤ **musheshkatewiiu** vai • s/he
undressed, bare, has no clothes on

ᒧᔐᔥᑲᑌᐤ **musheshkateu** vai • s/he is
naked

ᒧᔐᔥᑲᑌᐱᑌᐤ **musheshkatepiteu** vta
 • s/he pulls someone's clothes off
him/her, rapes him/her

ᒧᔐᔥᑲᑌᐱᑎᓲ **musheshkatepitisuu** vai
reflex -u • s/he pulls her/his own
clothes off

ᒧᔐᔥᑲᑌᐴ **musheshkatepuu** vai-i • s/he
sits undressed, bare, with no clothes
on

ᒧᔐᔥᑲᑌᐸᐦᑖᐤ **musheshkatepahtaau** vai
 • s/he is streaking, running naked

ᒧᔐᔥᑲᑌᓀᐤ **musheshkateneu** vta • s/he
undresses him/her

ᒧᔐᔥᑲᑌᔑᓐ **musheshkateshin** vai-i
 • s/he lays undressed, bare, with no
clothes on

ᒧᔐᔥᑲᑌᐦᑌᐤ **musheshkatehteu** vai
 • s/he walks undressed, bare, with
no clothes on

ᒧᔐᔥᑲᒻ **musheshkam** vti • s/he
uncovers it with his/her feet

ᒧᔐᔮᐱᔅᒋᓇᒻ **musheyaapischinam** vti
 • s/he holds it (metal, ex gun with no
case) with bare hands

ᒧᔐᔮᑯᓀᐦᐊᒻ **musheyaakuneham** vti
 • s/he sweeps snow away from it,
bares it

ᒧᔐᔮᑯᓀᐦᐌᐤ **musheyaakunehweu** vta
 • s/he sweeps snow away from
him/her/it (anim)

ᒧᔐᔮᓂᑳᐤ **musheyaanikaau** vii • it is an
island bare of trees

ᒧᔐᔮᔅᑯᐱᑐᓀᐤ **musheyaaskupituneu** vai
 • s/he has bare arms (ex wears short
sleeves)

ᒧᔐᔮᔅᒋᑲᓀᐤ **musheyaaschikaneu** vai
 • s/he has her/his chest uncovered,
is bare-chested

ᒧᔐᔮᔥᐱᔅᑳᐤ **musheyaashpiskaau** vii • it
is bare, exposed metal, stone

ᒧᔐᔮᔥᑎᓐ **musheyaashtin** vii ♦ it is uncovered by the wind
ᒧᔐᐦᑎᓐ **mushehtin** vii ♦ it lies exposed, bare
ᒧᔐᐦᑲᒨ **mushehkamuu** vii ♦ there is open water
ᒧᔐᐦᑾᒨ **mushehkwaamuu** vai -u ♦ s/he spends the night, sleeps, in the open with no tent, just brush shelter
ᒧᔔᐚᐤ **mushuwaau** vii ♦ it is barren
ᒧᔔᐚᔅᑴᔮᐤ **mushuwaaskweyaau** vii ♦ it is a clearing in the woods (a feeding area for moose)
ᒧᔔᑖᐅᐦᑳᐤ **mushuutaauhkaau** vii ♦ it is a bare, cleared area of sand
ᒧᔔᓰᑳᐤ **mushuusikwaau** vii ♦ it is patch of bare ice, it is bare ice
ᒧᔔᔐᑳᐤ **mushuuschekaau** vii ♦ it is bare muskeg
ᒧᔖᐅᔐᑲᐦᔒᑦ **mushaauschekaham** vti ♦ s/he walks out into the muskeg
ᒧᔖᐅᔐᒋᐱᒡ **mushaauschechipichuu** vai -ᐄ ♦ s/he goes out on the muskeg, moving winter camp
ᒧᔖᐅᔐᒋᐸᔫ **mushaauschechipayuu** vai/vii -ᐄ ♦ s/he/it goes out into the muskeg
ᒧᔖᐅᔐᒋᐸᐦᑖᐤ **mushaauschechipahtaau** vai ♦ s/he runs out into the muskeg
ᒧᔖᐅᐦᔒᑦ **mushaauham** vti ♦ s/he paddles, swims away from shore, goes away from shore in boat, swimming
ᒧᔖᐌᐹᔨᐦᐁᐤ **mushaawepayiheu** vta ♦ s/he takes him/her out from shore, by using something (ex canoe)
ᒧᔖᐌᐹᔨᐦᑖᐤ **mushaawepayihtaau** vai+o ♦ s/he steers it out from shore
ᒧᔖᐌᐹᔫ **mushaawepayuu** vai/vii -ᐄ ♦ s/he/it goes off from shore
ᒧᔖᐌᐸᐦᔒᑦ **mushaawepaham** vti ♦ s/he pushes it out from shore using a tool (ex paddle)
ᒧᔖᐌᐸᐦᐌᐤ **mushaawepahweu** vta ♦ s/he pushes him/her out from shore
ᒧᔖᐌᑎᓐ **mushaawetin** vii ♦ it is an off-shore wind
ᒧᔖᐌᑎᔑᓈᑦ **mushaawetishinam** vti ♦ s/he pushes it out from shore by hand

ᒧᔖᐌᔮᐳᑌᐤ **mushaaweyaaputeu** vii ♦ it floats out from shore with the current, tide
ᒧᔖᐌᔮᐳᑰ **mushaaweyaapukuu** vai -u ♦ s/he floats out from shore with the current, tide
ᒧᔖᐌᔮᑎᑳᓲ **mushaaweyaatikaasuu** vai -ᐄ ♦ s/he walks out into the water from shore
ᒧᔖᐌᐦᔮᐅᐲᓯᒻ **mushaawehyaaupiisim** na [Coastal] ♦ June
ᒧᔖᐌᐦᔮᐤ **mushaawehyaau** vai ♦ it (anim, bird) flies out over the water, migrates
ᒧᔖᐦᐆᑐᐌᐤ **mushaahuutuweu** vta ♦ s/he takes it to him/her from the shore, paddling
ᒧᔖᐦᐆᑖᐤ **mushaahuutaau** vai+o ♦ s/he takes it away from shore, paddling
ᒧᔖᐦᐆᔮᐤ **mushaahuuyeu** vta ♦ s/he takes him/her away from shore, paddling
ᒧᔥᑌᐸᒋᔥᑖᐚᐤ **mushtepachistahwaau** vai [Coastal] ♦ s/he sets a net along the shore while the tide is low
ᒧᔥᑌᓀᔨᒣᐤ **mushteneyimeu** vta ♦ s/he longs for him/her, desires him/her
ᒧᔥᑌᓀᔨᐦᑕᒻ **mushteneyihtam** vti ♦ s/he desires it, longs for it
ᒧᔥᑌᓀᔨᐦᑖᑯᓐ **mushteneyihtaakun** vii ♦ it is desirable, it evokes desire
ᒧᔥᑌᓀᔨᐦᑖᑯᓲ **mushteneyihtaakusuu** vai -ᐄ ♦ s/he is desirable, s/he evokes desire
ᒧᔥᑌᓅᐌᐤ **mushtenuweu** vta ♦ s/he is attracted to him/her
ᒧᔥᑌᓇᒻ **mushtenam** vti ♦ s/he is attracted to it
ᒧᔥᑌᓈᑎᐦᐋᐯᐤ **mushtenaatahiipeu** vai ♦ s/he checks the fishnet that was set along the coast at low tide
ᒧᔥᑌᓈᑯᓐ **mushtenaakun** vii ♦ it is attractive
ᒧᔥᑌᓈᑯᓲ **mushtenaakusuu** vai -ᐄ ♦ s/he/it (anim) is attractive
ᒧᔥᑎᑕᓐ **mushtitan** vii ♦ it is a frozen lake with no snow
ᒧᔥᑎᓀᐤ **mushtineu** vta ♦ s/he catches it by hand (anim, ex live mouse); s/he gets it for free [Mistissini]

ᒧᔥᑎᓈᒻ mushtinam vti ◆ s/he gets it for free [Mistissini]

ᒧᔥᑎᓯᒃᐚᐤ mushtisikwaau vii ◆ it is bare ice

ᒧᔥᑎᐦᑕᑳᐳᐤ mushtihtakapuu vai -i ◆ s/he sits on the bare floor

ᒧᔥᑎᐦᑕᒋᐳᐤ mushtihtachipuu vai ◆ s/he sits on the floor

ᒧᔥᑎᐦᑕᒋᔑᒣᐤ mushtihtachishimeu vti ◆ s/he lays him/her/it (anim) on the bare floor

ᒧᔥᑎᐦᑖᒡ mushtihtach p,location ◆ on the floor

ᒧᔥᑕᑖᐅᐦᑳᐤ mushtataauhkaau vii ◆ it is bare sand

ᒧᔥᑕᑖᓈᐅᐦᑳᐤ mushtataanaauhkaau vii ◆ it is pure sand, there is nothing but sand (ex teepee with only sand within)

ᒧᔥᑕᑲᓂᒉᐤ mushtakanicheu vai ◆ s/he has bare gums (no teeth)

ᒧᔥᑕᐦᑕᒻ mushtahtam vti ◆ s/he eats it unadulterated, s/he eats nothing but it (ex eats jam alone)

ᒧᔥᑕᐦᑕᒻ mushtahtam vti ◆ s/he eats it bare, without anything spread on it

ᒧᔥᑖᐅᐦᑳᐤ mushtaauhkaau vii ◆ it (granular) is pure

ᒧᔥᑖᐅᐦᒋᐳᐤ mushtaauhchipuu vai -u ◆ s/he eats something dry and powdery (ex flour, powdered milk) without mixing it

ᒧᔥᑖᐅᐦᒋᓱᐤ mushtaauhchisuu vai ◆ it (anim, granular) is pure, unadulterated, (ex only flour with no additions)

ᒧᔥᑖᐅᐦᒡ mushtaauhch p,manner ◆ only, plain (ex only flour and no other baking supplies) ■ ᒧᔥᑖᐅᐦᒡ ᒦ ᐊᓲ ᐧ".ᖯᔑᐯ".ₓ ■ *Just give plain flour.*

ᒧᔥᑖᐱᔅᒋᓱᐤ mushtaapischisuu vai -i ◆ it (anim) is a blade without a handle

ᒧᔥᑖᑯᓀᐳᐤ mushtaakunepuu vai -i ◆ s/he sits directly on the snow

ᒧᔥᑖᑯᓀᑖᐯᐤ mushtaakunetaapeu vai ◆ s/he drags it on bare snow

ᒧᔥᑖᑯᓀᔑᒣᐤ mushtaakuneshimeu vta ◆ s/he drags him/her in the snow

ᒧᔥᑖᑯᓀᔑᓐ mushtaakuneshin vai ◆ s/he lies directly on the snow

ᒧᔥᑖᑯᓀᐦᑖᐤ mushtaakunehtaau vai+o ◆ s/he drags it in the snow

ᒧᔥᑖᑲᒥᒣᐤ mushtaakamimeu vta ◆ s/he drinks it (anim) straight, s/he drinks a pure liquid, undiluted

ᒧᔥᑖᑲᒥᐦᑕᒻ mushtaakamihtam vti ◆ s/he drinks it straight, s/he drinks a pure, undiluted liquid

ᒧᔥᑖᑲᒨ mushtaakamuu ni ◆ it is undiluted liquid (ex straight gas)

ᒧᔥᑖᓈᔥᑎᒋᓇᒻ mushtaanaashtichinam vti ◆ s/he bares the floor (ex takes all the boughs and needles and throws them away)

ᒧᔥᑖᓈᔥᑎᒡ mushtaanaashtich p,location ◆ directly on the boughs

ᒧᔥᑖᓈᔥᑎᐦᒋᐳᐤ mushtaanaashtihchipuu vai ◆ s/he sits directly on the boughs

ᒧᔥᑖᓈᔥᑎᐦᒋᔑᓐ mushtaanaashtihchishin vai ◆ s/he lays directly on the boughs

ᒧᔥᑖᔅᑯᓲ mushtaaskusuu vai ◆ it is the bare frame of a snowshoe, with no lacing on it

ᒧᔨᓰᐤ muyisiiu vai ◆ s/he knows in advance that something will happen, foretells an event

ᒧᔮᒥᐸᔨᐦᐁᐤ muyaamipayiheu vta ◆ s/he sets it (anim, ex clock) so it is right, correct

ᒧᔮᒥᐸᔨᐦᑖᐤ muyaamipayihtaau vai+o ◆ s/he sets it so it is right, accurate, correct

ᒧᔮᒥᐸᔫ muyaamipayuu vai -i ◆ s/he/it (anim) is accurate, it goes on just right

ᒧᔮᒫᐦᐊᒻ muyaamaham vti ◆ s/he is accurate, corrects it

ᒧᔮᒫᐦᐁᐤ muyaamahweu vta ◆ s/he is accurate about him/her/it (anim), corrects him/her/it

ᒧᔮᒻ muyaam p,manner ◆ just like, same, right, exactly ■ ᐊ"ᐊᵒ ᒧᔮᒻ ᐃ"ᐱᔑᐤᵒₓ ■ *It's exactly the right size.*

ᒨ

ᒨᐌᐤ muuweu vta ◆ s/he eats it (anim)

ᒨᐚᐦᑯᓈᐌᐤ muuwaaihkunaaweu vai ◆ s/he is eating bannock

ᒨᐌᐴ **muuwaapeu** vai ♦ it (anim, dog) chews and eats its harness

ᒨᐊᐳᔐᐤ **muuwaapushweu** vai ♦ s/he eats rabbit, hare

ᒨᐊᑎᐦᒁᐤ **muuwaatihkweu** vai ♦ s/he eats caribou

ᒨᐊᑯᓀᐤ **muuwaakuneu** vai ♦ s/he eats snow

ᒨᐊᔅᑵᐤ **muuwaaskweu** vai [Inland] ♦ s/he is eating bear meat

ᒨᐊᔅᒉᐤ **muuwaascheu** vai ♦ s/he is eating geese

ᒨᐊᔒᐴ **muuwaashipeu** vai ♦ s/he is eating ducks

ᒨᐊᐦᑵᐤ **muuwaahkweu** vai ♦ s/he eats fish eggs

ᒨᐊᐦᒁᒉᐤ **muuwaahkwaacheu** vai ♦ it (anim) eats raw fish eggs

ᒨᐲᒣᐤ **muupimeu** vai ♦ s/he eats grease

ᒨᐲᒣᐦᐁᐤ **muupimeheu** vta ♦ s/he feeds him/her grease

ᒨᑎᐦᑌᐤ **muutihteu** vta [Coastal] ♦ s/he visits him/her

ᒨᑖᑕᐅᐦᑳᐤ **muutaatauhkaau** vii ♦ it is a stream with deep sandy banks

ᒨᑖᔦᑲᓐ **muutaayekan** vii ♦ it (sheet-like, ex canvas) is broad, wide

ᒨᑖᔮᐤ **muutaayaau** vii ♦ it (ex hole, bowl) is deep

ᒨᑖᔮᔥᑎᒁᔮᐤ **muutaayaashtikweyaau** vii ♦ it is a deep river, creek

ᒨᑖᔮᐦᑲᑎᔅᐌᐤ **muutaayaahkatisweu** vta ♦ s/he dries it (anim) fairly deeply

ᒨᑖᔮᐦᑲᑎᓲ **muutaayaahkatisuu** vai-u ♦ it (anim, ex moose hide) is dried fairly deeply

ᒨᑖᔮᐦᑲᑎᓴᒻ **muutaayaahkatisam** vti ♦ s/he dries it (ex smoked fish) very deeply

ᒨᑖᔮᐦᑲᑐᑌᐤ **muutaayaahkatuteu** vii ♦ it (ex meat) is dried fairly deeply

ᒨᑖᐦᑎᓐ **muutaahtin** vii ♦ it (river, creek) is deep

ᒨᑳᒁᐤ **muukaakweu** vai ♦ s/he is eating porcupine

ᒨᒋᑲᓐ **muuchikan** vii ♦ there is fun

ᒨᒋᑲᐦᑖᐤ **muuchikahtaau** vai ♦ s/he is having fun

ᒨᒋᑲᐦᑖᑲᓲ **muuchikahtaakaasuu** vai-u ♦ s/he is pretending to have fun

ᒨᒋᑳᔅᐴ **muuchikaaspuu** vai-u ♦ s/he enjoys what s/he is eating

ᒨᒋᒉᔨᐦᑕᒧᐎᓐ **muuchicheyihtamuwin** ni ♦ joy

ᒨᒋᒉᔨᐦᑕᒻ **muuchicheyihtam** vti ♦ s/he is elated, rejoicing

ᒨᒋᒉᔨᐦᑖᑯᓲ **muuchicheyihtaakusuu** vai-i ♦ s/he is a funny, amusing person

ᒨᒋᒋᐦᐁᐤ **muuchichiheu** vta [Inland] ♦ s/he creates fun for him/her

ᒨᒋᔐᔮᒁᐤ **muuchisheyaakweu** vai [Coastal] ♦ s/he is eating bear

ᒨᒋᔑᐎᐤ **muuchishuweu** vai [Coastal] ♦ s/he is visiting

ᒨᒋᔑᒣᐤ **muuchishumeu** vai [Coastal] ♦ s/he is visiting him/her

ᒨᒋᐦᐄᐌᐤ **muuchihiiweu** vai ♦ s/he gives others fun, joy

ᒨᒋᐦᑲᐦᐁᐤ **muuchihkaheu** vta [Coastal] ♦ s/he gives him/her fun

ᒨᒣᓭᐤ **muumeseu** vai ♦ s/he is eating fish

ᒨᒥᓀᐤ **muumineu** vai ♦ s/he eats berries

ᒨᒥᔅᑵᐤ **muumiskweu** vai ♦ s/he is eating beaver

ᒨᓃᑖᐅᐦᑲᐦᐄᒉᐤ **muunitaauhkahiicheu** vai ♦ s/he digs in the sand with something

ᒨᓃᑖᐅᐦᑲᐦᐊᒻ **muunitaauhkaham** vti ♦ s/he digs it out of gravel, stony sand, by tool

ᒨᓃᑖᐅᐦᑲᐦᐁᐤ **muunitaauhkahweu** vta ♦ s/he digs it (anim) out of gravel, stony sand, by tool

ᒨᓂᒉᐱᐦᒎᐯᔫ **muunichepihchuwepayuu** vai/vii-i ♦ it (anim) uproots, is uprooted

ᒨᓂᒉᐱᐦᒎᐌᐦᐊᒻ **muunichepihchuweham** vti ♦ s/he uproots it

ᒨᓂᔅᑲᒥᒋᓀᐤ **muuniskamichineu** vta ♦ s/he digs it out of the ground, moss by hand

ᒨᓂᔅᑲᒥᒋᓇᒻ **muuniskamichinam** vti ♦ s/he digs it out of the ground, moss, by hand

ᒨᓂᐦᐄᐹᓐ **muunihiipaan** ni ♦ well

ᒨᓂᐦᐄᑳᒉᐤ **muunihiikaacheu** vai+o ♦ s/he digs with it

ᒨᓂᐦᐄᒉᐤ **muunihiicheu** vai ♦ s/he digs

muunihiishuuyaaneu vai [Coastal] ♦ s/he digs for precious metal (ex in a mine)

muunihiishuuyaanesuu na -siim [Coastal] ♦ a miner

muuniham vti ♦ s/he digs it, by tool

muunihaapitaan ni [Inland] ♦ soother

muunihweu vta ♦ s/he digs it (anim), by tool

muunaauhkahiicheu vai ♦ s/he digs things out of the ground

muunaauhkaham vti ♦ s/he digs it out of sand, by tool

muunaauhkahweu vta ♦ s/he digs him/her out of sand

muunaauhchineu vta ♦ s/he digs him/her out of sand, by hand

muunaauhchinam vti ♦ s/he digs it out of sand, by hand

muunaakuneham vti ♦ s/he digs it out of the snow, by tool

muunaakunehweu vta ♦ s/he digs him/her out of the snow, by tool

muunaakunichineu vta ♦ s/he digs it out of the snow by hand

muusiteu vai ♦ s/he is eating feet (ex of beaver)

muusuutehii na -m ♦ moose heart

muusupimii na -m ♦ moose grease

muusutachishii na -m ♦ moose intestine

muusunii ni ♦ community of Moosonee

muusush na dim -um ♦ young moose *Alces alces*

muusuyaanestis na ♦ moose hide mitten

muusuyaaneschisinh ni ♦ moose hide moccasins

muusuyaaniyaapii ni -m ♦ moose hide line

muusuyaanaahtikw ni ♦ pole over which moose hide is hung to be stretched

muusuyaan na ♦ moose skin

muusuyaas ni -im ♦ moose meat

muusuuminach na pl -im ♦ highbush cranberries

muusuuminaahtikw ni ♦ highbush cranberry, squashberry, mooseberry bush *Viburnum edule* or *Viburnum trilobum*

muus na -um ♦ moose *Alces alces*

muusteu vii ♦ it is a forest fire

muustihtenamuweu vta [Coastal] ♦ s/he makes smoke to attract his/her attention

muustihtenam vti ♦ s/he makes smoke to attract attention

muuskuwiiu vai ♦ s/he cries from being frustrated of not being able to do something

muuskuwaateu vta ♦ s/he cries after him/her

muuskuwaatam vti ♦ s/he cries for something that was taken away

muuskuwaasuu vai -i ♦ s/he cries after someone

muuskumeu vta ♦ s/he makes him/her cry (by scolding, talking to him/her)

muuskuheu vta ♦ s/he makes him/her cry from hitting him/her

muuskuuchuu vai -i ♦ s/he cries from the cold

muuskuuhkateu vai ♦ s/he cries from hunger

muuskuuhkasuu vai -u ♦ s/he cries from the heat

muuskashtaau vai+o ♦ s/he takes it out of something and sets it out

muuskaheu vta ♦ s/he takes it (anim) out of something and sets it out somewhere

muuskahiipeu vai/vii ♦ s/he/it floats on the surface of the water, is buoyant

muuskaauhkaham vti ♦ s/he digs it out of the ground, sand, by tool

muuskaauhkahweu vta ♦ s/he digs it out of the gravel, sand, by tool

ᒧᐢᑳᐆᐦᒋᓀᐤ muuskaauhchineu vta
• s/he digs it (anim) out of the sand by hand
ᒧᐢᑳᐆᐦᒋᓇᒼ muuskaauhchinam vti
• s/he digs it out of the sand by hand
ᒧᐢᑳᐆᐦᒋᔍᑯᐍᐤ muuskaauhchishkuweu vta • s/he digs it (anim) out of the sand by foot
ᒧᐢᑳᐆᐦᒋᔍᑲᒼ muuskaauhchishkam vti
• s/he digs it out of the sand by foot
ᒧᐢᑳᐱᔅᑴᐤ muuskaapiskweu vai • s/he pushes up the lacing needle while webbing snowshoe
ᒧᐢᑳᐸᐦᑌᐤ muuskaapahteu vii • the smoke rises as the fire is about to start
ᒧᐢᑳᑯᓀᐦᐊᒼ muuskaakuneham vti
• s/he digs it out of the snow
ᒧᐢᑳᑯᓀᐦᐍᐤ muuskaakunehweu vta
• s/he digs it (anim) out of the snow
ᒧᐢᑳᐦᑯᔓ muuskaahkushuu vai-i • s/he cries from lack of sleep after being woken too soon
ᒧᐢᒀᐱᑌᐤ muuskwaapiteu vai • s/he cries from a toothache
ᒧᐢᒋᐯᐸᔫ muuschipepayuu vai/vii-i
• s/he/it comes out of the water, emerges, surfaces
ᒧᐢᒋᐯᒋᐸᔫ muuschipechipayuu vai/vii-i
• it comes out of the water, emerges
ᒧᐢᒋᐯᒋᓀᐤ muuschipechineu vta • s/he takes him/her/it (anim) out of the water
ᒧᐢᒋᐯᒋᓇᒼ muuschipechinam vti • s/he takes it out of the water
ᒧᐢᒋᐯᒋᔍᑯᐍᐤ muuschipechishkuweu vta
• s/he makes him/her/it (anim) emerge from water by foot
ᒧᐢᒋᐯᒋᔍᑲᒼ muuschipechishkam vti
• s/he makes it emerge from water by foot
ᒧᐢᒋᐯᓀᐤ muuschipeneu vta • s/he lifts him/her to the surface
ᒧᐢᒋᐱᑌᐤ muuschipiteu vta • s/he pulls him/her/it (anim) out of something (ex hole)
ᒧᐢᒋᐱᑕᒼ muuschipitam vti • s/he pulls it out of something (ex hole)
ᒧᐢᒋᐸᔨᐦᐁᐤ muuschipayiheu vta • s/he makes him/her/it (anim) surface

ᒧᐢᒋᐸᔨᐦᑖᐤ muuschipayihtaau vai+o
• s/he makes it surface
ᒧᐢᒋᐸᔫ muuschipayuu vai/vii-i • s/he/it surfaces
ᒧᐢᒋᒋᐧᐃᓈᐳ muuschichiwinaapuu ni
• spring water
ᒧᐢᒋᒋᔑᓀᐤ muuschichishineu vta • s/he drags him/her out of something
ᒧᐢᒋᒋᔑᓇᒼ muuschichishinam vti • s/he drags it out of something
ᒧᐢᒋᒋᐧᐃᓂᐯᒄ muuschichuwinipekw ni
• spring of water
ᒧᐢᒋᒋᐧᐃᓐ muuschichuwin vii • it flows out, as water out of a spring
ᒧᐢᒋᓀᐤ muuschineu vta • s/he takes him/her/it (anim) out of something
ᒧᐢᒋᓇᒼ muuschinam vti • s/he takes it out of something
ᒧᐢᒋᐢᑲᒥᑲᐦᐊᒼ muuschiskamikaham vti
• s/he digs it out of the moss, by tool
ᒧᐢᒋᐢᑲᒥᑲᐦᐍᐤ muuschiskamikahweu vta
• s/he digs it (anim) out of the moss, by tool
ᒧᐢᒋᔥᑯᐍᐤ muuschishkuweu vta • s/he makes it come out, emerge, by foot
ᒧᐢᒋᔥᑲᒼ muuschishkam vti • s/he makes it come out, emerge, with his feet
ᒧᐢᒋᐦᑌᓇᒧᐍᐤ muuschihtenamuweu vta [Inland] • s/he makes smoke to attract her/his attention
ᒧᐢᒌ muuschiiu vai • s/he comes out of something
ᒧᔑᐦᐁᐤ muushiheu vta • s/he feels, is aware of him/her/it (anim)
ᒧᔑᐦᐅᐧᐃᓐ muushihuwin ni • physical feeling
ᒧᔑᐦᐆ muushihuu vai-u • s/he feels, s/he feels pain, anguish, she has labour pains, s/he has the sensation of feeling
ᒨᔒᔥᑐᐍᐤ muushiishtuweu vta [Coastal]
• s/he beats him/her up
ᒨᔒᔥᑕᒼ muushiishtam vti [Coastal]
• s/he beats it up
ᒨᔖᑲᒥᓱ muushaakamisuu vai-i • it (anim) is liquid
ᒨᔖᑲᒫᐤ muushaakamaau vii • it is liquid

315

ᒎᔅ muush p,time ♦ always ▪ ᒎᔅ ᐁᐦᒉᐤ ᐁᓈᑐᒡᐛᐁᔨᓂᒡ ♦ ᒎᔅ ᐁᐦᒉᐤ ᐊᑲᑉ ᐅᑎᓈᐠᑊᐁᒡ ▪ *She's always in school.* ♦ *S/he's always there early in the morning.*

ᒎᔅᓂᑿᓀᐤ muushtikwaaneu vai ♦ s/he eats the head

ᒎᔅᑲᒦ muushkamii ni -m ♦ broth

ᒎᔅᑲᒦᐦᒉᐤ muushkamiihcheu vai ♦ s/he makes broth

ᒎᔅᒋᔥᑐᐌᐤ muushchiishtuweu vti [Coastal] ♦ s/he takes his/her temper out on him/her, beats her/him up (old term)

ᒎᔅᒋᔥᑕᒻ muushchiishtam vti [Coastal] ♦ s/he beats it up (old term)

ᒨᓕᔮᐤ muuliyaau ni ♦ Montreal

ᒎᐦᐁᐤ muuheu vta ♦ s/he makes him/her cry

ᒎᐦᑌᐤ muuhteu na ♦ termite

ᒎᐦᑯᐯᓲ muuhkupesuu na -siim ♦ bulldozer

ᒎᐦᑯᑌᐤ muuhkuteu vta ♦ s/he carves it (anim)

ᒎᐦᑯᑖᑲᓈᐱᔅᒄ muuhkutaakanaapiskw ni ♦ crooked knife blade

ᒎᐦᑯᑖᑲᓈᐦᑎᒄ muuhkutaakanaahtikw ni ♦ crooked knife handle

ᒎᐦᑯᑖᑲᓐ muuhkutaakan ni ♦ crooked knife

ᒎᐦᑯᑖᒉᐅᑲᒥᒄ muuhkutaacheukamikw ni ♦ carving shop, shed

ᒎᐦᑯᑖᒉᐤ muuhkutaacheu vai ♦ s/he carves

ᒎᐦᑯᒫᓂᔥ muuhkumaanish ni dim ♦ pocket knife, a small knife

ᒎᐦᑯᒫᓄᐎᑦ muuhkumaanuwit ni ♦ knife case, box

ᒎᐦᑯᒫᓈᐱᔅᒄ muuhkumaanaapiskw ni ♦ knife blade

ᒎᐦᑯᒫᓈᐦᑎᒄ muuhkumaanaahtikw ni ♦ knife handle

ᒎᐦᑯᒫᓐ muuhkumaan ni ♦ knife

ᒎᐦᑲᒋᔐᑳᐴ muuhkachishekaapuu vai -uu [Inland] ♦ s/he stands bent over with her/his bare bottom sticking out

ᒎᐦᑲᒋᔐᔑᓐ muuhkachisheshin vai [Inland] ♦ s/he is lying down with her/his bottom sticking out

ᒎᐦᑲᒋᔒᐤ muuhkachishiiu vai [Inland] ♦ s/he bends over with her/his bottom sticking out

ᒎᐦᑲᒋᔒᔥᑐᐌᐤ muuhkachishiishtuweu vta [Inland] ♦ s/he bends over with her/his bottom sticking out towards someone

ᒎᐦᑲᒋᐤ muuhkachiiu vai [Inland] ♦ s/he bends over with her/his bottom sticking out

ᒎᐦᑳᐲᑌᐤ muuhkaapiteu vai ♦ her/his teeth stick out

ᒎᐦᑳᔅᑲᑎᓐ muuhkaaskatin vii ♦ it (ex pail) has bottom bulge from containing frozen liquid

ᒎᐦᑳᔅᑲᒎ muuhkaaskachuu vai -i ♦ it (anim, ice) bulges out as liquid freezes

ᒎᐦᑳᐦᑲᑎᓲ muuhkaahkatisuu vai -u ♦ it (anim) bulges from drying

ᒎᐦᑳᐦᑲᑐᑌᐤ muuhkaahkatuteu vii ♦ it bulges from drying

ᒎᐦᒋᑕᑯᐦᑎᓐ muuhchitakuhtin vii ♦ it (canoe) is unbalanced because of too much weight in the front

ᒎᐦᒋᑲᒋᔐᑳᐴ muuhchikachishekaapuu vai -uu [Coastal] ♦ s/he stands bent over with her/his bare bottom sticking out

ᒎᐦᒋᑲᒋᔐᔑᓐ muuhchikachisheshin vai ♦ s/he lies down with her/his bottom sticking out

ᒎᐦᒋᑲᒋᔒᐤ muuhchikachishiiu vai [Coastal] ♦ s/he bends over with her/his bottom sticking out

ᒎᐦᒋᑲᒋᔒᔥᑐᐌᐤ muuhchikachishiishtuweu vta [Coastal] ♦ s/he bends over, with her/his bottom sticking out towards someone

ᒎᐦᒋᒋᐌᐱᓀᐤ muuhchichiwepineu vta ♦ s/he pushes him/her and s/he falls forward

ᒎᐦᒋᒋᐸᔫ muuhchichipayuu vai/vii -i ♦ s/he/it falls forward

ᒎᐦᒋᒋᑳᐴ muuhchichikaapuu vai -uu ♦ s/he stands bent over with her/his bottom sticking out

ᒎᐦᒋᒋᔑᓐ muuhchichishin vai ♦ s/he falls with her/his bottom sticking out

ᒎᐦᒋᒋᐤ muuhchichiiu vai [Inland] ♦ s/he bends over with her/his bottom sticking out

ᔫᐦᔖᐁᐧᐅ muuhyeweu vai ♦ s/he eats ptarmigan, grouse

L

ᓚᐅᐯᓅ mateushuu vai -i ♦ s/he has a limited amount of spiritual power

ᒫᐅᐃᐧᐁᐧᐤ matweiiweu vii ♦ the sound of the wind is heard

ᒫᐅᐧᐊᒑᐃᐧᐣ matwewechuwin vii ♦ there is a sound of running water in a swift current

ᒫᐅᐁᐧᔥᑎᓐ matweweshtin vii ♦ the roar of the wind is heard as it passes

ᒫᐅᐁᐧᔮᑲᒫᐦᐊᐣ matweweyaakamaahan vii ♦ the sound of breakers, waves caused by wind action, is heard in the distance

ᒫᐅᐁᐧᔮᔑᑰ matweweyaashikuu vii -uu [Coastal] ♦ there is a sound of gently running water (ex tap, creek)

ᒫᐅᐁᐧᔮᔑᑰᐣ matweweyaashikuun vii [Inland] ♦ there is a sound of gently running water (ex tap, creek)

ᒫᐅᐅᐧ matweteu vii ♦ a gun is heard going off in the distance

ᒫᐅᒋᒧᐃᐧᐣ matwechimuwin vii ♦ there is a sound of rain

ᒫᐅᒋᐦᑑ matwechihtuu vai -u ♦ s/he is heard

ᒫᐅᒥᔅᐳᐣ matwemispun vii ♦ there is a sound of it snowing (ex on stove pipe)

ᒫᐅᒫᑑ matwemaatuu vai -u ♦ s/he is heard crying

ᒫᐅᓂᑐᐋᐦᐁᐤ matwenituwaaheu vta ♦ s/he is heard as s/he checks up on him/her

ᒫᐅᓂᑐᐋᐦᑖᐤ matwenituwaahtaau vai+o ♦ s/he makes noise as s/he goes to check on it, do something

ᒫᐅᓯᑯᐸᔫ matwesikupayuu vii ♦ there is a sound of ice cracking

ᒫᐅᓰᐤ matwesicheu vai ♦ her/his shooting is heard in the distance

ᒫᐅᔒᐣ matweshin vai ♦ s/he/it (anim) makes a noise, is audible (ex door closing, alarm clock) from afar

ᒫᐅᐧᔥᑎᓐ matweshtin vii ♦ a storm is heard outside

ᒫᐅᔮᐱᔅᑲᐦᐄᒉᐤ matweyaapiskahiicheu vai ♦ The noise s/he makes with a metal object is heard from afar

ᒫᐅᔮᔅᑲᑎᐣ matweyaaskatin vii ♦ it makes a cracking sound from the cold

ᒫᐅᔮᔅᑳᑐᐦᐤ matweyaaskaachuu vai -i ♦ s/he makes a cracking sound from the cold

ᒫᐅᔮᐦᐊᐣ matweyaahan vii ♦ there is the sound of waves crashing

ᒫᐅᐧᐦᐊᒼ matweham vti ♦ s/he makes a sound from afar, by hitting

ᒫᐅᐧᐦᐁᐧᐤ matwehweu vta ♦ s/he makes it (anim) sound from afar, by hitting

ᒫᐅᐧᐦᑎᑖᐤ matwehtitaau vai+o ♦ s/he rings a bell, s/he causes it to make noise

ᒫᐅᐧᐦᑎᓐ matwehtin vii ♦ it rings, makes a noise, is audible

ᒫᐅᐧᐦᑖᑲᐣ matwehtaakan ni ♦ buzzer, doorbell

ᒫᐅᐧᐦᑯᔫ matwehkuyeu vii ♦ the fire makes a crackling noise

ᒫᐅᐧᐦᑲᐦᑐᐁᐧᐤ matwehkahtuweu vta ♦ s/he is heard eating something

ᒫᐅᐧᐦᒁᒨ matwehkwaamuu vai -u ♦ s/he snores, makes a noise in her/his sleep

ᒫᐅᐧᐦᒋᑲᐣ matwehchikan ni ♦ bell

ᒫᑎᓂᓵᐁᐧᐤ matinisaaweu vai ♦ s/he performs scapulamancy

ᒪᑐᑎᓲ matutisuu vai -u ♦ s/he takes a sweat bath

ᒪᑐᑎᓵᓂᑲᒥᒄ matutisaanikamikw ni ♦ lodge with frame of bent poles, wigwam

ᒪᑐᑎᓵᓈᐦᑎᒄ matutisaanaahtikw na ♦ bent poles used for the frame of a lodge

ᒪᑐᑎᓵᐣ matutisaan ni ♦ sweat lodge

ᒪᑐᑯᐦᑉ matukuhp ni [Coastal] ♦ campsite

ᒪᑐᔥᑌᐃᐧᐯᓀᐤ matushtewepineu vta [Inland] ♦ s/he throws it (anim) into the fire

ᒪᑐᔥᑌᐃᐧᐯᓇᒼ matushtewepinam vti [Inland] ♦ s/he throws it into the fire

ᒪᑐᔥᑌᐸᔫ matushtepayuu vai/vii -i [Inland] ♦ s/he/it falls in the fire

ᒫᑐᔥᑌᐦᐊᒫᐤ° **matushtehamaau** vai [Inland]
 ♦ s/he makes an offering (of meat, fat) by putting it into the fire, s/he makes a burnt offering

ᒫᑐᔥᑌᐦᐊᒻ **matushteham** vti [Inland]
 ♦ s/he puts it in the fire

ᒫᑐᔥᑌᐦᐁᐤ° **matushtehweu** vta [Inland]
 ♦ s/he puts it (anim) in the fire

ᒫᑐᐦᑳᓐ **matuhkaan** ni ♦ abandoned campsite (old term)

ᒫᑖᐅᐦᐊᒨ **mataauhamuu** vai ♦ s/he is the person who paddled downstream

ᒫᑖᐅᐦᐊᒻ **mataauham** vti ♦ s/he paddles downriver out to the bay

ᒫᒐᐯᐤ° **mataapeu** vai ♦ s/he/it (anim) comes out of the bush to a body of water, ice, the end of a portage

ᒫᒐᐯᐱᒎ **mataapepichuu** vai -i ♦ s/he arrives at the water, lake, shore, moving camp in winter

ᒫᒐᐯᐸᔫ **mataapepayuu** vai -i ♦ s/he/it (anim) comes out into an area of water, ice by vehicle, flying

ᒫᒐᐯᐸᐦᑖᐤ° **mataapepahtaau** vai ♦ s/he arrives running from the bush to the water, shore, running from the portage

ᒫᒐᐯᔅᑖᐤ° **mataapestaau** vai+o ♦ s/he portages towards the shore carrying a load with a tumpline

ᒫᒐᐯᔅᑖᑲᓐ **mataapestaakan** ni ♦ end of a portage

ᒫᒐᐯᔐᑳᐤ **mataapeschekaau** vii ♦ the muskeg extends right up to the body of water

ᒫᒐᐯᐦᑕᑖᐤ° **mataapehtataau** vai+o ♦ s/he arrives at the water with it, s/he brings it to the edge of the water

ᒫᒐᐯᐦᑕᐦᐁᐤ° **mataapehtaheu** vta ♦ s/he arrives at the water with him/her/it (anim)

ᒫᒐᐯᔮᐤ° **mataapehyaau** vai ♦ s/he flies out into an area of water, ice

ᒫᑯᔐᐤ° **makusheu** vai ♦ s/he feasts

ᒫᑯᔐᒋᔑᑲᓂᐲᓯᒻ **makushechiishikanipiisim** na ♦ January [coastal], December (old term)

ᒫᑯᔐᒋᔑᑲᓂᐦᑖᐤ° **makushechiishikanihtaau** vai+o [Inland]
 ♦ s/he celebrates Christmas

ᒫᑯᔐᒋᔑᑳᐤ° **makushechiishikaau** vai ♦ it is Christmas day [inland]; it is New Year's day [coastal]

ᒫᑯᔐᐦᐁᐤ° **makusheheu** vta ♦ s/he gives a feast for him/her

ᒫᑯᔐᐦᐄᐌᐤ° **makushehiiweu** vai ♦ s/he gives a feast

ᒫᑯᔖᓅ **makushaanuu** vii,impersonal ♦ there is a feast

ᒫᑯᔖᓐ **makushaan** ni ♦ feast food

ᒪᑳᐅᑌᓲ **makahteusuu** vai -u ♦ s/he is Afro-Canadian (rarely used old term)

ᒪᑳᐅᑌᓲ **makahteusuu** vai -u ♦ it (anim) is black (rarely used old term)

ᒪᑳᐦᒉᒎ **makahchechuu** vai -u [Waswanipi]
 ♦ s/he is Afro-Canadian (rarely used old term)

ᒪᑳᐦᐄᑎᐴ **makaahiipuu** vai ♦ s/he shovels the snow to the bare ground, where a dwelling will be erected

ᒪᑳᐦᐄᑲᓐ **makaahiikan** na ♦ carved wooden snow shovel

ᒪᑳᐦᐄᐦᑕᒻ **makaahiihtam** vti ♦ s/he shovels the snow out

ᒪᒉᑲᓐ **machekan** vii ♦ it (sheet-like) is bad, dirty

ᒪᒉᒋᓲ **machechisuu** vai -i ♦ it (anim, sheet-like) is bad, dirty

ᒪᒉᔨᒥᐤ° **macheyimeu** vta ♦ s/he dislikes him/her/it (anim)

ᒪᒉᔨᐦᑕᒻ **macheyihtam** vti ♦ s/he dislikes it, s/he is sad, unhappy

ᒪᒉᔨᐦᑖᑯᓐ **macheyihtaakun** vii ♦ it is unpleasant

ᒪᒉᔨᐦᑖᑯᓲ **macheyihtaakusuu** vai -i
 ♦ s/he is unpleasant

ᒪᒋᐊᔨᒨᑕᒻ **machiayimuutam** vti ♦ s/he speaks evil of it

ᒪᒋᐊᔨᒨᒣᐤ° **machiayimuumeu** vta ♦ s/he talks about him/her in a bad way

ᒪᒋᐌᓅ **machiwenuu** vai ♦ s/he is an evil person

ᒪᒋᐌᓐ **machiwen** na ♦ bad, evil person

ᒪᒋᐌᔮᐤ° **machiweyaau** vii ♦ it is bad fur

ᒪᒋᐚᔒᐤ° **machiwaashiiu** vai ♦ s/he is a bad child

ᒪᒋᐱᑌᐤ° **machipiteu** vta ♦ s/he leads him/her astray

ᒪᒋᐱᑯᓅᒣᐤ **machipikunuumeu** vta ♦ s/he talks against him/her, talks bad about him/her behind her/his back

ᒪᒋᐲᒦ **machipimii** ni -m [Inland] ♦ gas

ᒪᒋᐱᐦᑖᐤ **machipiihtwaau** vai ♦ s/he smokes marijuana, drugs

ᒪᒋᐸᑰ **machipakuu** vai -u ♦ s/he has dead grass, leaves on her/him

ᒪᒋᐸᔫ **machipayuu** vai/vii -i ♦ s/he/it goes badly, goes wrong

ᒪᒋᑌᐦᐁᐤ **machiteheu** vai ♦ s/he is timid

ᒪᒋᑐᓀᐤ **machituneu** vai ♦ s/he has a foul mouth, uses bad language

ᒪᒋᑐᓀᒨ **machitunemuu** vai -u ♦ s/he always uses bad language

ᒪᒋᑑᑐᐌᐤ **machituutuweu** vta ♦ s/he does something bad, wrong to him/her

ᒪᒋᑑᑕᒧᐃᓐ **machituutamuwin** ni ♦ evil deed, a sin, immorality, bad action

ᒪᒋᑑᑕᒼ **machituutam** vti ♦ s/he does wrong to it

ᒪᒋᑲᒫᐤ **machikamaau** vii ♦ it is a bad lake to travel on, with bad surroundings

ᒪᒋᒀᓲ **machikwaasuu** vai -u ♦ s/he sews badly

ᒪᒋᒋᔐᐃᐦᒁᔥ **machichisheishkwesh** na ♦ bad old woman, witch

ᒪᒋᒌᔑᑲᓂᔔ **machichiishikanishuu** vai -i ♦ s/he is delayed from travelling due to bad weather

ᒪᒋᒌᔑᑳᐤ **machichiishikaau** vii ♦ it is bad weather, a bad day

ᒪᒋᒌᔐᐌᐤ **machichiishuweu** vai ♦ s/he says bad words, uses foul language, gives bad orders

ᒪᒋᒌᔐᐙᑌᐤ **machichiishuwaateu** vta ♦ s/he calls him/her bad names, speaks evil against him/her

ᒪᒋᒌᐦᒂᐸᔫ **machichiihkwepayuu** vai/vii -i ♦ it is badly gathered (as pleats in moccasins)

ᒪᒋᒌᐦᒂᐦᑖᐤ **machichiihkwehtaau** vai+o ♦ s/he gathers it (ex moccasins) badly, s/he makes uneven gathers

ᒪᒋᒥᓐ **machiminh** ni pl ♦ bad berries, not to be eaten

ᒪᒋᒨ **machimuu** vii -u ♦ it is a bad road

ᒪᒋᒨ **machimuu** vai/vii -u ♦ s/he/it fits badly on it

ᒪᒋᒪᓂᑑ **machimanituu** na ♦ devil, evil spirit

ᒪᒋᒪᐦᑯᔔᐦ **machimashkushuuh** ni pl -iim ♦ weeds, wild grass

ᒪᒋᒫᑯᓐ **machimaakun** vii ♦ it smells bad

ᒪᒋᒫᑯᓲ **machimaakusuu** vai -i ♦ s/he/it (anim) smells bad

ᒪᒋᒫᒥᑐᓀᔨᐦᑕᒼ **machimaamituneyihtam** vti ♦ s/he thinks evil, wrong thoughts of things

ᒪᒋᓂᑐᐌᔨᐦᑕᒧᐃᓐ **machinituweyihtamuwin** ni ♦ lust, carnal desire, bad thought

ᒪᒋᓄᐌᐤ **machinuweu** vta ♦ s/he dislikes the looks of him/her

ᒪᒋᓇᒼ **machinam** vti ♦ s/he dislikes the looks of it

ᒪᒋᓈᐯᐤ **machinaapeu** vai ♦ he is a bad man

ᒪᒋᓈᐯᔑᐤ **machinaapeshiiu** vai -u ♦ he is a bad boy

ᒪᒋᓈᐯᔥ **machinaapesh** na dim -im ♦ bad boy

ᒪᒋᓈᑯᓐ **machinaakun** vii ♦ it looks, appears ugly

ᒪᒋᓈᑯᓲ **machinaakusuu** vai -i ♦ s/he looks, appears ugly

ᒪᒋᓈᑯᐦᐁᐤ **machinaakuheu** vta ♦ s/he makes him/her look ugly

ᒪᒋᓈᑯᐦᑖᐤ **machinaakuhtaau** vai+o ♦ s/he makes it look ugly

ᒪᒋᓐ **machin** vii ♦ it is ugly

ᒪᒋᓯᑯᓲ **machisikusuu** vai -i ♦ it (anim, ice) is bad, rough

ᒪᒋᓯᒳ **machisikwaau** vii ♦ it is bad ice

ᒪᒋᓲ **machisuu** vai -i ♦ s/he is ugly

ᒪᒋᐸᑯᓐ **machispakun** vii ♦ it has a bad taste to it

ᒪᒋᐸᑯᓲ **machispakusuu** vai -i ♦ it (anim) has a bad taste

ᒪᒋᐦᑴᐤ **machiskweu** na -em ♦ bad woman, ugly

ᒪᒋᐦᑴᔑᔫ **machiskweshiyuu** vai -u ♦ she is a bad girl

ᒪᒋᐦᑳᐯᐤ **machiskaapeu** na ♦ slang for a fart, (rude--not said to a person's face)

ᒪᒋᔑᒣᐤ **machishimeu** vta ♦ s/he lays him/her out, stretches him/her out badly, uncomfortably

ᒪᒋᔑᓐ machishin vai ♦ s/he lies uncomfortably, it (anim) catches dirt

ᒪᒋᐢᑌᐎᐱᓀᐤ machishtewepineu vta [Coastal] ♦ s/he throws it (anim) into the fire

ᒪᒋᐢᑌᐎᐱᓇᒼ machishtewepinam vti [Coastal] ♦ s/he throws it into the fire

ᒪᒋᐢᑌᐹᐦᐹᒋᐱᔅᑳᐤ machishtewepaahpaachipiskaau vii ♦ it is a point of solid rock

ᒪᒋᐢᑌᑖᐅᐦᑳᐤ machishtewetaauhkaau vii ♦ it is a high point of sand

ᒪᒋᐢᑌᐅᑌᐤ machishtewekuteu vii ♦ it hangs in a point

ᒪᒋᐢᑌᐅᑲᒫᐤ machishtewekamaau vii ♦ it is a point of land on the lake

ᒪᒋᐢᑌᐎᒥᓇᐦᐄᑯᔅᑳᐤ machishteweminahiikuskaau vii ♦ it is point of white spruce trees

ᒪᒋᐢᑌᐎᒥᑐᔅᑳᐤ machishtewemiituskaau vii ♦ it is a point of land with poplar trees

ᒪᒋᐢᑌᐎᓃᐱᓰᔅᑳᐤ machishteweniipisiiskaau vii ♦ it is a point of land with willows

ᒪᒋᐢᑌᐎᓯᒃᐘᐤ machishtewesikwaau vii ♦ it is a point of ice

ᒪᒋᐢᑌᐍᔅᑲᒥᑳᐤ machishteweskamikaau vii ♦ it is a point of earth

ᒪᒋᐢᑌᐍᔔᑳᐤ machishteweschuukaau vii ♦ it is a muddy point of land

ᒪᒋᐢᑌᐍᔥᑯᔔᑳᐤ machishteweshkushuukaau vii ♦ it is grassy point of land

ᒪᒋᐢᑌᐍᔮᐅᐦᑳᐤ machishteweyaauhkaau vii ♦ it is a point of sandy land

ᒪᒋᐢᑌᐍᔮᐤ machishteweyaau vii ♦ it is a point of land, headland

ᒪᒋᐢᑌᐍᔮᐱᔅᑳᐤ machishteweyaapiskaau vii ♦ it is a rocky, stony point, a point with rocks on it

ᒪᒋᐢᑌᐍᔮᑯᓂᑳᐤ machishteweyaakunikaau vii ♦ it is a snowy point

ᒪᒋᐢᑌᐍᔮᔅᐍᔮᐤ machishteweyaaskweyaau vii ♦ the trees are standing on the point, it is a treed, forested point of land

ᒪᒋᐢᑌᐍᐦᑯᐹᐤ machishtewehkupaau vii ♦ it is a point of willows

ᒪᒋᐢᑌᐤ machishteu vii ♦ it is badly written, badly placed

ᒪᒋᐢᑌᐹᔫ machishtepayuu vai/vii -i [Coastal] ♦ s/he/it falls in the fire

ᒪᒋᐢᑌᐦᐊᒫᐤ machishtehamaau vai [Coastal] ♦ s/he makes an offering (of meat, fat) by putting it into the fire, s/he makes a burnt offering

ᒪᒋᐢᑌᐦᐊᒫᒉᐎᓐ machishtehamaachewin ni ♦ burnt offering

ᒪᒋᐢᑌᐦᐊᒼ machishteham vti ♦ s/he puts it in the fire

ᒪᒋᐢᑌᐦᐍᐤ machishtehweu vta [Coastal] ♦ s/he puts it (anim) in the fire

ᒪᒋᐢᑖᐤ machishtaau vai+o ♦ s/he dirties it, s/he places it badly, s/he writes badly

ᒪᒋᔥᑵᔒᐤ machishkweshiiu vai ♦ she is a bad girl

ᒪᒋᔥᑯᑌᐤ machishkuteu ni ♦ Hell, literally 'bad fire'

ᒪᒋᔨᒥᐦᐁᐤ machiyimiheu vta ♦ s/he speaks evil to him/her

ᒪᒋᔨᐦᑑ machiyihtuu vai -i ♦ s/he does bad things

ᒪᒋᔮᔨᐍᔮᐤ machiyaayiweyaau vii ♦ the shore is rough

ᒪᒋᐦᐁᐤ machiheu vta ♦ s/he places, s/he makes, does it (anim) badly, s/he gets him/her dirty

ᒪᒋᐦᐆ machihuu vai -u ♦ s/he dresses sloppy, is badly dressed

ᒪᒋᐦᑖᐤ machihtaau vai+o ♦ s/he makes, does it badly, makes it dirty

ᒪᒋᐦᑤᐎᓐ machihtwaawin ni ♦ evil nature, wickedness, sin

ᒪᒋᐦᑤᐤ machihtwaau vai ♦ s/he is grouchy, cross, rude

ᒪᒋᐦᑴᐸᔨᐦᐆ machihkwepayihuu vai -u ♦ s/he makes a bad face deliberately

ᒪᒋᐦᑵᐸᔫ machihkwepayuu vai -i ♦ s/he makes a bad face without knowing it

ᒪᒋᐦᑵᔨᔥᑐᐍᐤ machihkweyishtuweu vta ♦ s/he makes a bad face at him/her

ᒪᒋᐦᑵᔨᔥᑕᒼ machihkweyishtam vti ♦ s/he makes a bad face at it

ᒪᒋᐦᒀᔾ **machihkweyuu** vai -i ♦ s/he makes a bad face, in spite of her/himself

ᒪᒋᐦᑯᐧᐁᐤ **machihkuweu** vai ♦ it (anim, tree) has a bad, twisted grain, difficult to carve

ᒪᒋᐦᒑᕽ **machihchaahkw** na ♦ evil spirit, bad spirit

ᒪᒉᓂᔥ **machunish** ni -im [Mistissini] ♦ cloth, material

ᒪᒑᐯᐤ **machaapeu** na ♦ ugly man

ᒪᒑᐴ **machaapuu** ni -um ♦ dirty water

ᒪᒑᐴᔅᒋᐦᒄ **machaapuuschihkw** ni ♦ garbage pail, slop pail

ᒪᒑᐸᒋᐦᐁᐤ **machaapachiheu** vta ♦ s/he uses it (anim) wrongly, s/he makes bad use of it (anim)

ᒪᒑᐸᒋᐦᑖᐤ **machaapachihtaau** vai+o ♦ s/he uses it wrongly, s/he makes bad use of it

ᒪᒑᐸᒣᐤ **machaapameu** vta ♦ s/he disapproves of him/her when s/he sees him/her

ᒪᒑᐸᐦᑕᒼ **machaapahtam** vti ♦ s/he disapproves of it, of what s/he sees

ᒪᒑᑐᑕᒼ **machaatutam** vti ♦ s/he tells bad news about it

ᒪᒑᑯᓀᔮᔥᑎᓐ **machaakuneyaashtin** vii ♦ the snow is in high drifts from the wind, a storm

ᒪᒑᑯᓂᑳᐤ **machaakunikaau** vii ♦ the snow is bad to travel on

ᒪᒑᑳᒋᔥᑎᓐ **machaakachishtin** vii ♦ the surface of the snow is uneven after a windstorm

ᒪᒑᑳᒨ **machaakamuu** vii -i ♦ it is bad water, dirty liquid

ᒪᒑᒋᒣᐤ **machaachimeu** vta ♦ s/he curses him/her, tells lies about him/her

ᒪᒑᒋᒨ **machaachimuu** vai ♦ s/he tells bad news

ᒪᒑᒥᔅᑳᐤ **machaamiskaau** vii ♦ the bottom of the lake is bad

ᒪᒑᔅᐱᓀᐤ **machaaspineu** vai ♦ s/he has a bad disease (usually incurable)

ᒪᒑᔅᑯᓲ **machaaskusuu** vai -i ♦ it (tree) is badly shaped, not useful

ᒪᒑᐦᑯᓰᐎᓐ **machaahkusiiwin** ni ♦ AIDS

ᒪᒣᑐᓀᐤ **mametuneu** vta redup ♦ s/he feels him/her/it (anim) using his/her hands

ᒪᒣᑐᓂᔥᑲᒼ **mametunishkam** vti redup ♦ s/he feels his way in the dark, using his feet

ᒪᒣᑐᓇᒼ **mametunam** vti ♦ s/he feels the shape of it, using his/her hands

ᒪᒣᑕᐌᔨᐦᑑ **mametaweyihtuu** vai redup ♦ s/he acts as if s/he is playing

ᒪᒣᓂᐯᔥᑖᓐ **mamenipeshtaan** vii ♦ there are scattered showers

ᒪᒣᓂᐴᒡ **mamenipuwich** vai pl redup -i ♦ they are sitting here and there, set out here and there

ᒪᒣᓂᑯᔅᑯᓐ **mamenikuskun** vii [Coastal] ♦ there are a few, scattered clouds

ᒪᒣᓂᑯᐦᒋᓐ **mamenikuhchin** vii ♦ there (anim, ex ice) are scattered pieces floating

ᒪᒣᓂᑳᐴᒡ **mamenikaapuuwich** vai pl redup -uu ♦ they are standing here and there, in groups

ᒪᒣᓂᑳᐴᐦᑖᐤ **mamenikaapuuhtaau** vai+o redup ♦ s/he stands them here and there

ᒪᒣᓂᔅᐴᑖᓐ **mamenisputaan** vii ♦ it is snowing here and there

ᒪᒣᓂᔅᑯᓐ **mameniskun** vii redup [Inland] ♦ there are a few, scattered clouds

ᒪᒣᓂᔥᑌᐤ **mamenishteuh** vii pl redup ♦ they are set out here and there

ᒪᒣᓂᔥᑖᐤ **mamenishtaau** vai+o redup ♦ s/he sets them here and there, at several places

ᒪᒣᓂᐦᐁᐤ **mameniheu** vta redup ♦ s/he sets them here and there

ᒪᒣᓂᐦᑯᐹᐤ **mamenihkupaau** vii redup ♦ there are clumps of willows here and there

ᒪᒣᓃᐧᐁᐤ **mameniiweu** vii redup ♦ the wind blows here and there

ᒪᒣᓅᐦᑖᓐ **mamenuuhtaan** vii redup ♦ there are rain showers, it rains on and off, the rain stops and starts

ᒪᒣᓈᑎᒦᔫ **mamenaatimiiu** vii ♦ there are spots of deep water here and there

ᒪᒣᓈᓂᔫ **mamenaaniyuu** vai redup -i ♦ s/he is capable of doing something with only a little bit of experience

ᒪᒣᓈᐢᑴᔮᐤ mamenaaskweyaau vii redup
• there are clumps of trees here and there

ᒪᒣᓈᐦᑲᓱᐃᐧᐨ mamenaahkasuwich vai pl redup -u
• they are unburnt trees here and there

ᒪᒣᐣ mamen p, location redup • here and there, at several points ▪ ᓈᐦᑦ ᒪᒣᐣ ᐊᔭ ᐁᐢᑲ ▪ *There's still snow here and there.*

ᒪᒣᓱᐌᔨᐦᑕᒼ mamesuuweyihtam vti
• s/he starts to cry on seeing a loved one s/he has not seen for a long time

ᒪᒥᑯᐲᑌᐤ mamikupiteu vta redup • s/he shakes him/her with short jerks

ᒪᒥᑯᐱᑕᒼ mamikupitam vti redup • s/he shakes it with short jerks

ᒪᒥᑯᓀᐤ mamikuneu vta redup • s/he rubs it (anim, ex moose hide) in her/his hands (to soften it), washes it by hand

ᒪᒥᑯᓇᒼ mamikunam vti redup [Inland]
• s/he rubs it in his hand (to soften it), washes it by hand

ᒪᒥᔑᒣᐤ mamishimeu vta redup • s/he tells on him/her

ᒪᒥᔑᐦᐁᐤ mamishiheu vta redup • s/he causes trouble for him/her by her/his actions

ᒪᒥᐦᑌᔨᒣᐤ mamihteyimeu vta redup
• s/he feels proud of him/her

ᒪᒥᐦᑎᓯᐤ mamihtisiiu vai redup [Inland]
• s/he is proud of it, s/he is a show-off

ᒪᒥᐦᑯᓄᐌᐸᔫ mamihkunuwepayuu vai redup -i • s/he gets rosy cheeks

ᒪᒥᐦᒋᐸᔨᐦᐆ mamihchipayihuu vai redup
• s/he moves his/her body in a macho way as s/he walks

ᒪᒥᐦᒋᓰᐚᒉᐤ mamihchisiiwaacheu vai redup
• s/he acts proud of it, s/he shows it off

ᒪᒥᐦᒋᓰᐤ mamihchisiiu vai redup [Coastal]
• s/he is proud of it, s/he is a show-off

ᒪᒥᐦᒋᐦᐁᐤ mamihchiheu vta redup • s/he makes him/her proud of him/her

ᒪᒥᐦᒋᐦᐄᐌᐤ mamihchihiiweu vai redup
• s/he makes people proud by being capable, doing things in a smart way

ᒪᒥᐦᒋᐦᐄᐌᒥᑯᓰᐃᐧᐣ mamihchihiiwemikusiiwin ni
• congratulations

ᒪᒦᐌᓯᐤ mamiiwesiiu vai • s/he expresses her/his great happiness about something

ᒪᒦᐚᓱᒣᐤ mamiiwaasumeu vta redup
• s/he expresses her/his great happiness to him/her

ᒪᒦᐦᑾᒋᓯᐤ mamiihkwaachisiiu vai • s/he is getting stronger, recovering from poor health ▪ ᐋᐢ ᐊᔮᑉᐢ ᐊᐨ ᒦᐦᑾᒋᔪᐢ ▪ *s/he is now getting stronger.*

ᒪᒨᔅᒋᒎᐃᐧᐣ mamuuschichuwin vii redup
• it (liquid) bubbles, boils up here and there

ᒪᒪᑘᓯᑯᐦᐄᒉᐤ mamatwesikuhiicheu vai redup • the sound of him/her hitting ice is heard, s/he hits the ice audibly

ᒪᒪᑘᓯᑯᐦᐊᒼ mamatwesikuham vti redup
• s/he hits, chisels the ice, so it is heard

ᒪᒪᑘᐡᑲᒉᒣᐤ mamatweshkachemeu vai redup • s/he cracks her/his chewing gum while chewing it

ᒪᒪᑘᔮᐱᐢᑲᐦᐊᒼ mamatweyaapiskaham vti redup • s/he hits it, so the sound of metal is heard

ᒪᒪᑘᐦᐄᒉᐤ mamatwehiicheu vai redup
• s/he is hammering audibly

ᒪᒪᑘᐦᐊᒼ mamatweham vti redup • s/he hits it so it is heard

ᒪᒪᑘᐦᐌᐤ mamatwehweu vta redup
• s/he hits him/her/it (anim) so it is heard

ᒪᒪᒉᔨᒣᐤ mamacheyimeu vta redup • s/he is envious of him/her

ᒪᒪᒉᔨᐦᑕᒼ mamacheyihtam vti redup
• s/he is jealous

ᒪᒪᒋᓯᒃᐚᐤ mamachisikwaau vii redup • it is bad, bumpy ice in several places

ᒪᒪᒋᐦᑵᐸᔨᐦᐆ mamachihkwepayihuu vai redup -u • s/he makes faces (ex from pain)

ᒪᒪᒋᐦᑵᔨᐢᑐᐌᐤ mamachiihkweyishtuweu vta redup
• s/he makes funny faces at him/her

ᒪᒪᒋᐦᑵᔨᔫ mamachiihkweyiyuu vai redup -yi • s/he makes funny faces

ᒪᒪᓃᐤ mamaniiu vai [Inland] • s/he gets ready for work, travel

ᒪᒪᓈᐢᑌᐤ mamanaashteu vai redup • s/he gathers boughs

LL"bᓛ> mamahkachaapuu vai redup -i
 ♦ s/he has big eyes
LL"ᓐ"ᓀ° mamahchitihcheu vai redup
 ♦ s/he has big hands
LL·ᖬ"Cᒐ mamaakweyihtam vti redup
 ♦ s/he makes a big thing of it, s/he makes a mountain out of a mole hill
LLᑦ<ᓂᑦ° mamaakupaatineu vta redup
 ♦ s/he she presses it in the water several times, swishes it (anim, ex pants) in the wash water
LLᑦ<ᓇᒐ mamaakupaatinam vti redup
 ♦ s/he presses it in the water several times, swishes it (ex clothes) in the wash water
LLᕁ"·ᖬᑉᔾ·ᐁ° mamaachiihkweyishtuweu vta redup [Coastal] ♦ s/he makes funny faces at him/her
LLᕁ"·ᖬᐧ mamaachiihkweyiyuu vai redup -yi [Coastal] ♦ s/he makes funny faces
LL"ᑦᒡᒍ mamaahkutaakusuu vai redup -i
 ♦ s/he is a complainer
LL"ᒥ·ᑲᐱᒡ"·ᐁ° mamaahchikwaapiskuhweu vta redup
 ♦ s/he handcuffs him/her
LL"ᒥ·ᑲᐱᑉᐦᐋᑲᵃ" mamaahchikwaapiskahiikanh ni pl
 ♦ handcuffs
LL"ᒥ·ᑲᐱᑉᐊᒐ mamaahchikwaapiskaham vti redup
 ♦ s/he puts it (metal, ex a chain) around by tool
LL"ᒥ·ᑲᐱᑉ"·ᐁ° mamaahchikwaapiskahweu vta redup
 ♦ s/he handcuffs him/her, puts him/her in irons
Lᑦᐅᔾ° maneusiiu vai ♦ it (anim) is scarce
Lᑦ·ᐃᵃ manewin vii ♦ it is scarce
Lᑦ° maneu vta ♦ s/he takes it (anim) off by hand
Lᓂ·ᐁ<"ᐊᒐ maniwepaham vti ♦ s/he sweeps, brushes it off
Lᓂ·ᐁ<"·ᐁ° maniwepahweu vta ♦ s/he sweeps, brushes it (anim) off
LᓂᐱU° manipiteu vta ♦ s/he pulls him/her off
Lᓂᐱᑐᑦ·ᓂ° manipituneshweu vta
 ♦ s/he amputates his/her arm

LᓂᐱCᒐ manipitam vti ♦ s/he pulls it off something it is attached to
Lᓂ<ᔾ manipayuu vai/vii -i ♦ s/he/it comes off
Lᓂᓐᔾ·ᐁ·ᓂ° manitisiiweshweu vta
 ♦ s/he cuts the gizzard off it (anim)
Lᓂᑐ manituu na -tuum [Inland] ♦ sea monster
Lᓂᑐ"bᵃ manituuhkaan na -im ♦ idol, an image, religious statue
Lᓂᒥᑐᑦ° manitachisheneu vta ♦ s/he takes the intestines out of it (anim)
LᓂCᕁᓀ"ᐋᓀ° manitamischehiicheu vai
 ♦ s/he is fleshing a hide
LᓂCᕁᓀ"·ᐁ° manitamischehweu vta
 ♦ s/he is fleshing it (anim, hide) with a tool
LᓂC"C"ᑦᐅ·ᓂ° manitahtahkuneshweu vta ♦ s/he cuts the wings off it (anim)
Lᓂ·ᖬ° manikweu vai ♦ s/he takes off snares
LᓂᑦU"·ᐁ° manikutehweu vta ♦ s/he breaks off its (anim) beak
LᓂᑦᐅᐱU° manikunepiteu vta ♦ s/he pulls wing feathers off it (anim)
Lᓂᑦᐱ·ᐁ·ᓂ° manikuyiweshweu vta
 ♦ s/he cuts through its neck (so head comes off)
LᓂᑦV° manikuupeu vai ♦ s/he gathers willow branches
Lᓂᑲᐅ·ᓂ° manikaneshweu vta ♦ s/he takes the meat off the (anim) bones
Lᓂᑲᐅᓯᒐ manikanesham vti ♦ s/he takes the meat off its bones
Lᓂᑲᐧ·ᖬᕁ·ᐊᵃ manikashkweshaawaan ni ♦ nail clipper
Lᓂᑲ"ᐊᒐ manikaham vti ♦ s/he chops it off
Lᓂᑲ"·ᐁ° manikahweu vta ♦ s/he chops it (anim) off
LᓂᑲU·ᓂ° manikaateshweu vta ♦ s/he amputates his/her leg, s/he cuts its legs off
Lᓂᑦᐧ·ᑉᐱ manichuushuwaakamuu vii -i ♦ the water has bugs in it
Lᓂᑦᐧ manichuushuu vai/vii -uu ♦ s/he/it has worms
Lᓂᑦᔾ manichuush na dim -im ♦ insect
Lᓂᕁᑦ"·ᐁ° manisikuhweu vta ♦ s/he hits ice off it (anim)

manishweu vta ♦ s/he cuts it (anim) off, amputates someone

manishicheu vai ♦ s/he is a reaper

manishinaaweshweu vai ♦ s/he removes the beaver castor

manishihiicheu vai ♦ s/he disturbs a flock of geese that have been feeding for a while then sits and waits for them to return

manishiihweu vta ♦ s/he disturbs them (geese), that have been feeding for a while, then sits and waits for them to return

manisham vti ♦ s/he cuts a piece off it

manishtikwaaneshweu vta ♦ s/he cuts the head off it (anim)

manishtikwaanehkasuu vai ♦ it (beaver) is cooked so tender that the head falls off

manishkuyiweu vai ♦ s/he takes off the birchbark from a tree, peels a birch tree

manihpaneshweu vta ♦ s/he removes his/her liver

maniiu vai [Coastal] ♦ s/he gets ready for work, travel

manuuteu vai ♦ its (moose, caribou) antlers come off

manapishuiyeu vai ♦ s/he collects poles for teepee

manam vti ♦ s/he takes it off by hand

manahiiwiikupeu vai ♦ s/he gathers willow bark to use as string

manahiipeu vai ♦ s/he takes out the net

manahiipimeu vai ♦ s/he skims off fat

manahiipimaatam vti ♦ s/he skims the fat off it

manahiischuweu vai ♦ s/he collects gum from the trees

manaham vti ♦ s/he takes it off by tool

manahweu vta ♦ s/he takes it (anim) off by tool

manaaweu vai ♦ s/he gathers eggs

manaawaan ni ♦ egg-gathering place

manaapitepiteu vta ♦ s/he pulls his/her tooth out

manaapitepihcheu vai ♦ s/he pulls teeth out

manaapitepihchesuu na-siim ♦ dentist

manaapihchepiteu vta ♦ s/he pulls it (anim, string-like) off

manaapihchepitam vti ♦ s/he pulls it (string-like) off

manaapihcheneu vta ♦ s/he takes it (anim, string-like) off, by hand

manaapihchenam vti ♦ s/he takes it (string-like) off, with hands

manaapihcheshweu vta ♦ s/he cuts it (anim, string-like) off

manaapauyeu vta ♦ s/he removes it (anim) with water

manaapaautaau vai+o ♦ s/he removes it with water

manaakamihkweneu vta ♦ s/he takes the blood out of it (anim), him/her (ex blood test)

manaakamihkwenam vti ♦ s/he takes the blood out of it

manaachimeu vta ♦ s/he is careful about what s/he says to him/her

manaachiheu vta ♦ s/he spares him/her, uses it (anim) carefully

manaachihtaau vai+o ♦ s/he spares it, uses it carefully

manaaspiteu vta ♦ s/he undresses him/her, take off his/her clothes

manaaspisuu vai-u ♦ s/he undresses

manaahuu vai-u ♦ s/he takes something for her/himself, something that has been discarded

manaahuutuweu vta ♦ s/he takes it (anim) to use for her/himself

manaahuutam vti ♦ s/he takes it to use for himself

Lᐊ"ᑯ"ᐴ° manaahkuhteu vii ◆ tracks disappear in the melting snow

Lᒣᐊ·ᐧᐤᐅᒣᐊ"ᐃᒡ<ᕒ"ᐨᐩ masinawaashtesinahiichepayihtaasuu na ◆ computer programmer

Lᒣᐊᓀᑊᐃᑲᓂᕐᒋᔭ masinashtihiikanischisin ni ◆ embroidered hide moccasin

Lᒣᐊᓀᑊᐃᑲᔾᑊ masinashtihiikanastis na ◆ embroidered hide mitten

Lᒣᐊᓀᑊᐃᒡ° masinashtihiicheu vai ◆ s/he embroiders

Lᒣᐊᔓᐨ"ᐃᐦᐊ masinashtahiikan ni ◆ embroidery

Lᒣᐊ"ᐁᒋᐣᐚᓄᐧᐃᐨ masinahechinwaanuwit ni ◆ cardboard, paper box

Lᒣᐊ"ᐁᒋᐣᐚᐣ masinahechinwaan ni -im ◆ paper

Lᒣᐊ"ᐃᐦᐊᓂᔥ masinahiikanish ni dim ◆ small book

Lᒣᐊ"ᐃᐦᐊᓂᐦᒉᐚᒉᐤ masinahiikanihchewaacheu vai ◆ s/he makes a book of it

Lᒣᐊ"ᐃᐦᐊᓂᐦᒉᐤ masinahiikanihcheu vai ◆ s/he prints books, s/he makes books

Lᒣᐊ"ᐃᐦᐊᓂᐦᒉᓲ masinahiikanihchesuu vai -i ◆ s/he is a person who prints, makes books

Lᒣᐊ"ᐃᐦᐊᓈᐴ masinahiikanaapuu ni ◆ ink

Lᒣᐊ"ᐃᐦᐊᓈᐦᑎᑯᐧᐃᐨ masinahiikanaahtikuwit ni ◆ pencil case

Lᒣᐊ"ᐃᐦᐊᓈᐦᑎᒃ masinahiikanaahtikw na ◆ pencil, pen

Lᒣᐊ"ᐃᐦᐊ masinahiikan ni ◆ letter, book

Lᒣᐊ"ᐃᐦᐊᒉᐤ masinahiikaacheu vai ◆ s/he writes with it

Lᒣᐊ"ᐃᒡᐅᐸᒥᒃ masinahiicheukamikw ni ◆ office

Lᒣᐊ"ᐃᒡᐅᒣᐊ"ᐃᐦᐊ masinahiicheusinahiikan ni ◆ exercise book

Lᒣᐊ"ᐃᒡ° masinahiicheu vai ◆ s/he writes

Lᒣᐊ"ᐃᒡ<ᕒ"ᐨ° masinahiichepayihtaau vai+o ◆ s/he types it

Lᒣᐊ"ᐃᒡ<ᕒ"ᐨᐩ masinahiichepayihtaasuu na -siim ◆ typist

Lᒣᐊ"ᐃᒡ<ᐩ masinahiichepayuu vai -i ◆ s/he runs up a debt s/he can't pay, s/he goes bankrupt

Lᒣᐊ"ᐃᒡᔓᒧᐁᐤ masinahiicheshtamuweu vta ◆ s/he writes it for him/her

Lᒣᐊ"ᐳᐩ masinahuusuu vai reflex -u ◆ s/he signs her/his own name

Lᒣᐊ"ᐊᒧᐁᐤ masinahamuweu vta ◆ s/he writes to him/her

Lᒣᐊ"ᐊᒪᑐᐧᐃᐣ masinahamatuwin ni ◆ message, letter

Lᒣᐊ"ᐊᒻ masinaham vti ◆ s/he writes it

Lᒣᐋᐱᔅ"ᐃᐦᐊᓂᐦᐊ masinaapiskahiikanihkaan ni ◆ flash card, picture card

Lᒣᐋᐱᔅ"ᐃᐦᐊ masinaapiskahiikan ni ◆ camera, picture

Lᒣᐋᐱᔅ"ᐃᒡ° masinaapiskahiicheu vai ◆ s/he takes pictures

Lᒣᐋᐱᔅ"ᐃᒡ<ᕒ"ᐨ° masinaapiskahiichepayihtaau vai+o ◆ s/he takes movies of it

Lᒣᐋᐱᔅ"ᐃᒡ<ᐩ masinaapiskahiichepayuu vii -i ◆ it takes movie film

Lᒣᐋᐱᔅ"ᐃᒡᓲ masinaapiskahiichesuu na -siim ◆ photographer

Lᒣᐋᐱᔅ"ᐃᒡᔓᒧᐁᐤ masinaapiskahiicheshtamuweu vta ◆ s/he takes a picture for him/her

Lᒣᐋᐱᔅ"ᐊᒻ masinaapiskaham vti ◆ s/he takes a picture of it

Lᒣᐋᐱᔅ"·ᐁᐤ masinaapiskahweu vta ◆ s/he takes a picture of him/her/it (anim)

Lᒣᐋᐴ° masinaateu vii ◆ there is writing on it

Lᒣᐋᐩ masinaasuu vai -u ◆ it (anim) is written on, her/his name is on something, s/he is registered

Lᒣᐊ"ᐋᐁᐤ masinaahaapeu vai ◆ s/he makes a design on weaving snowshoes

Lᓴᓂᔑᐣ masaanishin vai ◆ s/he falls in nettles

Lᓴ"ᐣ masaanaahtikw ni ◆ stinging nettle plant *Urtica dioica*

Lᓴᐊ masaan ni ◆ sting nettle *Urtica dioica*

Lᐅdᐱᒋ maskupimii na -m ◆ bear fat, grease

Lᐅdᑕᔑᓯ maskutachishii na -m ◆ bear guts

Lᐅdbᵃ maskukan ni -im ◆ bear bone

Lᐅdᒋᒐᵃ maskumitaan vii ◆ ice pellets are falling

Lᐅdᒥᓈᐋ"ᑎᑿ maskuminaanaahtikw ni -um ◆ mountain ash, rowan tree branch

Lᐅdᒥᐦᵃ" maskuminh ni pl ◆ mountain ash, rowan berries

Lᐅdᒥᔑ maskumishii ni -m ◆ mountain ash, rowan tree *Sorbus decora* showy mountain ash or *Sorbus americana* american mountain ash

Lᐅdᒥ maskumii na -m ◆ ice

Lᐅdᒥᐅᑲᐸᑦ maskumiiukapat ni ◆ freezer

Lᐅdᒥᐅᑲᒥᒃ maskumiiukamikw ni ◆ ice house

Lᐅdᒥ・ᐊᐳ maskumiiwaapuu ni ◆ water from melted ice

Lᐅdᒥ・ᐊᐳᒡ maskumiiwaakamuu vii -i ◆ there is ice in the water

Lᐅdᒥᐤ maskumiiu vai/vii ◆ it (anim) is icy

Lᐅdᐤ maskush na dim [Waswanipi] ◆ young bear *Ursus americanus*, rarely used word

Lᐅdᔾᵃ maskuyaan na [Waswanipi] ◆ bear skin

Lᐅdᔾᔅ maskuyaas na -im [Waswanipi] ◆ bear meat

Lᐅd"bᵃ maskuhkaan na -im ◆ teddy bear

Lᐅdᐆdᔦᐤ maskuunikusiiu vai ◆ s/he feels strong to the touch

Lᐅbᐅᔥᒡ maskateyihtam vti ◆ s/he is amazed

Lᐅbᑐ maskameu vta ◆ s/he takes something away belonging to him/her

Lᐅb"ᒍ・ᐁᐸᔨ maskahtuweuiiyiyuu na -yiim ◆ robber

Lᐅb"ᒍ・ᐁᐃᵃ maskahtuwewin ni ◆ robbery

Lᐅb"ᒍ・ᐁᐤ maskahtuweu vai ◆ s/he takes away, robs

Lᐅbᐅᔥᑐ maskaateyimeu vta ◆ s/he is amazed by him/her

Lᐅbᐅᔥᒡᒥ"ᐁᐤ maskaateyihtamiheu vta ◆ s/he surprises him/her

Lᐅbᐅᔥ"ᒡᒡ maskaateyihtam vti ◆ s/he is amazed by it, s/he daydreams

Lᐅbᐅᔥ"ᒡdᵃ maskaateyihtaakun vii ◆ it is surprising, amazing, incredible

Lᐅbᐅᔥ"ᒡdᔩ maskaateyihtaakusuu vai -i ◆ s/he is surprising, amazing

Lᐅbᑎdᵃ maskaatikun vii ◆ it is strange

Lᐅbᑎdᔦᐤ maskaatikusiiu vai ◆ s/he is strange, acts strangely

Lᐅbᒡᒧ・ᐃᵃ maskaatamuwin ni ◆ amazement, surprise

Lᐅbᒡᒡ maskaatam vti ◆ s/he is surprised at it

Lᐅbᒡ maskaach p,interjection ◆ it is amazing, incredible ■ ᒉ・ᐯ ᒧ・ᐃᒡ Lᐅbᒡ ᐊᵃ ᐸ ᐁᐅᐸᒻᵡ ■ *It's really amazing how that happened.*

Lᐅbᕒᓭ・ᐁᐤ maskaasinuweu vta ◆ s/he looks at him/her with amazement, s/he stares at him/her

Lᐅbᕒᓭᒡ maskaasinam vti ◆ s/he looks at it with amazement, s/he stares at it

Lᐅbᕒᓭᐊdᵃ maskaasinaakun vii ◆ it looks amazing

Lᐅbᕒᓭᐊdᔦ maskaasinaakusuu vai -i ◆ s/he looks amazing

Lᐅd maskw na [Waswanipi] ◆ bear *Ursus americanus*, rarely used word (see also *kaakus* [Mistissini], *chisheyaakw* [coastal])

Lᐢᔥdᒋᒐᐋ"ᑎᑿ maschekuminaanaahtikw ni ◆ cranberry bush *Vaccinum oxycoccus*

Lᐢᔥdᒋᒐᐋ" maschekuminaanh ni pl ◆ cranberries *Vaccinium oxycoccus*

Lᐢᔥdᒋᒐ"ᑎᑿ maschekuminaahtikw ni pl ◆ cranberry bush *Vaccinium oxycoccus*

Lᐢᔥdᐢᒃᒧᑲ・ maschekuskamikaau vii ◆ it is swampy terrain, there is muskeg

Lᐢᔥd"ᑎᵃ maschekuhtin vii ◆ the river goes through an area of muskeg

Lᐢᔥd maschekuu vii [Coastal] ◆ it is swampy

Lᐢᔥdᵃ maschekuun vii -uu [Inland] ◆ it is swampy

Lᐢᔥ・ᐅᐳ maschekwaapuu ni ◆ muskeg water

Lᐢᔥ・ᐅᑲᒥᔑᔥ maschekwaakamishiish ni dim ◆ lake, pond in the muskeg

Lᐢᔥ・ᐅᑲᒪ・ maschekwaakamaau vii ◆ there is a lake in the muskeg

Lᔑᓀ·ᐱᔅ·ᑫᔭᐅ maschekwaaskweyaau vii
 ♦ it is an area of stunted trees in the muskeg
Lᔑᓀᑦ maschekw ni ♦ muskeg, bog
Lᔅᒋᓂᔥᒌᔥ maschisinishchiish na pej
 ♦ old girlfriend, boyfriend, literally 'old shoe'
Lᔅᒋᓯᓂᔮᐲ maschisiniyaapii ni -m
 ♦ shoelace
Lᔅᒋᓂᐦ maschisin ni ♦ footwear, shoe, boot, moccasin
Lᐡᐅᐸᐯᔭᐤ mashteueyaau ni ♦ Pointe Bleue (formerly called Piyekwaakamii)
Lᐡᑐ mashtuu p,time ♦ since the last time, until recently ■ Lᐡᑐ ᓃ ᐊᒎᐦUᑦᐊᐸ ᑲ ᐊᐅᐣ ᐊᒎᐦUᐸᔅ. *There is evidence that it (anim) walked recently after I had walked.*
Lᐡᑯᐋᐦᑯᓈᐤ mashkuaaihkunaau na-naam ♦ pilot biscuit, hard biscuit
Lᐡᑯᐋᐤ mashkuwaau vii ♦ it is hard, strong
Lᐡᑯᐋᐱᔅᑳᐤ mashkuwaapiskaau vii ♦ it (stone, metal) is hard
Lᐡᑯᐋᐱᔅᒄ mashkuwaapiskw ni -um
 ♦ hard metal
Lᐡᑯᐋᐱᔅᒋᓲ mashkuwaapischisuu vai -i
 ♦ it (anim, stone, metal) is hard
Lᐡᑯᐋᑎᓰ mashkuwaatisiiu vai ♦ s/he is healthy, of a strong constitution
Lᐡᑯᐋᑯᓂᑳᐤ mashkuwaakunikaau vii
 ♦ it is hard snow
Lᐡᑯᐋᑲᒨ mashkuwaakamuu vii -i ♦ it is strong liquid, drink, hard liquor
Lᐡᑯᐋᒥᔅᑳᐤ mashkuwaamiskaau vii
 ♦ the bottom of the lake is hard
Lᐡᑯᐋᔅᑯᓐ mashkuwaaskun vii ♦ it (stick-like) is hard
Lᐡᑯᐋᔅᑯᓲ mashkuwaaskusuu vai -i ♦ it (anim, stick-like) is hard
Lᐡᑯᐋᔅᑲᑎᓐ mashkuwaaskatin vii ♦ it is frozen hard
Lᐡᑯᐋᔅᑲᒎ mashkuwaaskachuu vai -i
 ♦ it (anim) is frozen hard
Lᐡᑯᐋᐦᑎᒄ mashkuwaahtikw ni -um
 ♦ hardwood
Lᐡᑯᐋᐦᑲᑎᓲ mashkuwaahkatisuu vai -u
 ♦ it (anim) hardens in drying
Lᐡᑯᐋᐦᑲᑐᑌᐤ mashkuwaahkatuteu vii
 ♦ it hardens in drying

Lᐡᑯᔒᐅᑲᒥᒄ mashkushiiukamikw ni
 ♦ hay barn, shed
Lᐡᑯᔒᐅᔅᑲᒥᑳᐤ mashkushiiuskamikaau vii ♦ it is grassy terrain
Lᐡᑯᔒᐅᔥᑐᑎᓐ mashkushiiushtutin ni
 ♦ straw hat
Lᐡᑯᔒᐤ mashkushiiu vii ♦ it is grassy
Lᐡᑯᔒᐦᑳᓂᐦᒉᐤ mashkushiihkaanihcheu vai ♦ s/he makes haystacks
Lᐡᑯᔒᐦᑳᓐ mashkushiihkaan ni
 ♦ haystack
Lᐡᑯᔬᐦ mashkushuuh ni -lim ♦ grass, vegetables
Lᐡᑰᐎᐤ mashkuuwiiu vai ♦ s/he is strong, powerful
Lᐡᑰᐱᒫᑎᓰᐤ mashkuupimaatisiiu vai
 ♦ s/he is healthy, able-bodied, has a good constitution
Lᐡᑰᑌᐦᐁᐤ mashkuuteheu vai ♦ s/he is hard-hearted
Lᐡᑰᑎᒣᐤ mashkuutimeu vta ♦ s/he freezes it (anim)
Lᐡᑰᑎᓅᐲᓯᒼ mashkuutinupiisim na
 ♦ November
Lᐡᑰᑎᓐ mashkuutin vii ♦ it is frozen
Lᐡᑰᑎᔅᑲᒥᑲᑎᓐ mashkuutiskamikatin vii
 ♦ it is frozen earth
Lᐡᑰᑎᐦᑖᐤ mashkuutihtaau vai+o ♦ s/he freezes it
Lᐡᑰᑖᐦᑳᐤ mashkuutaauhkaau vii ♦ it is hard gravel
Lᐡᑰᑳᐴ mashkuukaapuu vai -uu ♦ s/he/it (anim) stands fast, firmly
Lᐡᑰᒎ mashkuuchuu vai -i ♦ it (anim) is frozen
Lᐡᑰᒪᐦᒋᐦᐆ mashkuumahchihuu vai -u
 ♦ s/he feels stronger (ex after illness)
Lᐡᑰᓂᑯᓐ mashkuunikun vii ♦ it feels strong to the touch
Lᐡᑰᓈᑯᓐ mashkuunaakun vii ♦ it looks strong, hard, solid
Lᐡᑰᓈᑯᓲ mashkuunaakusuu vai -i
 ♦ s/he looks strong, it (anim) looks hard
Lᐡᑰᓰᑳᐤ mashkuusikwaau vii ♦ it is hard ice
Lᐡᑰᓰᐎᓐ mashkuusiiwin ni ♦ hardness, strength, power

mashkuusiiu vai ♦ s/he/it (anim) is strong

mashkuusiimakan vii ♦ it is strong (ex can carry a heavy weight, a machine)

mashkuusuu vai -i ♦ s/he/it (anim) is hard

mashkuuskamikaau vii ♦ it is hard moss, earth

mashkuuschekatin vii ♦ the muskeg is frozen hard

mashkuuschuukaau vii ♦ it is hard mud

mashkuushteu vii ♦ it is placed firmly, strongly

mashkuushtikwaaneu vai ♦ s/he is hard-headed (won't take advice)

mashkuushtaau vai+o ♦ s/he places it firmly, strongly

mashkuuheu vta ♦ s/he hardens it (anim), s/he makes it hard

mashkuuhtaau vai+o ♦ s/he hardens it, makes it strong

mahiikumeu vta ♦ s/he brings him/her bad luck by what s/he says (old word)

mahiikumitisuu vai reflex -u ♦ s/he brings her/himself bad luck by what s/he says (old word)

mahiihkanitaashtimikw na ♦ coyote, literally 'wolf face'

mahiihkanish na dim ♦ young wolf, coyote

mahiihkanuyaan na ♦ wolf skin

mahiihkan na ♦ wolf

mahteyimeu vta ♦ s/he is aware of him/her as a help, s/he is aware of something about him/her

mahteyimisuu vai reflex ♦ s/he is aware of what s/he does her/himself

mahteyihtam vti ♦ s/he is aware of its effects (old term)

mahtaamin na ♦ corn kernel

mahkapuu vai -i ♦ s/he takes up lots of space sitting

mahkateuskw na ♦ black bear *Ursus americanus*, old word

mahkatewaau vii ♦ it is black (rarely used)

mahkateu vai [Inland] ♦ s/he has a big belly, pot-belly

mahkateship na -im ♦ mallard duck *Anas platyrhynchos*, black duck *Anas rubripes*

mahkatinaau vii ♦ it is a big mountain

mahkatiyeu vai [Coastal] ♦ s/he has a big belly, pot-belly

mahkakaapuu vai -i ♦ s/he takes up lots of space standing

mahkaschuuneu vai ♦ s/he has a large nose, muzzle

mahkashteu vii ♦ it sets large, takes up room

mahkahkuyenam vti ♦ s/he makes the flames leap up by adding fuel

mahkaaukaau vii ♦ there are large grained granules

mahkaanikaau vii ♦ it is a big island

mahkaayiweu vai ♦ it (anim) has a big tail

mahcheshiiu vai ♦ she is menstruating

mahcheshiish na dim ♦ young fox *Vulpes vulpa*

mahcheshuu na -iim ♦ fox *Vulpes vulpa*

mahcheshuuumaakun vii ♦ it smells like fox

mahcheshuuumaakusuu vai -i ♦ s/he smells like fox

mahcheshuuyaan ni ♦ fox skin

mahchipemichiiu vai ♦ it (anim) is wide-ringed timber, coarse-grained wood

mahchipakuskaau vii ♦ there is a big pile of dead grass, leaves, branches

mahchitihcheu vai [Inland] ♦ s/he has a big hand

mahchikuteu vai ♦ s/he has a big nose, muzzle, beak

mahchiminikaau vii ♦ it is a big berry

ᒫᐦᒋᒥᓂᒋᓲ mahchiminichisuu vai -i ♦ it
(anim) is a big berry
ᒫᐦᒋᔥᑎᒃᐧᐁᔮᐤ mahchishtikweyaau vii ♦ it
is a large, broad river
ᒫᐦᒋᔥᑎᒃᐧᐋᓀᐤ mahchishtikwaaneu vai
♦ s/he has a big head
ᒫᐦᒋᔥᑳᒻ mahchishkam vti ♦ s/he makes
big tracks
ᒫᐦᒌᐧᐁᔮᐤ mahchiiweyaau vii ♦ it is a
big, wide tunnel

L

ᒫᐅᒋᖭ maauchiheu vta ♦ s/he
gathers it (anim) together
ᒫᐅᒋᐅᐧᐃᒡ maauchihuwich vai pl -u
♦ they (ex geese) gather, accumulate
ᒫᐅᒋᐅᒫᑲᓐ maauchihuumakanh vii pl
♦ it gathers, accumulates
ᒫᐅᒋᐦᑕᒧᐧᐁᐤ maauchihtamuweu vta
♦ s/he keeps, saves it for someone
ᒫᐅᒋᐦᑕᒫᓲ maauchihtamaasuu vai reflex -u
♦ s/he keeps, saves it for her/himself
ᒫᐅᒋᐦᑖᐤ maauchihtaau vai+o ♦ s/he
gathers it together, s/he saves it
ᒫᐅᒌ maauchii pro,dem [Inland] ♦ here
they are, here these are (anim,
accompanied by a gesture of the hand
or pointing with the lips) (see *maau*)
ᒫᐅᒌᐦ maauchiich pro,dem [Inland]
♦ here they are, here these are
(anim, accompanied by a gesture of
the hand or pointing with the lips) (see
maau)
ᒫᐤ maauch p,manner ♦ most, best
(used for comparative) ▪ ᐋ ᒫᐤ ᕐᒋᐋ
ᐦ ᐊᐟᐤₓ ▪ *She got most of it.*
ᒫᐅᓯᑯᓀᐤ maausikuneu vta ♦ s/he
holds, collects many of them (anim)
together
ᒫᐅᓯᑯᓇᒻ maausikunam vti ♦ s/he
holds, collects them together
ᒫᐅᓯᑯᐦᑌᐤᒡ maausikuhteuch vai pl
♦ they walk in a group
ᒫᐅᓯᑳᐱᐦᑳᑌᐤ maausikwaapihkaateu vta
♦ s/he ties them (anim) together
ᒫᐅᓯᑳᐱᐦᑳᑕᒻ maausikwaapihkaatam vti
♦ s/he ties them together

ᒫᐅᓯᑳᔥᒉᐅᒋᓇᒻ maausikwaascheuchinam vti ♦ s/he
piles the pieces of coals, charcoal
together for the fire
ᒫᐅᓲ maausuu vai -u [Inland] ♦ s/he
gathers, picks berries
ᒫᐅᔫ maauyuu pro,dem [Inland] ♦ here it
is, here this one is (inan, accompanied
by a gesture of the hand or pointing
with the lips) (see *maau*)
ᒫᐅᔫᐦ maauyuuh pro,dem [Inland]
♦ here s/he/it is, here this one is
(anim or inan) (accompanied by a
gesture of the hand or pointing with
the lips) (see *maau*)
ᒫᐅᐦᐄᐦ maauhiih pro,dem [Eastmain]
♦ here they are, here these are (inan,
accompanied by a gesture of the hand
or pointing with the lips) (see *maau*)
ᒫᐅᐦᑐᓀᐤ maauhtuneu vta [Coastal]
♦ s/he gathers, collects it by hand
ᒫᐅᐦᑐᓇᒻ maauhtunam vti [Coastal]
♦ s/he gathers, collects it (anim) by
hand
ᒫᐅᐦᑕᐧᐄᐅᑲᒥᒃ maauhtawiiukamikw ni
♦ gathering place
ᒫᐤ maau pro,dem [Inland] ♦ here s/he/it
is, here this one is (obviative an), here
are these (anim or inan, accompanied
by a gesture of the hand or pointing
with the lips) (see *maau*) ▪ ᒫᐤ ᒋᔅᕐᒋᐋ ᑲ
ᐊᐢᑳᑕₓ ▪ *This is the shoe you lost.*
ᒫᐱᓲ maapisuu vai -u [Coastal] ♦ s/he/it
(anim) catches the scent of smoke
ᒫᑌᐤ maateu vta ♦ s/he flushes it (anim,
ex animal, bird) out inadvertently by
her/his voice
ᒫᑎᑲᒫᓐ maatikamaanh p,interjection
♦ show me, let's see ▪ ᒫᑎᑲᒫᓐ ᓴᑉ
ᐊᐟᐧᐅᑕ ᐊᐟₓ ▪ *OK then, let me see that.*
ᒫᑎᒃ maatik p,interjection ♦ show me!, let's
see! ▪ ᒫᑎᒃ ᐊᐟᐦᐄ ᒉᐤ ᐁᓐᐤₓ ▪
Show me where he is.
ᒫᑎᒫᒋᐦᐆ maatimachihuu vai -u ♦ she
feels contractions, intermittent pains
began
ᒫᑎᒫᒋᐦᑖᐤ maatimachihtaau vai+o ♦ s/he
begins to feel effects of it
ᒫᑎᓂᐧᐁᒌᔑᑳᐤ maatiniwechiishikaau vii
[Coastal] ♦ it is Saturday

maatiniweneu vta ♦ s/he distributes it (anim) by hand
maatiniwenam vti ♦ s/he distributes it by hand
maatiniweshweu vta ♦ s/he cuts it (anim) in serving pieces
maatiniwesham vti ♦ s/he cuts it in serving pieces
maatiniweshtaau vai+o ♦ s/he distributes and sets it (anim eg. food) out
maatiniweyaapuweu vai ♦ s/he serves drinks
maatiniweheu vta ♦ s/he distributes and sets it (anim) out
maatinimaacheu vai ♦ s/he distributes
maatinuweu vai ♦ s/he serves out food, deals out cards
maatinamuweu vta ♦ s/he shares it (anim, ex toys) with him/her
maatinamaachewin ni ♦ sharing
maatishweunituhkuyin na [Inland] ♦ surgeon
maatishweu vta ♦ s/he cuts him/her/it (anim)
maatishicheunituhkuyin na [Coastal] ♦ surgeon
maatishuweu vai ♦ s/he performs a surgical operation
maatishusuu vai reflex -u ♦ s/he cuts her/himself
maatisham vti ♦ s/he cuts it
maatihpineu vai ♦ s/he starts to feel pain (ex labour pains)
maatuwin ni ♦ crying
maatutuweu vta ♦ s/he cries about him/her
maatutam vti ♦ s/he cries about it
maatuhtaau vai ♦ s/he pretends to cry (old term)
maatuhkaasuu vai -u ♦ s/he pretends to cry
maatuu vai -u ♦ s/he cries
maatuun vii ♦ it is very cold
maatalet ni ♦ a blouse women wear

maatahiikan ni ♦ scraper for flesh side of frozen hide
maatahiicheu vai ♦ s/he is scraping a hide
maatahweu vta ♦ s/he scrapes it (anim, hide)
maataapukaapuu vai-uu ♦ s/he stands beside, next to
maataapuhteuch vai pl ♦ they walk side by side
maataakusuu vai -u ♦ it (snow) starts to melt away in spring
maataameu vai ♦ s/he reaches the road, path
maataamepayuu vii -i ♦ it comes in to join the main path
maataamemuu vii -u ♦ it is the junction of two trails
maataameshtikwaau vii ♦ it is the junction of two rivers
maataashtikwehtin ni [Inland] ♦ it comes in to join the main river
maataaheu vta ♦ s/he tracks him/her/it (anim)
maataahtiiyuu vai-uu ♦ s/he finds tracks of a moose, caribou
maakweyimuu vai-u ♦ s/he feels disheartened in advance, dejected, dispirited
maakweyihtam vti ♦ s/he feels disheartened by, about it in advance, dejected, dispirited
maakupayuu vai/vii -i ♦ it becomes compressed
maakuchuuchuushimehpisuwin ni [Inland] ♦ bra
maakumeu vta ♦ s/he/it (anim) bites him/her/it (anim)
maakumuuchikan ni ♦ pliers, wrench, vise-grip
maakuneu vta ♦ s/he grabs him/her, puts him/her in jail
maakunicheu vai ♦ s/he squeezes, grabs as if to fight
maakunichepayihtaau vai+o ♦ s/he closes her/his fist, squeezes her/his fist closed

Lᑯᓇᔾ maakunicheyuu vai -i ♦ s/he clenches her/his fist

Lᑯᒋᐧᐁᐤ maakunimuweu vta ♦ s/he grabs it for someone

Lᑯᐅᐧᔾᐨᐸᓐ maakunuwesutaapaan ni [Inland] ♦ police car

Lᑯᐅᐧᔾ maakunuwesuu vai [Inland] ♦ s/he is a police officer

Lᑯᐅᐧᔾᐸᑭᐟ maakunuwesuukamikw ni [Inland] ♦ police station

Lᑯᐊᐧᔾᐸᑭᐟ maakunawesuukamikw ni [Inland] ♦ police station

Lᑯᐊᒡ maakunam vti ♦ s/he grabs it

Lᑯᔥᑯᐧᐁᐤ maakushkuweu vta ♦ s/he presses on him/her with her/his weight

Lᑯᔥᑭᒡ maakushkam vti ♦ s/he presses on it with his weight

Lᑯᐦᐁᐤ maakuheu vta ♦ s/he wins over him/her in a fight, having an argument with a person

Lᑯᐦᐄᑲᓐ maakuhiikan ni ♦ weight for compressing things

Lᑯᐦᐄᒉᐤ maakuhiicheu vai ♦ s/he compresses containers, packages

Lᑯᐦᒣᒡ maakuham vti ♦ s/he compresses it, by tool

Lᑯᐦᐧᐁᐤ maakuhweu vta ♦ s/he compresses it by tool

Lᑯᐦᑕᒨᒋᑲᓐ maakuhtamuuchikan ni [Inland] ♦ pliers

Lᑯᐦᑕᒡ maakuhtam vti ♦ s/he bites it

Lᑯᐦᒉᐤ maakuhcheu vai ♦ s/he/it (anim) bites

Lᑯᐦᒋᑲᓐ maakuhchikan ni [Coastal] ♦ pliers

Lᐋᑳᐧᐱᔥᒋᑲᓀᐅᑎᓐ maakwaapischikaneutin vii -i ♦ the teeth of the trap are frozen together

Lᐋᑳᐧᐱᔥᒋᑲᓀᐅᒡ maakwaapischikaneuchuu vai -i [Coastal] ♦ s/he grits her/his teeth from the cold

Lᐋᑳᐧᐱᔥᒋᑲᓀᔪᐤ maakwaapischikaneyuu vai -i [Coastal] ♦ s/he grits her/his teeth

Lᒃ maak p ♦ then, so, or ▪ Lᒫᑦ ᐊᓯᓐᓴ Lᒃ ᑕ ᔫᐹᓐ ᓴᐦ ᐋᑭᔾᐃᒃ ▪ *Maybe this week or next week he's supposed to start working.*

Lᒋᐸᔾ maachipayuu vai/vii -i ♦ it (anim) begins, spreads from a point of origin

Lᒋᔥᑎᓐ maachishtin vii ♦ the ice starts to go downriver, break up

Lᒋᔥᑰᒋᔥ maachishkuuchish na dim ♦ small brown frog, spring peeper

Lᒋᐦᐁᐤ maachiheu vta ♦ s/he persuades someone to change his/her mind by her/his own example

Lᒋᐤ maachiiu vai ♦ s/he departs, goes away

Lᒋᐸᔪᐤ maachiipayuu vai/vii -i ♦ s/he/it (anim) starts off by vehicle, it starts off

Lᒋᐸᐦᑖᐤ maachiipahtaau vai ♦ s/he runs away fast

Lᒋᔅ maachiis na -im ♦ match, from English 'match'

Lᒋᐦᑯᐧᐁᐤ maachiihkuweu vta ♦ s/he starts on it (anim)

Lᒋᐦᑲᒡ maachiihkam vti ♦ s/he starts on it

Lᒫᒥᑐᓀᔨᒣᐤ maamituneyimeu vta redup ♦ s/he ponders about him/her, thinks about him/her/it (anim), wonders what he/she is doing

Lᒫᒥᑐᓀᔨᐦᑕᒨᐧᐃᓐ maamituneyihtamuwin ni ♦ meditation, thought

Lᒫᒥᑐᓀᔨᐦᑕᒡ maamituneyihtam vti redup ♦ s/he is pondering it, thinking about it

Lᒫᒥᑐᓀᔨᐦᒋᑲᓐ maamituneyihchikan ni ♦ mind, the thinking faculty

Lᒫᒥᑖᐦᑐᒥᑎᓄᐤ maamitaahtumitinuu p,quantity redup ♦ a hundred each

Lᒫᒥᑖᐦᑦ maamitaaht p,quantity redup ♦ ten each, apiece

Lᒫᒥᔑᐤ maamishiiu vai redup ♦ s/he is hopeful of something

Lᒫᒥᔑᑐᑐᐧᐁᐤ maamishiitutuweu vta redup ♦ s/he puts her/his hope in him/her

Lᒫᒥᔑᑐᑕᒨᐧᐃᓐ maamishiitutamuwin ni ♦ hope

Lᒫᒥᔑᑐᑕᒡ maamishiitutam vti redup ♦ s/he puts his hope in it

Lᒫᒥᐦᑖᑯᒨ maamihtaakumuu vai redup ♦ s/he brags

Lᒫᒥᐦᑖᑯᓯᐤ maamihtaakusiiu vai redup [Coastal] ♦ s/he acts in a braggardly way

Lᒫᒥᐦᒋᒣᐤ maamihchimeu vta redup ♦ s/he praises him/her

ᒫᒥᐦᒋᒥᑯᓯᐤ maamihchimikusiiu vai redup
 • s/he is praiseworthy
ᒫᒥᐦᒋᒥᓱ maamihchimisuu vai redup reflex -u
 • s/he is praising her/himself
ᒫᒥᐦᒋᒥᐦᑕᒼ maamihchimihtam vti redup
 • s/he praises it
ᒫᒥᐦᒋᒨ maamihchimuu vai redup -u • s/he is praising her/himself, bragging
ᒫᒦᓄᐱᑌᐤ maamiinupiteu vta redup • s/he keeps pulling him/her (ex sled) back in line
ᒫᒦᓄᐱᑕᒼ maamiinupitam vti redup • s/he keeps pulling it back in line
ᒫᒦᓄᒣᐤ maamiinumeu vta redup • s/he corrects him/her in speech
ᒫᒦᓯᐤ maamiisiiu vai redup • s/he has diarrhoea
ᒫᒥᔕᐦᐄᒉᐤ maamiishahiicheu vai redup
 • s/he is putting on patches
ᒫᒥᔕᐦᐊᒼ maamiishaham vti redup • s/he patches it
ᒫᒥᔕᐦᐌᐤ maamiishahweu vta redup
 • s/he patches it (anim)
ᒫᒥᔥᑯᑎᓀᐤ maamiishkutineu vta redup
 • s/he changes him/her/it several times
ᒫᒥᔥᑯᑎᓇᒼ maamiishkutinam vti redup
 • s/he changes it several times
ᒫᒥᔥᑯᑑᓀᐤ maamiishkutuuneu vta redup
 • s/he keeps on exchanging it, exchanges several of them at a time
ᒫᒥᔥᑯᑑᓇᒼ maamiishkutuunam vti redup
 • s/he keeps on exchanging it, exchanges several things at a time
ᒫᒥᔥᑯᑑᐢᑲᑐᐎᐨ maamiishkutuuskatuwich vai pl recip -u • they exchange places with each other several times
ᒫᒥᔥᑯᑖᐢᐱᓲ maamiishkutaaspisuu vai redup -u • s/he changes clothes several times
ᒫᒥᔥᑯᐦ maamiishkuch p,manner redup • in place of each other, take turns ▪ **ᒫᒥᔥᑯᐦ ᓂᒥᐦᐋᐧ** ▪ *They take turns dancing.*
ᒫᒨᐎᐅᐦ maamuwiiuch vai pl • they get together
ᒫᒨᐙᐱᐦᑳᑌᐤ maamuwaapihkaateu vta
 • s/he ties it (anim) together
ᒫᒨᐙᐱᐦᑳᑌᐅᐦ maamuwaapihkaateuh vii pl • things are tied together
ᒫᒨᐙᐱᐦᑳᑕᒼ maamuwaapihkaatam vti
 • s/he ties it together

ᒫᒨᐙᐱᐦᑳᓱᐎᐨ maamuwaapihkaasuwich vai pl -u
 • they are tied together
ᒫᒨᐋᔥᑯᔑᒣᐤ maamuwaashkushimeu vta
 • s/he lays them (stick-like) together
ᒫᒨᐋᔥᑯᔥᑖᐤ maamuwaashkushtaau vai
 • s/he lays stick-like things together
ᒫᒨ maamuu p,manner • all together ▪ ᒥᔾᐁ ᒫᒨ ᑮ ᐃᔅᒋᒉᐗᐠ ▪ *They did it together.*
ᒫᒨᐳᐎᐨ maamuupuwich vai pl -i • they sit all together
ᒫᒨᐳᑖᐤ maamuuputaau vai+o • s/he saws things together
ᒫᒨᐳᔦᐤ maamuupuyeu vta • s/he saws them together
ᒫᒨᐸᔨᐅᐎᐨ maamuupayihuwich vai pl -u
 • they mix together
ᒫᒨᐸᔨᐦᑖᐤ maamuupayihtaau vai+o
 • s/he mixes it together
ᒫᒨᐸᐦᑖᐎᐨ maamuupahtaawich vai pl
 • they run together
ᒫᒨᑯᑌᐦ maamuukuteuh vii pl • they are hanging together
ᒫᒨᑯᑖᐤ maamuukutaau vai+o • s/he hangs things together
ᒫᒨᑯᒋᓅᐦ maamuukuchinuch vai pl
 • they are hung together
ᒫᒨᑯᔦᐤ maamuukuyeu vta • s/he hangs them together
ᒫᒨᑳᐴᐦᐁᐤ maamuukaapuuheu vta
 • s/he stands them together
ᒫᒨᑳᐴᐦᑖᐤ maamuukaapuuhtaau vai+o
 • s/he stands them (anim) together
ᒫᒨᒀᑌᐤ maamuukwaateu vta • s/he sews them together
ᒫᒨᒀᑕᒼ maamuukwaatam vti • s/he sews things together
ᒫᒨᓀᐤ maamuuneu vta • s/he holds it (anim) all together
ᒫᒨᓇᒼ maamuunam vti • s/he holds it all together
ᒫᒨᓯᓇᐦᐊᒼ maamuusinaham vti • s/he writes it all together
ᒫᒨᔅᒋᐱᑌᐤ maamuuschipiteu vta • s/he gathers him/her/it (anim) up quickly, s/he picks them (papers) up together
ᒫᒨᔅᒋᐱᑕᒼ maamuuschipitam vti • s/he gathers it up quickly

ᒫᒨᔅᒋᓀᐤ maamuuschineu vta ◆ s/he picks it (anim) all up with her/his fingers

ᒫᒨᔅᒋᓇᒼ maamuuschinam vti ◆ s/he picks it all up with her/his fingers

ᒫᒨᐧᔐᐤ maamuushweu vta ◆ s/he cuts them together

ᒫᒨᔑᒣᐤ maamuushimeu vta ◆ s/he lays them together

ᒫᒨᔕᒼ maamuusham vti ◆ s/he cuts things together

ᒫᒨᔥᑌᐤ maamuushteu vii ◆ it is written together

ᒫᒨᔥᑌᐤᐦ maamuushteuh vii pl ◆ they are set all together

ᒫᒨᔥᑖᐤ maamuushtaau vai+o ◆ s/he puts it all together

ᒫᒨᔥᑲᒣᐤ maamuushkameu vta ◆ s/he eats the scraps, crumbs of it (anim)

ᒫᒨᔥᑲᐦᐄᒥᓈᑌᐤ maamuushkahiiminaateu vta ◆ s/he picks the pieces of fruit out of it (anim, ex cake, bannock), gathers the berries together from it (anim)

ᒫᒨᔥᑲᐦᑕᒼ maamuushkahtam vti ◆ s/he picks up and eats the scraps, crumbs of it

ᒫᒨᐦᐁᐤ maamuuheu vta ◆ s/he puts it (anim) all together

ᒫᒨᐦᑌᐅᒡ maamuuhteuch vai pl ◆ they walk together

ᒫᒨᐦᑎᑖᐤ maamuuhtitaau vai+o ◆ s/he puts things together

ᒫᒨᐦᑲᑌᐅᒡ maamuuhkateuch vai pl ◆ they are all hungry together

ᒫᒨᐦᑲᒧᒡ maamuuhkamuch vti pl ◆ they are all together in a canoe

ᒫᒪᔅᑳᑌᔨᒣᐤ maamaskaateyimeu vta redup ◆ s/he thinks him/her surprising, strange, amazing

ᒫᒪᔅᑳᑌᔨᐦᑕᒼ maamaskaateyihtam vti redup ◆ s/he thinks it surprising, strange, amazing

ᒫᒪᔅᑳᑌᔨᐦᑖᑯᓲ maamaskaateyihtaakusuu vai redup -i ◆ s/he is surprising, wonderful, strange

ᒫᒪᔅᑳᒡ maamaskaach p,interjection redup ◆ it's amazing (see *maskaach*) ▪ ᒫᒪᔅᑳᒡ ᐃᑌᔨᐦᑕᒥᐦᐄᑰ ᐊᓂᔫ ᐅᐸᔅᒋᓯᑲᓐ ᑳ ᐧᐋᓈᒥᐦᑕᒃ ▪ *He's amazed at how he ruined his own gun.*

ᒫᒪᔅᑳᓯᐦᑐᐧᐁᐤ maamaskaasihtuweu vta redup ◆ s/he is surprised, amazed at hearing him/her, hearing what he/she says

ᒫᒪᔅᑳᐦᑌᐤ maamaskaahteu vta redup ◆ s/he is surprised, amazed at him/her

ᒫᒪᔅᑳᐦᑕᒼ maamaskaahtam vti redup ◆ s/he is surprised, amazed at it

ᒫᒪᐦᑲᔥᑌᐤ maamahkashteu vii redup ◆ it is written large

ᒫᒪᐦᑲᔥᑖᐤ maamahkashtaau vai+o redup ◆ s/he writes it large

ᒫᒪᐦᑳᐅᐦᑳᐤ maamahkaauhkaau vii redup ◆ it (granular, ex sand, sugar) is coarse

ᒫᒪᐦᑳᐱᑌᐤ maamahkaapiteu vai redup ◆ s/he has big teeth

ᒫᒪᐦᑳᑯᓂᒋᐸᔫ maamahkaakunichipayuu vii redup -i ◆ it snows big flakes

ᒫᒪᐦᑳᔅᑵᔮᐤ maamahkaaskweyaau vii redup ◆ it is a wooded area of big trees

ᒫᒪᐦᑳᐦᐊᓐ maamahkaahan vii redup ◆ there are big waves

ᒫᒪᐦᒋᑳᑌᐤ maamahchikaateu vai redup [Coastal] ◆ s/he has big legs

ᒫᒪᐦᒋᓯᑌᐤ maamahchisiteu vai redup ◆ s/he has big feet

ᒫᒪᐦᒑᔅᑯᑳᑌᐤ maamahchaaskukaateu vai redup ◆ s/he has big legs

ᒫᒫᑵᐤ maamaatweu vai redup ◆ s/he moans

ᒫᒫᑵᐦᐱᓀᐤ maamaatwehpineu vai redup ◆ s/he moans with pain

ᒫᒫᑎᐧᔐᐤ maamaatishweu vta redup ◆ s/he cuts it (anim) into pieces

ᒫᒫᑎᔕᒼ maamaatisham vti redup ◆ s/he cuts it into pieces

ᒫᒫᑎᔥᑲᑌᐧᐋᔅᐱᓀᐧᐃᓐ maamaatishkatewaaspinewin ni ◆ diarrhoea

ᒫᒫᑯᒣᐤ maamaakumeu vta redup ◆ s/he chews it (anim)

ᒫᒫᑯᒥᔅᒍᐧᐁᐤ maamaakumischuweu vai redup ◆ s/he is chewing gum

ᒫᒫᑯᓀᐤ maamaakuneu vta redup ♦ s/he kneads it (anim), presses it down, moulds it by hand

ᒫᒫᑯᓂᒉᐤ maamaakunicheu vai redup ♦ s/he is kneading

ᒫᒫᑯᓇᒻ maamaakunam vti redup ♦ s/he moulds it by hand

ᒫᒫᑯᐦᑕᒻ maamaakuhtam vti redup ♦ s/he chews it

ᒫᒫᒁᑯᓀᔥᑯᐌᐤ maamaakwaakuneshkuweu vta redup ♦ s/he really packs the snow down on it (anim)

ᒫᒫᒁᑯᓀᔥᑲᒻ maamaakwaakuneshkam vti redup ♦ s/he really packs the snow down on it

ᒫᒫᒋᔥᑲᑌᐤ maamaachishkateu vai redup ♦ s/he has intestinal cramps, stomach cramps

ᒫᒫᓰᐤ maamaasiiu vai redup [Inland] ♦ s/he is hasty, s/he does things superficially, in a slap-dash way

ᒫᒫᔅᒌᐤ maamaaschiiu vai redup [Coastal] ♦ s/he is hasty, s/he does things superficially, in a slap-dash way

ᒫᒫᔑᓈᑯᓐ maamaashinaakun vii redup ♦ it looks insecure, made in a slap-dash way

ᒫᒫᔑᓈᑯᐦᐁᐤ maamaashinaakuheu vta redup ♦ s/he makes it so it looks slipshod

ᒫᒫᔑᓈᑯᐦᑖᐤ maamaashinaakuhtaau vai+o redup ♦ s/he does it (anim) superficially, hastily

ᒫᒫᔑᐦᐁᐤ maamaashiheu vta redup ♦ s/he makes it (anim) incorrectly

ᒫᒫᔑᐦᐆ maamaashihuu vai redup -u ♦ s/he dresses improperly for the weather

ᒫᒫᔒᐦᑲᒻ maamaashiihkam vti redup ♦ s/he does it superficially, hastily

ᒫᒫᔥ maamaash p,manner redup ♦ superficially, hastily, slap-dash ▪ ᐁᑲᐧᐄ ᓈᔥᒡ ᒫᒫᔥ ᐃᐦᑐᐦᑦᐦ᙮ ▪ *Don't be so hasty in doing it.*

ᒫᒫᔥᑐᐧᐁᐤ maamaashtuweu vai redup ♦ s/he cleans the bones incompletely when eating

ᒫᒫᔥᑖᐤ maamaashtaau vai+o redup ♦ s/he makes it in a slipshod way

ᒫᒫᐦᑕᐚᑲᒥᐸᔫ maamaahtawaakamipayuu vii redup -i ♦ the water in the rapids churns around

ᒫᒫᐦᑖᐅᐄᔨᐦᑑ maamaahtaauiiyihtuu vai redup -i ♦ s/he is a magician, performs magic tricks

ᒫᒫᐦᑖᐅᐱᑌᐤ maamaahtaaupiteu vta redup ♦ s/he embroiders it (anim)

ᒫᒫᐦᑖᐅᐱᑕᒻ maamaahtaaupitam vti redup ♦ she embroiders it

ᒫᒫᐦᑖᐅᐱᐦᒋᑲᓂᔮᐲ maamaahtaaupihchikaniyaapii na -m ♦ embroidery thread

ᒫᒫᐦᑖᐅᑲᐦᑐᐌᐤ maamaahtaaukahtuweu vta redup ♦ s/he bites different designs on it (ex birchbark)

ᒫᒫᐦᑖᐅᑲᐦᑐᐚᓐ maamaahtaaukahtuwaan ni ♦ bitten designs on birchbark

ᒫᒫᐦᑖᐅᑲᐦᑕᒻ maamaahtaaukahtam vti redup ♦ s/he bites designs on it (birchbark)

ᒫᒫᐦᑖᐅᒫᑯᓐ maamaahtaaumaakun vii redup ♦ it has a strange scent to it

ᒫᒫᐦᑖᐅᒫᑯᓲ maamaahtaaumaakusuu vai redup -i ♦ s/he has a strange scent

ᒫᒫᐦᑖᐅᓈᑯᒋᑲᓐᐦ maamaahtaaunaakuchikanh ni pl ♦ decorations

ᒫᒫᐦᑖᐅᓈᑯᓐ maamaahtaaunaakun vii redup ♦ it is decorated, variegated in colour, form, of many colours, forms, parts

ᒫᒫᐦᑖᐅᓈᑯᓲ maamaahtaaunaakusuu vai redup -i ♦ s/he is decorated, variegated in colour, forms of many colours, forms, parts

ᒫᒫᐦᑖᐅᓰᐤ maamaahtaausiiu vai redup ♦ s/he performs miracles

ᒫᒫᐦᑖᐅᐧᔐᐤ maamaahtaaushweu vta redup ♦ s/he cuts it (anim) in patterns

ᒫᒫᐦᑖᐅᔕᒻ maamaahtaausham vti redup ♦ s/he cuts it in patterns

ᒫᒫᐦᑖᐅᔥᑖᐤ maamaahtaaushtaau vai+o redup ♦ s/he places it in a fancy way

ᒫᒫᐦᑖᐅᐦᐁᐤ maamaahtaauheu vta redup ♦ s/he does it (anim, ex snowshoe) in a fancy way

ᒫᒫᐦᑖᐅᐦᑯᑌᐤ **maamaahtaauhkuteu** vta
redup ♦ s/he carves fancy designs on it (anim)

ᒫᒫᐦᑖᐅᐦᑯᑕᒼ **maamaahtaauhkutam** vti
redup ♦ s/he carves fancy designs on it

ᒫᒫᐦᑖᐅᐦᑯᑖᒉᐤ **maamaahtaauhkutaacheu** vai redup ♦ s/he carves fancy patterns, designs

ᒫᒫᐦᑖᐌᒋᓀᐤ **maamaahtaawechineu** vta
redup ♦ s/he folds it (anim, sheet-like) in a fancy, decorative way

ᒫᒫᐦᑖᐌᒋᓇᒼ **maamaahtaawechinam** vti
redup ♦ s/he folds it (sheet-like) in a fancy, decorative way

ᒫᒫᐦᑖᐌᒋᔎᐤ **maamaahtaawechishweu** vta redup ♦ s/he cuts it (anim, sheet-like) in a fancy, decorative way

ᒫᒫᐦᑖᐌᒋᔖᒼ **maamaahtaawechisham** vti
redup ♦ s/he cuts it (sheet-like) in a fancy, decorative way

ᒫᒫᐦᑖᐗᐱᐦᒉᓂᒉᐤ **maamaahtaawaapihchenicheu** vai redup
♦ s/he makes string figures, plays string games

ᒫᒫᐦᑖᐗᐱᐦᒉᓇᒼ **maamaahtaawaapihchenam** vti redup
♦ s/he makes a string figure of it

ᒫᒫᐦᑖᐗᑎᓰᐤ **maamaahtaawaatisiiu** vai
redup ♦ s/he is a miracle worker, s/he lives a life doing magic

ᒫᒫᐦᒋᑯᐸᔫ **maamaahchikupayuu** vai redup
♦ s/he should not rest too much after walking a long time or will not be able to move; s/he should not eat too much after not having sweets for a long time [coastal]

ᒫᒫᐦᒋᑯᓀᐤ **maamaahchikuneu** vta redup
♦ s/he detains, restrains him/her/it by hand

ᒫᒫᐦᒋᑯᓇᒼ **maamaahchikunam** vti redup
♦ s/he detains, restrains it by hand

ᒫᒫᐦᒋᒃᐚᐱᐦᑳᑌᐤ **maamaahchikwaapihkaateu** vta redup
♦ s/he ties him/her up

ᒫᒫᐦᒋᒃᐚᐱᐦᑳᑕᒼ **maamaahchikwaapihkaatam** vti redup
♦ s/he ties it up

ᒫᓐ **maane** pro,dem [Inland] ♦ there it is over there, way over there is that one (inan, accompanied by a gesture of the hand or pointing with the lips) (see *maane*)

ᒫᓂᒌ **maanechii** pro,dem [Inland] ♦ there they are over there, way over there are those (anim, accompanied by a gesture of the hand or pointing with the lips) (see *maanaah*)

ᒫᓂᒌᐦ **maanechiih** pro,dem [Inland]
♦ there they are over there, way over there are those (anim, accompanied by a gesture of the hand or pointing with the lips) (see *maanaah*)

ᒫᓀᔫ **maaneyuu** pro,dem [Inland] ♦ there it is over there, way over there is that one (obviative inan, accompanied by a gesture of the hand or pointing with the lips) (see *maane*)

ᒫᓀᔯᐦ **maaneyuuh** pro,dem [Inland]
♦ there s/he/it (anim) is over there, way over there is that one (obviative anim), there they are over there, way over there are those (obviative anim or inan) (accompanied by a gesture of the hand or pointing with the lips) (see *maanaah* or *maane*)

ᒫᓀᐦᐄᐦ **maanehiih** pro,dem [Inland]
♦ there they are over there, way over there are those (inan, accompanied by a gesture of the hand or pointing with the lips) (see *maane*)

ᒫᓃᑌᐆᓈᑯᓐ **maaniteunaakun** vii ♦ it looks unfamiliar, foreign, strange

ᒫᓃᑌᐆᓈᑯᓱᐤ **maaniteunaakusuu** vai -i
♦ s/he looks unfamiliar, foreign, strange

ᒫᓃᑌᐆᐦᑖᑯᓱᐤ **maaniteuhtaakusuu** vai -i
♦ s/he speaks like a stranger, a foreigner

ᒫᓃᑌᐌᔨᒥᐤ **maaniteweyimeu** vta
♦ s/he feels that he/she/it (anim) is different, foreign, a stranger, acts differently than previously

ᒫᓃᑌᐌᔨᐦᑖᑯᓐ **maaniteweyihtaakun** vii
♦ it (ex weather, machine) is strange, unknown

ᒫᓃᑌᐌᔨᐦᑖᑯᓱᐤ **maaniteweyihtaakusuu** vai -i ♦ s/he is strange, unknown, foreign

ᒫᓂᑎᐤ **maaniteu** na -em ♦ stranger, visitor, foreigner

ᒫᓂᑎᔅᑳᐤ **maaniteskaau** vii ♦ there are lots of strangers, visitors, tourists

ᒫᓂᑎᐦᑳᓲ **maanitehkaasuu** vai -u ♦ s/he pretends to be a stranger

ᒫᓂᒌ **maanichii** pro,dem [Inland] ♦ there they are, there are those (an, accompanied by a gesture of the hand or pointing with the lips) (see *maan*)

ᒫᓂᒌᒡ **maanichiich** pro,dem [Inland] ♦ there they are, there are those (an, accompanied by a gesture of the hand or pointing with the lips) (see *maan*)

ᒫᓂᔕᓂᔒᐅᑲᒥᒃ **maanishchaanishiiukamikw** ni ♦ stable, sheep shed

ᒫᓂᔕᓂᔒᐃᐧᔨᔨᐤ **maanishchaanishiiwiyiyuu** na -yim ♦ shepherd

ᒫᓂᔕᓂᔓᔮᓐ **maanishchaanishuuyaan** na ♦ sheepskin, lamb skin

ᒫᓂᔕᓂᔥ **maanishchaanish** na dim ♦ lamb, sheep

ᒫᓂᔫ **maaniyuu** pro,dem [Inland] ♦ there it is, there that one is (inan obviative, see *maan*)

ᒫᓂᔫᐦ **maaniyuuh** pro,dem [Inland] ♦ there s/he/it (anim) is (obviative an) there are those (inan or an, accompanied by a gesture of the hand or pointing with the lips) (see *maan*)

ᒫᓂᐦᐄᐦ **maanihiih** pro,dem [Eastmain] ♦ there they are, there are those (inan, accompanied by a gesture of the hand or pointing with the lips) (see *maan*)

ᒫᓃᐦᑲᒻ **maaniihkam** vti ♦ s/he starts to set up camp, put up a tent, teepee

ᒫᓄᑯᐌᐤ **maanukuweu** vta ♦ s/he sets up a tent for him/her

ᒫᓄᑳᓲ **maanukaasuu** vai reflex -u ♦ s/he makes a shelter for her/himself

ᒫᓄᒉᐤ **maanucheu** vai ♦ s/he sets up a tent with it

ᒫᓈᐦ **maanaah** pro,dem [Inland] ♦ there s/he/it (anim) is over there, that one is way over there (anim, accompanied by a gesture of the hand or pointing with the lips) (see *maanaah*) ▪ ᒫᐦ ᓂᒌ ᐯᐧᐋᐳᒫᐦ × ▪ *Over there is my sister who I was waiting for.*

ᒫᐊ **maan** pro,dem [Inland] ♦ there s/he/it is, there that one is (anim or inan, accompanied by a gesture of the hand or pointing with the lips) (see *maan*) ▪ ᒫᐊ ᓂᐦᑳᐃᐧ × ♦ ᒫᐊ ᓂᒥᐦᒀᐸᐦᒃ × ▪ *There is my mother.* ♦ *That one is my cup.*

ᒫᐊᐦ **maanh** p,manner ♦ usually, habitually ▪ ᒡᑐᔥᑳ ᒫᐊᐦ ᐸᒡ × ▪ *He usually comes here.*

ᒫᓯᒉᐃᐧᐊ **maasichewin** na ♦ fight

ᒫᓯᒉᐤ **maasicheu** vai ♦ s/he fights, s/he wrestles

ᒫᓯᒉᓲ **maasichesuu** na -siim ♦ wrestler

ᒫᓯᒣᑯᔅ **maasimekus** na dim ♦ young speckled, brook trout

ᒫᓯᒣᑯᔥ **maasimekush** na dim ♦ small speckled, brook trout *Salvelinus fontinalis*

ᒫᓯᒣᒄ **maasimekw** na ♦ speckled, brook trout *Salvelinus fontinalis*

ᒫᔅᑖᑯᓲ **maastaakusuu** vai -i ♦ s/he cries because s/he receives bad news

ᒫᔅᑫᐧᐤ **maaskweu** vai ♦ s/he is hoarse

ᒫᔅᑲᓐ **maaskan** vii ♦ it has a deformity, is crippled (body part of person only)

ᒫᔅᑲᔐᐤ **maaskasheu** vai ♦ s/he has a scar

ᒫᔅᑳᐤ **maaskaau** vii ♦ it has a scar, deformity (body part of animal only)

ᒫᔅᑳᐯᑲᓐ **maaskaapekan** vii ♦ it (string-like) is deformed

ᒫᔅᑳᐯᒋᓲ **maaskaapechisuu** vai -i ♦ it (anim, string-like) is deformed

ᒫᔅᑳᐱᔅᑳᐤ **maaskaapiskaau** vii ♦ it (stone, metal) is deformed

ᒫᔅᑳᐱᔅᒋᓲ **maaskaapischisuu** vai -i ♦ it (anim, stone, metal) is deformed

ᒫᔅᑳᔅᑯᓐ **maaskaaskun** vii ♦ it (stick-like) is deformed

ᒫᔅᑳᔅᑯᓲ **maaskaaskusuu** vai -i ♦ it (anim, stick-like) is deformed

ᒫᔑᑳᐤ **maaschekan** vii ♦ it (sheet-like) is deformed

ᒫᔑᒋᓲ **maaschechisuu** vai -i ♦ it (anim, sheet-like) is deformed

maascheyihtaakun vii ♦ it is cute

maascheyihtaakusuu vai -i ♦ s/he is cute

maaschipituneu vai ♦ s/he has deformed, crippled arm

maaschipimaatisiiwin ni ♦ physical handicap

maaschipimaatisiu vai ♦ s/he is physically handicapped, crippled

maaschipayuu vai -i ♦ s/he limps from being crippled from birth

maaschitihcheu vai ♦ s/he has a deformed, crippled hand

maaschikaateu vai ♦ s/he has a deformed, crippled leg

maaschikaataan ni ♦ a lame leg

maaschinihtaauchuwin ni ♦ deformity

maaschinihtaauchuu vai -i ♦ s/he is born deformed, crippled

maaschinuweu vta ♦ s/he finds him/her cute

maaschinam vti ♦ s/he finds it cute

maaschinaakun vii ♦ it looks cute

maaschinaakusuu vai -i ♦ s/he/it (anim) looks cute

maaschinaakuheu vta ♦ s/he makes him/her cute

maaschinaakuhtaau vai+o ♦ s/he makes it cute

maaschisuu vai -i ♦ s/he is crippled, lame

maaschishkachaanish na dim ♦ young northern shrike bird *Lanius excubitor*

maaschishkachaan na -im ♦ northern shrike bird *Lanius excubitor*

maaschiiskaasht na ♦ cedar bough

maaschiiskwaasht na ♦ cedar bough

maaschiisk na -im ♦ northern, eastern white cedar tree *Thuja occidentalis*

maaschiischiskanikaau vii ♦ the island is covered with cedar trees

maaschiischiskaau vii ♦ there are a lot of cedar trees, it (anim) is an area of cedar

maaschiischihtakw na -um ♦ wood of cedar tree

maashimushtuweu vta [Coastal] ♦ s/he tells bad news to him/her

maashimuu vai -u [Coastal] ♦ s/he tells the bad news about someone's death

maashiheu vta ♦ s/he fights, wrestles him/her

maashihtaau vai+o ♦ s/he fights, wrestles it, struggles with it

maashkuch p ♦ maybe, perhaps ▪ *Maybe she will return later.*

maashchinaakushuu vai dim -i ♦ s/he/it (anim, dim) looks cute

maayeyimeu vta ♦ s/he insults him/her, is disrespectful to him/her

maayeyihtam vti ♦ s/he insults it, makes fun of it

maayeyihtaakun vii ♦ it is mocked, ridiculed

maayeyihtaakusuu vai -i ♦ s/he is mocked, ridiculed, derided

maayeyihcheu vai ♦ s/he is disrespectful, insulting

maayisiiu vai ♦ s/he is stingy, miserly

maayaatin vii ♦ it is bad, evil

maayaatisiiwin ni ♦ evil, badness

maayaatisiiu vai ♦ s/he is bad, evil

maayaachimeu vta ♦ s/he tattles on him/her

maayaachimustuweu vta ♦ s/he tattles to him/her

maayaachimuu vai -u ♦ s/he tattles on someone

maayaasinuweu vta ♦ s/he sees a vision, apparition of someone which foretells a death

ᒫᔭᓯᓐ **maayaasinam** vti ♦ s/he sees a vision, apparition of something which foretells a death

ᒫᜥ **maah** p,interjection ♦ hark, listen ▪ ᒫᜥ, ᓂᐯᒋᑖᐤ ᓂᔅᒃₓ ▪ *Listen, I hear a goose.*

ᒫᜥ **maah** p,emphasis ♦ then (used after another word to make a polite command) ▪ ᐯᒋᜥ ᒫᜥ ᐊᓂ ᐊᔅᑭᒃₓ ▪ *Could you bring that pail.*

ᒫᐦᐁᐤ **maaheu** vta ♦ s/he flushes it (anim, ex animal, bird) out inadvertently by noise

ᒫᐦᐄᐱᒎ **maahiipichuu** vai-i ♦ s/he goes downriver moving winter camp

ᒫᐦᐄᐳᑖᐤ **maahiiputaau** vai+o ♦ s/he floats it (ex logs) downriver

ᒫᐦᐄᐳᔦᐤ **maahiipuyeu** vta ♦ s/he floats it (anim, ex tree) downriver

ᒫᐦᐄᐸᔨᐦᐁᐤ **maahiipayiheu** vta ♦ s/he takes him/her downriver, by vehicle

ᒫᐦᐄᐸᔨᐦᑖᐤ **maahiipayihtaau** vai+o ♦ s/he takes it downriver by vehicle

ᒫᐦᐄᐸᔫ **maahiipayuu** vai/vii-i ♦ s/he/it (anim) goes downriver by vehicle, it goes downriver

ᒫᐦᐄᐸᐦᑖᐤ **maahiipahtaau** vai ♦ s/he goes downriver running

ᒫᐦᐄᑎᔖᐦᐊᒻ **maahiitishaham** vti ♦ s/he sends it downriver

ᒫᐦᐄᑎᔖᐦᐌᐤ **maahiitishahweu** vta ♦ s/he sends him/her/it (anim) downriver

ᒫᐦᐄᑑᑖᒣᐤ **maahiituutaameu** vta ♦ s/he walks downriver carrying him/her on her/his back

ᒫᐦᐄᑑᑖᒧᐌᐤ **maahiituutaamuweu** vta ♦ s/he carries it down the river on the back for someone

ᒫᐦᐄᑲᓅ **maahiikanuu** vii-u ♦ it (river) can be negotiated, people can come downriver

ᒫᐦᐄᔅᑯᐱᒎ **maahiiskupichuu** vai-i ♦ s/he goes downriver on the ice moving winter camp

ᒫᐦᐄᔅᑯᐸᐦᑖᐤ **maahiiskupahtaau** vai ♦ s/he runs downriver on the ice

ᒫᐦᐄᔅᑯᑐᑖᒣᐤ **maahiiskututaameu** vta ♦ s/he goes downriver on the ice, carrying her/him on the back

ᒫᐦᐄᔅᑯᑖᐯᐤ **maahiiskutaapeu** vai ♦ s/he goes downriver on the ice pulling something

ᒫᐦᐄᔅᑯᑖᐹᑌᐤ **maahiiskutaapaateu** vta ♦ s/he takes him/her downriver on the ice, pulling him/her

ᒫᐦᐄᔅᑯᑯᐦᑎᑖᐤ **maahiiskukuhtitaau** vai+o ♦ s/he puts the canoe in the water with the bow pointing down the river

ᒫᐦᐄᔅᑯᐦᑌᐤ **maahiiskuhteu** vai ♦ s/he walks downriver on the ice

ᒫᐦᐄᔅᑯᐦᑕᑖᐤ **maahiiskuhtataau** vai+o ♦ s/he takes it downriver on the ice

ᒫᐦᐄᔅᑯᐦᑕᐦᐁᐤ **maahiiskuhtaheu** vta ♦ s/he takes him/her downriver on the ice

ᒫᐦᐄᔅᑯ **maahiiskuu** vai-u ♦ s/he goes downriver on the ice

ᒫᐦᐄᔑᑳᒣᐤ **maahiishikaameu** vai ♦ s/he walks downriver along the shore

ᒫᐦᐄᔥᑲᒻ **maahiishkam** vti ♦ s/he walks downriver

ᒫᐦᐅᑖᐤ **maahutaau** vai+o ♦ s/he takes it downriver by canoe

ᒫᐦᐅᔦᐤ **maahuyeu** vta ♦ s/he takes him/her downriver in the canoe

ᒫᐦᐆᑐᐌᐤ **maahuutuweu** vta ♦ s/he goes downriver, taking something in the canoe for him/her

ᒫᐦᐊᒻ **maaham** vti ♦ s/he goes downriver by boat, canoe

ᒫᐦᐋᐱᐦᒉᓇᒻ **maahaapihchenam** vti ♦ s/he floats it (ex canoe) downriver, using a line, as s/he walks along the shore

ᒫᐦᐋᐳᑌᐤ **maahaaputeu** vai ♦ it (anim) drifts downriver

ᒫᐦᐋᐳᑖᐤ **maahaaputaau** vai+o ♦ s/he drifts it downriver

ᒫᐦᐋᐳᑰ **maahaapukuu** vai-u ♦ s/he/it drifts downriver

ᒫᐦᐋᔒ **maahaashuu** vai-i ♦ s/he/it (anim) sails downriver

ᒫᐦᐋᔥᑎᓐ **maahaashtin** vii ♦ it sails, is blown downriver

ᒫᐦᑎᑯᐸᔫ **maahtikupayuu** vai/vii-i ♦ it (anim) comes on top of something

L"∩dσ·d **maahtikunikuu** vta inverse -u [Mistissini] ◆ it (ex a windstorm, illness) holds him/her back, impedes her/him

L"∩d⁻d·∇° **maahtikushkuweu** vta ◆ s/he puts her/his body weight, feet on him/her/it (anim)

L"∩d⁻bᴸ **maahtikushkam** vti ◆ s/he puts his body weight, feet, on it

L"∩d"▷d **maahtikuhukuu** vai -u ◆ there is weight on her/him

L"∩d"▷U° **maahtikuhuuteu** vii ◆ there is weight on it and it cannot be moved

L"∩d"◁ᴸ **maahtikuham** vti ◆ s/he puts weight on top of it

L"∩d"·∇° **maahtikuhweu** vta ◆ s/he puts weight on him/her with something

L"ṗ **maahkii** ni -m ◆ tent, from English 'marquee'

L"ṗᔑrᵃ **maahkiiyechin** ni ◆ tent canvas

L"ṗᑊᐦdσbᵃ **maahkiiyaaskunikan** ni ◆ tent frame

L"ṗᑊ"∩d **maahkiiyaahtikw** ni -um ◆ poles supporting the ridgepole of a tent

L"ṗ"ꟼ° **maahkiihcheu** vai ◆ s/he makes a tent

L"dΛU° **maahkupiteu** vii ◆ it is tied up

L"dΛU° **maahkupiteu** vta ◆ s/he ties him/her/it up

L"dΛ∩ᒉ **maahkupitisuu** vai reflex -u ◆ s/he ties her/himself up

L"dΛ∩"ꟼ"Λᒉ·Δᵃ **maahkupitihchehpisuwin** ni ◆ bandage for hand

L"dΛCᴸ **maahkupitam** vti ◆ s/he ties it

L"dΛrbᵃ **maahkupichikan** ni ◆ wrapping, tie, gauze bandage

L"dΛᒉ **maahkupisuu** vai -u ◆ s/he is tied up

L"dΛ"ꟼ° **maahkupihcheu** vai ◆ s/he is tying up, making fast, wrapping

L"dΛ"ꟼ<ᒉ **maahkupihchepayuu** vai/vii -i ◆ it ties itself in knots

L"rᑐᣝσ⁻ **maahchituushaanish** vai ◆ the last baby born in a family ■ ∇▷d ▷ σL"rᑐᣝσ⁻ₓ ■ *This is my last baby.*

L"rᶜ **maahchich** p,time [Coastal] ◆ the last time ■ ∇▷d L"rᶜ ꟼ ·◁ᑊrᑕᵃₓ ■ *This is the last time I'll see you.*

L"r⁻CΔ **maahchishtai** p,manner [Inland] ◆ last, the last ■ ·Δ L"r⁻CΔ ᑊ ∇"r ᐞ"ꟼ°ₓ ■ *She came in last.*

L"r⁻CΔr⁻bᵃ **maahchishtaichishkaan** vii [Inland] ◆ it is Saturday

L"ᶸᴸ **maahch** p,time [Coastal] ◆ last, the last ■ ·Δ L"ᶸᴸ Δ"ᑕᵃₓ ■ *He is the last one.*

·L

·L▷ᑊ **mwaauchii** pro,dem [Coastal] ◆ here they are, here these are (anim, accompanied by a gesture of the hand or pointing with the lips) (see *maau*) ■ ·L▷ᑊ σᑕᑊᴸ ᑲ ·Δσ"Δ·bᵒₓ ■ *Here are my socks that I lost.*

·L▷ᑊᴸ **mwaauchiich** pro,dem [Coastal] ◆ here they are, here these are (anim, accompanied by a gesture of the hand or pointing with the lips) (see *maau*) ■ ·L▷ᑊᴸ σᑕᑊᴸ ᑲ ·Δσ"Δ·bᵒₓ ■ *Here are my socks that I lost.*

·L▷ᒉ **mwaauyuu** pro,dem ◆ here it is , here this one is (inan, accompanied by a gesture of the hand or pointing with the lips) (see *maau*)

·L▷ᒉ" **mwaauyuuh** pro,dem [Coastal] ◆ here s/he/it is , here this one is (anim or inan) (accompanied by a gesture of the hand or pointing with the lips) (see *maau*)

·L▷"Δ" **mwaauhiih** pro,dem [Coastal] ◆ here they are, here these are (inan, accompanied by a gesture of the hand or pointing with the lips) (see *maau*)

·L° **mwaau** pro,dem [Coastal] ◆ here s/he/it is, here this one is (anim or inan, accompanied by a gesture of the hand or pointing with the lips) (see *maau*) ■ ·L° σLᒉᵃ"Δbᵃ ᑲ ◁σᑕᵇₓ ■ *Here is my book that I lost.*

·LdΛᑊᴸ **mwaakupiisim** na [Inland] ◆ May

·Ld⁻ **mwaakush** na dim ◆ gosling, baby loon

·Ld **mwaakw** na ◆ common loon *Gavia immer*

ᒫᓄ mwaane pro,dem [Coastal] ♦ there it is over there, that one is way over there (inan, accompanied by a gesture of the hand or pointing with the lips) (see *maane*)

ᒫᓅᒌ mwaanechii pro,dem [Coastal] ♦ there they are over there, way over there are those (anim, accompanied by a gesture of the hand or pointing with the lips) (see *maanaah*) ■ ᒫᓅᒌ ᐊᓅᒋ ᐋᐱᔑᔥ ᑳ ᐋᓅᒉᐦᑳᐸᒥᐋᒡᐦ ■ *There are the boys that they were looking for.*

ᒫᓅᒌᒡ mwaanechiich pro,dem ♦ there they are over there, way over there are those (anim, accompanied by a gesture of the hand or pointing with the lips) (see *maanaah*) ■ ᒫᓅᒌ ᐊᓅᒋ ᐋᐱᔑᔥ ᑳ ᐋᓅᒉᐦᑳᐸᒥᐋᒡᐦ ■ *There are the boys that they were looking for.*

ᒫᓅᔾ mwaaneyuu pro,dem [Coastal] ♦ there it is over there, way over there is that one (obviative inan, accompanied by a gesture of the hand or pointing with the lips) (see *maane*)

ᒫᓅᔾᐦ mwaaneyuuh pro,dem [Coastal] ♦ there s/he/it (anim) is over there, way over there is that one (obviative anim), there they are over there, way over there are those (obviative anim or inan) (accompanied by a gesture of the hand or pointing with the lips) (see *maanaah* or *maane*)

ᒫᓅᐦᐃᐦ mwaanehiih pro,dem ♦ there they are over there, way over there are those (inan, accompanied by a gesture of the hand or pointing with the lips) (see *maane*)

ᒫᓂᒌ mwaanichii pro,dem [Inland] ♦ there they are, there are those (an, accompanied by a gesture of the hand or pointing with the lips) (see *maan*)

ᒫᓂᒌᒡ mwaanichiich pro,dem [Coastal] ♦ there they are, there are those (anim, accompanied by a gesture of the hand or pointing with the lips) (see *maan*)

ᒫᓂᔾ mwaaniyuu pro,dem [Coastal] ♦ there it is, there that one is (inan obviative, accompanied by a gesture of the hand or pointing with the lips) (see *maan*)

ᒫᓂᔾᐦ mwaaniyuuh pro,dem [Coastal] ♦ there s/he/it (anim) is (obviative an), there are those (inan or an) (accompanied by a gesture of the hand or pointing with the lips) (see *maan*)

ᒫᓂᐦᐃᐦ mwaanihiih pro,dem [Coastal] ♦ there are those (inan, accompanied by a gesture of the hand or pointing with the lips) (see *maan*)

ᒫᓈᐦ mwaanaah pro,dem [Coastal] ♦ there s/he/it (anim) is over there, that one is way over there (anim, accompanied by a gesture of the hand or pointing with the lips) (see *maanaah*) ■ ᒫᓈᐦ ᓂᒥᔥ ᑳ ᐯᐦᑖᐸᒃ ■ *Over there is my sister who I was waiting for.*

ᒫᓐ mwaan pro,dem [Coastal] ♦ there s/he/it is, there that one is (anim or inan, accompanied by a gesture of the hand or pointing with the lips) (see *maan*) ■ ᒫᓐ ᓂᑳᐧᐃ ♦ ᒫᓐ ᓂ ᓂᒥᐦᑯᐸᐦᒡᐦ ■ *There is my mother.* ♦ *That one is my cup.*

ᓂ

ᓂ ne pro,dem [Coastal] ♦ that one over there, that yonder (inan, see *ne*)

ᓂᐅᐧᐃᒡ neuwich vai pl -u ♦ they are four

ᓂᐅᐧᐃᓐᐦ neuwinh vii pl ♦ there are four

ᓂᐅᐱᐳᓐᐦ neupipunh p,time ♦ four years

ᓂᐅᐱᐦᑳᓐ neupihkaan ni ♦ four-strand braid

ᓂᐅᐲᓯᒥᐦ neupiisimh p,time ♦ four months

ᓂᐅᐳᐧᐃᒡ neupuwich vai pl -i ♦ there are four of them sitting

ᓂᐅᐳᓀᓰᒪᑲᓐ neupunesiimakan vii ♦ it is four years old

ᓂᐅᐳᓀᓲ neupunesuu vai -i ♦ s/he is four years old

ᓂᐅᐸᐦᐄᑐᐧᐃᒡ neupahiituwich vai pl recip -u ♦ they run in a pack, groups of four

ᓂᐅᑌᓅ neutenuu p,quantity ♦ four families

ᓂᐅᑌᓰᐅᒡ neutesiiuch vai pl ♦ there are four families in one camp, dwelling

ᓅᐳᐅᔫᓪ neutesuuch p,quantity [Inland]
• four boxes

ᓅᐳᑎᐸᓐᑳᐅᐦ neutipiskaauh p,time • four nights

ᓅᐳᑎᐹ"ᐦᐄᑳᓐ neutipahiikan p,quantity
• four miles, four gallons

ᓅᐳᑎᐹᐸᔥᑯᒋᑳᓀᓲ
neutipaapeshkuchikanesuu vai -i • it (anim) weighs four pounds

ᓅᐳᑎᐹᐸᔥᑯᒋᑳᓀᔮᐤ
neutipaapeshkuchikaneyaau vii • it weighs four pounds

ᓅᐳᑎᐹᐸᔥᑯᒋᑳᓐ neutipaapeshkuchikan p,quantity • four pounds

ᓅᐳᑎᐹᐦᑯᓂᑳᓐ neutipaaskunikan p,quantity • four yards of fabric

ᓅᐳᑎ"ᑕᒥᔫᑌᐅᓲᐦ
neutihtamiyuuteusuuch p,quantity
• four cartons, packages (ex cigarettes)

ᓅᐳᑎᔨᓲ neutiiyesuu vai • it (anim) costs four dollars

ᓅᐳᑎᔮᐤ neutiiyaau vai • it costs four dollars

ᓅᐳᑑᔥᑌᐤ neutuushteuh p,time • four weeks

ᓅᐳᑕᒋᓱᐎᐦ neutachisuwich p,quantity [Inland] • four canoes full of people

ᓅᐳᑕᐦ neutach p,quantity • four canoes

ᓅᐳᑕᓲᐎᐦ neutasuwich p,quantity [Coastal]
• four canoes full of people

ᓅᐳᑳᒥᒋᓱᐎᐦ neukamichisuwich p,quantity • four teepees in one camp

ᓅᐳᑳᒥᐦ neukamich p,quantity • four teepees

ᓅᐳᑳᒫᐅᐦ neukamaauh vii pl • there are four lakes

ᓅᐳᑳᐳᐦᑖᐤ neukaapuhtaau vai+o • s/he places and sets four of it in upright position

ᓅᐳᑳᐳᐎᐦ neukaapuuwich vai pl -uu
• they are four standing

ᓅᐳᑳᑌᐤ neukaateu vai • it (anim) has four legs

ᓅᐳᒃᐗᐱᑳᑲᓐᐦ neukwaapikaakanh p,quantity • four water pails

ᓅᐳᒃᐗᐱᓂᑳᓐ neukwaapinikan p,quantity
• four scooped handfuls

ᓅᐳᒌᔑᑳᐤ neuchiishikaau vii • it is Thursday, it is the fourth day

ᓅᐳᒌᔑᑳᐅᐦ neuchiishikaauh vii pl • it is four days

ᓅᐳᒥᒋᐦᒋᓐ neumichihchin p,quantity
• four inches

ᓅᐳᒥᓂᑯᔥᐦ neuminikushh p,time • four minutes

ᓅᐳᒥᓂᔅᑳᐤ neuminiskaau p,quantity
• four cartons

ᓅᐳᒥᓂᔥᑌᐤ neuminishteu p,quantity
• four cords of split firewood

ᓅᐳᒥᓂᐦᒁᑲᓐ neuminihkwaakan p,quantity
• four cups

ᓅᐳᒥᓰᐟ neumisit p,quantity • four feet

ᓅᐳᒥᐦᑎᑳᓐ neumihtikaan p,quantity
[Coastal] • four piles vertical stacks of firewood

ᓅᐳᒦᐎᐟ neumiiwit p,quantity • four packs, packages

ᓅᐳᒫᑎᔑᑳᓐ neumaatishikan p,quantity
• four slices

ᓅᐳᓇᔥ neunasch p,quantity • four double arm-lengths

ᓅᐳᔅᑲᑎᔦᒌ neuskatiyechii p,quantity
• four packs, cartons (ex of cigarettes)

ᓅᐳᔐᐧᐤ neushweu vta • s/he cuts it (anim) in four

ᓅᐳᔕᒻ neusham vti • s/he cuts it in four

ᓅᐳᔖᐹᐧᐋᐤ neushaapwaau p,quantity
• fourteen times

ᓅᐳᔖᑉ neushaap p,number • fourteen

ᓅᐳᔥᑎᒉᐸᔫᐦ neushtikwepayuuh vii pl -i
• there are four rivers running together

ᓅᐳᔥᑎᒁᐅᐦ neushtikwaauh p,quantity
• four rivers

ᓅᐳᔥᑐ neushtuu p,quantity • four beaver lodges

ᓅᐳ"ᐁᐤ neuheu vta • s/he divides it (anim) in four

ᓅᐳ"ᐋᔔ neuhaashuu vai • s/he (baby) rocks back and forth as the lyrics to a song are sung

ᓅᐳ"ᐅᑌᐦ neuhteuch vai pl • they are four walking together

ᓅᐳ"ᑎᐦ neuhtich p,quantity • four pieces of firewood

ᓅᐳ"ᑎᐄ neuhtii p,quantity • four dollars

341

ᓅᐦᑖᑳᐅᐦ neuhtakaauh p,quantity ♦ four pieces of wood

ᓅᐦᑖᐤ neuhtaau vai+o ♦ s/he divides it in four

ᓂᐍᑳᓐ newekanh vii pl ♦ there are four (sheet-like) things

ᓂᐍᑳᔥᑌᐦ newekashteuh vii pl ♦ there are four sheets lying there

ᓂᐍᑳᔥᑖᐤ newekashtaau vai+o ♦ s/he places, lays four sheets of plywood

ᓂᐍᒋᓀᐤ newechineu vta ♦ s/he holds four of it (anim, sheet-like)

ᓂᐍᒋᓇᒻ newechinam vti ♦ s/he holds four of it (sheet-like)

ᓂᐍᒋᓱᐎᒡ newechisuwich vai pl -i ♦ they (anim, sheet-like) are four

ᓂᐍᒋᔥᑕᐦᒻ newechishtaham vti ♦ s/he sews four (anim, sheet-like, cloth) together

ᓂᐍᒋᔥᑯᐌᐤ newechishkuweu vta ♦ s/he wears four layers of it (anim)

ᓂᐍᒋᔥᑲᒻ newechishkam vti ♦ s/he wears four layers of it

ᓂᐍᒡ newech p,quantity ♦ four sheets (ex paper, blankets)

ᓂᐍᒦᐦᒁᓂᔥ newemihkwaanish p,quantity ♦ four teaspoonfuls

ᓂᐍᒦᐦᒁᓐ newemihkwaan p,quantity ♦ four spoonfuls

ᓂᐌᔅᒋᐦᒄ neweschihkw p,quantity ♦ four pails of liquid (ex bear grease)

ᓂᐄᒡ newiich p,manner ♦ four different ways, places, kinds, sizes ▪ ᒫᐦᑯ ᓂᐄᒡ ᐋᔨᒧᓯᐊᐤx ♦ ᒫᐦᑯ ᓂᐄᒡ ᐃᔑᐋᑎᓯᐧᐊᐦx ▪ *Maybe they stay in 4 different places.* ♦ *Maybe there are 4 different kinds.*

ᓂᐙᐅᒋᔐᒥᑖᐦᑐᒥᑎᓅ newaauchishemitaahtumitinuu p,number ♦ quatre thousand

ᓂᐙᐅᒌᓂᒁᓂᐦᑌᐦ newaauchiinikwaanihteuh p,time [Coastal] ♦ four hours

ᓂᐙᐅᒥᑖᐦᑐᒥᑎᓅ newaaumitaahtumitinuu p,number ♦ four hundred

ᓂᐙᐤ newaau p,quantity ♦ four times

ᓂᐙᐯᐅᐎᒡ newaapeuwich vai pl ♦ they are four men

ᓂᐙᐯᑲᐳᐎᒡ newaapekapuwich vai pl -i ♦ they (anim, string-like) are four sitting

ᓂᐙᐯᑲᒨᒡ newaapekamuwich vai pl -u ♦ they (anim) are in four lines

ᓂᐙᐯᑲᒧᓐ newaapekamunh vii pl [Inland] ♦ there are four strung out

ᓂᐙᐯᑲᒨᐦ newaapekamuuh vii pl [Coastal] ♦ there are four strung out

ᓂᐙᐯᑳᓐ newaapekanh vii pl ♦ there are four (string-like)

ᓂᐙᐯᑳᔥᑌᐦ newaapekashteuh vii pl ♦ there are four set there

ᓂᐙᐯᑳᔥᑖᐤ newaapekashtaau vai+o ♦ s/he places four things (string-like)

ᓂᐙᐯᑳᐦᐁᐤ newaapekaheu vta ♦ s/he places four of them (anim, string-like)

ᓂᐙᐯᒋᓱᐎᒡ newaapechisuwich vai pl -i ♦ they (anim, string-like) are four

ᓂᐙᐯᒡ newaapech p,quantity ♦ four things (string-like)

ᓂᐙᐱᔅᑲᒧᐦᑖᐤ newaapiskamuhtaau vai+o ♦ s/he sets four (stone, metal ex nails, screws) on it

ᓂᐙᐱᔅᑲᒨᐦ newaapiskamuuh vii pl ♦ there are four things (stone, metal) on it

ᓂᐙᐱᔅᑳᐅᐦ newaapiskaauh vii pl ♦ there are four (stone, metal)

ᓂᐙᐱᔅᒋᓱᐎᒡ newaapischisuwich vai pl -i ♦ they (anim, stone, metal) are four

ᓂᐙᐱᔥ newaapisch p,quantity ♦ four pieces of metal, stone, four dollars

ᓂᐙᐱᐦᑳᑌᐦ newaapihkaateuh vii pl ♦ there are four tied together

ᓂᐙᐱᐦᑳᑕᒻ newaapihkaatam vti ♦ s/he ties four things together

ᓂᐙᐱᐦᑳᓱᐎᒡ newaapihkaasuwich vai pl -u ♦ they are four tied together

ᓂᐙᐱᐦᒉᔑᒣᐤ newaapihcheshimeu vta ♦ s/he lays four of them down

ᓂᐙᐱᐦᒉᔑᓅᒡ newaapihcheshinuch vai pl ♦ they lie in a group of four

ᓂᐙᒍᔅᐌᐤ newaachusweu vta ♦ s/he boils four of them (anim)

ᓂᐙᒍᓴᒻ newaachusam vti ♦ s/he boils four things

ᓂᐙᔅᑯᑳᐴᐦᐁᐤ newaaskukaapuuheu vta ♦ s/he stands up four of them (anim, stick-like)

ᐎᐋᔅᑯᑳᐳᐅᑖᐅ newaaskukaapuuhtaau vai+o ♦ s/he stands up four things (stick-like)

ᐎᐋᔅᑯᓐ newaaskunh vii pl ♦ there are four things (stick-like)

ᐎᐋᔅᑯᓯᐤ newaaskusuwich vai pl -i ♦ they (anim, stick-like) are four

ᐎᐋᐦᑎᒄ newaahtikw p,quantity ♦ four sticks, four pieces of wood

ᓀᐤ neu p,number ♦ four

ᓀᑌᐦ neteh p,dem,location ♦ way over there yonder

ᓀᑎᓈᐤ netinaau vii ♦ it is a mountain which projects in a point

ᓀᑖᐅᐦᑳᐤ netaauhkaau vii [Coastal] ♦ it is a point of soil

ᓀᑦᐦ net-h p,dem,location ♦ there

ᓀᑳ nekaa nad voc ♦ mommy!

ᓀᑳᓯᐤ nekaasiiu vai -u ♦ s/he is over-anxious, wants to be the first, is ambitious

ᓀᒌ nechii pro,dem [Coastal] ♦ those over there, those yonder (anim, see naa)

ᓀᒌᒡ nechiich pro,dem ♦ those over there, those yonder (anim, see naa)

ᓀᒥᑎᓅ nemitinuu p,number ♦ forty

ᓀᒥᔅᑳ nemiskaa ni ♦ community of Nemaska

ᓀᒧᑐᐌᐤ nemutuweu vta ♦ it (anim, dog) growls at him/her/it (anim)

ᓀᒧᑕᒻ nemutam vti ♦ s/he growls at it

ᓀᒨ nemuu vai ♦ s/he growls

ᓀᒪᐦᐊᒻ nemaham vti ♦ s/he shakes his fist at it (once)

ᓀᒪᐦᐌᐤ nemahweu vta ♦ s/he shakes her/his fist once at him/her/it (anim)

ᓀᓯᒀᐤ nesikwaau vii ♦ it is a point of land surrounded by ice

ᓀᓲ nesuu vai ♦ it (anim) has a point, projection

ᓀᔅᑳᒥᑳᐤ neskamikaau vii ♦ it is a point of land

ᓀᔑᐦᒄ neschuukaau vii ♦ it is a muddy point of land

ᓀᔥᑌᔨᒧᐦᐁᐤ neshteyimuheu vta ♦ s/he tickles him/her until she/he can laugh no more

ᓀᔥᑌᔨᒨ neshteyimuu vai -u ♦ s/he dies of grief

ᓀᔥᑌᔨᐦᑕᒻ neshteyihtam vti ♦ s/he dies of grief over it

ᓀᔥᑎᑌᐦᐁᓀᐤ neshtiteheneu vta ♦ s/he inspires fear in him/her

ᓀᔥᑕᐦᐌᐤ neshtahweu vta [Coastal] ♦ s/he kills him/her instantly

ᓀᔥᑖᒣᔨᒣᐤ neshtaameyimeu vta ♦ s/he is furious at him/her/it (anim)

ᓀᔥᑖᒣᔨᐦᑕᒻ neshtaameyihtam vti ♦ s/he is furious about it

ᓀᔥᑖᒥᐸᔫ neshtaamipayuu vai/vii -i ♦ there is a serious disturbance at the meeting, party (ex drinking and fighting)

ᓀᔥᑤᒦᐤ neshtwaamiiu vai ♦ it (anim, fish) is weak after spawning

ᓀᔥᑦ nesht p ♦ or [coastal]; and [inland] (inland uses nesht mikw for 'or') ■ ᒫᕆ ᓀᔥᑦ ᑌᓯ ᐸᒋ·ᐄᑎ·ᐁᐤ ■ Mary or/and Daisy will go with her.

ᓀᔥᑯᔔᑳᐤ neshkushuukaau vii ♦ it is a grassy point of land

ᓀᔦᑲᓐ neyekan vii [Coastal] ♦ it is a point on the edge of something sheet-like

ᓀᔦᒋᒑᑌᐤ neyechikwaateu vta [Coastal] ♦ s/he sews it (anim) in a point

ᓀᔦᒋᒑᑕᒻ neyechikwaatam vti [Inland] ♦ s/he sews it in a point

ᓀᔫ neyuu pro,dem [Coastal] ♦ that one over there, that yonder (obviative inimate, see ne)

ᓀᔫᒡ neyuuuch p,location ♦ at the mid-point, midway

ᓀᔫᑖᐅᐦᑳᐤ neyuutaauhkaau vii [Inland] ♦ it is a point of soil

ᓀᔫᑖᐯᒡ neyuutaapech p,location ♦ in mid-string

ᓀᔫᑖᒪᑎᓐ neyuutaamatin p,location ♦ approximately mid-way up a mountain

ᓀᔫᑖᔥᑎᒄ neyuutaashtikw p,location ♦ midway along a river

ᓀᔫᑖᐦᑎᒄ neyuutaahtikw p,location ♦ at the mid-point of a log

ᓀᔫᒋᑲᒫᐤ neyuuchikamaau p,location ♦ in mid-lake

ᓀᔫᔅᑲᒥᐦᒡ neyuuskamihch p,location ♦ in the middle of the moss

ᓅᖮ" neyuuh pro,dem [Coastal] ♦ those over there, those yonder (anim or inan obviative); that one over there, that yonder (anim obviative) (see *naa* or *ne*)

ᓅᔾᐳ"ᑳ° neyaauhkaau vii ♦ it is a sandy point

ᓅᔾ° neyaau vii ♦ it is, has a point, projection on something

ᓅᔾᐠᑳ° neyaapiskaau vii ♦ it is a rocky point

ᓅᔾᕽ·ᐋᔾ° neyaaskweyaau vii ♦ it is a wooded point of land

ᓅ"ᐋ" nehiih pro,dem [Eastmain] ♦ those over there, that yonder (inan, see *ne*)

ᓅ"ᒉᑳ° nehtakaau vii ♦ it (useful wood, ex wall) has a projection, point

ᓅ"ᑦᐸ° nehkupaau vii ♦ it is a willow point of land

ᓅ"ᑳᒉᐸᔾ nehkaachipayuu vai/vii -i ♦ it happens to her/him/it slowly, hesitantly (ex person dying)

ᓅ"ᑳᒉ"ᐁ° nehkaachiheu vta ♦ s/he mistreats, abuses him/her (a single time)

ᓅ"ᑳᒉ"ᑖ° nehkaachihtaau vai+o ♦ s/he mistreats it, does not look after it

ᓂ

ᓂᐯᐳᐸᔾᒌᔥ nipeupayichiis na -im ♦ pyjamas

ᓂᐯᐳᑲ"ᐋᑳᐧ nipeukunahiikan na [Inland] ♦ bedspread

ᓂᐯᐳᑳᒥᑯᑦ nipeukamikw ni ♦ bedroom, hotel

ᓂᐯᐳᐌᑐᑎᓐᐧ nipeushtuutin ni ♦ night cap, sleeping bonnet

ᓂᐯᐳᔾᐋᓐ nipeuyaan ni ♦ nightgown

ᓂᐯ·ᐃᓐ nipewin ni ♦ bed

ᓂᐯ·ᐢᐁ° nipesweu vta ♦ s/he anesthetizes him/her, s/he puts him/her to sleep with anesthetic

ᓂᐯᓯᑲᓐ nipesikan ni ♦ anesthetic

ᓂᐯᐢᑳᑯ nipeshkaakuu vta inverse -u ♦ it (ex medicine) causes her/him to sleep

ᓂᐱ nipii ni -m ♦ water

ᓂᐱᐳᑎ"ᒉ° nipiiutihcheu vai ♦ s/he has wet hands

ᓂᐱᐳᐁ° nipiiuneu vta ♦ s/he wets him/her by hand

ᓂᐱᐳᐊᒪᐧ nipiiunam vti ♦ s/he wets it by hand

ᓂᐱᐳᓯᑳᑳ° nipiiusikwaau vii ♦ there is water on the ice

ᓂᐱᐳᢥᒥᑳ° nipiiuskamikaau vii ♦ it is wet terrain, land

ᓂᐱᐳᔑ"ᑯᐧ nipiiuschihkw na ♦ water container

ᓂᐱᐳᢥᑯᐁ° nipiiushkuweu vta ♦ s/he wets him/her/it (anim) by body, foot

ᓂᐱᐳᢥᑲᒪᐧ nipiiushkam vti ♦ s/he wets it by body, foot

ᓂᐱᐳ"ᐁ° nipiiuheu vta ♦ s/he wets him/her/it (anim)

ᓂᐱᐳ"ᐋᒍ nipiiuhiisuu vai reflex -u ♦ s/he gets her/himself wet

ᓂᐱᐳ"ᐁ nipiiuhuu vai -u ♦ s/he wets her/himself

ᓂᐱᐳ"ᒉᑳ° nipiiuhtakaau vii ♦ it (useful wood, ex floor) is wet

ᓂᐱᐳ"ᒉ° nipiiuhtaau vai+o ♦ s/he wets it

ᓂᐱ·ᐃᓐ nipiiwin vii ♦ it is wet

ᓂᐱ° nipiiu vai ♦ s/he/it (anim) is wet

ᓂᐱᒪᑲᓐ nipiimakan vii ♦ it is dying, paralysed

ᓂᐱ"ᑲ"ᑕᒪᐧ nipiihkahtam vti ♦ s/he adds water to it

ᓂᐸ" nipah preverb ♦ should, would (used with first person of independent verbs)

ᓂᐸ"ᐁ° nipaheu vta ♦ s/he kills him/her/it (anim)

ᓂᐸ"ᐋ·ᐁ·ᐃᐧ nipahiiwewin ni ♦ murder, homicide, causing death deliberately or accidentally

ᓂᐸ"ᐋ·ᐁ° nipahiiweu vai ♦ s/he kills, s/he murders

ᓂᐸ"ᐋ·ᐁᒪᑲᓐ nipahiiwemakan vii ♦ it kills, causes death

ᓂᐸ"ᐋ·ᐁᒍ nipahiiwesuu vai ♦ s/he is a killer, a murderer

ᓂᐸ"ᐋᑎᐱᐧ nipahiitisuwin ni [Coastal] ♦ suicide

ᓂᐸ"ᐋᑎᐱ nipahiitisuu vai reflex -u ♦ s/he kills her/himself (accidentally or deliberately), s/he commits suicide

ᓂᐹᐦᐄᒉᓀᐤ nipahiicheneu vta ◆ s/he
kills it (anim, small animal, bird) by
handling it too much

ᓂᐹᐦᐄᒥᔅᑴᐤ nipahiimiskweu vii ◆ it is
easy for her/him to kill beaver

ᓂᐹᐦᐄᓱᐎᓐ nipahiisuwin ni [Inland]
◆ suicide

ᓂᐹᐦᐄᔑᒣᐤ nipahiishimeu vta ◆ s/he
kills him/her/it (anim), by fighting, in a
vehicle, an accident

ᓂᐹᐦᐄᔑᓐ nipahiishin vai ◆ s/he dies, is
killed by falling

ᓂᐹᐦᐄᔥᑯᐌᐤ nipahiishkuweu vta
◆ s/he kills him/her by pressure of
foot, body

ᓂᐹᐦᐋᐹᐌᐤ nipahaapaaweu vai ◆ s/he
is killed by drowning

ᓂᐹᐦᐋᑉᐋᐌᐤ nipahaapwaaweu vai
◆ s/he is killed by drowning

ᓂᐹᐦᑐᐌᐤ nipahtuweu vta ◆ s/he kills it
(anim) for him/her (ex a goose for
someone)

ᓂᐹᐦᑕᒧᐌᐤ nipahtamuweu vta ◆ s/he
kills it for him/her in place of him/her

ᓂᐹᐦᑖᐤ nipahtaau vai+o ◆ s/he kills it

ᓂᐹᐦᒋᑳᒉᐤ nipahchikaacheu vai ◆ s/he
kills with it

ᓂᐹᐤ nipaau vai ◆ s/he is sleeping

ᓂᐹᑲᓄᐎᑦ nipaakanuwit ni ◆ bedroll
bag

ᓂᐹᑲᓐ nipaakan ni ◆ blanket, sleeping
bag, bedroll

ᓂᐹᒉᓈᑯᐦᑖᐤ nipaachinaakuhtaau vai+o
◆ s/he does it incorrectly ▪ ᓅᐊᐱ
ᓂᐹᒉᓈᑯᐦᑖᐤ ᐊᓱᒋ ᓃᐱᒋ ᐯ ᐊᐦᑐᒋᐦᒃ ▪ That
job is done incorrectly.

ᓂᐹᐦ nipaach p,manner ◆ incorrectly ▪
ᓅᐊᐱ ᓂᐹᐦ ᐊᐦᑐᒋᐹᒋ ᐊᓂ ᐊᑲᓂᐱᑕᐊᒃ ▪ That
job is done incorrectly.

ᓂᐹᔓ nipaashuu vai dim -i ◆ s/he dozes,
sleeps a little

ᓂᐹᐦᐄᐌᐤ nipaahiiweu vai ◆ s/he puts
someone to sleep

ᓂᐹᐦᑳᓲ nipaahkaasuu vai -u ◆ s/he
pretends to be asleep

ᓂᑉᐙᐱᐦᒉᓀᐤ nipwaapihcheneu vta
◆ s/he doubles it (anim, string-like)
on itself

ᓂᑉᐙᐱᐦᒉᓇᒻ nipwaapihchenam vti
◆ s/he doubles it (string-like) on
itself

ᓂᑎᒥᐦᐦ nitimihch p,location ◆ upstream

ᓂᑐᐌᔅᐌᐤ nituwesweu vta ◆ s/he fires a
shot to attract his/her attention

ᓂᑐᐌᔅᒉᐤ nituwescheu vai ◆ s/he fires a
shot to attract attention

ᓂᑐᐌᔨᒣᐤ nituweyimeu vta ◆ s/he
wants him/her

ᓂᑐᐌᔨᐦᑕᒧᐎᓐ nituweyihtamuwin ni
◆ a wish, the will to do something

ᓂᑐᐌᔨᐦᑕᒻ nituweyihtam vti ◆ s/he
wants it

ᓂᑐᐌᔨᐦᑖᑯᓐ nituweyihtaakun vii ◆ it is
wanted

ᓂᑐᐌᔨᐦᑖᑯᓲ nituweyihtaakusuu vai -i
◆ s/he is wanted, desirable

ᓂᑐᐄ nituwii p,manner [Coastal] ◆ any,
anything, anywhere, nowhere, in the
bush ▪ ᐯᑳ ᓂᑐᐄ ᐊᐦᐄ ᐊᔥ ᐊᔥᐦᑕᒃ ▪
Don't leave that pail anywhere.

ᓂᑐᐄᓐ nituwiin p,manner [Inland] ◆ any,
anywhere, nowhere, in the bush ▪ ᐯᑳ ᓂᑐᐄᓐ
ᐊᐦᐄ ᐊᔥ ᐊᔥᐦᑕᒃ ◆ ᓅᐊᐱ ᒋᐯ ᓂᑐᐯ
ᐯ ᐊᐦᐯ ᐊᑑᐦᐸᒃ ▪ Don't leave that
pail anywhere. ◆ He just did it any old
way what he did (so it did not work out).

ᓂᑐᐋᐌᐤ nituwaaweu vai ◆ s/he goes
egg-hunting

ᓂᑐᐋᐌᐦᐊᒻ nituwaaweham vti ◆ s/he
goes to look for eggs by canoe

ᓂᑐᐋᐸᒣᐤ nituwaapameu vta ◆ s/he
goes to see him/her

ᓂᑐᐋᐸᐦᑕᒻ nituwaapahtam vti ◆ s/he
goes to see it

ᓂᑐᐋᑲᒥᓀᐤ nituwaakamineu vai ◆ s/he
feels for it underwater and drags it out
of the water

ᓂᑐᐋᐦ nituwaach p,evaluative ◆ it is
necessary that, it is just as well ▪ ᐯᑦ
ᓂᑐᐋᐦ ᑖ ᓂᐯ ᐦᑦᑕᓕᑕᒃ ▪ I might as well
go back to school.

ᓂᑐᐋᓯᓄᐌᐤ nituwaasinuweu vta
◆ s/he checks him/her by looking

ᓂᑐᐋᔅᒉᐤ nituwaascheu vai ◆ s/he is
goose hunting

ᓂᑐᐋᔅᒉᐸᔪ nituwaaschepayuu vai -i
◆ s/he goes out goose hunting by
vehicle

ᓂᑐᐋᐦᐁᐤ nituwaaheu vta ◆ s/he
checks him/her, gives him/her a
check-up

ᓂᑐᐙᐦᑖᐤ **nituwaahtaau** vai+o ♦ s/he checks it

ᓂᑐᐸᔨᔫᓱᐤ **nitupayiyuusuu** na -siim [Coastal] ♦ soldier

ᓂᑐᐸᔫ **nitupayuu** vai -i ♦ s/he is a soldier, s/he goes out to join the army

ᓂᑐᑕᒧᐌᐤ **nitutamuweu** vta ♦ s/he asks him/her for it

ᓂᑐᑕᒫᐅᒋᐦᑕᒧᐌᐤ **nitutamaauchihtamuweu** vta [Coastal] ♦ s/he asks for it for someone else

ᓂᑐᑕᒫᐤ **nitutamaau** vai ♦ s/he asks for it

ᓂᑐᑕᒫᒉᐤ **nitutamaacheu** vai ♦ s/he pleads, supplicates

ᓂᑐᑕᒫᔥᑕᒧᐌᐤ **nitutamaashtamuweu** vta [Inland] ♦ s/he asks for it on behalf of someone else

ᓂᑐᒣᐤ **nitumeu** vta ♦ s/he invites him/her

ᓂᑐᒥᓈᐯᐌᒣᐤ **nituminaapewemeu** vta ♦ she asks for a man in marriage (modern

ᓂᑐᒥᔅᑫᐌᐤ **nitumiskweweu** vta [Mistissini] ♦ he asks for a woman in marriage

ᓂᑐᒥᔅᑫᐌᒣᐤ **nitumiskwewemeu** vta ♦ he goes to ask him/her for his/her daughter in marriage

ᓂᑐᒥᔅᑫᐌᐧᔥᑎᒧᐌᐤ **nitumiskweweshtimuweu** vta ♦ s/he asks someone for her (ex for another person's daughter in marriage)

ᓂᑐᒪᓂᔥᑯᔦᐤ **nitumanishkuyeu** vai ♦ s/he goes to peel off birchbark

ᓂᑐᓀᐦᐌᐤ **nitunehweu** vta ♦ s/he goes looking for him/her to fight, argue with him/her

ᓂᑐᓯᓇᐦᐄᒉᐅᓯᓇᐦᐄᑲᓐ **nitusinahiicheusinahiikan** ni [Coastal] ♦ catalogue

ᓂᑐᓯᓇᐦᐄᒉᐤ **nitusinahiicheu** vai ♦ s/he is ordering by mail

ᓂᑐᓯᓇᐦᐊᒧᐌᐤ **nitusinahamuweu** vta ♦ s/he orders it for him/her by mail

ᓂᑐᓯᓇᐦᐊᒼ **nitusinaham** vti ♦ s/he orders it by mail

ᓂᑐᓯᓇᐦᐌᐤ **nitusinahweu** vta ♦ s/he orders it (anim) by mail

ᓂᑐᔅᑳᐱᐦᒋᑲᓐ **nituskaapihchikan** ni [Mistassini] ♦ front sight of a gun

ᓂᑐᐦᑐᐌᐤ **nituhtuweu** vta ♦ s/he listens to him/her

ᓂᑐᐦᑕᒼ **nituhtam** vti ♦ s/he listens to it

ᓂᑐᐦᑯᓐ **nituhkun** vii ♦ it is a remedy

ᓂᑐᐦᑯᓯᐤ **nituhkusiiu** vai ♦ it (anim) is used as a remedy

ᓂᑐᐦᑯᔨᓂᑲᒥᒄ **nituhkuyinikamikw** ni ♦ clinic, hospital

ᓂᑐᐦᑯᔨᓂᒫᑯᓐ **nituhkuyinimaakun** vii ♦ it smells like medicine

ᓂᑐᐦᑯᔨᓂᒫᑯᓱᐤ **nituhkuyinimaakusuu** vai -i ♦ s/he smells like medicine

ᓂᑐᐦᑯᔨᓂᔅᑴᐅᑲᒥᒄ **nituhkuyiniskweukamikw** ni ♦ nursing station

ᓂᑐᐦᑯᔨᓂᔅᑴᐤ **nituhkuyiniskweu** na -em ♦ nurse, female nurse

ᓂᑐᐦᑯᔨᓂᐦᒉᐤ **nituhkuyinihcheu** vai ♦ s/he prepares a remedy, medication, s/he thinks it is a remedy

ᓂᑐᐦᑯᔨᓅ **nituhkuyinuu** vai -u ♦ s/he is a doctor

ᓂᑐᐦᑯᔨᓈᐯᐤ **nituhkuyinaapeu** na ♦ male nurse

ᓂᑐᐦᑯᔨᓐ **nituhkuyin** na -im ♦ doctor

ᓂᑐᐦᑯᔨᓐ **nituhkuyin** ni -im ♦ medicine

ᓂᑐᐦᑯᐦᐁᐤ **nituhkuheu** vta ♦ s/he doctors, heals, cures him/her

ᓂᑐᐦᑯᐦᑖᐤ **nituhkuhtaau** vai+o ♦ s/he cures it

ᓂᑐᐦᒉᒨ **nituhchemuu** vai -u ♦ s/he invites, s/he sends out invitation

ᓂᑐᐦᒋᑲᓐ **nituhchikan** ni ♦ indoor/outdoor thermometer

ᓂᑐ **nituu** preverb ♦ go to do

ᓂᑐᐆᒣᐤ **nituuumeu** vta ♦ s/he checks him/her (ex temperature, with stethoscope)

ᓂᑑᐄᐙᑌᐤ **nituuwiiwaateu** vta [Coastal] ♦ s/he gives him/her a special piece of meat for luck

ᓂᑑᐋᐳᔥᐌᐤ **nituuwaapushweu** vai ♦ s/he hunts rabbit, hare

ᓂᑑᐙᔅᒉᐸᔫ **nituuwaaschepayuu** vai ♦ s/he goes on a trip to hunt geese

ᓂᑑᐙᔅᒉᔥᑲᒼ **nituuwaascheshkam** vti ♦ s/he goes to hunt geese on foot

ᓂᑑᐱᒋᐌᐤ **nituupichiiweu** vai [Coastal] ♦ s/he goes looking for gum, spruce gum

ᓂᑐᐸᔨᐦᑐᐌᐤ **nituupayihkahtuweu** vta
  ♦ s/he makes war against him/her
ᓂᑑᑎᐯᔨᒣᐤ **nituutipeyimeu** vta ♦ s/he
  checks how much there is of it (anim)
ᓂᑐᑎᐦᑴᐤ **nituutihkweu** vai ♦ s/he goes
  caribou hunting
ᓂᑐᑕᒫᒉᐦᑕᒨᐤ
  nituutamaacheshtamuweu vta ♦ s/he
  pleads for him/her
ᓂᑐᑕᒫᒉᐦᑕᒫᒉᐤ
  nituutamaacheshtamaacheu vai ♦ s/he
  pleads for someone
ᓂᑑᒋᔥᒉᔨᒣᐤ **nituuchischeyimeu** vta
  ♦ s/he goes to find out about him/her,
  checks him/her (ex temperature)
ᓂᑑᒋᔥᒉᔨᐦᑕᒼ **nituuchischeyihtam** vti
  ♦ s/he examines it, checks on it
ᓂᑑᒥᓭᐤ **nituumeseu** vai ♦ s/he goes
  fishing
ᓂᑑᒥᓭᐦᐊᒼ **nituumeseham** vti ♦ s/he
  goes fishing by boat
ᓂᑑᒥᓇᐦᐅ **nituuminahuu** vai -u ♦ s/he
  goes to gather something (ex
  branches, sticks)
ᓂᑑᒥᓱ **nituumisuu** vai reflex -u ♦ s/he
  checks her/his own temperature
ᓂᑑᒥᔅᑴᐤ **nituumiskweu** vai ♦ s/he hunts
  beaver
ᓂᑑᒥᔅᑴᐱᒎ **nituumiskwepichuu** vai -i
  ♦ s/he scouts the area in winter to
  find out the number of beaver lodges
ᓂᑑᒥᔅᑴᒋᒣᐤ **nituumiskwechimeu** vai
  ♦ s/he scouts the area to find out the
  number of beaver lodges
ᓂᑑᒥᔅᑯᓀᐤ **nituumiskuneu** vta ♦ s/he
  examines him/her by feeling him/her
ᓂᑑᒥᔅᑯᓇᒼ **nituumiskunam** vti ♦ s/he
  examines it by feeling it
ᓂᑑᒥᔫᑎᓃᐌᐤ **nituumiyutiniiweu** vai
  ♦ s/he wishes for windy weather
ᓂᑑᒨᔅᐌᐤ **nituumuusweu** vai ♦ s/he goes
  moose hunting
ᓂᑐᒫᑎᓱ **nituumatisuu** na ♦ when an
  animal/person is expecting something,
  someone, unknown presence
ᓂᑑᓂᒋᔥᑯᐌᐤ **nituunichishkuweu** vta
  ♦ s/he goes to meet him/her before
  s/he arrives
ᓂᑑᓂᒋᔥᑲᒼ **nituunichishkam** vti ♦ s/he
  goes to meet it before it arrives

ᓂᑑᓂᒣᐦᑖᐤ **nituunimehtaau** vai+o ♦ s/he
  checks the beaver trap for signs of
  activity around the area of the trap
ᓂᑑᓂᒥᔅᑴᐤ **nituunimiskweu** vai ♦ s/he
  feels around for the beaver
ᓂᑑᓵᒫᐦᑎᑴᐤ **nituusaamaahtikweu** vai
  ♦ s/he goes to get wood for
  snowshoe frames
ᓂᑑᔅ **nituus** nad ♦ my aunt (my mother's
  sister, my father's brother's wife), my
  step-mother
ᓂᑑᔔᐌᐤ **nituuschuweu** vai ♦ s/he goes
  looking for gum on a tree
ᓂᑑᔑᒥᔅᑵᒼ **nituushimiskwem** nad ♦ my
  niece, step-daughter
ᓂᑑᔑᒼ **nituushim** nad ♦ my nephew,
  step-son
ᓂᑑᔔᔮᓈᑌᐤ **nituushuuyaanaateu** vai
  ♦ s/he goes begging for money from
  him/her
ᓂᑑᔔᔮᓈᑕᒼ **nituushuuyaanaatam** vti
  [Coastal] ♦ s/he looks for money in it
ᓂᑑᔔᓕᔮᐚᑌᐤ **nituushuuliyaawaateu**
  vta [Inland] ♦ s/he begs him/her for
  money
ᓂᑑᔫᓀᐤ **nituuyuuneu** vai ♦ s/he is
  hunting furs
ᓂᑑᔫᓀᓱ **nituuyuunesuu** na ♦ fur hunter
ᓂᑑᐁᐤ **nituuheu** vta ♦ s/he hunts it
  (anim)
ᓂᑑᐦᐅᑕᒼ **nituuhututam** vti ♦ s/he
  hunts for it
ᓂᑑᐦᐅᑯᐦᑉ **nituuhukuhp** ni ♦ white
  hunting parka
ᓂᑑᐦᐅᑳᓲ **nituuhukaasuu** vai -u ♦ s/he
  pretends to go hunting
ᓂᑑᐦᐅ **nituuhuu** vai -u ♦ s/he is hunting
ᓂᑑᐦᐅᑳᓲ **nituuhuukaasuu** vai -u ♦ s/he
  pretends to hunt
ᓂᑑᐦᐅᒋᒫᐤ **nituuhuuchimaau** na -maam
  ♦ tallyman, hunting camp leader
ᓂᑑᐦᐅᓲ **nituuhuusuu** na -siim ♦ hunter
ᓂᑑᐦᔦᐌᐤ **nituuhyeweu** vai ♦ s/he is
  hunting grouse
ᓂᑕᒥᒄ **nitamikw** p,location [Inland]
  ♦ anywhere, somewhere ■ ᒥᒄ ᓂᑕᒥᒄ
  ᐊᐴ ᐅ ᐅᒋᔥᑮᐤₓ *She just leaves her
  child anywhere.*
ᓂᑕᐦᐄᐅᑌᐤ **nitahiiuteu** vai ♦ s/he
  carries things upriver on her/his back

ᓂᑏᐊᐳᑌᔪ **nitahiiutaameu** vta ♦ s/he goes upriver carrying him/her on her/his back

ᓂᑏᐋᐸᔨᐦᔫ **nitahiipayiheu** vta ♦ s/he takes him/her upriver by motor

ᓂᑏᐋᐸᔨᐦᑖᐤ **nitahiipayihtaau** vai+o ♦ s/he takes it upriver by motor

ᓂᑏᐋᐸᔫ **nitahiipayuu** vai/vii -i ♦ s/he/it goes upriver

ᓂᑏᐋᐸᐦᑖᐤ **nitahiipahtaau** vai ♦ s/he goes upriver running

ᓂᑏᐊᑯᐦᑯᓱ **nitahiikuhkusuu** vai -u ♦ s/he poles up the river

ᓂᑏᐃᔅᑯᐱᒋᐅ **nitahiiskupichuu** vai -i ♦ s/he goes upriver on the ice moving winter camp

ᓂᑏᐃᔅᑯᐸᐦᑖᐤ **nitahiiskupahtaau** vai ♦ s/he goes upriver on the ice running

ᓂᑏᐃᔅᑯᑐᑖᒣᐤ **nitahiiskututaameu** vta ♦ s/he goes upriver on the ice carrying him/her on her/his back

ᓂᑏᐃᔅᑯᑖᐯᐤ **nitahiiskutaapeu** vai ♦ s/he goes upriver on the ice pulling a load

ᓂᑏᐃᔅᑯᑖᐹᑌᐤ **nitahiiskutaapaateu** vta ♦ s/he pulls him/her upriver on the ice

ᓂᑏᐃᔅᑯᐦᑌᐤ **nitahiiskuhteu** vai ♦ s/he walks up the river on the ice

ᓂᑏᐃᔅᑯᐦᑕᑖᐤ **nitahiiskuhtataau** vai+o ♦ s/he walks up the river on the ice carrying it

ᓂᑏᐃᔅᑯᐦᑕᐦᐁᐤ **nitahiiskuhtaheu** vta ♦ s/he takes him/her upriver walking on the ice

ᓂᑏᐃᔅᑯ **nitahiiskuu** vai -u ♦ s/he goes upriver on the ice

ᓂᑏᐃᔅᑯᑌᐤ **nitahiiskuuteu** vai ♦ s/he goes upriver on the ice carrying it on her/his back

ᓂᑏᐃᔅᑯᑖᒣᐤ **nitahiiskuutaameu** vai ♦ s/he goes upriver on the ice carrying someone on her/his back

ᓂᑏᐃᔍᑲᒻ **nitahiishkam** vti ♦ s/he walks upriver along the shore

ᓂᑏᐊᔭᑎᑳᓯᐸᐦᑖᐤ **nitahiiyaatikaasipahtaau** vai ♦ s/he goes upriver running in the water

ᓂᑏᐊᔭᑎᑳᓯᑎᐦᑖᐤ **nitahiiyaatikaasitihtaau** vai+o ♦ s/he takes it (ex canoe) upriver walking in the water

ᓂᑏᐊᔭᑎᑳᓯᑕᐦᐁᐤ **nitahiiyaatikaasitaheu** vta ♦ s/he takes him/her upriver walking in the water

ᓂᑏᐊᔭᑎᑳᓱ **nitahiiyaatikaasuu** vai -i ♦ s/he goes upriver walking in the water

ᓂᑏᐊᐦᐅᑖᐤ **nitahiihutaau** vai+o ♦ s/he takes it (canoe) upriver, paddling to leave it

ᓂᑏᐊᐦᐅᔦᐤ **nitahiihuyeu** vta ♦ s/he takes him/her upriver by canoe

ᓂᑏᐊᐦᐊᒻ **nitaham** vti ♦ s/he paddles upriver

ᓂᑏᐊᐦᐋᓲ **nitahaashuu** vai -i ♦ s/he sails upriver

ᓂᑖᒥᐯᑯᐦᒡ **nitaamipekuhch** p,location ♦ underwater

ᓂᑖᒥᐯᑯᐃᓄ **nitaamipekuuiinuu** na -niim [Inland] ♦ diver, merman

ᓂᑖᒥᐯᑯᐃᔨᔫ **nitaamipekuuiiyiyuu** na -yiim [Coastal] ♦ diver, merman

ᓂᑖᒥᐯᑰᔅᑫᐤ **nitaamipekuuskweu** na -em ♦ mermaid

ᓂᑖᒥᓯᑯᐦᐊᒻ **nitaamisikuham** vti [Coastal] ♦ s/he pushes it under the ice

ᓂᑖᒥᓯᑯᐦᐁᐤ **nitaamisikuhweu** vta [Coastal] ♦ s/he pushes him/her/it (anim) under the ice

ᓂᑖᒥᓲᔥᑕᒧᐁᐤ **nitaamisushtamuweu** vta ♦ s/he picks berries for him/her

ᓂᑖᒥᓲ **nitaamisuu** vai -u ♦ s/he picks, gathers berries

ᓂᑖᒥᔅᑲᒥᒄ **nitaamiskamikw** ni ♦ basement

ᓂᑖᒥᔅᑲᒥᐦᒡ **nitaamiskamihch** p,location ♦ underground

ᓂᑖᒥᔦᒡ **nitaamiyech** p,location ♦ under the blankets

ᓂᑖᒥᐦᒡ **nitaamihch** p,location ♦ underneath ▪ ᓂᑖᒥᐦᒡ ᐊᒧᐤ ᒥᔅᐱᓯᔭᒃ ▪ *Your shoe is underneath.*

ᓂᑖᒫᑯᓂᐦᒡ **nitaamaakunihch** p,location ♦ under the snow

ᓂᑖᒫᐦᑎᒄ **nitaamaahtikw** p,location ♦ under the bushes, deep in the forest

ᓂᑖᓂᔅ **nitaanis** nad ♦ my daughter

ᓂᑖᒡ nitaah p,interjection ✦ show it to me, let me ▪ ᓂᑖᒡ! Vᑦ" L̇, ᓂᐸ ·ᐊ<"Uᵃₓ ▪ *See here! Bring it, I will look at it.*

ᓂᐧᑳᐱᓲ nitwaapisuu vai -u ✦ s/he/it (anim) searches by smelling

ᓂᐧᒑ<"ᖮᐸᓂᔥ nitwaapahchikanish ni ✦ laptop computer

ᓂᐧᒑ<"ᖮᐸ nitwaapahchikan ni ✦ computer

ᓂᑯᑎᓲ nikutisuu vai -u ✦ s/he goes to get her/his kill from the place where it was killed

ᓂᑯᐧᑖᔅ nikutwaas p,number [Inland] ✦ six

ᓂᑯᐧᑖᔥᒡ nikutwaashch p,number ✦ six (see also *kutwaashch*)

ᓂᑯᒐᔑᔥ nikuchaashish na dim [Coastal] ✦ young squirrel *Tamiasciurus hudsonicus* (see also *anikuchaash* for inland)

ᓂᑯᒐᔔᔮᓐ nikuchaashuuyaan na ✦ squirrel skin

ᓂᑯᒐᔥ nikuchaash na dim -im [Coastal] ✦ red squirrel *Tamiasciurus hudsonicus* (see also *anikuchaash* for inland)

ᓂᑯᒐᔥ ᓂᐧᑣᔥᑯᔥᐧᑤᐸᐧᐚᑖᑲᓅ nikuchaash nitwaashkushtwaapwaataakanuu ni ✦ method of choosing who will get to eat heart of roasted squirrel, using splinters of wood to skewer it

ᓂᑯᔅ nikus nad ✦ my son

ᓂᑯᐦᑌᐤ nikuhteu vai ✦ s/he chops wood

ᓂᐸ nika preverb ✦ will (future marker used with first person of independent verbs)

ᓂᑲᒧᐎᓐ nikamuwin ni ✦ song

ᓂᑲᒧᕁᐁᐤ nikamuheu vta ✦ s/he sings about him/her

ᓂᑲᒧᑖᐤ nikamuhtaau vai+o ✦ s/he sings about it

ᓂᑲᒧᐦᑳᓲ nikamuhkaasuu vai -u ✦ s/he pretends to sing

ᓂᑲᒧ nikamuu vai -u ✦ s/he sings

ᓂᑲᒨᓯᓈᐦᐄᑲᓐ nikamuusinahiikan ni ✦ hymn, song book

ᓂᑲᒨᔥᑐᐧᐁᐤ nikamuushtuweu vta ✦ s/he sings for him/her

ᓂᑲᒨᔥᑕᒼ nikamuushtam vti ✦ s/he sings for it

ᓂᑲᒨᔮᑲᓐ nikamuuyaakan ni ✦ record

ᓂᑲᓲ nikasuu vai -u [Inland] ✦ s/he fasts, does not eat

ᓂᑳᐄ nikaawii nad [Inland] ✦ my mother

ᓂᑳᐄᐸᓐ nikaawiipan nad [Inland] ✦ my late mother (old term)

ᓂᑳᐄᔑᐸᓐ nikaawiishipan nad [Coastal] ✦ my late mother (old term)

ᓂᒉᒥᔥ nichemish na dim ✦ my puppy

ᓂᒋᑯᐃᔅᑯᓐ nichikuiskun vii ✦ there are bumpy-looking clouds

ᓂᒋᑯᒥᓈᓈᐦᑎᒄ nichikuminaanaahtikw ni ✦ species of blueberry plant *Vaccinium caespitosum*, dwarf blueberry, dwarf bilberry

ᓂᒋᑯᒥᓐ nichikuminh ni pl ✦ species of blueberries with oblong shape, possibly *Vaccinium caespitosum*; dwarf blueberry, dwarf bilberry, huckleberries; *Gaylussacia sp.*; bog bilberry *Vaccinium uliginosum L.*

ᓂᒋᑯᓂᐄᓅ nichikuniwiinuu na -niim [Inland] ✦ Nichigun person, Indian

ᓂᒋᑯᓂᐄᔨᔫ nichikuniwiiyiyuu na -yiim [Coastal] ✦ Nichigun person, Indian

ᓂᒋᑯᔥ nichikush na dim ✦ young river otter *Lutra canadensis*

ᓂᒋᑯᔮᓐ nichikuyaan na ✦ otter skin

ᓂᒋᑰ nichikuu vai -uu ✦ s/he dances back and forth, does the otter dance

ᓂᒋᒄ nichikw na ✦ river otter *Lutra canadensis*

ᓂᒥᑕᐦᐄᒉᐚᐦᑎᒄ nimitahiichewaahtikw na ✦ tree on which a moose, caribou has rubbed its antlers

ᓂᒥᑕᕁᐊᒼ nimitaham vti ✦ it (anim) rubs its antlers on it while in rut

ᓂᒥᑖᐧᐁᐸᔫ nimitaawepayuu vii -i ✦ the bank falls into the river

ᓂᒥᑖᐧᐁᔮᔅᑯᕁᐊᒼ nimitaaweyaaskuham vti ✦ s/he walks from the wooded area down to the bank of the river, lake

ᓂᒥᑖᐤ nimitaau p,location ✦ down at the bank of the river, lake ▪ ᐋᓅ ᓂᒥᑖᐤ ᐊᔫ ᐊᕁ ᓕᕁᐊₓ ▪ *The boat is very close to the edge of the river bank.*

ᓂᒥᑖᓯᐸᔫ nimitaasipayuu vai/vii -i ✦ s/he/it slides, falls down the bank of a river, stairs

ᓂᒥᑖᓯᐸᐦᑖᐤ nimitaasipahtaau vai ✦ s/he runs down to the shore

ᓂᒥᔅ nimis nad ✦ my older sister

ᓂᒥᔑᐸᑯᐦᒋᓐ **nimischipekuhchin** vai
♦ its (ex dead animal, beaver) gall
bladder liquid starts to leak into the
body after being in the water too long

ᓂᒥᔑᓀᐤ **nimischineu** vta ♦ s/he
squeezes it (anim) out

ᓂᒥᔑᓇᒻ **nimischinam** vti ♦ s/he
squeezes it out

ᓂᒥᔑᐅᐦᑯᑌᔮᐲ
nimischiiushkuteuyaapii ni -m ♦ electric
wire

ᓂᒥᔑᐅᐦᑯᑌᐤ **nimischiiushkuteu** ni -em
♦ electricity

ᓂᒥᔑᐃᔅᑳᐤ **nimischiiskaau** vii ♦ it is a
thunderstorm

ᓂᒥᔗᐦ **nimischuuh** na pl ♦ thunder

ᓂᒥᐢᑲᑌᐤ **nimishkateu** vai ♦ s/he (baby)
spits up only a little

ᓂᒥᐢᑲᑌᐦᑐᐌᐤ **nimishkatehtuweu** vta
♦ s/he (baby) spits up on him/her

ᓂᒧᔑᒥᐸᓐ **nimushumipanh** nad ♦ my
late grandfather (old term)

ᓂᒧᔒ **nimushum** nad ♦ my grandfather

ᓃᒌᒋᐦᐄᑯᐦ **niniichihiikuch** nad ♦ my
parents

ᓂᓇᐦᐋᑲᓂᐢᑴᒻ **ninahaakaniskwem** nad
♦ my daughter-in-law

ᓂᓇᐦᐋᒋᒻ **ninahaachim** nad ♦ my son-
in-law

ᓂᓈᐯᒻ **ninaapem** nad ♦ my husband

ᓂᓯᑐᐌᔨᒣᐤ **nisituweyimeu** vta ♦ s/he
understands, recognizes, comprehends
him/her

ᓂᓯᑐᐌᔨᐦᑕᒻ **nisituweyihtam** vti ♦ s/he
understands, recognizes, comprehends
it

ᓂᓯᑐᑌᐦᐁᐤ **nisituteheu** vai ♦ s/he has
the heart to do it

ᓂᓯᑐᒫᒋᐦᑖᐤ **nisitumachihtaau** vai+o
♦ s/he recognizes the feeling of it,
recognizes it by the feel

ᓂᓯᑐᒫᒋᐦᐆ **nisitumahchihuu** vai -u
♦ s/he feels something (feels hunger,
sick)

ᓂᓯᑐᓲ **nisitusuu** vai -i ♦ s/he has a sense
of feeling

ᓂᓯᑐᐢᐱᑕᒻ **nisituspitam** vti ♦ s/he
perceives what it is by the taste

ᓂᓯᑐᐢᐳᐌᐤ **nisituspuweu** vta ♦ s/he
perceives what it (anim) is by the taste

ᓂᓯᑐᐢᐸᑯᓲ **nisituspakusuu** vai -i ♦ it
(anim) tastes rich

ᓂᓯᑐᐦᑐᐌᐤ **nisituhtuweu** vta ♦ s/he
understands him/her, s/he recognizes
his/her voice

ᓂᓯᑐᐦᑕᒻ **nisituhtam** vti ♦ s/he
understands it

ᓂᓯᑐᐦᑖᑯᓐ **nisituhtaakun** vii ♦ the sound
is recognizable, understandable

ᓂᓯᑐᐦᑖᑯᓲ **nisituhtaakusuu** vai -i
♦ her/his voice is recognizable

ᓂᓯᑐᐦᑯᐌᐤ **nisituhkuweu** vai ♦ it (anim,
fish) has a rich tasty flavour

ᓂᓯᑑᐘᓂᐦᑌᐤ **nisituuwanihteu** vta
[Coastal] ♦ s/he knows, recognizes its
tracks

ᓂᓯᑑᓂᐦᑌᐤ **nisituunihteu** vta [Inland]
♦ s/he knows, recognizes its tracks

ᓂᓯᑑᓄᐌᐤ **nisituunuweu** vta ♦ s/he
recognizes him/her/it (anim)

ᓂᓯᑑᓇᒻ **nisituunam** vti ♦ s/he
recognizes it, s/he understands it, s/he
can read it

ᓂᓯᑑᓈᑯᓐ **nisituunaakun** vii ♦ it is
recognizable

ᓂᓯᑑᓈᑯᓲ **nisituunaakusuu** vai -i ♦ s/he
is recognizable

ᓂᓯᑑᓯᐤ **nisituusiiu** vai ♦ it (anim) has a
rich flavour

ᓂᓯᑢᐤ **nisitwaau** vii ♦ it has a rich
flavour

ᓂᓯᑤᑲᒥᐦᐁᐤ **nisitwaakamiheu** vta ♦ s/he
makes it (anim, drink of milk) rich

ᓂᓯᑤᑲᒥᐦᑖᐤ **nisitwaakamihtaau** vai+o
♦ s/he makes the drink rich

ᓂᓯᑤᑲᒨ **nisitwaakamuu** vai -u ♦ it is a
rich drink (ex broth)

ᓂᓯᑯᐢ **nisikus** nad ♦ my mother-in-law,
my aunt (my father's sister, my
mother's brother's wife)

ᓂᓵᐐᐤ **nisaawiiu** vai [Coastal] ♦ s/he
gets her/his things ready for a trip in
the bush

ᓂᐢ **nis** nad ♦ my father-in-law, my
uncle (mother's brother, my father's
sister's husband)

ᓂᐢᐱᑐᐌᐤ **nispituweu** vta ♦ s/he
resembles, looks like him/her, s/he
imitates him/her

ᓂᐢᐱᑕᒻ **nispitam** vti ♦ s/he resembles it

ᓂᔅᐱᑖᑐᐃᓐ nispitaatuwin ni
• resemblance

ᓂᔅᑌᔅ nistes nad • my older brother

ᓂᔅᑴᒌᐃᐧᐁᑎᓐ niskwechiiwetin vii • there is a sudden strong wind from the north

ᓂᔅᑯᐌ niskuwe p,manner • in passing, on the way ▪ ᓂᔅᑯᐌ ᐳᑭ ᐲᓈᒡ ᐋᓄᑦ ᐳᒉᐋᐧᔅ ▪ *She will pick up her coat on the way.*

ᓂᔅᑯᐌᓀᐅ niskuweneu p,manner • in passing, pick it up on the way ▪ ᒉ ᐲᓂ ᓂᔅᑯᐌᓀᐅ ᐋᓄᑦ ᐳᒉᑐᒉᔅ ▪ *She will pick up her child on the way.*

ᓂᔅᑯᐌᓇᒻ niskuwenam vti • s/he picks it up in passing, on the way ▪ ᒉ ᐲᓂ ᓂᔅᑯᐌᓇᒻ ᐋᓄᑦ ᐅᒍᐦᒋᓵᑦᔅ ▪ *She will pick up the chair on the way.*

ᓂᔅᑯᐌᔑᓐ niskuweshin vai • s/he/it (anim) brushes on the side as s/he passes; s/he joins a passing group [inland]

ᓂᔅᑯᐌᐧᐁᐅ niskuwehweu vta • s/he brushes by him/her, s/he grazes him/her as passing by; s/he joins him/her in passing [inland]

ᓂᔅᑯᐌᐦᑎᑖᐅ niskuwehtitaau vai+o • s/he holds it and knocks or bumps it into something in passing

ᓂᔅᑯᐌᐦᑎᓐ niskuwehtin vii • it brushes on the side as it passes; it (ex car) joins others as they pass it [inland]

ᓂᔅᑯᑎᓐ niskutin vii • it is iced up, it is a silver thaw

ᓂᔅᑯᑎᔔ niskutishuu vii -i • it is iced up a little

ᓂᔅᑯᒎ niskuchuu vai -i • it (anim) is iced up

ᓂᔅᑰ niskuu vai -u • s/he resists

ᓂᔅᑰᐦᑐᐌᐅ niskuushtuweu vta • s/he fights him/her back

ᓂᔅᑰᐦᑕᒧᐌᐅ niskuushtamuweu vta • s/he fights someone on behalf of him/her, s/he defends him/her from someone

ᓂᔅᑰᐦᑕᒻ niskuushtam vti • s/he fights back at it, s/he works hard at it

ᓂᔅᑰᐦᑖᑐᐃᓐ niskuushtaatuwin ni
• resistance

ᓂᔅᑲᒣᔥᑌᑯᐃᑦ niskameshtekuwit ni • a container filled with dried, smoked goose

ᓂᔅᑲᒣᔥᑌᒄ niskameshtekw ni -um
• dried, smoked goose meat

ᓂᔅᑲᒦᒋᒻ niskamiichim ni • goose meat

ᓂᔅᑲᔥ niskash na dim [Coastal] • gosling, baby goose

ᓂᔅᑳᐴ niskaapuu ni • goose broth

ᓂᔅᒃ nisk na -schim • Canada goose *Branta canadensis*

ᓂᔅᒋᐱᒦ nischipimii ni -m • goose fat

ᓂᔅᒋᐲᓯᒻ nischipiisim na [Coastal]
• April

ᓂᔅᒋᑲᓂᔥᑯᔔ nischikanishkushuu ni
• reeds

ᓂᔅᒋᒣᔥᑌᑯᐦᒉᐅ nischimeshtekuhcheu vai
• s/he is preparing goose by deboning it to be smoke-dried

ᓂᔅᒋᒥᓈᐋᐦᑎᒄ nischiminaanaahtikw ni
• species of blueberry bush, huckleberry

ᓂᔅᒋᒥᓈᐦᑎᒄ nischiminaahtikw ni
• species of blueberry bush, huckleberry

ᓂᔅᒋᒥᓐ nischiminh ni pl • species of blueberry, bog bilberries *Vaccinium uliginosum L.*, huckleberries, *Gaylussacia sp.*, literally 'goose berries'

ᓂᔅᒋᔥ nischish na dim • gosling, baby goose

ᓂᔅᒋᐦᑳᓐ nischihkaan na • goose decoy

ᓂᔑᐯᐅ nishipeu vai • s/he passes out from drinking

ᓂᔑᑌᐦᐁᐅ nishiteheu vai • s/he feels uncomfortable in the chest area (ex from eating too much grease, from the heat)

ᓂᔑᑑᔟ nishituusheu vai • s/he raises her/his children in a proper way

ᓂᔒᒻ nishiim nad • my younger brother, sister

ᓂᔔᓈᑎᓐ nishuunaatin vii • it is completely destroyed, ruined

ᓂᔔᓈᑎᓰᐅ nishuunaatisiiu vai • s/he/it (anim) is completely spoiled, corrupt, dishonest, destroyed

ᓂᔔᓈᒋᒣᐅ nishuunaachimeu vta • s/he ruins him/her by what s/he says, condemn

ᓂᔔᓈᒋᒧᐌᐅ nishuunaachimuweu vta
• s/he completely discredits, ruins people by what s/he says

nishuunaachishtamuweu vta ♦ s/he spoils things for him/her

nishuunaachishkam vti ♦ s/he spoils it by foot, body

nishuunaachiheu vta ♦ s/he destroys him/her

nishuunaachihiiwewin ni ♦ destruction

nishuunaachihiiweu vai ♦ s/he is a destroyer

nishuunaachihuu vai -u ♦ s/he destroys her/himself through her/his way of life

nishuunaachihtaau vai+o ♦ s/he destroys, ruins it forever

nishteyihtamiheu vta ♦ s/he overpowers him/her with feeling, grief, joy

nishteyihtam vti ♦ s/he is overpowered with feeling, grief, joy

nishtwekan vii ♦ there are three (sheet-like)

nishtwechineu vta ♦ s/he picks up three of them (anim, sheet-like)

nishtwechinam vti ♦ s/he picks up three of them (sheet-like)

nishtwechisuwich vai pl -i ♦ they (anim, sheet-like) are three

nishtwechishimeu vta ♦ s/he puts, uses three layers of it (anim)

nishtwechishkuweu vta ♦ s/he puts three thicknesses of it (anim) on him/herself

nishtwechishkam vti ♦ s/he puts three thicknesses of it on himself

nishtwechihtitaau vai+o ♦ s/he puts three layers of it (sheet-like)

nishtwech p,quantity ♦ three things (sheet-like)

nishtinh vii pl ♦ there are three of it

nishtu p,number ♦ three

nishtuemihkwaan p,quantity ♦ three spoonfuls

nishtuiyuu p,quantity [Coastal] ♦ three pairs

nishtuiinuu p,quantity [Inland] ♦ three pairs

nishtuwechinam vti ♦ s/he gathers it (sheet-like) in three places

nishtuwich p,quantity ♦ three of them

nishtuwiich p,manner ♦ three ways ▪ nishtuwiich aa ·ȧ·ȧḃ·ȯ ᐊᵃ ·ᐊᶜᵇ"ᐊᵇᵃₓ ▪ *There are 3 ways you can come out of that house.*

nishtuwaau vii ♦ it is the convergence of three streams

nishtuwaaskatin vii ♦ it (ex meat) is frozen together

nishtuwaashkachuwich vai pl -i ♦ they (anim) are three frozen together

nishtupeyakuu vai -u ♦ it (anim) is three in one

nishtupipunh p,time ♦ three years

nishtupitaau vai+o ♦ s/he catches three fish in the net

nishtupihkaan ni ♦ three strand braid

nishtupuwich vai pl -i ♦ they (anim) are three sitting

nishtupunesiimakan vii ♦ it is three years old

nishtupunesuu vai -i ♦ s/he/it (anim) is three years old

nishtuteusiiuch vai pl ♦ there are three families

nishtutipiniskaan p,quantity ♦ three arm-lengths

nishtutipiskweu vai ♦ s/he stays out, away three nights

nishtutipahiikan p,quantity ♦ three miles, three gallons; three hours [inland]

nishtutipaapeshkuchikanesuu vai -i ♦ it (anim) weighs three pounds

nishtutipaapeshkuchikaneyaau vii ♦ it weighs three pounds

nishtutipaapeshkuchikan p,quantity ♦ three pounds

ᓂᔅᑐᑎᐸᔅᑯᓂᑲᓐ **nishtutipaaskunikan** p,quantity ◆ three yards of fabric, material

ᓂᔅᑐᑎᓈᐅᐦ **nishtutinaauh** vii pl ◆ there are three mountains

ᓂᔅᑐᑖᐯᐤ **nishtutaapeu** vta ◆ s/he pulls, drags three of them (ex beaver)

ᓂᔅᑐᑲᒥᒡ **nishtukamich** p,quantity ◆ three homes, tents

ᓂᔅᑐᑲᒫᐅᐦ **nishtukamaauh** vii pl ◆ there are three lakes

ᓂᔅᑐᑳᑌᔮᐤ **nishtukaateyaau** vii ◆ it has three legs

ᓂᔅᑐᒀᐱᓂᑲᓐ **nishtukwaapinikan** p,quantity ◆ three scooped handfuls

ᓂᔅᑐᒌᓂᒀᓃᐦᑌᐦ **nishtuchiinikwaanihteuh** p,time [Coastal] ◆ three hours

ᓂᔅᑐᒌᔑᑳᐅᐦ **nishtuchiishikaauh** p,time ◆ three days

ᓂᔅᑐᒌᐦᒉᐦᔮᐤ **nishtuchiihcheheyaau** vii ◆ triangle

ᓂᔅᑐᒡ **nishtuch** na ◆ fart man

ᓂᔅᑐᒥᑎᓅ **nishtumitinuu** p,number ◆ thirty

ᓂᔅᑐᒥᒋᐦᒋᓐ **nishtumichihchin** p,quantity ◆ three inches

ᓂᔅᑐᒥᓀᔥᑖᐤ **nishtumineshtaau** vai+o ◆ s/he gathers and piles it (ex wood) in three places

ᓂᔅᑐᒥᓂᐦᒀᑲᓐ **nishtuminihkwaakan** p,quantity ◆ three cups

ᓂᔅᑐᒥᓰᑦ **nishtumisit** p,quantity ◆ three feet

ᓂᔅᑐᒫᑎᔑᑲᓐ **nishtumaatishikan** p,quantity ◆ three slices

ᓂᔅᑐᓈᔥ **nishtunasch** p,quantity ◆ three handfuls

ᓂᔅᑐᓯᓇᑲᓐ **nishtusinakanh** p,quantity ◆ three armfuls

ᓂᔅᑐᔑᑳᑯᔮᓐ **nishtushikaakuyaan** na ◆ seventy-five cents, three quarters, literally 'three skunk skins'

ᓂᔅᑐᔖᒻ **nishtusham** vti ◆ s/he cuts it in three

ᓂᔅᑐᔖᑉ **nishtushaap** p,number ◆ thirteen

ᓂᔅᑐᐦᐁᐤ **nishtuheu** vta ◆ s/he divides it (anim) in three

ᓂᔅᑐᐦᑌᐤᒡ **nishtuhteuch** vai pl ◆ they walk in a group of three

ᓂᔅᑐᐦᑎᒡ **nishtuhtich** p,quantity ◆ three pieces of firewood

ᓂᔅᑐᐦᑖᐤ **nishtuhtaau** vai+o ◆ s/he divides it in three

ᓂᔅᑑᐐᐤ **nishtuuwiiu** vai ◆ s/he meets with people, s/he has a meeting, s/he goes to a meeting

ᓂᔅᑑᐐᓈᓅ **nishtuuwiinaanuu** vii,impersonal ◆ there is a meeting

ᓂᔅᑑᐙᐅᒋᓇᒻ **nishtuuwaauchinam** vti ◆ s/he piles up sand by hand

ᓂᔅᑑᐙᐱᐦᑳᑌᐤᒡ **nishtuuwaapihkaateuh** vii pl ◆ there are things tied together

ᓂᔅᑑᐙᐱᐦᒉᓇᒻ **nishtuuwaapihchenam** vti ◆ s/he gathers it (string-like) together

ᓂᔅᑑᐙᐱᐦᒉᔑᒣᐤ **nishtuuwaapihcheshimeu** vta ◆ s/he gathers them (anim, string-like) in one pile

ᓂᔅᑑᐙᐱᐦᒉᐦᑎᑖᐤ **nishtuuwaapihchehtitaau** vai+o ◆ s/he gathers things in one pile (string-like)

ᓂᔅᑑᐙᑯᓀᓇᒻ **nishtuuwaakunenam** vti ◆ s/he piles up snow with his hands

ᓂᔅᑑᐙᔅᑯᔥᑖᐤ **nishtuuwaaskushtaau** vai ◆ s/he piles it (stick-like) into a pile

ᓂᔅᑑᐙᔅᒉᐅᒋᓇᒻ **nishtuuwaascheuchinam** vti ◆ s/he puts the unburned ends of firewood into the fire

ᓂᔅᑑᐙᔓ **nishtuuwaashuu** vai -i ◆ it (anim) is gathered by the wind

ᓂᔅᑑᐙᔥᑎᓐ **nishtuuwaashtin** vii ◆ it is gathered by the wind

ᓂᔅᑑᐱᑌᐤ **nishtuupiteu** vta ◆ s/he gathers them (anim) together by pulling

ᓂᔅᑑᐱᑕᒻ **nishtuupitam** vti ◆ s/he gathers it together by pulling

ᓂᔅᑑᑌᐤ **nishtuuteu** vai ◆ s/he carries three (ex beaver, otter, fox) on his/her back

ᓂᔅᑑᒣᐤ **nishtuumeu** vta ◆ s/he gathers it (anim) in her/his mouth

ᓂᔅᑑᓀᐤ **nishtuuneu** vta ◆ s/he gathers them together (anim) by hand

ᓂᔅᑑᓇᒻ **nishtuunam** vti ◆ s/he gathers it together by hand

353

ᓂᔥᑐᔥᑎᐊᒻ **nishtuushtaham** vti ♦ s/he sews it together

ᓂᔥᑐᔥᑎᐌᐤ **nishtuushtahweu** vta ♦ s/he sews it (anim) together

ᓂᔥᑐᒑᐤ **nishtuushtaau** vai+o ♦ s/he gathers things together into a pile (ex garbage)

ᓂᔥᑐᔥᑯᐌᐤ **nishtuushkuweu** vta ♦ s/he gathers them (anim) together with his/her feet

ᓂᔥᑐᔥᑲᒻ **nishtuushkam** vti ♦ s/he gathers things together with his feet

ᓂᔥᑐᐌᐤ **nishtuuheu** vta ♦ s/he puts it (anim) together, gathers them by tool

ᓂᔥᑐᐊᒻ **nishtuuham** vti ♦ s/he gathers things by tool

ᓂᔥᑐᐌᐤ **nishtuuhweu** vta ♦ s/he gathers them (anim) together with a tool

ᓂᔥᑐᑕᒻ **nishtuuhtam** vti ♦ s/he chews, bites it together

ᓂᔥᑐᑖᐤ **nishtuuhtaau** vai+o ♦ s/he gathers it together

ᓂᔥᑐᑲᒧᒡ **nishtuuhkamuch** vti pl ♦ there are three in a canoe, three of them are doing it together

ᓂᑕᒻ **nishtaham** vti ♦ s/he paddles up the rapids, current

ᓂᑕᐊᐱᐦᒉᐱᑕᒻ **nishtahaapihchepitam** vti ♦ s/he pulls it (canoe) up the rapids with a line

ᓂᑕᐊᐱᐦᒉᐱᒉᐤ **nishtahaapihchepicheu** vai ♦ s/he pulls a canoe up the rapids with a line

ᓂᑕᐊᐱᐦᒉᓂᑲᓂᔮᐱ **nishtahaapihchenikaniyaapii** ni -m ♦ rope used to pull canoe upstream

ᓂᑕᐊᑕᑳᓲ **nishtahaatakaasuu** vai -i ♦ s/he walks upstream in the water

ᓂᑕᐊᑲᓈᑎᒄ **nishtahaakanaahtikw** ni ♦ pole used for taking canoe up rapids

ᓂᑕᐊᒍᓀᐤ **nishtahaachuneu** vai ♦ it (anim, fish) goes up the rapids

ᓂᑕᐊᔅᑯᐊᒻ **nishtahaaskuham** vti ♦ s/he poles up the rapids, current

ᓂᒑᐹᐌᐤ **nishtaapaauweu** vai ♦ s/he drowns

ᓂᒑᐹᔫ **nishtaapaauyeu** vta ♦ s/he drowns him/her/it (anim)

ᓂᒑᐸᐙᐌᐤ **nishtaapwaaweu** vai ♦ s/he drowns

ᓂᒑᐸᐙᔫ **nishtaapwaayeu** vta ♦ s/he drowns him/her/it (anim)

ᓂᐧᑖᐅᒋᔐᒥᑖᑐᒥᑎᓄᐌᐙ **nishtwaauchishemitaahtumitinuwewaa** u p,quantity [Coastal] ♦ three thousand times

ᓂᐧᑖᐅᒋᔐᒥᑖᑐᒥᑎᓄᐋ **nishtwaauchishemitaahtumitinuwaau** p,quantity [Inland] ♦ three thousand times

ᓂᐧᑖᐅᒋᔐᒥᑖᑐᒥᑎᓅ **nishtwaauchishemitaahtumitinuu** p,number ♦ three thousand

ᓂᐧᑖᐅᒥᑖᑐᒥᑎᓅ **nishtwaaumitaahtumitinuu** p,number ♦ three hundred

ᓂᐧᑖᐤ **nishtwaau** p,quantity ♦ three times

ᓂᐧᑖᐯᐅᐃᒡ **nishtwaapeuwich** vai pl ♦ they are three men, brothers

ᓂᐧᑖᐯᑲᓐ **nishtwaapekanh** vii pl ♦ there are three (string-like) things

ᓂᐧᑖᐯᑲᔥᑖᐤ **nishtwaapekashtaau** vai+o ♦ s/he places three things (stick-like)

ᓂᐧᑖᐯᑲᐌᐤ **nishtwaapekaheu** vta ♦ s/he places three of them (anim, string-like)

ᓂᐧᑖᐯᒋᓱᐃᒡ **nishtwaapechisuwich** vai pl -i ♦ they (anim, string-like) are three

ᓂᐧᑖᐯᒡ **nishtwaapech** p,quantity ♦ three things (string-like)

ᓂᐧᑖᐱᔅᑲᐌᐤ **nishtwaapiskaheu** vta ♦ s/he places three things (anim, stone, metal) together

ᓂᐧᑖᐱᔅᑳᐤ **nishtwaapiskaauh** vii pl ♦ there are three (stone, metal)

ᓂᐧᑖᐱᔅᒋᓱᐃᒡ **nishtwaapischisuwich** vai pl -i ♦ there are three (anim, stone, metal)

ᓂᐧᑖᐱᔥ **nishtwaapisch** p,quantity [Inland] ♦ three dollars

ᓂᐧᑖᐱᔥᑲᔥᑖᐤ **nishtwaapishkashtaau** vai+o ♦ s/he places three things (stone, metal) together

ᓂᐧᑖᐱᑳᑌᐤ **nishtwaapihkaateu** vta ♦ s/he ties three of them (anim) together

ᓂᐧᑖᐱᑳᑌᐆ **nishtwaapihkaateuh** vii pl ♦ there are three tied together

ᓂᔅᑦᐋᐱᐦᑳᑕᒻ **nishtwaapihkaatam** vti
♦ s/he ties three things together

ᓂᔅᑦᐋᔅᑯᑳᐴᐦᐁᐤ **nishtwaaskukaapuuheu** vta ♦ s/he places three of them (anim, stick-like) standing up

ᓂᔅᑦᐋᔅᑯᑳᐴᐦᑖᐤ **nishtwaaskukaapuuhtaau** vai+o ♦ s/he places three things (stick-like) standing up

ᓂᔅᑦᐋᔅᑯᐦ **nishtwaaskunh** vii pl ♦ there are three (stick-like)

ᓂᔅᑦᐋᔅᑯᓱᐧᐃᒡ **nishtwaaskusuwich** vai pl -i ♦ they (anim, stick-like) are three

ᓂᔅᑦᐋᐦᑎᒃ **nishtwaahtikw** p,quantity ♦ three things (stick-like)

ᓂᔦᔥᑑᔥᑲᒻ **niyeshtuushkam** vti -u [Coastal] ♦ s/he wears one layer of clothing

ᓂᔨᒥᐸᔫ **niyimipayuu** vai/vii -i [Inland] ♦ s/he/it travels against the wind

ᓂᔨᒥᔥᑲᒻ **niyimishkam** vti [Inland] ♦ s/he is going against the wind, upwind

ᓂᔨᒪᑯᒋᓐ **niyimakuchin** vai [Inland] ♦ s/he/it (anim) flies against the wind

ᓂᔨᒻ **niyim** p,location [Inland] ♦ against the wind, upwind

ᓂᔫᒥᐤ **niyumeu** vta ♦ s/he is carrying him/her on the back

ᓂᔪᒫᐅᓱ **niyumaausuu** vai -u ♦ s/he carries a child on her/his back

ᓂᔭᒣᔨᐦᑖᑯᓱ **niyameyihtaakusuu** vai -i [Inland] ♦ s/he has a weak personality

ᓂᔭᒥᓈᑯᓐ **niyaminaakun** vii [Inland] ♦ it looks weak, small

ᓂᔭᒥᓈᑯᓱ **niyaminaakusuu** vai [Inland] ♦ s/he is small (ex premature baby), looks weak

ᓂᔭᒥᓈᑯᐦᐁᐤ **niyaminaakuheu** vta [Inland] ♦ s/he makes it (anim, ex snowshoe) poorly

ᓂᔭᒥᓈᑯᐦᑖᐤ **niyaminaakuhtaau** vai+o [Inland] ♦ s/he does a lousy job of it (ex carving, sewing), makes it in a pitiful way

ᓂᔭᒥᓯᐤ **niyamisiiu** vai [Inland] ♦ s/he is weak

ᓂᔭᒥᓰᐦᑳᓱ **niyamisiihkaasuu** vai -u [Inland] ♦ s/he pretends s/he is weak

ᓂᔮᑲᓐ **niyaakanh** p,time ♦ in advance, before the event, ahead of time ▪ ᐊᔮ ᓂᔮᑲᓐ ᓂᒥᒡ ᒋᔅᒋᐦᐅᒡ ᐁ ᑳ ᐋᐦᓂᐧᐋᒥᒃ ▪ / didn't know about this ahead of time.

ᓂᔮᓂᑕᒻ **niyaanitam** p,location ♦ right there, right in that place, spot ▪ ᐧᐋᑦ ᓂᔮᓂᑕᒻ ᐧᐁᐧᑖᒃ ▪ It is right there.

ᓂᔮᓂᑯᑌᐦᒡ **niyaanikutehch** p,time ♦ sometimes ▪ ᓂᔮᓂᑯᑌᐦᒡ ᐊᔮ ᐅᐱᒥᑯᑎᒃ ᐊᓃᔨᒃ ▪ Sometimes they don't catch any fish.

ᓂᔮᓂᑯᑐᓐ **niyaanikutun** p,time [Coastal] ♦ sometimes ▪ ᓂᔮᓂᑯᑐᓐ ᒣᑦ ᓂᔮ ᓂᐦ ᐋᐦᒑᐤ ᓂᔥᒦᔮᒃ ▪ Sometimes only me and my younger brothers and sisters were there.

ᓂᔮᓈᓀᐅᐱᐦᑳᓐ **niyaanaaneupihkaan** ni ♦ eight strand braid, weaving

ᓂᔮᓈᓀᐅᒥᑎᓅ **niyaanaaneumitinuu** p,number ♦ eighty

ᓂᔮᓈᓀᐅᔖᑉ **niyaanaaneushaap** p,number ♦ eighteen

ᓂᔮᓈᓀᐧᐋᐅᒥᑖᐦᑐᒥᑎᓅ **niyaanaanewaaumitaahtumitinuu** p,number ♦ eight hundred

ᓂᔮᓈᓀᐤ **niyaanaaneu** p,number ♦ eight

ᓂᔮᔨᓐ **niyaayinin** vii [Inland] ♦ there are five of them

ᓂᔮᔨᓂᔖᑉ **niyaayinishaap** p,number [Inland] ♦ fifteen

ᓂᔮᔨᓄᐧᐃᒡ **niyaayinuwich** vai pl -i [Inland] ♦ they are five

ᓂᔮᔨᓄᒥᑎᓅ **niyaayinumitinuu** p,number [Inland] ♦ fifty

ᓂᔮᔨᓄᒥᑎᓅᒋᔐᒥᑖᐦᑐᒥᓄᐧᐋᐤ **niyaayinumitinuuchishemitaahtumitinuwaau** p,quantity [Inland] ♦ fifty thousand times

ᓂᔮᔨᓄᒥᑎᓅᒋᔐᒥᑖᐦᑐᒥᓅ **niyaayinumitinuuchishemitaahtumitinuu** p,number [Inland] ♦ fifty thousand

ᓂᔮᔨᓈᐅᒋᔐᒥᑖᐦᑐᒥᓄᐧᐋᐤ **niyaayinwaauchishemitaahtumitinuwaau** p,quantity [Inland] ♦ five thousand times

ᓂᔮᔨᓈᐅᒋᔐᒥᑖᐦᑐᒥᓅ **niyaayinwaauchishemitaahtumitinuu** p,number [Inland] ♦ five thousand

ᓂᔮᔨᓈᐅᒥᑖᐦᑐᒥᓅ **niyaayinwaaumitaahtumitinuu** p,number [Inland] ♦ five hundred

ᓂᔮᔨᓈᐅᒥᑖᐦᑐᒥᑎᓅᕐᔖᑖᐦᑐᒥᑎᓅᐙᐤ
niyaayinwaaumitaahtumitinuuchishemi
taahtumitinuwaau p,quantity [Inland]
♦ five hundred thousand times

ᓂᔮᔨᓈᐅᒥᑖᐦᑐᒥᑎᓅᕐᔖᑖᐦᑐᒥᑎᓅ
niyaayinwaaumitaahtumitinuuchishemi
taahtumitinuu p,number [Inland] ♦ five
hundred thousand

ᓂᔮᔨᓈᐱᔥ niyaayinwaapisch p,quantity
[Inland] ♦ five dollars

ᓂᔮᔨᓈᔖᐹᐅᔅᕐᔖᑖᐦᑐᒥᓀᐙᐤ
niyaayinwaashaapwaauchishemitaahtu
mitinuwewaau p,quantity [Inland]
♦ fifteen thousand times

ᓂᔮᔨᓈᔖᐹᐅᔅᕐᔖᑖᐦᑐᒥᓅ
niyaayinwaashaapwaauchishemitaahtu
mitinuu p,number [Inland] ♦ fifteen
thousand

ᓂᔮᔨᓐ niyaayin p,number [Inland] ♦ five

ᓂᔮᔪ niyaayu p,number [Coastal] ♦ five

ᓂᔮᔪᐧᐃᑦ niyaayuwich vai pl -i [Coastal]
♦ they are five

ᓂᔮᔪᒥᑎᓅ niyaayumitinuu p,number
[Coastal] ♦ fifty

ᓂᔮᔪᒥᑎᓅᐌᐦᑏ niyaayumitinuuwehtii p,
quantity [Coastal] ♦ fifty dollars

ᓂᔮᔪᒥᑎᓅᕐᔖᑖᐦᑐᒥᑎᓅᐙᐤ
niyaayumitinuuchishemitaahtumitinuw
ewaau p,quantity [Coastal] ♦ fifty
thousand times

ᓂᔮᔪᒥᑎᓅᕐᔖᑖᐦᑐᒥᑎᓅ
niyaayumitinuuchishemitaahtumitinuu
p,number [Coastal] ♦ fifty thousand

ᓂᔮᔪᔖᐹᐅᔅᕐᔖᑖᐦᑐᒥᑎᓅᐙᐤ
niyaayushaapwaauchishemitaahtumiti
nuwewaau p,quantity [Coastal] ♦ fifteen
thousand times

ᓂᔮᔪᔖᐹᐅᔅᕐᔖᑖᐦᑐᒥᑎᓅ
niyaayushaapwaauchishemitaahtumiti
nuu p,number [Coastal] ♦ fifteen
thousand

ᓂᔮᔪᔖᑉ niyaayushaap p,number [Coastal]
♦ fifteen

ᓂᔮᔪᐦᑏ niyaayuhtii p,quantity [Coastal]
♦ five dollars

ᓂᔮᐙᐅᕐᔖᑖᐦᑐᒥᑎᓅᐙᐤ
niyaaywaauchishemitaahtumitinuwew
aau p,quantity [Coastal] ♦ five thousand
times

ᓂᔮᐙᐅᕐᔖᑖᐦᑐᒥᑎᓅ
niyaaywaauchishemitaahtumitinuu
p,number [Coastal] ♦ five thousand

ᓂᔮᐙᐅᒥᑖᐦᑐᒥᑎᓅ
niyaaywaaumitaahtumitinuu p,number
[Coastal] ♦ five hundred

ᓂᔮᐙᐅᒥᑖᐦᑐᒥᑎᓅᕐᔖᑖᐦᑐᒥᑎᓅᐙᐤ
niyaaywaaumitaahtumitinuuchishemita
ahtumitinuwewaau p,quantity [Coastal]
♦ five hundred thousand times

ᓂᔮᐙᐅᒥᑖᐦᑐᒥᑎᓅᕐᔖᑖᐦᑐᒥᑎᓅ
niyaaywaaumitaahtumitinuuchishemita
ahtumitinuu p,number [Coastal] ♦ five
hundred thousand

ᓂᔮᐙᐤ niyaaywaau p,quantity [Coastal]
♦ five times

ᓂᐦᐁᑳᒋᐸᔫ nihekaachipayuu vai/vii -i
♦ s/he/it falls with momentum, force

ᓂᐦᐁᔨᒣᐤ niheyimeu vta ♦ s/he gets
along, agrees with him/her

ᓂᐦᐁᔨᐦᑕᒨᐃᓐ niheyihtamuwin ni
♦ satisfaction

ᓂᐦᐁᔨᐦᑕᒻ niheyihtam vti ♦ s/he is
agreeable, willing to do it

ᓂᐦᐄᐎᓂᔥ nihiiuwinisch ni ♦ right
hand

ᓂᐦᐄᐅᑳᑦ nihiiukaat ni ♦ right leg

ᓂᐦᐄᐅᓂᑎᐦᒌ nihiiunitihchii ni ♦ right
hand

ᓂᐦᐄᐅᓂᐦᒡ nihiiunihch p,location ♦ right
side, on the right side ▪ ᓂᐦᐄᐅᓂᐦᒡ ᐊᐅᐦᑏ
ᐊᓪᒡₓ ▪ Put it on the right hand side.

ᓂᐦᐄᐌᐤ nihiiweu vii ♦ it is a favourable
wind, from the right direction

ᓂᐦᐄᐌᐳᐦᐌᐤ nihiiwepuhweu vta
♦ s/he puts him/her in order, fixes
him/her up

ᓂᐦᐄᐌᐸᐦᐊᒻ nihiiwepaham vti ♦ s/he
puts it in order, s/he knocks it into
shape

ᓂᐦᐄᐌᓈᑯᓱᐤ nihiiwenaakusuu vai -i
[Coastal] ♦ s/he looks pleased,
content

ᓂᐦᐄᐌᓲ nihiiwesuu vai -i ♦ s/he is
satisfied in her/his soul, s/he is
pleased

ᓂᐦᐄᐌᔑᓐ nihiiweshin vai ♦ it (anim)
lies with the fur in the right direction

ᓂᐦᐄᐌᐦᐁᐤ nihiiweheu vta ♦ s/he
pleases him/her

ᓂᐦᐄᐅ nihiiwiiu vai ♦ s/he has a habit
of doing something

ᓂᐦᐄᐤ nihiiu vai ♦ s/he is right-handed

ᓂᐦᐄᐸᔨᐍᐤ nihiipayiheu vta ♦ s/he helps to make it work out for him/her

ᓂᐦᐄᐸᔨᐦᑖᐤ nihiipayihtaau vai+o ♦ s/he helps to make it work

ᓂᐦᐄᐸᔫ nihiipayuu vai/vii -i ♦ s/he/it aids, helps, it works out right, properly

ᓂᐦᐄᒪᐦᑕᒼ nihiimahtam vti ♦ it (anim, ex beaver) easily picks up the human scent

ᓂᐦᐄᓄᐌᐤ nihiinuweu vta ♦ s/he admires him/her/it (anim, features, structure)

ᓂᐦᐄᓇᑵᐤ nihiinakweu vai ♦ s/he sets, resets a snare

ᓂᐦᐄᓇᒼ nihiinam vti ♦ s/he admires it, s/he sets, resets a snare

ᓂᐦᐄᔑᓐ nihiishin vai ♦ s/he is exactly right, s/he lies down properly

ᓂᐦᐄᔑᑎᓐ nihiishtin vii ♦ it is a fair wind, the right amount of wind

ᓂᐦᐄᔥᑯᐍᐤ nihiishkuweu vta ♦ s/he fits it (anim, pants) just right, properly; in inverse 'he is the right match for her'

ᓂᐦᐄᔥᑲᒼ nihiishkam vti ♦ s/he fits it just right, properly

ᓂᐦᐄᔥᑳᑐᐃᒡ nihiishkaatuwich vai pl recip -u ♦ they are the right match for each other

ᓂᐦᐄᐦᑎᓐ nihiihtin vii ♦ it fits exactly, it is right, proper

ᓂᐦᐄᐦᑕᒼ nihiihtam vti ♦ s/he hears well, s/he is obedient

ᓂᐦᐄᐦᑯᐍᐤ nihiihkuweu vta ♦ s/he buries him/her

ᓂᐦᐄᐦᑲᒼ nihiihkam vti ♦ s/he buries it

ᓂᐦᐄᐦᑲᓲ nihiihkasuu vai ♦ it (anim) gets ready to hibernate

ᓂᐦᐄᐦᑳᒨᐍᐤ nihiihkaamuweu vta ♦ s/he buries it for him/her

ᓂᐦᐊᐲᐍᐤ nihapiheu vta ♦ s/he seats him/her

ᓂᐦᐊᐲᔥᑕᒼ nihapiishtam vti ♦ s/he sits down to it

ᓂᐦᐊᑰ nihapuu vai -i ♦ s/he goes to hibernate, s/he seats her/himself

ᓂᐦᐊᑯᐦᑎᓐ nihakuhtin vii ♦ it (boat) sets anchor

ᓂᐦᐋᐅᓀᐤ nihaauneu vta ♦ s/he folds it (anim) properly, s/he prepares it (anim) for her/his baggage

ᓂᐦᐋᐅᓇᒼ nihaaunam vti ♦ s/he folds it properly, s/he prepares his things, baggage

ᓂᐦᐋᐅᓈᓲ nihaaunaasuu vai -u ♦ s/he prepares her/his things, her/his baggage neatly

ᓂᐦᐋᐅᓰᐤ nihaausiiu vai ♦ s/he does not occupy much space, s/he is small, her/his load is small, well-packed

ᓂᐦᐋᐅᔥᑖᐤ nihaaushtaau vai+o ♦ s/he arranges things, puts things in proper order, neatly

ᓂᐦᐋᐅᔥᑖᓲ nihaaushtaasuu vai -u ♦ s/he tidies up

ᓂᐦᐋᐅᐦᐁᐤ nihaauheu vta ♦ s/he arranges them (anim), puts them in order

ᓂᐦᐋᐌᒋᓀᐤ nihaawechineu vta ♦ s/he folds it (anim) neatly

ᓂᐦᐋᐌᒋᓇᒼ nihaawechinam vti ♦ s/he folds it neatly

ᓂᐦᐋᐃᐤ nihaawiiu vai ♦ s/he puts things in order, has an orderly load

ᓂᐦᐋᐄᐦᑯᐍᐤ nihaawiihkuweu vta ♦ s/he is preparing the body for burial

ᓂᐦᐋᐋᐤ nihaawaau vii ♦ it does not occupy much space, it is small

ᓂᐦᐋᐙᐱᐦᑳᑌᐤ nihaawaapihkaateu vta ♦ s/he arranges it (anim) by tying neatly

ᓂᐦᐋᐙᐱᐦᑳᑕᒼ nihaawaapihkaatam vti ♦ s/he arranges it by tying neatly

ᓂᐦᐋᐙᐱᐦᒉᓀᐤ nihaawaapihcheneu vta ♦ s/he arranges it (anim, string-like), puts it (anim) in order neatly

ᓂᐦᐋᐙᐱᐦᒉᓇᒼ nihaawaapihchenam vti ♦ s/he arranges it (string-like) properly, puts it in order

ᓂᐦᐋᐋᔥᑎᒋᓀᐤ nihaawaastichineu vai ♦ s/he smoothes the boughs by hand where they stick out

ᓂᐦᐋᐋᔥᑯᔥᑖᐤ nihaawaaskushtaau vai+o ♦ s/he piles it (stick-like) neatly

ᓂᐦᐋᐋᔥᑯᐦᐊᒼ nihaawaaskuham vti ♦ s/he uses a stick to pile things neatly

ᓂᐦᐋᐋᔥᑯᐦᐌᐤ nihaawaaskuhweu vta ♦ s/he uses a stick to pile them (anim) neatly

nihaau p,manner ♦ exactly right, properly, in an orderly manner ▪ *nihaau ᐁᑯᐟ ᐅᐱᒥᑊᑲᐠ.* ▪ That's exactly when my birthday is.

nihaapuu vai-i ♦ s/he sees well, clearly

nihaapameu vta ♦ s/he has good eyesight for him/her, s/he sees him/her well

nihaapahtam vti ♦ s/he has good eyesight, sees well

nihaatisiiu vai ♦ s/he is satisfied

nihaakuneshimeu vta ♦ s/he sweeps it (anim, beaver) on the snow to smooth the fur properly

nihaakuneshin vai ♦ it (beaver) lies with the fur in the right, proper direction

nihaakatamuu vai ♦ s/he clears her/his throat

nihaachimeu vta ♦ s/he agrees with him/her

nihaasiiu vai ♦ s/he is very alert, aware

nihaastwaasuu vai-u ♦ s/he lays up things to use in future

nihaaskupayuu vai/vii-i ♦ it (stick-like) fits in exactly

nihaaskuyiweu vai ♦ s/he is shapely

nihtuwaakan ni ♦ barb of a harpoon

nihtaautenuweu vai ♦ s/he cooks well, is good at cooking

nihtaautuwaapuu vai-i [Coastal] ♦ s/he (conjurer) is able to see into the future, far away (old term)

nihtaaukwaasuu vai ♦ s/he sews capably

nihtaauchimeu vai ♦ s/he is an experienced swimmer

nihtaauchineu vta ♦ s/he raises, brings him/her up

nihtaauchinaausuu vai-u ♦ s/he raises children

nihtaauchin vii ♦ it grows

nihtaauchiheu vta ♦ s/he grows it (anim)

nihtaauchihtamuweu vta ♦ s/he grows it for him/her

nihtaauchihtamaasuu vai reflex-u ♦ s/he grows it for her/himself

nihtaauchihtaau vai+o ♦ s/he grows it

nihtaauchihchikan ni ♦ garden, plant, growing thing

nihtaauchuu vai-i ♦ s/he grows

nihtaauminahuu vai-u ♦ s/he is a proficient hunter

nihtaaunuweu vai ♦ s/he knows the other person is capable, competent, does things well, for her/his (young) age

nihtaaunuweu vai ♦ s/he cooks well

nihtaausuuhkweham vti ♦ s/he finds it easy to hear where the beaver tunnels are under the ice

nihtaausaamuhteu vai ♦ s/he (child) walks well on snowshoes

nihtaauheu vta ♦ s/he is able to make it (anim, ex snowshoes)

nihtaauham vti ♦ s/he is experienced at paddling

nihtaauhteu vai ♦ s/he (ex a baby that has learned to walk) walks well

nihtaauhtaau vai+o ♦ s/he is good at making it (ex table)

nihtaauhchicheu vai ♦ s/he grows things

nihtaauusheu vai ♦ she is able to have, bear children

nihtaaweu vai ♦ s/he grows to be able to speak, s/he (baby) can speak now

nihtaawaachimuu vai-u ♦ s/he tells stories well

nihtaanipihtaau vai+o ♦ s/he grows up to be an expert hunter, be good at killing things

nihchikaau vii ♦ it is visible as an outline

nihchichinaakun vii-i ♦ it is visible as an outline, silhouette

ᓂᐦᒋᒋᓈᑯᑦ nihchichinaakusuu vai -i ♦ s/he/it (anim) is visible as an outline, silhouette

ᓂᐦᒋᒋᓱ nihchichisuu vai -i ♦ s/he is visible as an outline, silhouette

ᓂᐦᒋᒧᔅ nihchimuus na -um ♦ sterile moose

ᓂᐦᒋᓈᑰᓀᐤ nihchinaakuuneu vai [Inland] ♦ s/he puts moccasins on his/her feet

ᓂᐦᒋᓈᑰᓂᓱ nihchinaakuunisuu vai -u ♦ s/he puts her/his moccasins

ᓂᐦᒋᓈᑰᓅ nihchinaakuunuu vai [Inland] ♦ s/he puts it (moccasins) on

ᓃ

ᓃ nii pro,personal ♦ I, me, mine, myself

ᓃᐯᐱᔥᑐᐌᐤ niipepishtuweu vta ♦ s/he sits with him/her through the night

ᓃᐯᐴ niipepuu vai -i ♦ s/he sits up late at night

ᓃᐯᒁᓐ niipekwewin ni ♦ evening meal

ᓃᐯᐦᑫᐤ niipehkweu vai ♦ s/he eats an evening meal

ᓃᐱᑌ niipite p,manner ♦ in a line, row ▪ ᓂᑖᒡ ᐋᐸᒋ ᓃᐱᑌx ▪ *Stand them in a row.*

ᓃᐱᑌᐳᐎᒡ niipitepuwich vai pl -i ♦ they sit in a row

ᓃᐱᑌᑯᑌᐤ niipitekuteuh vii pl ♦ things hang in a row

ᓃᐱᑌᑯᑖᐤ niipitekutaau vai+o ♦ s/he hangs things in a row

ᓃᐱᑌᑯᒋᓄᒡ niipitekuchinuch vai pl ♦ they (anim) hang in a row

ᓃᐱᑌᑯᔦᐤ niipitekuyeu vta ♦ s/he hangs them (anim) in a row

ᓃᐱᑌᑳᐴᐎᒡ niipitekaapuuwich vai pl -uu ♦ they (anim) stand in a line

ᓃᐱᑌᑳᐴᐦᐁᐤ niipitekaapuuheu vta ♦ s/he places them in a row, in line

ᓃᐱᑌᑳᐴᐦᑖᐤ niipitekaapuuhtaau vai+o ♦ s/he sets them in a row, in line

ᓃᐱᑌᔑᒣᐤ niipiteshimeu vta ♦ s/he lays them in line, in a row

ᓃᐱᑌᔑᓄᒡ niipiteshinuch vai pl ♦ they (anim) lie in a line

ᓃᐱᑌᔥᑖᐤ niipiteshtaau vai+o ♦ s/he sets, puts them in a line

ᓃᐱᑌᔥᑯᐌᐤ niipiteshkuweu vta ♦ s/he passes a row of them (anim)

ᓃᐱᑌᔥᑲᒻ niipiteshkam vti ♦ s/he passes the row

ᓃᐱᑌᔮᐯᑲᒧᐎᒡ niipiteyaapekamuwich vai pl -u ♦ they (geese) fly in a line

ᓃᐱᑌᔮᐱᐦᑳᑌᐤ niipiteyaapihkaateu vta ♦ s/he strings them (anim) out in a line

ᓃᐱᑌᔮᐱᐦᑳᑌᐅᐦ niipiteyaapihkaateuh vii pl ♦ they are strung out in a line on the same rope

ᓃᐱᑌᔮᐱᐦᑳᑕᒻ niipiteyaapihkaatam vti ♦ s/he ties things to the same piece of rope or string

ᓃᐱᑌᔮᔅᑯᐦᐄᑲᓈᐦᑎᒄ niipiteyaaskuhiikanaahtikw ni ♦ stick used to hold a row of fish, meat to cook, dry over fire

ᓃᐱᑌᔮᔅᑯᐦᐊᒻ niipiteyaaskuham vti ♦ s/he puts things in a line on a stick

ᓃᐱᑌᔮᔅᑯᐦᐌᐤ niipiteyaaskuhweu vta ♦ s/he puts them (anim) in a line on a stick

ᓃᐱᑌᐦᐁᐤ niipiteheu vta ♦ s/he places it (anim) in a line

ᓃᐱᑌᐦᑌᐅᒡ niipitehteuch vai pl ♦ they walk in a line

ᓃᐱᓂᐱᔦᓱ niipinipiyesuu na -shiish ♦ large summer bird, summer migratory bird

ᓃᐱᓂᐱᔦᔒᔥ niipinipiyeshiish na dim ♦ small summer bird, migratory bird

ᓃᐱᓂᓯᐤ niipinisiiu vai ♦ it (anim) has its summer coat of fur

ᓃᐱᓂᓱ niipinisuu vai ♦ it (anim, ex hare) has its summer coat of fur

ᓃᐱᓂᔅᑲᒥᑳᐤ niipiniskamikaau vii ♦ it is summer ground (bare of snow)

ᓃᐱᓂᔅᒋᓯᓐ niipinischisin ni ♦ summer sandal

ᓃᐱᓂᔐᐤ niipinisheu vai ♦ it (anim) is a summer hide

ᓃᐱᓂᔐᐎᓐ niipinishuwin ni ♦ place to spend the summer

ᓃᐱᓂᐦᐆ niipinihuu vai -u ♦ s/he is dressed for summer

ᓃᐱᓂᐦᒡ niipinihch p,time ♦ last summer

359

ᓃᐱᓇᐌᓰᔅ **niipinawesiis** na ♦ summer animal

ᓃᐱᓇᑯᑉ **niipinakuhp** ni ♦ summer dress

ᓃᐱᓈᐴᔥ **niipinaapush** na -um ♦ hare in summer coat, summer rabbit

ᓃᐱᓈᒋᒄ **niipinaachikw** na ♦ otter in the summer

ᓃᐱᓈᒧᔒᐤ **niipinaamuschiiu** vii ♦ it is a place where the ground [inland] or water [coastal] never freezes

ᓃᐱᓈᒧᔑᐤ **niipinaamushiiu** vii [Inland] ♦ it is a place where the water never freezes

ᓃᐱᓈᔅᐱᓱ **niipinaaspisuu** vai -u ♦ s/he dresses for summer

ᓃᐱᓈᐦᑯᐦᑌᐤ **niipinaahkuhteu** vii ♦ it is bare ground after the snow has melted

ᓃᐱᓐ **niipin** vii ♦ it is summer

ᓃᐱᓯᔮᐦᑎᒄ **niipisiyaahtikw** ni -um ♦ willow branch

ᓃᐱᓯᐅᑲᐦᒌ **niipisiiukahchii** ni -m ♦ hanger of willow wood for a kettle to hang from a cross pole, over fire

ᓃᐱᓰᐦ **niipisiih** ni -m ♦ willows (general term) *Salix sp.*

ᓃᐱᔅᑯᐱᒧᐦᑌᐤ **niipiskupimuhteu** vai ♦ s/he walks on her/his knees

ᓃᐱᔅᑯᐴ **niipiskupuu** vai -i ♦ s/he sits kneeling

ᓃᐱᔅᑯᑎᔑᓀᐤ **niipiskutishineu** vta ♦ s/he makes him/her kneel

ᓃᐱᔅᑰ **niipiskuu** vai -u ♦ s/he is kneeling

ᓃᐱᔅᑳᐤ **niipiskaau** vii ♦ it is an area of willows

ᓃᐱᔐᔮᐱᐦᑳᑌᐤ **niipisheyaapihkaateu** vta ♦ s/he strings it (anim) in a line

ᓃᐱᔐᔮᐱᐦᑳᑕᒻ **niipisheyaapihkaatam** vti ♦ s/he strings it in a line

ᓃᐱᔐᐧᐁᐤ **niipishehweu** vta ♦ s/he strings them (anim, beads), s/he strings fish on a stick

ᓃᐲᐦᑲᒧ **niipihkamuu** vii -i ♦ it is open water after the rest is frozen

ᓃᐲᔒᐸᒄ **niipiishipakw** ni [Inland] ♦ leaf tobacco

ᓃᐲᔒᐦᑳᓐ **niipiishihkaan** ni [Coastal] ♦ artificial flower

ᓃᐲᔔ **niipiishuu** vai -uu [Coastal] ♦ it (anim) has flowers

ᓃᐲᔔᐦᑌᐤ **niipiishuushteu** vii [Coastal] ♦ it is flowered

ᓃᐲᔖᐴ **niipiishaapuu** ni ♦ herbal tea

ᓃᐲᔥ **niipiish** ni -im ♦ leaf [inland], flower

ᓃᐳᐙᔐᐅᒋᓇᒻ **niipuwaascheuchinam** vti ♦ s/he puts the wood on the fire and the flame flares straight up

ᓃᐳᐙᔐᐤ **niipuwaascheu** vai [Coastal] ♦ it (sun) has a vertical mark above it

ᓃᐳ **niipuu** vai -uu ♦ s/he stands; s/he gets married [inland]

ᓃᐴᑖᐱᒋᔐᐦᐱᓱᐎᓐ **niipuutaapichischehpisuwin** ni [Inland] ♦ wedding ring

ᓃᐴᑯᑉ **niipuukuhp** ni [Inland] ♦ wedding dress

ᓃᐴᓈᓅ **niipuunaanuu** vii,impersonal [Inland] ♦ there is a wedding

ᓃᐴᔥᑕᒧᐌᐤ **niipuushtamuweu** vta ♦ s/he stands in place for him/her

ᓃᐴᔥᑕᒻ **niipuushtam** vti ♦ s/he endures it, stands next to it

ᓃᐴᐦᐁᐤ **niipuuheu** vta [Inland] ♦ s/he stands him/her up, s/he marries them (a couple)

ᓃᐴᐦᑳᓱ **niipuuhkaasuu** vai -u ♦ s/he pretends to be, get married

ᓃᐹᐋᐸᑎᓰᐤ **niipaaaapatisiiu** vai ♦ s/he works at night

ᓃᐹᐙᔥᑌᓂᒫᑲᓐ **niipaawaashtenimaakan** ni ♦ night light

ᓃᐹᐲᔥᑐᐌᐤ **niipaapiishtuweu** vta ♦ s/he stays up all night with, for him/her

ᓃᐹᐹᔫ **niipaapayuu** vai -i ♦ s/he drives in the night

ᓃᐹᑎᐱᔅᑳᐦ **niipaatipiskaauh** p,time ♦ during the night

ᓃᐹᑯᑐᐌᐤ **niipaakutuweu** vai -u ♦ s/he keeps the fire going through the night

ᓃᐹᑯᑐᐌᐦᑲᐦᑕᐌᐤ **niipaakutuwehkahtaweu** vta ♦ s/he makes the fire at night for him/her

ᓃᐹᑯᑑ **niipaakutuuteu** vai -u ♦ s/he makes the fire at night for him/her

ᓃᐹᒁᓲ **niipaakwaasuu** vai -u ♦ s/he sews at night

ᓃᐹᒦᒋᓲ niipaamiichisuu vai -u ♦ s/he eats at night

ᓃᐹᔥᑳᐤ niipaashkaau vai ♦ s/he walks around at night (old term)

ᓃᐹᐦᐅᐤ niipaahuu vai -u ♦ s/he travels by boat at night

ᓃᐹᐦᑌᐤ niipaahteu vai ♦ s/he walks at night, night overtakes her/him while travelling

ᓃᑎᒧᔅ niitimus nad ♦ my brother-in-law, sister-in-law, my cross-cousin (child of mother's brother or father's sister)

ᓃᑲᐦᐊᒻ niikaham vti ♦ s/he eases it, takes the strain off it

ᓃᑲᐦᐍᐤ niikahweu vta ♦ s/he eases him/her, takes the strain off him/her

ᓃᑳᐱᐦᑳᑌᐤ niikaapihkaateu vta ♦ s/he eases the ties on him/her

ᓃᑳᐱᐦᑳᑕᒻ niikaapihkaatam vti ♦ s/he eases the ties on it

ᓃᑳᐱᐦᒉᐱᑌᐤ niikaapihchepiteu vta ♦ s/he eases her/his hold on him/her while pulling

ᓃᑳᐱᐦᒉᐱᑕᒻ niikaapihchepitam vti ♦ s/he eases his hold on it (string) while pulling

ᓃᑳᐱᐦᒉᐸᔫ niikaapihchepayuu vai/vii -i ♦ it (string-like) eases

ᓃᑳᐱᐦᒉᓀᐤ niikaapihcheneu vta ♦ s/he eases it (anim, string-like)

ᓃᑳᐱᐦᒉᓇᒻ niikaapihchenam vti ♦ s/he eases it (string-like)

ᓃᑳᐱᐦᒉᐡᑯᐍᐤ niikaapihcheshkuweu vta ♦ s/he eases it (string-like) using the body, foot

ᓃᑳᐱᐦᒉᐡᑲᒻ niikaapihcheshkam vti ♦ s/he eases it, using his body, foot

ᓃᑳᒎᓲ niikaachuusuu vai ♦ it (anim) stops boiling as it is taken off the heat

ᓃᑳᒎᐦᑌᐤ niikaachuuhteu vii ♦ it stops boiling as it is taken off the heat

ᓃᑳᓀᔨᒥᑎᓲ niikaaneyimitisuu vai reflex -u ♦ s/he thinks that s/he is superior, the best, most important, head, leader

ᓃᑳᓀᔨᒨ niikaaneyimuu vai -u ♦ s/he acts superior

ᓃᑳᓀᔨᐦᑖᑯᓲ niikaaneyihtaakusuu vai -i ♦ s/he is superior, the best, most important, head, leader

ᓃᑳᓂᐍᐸᐦᐁᐤ niikaaniwepahuusuu vai reflex -u ♦ s/he pushes her/himself forward

ᓃᑳᓂᐍᐸᐦᐊᒻ niikaaniwepaham vti ♦ s/he pushes, sweeps, slides it forward

ᓃᑳᓂᐍᐸᐦᐁᐤ niikaaniwepahweu vta ♦ s/he pushes, sweeps him/her forward

ᓃᑳᓂᐄᐦᑕᒧᐍᐤ niikaaniwiihtamuweu vta ♦ s/he foretells him/her, prepares him/her for further information

ᓃᑳᓂᐄᐦᑕᒫᒉᐎᓐ niikaaniwiihtamaachewin ni ♦ prophecy

ᓃᑳᓂᐙᐸᒣᐤ niikaaniwaapameu vta ♦ s/he foresees him/her/it (anim)

ᓃᑳᓂᐙᐸᐦᑕᒧᐎᓐ niikaaniwaapahtamuwin ni ♦ foresight

ᓃᑳᓂᐙᐸᐦᑕᒻ niikaaniwaapahtam vti ♦ s/he foresees it

ᓃᑳᓂᐸᔫ niikaanipayuu vai/vii -i ♦ s/he/it goes, drives in front, ahead

ᓃᑳᓂᐸᐦᑖᐤ niikaanipahtaau vai ♦ s/he runs ahead

ᓃᑳᓂᑎᔑᐍᐤ niikaanitishiweu vta ♦ s/he sends him/her/it (anim) ahead

ᓃᑳᓂᒋᔅᒉᔨᒣᐤ niikaanichischeyimeu vta ♦ s/he foreknows him/her

ᓃᑳᓂᒋᔅᒉᔨᐦᑕᒻ niikaanichischeyihtam vti ♦ s/he foreknows it

ᓃᑳᓂᐡᑯᐍᐤ niikaanishkuweu vta ♦ s/he is leader, head of them (team, group)

ᓃᑳᓂᐡᑲᒻ niikaanishkam vti ♦ s/he is leader, head of it

ᓃᑳᓂᐦᑌᐤ niikaanihteu vai ♦ s/he walks in the lead

ᓃᑳᓂᐦᑌᓲ niikaanihtesuu na ♦ a dog trained to lead the team (especially if there is no trail), team leader of dogteam

ᓃᑳᓂᐦᑕᐦᐁᐤ niikaanihtaheu vta ♦ s/he leads him/her, takes him/her ahead

ᓃᑳᓂᐦᐨ niikaanihch p,time ♦ in the future, ahead in time ▪ ᑖᓐ ᐁᔅ ᐊᔨᔅᑳᓕᒃ ᐊᑎᐤ ᓃᑳᓂᐦᐨₓ ▪ What do you hope in the future?

ᓃᑳᓂᐦᔮᐤ niikaanihyaau vai ♦ it (anim) flies in the lead

ᓃᑳᓃᐤ niikaaniiu vai ♦ s/he is first, ahead

ᓃᑳᓇᐴ niikaanapuu vai -i ◆ s/he/it (anim) sits in front, ahead

ᓃᑳᓐ niikaan p,location ◆ in front, ahead ▪ ᔖᔥ ᓃᑳᓐ ᐃᐦᑖᐤ ᐐ᙮ ▪ *She is ahead already.*

ᓃᒋᐸᔫ niichipayuu vii -i ◆ it lessens in intensity (ex very cold weather turning mild)

ᓃᒋᑳᑲᒥᑌᐤ niichikaakamiteu vii ◆ the boiling liquid cools down when it is taken off the heat

ᓃᒋᓀᐤ niichineu vta ◆ s/he lets her/his grip on him/her go

ᓃᒋᓇᒼ niichinam vti ◆ s/he lets go his grip on it

ᓃᒋᐢᑵᐤ niichiskweu nad ◆ my wife

ᓃᒋᔖᓐ niichishaan nad ◆ my sibling, brother or sister, parallel cousin (my father's brother's or mother's sister's child)

ᓃᒌᓅ niichiinuu nad [Inland] ◆ my sibling, brother, sister, parallel cousin

ᓃᒌᔨᔫ niichiiyiyuu nad [Coastal] ◆ my sibling, brother, sister, parallel cousin

ᓃᒣᑲᒧᐦᑖᐤ niimekamuhtaau vai+o ◆ s/he puts it (tent) up not quite touching the ground

ᓃᒣᑲᒨ niimekamuu vai/vii -u ◆ it (sheet-like) does not quite touch the ground

ᓃᒥᐹᐢᒋᑲᓀᐤ niimipaaschikaneu vai ◆ s/he takes a gun along with her/him

ᓃᒥᑖᐹᓈᐢᑵᐤ niimitaapaanaaskweu vai ◆ s/he takes a sled, toboggan with her/him

ᓃᒥᑯᒋᓐ niimikuchin vai ◆ it (anim) hangs not quite touching

ᓃᒥᒌᑲᐦᐄᑲᓀᐤ niimichiikahiikaneu vai [Coastal] ◆ s/he takes an axe with her/him

ᓃᒥᓀᐤ niimineu vta ◆ s/he holds him/her/it (anim) up

ᓃᒥᓂᒧᐍᐤ niiminimuweu vta ◆ s/he holds it out to him/her

ᓃᒥᓇᒼ niiminam vti ◆ s/he holds it up

ᓃᒥᓯᑖᐢᑵᐤ niimisitaaskweu vai [Inland] ◆ s/he takes an axe with her/him

ᓃᒥᓵᒣᐤ niimisaameu vai ◆ s/he takes snowshoes along

ᓃᒥᐦᐁᐤ niimiheu vta ◆ s/he makes, causes him/her/it (anim) to dance

ᓃᒥᐦᐄᐍᐤ niimihiiweu vai ◆ s/he gives a dance

ᓃᒦᔥᑐᐍᐤ niimiishtuweu vta ◆ s/he dances in honour of someone

ᓃᒦᔥᑕᒧᐍᐤ niimiishtamuweu vta ◆ s/he dances in his/her place

ᓃᒦᔥᑕᒼ niimiishtam vti ◆ s/he dances in honour of something

ᓃᒨ niimuu vai -i ◆ s/he dances

ᓃᒨᑖᓐ niimuutaan ni ◆ hunting pack sack

ᓃᒨᓐ niimuun ni ◆ place where sharp-tailed grouse gather and dance

ᓃᒪᑯᑌᐤ niimakuteu vii ◆ it hangs not quite touching the floor, ground

ᓃᒪᑯᑖᐤ niimakutaau vai+o ◆ s/he hangs it just above, not quite touching the floor, ground

ᓃᒪᑯᔦᐤ niimakuyeu vta ◆ s/he hangs it (anim) just above, not quite touching the floor, ground

ᓃᒫᐅᐎᓐ niimaauwin ni ◆ lunch

ᓃᒫᐅᓂᐦᑯᐍᐤ niimaaunihkuweu vta ◆ s/he cooks him/her food to eat while travelling

ᓃᒫᐅᓂᐦᒉᐤ niimaaunihcheu vai ◆ s/he is packing lunches

ᓃᒫᐅᓄᐎᑦ niimaaunuwit ni ◆ lunch bag

ᓃᒫᐤ niimaau vai ◆ s/he takes a lunch, food for travel

ᓃᒫᐹᓐ niimaapaan ni ◆ ceremonial draw cord

ᓃᒫᑯᐦᑌᐤ niimaakuhteu vii ◆ there is a space left under it from snow melting

ᓃᒫᑲᐦᑌᐤ niimaakahteu vii ◆ there is a space left under it from being burned

ᓃᒫᐢᑯᔑᓐ niimaaskushin vai ◆ s/he/it (anim) lies not quite touching something

ᓃᒫᐢᑯᐦᐊᒼ niimaaskuham vti ◆ s/he holds it up with a stick

ᓃᒫᐢᑯᐦᐍᐤ niimaaskuhweu vta ◆ s/he holds it (anim) up with a stick

ᓃᒫᐢᑯᐦᑎᓐ niimaaskuhtin vii ◆ it (stick-like) lies, not quite touching

ᓃᒫᐦᐁᐤ niimaaheu vta ◆ s/he packs him/her a lunch

ᓃᔂᓱᒥᑎᓅ niiswaasumitinuu p,number ◆ seventy

ᓃᐧᐦᐃᐦᔅᐧᐹᐤᒥᑖᐦᑐᒥᑎᓄᐦ niiswaaswaaumitaahtumitinuu p,number
* seven hundred

ᓃᐧᐦᐃᐦᔅᐧᐹᐤ niiswaaswaau p,quantity * seven times

ᓃᐧᐦᐃᐦᔅᑯᑳᐴᐦᐁᐤ niiswaaskukaapuuheu vta
* s/he stands two of them (anim, stick-like) side-by-side

ᓃᐧᐦᐃᐦᔅᑯᑳᐴᐦᑖᐤ niiswaaskukaapuuhtaau vai+o * s/he stands two things (stick-like) side-by-side

ᓃᐧᐦᐃᐦᔅᑯᒧᐧᐃᒡ niiswaaskumuwich vai pl -u
* they (anim) are two (stick-like) side-by-side

ᓃᐧᐦᐃᐦᔅᑯᒧᓐᐦ niiswaaskumunh vii pl [Inland]
* there are two (stick-like) side-by-side

ᓃᐧᐦᐃᐦᔅᑯᒧᐦᐁᐤ niiswaaskumuheu vta
* s/he puts two of them (anim, stick-like) together

ᓃᐧᐦᐃᐦᔅᑯᒧᐦᑖᐤ niiswaaskumuhtaau vai+o
* s/he puts two things (stick-like) together

ᓃᐧᐦᐃᐦᔅᑯᒧᐦ niiswaaskumuuh vii pl [Coastal]
* there are two (stick-like) side-by-side

ᓃᐧᐦᐃᐦᔅᑯᓐᐦ niiswaaskunh vii pl * there are two (stick-like)

ᓃᐧᐦᐃᐦᔅᑯᓱᐧᐃᒡ niiswaaskusuwich vai pl -i
* they (anim, stick-like) are two

ᓃᐧᐦᐃᔖᑉ niiswaashaap p,number [Inland]
* seventeen

ᓃᐧᐦᐃᔥᒡ niiswaashch p,number * seven

ᓃᔥᒋᓀᐤ niischineu vta * s/he dampens, moistens him/her/it (anim)

ᓃᔥᒋᓇᒼ niischinam vti * s/he dampens it, s/he moistens it

ᓃᔥᒋᓲ niischisuu vai -i * s/he/it (anim) is moist, slightly-wet, damp

ᓃᔥᐧᐁᑲᑯᔦᐤ niishwekakuyeu vta * s/he hangs up two of it (anim, sheet-like)

ᓃᔥᐧᐁᑲᒧᐦᐁᐤ niishwekamuheu vta * s/he puts up two of them (anim, sheet-like)

ᓃᔥᐧᐁᑲᒧᐦᑖᐤ niishwekamuhtaau vai+o
* s/he puts up two things (sheet-like)

ᓃᔥᐧᐁᑲᓐᐦ niishwekanh vii pl * there are two (sheet-like)

ᓃᔥᐧᐁᑲᐦᐱᑌᐤ niishwekahpiteu vta * s/he stretches out two of them (anim, sheet-like)

ᓃᔥᐧᐁᑲᐦᐱᑕᒼ niishwekahpitam vti * s/he stretches out two of them (sheet-like)

ᓃᔥᐧᐁᒋᑯᑖᐤ niishwechikutaau vai+o * s/he hangs two of them (sheet-like)

ᓃᔥᐧᐁᒋᓀᐤ niishwechineu vta * s/he folds two of it (anim, sheet-like)

ᓃᔥᐧᐁᒋᓇᒼ niishwechinam vti * s/he holds two (sheet-like) things

ᓃᔥᐧᐁᒋᓱᐧᐃᒡ niishwechisuwich vai pl -i
* they (anim, sheet-like) are two

ᓃᔥᐧᐁᒋᔥᑯᐧᐁᐤ niishwechishkuweu vta
* s/he puts on two layers of it (anim)

ᓃᔥᐧᐁᒋᔥᑲᒼ niishwechishkam vti * s/he puts on, wears two layers of it

ᓃᔥᐧᐁᒡ niishwech p,quantity * two sheet-like things

ᓃᔥᐧᐁᔅᒋᐦᒄ niishweschihkw p,quantity
* two containersful

ᓃᔑᓐᐦ niishinh vii pl * there are two of it

ᓃᔓ niishu p,number * two

ᓃᔔᑌᓄᑳᐴᐧᐃᒡ niishuutenukaapuuwich vai pl -uu * they (two couples) get married

ᓃᔓᐧᐃᑌᐤ niishuwiteu vai * s/he carries two bags on his/her back

ᓃᔓᐧᐃᒡ niishuwich vai pl -i * there are two of them; they (anim) are two

ᓃᔓᐧᐄᒡ niishuwiich p,manner * at two places, two ways, two kinds ■ ᓃᔓᐧᐃᒡ ᐁᐦᐱᒋᐧᑐᑖᑦ ᓀᑐᐦ ᒋᑐᔥᐱᒥᒄ ᐋᐦᒋᓛᐧᔦᐤ ᐋᒥᔅᒋᐦᒄ. The people will be coming from two different places. * The chair is broken in two different places.

ᓃᔓᐱᐳᓐᐦ niishupipunh p,time * two years

ᓃᔓᐳᐧᐃᒡ niishupuwich vai pl -i * they (anim) are two sitting

ᓃᔓᐳᓀᓰᒫᑲᓐ niishupunesiimakan vii
* it is two years old

ᓃᔓᐳᓀᓲ niishupunesuu vai -i * s/he is two years old

ᓃᔓᐸᔨᐧᐃᒡ niishupayuwich vai pl -i * the two of them drive using separate means of transportation

ᓃᔓᑌᐅᓰᔫᒡ niishuteusiiuch vai pl
* they are two families living together in a camp, house

ᓃᔓᑌᐤ niishuteu vai * s/he carries two (ex beaver, otter, fox) on his/her back

ᓃᔓᑎᐱᓂᔅᑳᓐ niishutipiniskaan p,quantity
* two arm-lengths

ᓃᔥᐅᑎᐱᐦᑴᐤ niishutipiskweu vai ◆ s/he stays out two nights

ᓃᔥᐅᑎᐱᐦᑳᐅᐦ niishutipiskaauh p,time ◆ two nights

ᓃᔥᐅᐸᐦᐄᑲᓐ niishutipahiikan p,quantity ◆ two miles, two gallons

ᓃᔥᐅᐸᐯᔥᑯᒋᑲᓀᓲ niishutipaapeshkuchikanesuu vai-i ◆ it (anim) weighs two pounds

ᓃᔥᐅᐸᐯᔥᑯᒋᑲᓀᔮᐤ niishutipaapeshkuchikaneyaau vii ◆ it weighs two pounds

ᓃᔥᐅᐸᐯᔥᑯᒋᑲᓐ niishutipaapeshkuchikan p,quantity ◆ two pounds

ᓃᔥᐅᐹᔅᑯᓂᑲᓐ niishutipaaskunikan p,quantity ◆ two yards of fabric

ᓃᔥᐅᑎᓈᐤ niishutinaauh vii pl ◆ there are two mountains

ᓃᔥᐅᐆᓀᐝᔮᐤ niishutuuneweyaau vii ◆ it has two mouths, a double-barrelled gun

ᓃᔥᐅᐆᔥᑌᐦ niishutuushteuh p,time ◆ two weeks

ᓃᔥᐅᑕᒋᓱᐎᒡ niishutachisuwich vai pl-i ◆ they travel in two canoes

ᓃᔥᐅᑕᐦᑯᓂᑲᓐᐦ niishutahkunikanh p,quantity ◆ two armfuls

ᓃᔥᐅᑖᐯᐤ niishutaapeu vai ◆ s/he hauls two of them (anim, pulling)

ᓃᔥᐅᑯᑖᐤ niishukutaau vai+o ◆ s/he hangs two things

ᓃᔥᐅᑯᔦᐤ niishukuyeu vta ◆ s/he hangs two of them (anim)

ᓃᔥᐅᑯᐦᑏᑖᐤ niishukuhtitaau vai+o ◆ s/he puts two things in the water

ᓃᔥᐅᑯᐦᒋᒣᐤ niishukuhchimeu vta ◆ s/he puts two of them (anim) in the water

ᓃᔥᐅᑲᒥᒋᓱᐎᒡ niishukamichisuwich vai pl-i ◆ they (anim) are two teepees in one camp

ᓃᔥᐅᑲᒫᐤᐦ niishukamaauh vii pl ◆ there are two lakes

ᓃᔥᐅᑲᔥᑴᐤ niishukashkweu vai ◆ it (anim) has two hooves

ᓃᔥᐅᑳᐴ niishukaapuu vai-uu [Coastal] ◆ s/he is getting married

ᓃᔥᐅᑳᐴᑖᐱᒉᐦᐱᓱᐎᓐ niishukaapuutaapichehpisuwin na [Coastal] ◆ wedding ring

ᓃᔥᐅᑳᐴᑯᐦᑉ niishukaapuukuhp ni ◆ wedding dress

ᓃᔥᐅᑳᐴᓈᓅ niishukaapuunaanuu vii,impersonal [Coastal] ◆ there is a wedding

ᓃᔥᐅᑳᐴᐦᑖᐤ niishukaapuuhtaau vai+o ◆ s/he stands two up, sets two up (ex teepees, tents)

ᓃᔥᐅᑳᐴᐦᑳᓲ niishukaapuuhkaasuu vai-u [Coastal] ◆ s/he pretends to get, be married

ᓃᔥᐅᑳᑌᔮᐤ niishukaateyaau vii ◆ it has two legs

ᓃᔥᐅᒃᐚᐱᑳᑲᓇᔥᒋᐦᒄ niishukwaapikaakanaschihkw p,quantity ◆ two water pailfuls

ᓃᔥᐅᒃᐚᐱᓂᑲᓐ niishukwaapinikan p,quantity ◆ two scooped handfuls

ᓃᔥᐅᒋᐦᒃᐚᒧᐎᒡ niishuchihkwaamuwich vai pl-u ◆ they are two sleeping together; two are spleeping together

ᓃᔥᐅᒌᔑᑳᐤ niishuchiishikaau vii ◆ it is Tuesday

ᓃᔥᐅᒌᔑᑳᐅᐦ niishuchiishikaauh vii pl ◆ it is two days

ᓃᔥᐅᒣᐤ niishumeu vta ◆ s/he/it eats two of them (anim, ex fish)

ᓃᔥᐅᒥᒋᐦᒋᓐ niishumichihchin p,quantity ◆ two inches

ᓃᔥᐅᒥᓀᔥᑌᐦ niishuminesteuh vii pl ◆ there are two piles of firewood

ᓃᔥᐅᒥᓂᑳᐅᐦ niishuminikaauh vii pl ◆ there are two berries

ᓃᔥᐅᒥᓂᒋᓱᐎᒡ niishuminichisuwich vai pl-i ◆ they (anim) are two berries

ᓃᔥᐅᒥᓂᒡ niishuminich p,quantity ◆ two berries

ᓃᔥᐅᒥᓂᐦᑳᐤ niishuminiskaau p,quantity ◆ two cartons (ex of cigarettes)

ᓃᔥᐅᒥᓂᔥᑌᐤ niishuminishteu p,quantity pl ◆ two cords of firewood

ᓃᔥᐅᒥᓰᑦ niishumisit p,quantity ◆ two feet

ᓃᔥᐅᒥᐦᑎᑳᓐ niishumihtikaan p,quantity ◆ two vertical stacks of firewood

ᓃᔥᐅᒫᑎᔑᑲᓐ niishumaatishikan p,quantity ◆ two slices

ᓃᔥᐅᓂᔥᒉᔫ niishunischeyuu vai-i ◆ s/he does something with both hands

ᓃᔥᐅᓇᒻ niishunam vti ◆ s/he holds two of it together

niishunasch p,quantity ♦ two handfuls

niishusinikanh p,quantity ♦ two armfuls of something

niishusinischeu vai ♦ s/he uses both hands to do something

niishusaakahaacheyaau vai ♦ there are two openings in the beaver tunnel

niishuskweweu vai ♦ he has two wives

niishuskatiyechii p,quantity [Coastal] ♦ two cartons, boxes of something

niishuschinesuu vai -i ♦ they (anim) are two pairs of cut-out, unsewn moccasins

niishuschisinh p,quantity ♦ two cut out (unsewn) pairs of moccasins, two pairs of footwear

niishushweu vta ♦ s/he cuts it (anim) in two

niishusham vti ♦ s/he cuts it in two

niishushaap p,number ♦ twelve

niishushteu vii ♦ there are two things set (there)

niishushtikweyaau vii ♦ there are two rivers connected

niishushtikwaauh vii pl ♦ there are two rivers

niishuheu vta ♦ s/he divides it (anim) in two parts

niishuham vti ♦ s/he hits two of them at a shot

niishuhteuch vai pl ♦ they are two walking together; two are walking together

niishuhtichisuwich vai pl -i ♦ they are using two canoes, there are two canoes of people

niishuhtich p,quantity ♦ two pieces of firewood

niishuhtii p,quantity ♦ two dollars

niishuhtakaauh vii pl ♦ there are two pieces of firewood

niishuhtaau vai+o ♦ s/he divides it into two parts

niishuuteu vai ♦ s/he carries two things on her/his back

niishuuneu vta ♦ s/he holds two of them (anim) together

niishuuhweu vta ♦ s/he hits two (anim, ex birds) at a shot

niishaahtuwepayuu vai/vii -i ♦ s/he/it slides down something (ex stairs, ladder)

niishaahtuwiiu vai ♦ s/he goes down (stairs, ladder)

niishaahtuwiihtataau vai+o ♦ s/he takes it downstairs

niishaahtuwiihtaheu vta ♦ s/he takes him/her down the stairs

niishwaauchishemitaahtumitinuwewaa u p,quantity [Coastal] ♦ two thousand times

niishwaauchishemitaahtumitinuwaau p,quantity [Inland] ♦ two thousand times

niishwaauchishemitaahtumitinuu p,number ♦ two thousand

niishwaaumitaahtumitinuu p,number ♦ two hundred

niishwaau p,quantity ♦ two times

niishwaapeuwich vai pl ♦ they are two boys, men, males

niishwaapekamuwich vai pl -u ♦ there are two (anim, string-like) strung side-by-side

niishwaapekamunh vii pl [Inland] ♦ there are two (string-like) strung side-by-side

niishwaapekamuheu vta ♦ s/he strings them (anim, ex. fishnets)) side-by-side

niishwaapekamuuh vii pl [Coastal] ♦ there are two (string-like) strung side-by-side

niishwaapekan vii ♦ it is a double cord

niishwaapekashteuh vii pl ♦ there are two (string-like) things placed, set out

niishwaapekashtaau vai+o ♦ s/he places two things (string-like)

niishwaapekaheu vta ♦ s/he places two of them (anim, string-like)

ᓃ·ᔑᐯᕆᐱᑌᐤ niishwaapechipiteu vta
- s/he doubles it (anim, string-like, ex a pulling rope), s/he pulls it (anim) with two cords

ᓃ·ᔑᐯᕆᑕᒼ niishwaapechipitam vti
- s/he uses two of it (string-like)

ᓃ·ᔑᐯᕆᓀᐤ niishwaapechineu vta
- s/he uses two of it (anim, string-like)

ᓃ·ᔑᐯᕆᓇᒼ niishwaapechinam vti
- s/he doubles it (string-like, ex the cord, rope)

ᓃ·ᔑᐯᕆᓱᐎᒡ niishwaapechisuwich vai pl-i
- there are two (anim) strings

ᓃ·ᔑᐱᔅᑲᒧᖴᐤ niishwaapiskamuheu vta
- s/he places two of them (anim, stone, metal) side-by-side, together

ᓃ·ᔑᐱᔅᑲᒧᐦᑖᐤ niishwaapiskamuhtaau vai+o
- s/he doubles it (stone, metal)

ᓃ·ᔑᐱᔅᑲᒨ niishwaapiskamuu vii-u
- it (stone, metal) is double

ᓃ·ᔑᐱᔅᑳᔥᑖᐤ niishwaapiskashtaau vai+o
- s/he places two things (stone, metal)

ᓃ·ᔑᐱᔅᑲᖴᐤ niishwaapiskaheu vta
- s/he places two of them (anim, stone, metal)

ᓃ·ᔑᐱᔅᑳᐤ niishwaapiskaauh vii pl
- there are two (stone, metal)

ᓃ·ᔑᐱᔅᒋᑎᓐ niishwaapischitinh vii pl
- there are two (metal) together side-by-side

ᓃ·ᔑᐱᔅᒋᓀᐤ niishwaapischineu vta
- s/he holds them (anim, ex two spoons) in his/her hands

ᓃ·ᔑᐱᔅᒋᓇᒼ niishwaapischinam vti
- s/he holds two of it (metal, ex knife, trap) in her/his hands

ᓃ·ᔑᐱᔅᒋᓱᐎᒡ niishwaapischisuwich vai pl-i
- they (anim, stone, metal) are double, two

ᓃ·ᔑᐱᔅᒋᔥᑯᐌᐤ niishwaapischishkuweu vta
- s/he wears two of them (anim, stone, metal)

ᓃ·ᔑᐱᔅᒋᔥᑲᒼ niishwaapischishkam vti
- s/he wears two of it (stone, metal)

ᓃ·ᔑᐱᔥ niishwaapisch p,quantity
- two metal, stone things, two dollars [inland]

ᓃ·ᔑᐱᐦᑳᑌᐤ niishwaapihkaateu vta
- s/he ties two of them (anim) together

ᓃ·ᔑᐱᐦᑳᑌᐤᐦ niishwaapihkaateuh vii pl
- there are two tied together

ᓃ·ᔑᐱᐦᑳᑕᒼ niishwaapihkaatam vti
- s/he ties two things together

ᓃ·ᔑᐱᐦᑳᓱᐎᒡ niishwaapihkaasuwich vai pl-u
- they (anim) are two tied together

ᓃ·ᔑᐱᐦᒉᔥᑲᒼ niishwaapihcheshkam vai
- s/he wears two (string-like, ex necklaces)

ᓃ·ᔑᐱᐦᒉᔮᐤ niishwaapihcheyaau vii
- it is double cord

ᓃ·ᔑᒌᓂᒀᓃᑌᐤᐦ niishwaachinikwaaniteuh vii pl [Coastal]
- they go around twice; it takes two hours (when used in the conjunct)

ᓃ·ᔑᐋᔅᑲᑎᓐ niishwaaskatinh vii pl
- there are two frozen together

ᓃ·ᔑᐋᔖᑉ niishwaashaap p,number
- seventeen

ᓃ·ᔑᐋᔥᑯᔑᓄᒡ niishwaashkushinuch vai pl
- they (anim) are two lying together

ᓃ·ᔑᐋᔥᑲᒍᐎᒡ niishwaashkachuwich vai pl-i
- they (anim) are two frozen together; two are frozen together

ᓃ·ᔑᐋᔥᒡ niishwaashch p,number
- seven

ᓃ·ᔑᐋᐦᑎᒄ niishwaahtikw p,quantity
- two stick-like things

ᓃᔥᑎᓄᐌᐛᐅᒋᐦᒉᒥᑖᐦᑐᒥᑎᓄᐌᐛᐅ niishtinuwewaauchishemitaahtumitinu wewaau p,quantity [Coastal]
- twenty thousand times

ᓃᔥᑎᓄᐌᐛᐅᒋᐦᒉᒥᑖᐦᑐᒥᑎᓄ niishtinuwewaauchishemitaahtumitinu u p,number [Coastal]
- twenty thousand

ᓃᔥᑎᓄᐛᐅᒋᐦᒉᒥᑖᐦᑐᒥᑎᓄᐛᐅ niishtinuwaauchishemitaahtumitinuwaau p,quantity [Inland]
- twenty thousand times

ᓃᔥᑎᓄᐛᐅᒋᐦᒉᒥᑖᐦᑐᒥᑎᓅ niishtinuwaauchishemitaahtumitinuu p,number [Inland]
- twenty thousand

ᓃᔥᑎᓅ niishtinuu p,number
- twenty

ᓃᔥᑎᓅᐌᐦᑏ niishtinuuwehtii p,quantity
- twenty dollars

ᓃᔥᑐᑑᔥᑌᐤᐦ niishtutuushteuh p,time
- three weeks

ᓂᔥᑕᒥᔑᓐ niishtamishin na ♦ first place, first person to arrive

ᓂᔥᑕᒨᔖᓐ niishtamuushaan na ♦ first born

ᓂᔥᑕᒼ niishtam p,manner ♦ first ■ ᓂᔥᑕᒼ ᐯᒋ ᒑᑕ ᐋᔭ. ■ That should go in first.

ᓂᔥᒖ niishtaau nad ♦ my sister-in-law (if I am female), my brother-in-law (if I am male), my cross-cousin (if I am female, my mother's brother's or my father's sister's daughter; if I am male, my mother's brother's or my father's sister's son)

ᓂᔥᑖᒥᑯᔅᑯᓵᐦᑎᒄ niishtaamikuskusaahtikw ni [Inland]
♦ wood for cross-bar on snowshoes

ᓂᔥᑖᒥᑯᔅᑯᔅ niishtaamikuskus ni ♦ front larger cross-bar on snowshoes

ᓂᔥᑖᒥᑳᑦ niishtaamikaat ni ♦ foreleg of a moose, caribou

ᓂᔥᑖᒥᐦᒡ niishtaamihch p,time [Coastal]
♦ in the future, ahead in time ■ ᐯᒋ ᐁᔥᑲᒡ ᓃᐸᐦ ᐊᓂᐎ ᓂᔥᑖᒥᐦᒡₓ ■ I wonder what's going to happen in the future.

ᓂᔥᑖᒧᐦᒑᐤ niishtaamushkaacheu ni
♦ area of hide which covered front leg

ᓂᔥᑖᒧᐦᐊᒼ niishtaamuham vti ♦ s/he shoots in front of it and misses

ᓂᔥᑖᒧᐦᐁᐤ niishtaamuhweu vta ♦ s/he shoots in front of him/her and misses

ᓂᔥᑖᒧᐦᑕᒄ niishtaamuhtakw ni ♦ bow of a boat, canoe

ᓂᔥᑖᒧᐦᒉᐤ niishtaamuhcheu vai ♦ s/he paddles at the front of the canoe

ᓂᔥᑖᒧᐦᒉᓲ niishtaamuhchesuu vai
♦ s/he is the person who paddles and who sits at the front of the canoe, bowsman

ᓂᔥᑲᑎᔮᐹᐌᐤ niishkatiyaapaaweu vai
♦ it (anim, dog) has very wet fur

ᓂᔥᑳᐤ niishkaau vii ♦ it is damp, it is moist, slightly wet, it (ex meat) is slimy

ᓃᔮᓐ niiyaan pro,personal ♦ we, us (me and her/him/them), ours, ourselves

ᓃᐦᐄᐸᔨᐦᑖᐤ niihiipayihtaau vai+o ♦ s/he helps to make it work out, corrects it

ᓃᐦᑌᑲᐦᐊᒼ niihtekaham vti ♦ s/he lowers it (sail)

ᓃᐦᑌᑲᐦᐌᐤ niihtekahweu vta ♦ s/he makes it (anim, sheet-like) drop, by hitting

ᓃᐦᑎᑕᒋᐌᐸᔫ niihtitachiwepayuu vai-i
♦ s/he falls down the bank

ᓃᐦᑎᑖᐅᐦᒋᐸᔫ niihtitaauhchipayuu vii-i
♦ it falls off from the bank

ᓃᐦᑎᒋᐌᐅᑖᐅᐦᑲᐦᐊᒼ niihtichiweutaauhkaham vti [Coastal]
♦ s/he walks down a hill

ᓃᐦᑎᒋᐌᐤ niihtichiweu vai ♦ s/he walks down, downhill, downstairs

ᓃᐦᑎᒋᐌᐸᓀᐤ niihtichiwepaneu vta
♦ s/he throws him/her/it (anim) down the stairs

ᓃᐦᑎᒋᐌᐸᓇᒼ niihtichiwepanam vti
♦ s/he throws it down the stairs

ᓃᐦᑎᒋᐌᐸᔫ niihtichiwepayuu vai-i
♦ s/he drives downhill

ᓃᐦᑎᒋᐌᐸᐦᐌᐤ niihtichiwepahweu vta
♦ s/he causes him/her to fall downhill

ᓃᐦᑎᒋᐌᐸᐦᑖᐤ niihtichiwepahtaau vai
♦ s/he runs down, downstairs

ᓃᐦᑎᒋᐌᔖᐤ niihtichiweyaau vii ♦ it is a downhill slope

ᓃᐦᑎᒋᐌᔖᑯᓀᐸᔫ niihtichiweyaakunepayuu vai/vii-i
♦ s/he goes down a bank of snow, it is an avalanche

ᓃᐦᑎᒋᐌᐦᑖᐦᐁᐤ niihtichiwehtaheu vta
♦ s/he takes, brings him/her/it (anim) downstairs

ᓃᐦᑎᒍᐌᒋᐎᓐ niihtichuwechuwin vii
♦ it flows and falls over a cliff, rocks

ᓃᐦᑎᓀᐤ niihtineu vta ♦ s/he lowers him/her by hand

ᓃᐦᑎᓂᑰ niihtinikuu vai inverse -u ♦ s/he is brought down from a height

ᓃᐦᑎᓂᑲᓐ niihtinikan ni ♦ round part of trigger that springs a trap

ᓃᐦᑎᓇᒼ niihtinam vti ♦ s/he lowers it by hand

ᓃᐦᑎᔅᑴᐦᐌᐤ niihtiskwehweu vta ♦ s/he causes its head to fall down

ᓃᐦᑎᔥᑖᐤ niihtishtaau vai+o [Inland]
♦ s/he takes it down, places it down

ᓃᐦᑕᑲᒥᐦᑴᐸᔫ niihtakamihkwepayuu vai-i ♦ s/he has low blood pressure

ᓃᐦᑕᒋᐌᐦᑕᑖᐤ niihtachiwehtataau vai+o
♦ s/he takes, brings him/her/it (anim) downstairs

ᓃᐦᑕᒋᔑᓀᐤ niihtachishineu vta ♦ s/he
helps him/her/it (anim) down ▪
ᓃᐦᑕᒋᔑᓀᐤ ᐊᓂᔨᐤ ᐊᐚᔑᔕ x ▪ *S/he helps the
child get down.*

ᓃᐦᑕᒎᐙᓈᓐ niihtachuwaanaan ni
♦ ladder, stairs (for going down)

ᓃᐦᑕᐦᒻ niihtaham vti ♦ it knocks
her/him down by hitting, s/he falls
being knocked down by it

ᓃᐦᑕᐦᐌᐤ niihtahweu vta ♦ s/he knocks
him/her/it (anim) over

ᓃᐦᑖᐯᒋᓂᒉᐤ niihtaapechinicheu vai
♦ s/he lowers something down from a
height using rope

ᓃᐦᑖᐯᒋᓇᒻ niihtaapechinam vti ♦ s/he
lowers it using a rope

ᓃᐦᑖᐱᐦᒉᐱᑌᐤ niihtaapihchepiteu vta
♦ s/he pulls it (anim, string-like)
down

ᓃᐦᑖᐱᐦᒉᐱᑕᒻ niihtaapihchepitam vti
♦ s/he pulls it (string-like) down

ᓃᐦᑖᐱᐦᒉᐱᒋᑲᓐ niihtaapihchepichikan ni
♦ line for lowering something

ᓃᐦᑖᐱᐦᒉᓀᐤ niihtaapihcheneu vta
♦ s/he lowers it (anim) from a height
by a string

ᓃᐦᑖᐱᐦᒉᓇᒻ niihtaapihchenam vti
♦ s/he lowers it (string-like)

ᓃᐦᑖᑯᓀᐡᑲᒻ niihtaakuneshkam vti
♦ s/he tramples the snow down

ᓃᐦᑖᑯᓀᐦᒻ niihtaakuneham vti ♦ s/he
makes the level of the snow go down

ᓃᐦᑖᒎᐎᓐ niihtaachuwin p,location
♦ below the rapids

ᓃᐦᑖᒎᓀᐸᔨᐤ niihtaachuunepayuu vai -i
♦ s/he drives down to the bottom of
the rapids

ᓃᐦᑖᒎᓀᐡᑲᒻ niihtaachuuneshkam vti
♦ s/he walks to the bottom of the
rapids

ᓃᐦᑖᒎᓀᐦᒻ niihtaachuuneham vti
♦ s/he reaches the last rapids, going
downstream

ᓃᐦᑖᒥᐢᑳᐤ niihtaamiskaau vii ♦ it is a
sudden drop in the channel

ᓃᐦᑖᒥᐢᒋᐸᔨᐤ niihtaamischipayuu vai/vii -i
♦ s/he/it falls in the channel (of the
river, lake)

ᓃᐦᑖᒪᑎᓐ niihtaamatin ni ♦ at the
bottom of a mountain

ᓃᐦᑖᒪᒎᐌᐤ niihtaamachuweu vai ♦ s/he
goes down the mountain

ᓃᐦᑖᔓ niihtaashuu vai -i ♦ it (anim)
blows down ▪ ᓃᐦᑖᔓ ᐊ ᐸᑭᑎᓈ ᑳᐊᑯᑖᒡ x
▪ *The pants that you hung up have blown
down.*

ᓃᐦᑖᔥᑎᓐ niihtaashtin vii ♦ it blows
down ▪ ᓃᐦᑖᔥᑎᓐ ᐊ ᐊᑯᑕᐅ ᑳᐊᑯᑕᒪᓐ x ▪
*The sweater you hung up has been blown
down.*

ᓃᐦᑖᐦᑐᐎᐤ niihtaahtuwiiu vai ♦ s/he/it
(anim) climbs down

ᓃᐦᑖᐦᑐᐎᐸᔨᐤ niihtaahtuwiipayuu vai/vii -i
♦ s/he/it goes down (ex stairs)

ᓃᐦᑖᐦᑐᐎᐦᑕᑖᐤ niihtaahtuwiihtataau vai+o
♦ s/he takes it downstairs

ᓃᐦᑖᐦᑐᐎᐦᑕᐦᐌᐤ niihtaahtuwiihtaheu vta
♦ s/he carries him/her/it (anim)
downstairs

ᓃᐦᑖᐦᒡ niihtaahch p,location ♦ below,
down, low ▪ ᐁᐧ ᓃᐦᑖᐦᒡ ᐊᔥᒋᑯ ᐊ ᑲᐢᑦ x
▪ *The cupboard is too low.*

ᓃᐦᒋᐌᐤ niihchiweu vai [Inland] ♦ s/he
walks downhill

ᓃᐦᒋᐌᐱᓀᐤ niihchiwepineu vta ♦ s/he
throws him/her down

ᓃᐦᒋᐌᐱᓇᒻ niihchiwepinam vti ♦ s/he
throws it down

ᓃᐦᒋᐌᐸᐦᒻ niihchiwepaham vti
♦ s/he knocks it down from a high
level

ᓃᐦᒋᐌᐸᐦᐌᐤ niihchiwepahweu vta
♦ s/he knocks him/her down

ᓃᐦᒋᐱᑌᐤ niihchipiteu vta ♦ s/he pulls
him/her down

ᓃᐦᒋᐱᑕᒻ niihchipitam vti ♦ s/he pulls it
down from a height

ᓃᐦᒋᐸᔨᐦᐤ niihchipayihuu vai -u ♦ s/he
throws her/himself down

ᓃᐦᒋᐸᔨᐤ niihchipayuu vai/vii -i ♦ s/he/it
falls down

ᓃᐦᒋᑲᒣᐤ niihchikameu vta ♦ it (anim,
beaver) fells it (anim, ex tree) by
gnawing

ᓃᐦᒋᑳᐴ niihchikaapuu vai -uu ♦ s/he
stands down, s/he stands on lower
level

ᓃᐦᒋᒀᐡᐦᑯᑐ niihchikwaashhkutuu vai -i
♦ s/he jumps down

ṅ‖ᒐᔥ·ᑌ‖ᐅ niihchishtwehuu vai -u ♦ it (anim, bird) flies down and sits on the ground

ṅ‖ᒐᔑᒡᐁ niihchishtaau vai+o [Coastal] ♦ s/he takes it down, places it down

ṅ‖ᒐᔑᑦ·ᐁ° niihchishkuweu vta ♦ s/he knocks him/her/it (anim) down by accidentally bumping into him/her/it (anim)

ṅ‖ᒐᔑᑲᒻ niihchishkam vti ♦ s/he knocks it down by bumping into it

ᓅ

ᓅ·ᐊᒡ nuwich p,manner ♦ very, a lot (emphatic particle) ▪ ᓅ·ᐊᒡ ᒉ‖ᐠᒣᑦ‖ ᐅᒉ‖ᓂᒡ ᐊᐦ ᑲᒨ‖ᐅᒡₓ ▪ He has a lot of wood cut.

ᓅ·ᐊᒉ° nuwachiiu vai ♦ s/he stops for a meal while travelling

ᓅ

ᓅ·ᐊᑎ‖·ᑫ° nuuwatihkweu vai ♦ s/he chases caribou

ᓅᑎ° nuutimeu vta ♦ s/he/it (anim) bites him/her/it (anim) while he/she/it is moving

ᓅᑎᒉᓇᒡ nuutimechinam vti ♦ s/he crumples it (sheet-like, ex paper) in a rounded shape

ᓅᑎᒥᓅ° nuutimineu vta ♦ s/he mounds it (anim) into a round shape by hand

ᓅᑎᒥᓲ nuutimisuu vai -i ♦ it (anim) is round-shaped

ᓅᑎᒥᔑᒐᓅ° nuutimishtikwaaneu vai ♦ s/he has a round head

ᓅᑎᒥ‖ᐁ° nuutimiheu vta ♦ s/he crumples it (anim, sheet-like) in a rounded shape

ᓅᑎᒥ‖ᒉᑳ° nuutimihtakaau vii ♦ it is a round piece of firewood

ᓅᑎᒥ‖ᒉ° nuutimihtaau vai+o ♦ s/he makes it into a rounded shape

ᓅᑎᒥ‖ᑯᒡ nuutimihkuukw ni -um ♦ rounded needle

ᓅᑎᒥ‖ᒐᔨ° nuutimihchischeu vai ♦ s/he has a round bottom

ᓅᑎᒦ·ᐁᔅ nuutimiiwesuu na -shiish ♦ Cisco fish Coregonus artedii

ᓅᑎᒦ·ᐁᔑᔥ nuutimiiweshiish na dim ♦ lake shiner fish Coregonus artedii ???

ᓅᑎᒦ° nuutimiiu vai ♦ s/he/it (anim) makes her/him/itself into a ball

ᓅᑎᓇᑖ° nuutimatinaau vii ♦ it is a round, ball-shaped mountain

ᓅᑎᓛ° nuutimaau vii ♦ it is a round shape ▪ ᓅ·ᐊᒡ ᓅᑎᓛ° ᐊᐦ ᐊᒐᔨ ·ᐃᔥᒡₓ ▪ That's a very round shaped beaver house.

ᓅᑎᓛᐯᑲᓐ nuutimaapekan vii ♦ it (string-like) is round shaped

ᓅᑎᓛᐯᒉᓲ nuutimaapechisuu vai -i ♦ it (anim, string-like) is rounded

ᓅᑎᓛᐱᔅᑳ° nuutimaapiskaau vii ♦ it (stone, metal) is rounded

ᓅᑎᓛᐱᔅᒉᓲ nuutimaapischisuu vai -i ♦ it (anim, stone, metal) is rounded

ᓅᑎᓛᔅᑯᓐ nuutimaaskun vii ♦ it (stick-like) is round

ᓅᑎᓛᔅᑯᓲ nuutimaaskusuu vai -i ♦ it (anim, stick-like) is round

ᓅᑎᓛᔅᑯᔦᐌᔮ° nuutimaaskuyeweyaau vii ♦ it is cylinder-shaped

ᓅᑎᓛ‖ᑎᒄ nuutimaahtikw na ♦ round log

ᓅᑎᓄ° nuutineu vta ♦ s/he catches it (anim, ball) with her/his hand

ᓅᑎᓇᒡ nuutinam vti ♦ s/he catches it with his hand

ᓅᑎ‖ᐯ° nuutihpeu vai ♦ s/he eats the brain of an animal, a bird

ᓅᑎ‖ᒐᒡ nuutihtam vti ♦ s/he bites it when it is moving

ᓅᑎ‖ᑯᒣ° nuutihkumeu vai ♦ s/he picks lice

ᓅᑎ‖ᑯᒫᑌ° nuutihkumaateu vai ♦ s/he is picking her/his lice

ᓅᒋᔦ° nuutameseu vai ♦ s/he is fishing

ᓅᒋᔦᓲ nuutamesesuu vai ♦ she is a fisherwoman, he is a fisherman (using a net)

ᓅᒋᒥᔅ·ᑫ° nuutamiskweu vai ♦ s/he kills beavers

ᓅᑕᓯᓄᐤ **nuutasinesuu** na -siim
  ♦ prospector; miner [inland]
ᓅᒡᐦᐊᐃᒉᐤ **nuutahiicheu** vai ♦ s/he shoots at a moving target
ᓅᒡᐦᐊᒻ **nuutaham** vti ♦ s/he shoots it while it is moving
ᓅᒡᐦᐁᐧᐤ **nuutahweu** vta ♦ s/he shoots it (anim) while it is moving
ᓅᑖᐱᑌᓲ **nuutaapitesuu** na -siim ♦ dental hygienist
ᓅᑖᒦᐧᐤ **nuutaamiiweu** vai [Inland]
  ♦ s/he is fishing for fish that are spawning
ᓅᑖᔥᒉᐤ **nuutaascheu** vai ♦ s/he shoots geese
ᓅᒐᔒᒫᐧᑳᐧᐤ **nuutaashimwaakweu** vai
  ♦ s/he kills red-throated loons
ᓅᒡᐦᑎᑫᐅᑖᐹᓐ **nuutaahtikweutaapaan** ni ♦ logging truck
ᓅᒡᐦᑎᑫᐤ **nuutaahtikweu** vai ♦ s/he is working in the woods, s/he is logging
ᓅᒡᐦᑎᑫᓲ **nuutaahtikwesuu** na -siim
  ♦ logger
ᓅᒡᐦᒋᑫᐤ **nuutaahchikweu** vai ♦ s/he kills otters, seals
ᓅᒡᐦᒋᔅᑯᐧᐤ **nuutaahchiskuweu** vai
  ♦ s/he kills sharp-tailed grouse
ᓅᑯᓂᑎᑯᓲ **nuukunitikusuu** vai -u ♦ its (anim) track is visible
ᓅᑯᓐ **nuukun** vii ♦ it is visible
ᓅᑯᓲ **nuukusuu** vai -i ♦ s/he is visible
ᓅᑯᔒᔥᑐᐧᐤ **nuukushiishtuweu** vta
  ♦ s/he reveals himself to him/her, appears to him/her
ᓅᑯᐦᐁᐧᐤ **nuukuheu** vta ♦ s/he shows, reveals him/her/it (anim)
ᓅᑯᐦᑖᐤ **nuukuhtaau** vai+o ♦ s/he reveals it, s/he shows it
ᓅᑯᐦᑖᑲᓐ **nuukuhtaakan** ni ♦ article on display
ᓅᒋᐧᐊᒋᔥᒃᐧᐋᑕᒻ **nuuchiwachishkwaatam** vti ♦ s/he hunts muskrats from it (lake, river)
ᓅᒋᐧᐋᔥᑌᓂᒫᑲᓂᔮᐲᐧᐄᓲ **nuuchiwaashtenimaakaniyaapiiwesuu** vai ♦ s/he is an electrician
ᓅᒋᐱᑌᐤ **nuuchipiteu** vta [Coastal]
  ♦ s/he grabs him/her as he/she goes by

ᓅᒋᐱᑕᒻ **nuuchipitam** vti [Coastal] ♦ s/he grabs it as it goes by
ᓅᒋᐹᐦᑣᐤ **nuuchipahtwaau** vai ♦ s/he runs to quickly pick up, grab him/her/it as he/she/it falls
ᓅᒋᐹᐅᔥᑎᑯᐧᐤ **nuuchipaaushtikuweu** vai ♦ s/he travels on rapids
ᓅᒋᑲᒌᐧᐋᑌᐤ **nuuchikachiiwaateu** vta
  ♦ s/he cleans the pipe stem
ᓅᒋᒋᔅᒁᓲ **nuuchichiskwesuu** na -shiish
  ♦ marsh hawk, northern harrier hawk *Circus cyaneus*
ᓅᒋᒥᔥᑎᑯᐦᔦᐧᐤ **nuuchimishtikuhyeweu** vai ♦ s/he is hunting spruce grouse
ᓅᒋᒦᒋᒣᐤ **nuuchimiichimeu** vai ♦ s/he works with food
ᓅᒋᒦᒋᓲ **nuuchimiichiseu** vai ♦ s/he works with beads
ᓅᒋᒪᓯᓇᐦᐄᑲᓀᐅᑲᒥᒄ **nuuchimasinahiikaneukamikw** ni
  ♦ library
ᓅᒋᒪᓯᓇᐦᐄᑲᓀᓲ **nuuchimasinahiikanesuu** na -siim
  ♦ librarian
ᓅᒋᒪᓯᓇᐦᐄᒉᐅᑲᒥᑯᒋᒫᐤ **nuuchimasinahiicheukamikuchimaau** na -maam ♦ postmaster
ᓅᒋᓇᒣᐧᐤ **nuuchinameweu** vai ♦ s/he catches sturgeon
ᓅᒋᓇᒣᐧᓲ **nuuchinamewesuu** vai -i
  ♦ s/he is a sturgeon fisherman/fisherwoman
ᓅᒋᔅᑎᒶᐧᐤ **nuuchistimweu** vai ♦ s/he works with dogs
ᓅᒋᔥᑯᑐᐧᐁᓲ **nuuchishkutuwesiiu** vai
  ♦ s/he watches for forest fires
ᓅᒋᔥᑯᑐᐧᐁᓲ **nuuchishkutuwesuu** na -siim
  ♦ fire ranger
ᓅᒋᔥᑯᑐᐧᐁᓲᒋᒫᐤ **nuuchishkutuwesuuchimaau** na -aam
  ♦ chief fire ranger
ᓅᒋᔥᑯᔋᐋᑲᓐ **nuuchishkushuwaakan** ni
  ♦ scythe
ᓅᒋᐦᐁᐧᐤ **nuuchiheu** vta ♦ s/he is after him/her, s/he fools around with him/her
ᓅᒋᐦᐄᓈᐯᐧᐤ **nuuchihiinaapeweu** vai
  ♦ she goes after men
ᓅᒋᐦᐄᓲ **nuuchihiisuu** vai reflex -u ♦ s/he masturbates

nuuchihiiskweweu vta
♦ he goes after women, he is a womanizer

nuuchihtaau vai+o ♦ s/he is after it, bothers with it, fools with it

nuuchiiu vai ♦ s/he prevents her/himself from falling by grabbing onto something

nuuchiishtuweu vta ♦ s/he bows to him/her, s/he bows down to him/her to worship him/her

nuumuusweu vai ♦ s/he chases a moose

nuum p,location ♦ part of the way, a written draft ▪ ᑌᕐᒥᒡ ᓄᒃ ᐃᑐᒡᑫᓄᒃ ▪ *As long as you take it part of the way.*

nuunaatam vti ♦ s/he (baby) sucks it (nipple)

nuunaachikan ni ♦ baby bottle nipple

nuunaachicheu vai ♦ s/he is sucking (nipple)

nuunaameu vta ♦ s/he sucks it (anim) (nipple)

nuusemiskw na ♦ female beaver

nuusemuusush na dim ♦ young female moose

nuusemuus na -um [Coastal]
♦ female moose

nuusim nad ♦ my grandchild

nuusuwaapameu vta ♦ s/he follows him/her with her/his eyes

nuusunehiicheu vai ♦ s/he follows, s/he pursues someone

nuusunehuuteu vii ♦ it (ex boat) is being pursued

nuusuneham vti ♦ s/he pursues it

nuusunehweu vta ♦ s/he pursues him/her

nuusuwepashkuweu vta
♦ s/he kicks it (anim, ex ball) as it passes by

nuusuwepashkam vti
♦ s/he kicks at it as it passes by

nuusuwepaham vti ♦ s/he hits, swipes at it as it passes by

nuusuwaapahtam vti
♦ s/he follows it with her/his eyes

nuusuupiteu vta ♦ s/he pulls him/her/it back as he/she/it passes by

nuusuupayishtuweu vta
♦ s/he runs, chases after him/her to catch up to him/her

nuusuupayishtam vti ♦ s/he chases, runs after it (to catch up to it)

nuusuupahtam vti ♦ s/he pulls it back as it goes by

nuusuupaaschisweu vta
♦ s/he shoots it (anim) as it runs, flies away

nuusuutepwaateu vta
♦ s/he calls after him/her

nuusuukachishiiu vai ♦ s/he shoots as the animal runs, flies off

nuuschinam vti ♦ s/he extends it (ex teepee)

nuusheaahchikw na [Inland]
♦ female otter *Lutra lutra*; female seal *Phoca vitulina*

nuushetihkw na -um ♦ female caribou

nuusheshtim na ♦ female dog

nuusheyaapush na ♦ female rabbit

nuusheyaahchikw na ♦ female seal

nuushehyeu na -em ♦ female partridge, grouse

nuushuushkuweu vta ♦ s/he follows him/her/it (anim)

nuushuushkam vti ♦ s/he follows it

nuushaanitutuweu vta
♦ s/he sucks on it (anim, nipple)

nuushaanitutam vti [Coastal]
♦ s/he sucks on it (bottle)

nuushaaniheu vta ♦ she breastfeeds, suckles her/him

nuushaanuu vai ♦ s/he (baby) is breastfeeding, sucking nipple

nuushaanahaausuu vai -u
♦ she is breastfeeding her baby

nuushaanaatutam vti [Inland]
♦ s/he sucks on it (bottle)

nuuham vti ♦ s/he chases it, by vehicle

nuuhtepayiheu vta ♦ s/he makes him/her deficient, fall short

ᓅᐦᑌᐸᔨᐦᑖᐤ nuuhtepayihtaau vai+o ◆ s/he makes it deficient, fall short

ᓅᐦᑌᐸᔫ nuuhtepayuu vai/vii -i ◆ s/he/it falls short

ᓅᐦᑌᑖᐦᑕᒼ nuuhtetaahtam vti ◆ s/he is short of breath

ᓅᐦᑌᑯᐦᒋᓐ nuuhtekuhchin vai ◆ s/he/it (anim) wants to swim across and falls short, can't make it across

ᓅᐦᑌᑳᒣᐸᔫ nuuhtekaamepayuu vai ◆ s/he jumps over a small stream and falls short

ᓅᐦᑌᒋᒣᐤ nuuhtechimeu vai ◆ s/he falls short of it, does not make it, paddling, swimming

ᓅᐦᑌᓲ nuuhtesuu vai -i ◆ s/he is clumsy

ᓅᐦᑌᔑᓐ nuuhteshin vai ◆ s/he comes short of it, her/his strength falls short

ᓅᐦᑌᔥᑯᐧᐁᐤ nuuhteshkuweu vta [Inland] ◆ s/he stops short of where he/she/it is

ᓅᐦᑌᔥᑲᒼ nuuhteshkam vti [Inland] ◆ s/he stops short of it

ᓅᐦᑌᔦᔨᐦᑕᒼ nuuhteyeyihtam vti ◆ s/he thinks there is not enough of it, s/he thinks that the amount falls short ▪ ᓅᐦᑌᔦᔨᐦᑕᒼ ᐁ ᐃᔥᐱᔥ ᐊᔮᑦ ᒦᒋᔫ᙮ ▪ *She think it's not enough food.*

ᓅᐦᑌᔮᐹᐧᑫᐤ nuuhteyaapaakweu vai ◆ s/he thirsts before reaching a certain destination

ᓅᐦᑌᔮᐹᐧᑳᑐᑕᒼ nuuhteyaapaakwaatutam vti ◆ s/he thirsts for it

ᓅᐦᑌᐦᐊᒼ nuuhteham vti ◆ s/he shoots short of it

ᓅᐦᑌᐦᐧᐁᐤ nuuhtehweu vta ◆ s/he shoots short of him/her/it (anim)

ᓅᐦᑌᐦᑲᑌᐤ nuuhtehkateu vai ◆ s/he hungers

ᓅᐦᑌᐦᑲᑌᑐᐧᐁᐤ nuuhtehkatetuweu vta ◆ s/he hungers for it (anim)

ᓅᐦᑌᐦᑲᑌᑕᒼ nuuhtehkatetam vti ◆ s/he hungers for it

ᓅᐦᑖ nuuhtaa nad voc ◆ daddy!

ᓅᐦᑖᐧᐄ nuuhtaawii nad ◆ my father

ᓅᐦᑖᐧᐄᔑᐸᓐᐦ nuuhtaawiishipanh nad ◆ my late father (old term)

ᓅᐦᑖᐳᐧᐁᐤ nuuhtaapuweu vai ◆ s/he dips a wooden spoon, cup in the broth to skim off the foam

ᓅᐦᑖᐳᐧᐋᓐ nuuhtaapuwaan ni ◆ cup for skimming off a broth

ᓅᐦᑖᐳᓂᔔ nuuhtaapunishuu vai -i ◆ s/he is caught there by the onset of winter after leaving

ᓅᐦᑖᑯᓐ nuuhtaakun vii ◆ it makes a noise

ᓅᐦᑖᑯᓲ nuuhtaakusuu vai -i ◆ s/he makes a noise

ᓅᐦᑖᑯᐦᐁᐤ nuuhtaakuheu vta ◆ s/he causes him/her to make a noise

ᓅᐦᑖᑯᐦᑖᐤ nuuhtaakuhtaau vai+o ◆ s/he causes it to make a noise

ᓅᐦᑖᓯᒨ nuuhtaasimuu vai -u ◆ s/he does not drink enough, runs out of something to drink ▪ ᒌ ᓅᐦᑖᓯᒨ᙮ ▪ *She didn't have enough to drink.*

ᓅᐦᑖᔅᐴ nuuhtaaspuu vai -u ◆ s/he does not have enough to eat (of very good food), s/he longs for more food ▪ ᒌ ᓅᐦᑖᔅᐴ᙮ ▪ *S/he didn't have enough to eat.*

ᓅᐦᑖᔥ nuuhtaash p,time [Inland] ◆ before, not enough, short of ▪ ᒉᔥᑎᓈᔥ ᓅᐦᑖᔥ ᑲᑕ ᐋᐦᑯᓲ ᐊᓐ ᐃᔅᐧᑫᐤ᙮ ▪ *That woman might have her baby before her due date.*

ᓅᐦᑖᔥᑯᐧᐁᐤ nuuhtaashkuweu vta [Coastal] ◆ s/he stops short of where he/she/it is

ᓅᐦᑖᔥᑯᔫ nuuhtaashkuyuu vai -yi ◆ s/he does not have a large enough portion (of very good food) ▪ ᒌ ᓅᐦᑖᔥᑯᔫ᙮ ▪ *S/he didn't have enough to eat.*

ᓅᐦᑖᔥᑲᒼ nuuhtaashkam vti [Coastal] ◆ s/he stops short of it

ᓅᐦᑖᐦᐊᒼ nuuhtaaham vti [Coastal] ◆ s/he/it (anim) falls short of it (ex not enough money to pay)

ᓅᐦᑦ nuuht p,manner ◆ short of, incomplete ▪ ᓅᐦᑦ ᒌ ᐴᓂᑖᑲᓅ ᐊᓐ ᒣᔅᑲᓅ ᑳ ᐅᔑᐦᑖᑲᓅᐡ᙮ ▪ *The road which was being made was not completed.*

ᓅᐦᑯᒥᐸᓐᐦ nuuhkumipanh nad ◆ my late grandmother (old term)

ᓅᐦᑯᒥᔅ nuuhkumis nad ◆ my uncle (my father's brother, my mother's sister's husband), my stepfather

ᓅᐦᑯᒼ nuuhkum nad ◆ my grandmother

ᓄᐦᑲᐳᐤ nuuhkwaateu vta ♦ it (anim, dog) licks it (anim)

ᓄᐦᑲᑕᒥ nuuhkwaatam vti ♦ it (anim, dog) licks it

ᓄᐦᑲᒋᒉᐤ nuuhkwaachicheu vai ♦ it (anim, dog) is licking things

ᓄᐦᒋᒥᐅᐃᓄ nuuhchimiiuiinuu na -niim [Inland] ♦ inland hunter, inland trapper, a person from inland

ᓄᐦᒋᒥᐅᐃᔨᔫ nuuhchimiiuiiyiyuu na -yiim [Coastal] ♦ inland hunter, inland trapper, a person from inland

ᓄᐦᒋᒥᐅᐱᔦᓱ nuuhchimiiupiyesuu na - shiish ♦ inland bird

ᓄᐦᒋᒥᐅᑖᐦᒡ nuuhchimiiutaahch p,location ♦ towards inland, toward the bush

ᓄᐦᒋᒥᐅᒫᑯᓐ nuuhchimiiumaakun vii ♦ it smells like the bush

ᓄᐦᒋᒥᐅᒫᑯᓱ nuuhchimiiumaakusuu vai -i ♦ s/he/it (anim) smells like the bush

ᓄᐦᒋᒥᐅᓂᑐᐦᑯᔨᓐ nuuhchimiiunituhkuyin ni -im ♦ bush medicine

ᓄᐦᒋᒥᐅᓇᒥᔅ nuuhchimiiunames na -im ♦ inland, freshwater fish

ᓄᐦᒋᒥᐅᓈᑯᓐ nuuhchimiiunaakun vii ♦ it looks like something from the bush, inland

ᓄᐦᒋᒥᐅᓈᑯᓱ nuuhchimiiunaakusuu vai -i ♦ s/he looks like someone from inland, the bush

ᓄᐦᒋᒥᐃᔅᑴᒻ nuuhchimiiskweu na -em ♦ woman from inland

ᓄᐦᒋᒦᐦᒡ nuuhchimiihch p,location ♦ in the bush, inland

ᓄᐦᒋᔅᑯᐌᐤ nuuhchiskuweu vta ♦ s/he outgrows it (anim, ex pants)

ᓄᐦᒋᔅᑲᒻ nuuhchishkam vti ♦ s/he outgrows it

ᓇ

ᓇᐅᒋᐱᑌᐤ nauchipiteu vta [Inland] ♦ s/he grabs him/her as he/she goes by

ᓇᐅᒋᐱᑕᒻ nauchipitam vti [Inland] ♦ s/he grabs it as it goes by

ᓇᐌᐎᐤ nawewiiu vai ♦ s/he bends forward

ᓇᐌᐳ nawepuu vai -i ♦ s/he sits bent forward

ᓇᐌᐸᔨᐦᐤ nawepayihuu vai -u ♦ s/he bends her/himself forward

ᓇᐌᐸᔫ nawepayuu vai/vii -i ♦ s/he/it sways, bends forward

ᓇᐌᐸᐦᑖᐤ nawepahtaau vai ♦ s/he runs bent over

ᓇᐌᑯᑌᐤ nawekuteu vii ♦ it hangs slanting forward

ᓇᐌᑯᒋᓐ nawekuchin vai ♦ it (anim) hangs slanting forward

ᓇᐌᑳᐳ nawekaapuu vai -uu ♦ s/he/it (anim) stands bent forward

ᓇᐌᑳᐳᐦᐁᐤ nawekaapuuheu vta ♦ s/he stands it (anim) up in a bent position forward

ᓇᐌᑳᐳᐦᑖᐤ nawekaapuuhtaau vai+o ♦ s/he stands it up in a bent position forward

ᓇᐌᒧᐦᑖᐤ nawemuhtaau vai+o ♦ s/he puts, sets it up in a bent position

ᓇᐌᓯᑯᓱ nawesikusuu vai -i ♦ it (anim, ice) is slanted

ᓇᐌᔅᑴᔫ naweskweyuu vai -i ♦ s/he leans her/his head forward

ᓇᐌᔑᓐ naweshin vai ♦ s/he/it (anim) is bent forward

ᓇᐌᔮᑯᓀᐤ naweyaakuneu na ♦ small tree bent over with the weight of snow

ᓇᐌᔮᑲᒧᐃ naweyaakamui na ♦ tree bent over from the weight of snow

ᓇᐌᔮᔅᑯᒧᐦᑖᐤ naweyaaskumuhtaau vai+o ♦ s/he puts it up (pole) bent forward

ᓇᐌᔮᔅᑯᒧ naweyaaskumuu vii -u ♦ it is set up bent forward

ᓇᐌᔮᔅᑯᓀᐤ naweyaaskuneu vta ♦ s/he holds him/her/it slanted forward

ᓇᐌᔮᔅᑯᓇᒻ naweyaaskunam vti ♦ s/he holds it slanting forward

ᓇᐌᔮᔅᑯᔑᓐ naweyaaskushin vai ♦ it (tree) is bent over

ᓇᐌᔮᔅᑯᐦᐊᒻ naweyaaskuham vti ♦ s/he holds it slanting forward with something

ᓇᐁᔮᔅᑯᐊᐧᐤ naweyaaskuhweu vta ♦ s/he holds him/her/it (anim) slanting forward using a tool, instrument

ᓇᐁᔮᔅᑯᐦᑎᐣ naweyaaskuhtin vii ♦ it (pole) is standing on a forward slant

ᓇᐁᔮᔓ naweyaashuu vai-i ♦ it (anim, tree) is bent forward by the blowing wind

ᓇᐁᔮᔥᑯᔨᐣ naweyaashkushin vai ♦ it (stick-like) is standing slanted forward

ᓇᐁᐦᑌᐤ naweheteu vai ♦ s/he walks bent forward

ᓇᐯᐟ napet p,time ♦ expression indicating bad timing of an event ▪ ᓇᐯᐟ ᓬᑊ ᐋᐟᒉᐟ ᐃᓐ ᐁᑊ ᐅᒍᐁᐋᒍᓬᐸ₍ₓ₎ ▪ He brought it, when I didn't need anymore.

ᓇᐯᑳᔥᑌᐤ napekashteu vii ♦ it is placed, folded in two

ᓇᐯᑳᔥᑖᐤ napekashtaau vai+o ♦ s/he places it (sheet-like) folded in two

ᓇᐯᑳᐦᐁᐤ napekaheu vta ♦ s/he places it (anim, sheet-like) folded in two

ᓇᐯᑳᐦᐊᒼ napekaham vti ♦ s/he hits it (sheet-like) as it is folded in two

ᓇᐯᑳᐦᐁᐤ napekahweu vta ♦ s/he hits it (anim, sheet-like) as it is folded in two

ᓇᐯᒋᐸᔫ napechipayuu vai/vii-i ♦ it (anim) folds over, folds in two

ᓇᐯᒋᑯᑌᐤ napechikuteu vii ♦ it hangs folded in two

ᓇᐯᒋᑯᑖᐤ napechikutaau vai+o ♦ s/he hangs it folded in two

ᓇᐯᒋᑯᒋᐣ napechikuchin vai ♦ it (anim) hangs folded in two

ᓇᐯᒋᑯᔫᐤ napechikuyeu vta ♦ s/he hangs it (anim) folded in two

ᓇᐯᒋᑲᑉᐤ napechikapuu vai-i ♦ it (anim) is placed, folded in two

ᓇᐯᒋᓀᐤ napechineu vta ♦ s/he folds it (anim, sheet-like) in two

ᓇᐯᒋᓇᒼ napechinam vti ♦ s/he folds it (sheet-like) in two

ᓇᐯᒋᔥᐁᐤ napechishweu vta ♦ s/he cuts it (anim) as it is folded in two

ᓇᐯᒋᔑᒣᐤ napechishimeu vta ♦ s/he folds it double

ᓇᐯᒋᔕᒼ napechisham vti ♦ s/he cuts it as it is folded in two

ᓇᐯᒋᔥᑕᐦᐊᒼ napechishtaham vti ♦ s/he sews it folded in two

ᓇᐯᒋᔥᑕᐦᐁᐤ napechishtahweu vta ♦ s/he sews it (anim) folded in two

ᓇᐳᑳᔥᑕᐦᑕᑯᓀᐦᐁᐤ napukastahtakunehweu vta [Coastal] ♦ s/he breaks both its (anim) wings with something

ᓇᐳᑳᔑᐦᑕᐦᑕᑯᓀᐦᐁᐤ napukaschihtahtakunehweu vta [Inland] ♦ s/he breaks both its (anim) wings with something

ᓇᐳᑳᑌᐦᐱᑌᐤ napukaatehpiteu vta ♦ s/he ties its legs together, catches it (ex rabbit) with both legs in the snare

ᓇᐳᓀᐤ napuneu vta ♦ s/he folds it (anim) in two

ᓇᐳᓇᒼ napunam vti ♦ s/he folds it in two

ᓇᐸᑌ napate p,location ♦ on one side

ᓇᐸᑌᐱᑐᓀᐤ napatepituneu vai ♦ s/he has only one arm

ᓇᐸᑌᐳᑖᐤ napateputaau vai+o ♦ s/he files it, saws it on one side

ᓇᐸᑌᐳᔫ napatepuyeu vai ♦ s/he files, saws it (anim) on one side

ᓇᐸᑌᑎᐦᒉᐤ napatetihcheu vai ♦ s/he has only one hand

ᓇᐸᑌᑎᐦᒉᑉᐤ napatetihchepuu vai ♦ s/he eats using only one hand

ᓇᐸᑌᑖᓭᐤ napatetaaseu vai ♦ s/he has only one sock on, wears one sock

ᓇᐸᑌᑯᑌᐤ napatekuteu vii ♦ it hangs to one side

ᓇᐸᑌᑳᑌᐤ napatekaateu vai ♦ s/he has only one leg

ᓇᐸᑌᑳᒼ napatekaam p,location ♦ on one side of the teepee, lake, river

ᓇᐸᑌᒑᑉᐤ napatechaapuu vai [Coastal] ♦ s/he has only one eye

ᓇᐸᑌᒣᐤ napatemeu vai ♦ s/he eats one side, one half of it (anim, ex goose, bannock)

ᓇᐸᑌᓱ napatesuu p,quantity ♦ half of it (anim, ex moon, bannock), one of a pair (ex snowshoes) ▪ ᐃᓐ ᓇᐸᑌᓱ ᑎᐱᔅᑳᐱᓯᒽₓ ♦ ᓇᐸᑌᓱ ᓂᒋᑦᓬₓ ▪ There's half moon now. ♦ There is only one of my snowshoes, I have only one snowshoe.

ᓇᐸᑌᐢᑲᓅ napateskanuu p,location ◆ one side of the road

ᓇᐸᑌᐢᒋᓭᐤ napateschiseu vai ◆ s/he has only one mitten on, wears one mitten

ᓇᐸᑌᐢᒋᓯᓀᐤ napateschisineu vai ◆ s/he has only one shoe on, wears one shoe

ᓇᐸᑌᔥᑲᓀᐤ napateshkaneu vai [Coastal] ◆ it (anim) has one antler

ᓇᐸᑌᔦᒋᓲ napateyechisuu vai -u ◆ it (anim) is one side, half a hide

ᓇᐸᑌᔫᐌᔺᐤ napateyuweshweu vta ◆ s/he cuts one side of it (anim, ex goose, animal)

ᓇᐸᑌᔫᐌᔑᑲᓐ napateyuweshikan ni ◆ one side of a goose, animal that has been cut

ᓇᐸᑌᔫ napateyuu p,location ◆ on one side of the body (human or animal)

ᓇᐸᑌᔮᐤ napateyaau vii ◆ it is half, one of a pair (ex shoes)

ᓇᐸᑌᔮᐴ napateyaapuu vai -i [Inland] ◆ s/he has only one eye

ᓇᐸᑌᔮᐹᐅᐌᐤ napateyaapaauweu vai ◆ s/he is wet on one side

ᓇᐸᑌᔮᐹᐅᑖᐤ napateyaapaautaau vai+o ◆ s/he wets it on one side

ᓇᐸᑌᔮᑇᐌᐤ napateyaapwaaweu vai ◆ s/he is wet on one side

ᓇᐸᑌᔮᑇᑖᐤ napateyaapwaataau vai+o ◆ s/he wets it on one side

ᓇᐸᑌᔮᑯᓀᐤ napateyaakuneu vai ◆ s/he/it (anim, ex tree) has snow on one side

ᓇᐸᑌᔮᔔ napateyaashuu vai -i ◆ it (anim) sails on one side, half of it (anim) blows away

ᓇᐸᑌᔮᔥᑎᓐ napateyaashtin vii ◆ it sails on one side, half of it is blown away

ᓇᐸᑌᔮᔥᑰᑌᐤ napateyaashkuuteu vai [Waswanipi] ◆ it (anim) has one antler

ᓇᐸᑌᔮᐦᑲᑎᓲ napateyaahkatisuu vai ◆ it (anim, ex hide) dries on one side

ᓇᐸᑌᔮᐦᑲᑐᑌᐤ napateyaahkatuteu vii ◆ it (ex dried meat) dries on one side

ᓇᐸᑌᔮᐦᑲᓲ napateyaahkasuu vai -u ◆ it (anim) is half-burned, burned on one side

ᓇᐸᑌᔮᐦᑲᐦᑌᐤ napateyaahkahteu vii ◆ it is half-burned, burned on one side

ᓇᐸᑌᐦᐊᒫᐤ napatehamaau vai ◆ s/he has hair cut on one side

ᓇᐸᑲᒋᓲ napakachisuu na -siim ◆ mooneye, goldeye fish *Hiodon sp.*

ᓇᐸᑲᐦᐊᒻ napakaham vti ◆ s/he flattens it (ex box) with something

ᓇᐸᑲᐦᐌᐤ napakahweu vta ◆ s/he flattens it (anim, ex bannock) with something

ᓇᐸᑳᐤ napakaau vii ◆ it is flat

ᓇᐸᑳᐱᐢᑳᐤ napakaapiskaau vii ◆ it is flat (stone, metal)

ᓇᐸᑳᐱᐢᑳᔔ napakaapiskaashuu vii dim -i ◆ it is a small flat stone

ᓇᐸᑳᐱᐢᒋᐳᑖᐤ napakaapischiputaau vai+o ◆ s/he files, saws it (stone, metal) flat

ᓇᐸᑳᐱᐢᒋᓲ napakaapischisuu vai -i ◆ it (stone, metal) is flat

ᓇᐸᑳᐱᐦᑳᑕᒻ napakaapihkaatam vti ◆ s/he ties it flat with string

ᓇᐸᑳᐢᑯᓐ napakaaskun vii ◆ it (stick-like) is flat

ᓇᐸᑳᐢᑯᓲ napakaaskusuu vai -i ◆ it (anim, stick-like) is flat

ᓇᐸᑳᐢᑯᐦᑖᐤ napakaaskuhtaau vai+o ◆ s/he carves it flat

ᓇᐸᑳᐦᑎᒄ napakaahtikw na ◆ board

ᓇᐸᒋᐳᑖᐤ napachiputaau vai+o ◆ s/he files, saws it flat

ᓇᐸᒋᐳᔦᐤ napachipuyeu vai ◆ s/he files, saws it (anim, ex spoon) flat

ᓇᐸᒋᑯᑌᐤ napachikuteu vai ◆ s/he has a flat nose

ᓇᐸᒋᑲᐦᐊᒻ napachikaham vti ◆ s/he chops it flat

ᓇᐸᒋᑲᐦᐌᐤ napachikahweu vta ◆ s/he chops it (anim) flat

ᓇᐸᒋᓀᐤ napachineu vta ◆ s/he flattens it (anim) by hand

ᓇᐸᒋᓇᒻ napachinam vti ◆ s/he flattens it by hand

ᓇᐸᒋᓲ napachisuu vai -i ◆ it (anim) is flat

ᓇᐸᒋᐦᐁᐤ napachiheu vta ◆ s/he makes it (anim) flat

ᓇᐸᕐᑎᒡᑊᑉᑕᒻ napachihtakuhkahtam vti ♦ s/he makes a floor for it

ᓇᐸᕐᑎᒡᑐ napachihtakuu vii -u ♦ it has a wooden floor in it

ᓇᐸᕐᑎᒡ napachihtakw na -um ♦ board

ᓇᐸᕐᑎᒉ° napachihtaau vai+o ♦ s/he makes it flat

ᓇᐸᕐᑎᒉᐋᣀᐦᑦ napachihtaapaanaaskw na ♦ toboggan

ᓇᐸᕐᑎᑯᑌᐤ napachihkuteu vta ♦ s/he carves it (anim) flat with a crooked knife

ᓇᐸᕐᑎᑯᑌᐤ napachihkuteu vai ♦ s/he carves something flat with a crooked knife

ᓇᐸᕐᑎᑯᑕᒻ napachihkutam vti ♦ s/he carves it flat with a crooked knife

ᓇᐳᐛᐱᐦᑳᑌᐤ napwaapihkaateu vta ♦ s/he ties it (anim) folded in two

ᓇᐳᐛᐱᐦᑳᑕᒻ napwaapihkaatam vti ♦ s/he ties it folded in two

ᓇᐳᐛᐱᐦᒉᐱᑌᐤ napwaapihchepiteu vta ♦ s/he pulls it (anim, string-like) double, folds it in two

ᓇᐳᐛᐱᐦᒉᐱᑕᒻ napwaapihchepitam vti ♦ s/he pulls it (string-like) double, folds it in two

ᓇᐳᐛᐱᐦᒉᓀᐤ napwaapihcheneu vta ♦ s/he folds it (anim, string-like) in two

ᓇᐳᐛᐱᐦᒉᓇᒻ napwaapihchenam vti ♦ s/he folds it (string-like) in two

ᓇᐳᐛᐢᑯᐦᐊᒻ napwaaskuham vti ♦ s/he pins it, as it is folded in two

ᓇᐳᐛᐢᑯᐦᐌᐤ napwaaskuhweu vta ♦ s/he pins it (anim) as it is folded in two

ᓇᑲᑌᐤ nakateu vta ♦ s/he abandons, leaves him/her behind

ᓇᑲᑕᒧᐌᐤ nakatamuweu vta ♦ s/he leaves it behind with, for him/her

ᓇᑲᑕᒻ nakatam vti ♦ s/he abandons it, s/he leaves it behind, s/he forsakes it

ᓇᑲᑕᐤᐌᐤ nakatahuuweu vta ♦ s/he leaves people behind

ᓇᑲᑕᐦᐊᒧᐌᐤ nakatahamuweu vta ♦ s/he leaves it behind for him/her by vehicle

ᓇᑲᑕᐦᐊᒻ nakataham vti ♦ s/he leaves it (by vehicle)

ᓇᑲᑕᐦᐌᐤ nakatahweu vta ♦ s/he leaves him/her/it (anim) by vehicle

ᓇᑲᒋᐱᒌᐢᑐᐌᐤ nakachipichiishtuweu vta ♦ s/he leaves him/her behind to live elsewhere in winter

ᓇᑲᔭᒥᐦᐁᐤ nakayamiheu vta ♦ s/he is the only one who can operate a particular (anim) thing, machine

ᓇᑲᔭᒥᐦᑖᐤ nakayamihtaau vai+o ♦ s/he is the only one who can operate a particular thing, machine

ᓇᑲᔮᐃᐤ nakayaawiiu vai ♦ s/he is used to, s/he has the habit

ᓇᑲᔮᔦᔨᒣᐤ nakayaayeyimeu vta ♦ s/he is used to him/her

ᓇᑲᔮᔦᔨᐦᑕᒻ nakayaayeyihtam vti ♦ s/he is used to it

ᓇᑲᐦᐅᑐᐃᒡ nakahutuwich vai pl recip -u ♦ they meet each other travelling in a vehicle

ᓇᑲᐦᐅᑑᒪᑲᓐ nakahutuumakanh vii pl ♦ things meet approaching each other

ᓇᑲᐦᐊᒻ nakaham vti ♦ s/he meets it while driving, s/he uses a paddle to keep the canoe off the rocks, s/he puts on the brakes

ᓇᑲᐦᐌᐤ nakahweu vta ♦ s/he meets him/her on her/his way, driving

ᓇᑳᐌᐱᓀᐤ nakaawepineu vta ♦ s/he throws it (anim) back (where s/he comes from)

ᓇᑳᐃᐤ nakaawiiu vai ♦ s/he stops walking, s/he puts off what s/he wanted to do, where s/he wanted to go

ᓇᑳᐛᐢᑕᐦᐊᒧᐌᐤ nakaawaashtahamuweu vta ♦ s/he signals him/her to stop by hand

ᓇᑳᐛᐢᑕᐦᐊᒻ nakaawaashtaham vti ♦ s/he signals it to stop by hand

ᓇᑳᐯᐦᐊᓂᐸᔫ nakaapehanipayuu vii -i ♦ the wind changes suddenly to a west wind

ᓇᑳᐯᐦᐊᓂᒡ nakaapehanihch p,location ♦ on the west side

ᓇᑳᐯᐦᐊᓅᑖᒡ nakaapehanuutaahch p,location ♦ it is the west side

ᓇᑳᐯᐦᐊᓐ nakaapehan vii ♦ it is a west wind

ᓇᑳᐱᑌᐤ nakaapiteu vta ♦ s/he pulls and holds him/her back as s/he goes by

ᓇᑳᐱᑕᒻ nakaapitam vti ♦ s/he pulls and holds it as it goes by

ᓇᑳᐱᐦᑳᑌᐤ nakaapihkaateu vta ♦ s/he stops, holds him/her back by tying him/her

ᓇᑳᐱᐦᑳᑕᒻ nakaapihkaatam vti ♦ s/he stops, holds it back by tying it

ᓇᑳᐸᔨᐦᐁᐤ nakaapayiheu vta ♦ s/he stops him/her in his/her movement

ᓇᑳᐸᔨᐦᑖᐤ nakaapayihtaau vai+o ♦ s/he stops it in its movement

ᓇᑳᐸᔫ nakaapayuu vai/vii -i ♦ s/he/it stops by her/him/itself

ᓇᑳᓀᐤ nakaaneu vta ♦ s/he stops his/her movements by hand from the front

ᓇᑳᓇᒻ nakaanam vti ♦ s/he stops its movements with his hands from the front

ᓇᑳᔥᑯᐌᐤ nakaashkuweu vta ♦ s/he blocks his/her way with her/his body, deliberately

ᓇᑳᔥᑲᒻ nakaashkam vti ♦ s/he blocks its way with his body, deliberately

ᓇᑳᔮᐱᐦᒉᓀᐤ nakaayaapihcheneu vta ♦ s/he stops it (anim, string-like) by hand

ᓇᑳᔮᑯᓀᔑᒣᐤ nakaayaakuneshimeu vta ♦ s/he makes him/her stop by dragging him/her in the snow

ᓇᑳᔮᑯᓀᔑᒧᐤ nakaayaakuneshimuu vai-u ♦ s/he stops things by dragging her/himself in the snow

ᓇᑳᔮᑯᓀᔑᓐ nakaayaakuneshin vai ♦ s/he/it (anim) is being held back by snow

ᓇᑳᔮᑯᓀᐦᐊᒻ nakaayaakuneham vti ♦ s/he stops it by putting snow against it

ᓇᑳᔮᑯᓀᐦᐍᐤ nakaayaakunehweu vta ♦ s/he stops him/her by putting snow against him/her

ᓇᑳᔮᑯᓀᐦᑎᓐ nakaayaakunehtin vii ♦ it is held back by dragging in the snow

ᓇᑳᔮᑯᓀᐦᑖᐤ nakaayaakunehtataau vai+o ♦ s/he makes it stop by dragging against it in the snow

ᓇᑳᔮᔅᑯᔑᓐ nakaayaaskushin vai ♦ s/he/it (anim) is held back by something stick-like

ᓇᑳᔮᔅᑯᐦᐊᒻ nakaayaaskuham vti ♦ s/he holds it back using a stick-like thing against it

ᓇᑳᔮᔅᑯᐦᐍᐤ nakaayaaskuhweu vta ♦ s/he holds him/her/it (anim) back using a stick-like thing against it

ᓇᑳᔮᔅᑯᐦᑎᓐ nakaayaaskuhtin vii ♦ it (stick-like) is held back by something stick-like

ᓇᑳᔮᔓᐤ nakaayaashuu vai-i ♦ s/he/it (anim) is hindered, held back by wind

ᓇᑳᔮᔥᑎᓐ nakaayaashtin vii ♦ it is hindered, held back by wind

ᓇᑳᐦᐄᑲᓐ nakaahiikan ni ♦ weir for catching fish

ᓇᑳᐦᐊᒻ nakaaham vti [Inland] ♦ s/he refuses, rejects the offer of it, blocks it (ex something spilled), holds it back, s/he stops it, by tool, by putting something against it

ᓇᑳᐦᐍᐤ nakaahweu vta ♦ s/he stops him/her (by putting something against him/her)

ᓇᑳᐦᑌᐤ nakaahteu vai ♦ s/he stops walking

ᓇᒀᑌᐤ nakwaateu vta ♦ s/he snares it (anim), it is caught in a snare

ᓇᒀᑎᓱ nakwaatisuu vai reflex -u ♦ it (anim) snares itself

ᓇᒀᑕᒫᐤ nakwaatamaau vai ♦ s/he snares a lot of rabbits

ᓇᒀᑕᐦᐆᑖᐤ nakwaatahuutaau vai+o ♦ s/he catches it with a snare on a long pole

ᓇᒀᑕᐦᐆᔦᐤ nakwaatahuuyeu vta ♦ s/he snares it (anim, ex spruce grouse) using a loop for a snare on a pole

ᓇᒀᑕᐦᐆᔮᐱᐦᒉᓇᒻ nakwaatahuuyaapihchenam vti ♦ s/he makes it (string-like) into a loop for a snare

ᓇᒀᑕᐦᐊᒻ nakwaataham vti ♦ s/he catches it in a snare, s/he snares it by hand (snare on a stick which s/he has in the hand)

ᓇᒀᑖᑲᓐ nakwaataakan na ♦ animal that has been snared

ᓇᒀᑲᓂᔮᐱ nakwaakaniyaapii ni -m [Inland] ♦ snare wire

ᓇᐱᐸᑳᓐᑎᐍᐤ **nakwaakanihkuweu** vta
♦ s/he sets a snare on behalf of another person

ᓇᐱᐸᑳᓂᒉᐤ **nakwaakanihcheu** vai [Inland]
♦ s/he makes snares

ᓇᐱᐸᑳᓈᔅᒄ **nakwaakanaaskw** na [Inland]
♦ an area where a snare had been set and is no longer being used

ᓇᐱᐸᑳᓈᐦᑎᒄ **nakwaakanaahtikw** na [Inland] ♦ stick where a snare has recently been set

ᓇᐱᐸᑳᓐ **nakwaakan** ni [Inland] ♦ snare

ᓇᐸᓂᔮᐱ **nakwaaniyaapii** ni -m [Coastal]
♦ snare wire

ᓇᐸᓂᒉᐤ **nakwaanihcheu** vai [Coastal]
♦ s/he makes snares

ᓇᐸᓐ **nakwaan** ni [Coastal] ♦ snare

ᓇᐸᓱ **nakwaasuu** vai -u ♦ it (anim) is caught in a snare

ᓇᒋᐱᑌᐤ **nachipiteu** vta ♦ s/he stops him/her/it (anim) moving by pulling

ᓇᒋᐱᑕᒼ **nachipitam** vti ♦ s/he stops it moving by pulling

ᓇᒋᐸᔫ **nachipayuu** vai/vii -i ♦ s/he/it stops moving

ᓇᒋᑯᐍᐤ **nachikuweu** vta ♦ s/he meets him/her

ᓇᒋᑳᐴ **nachikaapuu** vai -uu ♦ s/he stops walking and stands

ᓇᒋᒣᐤ **nachimeu** vta ♦ s/he stops him/her moving by speech

ᓇᒋᓀᐤ **nachineu** vta ♦ s/he holds him/her/it (anim) back by hand

ᓇᒋᓇᒼ **nachinam** vti ♦ s/he holds it back by hand

ᓇᒋᔥᑯᐍᐤ **nachishkuweu** vta ♦ s/he meets him/her coming, walking

ᓇᒋᔥᑲᒼ **nachishkam** vti ♦ s/he meets it when it is coming, as s/he is walking

ᓇᒋᔥᑳᑐᐧᐃᒡ **nachishkaatuwich** vai pl recip -u
♦ they meet each other

ᓇᒋᔥᑳᑑᒪᑲᓐᐦ **nachishkaatuumakanh** vii pl
♦ they meet on the way

ᓇᒌᐤ **nachiiu** vai ♦ s/he stops in mid-motion, s/he stops short of something

ᓇᒣᐅᒣᔥᑌᒄ **nameumeshtekw** ni -um
♦ smoke-dried sturgeon

ᓇᒥᔥ **nameush** na dim ♦ young sturgeon *Acipenser fulvescens*

ᓇᒣᐚᐳ **namewaapuu** ni ♦ sturgeon broth

ᓇᒣᐤ **nameu** na -em ♦ sturgeon *Acipenser fulvescens*

ᓇᒣᐱ **namepii** na -m ♦ white sucker fish *Catostomus catostomus*

ᓇᒣᑯᔥ **namekush** na dim -im ♦ lake trout *Salvelinus namaycush*

ᓇᒣᓯᐱᒦ **namesipimii** ni -m ♦ cod liver oil

ᓇᒣᓯᐸᐋᓈᔅᒄ **namesipwaanaaskw** ni
♦ split stick for roasting fish

ᓇᒣᓯᒣᔥᑌᒄ **namesimeshtekw** ni -um
♦ smoke-dried fish

ᓇᒣᓴᐦᐄᐲ **namesahiipii** na -m [Coastal]
♦ fishnet

ᓇᒣᓴᐦᐊᐲ **namesahapii** na -m [Inland]
♦ fishnet

ᓇᒣᓵᐳ **namesaapuu** ni ♦ fish broth

ᓇᒣᔅ **names** na -im ♦ fish

ᓇᒣᔅᑯᐃ **nameskui** ni -uiim ♦ air sac of sturgeon (boiled and liquid used to varnish snowshoe netting so snow does not stick)

ᓇᒣᔅᑳᐤ **nameskaau** vii ♦ there are lots of fish

ᓇᒣᔅᒌᔑᑳᐤ **nameschiishikaau** vii [Inland]
♦ it is Friday, literally 'fish day'

ᓇᒣᔑᔥ **nameshiish** na ♦ ligament found under the tongue of a bear, brought back to an elder after a kill

ᓇᒣᔥᑌᑯᐧᐃᑦ **nameshtekuwit** ni
♦ container filled with dried smoked fish

ᓇᒣᔥᑌᑯᒉᐤ **nameshtekuhcheu** vai
♦ s/he makes smoke-dried fish, fowl

ᓇᒣᔥᑌᒄ **nameshtekw** ni -um ♦ smoke-dried carcass of fish, fowl

ᓇᒣᔥᑲᒼ **nameshkam** vti ♦ s/he leaves traces, signs as s/he walks

ᓇᒣᔮᔅᑯᐦᑐᐍᐤ **nameyaaskuhtuweu** vai
♦ it (animal) leaves traces of feeding on bushes

ᓇᒣᐦᐁᐤ **nameheu** vta ♦ s/he discovers traces of him/her/it (anim)

ᓇᒣᐦᑖᐤ **namehtaau** vai+o ♦ s/he/it (anim) leaves signs, traces of her/his/its presence

ᓇᒥᔫᑌᐦ **namiyeuteh** p,negative ♦ not that way ▪ ᓇᒥᔫᑌᐦ ᐁᐋᐸᑎᒡ ᐊ ᐊᔅᑭᐧ ▪ *The snowshoe does not look right.*

ᓇᒥᔦᐤ **namiyeu** p,negative ♦ it is not ▪ ᓇᒥᔦᐤ ᐋ ᐅᔥᑭᑕᓴ ᐊᐅᒡᐦ *She's not the one who owns that shoe, that's not her shoe.*

ᓇᒧ **namui** p,negative ♦ no, not ▪ ᓇᒧ ᓂᐦᑖ ᐃᑕᐦᒡ ▪ *I don't want to eat.*

ᓇᒧ ᓂᐦᑖ **namui nihtaa** p,time ♦ never ▪ ᓇᒧ ᓂᐦᑖ ᐅᐦᐱ ᐃᐦᑖᐤ ▪ *He was never alone.*

ᓇᒧᐙᐦᒡ **namuwaach** p,negative [Inland] ♦ no, not at all ▪ ᓇᒧᐙᐦᒡ ᐅᐦᐱ ᐊᐳ ᐊᐅᒡ ᑳ ᐅᒋᓈᔑᐦᒡᐦ ▪ *S/he did not at all have what I wanted.*

ᓇᒪ **nama** p,negative ♦ no, not

ᓇᒪᐦᑎᓂᑎᐦᒌ **namahtinitihchii** ni ♦ left hand

ᓇᒪᐦᑎᓂᑳᑦ **namahtinikaat** ni ♦ left leg

ᓇᒪᐦᑎᓂᓯᑦ **namahtinisit** ni ♦ left foot

ᓇᒪᐦᑎᓂᐦᒡ **namahtinihch** p,location ♦ on the left

ᓇᒪᐦᒐᔫ **namahtayuu** ni ♦ left side of the body

ᓇᒪᐦᒋᐱᑐᓐ **namahchipitun** ni ♦ left arm

ᓇᒪᐦᒋᑳᑦ **namahchikaat** ni [Inland] ♦ left leg

ᓇᒪᐦᒌᐤ **namahchiiu** vai ♦ s/he is left-handed, uses her/his left hand

ᓇᓀᑳᓰᐤ **nanekaasiiu** vai redup ♦ s/he gets really anxious

ᓇᓀᒫᐦᒉᐤ **nanemahiicheu** vai redup ♦ s/he shakes her/his fist repeatedly

ᓇᓀᒪᐦᐌᐤ **nanemahuweu** vta redup ♦ s/he shakes a fist at him/her/it (anim) repeatedly

ᓇᓀᒪᐦᒻ **nanemaham** vti redup ♦ s/he shakes his fist at it

ᓇᓀᒪᐦᐌᐤ **nanemahweu** vta redup ♦ s/he shakes her/his fist at him/her/it (anim)

ᓇᓀᐦᐯᒥᐳ **nanehpemipuu** vai -i ♦ s/he sits where s/he can be noticed

ᓇᓀᐦᐯᒥᑳᐳ **nanehpemikaapuu** vai -uu ♦ s/he stands out from the crowd, is obvious

ᓇᓀᐦᐯᒥᓀᐤ **nanehpemineu** vta ♦ s/he holds him/her/it (anim) ready

ᓇᓀᐦᐯᒥᓇᒻ **nanehpeminam** vti ♦ s/he holds it ready

ᓇᓀᐦᐯᒥᔥᑌᐤ **nanehpemishteu** vii ♦ it is set out ready

ᓇᓀᐦᐯᒥᔥᑖᐤ **nanehpemishtaau** vai+o ♦ s/he sets, lays it out ready

ᓇᓀᐦᐯᒥᐦᐁᐤ **nanehpemiheu** vta ♦ s/he sets him/her/it (anim) out ready

ᓇᓀᐦᐯᒥᐦᐄᓲ **nanehpemihiisuu** vai reflex -u ♦ s/he sits where s/he can be noticed

ᓇᓀᐦᐯᒥᐤ **nanehpemiiu** vai ♦ s/he holds her/himself in readiness

ᓇᓀᐦᑳᑌᔨᒣᐤ **nanehkaateyimeu** vta ♦ s/he has empathy with his/her suffering

ᓇᓀᐦᑳᑌᔨᐦᑎᒻ **nanehkaateyihtam** vti ♦ s/he suffers from it

ᓇᓀᐦᑳᑎᓰᐤ **nanehkaatisiiu** vai ♦ s/he is sickly, always suffering

ᓇᓀᐦᑳᑖᔅᐱᓀᐤ **nanehkaataaspineu** vai ♦ s/he is always sick with an illness

ᓇᓀᐦᑳᒋᐸᔫ **nanehkaachipayuu** vai/vii -i ♦ it (anim) is always breaking down

ᓇᓀᐦᑳᒋᐦᐁᐤ **nanehkaachiheu** vta ♦ s/he mistreats, abuses him/her/it (anim) repeatedly

ᓇᓀᐦᑳᒋᐦᐄᐌᐤ **nanehkaachihiiweu** vai ♦ s/he oppresses people

ᓇᓀᐦᑳᒋᐦᐄᐌᓲ **nanehkaachihiiwesuu** na -siim ♦ oppressor

ᓇᓀᐦᑳᒡ **nanehkaach** p,time ♦ gradually ▪ ᒫᒃ ᓇᓀᐦᑳᒡ ᑳ ᒥᔥᑕᐦ ᐅᒌᒫ ▪ *He's only going to receive his food gradually.*

ᓇᓂᒁᓀᒋᓀᐤ **nanikwaanechineu** vta redup ♦ s/he wrinkles it (anim) by hand

ᓇᓂᒁᓀᒋᓱ **nanikwaanechisuu** vai redup ♦ it (anim) is wrinkled

ᓇᓂᒉᔨᐦᑎᒻ **nanicheyihtam** vti redup ♦ s/he thinks it is unnecessary

ᓇᓂᐦᐄᐦᑐᐌᐤ **nanihiihtuweu** vta redup ♦ s/he obeys him/her

ᓇᓂᐦᐄᐦᑕᒧᐎᓐ **nanihiihtamuwin** ni ♦ obedience

ᓇᓂᐦᐄᐦᑕᒻ **nanihiihtam** vti redup ♦ s/he obeys

ᓇᓂᐦᒉᔨᐦᑕᒥᐦᐁᐤ **nanihcheyihtamiheu** vta redup ♦ s/he distresses him/her, causes him/her distress

ᓇᓂᐦᒉᔨᐦᑕᒻ **nanihcheyihtam** vti redup ♦ s/he is distressed

ᓇᓂᐦᒋᐳ **nanihchipuu** vai redup -u ♦ s/he eats hastily, in a hurry so s/he can do something else

ᓇᓂᐦᒌᐤ **nanihchiiu** vai redup ♦ s/he fears something will happen to her/himself

ᓇᓂᐦᒌᐤ nanihchiiu vai redup ◆ s/he is anxious because s/he anticipates something will happen

ᓇᓂᐦᒌᔥᑐᐌᐤ nanihchiishtuweu vta redup ◆ s/he fears, dreads what he/she will do

ᓇᓂᐦᒌᔥᑕᒼ nanihchiishtam vti redup ◆ s/he fears, dreads it

ᓇᓅᑎᒣᐤ nanuutimeu vai ◆ s/he walks without snowshoes on snow

ᓇᓇᑕᔨᒣᐤ nanatayimeu vta redup ◆ s/he lies to him/her

ᓇᓇᑕᔨᔅ nanatayis na ◆ a liar

ᓇᓇᑕᔨᔫ nanatayiyuu vai redup -i ◆ s/he tells lies

ᓇᓇᑕᔨᔮᒋᒣᐤ nanatayiyaachimeu vta redup ◆ s/he tells false stories about him/her

ᓇᓇᑕᔨᔮᒋᒨ nanatayiyaachimuu vai redup -u ◆ s/he tells false stories

ᓇᓇᑵᔥᑎᒁᓀᐤ nanakweshtikwaaneu vai redup ◆ s/he has curly hair

ᓇᓇᑵᔮᐦᑲᓴᒧᐌᐤ nanakweyaahkasamuweu vta redup [Inland] ◆ s/he curls his/her hair for him/her

ᓇᓇᑵᔮᐦᑲᓵᒫᐤ nanakweyaahkasamaau vai redup [Inland] ◆ s/he curls her/his own hair

ᓇᓇᑵᐦᑲᓴᒧᐌᐤ nanakwehkasamuweu vta redup [Coastal] ◆ s/he curls his/her hair for him/her

ᓇᓇᑵᐦᑲᓵᒫᐤ nanakwehkasamaau vai redup [Coastal] ◆ s/he curls her/his own hair

ᓇᓇᑳᐍᐸᔥᑲᒼ nanakaawepashkam vti redup ◆ s/he keeps it back by foot

ᓇᓇᑳᐍᐸᐦᐊᒼ nanakaawepaham vti redup ◆ s/he keeps it back by hitting it with something

ᓇᓇᑳᐐᐤ nanakaawiiu vai redup ◆ s/he holds back, s/he resists

ᓇᓇᑳᐐᔥᑐᐌᐤ nanakaawiishtuweu vta redup ◆ s/he holds back, s/he resists him/her/it (anim, perhaps because of fear, shyness)

ᓇᓇᑳᐐᔥᑕᒼ nanakaawiishtam vti redup ◆ s/he holds back, s/he resists (perhaps because of fear)

ᓇᓇᑳᓀᐤ nanakaaneu vta redup ◆ s/he keeps, holds her/him/it (anim) back by hand

ᓇᓇᑳᔥᑯᐌᐤ nanakaashkuweu vta redup ◆ s/he keeps him/her back with her/his body

ᓇᓇᑳᔥᑲᒼ nanakaashkam vti redup ◆ s/he keeps it back with his body

ᓇᓇᒁᓀᒋᐸᔫ nanakwaanechipayuu vai/vii redup -i ◆ it (anim) gets wrinkled

ᓇᓇᒁᓀᒋᓀᐤ nanakwaanechineu vta redup ◆ s/he wrinkles it (anim)

ᓇᓇᒁᓀᒋᓇᒼ nanakwaanechinam vti redup ◆ s/he wrinkles it

ᓇᓇᒁᓀᒋᔥᑯᐌᐤ nanakwaanechishkuweu vta redup ◆ s/he wrinkles it (anim, ex pants) by sitting on it

ᓇᓇᒁᓀᒋᔥᑲᒼ nanakwaanechishkam vti redup ◆ s/he wrinkles it by sitting on it

ᓇᓇᒥᐸᔫ nanamipayuu vai/vii redup -i ◆ s/he/it is shaking

ᓇᓇᒥᒎ nanamichuu vai redup -i ◆ s/he shivers with cold

ᓇᓇᒫᐱᔥᑲᓀᐅᒎ nanamaapishkaneuchuu vai redup -i ◆ her/his teeth rattle with cold, her/his jaw trembles with cold

ᓇᓇᒫᔅᐱᓀᐎᓐ nanamaaspinewin ni ◆ palsy disease, shaking disease

ᓇᓇᐦᐋᐐᐦᑯᐌᐤ nanahaawiihkuweu vta redup ◆ s/he takes care of his/her/its (anim) needs

ᓇᓈᐅᒦᒋᓱ nanaaumiichisuu vai ◆ s/he eats a little bit

ᓇᓈᐅᐦᒁᒨ nanaauhkwaamuu vai ◆ s/he sleeps for a little while

ᓇᓈᐤ nanaau p,manner ◆ starting something and finishing it later (ex cutting up meat to cook later) ▪ ᓇᓈᐤ ᓂᑲ ᒫᒋᔅᑯᓐ ᓂᐚᔨᓯᒼᕽ ▪ *For now I will cut up my meat (to cook later).*

ᓇᓈᐯᐅᐴ nanaapeupuu vai redup -i ◆ she sits like a man (with knees apart)

ᓇᓈᐯᐅᒨ nanaapeumuu vai redup -u ◆ s/he talks boldly

ᓇᓈᐯᐅᔫ nanaapeushuu vai redup -i ◆ s/he acts tough, macho, acts boldly

ᓇᐌᐋᕆᒉᐅ **nanaapewaachimeu** vta redup ♦ s/he talks about him/her as being skilled, s/he is impressed by his/her skill

ᓇᐌᐦᑳᓲ **nanaapehkaasuu** vai redup -u ♦ she acts like a man, is skilled in male tasks

ᓇᐋᑐᐦᑯᒉᐅ **nanaatuhkumeu** vta redup ♦ s/he teases him/her by what s/he says

ᓇᐋᑐᐦᑯᓯᐤ **nanaatuhkusiiu** vai redup ♦ s/he is teasing

ᓇᐋᑐᐦᑯᐦᐁᐅ **nanaatuhkuheu** vta redup ♦ s/he teases him/her/it (anim)

ᓇᐋᑦᐚᔮᔥᑌᐤ **nanaatwaayaashteu** vai redup [Inland] ♦ s/he breaks off boughs by hand

ᓇᐋᑦᐚᔮᔥᑎᓂᓀᐅ **nanaatwaayaashtichineu** vai redup ♦ s/he breaks off boughs by hand

ᓇᐋᑲᑐᐌᔨᒉᐅ **nanaakatuweyimeu** vta redup ♦ s/he observes him/her closely

ᓇᐋᑲᑐᐌᔨᐦᑕᒻ **nanaakatuweyihtam** vti redup ♦ s/he observes it closely

ᓇᐋᑲᑐᐚᐸᒉᐅ **nanaakatuwaapameu** vta redup ♦ s/he keeps an eye on him/her/it (anim)

ᓇᐋᑲᑐᐚᐸᐦᑕᒻ **nanaakatuwaapahtam** vti redup ♦ s/he keeps his eye on it

ᓇᐋᑲᓯᓄᐌᐅ **nanaakasinuweu** vta redup ♦ s/he pays attention to his/her appearance, the way he/she does things

ᓇᐋᑲᓯᓇᒻ **nanaakasinam** vti redup ♦ s/he pays attention to its appearance

ᓇᐋᒥᔅᑲᒥᓵᐸᔪ **nanaamiskamichipayuu** vii redup -i ♦ it (ex earth) shakes, trembles, quakes

ᓇᐋᒥᙵ **nanaamihuu** vta ♦ s/he eats so much of it (anim) that she cannot eat it (anim) ever again because it (anim) makes her sick

ᓇᐋᓂᔑᐸᔪ **nanaanishipayuu** vai/vii redup -i ♦ it (anim) breaks apart and goes in all directions

ᓇᐋᓂᔑᓀᐅ **nanaanishineu** vta redup ♦ s/he takes it (anim) apart, into pieces

ᓇᐋᓂᔑᓇᒻ **nanaanishinam** vti redup ♦ s/he takes it apart, into pieces

ᓇᐋᓂᔥ **nanaanish** p,location redup dim ♦ in all directions ▪ ᓇᐋᓂᔥ ᒣᐊᑎᑕᒷᐊ ᓂᐲᓲᓖᒡ ▪ *My things are all over the place, not organized.*

ᓇᐋᓂᔥᑳᔥᑎᓐ **nanaanishkaashtin** vii redup ♦ it blows apart, into pieces

ᓇᐋᔅᐱᑐᐌᐅ **nanaaspituweu** vta redup ♦ s/he imitates his/her actions

ᓇᐋᔅᐱᑐᐦᑐᐌᐅ **nanaaspituhtuweu** vta redup ♦ s/he imitates his/her words, voice

ᓇᐋᔅᐱᑐᐦᑕᒻ **nanaaspituhtam** vti redup ♦ s/he imitates someone else singing

ᓇᐋᔅᐱᑐᐦᑖᒉᓲ **nanaaspituhtaachesuu** na-slim ♦ a mimic

ᓇᐋᔅᐹᑎᓂᓵᓲ **nanaaspaatinischesuu** na [Inland] ♦ star-nosed mole *Condylura cristata*

ᓇᐋᔅᑯᒉᐅ **nanaaskumeu** vta redup ♦ s/he thanks him/her, s/he is grateful to him/her

ᓇᐋᔅᑯᒧᐌᔨᒉᐅ **nanaaskumuweyimeu** vta redup ♦ s/he feels gratitude toward him/her

ᓇᐋᔅᑯᒧᐌᔨᐦᑕᒧᐎᓐ **nanaaskumuweyihtamuwin** ni ♦ thankfulness

ᓇᐋᔅᑯᒧᐎᓐ **nanaaskumuwin** ni ♦ gratitude, thanksgiving

ᓇᐋᔅᑯᒨ **nanaaskumuu** vai redup -u ♦ s/he gives thanks, s/he is grateful

ᓇᐋᔅᑯᒨᐸᒋᔅᑎᓂᓀᐎᓐ **nanaaskumuupachistinichewin** ni ♦ thanks offering

ᓇᐋᔅᑯᒨᒌᔑᑳᐤ **nanaaskumuuchiishikaau** vii redup ♦ it is Thanksgiving day

ᓇᐋᔅᑯᒨᔥᑕᒧᐌᐅ **nanaaskumuushtamuweu** vai redup -u ♦ s/he is grateful, thankful on his/her behalf

ᓇᐋᔥᑴᐅᔑᐁᐅ **nanaashkweushiheu** vta redup ♦ s/he talks back to him/her

ᓇᐋᔥᑴᐅᔑᐦᑖᐤ **nanaashkweushihtwaau** vai redup ♦ s/he talks back

ᓇᐋᔨᐌᔨᒉᐅ **nanaayiweyimeu** vta redup [Inland] ♦ s/he despairs thinking about him/her

ᓇᓈᔫᐋᔫ **nanaayuuwaashuu** vai redup -i [Inland] ♦ it (anim) is being destroyed, ruined from blowing in the wind

ᓇᓈᔫᐋᔥᑎᓐ **nanaayuuwaashtin** vii redup [Inland] ♦ it is being destroyed, ruined from blowing in the wind

ᓇᓈᔫᑳᐴᓐ **nanaayuukaapuun** vii redup [Inland] ♦ it (ex old tent) is ruined from standing too long

ᓇᓈᔫᔥᑌᐤ **nanaayuushteu** vii redup [Inland] ♦ it (ex food) is ruined from sitting too long

ᓇᓈᔫᐦᐁᐤ **nanaayuuheu** vta redup [Inland] ♦ s/he spoils it (anim)

ᓇᓈᔫᐦᑖᐤ **nanaayuuhtaau** vai+o redup [Inland] ♦ s/he spoils it

ᓇᓈᐦᑌᐤ **nanaahteu** vai/vii redup ♦ there are heat waves rising from the ice, only in spring (around May), that may cause double image of someone on the ice

ᓇᓈᐦᑌᐸᔫ **nanaahtepayuu** vai/vii redup -i ♦ there are heat waves rising from the snow, ice in early spring (around May)

ᓇᓈᐦᑯ **nanaahkuu** p,manner redup ♦ various, differently, several ▪ ᒋᑉ ᓇᓈᐦᑯ ᐊᓯᐋᑦᒡ ᐋ ᒥᒋᔥ ᑲ ᐅᔒᐦᒉᐊᐤₓ ▪ *Put various designs on the socks you are making.*

ᓇᓈᐦᑰᑖᐸᑎᓰᓲ **nanaahkuuitaapatisiisuu** na -siim ♦ maintenance worker, one who works at different things

ᓇᓈᐦᑰᐋᑎᓰᐤ **nanaahkuuwaatisiiu** vai redup ♦ s/he (ex conjurer) has different appearances

ᓇᓈᐦᑰᓈᑯᓐ **nanaahkuunaakun** vii redup ♦ it is in many colours, many different parts, it has different appearances

ᓇᓈᐦᑰᓈᑯᓲ **nanaahkuunaakusuu** vai redup -i ♦ s/he is in many colours, many different parts, s/he has different appearances

ᓇᓈᐦᑰᓈᑯᐦᑖᐤ **nanaahkuunaakuhtaau** vai+o redup ♦ s/he makes many colours, many different parts, makes it have different appearances

ᓇᔅᐹᒋᓈᑯᓐ **naspaachinaakun** vii ♦ it looks wrong, false

ᓇᔅᐹᒋᓈᑯᓲ **naspaachinaakusuu** vai -i ♦ s/he looks wrong, false

ᓇᔅᐹᒋᐤ **naspaachiiu** vai [Mistissini] ♦ s/he is left-handed, uses her/his left hand

ᓇᔅᐹᒡ **naspaach** p,manner ♦ wrong way, false; left ▪ ᓇᔅᐹᒡ ᐃᓐᒥᑉ ᐅᑖᕐᕆᔮₓ ▪ *She has her shoes on the wrong way.*

ᓇᔅᑯᐁᐦᐊᒧᐁᐤ **naskuwehamuweu** vta ♦ s/he joins in singing after him/her

ᓇᔅᑯᐁᐦᐊᒫᑐᐃᒡ **naskuwehamaatuwich** vai pl recip -u ♦ they sing responsively

ᓇᔅᑯᐁᐦᐊᒫᒉᐤ **naskuwehamaacheu** vai ♦ s/he sings in parts, sing response

ᓇᔅᑯᐁᐦᐊᒼ **naskuweham** vti ♦ s/he sings to it, s/he accompanies it with the voice

ᓇᔅᑯᒣᐤ **naskumeu** vta ♦ s/he thanks him/her

ᓇᔅᑯᒥᑐᐃᒡ **naskumituwich** vai pl recip -u ♦ they agree with each other

ᓇᔅᑯᒥᑐᐃᓐ **naskumituwin** ni ♦ agreement between two people

ᓇᔅᑯᒥᑐᑐᐁᐤ **naskumitutuweu** vta ♦ s/he consents to him/her

ᓇᔅᑯᒧᐃᓐ **naskumuwin** ni ♦ agreement, an oath, a vow

ᓇᔅᑯᒧ **naskumuu** vai -u ♦ s/he consents, s/he is thankful

ᓇᔥᒁᔒᐦᐁᐤ **nashkweushiheu** vai ♦ s/he answers her/him

ᓇᔥᒁᔒᐦᐄᐁᐤ **nashkweushihiiweu** vai ♦ s/he answers questions

ᓇᔥᒁᔒᐦᑕᒧᐁᐤ **nashkweushihtamuweu** vta ♦ s/he answers for him/her

ᓇᔥᒁᔒᐦᑖᐃᓐ **nashkweushihtwaawin** ni ♦ answer

ᓇᔥᒁᔒᐦᑖᐤ **nashkweushihtwaau** vai ♦ s/he answers it

ᓇᔥᒁᔒᑖᐃᓐ **nashkweushtwaawin** ni ♦ answer

ᓇᐦᐄᑐᐁᔑᒣᐤ **nahiituweshimeu** vta [Inland] ♦ s/he sweeps it (anim, beaver) so that the fur lies in the proper direction

ᓇᐦᐋᐳᔫ **nahaaupayuu** vai/vii -i ♦ it goes back into proper shape

ᓇᐦᐋᑲᓂᔅᑴᒥᒫᐤ **nahaakaniskwemimaau** nad ♦ a daughter-in-law

ᓇᐦᐋᒋᔒᐤ **nahaachishiiu** vai [Inland] ♦ s/he does chores for the tallyman while in the bush

ᓇᐦᑳᐦᐄᐯᐸᔫ **nahkahiipepayuu** vii -i ♦ the water stops when it reaches a certain level

ᓈ

ᓈ **naa** pro,dem ♦ that, that one, that yonder is…(anim, see *naa*) ▪ ᒫᑯᑦ ᓈᒃ ▪ *That yonder is Marguerite.*

ᓈᐅᔥ **naaush** p,time [Coastal] ♦ hardly at all, barely ▪ ᐋᔥ ᓈᐅᔥ ᐁᑖᒃ ▪ *It's hardly visible.*

ᓈᐯᐅᐸᔨᐦᐆ **naapeupayihuu** vai -u ♦ s/he walks decisively, she walks like a man

ᓈᐯᐅᑯᑖᐤ **naapeukutaau** vai+o ♦ s/he lays down with her/his legs crossed and hands behind head (like a man)

ᓈᐯᐅᒉᔨᒥᓲ **naapeucheyimisuu** vai reflex -u ♦ she thinks she can do things like a man

ᓈᐯᐅᒉᔨᐦᑖᑯᓐ **naapeucheyihtaakun** vii ♦ it seems masculine, male

ᓈᐯᐅᒉᔨᐦᑖᑯᓲ **naapeucheyihtaakusuu** vai -i ♦ she seems masculine, male

ᓈᐯᐅᒦᒋᒼ **naapeumiichim** ni ♦ men's food (ex head, arms of a beaver), old term for male bear that was killed

ᓈᐯᐅᓈᑯᓐ **naapeunaakun** vii ♦ it looks male, masculine

ᓈᐯᐅᓈᑯᓲ **naapeunaakusuu** vai -i ♦ s/he looks virile, male, she looks masculine

ᓈᐯᐅᐦᑖᑯᓲ **naapeuhtaakusuu** vai -i ♦ s/he has a man's voice, sounds like a man

ᓈᐯᐤ **naapeuu** vai -u ♦ he is a man

ᓈᐯᐙᒋᒥᓲ **naapewaachimisuu** vai reflex -u ♦ s/he brags about her/himself, she brags that she is as capable as a man

ᓈᐯᐙᔅᐱᓲ **naapewaaspisuu** vai -u ♦ she dresses like a man

ᓈᐯᐤ **naapeu** na -em ♦ man

ᓈᐯᑎᐦᒄ **naapetihkw** na -um ♦ male caribou

ᓈᐯᒥᔅᑯᔥ **naapemiskush** na dim ♦ young male beaver

ᓈᐯᒥᔅᒄ **naapemiskw** na ♦ male beaver

ᓈᐯᒨᔅ **naapemuus** na -um ♦ bull moose

ᓈᐯᔒᐤ **naapeshiiu** vai -u ♦ he is a boy

ᓈᐯᔥ **naapesh** na dim -im ♦ boy

ᓈᐯᔥᑎᒼ **naapeshtim** na ♦ male dog

ᓈᐯᐦᑳᓲ **naapehkaasuu** vai -u ♦ he (ex boy) acts like a man

ᓈᐯᐦᔫ **naapehyeu** na -em ♦ male grouse

ᓈᐱᐦᒡ **naapihch** p,time ♦ this past summer, last summer (conjunct form of the verb *niipin*)

ᓈᑌᐤ **naateu** vta ♦ s/he goes to him/her

ᓈᑎᐱᔥᑐᐌᐤ **naatipishtuweu** vta ♦ s/he goes to sit close to him/her

ᓈᑎᐱᔥᑕᒼ **naatipishtam** vti ♦ s/he goes to sit close to it

ᓈᑎᑳᓲ **naatikaasuu** vai -i ♦ she urinates (old term, euphemism used only for women)

ᓈᑎᓅ **naatineu** vta ♦ s/he puts them (anim) together

ᓈᑎᓂᒉᐤ **naatinicheu** vai ♦ s/he goes to get a canoe to carry it on her/his shoulders

ᓈᑎᓇᒼ **naatinam** vti ♦ s/he puts it together

ᓈᑎᓯᓇᐦᐄᒉᐅᓯᓇᐦᐄᑲᓐ **naatisinahiicheusinahiikan** ni [Mistissini] ♦ catalogue

ᓈᑎᔐᐤ **naatischeu** vai ♦ s/he goes to collect moss

ᓈᑏᔫ **naatiiyuu** vai -u [Coastal] ♦ s/he goes after big game (moose, caribou)

ᓈᑐᐌᐤ **naatuweu** na -em ♦ Iroquois, an Indian who is from a different tribe

ᓈᑐᑖᐤ **naatutaau** vai+o ♦ s/he goes back to get the canoe from where it was left since the fall

ᓈᑕᐳᐤ **naatapuu** vai -i ♦ s/he goes to sit close

ᓈᑕᒄ **naatakweu** vai ♦ s/he checks her/his snares

ᓈᑖᑳᒣᐱᑌᐤ **naatakaamepiteu** vta ♦ s/he draws, drags it towards shore

ᓈᑖᑳᒣᐱᑕᒼ **naatakaamepitam** vti ♦ s/he pulls it to shore

ᓈᑕᑳᐯᔨᕐᕾᐤ naatakaamepayiheu vta
• s/he takes it (anim) ashore by vehicle

ᓈᑕᑳᐯᕐᐦᑖᐤ naatakaamepayihtaau vai+o
• s/he takes it ashore by vehicle

ᓈᑕᑳᐯᔫ naatakaamepayuu vai/vii -i
• s/he/it goes towards shore

ᓈᑕᑳᐸᐦᑖᐤ naatakaamepahtaau vai
• s/he/it (anim) runs up the flats, toward the shore

ᓈᑕᑳᑑᑌᐤ naatakaametuuteu vai
• s/he carries it on her/his back to shore

ᓈᑕᑳᑑᑖᒣᐤ naatakaametuutaameu vta
• s/he takes him/her ashore carrying on the back

ᓈᑕᑳᒎᐃᓐ naatakaamechuwin vii • it is an on-shore current

ᓈᑕᑳᒣᔐᑲᐦᐊᒻ naatakaameschekaham vti • s/he goes ashore where the muskeg is located

ᓈᑕᑳᒣᔥᑌᐤ naatakaameshteu vii • it is placed, it lays toward the shore

ᓈᑕᑳᒣᔮᐅᐦᑳᐤ naatakaameyaauhkaau vii
• it is a point of sand which almost reaches the opposite bank

ᓈᑕᑳᒣᔮᑎᑳᓯᐸᐦᑖᐤ naatakaameyaatikaasipahtaau vai
• s/he runs ashore in the water

ᓈᑕᑳᒣᔮᑎᑳᓯᑕᕀᐤ naatakaameyaatikaasitaheu vta • s/he takes him/her ashore, walking in the water

ᓈᑕᑳᒣᔮᑎᑳᓯᐦᑎᑖᐤ naatakaameyaatikaasihtitaau vai+o
• s/he takes it ashore, walking in the water

ᓈᑕᑳᒣᔮᑎᑳᓲ naatakaameyaatikaasuu vai -i • s/he walks ashore in the water

ᓈᑕᑳᒣᔮᔅᑯᐦᐊᒻ naatakaameyaaskuham vti • s/he goes ashore, over to where bushes are located, s/he pushes it ashore with a stick, pole

ᓈᑕᑳᒣᔮᔑᐦᑎᑖᐤ naatakaameyaashihtitaau vai+o • s/he sails it toward shore

ᓈᑕᑳᒣᔮᔒ naatakaameyaashuu vai -i • it (anim) blows towards shore

ᓈᑕᑳᒣᔮᔥᑎᑖᐤ naatakaameyaashtitaau vai+o • s/he sails it toward land, shore, ashore

ᓈᑕᑳᒣᔮᔥᑎᓐ naatakaameyaashtin vii
• it blows towards shore

ᓈᑕᑳᒣᔮᐦᐊᓐ naatakaameyaahan vii • it is blown toward land, shore

ᓈᑕᑳᒣᐦᐁᐤ naatakaameheu vta • s/he takes and places it towards the shore

ᓈᑕᑳᒣᐦᐅᔦᐤ naatakaamehuyeu vta
• s/he paddles him/her to shore

ᓈᑕᑳᒣᐦᐊᒻ naatakaameham vti • s/he paddles toward shore

ᓈᑕᑳᒣᐦᑐᑖᒣᐤ naatakaamehtutaameu vta
• s/he carries him/her on his/her back to shore

ᓈᑕᑳᒣᐦᑕᑖᐤ naatakaamehtataau vai+o
• s/he takes it ashore, walking

ᓈᑕᑳᒣᐦᑕᕀᐤ naatakaamehtaheu vta
• s/he takes him/her ashore, walking

ᓈᑖᒫᐦᐊᓐ naatakaamaahan vii • it blows toward land, shore, ashore

ᓈᑖᒻ naatakaam p,location • toward land, shore, ashore

ᓈᑕᑳᓯᐱᒑ naatakaasipichuu vai -i • s/he walks ashore moving winter camp

ᓈᑕᑳᓯᐸᕐᐦᑖᐤ naatakaasipayihtaau vai+o
• s/he/it (anim) drives it ashore

ᓈᑕᑳᓯᐸᔫ naatakaasipayuu vai/vii -i
• s/he/it goes, drives ashore

ᓈᑕᑳᓯᐸᐦᑖᐤ naatakaasipahtaau vai
• s/he/it (anim) runs ashore

ᓈᑕᑳᓲ naatakaasuu vai -i • s/he walks ashore

ᓈᑕᑳᓲᑌᐤ naatakaasuuteu vai • s/he carries things ashore on her/his back, walking in the water

ᓈᑕᑳᓲᑖᒣᐤ naatakaasuutaameu vta
• s/he carries him/her ashore on her/his back

ᓈᑕᑳᔅᑯᐱᒑ naatakaaskupichuu vai -i
• s/he goes ashore moving winter camp on the ice

ᓈᑕᑳᔅᑯᐸᐦᑖᐤ naatakaaskupahtaau vai
• s/he runs ashore on the ice

ᓈᑕᑳᔅᑯᑖᐯᐤ naatakaaskutaapeu vai
• s/he pulls things ashore on the ice

ᓈᑕᑳᔅᑯᑖᒣᐤ naatakaaskutaameu vta
• s/he carries him/her ashore on her/his back, on the ice

ᓈᑕᑳᔅᑯᐦᑌᐤ naatakaaskuhteu vai • s/he walks ashore on the ice

ᐋᒋᐦᑐᐦᒋᒑᐤ naatakaaskuhtataau vai+o
♦ s/he takes it ashore, walking on the ice

ᐋᒋᐦᑐᐦᒐᐦᐁᐤ naatakaaskuhtaheu vta
♦ s/he takes him/her ashore, walking on the ice

ᐋᒋᐦᑰ naatakaaskuu vai-u ♦ s/he walks ashore on the ice

ᐋᒋᐦᑰᑌᐤ naatakaaskuuteu vai ♦ s/he carries it ashore on her/his back, on the ice

ᐋᒋᐦᑰᑖᐹᑌᐤ naatakaaskuutaapaateu vta ♦ s/he pulls him/her ashore on the ice

ᐋᒐᐧᐁᐤ naatamuweu vta ♦ s/he defends him/her, s/he takes sides with him/her

ᐋᒐᒉᐤ naatamaacheu vai ♦ s/he defends

ᐋᒐᒼ naatam vti ♦ s/he goes over to it ▪ ᓂᔨ ᐋᒐᒼ ᐊᓂᒉ ᒦᒋᒻ᙮ ▪ S/he is goes over to the food now.

ᐋᒐᐦᐄᐯᐤ naatahiipeu vai ♦ s/he checks the net

ᐋᒐᐦᐊᒼ naataham vti ♦ s/he goes to get it (by means of travelling with something)

ᐋᒐᐦᐋᐁᐤ naatahaaweu vai ♦ s/he goes gathering eggs by canoe

ᐋᒐᐦᐋᑯᓀᐤ naatahaakuneu vta ♦ s/he goes for snow to make water

ᐋᒐᐦᐋᒥᓱᐤ naatahaamisuu vai-u ♦ s/he goes to get berries travelling by canoe

ᐋᒐᐦᐁᐤ naatahweu vta ♦ s/he goes out to get him/her by vehicle

ᐋᑖᐦᑲᐦᐊᒼ naataauhkaham vti ♦ s/he walks to and up the ridge of sand

ᐋᒑᓂᐦᑲᓐ naataastichikan ni [Inland]
♦ hunting blind put in front of a canoe

ᐋᒑᐦᑲᒼ naataaskuham vti [Inland]
♦ s/he walks to the trees, the bush

ᐋᒐᔑᒧᑐᐁᐤ naataashimutuweu vta
♦ s/he cries to him/her for help

ᐋᒐᔥᑌᐤ naataashteu vai ♦ s/he goes to pick boughs

ᐋᒐᔥᑕᒐᐧᐁᐤ naataashteshtamuweu vta [Coastal] ♦ s/he gets boughs for someone

ᐋᒐᔥᑌᐦᐊᒼ naataashteham vti ♦ s/he goes to pick boughs, by boat, canoe

ᐋᒐᔥᑕᒧᐁᐤ naataashtamuweu vta
♦ s/he gets boughs for him/her

ᐋᒑᐁᐹᐦᐊᒼ naatwaawepaham vti
♦ s/he breaks it off with a swift force

ᐋᒑᐁᐹᐁᐤ naatwaawepahweu vta
♦ s/he breaks it (anim) off with swift force

ᐋᒑᐯᒋᓂᓱᐤ naatwaapechinisuu vai-u ♦ it (beaver) breaks the flow of water, raises the water level by constructing smaller dams downstream from the first

ᐋᒑᐯᒋᓇᒼ naatwaapechinam vti ♦ it (beaver) breaks the flow of water, raises the water level (by constructing a second, smaller dam downstream from the first)

ᐋᒑᐯᔮᐤ naatwaapeyaau vii ♦ it is a stretch of water between two sets of rapids

ᐋᒑᐳᐤ naatwaapiteu vta ♦ s/he breaks it (anim) by pulling and bending

ᐋᒑᐳᑎᓀᐦᐆᓲ naatwaapitinehuusuu vai reflex-u ♦ s/he breaks an arm when something hits it

ᐋᒑᐳᑐᓀᔑᒣᐤ naatwaapituneshimeu vta
♦ s/he breaks his/her arm by hitting, pushing

ᐋᒑᐳᑐᓀᔑᓐ naatwaapituneshin vai
♦ s/he has a broken arm from falling

ᐋᒑᐳᑕᒼ naatwaapitam vti ♦ s/he breaks it by pulling and bending

ᐋᒑᐸᔫ naatwaapayuu vai/vii-i ♦ it breaks in two

ᐋᒑᐧᐋᒣᔑᒣᐤ naatwaapwaameshimeu vta
♦ s/he breaks his/her thigh, by hitting, pushing

ᐋᒑᐧᐋᒣᔑᓐ naatwaapwaameshin vai
♦ s/he has a broken thigh from falling

ᐋᒑᐧᐋᒣᐦᐆᓲ naatwaapwaamehuusuu vai reflex-u ♦ s/he breaks his/her own thigh by hitting against something

ᐋᒑᑯᑌᔑᒣᐤ naatwaakuteshimeu vta
♦ s/he breaks his/her nose, by hitting, pushing

ᐋᒑᑯᑌᔑᓐ naatwaakuteshin vai ♦ s/he has a broken nose from falling

ᐋᒑᑯᑌᐦᐆᓲ naatwaakutehuusuu vai reflex-u ♦ s/he breaks her/his own nose by hitting it, falling

ā·čdᐲ·ᐯᓄ° naatwaakuyiweneu vta
• s/he breaks his/her/its (anim) neck by hand

ā·čdᐲ·ᐯᒐᑊ° naatwaakuyiweshimeu vta
• s/he breaks his/her/its (anim) neck, by hitting, dropping

ā·čdᐲ·ᐯᒐᐦ naatwaakuyiweshin vai
• s/he has broken neck from falling

ā·čbᒣ° naatwaakameu vta • s/he gnaws it (anim, ex tree) down, off

ā·čbˮᐃᒐ° naatwaakahiicheu vai • s/he is chopping things in two

ā·čbˮᐊᒡ naatwaakaham vti • s/he cuts it through with an axe

ā·čbˮ·ᐯ° naatwaakahweu vta • s/he cuts, chops it (anim) through with an axe

ā·čbˮᒡ naatwaakahtam vti • s/he gnaws it off, down

ā·čbᑌᐸᐸ naatwaakaatepayuu vai-i
• s/he/it (anim) gets a broken leg

ā·čbᑌᓄ° naatwaakaateneu vta • s/he breaks his/her leg by hand

ā·čbᑌᐊᒡ naatwaakaatenam vti • s/he breaks its leg (ex table) by hand

ā·čbᑌᒐᑊ° naatwaakaateshimeu vta
• s/he breaks his/her/its (anim) leg, by hitting, dropping

ā·čbᑌˮ·ᐯ° naatwaakaatehweu vta
• s/he breaks someone's leg with something

ā·čᓄ° naatwaaneu vta • s/he breaks it (anim, by hand)

ā·čᓯᔾᒉᐸ naatwaanischipayuu vai-i
• it (tree) breaks off at the top

ā·čᐊᒡ naatwaanam vti • s/he breaks it by hand

ā·čᔨᒋbᓄᒐᑊ° naatwaasichikaneshimeu vta • s/he breaks his/her/its toes, by dropping

ā·čᔨᒋbᓄᒐᐦ naatwaasichikaneshin vai
• s/he has broken toes from falling

ā·čᔨᒋbᓄˮᐅᒡ naatwaasichikanehuusuu vai reflex -u
• s/he breaks her/his own toes by hitting, dropping something on them

ā·čˮᐱᒉbᓄᒐᐦ naatwaaspichekaneshin vai • s/he breaks her/his ribs when falling down

ā·čˮᐱᒐᐦ naatwaaspicheshin vai
• s/he breaks a rib falling down

ā·čˮᕓbᐊ naatwaaschinaakan ni
• area enclosed for trapping beaver

ā·čᔫ° naatwaashweu vta • s/he cuts it (anim, stick-like) in half, two

ā·čᒐᑊ° naatwaashimeu vta • s/he breaks it (anim), by throwing, hitting against something

ā·čᒐᐦ naatwaashin vai • it (anim stick-like) breaks by falling

ā·čᔥᒡ naatwaasham vti • s/he cuts it (stick-like) in half, two

ā·čᔥᑯᐯ° naatwaashkuweu vta • s/he breaks it (anim, stick-like) with his/her weight

ā·čᔥᑲᒡ naatwaashkam vti • s/he breaks it (stick-like) with his weight

ā·čᐲ·ᐯᓄ° naatwaayiweneu vta • s/he breaks the handle of a pan, the tail of an animal by hand

ā·čᐲ·ᐯᔥᑯᐯ° naatwaayiweshkuweu vta
• s/he breaks the handle of a pan, the tail of an animal by foot, body-weight

ā·čᐲ·ᐯˮᐅᓲ naatwaayiwehuusuu vai
reflex -u • it (anim) breaks its tail

ā·čᔮᐱᑌᒐᐦ naatwaayaapiteshin vai
• s/he breaks her/his tooth by falling

ā·čᔮᐱᑌˮ·ᐯ° naatwaayaapitehweu vta
• s/he breaks his/her tooth off

ā·čᔮᐱᔥbᓄᒐᑊ° naatwaayaapishkaneshimeu vta • s/he breaks his/her/its (anim) jaw, by dropping, hitting against something

ā·čᔮᐱᔥbᓄˮᐅᒡ naatwaayaapishkanehuusuu vai reflex -u
• s/he breaks her/his own jaw

ā·čᔮᒋᐱᔅᑯᓄᒐᑊ° naatwaayaachipiskuneshimeu vta
• s/he breaks his/her/its (anim) back, by hitting, dropping

ā·čᔮᒋᐱᔅᑯᓄᒐᐦ naatwaayaachipiskuneshin vai • s/he has a broken back from falling

ā·čᔮᒥᐦbᓄᒐᑊ° naatwaayaamihkaneshimeu vta • s/he breaks his/her cheek bone, by dropping, hitting against

ā·čᔮᒥᐦbᓄᒐᐦ naatwaayaamihkaneshin vai • s/he has a broken cheek bone from falling, hitting against something

ȧ·Ċᔑᒋᑎᓄᐅᐱᒡ
naatwaayaamihkanehuusuu vai reflex -u
♦ s/he breaks her/his own cheek bone

ȧ·Ċᔑᓫ naatwaayaashuu vai -i ♦ it (anim) breaks from the force of the wind

ȧ·Ċᔑᐧᑎᒉᓅ naatwaayaashtichineu vta
♦ s/he breaks a bough off it (anim, tree)

ȧ·Ċᔑᐧᑎᓓ naatwaayaashtin vii ♦ it breaks from the force of the wind

ȧ·Ċᔑᐦᑲᓲ naatwaayaahkasuu vai -u ♦ it (anim) breaks in two pieces due to fire

ȧ·Ċᔑᐦᑲᐦᑌᐤ naatwaayaahkahteu vii ♦ it burns off

ȧ·Ċᐦᐊᒻ naatwaaham vti ♦ s/he breaks it in two using a tool

ȧ·Ċᐦ·ᐁᐤ naatwaahweu vta ♦ s/he breaks it (anim) in two with something

ȧ·Ċᐦᑎᑖᐤ naatwaahtitaau vai+o ♦ s/he breaks it (by throwing, hitting it against something)

ȧᒋ naache p,time ♦ little later ■ ȧᒋ ᓛᐦ ᐁᐦ ᐯ ᑯ ᑎᔑᐦᐧ ■ *He usually used to come in a little later.*

ȧᒋᔑᐦ naacheshiish p,time dim ♦ a little later ■ ᒋᐦ ȧᒋᔑᐦ ᓛᐦ ᐁᐦ ᐅᑎᔑᐦᐧ ■ *He always comes in a little later.*

ȧᕑᐊᓂᐦᐄᒉᐤ naachiwanihiicheu vai
♦ s/he goes to check traps

ȧᕑᐯᐦᐊᒻ naachipeham vti ♦ s/he goes to get water, s/he goes to get liquor by vehicle

ȧᕑᐱᑌᐤ naachipiteu vta ♦ s/he pulls him/her/it (anim) towards him/herself

ȧᕑᐱᑕᒻ naachipitam vti ♦ s/he pulls it towards him/herself

ȧᕑᐸᔨᐦᑖᐤ naachipayihtaau vai+o ♦ s/he goes to get it by vehicle

ȧᕑᐸᐦᐁᐤ naachipaheu vta ♦ s/he goes to get him/her

ȧᕑᐸᐦᑖᐤ naachipahtaau vai ♦ s/he runs up to it

ȧᕑᐸᐦᐧᐋᐤ naachipahtwaau vai ♦ s/he runs to get it; s/he goes to get it [inland]

ȧᕑᑎᔑᒣᐤ naachitishimeu vta [Inland]
♦ s/he flees to him/her (when in danger)

ȧᕑᑎᔑᒧᐧᐁᐤ naachitishimushtuweu vta ♦ s/he flees to him/her when in danger

ȧᕑᑎᔑᒧᐦᑕᒻ naachitishimushtam vti
♦ s/he flees to it when in danger

ȧᕑᑎᔑᐦᑕᒻ naachitishihtam vti [Inland]
♦ s/he flees to it (when in danger)

ȧᕑᑯᓄ naachikuneu vai ♦ s/he goes to get snow to melt for water (old term)

ȧᕑᑯᐦᒉᐤ naachikuscheu vai ♦ s/he goes to check her/his fish hooks in winter

ȧᕑᑳᐴ naachikaapuu vai -uu ♦ s/he goes to stand close by

ȧᕑᑳᐴᐦᑐᐧᐁᐤ naachikaapuushtuweu vta
♦ s/he goes to stand near him/her/it (anim)

ȧᕑᑳᐴᐦᑕᒻ naachikaapuushtam vti
♦ s/he goes to stand beside it

ȧᕑᒦᒋᒉᐤ naachimiichimeu vai ♦ s/he goes to get food

ȧᕑᒪᓯᓇᐦᐄᒉᐅᑲᒥᒃ naachimasinahiicheukamikw ni ♦ post office

ȧᕑᓄᐦᑳᒉᐤ naachinikaatihiicheu vai
♦ s/he goes for wood, carrying it back on her/his shoulder

ȧᕑᔅᑫᐧᐁᐤ naachiskweweu vta ♦ he sneaks in on a woman

ȧᕑᔅᑫᐧᐋᑌᐤ naachiskwewaateu vta
♦ he sneaks in to sleep with a particular woman

ȧᕑᔑᓐ naachishin vai ♦ s/he goes to lie close by, near

ȧᕑᔑᐦᒋᑯᐤ naachishtahchikuu vai ♦ s/he goes to get belongings stored in a cache

ȧᕑᔑᑖᐯᐤ naachishtaapeu vai ♦ s/he hauls it in by sled

ȧᕑᔑᑖᐳᐧᐁᐤ naachishtaapuweu vta
♦ s/he hauls it (wood) for him/her

ȧᕑᔑᑖᐹᑌᐤ naachishtaapaateu vta
♦ s/he hauls him/her in

ȧᕑᔑᑖᒋᒧᐦᑐᐧᐁᐤ
naachishtaachimuushtuweu vta ♦ s/he creeps, crawls up to him/her/it (anim)

ȧᕑᔑᑖᒋᒧᐦᑕᒻ naachishtaachimuushtam vti ♦ s/he creeps, crawls up to it

ȧᕑᔨᒥᐦᐋᐤ naachiyimihaau vai [Inland]
♦ s/he goes to church

ᓈᒋᐆᔌᑐᐌᐤ **naachiiushtuweu** vta ◆ s/he creeps up to it (anim, as a hunter creeps on fowl, game)

ᓈᒋᐆᔌᑕᒻ **naachiiushtam** vti ◆ s/he creeps up to it

ᓈᒋᐆᔌᒐᐦᐁᐤ **naachiiushtaacheu** vai ◆ s/he is creeping up to fowl, game

ᓈᒎᐌᐤ **naachuweu** na -em [Inland] ◆ Iroquois Indian

ᓈᒥᔅᑴᔑᔥᑐᐌᐤ **naamiskweyishtuweu** vta ◆ s/he nods, makes a sign with the head to him/her

ᓈᒥᔅᑴᔾ **naamiskweyuu** vai -i ◆ s/he nods, makes a sign with her/his head

ᓈᒨᓂᐹᔨᐦᐄ **naamuunipayihuu** vai -i ◆ s/he moves with the wind

ᓈᒨᓂᐹᔾ **naamuunipayuu** vii -i ◆ it goes with the wind

ᓈᒨᓂᔥᑲᒻ **naamuunishkam** vti ◆ s/he walks with the wind at her/his back

ᓈᒨᓂᐦᑌᐤ **naamuunihteu** vai ◆ s/he goes with the wind, walking, s/he has the wind behind her/him

ᓈᒨᓂᐦᔮᐤ **naamuunihyaau** vai ◆ it (anim) flies with the wind

ᓈᒨᓇᐌᐸᐦᐄᒉᐤ **naamuunawepahiicheu** vai ◆ s/he shoots birds that are flying with the wind

ᓈᒨᓈᐤ **naamuunaau** vii ◆ it is a fair wind

ᓈᒨᓈᔥᑎᑖᐤ **naamuunaashtitaau** vai+o ◆ s/he sails it with the wind

ᓈᒨᓐ **naamuun** p,location ◆ leeward, with the wind ∎ ᓈᒨ ᐊᑐᐦᐅᐊᒃ ᐋᓂᐦ ᒐᔾᐦᒃ ∎ *The moose are travelling with the wind.*

ᓈᓀᐅᑎᐸᐦᐄᑲᓐ **naaneutipahiikan** p,quantity redup ◆ every four miles; four gallons [Mistissini]

ᓈᓀᐅᑎᐸᐦᐄᑲᓐᐦ **naaneutipahiikanh** p,time redup [Inland] ◆ every four hours

ᓈᓀᐚᐅᒌᓂᒃᐚᓂᐦᑌᐤᐦ **naanewaauchiinikwaanihteuh** p,time [Coastal] ◆ every four hours

ᓈᓀᐤ **naaneu** p,quantity redup ◆ by fours

ᓈᓂᐹᐅᓂᔪ **naanipaauniyuu** vai redup -i [Inland] ◆ s/he/it (anim) yawns

ᓈᓂᐹᔨᐌᐤ **naanipaayiweu** vai redup ◆ s/he is yawning

ᓈᓂᐹᔨᐌᐸᔫ **naanipaayiwepayuu** vai redup -i ◆ s/he yawns and yawns

ᓈᓂᐹᔫ **naanipaayuu** vai redup -i [Coastal] ◆ s/he/it (anim) yawns

ᓈᓂᑎᒪᑎᓈᐤ **naanitimatinaau** vii redup ◆ it is a continuous mountain range

ᓈᓂᑐᐌᔨᒣᐤ **naanituweyimeu** vta redup ◆ s/he is searching for him/her/it (anim)

ᓈᓂᑐᐌᔨᐦᑕᒻ **naanituweyihtam** vti redup ◆ s/he seeks it

ᓈᓂᑐᐌᔨᐦᒉᐤ **naanituweyihcheu** vai redup ◆ s/he searches for something that's gone

ᓈᓂᑐᐚᐅᑲᐦᐊᒻ **naanituwaaukaham** vti redup ◆ s/he searches for it in the sand using a tool (ex shovel)

ᓈᓂᑐᐚᐅᐦᒋᓇᒻ **naanituwaauhchinam** vti redup ◆ s/he searches, feels for something in the sand by hand

ᓈᓂᑐᐚᐅᐦᒋᔥᑲᒻ **naanituwaauhchishkam** vti redup ◆ s/he searches, feels for it in the sand by foot

ᓈᓂᑐᐚᐳᔐᐤ **naanituwaapusheu** vai redup ◆ s/he goes hunting for hare, rabbit

ᓈᓂᑐᐚᐳ **naanituwaapuu** vai redup -i ◆ s/he looks about

ᓈᓂᑐᐚᐸᒣᐤ **naanituwaapameu** vta redup ◆ s/he looks for him/her

ᓈᓂᑐᐚᐸᐦᑌᐤ **naanituwaapahteu** vta redup ◆ s/he looks for tracks of it (anim)

ᓈᓂᑐᐚᐸᐦᑕᒻ **naanituwaapahtam** vti redup ◆ s/he looks for it

ᓈᓂᑐᐚᑯᓀᔥᑲᒻ **naanituwaakuneshkam** vti redup ◆ s/he searches, feels for something in the snow by foot

ᓈᓂᑐᐚᑯᓀᐦᐊᒻ **naanituwaakuneham** vti redup ◆ s/he searches, for it in the snow using a tool (ex shovel)

ᓈᓂᑐᐚᐦᐁᐤ **naanituwaaheu** vta redup ◆ s/he (doctor) does a check-up with him/her

ᓈᓂᑐᐚᐦᐄᒉᐤ **naanituwaahiicheu** vai redup ◆ s/he is hunting for big game (old term, for moose, caribou)

ᓈᓂᑐᐸᔨᔥᑐᐌᐤ **naanitupayishtuweu** vta redup ◆ s/he runs around searching for him/her

ᓈᓂᑐᑯᓀᐌᐱᑌᐤ **naanitukunewepiteu** vta redup ◆ s/he searches in someone's mouth with her/his fingers quickly

ᓈᓂᑐᑯᓀᐧᓀᐤ naanitukuneweneu vta
redup ♦ s/he searches in someone's mouth with her/his fingers

ᓈᓂᒫᑖᒼ naanitumaahtam vti redup ♦ it (anim) searches for it by scent, it (anim) sniffs it out

ᓈᓂᒫᐦᒉᐤ naanitumaahcheu vai redup ♦ it (anim) seeks out the smell, it (anim) sniffs around

ᓈᓂᑐᓀᐤ naanituneu vta redup ♦ s/he feels around for him/her/it (anim)

ᓈᓂᑐᓂᒉᐤ naanitunicheu vai redup ♦ s/he searches, s/he seeks

ᓈᓂᑐᓂᒉᓀᐤ naanitunicheneu vta redup ♦ s/he feels around for it (anim, louse)

ᓈᓂᑐᓇᒼ naanitunam vti redup ♦ s/he feels around for it

ᓈᓂᑐ naanituu p [Eastmain] ♦ maybe ▪ ᓈᓂᑐ ᐊᒐ ᒋᑉ ᐲᒋ ᒑᑲᓈᐦ ᐊᓂᐦᒃ ▪ Maybe s/he's not going to come today.

ᓈᓂᑐ naanituu preverb redup ♦ go to do

ᓈᓂᑐᐧᐯᐦᐄᑲᓀᐤ naanituuwepahiikaneu vai ♦ s/he searches, looks in the garbage dump (for something that might be useful)

ᓈᓂᑑᐴ naanituupeu vta redup ♦ s/he goes looking for a drink

ᓈᓂᑑᐱᒋᐄᐧᐁᐤ naanituupichiiweu vai redup [Coastal] ♦ s/he looks for or searches for tree gum

ᓈᓂᑑᐱᔥᑐᐧᐁᐤ naanituupishtuhweu vta redup ♦ s/he tries to hit it (anim), the target

ᓈᓂᑑᐱᔥᑕᐦᐊᒼ naanituupishtaham vti redup ♦ s/he tries to hit it, the target

ᓈᓂᑑᐳᐧᐁᐤ naanituupuweu vta redup ♦ s/he goes looking for a drink from him/her

ᓈᓂᑑᑎᐦᒃᐧᐁᐤ naanituutihkweu vai redup ♦ s/he hunts for caribou

ᓈᓂᑑᑎᐦᒉᓀᐤ naanituutihcheneu vta redup ♦ s/he uses her/his hands to search, feel around for him/her/it (anim)

ᓈᓂᑑᑎᐦᒋᒑᒣᐤ naanituutihchichaameu vta redup ♦ s/he searches, feels around for him/her/it (anim) by hand

ᓈᓂᑑᑎᐦᒋᒑᐦᑕᒼ naanituutihchichaahtam vti redup ♦ s/he searches, feels around for him/her/it (anim) by hand

ᓈᓂᑑᑲᔅᑲᔥᒉᐦᑕᒄᐧ naanituukaskaschehtakweu vai redup [Inland] ♦ s/he goes looking for rotten wood for smoking hides

ᓈᓂᑑᑲᔥᒉᐦᑕᒄᐧ naanituukaschehtakweu vai redup [Coastal] ♦ s/he goes looking for rotten wood for smoking hides

ᓈᓂᑑᒥᔅᒄᐧᐁᐤ naanituumiskweu vai redup ♦ s/he goes looking for beaver houses

ᓈᓂᑑᒦᒋᓲ naanituumiichisuu vai redup -u ♦ s/he/it (anim) looks, searches for something to eat

ᓈᓂᑑᒦᔅᑯᓀᐤ naanituumiiskuneu vta redup ♦ s/he looks for him/her/it (anim) by touching

ᓈᓂᑑᒦᔅᑯᓇᒼ naanituumiiskunam vti redup ♦ s/he looks for it by touching

ᓈᓂᑑᒦᔅᑯᐦᐊᒼ naanituumiiskuham vti redup ♦ s/he aims and tries to hit the target

ᓈᓂᑑᒨᓲ naanituumuuseu vai redup ♦ s/he goes moose hunting

ᓈᓂᑑᓇᒣᐦᐧᐁᐤ naanituunamehweu vta redup ♦ s/he looks, searches for a sign, traces of him/her/it (anim)

ᓈᓂᑑᓵᒫᐦᑎᒄᐧᐁᐤ naanituusaamaahtikweu vai redup ♦ s/he goes looking for tree (ex tamarack) for wood to make snowshoe frames

ᓈᓂᑑᔅᑯᐦᐋᐤ naanituuskuhaau vai redup [Inland] ♦ s/he hunts bear

ᓈᓂᑑᔅᑯᐦᐋᐤ naanituuskuhwaau vai redup [Coastal] ♦ s/he hunts bear

ᓈᓂᑑᔅᒎᐧᐁᐤ naanituuschuuweu vai redup [Inland] ♦ s/he looks for or searches for tree gum

ᓈᓂᑑᔦᐦᐧᐁᐤ naanituuyehweu vai redup ♦ s/he hunts grouse

ᓈᓂᑕᒼ naanitam p,location ♦ right there, exactly where ▪ ᐁᑯᑌ ᓈᓂᑕᒼ ᐅᑯᑉ ᐱᒑᐦᒃ ▪ He left his coat right there.

ᓈᓂᑯᑖᔥᒡ naanikutwaashch p,quantity redup ♦ by sixes, six apiece

ᓈᓂᑳᔥᑯᐧᐁᐤ naanikaashkuweu vta redup ♦ s/he blocks another's way deliberately, using her/his body

ᓈᓂᒋᔥᑯᐧᐁᐤ naanichishkuweu vta redup ♦ s/he blocks another's way, s/he is in his/her way inadvertently

ᓈᓂᓱᓇᒼ naanisunam vti ♦ s/he chases it

naanishipiteu vta redup ♦ s/he pulls it (anim) into bits, s/he separates it (anim)

naanishipitam vti redup ♦ s/he pulls it into bits, s/he separates it

naanishineu vta ♦ s/he takes it (anim) apart, into pieces, bits, s/he separates it (ex a bicycle)

naanishinam vti redup [Coastal] ♦ s/he pulls it into bits, s/he separates it (ex duffle from a moccasin)

naanishtu p,quantity redup ♦ by threes, three apiece

naaniyaayin p,quantity redup [Inland] ♦ by fives

naaniipuu vai redup -uu ♦ s/he stands around

naaniipaahteu vai redup ♦ s/he comes in late at night, s/he walks around at night

naaniishuchimeu vta redup ♦ s/he counts them (anim) by twos

naaniishuchihtam vti redup ♦ s/he counts it by twos

naaniishuhteuch vai pl redup ♦ they walk in twos

naanuuchiheu vta redup ♦ s/he courts him/her, flirts with him/her

naanuuchihiiweu vai redup ♦ s/he courts

naanuuchihiituwich vai pl recip -u ♦ they court one another

naanuusuwaapameu vta ♦ s/he keeps an eye on him/her/it (anim) as s/he/it departs, goes by

naanuusuwaapahtam vti ♦ s/he keeps an eye on it, watches it as it goes by

naanuusunehutuwich vai pl recip -u ♦ they run after each other

naanuusuneham vti redup ♦ s/he follows it in whichever direction it goes

naanuusunehweu vta redup ♦ s/he follows him/her/it (anim) in whichever direction it goes

naanuusunuweu vai ♦ s/he runs after him/her or an animal

naanuusunam vti redup ♦ s/he grabs at it as it goes by

naanuushuushkuweu vta redup ♦ s/he keeps following him/her

naanuushuushkam vti redup ♦ s/he keeps following it

naanaau vai redup ♦ s/he eats (baby talk)

naanaateu vta redup ♦ s/he goes from place to place to see him/her

naanaatipishtuweu vta redup ♦ s/he moves closer and closer to where s/he is sitting

naanaatipishtam vti redup ♦ s/he moves closer and closer to where it is sitting

naanaataamiskw na ♦ rarely found beaver with long ingrown teeth, long body, pointed muzzle

naanaatwaapechinamuch vti pl redup ♦ they (beaver) build dams close to each other

naanaatwaayaaskuhiicheu vai redup ♦ it (moose), using its antlers, clears the area where it will settle for a while in the fall

naanaatwaayaaskuhtuweu vai redup ♦ it (moose) feeds in the area where it will settle for a while in the fall

naanaakatisiiu vai redup ♦ s/he goes to observe

naanaakachiheu vta redup ♦ s/he spies on him/her, notices him/her, pays attention to him/her

naanaakachihtaau vai+o redup ♦ s/he spies, notices, pays attention to it

naanaakasichihtuweu vta redup ♦ s/he listens closely to what he/she says

naanaakasichihtam vti redup ♦ s/he observes closely what is said

naanaache p,time ♦ later on, in a moment ■ *naanaache wii uchi petaau.* ■ *He will come later.*

naanaacheshiish p,time redup dim ♦ a little later ■ *naanaacheshiish nwii n utitin.* ■ *He's going to show up a little later on.*

naanaamipayiheu vta redup ♦ s/he bounces him/her up and down

ᓈᓈᒥᐸᔨᐦᐆ **naanaamipayihuu** vai redup -u
♦ s/he/it (anim) bounces her/him/itself up and down

ᓈᓈᒥᐸᔨᐦᑖᐆ **naanaamipayihtaau** vai+o redup ♦ s/he bounces it up and down

ᓈᓈᒥᐸᔫ **naanaamipayuu** vai/vii redup -i
♦ s/he/it springs, bounces up and down

ᓈᓈᒥᒌᒻ **naanaamichiim** p,manner redup
♦ by degrees, increasingly or decreasingly ▪ ᓈᓈᒥᒌᒻ ᐊᐱ ᒥᔩᓂᐊ ·ᐊᕀᐴᐦᐋᐸᓃᐦᑦ · *There are increasingly more houses.*

ᓈᓈᒥᔅᐧᐁᔑᓐ **naanaamiskweshin** vai redup
♦ her/his/its (anim) head bounces up and down while moving, travelling

ᓈᓈᒥᔅᐧᐁᔨᔥᑐᐌᐆ **naanaamiskweyishtuweu** vta redup ♦ s/he nods 'yes' to him/her

ᓈᓈᒥᔅᐧᐁᐦᑌᐆ **naanaamiskwehteu** vai redup
♦ s/he walks with a bouncing head movement

ᓈᓈᒥᔑᓐ **naanaamishin** vai redup ♦ s/he bounces, s/he is bounced up and down

ᓈᓈᒥᔥᑯᐌᐆ **naanaamishkuweu** vta redup
♦ s/he bounces him/her/it (anim) up and down

ᓈᓈᒥᔥᑲᒻ **naanaamishkam** vti redup
♦ s/he bounces it up and down

ᓈᓈᒥᐦᐌᐆ **naanaamihweu** vta redup
♦ s/he makes him/her bounce up and down

ᓈᓈᒥᐦᑎᓐ **naanaamihtin** vii redup ♦ it bounces up and down while being pulled, hauled

ᓈᓈᒧᐦᑌᐆ **naanaamuhteu** vai redup ♦ s/he walks moving his/her body up and down, bouncing

ᓈᓈᐦᑌᐸᔫ **naanaahtepayuu** vii redup -i
♦ the air shimmers in the heat

ᓈᓰᐴ **naasipeu** vai ♦ s/he goes to the shore, riverbank

ᓈᓰᐱᑌᐆ **naasipeiteu** vta ♦ s/he pulls him/her to the shore

ᓈᓰᐯᐱᑕᒻ **naasipepitam** vti ♦ s/he pulls it down with him to the shore

ᓈᓰᐯᐱᒋᐆ **naasipepichuu** vai -i ♦ s/he moves winter camp toward the coast

ᓈᓰᐯᐸᔫ **naasipepayuu** vai/vii -i ♦ s/he/it goes to town, goes down to the riverbank

ᓈᓰᐯᐹᑖᐆ **naasipepahtaau** vai ♦ s/he runs to the shore, riverbank

ᓈᓰᐯᑎᒥᐦᒡ **naasipetimihch** p,location
♦ lake edge, riverbank, shore

ᓈᓰᐯᑎᔑᒣᐆ **naasipetishimeu** vta
♦ s/he/it (anim) flees from him/her down to the shore

ᓈᓰᐯᑎᔑᒨ **naasipetishimuu** vai -u
♦ s/he/it (anim) flees down to the shore

ᓈᓰᐯᑎᔕᐦᐌᐆ **naasipetishahweu** vta
♦ s/he sends him/her to the shore

ᓈᓰᐯᑑᑌᐆ **naasipetuuteu** vai ♦ s/he takes it down to the shore on her/his back

ᓈᓰᐯᑑᑖᒣᐆ **naasipetuutaameu** vta ♦ s/he takes him/her down to the shore on her/his back

ᓈᓰᐯᒧᐦᑖᐆ **naasipemuhtaau** vai+o ♦ s/he makes a trail down to the shore, the water

ᓈᓰᐯᒨ **naasipemuu** vii -u [Coastal] ♦ it (path) leads to the shore, the water

ᓈᓰᐯᔅᑖᑲᓐ **naasipestaakan** ni ♦ portage which goes down to the water, to the shore

ᓈᓰᐯᔑᒨ **naasipeshimuu** vii -u ♦ it (path) leads to the shore, the water

ᓈᓰᐯᐦᑖᑖᐆ **naasipehtataau** vai+o ♦ s/he takes it to the riverbank, shore

ᓈᓰᐯᐦᑖᐦᐆ **naasipehtaheu** vta ♦ s/he takes him/her to the riverbank, to town

ᓈᓰᐯᐦᑖᐆ **naasipehtaau** vai+o ♦ s/he takes it (anim) toward the shore

ᓈᓰᐯᐦᔮᐆ **naasipehyaau** vai ♦ it (anim) flies to a body of water from inland

ᓈᓰᐯᐦᔮᑑᒉᐆ **naasipehyaatuucheu** vai
♦ s/he moves camp toward the riverbank

ᓈᔅᐱᑕᑲᐦᐊᒻ **naaspitekaham** vti ♦ s/he pleats it

ᓈᔅᐱᑕᑲᐦᐌᐆ **naaspitekahweu** vta
♦ s/he pleats it (anim)

ᓈᔅᐱᑕᒋᐸᔫ **naaspitechipayuu** vai/vii -i
♦ it (anim) gets pleated

ᓈᔅᐱᑎᓀᐆ **naaspitineu** vta ♦ s/he takes him/her/it (anim, ex spoon) for good, does not return him/her/it

ᓈᔅᐱᑎᓇᒻ **naaspitinam** vti ♦ s/he takes it for good, does not return it

ᓈᔅᐱᑎᔑᓐ **naaspitishin** vai -u ♦ s/he falls and dies

ᓈᔅᐱᑎʰᒃᐚᒧ **naaspitihkwaamuu** vai -u ♦ s/he dies in her/his sleep

ᓈᔅᐱᑐʰᑐᐌᐤ **naaspituhtuweu** vta ♦ s/he imitates his/her speech

ᓈᔅᐱᑕᑖʰᑕᒻ **naaspitataahtam** vti [Inland] ♦ s/he loses her/his breath, has the breath knocked out of her/him

ᓈᔅᐱᑕᒧʰᑖᐤ **naaspitamuhtaau** vai+o ♦ s/he fastens it permanently

ᓈᔅᐱᑕʰᐌᐤ **naaspitahweu** vta ♦ s/he kills him/her/it (anim) instantly

ᓈᔅᐱᑖᐸʰᐄᑲᓐ **naaspitaapahiikan** na ♦ lock

ᓈᔅᐱᑖᐸʰᐊᒻ **naaspitaapaham** vti [Coastal] ♦ s/he locks it

ᓈᔅᐱᑖᐸʰᐌᐤ **naaspitaapahweu** vta ♦ s/he locks him/her in

ᓈᔅᐱᑖᑎᒨᐯᔪ **naaspitaatimuwepayuu** vii -i ♦ it sinks down to the bottom for good, permanently

ᓈᔅᐱᑖᒥᐸᔨᔫ **naaspitaamipayiyuu** vai ♦ her/his breath ceases, stops, is interrupted (ex by whooping cough), s/he loses her/his breath temporarily

ᓈᔅᐱᑖʰᐱᓂᑌᐤ **naaspitaahpiniteu** vta ♦ s/he kills him/her/it (anim) by overdoing it (ex beating dog too hard)

ᓈᔅᐱᑖʰᑕᒻ **naaspitaahtam** vti [Coastal] ♦ s/he loses her/his breath, has the breath knocked out of her/him

ᓈᔅᐱᒋᐸᔪ **naaspichipayuu** vai/vii -i ♦ s/he/it is at the end, completely finished, it bends and does not spring back, her/his breath does not continue

ᓈᔅᐱᒋᐸʰᑖᐤ **naaspichipahtaau** vai ♦ it (ex throttle on a skidoo) is stuck, runs permanently

ᓈᔅᐱᒋᐃᐆᓈᑎᓐ **naaspichiiunaatin** vii [Coastal] ♦ it is completely, permanently destroyed

ᓈᔅᐱᒋᐤ **naaspichiiu** vai ♦ s/he goes and does not return, leaves permanently

ᓈᔅᐱᓂᑌᐤ **naaspiniteu** vta [Inland] ♦ s/he chases after him/her/it (anim)

ᓈᔅᐱᓂᑕᒻ **naaspinitam** vti [Inland] ♦ s/he chases after it

ᓈᔅᐹᑎᓂᔅᒉᓲ **naaspaatinischesuu** na [Coastal] ♦ star-nosed mole *Condylura cristata*

ᓈᔅᑲᓇᐦᐄᒉᐤ **naaskanahiicheu** vai ♦ s/he cuts boughs off a felled tree for flooring [coastal]; s/he makes a winter shelter by standing up boughs around the edge of the tent [inland]

ᓈᔅᑲᓐ **naaskan** na ♦ canoe rib

ᓈᔥᒉᐤ **naascheu** vai ♦ s/he lays boughs down

ᓈᔥᑏᔥ **naashtiish** p,manner dim [Inland] ♦ at all ■ ᐊᓗᐊ ᓈᔥᑏᔥ ᓂᐸ ᐆᑕᐦ x ■ *Nothing can be seen at all.*

ᓈᔥᑕᔨᒡ **naashtayich** p,manner ♦ not at all (always used with negative) ■ ᐊᓗᐊ ᓈᔥᑕᔨᒡ ᓂᐸ ᐆᑕᐦ x ■ *Nothing can be seen at all.*

ᓈᔥᒑᐯ **naashtaape** p,manner ♦ very much, so much ■ ᓈᔥᒑᐯ ᒥᔫ ᐊᑯᓂᔨᐦᑖ x ■ *There's so much work around.*

ᓈᔥᒡ **naashch** p,manner ♦ very, very much ■ ᓈᔥᒡ ᓵᒋᐦᐁᐤ ᐆʰᑯᒻ x ■ *She loves her grandmother very much.*

ᐋ

ᐋ **nwaa** pro,dem ♦ that, that one, that yonder is...(anim, see *naa*)

ᓭ

ᓭᑯᓯᑯᐸᔪ **sekusikupayuu** vai/vii -i ♦ s/he/it slides underneath the ice

ᓭᑯᓯᒃᐚᐳᑯ **sekusikwaapukuu** vai -u ♦ s/he/it (anim) floats directly under the ice

ᓭᑯᓯᒃ **sekusikw** p,location ♦ underneath the ice

ᓯᒃᐚᐱᔅᑳᐤ **sekwaapiskaau** vii ♦ it is a crack, fissure in the rock

ᓯᒃᐚᐱᔅᒋᐸᔪ **sekwaapischipayuu** vai/vii -i ♦ s/he/it falls underneath the rocks

ᓯᒃᐚᐱᔥ **sekwaapisch** p,location ♦ underneath rocks

ᓯᒃᐚᔅᑯᔑᒣᐤ **sekwaaskushimeu** vta ♦ s/he slips it (anim, ex pelt) in behind a tent pole

ᓭᑲᔅᑐᐦᑎᑖᐤ **sekwaaskuhtitaau** vai+o
 • s/he slips it in behind a tent pole
ᓭᑲᔅᑐᐦᑎᓐ **sekwaaskuhtin** vii • it hangs, slides behind, under a tent pole
ᓭᒋᐸᑦᐚᐤ **sechipatwaau** vai • s/he has, wears braids
ᓭᒋᐸᑦᐚᓂᐦᑯᐌᐤ **sechipatwaanihkuweu** vta • s/he braids someone's hair
ᓭᒋᐸᑦᐚᓐᐦ **sechipatwaanh** ni pl • braids
ᓭᒋᒣᐤ **sechimeu** vta • s/he frightens him/her by voice
ᓭᒋᒥᑰ **sechimikuu** vta inverse -u • it (sound of voice or noise) frightens her/him
ᓭᒋᓰᐌᔨᒣᐤ **sechisiiweyimeu** vta • s/he is frightened at the thought of him/her/it (anim)
ᓭᒋᓰᐌᔨᐦᑕᒼ **sechisiiweyihtam** vti • s/he is frightened at the thought of it
ᓭᒋᓱᐎᓐ **sechisuwin** ni • fright, terror
ᓭᒋᓱ **sechisuu** vai -i • s/he is scared, terrified
ᓭᒋᔅᑳᑰ **sechiskaakuu** vai -uu [Inland] • s/he is easily frightened by someone's presence
ᓭᒋᐦᐁᐤ **sechiheu** vta • s/he/it (anim) scares, frightens him/her/it (anim)
ᓭᒋᐦᐄᓱ **sechihiisuu** vai reflex -u • s/he/it (anim) frightens her/him/itself by what s/he/it did
ᓭᒋᐦᑖᑯᓱ **sechihtaakusuu** vai -i • s/he sounds terrified, frightened
ᓭᒋᐦᑴᓈᑯᓱ **sechihkwenaakusuu** vai -i • there is an expression of fear on her/his face
ᓭᒋᐦᑳᑰ **sechihkaakuu** vai -uu • s/he is easily frightened by someone's presence
ᓭᔅᑲᐦᐋᓪ **seskaham** vti • s/he steers the canoe ashore
ᓭᔅᑳᒍᐎᓐ **seskaachuwin** p,location • beginning of the rapids, travelling upstream
ᓭᔅᑳᔅᑯᐸᔫ **seskaaskupayuu** vai -i • s/he goes, drives into the bushes
ᓭᔅᑳᔅᑯᐦᐋᒼ **seskaaskuham** vti • s/he goes off into the bush
ᓭᔅᑳᔅᑯᐦᐌᐱᓀᐤ **seskaaskuhwepineu** vta • s/he throws him/her/it (anim) into the bushes

ᓭᔅᑳᔅᑯᐦᐌᐱᓇᒼ **seskaaskuhwepinam** vti
 • s/he throws it into the bushes
ᓭᔅᑳᔅᑯᐦᐱᑕᒼ **seskaaskuhpitam** vti • s/he pulls it into the bushes
ᓭᔅᑳᔅᑯᐦᐸᐦᑖᐤ **seskaaskuhpahtaau** vai
 • s/he runs into the bushes
ᓭᔅᑳᔅᑯᐦᑖᐤ **seskaaskuhtaau** vai+o • s/he goes off into the bush with it
ᓭᔅᑳᔅᑯᐦᑯᒋᒣᐤ **seskaaskuhkuchimeu** vta
 • s/he soaks one end of it (anim) in water
ᓭᔅᑳᔅᑯᐦᑯᐦᑎᑖᐤ **seskaaskuhkuhtitaau** vai+o
 • s/he soaks one end of it in water
ᓭᔅᑳᔅᒂᐱᐦᑌᐤ **seskaaskwaapihteu** vii
 • the smoke goes into the woods
ᓭᔅᑳᐦᑎᒄ **seskaahtikw** p,location
 • underneath the bushes
ᓭᔐᓈᑯᓐ **seschenaakun** vii • it appears to come closer
ᓭᔐᓈᑯᓱ **seschenaakusuu** vai -i • s/he appears to come closer
ᓭᔐᔮᐱᒣᐤ **sescheyaapimeu** vta • s/he appears to be coming closer to him/her/it (anim)
ᓭᒋᐱᑌᐤ **seschipiteu** vta • s/he pulls him/her ashore
ᓭᒋᐱᑕᒧᐌᐤ **seschipitamuweu** vta
 • s/he pulls it ashore for him/her
ᓭᒋᐱᑕᒼ **seschipitam** vti • s/he pulls the canoe ashore
ᓭᒋᐸᔨᐦᐁᐤ **seschipayiheu** vta • s/he runs him/her/it (anim) ashore
ᓭᒋᐸᔨᐦᑖᐤ **seschipayihtaau** vai+o • s/he steers it (canoe, boat) ashore
ᓭᒋᐸᔫ **seschipayuu** vii -i • it (canoe) runs aground
ᓭᒋᓀᐤ **seschineu** vta • s/he puts the end of it (anim) on the shore
ᓭᒋᓇᒼ **seschinam** vti • s/he puts the end of it on the shore
ᓭᒋᔑᒣᐤ **seschishimeu** vta • s/he puts one end of it (anim) onto the shore
ᓭᒋᐦᑎᑖᐤ **seschihtitaau** vai+o • s/he puts one end of it onto the shore
ᓭᔮᐱᑌᔫ **seyaapiteyuu** vai -i • s/he shows her/his teeth
ᓭᔮᔅᑯᓀᐤ **seyaaskuneu** vta • s/he fires him/her
ᓭᐦᑴᐱᑌᐤ **sehkwepiteu** vta • s/he pulls it (anim) flared

ᔅᐦᐧᐸᐱᑕᒼ sehkwepitam vti ♦ s/he pulls it flared

ᔅᐦᐧᐸᐳᑖᐤ sehkweputaau vai+o ♦ s/he saws it flared

ᔅᐦᐧᐸᐳᔦᐤ sehkwepuyeu vta ♦ s/he saws it (anim) flared

ᔅᐦᐧᐸᔪᐤ sehkwepayuu vai/vii -i ♦ it (anim) flares

ᔅᐦᐧᐸᑎᐦᒉᐧᐄᐤ sehkwetihchewiiu vai ♦ s/he spreads out her/his fingers

ᔅᐦᐧᐸᑯᑌᐤ sehkwekuteu vii ♦ it hangs flared out

ᔅᐦᐧᐸᑯᑖᐤ sehkwekutaau vai+o ♦ s/he hangs it flared out

ᔅᐦᐧᐸᑯᒋᓐ sehkwekuchin vai ♦ it (anim) hangs flared

ᔅᐦᐧᐸᑯᔪᐤ sehkwekuyeu vta ♦ s/he hangs it (anim) flared out

ᔅᐦᐧᐸᑳᑌᓲ sehkwekaatesuu vai -i ♦ it (anim, ex bell-bottomed pants) is flare-legged

ᔅᐦᐧᐁᓀᐤ sehkweneu vta ♦ s/he flares it (anim) by hand

ᔅᐦᐧᐁᓲ sehkwesuu vai -u ♦ it (anim) is flared

ᔅᐦᐧᐁᔬᐤ sehkweshweu vta ♦ s/he cuts it (anim) flared

ᔅᐦᐧᐁᔕᒼ sehkwesham vti ♦ s/he cuts it flared

ᔅᐦᐧᐁᔥᑯᐌᐤ sehkweshkuweu vta ♦ s/he flares it (anim) out with his/her weight, feet

ᔅᐦᐧᐁᔥᑲᒼ sehkweshkam vti ♦ s/he flares it out with his/her weight, feet

ᔅᐦᐧᐁᔮᐤ sehkweyaau vii ♦ it is flared

ᔅᐦᐧᐁᔮᔔ sehkweyaashuu vai -i ♦ it (anim) is bellowed out by the wind

ᔅᐦᐧᐁᔮᔥᑎᓐ sehkweyaashtin vii ♦ the wind bellows it out

ᔅᐦᐧᐁᐦᐊᒼ sehkweham vti ♦ s/he flares, splays it out

ᔅᐦᒉ sehche p,manner ♦ free, on his/her own initiative ▪ ᒥᔮ ᔅᐦᒉ ᑭ ᒥᔅᐱᓈ ᐊᓯᒼ ᐊᔅᒃᕊ ᔅᐦᒉ ᑭ ᐧᐱ ᐊᒐᑐᔑᒃ ▪ He was given the snowshoes free. ♦ S/he came and worked on her/his own.

ᓯ

ᓯᐳᐱᑌᐤ sipupiteu vta ♦ s/he closes it (anim) with a drawstring

ᓯᐳᐱᑕᒼ sipupitam vti ♦ s/he closes it with a drawstring

ᓯᐳᑖᐤ siputaau vai+o ♦ s/he files it down

ᓯᐳᑖᑲᓐ siputaakan ni ♦ file (tool)

ᓯᐳᔦᐤ sipuyeu vta ♦ s/he files it (anim) down

ᓯᐳᐦᑌᐸᔪᐤ sipuhtepayuu vai/vii -i ♦ it (anim) opens and closes spontaneously, on its own

ᓯᐳᐦᑌᓇᒼ sipuhtenam vti ♦ s/he closes the door of the teepee

ᓯᑎᓂᔅᒉᓀᐤ sitinischeneu vta ♦ s/he leads him/her holding his/her hand

ᓯᑎᓂᔅᒉᐦᑕᐦᐁᐤ sitinischehtaheu vta ♦ s/he takes him/her by the hand, walking

ᓯᑖᒥᔅᑯᐦᐊᒼ sitaamiskuham vti ♦ s/he holds it against the bottom of the water with something

ᓯᑖᒥᔅᑯᐦᐌᐤ sitaamiskuhweu vta ♦ s/he pins, holds it (anim, ex beaver) down against the bottom of the river, lake with something

ᓯᑖᔅᑯᓀᐤ sitaaskuneu vta ♦ s/he holds him/her against wood by hand

ᓯᑖᔅᑯᓇᒼ sitaaskunam vti ♦ s/he holds it against something stick-like

ᓯᑖᔅᑯᔖᐌᐤ sitaaskushaaweu vai ♦ s/he cuts babiche against a piece of wood

ᓯᑖᔅᑯᐦᐄᒉᐤ sitaaskuhiicheu vai ♦ s/he holds things up against wood

ᓯᑖᔅᑯᐦᐊᒼ sitaaskuham vti ♦ s/he holds it against wood while working on it

ᓯᑖᔅᑯᐦᐌᐤ sitaaskuhweu vta ♦ s/he holds it (anim) against wood while working on it

ᓯᑳᒫᑌᔨᐦᑖᑯᓐ sikamaateyihtaakun vai ♦ it is peaceful, calm, quiet

ᓯᑳᒫᑌᔨᐦᑖᑯᓲ sikamaateyihtaakusuu vai -i ♦ s/he is a quiet calm person

ᓯᑳᒫᑎᓰᐤ sikamaatisiiu vai ♦ s/he is of a peaceful disposition, character

ᓯᒋᔑᓐ sichishin vai ♦ s/he urinates as s/he falls

ᓯᒋᔨᔨᓐᑕᒨ sichiyesiishtamuweu vai
 ◆ s/he is grateful for him/her
ᓯᒋᔨᓲ sichiyesuu vai-i ◆ s/he is grateful
ᓯᒋᔨᓲᐎᓐ sichiyesuuwin ni
 ◆ gratefulness
ᓯᒋᔦᐦᐁᐤ sichiyeheu vta ◆ s/he makes him/her grateful, glad
ᓯᒋᔦᐦᐆ sichiyehuu vai-u ◆ s/he is grateful, glad for it
ᓯᒋᐦᑌᐤ sichihteu vta ◆ s/he urinates on him/her
ᓯᒋᐦᑎᓲ sichihtisuu vai reflex-u ◆ s/he urinates in her/his pants
ᓯᒋᐦᑕᒼ sichihtam vti ◆ s/he urinates on it
ᓯᒋᐦᒁᒨ sichihkwaamuu vai-u ◆ s/he wets the bed, urinates in her/his sleep
ᓯᒎ sichuu vai-i ◆ s/he/it (anim) urinates
ᓰᒎᐎᓐ sichuuwin ni ◆ urine
ᓯᓂᑯᐯᑳᐦᐄᑲᓐ sinikupekahiikan ni
 ◆ small dishcloth for washing dishes
ᓯᓂᑯᐯᐦᑳᑎᑲᐦᐄᑲᓐ sinikupehkaatikahiikan ni [Coastal]
 ◆ floor mop
ᓯᓂᑯᓀᐤ sinikuneu vta ◆ s/he rubs him/her with her/his hand
ᓯᓂᑯᓇᒼ sinikunam vti ◆ s/he rubs it with his hand
ᓯᓂᑯᔑᒣᐤ sinikushimeu vta ◆ s/he rubs it (anim) on a scrub board
ᓯᓂᑯᔑᒨ sinikushimuu vai-u ◆ s/he/it (anim) rubs her/him/itself against something
ᓯᓂᑯᔥᑐᐌᐦᐆᓲ sinikushtuwehuusuu vai reflex-u ◆ s/he lathers her/himself for shaving (old term)
ᓯᓂᑯᔥᑯᐌᐤ sinikushkuweu vta ◆ s/he rubs him/her against it
ᓯᓂᑯᔥᑲᒼ sinikushkam vti ◆ s/he rubs it against it
ᓯᓂᑯᐦᐄᑲᓐ sinikuhiikan ni [Coastal]
 ◆ file
ᓯᓂᑯᐦᐄᒉᐤ sinikuhiicheu vai ◆ s/he files
ᓯᓂᑯᐦᐊᒼ sinikuham vti ◆ s/he sharpens it with a file
ᓯᓂᑯᐦᐌᐤ sinikuhweu vta ◆ s/he sharpens it (anim) with a file
ᓯᓂᑯᐦᑎᑖᐤ sinikuhtitaau vai+o ◆ s/he rubs it on a scrub board
ᓯᓂᑯᐦᑕᑲᐦᐄᑲᓐ sinikuhtakahiikan ni
 ◆ floor brush

ᓯᓂᑯᐦᑕᑲᐦᐊᒼ sinikuhtakaham vti ◆ s/he scrubs the floor with a scrub brush
ᓯᓂᑯᐦᑕᑲᐦᐌᐤ sinikuhtakahweu vta
 ◆ s/he scrubs him/her/it (anim) with a scrubbing brush
ᓯᓂᑯᐦᑖᑲᓐ sinikuhtaakan ni
 ◆ washboard
ᓯᓂᒃᐚᐲᐤ sinikwaapiiu vai ◆ s/he rubs her/his own eyes
ᓯᓂᒃᐚᔅᑯᔑᒣᐤ sinikwaaskushimeu vta
 ◆ s/he rubs it (anim) on a stick
ᓯᓂᒃᐚᔅᑯᔑᒨ sinikwaaskushimuu vai-u
 ◆ s/he rubs against a stick, tree
ᓯᓂᒃᐚᔅᑯᐦᐄᑲᓐ sinikwaaskuhiikan ni ◆ a scented tree, stick used to attract an animal
ᓯᓂᓰᐤ sinisiiu vai ◆ it (anim) is compact
ᓯᓂᔅᒋᔅᐳᓐ sinischispun vii ◆ it is wet snow falling
ᓯᓂᔅᒋᔅᐸᔫ sinischispayuu vii-i ◆ it is wet snow falling
ᓰᓈᐤ sinaau vii ◆ it is compact
ᓰᓈᑯᓀᔥᑲᒼ sinaakuneshkam vti ◆ s/he packs the snow
ᓰᓈᑰ sinaakuu vai-u ◆ s/he has a snack, from English 'snack'
ᓯᓯᐦᐳᐦᑑᑲᔦᐸᔫ sisihpuhtuukayepayuu vai-i ◆ its ears flatten
ᓯᓲᒋᐯᒡ sisuuchipech p,location [Coastal]
 ◆ near the water, along the shore of the lake
ᓯᓲᒡ sisuuch p,location [Coastal] ◆ near the shore, along the shore
ᓯᓲᒋᒨ sisuuchimuu vai-u ◆ s/he speaks boldly
ᓯᔅᑳᒑᐤ siskachaau vii ◆ it is thawing snow
ᓯᔅᑲᓐ siskan vii [Inland] ◆ it is wet snow in winter
ᓯᔅᑲᐦᓐ siskahun ni ◆ cane, crutch
ᓯᔅᑲᐦᐆ siskahuu vai-u ◆ s/he walks with a cane, crutches
ᓯᔅᑲᐦᐆᐚᒉᐤ siskahuuwaacheu vai
 ◆ s/he uses something as a walking stick
ᓯᔅᑲᐦᐆᓈᐦᑎᒄ siskahuunaahtikw ni
 ◆ frame of a crutch
ᓯᔅᑳᐦᑐᐌᐦᐄᑲᓈᐦᑎᒄ siskaahtuwehiikanaahtikw ni ◆ support pole

ᓯᐢᑳᐦᑐᐍᐦᐊᒼ siskaahtuweham vti ♦ s/he puts up a support pole

ᓯᐢᑭᒋᐁᐧᓱ sischikuchiiwesuu vai [Coastal] ♦ s/he gets angry suddenly

ᓯᐢᑭᒡ sischikuch p,manner ♦ suddenly ▪ ᐁᑲ ᓯᐢᑭᒡ ᐊᑉᐸᐟᐠ ▪ *It stopped too suddenly.*

ᓯᐢᑭᓀᐤ sischikuneu vta ♦ s/he touches him/her/it (anim) by accident

ᓯᐢᑭᓇᒼ sischikunam vti ♦ s/he touches it by accident

ᓯᐢᑭᔑᐣ sischikushin vai ♦ s/he bumps into something accidentally

ᓯᐢᑭᐦᐊᒼ sischikuham vti ♦ s/he touches it by accident with an instrument

ᓯᐢᑭᐦᐍᐤ sischikuhweu vta ♦ s/he touches him/her/it (anim) by accident with an instrument

ᓯᐢᑲᐢᑯᓂᐸᔫ sischikashkunipayuu vii ♦ it suddenly fogs over

ᓯᐢᑮᐛᒋᐁᐧᓱ sischikwaachiiwesuu vai [Inland] ♦ s/he gets angry suddenly

ᓯᐢᒋᐦᑯᐱᓀᐤ sischihkuhpineu vai ♦ s/he gets sick suddenly, has a sudden pain

ᓯᐢᒋᐅᒋᔑᒣᐤ sischiiuchishimeu vta [Coastal] ♦ s/he gets mud on him/her accidentally

ᓯᐢᒋᐅᒋᐦᑎᑖᐤ sischiiuchihtitaau vai+o [Coastal] ♦ s/he gets mud on it accidentally

ᓯᐢᒋᐅᓀᐤ sischiiuneu vta [Coastal] ♦ s/he covers him/her with mud by hand

ᓯᐢᒋᐅᓇᒼ sischiiunam vti ♦ s/he covers it with mud with his hand

ᓯᐢᒋᐅᔑᐣ sischiiushin vai ♦ s/he gets covered with mud by falling

ᓯᐢᒋᐅᐦᐁᐤ sischiiuheu vta ♦ s/he sprinkles, covers him/her with mud

ᓯᐢᒋᐅᐦᑎᐣ sischiiuhtin vii ♦ it gets covered with mud by falling

ᓯᐢᒋᐅᐦᑖᐤ sischiiuhtaau vai+o ♦ s/he gets mud on it

ᓯᐢᒋᐋᐸᒨ sischiiwaakamuu vii -i ♦ the water is muddy

ᓯᐢᒋᐋᒥᑳᐤ sischiiwaamiskaau vii ♦ the body of water has a muddy bottom

ᓯᐢᒋᐋᐢᑯᓇᒼ sischiiwaaskunam vti ♦ s/he covers it (stick-like) with mud

ᓯᐢᒋᐤ sischiiu vai/vii ♦ it (anim) is muddy

ᓯᐢᒍ sischuu ni -chiim ♦ mud, clay

ᓯᐢᒍᒋᔑᒣᐤ sischuuchishimeu vta [Inland] ♦ s/he gets mud on him/her accidentally

ᓯᐢᒍᒋᐦᑎᑖᐤ sischuuchihtitaau vai+o [Inland] ♦ s/he gets mud on it accidentally

ᓯᐳᐸᔫ sihpupayuu vai/vii -i ♦ it (anim) is flattened

ᓯᐳᓀᐤ sihpuneu vta ♦ s/he flattens it (anim) by hand

ᓯᐳᓇᒼ sihpunam vti ♦ s/he flattens it (metal) with his hands

ᓯᐳᐦᐊᒼ sihpuham vti ♦ s/he flattens it (metal, ex can) with something

ᓯᐳᐦᐍᐤ sihpuhweu vta ♦ s/he flattens it (anim, metal) with something

ᓯᐦᑯᐃᐧᐣ sihkuwin ni ♦ saliva, spittle

ᓯᐦᑰ sihkuu vai -u ♦ s/he spits

ᓯᐦᒁᑌᐤ sihkwaateu vta ♦ s/he spits on him/her

ᓯᐦᒁᑕᒼ sihkwaatam vti ♦ s/he spits on it

ᓰ

ᓰᐅᑏᐢ siiutiis ni -im ♦ candies, from English 'sweeties'

ᓰᐱᑌᔮᐢᑯᐦᐁᐤ siipiteyaaskuheu vta ♦ s/he debones beaver and stretches it with sticks to cook by fire

ᓰᐱᑌᔮᐢᑯᐦᐄᑲᐣ siipiteyaaskuhiikan ni [Inland] ♦ method of cooking a deboned beaver by stretching it into a square shape on four sticks like a kite

ᓰᐱᑌᔮᐢᑯᐦᖱᐘᐣ siipiteyaaskuhaapwaan ni [Coastal] ♦ method of cooking a boned beaver by stretching it into a square shape on four sticks

ᓰᐱᓂᔐᔫ siipinischeyuu vai -i ♦ s/he stretches out her/his hand

ᓰᐱᐢᑲᑖᐦᑕᒼ siipiskataahtam vti ♦ s/he/it (anim) has dripping, slimy saliva, hanging from mouth

ᓰᐱᐢᑳᐤ siipiskaau vii ♦ it is stretchy, it is sticky and slimy

ᓰᐱᔐᔫᒋᓀᐤ siipischeyuuchineu vta ♦ s/he stretches it (anim) by hand

siipischipiteu vta ⋄ s/he stretches it (anim)

siipischipicheu vai ⋄ s/he plays the accordion

siipischipichikan ni ⋄ accordion

siipischipayuu vai/vii -i ⋄ it gets stretchy, sticky, slimy

siipischisuu vai -i ⋄ it (anim) is sticky and slimy, stretchy

siipischihtakaau vii ⋄ it (useful wood) is difficult to split (ex. wet wood)

siipihkasuu vai ⋄ it (ex beaver) takes unusually long to cook

siipii ni -m ⋄ river

siipiiwesiiwin ni ⋄ patience

siipiiwesuu vai ⋄ s/he is patient

siipiiskaau vii ⋄ there are many rivers

siipiihkaan ni ⋄ canal

siipaai na -m ⋄ dumpling stew, from French 'cipaille'

siipaaihcheu vai ⋄ s/he makes dumplings

siipaasuu vai -i ⋄ s/he goes under something

siituweyimeu vta ⋄ s/he is comforted by his/her company

siituweyimuwin ni ⋄ comfort

siituwaapihkaateu vta ⋄ s/he ties it (anim) to hold it together

siituwaapihkaatam vti ⋄ s/he ties it to hold it together

siituwaaskuhiikan ni ⋄ stick used as a prop

siituwaaskuham vti ⋄ s/he props it up with something stick-like

siituwaaskuhweu vta ⋄ s/he props him/her/it up with something stick-like

siitushkuweu vta ⋄ s/he is comforted by his/her presence

siituu p,manner ⋄ precarious, unsafe, needs support, carefully ▪ *That table is precarious, unsafe (may look strong but will fall if something placed on it).* ⋄ *Place it over there carefully.*

siituupuu vai -i ⋄ it (anim) sits just barely holding itself together, s/he sits cautiously

siituukaapuu vai -uu ⋄ s/he/it (anim) stands just barely holding her/him/itself together, cautiously

siituuneu vta ⋄ s/he sets it (anim) back together

siituunam vti ⋄ s/he sets it back together

siituushin vai ⋄ s/he/it (anim) lies there afraid to move (ex because of pain)

siituuheu vta ⋄ s/he sets it (anim, ex cup of milk) down carefully

siikunituuhuuwin ni ⋄ spring hunt

siikunishuwin ni ⋄ place to spend spring

siikunishuu vai -i ⋄ s/he spends the whole spring at the same place

siikunihtaaukamikw ni ⋄ spring dwelling

siikunihtaau vai+o ⋄ s/he spends the spring at a place

siikunihkweu vai [Coastal] ⋄ her/his face tans in spring time

siikunihch p,time ⋄ last spring

siikunaapeu na ⋄ man tanned in the springtime, literally 'spring-man'

siikun vii ⋄ it is spring

siikusaakan na ⋄ piece of fat crackling, scruncheon

siikahamuweu vta ⋄ s/he serves him/her food

siikahamaasuu vai reflex -u ⋄ s/he serves her/himself with food

siikaham vti ⋄ s/he serves food into plates

siikahaahtuweu vta ⋄ s/he baptizes him/her

siikahaahtaausuu vai -u ⋄ s/he gets her/his baby baptized

ᓰᑲᐦᐋᒐᐎᐣ siikahaahtaachewin na
♦ baptism
ᓰᑲᐦᐌᐤ siikahweu vta ♦ s/he serves it (anim) out
ᓰᑳᐳᐌᓀᐤ siikaapuweneu vta ♦ s/he spills it (anim, liquid) by hand
ᓰᑳᐳᐌᓇᒻ siikaapuwenam vti ♦ s/he spills it (liquid) by hand
ᓰᑳᐳᐌᐦᑖᐤ siikaapuwehtaau vai+o
♦ s/he spills it (liquid)
ᓰᑳᔮᐦᐆᑌᐤ siikaayaahuuteu vii ♦ the waves break into it (ex canoe)
ᓰᑳᔮᐦᐆᑰ siikaayaahuukuu vai-u ♦ s/he has waves break over her/him, in the canoe
ᓰᑳᔮᐦᐊᐣ siikaayaahan vii ♦ the waves break over the boat
ᓰᒋᐌᐱᓀᐤ siichiwepineu vta ♦ s/he pours it (anim, ex milk) out
ᓰᒋᐌᐱᓇᒻ siichiwepinam vti ♦ s/he pours it (ex water) out
ᓰᒋᒈᐦᐌᐤ siichikwehweu vta ♦ s/he spills, spatters her/his/its blood, by hitting, s/he causes him/her/it to bleed by hitting
ᓰᒋᓇᒻ siichinam vti ♦ s/he spills it out, by hand
ᓰᒥᐣ siimin ni ♦ seed
ᓰᓂᐱᑕᒻ siinipitam vti ♦ s/he squeezes it out by sliding and pulling motion
ᓰᓂᐹᑎᓀᐤ siinipaatineu vta ♦ s/he squeezes liquid out of it (anim) by hand
ᓰᓂᐹᑎᓇᒻ siinipaatinam vti ♦ s/he squeezes liquid out of it by hand
ᓰᓂᐹᑎᔥᑯᐌᐤ siinipaatishkuweu vta ♦ s/he squeezes liquid out of him/her by body, foot
ᓰᓂᐹᑎᔥᑲᒻ siinipaatishkam vti ♦ s/he squeezes liquid out of it, by bodyweight (as by sitting on it), by foot
ᓰᓂᐹᑖᐦᐄᑲᐣ siinipaatahiikan ni
♦ wringer
ᓰᓂᒉᒨᐌᐤ siinichemuweu vai ♦ s/he squeezes the contents out of the intestines
ᓰᓂᓲ siinisuu vai-u ♦ it (anim) has the fat boiled off

ᓰᓂᔐᔨᑯᒣᐎᐣ siinischeyikumewin ni
♦ kleenex, tissue
ᓰᓂᔐᔨᑯᒣᐤ siinischeyikumeu vai ♦ s/he blows her/his nose
ᓰᓂᔐᔨᑯᒣᐦᐁᐤ siinischeyikumeheu vta
♦ s/he wipes someone's nose, helps someone blow his/her nose
ᓰᓂᔑᒃᒑᑕᐦᐊᒻ siinischikwaataham vti
♦ s/he/it (anim, ex otter) slides on ice
ᓰᓂᔑᓀᐤ siinischineu vta ♦ s/he/it (anim, ex spoon) slips from her/his hand, s/he loses her/his grip on him/her/it (anim)
ᓰᓂᔑᓇᒻ siinischinam vti ♦ it slips from her/his hand, s/he loses her/his grip on it
ᓰᓯᐯᐤ siisipeu vai ♦ s/he melts snow for water
ᓰᓯᐯᒃᐤ siisipekw ni [Inland] ♦ water from melted snow on lakes and rivers
ᓰᓯᐹᓈᐳ siisipaanaapuu ni-m ♦ snow water (old term)
ᓰᓰᑎᓲ siisiitisuu na -slim [Coastal] ♦ black guillemot bird *Cepphus grylle*
ᓰᔅᑳᐺᐅᑖᐤ siiskaapwaautaau vai+o
♦ s/he washes blood out of it
ᓰᔑᓀᐤ siischineu vta ♦ s/he lets it (anim, string-like) slip from her/his hand
ᓰᔑᓇᒻ siischinam vti ♦ s/he lets it (string-like) slip from her/his hand
ᓰᐦᑌᒋᐱᑌᐤ siihtechipiteu vta ♦ s/he pulls it (anim, sheet-like) tight
ᓰᐦᑌᒋᐱᑕᒻ siihtechipitam vti ♦ s/he pulls it tight (sheet-like)
ᓰᐦᑎᓀᐤ siihtineu vta ♦ s/he grabs it (anim) tightly, s/he tightens it (anim) by hand
ᓰᐦᑎᓇᒻ siihtinam vti ♦ s/he tightens it by hand, s/he grabs it tightly
ᓰᐦᑎᔑᒣᐤ siihtischimeu vai [Inland]
♦ s/he weaves the snowshoe tightly
ᓰᐦᑑ siihtuu p,location ♦ in a narrow, tight, crowded space, tightly between things
■ *ᓰᐦᑑ ᐊᓅᐦ ᐆᐦ*ₓ ■ *Stand in between the crowd.*
ᓰᐦᑑᐙᐱᔅᑳᐤ siihtuuwaapiskaau vii ♦ it is a crevice in a rock
ᓰᐦᑑᐙᔅᑯᐦᑎᑖᐤ siihtuuwaaskuhtitaau vai+o ♦ s/he puts it in a narrow space between stick-like things

ᓰᐦᑑᐴ siihtuupuu vai-i ♦ s/he/it (anim) sits in a narrow space between things

ᓰᐦᑑᐸᔨᐦᐆ siihtuupayihuu vai-u ♦ s/he/it (anim) tries to get between two people, things, it (animal) creeps into a narrow space

ᓰᐦᑑᐸᔫ siihtuupayuu vai/vii -i ♦ s/he/it falls into a crack, crevice

ᓰᐦᑑᐹᒣᐤ siihtuupaameu vta ♦ s/he holds him/her/it (anim) between her/his legs

ᓰᐦᑑᐹᐦᑕᒼ siihtuupaahtam vti ♦ s/he holds it between his legs

ᓰᐦᑑᑎᐦᒁᒣᐤ siihtuutihkwaameu vta ♦ s/he takes him/her/it (anim) under her/his arm

ᓰᐦᑑᑎᐦᒁᐦᑕᒼ siihtuutihkwaahtam vti ♦ s/he takes it under his arm

ᓰᐦᑑᑳᐴ siihtuukaapuu vai -uu ♦ s/he/it (anim) stands in a narrow space

ᓰᐦᑑᔑᒨ siihtuushimuu vai-u ♦ s/he creeps between things

ᓰᐦᑑᔑᓐ siihtuushin vai ♦ s/he/it (anim) lies in a narrow space

ᓰᐦᑑᐦᐄᑲᓐ siihtuuhiikan ni ♦ caulking for cracks in a structure, building

ᓰᐦᑑᐦᐄᒉᐤ siihtuuhiicheu vai ♦ s/he caulks the cracks in something (ex log cabin)

ᓰᐦᑑᐦᐊᒼ siihtuuham vti ♦ s/he is caulking it

ᓰᐦᑑᐦᑎᓐ siihtuuhtin vii ♦ it lies in a narrow space

ᓰᐦᑕᐲᑌᐤ siihtapiteu vta ♦ s/he binds it tightly

ᓰᐦᑕᐲᑕᒼ siihtapitam vti ♦ s/he binds it (anim) tightly

ᓰᐦᑕᐳᐎᐨ siihtapuwich vai pl -i ♦ they sit crowded

ᓰᐦᑕᑯᑌᐤ siihtakuteu vii ♦ it hangs crowded

ᓰᐦᑕᒨᐦᐁᐤ siihtamuheu vta ♦ s/he puts it (anim) on tightly

ᓰᐦᑕᒨᐦᑖᐤ siihtamuhtaau vai+o ♦ s/he puts it on tightly

ᓰᐦᑕᔅᑖᓲ siihtastaasuu vai -u ♦ her/his things are crowded together

ᓰᐦᑕᔦᒋᐲᑌᐤ siihtayechipiteu vta ♦ s/he pulls it (anim, sheet-like) tight

ᓰᐦᑕᔦᒋᐲᑕᒼ siihtayechipitam vti ♦ s/he pulls it (sheet-like) tight

ᓰᐦᑕᔦᒋᓀᐤ siihtayechineu vta ♦ s/he holds it (anim, sheet-like) tight

ᓰᐦᑕᔦᒋᓇᒼ siihtayechinam vti ♦ s/he holds it (sheet-like) tight

ᓰᐦᑖᐦᐊᒼ siihtaham vti ♦ s/he tightens it with something

ᓰᐦᑖᐦᐊᐌᐤ siihtahweu vta ♦ s/he tightens it (anim) with something

ᓰᐦᑖᐱᔅᑳᐤ siihtaapiskaau vii ♦ it is a tight place in rocks

ᓰᐦᑖᐱᐦᑌᐤ siihtaapihteu vii ♦ it (ex tent) is full of smoke

ᓰᐦᑖᐱᐦᑌᓂᐦᑖᐤ siihtaapihtenihtaau vai+o ♦ s/he fills it full of smoke

ᓰᐦᑖᐱᐦᑳᑌᐤ siihtaapihkaateu vta ♦ s/he ties him/her tightly

ᓰᐦᑖᐱᐦᑳᑕᒼ siihtaapihkaatam vti ♦ s/he ties it tightly

ᓰᐦᑖᐱᐦᒉᐲᑌᐤ siihtaapihchepiteu vta ♦ s/he pulls it (anim, string-like) tightly

ᓰᐦᑖᐱᐦᒉᐲᑕᒼ siihtaapihchepitam vti ♦ s/he pulls it (string-like) tightly

ᓰᐦᑖᐱᐦᒉᓀᐤ siihtaapihcheneu vta ♦ s/he holds it (anim, string-like) tightly

ᓰᐦᑖᐱᐦᒉᓇᒼ siihtaapihchenam vti ♦ s/he holds it (string-like) tightly

ᓰᐦᑖᐸᐦᐊᒼ siihtaapaham vti ♦ s/he tightens it by tool

ᓰᐦᑖᐸᐦᐊᐌᐤ siihtaapahweu vta ♦ s/he tightens it (anim) by tool

ᓰᐦᑖᑯᓀᐦᐊᒼ siihtaakuneham vti ♦ s/he packs snow into it

ᓰᐦᑖᑯᓀᐦᐊᐌᐤ siihtaakunehweu vta ♦ s/he packs snow into it (anim)

ᓰᐦᑖᑲᒥᐦᑴᐸᔫ siihtaakamihkwepayuu vai -i ♦ s/he/it (anim) has her/his/its blood circulation constricted, cut off

ᓰᐦᑖᔅᑵᔮᐤ siihtaaskweyaau vii ♦ the woods are crowded, dense

ᓰᐦᑖᔅᑵᔮᑲᒫᐤ siihtaaskweyaakamaau vii ♦ the lake is surrounded by crowded trees

ᓰᐦᑖᔅᑯᐦᑎᓐ siihtaaskuhtin vii ♦ it is fit tightly in between something stick-like

ᓰᐦᑲᑌᔨᐦᑕᒼ siihkateyihtam vti ♦ s/he feels chilly

ᓰᐦᑲᑌᔨᐦᑖᑯᓐ siihkateyihtaakun vii ♦ it is chilly

ᓰᐦᑲᑎᒣᐤ **siihkatimeu** vta ♦ s/he gives him/her a chill

ᓰᐦᑲᑖᐹᐌᐤ **siihkataapaaweu** vai ♦ s/he is chilly, cold from being wet

ᓰᐦᑲᐦᐄᐯᐤ **siihkahiipeu** vii ♦ s/he scoops liquid from one container to another

ᓰᐦᑲᐦᖖᑌᐤ **siihkahaataacheu** vai ♦ s/he (ex John the Baptist) performs baptisms

ᓰᐦᒋᑳᐴᐎᒡ **siihchikaapuuwich** vai pl -uu ♦ they stand crowded

ᓰᐦᒋᒣᐤ **siihchimeu** vai ♦ s/he encourages her/him, s/he urges him/her by talking, commands him/her

ᓰᐦᒋᒧᐌᐎᓐ **siihchimuwewin** ni ♦ encouragement

ᓰᐦᒋᒧᐌᐤ **siihchimuweu** vai ♦ s/he urges, encourages

ᓰᐦᒋᓯᑳᐤ **siihchisikwaau** vii ♦ the broken ice that has shifted is tightly packed

ᓰᐦᒋᔅᒋᒣᐤ **siihchischimeu** vai [Coastal] ♦ s/he weaves the webbing of the foot section of a snowshoe tightly

ᓰᐦᒋᔅᒋᓀᐤ **siihchischineu** vai ♦ it (anim) is packed tightly

ᓰᐦᒋᔅᒋᓂᐦᐁᐤ **siihchischiniheu** vta ♦ s/he packs it (anim) in tightly

ᓰᐦᒋᔅᒋᓂᐦᑖᐤ **siihchischinihtaau** vai+o ♦ s/he packs it in tightly

ᓰᐦᒋᔥᑌᐤ **siihchishteu** vii ♦ it is crowded with things

ᓰᐦᒋᔥᑯᐌᐤ **siihchishkuweu** vta ♦ s/he is pressing, standing close to him/her/it (anim)

ᓰᐦᒋᔥᑳᑐᐎᒡ **siihchishkaatuwich** vai pl recip -u ♦ they are tightly crowded

ᓰᐦᒎᒎᓰᒣᐦᓱᐎᓐ **siihchuuchuusimehusuwin** ni ♦ bra (old term)

ᓲ

ᓱᔅᑲᔅᒋᓇᒻ **suskaschinam** vti [Coastal] ♦ s/he attaches the beaver, otter trap to a forked stick and lowers it into the water

ᓲᐱᐸᔫ **suupipayuu** vii -i ♦ it makes lots of suds

ᓲᐲᑎᐦᒉᐤ **suupitihcheu** vai ♦ s/he has soapy hands

ᓲᐳᔮᑲᓐ **suupuyaakan** ni ♦ soap dish

ᓲᐳᐦᐌᐤ **suupuhweu** vta ♦ s/he soaps him/her/it (anim)

ᓲᐳᐦᑖᐤ **suupuhtaau** vai+o ♦ s/he soaps it

ᓲᐸᐦᑕᒧᔦᐤ **suupahtamuyeu** vta ♦ s/he lets him/her lick it (ex ice cream)

ᓲᐸᐦᑕᒻ **suupahtam** vti ♦ s/he licks it

ᓲᐹᐴ **suupaapuu** ni ♦ soapy water

ᓲᐹᑲᒥᐸᔫ **suupaakamipayuu** vii -i ♦ the water is sudsy

ᓲᐹᑲᒨ **suupaakamuu** vii -i ♦ it is soapy water

ᓲᑉ **suup** na -im ♦ soap

ᓲᓂᐹᑎᐦᐄᒉᒫᑲᓐ **suunipaatihiichemakan** vii ♦ it sprays, squirts out

ᓲᓂᐹᑎᐦᐊᒻ **suunipaatiham** vti ♦ s/he sprays it

ᓲᓂᐹᑎᐦᐌᐤ **suunipaatihweu** vta ♦ s/he sprays him/her

ᓲᓂᐹᑕᐦᓲᐙᑲᓐ **suunipaatahusuuwaakan** ni ♦ sprayer, shower

ᓲᓂᐹᒋᑲᓐ **suunipaachikan** ni ♦ sprayer

ᓲᓂᔐᔥᑐᐌᐤ **suunischeyishtuweu** vta ♦ s/he puts her/his hand out to him/her

ᓲᓂᔐᔫ **suunischeyuu** vai -i ♦ s/he puts out her/his hand

ᓲᓲᐸᒣᐤ **suusuupameu** vta redup ♦ s/he licks him/her/it (anim) repeatedly

ᓲᓲᐸᐦᑕᒻ **suusuupahtam** vti redup ♦ s/he licks it repeatedly

ᓲᓲᓯᒂᐤ **suusuusikwaau** vii redup ♦ it is slippery ice

ᓲᓵᒋᐲᐎᓐ **suusaachipiiwin** vii [Inland] ♦ it (lake, river) is slushy

ᓲᓵᒋᐲᐦ **suusaachipiih** ni pl [Inland] ♦ water mixed with ice as tide comes in, slush

ᓲᓵᒋᐸᔫ **suusaachipayuu** vii -i ♦ it is water mixed with the ice as the tide comes in

ᔔᓵᓲ **suusaasuu** na -siim ♦ arctic char
Salvelinus alpinus
ᔔᓵᔅᑯᓐ **suusaaskun** vii ♦ it is slippery, smooth ice
ᔔᔅᑳᓯᓂᑲᓐ **suuskaschinikan** ni ♦ trap attached to a forked stick to be lowered into the water and set
ᔔᔔᒍᐎᓐ **suushuuchuwin** vii ♦ the current flows smoothly
ᔔᐦᒁᐦᐁᒻ **suuhkweham** vti [Coastal] ♦ s/he tests the strength of the ice with a pole
ᔔᐦᑲᑖᒨ **suuhkutaamuu** vai -u ♦ s/he spits up blood
ᔔᐦᑯᓲ **suuhkusuu** vai -i ♦ s/he/it (anim) is bloody
ᔔᐦᑯᔺ **suuhkushin** vai ♦ s/he gets bloody from lying around
ᔔᐦᑯᐦᐁᐤ **suuhkuheu** vta ♦ s/he/it (anim) gets blood on her/him/it
ᔔᐦᑯᐦᐃᓲ **suuhkuhiisuu** vai reflex -i ♦ s/he/it (anim) gets blood on her/him/itself
ᔔᐦᑯᐦᑎᓐ **suuhkuhtin** vii ♦ it gets bloody from lying around
ᔔᐦᑯᐦᑖᐤ **suuhkuhtaau** vai+o ♦ s/he gets it bloody, gets blood on it
ᔔᐦᑲᓐ **suuhkan** vii ♦ it (ex trap) has a strong grip
ᔔᐦᑳᐱᐦᑳᑌᐤ **suuhkaapihkaateu** vta ♦ s/he ties him/her/it (anim) strongly
ᔔᐦᑳᐱᐦᑳᑕᒼ **suuhkaapihkaatam** vti ♦ s/he ties it strongly
ᔔᐦᑳᑎᓰᐎᓐ **suuhkaatisiiwin** ni ♦ power
ᔔᐦᑳᑎᓰᐤ **suuhkaatisiiu** vai ♦ s/he is powerful
ᔔᐦᑳᐦᑲᑎᑌᐤ **suuhkaahkatiteu** vii ♦ it dries hard
ᔔᐦᑳᐦᑲᑎᓲ **suuhkaahkatisuu** vai -u ♦ it (anim, skin) dries hard
ᔔᐦᒁᐤ **suuhkwaau** vii ♦ it is bloody
ᔔᐦᒁᐯᑲᓐ **suuhkwaapekan** vii ♦ it is a bloody string
ᔔᐦᒁᐱᐦᒉᓲ **suuhkwaapihchesuu** vai ♦ it (anim) is a bloody string
ᔔᐦᒃ **suuhk** p,interjection ♦ try! ■ ᔔᐦᒡ *dꞮᑢ* ■ *Try hard.*
ᔔᐦᒉᑲᓐ **suuhchekan** vii ♦ it is strong cloth
ᔔᐦᒉᒋᓲ **suuhchechisuu** vai -i ♦ it (anim) is strong cloth

ᔔᐦᒉᔨᒣᐤ **suuhcheyimeu** vta ♦ s/he has confidence in him/her
ᔔᐦᒉᔨᒧᑐᐌᐤ **suuhcheyimutuweu** vta ♦ s/he acts self-confidently toward him/her
ᔔᐦᒉᔨᒨ **suuhcheyimuu** vai -u ♦ s/he is self-confident
ᔔᐦᒉᔨᐦᑕᒼ **suuhcheyihtam** vti ♦ s/he has confidence in it, s/he is resolute
ᔔᐦᒉᔨᐦᑖᑯᓐ **suuhcheyihtaakun** vii ♦ it seems strong
ᔔᐦᒉᔨᐦᑖᑯᓲ **suuhcheyihtaakusuu** vai -i ♦ s/he seems strong
ᔔᐦᒉᔨᐦᑖᒧᐎᓐ **suuhcheyihtaamuwin** ni ♦ mental strength
ᔔᐦᒋᐸᔦᐤ **suuhchipayiheu** vta ♦ s/he moves him/her/it (anim) with strength
ᔔᐦᒋᐸᔨᐆ **suuhchipayihuu** vai -u ♦ s/he moves with great strength
ᔔᐦᒋᐸᔨᐦᑖᐤ **suuhchipayihtaau** vai+o ♦ s/he moves it with strength
ᔔᐦᒋᐸᔫ **suuhchipayuu** vai/vii -i ♦ s/he/it moves strongly
ᔔᐦᒋᑌᐦᔉᐁᐤ **suuhchiteheshkuweu** vta ♦ s/he gives him/her courage
ᔔᐦᒋᑳᐴ **suuhchikaapuu** vai -uu ♦ s/he stands up firmly, strongly
ᔔᐦᒋᑳᐴᐁᐤ **suuhchikaapuuheu** vta ♦ s/he stands him/her up strongly, firmly
ᔔᐦᒋᑳᐴᐦᑖᐤ **suuhchikaapuuhtaau** vai+o ♦ s/he stands it up strongly, firmly
ᔔᐦᒋᒫᑯᓐ **suuhchimaakun** vii ♦ it smells strongly
ᔔᐦᒋᒫᑯᓲ **suuhchimaakusuu** vai -i ♦ s/he smells strongly
ᔔᐦᒋᒫᓲ **suuhchimaasuu** vai -u ♦ it (anim, ex cigar) smells strongly as it burns
ᔔᐦᒋᒫᓴᒻ **suuhchimaasam** vti ♦ s/he burns it and it smells strongly
ᔔᐦᒋᒫᓵᐌᐤ **suuhchimaasaaweu** vai ♦ s/he burns something which smells strongly
ᔔᐦᒋᒫᔐᐤ **suuhchimaashteu** vii ♦ it smells strongly as it burns
ᔔᐦᒋᓈᑯᓐ **suuhchinaakun** vii ♦ it (ex machine) looks strong
ᔔᐦᒋᓈᑯᓲ **suuhchinaakusuu** vai -i ♦ s/he looks physically strong

suuhchinaakuheu vta ♦ s/he makes him/her/it (anim) strong looking

suuhchinaakuhtaau vai+o ♦ s/he makes it look strong

suuhchisikusuu vai -i ♦ it (anim, ice) is strong

suuhchisikwaau vii ♦ it is strong ice

suuhchisiiunaakun vii ♦ it looks strong, tough, rugged

suuhchisiiwin ni ♦ strength

suuhchisiiu vai ♦ s/he is strong

suuhchisiimakan vii ♦ it is strong

suuhchispakun vii ♦ it tastes strong

suuhchispakusuu vai -i ♦ it (anim) tastes strong

suuhchisteheu vai ♦ s/he is brave, courageous

suuhchishtikwaaneu vai [Inland] ♦ s/he is stubborn, thick-headed

suuhchishkaaushuu vai -u ♦ s/he is able, strong enough to carry a heavy load on her/his back

suuhchihtaakun vii ♦ it sounds strong, loud

suuhchihtaakusuu vai -i ♦ s/he sounds strong, loud

suuhchiiweu vii ♦ it is a strong wind

suuhchiiwesuu vai -i ♦ s/he is in a rage, really angry

suuhchiisiiunaakusuu vai -i ♦ s/he/it (anim) looks tough, rugged

s

sakwehpiteu vta ♦ s/he holds (anim) a bunch of birds tied together by the neck

sakwehpichikaniyaapii ni -m ♦ string used to tie a bunch of birds together

sakusuu vai -i ♦ it (anim, ex net) has small, fine, densely crowded mesh

sakushtaau vai+o ♦ s/he sets things close together

sakuhweu vta ♦ s/he makes it (anim, ex net) with a small, fine, densely crowded mesh

sakapeu vai ♦ s/he does roasting on a string

sakaputeu vta ♦ s/he roasts it for him/her

sakapwaachikan ni ♦ hook at end of roasting line

sakapwaaniyaapii ni -m ♦ roasting string

sakapwaanaahtikw ni ♦ stick put through top or bottom of animal, bird while roasting hanging on a string

sakapwaan na ♦ roast meat on a string

sakatihkunuu vai ♦ it (anim) is a thickly branched tree

sakakuhtaau vai+o ♦ s/he has hiccoughs, hiccups

sakamuhtaau vai+o ♦ s/he makes it adhere

sakamuu vai/vii -u ♦ it (anim) is adhered to something

sakaschineu vta ♦ s/he buries him/her

sakaschinam vti ♦ s/he buries the body

sakaschisiiu vai ♦ it (anim) is closely packed

sakahiikan ni ♦ screw

sakaham vti ♦ s/he fastens it to something, s/he screws it on

sakahweu vta ♦ s/he fastens it (anim) to something, s/he screws it (anim) on

sakahpiteu vta ♦ s/he pulls a second (anim) thing by tying it to the first one being pulled

sakahpitam vti ♦ s/he pulls a second thing by tying it to the first one being pulled

sakaau vii ♦ it is an area of bushes

sakaapechineu vta ♦ s/he holds it (anim) by the handle

sakaapechinam vti ♦ s/he holds it by the handle

ᓴᐱᒋᑎᑖᐅ° **sakaapichehtitaau** vai+o
 ♦ s/he hooks it (string-like) on something
ᓴᐱᒋᑎᓐ° **sakaapichehtin** vii ♦ it (string-like) is hooked on something
ᓴᐱᐦᒋᓀᐤ° **sakaapihcheneu** vta ♦ s/he holds it (anim) by the string, leash, harness
ᓴᐱᐦᒋᓇᒻ **sakaapihchenam** vti ♦ s/he holds it by a string, cord, leash, harness
ᓴᐱᐦᒋᔑᓐ **sakaapihcheshin** vai ♦ it (anim, string-like) is hooked on something
ᓴᐱᐦᒋᔥᑯᐌᐤ° **sakaapihcheshkuweu** vta
 ♦ s/he is caught, tangled in it (anim, string-like)
ᓴᑳᔅᑴᔮᐤ° **sakaaskweyaau** vii ♦ it is dense, brushy woods
ᓴᑳᔅᑯᐦᐊᒻ **sakaaskuham** vti ♦ s/he pins it
ᓴᑳᔅᑯᐦᐌᐤ° **sakaaskuhweu** vta ♦ s/he pins it (anim)
ᓴᑳᔅᑳᐤ° **sakaaskaau** vii ♦ it is closely packed
ᓴᑳᔅᒋᔅᑳᐤ° **sakaaschiskaau** vii ♦ it is an area of thick, dense branches
ᓴᑳᔨᐦᒁᐤ° **sakaayihkweu** vai ♦ s/he has tangled hair
ᓴᑳᔨᐦᒀᐸᔫ **sakaayihkwepayuu** vai-i
 ♦ her/his hair gets tangled
ᓴᑳᔨᐦᒀᓀᐤ° **sakaayihkweneu** vta ♦ s/he holds him/him by the hair
ᓴᑴᐤ° **sakwaau** p,manner ♦ closely together, thickly, densely (ex webbing of snowshoe) ▪ ᓂᐊᐧ ᓴᑴ ᐃ ᒋᒋᐦᒧᐧᐦᐊᐧ ▪ *Your knitting is so thick.*
ᓴᒋᐹᑖᐤ° **sachipaateu** vta ♦ s/he buttons it (anim)
ᓴᒋᐹᑕᒻ **sachipaatam** vti ♦ s/he buttons it
ᓴᒋᐹᒋᑲᓐ **sachipaachikan** na ♦ nut, bolt
ᓴᒋᐹᓱᓐ **sachipaasun** na ♦ button
ᓴᒋᐹᓱᓂᒥᑕᐌᐎᓐ **sachipaasuunimetawewin** ni ♦ game- "Who has the button?"
ᓴᒋᑑᓀᔮᐱᐦᑳᑌᐤ **sachituuneyaapihkaateu** vta ♦ s/he ties him/her/it (anim) by the mouth
ᓴᒋᑴᓀᐤ° **sachikweneu** vta ♦ s/he holds him/her/it (anim) by, around the neck

ᓴᒋᑴᔮᐱᐦᑳᑌᐤ° **sachikweyaapihkaateu** vta
 ♦ s/he ties him/her/it around the neck
ᓴᒋᑯᐹᐤ° **sachikupaau** vii ♦ it is entangled brush, thicket, bush
ᓴᒋᑯᔨᐌᓀᐤ° **sachikuyiweneu** vta ♦ s/he holds him/her/it (anim) by the neck
ᓴᒋᑲᒫᐤ° **sachikamaau** vii ♦ it is a hooked lake
ᓴᒋᑳᑌᐱᑌᐤ° **sachikaatepiteu** vta ♦ s/he holds him/her by the leg
ᓴᒋᑳᑌᓀᐤ° **sachikaateneu** vta ♦ s/he holds him/her by the leg
ᓴᒋᑳᑌᐦᐱᑌᐤ° **sachikaatehpiteu** vta
 ♦ s/he snares it (anim) by the leg
ᓴᒋᒁᑌᐤ° **sachikwaateu** vta ♦ s/he attaches it (anim) by sewing
ᓴᒋᒁᑕᒻ **sachikwaatam** vti ♦ s/he attaches it by sewing
ᓴᒋᒣᐤᔮᓐ **sachimeuyaan** ni ♦ mosquito netting
ᓴᒋᒣᐤ **sachimeu** na-em ♦ mosquito
ᓴᒋᒣᔅᑳᐤ° **sachimeskaau** vii ♦ it is an area with lots of mosquitoes
ᓴᒋᒧᐌᐅᔥᑐᑎᓐ **sachimuweushtutin** ni
 ♦ hat with mosquito netting
ᓴᒋᓂᔅᒋᓀᐤ° **sachinischeneu** vta ♦ s/he holds him/her by the hand
ᓴᒋᓯᑌᓀᐤ° **sachisiteneu** vta ♦ s/he catches, grabs him/her/it (anim) by the foot using her/his hand
ᓴᒋᓯᐦᑌᐱᑌᐤ° **sachisihtepiteu** vta ♦ s/he catches, grabs it (anim, ex rabbit, dog) by the feet
ᓴᒋᓯᐦᑌᐦᐱᑌᐤ° **sachisihtehpiteu** vta
 ♦ s/he snares it (anim, ex rabbit, dog) by the feet
ᓴᒋᔮᔅᒋᔅᑳᐤ° **sachiyaaschiskaau** vii ♦ it is a dense area of balsam fir bush
ᓴᒋᔮᐦᑎᑯᔅᑳᐤ° **sachiyaahtikuskaau** vii ♦ it is a dense bush of black spruce
ᓴᒋᐦᑑᑲᔦᓀᐤ° **sachihtuukayeneu** vta
 ♦ s/he takes him/her by the ear
ᓴᓂᔅᒋᐤ° **sanischiiu** vai ♦ it (anim, dog) cringes and lays on belly when yelled at
ᓴᓯᐳᑖᐤ° **sasiputaau** vai+o redup ♦ s/he files it repeatedly
ᓴᓯᐳᑖᑲᓇᓯᓃ **sasiputaakanasinii** na redup-m ♦ grindstone

sasipuyeu vta redup ♦ s/he files it (anim) down repeatedly

sasis ni -im ♦ scissors, from English 'scissors'

sasiipaasuu vai redup -i ♦ s/he goes under something repeatedly

saskateyimeu vta ♦ s/he is bored, fed up with him/her

saskateyihtamuwin ni ♦ boredom

saskateyihtam vti ♦ s/he is fed up, bored with it

saskateyihtaakun vii ♦ it is boring

saskateyihtaakusuu vai -i ♦ s/he is boring

saskatapuu vai -i ♦ s/he is bored from sitting

saskachikaapuu vai -uu ♦ s/he is bored from standing

saskachimiichuu vai -i ♦ s/he is tired of eating it

saskachimuweu vta ♦ s/he is tired of eating it (anim)

saskachiheu vta ♦ s/he makes him/her tired, fed up

saskachiiu vai ♦ s/he is bored doing something

saskamutiyeu vta ♦ s/he puts something in someone's mouth

saskamunaan ni ♦ mouthful

saskamushuu vai dim -i ♦ s/he/it (anim) takes a small mouthful of it

saskamuu vai -u ♦ s/he puts it into her/his mouth

saskahamaasuwin ni ♦ cigarette lighter

saskaham vti ♦ s/he sets fire to it, lights it

saskahweu vai ♦ s/he sets fire to it (anim, ex cigarette), lights it

saschikuneu vta ♦ s/he bumps her/his hand into him/her/it (anim)

saschikunam vti ♦ s/he bumps his hand into it

saschikushkuweu vta ♦ s/he bumps into him/her walking

saschikushkam vti ♦ s/he bumps into it walking

saschikuham vti ♦ s/he drives into it accidentally

saschikuhweu vta ♦ s/he drives into him/her accidentally

saschikuhtaau vai+o ♦ s/he bumps it into something

saschikwaakamihtam vti ♦ s/he finds it unexpectedly hot to drink

saschishimeu vta ♦ s/he lights it (anim) from something

saschihtitaau vai+o ♦ s/he lights it from something

sahkaapihkaateu vta ♦ s/he ties him/her/it (anim) onto something

sahkaapihkaatam vti ♦ s/he ties it onto something

s

saapeyimeu vta ♦ s/he is keen on him/her (used in negative, s/he is not keen on him/her)

saapeyihtam vti ♦ s/he is keen on it (used in negative s/he is not keen on it)

saapikan vii ♦ it (ex meeting, dance) is interesting (used in negative, 'it is boring'); it is strong (used in negative, 'not strong', ex. tea) ■ _ⁿ·Δᴸ ₐJΔ ᐅⁿᒥ ᒪΛᑲ ᑲ ᓂᒦₐ·Δᵛₓ ♦ ₐJΔ ᒪΛᑲ ∇ᑲ ᒪᐸᑉⁿᴸₓ ■ *The dance was kind of boring.* ♦ *The tea is not strong.*

saapin vii ♦ it (ex drink, medicine) is strong (used in negative, 'it is weak')

saapisiiu vai ♦ s/he is strong, healthy (often used in negative, s/he is not healthy)

saapihiikuu vta inverse -u ♦ it (ex game) interests her/him (used in negative with 'namui', it doesn't interest her/him)

saapihkaateu vta [Coastal] ♦ s/he ties a bunch of things (ex mittens) together

saapihkaateuh vii pl [Coastal] ♦ a bunch of things are tied together

saapihkaatam vti [Coastal]
♦ s/he ties a bunch of things together
saapihkaasuwich vai pl -u
[Coastal] ♦ a bunch of them are tied together
saapiiweu vai ♦ s/he has a strong constitution, is resistant (often used in negative, s/he does not have a strong body, s/he is sickly)
saapiiu vai ♦ s/he is strong, resistant (often used in negative, s/he is not strong, muscular)
saapakamihkweu vai ♦ s/he has strong blood (used in negative to describe anemia)
saapaakamihtaau vai+o ♦ s/he does, makes it strong (used only in negative, s/he doesn't make it strong enough)
saapaakamuu vii -i ♦ it is strong liquid (used only in negative, it is weak tea, coffee)
saapaaskuhtin vii ♦ it is tightly, strongly wound (used in negative, it is not tightly wound)
saapaaskatin vii ♦ it is frozen stiff (used in negative, it is not really frozen stiff, strongly)
saapaashteu vii ♦ it is strong, bright light, it shines brightly (used only in negative, it shines dimly)
saapaashkushin vai ♦ it (anim) is tightly, strongly wound (used in negative, it (anim) is not tightly wound)
saapaashkachuu vai -i ♦ it (anim) is frozen stiff (used in negative, it (anim) is not really frozen stiff, strongly)
saapwaaskatin vii ♦ it is frozen through, frozen strongly
saapwaaskahtitaau vai+o
♦ s/he freezes it through, solid, strongly
saakuweu vai ♦ her/his beard, its fur starts to grow out
saakuusumeu vta [Inland] ♦ s/he defeats, overcomes him/her by speech, persuades him/her
saakataameu vta ♦ s/he holds it (anim) sticking out between the teeth

saakataahtam vti ♦ s/he holds it sticking out between his teeth
saakaschekaham vti ♦ s/he comes to an area where there is a muskeg while travelling
saakaschineu vai/vii ♦ it is full, filled up
saakaschinepeu vii ♦ it (ex creek, ditch) is full of water
saakaschinepepayuu vai/vii -i
♦ it (anim) fills up with liquid
saakaschinepechiheu vta
♦ s/he fills it (anim) up with liquid
saakaschinepeyaau vii ♦ it (ex container) is full of water, liquid
saakaschinepataau vai+o
♦ s/he fills it up with water, liquid
saakaschinepayeu vta
♦ s/he fills it (anim) up with water, liquid
saakaschinekuhtitaau vai+o ♦ s/he fills the container of water, liquid with it
saakaschinekuhtin vii
♦ the things in water, liquid fill the container
saakaschinekuhchin vai
♦ it (anim, ex hide) is in water, liquid fills the container
saakaschineshkuweu vta
♦ it (anim, Holy Spirit) fills him/her with itself
saakaschineshkaakuu vai -u
♦ s/he is filled with it
saakaschinehkuhchimeu vta ♦ s/he fills the container of water, liquid with it (anim)
saakaschinitaasuu vai -u
♦ s/he fills it with her/his belongings
saakaschiniheu vta ♦ s/he fills it (anim)
saakaschinihtaau vai+o
♦ s/he fills it
saakashkwepayuu vii -i ♦ the creek comes out into a clearing from a wooded area
saakashkan vii ♦ it (ex grass) grows up
saakahiikan ni ♦ lake

ᓵᑳᐦᐊᒻ saakaham vti ♦ it (beaver) swims out from lodge

ᓵᑳᐯᒋᔑᓐ saakaapechishin vai ♦ it (anim, string-like) sticks out

ᓵᑳᐯᒋᐦᑎᓐ saakaapechihtin vii ♦ it (string-like) sticks out

ᓵᑳᐱᑌᐤ saakaapiteu vai ♦ s/he is teething

ᓵᑳᐱᐦᑌᐤ saakaapihteu vii ♦ the smoke rises above something

ᓵᑳᐳᑌᐤ saakaaputeu vii ♦ the pressure of the current makes it stick up

ᓵᑳᐳᑯ saakaapukuu vai-u ♦ the pressure of the current makes it (anim) stick up

ᓵᑳᑯᓀᐤ saakaakuneu vai/vii ♦ s/he/it is visible, sticks out above the snow

ᓵᑳᑯᓀᐦᐁᐤ saakaakuneheu vta ♦ s/he makes him/her visible, stick out above the snow

ᓵᑳᑯᓀᐦᑖᐤ saakaakunehtaau vai+o ♦ s/he makes it visible, stick out above the snow

ᓵᑳᔅᑯᐸᐦᑖᐤ saakaaskupahtaau vai ♦ s/he runs out into the clearing

ᓵᑳᔅᑯᔑᓐ saakaaskushin vai ♦ it (anim, stick-like) sticks out of something

ᓵᑳᔅᑯᐦᑎᓐ saakaaskuhtin vii ♦ it (stick-like) sticks out of something

ᓵᑳᔑᑰ saakaashikuu vii-uu ♦ it (liquid) comes out from there

ᓵᑳᔥᑌᐤ saakaashteu vii ♦ the sun moves around to shine there

ᓵᑳᔥᑐᐌᐤ saakaashtuweu vii ♦ the sun comes out to shine

ᓵᒉᐌᐤ saacheweu vai ♦ s/he/it (anim) comes into sight around the point

ᓵᒉᐘᒋᐘᓐ saachewechuwin vii [Coastal] ♦ it flows out of something behind a point of land

ᓵᒉᐍᔮᐳᑌᐤ saacheweyaaputeu vii ♦ it comes into sight floating around the point

ᓵᒉᐍᔮᐸᒣᐤ saacheweyaapameu vta ♦ s/he takes a look at him/her

ᓵᒉᐍᔮᐸᐦᑕᒻ saacheweyaapahtam vti ♦ s/he takes a look at it

ᓵᒋᐯᐤ saachipeu vai/vii ♦ s/he/it sticks out of the water

ᓵᒋᐯᐳ saachipepuu vai-i ♦ s/he/it (anim) sticks out of the water, sitting

ᓵᒋᐯᑯᒋᓐ saachipekuchin vai ♦ s/he/it (anim) is in the water with a part sticking out

ᓵᒋᐯᑯᐦᑎᑖᐤ saachipekuhtitaau vai+o ♦ s/he soaks it in the water with a part sticking out

ᓵᒋᐯᑯᐦᑎᓐ saachipekuhtin vii ♦ it is in the water with part sticking out

ᓵᒋᐯᑳᐳ saachipekaapuu vai-uu ♦ s/he sticks out of the water, standing

ᓵᒋᐯᒋᔑᒣᐤ saachipechishimeu vta ♦ s/he makes it (anim, string-like) stick out

ᓵᒋᐯᒋᔥᑎᒀᓀᑳᐳ saachipechishtikwaanekaapuu vai-uu ♦ s/he stands in the water with her/his head sticking out

ᓵᒋᐯᒪᑲᓐ saachipemakan vii ♦ it is the time of year when leaves and flowers start to grow

ᓵᒋᐯᔑᒣᐤ saachipeshimeu vta ♦ s/he puts it (anim) in the water with a part sticking out

ᓵᒋᐯᔥᑖᐤ saachipeshtaau vai+o ♦ s/he places it in the water with a part sticking out

ᓵᒋᐯᐦᐁᐤ saachipeheu vta ♦ s/he puts him/her/it (anim) in the water with a part sticking out

ᓵᒋᐯᐦᑎᑖᐤ saachipehtitaau vai+o ♦ s/he puts it in the water with a part sticking out

ᓵᒋᐱᑌᐤ saachipiteu vta ♦ s/he pulls him/her so s/he sticks out

ᓵᒋᐱᑕᒻ saachipitam vti ♦ s/he pulls it so it sticks out

ᓵᒋᐸᑲᓐ saachipakan vii ♦ the leaves are just visible out of the buds

ᓵᒋᐸᔫ saachipayuu vai/vii-i ♦ it (anim) comes out of something

ᓵᒋᐸᐦᑖᐤ saachipahtaau vai ♦ s/he runs into view

ᓵᒋᑌᓂᐃᐧᐁᐸᔨᐦᐆ saachiteiniiwepayihuu vai-u [Inland] ♦ s/he sticks her/his tongue out

ᓵᒋᑌᔨᐌᐸᔨᐦᐆ saachiteyiwepayihuu vai-u ♦ s/he sticks her/his tongue out

ᓵᒋᑎᔕᐦᐍᐤ saachitishahweu vta ♦ s/he chases a beaver out of a bank hole

saachikwepishiish na dim [Coastal] ♦ sandpiper, solitary *Tringa solitaria*, spotted *Actitis macularia*, semipalmated *Calidris pusillus*

saachikwepuu vai -i ♦ s/he sits with her/his head sticking up

saachichuwin vii ♦ it flows out of something, it is an inlet to a lake

saachisiiu vai ♦ s/he is stingy

saachistitaau vai+o ♦ s/he sticks it out

saachistin vii ♦ it sticks out

saachistuweu vai ♦ s/he speaks audibly

saachistuwaau vii [Inland] ♦ it is an outlet of a lake, river

saachistuupayuu vai -i ♦ s/he drives out into a lake from a river

saachistuuham vti ♦ s/he paddles out into a lake from a river

saachiskweu vai ♦ s/he sticks her/his head through a doorway

saachiskwepiteu vta ♦ s/he pulls the head out of something

saachiskwekaapuu vai -uu ♦ s/he stands with her/his head sticking up and out

saachiskumeu vai/vii ♦ s/he/it (anim) sticks out of the ice

saachishimeu vta ♦ s/he makes him/her/it stick out

saachishin vai ♦ s/he sticks out

saachishtuushkam vti ♦ s/he enters a lake from walking on a frozen stream

saachishkuweu vta ♦ s/he comes upon, shows up on him/her

saachishkam vti ♦ s/he shows up from behind something

saachiheu vta ♦ s/he loves him/her/it (anim)

saachihiiweuchiishikaau vii ♦ it is Valentine's day

saachihiiwewin ni ♦ love

saachihiiweu vai ♦ s/he loves

saachihaakan na ♦ beloved one

saachihtaau vai+o ♦ s/he loves it

saachiiuschiskaau vii ♦ pine trees are just starting to grow up

saachiiweu vii ♦ the wind blows around a point

saamineu vta ♦ s/he lays hands on, touches him/her

saaminam vti ♦ s/he lays hands on, touches it

saamishtikwaaneneu vta ♦ s/he confirms him/her into religion

saanitipaanish ni dim ♦ lightweight cup with no handle, used when travelling

saantaa kaalwaas na -im ♦ Santa Claus, from English

saaseschikwewaakan ni ♦ deep fryer

saaseschihkweusuu vai reflex -u [Inland] ♦ s/he fries something for her/himself

saaseschihkweu vai ♦ s/he fries something

saaseschihkusuu vai reflex -u [Coastal] ♦ s/he fries something for her/himself

saaseschihkwaateu vta ♦ s/he fries it (anim)

saaseschihkwaatam vti ♦ s/he fries it

saasipimeu vai ♦ s/he fries up, renders animal fat

saasipimaateu vta ♦ s/he melts fat from it (anim)

saasipimaan ni ♦ rendered fat

saasuuhkuneu vta ♦ s/he gets blood on him/her/it (anim)

saasuuhkunimehtaau vai+o ♦ it (wounded animal) leaves blood around

saasaaaihkunaau na -naam ♦ fried dough

saasaapiih ni pl -m ♦ water weeds, seaweed

saasaakakuuchin vai ♦ it (ex slip, petticoat) hangs down, shows

saasaachikaateu vai [Coastal] ♦ s/he is bare-legged

saasaachinikaateu vai [Inland] ♦ s/he is bare-legged

ᓵᓴᐦᒋᔥᑐᐤ **saasaachistuu** vai -i ◆ s/he is bare-foot

ᓵᔅᑲᓐ **saaskwaan** ni ◆ fried caribou blood

ᓵᔅᒉᔨᒥᐤ **saascheyimeu** vta ◆ s/he shivers because s/he makes him/her squeamish

ᓵᔅᒉᔨᐦᑕᒻ **saascheyihtam** vti ◆ s/he shivers because it makes her/him squeamish

ᓵᔅᒋᐯᒋᔑᓐ **saaschipechishin** vai ◆ it (anim, bird) makes water splash as it lands

ᓵᐦᑌᔮᐱᓱᐤ **saahteyaapisuu** vai -u ◆ s/he has difficulty seeing because of the reflection of bright sunshine, especially on the snow in early spring

ᓵᐦᑴᔮᐅᔥᑐᑎᓐ **saahkweyaaushtutin** ni ◆ cowboy hat

ᓵᐦᑯᑌᓈᐳᐤ **saahkutenaapuu** ni [Coastal] ◆ porridge

ᓵᐦᑯᑎᒥᔥ **saahkutimish** na dim ◆ young hawk

ᓵᐦᑯᑕᒻ **saahkutam** na ◆ rough-legged hawk *Buteo lagopus*, red-tailed hawk *Buteo jamaicensis*

ᔀ

ᔀᑉ **swaap** na -im ◆ soap

ᔐ

ᔐᒎ **sheuchuu** vai -i [Inland] ◆ s/he feels the cold easily (used in negative)

ᔐᐅᓀᐤ **sheuneu** vai ◆ s/he gets hurt easily

ᔐᐅ **sheun** vii ◆ it is fragile, easily broken

ᔐᐅᓯᔫ **sheusiiu** vai ◆ it (anim) is fragile, breaks easily

ᔐᐅᔐᐤ **sheusheu** vai ◆ it's (anim, bird) skin breaks easily when plucked

ᔐᐅᐦᐁᐤ **sheuheu** vta ◆ s/he is hard on it (anim), so it breaks easily

ᔐᐅᐦᑖᐤ **sheuhtaau** vai+o ◆ s/he is hard on it, so it breaks easily

ᔐᐌᐸᔨᐦᐁᐤ **shewepayiheu** vta ◆ s/he makes it (anim) give out a ringing metallic sound

ᔐᐌᐸᔫ **shewepayuu** vai/vii -i ◆ it (anim) makes a loud ringing metallic sound

ᔐᐌᔑᒥᐤ **sheweshimeu** vta ◆ s/he drops it (anim) and it makes a ringing, metallic sound

ᔐᐌᔑᓐ **sheweshin** vai ◆ it (anim, metal) rings, echoes

ᔐᐌᐦᑎᑖᐤ **shewehtitaau** vai+o ◆ s/he drops it and it makes a ringing, metallic sound

ᔐᐌᐦᑎᓐ **shewehtin** vii ◆ it (metal) rings, echoes

ᔐᐚᔅᑲᑎᓐ **shewaaskatin** vii ◆ it freezes easily

ᔐᐚᔅᑲᒎ **shewaaskachuu** vai -i ◆ it (anim) freezes easily

ᔐᑯᐌᐸᐦᐊᒻ **shekuwepaham** vti ◆ s/he pushes, sweeps it under something

ᔐᑯᐌᐸᐦᐘᐤ **shekuwepahweu** vta ◆ s/he pushes, sweeps him/her/it (anim) under something

ᔐᑯᐸᔨᐦᐁᐤ **shekupayiheu** vta ◆ s/he lets him/her go underneath

ᔐᑯᐸᔨᐦᑖᐤ **shekupayihtaau** vai+o ◆ s/he makes it go underneath

ᔐᑯᑕᐦᒋᔥᑯᐌᐤ **shekutahchishkuweu** vta ◆ s/he kicks him/her underneath something

ᔐᑯᑕᐦᒋᔥᑲᒻ **shekutahchishkam** vti ◆ s/he kicks into a tight space

ᔐᑯᑯᓃᐤ **shekukuniiu** vai ◆ s/he crawls underneath the blanket

ᔐᑯᑯᓃᔥᑐᐌᐤ **shekukuniishtuweu** vta ◆ s/he crawls under someone's blankets

ᔐᑯᐦ **shekuch** p,location ◆ underneath, in a narrow space ▪ ᐊᓅᐦ ᔐᑯᐦ ᓯᐳᕈᓛ ᐊᔅᒌᕽ ▪ *Put it under the blanket.*

ᔐᑯᒣᑲᐦᐄᑲᓐ **shekumekahiikan** ni [Coastal] ◆ flared middle piece of a fur stretcher

ᔐᑯᓀᐤ **shekuneu** vta ◆ s/he puts her/his hands directly underneath him/her

ᔐᑯᓇᒻ **shekunam** vti ◆ s/he puts his hands directly underneath it

ᔐᑯᔥᐊᒻ **shekusikuham** vti [Inland]
• s/he pushes it under the ice using a tool

ᔐᑯᔥᐦᐧᐁᐤ **shekusikuhweu** vta [Inland]
• s/he pushes him/her/it (anim) under the ice using a tool

ᔐᑯᓲ **shekusuu** vai -u • s/he puts something under her/his belt, sleeve

ᔐᑯᔅᒋᓇᒻ **shekuschinam** vti [Inland]
• s/he slips the trap on a forked stick under the ice into the water

ᔐᑯᔑᒣᐤ **shekushimeu** vta • s/he slides him/her/it (anim) between things in a narrow space (ex money into a wallet)

ᔐᑯᔑᒨ **shekushimuu** vai -u • s/he crawls, slides between things in a narrow space

ᔐᑯᔑᓐ **shekushin** vai • s/he/it (anim, ex money) is in between things in a narrow space

ᔐᑯᔦᒋᓀᐤ **shekuyechineu** vta • s/he puts her/his hand under the blanket to check on him/her/it (anim)

ᔐᑯᔦᒋᓇᒻ **shekuyechinam** vti • s/he puts her/his hand under the blanket to check on it

ᔐᑯᔮᒋᓀᐤ **shekuyahchineu** vta • s/he pushes him/her/it (anim) under something, in a tight space, by hand

ᔐᑯᔮᒋᓇᒻ **shekuyahchinam** vti • s/he pushes it under something, in a tight space, by hand

ᔐᑯᐦᐄᑲᓄᐧᐃᑦ **shekuhiikanuwit** ni
• binder, folder

ᔐᑯᐦᐊᒻ **shekuham** vti • s/he puts it underneath, in between something

ᔐᑯᐦᐧᐁᐤ **shekuhweu** vta • s/he puts it underneath something

ᔐᑯᐦᑎᑖᐤ **shekuhtitaau** vai+o • s/he slides it underneath

ᔐᑯᐦᑎᓐ **shekuhtin** vii • it is underneath

ᔐᑴᐹᐧᐁᐤ **shekwaapaaweu** vai/vii
• there is water seeping underneath him/her, it

ᔐᑴᐹᓀᐦᑖᐤ **shekwaapaanehtaau** vai+o
• s/he slips it under the lacing of the toboggan load

ᔐᑴᐹᓂᑲᐦᑐᐧᐁᐤ **shekwaapaanikahtuweu** vta • s/he attaches rope all around the sides of it (anim, toboggan)

ᔐᑴᐹᓐ **shekwaapaan** ni • side ropes on toboggan, rope

ᔐᑴᑎᑲᐦᐄᑲᓈᐦᑎᒄ **shekwaatikahiikanaahtikw** ni [Coastal]
• ramrod, for an old-fashioned gun

ᔐᑴᑎᑲᐦᐄᐦᑑᑲᔦᐦᐆᓲ **shekwaatikahiihtuukayehuusuu** vai -u
• s/he puts something in her/his ear to clean it (ex Q-tip)

ᔐᑴᔅᑯᐦᐄᑲᓈᐦᑎᒄ **shekwaaskuhiikanaahtikw** ni • flared middle piece of a fur stretcher

ᔐᑴᔅᑯᐦᐧᐁᐤ **shekwaaskuhweu** vta • s/he slips the middle piece of the fur stretcher into it (anim)

ᔐᑴᔥᐆ **shekwaashuu** vai -i • it (wind) blows through, underneath the layers of it (anim, her/his clothes)

ᔐᑴᔥᑎᓐ **shekwaashtin** vii • the wind blows through, underneath layers of it

ᔐᒫᒡ **shemaach** p,time • for a long while (used in negative with namui or taapaa) ▪ ᐁᑳ ᔐᒫᒡ ᑖ ᓂᐱ ᐧᐋᐸᒫᐤ ▪ *I won't see her again for a long time.*

ᔐᓀᐤ **sheneu** vta • s/he returns it (anim) to where s/he bought it

ᔐᓇᒻ **shenam** vti • s/he returns it to where s/he bought it

ᔐᔅᒋᔑᓐ **sheschishin** vai • it (anim) lies with one end on the shore

ᔐᔅᒋᔥᑌᐤ **sheschishteu** vii • it is placed with one end on the shore

ᔐᔅᒋᔥᑖᐤ **sheschishtaau** vai+o • s/he places it (canoe) one end on the shore

ᔐᔐᐧᐁᐦᑎᑖᐤ **sheshewehtitaau** vai+o redup
• s/he rattles, rings it

ᔐᔐᐧᐁᐦᑖᑲᓐ **sheshewehtaakanh** ni
• bells, jingle bells (for harness)

ᔐᔐᒫᔥᑕᐴ **sheshemaashtapuu** vai redup -i
• s/he sits with her/his knees up and apart

ᔐᔐᔐᐤ **shesheshuu** na -iim • greater yellowlegs bird *Tringa melanoleuca*, also lesser yellowlegs *Tringa flavipes*

ᔐᔥᑎᑯᔮᐲ **sheshtikuyaapii** ni -m • thick rope [coastal]; thread [inland]

ᔐᔥᒁᑦ **sheshkwaaht** p,manner • freely, without compulsion, without coercion, no need ▪ ᔐᔥᒁᑦ ᐧᓂ ᓂᒐᑳᐴᔥ ᐊᐃ ᒫᐦᑭᐦ ▪ *There's no need to put up that tent.*

ᓭᔑᔑᒨ **sheshchishimuu** vai ♦ s/he/it (anim, ex seal, fish) puts its head out of the water onto the shore

ᓭᔪᐌᑲᓐ **sheyuwekan** vii ♦ it is fabric, material by-the-yard

ᓭᔪᐴ **sheyuupuu** vai-i ♦ it (anim) sits open

ᓭᔪᐹᔫ **sheyuupayuu** vai/vii-i ♦ it (anim) opens, is opened

ᓭᔫᑲᑖᐤ **sheyuukutaau** vai+o ♦ s/he leaves it hanging open

ᓭᔫᑯᔦᐤ **sheyuukuyeu** vta ♦ s/he leaves it (anim) hanging open

ᓭᔩᒃᑖᐤ **sheyuushtaau** vai+o ♦ s/he leaves it open

ᓭᔫᒃᐃ·ᐁᐤ **sheyuushkuweu** vta ♦ s/he opens it (anim) with her/his body, her/his foot

ᓭᔩᒃᐦᒻ **sheyuushkam** vti ♦ s/he opens it with his body, his foot

ᓭᔫᐦᐁᐤ **sheyuuheu** vta ♦ s/he leaves it (anim) open

ᓴᐦ **sheh** p,interjection ♦ expression of disapproval (used alone)

ᓯ

ᔒᐳᒋᑲᓐ **shipuchikan** ni [Inland] ♦ file (tool)

ᔑᑖᐱᐦᑳᑌᐤ **shitaapihkaateu** vta ♦ s/he ties him/her with the others

ᔑᑖᐱᐦᑳᑕᒻ **shitaapihkaatam** vti ♦ s/he ties it with the others

ᔑᑖᐱᐦᑳᓲ **shitaapihkaasuu** vai-u ♦ s/he is tied to something

ᔑᐧᐁᔮᐱᐦᒋᑲᓂᔥ **shikweyaapihchikanish** ni dim [Inland] ♦ rear sight of a gun (near trigger)

ᔑᑯᐹᔫ **shikupayuu** vai/vii-i ♦ it (anim, ex fish kept too long) gets soft

ᔑᑯᑌᒥᓈᐦᑎᒄ **shikuteuminaanaahtikw** ni ♦ bakeapple berry plant *Rubus chamaemorus*

ᔑᑯᑌᐅᓈᑯᓐ **shikuteunaakun** vii ♦ it is orange, the colour of a bakeapple berry

ᔑᑯᑌᐅᓈᑯᓲ **shikuteunaakusuu** vai-i ♦ it (anim) looks orange, the colour of a bakeapple berry

ᔑᑯᑌᐙᐦᑎᒄ **shikutewaahtikw** ni ♦ bakeapple plant when berry not present *Rubus chamaemorus*, also shikueuminaanaahtikw

ᔑᑯᑌᐦ **shikuteuh** ni pl ♦ bakeapple berries

ᔑᑯᑖᐅᓀᐦᐌᐤ **shikutaaunehweu** vta ♦ s/he pokes him/her in the mouth with something

ᔑᑯᒣᐤ **shikumeu** vta ♦ s/he crushes it (anim) with her/his teeth

ᔑᑯᒥᓐ **shikumin** ni ♦ cooked, flaked fish mixed with berries

ᔑᑯᓀᐤ **shikuneu** vta ♦ s/he crushes him/her by hand

ᔑᑯᓇᒻ **shikunam** vti ♦ s/he crushes it by hand

ᔑᑯᔑᒣᐤ **shikushimeu** vta ♦ s/he crushes him/her by dropping

ᔑᑯᔥᑯᐌᐤ **shikushkuweu** vta ♦ s/he crushes him/her by foot, body

ᔑᑯᔥᑲᒻ **shikushkam** vti ♦ s/he crushes it by foot, body

ᔑᑯᐦᐊᒻ **shikuham** vti ♦ s/he crushes it

ᔑᑯᐦᐌᐤ **shikuhweu** vta ♦ s/he crushes him/her

ᔑᑯᐦᑎᑖᐤ **shikuhtitaau** vai+o ♦ s/he crushes it by dropping

ᔑᑯᐦᑕᒻ **shikuhtam** vti ♦ s/he crushes it with his teeth

ᔑᑳᑉ **shikapuu** vai-i ♦ s/he urinates in her/his pants, sitting

ᔑᑳᐱᔒ **shikaapishii** ni-m ♦ small creek

ᔑᑳᑯᒫᑯᓐ **shikaakumaakun** vai-i ♦ there is a smell of skunk

ᔑᑳᑯᒫᑯᓲ **shikaakumaakusuu** vai-i ♦ it (anim) smells like a skunk

ᔑᑳᑯᔥ **shikaakush** na dim ♦ young skunk

ᔑᑳᑯᔮᓐ **shikaakuyaan** na ♦ skunk skin, 25 cents, a quarter

ᔑᑳᒄ **shikaakw** na ♦ skunk

ᔑᑳᔦᔨᐦᑕᒻ **shikaayeyihtam** vti ♦ s/he is frustrated, angry about it ▪ ᔑᑳᔨᐦᑕᒻ ᐊᐃᔥᒡ ᑖᐱᒌ. *She is frustrated to do something (that she does not want to do)*.

ᔑᐊᑎᐯᐤ

ᔑᐸᐱᐦᒋᑲᓂᔥ shikwaapihchikanish ni dim [Coastal] ♦ rear sight of a gun (near trigger)

ᔑᐸᐸᒣᐤ shikwaapameu vta ♦ s/he looks at him/her with binoculars

ᔑᐸᐸᐦᑕᒻ shikwaapahtam vti ♦ s/he looks with binoculars at it

ᔑᐸᐸᐦᒋᑲᓐ shikwaapahchikan ni ♦ binoculars, telescope

ᔑᐸᑎᑲᐦᐄᑲᓈᐦᑎᒄ shikwaatikahiikanaahtikw ni [Inland] ♦ ramrod, for an old-fashioned gun

ᔑᐸᑎᑲᐦᐊᒻ shikwaatikaham vti ♦ s/he fits it into a hole

ᔑᐸᑎᑲᐦᐁᐤ shikwaatikahweu vta ♦ s/he puts it (anim, ex damper) into a stove

ᔑᒋᑲᐦᐁᐤ shichikaheu vta ♦ s/he chops it (anim) on something wooden

ᔑᒋᑲᐦᐊᒻ shichikaham vti ♦ s/he chops it on something wooden

ᔑᒋᔥᑯᐌᐤ shichishkuweu vta ♦ s/he presses him/her/it (anim) against something so hard that s/he/it urinates

ᔑᒥᑌᑯᔦᐤ shimitekuyeu vta ♦ s/he hangs it (anim, ex pants) upright, in a standing position

ᔑᒥᑎᐱᐦᐁᐤ shimitipiheu vta ♦ s/he sits him/her upright, erect

ᔑᒥᑎᔅᑗᓀᐤ shimitiskweneu vta ♦ s/he raises another's head upright

ᔑᒥᑎᔅᑗᔑᓐ shimitiskweshin vai ♦ s/he raises her/his head upright while lying down

ᔑᒥᑎᔅᑗᔫ shimitiskweyuu vai-i ♦ s/he raises her/his head upright

ᔑᒥᑎᐦᐁᐤ shimitiheu vta ♦ s/he places her/him/it (anim) into an upright position (ex sitting a baby up)

ᔑᒥᑐᐦᑌᐤ shimituhteu vai ♦ it (anim) walks upright, erect (on its hind feet, like a human)

ᔑᒥᑑᑌᐤ shimituuteu vai ♦ s/he carries someone, something on her/his back, head upright

ᔑᒥᑖᐴ shimitapuu vai-i ♦ s/he sits upright, erect

ᔑᒥᑕᑯᒋᓐ shimitakuchin vai ♦ s/he/it (anim) hangs upright

ᔑᒥᑖᐱᐦᑳᑌᐤ shimitaapihkaateu vta ♦ s/he ties him/her/it upright, head up, to be carried on her/his back

ᔑᒥᑖᐱᐦᑳᑕᒻ shimitaapihkaatam vti ♦ s/he ties it upright, head up, to be carried on her/his back

ᔑᒥᑖᔅᑯᐦᐌᐤ shimitaaskuhweu vta ♦ s/he sets it (anim, dead bird as decoy) up erect

ᔑᒥᒋᑳᐴ shimichikaapuu vai-uu ♦ it (anim) rears up in a standing position, s/he stands erect

ᔑᒥᒋᑳᐴᐦᐁᐤ shimichikaapuuheu vta ♦ s/he sets it (anim, ex snowshoes) standing upright, head up

ᔑᒥᒋᑳᐴᐦᑖᐤ shimichikaapuuhtaau vai+o ♦ s/he sets it standing up, erect

ᔑᒥᒋᔅᑗᔑᓐ shimichiskweshin vai [Coastal] ♦ s/he raises her/his head upright while lying down

ᔑᒥᒋᔑᒣᐤ shimichishimeu vta ♦ s/he lays him/her down in a sitting position

ᔑᒥᒋᔑᓐ shimichishin vai ♦ s/he lies down, reclines in a sitting position

ᔑᒫᑲᓐ shimaakan ni ♦ harpoon

ᔑᓂᑖᑲᓐ shinitaakan ni [Inland] ♦ binding line of a net

ᔑᓂᔐᐤ shinisheu vai ♦ it (anim, bird) has hard-to-pluck feathers

ᔑᔅᒌᐙᐱᓀᐤ shischiiwaapineu vta redup [Coastal] ♦ s/he rubs someone's eyes with mud, clay

ᔑᔅᒎᐙᐱᓀᐤ shischuuwaapineu vta redup [Inland] ♦ s/he rubs someone's eyes with mud, clay

ᔑᔔᐯᑲᐆᑎᓱ shishupekahuutisuu vai reflex-u ♦ s/he rubs her/himself with a liquid

ᔑᔔᐯᑲᐦᐊᒻ shishupekaham vti ♦ s/he varnishes it, paints it with something liquid

ᔑᔔᐯᑲᐦᐌᐤ shishupekahweu vta ♦ s/he varnishes him/her, paints him/her with liquid

ᔑᔔᐯᒋᓀᐤ shishupechineu vta ♦ s/he rubs him/her with a liquid

ᔑᔔᐯᒋᓇᒻ shishupechinam vti ♦ s/he rubs it with a liquid

ᔑᔔᐱᑌᐤ shishupiteu vta ♦ s/he rubs it (anim) on quickly

ᔑᔕᐱᑊ shishupitam vti ♦ s/he rubs it on quickly

ᔑᓴᓄ° shishuneu vta ♦ s/he rubs it on him/her

ᔑᓴᓂᑎᓲ shishunitisuu vai reflex -u ♦ s/he rubs it on her/himself

ᔑᓴᓂᑊᐹᑌᐤ° shishunitihpaateu vta ♦ s/he rubs brains on it (anim, hide) for tanning

ᔑᓴᓇᒼ shishunam vti ♦ s/he rubs it on it

ᔑᓴᔅᒌᐴᐌᒋᓄ° shishuschiiuwechineu vta redup [Coastal] ♦ s/he rubs mud on it (anim, sheet-like)

ᔑᓴᔅᒌᐴᐌᒋᓇᒼ shishuschiiuwechinam vti redup [Coastal] ♦ s/he rubs mud on it (sheet-like)

ᔑᓴᔅᒌᐴᒋᔑᒣᐤ° shishuschiiuchishimeu vta redup [Coastal] ♦ s/he rubs, gets mud on him/her accidentally

ᔑᓴᔅᒌᐴᒋᑎᑖᐤ° shishuschiiuchihtitaau vai+o redup [Coastal] ♦ s/he rubs, gets mud on it accidentally

ᔑᓴᔅᒎᐌᒋᓄ° shishuschuuwechineu vta redup [Inland] ♦ s/he rubs mud on it (anim, sheet-like)

ᔑᓴᔅᒎᐌᒋᓇᒼ shishuschuuwechinam vti redup [Inland] ♦ s/he rubs mud on it (sheet-like)

ᔑᓴᔅᒎᐙᐱᓄ° shishuschuuwaapineu vta redup [Inland] ♦ s/he rubs someone's eyes with mud, clay

ᔑᓴᔅᒎᒋᔑᒣᐤ° shishuschuuchishimeu vta redup [Inland] ♦ s/he rubs, gets mud on him/her accidentally

ᔑᓴᔅᒎᒋᑎᑖᐤ° shishuschuuchihtitaau vai+o redup [Inland] ♦ s/he rubs, gets mud on it accidentally

ᔑᓴᐦᐴ° shishuhuusuu vai redup reflex -u ♦ s/he spreads something on her/himself

ᔑᓴᐦᐊᑊ shishuham vti redup [Waswanipi] ♦ s/he paints it (wall, house)

ᔑᓴᐦᐌᐤ° shishuhweu vta redup [Waswanipi] ♦ s/he paints him/her

ᔑᓴᐦᑴᓄ° shishuhkweneu vta redup ♦ s/he paints someone's face

ᔑᓴᐦᑴᓂᓲ shishuhkwenisuu vai redup reflex -u ♦ s/he powders, creams her/his own face

ᔑᓴᐦᑴᐆᓲ shishuhkwehuusuu vai reflex -u ♦ s/he paints her/his own face

ᔑᔔᐯᑲᐦᐄᒉᐤ° shishuupekahiicheu vai ♦ s/he paints pictures, artwork

ᔑᐦᑵᔨᒣᐤ° shihkweyimeu vta [Coastal] ♦ s/he doubts his/her capability

ᔑᐦᑵᔨᐦᑕᒼ shihkweyihtam vti [Coastal] ♦ s/he doubts its capability

ᔑᐦᑯᔒᔑᔥ shihkushiishish na dim ♦ young weasel, ermine

ᔑᐦᑯᔒᔓᔮᓐ shihkushiishuuyaan na ♦ weasel, ermine pelt

ᔑᐦᑯᔒᔥ shihkushiish na dim ♦ weasel, ermine *Mustela erminea*

ᔒ

ᔒᐴᐯᑲᓐ shiiupekan vii ♦ it tastes sweet, juicy

ᔒᐴᐯᒋᓲ shiiupechisuu vai -i ♦ it (anim, ex orange) tastes sweet, juicy

ᔒᐅᑌᐐ° shiiutewiiu vai ♦ s/he is getting hungry, while working and not taking the time to eat

ᔒᐅᑌᐤ° shiiuteu vai [Coastal] ♦ s/he is hungry

ᔒᐅᑌᓈᑯᓲ shiiutenaakusuu vai -i [Coastal] ♦ s/he looks hungry

ᔒᐅᑌᐦᐁᐤ° shiiuteheu vta [Coastal] ♦ s/he makes him/her hungry

ᔒᐅᑌᐦᑌᐤ shiiutehteu vai ♦ s/he is hungry from walking

ᔒᐆᒫᑯᓐ shiiumaakun vii ♦ it smells sour

ᔒᐆᒫᑯᓲ shiiumaakusuu vai -i ♦ s/he smells sour

ᔒᐅᔅᐸᑯᓐ shiiuspakun vii ♦ it tastes salty, sweet

ᔒᐅᔅᐸᑯᓲ shiiuspakusuu vai -i ♦ it (anim) tastes salty, sweet

ᔒᐅᔒᓐ shiiushin vai ♦ it (anim, ex milk) goes sour

ᔒᐅᐦᐁᐤ° shiiuheu vta ♦ s/he salts it (anim), puts sugar on it (anim)

ᔒᐅᐦᑎᓐ shiiuhtin vii ♦ it goes sour

ᔒᐅᐦᑖᐤ° shiiuhtaau vai+o ♦ s/he puts salt on it

ᔑᐅᐦᒑᑲᓂᑯᐦᑰᔥ shiiuhtaakanikuuhkuush na -im ♦ salt pork
ᔑᐅᐦᒑᑲᓈᐴ shiiuhtaakanaapuu ni
♦ brine, salted water
ᔑᐅᐦᒑᑲᓐ shiiuhtaakan ni ♦ salt
ᔑᐅᐦᒑᒉᐤ shiiuhtaacheu vai ♦ s/he puts on salt
ᔑᐅᐦᑲᐦᑌᐤ shiiuhkahteu vii ♦ it goes sour from the heat
ᔑᐅᐦᑳᐴ shiiuhkaapuu vai -uu ♦ s/he winks
ᔑᐅᐦᑳᐸᒣᐤ shiiuhkaapameu vta ♦ s/he winks at him/her
ᔑᐅᐦᑳᐸᐆᑯ shiiuhkaapahuukuu vai -u
♦ s/he screws, squishes up her/his eyes from eating something very sweet or sour
ᔑᐅᐦᑳᐸᐦᑕᒼ shiiuhkaapahtam vti ♦ s/he shuts one eye to aim
ᔑᐧᐁᔫ shiiweyuu vai -i [Inland] ♦ s/he is hungry
ᔑᐧᐁᐦᐁᐤ shiiweheu vta [Inland] ♦ s/he makes him/her hungry
ᔑᐧᐋᐤ shiiwaau vii ♦ it is seasoned, salt, sweet
ᔑᐧᐋᐴ shiiwaapuu ni ♦ salt water
ᔑᐧᐋᑲᒥᒉᐤ shiiwaakaminicheu vai
♦ s/he sweetens liquid (ex tea, coffee)
ᔑᐧᐋᑲᒥᔑᓐ shiiwaakamishin vai ♦ it (anim, liquid) is sour
ᔑᐧᐋᑲᒥᐦᑎᓐ shiiwaakamihtin vii ♦ it (liquid) is sour
ᔑᐧᐋᑲᒥᐦᑖᐤ shiiwaakamihtaau vai+o
♦ s/he sweetens it (liquid)
ᔑᐧᐋᑲᒥᐦᑵᐎᓐ shiiwaakamihkwewin ni
♦ diabetes
ᔑᐧᐋᑲᒨ shiiwaakamuu vii -i ♦ it is seasoned (salt, sweet) liquid
ᔑᐯᐧᐯᐤ shiipewepeu vii [Coastal]
♦ there is water flowing in the gutway
ᔑᐯᐧᒎᐋ shiipewechuwin vii ♦ the current, tide cuts a new channel
ᔑᐯᐧᓰᑳᐤ shiipewesikwaau vii ♦ it is a gutway in the ice
ᔑᐯᐧᔮᐤ shiipeweyaau vii ♦ it is a gutway

ᔑᐯᐯᔮᐤ shiipepeyaau vii [Inland]
♦ there is water flowing in the gutway
ᔑᐯᐸᔫ shiipepayuu vii ♦ there is too much space left at the end of the snowshoe lacing
ᔑᐯᑎᓈᐤ shiipetinaau vii ♦ it is an open area on a mountain
ᔑᐯᒋᐲᑌᐤ shiipechipiteu vta ♦ s/he pulls and stretches it (anim)
ᔑᐯᒋᐱᑕᒼ shiipechipitam vti ♦ s/he pulls and stretches it
ᔑᐯᒋᐸᔫ shiipechipayuu vai/vii -i ♦ it (anim) stretches spontaneously, on its own
ᔑᐯᒥᓂᐦᐄᑯᔥᑳᐤ shiipeminihiikuskaau vii
♦ it is an area of white spruce with no undergrowth
ᔑᐯᒦᑐᔥᑳᐤ shiipemiituskaau vii ♦ it is an area of poplars with no undergrowth
ᔑᐯᓂᔒᓲ shiipenischisuu vai ♦ it (tree) is bare of branches on the lower part
ᔑᐯᓈᑯᓐ shiipenaakun vii ♦ it looks like the trees are free from undergrowth
ᔑᐯᔐᑳᐤ shiipeschekaau vii ♦ it is an area of trees with no undergrowth
ᔑᐯᔅᒋᑳᐤ shiipeschiskaau vii ♦ it is an area of pine trees with no undergrowth
ᔑᐯᔦᐃᐦᑕᒼ shiipeyeyihtam vti [Inland]
♦ s/he thinks that there is too much space in the empty room
ᔑᐯᔨᒣᐤ shiipeyimeu vta ♦ s/he procrastinates about doing something to it (anim), leaves it (anim) for a long time without taking action
ᔑᐯᔨᐦᑕᒼ shiipeyihtam vti ♦ s/he procrastinates about doing something to it, leaves it for a long time without taking action
ᔑᐯᔪᐯᔮᐤ shiipeyupeyaau vii [Inland]
♦ water flows into a gutway
ᔑᐯᔫᒋᐸᔫ shiipeyuuchipayuu vii -i ♦ it (woollen garment) stretches
ᔑᐯᔮᐤ shiipeyaau vii ♦ it is free from undergrowth
ᔑᐯᔮᑯᓈᑳᐤ shiipeyaakunikaau vii ♦ it is an open area in the snow
ᔑᐯᔮᔅᑵᔮᐤ shiipeyaaskweyaau vii ♦ it is a forest free from undergrowth

ᔒᐯᔮᔅᒋᔅᑳᐤ shiipeyaaschiskaau vii ◆ it is an area of balsam firs with no undergrowth

ᔒᐱᐸᔫ shiipipayuu vii -i ◆ it stretches out

ᔒᐱᑳᐴ shiipikaapuu vai -uu ◆ s/he/it stands long without tiring

ᔒᐱᒋᔅᒋᓲ shiipichischisuu vai -i ◆ s/he has a good memory, remembers for a long time

ᔒᐱᓀᐤ shiipineu vai ◆ s/he takes a long time to die

ᔒᐱᓂᔅᑳᑌᐤ shiipiniskaateu vta ◆ s/he stretches it out (anim) in both arms (ex to measure it)

ᔒᐱᓂᔅᑳᑕᒼ shiipiniskaatam vti ◆ s/he lifts it above the head (ex weightlifting), s/he stretches it out with both arms

ᔒᐱᓂᔅᒉᔫ shiipinischeyuu vai -i ◆ s/he stretches out her/his arms

ᔒᐱᔅᒋᐱᑕᒼ shiipischipitam vti ◆ s/he stretches it (something that is already stretchy)

ᔒᐱᔅᒋᐸᔨᐦᐁᐤ shiipischipayiheu vta ◆ s/he makes him/her/it stretch

ᔒᐱᔅᒋᐸᔨᐦᑖᐤ shiipischipayihtaau vai+o ◆ s/he makes it stretch

ᔒᐱᔅᒋᐸᔫ shiipischipayuu vai/vii -i ◆ it stretches

ᔒᐱᔅᒋᓲ shiipischisuu vai -i ◆ it (anim) is stretchable

ᔒᐱᔅᒌᐤ shiipischiiu vai [Inland] ◆ s/he/it (anim) stretches, is stretchy

ᔒᐱᔥᑎᒀᓀᐤ shiipishtikwaaneu vai ◆ s/he is stubborn, thick-headed

ᔒᐱᔥᑯᐌᐤ shiipishkuweu vta ◆ s/he stretches it (anim) by wearing it, by body, foot

ᔒᐱᔥᑲᒼ shiipishkam vti ◆ s/he stretches it by wearing it, by foot

ᔒᐱᔥᒋᔥᑯᐌᐤ shiipishchishkuweu vta ◆ s/he stretches him/her, it (anim) by body, foot

ᔒᐱᔥᒋᔥᑲᒼ shiipishchishkam vti ◆ s/he stretches it by body, foot

ᔒᐱᐦᑐᐌᐤ shiipihtuweu vta ◆ s/he is stubborn, resists doing what s/he is told by him/her

ᔒᐱᐦᑖᑳᐤ shiipihtakaau vii [Coastal] ◆ it (useful wood) is difficult to split

ᔒᐱᐦᑕᒼ shiipihtam vti ◆ s/he is stubborn, obstinate about it

ᔒᐱᐦᑯᔔ shiipihkushuu vai -i ◆ s/he can stay awake for a long time

ᔒᐲᐌᓰᐎᓐ shiipiiwesiiwin ni ◆ long-suffering, forbearance, patience

ᔒᐲᐌᔒᔥᑐᐌᐤ shiipiiweshiishtuweu vta ◆ s/he is patient with him/her

ᔒᐲᐌᔒᔥᑕᒼ shiipiiweshiishtam vti ◆ s/he is patient with it

ᔒᐲᐤ shiipiiu vai ◆ s/he/it (anim) stretches

ᔒᐲᔑᒍᐎᓐ shiipiishichuwin vii ◆ it is a rivulet, flowing water (ex after rain)

ᔒᐲᔥ shiipiish ni dim -im ◆ stream, creek

ᔒᐲᔥᑳᐤ shiipiishkaau vii ◆ there are many streams, creeks

ᔒᐸᐴ shiipapuu vai -i ◆ s/he sits long without tiring, has stamina

ᔒᐸᑎᓐ shiipatin vii ◆ it is resistant to cold

ᔒᐸᒎ shiipachuu vai -i ◆ s/he is resistant to cold

ᔒᐸᓐ shiipan vii ◆ it is long-lasting, strong

ᔒᐸᐦᐄᔫᓀᐤ shiipahiiyuuneu vai ◆ s/he stretches pelts

ᔒᐸᐦᐊᒼ shiipaham vti ◆ s/he stretches it (fur)

ᔒᐸᐦᐋᐱᔥᑖᓀᐤ shiipahaapishtaaneu vai ◆ s/he stretches a marten skin

ᔒᐸᐦᐋᑯᔨᐌᐸᔨᐦᐆ shiipahaakuyiwepayihuu vai -u ◆ it (grouse, ptarmigan, partridge) stretches it's neck as hunter approaches

ᔒᐸᐦᐋᒉᔓᐌᐤ shiipahaacheshuweu vai ◆ s/he stretches a fox skin

ᔒᐸᐦᐋᒋᔥᑯᔮᓀᐤ shiipahaachishkuyaaneu vai ◆ s/he stretches a muskrat skin

ᔒᐸᐦᐋᐦᑖᑲᓐ shiipahaahtaakan ni ◆ fur stretcher

ᔒᐸᐦᐌᐤ shiipahweu vta ◆ s/he stretches it (anim, skin)

ᔒᐹ shiipaa p,location ◆ under ▪ ᔒᐹ ᒦᒋᓱᓇᐦᑎᑯᐦᒡ ᐊᔥᑌᐤ. ▪ *It's under the table.*

ᔑᐹᐁᐳᐦᐁᐅ **shiipaawepuheu** vta ♦ s/he
sweeps him/her/it (anim) under
something
ᔑᐹᐱᑌᐤ **shiipaapiteu** vta ♦ s/he pulls
him/her under
ᔑᐹᐱᑕᒼ **shiipaapitam** vti ♦ s/he pulls it
under
ᔑᐹᐱᒋᑲᓐ **shiipaapichikan** ni [Coastal]
♦ pole run under ice to set a net
ᔑᐹᐸᔫ **shiipaapayuu** vai/vii -i ♦ s/he/it
goes under by her/him/itself
ᔑᐹᐸᐦᑖᐤ **shiipaapahtaau** vai ♦ s/he
runs under
ᔑᐹᑎᔑᓀᐤ **shiipaatishineu** vta ♦ s/he
pushes him/her/it (anim) under
something
ᔑᐹᑎᔑᓇᒼ **shiipaatishinam** vti ♦ s/he
pushes it under something
ᔑᐹᑕᐦᒋᔥᑯᐌᐤ **shiipaatahchishkuweu** vta
♦ s/he kicks him/her under
ᔑᐹᑕᐦᒋᔥᑲᒼ **shiipaatahchishkam** vti
♦ s/he kicks it underneath something
ᔑᐹᑖᒋᒨ **shiipaataachimuu** vai ♦ s/he
crawls under
ᔑᐹᓀᐤ **shiipaaneu** vta ♦ s/he pushes
him/her under by hand
ᔑᐹᓂᒄ **shiipaanikw** ni -m [Coastal]
♦ gutway
ᔑᐹᓯᑯᐱᑕᒼ **shiipaasikupitam** vti ♦ s/he
pulls it under the ice
ᔑᐹᓯᑯᐱᒋᑲᓐ **shiipaasikupichikan** ni
♦ line used for hauling nets under the
ice
ᔑᐹᓯᑯᐦᐄᑲᓂᔮᐲ
shiipaasikuhiikaniyaapii ni -m ♦ rope,
line that goes through, under ice
before setting a fish net
ᔑᐹᓯᑯᐦᐄᑲᓐ **shiipaasikuhiikan** ni [Inland]
♦ pole run under ice to set a net
ᔑᐹᓯᓀᒋᐸᐦᑖᐤ **shiipaasinechipahtaau** vai
♦ it (anim) runs under rock
ᔑᐹᔅᑵᔮᐤ **shiipaaskweyaau** vii ♦ it is an
area where the trees are bare of
branches on the lower part of the tree
ᔑᐹᔅᑲᐦᑲᒼ **shiipaaskuham** vti ♦ s/he
stretches it with a stick
ᔑᐹᔅᑯᐌᐤ **shiipaaskuhweu** vta ♦ s/he
stretches him/her with a stick
ᔑᐹᔥᑎᑵᔮᐤ **shiipaashtikweyaau** vii ♦ it
is the side channel of a river

ᔑᐹᔥᑎᒄ **shiipaashtikw** ni -um ♦ side
channel of a river
ᔑᐹᔥᑯᐌᐤ **shiipaashkuweu** vta ♦ s/he
passes under him/her/it (anim)
ᔑᐹᔥᑲᒼ **shiipaashkam** vti ♦ s/he passes
under it
ᔑᐹᔦᔨᐦᑕᒼ **shiipaayeyihtam** vti ♦ s/he
dozes, have a nap
ᔑᐹᔮᐯᑲᒧᐦᑖᐤ **shiipaayaapekamuhtaau**
vai+o ♦ s/he puts a line under it
ᔑᐹᔮᐱᔥ **shiipaayaapisch** p,location
♦ under stone, metal (ex stove)
ᔑᐹᔮᑯᓂᒌᐤ **shiipaayaakunichiiu** vai
♦ s/he goes under some snow
ᔑᐹᔮᔅᑯᐦᐄᑲᓈᐦᑎᒄ
shiipaayaaskuhiikanaahtikw ni
♦ ridge-pole of a tent
ᔑᐹᔮᔑᑰᐦᑖᐤ **shiipaayaashikuuhtaau** vai+o
♦ s/he causes it to run under
something, in water
ᔑᐹᔮᔔ **shiipaayaashuu** vai -i ♦ it (wind)
blows under her/him/it
ᔑᐹᔮᔥᑎᓐ **shiipaayaashtin** vii ♦ the
wind blows under it
ᔑᐹᔮᐦᑎᒄ **shiipaayaahtikw** p,location
♦ under a tree
ᔑᐹᐦᐊᒼ **shiipaaham** vti ♦ s/he walks
under it
ᔑᐹᐦᐌᐤ **shiipaahweu** vta ♦ s/he walks
under it (anim, ex tree)
ᔑᐹᐦᑌᐤ **shiipaahteu** vai ♦ s/he walks
under
ᔑᑰᔮᔥᑎᒋᔥᑌᐤ **shiikueyaashtichisteu** vii
[Coastal] ♦ the needles come off the
boughs laid on the tent, teepee floor
because of the heat
ᔑᑯᐸᔨᐦᐁᐤ **shiikupayiheu** vta ♦ s/he
empties it (anim) into another by
shaking
ᔑᑯᐸᔨᐦᑖᐤ **shiikupayihtaau** vai+o ♦ s/he
empties it into another by shaking
ᔑᑯᐸᔫ **shiikupayuu** vai/vii -i ♦ it (anim)
empties
ᔑᑯᒣᐤ **shiikumeu** vta ♦ s/he empties it
(anim) by eating, drinking
ᔑᑯᒥᓀᐤ **shiikumineu** vai ♦ s/he
transfers berries to another container,
empties the berries from the container
ᔑᑯᓀᐤ **shiikuneu** vta ♦ s/he empties it
(anim) out from a container

ᔑᑲᓛ **shiikunam** vti ♦ s/he empties it out from a container

ᔑᑲᓈᑲᓐ **shiikunaakun** vii ♦ it looks empty, baggy

ᔑᑲᓈᑯᓱ **shiikunaakusuu** vai -i ♦ it (anim) looks empty, baggy

ᔑᑲᓈᓱ **shiikunaasuu** vai -u ♦ s/he unloads things, empties a container

ᔑᑯᔑᒣᐤ **shiikushimeu** vta ♦ s/he empties them into another container

ᔑᑯᔥᑌᐤ **shiikushteu** vii ♦ it (ex cloth-like container) sits empty

ᔑᑯᔥᑲᒧᐎᓐ **shiikushkamuwin** ni [Inland] ♦ old clothes given away

ᔑᑯᔥᑳᒋᑲᓐ **shiikushkaachikanh** ni pl ♦ outgrown clothes, dirty laundry

ᔑᑯᔦᑲᔥᑌᐤ **shiikuyekashteu** vii ♦ it is an empty bag

ᔑᑯᐦᑎᑖᐤ **shiikuhtitaau** vai+o ♦ s/he empties it into another container

ᔑᑲᐦᓂᔥ **shiikahunish** ni dim ♦ small comb

ᔑᑲᐦᓐ **shiikahun** ni ♦ comb

ᔑᑲᐦᐤ **shiikahuu** vai -u ♦ s/he combs

ᔑᑲᐦᐊᒻ **shiikaham** vti ♦ s/he combs it

ᔑᑲᐦᐌᐤ **shiikahweu** vai ♦ s/he combs another's hair

ᔑᑳᑌᔨᒣᐤ **shiikaateyimeu** vta ♦ s/he feels disdain, scorn for him/her

ᔑᑳᑌᔨᒨ **shiikaateyimuu** vai -u ♦ s/he feels disdainful, scornful

ᔑᑳᑌᔨᐦᑕᒻ **shiikaateyihtam** vti ♦ s/he feels disdain, scorn for it

ᔑᑳᒋᐦᑳᐧᔫ **shiikaachihkweyuu** vai -i ♦ s/he makes a face

ᔑᒀᔥᑕᔅᑌᐤ **shiikwaashtasteu** vii [Inland] ♦ the needles come off the boughs laid on the tent, teepee floor because of the heat; the teepee has bare branches on the floor [coastal]

ᔑᒀᔥᒉᐤ **shiikwaashcheu** vai ♦ it (fire in the stove) is completely out

ᔑᒀᔮᐦᑲᑌᐤ **shiikwaayaahkateu** vii ♦ something burning in the fire has gone out

ᔑᒀᐦᑯᔦᐤ **shiikwaahkuyeu** vii ♦ the fire is completely out

ᔑᒀᐦᑲᑐᑌᐤ **shiikwaahkatuteuh** vii pl [Inland] ♦ the berries are fully dried

ᔑᒋᐯᒋᐲᐅᑯᐦᑉ **shiichipechipiiukuhp** ni ♦ sweater

ᔑᓂᔥᑳᐹᐅᑖᐤ **shiinishkaapaautaau** vai+o ♦ s/he soaks it wet

ᔑᓂᔥᑳᐹᐌᐤ **shiinishkaapaaweu** vai/vii ♦ s/he/it is soaking wet

ᔑᓂᔥᑳᐴᑖᐤ **shiinishkaapwaataau** vai+o ♦ s/he soaks it wet

ᔑᔑᓐ **shiishin** vai ♦ it (anim) is blunt, dull

ᔑᔒᐤ **shiishiiu** vai ♦ s/he urinates (child language)

ᔑᔒᐱᔥ **shiishiipish** na dim -im ♦ duckling; young mallard duck (Inland)

ᔑᔒᐱᑳᓐ **shiishiipihkaan** na ♦ duck decoy

ᔑᔒᐸᐲᓯᒻ **shiishiipapiisim** na [Inland] ♦ April

ᔑᔒᐸᔅᒋᐦᒄ **shiishiipaschihkw** na ♦ kettle with a curved spout

ᔑᔒᐹᐦᑯᐎᑦ **shiishiipaahkuwit** ni ♦ sugar bag (old term)

ᔑᔒᐹᐦᑯᑦ **shiishiipaahkut** ni ♦ sugar (old term)

ᔑᔒᑉ **shiishiip** na -im ♦ duck

ᔑᔒᑯᓐ **shiishiikun** na ♦ rattle

ᔑᔥᑴᔮᔑᑰᓀᐤ **shiishkweyaashikuuneu** vta ♦ s/he strains it (anim) by hand

ᔑᔥᑴᔮᔑᑰᓇᒻ **shiishkweyaashikuunam** vti ♦ s/he strains it by hand

ᔑᔥᑴᔮᔑᑰᐦᑖᐤ **shiishkweyaashikuuhtaau** vai+o ♦ s/he strains it

ᔑᔥᑴᔮᔑᑰᐦᑖᑲᓐ **shiishkweyaashikuuhtaakan** ni ♦ strainer

ᔑᔥᑳᒋᑯᐦᐁᐤ **shiishkwaachikuheu** vai ♦ s/he strains it (anim, ex milk)

ᔑᔥᑳᒋᑯᐦᑖᐤ **shiishkwaachikuhtaau** vai+o ♦ s/he strains it

ᔑᔥᑳᒋᑯᐦᑖᑲᓐ **shiishkwaachikuhtaakan** ni ♦ funnel, felt strainer for gas

ᔒᐦᐊᒻ **shiiham** vti ♦ s/he blunts it using an instrument

ᔒᐦᐌᐤ **shiihweu** vta ♦ s/he blunts it (anim)

ᔒᐦᑎᑖᐤ **shiihtitaau** vai+o ♦ s/he makes it blunt, dull

ᔒᐦᑎᓐ **shiihtin** vii ♦ it is blunt, dull

ᔒᐦᑎᓱ **shiihtisuu** vai -i ♦ it (anim) is cooked packed tightly in pot

ᔑᐦᑎᔑᓐ shiihtishin vai ♦ it (anim) fits tightly

ᔑᐦᑎᔑᑯᐁᐤ shiihtishkuweu vta ♦ it (anim, pants) fits her/him tightly

ᔑᐦᑎᔑᑲᒼ shiihtishkam vti ♦ s/he fits it tightly, it is tight on her/him

ᔑᐦᑐᔑᓐ shiihtuushin vai ♦ s/he lies in a crack, crevice

ᔑᐦᑕᒥᐦᒋᐦᐁᐤ shiihtamihchiheu vta ♦ s/he feels it (anim) is tight on her/him

ᔑᐦᑖᐤ shiihtaau vai+o ♦ s/he blunts it

ᔑᐦᑖᔥᑯᔑᓐ shiihtaashkushin vai ♦ it (anim) is a tight fit for her/him between trees, boards

ᔑᐦᑲᑖᔓ shiihkataashuu vai-i ♦ s/he is cold from the wind

ᔑᐦᑲᒋᔥᑎᒁᓀᐅᒎ shiihkachishtikwaaneuchuu vai-i ♦ s/he has a cold head

ᔑᐦᑲᒋᐦᑑᑲᔦᐅᒎ shiihkachihtuukayeuchuu vai-i ♦ s/he has cold ears

ᔑᐦᑲᒋᐦᒁᒨ shiihkachihkwaamuu vai-u ♦ s/he is cold when sleeping

ᔑᐦᑲᒋᐍᐸᔫ shiihkachiiwepayuu vai-i ♦ s/he shivers from cold

ᔑᐦᑲᒎ shiihkachuu vai-i ♦ s/he is cold

ᔑᐦᑳᒋᐦᑴᐸᔨᐅ shiihkaachihkwepayihuu vai-u ♦ s/he makes faces

ᔑᐦᒋᐱᑌᐤ shiihchipiteu vta ♦ s/he pulls it (ex lacing) tight

ᔑᐦᒋᐱᑕᒼ shiihchipitam vti ♦ s/he pulls it (anim) tight

ᔑᐦᒋᐸᔫ shiihchipayuu vai/vii-i ♦ it (anim) tightens

ᔑᐦᒋᔥᑌᓇᒼ shiihchishtenam vti ♦ s/he cocks it (gun)

ᔑᐦᒋᐦᑎᓐ shiihchihtin vii ♦ it fits tightly

ᔑᐦᒋᐦᑖᐤ shiihchihtaau vai+o ♦ s/he tightens it

ᔑᐦᒑᐤ shiihchaau vii ♦ it is tight

ᔔ

ᔓᐯᐳᑌᐤ shuweputeu vii ♦ it is a sawn ridge

ᔓᐯᐳᑖᐤ shuweputaau vai+o ♦ s/he saws a ridge on it

ᔓᐯᐴ shuwepuu vai-u ♦ s/he eats with a knife (old term)

ᔓᐯᓲ shuwesuu vai-i ♦ it (anim) has a ridge, edges to it

ᔓᐯᔮᐤ shuweyaau vii ♦ it has a ridge, edge on it

ᔓᐯᔮᐱᑎᒄ shuweyaapitikw ni ♦ sharp edge of axe blade

ᔓᐯᔮᐱᔥᒋᐳᑖᐤ shuweyaapischiputaau vai+o ♦ s/he files a groove, edge in it (metal, stone)

ᔓᐁᐦᑰᒄ shuwehkuukw ni-um ♦ triangular glovers needle, used to sew hide, leather

ᔓᓂᑖᑲᓐ shunitaakan ni [Coastal] ♦ binding line of a net

ᔑ

ᔓᐁᐦᑲᒎ shuuwehkachuu ni-uum [Coastal] ♦ helicopter

ᔓᐁᐦᑲᒎ shuuwehkachuu na ♦ dragonfly

ᔔᐱᑌᐤ shuupiteu vta ♦ s/he manages, is able to pull him/her/it (anim)

ᔔᐱᑕᒼ shuupitam vti ♦ s/he manages, is able to pull it

ᔔᑌᐦᐁᐤ shuuteheu vai ♦ s/he has a soft heart

ᔔᑌᐦᐁᔨᒣᐤ shuuteheyimeu vta ♦ s/he has a soft spot in her/his heart for him/her

ᔔᑲᒥᐸᔫ shuukamipayuu vai/vii-i [Inland] ♦ it (anim, ex fat) goes all runny

ᔔᑲᒥᓐ shuukamin vii [Inland] ♦ it (ex something thawed) is runny

ᔔᑲᒥᓲ shuukamisuu vai-i [Inland] ♦ it (anim, ex melted ice cream) is runny

ᔔᑳᐅᐧᐃᑦ shuukaauwit ni ♦ sugar box, bag

ᔔᑳᐅᓀᐤ shuukaauneu vta ♦ s/he gets sugar on him/her/it (anim) by touching

ᔔᑳᐅᓇᒼ shuukaaunam vti ♦ s/he gets sugar on it by touching

ᔔᑳᐅᔮᑲᓐ shuukaauyaakan ni ♦ sugar bowl

ᓲᑳᐅᐦᐁᐤ **shuukaauheu** vta ♦ s/he sugars it
ᓲᑳᐅᐦᑖᐤ **shuukaauhtaau** vai+o ♦ s/he sugars it (anim)
ᓲᑳᐛᐳ **shuukaawaapuu** ni ♦ sugar water, syrup
ᓲᑳᐤ **shuukaau** ni -m ♦ sugar, from English 'sugar'
ᓲᑳᐦᑐᐌᐤ **shuukaahkahtuweu** vta ♦ s/he uses sugar in, on it (anim)
ᓲᑳᐦᑕᒼ **shuukaahkahtam** vti ♦ s/he uses sugar in, on it
ᓲᒋᔅᑎᑖᐤ **shuuchishtitaau** vai+o ♦ s/he dilutes it, puts water on it (ex plant)
ᓲᒋᔅᑎᒣᐤ **shuuchishtimeu** vta ♦ s/he dilutes it (anim), throws waters at him/her/it (anim)
ᓲᒎ **shuuchuu** vai -i ♦ s/he feels the cold easily (used in negative 's/he does not feel cold easily')
ᓲᒥᐸᔨᔑᐤ **shuumipayishuu** vai dim -i ♦ it thaws partially, a little bit
ᓲᒥᐸᔫ **shuumipayuu** vai/vii -i ♦ it thaws partially
ᓲᒥᓂᔖᐋᐃᐦᑯᓈᐤ **shuuminishaaaihkunaau** na -naam ♦ raisin bannock
ᓲᒥᓂᔕᒡ **shuuminishach** na -im ♦ raisins, currants, grapes (general term)
ᓲᒥᓈᐳ **shuuminaapuu** ni ♦ grape juice, wine
ᓲᒫᐤ **shuumaau** vii ♦ it is partially, a little bit thawed
ᓲᒫᔅᑲᑎᓐ **shuumaaskatin** vii ♦ it is partially, a little bit thawed
ᓲᒫᔅᑲᒌ **shuumaaskachuu** vai -i ♦ it (anim) is partially, a little bit thawed
ᓲᓀᐤ **shuuneu** vta ♦ s/he leaves an impression on him/her with her/his hand, s/he can break, move him/her by pressing with the hand
ᓲᓇᒼ **shuunam** vti ♦ s/he makes an impression on it with his hand, s/he can break, move it by pressing with the hand
ᓲᔔᐌᑲᓐ **shuushuwekan** vii ♦ it (sheet-like) is smooth

ᓲᔔᐯᐱᑌᐤ **shuushuwechipiteu** vta ♦ s/he smoothes it (anim, sheet-like) out
ᓲᔔᐯᐱᑕᒼ **shuushuwechipitam** vti ♦ s/he smoothes it (sheet-like) out
ᓲᔔᐌᒋᓲ **shuushuwechisuu** vai -i ♦ it (anim, sheet-like) is smooth
ᓲᔔᐛᐤ **shuushuwaau** vii ♦ it is smooth
ᓲᔔᐛᐯᑲᓐ **shuushuwaapekan** vii ♦ it (string-like) is smooth
ᓲᔔᐛᐯᒋᓲ **shuushuwaapechisuu** vai -i ♦ it (anim, string-like) is smooth
ᓲᔔᐛᐱᔅᑳᐤ **shuushuwaapiskaau** vii ♦ it (stone, metal) is smooth
ᓲᔔᐛᐱᔅᒋᓲ **shuushuwaapischisuu** vai -i ♦ it (anim, stone, metal) is smooth
ᓲᔔᐛᑯᓂᑳᐤ **shuushuwaakunikaau** vii ♦ it is smooth snow
ᓲᔔᐛᑯᓂᒋᓲ **shuushuwaakunichisuu** vai -i ♦ it (anim, snow) is slippery
ᓲᔔᐛᑲᒧ **shuushuwaakamuu** vii -i ♦ the water is smooth
ᓲᔔᐛᔅᑯᓐ **shuushuwaaskun** vii ♦ it (stick-like) is smooth
ᓲᔔᐛᔅᑯᓲ **shuushuwaaskusuu** vai -i ♦ it (anim, stick-like) is smooth
ᓲᔔᐳᑖᐤ **shuushuputaau** vai+o ♦ s/he files, saws it smooth
ᓲᔔᐳᔫ **shuushupuyeu** vta ♦ s/he files, saws it (anim) smooth
ᓲᔔᓯᑯᓲ **shuushusikusuu** vai -i ♦ it (anim, ice) is smooth
ᓲᔔᓯᒃᐛᐤ **shuushusikwaau** vii ♦ it is smooth ice
ᓲᔔᐦᐌᐤ **shuushuhweu** vta ♦ s/he smoothes it (anim) with something, s/he sands it (anim)
ᓲᔔᐌᑲᔥᑖᐤ **shuushuuwekashtaau** vai+o ♦ s/he lays it (sheet-like) smooth, flat
ᓲᔔᐌᑲᐦᐊᒼ **shuushuuwekaham** vti ♦ s/he smoothes it (sheet-like, ex wrinkled cloth) flat
ᓲᔔᐌᑲᐦᐌᐤ **shuushuuwekahweu** vta ♦ s/he smoothes it (anim, ex wrinkled pants) flat
ᓲᔔᖁᐸᔨᐦᐆ **shuushuukwepayihuu** vai -u ♦ s/he goes sliding down
ᓲᔔᓀᐤ **shuushuuneu** vta redup ♦ s/he smoothes it (anim) by hand

ᔔᔔᓇᒻ **shuushuunam** vti redup ♦ s/he smoothes it by hand
ᔔᔑᑯᓱᐤ **shuushuusikusuu** vai -i ♦ it (anim) is smooth with ice
ᔔᔑᐤ **shuushuusuu** vai -i ♦ s/he/it (anim) is smooth
ᔔᔒᐢᑲᒥᑳᐤ **shuushuuskamikaau** vii ♦ it is smooth, level ground
ᔔᔒᔖᑳᐤ **shuushuuschuukaau** vii ♦ it is smooth mud
ᔔᔑᔮᐤ **shuushuusheyaau** vai ♦ it (anim) is a smooth hide
ᔔᔑᔥᑲᔦᐤ **shuushuushikayeu** vai ♦ s/he has smooth skin
ᔔᔑᔒᒨ **shuushuushimeu** vta ♦ s/he renders it (ex bottom of toboggan) smooth by use
ᔔᔔᐦᐊᒻ **shuushuuham** vti ♦ s/he smoothes it with something, s/he sands it
ᔔᔔᐦᑎᑖᐤ **shuushuuhtitaau** vai+o ♦ s/he renders it smooth by use
ᔔᔔᐦᑕᑳᐤ **shuushuuhtakaau** vii ♦ it (useful wood) is smooth
ᔔᔔᐦᑕᒋᓲ **shuushuuhtachisuu** vai -i ♦ it (anim, useful wood) is smooth
ᔔᔔᐦᖁᐤ **shuushuuhkweu** vai ♦ s/he is sliding
ᔔᔔᐦᑯᑌᐤ **shuushuuhkuteu** vta ♦ s/he carves it (anim) smoothly
ᔔᔔᐦᑯᑕᒻ **shuushuuhkutam** vti ♦ s/he carves it smoothly
ᔔᔔᐦᒁᓐ **shuushuuhkwaan** ni ♦ slide
ᔔᔥᑯᐌᐤ **shuushkuweu** vta ♦ s/he manages to break it (anim) with her/his weight
ᔔᔥᑯᐌᐱᓀᐤ **shuushkuwepineu** vta ♦ s/he pushes him/her to slide along
ᔔᔥᑯᐌᐱᓇᒻ **shuushkuwepinam** vti ♦ s/he pushes it to slide along
ᔔᔥᑯᐸᔨᗂ **shuushkupayiheu** vta ♦ s/he makes him/her slide
ᔔᔥᑯᐸᔨᐩ **shuushkupayihuu** vai -u ♦ s/he makes her/himself slide
ᔔᔥᑯᐸᔨᐦᑖᐤ **shuushkupayihtaau** vai+o ♦ s/he makes it slide
ᔔᔥᑯᐸᔫ **shuushkupayuu** vai/vii -i ♦ s/he/it slides along
ᔔᔥᑯᑎᓈᐤ **shuushkutinaau** vii ♦ it is a sloped mountain

ᔔᔥᑯᒋᐌᐱᓀᐤ **shuushkuchiwepineu** vta ♦ s/he pushes him/her to slide down a hill
ᔔᔥᑯᒋᐌᐱᓇᒻ **shuushkuchiwepinam** vti ♦ s/he pushes it to slide down a hill
ᔔᔥᑯᓀᐤ **shuushkuneu** vta ♦ s/he slips out of her/his hands
ᔔᔥᑯᓇᒻ **shuushkunam** vti ♦ it slips out of his hands
ᔔᔥᑯᓲ **shuushkusuu** vai -i ♦ it (anim) is sloped
ᔔᔥᑯᐢᑲᒥᑳᐤ **shuushkuskamikaau** vii ♦ it is slippery ground
ᔔᔥᑯᔑᓐ **shuushkushin** vai ♦ s/he falls sliding
ᔔᔥᑯᐦᐄᑲᓈᐦᑎᒄ **shuushkuhiikanaahtikw** ni ♦ ironing board
ᔔᔥᑯᐦᐄᑲᓐ **shuushkuhiikan** na ♦ iron
ᔔᔥᑯᐦᐄᒉᐤ **shuushkuhiicheu** vai ♦ s/he is ironing
ᔔᔥᑯᐦᐊᒻ **shuushkuham** vti ♦ s/he irons it
ᔔᔥᑯᐦᐌᐤ **shuushkuhweu** vta ♦ s/he irons it (anim)
ᔔᔥᑲᒻ **shuushkam** vti ♦ s/he manages to break it with his weight
ᔔᔥᒁᐤ **shuushkwaau** vii ♦ it is a slope
ᔔᔥᒁᑕᐦᐊᒻ **shuushkwaataham** vti ♦ s/he takes a running slide at it; s/he skates
ᔔᔥᒁᑕᐦᐋᐅᑲᒥᒄ **shuushkwaatahaaukamikw** ni ♦ arena
ᔔᔥᒁᑕᐦᐋᐅᑲᒥᒄ **shuushkwaatahaaukamikw** ni ♦ skating arena
ᔔᔥᒁᒥᔅᑳᐤ **shuushkwaamiskaau** vii ♦ the bottom of the water is a slope
ᔔᔥᒁᒥᔑᐸᐿ **shuushkwaamischipayuu** vai/vii -i ♦ s/he/it slides down a slope in water
ᔓᔮᓂᑲᒥᑰᒋᒫᐤ **shuuyaanikamikuuchimaau** na -maam [Coastal] ♦ bank manager
ᔓᔮᓂᑲᒥᒄ **shuuyaanikamikw** ni [Coastal] ♦ bank (for money)
ᔓᔮᓂᒋᒫᐤ **shuuyaanichimaau** na -maam [Coastal] ♦ bank manager, money manager
ᔓᔮᓅᐃᑦ **shuuyaanuwit** ni [Coastal] ♦ purse, wallet

ᓅᔮᐱᔥᑯᔑᒡ shuuyaanaapiskushach na dim -im [Coastal] ♦ coins

ᓅᔮᐱᔥᑯᔥ shuuyaanaapiskush na dim -im [Coastal] ♦ coin

ᓅᔮᓐ shuuyaan na -im [Coastal] ♦ money

ᓅᓕᔮᐅᒋᒫᐤ shuuliyaauchimaau na -maam [Inland] ♦ bank manager, money manager

ᓅᓕᔮᐤ shuuliyaau na -aam [Waswanipi] ♦ money

ᓅᓕᔮᐤ shuuliyaau ni -aam [Mistissini] ♦ money

ᓅᓕᔮᐅᑲᒥᒄ shuuliyaaukamikw ni [Inland] ♦ bank (for money)

ᓅᓕᔮᐋᐧᑦ shuuliiyaawit ni [Inland] ♦ purse, wallet

ᓅᓕᔮᐋᐧᐱᔥᑯᔥ shuuliiyaawaapiskush na dim -im [Inland] ♦ coin

ᔕ

ᔕᐧᐁᔨᒣᐤ shaweyimeu vta ♦ s/he blesses him/her/it (anim)

ᔕᐧᐁᔨᐦᑕᒼ shaweyihtam vti ♦ s/he blesses it

ᔕᐧᐁᔨᐦᑖᑯᓲ shaweyihtaakusuu vai -i ♦ s/he is loveable

ᔕᐧᐁᔨᐦᒋᒋᐧᐃᓐ shaweyihchichewin ni ♦ grace, blessing

ᔕᐧᐁᔨᐦᒋᒉᐤ shaweyihchicheu vai ♦ s/he blesses

ᔕᐧᐁᔨᐦᒋᒉᓱ shaweyihchichesuu na -siim ♦ merciful one

ᔕᑳᐱᔒᔥ shakaapishiish ni dim ♦ very small, bushy creek

ᔕᐦᒀᔨᒣᐤ shahkweyimeu vta [Inland] ♦ s/he doubts his/her capability

ᔕᐦᒀᔨᐦᑕᒼ shahkweyihtam vti [Coastal] ♦ s/he doubts its capability

ᔖ

ᔖᐅᐦᑑᐳ shaauhtuupuu vai -i ♦ s/he sits on the floor with her/his legs stretched out

ᔖᐊᐧᓂᓱ shaawanisuu na ♦ south spirit

ᔖᐊᐧᓂᓚᓐ shaawanihan vii ♦ it is a south wind

ᔖᐊᐧᓃᐧᐁᐤ shaawaniiweu vii ♦ it blows from the south

ᔖᐊᐧᓅᑖᐦᒡ shaawanuutaahch p,location ♦ south

ᔖᐯᐧᐁᐤ shaapeweu vai ♦ s/he cuts a way through, takes a short-cut

ᔖᐯᐤ shaapeu vii ♦ there is a way cut through, a short-cut

ᔖᐯᔨᒣᐤ shaapeyimeu vta ♦ s/he knows him/her thoroughly

ᔖᐯᔨᐦᑕᒼ shaapeyihtam vti ♦ s/he knows everything about it, knows it through and through, thoroughly

ᔖᐯᔮᔥᑯᔥᑲᒼ shaapeyaashkushkam vti ♦ s/he goes through a stand of trees

ᔖᐴᐧᐁᐱᓀᐤ shaapuwepineu vta ♦ s/he throws him/her through

ᔖᐴᐧᐁᐱᓇᒼ shaapuwepinam vti ♦ s/he throws it through

ᔖᐴᐳ shaapupeu vai/vii ♦ the water soaks through it

ᔖᐴᐱᓵᐋᐧᓐ shaapupisaawaan ni ♦ radiation

ᔖᐴᐸᔪ shaapupayuu vai/vii -i ♦ s/he/it goes through it

ᔖᐴᑎᓐ shaaputin vii ♦ the cold comes through it

ᔖᐴᒉᐤ shaapuchuu vai -i ♦ s/he is cold because the cold is coming through

ᔖᐴᒥᓈᒡ shaapuminach na pl ♦ gooseberries

ᔖᐴᒥᓈᐦᑎᒄ shaapuminaahtikw na ♦ northern gooseberry bush *Ribes oxyacanthoides*

ᔖᐴᓀᐤ shaapuneu vta ♦ s/he puts him/her/it (anim) through by hand

ᔖᐴᓂᑲᓐ shaapunikan ni ♦ needle for sewing

ᔖᐴᓇᒼ shaapunam vti ♦ s/he puts it through by hand

ᔖᐴᓈᑯᓐ shaapunaakun vii ♦ it is transparent, see-through

ᔖᐴᓈᑯᓲ shaapunaakusuu vai -i ♦ it (anim) is transparent, see-through

ᔖᐴᔥᑐᐧᐁᐤ shaapushtuhweu vta ♦ s/he pierces it (anim) through with something, sews through it (anim)

ᔖᐳᔅᑕᐦᐊᒼ **shaapushtaham** vti ♦ s/he pierces it through with something, sews it through

ᔖᐳᔥᑯᐌᐤ **shaapushkuweu** vta ♦ s/he walks through it (anim), s/he passes him/her/it (anim)

ᔖᐳᔥᑲᒼ **shaapushkam** vti ♦ s/he walks through it, s/he passes it (ex test, operation)

ᔖᐳᔦᒋᓀᐤ **shaapuyechineu** vta ♦ s/he feels him/her through it (ex blanket)

ᔖᐳᔦᒋᓇᒼ **shaapuyechinam** vti ♦ s/he feels it through

ᔖᐳᔮᒋᓀᐤ **shaapuyahchineu** vta ♦ s/he pushes him/her/it (anim) through

ᔖᐳᔮᒋᓇᒼ **shaapuyahchinam** vti ♦ s/he pushes it through

ᔖᐳᐦᐊᒼ **shaapuham** vti ♦ s/he puts, shoots, punches through it with something

ᔖᐳᐦᐌᐤ **shaapuhweu** vta ♦ s/he puts, shoots it through him/her

ᔖᐳᐦᑐᐌᐸᔫ **shaapuhtuwepayuu** vai-i ♦ s/he drives on through, passes through by vehicle

ᔖᐳᐦᑐᐌᐸᐦᑖᐤ **shaapuhtuwepahtaau** vai ♦ s/he runs through, runs on past

ᔖᐳᐦᑐᐌᔥᑯᐌᐤ **shaapuhtuweshkuweu** vta ♦ s/he walks past him/her (anim)

ᔖᐳᐦᑐᐌᔥᑲᒼ **shaapuhtuweshkam** vti ♦ s/he walks through it

ᔖᐳᐦᑐᐌᔮᐤ **shaapuhtuweyaau** vii ♦ it is open at both ends, there is a passage through

ᔖᐳᐦᑐᐌᐦᑌᐤ **shaapuhtuwehteu** vai ♦ s/he walks through, past

ᔖᐳᐦᑐᐙᓐ **shaapuhtuwaan** ni ♦ long teepee with doors at each end

ᔖᐳᐦᑑᐌᔮᐤ **shaapuhtuuwehyaau** vii ♦ it (bird) overflies, flies on through

ᔖᐳᐦᑑᐌᔮᒪᑲᓐ **shaapuhtuuwehyaamakan** vii ♦ it (plane) overflies, flies on through

ᔖᐳᐦᒁᒨ **shaapuhkwaamuu** vai-u ♦ s/he sleeps through, soundly

ᔖᐹᐸᒣᐤ **shaapwaapameu** vta ♦ s/he sees through him/her, s/he takes an x-ray of him/her

ᔖᐹᐸᓲ **shaapwaapasuu** vai-u ♦ it (anim) is smoked through

ᔖᐹᐸᐦᑌᐤ **shaapwaapahteu** vii ♦ it is smoked through

ᔖᐹᐸᐦᑕᒼ **shaapwaapahtam** vti ♦ s/he sees through it, s/he takes an x-ray of it

ᔖᐹᐸᐦᒉᐤ **shaapwaapahcheu** vai ♦ s/he takes x-rays

ᔖᐹᐸᐦᒋᑲᓐ **shaapwaapahchikan** ni ♦ x-ray machine, x-ray film

ᔖᐹᐹᐌᐤ **shaapwaapaaweu** vai/vii ♦ s/he/it is soaked through

ᔖᐹᓰᐦᑯᒋᑲᓐ **shaapwaasihkuchikan** ni [Inland] ♦ strainer

ᔖᐹᔅᑯᐸᔨᐦᑖᐤ **shaapwaaskupayihtaau** vai+o ♦ s/he puts it (stick-like) through

ᔖᐹᔅᑯᓀᐤ **shaapwaaskuneu** vta ♦ s/he pushes him/her/it through something wooden

ᔖᐹᔅᑯᓇᒼ **shaapwaaskunam** vti ♦ s/he pushes it through something wooden

ᔖᐹᔅᑯᐌᐤ **shaapwaaskuhweu** vta ♦ s/he puts something stick-like through it (anim)

ᔖᐹᔅᑯᐦᑎᓐ **shaapwaaskuhtin** vii ♦ it (stick-like) goes through, is stuck through

ᔖᐹᔅᑲᑎᓐ **shaapwaaskatin** vii ♦ it is firmly frozen, frozen through (used in negative, it is not strongly frozen, used for river)

ᔖᐹᔅᑲᒎ **shaapwaaskachuu** vai-i ♦ it (anim) is frozen through

ᔖᐹᔅᑲᐦᑎᑖᐤ **shaapwaaskahtitaau** vai+o ♦ s/he freezes it through, solid

ᔖᐙᔥᐆ **shaapwaashuu** vai-i ♦ it (wind) blows through it (anim)

ᔖᐙᔥᑌᐤ **shaapwaashteu** vii ♦ it shines through

ᔖᐙᔥᑎᓐ **shaapwaashtin** vii ♦ the wind blows through it

ᔖᐙᔥᑯᔑᓐ **shaapwaashkushin** vai ♦ it (anim, stick-like) goes, is stuck through

ᔖᐹᔮᔅᑯᔑᓐ **shaapwaayaaskushin** vai ♦ it (anim) is barely visible through the trees

ᔖᐹᔮᐢᑯᐦᑎᓐ shaapwaayaaskuhtin vii ◆ it is barely visible through the trees

ᔖᑵᔨᒧᐌᔨᐦᑖᑯᓲ shaakweyimuweyihtaakusuu vai -i ◆ s/he is easily embarrassed, shy

ᔖᑵᔨᒧᑐᐌᐤ shaakweyimutuweu vta ◆ s/he feels shy, embarrassed toward him/her

ᔖᑵᔨᒧᐦᐁᐤ shaakweyimuheu vta ◆ s/he makes him/her feel shy, embarrassed

ᔖᑵᔨᒧᐦᐄᐌᐤ shaakweyimuhiiweu vai ◆ s/he causes embarrassment

ᔖᑵᔨᒨ shaakweyimuu vai -u ◆ s/he is shy, embarrassed

ᔖᑯᐄᐌᓲ shaakuiiwesuu vai -i ◆ s/he is short-tempered

ᔖᑯᐌᑲᓐ shaakuwekan vii ◆ it (sheet-like) is narrow

ᔖᑯᐌᒋᓲ shaakuwechisuu vai -i ◆ it (anim, sheet-like) is narrow

ᔖᑯᐘᐅᐦᑳᐤ shaakuwaauhkaau vii ◆ it is a narrow stretch of sand

ᔖᑯᐙᐤ shaakuwaau vii ◆ it is narrow, slender, slim

ᔖᑯᐙᐯᑲᓐ shaakuwaapekan vii ◆ it (string-like) is narrow

ᔖᑯᐙᐯᑲᔑᔥ shaakuwaapekashuu vii dim -i ◆ it (string-like) is small and narrow

ᔖᑯᐙᐯᒋᔑᔥ shaakuwaapechishuu vai dim -i ◆ it (anim, string-like) is narrow

ᔖᑯᐙᐱᐢᑳᐤ shaakuwaapiskaau vii ◆ it (stone, metal) is narrow

ᔖᑯᐙᐱᐢᒋᓲ shaakuwaapischisuu vai -i ◆ it (anim, stone, metal) is narrow

ᔖᑯᐙᐢᑯᓲ shaakuwaaskusuu vai -i ◆ it (anim, stick-like) is narrow

ᔖᑯᐙᔨᐌᐤ shaakuwaayiweu vai ◆ it (anim, ex beaver) has a narrow tail

ᔖᑯᑌᐦᐁᐤ shaakuteheu vai ◆ s/he is faint-hearted, easily frightened, timid

ᔖᑯᑎᓀᐤ shaakutineu vta [Coastal] ◆ s/he defeats, overcomes him/her by hand, by pushing

ᔖᑯᑎᓇᒼ shaakutinam vti [Coastal] ◆ s/he defeats, overcomes it by hand

ᔖᑯᑎᓐ shaakutin vii ◆ it freezes up easily

ᔖᑯᑎᔥᑯᐌᐤ shaakutishkuweu vta [Coastal] ◆ s/he overcomes, defeats him/her by pushing him/her

ᔖᑯᑎᔥᑲᒼ shaakutishkam vti [Coastal] ◆ s/he overcomes, defeats it by pushing it

ᔖᑯᑕᐦᐊᒼ shaakutaham vti [Coastal] ◆ s/he defeats, overcomes it by tool, s/he can afford to buy it

ᔖᑯᑕᐦᐌᐤ shaakutahweu vta [Coastal] ◆ s/he defeats, overcomes him/her by tool, s/he can afford to buy it

ᔖᑯᒋᒣᐤ shaakuchimeu vta [Coastal] ◆ s/he persuades him/her

ᔖᑯᒋᐦᐄᐌᐤ shaakuchihiiweu vai ◆ s/he is a persuasive person

ᔖᑯᒎ shaakuchuu vai -i ◆ s/he gets cold easily

ᔖᑯᒡ shaakuch p ◆ reason, cause, because s/he did it first ▪ ᔖᑯᒡ ᔖᔥ ᓇᒧᐃ ᐃᐦᑕᑯᓐᐦ. ▪ *Because there's no more left.*

ᔖᑯᓀᐤ shaakuneu vai ◆ s/he is a cry-baby, cries easily

ᔖᑯᐦᐁᐤ shaakuheu vta ◆ s/he is able to lift him/her

ᔖᑯᐦᑖᐤ shaakuhtaau vai+o ◆ s/he is able to lift it

ᔖᑰᐳᑖᐤ shaakuuputaau vai+o ◆ s/he saws it narrow

ᔖᑰᐳᔦᐤ shaakuupuyeu vta ◆ s/he saws it (anim) narrow

ᔖᑰᑌᔨᒣᐤ shaakuuteyimeu vta ◆ s/he defeats, overcomes him/her by thought

ᔖᑰᑎᓀᐤ shaakuutineu vta [Inland] ◆ s/he defeats, overcomes him/her by hand

ᔖᑰᑎᓇᒼ shaakuutinam vti [Inland] ◆ s/he defeats, overcomes it by hand

ᔖᑰᑎᔥᑯᐌᐤ shaakuutishkuweu vta [Inland] ◆ s/he overcomes, defeats him/her by pushing him/her

ᔖᑰᑎᔥᑲᒼ shaakuutishkam vti [Inland] ◆ s/he overcomes, defeats it by pushing it

ᔖᑰᑕᐦᐊᒼ shaakuutaham vti [Inland] ◆ s/he defeats, overcomes it by tool, s/he can afford to buy it

ᔖᑰᑕᐦᐌᐤ shaakuutahweu vta [Inland] ◆ s/he defeats, overcomes him/her by tool, s/he can afford to buy it

ᓵᑯᑖᐦᑳᐤ **shaakuutaauhkaau** vii ♦ it is a narrow ridge of sand

ᓵᑯᓐᒋᒫᐦᒀᐤ **shaakuutaashtamihkweu** vai ♦ s/he has a narrow face

ᓵᑯᑲᐦᐄᐦᒉᔮᐤ **shaakukachiihcheyaau** vii ♦ it is a rectangle

ᓵᑯᑲᒫᐤ **shaakuukamaau** vii ♦ it is a narrow lake

ᓵᑰᐱᐧᐸᐦᐊᒼ **shaakuuchiwepaham** vti ♦ s/he gets it to go where s/he wants, with a sweeping motion

ᓵᑰᐱᐧᐸᐦᐌᐤ **shaakuuchiwepahweu** vta ♦ s/he gets him/her/it (anim) to go where s/he wants, with a sweeping motion

ᓵᑰᒋᐸᔫ **shaakuuchipayuu** vai/vii -ı ♦ it (anim) overcomes, defeats her/him

ᓵᑰᒋᐦᐁᐤ **shaakuuchiheu** vta ♦ s/he overcomes, defeats him/her

ᓵᑰᒋᐦᑖᐤ **shaakuuchihtaau** vai+o ♦ s/he overcomes, defeats it, s/he conquers, s/he wins

ᓵᑰᓯᑯᓲ **shaakuusikusuu** vai -ı ♦ it (ice) is narrow

ᓵᑰᓯᑳᐤ **shaakuusikwaau** vii ♦ it is a narrow stretch of ice

ᓵᑰᓲ **shaakuusuu** vai -ı ♦ it (anim) is narrow

ᓵᑰᔥᐌᐤ **shaakuushweu** vta ♦ s/he cuts it (anim) narrow

ᓵᑰᔥᐊᒼ **shaakuusham** vti ♦ s/he cuts it narrow

ᓵᑰᔥᑎᑳᐤ **shaakuushtikwaau** vii ♦ it is a narrow river

ᓵᑰᔥᑕᐦᐊᒼ **shaakuushtaham** vti ♦ s/he sews it narrow

ᓵᑰᔥᑕᐦᐌᐤ **shaakuushtahweu** vta ♦ s/he sews it (anim) narrow

ᓵᑰᐦᐁᐤ **shaakuuheu** vta ♦ s/he makes it (anim) narrow

ᓵᑰᐦᑖᐤ **shaakuuhtaau** vai+o ♦ s/he makes it narrow

ᓵᑰᐦᒀᐤ **shaakuuhkweu** vai ♦ it (anim) has a narrow face

ᓵᑲᒋᔥᑐᓀᐴ **shaakachishtunepuu** vai -ı ♦ it (anim) sits in its nest

ᓵᑲᒎᐤ **shaakachuweu** vai ♦ s/he goes up

ᓵᑲᒍᐱᑎᓲ **shaakachuwepitisuu** vai reflex -u ♦ s/he pulls her/himself up on something

ᓵᑲᒎᐸᐦᑖᐤ **shaakachuwepahtaau** vai ♦ s/he runs upstairs

ᓵᑲᒍᐁᑎᔒᒨ **shaakachuwetishimuu** vai -u ♦ it (anim) runs up a tree to escape

ᓵᑲᒎᔮᐤ **shaakachuweyaau** vii ♦ it rises, goes up, as a hill

ᓵᑲᒍᐁᐦᑎᐦᑖᐤ **shaakachuwehtihtaau** vai+o ♦ s/he takes it up

ᓵᑲᒍᐁᐦᑕᐦᐁᐤ **shaakachuwehtaheu** vta ♦ s/he/it (anim) takes him/her/it (anim) up (a hill, tree)

ᓵᑲᒑᐋᓐ **shaakachuwaanaan** ni ♦ ladder, stairs

ᓵᑳᔥᑌᐸᔫ **shaakaashtepayuu** vii -ı ♦ the sun comes out of the clouds

ᓵᑳᔥᑐᐌᐤ **shaakaashtuweu** vai ♦ it (anim, sun) rises, a beam of light shines out from it

ᓵᒋᑳᑌᔑᓐ **shaachikaateshin** vai ♦ s/he lies with her/his legs sticking out

ᓵᒋᔥᑎᒁᓀᑳᐴ **shaachishtikwaanekaapuu** vai -uu ♦ s/he stands with her/his head sticking out

ᓵᒋᔥᑎᒁᓀᔑᓐ **shaachishtikwaaneshin** vai ♦ her/his head is sticking out

ᓵᒫᔥᑯᐌᐤ **shaamishkuweu** vta ♦ s/he wears it (anim) next to the skin

ᓵᒫᔥᑲᒧᑎᔦᐤ **shaamishkamutiyeu** vta ♦ s/he puts it (anim) on him/her next to the skin

ᓵᒫᔥᑲᒼ **shaamishkam** vti ♦ s/he wears it next to his skin

ᓵᔒᐹᔥᑕᐦᐊᒼ **shaashiipaashtaham** vti redup ♦ s/he stitches it by hand

ᓵᔒᐹᔥᑕᐦᐌᐤ **shaashiipaashtahweu** vta redup ♦ s/he stitches it (anim) by hand

ᓵᔒᐹᔥᑲᒼ **shaashiipaashkam** vti redup ♦ s/he goes back and forth under it

ᓵᔒᐹᔮᑯᓂᒋᐤ **shaashiipaayaakunichiiu** vai ♦ s/he goes under the snow and up on the surface again

ᓵᔒᐹᐦᐌᐤ **shaashiipaahweu** vta redup ♦ s/he goes in and out of it (anim, ex under teepee door flap)

ᓵᔒᐹᐦᑯᔔ **shaashiipaahkushuu** vai redup -ı ♦ s/he sleeps off and on

ᔕᔖᐧᐋᐯᐤ **shaashuwaapeu** vai ♦ s/he/it (anim) struggles against something string-like attached to her/him/itself (ex rabbit in snare)

ᔕᔑᐦᑫᐤ **shaashuuhkweu** vai [Eastmain] ♦ s/he is sliding

ᔕᔕᑲᑎᓀᐤ **shaashakatineu** vta [Inland] ♦ s/he lays him/her on his/her back by hand, bends it (anim) back

ᔕᔕᑲᑎᓇᒥ **shaashakatinam** vti [Inland] ♦ s/he lays it on its back by hand, s/he bends it back

ᔕᔕᑲᑎᔑᒣᐤ **shaashakatishimeu** vta [Inland] ♦ s/he lays him/her back, on his/her back

ᔕᔕᑲᒋᐱᑌᐤ **shaashakachipiteu** vta [Inland] ♦ s/he pulls him/her/it (anim) so it falls over on its back

ᔕᔕᑲᒋᐱᑕᒥ **shaashakachipitam** vti [Inland] ♦ s/he pulls it so it falls over on its back

ᔕᔕᑲᒋᐸᔩ **shaashakachipayuu** vai -i [Inland] ♦ s/he falls over onto her/his back (ex on chair)

ᔕᔕᑲᒋᐤ **shaashakachiiu** vai [Inland] ♦ s/he lies back

ᔕᔕᐋᐎᐤ **shaashaawiiu** vai redup ♦ her/his stiff muscles loosen up as s/he work

ᔕᔕᐦᓂᑎᐦᒉᐤ **shaashaatinitihcheu** vai [Inland] ♦ s/he has bare hands

ᔕᔖᑯᒣᐤ **shaashaakumeu** vta redup ♦ s/he chews it (anim) all up fine

ᔕᔖᑯᒥᓈᓈᐦᑎᒃᐤ **shaashaakuminaanaahtikw** ni ♦ bunchberry plant *Cornus canadensis*

ᔕᔖᑯᒥᓈᐦ **shaashaakuminaanh** ni pl [Inland] ♦ bunchberries

ᔕᔖᑯᒥᐦ **shaashaakuminh** ni [Coastal] ♦ bunchberries

ᔕᔖᑯᓂᑯᒑᔥ **shaashaakunikuchaash** na dim -im ♦ chipmunk *Tamias striatus*

ᔕᔖᑯᓯᐤ **shaashaakusiiu** vai ♦ s/he is slender, slim

ᔕᔖᑯᐦᐄᑲᓀᐤ **shaashaakuhiikaneu** vai redup ♦ s/he breaks bones into small pieces

ᔕᔖᑯᐦᐊᒥ **shaashaakuham** vti redup ♦ s/he breaks it into little pieces

ᔕᔖᑯᐦᐌᐤ **shaashaakuhweu** vta redup ♦ s/he breaks it (anim) into little pieces

ᔕᔖᑯᐦᑕᒥ **shaashaakuhtam** vti redup ♦ s/he chews it all up fine

ᔕᔖᒋᑎᐦᒉᐤ **shaashaachitihcheu** vai [Coastal] ♦ s/he has bare hands

ᔕᔖᒋᓂᔥᑎᒀᓀᐤ **shaashaachinishtikwaaneu** vai ♦ s/he is bare-headed

ᔕᔖᒋᓂᔥᑎᒀᓀᑳᐴ **shaashaachinishtikwaanekaapuu** vai -uu ♦ s/he stands around bare-headed

ᔕᔖᒋᔥᑐᐤ **shaashaachistuu** vai ♦ s/he is bare-foot

ᔕᔖᒋᔥᑎᔑᓐ **shaashaachishtishin** vai ♦ s/he lies bare-foot

ᔕᔥ **shaash** p,time ♦ already, yet ▪ ᔕᔥ ᒋᐋᐱ ᐊᔥᑰᐦᐅ. *She's already ready.*

ᔕᔥᑌᐤ **shaashteu** ni ♦ fat used for frying

ᔕᔥᑌᒫᑯᓐ **shaashtemaakun** vii ♦ it smells rancid

ᔕᔥᑌᒫᑯᓲ **shaashtemaakusuu** vai -i ♦ it (anim) smells rancid

ᔕᔥᑌᓲ **shaashtesuu** vai -i ♦ it (anim) is rancid food

ᔕᔥᑌᔑᓐ **shaashteshin** vai ♦ it (anim) is rancid

ᔕᔥᑌᔮᐤ **shaashteyaau** vii ♦ it (fat) sits too long and becomes discoloured and bad-smelling, rancid

ᔕᔥᑌᐦᑎᓐ **shaashtehtin** vii ♦ it is rancid

ᔕᔥᑎᒋᔖᓐ **shaashtichishaan** ni ♦ fried fish guts mixed with flour

ᔕᔥᑲᑎᓀᐤ **shaashkatineu** vta [Coastal] ♦ s/he lays him/her on his/her back by hand, bends it (anim) back

ᔕᔥᑲᑎᓇᒥ **shaashkatinam** vti [Coastal] ♦ s/he lays it on its back by hand, s/he bends it back

ᔕᔥᑲᑎᔑᒣᐤ **shaashkatishimeu** vta [Coastal] ♦ s/he lays him/her back, on his/her back

ᔕᔥᑲᒋᐌᐱᓀᐤ **shaashkachiwepineu** vta ♦ s/he throws her/him backwards, on her/his back with a quick push

ᔕᔥᑲᒋᐌᐸᐦᐌᐤ **shaashkachiwepahweu** vta ♦ s/he hits him/her onto his/her back

ᔕᔥᑲᒋᐱᑕᒥ **shaashkachipitam** vti [Coastal] ♦ s/he pulls it so it falls over onto its back

ᓵᔅᐸᑕᐹᔨᐦᐆ **shaashkachipayihuu** vai -u
  ♦ s/he falls backwards, on her/his back

ᓵᔅᑲᒋᐸᔫ **shaashkachipayuu** vai -i
[Coastal] ♦ s/he falls over onto her/his back (ex on chair)

ᓵᔅᑲᒋᐆ **shaashkachiiu** vai [Coastal]
  ♦ s/he lies back

ᓵᔮᐳᑌᐤ **shaayaaputeu** vii ♦ the current sweeps it back, down

ᓵᔮᐳᑰ **shaayaapukuu** vai -u ♦ s/he/it (anim) is swept back, down by the current

ᓵᔮᔥᑎᓐ **shaayaashtin** vii ♦ it blows backwards

ᓵᐦᑫᐧᐦᐄᑲᓐ **shaahkwehiikan** ni ♦ semi-circular scraper

ᓵᐦᑫᐧᐦᐄᒉᐤ **shaahkwehiicheu** vai ♦ s/he scrapes

ᓵᐦᑫᐧᐦᐊᒼ **shaahkweham** vti ♦ s/he scrapes it

ᓵᐦᑫᐧᐦᐁᐤ **shaahkwehweu** vta ♦ s/he scrapes it (anim, hide, pelt) with half-moon scraper

ᔙ

ᔙᐹᑲᓈᐴ **shwaakanaapuu** ni [Coastal]
  ♦ water from melted snow on lakes and rivers

ᔙᑲᓐ **shwaakan** vii ♦ the snow is really soft for walking on in spring

ᔓᐹᔓᐹᑲᓂᒋᐸᔫ **shwaashwaakanichipayuu** vai redup
  ♦ s/he/it (anim) sinks into the soft snow in spring

ᔓᐹᔓᐹᑲᓂᒋᐸᐦᑖᐤ **shwaashwaakanichipahtaau** vai+o redup
  ♦ s/he/it (anim, ex skidoo) runs and sinks into the soft snow in spring

ᔓᐹᔓᐹᑲᓐ **shwaashwaakan** vii redup ♦ the snow is soft in spring for walking, travelling on

ᔓᐹᔓᐹᑲᐦᐊᒼ **shwaashwaakaham** vti redup
  ♦ s/he sinks in the soft snow in spring while walking on snowshoes

ᔓᐹᔓᐹᒋᔑᓐ **shwaashwaachishin** vai redup
  ♦ s/he is sinking into the soft snow in spring

ᔦᑳᐅᑖᐅᐦᑳᐤ **yekaautaauhkaau** vii ♦ it is sandy

ᔦᑳᐅᔑᒣᐤ **yekaaushimeu** vta ♦ s/he gets sand on him/her/it (anim) by dropping him/her

ᔦᑳᐅᔯ **yekaaushuu** vai dim -i ♦ it (anim) is a sandy beach

ᔦᑳᐅᔥᑯᐌᐤ **yekaaushkuweu** vta ♦ s/he gets sand on him/her by foot, body

ᔦᑳᐅᔥᑲᒼ **yekaaushkam** vti ♦ s/he gets sand on it by foot, body

ᔦᑳᐅᐦᐁᐤ **yekaauheu** vta ♦ s/he gets sand on him/her/it (anim)

ᔦᑳᐅᐦᑎᑖᐤ **yekaauhtitaau** vai+o ♦ s/he gets sand on it by dropping it

ᔦᑳᐅᐦᑑᒉᐤ **yekaauhtuucheu** vai ♦ s/he has sand in her/his ears

ᔦᑳᐅᐦᑖᐤ **yekaauhtaau** vai+o ♦ s/he gets sand on it

ᔦᑳᐅᐤ **yekaauu** vai/vii ♦ s/he/it is sandy, covered with sand, there is sand

ᔦᑳᐌᑲᓐ **yekaawekan** vii ♦ it (sheet-like) has sand on it

ᔦᑳᐌᒋᓱ **yekaawechisuu** vai -i ♦ it (anim, sheet-like) has sand on it

ᔦᑳᐗᐱፋᑳᐤ **yekaawaapiskaau** vii ♦ it (stone, metal) has sand on it

ᔦᑳᐗᐱᔅᒋᓱ **yekaawaapischisuu** vai -i ♦ it (anim, stone, metal) has sand on it

ᔦᑳᐗᑲᒨ **yekaawaakamuu** vii -i ♦ there is sand in the water

ᔦᑳᐙᒥᔅᑳᐤ **yekaawaamiskaau** vii ♦ the bottom of the river is sandy

ᔦᑳᐙᒥᔥᒉᒎᐎᓐ **yekaawaamischechuwin** vii ♦ the river runs in a bed of sand

ᔦᑳᐙᓂᑳᐤ **yekaawaanikaau** vii ♦ it is a sandy island

ᔦᑳᐙᔅᑯᓐ **yekaawaaskun** vii ♦ it (stick-like) has sand on it

ᔦᑳᐙᔅᑯᓲ **yekaawaaskusuu** vai -i ♦ it (anim, stick-like) has sand on it

ᔦᑳᐤ **yekaau** ni -kaam ♦ sand

ᔦᐦᔦᐎᓐ **yehyewin** ni ♦ breath

ᔦᐦᔫ **yehyeu** vai ♦ s/he/it (anim) breathes

ᔅᐦᔦᐯᔾ yehyepayuu vai -i ♦ s/he is out of breath
ᔅᐦᔓᑐᐌᐤ yehyetutuweu vta ♦ s/he breathes on him/her
ᔅᐦᔦᓱ yehyesuu vai -u ♦ s/he/it (anim) pants
ᔅᐦᔅᐦᐁᐤ yehyeheu vta ♦ s/he makes him/her breathe

ᔫ

ᔫᐌᐤ yuuweu vii ♦ it lets out air, deflates
ᔫᐌᐱᑌᐤ yuuwepiteu vta ♦ s/he lets the air out of it (anim), deflates it
ᔫᐌᐱᑕᒼ yuuwepitam vti ♦ s/he lets the air out of it, deflates it
ᔫᐌᐸᔨᐦᑖᐤ yuuwepayihtaau vai+o ♦ s/he lets the cold air in
ᔫᐙᑯᓀᔑᓐ yuuwaakuneshin vai ♦ s/he/it (anim) sinks in the snow after falling
ᔫᐙᑯᓀᐦᑎᓐ yuuwaakunehtin vii ♦ it sinks in the snow after falling
ᔫᐙᒉᐸᔾ yuuwaachepayuu vai/vii -i [Inland] ♦ it deflates
ᔫᐙᒉᑯᑌᐤ yuuwaachekuteu vii [Inland] ♦ it deflates as it hangs
ᔫᐙᒉᓀᐤ yuuwaacheneu vta [Inland] ♦ s/he deflates it (anim)
ᔫᐱᑌᐤ yuupiteu vta ♦ s/he lets the air in on him/her
ᔫᐱᑕᒼ yuupitam vti ♦ s/he lets the air inside
ᔫᐸᔾ yuupayuu vii -i ♦ the swelling goes down, it deflates
ᔫᑎᓂᐸᔾ yuutinipayuu vii -i ♦ a storm with a high wind hits, is coming on
ᔫᑎᓂᔐᐤ yuutinishuu vai -i ♦ the wind comes up while s/he travels
ᔫᑎᓈᔅᒄ yuutinaaskw na ♦ wind cloud
ᔫᑎᓈᑯᓐ yuutinaakun vii ♦ it looks windy
ᔫᑎᓐ yuutin vii ♦ it is windy
ᔫᒉᐸᔾ yuuchepayuu vai/vii -i [Coastal] ♦ it deflates
ᔫᒉᑯᑌᐤ yuuchekuteu vii [Coastal] ♦ it deflates as it hangs

ᔫᒉᓀᐤ yuucheneu vta [Coastal] ♦ s/he deflates it (anim)
ᔫᒌᒣᐤ yuuchiimeu vta [Coastal] ♦ s/he outgrows him/her/it (anim, ex pants)
ᔫᒌᐦᑕᒼ yuuchiihtam vti [Coastal] ♦ s/he outgrows it
ᔫᔥᐯᔨᐦᑖᑯᓱ yuuspeyihtaakusuu vai -i ♦ s/he is a gentle person
ᔫᔥᐱᓯᐤ yuuspisiiu vai ♦ s/he is meek
ᔫᔥᐹᑎᓯᐤ yuuspaatisiiu vai ♦ s/he lives meekly, is soft-hearted
ᔫᔥᑯᑐᐌᔮᔥᑎᓐ yuuskutuweyaashtin vii ♦ the flame of the fire flickers, blows around in the wind
ᔫᔥᑲᐴ yuuskapuu vai -i ♦ s/he sits on something soft
ᔫᔥᑲᒌᐤ yuuskachiiu vai [Coastal] ♦ it (anim, partridge) perches on a tree and does not fly away as hunter goes near to shoot it
ᔫᔥᑳᓈᐤ yuuskaaunaau vii ♦ it (weather in winter) is mild
ᔫᔥᑳᐦᑳᐤ yuuskaauhkaau vii ♦ it is soft sand
ᔫᔥᑳᐤ yuuskaau vii ♦ it is soft, tender
ᔫᔥᑳᐹᐅᑖᐤ yuuskaapaautaau vai+o ♦ s/he softens it by soaking it in water
ᔫᔥᑳᐹᐌᐤ yuuskaapaaweu vai ♦ it (anim) is softened by water
ᔫᔥᒋᑌᐦᐁᐤ yuuschiteheu vai ♦ s/he is soft-hearted
ᔫᔥᒋᑕᐦᒋᓱ yuuschitahchisuu vai -i ♦ it (anim, useful wood) is soft
ᔫᔥᒋᓀᐤ yuuschineu vta ♦ s/he softens it (anim) by hand
ᔫᔥᒋᓇᒼ yuuschinam vti ♦ s/he softens it by hand
ᔫᔥᒋᓯᐤ yuuschisiiu vai ♦ s/he is soft, tender
ᔫᔥᒋᔑᓐ yuuschishin vai ♦ s/he lies on something soft
ᔫᔥᒋᐦᐁᐤ yuuschiheu vta ♦ s/he makes it (anim) soft, softens it
ᔫᔥᒋᐦᑕᑳᐤ yuuschihtakaau vii ♦ it (useful wood) is soft
ᔫᔥᒋᐦᑖᐤ yuuschihtaau vai+o ♦ s/he makes it soft, softens it
ᔫᔫᔥᑳᓱ yuuyuuskaasuu na ♦ type of owl

ᔫᐦᐄᑲᓇᒡ yuuhiikanach na pl -im ♦ dried, powdered meat, fish

ᔫᐦᐄᒉᐤ yuuhiicheu vai ♦ s/he makes dried, powdered meat, fish

ᔫᐦᑌᐯᓅ yuuhtewepineu vta ♦ s/he throws the door open

ᔫᐦᑌᐯᓇᒻ yuuhtewepinam vti ♦ s/he throws it open (ex door, window)

ᔫᐦᑌᐯᔥᑲᒻ yuuhtewepishkam vti ♦ s/he kicks it open

ᔫᐦᑌᐱᑌᐤ yuuhtepiteu vta ♦ s/he pulls the door flap open

ᔫᐦᑌᐱᑕᒻ yuuhtepitam vti ♦ s/he pulls the tent doorway open

ᔫᐦᑌᑯᑌᐤ yuuhtekuteu vii ♦ the teepee doorway hangs open

ᔫᐦᑌᑯᑖᐤ yuuhtekutaau vai+o ♦ s/he leaves the door of a teepee, tent hanging open

ᔫᐦᑌᓀᐤ yuuhteneu vta ♦ s/he opens it (anim, the door of a teepee)

ᔫᐦᑌᓇᒻ yuuhtenam vti ♦ s/he opens it (doorway of teepee)

ᔫᐦᑌᔮᔅᑯᐦᐊᒻ yuuhteyaaskuham vti ♦ s/he opens the teepee doorway with a stick

ᔫᐦᑌᔮᔅᑯᐦᐌᐤ yuuhteyaaskuhweu vta ♦ s/he opens the teepee door with a stick

ᔫᐦᑌᔮᔉ yuuhteyaashuu vai -i ♦ it (teepee door) blows open

ᔫᐦᑌᔮᔥᑎᓐ yuuhteyaashtin vii ♦ the teepee doorway blows open

ᔫᐦᑌᐦᐊᒻ yuuhteham vti ♦ s/he opens the teepee doorway

ᔫᐦᔫᒣᐤ yuuhyuumeu vta redup ♦ s/he sucks air through it (anim)

ᔫᐦᔫᔥᑌᐤ yuuhyuusteu vai redup [Coastal] ♦ s/he gets an earful, a scolding, a lecture from someone

ᔫᐦᔫᔅᒋᑌᐤ yuuhyuuschiteu vai redup [Inland] ♦ s/he gets an earful, a scolding, a lecture from someone

ᔫᐦᔫᔥᑲᒻ yuuhyuushkam vti redup ♦ s/he lets the air out, deflates it by stepping on it (ex air mattress)

ᔫᐦᔫᐦᑕᒻ yuuhyuuhtam vti redup ♦ s/he sucks air through it

ᔭ

ᔭᑯᔅᑯᓂᐸᔫ yakuskunipayuu vii -i ♦ it is turning cloudy

ᔭᑯᔅᑯᓈᑯᓐ yakuskunaakun vii ♦ it looks like it will be cloudy

ᔭᑯᔅᑯᓐ yakuskun vii ♦ it is cloudy

ᔮᐦᑳᒋᐦᑕᒻ yahkachihtam vti ♦ s/he increases the value, price of it

ᔮᐦᑳᐦᐄᑲᓈᐦᑎᒄ yahkahiikanaahtikw ni ♦ stick used to push something

ᔮᐦᑲᐦᐊᒧᐌᐤ yahkahamuweu vta ♦ s/he pushes it for him/her with something

ᔮᐦᑲᐦᐊᒻ yahkaham vti ♦ s/he pushes it with something

ᔮᐦᑲᐦᐌᐤ yahkahweu vta ♦ s/he pushes him/her with something

ᔮᐦᑳᔥᑕᒧᐎᓐ yahkaashtamuwin ni [Eastmain] ♦ sail, traditionally the sail used on canoes

ᔮᐦᒋᐱᑌᐤ yahchipiteu vta ♦ s/he pushes him/her/it (anim)

ᔮᐦᒋᐱᑕᒻ yahchipitam vti ♦ s/he gives it a shake

ᔮᐦᒋᐸᔫ yahchipayuu vai/vii -i ♦ s/he/it is pushed

ᔮᐦᒋᓀᐤ yahchineu vta ♦ s/he pushes him/her by hand

ᔮᐦᒋᓇᒻ yahchinam vti ♦ s/he pushes it by hand

ᔮᐦᒋᔥᑯᐌᐤ yahchishkuweu vta ♦ s/he pushes him/her with her/his foot, body

ᔮᐦᒋᔥᑲᒻ yahchishkam vti ♦ s/he pushes it with his foot, body

ᔮᐦᒋᐦᐁᐤ yahchiheu vta ♦ s/he increases it (anim)

ᔮᐦᒋᐦᐆ yahchihuu vai -u ♦ it (anim, ex money in the bank) increases

ᔮᐦᒋᐦᑖᐤ yahchihtaau vai+o ♦ s/he increases it

ᔭ

ᔮᐁ yaaite p,manner ♦ make sure, for sure ▪ ᔮᐁ ᒌ ᐯᒋ ᐧᑖ ᒫᓯᓈᐦᐄᑲᓐ ▪ *Be sure to bring the book back.*

ᔭᐅᕐᒉᒧ yaaiteyimeu vta ◆ s/he is firm-minded about him/her

ᔭᐅᕐᐃᒡᑕᒻ yaaiteyihtam vti ◆ s/he is firm-minded about it

ᔭᐊᑎᒧᐦᐁᐤ yaaitimuheu vta ◆ s/he puts him/her/it (anim) on firmly

ᔭᐊᑎᒧᐦᑖᐤ yaaitimuhtaau vai+o ◆ s/he puts it on firmly

ᔭᐊᑎᒨ yaaitimuu vai/vii-u ◆ it (anim) is on firmly

ᔭᐊᑎᓀᐤ yaaitineu vta ◆ s/he holds him/her firmly

ᔭᐊᑎᓂᔅᒉᐤ yaaitinischeu vai ◆ s/he has a strong, firm grip

ᔭᐊᑎᓇᒻ yaaitinam vti ◆ s/he holds it firmly

ᔭᐊᑎᓐ yaaitin vii ◆ it is firm, safe (will not break)

ᔭᐊᑎᓯᐤ yaaitisiiu vai ◆ s/he is firm

ᔭᐊᑎᐴ yaaitapuu vai-i ◆ s/he sits firmly, stiffly

ᔭᐊᑖᐱᐦᑳᑌᐤ yaaitaapihkaateu vta ◆ s/he ties him/her/it (anim) firmly

ᔭᐊᑖᐱᐦᑳᑕᒻ yaaitaapihkaatam vti ◆ s/he ties it firmly

ᔭᐊᑖᔥᑯᔑᒣᐤ yaaitaashkushimeu vta ◆ s/he rests, lays it down firmly

ᔭᐊᑖᔥᑯᔥᑌᐤ yaaitaashkushteu vii ◆ it (stick-like) sits firmly

ᔭᐊᑖᔥᑯᔥᑖᐤ yaaitaashkushtaau vai+o ◆ s/he rests it, lays it down firmly

ᔭᐊᐃᑳᐯᑲᐴ yaaikaapekapuu vai-i ◆ it (anim) sits (string-like) along something

ᔭᐊᐃᑳᐯᑲᔥᑌᐤ yaaikaapekashteu vii ◆ it sits in strips

ᔭᐊᐃᑳᐯᔥᐌᐤ yaaikaapeshweu vta ◆ s/he cuts it (anim) in strips along the edge

ᔭᐊᐃᑳᐯᔥᐊᒻ yaaikaapesham vti ◆ s/he cuts it in strips along the edge

ᔭᐊᐃᑳᐱᐦᒉᐱᑌᐤ yaaikaapihchepiteu vta ◆ s/he tears it (anim) in strips

ᔭᐊᐃᑳᐱᐦᒉᐱᑕᒻ yaaikaapihchepitam vti ◆ s/he tears it in strips

ᔭᐊᐃᒋᑳᐴ yaaichikaapuu vai/vii-uu ◆ s/he/it stands firmly

ᔭᐊᐃᒋᑳᐴᐦᐁᐤ yaaichikaapuuheu vta ◆ s/he stands him/her/it (anim) firmly, makes him/her/it (anim) stand firmly

ᔭᐊᐃᒋᑳᐴᐦᑖᐤ yaaichikaapuuhtaau vai+o ◆ s/he stands it firmly

ᔭᐊᐃᒋᒀᑌᐤ yaaichikwaateu vta ◆ s/he sews it (anim) firmly

ᔭᐊᐃᒋᒀᑕᒻ yaaichikwaatam vti ◆ s/he sews it firmly

ᔭᐊᐃᒋᔑᓐ yaaichishin vai ◆ s/he lies firmly

ᔭᐊᐃᒋᔥᑌᐤ yaaichishteu vii ◆ it is set firmly

ᔭᐊᐃᒋᔥᑖᐤ yaaichishtaau vai ◆ s/he sets it firmly

ᔭᐊᐃᒋᐦᐁᐤ yaaichiheu vta ◆ s/he binds him/her/it (anim) firmly, s/he confirms him/her in religion

ᔭᐊᐃᒋᐦᑖᐤ yaaichihtaau vai+o ◆ s/he makes it firm

ᔭᐊᐃᔥᒋᐱᑌᐤ yaaischipiteu vta ◆ s/he pulls it (anim, string-like, a strip) out from something

ᔭᐊᐃᔥᒋᐱᑕᒻ yaaischipitam vti ◆ s/he pulls it (string-like, a strip) out from something

ᔭᐊᐃᔥᒋᐤ yaaischiiu vai ◆ s/he pulls him/herself out from something

ᔭᐊᐃᔑᒣᐤ yaaishimeu vta ◆ s/he strikes a match

ᔭᐋᐆᐋᑎᑲᓐ yaaunaawaatikan vii [Inland] ◆ it is a long deep hole, tunnel, the tunnel goes far in

ᔭᐊᐆᓇᑯᓐ yaaunaakun vii ◆ it is far off in the distance

ᔭᐊᐆᓇᑯᓲ yaaunaakusuu vai-i ◆ s/he is far off in the distance

ᔭᐅᐦᑖᑯᓐ yaauhtaakun vii ◆ it sounds far off

ᔭᐅᐦᑖᑯᓲ yaauhtaakusuu vai-i ◆ s/he/it (anim) sounds far off

ᔭᐌᑌᐤ yaaweteu vii ◆ a gunshot is heard far off

ᔭᐌᑕᒻ yaawetam vti ◆ s/he sounds far off when s/he calls

ᔭᐙᐸᒣᐤ yaawaapameu vta ◆ s/he is a long way from him/her

ᔭᐙᐸᐦᑕᒻ yaawaapahtam vti ◆ s/he is a long way from it

ᔭᓲᓯᑯᐦᐊᒻ yaasuusikuham vti ◆ s/he paddles where there is ice on the water in spring

ᔭᔒᐸᔫ yaashipayuu vii-i ◆ it descends

ᔮᔫᐤ yaashiiu vai ✦ s/he descends

ᔮᔕᐱᐦᒉᓀᐤ yaashaapihcheneu vta ✦ s/he lowers, lets him/her/it (anim) down, by rope

ᔮᔕᐱᐦᒉᓇᒻ yaashaapihchenam vti ✦ s/he lowers, lets it down, by rope

ᔮᔦᐧᐁᐤ yaayeweu vai ✦ s/he walks along the shore

ᔮᔦᐧᐁᐸᔫ yaayewepayuu vai/vii -i ✦ s/he/it follows the edge of the water, the shore

ᔮᔦᐧᐁᐸᐦᑖᐤ yaayewepahtaau vai ✦ s/he runs along the shore of the beach

ᔮᔦᐧᐁᑎᓐ yaayewetin vii ✦ it is frozen along the shore

ᔮᔦᐧᐁᑖᐅᐦᒋᐱᑕᒻ yaayewetaauhchipitam vti ✦ it (anim, beaver) makes a tunnel along the bank, the shore

ᔮᔦᐧᐁᓯᑯᑎᓐ yaayewesikutin vii ✦ it freezes along the edge of the water

ᔮᔦᐧᐁᓯᒁᐤ yaayewesikwaau vii ✦ there is ice along the edge of the water

ᔮᔦᐧᐁᔅᑯᐱᒑᐤ yaayeweskupichuu vai -i ✦ s/he walks along the shore on the ice moving winter camp

ᔮᔦᐧᐁᔅᑯᐸᐦᑖᐤ yaayeweskupahtaau vai ✦ s/he runs along the edge of the water on the ice

ᔮᔦᐧᐁᔅᑯᑑᑌᐤ yaayeweskutuuteu vai ✦ s/he carries it on her/his back along the shore on the ice

ᔮᔦᐧᐁᔅᑯᑑᑖᒣᐤ yaayeweskutuutaameu vta ✦ s/he carries him/her on her/his back along the shore on the ice

ᔮᔦᐧᐁᔅᑯᑖᐯᐤ yaayeweskutaapeu vai ✦ s/he walks along the shore on the ice pulling a load

ᔮᔦᐧᐁᔅᑯᑖᐹᑌᐤ yaayeweskutaapaateu vta ✦ s/he walks along the shore on the ice pulling him/her

ᔮᔦᐧᐁᔅᑯᐦᑌᐤ yaayeweskuhteu vai ✦ s/he walks along the shore on the ice

ᔮᔦᐧᐁᔅᑯᐦᑕᐦᑌᐤ yaayeweskuhtaheu vta ✦ s/he takes him/her along the shore on the ice

ᔮᔦᐧᐁᔅᑰ yaayeweskuu vai -u ✦ s/he walks along the edge of the river, lake on the ice

ᔮᔦᐧᐁᔐᒋᐱᒎ yaayeweschechipichuu vai -i ✦ s/he travels by foot along the edge of the muskeg

ᔮᔦᐧᐁᔐᐦᒋᐸᐦᑖᐤ yaayeweschehchipahtaau vai ✦ s/he runs along the edge of the muskeg

ᔮᔦᐧᐁᔮᐯᑲᒧᐦᐁᐤ yaayeweyaapekamuheu vta ✦ s/he puts it (anim, string-like) along the shore

ᔮᔦᐧᐁᔮᐯᑲᒧᐦᑖᐤ yaayeweyaapekamuhtaau vai+o ✦ s/he puts it (string-like) along the shore

ᔮᔦᐧᐁᔮᐯᑲᒨ yaayeweyaapekamuu vii -u ✦ it (string-like) is put along the shore

ᔮᔦᐧᐁᔮᐱᐦᑌᐤ yaayeweyaapihteu vii ✦ the smoke goes along the shore

ᔮᔦᐧᐁᔮᐱᐦᒉᔑᓐ yaayeweyaapihcheshin vai ✦ s/he/it (anim) lies along the side of the tent

ᔮᔦᐧᐁᔮᑎᑳᓯᐸᐦᑖᐤ yaayeweyaatikaasipahtaau vai ✦ s/he runs in the water along the edge, shore

ᔮᔦᐧᐁᔮᑎᑳᓯᑕᐦᐁᐤ yaayeweyaatikaasitaheu vta ✦ s/he brings him/her along the shore, walking in the water

ᔮᔦᐧᐁᔮᑎᑳᓯᐦᑎᑖᐤ yaayeweyaatikaasihtitaau vai+o ✦ s/he brings it along the shore, walking in the water

ᔮᔦᐧᐁᔮᑎᑳᓲ yaayeweyaatikaasuu vai -i ✦ s/he walks along the shore in the water

ᔮᔦᐧᐁᔮᑎᑳᓲᑖᒣᐤ yaayeweyaatikaasuutaameu vta ✦ s/he walks in the water along the shore carrying him/her on her/his back

ᔮᔦᐧᐁᔮᑎᑳᓲᐦᑌᐤ yaayeweyaatikaasuuhteu vai ✦ s/he walks along the shore in the water carrying something on her/his back

ᔮᔦᐧᐁᔮᔩ yaayeweyaashuu vai -i ✦ s/he sails, is blowing along the shore

ᔮᔦᐧᐁᔮᔑᑎᓐ yaayeweyaashtin vii ✦ it sails, is blowing along the shore

ᔮᔦᐧᐁᔮᐦᒡ yaayeweyaahch p,location ✦ along the coast, shore

ᔮᔦᐧᐁᐦᑖᐤ yaayewehutaau vai+o ✦ s/he takes it along the shore of the water paddling

yaayewehuyeu vta ♦ s/he takes it (anim) along the shore of the water paddling

yaayeweham vti ♦ s/he paddles along the shore

yaayeu p,location ♦ along the shore ■ ᑭ ᓄᑎᐊᒉᔾᐤ ᐊᓂᐤᐦ yaayeu. ■ *S/he went for a walk along the shore.*

yaayi p,location ♦ on the edge ■ ᒋᐅᔅᑲ ᐊᓱᒡᐦ yaayi ᒥᒋᓲᐦᑖᑎᒄ. ■ *She bumped on the edge of the table.*

yaayiwepayiheu vta ♦ s/he takes him/her/it (anim) along the edge of the water

yaayiwepayihtaau vai+o ♦ s/he takes it along the edge of the water

yaayiweshikaameu vai [Coastal] ♦ s/he walks along the edge of the shore further inland while others shoot the rapids

yaayiweyaashikaameu vai [Inland] ♦ s/he walks along the edge of the shore further inland while others shoot the rapids

yaayipiteu vta ♦ s/he brushes him/her quickly with her/his hand

yaayipitam vti ♦ s/he brushes it quickly with his hand

yaayipahtaau vai ♦ s/he runs along the edge

yaayikaameskuu vai ♦ s/he is walking along the shore on the ice

yaayikaameshkam vti ♦ s/he walks along the edge of the river

yaayikaam p,location ♦ edge of the shoreline

yaayikaaskushimeu vta ♦ s/he tears it (anim) by catching it on something (ex tree)

yaayikaaskuhtitaau vai+o ♦ s/he tears it by catching it on something (ex tree, nail)

yaayichipiteu vta ♦ s/he tears a strip off it (anim)

yaayichipitam vti ♦ s/he tears a strip off it (ex fabric)

yaayichipayuu vai/vii -i ♦ it (ex fabric) gets torn, is torn

yaayichisham vti ♦ s/he cuts a strip off it, tears it with a blade

yaayichishkuweu vta ♦ s/he tears a strip off it (anim) by stepping on it

yaayichishkam vti ♦ s/he tears a strip off it by stepping on it

yaayineu vta ♦ s/he strokes, brushes him/her by hand

yaayinam vti ♦ s/he strokes, brushes it by hand

yaayiskweneu vta ♦ s/he strokes him/her on the head, the hair

yaayiskanuu p,location ♦ along a path, road

yaayishtikw p,location ♦ along a edge of a river

yaayihtich p,location ♦ along a wall

yaayihkweneu vta ♦ s/he strokes him/her on the face

yaayaau p,location ♦ along the edge of something other than water

yaayaapiskaham vti ♦ s/he walks on the edge of the rock

yaayaapischishin vai ♦ s/he/it (anim) slides along the side, edge of it (rock, metal, ex stove)

yaayaapischihtin vii ♦ it is placed, slides, falls along the side, edge of something metal

yaayaapisch p,location ♦ on the edge of the rock

yaayaapihcheshimeu vta ♦ s/he lays it (anim, ex beaver) close to the side of something

yaayaapuweu vai ♦ s/he drinks liquid

yaayaapuwaan ni ♦ liquid for drinking

yaayaapaaweu vai/vii ♦ s/he/it has liquid running down the edge

yaayaaskuneu vta ♦ s/he brushes it (anim, stick-like) with her/his hand

yaayaaskunam vti ♦ s/he brushes it (stick-like) with her/his hand

yaayaaskuhteu vai ♦ s/he walks along the edge of bush

yaayaaskuu vai -u ♦ s/he holds on to something for support

ᔮᔪᑦᑲ·ᐊᐳ   yaayaashikuwaapuu vai redup-i ♦ s/he has tears running down her/his face

ᔮᔭᐃ"·ᖀᓄ°   yaayaayihkweneu vta redup ♦ s/he strokes him/her on the head, the hair

ᔮᔮ"ᑎᑦ   yaayaahtikw p,location ♦ along the edge of the wood

ᔮᔮ"ᑕᐳ   yaayaahtapuu vai redup -i ♦ s/he moves around while sitting

ᔮᔮ"ᑕᑯᑕᐅ   yaayaahtakutaau vai+o redup ♦ s/he moves it around from where it was hung

ᔮᔮ"ᑕᑯᔪ°   yaayaahtakuyeu vai redup ♦ s/he moves it (anim) around from where it was hung

ᔮᔮ"ᑕᐦᐊᒻ   yaayaahtaham vti redup ♦ s/he stirs it as it cooks in water

ᔮᔮ"ᑕᐦᐅ°   yaayaahtahweu vta redup ♦ s/he stirs it (anim) as it cooks in water

ᔮᔮ"ᑖᔅᑯᐦᐊᒻ   yaayaahtaaskuham vti redup ♦ s/he moves it with a stick, pole, s/he moves it (stick, pole)

ᔮᔮ"ᑖᔅᔫ   yaayaahtaashuu vai redup -i ♦ it (anim) is moving from the wind

ᔮᔮ"ᑖᔅᑎᓐ   yaayaahtaashtin vii redup ♦ it is moving from the wind

ᔮᔮ"ᑖᔅᑯᔅᑎᓐ   yaayaahtaashkushtin vii redup ♦ the trees move in the wind

ᔮᔮ"ᐦᒋᐱᑌᐤ   yaayaahchipiteu vta redup ♦ s/he pulls and shakes him/her/it (anim)

ᔮᔮ"ᐦᒋᐱᑕᒻ   yaayaahchipitam vti redup ♦ s/he pulls and shakes it

ᔮᔮ"ᐦᒋᐸᔪ   yaayaahchipayuu vai/vii redup -i ♦ s/he/it moves by itself

ᔮᔮ"ᐦᒋᑳᐳ   yaayaahchikaapuu vai redup -uu ♦ s/he moves around while standing

ᔮᔮ"ᐦᒌᐤ   yaayaahchiiu vai redup ♦ s/he moves a lot

ᔮᔮ"ᐦᒌᒫᑲᓐ   yaayaahchiimakan vii redup ♦ it is moving

ᔮᔮ"ᐦ   yaayaahch p,manner ♦ to continue doing something after being told not to do so, disobedience ▪ ᐋᐦ ᔮᔮ"ᐦ ᐃ"ᑐ ᓃᐸᒡ ᐁᑳᐱᓯᒡ ▪ *He continues what he's doing even when he's told to do something else.*

ᔮ"ᐄᑳᒼ   yaahiikaham vti ♦ s/he bends it over backwards with something

ᔮ"ᐄᑳᐤ"·ᐯ°   yaahiikahweu vta ♦ s/he bends him/her over backwards with something

ᔮ"ᐄᑳᐤ°   yaahiikaau vii ♦ it is bent over backwards

ᔮ"ᐄᑳᐱᐦᒉᐳᑖᐤ°   yaahiikaapihcheputaau vai+o ♦ s/he saws it in strips

ᔮ"ᐄᑳᐱᐦᒉᐳᔪ°   yaahiikaapihchepuyeu vta ♦ s/he saws it (anim) in strips

ᔮ"ᐄᑳᐱᐦᒉᐦᐅ°   yaahiikaapihcheshweu vta ♦ s/he cuts it (anim) in strips

ᔮ"ᐄᑳᐱᐦᒉᐦᐊᒼ   yaahiikaapihchesham vti ♦ s/he cuts it in strips

ᔮ"ᐄᑳᔅᑯᓐ   yaahiikaaskun vai -i ♦ it (stick-like) is bent over backwards

ᔮ"ᐄᑳᔅᑯᓱ   yaahiikaaskusuu vai -i ♦ it (anim, tree) is bent over backwards

ᔮ"ᐄᑳᔔ   yaahiikaashuu vai -i ♦ it (anim, sheet-like, canvas) is split, torn by the wind

ᔮ"ᐄᑳᔅᑎᓐ   yaahiikaashtin vii ♦ it (sheet-like, canvas) is split, torn by the wind

ᔮ"ᐄᒋᓄ°   yaahiichineu vta ♦ s/he bends him/her/it (anim) over backwards by hand

ᔮ"ᐄᒋᓇᒼ   yaahiichinam vti ♦ s/he bends it over backwards by hand

ᔮ"ᐄᒋᓱ   yaahiichisuu vai -i ♦ s/he/it (anim) is bent over backwards

ᔮ"ᐄᒋᔥᐅ°   yaahiichishweu vta ♦ s/he cuts a strip off it (anim) with a blade

ᔮ"ᑲᒥᔖᐤ   yaahkamishaau vai ♦ s/he goes to urinate often

ᔮ"ᐦᒋᐱᑌᐤ   yaahchipiteu vta ♦ s/he moves him/her/it (anim)

ᔮ"ᐦᒋᐱᑕᒼ   yaahchipitam vti ♦ s/he moves it

ᔮ"ᔮᐅᒋᒧ   yaahyaauchimuu vai -u ♦ s/he keeps repeating the same thing, asking silly, stupid questions

·ᔭ

·ᔭ·ᐊᔅᒋᑲᓀᑲᓱ   ywaawaaschikanekasuu vai-u ♦ the chest of a roasted beaver deflates as it cooks

·ᖳ<ᗩ ywaapayuu vai/vii -i ♦ it (anim) goes down, subsides, compresses, deflates

·ᖳᑊ ywaak ni -im ♦ yoke, from English 'yoke'

·ᖳᕀ<ᔑ"ᐁ° ywaachepayiheu vta ♦ s/he lets it (anim) deflate

·ᖳᕀ<ᔑ"Ċ° ywaachepayihtaau vii vai+o ♦ s/he, it lets it deflate

·ᖳᕀ<ᗩ ywaachepayuu vai/vii -i ♦ it (anim) deflates

·ᖳᕀbᗩ ywaachekasuu vai -u ♦ the roasted beaver deflates as it cooks

·ᖳᕀᣚ° ywaacheneu vta ♦ s/he compresses it (anim) by hand

·ᖳᕀᓇᒃ ywaachenam vti ♦ s/he compresses it by hand

·ᖳᕀᒧd·ᐁ° ywaacheshkuweu vta ♦ s/he compresses, deflates it (anim, ex ball) by foot, body-weight

·ᖳᕀᒧbᒃ ywaacheshkam vti ♦ s/he compresses, deflate by foot, body-weight

·ᖳᣚ° ywaaneu vta ♦ s/he makes it (anim, ex snow) subside, compress

·ᖳᓇᒃ ywaanam vti ♦ s/he makes it (ex frozen moss) compress

·ᖳᒧᑎᕦ ywaashtin vii ♦ it is calm (see *aywaashtin*)

·ᖳ·ᖳᒉᔑᕦ ywaaywaachishin vai redup [Coastal] ♦ s/he is sinking into the soft snow

ᒍ

ᒍᓕᐯCdᶜ lesipetakut ni [Coastal]
 ♦ woman's lace underslip

www.ingramcontent.com/pod-product-compliance
Lightning Source LLC
Chambersburg PA
CBHW021350290426
44108CB00010B/183